教科書に載った世界史人物800人

知っておきたい伝記・評伝

日外アソシエーツ

800 Persons appeared in School Textbooks of World History

Guide to Biographies

Compiled by

Nichigai Associates, Inc.

©2019 by Nichigai Associates, Inc.

Printed in Japan

本書はディジタルデータでご利用いただくことができます。詳細はお問い合わせください。

●編集担当● 城谷 浩／山本 幸子
装丁：小林 彩子（flavour）

刊行にあたって

　学校の歴史の授業では、古代から現代までの人物、国名・地名、事件・制度・年代、書物・作品など、多くの事柄を学ぶ。人名や年号は憶える項目が多く、暗記偏重となることへの批判がある。一方、歴史の教科書を通して出会い、学んだ人物や地域・時代への関心が、その後の大学での専攻、職業選択のきっかけとなることも多い。また教科書は、学習指導要領の改訂とともに、新しい歴史認識や、政治・社会情勢、人物研究の動向が採り入れられている。聖徳太子が存命当時の呼び名に沿った厩戸王の名になった、坂本龍馬の削除が提案された、などはニュースに取り上げられ、大きな話題となった。

　本書は、歴史教科書に載った人物をより深く知るための伝記案内ツールである。日本史、世界史の2冊構成で、高等学校の教科書で採りあげられる人物を収録する。人物ごとに生没年とプロフィールを付し、人物を深く知るための伝記・日記・書簡集・資料集・人物論などの伝記図書の情報を収録する。

　世界史では、紀元前2000年代の古代文明から、ヨーロッパ、アジア、アフリカ、アメリカなど各地域の歴史を経て、21世紀の現代世界まで、教科書に掲載された世界史上の876人を収録、人物を深く知るための伝記文献8,393点を掲載した。古代の四大文明の王、ギリシャの詩人から、三大宗教の創始者、各時代の皇帝、国王、政治家、芸術家、科学者、技術者、現代のノーベル賞作家、社会運動家まで、幅広い人物を収録している。

　編集にあたっては、誤りのないよう努めたが、人物確認や文献収録になお不十分な点もあるかと思われる。お気づきの点はご教示をいただければ幸いである。本書が、教科書から一歩深く学ぶ調べ学習や、かつて教科書で学んだ人物をあらためて学ぶための、コンパクトなツールとして、活用いただければ幸いである。

2018年11月

日外アソシエーツ

凡　例

1. 本書の内容

　　本書は、高等学校の世界史の教科書に記載された人物を知るための伝記文献を収録した文献目録である。

2. 収録の対象

　(1) 高等学校の地理歴史科「世界史B」教科書（2014年度版）に記載された世界史上の人物を収録した。織田信長、明治天皇など日本史上の人物は収録対象外とした。

　(2) 伝記文献は、国内で1945年（昭和20年）から2018年（平成30年）9月までに刊行された伝記、評伝、自伝、日記、書簡集等の図書の中から、新しい図書を優先し、原則、1990年（平成2年）以降に刊行された図書を収録した。

　(3) 収録人数は876人（兄弟、夫妻などを合わせると計884人）、伝記文献は8,393点である。

3. 見出し

　(1) 被伝者の人名を見出しとした。見出し人名は、教科書に記載された人名表記・よみのうち、一般に最も知られているものを採用し、カナ別表記・別よみ等からは、必要に応じて参照項目を立てた。

　(2) 人名の使用漢字は、原則として常用漢字、新字体に統一した。人名のよみは現代かなづかいで示した。

　(3) 西洋人は「姓」または「姓，名」形のカタカナ表記を見出しとし、ラテン・アルファベットによる欧文表記を付した。カタカナ表記をつなぐ記号は「＝」ではなく「・」を用いた。

4．見出しの排列
　（1）人名見出しは、読みの五十音順に排列した。
　（2）濁音・半濁音は清音、促音・拗音は直音とみなし、長音符は無視した。
　（3）同読みの場合は同じ表記のものをまとめた。
　（4）読み、表記とも同一の人物は、活動時期の古い順に並べた。

5．伝記文献の排列
　　人名見出しの下に、出版年月の新しい順に排列した。

6．記載事項
　　見出し人名／よみ
　　　生没年／別名など／プロフィール
　　〈伝記文献〉
　　　◇書名／副書名／巻次／各巻書名／版表示／シリーズ名／出版者／出版年月／ISBN（Ⅰで表示）／内容

7．書誌事項等の出所
　　本書に掲載した人物、伝記文献の書誌事項等は、主に次の資料に拠っている。
　〈人　物〉
　　『世界史用語集』（全国歴史教育研究協議会編、山川出版社、2014）
　　『外国人物レファレンス事典　古代-19世紀』（日外アソシエーツ、1999）
　　『外国人物レファレンス事典　古代-19世紀Ⅱ（1999-2009）』
　　　（日外アソシエーツ、2009～2010）
　　『外国人物レファレンス事典　20世紀』（日外アソシエーツ、2002）
　　『外国人物レファレンス事典　20世紀Ⅱ（2002-2010）』
　　　（日外アソシエーツ、2011～2012）
　〈伝記文献〉
　　『伝記・評伝全情報（45/89～2010-2014の各版）』（日外アソシエーツ、1991～2014）

データベース「bookplus」日外アソシエーツ
JAPAN/MARC

【あ】

アイスキュロス　Aischylos
前525〜前456　前6・5世紀、ギリシア、アテナイの詩人。三大悲劇詩人の最初の一人。90編以上の作品を創り「縛られたプロメテウス」など7編が現存する。

◇西洋古典学入門―叙事詩から演劇詩へ　久保正彰著　筑摩書房　（ちくま学芸文庫）　2018.8　①978-4-480-09880-1

◇世界人物逸話大事典　朝倉治彦,三浦一郎編　角川書店　1996.6　①4-04-031900-1
＊歴史上の人物の生き生きとした人間像を伝えるエピソードを多数紹介する事典。日本人によく知られた人物1883人を見出しに掲載。

アイゼンハワー　Eisenhower, Dwight David
1890〜1969　19・20世紀、アメリカの軍人、政治家。第34代大統領（在任1953〜1961）。第2次世界大戦ノルマンディー進攻で活躍。

◇アメリカ歴代大統領の通信簿―44代全員を5段階評価で格付け　八幡和郎著　祥伝社　（祥伝社黄金文庫）　2016.7　①978-4-396-31697-6

◇欧米政治外交史―1871〜2012　益田実,小川浩之編著　ミネルヴァ書房　2013.3　①978-4-623-06558-5

◇将軍アイク―史上最大の作戦を指揮した花形将軍の人生を描く　加藤元著　叢文社　2012.1　①978-4-7947-0679-9
＊本書では、戦車乗りイメージを感じさせぬ一方で、うるさ型の将軍連中の意見をまとめてしまう天才的な統率力で、軍人としての最高の地位、そしてコロンビア大学総長から大統領にまですすんだ異色の軍人アイクの生涯および故郷における魅力を紹介。自由を愛する英雄アイクの生涯と、アイクの足跡を自らたどったアイク研究決定版。

◇アメリカ大統領の信仰と政治―ワシントンからオバマまで　栗林輝夫著　キリスト新聞社　2009.2　①978-4-87395-537-7

◇戦後アメリカ大統領事典　藤本一美著者代表,大空社編集部編　大空社　2009.2　①978-4-283-00623-2

◇アイゼンハワー政権の中東政策　泉淳著　国際書院　2001.6　①4-87791-110-3

◇アイゼンハワー回顧録　1　転換への負託　1953-1956　新装　アイゼンハワー著　仲晃,佐々木謙一共訳　みすず書房　2000.10　①4-622-04978-5

◇アイゼンハワー回顧録　2　平和への戦い　1956-1961　新装　アイゼンハワー著　仲晃,佐々木謙一,渡辺靖共訳　みすず書房　2000.10　①4-622-04979-1

◇世界人物逸話大事典　朝倉治彦,三浦一郎編　角川書店　1996.6　①4-04-031900-1
＊歴史上の人物の生き生きとした人間像を伝えるエピソードを多数紹介する事典。日本人によく知られた人物1883人を見出しに掲載。

◇ボブ・ホープのフェアウエー回想録　ボブ・ホープ,ドゥエイン・ネトランド著,三好徹訳　JICC出版局　1990.10　①4-88063-974-5
＊毒舌ゴルフのボブ・ホープが、うなる、からかう、こきおろす、歴代の合衆国大統領、銀幕のスターたち。ニクラウス、ノーマン、青木etc.有名プロゴルファーの腕と人。

アイバク　Aibak, Qutb al-Dīn
？〜1210　12・13世紀、インドのムスリム王朝の創始者（在位1206〜1210）。クトゥブ・ミナールの建設に着手。

◇世界伝記大事典　世界編　1〜12　編集代表：桑原武夫　ほるぷ出版　1980.12〜1981.6

アインシュタイン　Einstein, Albert
1879〜1955　19・20世紀、ドイツ生まれのアメリカの理論物理学者。一般相対性理

アインシュタイン

論を発表し、ノーベル物理学賞を受賞。

◇宇宙を見た人たち─現代天文学入門　二間瀬敏史著　海鳴社　2017.10
①978-4-87525-335-8

◇アインシュタイン─大人の科学伝記─天才物理学者の見たこと、考えたこと、話したこと　新堂進著　SBクリエイティブ（サイエンス・アイ新書）　2017.9
①978-4-7973-8916-6

◇アインシュタイン人生を変える言葉101　アインシュタイン著, 志村史夫監修・編訳　宝島社　2016.3　①978-4-8002-5189-3

◇アインシュタインとコーヒータイム　カルロス・I・カル著, 大森充香訳　三元社（コーヒータイム人物伝）　2015.12
①978-4-88303-390-4

◇アインシュタインの言葉　エッセンシャル版〔ギフト版〕　アインシュタイン著, 弓場隆訳　ディスカヴァー・トゥエンティワン　2015.11　①978-4-7993-1807-2

◇アインシュタイン、神を語る─宇宙・科学・宗教・平和　新装版　ウィリアム・ヘルマンス著, 神保圭志訳　工作舎　2015.7
①978-4-87502-464-4

◇ハンス・アルバート・アインシュタイン─彼の生涯と私たちの思い出　エリザベス・ロボズ・アインシュタイン著, 中藤達昭, 福岡捷二訳　技報堂出版　2015.6
①978-4-7655-1817-8

◇奇人・変人・大天才 19世紀・20世紀─ダーウィン、メンデル、パスツール、キュリー、アインシュタイン、その一生と研究　マイク・ゴールドスミス著, 小川みなみ編訳　偕成社　2015.3
①978-4-03-533520-7

◇面白くて眠れなくなる数学者たち　桜井進著　PHPエディターズ・グループ, PHP研究所〔発売〕　2014.7
①978-4-569-82006-4

◇20世紀の偉大な平和主義者たちの友好と逸話─医学者・シュバイツァーと物理学者・アインシュタイン　吉川太刀夫著　文芸社　2014.3　①978-4-286-14765-9

◇偉人は死ぬのも楽じゃない　ジョージア・ブラッグ著, 梶山あゆみ訳　河出書房新社　2014.3　①978-4-309-25298-8
＊ベートーヴェンは、体液を抜かれ、蒸し風呂に入れられて死んでいった!?ツタンカーメンからアインシュタインまで、医学が未発達な時代に、世界の偉人たちはどんな最期を遂げたのか？驚きいっぱいの異色偉人伝！

◇ニコラ・テスラが本当に伝えたかった宇宙の超しくみ　上　忘れられたフリーエネルギーのシンプルな原理　井口和基著　ヒカルランド　（超☆わくわく）　2013.11
①978-4-86471-160-9

◇3分でわかるアインシュタイン　ポール・パーソンズ著, 鹿田真梨子訳　エクスナレッジ　2013.3　①978-4-7678-1459-9
＊20世紀最高の天才科学者の人生と研究に関わる各トピックを3分で理解できるようにまとめた、アルベルト・アインシュタイン入門の決定版。

◇神が愛した天才科学者たち　山田大隆著　角川学芸出版, 角川グループパブリッシング〔発売〕　（角川ソフィア文庫）　2013.3　①978-4-04-409446-1

◇ノーベル賞受賞者業績事典─全部門855人　新訂第3版　ノーベル賞人名事典編集委員会編　日外アソシエーツ, 紀伊国屋書店〔発売〕　2013.1　①978-4-8169-2397-5
＊1901年ノーベル賞創設時から2012年までの各分野の受賞者、受賞団体を収録。平和賞・文学賞・物理学賞・化学賞・生理学医学賞・経済学賞受賞者835人、20団体の業績を詳しく紹介。受賞辞退者についても収録対象とし、本文中にその旨を記載した。経歴・受賞理由・著作・参考文献を一挙掲載。

◇知っていますか？　西洋科学者ゆかりの地 IN JAPAN　PART1　新しい世界を開いた西洋科学者　西条敏美著　恒星社厚生閣　2013.1　①978-4-7699-1297-2

◇闘う物理学者！　竹内薫著　中央公論新社　（中公文庫）　2012.8
①978-4-12-205685-5

◇偉人たちの黒歴史　偉人の謎研究会編　彩図社　2011.12　①978-4-88392-828-6

アインシュタイン

◇天文学をつくった巨人たち―宇宙像の革新史　桜井邦朋著　中央公論新社　（中公新書）　2011.9　①978-4-12-102130-4

◇アインシュタイン―その生涯と宇宙　下　ウォルター・アイザックソン著，二間瀬敏史監訳，関宗蔵，松田卓也，松浦俊輔訳　武田ランダムハウスジャパン　2011.8（第2刷修正版）
①978-4-270-00650-4
＊この類いまれな人物の生活・愛・知性の全容。果たして幸せだったのか？　未公開の膨大な私的書簡から明かされる天才の人間的真実。

◇アインシュタイン―その生涯と宇宙　上巻　ウォルター・アイザックソン著，二間瀬敏史監訳，関宗蔵，松田卓也，松浦俊輔訳　武田ランダムハウスジャパン　2011.6　①978-4-270-00649-8
＊相対性理論はどこから生まれたのか？　20世紀最大の天才の創造性の秘密を明かす。伝記的にも理論的にもアインシュタイン評伝の決定版。

◇アインシュタイン―その生涯と宇宙　下　ウォルター・アイザックソン著，二間瀬敏史監訳，関宗蔵，松田卓也，松浦俊輔訳　武田ランダムハウスジャパン　2011.6
①978-4-270-00650-4
＊この類いまれな人物の生活・愛・知性の全容。果たして幸せだったのか？　未公開の膨大な私的書簡から明かされる天才の人間的真実。

◇図説アインシュタイン大全―世紀の天才の思想と人生　アンドルー・ロビンソン編著，小山慶太監訳，寺町朋子訳　東洋書林　2011.5　①978-4-88721-790-4
＊アルベルト・アインシュタイン20世紀の旗手にして、最高のポップ・アイコン。豊富な文献・写真資料と証言をもとに、研究者アインシュタイン・人間アインシュタインの両側面を考察し、天才物理学者の真の思惑と情熱を明らかにする。神の意図を読み解こうとした孤高のカリスマの生涯。

◇ノーベル賞受賞者人物事典　物理学賞・化学賞　東京書籍編集部編　東京書籍　2010.12　①978-4-487-79677-9

＊ノーベル賞110年にわたる物理学賞・化学賞全受賞者の詳細な「生涯」と「業績」。人類の知的遺産の全貌をあますところなくとらえ、受賞者の人間像と学問的業績をわかりやすくまとめた一冊。

◇それでも人生は美しい―物理学者のいた街　4　太田浩一著　東京大学出版会　2010.10　①978-4-13-063605-6

◇アインシュタイン・ストーリー　ジェイク・ロナルドソン著　IBCパブリッシング（ラダーシリーズ）　2010.10
①978-4-7946-0052-3
＊2歳になっても言葉を発さず、10歳になるまでしゃべるのが不得意だったというアルベルト・アインシュタイン。他の子供たちと遊ぶより、独りで考えたり、空想したりすることを好む少年は、父からもらったコンパスの針が、いつでも北を指すのを見たときに、自然界に興味を覚えたという。そのアインシュタインが20世紀以降すべての人の宇宙観をも変えてしまうほどの理論を見いだすとは誰が予想できただろうか。

◇科学の偉人伝　白鳥敬著，現代用語の基礎知識編　自由国民社　（おとなの楽習　偉人伝）　2010.9　①978-4-426-11081-9

◇これでわかった！　アインシュタインの世界―図で見ればよくわかる　三品隆司編著，平井正則監修　PHP研究所　（雑学3分間ビジュアル図解シリーズ）　2010.6
①978-4-569-77971-3
＊「$E=mc^2$」このシンプルで美しい数式に、宇宙誕生の謎を解き明かすカギが隠されていた。科学者、思想家、芸術家などの顔を持つアインシュタインの人生の軌跡と、その理論をイラストと図解で紹介する。

◇50人の物理学者　I.ジェイムズ著，入江碧，入江克訳　シュプリンガー・ジャパン　2010.2　①978-4-431-10087-4

◇ウラニウム戦争―核開発を競った科学者たち　アミール・D.アクゼル著，久保儀明，宮田卓爾訳　青土社　2009.12
①978-4-7917-6526-3

◇物理学天才列伝　上　ガリレオ、ニュー

アインシュタイン

トンからアインシュタインまで　ウィリアム・H.クロッパー著，水谷淳訳　講談社（ブルーバックス）　2009.12
①978-4-06-257663-5

◇がちょう娘に花束を―物理学者のいた街3　太田浩一著　東京大学出版会　2009.10　①978-4-13-063604-9

◇X線からクォークまで―20世紀の物理学者たち　限定復刊　エミリオ・セグレ著，久保亮五，矢崎裕二訳　みすず書房　2009.9
①4-622-02466-7

◇賢者たちの人生論―プラトン，ゲーテからアインシュタインまで　金森誠也著　PHP研究所　（PHP文庫）　2009.8
①978-4-569-67328-8

◇アインシュタインからの墓碑銘　比企寿美子著　出窓社　2009.7
①978-4-931178-70-0
＊日本を愛し日本人を慈しんだ天才アインシュタインと医学を通して日欧の橋渡しに貢献した一人の外科医にとって、戦争とは何だったのだろう。ナチス・ドイツのホロコースト、米軍の無差別爆撃、原爆投下、そして九大生体解剖事件…、近代史の暗部に踏み入り、戦争と平和の意味を現代に問い直す渾身の著。

◇孤高に生きる言葉アインシュタイン　アインシュタイン述，アン・ルーニー編，東出顕子訳　青志社　2009.6
①978-4-903853-58-1
＊アインシュタインは世間の常識や権威に臆することもなく、自分の信じているものを守りぬき、自らの言動がトラブルを招くことをいとわずに発言し続けました。彼が科学者たちに、世界の政治家たちに、そして世のすべての人々に発信した言葉の数々が今もなお人の心を打ち続ける理由が、ここにあります。

◇天才の時間　竹内薫著　NTT出版　2008.8　①978-4-7571-6015-6

◇湯川秀樹とアインシュタイン―戦争と科学の世紀を生きた科学者の平和思想　田中正著　岩波書店　2008.7
①978-4-00-025407-6
＊核兵器廃絶と日本国憲法への痛切な思い、世界連邦と恒久平和に向けたヴィジョン。20世紀科学革命と世界戦争の時代を生きた科学者たちの、平和の理念構築に向けた懸命の歩みを、光と影の両面から再現する。

◇アインシュタインとロブソン―人種差別に抗して　フレッド・ジェローム，ロジャー・テイラー著，豊田彰訳　法政大学出版局　（叢書・ウニベルシタス）　2008.6　①978-4-588-00890-0
＊黒人のオペラ歌手ロブソンとの交流を通して、また、書簡・論文・講演やインタビュー等を博捜して、人種差別と戦いつづけた偉大な物理学者の知られざる側面を明らかにする。

◇ユダヤ人 最後の楽園―ワイマール共和国の光と影　大沢武男著　講談社　（講談社現代新書）　2008.4　①978-4-06-287937-8

◇天才たちが愛した美しい数式　中村義作監修，桜井進著　PHP研究所　2008.1
①978-4-569-69154-1

◇友よ 弔辞という詩　サイラス・M.コープランド編，井上一馬訳　河出書房新社　2007.12　①978-4-309-20483-3

◇恋する天才科学者　内田麻理香著　講談社　2007.12　①978-4-06-214439-1

◇闘う物理学者！―天才たちの華麗なる喧嘩　竹内薫著　日本実業出版社　2007.8
①978-4-534-04265-1

◇アインシュタイン―よじれた宇宙の遺産　ミチオ・カク著，菊池誠監修，槙原凛訳　WAVE出版　（グレート・ディスカバリーズ）　2007.7　①978-4-87290-290-7
＊アインシュタインの相対性理論はイメージとして現れた。光と並んで走るイメージ、いすから落ちるイメージ。そして宇宙の謎を統一する未完の試み、統一場理論。アインシュタインのイメージを軸に、現代理論物理学の権威ミチオ・カクがその生涯と業績を分かりやすく解説する。

◇若き天才からのヒント　芹沢俊介著　中経出版　（中経の文庫）　2007.6
①978-4-8061-2726-0

◇相対論がもたらした時空の奇妙な幾何学―アインシュタインと膨張する宇宙　ア

アインシュタイン

ミール・D.アクゼル著, 林一訳　早川書房（ハヤカワ文庫〈数理を愉しむ〉シリーズ）2007.5　①978-4-15-050321-5
 * 真に理解するものは世界に3人だけとも言われたアインシュタインの一般相対性理論。この理論によれば、質量の存在のもと、空間は歪み、重力は幾何学の問題となる。これを太陽近傍の光の湾曲から実証すべく、第一次大戦中、日食観測遠征が計画されるが…理論の構築にあたるアインシュタインの歓喜と苦悩を多数の資料で再現、数学と物理学がいりまじる現代宇宙論の魅力をも描きあげた、アクゼル一流の科学ノンフィクション。

◇アインシュタイン―時間と空間の新しい扉へ　ジェレミー・バーンスタイン著, 林大訳　大月書店（オックスフォード科学の肖像）2007.3　①978-4-272-44042-9

◇図説アインシュタイン　金子務監修, 千葉透文　河出書房新社（ふくろうの本）2007.1　①978-4-309-76089-6
 * ありのままのアインシュタイン。相対性理論ほか物理学を革命した天才の素顔。新発見の資料による訪日の記録。

◇アインシュタインは語る　増補新版　アリス・カラプリス編, 林一, 林大訳　大月書店　2006.8　①4-272-43068-8
 * 22か国語に翻訳出版されて話題を呼んだベストセラーの増補新版。新たに300の引用が加わり、総計1200以上を数える。付録には新発見の資料—アインシュタイン最期の日々についてのヘレン・ドゥカスの感動的な文章やファントヴァによるアインシュタインとの会話記録、FBIの「アインシュタイン・ファイル」などを追加。夫、父親、恋人、科学者、哲学者、老いた独身者としてのアインシュタインの人物像を多面的に明らかにする。深い思索にうらづけられた英知の輝き、上質のウィット。

◇七転八倒アインシュタイン—甦る天才の予言　二間瀬敏史著　大和書房　2006.6　①4-479-39132-0
 * 天才ってこんなに大変！ 奇跡の理論と型破りな人生！ 浮気性、平和主義者、でか頭、孤独癖…天才物理学者の意外な人生と奇跡の思考力。難しい図と数式は一切ナシ。

◇世界を数式で想像できれば—アインシュタインが憧れた人々　ロビン・アリアンロッド著, 松浦俊輔訳　青土社　2006.5　①4-7917-6267-3
 * ニュートンは「星をその道筋に乗せる」仕組みを思い描き、マクスウェルは見えない「場」を想像し、アインシュタインは「宇宙」全体を想像した。偉大な物理学者たちは、いつも数学の力に見いだされ、日常の制約を超える豊かな想像を働かせていく…。数学の魔法にかかった物理の天才たち。

◇空海とアインシュタイン—宗教と科学の対話　広瀬立成著　PHP研究所（PHP新書）2006.3　①4-569-64782-0
 * 二十世紀最大の物理学者アインシュタインと、真言密教を説いた偉大な宗教家・空海—科学と宗教の頂点に立つ二人の天才は、時空を超え、きわめて類似の宇宙観をもっていた。密教の曼荼羅は、現代物理学が明らかにした宇宙創成のシナリオを、千二百年も前に先取りしていたのだ。権威への反発、夢への憧れ、徹底した思索、芸術への共感…本書は、二人が作り上げた宗教的宇宙観と科学的宇宙論を紹介しつつ、宇宙のなかの人間のあり方を思索し、現代科学技術がはまっている陥穽に修正を迫る。

◇人物で語る物理入門　下　米沢富美子著　岩波書店（岩波新書）2006.3　①4-00-430981-6

◇アインシュタインの情熱　Barry Parker著, 井川俊彦訳　共立出版　2005.9　①4-320-03439-2
 * アインシュタインは科学だけの人間ではなかった。情熱あふれる人間であった。恋を繰り返し、愛に悩む人間でもあった。運命に翻弄される人間でもあった。そしていつも自然の神秘を考え続けていたのである。現在まで残されている数多くの手紙や証言から、アインシュタインの生の姿に迫る。

◇評伝アインシュタイン　フィリップ・フランク著, 矢野健太郎訳　岩波書店（岩波現代文庫）2005.9　①4-00-603120-3

アインシュタイン

* 二〇世紀の物理学に革命をひきおこした世紀の天才アインシュタイン博士。決して秀才ではなかった少年時代、相対性理論の建設と量子論への貢献、ナチス・ドイツによる迫害と平和を求めての闘い、生涯探求しつづけた統一場理論、原爆開発との関わり…。博士と親交のあった著者が、その波瀾万丈の生涯と時代を、至近距離から生きいきと描く。

◇アインシュタイン─物理学・哲学・政治への影響　P.C.アイヘルブルク,R.U.ゼクスル編,江沢洋,亀井理,林憲二訳　岩波書店　2005.7　①4-00-005008-7

◇知られざる世界史 あの人の「幕引き」─彼らを待ちうけていた意外な運命とは　歴史の謎研究会編　青春出版社　（青春文庫）　2005.7　①4-413-09320-8

◇アバウトアインシュタイン─アインシュタインをめぐる70のミステリー　竹内薫著　秀和システム　2005.6　①4-7980-1075-8

◇天才科学者たちの奇跡─それは、小さな「気づき」から始まった　三田誠広著　PHP研究所　（PHP文庫）　2005.3　①4-569-66376-1

◇日本の文化と思想への衝撃　金子務著　岩波書店　（岩波現代文庫　アインシュタイン・ショック）　2005.3　①4-00-603109-2
* 光を曲げた革命児の来日は大正日本に熱狂的な興奮を巻き起こし、その影響は遠く昭和の時代にまで及ぶ。科学界だけでなく文学・思想・宗教各界や知識人たちは、アインシュタイン博士の思想や人格、相対性理論といかに切り結んでいったのか。そして原爆投下の責任をめぐって日本人とアインシュタインはどのようなやりとりをしたのか。日本と人間性豊かな天才物理学者の関係を多彩な資料にもとづき鮮やかに描く。

◇大正日本を揺がせた四十三日間　金子務著　岩波書店　（岩波現代文庫 社会 アインシュタイン・ショック）　2005.2　①4-00-603108-4
* 科学革命とアインシュタインの来日が大正・昭和の文化と思想に与えた衝撃を社会史的に描く感動的ノンフィクション。1では、来日が巻き起こした全国民的熱狂のドラマを再現。全国各地での講演会の様子、学生たちとの熱い交流、子供たちとのふれあい、博士の日本文化観などを生きいきと描く。アインシュタインが福岡で行なった貴重な講演記録を収録。第三回サントリー学芸賞受賞。

◇アインシュタイン16歳の夢　戸田盛和著　岩波書店　（岩波ジュニア新書）　2005.1　①4-00-500493-8
* 「光速度で光を追いかけたらどう見えるだろう」。アインシュタインが一六歳のときに抱いた疑問は、それまでの自然観・科学観に革命をもたらす相対性理論へと発展した。「光電効果」「ブラウン運動」「特殊相対性理論」の三大論文が発表された「奇跡の年」（一九〇五年）から一〇〇年。青年アインシュタインの歩みと画期的な思考を紹介します。

◇アインシュタインとピカソ─二人の天才は時間と空間をどうとらえたのか　アーサー・I.ミラー著,松浦俊輔訳　ティビーエス・ブリタニカ　2002.11　①4-484-02103-X
* アインシュタインの美意識が相対性理論を生み、最先端の科学技術がピカソにキュビスムをもたらした。科学と芸術で二十世紀を拓いた二人の巨人の思考の軌跡をたどる。

◇ナチス時代 ドイツ人名事典　新版　ロベルト・S.ヴィストリヒ著,滝川義人訳　東洋書林　2002.10　①4-88721-573-8
* ヒトラー支配下のドイツに深いかかわりをもった政治家・軍人・実業家・知識人・芸術家・教会関係者・レジスタンスの闘士等、多種多様な分野の人物を精選し、経歴やナチスとのスタンスなどを記載。

◇我がアインシュタインの栄光と苦悩─ノンフィクション　青柳忠克著　創英社　2002.2　①4-88142-490-4
* 本書は、アインシュタインの具体的行動、言葉あるいは手紙などを出来るだけ多くそのまま取り上げ、生い立ちから死にいたるまでの具体的生活について詳しく述べ、人間性や私生活に重点を置いた。

アインシュタイン

◇アインシュタイン日本で相対論を語る　アルバート・アインシュタイン著, 杉元賢治編訳　講談社　2001.10
Ⓘ4-06-210931-X

◇アインシュタインの東京大学講義録──その時日本の物理学が動いた　杉元賢治編著　大竹出版　2001.9　Ⓘ4-87186-070-1
＊1922年、特殊相対性理論と一般相対性理論を完成して、アインシュタイン博士がやってきた。歓迎の渦は全国に広がった。初公開の講義内容、聴講者一覧とそのサインや感想文。東北大、慶応大、早稲田大、一橋大、東京工大、お茶の水女子大、東大、京都大、九州大など訪問先での記念写真、貴重な資料を初めて公開する感動の書。

◇アインシュタインここに生きる　アブラハム・パイス著, 村上陽一郎, 板垣良一訳　産業図書　2001.3　Ⓘ4-7828-0135-1
＊晩年最も身近にいたパイスが、新しい発掘資料やこれまでに知られていないエピソードを盛り込んで描きあげた、人間アインシュタイン像。前著『神は老獪にして…』の姉妹版。

◇大追跡!!アインシュタインの天才脳　杉元賢治著　講談社　(Kodansha sophia books)　2001.1　Ⓘ4-06-269128-0
＊20世紀最大の超天才科学者アルベルト・アインシュタイン。死後、奇怪にもその脳は密かに取り出され保存されていた。アインシュタインの天才脳に興味を持った著者は、アインシュタインの脳を探索するという、まさにミステリーな旅に巻き込まれていく。本書は、解剖報告書の紛失、脳所有者死亡説などさまざまなアクシデントに遭遇しながらアメリカ各地を飛び回り、脳の中の脳である行方不明だったアインシュタインの脳を探し当てた著者の報告と、最新の脳の研究情報、功名を成し遂げるまでのアインシュタインの知られざる側面などを奇想天外なエピソードを交えながら解説。史上最大の謎、天才・アインシュタインの秘密に迫る。

◇ヒトはなぜ戦争をするのか?──アインシュタインとフロイトの往復書簡　アルバート・アインシュタイン, ジグムント・フロイト著, 養老孟司解説, 浅見昇吾編訳　花風社　2000.12　Ⓘ4-907725-21-3

◇アインシュタイン、神を語る──宇宙・科学・宗教・平和　ウィリアム・ヘルマンス著, 雑賀紀彦訳　工作舎　2000.4
Ⓘ4-87502-326-X
＊光量子説や相対性理論により、宇宙をニュートン力学から解放した物理学者は、ユダヤ系ドイツ人として、ヒトラー率いるナチに脅かされ、米国亡命を余儀なくされた。20世紀、もっとも広く知られる人物アインシュタイン。その科学精神を支えた信仰とは、そして神とは何だったのか。社会学者であり詩人でもある著者との対話が、アインシュタインのこころを浮かび上がらせる。

◇巨人の肩に乗って──現代科学の気鋭、偉大なる先人を語る　メルヴィン・ブラッグ著, 熊谷千寿訳, 長谷川真理子解説　翔泳社　1999.10　Ⓘ4-88135-788-3
＊実は、地動説の証拠をまったく摑んでいなかったガリレオ。両親と非常に不仲で、焼き殺したいとさえ書いていたニュートン。「革命に科学者は要らず」の言葉と共に断頭台の露と消えたラボアジェ。製本職人から、英国で最も偉大な自然哲学者へと上りつめたファラデー。橋がないことに気付かないほど、抽象世界を彷徨ったポアンカレ。不倫スキャンダルに関して、ノーベル賞委員会と争ったキュリー夫人。現代科学の巨人が贈る、12人の偉人の知られざる姿。

◇90分でわかるアインシュタイン　ポール・ストラザーン著, 浅見昇吾訳　青山出版社　1999.9　Ⓘ4-900845-89-2

◇消像画の中の科学者　小山慶太著　文芸春秋　（文春新書）　1999.2
Ⓘ4-16-660030-3
＊コペルニクスから寺田寅彦、ホーキングまで、歴史に名を残す科学者二十五人の肖像画に眼をこらせば、そこには人間的な、余りにも人間的な素顔が炙り出されてくる。知らず知らずのうちに科学史を散歩できるミニ列伝。

◇関門・福岡のアインシュタイン──訪日最後の1週間　中本静暁著　新日本教育図書

アインシュタイン

1998.10　①4-88024-203-9
＊本書は、アインシュタイン博士が訪日した、大正11（1922）年11月17日から12月29日までの43日間のうち、滞日最後の1週間について、当時の「福岡日日新聞」と「関門日日新聞」の記事を中心にして、まとめたものである。また、博士の伝記を年代別にまとめて構成したものも記載した。

◇アインシュタインは何を考えたか　米谷民明著　岩波書店　（岩波高校生セミナー）　1998.7　①4-00-026216-5

◇誰にもわかるアインシュタインのすべて─宇宙の謎がよくわかる本　クォーク編集部編　講談社　（講談社＋α文庫）　1998.7　①4-06-256273-1
＊光と同じ速さで走ったら、体重が無限に重くなり、体は無限に細くなる。重さのないはずの光が、太陽のそばを通ると太陽の巨大重力に「引っぱられて」曲がってしまう。現実とかけ離れた奇妙な世界は、アインシュタインという、たった一人の大天才の頭から生まれた相対性理論によって予言され、最近の宇宙観測によって、現実の天体から次々と実例が発見されている。大天才の意外な素顔と刺激的理論が面白くわかる本。

◇アインシュタイン─天才が歩んだ愛すべき人生　デニス・ブライアン著、鈴木主税訳　三田出版会　1998.4　①4-88338-157-9

◇アインシュタイン伝　矢野健太郎著　新潮社　（新潮文庫）　1997.6　①4-10-121907-9
＊その真価をめぐり世界中をスキャンダラスな渦に巻きこんだ相対性理論の創始者、アルベルト・アインシュタイン。彼の予言E＝mc2は、40年を経て現実のものとなる。原爆という名の怖るべき現実に…。20世紀を象徴するかのように波瀾に満ちた理論物理学者の、人間味溢れる生涯。晩年の彼に近しく接した著者が、数学者ならではの率直明快、的確な筆で描き出す、同伝記の「定番」─。

◇アインシュタイン150の言葉　アインシュタイン述、ジェリー・メイヤー編、ジョン・P.ホームズ編、ディスカヴァー21編集部訳　ディスカヴァー・トゥエンティワン　1997.4　①4-924751-58-8

◇神さまはサイコロ遊びをしたか─宇宙論の歴史　小山慶太著　講談社　（講談社学術文庫）　1997.3　①4-06-159271-8
＊アインシュタインは、自身の相対性理論から発展した量子力学の確率的解釈に対して、「神さまはサイコロ遊びをしない」と非難した。宇宙を創造した神の意図を探りたいという好奇心から出発した自然科学は、天動説に固執した時代から四世紀を経て、ビッグバン理論を確立した。宇宙創成以前の時空が消滅する世界を解明せんとする現代まで、神に挑戦した天才物理学者達の苦闘を辿る壮大な宇宙論の歴史。

◇アインシュタインは語る　アリス・カラプリス編, 林一訳　大月書店　1997.2　①4-272-43051-3

◇アインシュタイン劇場　金子務著　青土社　1996.9　①4-7917-5475-1
＊神の物理学を構築しようとした20世紀の天才的ユダヤ人、アインシュタインの生身の息遣いと、研究や社会での葛藤を思想の地平を通して再現。20世紀科学の一大パノラマ。

◇アインシュタインの世界　フランソワーズ・バリバール著, 南條郁子訳　創元社　（「知の再発見」双書）　1996.7　①4-422-21119-6
＊類い稀な発想で相対性理論を編み出し、20世紀に革命を起こした天才物理学者の一生を、ユーモアに溢れた実生活での横顔をまじえて描き出す。また相対性理論そのものについても平易に解説し、科学の入門書としても最適。

◇世界人物逸話大事典　朝倉治彦, 三浦一郎編　角川書店　1996.6　①4-04-031900-1
＊歴史上の人物の生き生きとした人間像を伝えるエピソードを多数紹介する事典。日本人によく知られた人物1883人を見出しに掲載。

◇二人のアインシュタイン─ミレヴァの愛と生涯　デサンカ・トルブホヴィッチ＝ギュリッチ著、田村雲供訳, 伊藤典子訳　工作舎　1995.12　①4-87502-259-X

*ノーベル賞受賞理由となった光電効果の理論をはじめ、ブラウン運動の理論、特殊相対性理論など、アルベルト・アインシュタインを20世紀最大の科学者として決定づけた研究成果が公けにされた1905年。このめざましい実りは、アルベルトの妻であり、共同研究者でもあったミレヴァの協力があって、初めてもたらされたものだった。早すぎたセルビア人女性科学者、ミレヴァ・アインシュタイン＝マリッチ（1875 - 1948）の凄絶な魂の浄化の物語り。

◇世界の伝記 1 アインシュタイン 瀬川昌男著 ぎょうせい 1995.2 ①4-324-04378-7

◇素顔のアインシュタイン マイケル・ホワイト，ジョン・グリビン著，仙名紀訳 新潮社 1994.4 ①4-10-528001-5
 *ユダヤ人としての出自。劣等生の少年時代。相対性理論の波紋。離婚。ナチスの迫害とアメリカ亡命。原爆開発との関わり。新進物理学者への無理解。平和運動。運命の荒波にもまれ、2度の世界大戦に弄ばれ、様々な事件に彩られたアインシュタイン76年の生涯を、あますところなく描いた決定版バイオグラフィ。

◇天才たちは学校がきらいだった トマス・G.ウェスト著，久志本克己訳 講談社 1994.4 ①4-06-154208-7

◇アインシュタイン博物館 杉元賢治著 丸善 1994.3 ①4-621-03892-3
 *20世紀最大の物理学者アインシュタインの足跡を芸術作品とユニークなエピソードでつづる。アインシュタインをめぐる科学者や家族の知られざる姿も浮き彫りにし彼らの生きた"物理学の黄金時代"を振り返る。世界中に散らばった肖像画、彫刻、切手、銅像、新聞記事などからアインシュタインが当時の人々にいかにインパントを与えたかがうかがえる。

◇裸のアインシュタイン―女も宇宙も愛しぬいた男の大爆発 ロジャー・ハイフィールド，ポール・カーター著，古賀弥生訳 徳間書店 1994.3 ①4-19-860088-0
 *この科学者には常識も定義も通じない。ただ宇宙と女を愛するのみ。狭い地球にゃ住み飽きた、いまこそ時空を超えてグッドラック。

◇アインシュタインの時代―物理学が世界史になる アーミン・ヘルマン著，杉元賢治訳，一口捷二訳 地人書館 1993.12 ①4-8052-0454-0

◇アインシュタインの世界―天才物理学者に関する60の疑問 図解HUMAN ATLAS 三品隆司，studio HETERO編 PHP研究所 1993.11 ①4-569-54138-0
 *科学者、理想家、芸術家…。様々な顔を持つ、愛すべき天才物理学者の謎に、ビジュアルで迫る。人生の軌跡とその理論。

◇アインシュタイン 愛の手紙 アルバート・アインシュタイン，ミレヴァ・マリッチ著，ユルゲン・レン，ロバート・シュルマン編，ショーン・スミス英訳，大貫昌子訳 岩波書店 1993.10 ①4-00-000058-6
 *これらの手紙は1986年、アインシュタイン文書集編纂作業のなかで発見された。物理学の〈奇蹟の年〉、相対論など三論文が発表された1905年直前の時期を語る資料として、私的な歳月の公的な意味が、あたらしく問い直されるようになった。19世紀スイスの保守的な社会を背景に展開されるロマンスは波乱にみちている。家族の反対、職探し、私生児誕生とあいつぐ試練に立ち向かう、やんちゃで不敵な若者と知的なセルビア人の妻―。知られざる蜜月時代に、はじめての光をあてる。

◇アインシュタイン―はじめて宇宙の果てまで見た男 長谷邦夫著，フジオプロ著 ダイヤモンド社 （Diamond comics） 1992.10 ①4-478-30041-0

◇天才たちの死―死因が語る偉人の運命 ハンス・バンクル著，関田淳子，後藤久子，柳沢ゆりえ，杉村園子共訳 新書館 1992.8 ①4-403-24037-2
 *難聴だけでなく、消化不良にも悩まされていたベートーヴェン、高血圧で不眠症だったレーニン、ヘビースモーカーのフロイト、幼いころから病弱だったケネディ。心身の病と闘う歴史

アインシュタイン

上の人物たちの姿に病理学者の視点から光をあて、彼らの隠された素顔を浮かびあがらせる。

◇私は神のパズルを解きたい——アインシュタイン・ドキュメント　NHKアインシュタイン・プロジェクト編　哲学書房　1992.2　①4-88679-052-6

◇学校ぎらいの天才たち　日本テレビ放送網　（知ってるつもり?!）　1992.1
①4-8203-9142-9
＊学校時代、必ずしも優等生でなかった天才たち—。人生の葛藤をこえ、才能を開花させた彼らの足跡をたどる。

◇セカンド・クリエイション　上　素粒子物理学を創った人々　ロバート・P.クリース，チャールズ・C.マン著，鎮目恭夫，林一，小原洋二訳　早川書房　1991.12
①4-15-203501-3
＊19世紀末から現在に至るまでの素粒子物理学の足跡を、多くの資料とインタビューをもとに描く。19世紀末から現在にいたるまでの物理学の進歩を一望のもとに収め、さまざまな科学者たちの人間像に光を当てた大著、待望の翻訳。

◇(NHK)アインシュタイン・ロマン　第5巻　E＝mc2隠された設計図　科学技術論　NHKアインシュタイン・プロジェクト著　日本放送出版協会　1991.11
①4-14-008772-2

◇アインシュタイン　矢野健太郎著　講談社　（講談社学術文庫）　1991.10
①4-06-158991-1
＊相対性理論を創出して現代物理学を飛躍的に発展させた天才、アルベルト・アインシュタイン。本書は、若き数学者としてアインシュタインに師事した著者が、敬愛をこめてその生涯と思想を語り、相対性理論を平易に解説したものである。特殊相対性理論、ブラウン運動の理論、一般相対性理論、統一場理論など、アインシュタインの代表的論文をすべて初出雑誌から新訳してこの一冊に収録した画期的な労作。

◇アインシュタインと相対性理論　D.J.レイン著，岡部哲治訳　玉川大学出版部　（原図で見る科学の天才）　1991.10
①4-472-05801-4
＊アインシュタインは宇宙の神秘を解き明かす研究をしただけでなく、自己の信念に基づいた政治的・社会的運動にも力を注いだ。ドイツのナチズムの体制に抵抗してシオニズムに名をかしたり、あるいは原爆禁止のキャンペインを行ったりしたのはその例である。このノーベル賞受賞者である物理学者＝アインシュタインを紹介するにあたって、D.J.レイン博士は、アインシュタインの人となりとともに、その業績をもとりあげ、相対論、宇宙論、量子物理学を簡明で生き生きとした言葉で解説している。

◇アインシュタインの遺産—時空統一への挑戦　ジュリアン・シュウィンガー著，戸田盛和，米山徹訳　日経サイエンス社，日本経済新聞社〔発売〕　1991.9
①4-532-52005-3
＊アインシュタインは何を考え伝えようとしたか。20世紀物理学の最大の偉業「相対性理論」。この理論はどのような科学的背景から生まれたか。アインシュタインの人となりと考え方。相対性理論の実験的検証と現代物理学とのかかわり。ノーベル賞に輝く著者J・シュウィンガーが相対性理論の現代的な意味を解説する。

◇アインシュタインを発見した日　中原夏夫著　エスエル出版会　1991.8

◇未知への旅立ち—アインシュタイン新自伝ノート　金子務編訳　小学館　（小学館ライブラリー）　1991.8　①4-09-460008-6
＊死の3か月前に書かれた自伝スケッチ、妹マヤが幼い日々を語ったメモワール、秘書の日記など、日本のアインシュタイン研究の第一人者が本邦初訳の資料で、20世紀の巨人を浮き彫りにした好著。

◇NHK　アインシュタイン・ロマン　3　光と闇の迷宮　量子力学のミステリー　NHKアインシュタイン・プロジェクト著　日本放送出版協会　1991.6　①4-14-008770-6
＊「光は波であり、かつ粒である」。自ら量子力学成立の発端を作りながらも、アインシュタインはこの量子力学の絶対的矛盾に疑問を抱き、生涯、量子力学者たちと対決し続けた。〈光〉—そのミク

ロの物質の振る舞いに、"20世紀最大の科学者"は困惑と苦悩の渦中をさまよい、そして挑戦する。人間の叡知の象徴である光の本質とは何か？　現代物理学の成果を巧みなたとえ話や解釈によってやさしく説く〈光の謎物語〉。

◇アインシュタイン・アドベンチャー――素顔にみる真実の生涯　杉元賢治著　（京都）現代数学社　1991.6　①4-7687-0304-6

◇NHKアインシュタイン・ロマン　2　考える＋翔ぶ！「相対性理論」創造のプロセス　NHKアインシュタイン・プロジェクト編　日本放送出版協会　1991.5　①4-14-008769-2
＊相対性理論はどのようにして生まれたのか。既成概念や常識といったものから、アインシュタインは生涯自由であった。常識にとらわれない発想と強靭な忍耐力が、特殊相対性理論、そして一般相対性理論を生んだ。相対性理論に至る波乱にとんだ道程でアインシュタインは何を見たのか。彼の残した小さなスケッチ画から解きあかされる思考の仕組みとは何か。相対性理論の創造過程を類書にない分りやすさで描く知的ドキュメント。

◇アインシュタイン講演録　〔新装版〕　石原純著，岡本一平画　東京図書　1991.5　①4-489-00359-5
＊1992年の末、約1カ月半にわたり来日したアインシュタインが各地を訪れ講演したその内容と、自らの筆による日本感想記、岡本一平の漫画と文章などで構成されたこの本は、日本におけるアインシュタインの足跡を記した記録である。

◇NHK アインシュタイン・ロマン　1　黄泉の時空から　天才科学者の肖像　NHKアインシュタイン・プロジェクト著　日本放送出版協会　1991.4　①4-14-008768-4
＊5歳のとき、父親から与えられたコンパスからすべては始まった。26歳での光量子説の提唱と特殊相対性理論の完成、36歳での一般相対性理論の完成――その創造の秘密はどこにあるのか？　地球市民としての意識とユダヤ人としてのアイデンティティに揺れながら、原爆開発に理論と実践でかかわった天才科学者の苦脳と懺悔、…。神のパズルに挑んだ人間アインシュタインの〈知の迷路〉を解き明かす。

◇アインシュタインの天使――はじめに落下ありき　金子務著，荒俣宏著　哲学書房　1991.4　①4-88679-049-6

◇アインシュタイン・ショック　1　大正日本を揺がせた四十三日間　〔新装版〕　金子務著　河出書房新社　1991.4　①4-309-22196-3
＊大正デモクラシー下の日本列島を吹きぬける熱狂的なアインシュタイン旋風――。身に危険のせまる欧州をあとに遙かな旅にでた時代の寵児と大正日本の出会いの衝撃―大正11年。プリンストン大学に眠る「訪日日記」を遂に発掘して現代史と伝記の空白を埋める感動的ノンフィクション。第3回サントリー学芸賞受賞。

◇アインシュタイン・ショック　2　日本の文化と思想への衝撃　〔新装版〕　金子務著　河出書房新社　1991.4　①4-309-22197-1
＊アインシュタインの眼に映る魅惑的な東洋日本。若き日本を背負う俊英たちとの熱い交流――。日本列島縦断講演とその稀有な人間性に対する各界の多彩な反応と影響…そして…原爆。科学革命が大正・昭和の文化と思想に与えた衝撃の拡りを初めて社会史的に追求したノンフィクション。第3回サントリー学芸賞受賞。

◇青春のアインシュタイン――創造のベルン時代　M.フリュキガー著，金子務訳　東京図書　1991.4　①4-489-00356-0
＊天才科学者をグループ型と孤高型に分けて、アインシュタインを孤高型に入れるのが通例のパターンのようだが、事はそれほど単純ではない。スイス時代の驚くべき創造期に的をしぼって、特徴をうがった初出のエピソードや手紙類で描いた力作。

◇素顔のアインシュタイン　ヘレン・デュカス，バネシュ・ホフマン編，林一訳　東京図書　1991.4　①4-489-00357-9
＊アインシュタインの手紙の抜粋集。有名、無名の相手に宛てたさまざまな言

葉は、彼のユーモラスでナイーブな人柄を背景に、人生、宗教、愛、学問などについてつぶさに語り、素顔のアインシュタインを知る上で、またとない読物となっている。

◇アインシュタイン——創造と反骨の人　バネシュ・ホフマン，ヘレン・ドゥカス著，鎮目恭夫，林一訳　河出書房新社　1991.3
①4-309-22194-7
＊ユダヤ人虐殺、原爆投下と、激しくゆれ動く時代の中で、真理と自由のため闘いぬいた一人の天才科学者の生涯と思想。相対性理論へのやさしいアプローチとしても読める伝記。

◇アインシュタインの部屋——天才たちの奇妙な楽園　上　エド・レジス著，大貫昌子訳　工作舎　1990.9　①4-87502-171-2
＊相対性理論、量子力学、原子爆弾、コンピュータ…。20世紀を事件にした天才科学者が集う〈インテリのホテル〉プリンストン高等学術研究所とは何か？　アインシュタインをその玉座にすえ、ゲーデル、フォン・ノイマン、オッペンハイマーら形相のオリンポスに君臨する神々が饗宴する、「偉大な時代」の年代記。

◇アインシュタインの部屋——天才たちの奇妙な楽園　下　エド・レジス著，大貫昌子訳　工作舎　1990.9　①4-87502-172-0
＊アインシュタインを継ぐのは誰か？　宇宙「泡」理論、フラクタル、超弦理論…。ダイソン、マンデルブロ、そして若き科学者たちが、宇宙を司る「究極の理論」に挑戦。天才たちのユニークな素顔と、驚くべき発見の数々がプリンストン高等学術研究所を舞台に展開する。21世紀科学の予感。

◇アインシュタインはなぜアインシュタインになったのか　金子務著　平凡社　（平凡社 自然叢書）　1990.4　①4-582-54614-5
＊相対性理論をはじめ多くの分野に前人未踏の力技を見せた20世紀最大の天才物理学者。音楽と子供をこよなく愛し、正義と平和を追い求めた世界人。若き日の創造と愛の軌跡に、人間アインシュタインの原点を探る。

▌アヴィケンナ　Avicenna
⇒イブン・シーナー

▌アヴェロエス　Averroës
⇒イブン・ルシュド

▌アウグスティヌス
Augustinus, Aurelius
354〜430　4・5世紀、初期西方キリスト教会最大の教父。ヒッポの司教。主著に「告白」「神の国」など。

◇アウグスティヌス——「心」の哲学者　出村和彦著　岩波書店　（岩波新書 新赤版）　2017.10　①978-4-00-431682-4

◇アウグスティヌスとトマス・アクィナス　新装版　エティエンヌ・ジルソン，フィロテウス・ベーナー著，服部英次郎，藤本雄三訳　みすず書房　2017.9
①978-4-622-08656-7

◇覚えておきたい人と思想100人　スマート版——世界の思想家ガイドブック　本間康司絵・文，越田年彦執筆・監修　清水書院　2016.8　①978-4-389-50050-4

◇アウグスティヌス　新装版　宮谷宣史著　清水書院　（Century Books　人と思想）　2016.6　①978-4-389-42039-0

◇アウグスティヌス　宮谷宣史著　清水書院　（Century Books　人と思想）　2013.5　①978-4-389-41039-1
＊アウグスティヌスの生涯と思想を、とくに愛の体験と思想を丁寧に辿っていく。たとえば、彼は『告白録』のなかで、時間論、人間の意志や誘惑等の問題を詳細に論じ、現代の読者にも多くの刺激を与えている。また自らの生涯を、その内面を、愛と善悪を、この上なく率直に美しい文体で告白することにより、人間の存在そのものを深く正確に描き出している。

◇ソクラテスからデカルトまで　山本新著　北樹出版　2012.7　①978-4-7793-0341-8

◇はじめてのアウグスティヌス　S.A.クーパー著，上村直樹訳　教文館　2012.1
①978-4-7642-6692-6

アウグスティヌス

＊古代キリスト教世界における最大の教父アウグスティヌスはいったいどんな人間だったのか？ 主著『告白』を通して彼の生涯と思想を学ぶ。

◇アウグスティヌス　新装版　服部英次郎著　勁草書房　2011.5　①978-4-326-19832-0
＊世界史の大きな転回期を時代の激動と共に生き、中世ヨーロッパに決定的影響を与えるキリスト教的世界観を作り上げたその思想を読み解く。

◇アウグスティヌスと東方教父—キリスト教思想の源流に学ぶ　谷隆一郎著　九州大学出版会　2011.4　①978-4-7985-0048-5

◇キリスト教入門—歴史・人物・文学　嶺重淑著　日本キリスト教団出版局　2011.3　①978-4-8184-0770-1

◇西洋哲学の誕生　佐藤康邦, 三嶋輝夫編著　放送大学教育振興会, 日本放送出版協会〔発売〕　（放送大学教材）　2010.3　①978-4-595-31189-5

◇ローマ帝国とアウグスティヌス—古代末期北アフリカ社会の司教　長谷川宜之著　東北大学出版会　2009.3　①978-4-86163-109-2

◇アウグスティヌス『告白』—〈わたし〉を語ること…　松崎一平著　岩波書店　（書物誕生　あたらしい古典入門）　2009.1　①978-4-00-028288-8
＊梨盗み、女性との同棲と離別、マニ教への傾倒—多感な青年時代、人生の海を漂流したすえに、ついに回心にいたった"わたし"。この稀有な自伝からは、アウグスティヌスが、そしてかれとともに生きたひとびとが、さまざまなことばをわたしたちに語りかけてくる。それは、「荒波さわぐ人間の社会」のまっただなかにあって、「愛」によってむすばれる共同体をつくろうとしたひとびとの声だ。キリスト教の時代に誕生した「あたらしい叙事詩」として、『告白』を丹念に読みほどく。

◇アウグスティヌスと古代教養の終焉　H.I.マルー著, 岩村清太訳　知泉書館　2008.6　①978-4-86285-033-1
＊ギリシアの教養パイデイアが、ローマ世界に普及しラテン化するとともに、異教と神話に起源をもつ自由学芸が、キリスト教と融合していかに西欧中世へと移植可能になったか？ この問いに対しギリシア・ローマの教養を身につけそのキリスト教化を図った代表的人物アウグスティヌスの業績の具体的な分析を通して解明する。

◇ルネサンス思想の旅—美しい世界と人の探求　増補改訂版　酒井紀幸, 岩田圭一, 宮崎文典編著　早稲田大学文学学術院, トランスアート〔発売〕　（早稲田大学オンデマンド出版シリーズ）　2008.3　①978-4-88752-210-7

◇アウグスティヌス—キリスト教的古代と中世　復刊　トレルチ著, 西村貞二訳　新教出版社　（新教新書）　2008.1　①978-4-400-34110-9

◇聖アウグスティヌス　告白　上　服部英次郎訳　岩波書店　（ワイド版岩波文庫）　2006.7　①4-00-007271-4
＊ローマ時代末期の最大の神学者・思想家アウグスティヌス（三五四‐四三〇）が語る魂の遍歴。若き日の放縦な生活ののち故郷タガステからカルタゴ、ミラノを転々とし、宗教的にはマニ教の信者であった彼が回心を経験してキリスト者となった経緯を語り、罪深い生活から真の道へと導いてくれた神の恩寵を心からたたえる。

◇聖アウグスティヌス　告白　下　服部英次郎訳　岩波書店　（ワイド版岩波文庫）　2006.7　①4-00-007272-2
＊本巻所収の一〇～一三巻では、神の導きを得てとどまることなく真理を追求してゆく真摯な人間の姿が浮彫りにされるが、同時にその精神が到達し探りえた創造者と被創造物の世界が謙虚な、しかし自信に満ちた筆で描かれる。—「私の書のうち『告白』以上に知られ、愛されたものがあろうか」とアウグスティヌスはみずから語っている。

◇アウグスティヌスとその時代　金子晴勇著　知泉書館　2004.11　①4-901654-43-8

◇アウグスティヌス伝　下　ピーター・ブラウン著, 出村和彦訳　教文館　2004.9

アウグスティヌス

①4-7642-7229-6
* 『告白録』にはないアウグスティヌスの後半生。ローマ帝国の衰亡から西欧中世へと劇的に変動する世界のなかで、『神の国』によって歴史の意味を問い、ドナティストやペラギウスとの論争を通して、カトリック教会の信仰を確立していく司教アウグスティヌスの心の変化をみごとに描く。

◇アウグスティヌス　宮谷宣史著　講談社（講談社学術文庫）　2004.8
①4-06-159671-3

◇時間と物語　1　物語と時間性の循環／歴史と物語　新装版　ポール・リクール著，久米博訳　新曜社　2004.8
①4-7885-0914-8
* 「時間は物語の様式で分節されるのに応じて人間的時間になる。そして物語は時間的存在の条件になるときに、その完全な意味に到達する」。このテーゼの豊かな含蓄を、アウグスティヌスの時間論とアリストテレスのミメーシス論を媒介に汲み尽くした著者畢生の成果。

◇哲学をきずいた人びと　1　ソクラテスからデカルトまで　山本新著　高文堂出版社　2004.5　①4-7707-0717-7

◇アウグスティヌス　H.チャドウィック著，金子晴勇訳　教文館　2004.2
①4-7642-6394-7

◇アウグスティヌス伝　上　P.ブラウン著，出村和彦訳　教文館　2004.2
①4-7642-7228-8

◇アウグスティヌス―＜私＞のはじまり　富松保文著　日本放送出版協会　（シリーズ・哲学のエッセンス）　2003.11
①4-14-009313-7
* 鏡に映るのは誰の顔か？　人間は神に似せて、神の"似像"として造られた。謎のように、おぼろげに、互いを鏡として映し合う私と神、そこに、近代的自我の淵源を探る。

◇物語　中世哲学史―アウグスティヌスからオッカムまで　ルチャーノ・デ・クレシェンツォ著，谷口伊兵衛，ジョバンニ・ピアッザ訳　而立書房　2003.11
①4-88059-308-7

◇聖霊の神学　小野寺功著　春風社　2003.7　①4-921146-81-0

◇アウグスティヌス　ギャリー・ウィルズ著，志渡岡理恵訳　岩波書店　（ペンギン評伝双書）　2002.10　①4-00-026764-7
* 初期キリスト教会最大の思想家にして、西欧カトリックの思想文化形成に計り知れない影響を与え続けたアウグスティヌス。帝政ローマ末期の激動の時代に生き、精神の遍歴を重ねつつ彼が問い続けたものは何か。『神の国』『告白』『三位一体』など膨大な著作のエッセンスを引証しつつ、その人となり・思想をさまざまな誤読から解放し、人間的な実像を時代背景とともに描き出したピュリッツァー賞受賞歴史家による力作。巻末に、「アウグスティヌスをめぐる臆断」（大平健）を併載。

◇哲学講義―見える世界と見えない世界　海老沢善一著　梓出版社　2002.10
①4-87262-010-0

◇アウグスティヌスの愛の概念　ハンナ・アーレント著，千葉眞訳　みすず書房　2002.2　①4-622-03112-4
* 自己と隣人と世界に対し自らの魂をどう位置づけるか？　ヤスパースとハイデガーの影響を受け、のちの思想的展開にみられるものを胚胎する幻のデビュー作。

◇聖アウグスチヌス　永井明著　サンパウロ　（アルバ文庫）　1999.2　①4-8056-4807-4

◇輝ける悪徳―アウグスティヌスの深層心理　茂泉昭男著　教文館　1998.9
①4-7642-6347-5
* 人間アウグスティヌスを探究する四つの断想。本書におさめられている四編は、ある特定の方法をもってアウグスティヌスの思想やその史的意義といったものを明らかにしようとした研究論文といったものではなく、むしろ、アウグスティヌスそのひとに目を向けてみようとしたものです。いわば、その時々のアウグスティヌスへの「断想」といったものです。

◇アウグスティヌスとトマス・アクィナス　新装　E.ジルソン，Ph.ベーナー著，服部

英次郎，藤本雄三訳　みすず書房　1998.6
①4-622-04926-0
＊ローマ帝国没落のさなか、キリスト教思想形成期に生きたアウグスティヌスと、中世キリスト教界の円熟期に生きたトマス・アクィナス―対照的な個性の相違をもってヨーロッパ精神史に聳えるこの二人の思想が目ざしたものは何であったのか。中世哲学史の碩学による本書は、テキストに即して両者の思考過程をたどりつつ、現代におけるその意義を描き出す。

◇アウグスティヌス　新装版　服部英次郎著　勁草書房　1997.11　①4-326-19832-X

◇中世のカリスマたち―八人の指導者の葛藤と選択　ノーマン・F.キャンター著，藤田永祐訳　法政大学出版局　（りぶらりあ選書）　1996.10　①4-588-02179-6
＊演劇の構成で描く聖俗の指導者たち。その到来から終末まで、個性豊かな人物を通して読む中世世界のドラマ。人物伝による中世への誘い。

◇アウグスティヌス講話　山田晶著　講談社　（講談社学術文庫）　1995.7
①4-06-159186-X
＊キリスト教神学の基礎を築いた古代ローマ末期の教父・アウグスティヌス。その青年時代は、放蕩無頼だったとする通説を、筆者は名筆『告白』の鋭い読解により覆し、子供までもうけて離別した内縁の女性こそ、アウグスティヌスに最も大きな影響を与えた人物と説く。「創造と悪」の章では、アウグスティヌスと道元の思想の共通点を指摘し、キリスト教と仏教の接点をも示した。キリスト教理解のための必読書。

◇聖アウグスティヌス―霊性の大家 思想と生涯　アンリ・I.マロー著，長戸路信行訳　中央出版社　1994.1　①4-8056-4782-5

◇アウグスティヌス　H.チャドウィック著，金子晴勇訳　教文館　（コンパクト評伝シリーズ）　1993.12　①4-7642-1052-5

◇アウグスティヌスを学ぶ人のために　金子晴勇編　（京都）世界思想社　1993.12
①4-7907-0487-4
＊初代キリスト教会最大の教父アウグス

ティヌスの著作を精細に分析し、認識、時間、創造、人間、倫理、社会等に及ぶ哲学・神学思想を概観することにより、その歴史的・現代的意義を追究する。原典資料を駆使してアウグスティヌスの全体像に迫る。

◇アウグスティヌス―その生涯と思想　松田禎二著　行路社　1993.10

◇キリスト者・聖アウグスティヌス―キリスト教的雄弁家論　家入敏光著　エンデルレ書店　1990.3　①4-7544-0016-X

アウグストゥス
Augustus, Gaius Octavius

前63～後14　オクタウィアヌスとも。前1世紀、ローマ帝国の初代皇帝（在位前27～後14）。元老院からアウグストゥスの称号を受け、帝政を開始。属州統治・都市整備に努めた。

◇30の「王」からよむ世界史　本村凌二監修，造事務所編著　日本経済新聞出版社　（日経ビジネス人文庫）　2018.6
①978-4-532-19863-3

◇ローマ皇帝伝　上　スエトニウス著，国原吉之助訳　岩波書店　（岩波文庫）　2018.5　①4-00-334401-4
＊カエサル（シーザー）からドミティアヌス帝まで、帝政ローマに君臨した元首12人の伝記集。著者スエトニウス（70頃－130頃）は皇帝付きの秘書官。公文書のみならず、同時代の世評・諷刺・落書の類まで細大もらさず渉猟し、ふんだんに散りばめられた逸話は皇帝の知られざる個人生活にまで及ぶ。本邦初の完訳版。（全2冊）

◇アウグストゥス―ローマ帝国のはじまり　アントニー・エヴァリット著，伊藤茂訳　白水社　2013.8　①978-4-560-08298-0
＊ユリウス・カエサルの後継者として、18歳で政治の表舞台に登場。血塗られた抗争を勝ち抜き、綿密な知性と忍耐力を武器に帝国の統治システムをつくり上げた、激動の生涯を描く。

◇この1冊でよくわかる！　ローマ帝国　金森誠也監修　日本文芸社　2012.5

①978-4-537-25942-1
◇世界一わかりやすいローマ人の歴史　森実与子著　新人物往来社　(新人物文庫)　2011.12　①978-4-404-04115-9
◇ローマ帝国と皇帝たち　ニック・マッカーティ著, 本村凌二日本語版総監修　原書房　(シリーズ絵解き世界史)　2007.11　①978-4-562-04082-7
　＊建国伝説からカルタゴとの死闘、帝国の拡大とカエサル、アウグスティヌスの偉業…。ローマ帝国の興亡と華やかで高度な文化をドラマティックにフルカラーで「再現」。
◇ローマ帝国　阪本浩著　ナツメ社　(図解雑学)　2006.4　①4-8163-4079-3
　＊現代の文明は、ローマ帝国という礎のうえに成り立っています。それゆえにローマの歴史は、多くの人たちによって研究がすすめられ、いまなお、新しい事実が明らかになっています。本書も、最新の研究にもとづいて、ローマ史の中心的な人物の政治的な判断や行動、ライバルとの対立の様子などを詳細に解説しました。また、歴史を決定づけた代表的な戦いについても、指揮官たちの移動や戦略などを丁寧に解説しました。そして、英雄と呼ばれた人々の実像や歴史的な美談の裏話もふんだんに紹介しています。
◇パクス・ロマーナ　上　塩野七生著　新潮社　(新潮文庫　ローマ人の物語)　2004.11　①4-10-118164-0
◇パクス・ロマーナ　中　塩野七生著　新潮社　(新潮文庫　ローマ人の物語)　2004.11　①4-10-118165-9
◇パクス・ロマーナ　下　塩野七生著　新潮社　(新潮文庫　ローマ人の物語)　2004.11　①4-10-118166-7
◇アウグストゥスの世紀　ピエール・グリマル著, 北野徹訳　白水社　(文庫クセジュ)　2004.2　①4-560-05872-5
◇歴史を動かした「独裁者」―「強大な権力」はいかに生まれ、いかに崩壊したか　柘植久慶著　PHP研究所　(PHP文庫)　2003.9　①4-569-66058-4

◇世界人物逸話大事典　朝倉治彦, 三浦一郎編　角川書店　1996.6　①4-04-031900-1
　＊歴史上の人物の生き生きとした人間像を伝えるエピソードを多数紹介する事典。日本人によく知られた人物1883人を見出しに掲載。

アウラングゼーブ
Aurangzēb, Mohī al-Dīn Mohammed
1618～1707　17・18世紀、インド、ムガール帝国第6代皇帝(在位1658～1707)。帝国の版図を最大にしたが、ジズヤ(人頭税)がヒンズー教徒の反発を招いた。

◇ムガル帝国の興亡　アンドレ・クロー著, 岩永博監訳, 杉村裕史訳　法政大学出版局　(イスラーム文化叢書)　2001.3　①4-588-23803-5

アウン・サン　Aung San
1915～1947　20世紀、ビルマの政治家、独立運動指導者。タキン党の指導者。第二次大戦後の1948年に独立を達成。

◇ビルマ独立への道―バモオ博士とアウンサン将軍　根本敬著　彩流社　(15歳からの「伝記で知るアジアの近現代史」シリーズ)　2012.4　①978-4-7791-1731-2
◇抵抗と協力のはざま―近代ビルマ史のなかのイギリスと日本　根本敬著　岩波書店　(戦争の経験を問う)　2010.6　①978-4-00-028376-2
　＊植民地期のビルマに生きた政治・行政エリートは、宗主国イギリス、占領者日本にどう向き合い、いかに独立を達成したのか。初代首相バモオ、国民的英雄アウンサン、その「暗殺者」ウー・ソオ、そしてコミュニストやエリート官僚たちの歩みをたどり、「抵抗」か「協力」かではとらえきれない、彼らのしたたかなナショナリズムから、近代ビルマ史を論じなおす。
◇ビルマ独立に命をかけた男たち　遠藤順子著　PHP研究所　2003.8　①4-569-63058-8
◇アウン・サン―封印された独立ビルマの夢　根本敬著　岩波書店　(現代アジアの

肖像）　1996.7　Ⓘ4-00-004868-6
◇アジアの独立と「大東亜戦争」　西岡香織著　芙蓉書房出版　1996.4
Ⓘ4-8295-0162-6
＊「白人植民地帝国」崩壊に日本軍諜報機関はどうかかわったのか。独立の英雄アウンサン、チャンドラ・ボースの足跡は…。"光は東方から"「アジア」の視点で"あの戦争"を再検証する。
◇アウンサン将軍と三十人の志士—ビルマ独立義勇軍と日本　ボ・ミンガウン著, 田辺寿夫訳編　中央公論社　（中公新書）1990.7　Ⓘ4-12-100980-0
＊祖国独立を夢見るアウンサン以下30人は、南機関の手により、秘かにビルマを脱出し、日本に向かった。行く手には、各地での厳しい軍事訓練が待っていたが、30人は、国民性の違いが生むさまざまな戸惑いと障害を、アウンサン統率のもと若い情熱によって克服し、日本軍のビルマ進攻に義勇軍を結成して参戦、イギリス統治下の祖国奪還に成功した。しかし、この後、ビルマは真の独立を目指して日本軍に対する一斉蜂起を敢行した。

アウン・サン・スー・チー
Aung San Suu Kyi
⇒スー・チー

アギナルド　Aguinaldo, Emilio
1869〜1964　19・20世紀、フィリピン革命の最高指導者。1899年1月、マローロス憲法を発布しフィリピン共和国を樹立。初代大統領に選ばれる。
◇フィリピン独立の祖 アギナルド将軍の苦闘　渡辺孝夫著　福村出版　2009.11
Ⓘ978-4-571-31017-1
◇あぎなるど—フィリッピン独立戦話　山田美妙著　中央公論社　（中公文庫）1990.8　Ⓘ4-12-201732-7
＊300余年にわたるスペインの圧政下にあったフィリッピン。祖国の窮状を憂い改革運動を推進した文学者であり思想家であったリサールの処刑を機に、独立運動は激化し、1896年、アギナルドは革命政府の大統領となる。しかし、予期せぬアメリカの領有に、再び対米抗争を展開、独立軍は四散する。非運の革命家アギナルドに心を寄せた本書は、小説文の口語化など明治新文学形成期の文壇で孤高に生き、特異な批評家としても高名な著者の明治30年代における思想と行動を示す稀有の作である。

アキノ，コラソン
Aquino, Corazon Cojuangco
1933〜2009　20世紀、フィリピンの政治家、第7代大統領（在任1986〜1992）。ベニグノ・アキノ夫人。マルコス政権後の民主化を主導。
◇現代世界の女性リーダーたち—世界を駆け抜けた11人　石井貫太郎編著　ミネルヴァ書房　2008.5　Ⓘ978-4-623-04994-3
◇アジアの女性指導者たち　山崎朋子編著　筑摩書房　1997.7　Ⓘ4-480-86304-4
＊物語 アジアをつくる女たち。各国の代表的女性リーダー10人の肖像を生き生きと描きつつ、近現代のアジアの女たちの状況と課題を浮き彫りにする。第一線の研究者・ジャーナリストによる、全編書下ろし。

アクバル
Akbar, Jalāl ud-Dīn Muhammad
1542〜1605　16・17世紀、インド、ムガール帝国第3代皇帝（在位1556〜1605）。北インド全域を支配。ジズヤ（人頭税）を廃止する融和政策をとった。
◇本当は偉くない？ 世界の歴史人物—世界史に影響を与えた68人の通信簿　八幡和郎著　ソフトバンククリエイティブ　（ソフトバンク新書）　2013.8
Ⓘ978-4-7973-7448-3
＊古代から現代に至るまで、よく知られた帝王や政治家を68人選び、それぞれが世界史の中で果たした役割を、「偉人度」と「重要度」の2つの側面から10点満点で評価。世界史において偉人とされている人物たちの実像に迫る。

◇ムガル帝国の興亡　アンドレ・クロー著，岩永博監訳，杉村裕史訳　法政大学出版局（イスラーム文化叢書）　2001.3
①4-588-23803-5

アークライト
Arkwright, Sir Richard
1732～1792　18世紀、イギリスの発明家、企業家。水力を用いた紡績機械を発明。産業革命の先駆となった。

◇世界を変えた素人発明家　志村幸雄著　日本経済新聞出版社　（日経プレミアシリーズ）　2012.2　①978-4-532-26153-5

◇一世を風靡した事業家たち―アークライト／大河内政敏／タウンズ／ディズニー　竹内均編　ニュートンプレス　（竹内均・知と感銘の世界）　2003.7　①4-315-51692-9

アジェンデ
Allende Gossens, Salvador
1908～1973　20世紀、チリの政治家、大統領（1970～1973）。1970年左翼統一候補として大統領に当選。ピノチェト将軍らのクーデターにより死亡。

◇世界伝記大事典　世界編 1～12　編集代表：桑原武夫　ほるぷ出版　1980.12～1981.6

アショーカ王　Ashoka
在位：前268頃～前232頃　前3世紀、インド、マウリヤ朝第3代の王（在位前268頃～232頃）。漢字表記は阿育王。インド全土の大部分を統一した最初の王。

◇本当は偉くない？世界の歴史人物―世界史に影響を与えた68人の通信簿　八幡和郎著　ソフトバンククリエイティブ　（ソフトバンク新書）　2013.8
①978-4-7973-7448-3
＊古代から現代に至るまで、よく知られた帝王や政治家を68人選び、それぞれが世界史の中で果たした役割を、「偉人度」と「重要度」の2つの側面から10点満点で評価。世界史において偉人とされている人物たちの実像に迫る。

◇インド仏教人物列伝―ブッダと弟子の物語　服部育郎著　大法輪閣　2012.1
①978-4-8046-1329-1

◇ダメ人間の世界史―ダメ人間の歴史 vol 1　引きこもり・ニート・オタク・マニア・ロリコン・シスコン・ストーカー・フェチ・ヘタレ・電波　山田昌弘、麓直浩著　社会評論社　2010.3　①978-4-7845-0976-8

◇井沢元彦の英雄の世界史　井沢元彦著　広済堂出版　（広済堂文庫）　2008.5
①978-4-331-65428-6

◇世界の英雄・偉人伝―もう一度、読み直すと面白い　歴史の謎を探る会編　河出書房新社　（KAWADE夢文庫）　2006.3
①4-309-49607-5
＊アショーカ王って、どこで何をした人だっけ？米大統領ジェファソンって、え～っと？…など、名前だけは覚えている、世界史の超有名50人を簡潔にクローズアップ。

◇井沢元彦の英雄の世界史　井沢元彦著　広済堂出版　2004.12　①4-331-51076-X

◇まんが大乗仏教 インド編・西域編　塚本啓祥監修、瓜生中脚本、芝城太郎作画　佼成出版社　2003.2　①4-333-00637-6

◇世界人物逸話大事典　朝倉治彦，三浦一郎編　角川書店　1996.6　①4-04-031900-1
＊歴史上の人物の生き生きとした人間像を伝えるエピソードを多数紹介する事典。日本人によく知られた人物1883人を見出しに掲載。

◇アショーカ王物語　ひろさちや原作，森村たつお漫画　鈴木出版　（仏教コミックス）　1994.4　①4-7902-1937-2
＊紀元前三世紀インドのマウリヤ王家の王子として生を受けたアショーカ王。しかし、生まれつきの階級の低さと、醜さのため周囲から疎まれて育ちその代償として殺戮を繰り返すという残忍な性格であった。ある日、王は平和と平等を説く仏教に触れて深く帰依し、武力による統治から法（真理）による統治を目指し、仏教を厚く保護する。数々の事業を遂行し後世に名を残すアショーカ王の生涯をドラマチックに描く。

アタナシウス　Athanasius, Magnus
295頃〜373　3・4世紀、アレクサンドリアの司教、神学者。ニカイア公会議で三位一体説を唱え、カトリックの正統教義を確立。

◇世界伝記大事典　世界編1〜12　編集代表：桑原武夫　ほるぷ出版　1980.12〜1981.6

アダム・シャール　Adam Schall von Bell
1591〜1666　湯若望（とうじゃくぼう）とも。16・17世紀、ドイツ人のイエズス会士。中国布教に従事。中国名は湯若望。

◇人物中国の歴史　8　陳舜臣編　集英社（集英社文庫）　1987.8　①4-08-751070-0
＊"蒼い狼"と呼ばれたチンギス・ハンがユーラシア大陸を席捲し、やがて5代目のフビライ汗が中国を制圧して、元王朝をたてる。しかし百年後、さしもの元王朝も農民出身の朱元璋によって亡ぼされ、明王朝が成立した。明王朝は南海貿易をとおして諸外国との交流をはかるが、一方、布教のために渡来した伝道師らによってヨーロッパ文明が流入した。

アダム・スミス　Adam Smith
アダム
⇒スミス，アダム

アッシジのフランチェスコ
Francesco d'Assisi, St.
⇒フランチェスコ

アッバース1世　'Abbās I
1571〜1629　16・17世紀、ペルシアのサファビー朝第5代王（在位1587〜1629）。サファビー朝の最盛期を生む。

◇アッバース大王—現代イランの基礎を築いた苛烈なるシャー　デイヴィッド・ブロー著，角敦子訳　中央公論新社（INSIDE HISTORIES）　2012.6　①978-4-12-004354-3
＊大量処刑や反乱の弾圧で、シーア派宗教指導者による権威の保障と強力な中央集権体制を実現したアッバース一世。「大王」の生涯とその影響を、資料を駆使して描破する。

アデナウアー　Adenauer, Konrad
1876〜1967　20世紀、ドイツの政治家。ドイツ連邦共和国の初代首相（1949〜1963）。

◇アデナウアー—現代ドイツを創った政治家　板橋拓己著　中央公論新社（中公新書）　2014.5　①978-4-12-102266-0
＊第2次世界大戦の敗北により、人心・国土とも荒廃したドイツ。その復興を担ったのが、73歳で首相に就任、14年間その座にあったアデナウアーである。戦前、ケルン市長として活躍した彼だが、ナチに迫害され引退。戦後、保守政党を率い、「復古」「反動」のレッテルを貼られながらも、常に自国のナショナリズムを懐疑し、米仏などとの「西側結合」に邁進、ユダヤ人との「和解」にも挑んだ。「国父」と呼ばれる保守政治家の生涯。

◇指導者とは　リチャード・ニクソン著，徳岡孝夫訳　文芸春秋（文春学芸ライブラリー）　2013.12　①978-4-16-813009-0

◇欧米政治外交史—1871〜2012　益田実，小川浩之編著　ミネルヴァ書房　2013.3　①978-4-623-06558-5

◇ナチス時代　ドイツ人名事典　新版　ロベルト・S.ヴィストリヒ著，滝川義人訳　東洋書林　2002.10　①4-88721-573-8
＊ヒトラー支配下のドイツに深いかかわりをもった政治家・軍人・実業家・知識人・芸術家・教会関係者・レジスタンスの闘士等、多種多様な分野の人物を精選し、経歴やナチスとのスタンスなどを記載。

◇アデナウアーとドイツ統一　小嶋栄一著　早稲田大学出版部　2001.3　①4-657-01516-8
＊ドイツはなぜ分断されたか。初代西ドイツ首相アデナウアーの統一構想を明らかにし、米ソなど占領国との政治的駆け引きをスリリングに描く。

アトリー　Attlee, Clement Richard
1883～1967　19・20世紀、イギリスの政治家。労働党党首、首相（在任1945～1951）。産業国有化と社会保障充実を推進。

◇赤いバラは散らない―英国労働党の興亡　谷藤悦史著　一芸社　2016.7
①978-4-86359-113-4

◇図説世界史を変えた50の指導者（リーダー）　チャールズ・フィリップス著，月谷真紀訳　原書房　2016.2
①978-4-562-05250-9

アブデュルハミト2世
'Abdu'l Ḥamit Ⅱ
1842～1918　19・20世紀、オスマン帝国第34代のスルタン（在位1876～1909）。ミドハト・パシャ起草の憲法を制定するが、露土戦争が起きると専制体制を復活。

◇世界伝記大事典　世界編1～12　編集代表：桑原武夫　ほるぷ出版
1980.12～1981.6

アブド・アッラフマーン3世
'Abd al-Raḥmān Ⅲ
891～961　9・10世紀、後ウマイヤ朝第8代の君主（在位912～961）。コルドバをイスラム文芸の中心地に発展させた。

◇世界伝記大事典　世界編1～12　編集代表：桑原武夫　ほるぷ出版
1980.12～1981.6

アブド・アルアジーズ　Àbd al-Àzīz
⇒イブン・サウード

アブー・バクル　Abū Bakr
573頃～634　6・7世紀、イスラム国家の初代カリフ（在位632～634）。ムハンマド没後の教団分裂の危機を克服。

◇世界伝記大事典　世界編1～12　編集代表：桑原武夫　ほるぷ出版
1980.12～1981.6

アベラール　Abélard, Pierre
1079～1142　11・12世紀、フランスの神学者、哲学者。著作「肯定と否定」。

◇キリスト教的学識者―宗教改革時代を中心に　E.H.ハービソン著，根占献一監訳　知泉書館　（ルネサンス叢書）　2015.2
①978-4-86285-205-2

◇エロイーズとアベラール―ものではなく言葉を　マリアテレーザ・フマガッリ＝ベオニオ＝ブロッキエーリ著，白崎容子，石岡ひろみ，伊藤博明訳　法政大学出版局　（叢書・ウニベルシタス）　2004.6
①4-588-00630-4

アマースト　Amherst, William Pitt
1773～1857　18・19世紀、イギリスの政治家、外交官。中国名、阿美士徳。

◇世界伝記大事典　世界編1～12　編集代表：桑原武夫　ほるぷ出版
1980.12～1981.6

アムンゼン　Amundsen, Roald
1872～1928　19・20世紀、ノルウェーの極地探検家。1903～06年に北極洋の北西航路を初通過に成功。

◇最後のヴァイキング―ローアル・アムンセンの生涯　スティーブン・R・バウン著，小林政子訳　国書刊行会　2017.5
①978-4-336-06151-5

◇世界の探検家列伝　竹内均著　ニュートンプレス　（竹内均知と感銘の世界）　2003.7　①4-315-51693-7

◇アムンゼン―極地探検家の栄光と悲劇　新装復刊　エドワール・カリック著，新関岳雄，松谷健二訳　白水社　2002.10
①4-560-03041-3

◇本多勝一集　第28巻　アムンセンとスコット　本多勝一著　朝日新聞社　1999.4　①4-02-256778-3
＊南極点初到達を競い、勝者は最高の栄誉を、敗者は全員遭難死した壮絶な闘いの物語。

◇世界人物逸話大事典　朝倉治彦，三浦一郎

編　角川書店　1996.6　①4-04-031900-1
＊歴史上の人物の生き生きとした人間像を伝えるエピソードを多数紹介する事典。日本人によく知られた人物1883人を見出しに掲載。

◇世界の伝記　2　アムンゼン　永井萠二著　ぎょうせい　1995.2　①4-324-04379-5

◇南極点　ローアル・アムンセン著，中田修訳　朝日新聞社　（朝日文庫）　1994.5　①4-02-261020-4
＊1911年12月14日。ノルウェーの探検家アムンセンが4人の隊員とともに犬ぞりを率い、人類初の南極点到達をなしとげた。イギリスのスコット隊に先立つこと34日。荒れ狂う雪あらし、ズタズタに裂けた氷河、凍傷、空腹。死の可能性を背負いながら勝ち抜いた感動の探検記。

◇南極点　ロアール・アムンセン著，中田修訳　（東久留米）ドルフィンプレス，オセアニア出版社〔発売〕　（極地探検三大古典）　1990.8　①4-87203-052-4

アメリゴ・ヴェスプッチ
Amerigo Vespucci
⇒ヴェスプッチ，アメリゴ

アメンホテプ4世　Amenhotep Ⅳ
?～前1347頃　イクナートンとも。前14世紀、エジプト第18王朝の王（在位前1379～1362）。宗教改革運動をおこし、アマルナに遷都。

◇誰が文明を創ったか―ブッダからシェークスピアまで　ウィル・デューラント著，高田亜樹訳　PHP研究所　2004.10　①4-569-63757-4

アラファト　'Arafāt, Yāsir
1929～2004　20世紀、パレスチナ解放機構（PLO）指導者。PLO議長、パレスチナ暫定自治政府代表。暫定自治の実現により1994年ノーベル平和賞を受賞。

◇ノーベル賞受賞者業績事典―全部門855人　新訂第3版　ノーベル賞人名事典編集委員会編　日外アソシエーツ，紀伊国屋書店〔発売〕　2013.1　①978-4-8169-2397-5
＊1901年ノーベル賞創設時から2012年までの各分野の受賞者、受賞団体を収録。平和賞・文学賞・物理学賞・化学賞・生理学医学賞・経済学賞受賞者835人、20団体の業績を詳しく紹介。受賞辞退者についても収録対象とし、本文中にその旨を記載した。経歴・受賞理由・著作・参考文献を一挙掲載。

◇ピース・ダイナマイト―アラファト伝　平田伊都子著　集英社　1994.9　①4-08-783086-1

◇中東の不死鳥アラファト　ジャネット・ワラク，ジョン・ワラク著，読売新聞社外報部訳　読売新聞社　1992.8　①4-643-92044-0
＊暴力による死と破滅の世界でアラブ統一を求める革命家の情熱の半生。

◇モサド情報員の告白　ビクター・オストロフスキー，クレア・ホイ著，中山善之訳　ティビーエス・ブリタニカ　1992.3　①4-484-92106-5
＊スパイ小説をはるかにしのぐ衝撃の事実が今明らかになる。欧米、アラブで暗躍するイスラエルの世界最強諜報機関モサドの元メンバーが、世界で初めて明かす、ベールに包まれた内部組織と偽装工作の手口！　アメリカベストセラーチャートで6週連続ナンバーワンに輝く超話題作、日本上陸。

◇パレスチナ五十年の悲願―PLOアラファト議長会見記　マリオ・カパーナ著，村上能成訳　日本テレビ放送網　1991.6　①4-8203-9113-5
＊泣きながら戦っている子供たちへ、平和に共存できるはずのユダヤ、パレスチナ2つの民族へ。―希代の闘士アラファトが語る平和へのメッセージ。

アリー　'Alī bn Abī Tālib
600頃～661　6・7世紀、イスラムの第4代カリフ。ラーシドゥーン（正統派カリフ）最後の人（在位656～661）。

◇世界伝記大事典　世界編　1～12　編集代表：桑原武夫　ほるぷ出版　1980.12～1981.6

アリスタルコス

アリスタルコス Aristarchos of Samos
前310頃～前230頃　前4・3世紀、古代ギリシアの天文学者。地動説の先駆者。

◇宇宙大発見―天文学46の大事件　二間瀬敏史，中村俊宏著　PHP研究所　2016.8
①978-4-569-83099-5

アリストテレス

アリストテレス Aristotelēs
前384～前322　前4世紀、ギリシアの哲学者。プラトンの弟子、アレクサンドロス大王の師。

◇振り向けば、アリストテレス　高橋健太郎著　柏書房　2018.4
①978-4-7601-4974-2
＊恋愛、政治、芸術、弁論、そして神…知らないではすまされない、人生の必須教養！ 人類の考え方を決定づけた「最重要哲学」アリストテレスの思想がストーリー仕立てでサラリとわかる超フィクション。

◇覚えておきたい人と思想100人　スマート版―世界の思想家ガイドブック　本間康司絵・文，越田年彦執筆・監修　清水書院　2016.8　①978-4-389-50050-4

◇入門・倫理学の歴史―24人の思想家　柘植尚則編著　梓出版社　2016.3
①978-4-87262-038-2

◇アリストテレス　新装版　堀田彰著　清水書院　(Century Books　人と思想)　2015.9　①978-4-389-42006-2
＊大思想家の生涯を交友関係やエピソードなどにふれて興味深く記述し、その主要著書等を通して、概況とその中心となる思想をわかりやすく紹介する。

◇アリストテレスの人生相談　小林正弥著　講談社　2015.7　①978-4-06-219553-9

◇90分でわかるアリストテレス　ポール・ストラザーン著，浅見昇吾訳　WAVE出版　(『90分でわかる』シリーズ)　2014.5
①978-4-87290-691-2
＊至高の天才＋健全な判断力＝アリストテレス！ 数千年間、知の世界に君臨した「万学の祖」。科学と哲学の基礎が、ここにある！

◇ソクラテスからデカルトまで　山本新著　北樹出版　2012.7　①978-4-7793-0341-8

◇アリストテレス講義・6講　日下部吉信著　晃洋書房　(シリーズ・ギリシア哲学講義)　2012.4　①978-4-7710-2342-0
＊最も巨大な碩学、「アリストテレス」というパルテノン。西洋哲学に不動の基礎を与えた、その巨大かつ不朽の知性を展望する。

◇科学者たちはなにを考えてきたか―見えてくる科学の歴史　小谷太郎著　ベレ出版　2011.8　①978-4-86064-294-5

◇西洋博物学者列伝―アリストテレスからダーウィンまで　ロバート・ハクスリー編著，植松靖夫訳　悠書館　2009.1
①978-4-903487-26-7

◇西洋思想の16人　尾場瀬一郎，小野木芳伸，片山善博，南波亜希子，三谷竜彦，沢佳成著　梓出版社　2008.4
①978-4-87262-017-7

◇ルネサンス思想の旅―美しい世界と人の探求　増補改訂版　酒井紀幸，岩田圭一，宮崎文典編著　早稲田大学文学学術院，トランスアート〔発売〕　(早稲田大学オンデマンド出版シリーズ)　2008.3
①978-4-88752-210-7

◇世界を変えた天才科学者50人―常識として知っておきたい　夢プロジェクト編　河出書房新社　(KAWADE夢文庫)　2007.8　①978-4-309-49659-7

◇ヨーロッパ知の巨人たち―古代ギリシアから現代まで　田中浩著　日本放送出版協会　(NHKライブラリー)　2006.3
①4-14-084204-0

◇環境の思想家たち　上　古代・近代編　ジョイ・A.パルマー編，須藤自由児訳　みすず書房　(エコロジーの思想)　2004.9
①4-622-08161-X

◇時間と物語　1　物語と時間性の循環/歴史と物語　新装版　ポール・リクール著，久米博訳　新曜社　2004.8
①4-7885-0914-8
＊「時間は物語の様式で分節されるのに応

じて人間的時間になる。そして物語は時間的存在の条件になるときに、その完全な意味に到達する」。このテーゼの豊かな含蓄を、アウグスティヌスの時間論とアリストテレスのミメーシス論を媒介に汲み尽くした著者畢生の成果。

◇哲学をきずいた人びと　1　ソクラテスからデカルトまで　山本新著　高文堂出版社　2004.5　①4-7707-0717-7
◇ギリシア・ローマの奇人たち―風変わりな哲学入門　ロジェ=ポル・ドロワ，ジャン=フィリップ・ド・トナック著，中山元訳　紀伊国屋書店　2003.12　①4-314-00953-5
◇ギリシア・ローマ哲学者物語　山本光雄著　講談社　(講談社学術文庫)　2003.10　①4-06-159618-7
◇哲学の饗宴―ソクラテス・プラトン・アリストテレス　荻野弘之著　日本放送出版協会　(NHKライブラリー)　2003.2　①4-14-084158-3
　＊古代ギリシアの三大哲学者、ソクラテス・プラトン・アリストテレス。アテナイを舞台に活躍した、この三人の哲人によって、西洋哲学の基礎は築かれた。哲学とは、なにを、どのような仕方で問う学問だったのか。彼らが遺した言葉に思索の「原型」を探り、またそれを通して、人間を取り巻く諸問題を解明していく。
◇ハイデガーの知88　木田元編　新書館　2002.8　①4-403-25062-9
◇数学の天才列伝―竹内均・知と感銘の世界　竹内均著　ニュートンプレス　2002.6　①4-315-51637-6
◇アリストテレス哲学入門　出隆著　岩波書店　1999.6　①4-00-000007-1
　＊本書は、アリストテレスがどのような人であり、どのようなことを言った哲学者であるかをざっと知っておきたいという一般の読者のためにも、またさらに立ち入ってアリストテレス哲学を研究したいと願う学生諸君のためにも、なんらかの手引きになるようにと思って編集されたもので、一種の日本語訳アリストテレス選集であるとともにアリストテレス哲学への入門の書である・
◇アリストテレス―その思想の成長と構造　新装　G.E.R.ロイド著，川田殖訳　みすず書房　1998.6　①4-622-04925-2
◇よくわかるギリシア哲学―知を愛し真理を求めた人々　斉藤啓一著　同文書院　(超教養シリーズ)　1997.5　①4-8103-7397-5
　＊語られなかった哲人たちの素顔。カルト教団のルーツは古代にあった。
◇PoPなギリシア哲学―「幸福」を追い求めた素敵な人々　斉藤啓一著　同文書院　〔1996.2〕　①4-8103-7313-4
　＊決して語られることのなかった"偉大"な哲学者たちの生涯。
◇ギリシア哲学史　加藤信朗著　東京大学出版会　1996.2　①4-13-012054-9
◇哲学の三人―アリストテレス・トマス・フレーゲ　G.E.M.アンスコム，P.T.ギーチ著，野本和幸，藤沢郁夫訳　勁草書房　(双書プロブレーマタ)　1992.3　①4-326-19886-9

▎**アリストファネス**　Aristophanēs
前450頃～前385頃　前5・4世紀、ギリシア古喜劇の詩人。喜劇を通じて反戦論を唱え、国家社会の問題を取上げて批判した。

◇古代ギリシアにおける哲学的知性の目覚め　佐藤康邦著　左右社　(放送大学叢書)　2018.2　①978-4-86528-189-7
◇世界人物逸話大事典　朝倉治彦，三浦一郎編　角川書店　1996.6　①4-04-031900-1
　＊歴史上の人物の生き生きとした人間像を伝えるエピソードを多数紹介する事典。日本人によく知られた人物1883人を見出しに掲載。

▎**アルキメデス**　Archimēdēs
前287頃～前212　前3世紀、ギリシアの数学者、物理学者、技術者。てこの原理やアルキメデスの原理を発見。

◇数学をつくった天才たち　立田奨著　辰巳出版　2018.3　①978-4-7778-2051-1

アルキメデス

◇天才数学者はこう解いた、こう生きた—方程式四千年の歴史　木村俊一著　講談社（講談社学術文庫）　2016.4
①978-4-06-292360-6

◇運命の車輪—天才たちの生涯　永田龍葵著　永田書房　2013.10　①978-4-8161-0726-9

◇戦争と科学者—世界史を変えた25人の発明と生涯　トマス・J.クロウェル著，藤原多伽夫訳　原書房　2012.7
①978-4-562-04848-9

◇神が愛した天才数学者たち　吉永良正著　角川学芸出版，角川グループパブリッシング〔発売〕（角川ソフィア文庫）2011.4　①978-4-04-409436-2

◇科学の偉人伝　白鳥敬著，現代用語の基礎知識編　自由国民社　（おとなの楽習　偉人伝）　2010.9　①978-4-426-11081-9

◇数学を生んだ父母たち—数論、幾何、代数の誕生　マイケル・ブラッドリー著，松浦俊輔訳　青土社　（数学を切りひらいた人びと）　2009.6　①978-4-7917-9171-2

◇新・図説数学史　田村三郎，コタニマサオ著　現代数学社　2008.10
①978-4-7687-0334-2

◇数学物語　新装版，改版　矢野健太郎著　角川学芸出版，角川グループパブリッシング〔発売〕（角川ソフィア文庫）2008.4　①978-4-04-311802-1

◇偉大な数学者たち　岩田義一著　筑摩書房　（ちくま学芸文庫）　2006.12
①4-480-09038-X

◇地中海—人と町の肖像　樺山紘一著　岩波書店　（岩波新書）　2006.5
①4-00-431015-6

◇よみがえる天才アルキメデス—無限との闘い　斎藤憲著　岩波書店　（岩波科学ライブラリー）　2006.3　①4-00-007457-1
＊幻の奇書といえば、アルキメデスの『方法』は格別だ。貴重な写本に祈禱書が上書きされた羊皮紙が偶然発見されたのち行方不明。それが前世紀末のオークションに突然現れて世界を驚かせた。その運命もさることながら、その驚くべき内容がもし千年早く知られていれば、近代数学の歴史はまったく違ったものになったという。今回初めて読解された部分も含め、時代に二千年以上先んじた天才の思考を読む。

◇天才科学者たちの奇跡—それは、小さな「気づき」から始まった　三田誠広著　PHP研究所　（PHP文庫）　2005.3
①4-569-66376-1

◇発明家の仕事　ファーブル著, 松原秀一訳　岩波書店　（ファーブル博物記）　2004.10
①4-00-006690-0

◇天才科学者の不思議なひらめき　山田大隆著　PHPエディターズ・グループ，PHP研究所〔発売〕　2004.8　①4-569-63438-9

◇原子論の歴史—誕生・勝利・追放　上　板倉聖宣著　仮説社　2004.4
①4-7735-0177-4

◇数学をつくった人びと　1　E.T.ベル著，田中勇，銀林浩訳　早川書房　（ハヤカワ文庫NF　数理を愉しむシリーズ）2003.9　①4-15-050283-8

◇数学を愛した人たち　吉永良正著　東京出版　2003.9　①4-88742-073-0

◇大発明・発見の歴史—世界の発明発見物語　神部政郎著　東京図書出版会，星雲社〔発売〕　2003.7　①4-434-02841-3

◇数学の天才列伝—竹内均・知と感銘の世界　竹内均著　ニュートンプレス　2002.6　①4-315-51637-6

◇実はこの人こんな人—教科書を飾った偉大な人々の意外な一面！　中西進監修，峯岸誠編集代表　四季社　（いのちとこころの例話シリーズ）　2002.4　①4-88405-126-2

◇異説　数学者列伝　森毅著　筑摩書房　（ちくま学芸文庫）　2001.8　①4-480-08658-7

◇アルキメデスを読む　上垣渉著　日本評論社　1999.10　①4-535-78292-X
＊本書では、アルキメデスの著作を、数学的な内容ごとに章を構成するという読み方を採用し、その数学的内容に関連するかぎりにおいて著作の諸命題を使用している。また、冒頭において、プラトン主義的数学観というアルキメデス以前の伝統的な数学観について、アル

キメデスの求積法と係わる点にしぼって解説し、最後においては、近代初期の求積法であるカヴァリエリの不可分法を解説した。

◇巨人の肩に乗って―現代科学の気鋭、偉大なる先人を語る　メルヴィン・ブラッグ著,熊谷千寿訳,長谷川真理子解説　翔泳社　1999.10　①4-88135-788-3
＊実は、地動説の証拠をまったく摑んでいなかったガリレオ。両親と非常に不仲で、焼き殺したいとさえ書いていたニュートン。「革命に科学者は要らず」の言葉と共に断頭台の露と消えたラボアジェ。製本職人から、英国で最も偉大な自然哲学者へと上りつめたファラデー。橋がないことに気付かないほど、抽象世界を彷徨ったポアンカレ。不倫スキャンダルに関して、ノーベル賞委員会と争ったキュリー夫人。現代科学の巨人が贈る、12人の偉人の知られざる姿。

◇数学をつくった人びと　上　E.T.ベル著,田中勇,銀林浩訳　東京図書　1997.10　①4-489-00528-8
＊古今の数学者たちが生きた激動の時代を背景にその生涯を描く。全国学校図書館協議会選定図書。

◇世界人物逸話大事典　朝倉治彦,三浦一郎編　角川書店　1996.6　①4-04-031900-1
＊歴史上の人物の生き生きとした人間像を伝えるエピソードを多数紹介する事典。日本人によく知られた人物1883人を見出しに掲載。

◇アシモフの科学者伝　アイザック・アシモフ著,木村繁訳　小学館　（地球人ライブラリー）　1995.9　①4-09-251017-9
＊アルキメデスからアインシュタインまで先人たちが闘った歴史の裏側に見えてくるもの―科学は人間に本当の幸福をもたらしたのか。21世紀に向けて問いかけるSFの巨匠・アシモフの遺産。

▌アルクイン　Alcuin
735頃〜804　8・9世紀、イギリスの神学者、教育家。カール大帝に招かれ、ギリシャ・ローマの古典学を伝えた。

◇中世のカリスマたち―八人の指導者の葛藤と選択　ノーマン・F.キャンター著,藤田永祐訳　法政大学出版局　（りぶらりあ選書）　1996.10　①4-588-02179-6
＊演劇的構成で描く聖俗の指導者たち。その到来から終末まで、個性豊かな人物を通して読む中世世界のドラマ。人物伝による中世への誘い。

▌アルサケス　Arsakes I
在位：前247年頃〜前211年頃　前3世紀、イラン系遊牧民パルニ族の族長。アルサケス朝パルティア国を創始（在位前250〜247頃）。

◇世界伝記大事典　世界編 1〜12　編集代表：桑原武夫　ほるぷ出版　1980.12〜1981.6

▌アルダシール1世
Ardeshir/Ardashir
在位：224〜241頃　3世紀、ペルシア、ササン朝の初代王（在位226〜241）。パルティアのアルサケス王朝を討ちササン朝を創設。

◇世界伝記大事典　世界編 1〜12　編集代表：桑原武夫　ほるぷ出版　1980.12〜1981.6

▌アルタン・ハン　Altan Khan
1507頃〜1582　16世紀、モンゴルの実力者。チンギス・ハンの後裔、タヤン・ハンの孫。漢字名は俺答汗。

◇『アルタン＝ハーン伝』訳注　吉田順一他訳注　風間書房　1998.3　①4-7599-1082-4

▌アルフレッド大王　Alfred the Great
849頃〜899　9・10世紀、イギリス、ウェセックスの王（在位871〜899）。南イングランドを統一。

◇図説世界史を変えた50の指導者（リーダー）　チャールズ・フィリップス著,月谷真紀訳　原書房　2016.2　①978-4-562-05250-9

◇挑まれる王冠―イギリス王室と女性君主

石井美樹子著　御茶の水書房　(神奈川大学評論ブックレット)　1999.9
①4-275-01775-7
＊「王」は供犠か、なぜ殺されるのか——。イギリス王室の歴史と女性君主の関わりを浮き彫りにする。

◇アルフレッド大王伝　アッサー著，小田卓爾訳　中央公論社　(中公文庫)　1995.9
①4-12-202412-9

◇アルフレッド大王——英国知識人の原像　高橋博著　朝日新聞社　(朝日選書)　1993.1　①4-02-259566-3
＊マルチ人間の波乱の生涯。立法家にして教育者、建築家にして文学者。そしてヴァイキングを打ち破った勇将——。この並外れた能力はどこからきたのか。

アルフレート・クルップ
Alfred Krupp
⇒クルップ，アルフレート

アレクサンドル1世
Aleksandr Ⅰ, Pavlovich Romanov
1777～1825　18・19世紀、ロシア皇帝(在位1801～1825)。ウィーン会議で神聖同盟を提唱。

◇ロマノフ王朝——帝政ロシアの栄光と革命に消えた皇家　新人物往来社編　新人物往来社　(ビジュアル選書)　2011.9
①978-4-404-04071-8

◇よみがえるロマノフ家　土肥恒之著　講談社　(講談社選書メチエ)　2005.3
①4-06-258326-7

◇世界史・驚きの真相——謎とロマンに溢れる迷宮を行く　桐生操著　PHP研究所　(PHP文庫)　2002.9　①4-569-57800-4

◇世界人物逸話大事典　朝倉治彦，三浦一郎編　角川書店　1996.6　①4-04-031900-1
＊歴史上の人物の生き生きとした人間像を伝えるエピソードを多数紹介する事典。日本人によく知られた人物1883人を見出しに掲載。

◇メッテルニヒの回想録　クレメンス・W.L.メッテルニヒ著，安藤俊次，貴田晃，菅原猛共訳，安斎和雄監訳　恒文社　1994.1
①4-7704-0781-5
＊ハプスブルク家の救世主、メッテルニヒ。ナポレオン、アレクサンドルを相手に、権謀術数を揮った外交戦略とは？　国際政治の修羅場を生き抜いた男の赤裸々な記録。

アレクサンドル2世
Aleksandr Ⅱ, Nikolaevich Romanov
1818～1881　19世紀、ロシア皇帝(在位1855～1881)。1861年農奴解放を布告。

◇アレクサンドル2世暗殺　上　エドワード・ラジンスキー著，望月哲男，久野康彦訳　日本放送出版協会　2007.9
①978-4-14-081232-7

◇アレクサンドル2世暗殺　下　エドワード・ラジンスキー著，望月哲男，久野康彦訳　日本放送出版協会　2007.9
①978-4-14-081233-4

◇テロルと改革——アレクサンドル二世暗殺前後　和田春樹著　山川出版社　2005.8
①4-634-64016-3
＊テロルの衝撃のもとにはじまった改革は皇帝の暗殺によって挫折した。ロシアの運命を分けたテロルと改革の正負の関係を解明する。

◇ロシア皇帝歴代誌　デヴィッド・ウォーンズ著，栗生沢猛夫監修，月森左知訳　創元社　2001.7　①4-422-21516-7

アレクサンドロス大王
Alexandros Ⅲ
前356～前323　アレクサンドロス3世とも。前4世紀、マケドニア王(在位前336～323)。ギリシア、ペルシア、インドに及ぶ大帝国の創建者。

◇30の「王」からよむ世界史　本村凌二監修，造事務所編著　日本経済新聞出版社　(日経ビジネス人文庫)　2018.6
①978-4-532-19863-3

◇悪の歴史——隠されてきた「悪」に焦点をあて、真実の人間像に迫る　西洋編上＋中東編　鈴木董編著　清水書院　2017.12

①978-4-389-50066-5
◇アレクサンドロス大王東征路の謎を解く　森谷公俊著　河出書房新社　2017.11
　①978-4-309-22719-1
◇王宮炎上―アレクサンドロス大王とペルセポリス　オンデマンド版　森谷公俊著　吉川弘文館　（歴史文化ライブラリー）　2017.10　①978-4-642-75488-0
◇新訳アレクサンドロス大王伝―『プルタルコス英雄伝』より　プルタルコス著, 森谷公俊訳・註　河出書房新社　2017.6
　①978-4-309-22704-7
◇アレクサンドロス大王―「世界」をめざした巨大な情念　新訂版　大牟田章著　清水書院　（新・人と歴史拡大版）　2017.5
　①978-4-389-44109-8
◇世界を変えた偉人たちのウラの顔　島崎晋著　広済堂出版　（広済堂新書）　2016.9　①978-4-331-52049-9
◇アレクサンドロスの征服と神話　森谷公俊著　講談社　（講談社学術文庫　興亡の世界史）　2016.2　①978-4-06-292350-7
◇図説世界史を変えた50の指導者（リーダー）　チャールズ・フィリップス著, 月谷真紀訳　原書房　2016.2
　①978-4-562-05250-9
◇図説アレクサンドロス大王　森谷公俊著, 鈴木革写真　河出書房新社　（ふくろうの本）　2013.12　①978-4-309-76210-4
　＊英雄か―侵略者か―？　世界征服を夢見た、その遥かなる東征の道を追う。ペルシア側からの視点も交えながら、詳細な実地調査による新発見の事実が明らかに。貴重写真多数。
◇本当は偉くない？　世界の歴史人物―世界史に影響を与えた68人の通信簿　八幡和郎著　ソフトバンククリエイティブ　（ソフトバンク新書）　2013.8
　①978-4-7973-7448-3
　＊古代から現代に至るまで、よく知られた帝王や政治家を68人選び、それぞれが世界史の中で果たした役割を、「偉人度」と「重要度」の2つの側面から10点満点で評価。世界史において偉人とされている人物たちの実像に迫る。

◇アレクサンドロス大王―今に生きつづける「偉大なる王」　沢田典子著　山川出版社　（世界史リブレット人）　2013.4
　①978-4-634-35005-2
　＊前人未到の大征服をなしとげ、世界史に比類なき足跡を残したマケドニア王アレクサンドロス。本書は、その大征服の基盤を築いた父フィリッポス二世との関係を軸に、アレクサンドロスの疾風怒涛の生涯を追い、神話と伝説に包まれた彼の実像を探っていく。死後はてしなく増幅していったアレクサンドロスのイメージの変遷をたどり、現代においてもなお圧倒的な存在感を放つ「偉大なる王」アレクサンドロスの姿を描き出した。
◇プリューターク英雄伝　沢田謙著　講談社　（講談社文芸文庫）　2012.8
　①978-4-06-290167-3
◇アレクサンドロスとオリュンピアス―大王の母、光輝と波乱の生涯　森谷公俊著　筑摩書房　（ちくま学芸文庫）　2012.4
　①978-4-480-09449-0
　＊アレクサンドロス大王の母、オリュンピアス。彼女は、蛇をあやつる怪しい密儀に没頭し、妖艶な魅力でマケドニア王フィリッポス2世の心をとりこにした魔性の女なのか。息子アレクサンドロスに狂おしいまでの愛情をそそぎ、その世界帝国建設を遠くから見守りつづけた賢母なのか。それとも野心と権力欲に衝き動かされて、夫の暗殺を背後であやつり、王族の女性たちを次々と手にかけて殺した稀代の悪女なのか。激動の時代を毅然と生きぬいた大王母の波乱と悲劇の生涯を通して、古代地中海世界の真実に迫る。
◇つたえたい、夢の伝記　斎藤整著　ナガセ　（東進ブックス）　2012.3
　①978-4-89085-532-2
◇ローマとギリシャの英雄たち　栄華篇―プルタルコの物語　阿刀田高著　新潮社　（新潮文庫）　2011.7
　①978-4-10-125536-1
◇ロバート・バーンズと蛍の光―東西文化の接点からのレポート　石村昌夫著　明

アレクサンドロス大王

文書房　2010.10　①978-4-8391-0916-5

◇世界を変えた 最強の戦闘指揮官30　柘植久慶著　PHP研究所　（PHP文庫）　2010.6　①978-4-569-67481-0

◇ダメ人間の世界史―ダメ人間の歴史 vol 1 引きこもり・ニート・オタク・マニア・ロリコン・シスコン・ストーカー・フェチ・ヘタレ・電波　山田昌弘, 麓直浩著　社会評論社　2010.3　①978-4-7845-0976-8

◇世界一面白い古代エジプトの謎 ツタンカーメン/クレオパトラ篇　吉村作治著　中経出版　（中経の文庫）　2010.3　①978-4-8061-3663-7

◇井沢元彦の英雄の世界史　井沢元彦著　広済堂出版　（広済堂文庫）　2008.5　①978-4-331-65428-6

◇アレクサンドロス大王の野望　ニック・マッカーティ著, 本村凌二日本語版総監修　原書房　（シリーズ絵解き世界史）　2007.7　①978-4-562-04080-3

◇誰がアレクサンドロスを殺したのか？　難波紘二著　岩波書店　2007.4　①978-4-00-023775-8
＊アテネの勃興から大王の遠征と死に至る歴史を縦軸に、ソクラテス、プラトン、アリストテレスの思想とエピソードを横軸にして、病理学者が解き明かす長編歴史ノンフィクション・ミステリー。

◇アレクサンドロスの征服と神話　森谷公俊著　講談社　（興亡の世界史 what is human history？）　2007.1　①978-4-06-280701-2

◇「世界の英雄」がよくわかる本―アレクサンドロス、ハンニバルからチンギス・ハーン、ナポレオンまで　寺沢精哲監修　PHP研究所　（PHP文庫）　2007.1　①978-4-569-66766-9

◇アレクサンドロス大王と経営戦略―その戦史に見る情報活用術と戦略　甲斐慶司著　東洋社　2006.4　①978-4-8096-7514-9
＊現代に通じる、時局、目的に応じた戦略を展開したアレクサンドロス大王に学ぶ。情報の収集・分析・活用の事例や人材の育成、戦略組織の組み立て方、主導者のあり方など、さまざまなエピソードを紹介。

◇アレクサンドロス大王の夢―はるかなる東方への道　平山郁夫監修, 長沢和俊執筆　講談社　（講談社DVD book　新シルクロード歴史と人物）　2005.12　①4-06-274371-X

◇シルクロードを翔る―アレクサンドロス大王 その夢と実像、そしてヘレニズム文化の東漸　シルクロード・奈良国際シンポジウム2003　なら・シルクロード博記念国際交流財団シルクロード学研究センター　（シルクロード・奈良国際シンポジウム記録集）　2005.3

◇アレクサンドロス大王伝　クルティウス・ルフス著, 谷栄一郎, 上村健二訳　京都大学学術出版会　（西洋古典叢書）　2003.9　①4-87698-144-2

◇アレクサンドロスの時代　NHK「文明の道」プロジェクトほか著　日本放送出版協会　（NHKスペシャル　文明の道）　2003.4　①4-14-080775-X
＊アレクサンドロスの登場から、モンゴル帝国の完成へ。ユーラシア大陸で繰りひろげられた約1,600年の文明の興亡のなかに、「交流」と「融合」の歴史を探る。

◇アレクサンドロス大王　ピエール・ブリアン著, 田村孝訳　白水社　（文庫クセジュ）　2003.2　①4-560-05859-8
＊ギリシアからエリエントに文明をもたらした「使者」として、西洋古代史に名声を轟かすアレクサンドロス大王。本書は、従来の通説をしりぞけ、大王の遠征行を概説しつつ、彼が関与した事績を当時の中東情勢のなかに位置づけて考察してゆく。ヘレニズム研究の第一人者による、画期的な概説書。

◇マキァヴェッリ全集　2　ディスコルシ　ニッコロ・マキァヴェッリ著, 永井三明訳　筑摩書房　1999.1　①4-480-79012-8
＊ハンニバル・スキピオ・カエサル・アレクサンドロス…古代ギリシア・ローマ世界の傑出した人物たちの果断な行動に政治・外交・軍事の理想型を求めたマキァヴェッリの代表作。ティトゥス・リウィウスの最初の十巻の論考に関する注釈（全面改訳）です。

◇アレクサンドロス大王—超える男、未だ現れず　田名部昭著　光文社　（光文社文庫グラフィティにんげん謎事典）　1998.9
①4-334-72617-8
＊不世出の英雄と呼ばれるアレクサンドロス大王。ギリシヤを平定後、わずか10年あまりでエジプト、シリア、ペルシヤ、インドにまでおよぶ大帝国を築き上げたアレクサンドロスのわずか33年の生涯はどんなものだったのか？　彼の世界観、キリストとの意外な相似点、不敗神話の秘密、マザコン説…etc.これまでとは全く違う角度から人間アレクサンドロスに迫る一冊。

◇獅子王アレクサンドロス　阿刀田高著　講談社　1997.10　①4-06-208852-5

◇アレクサンドロス大王征服記　赤羽堯著　光文社　1997.2　①4-334-92278-3

◇プルタルコス英雄伝　中　プルタルコス著，村川堅太郎編　筑摩書房　（ちくま学芸文庫）　1996.9　①4-480-08322-7
＊デルフォイの最高神官プルタルコスは、故国の栄光を懐かしみつつローマの平和を享受した "最後のギリシア人" であった。本書は、ギリシア・ローマの英雄たちをいきいきと描き、後世の人びとに広く愛読された古典的史書を読みやすく再編集した決定版である。本書には、「アレクサンドロス」「アギスとクレオメネス」「ロムルス」「カトー」「ディベリウス・グラックスとガイウス・グラックス」「スルラ」の6編を収録した。

◇世界人物逸話大事典　朝倉治彦，三浦一郎編　角川書店　1996.6　①4-04-031900-1
＊歴史上の人物の生き生きとした人間像を伝えるエピソードを多数紹介する事典。日本人によく知られた人物1883人を見出しに掲載。

◇アレクサンドロス東征記およびインド誌　フラウィオス・アッリアノス著，大牟田章訳註　東海大学出版会　（東海大学古典叢書）　1996.2　①4-486-01355-7

◇アレクサンデル大王の誕生と勝利—ナポリの首席司祭レオ訳　芳賀重徳訳　近代文芸社　1996.1　①4-7733-4999-9
＊アレクサンダー伝奇とは何か。中世ヨーロッパの人びとが真に愛したアレクサンダー大王の生涯と事蹟。中世ラテン語、中世英語原典から本邦初訳。

◇男 戦いの日々—海の彼方の八つの話　神坂次郎著　PHP研究所　1994.9
①4-569-54488-6
＊人間はその器量なみの人生しか歩めないのか。アレキサンダー大王、太公望、劉備、韓信、呂布…。己の才能に賭け、運命に挑む男たちを描く力作評伝。

◇悟りの招待席—歴史上の人物に永遠の智慧をきく　素空慈著，塩田今日子訳　地湧社　1993.6　①4-88503-107-9

◇男の肖像　塩野七生著　文芸春秋　（文春文庫）　1992.6　①4-16-733702-9
＊人間の顔は、時代を象徴する一。幸運と器量にめぐまれて、世界を揺るがせた歴史上の大人物たち、ペリクレス、アレクサンダー大王、カエサル、北条時宗、織田信長、西郷隆盛、ナポレオン、フランツ・ヨゼフ一世、毛沢東、チャーチルなどを、辛辣に優雅に描き、真のリーダーシップとは何かを問う。豪華カラー版。

◇アレクサンダー大王—未完の世界帝国　ピエール・ブリアン著，福田素子訳，桜井万里子監訳　（大阪）創元社　（「知の再発見」双書）　1991.9　①4-422-21061-0

安重根　アンジュングン

1879～1910　19・20世紀、朝鮮の独立運動家。黄海道海州郡に生れる。1909年朝鮮の植民地化を決定した乙巳条約（1905年）の日本側代表である伊藤博文を暗殺。

◇韓国人が知らない安重根と伊藤博文の真実　金文学著　祥伝社　（祥伝社新書）　2017.12　①978-4-396-11523-4

◇愛国者がテロリストになった日—安重根の真実　早坂隆著　PHP研究所　2015.4
①978-4-569-82443-7

◇わが心の安重根 遺された硯　広瀬為人，斎藤泰彦著　創樹社美術出版　2008.9
①978-4-7876-0062-2

◇安重根と朝鮮独立運動の源流　市川正明著　原書房　（明治百年史叢書）　2005.9

安重根

◇伊藤博文暗殺事件―闇に葬られた真犯人　大野芳著　新潮社　2003.8
　①4-10-390405-4
　＊明治42年10月、枢密院議長・伊藤博文がハルビンで暗殺された。狙撃犯は安重根―韓国で今でも最も尊敬される歴史上の人物である。だが、"真犯人"は別に存在し、しかも政府はその情報を黙殺していた。背後には、韓国併合に絡む日清韓露の複雑極まる外交戦略があった…。新資料を基に、当時の極東情勢を浮き彫りにする衝撃のノンフィクション。秘匿された日韓外交史の全貌を暴く。

◇最新 旅順・大連探訪―百年の歴史を刻んだセピアの世界　「旅順探訪」刊行会編著　近代消防社　1999.5　①4-421-00615-7
　＊旅順＋大連ガイドブック。1910〜30年代そのままの面影を残す、関東庁、関東軍司令部、白玉山塔、日露戦跡、日本橋、ヤマトホテル、白銀山トンネル…豊富な満州時代の写真、新旧の市街図併載。タイムトリップで史跡探訪ができる。

◇伊藤博文を撃った男―革命義士安重根の原像　斎藤充功著　中央公論新社　(中公文庫)　1999.4　①4-12-203402-7
　＊岡山県笠岡市の浄土真宗本願寺派浄心寺に残る、六十八枚の写真と安重根の三幅の書。これらの遺品を手がかりに、伊藤博文射殺に至る安の足跡を辿り、獄中百四十四日間の素顔を探る。中国、韓国への実地取材にもとづくノンフィクション。

◇安重根(アンジュングン)　第1部　生成篇　韓碩青著, 金容権訳　作品社　1997.12　①4-87893-289-9

◇安重根(アンジュングン)　第2部　超人篇　韓碩青著, 金容権訳　作品社　1997.12　①4-87893-290-2

◇わが心の安重根―千葉十七・合掌の生涯　増補新装版　斎藤泰彦著　五月書房　1997.3　①4-7727-0189-3
　＊伊藤博文を殺害した安重根を終生供養した日本人憲兵千葉十七。日韓を結ぶ「心の絆」。鋭く切々と、知られざる歴史の真実に迫る。

◇安重根と伊藤博文　中野泰雄著　恒文社　1996.10　①4-7704-0895-1
　＊1909(明治42)年10月下旬、視察のためハルビン頭に下り立った前韓国統監伊藤博文は、韓国の一市民が放った数発の銃弾を受けて倒れた。伊藤を倒さねばならなかった安重根は法廷に立つことになった。安の裁判から次第に明らかにされていく事実を、大日本帝国は必死に隠蔽しようとする。東洋の平和はアジア各国の自主独立以外にないとする安の思想は、大日本帝国の主義主張と根本から相入れないものだった。当時の裁判記録を検証しながら、安と伊藤の生い立ちからの人間像を克明に浮き上がらせていく。

◇天主教徒安重根―私の中の安重根・日本と韓国　津留今朝寿著　自由国民社　1996.7　①4-426-75100-4

◇伊藤博文と安重根　佐木隆三著　文芸春秋(文春文庫)　1996.3　①4-16-721513-6

◇伊藤博文はなぜ殺されたか―暗殺者・安重根から日本へ　鹿嶋海馬著　三一書房(三一新書)　1995.6　①4-380-95015-8
　＊歴史に残る暗殺事件。犯人は、凶悪犯かそれとも英雄なのか。戦後50年の今、改めて問いかける。

◇在日韓国・朝鮮の人々へ　淵本忠信著　〔淵本忠信〕　1995.6

◇朝鮮人物事典　木村誠, 吉田光男, 趙景達, 馬淵貞利編　大和書房　1995.5　①4-479-84035-4

◇伊藤博文を撃った男―革命義士安重根の原像　斎藤充功著　時事通信社　1994.10
　①4-7887-9436-5
　＊安重根は明治26年から韓国全土に吹き荒れた外国人排斥運動(東学党の乱)によって"国難"に目覚め、父の挙兵に参加。義兵として戦ったが敗れ、フランス人神父の教会に匿われた。その後、筋金入りの義士になっていく。そして運命の日…。新たに発掘された写真68点と真筆などを手掛りに、処刑の謎、そして知られざる暗殺者の実像に迫る。

◇韓国がわかる11人の視点―嫌韓・反日を

超えて　多田則明編　世界日報社　1994.5　①4-88201-053-4
＊気鋭の論客11人が縦横無尽に語る、光と闇の日韓史。歴史認識を深めるための、確かな手がかりを提示。

◇わが心の安重根―千葉十七・合掌の生涯　斎藤泰彦著　五月書房　1994.1　①4-7727-0131-1
＊伊藤博文を殺害した安重根を終生供養した日本人憲兵千葉十七。日韓を結ぶ「心の絆」。鋭く切々と、知られざる歴史の真実に迫る。

◇伊藤博文と安重根　佐木隆三著　文芸春秋　1992.11　①4-16-313630-4
＊初代韓国統監・公爵伊藤博文は、明治42年満州ハルビンで暗殺された。狙撃者は韓国独立運動家安重根。暗殺事件に至る2人の運命的な出合いを描く出色の長篇小説。

アン女王
Anne, Queen of Great Britain and Ireland
1665〜1714　17・18世紀、イギリス、スチュアート朝最後の国王(1702〜1714)。大ブリテン連合王国を創建。

◇世界女性人名事典―歴史の中の女性たち　世界女性人名事典編集委員会編　日外アソシエーツ, 紀伊国屋書店〔発売〕　2004.10　①4-8169-1800-0

◇英国王室史話　下　森護著　中央公論新社（中公文庫）　2000.3　①4-12-203617-8

アンセルムス
Anselmus Cantaberiensis
1033〜1109　11・12世紀、カンタベリーの大司教、神学者。スコラ学の父と呼ばれる。主著「モノロギオン」。

◇カンタベリーのアンセルムス―風景の中の肖像　R.W.サザーン著, 矢内義顕訳　知泉書館　2015.3　①978-4-86285-207-6

◇聖アンセルムスの生涯―その人格と思想　印具徹著　中央出版社　1981.2　①4-8056-4701-9

アントニウス　Antonius, Marcus
前83〜前30　前1世紀、ローマの軍人、政治家。カエサル暗殺後、第2回三頭政治を組織。

◇アントニウスとクレオパトラ　上　エイドリアン・ゴールズワーシー著, 阪本浩訳　白水社　2016.7　①978-4-560-09255-2

◇アントニウスとクレオパトラ　下　エイドリアン・ゴールズワーシー著, 阪本浩訳　白水社　2016.7　①978-4-560-09256-9

◇ローマとギリシャの英雄たち　栄華篇―プルタークの物語　阿刀田高著　新潮社（新潮文庫）　2011.7　①978-4-10-125536-1

◇世界人物逸話大事典　朝倉治彦, 三浦一郎編　角川書店　1996.6　①4-04-031900-1
＊歴史上の人物の生き生きとした人間像を伝えるエピソードを多数紹介する事典。日本人によく知られた人物1883人を見出しに掲載。

アントニヌス・ピウス帝
Antoninus Piun
86〜161　1・2世紀、ローマ皇帝(在位137〜161)。五賢帝の一人。キリスト教迫害を禁止。

◇ローマ人の物語　26　賢帝の世紀　下　塩野七生著　新潮社　（新潮文庫）　2006.9　①4-10-118176-4
＊安全保障の重要性を誰よりも知っていたハドリアヌスは、治世の大半を使って帝国の辺境を視察し続け、帝国の防衛体制を磐石なものとした。しかしその責務を無事終えローマに戻ったハドリアヌスは、ローマ市民の感覚とは乖離する言動をとり続け、疎まれながらその生涯を終える。そして時代は後継者アントニヌス・ピウスの治世に移るが、帝国全域で平穏な秩序は保たれ続けた。それはなぜ可能だったのか。

◇ローマ皇帝群像　1　アエリウス・スパルティアヌスほか著、南川高志訳　京都大学学術出版会　（西洋古典叢書）　2004.1　①4-87698-146-9

アンベードカル

┃アンベードカル
Ambedkar, Bhīmrao Rāmji
1891～1956　20世紀、インドの政治家。インド独立に際しては憲法制定議会員、初代法相。

◇変貌と伝統の現代インド―アンベードカルと再定義されるダルマ　嵩満也編　法蔵館　（龍谷大学国際社会文化研究所叢書）　2018.3　Ⓘ978-4-8318-6371-3

◇現代インドに生きる"改宗仏教徒"―新たなアイデンティティを求める「不可触民」　舟橋健太著　昭和堂　2014.2
Ⓘ978-4-8122-1357-5

◇アンベードカルの生涯　ダナンジャイ・キール著,山際素男訳　光文社　（光文社新書）　2005.2　Ⓘ4-334-03295-8
＊アンベードカルほど波瀾に富み、刺激的でロマンチックな人間は稀である。牛糞にまみれた不可触民の子として生れ、六五歳という短い生涯の中で、これほどまで多才な目覚ましい働きと学識を誇り得たということは、現代社会では恐らく類のない出来事であろう。『ブッダとそのダンマ』に賭けた仏教再生への凄絶な人生。

◇アンベードカルの生涯　新版　ダナンジャイ・キール著,山際素男訳　三一書房　1995.5　Ⓘ4-380-95239-8
＊インドと仏教の再生に賭けた波瀾の生涯。

┃アンリ4世　Henri Ⅳ
1553～1610　16・17世紀、フランス国王（在位1589～1610）。ブルボン朝の創始者。

◇世界人物逸話大事典　朝倉治彦,三浦一郎編　角川書店　1996.6　Ⓘ4-04-031900-1
＊歴史上の人物の生き生きとした人間像を伝えるエピソードを多数紹介する事典。日本人によく知られた人物1883人を見出しに掲載。

┃安禄山　あんろくざん
705～757　8世紀、中国、唐代の武将。ソグド系突厥の胡人で唐の節度使。安史の乱の中心人物で、皇帝を称し国号を大燕とした。

◇安禄山と楊貴妃 安史の乱始末記　藤善真澄著　清水書院　（新・人と歴史拡大版）　2017.7　Ⓘ978-4-389-44115-9

◇96人の人物で知る中国の歴史　ヴィクター・H・メア,サンピン・チェン,フランシス・ウッド著,大間知知子訳　原書房　2017.3　Ⓘ978-4-562-05376-6

◇安禄山―「安史の乱」を起こしたソグド軍人　森部豊著　山川出版社　（世界史リブレット人）　2013.6　Ⓘ978-4-634-35018-2
＊唐朝を大いに乱し、その後の唐の衰退のきっかけをつくったとイメージされる安禄山。しかし中国史の枠から離れてみると、ダイナミックな彼の人生が浮かび上がってくる。東ユーラシアに広がるソグドネットワークを利用した情報収集力と蓄財力。そして突厥の有力氏族の血を引くことを背景に、聖俗両面の権威をもって遊牧諸族を統率する力。8世紀の東ユーラシアの歴史の動きのなかで、安禄山をとらえなおしていく。

◇安禄山―皇帝の座をうかがった男　藤善真澄著　中央公論新社　（中公文庫）　2000.7　Ⓘ4-12-203684-4
＊安禄山が活躍したのは唐の中期、玄宗治世の後半である。当時、唐では泰平の世に恵まれ、豪華絢爛たる文化の花が咲きほこっていた。安禄山はこの最中に忽然と姿を現わすと、またたく間に勢力を築き、皇帝の座をうかがって反旗をひるがえし、突如として消え去る。玄宗と楊貴妃を向うに廻した彼の生涯を描く。

◇中国歴代皇帝人物事典　岡崎由美,王敏監修　河出書房新社　1999.2
Ⓘ4-309-22342-7
＊秦の始皇帝、前漢の劉邦、新の王莽、魏の曹丕、隋の煬帝、唐の李世民、元のフビライ、明の朱元璋、清の康熙帝など、中国歴代王朝の皇帝を紹介した人物事典。后妃・公主・宗室なども収録し、歴代宮都・陵墓も掲載。中国史重要人物索引付き。

◇世界人物逸話大事典　朝倉治彦,三浦一郎

編　角川書店　1996.6　①4-04-031900-1
＊歴史上の人物の生き生きとした人間像を伝えるエピソードを多数紹介する事典。日本人によく知られた人物1883人を見出しに掲載。

◇中国悪党伝　寺尾善雄著　河出書房新社（河出文庫）　1990.8　①4-309-47198-6
＊中国史上ただ一人、女帝となった猛女・則天武后と、彼女の恐怖政治をささえた酷吏たち。皇帝の信頼と恩寵にそむいて天下を簒奪した安禄山ら裏切り者たち。国政を私物化した売国宰相や金の亡者の大臣、宦官。民主主義と革命を食い物にした袁世凱…。権謀術策入り乱れる中国社会でも、スケールと徹底性で群をぬく巨悪の実態。そこ知れぬ人間性の暗黒面から覗く、知られざる"悪"の中国史。

【い】

‖ **イヴァン3世**　Ivan Ⅲ, Vasilievich
1440～1505　15・16世紀、モスクワ大公（在位1462～1505）。国土統一を達成。ビザンティン帝国最後の皇帝の姪と結婚、ツァーリの称号を継承した。

◇世界人物逸話大事典　朝倉治彦，三浦一郎編　角川書店　1996.6　①4-04-031900-1
＊歴史上の人物の生き生きとした人間像を伝えるエピソードを多数紹介する事典。日本人によく知られた人物1883人を見出しに掲載。

‖ **イヴァン4世**　Ivan Ⅳ, Vasilievich
1530～1584　16世紀、モスクワ大公（在位1533～1584）。ロシアのツァーリ（在位1547～1584）。

◇世界人物逸話大事典　朝倉治彦，三浦一郎編　角川書店　1996.6　①4-04-031900-1
＊歴史上の人物の生き生きとした人間像を伝えるエピソードを多数紹介する事典。日本人によく知られた人物1883人を見出しに掲載。

‖ **イエス**　Jesus Christ
前7/4頃～後30頃　前1・後1世紀、キリスト教の創始者。ベツレヘム生まれ。神の国の実現を人々に説いた。十字架の刑に処せられた後、弟子たちがイエスを救世主（キリスト）とみなした。

◇クレオパトラとイエスキリスト―紀元前に起こった謎…事実と直結しているかあらゆる角度から謎を解き明かす　稲羽太郎著　ストーク　2018.7　①978-4-434-24659-3

◇くらべてわかる！ブッダとキリスト―原典から読み解く「宗教二大スター」の教えと生涯　中村圭志著　サンガ　2017.7　①978-4-86564-097-7
＊仏教とキリスト教をザックリ理解する！仏教の開祖とキリスト教の開祖―それぞれの個性とエッセンスを、原典をひもときながら、わかりやすく解説するガイドブック！

◇超訳 イエスの言葉　白取春彦編訳　ディスカヴァー・トゥエンティワン　2017.7　①978-4-7993-2129-4
＊敵をなくす一番の方法は敵を愛することだ。ミリオンセラー『超訳ニーチェの言葉』編訳者がイエスの言葉を現代によみがえらせる。

◇イエスとブッダ―いのちに帰る　ティク・ナット・ハン著、池田久代訳　春秋社　2016.11　①978-4-393-33350-1
＊仏典や聖書のことばを自在に用い、仏教とキリスト教共通の基盤である人間の霊性を深く見つめて、日々の生活を"気づき"のなかで送る指針と瞑想の実践を、わかりやすい詩的なことばで説く世界的仏教者の講話。

◇イエス 新装版　八木誠一著　清水書院（Century Books　人と思想）　2016.6　①978-4-389-42007-9
＊イエス生誕の年が西暦元年と定められたほど、キリスト教は西欧世界に、さらに全世界に深く強い影響を与えた。現在世界のキリスト教徒は約二四億、全世界の人口のほぼ三三％を占めると言われる。しかしイエスは特別な人間、他の誰とも質的に隔絶した人間だったのではない。イエスはただの人であり、

イエス

そしてただの人の生き方をもっとも真実に生き、示した人である。まさにこのゆえに、イエスは世に容れられず、十字架につけられてしまった。この事件は、世の人がどんなにただの人間であることを拒み、特別の人間になろうとしているか、その倒錯の深さを教える。しかしイエスは敗北しなかった。イエスを救世主と信じるひとびとの群が起こり、世界を改革していった。このことは、世界の不幸と虚無と罪悪にもかかわらず、イエスをイエスとして生かした真理の究極の勝利を象徴している。

◇図説世界史を変えた50の指導者(リーダー) チャールズ・フィリップス著,月谷真紀訳 原書房 2016.2
①978-4-562-05250-9

◇13人の誤解された思想家—西欧近代的価値観を根底から問い直す 小浜逸郎著 PHP研究所 2016.1
①978-4-569-82682-0

◇人間キリスト記—或いは神に欺かれた男 山岸外史著 柏艪舎, 星雲社〔発売〕 2013.10 ①978-4-434-18464-2
＊イエスは宗教家ではない。信者という名にも値しない。あまりに信仰が深い。彼は天界の詩人である。血をもって、地上に「神」を描いた詩人である。太宰治の心の師・山岸外史の名著がいま甦る。第三回北村透谷賞受賞作。

◇イエス・キリストの生涯 小川国夫著 新教出版社 2013.8 ①978-4-400-62772-2
＊小川国夫が初めて試みたキリスト伝。

◇異教の完成者—史的イエスをめぐる謎 波多野直人著 春風社 2013.2
①978-4-86110-351-3
＊数ある新興宗教のひとつにすぎなかったキリスト教が、なぜ世界宗教になりえたのか。歴史的実在としてのイエスの人物像と、諸教が混交していた当時の宗教状況を明らかにし、キリスト教信仰の本質にせまる。

◇名画と読むイエス・キリストの物語 中野京子著 大和書房 2012.9
①978-4-479-39232-3
＊ドラマティックなイエス・キリストの物語画は、独創的な表現に満ちた傑作・名作のオンパレード。イエスのおおまかな生涯を知った上で西洋名画を楽しみたい―そう願う人のための、これは手引書である。

◇これだけは知っておきたい史的イエス J.H.チャールズワース著, 中野実訳 教文館 2012.8 ①978-4-7642-6698-8
＊イエスはいつ、どこで生まれたのか？ 彼は奇跡を行ったのか？ 宣教の中心は何だったのか？ 誰がなぜ彼を十字架につけたのか？ 本当に死者の中から復活したのか？ 史的イエス研究の方法論から研究史までを、死海写本研究で知られる現代聖書学の第一人者が27の問いで答える最良の入門書。

◇最後のイエス 佐藤研訳 ぷねうま舎 2012.7 ①978-4-906791-03-3

◇イエスはいかにして神となったか フレデリック・ルノワール著, 谷口きみ子訳 春秋社 2012.6 ①978-4-393-32332-8
＊メシア、神の子、真の神にして真の人、イエスとはいったい何者なのか？ 三位一体とはどういうことか？ イエスの生涯と使徒たちの活動から、異端との抗争や夥しい殉教者を出した迫害、それが一転、ローマ帝国公認宗教となり、政治に翻弄され、激しい内部対立を経て、基本教理を確立していく五世紀にもわたる思想闘争と人間模様をドラマチックに描くフランスのベストセラー。

◇キリスト教は戦争好きか—キリスト教的思考入門 土井健司著 朝日新聞出版 (朝日選書) 2012.4 ①978-4-02-259987-2
＊「敵を愛せ」「右の頬を打たれたら左の頬をも向けよ」―聖書にこうした言葉があるにもかかわらず、十字軍、異端審問、魔女狩りなどの戦争や殺戮行為が、キリスト教の名のもとに行われてきた。「一つの神しか信じない」という一神教の心の狭さが、こうした悲劇を引き起こすのではないか。あるいは、なぜ聖書の教えが浸透しているはずの欧米社会で、貧富の差が拡大しているのか。そもそも、宗教に頼る人は精神的に弱いのではないか―。古代キリスト教思想を研究する著者が、聖書と歴史の視

点からキリスト教を根源的に捉え直す。非クリスチャンが抱く疑念に答えていく、キリスト教的思考入門。

◇キリスト教入門　矢内原忠雄著　中央公論新社　（中公文庫）　2012.4
①978-4-12-205623-7
＊内村鑑三の唱えた「無教会主義」の信仰に生き東大総長を務めた著者が、理性の信頼回復を懇願し、混迷する若者に教義を懇切丁寧に解き明かす。罪とは何か？　赦しとは何か？　復活、再臨、奇蹟をいかに解すべきか？　科学の時代を踏まえながら西欧文明の根底を知る手引きとして、色褪せることのない稀有な名著を復刻。

◇イエス復活と東方への旅　ホルガー・ケルステン著，佐藤充良訳　たま出版　2012.3　①978-4-8127-0339-7
＊イエス誕生から青春期にいたるアジアでの修行。死海写本のエッセネ派が仕組んだ、十字架による死刑の真相と、聖骸布に残された医薬の痕跡を暴く。復活後に東方へ旅をした足跡と、老後から死までの滞在地を長期徹底調査。世界37ヶ国語で400万部のベストセラーついに邦訳刊行。

◇ソクラテス・イエス・ブッダ―三賢人の言葉、そして生涯　フレデリック・ルノワール著，神田順子，清水珠代，山川洋子訳　柏書房　2011.5　①978-4-7601-3976-7
＊未曽有の危機に直面した今こそじっくりと耳を傾けたい、賢人たちの時空を超えたメッセージ。その教えと実像に迫る。真の幸福、正しい生き方、そして人生の意味とは。

◇イエス・キリストの履歴　岩島忠彦著　オリエンス宗教研究所　2011.4
①978-4-87232-075-6

◇図解 いま聖書を学ぶ―聖書に興味を持ってくださる方のための入門篇です　曽野綾子著　ワック　2011.4
①978-4-89831-160-8

◇イエスとの初めての再会―史的イエスと現代的信仰の核心　マーカス・J.ボーグ著，西垣二一，三ツ本武仁訳　新教出版社　2011.2　①978-4-400-12034-6

＊著者は史的イエス研究の「第三の探究」に属する聖書学者。北米の保守的な教会で育った自らの信仰的出自から語り起こし、現代人にとって真に納得のいく聖書の読み方から導き出されたイエス観、神観、信仰観を積極的に提示する。

◇シュタイナーキリスト論集　ルドルフ・シュタイナー著，西川隆範訳　アルテ，星雲社〔発売〕　2010.12
①978-4-434-15253-5
＊シュタイナーのキリスト秘教とは何か？　輪廻思想にキリスト教の再生の可能性を見たシュタイナーキリスト論のアンソロジー。

◇聖書の世界―描かれた神の奇跡とイエスの生涯　新人物往来社編　新人物往来社　（ビジュアル選書）　2010.11
①978-4-404-03927-9
＊天地創造、ダビデとソロモン、イエスの奇跡と受難…。ふたつの聖書が織り成すドラマを名画で楽しむ。

◇松永希久夫著作集　第1巻　史的イエスの考察とキリスト論　松永希久夫著　一麦出版社　2010.10　①978-4-86325-028-4
＊史的イエスの復元という課題を遂行するに際し、基本的にキリスト教がイエスの意志に反して成立したり、イエスの意図を超えて形成されたりしたのではなく、イエスの真骨頂を、神と彼との関係、それに基づく隣人とのかかわり方にみていると理解。そのような、新約聖書に代表されるイエス理解こそが―彼の意図に即する最も深い応答として―キリスト教として成立したのだと説く。

◇キリスト教の嘘と真実　世界宗教研究会著　笠倉出版社　2010.9
①978-4-7730-8522-8
＊救世主と呼ばれた男の素顔を暴く。「禁断のイエス」ここに完璧暴露。

◇イエス・キリストについて―復刻版と訳　徳善義和訳　教文館　2010.7
①978-4-7642-7314-6

◇ナザレのイエス　教皇ベネディクト16世ヨゼフ・ラツィンガー著，里野泰昭訳　春秋社　2008.12　①978-4-393-33277-1
＊歴史のイエスと信仰のキリストが分裂

イエス

しつつある現代、偉大な神学者である現教皇が、最新の聖書解釈学の成果をとり入れつつ、分裂を架橋し、父なる神と常に向き合って生きた真のイエスの姿を提示する。

◇図説 イエス・キリスト――聖地の風を聞く 新装版　河谷竜彦著　河出書房新社　（ふくろうの本）　2008.12
①978-4-309-76122-0
＊ベツレヘムでの降誕、ヨルダン川での受洗、ガリラヤ湖での宣教、最後の晩餐、ゴルゴダの丘での十字架刑、そして復活。わずか三十三年といわれるその生涯が、二〇〇〇年前と変わらぬ聖地の風景と多くの図版でよみがえる、決定版・イエス・キリストの物語。

◇世界をつくった八大聖人――人類の教師たちのメッセージ　一条真也著　PHP研究所　（PHP新書）　2008.4
①978-4-569-69939-4

◇非暴力――武器を持たない闘士たち　マーク・カーランスキー著，小林朋則訳　ランダムハウス講談社　（クロノス選書）　2007.8　①978-4-270-00236-0
＊武力を捨て、戦争を放棄する非暴力という思想は平和を讃えるだけの空虚な理想主義ではない。それは既存の秩序を根底から揺るがす危険で有効な戦略なのだ。イエス・キリストに始まりガンディーやキング牧師に至るまで権力と密接に結びついた暴力に対し非武装・無抵抗で立ち向かった者たちの果敢な挑戦の歴史を振り返り「戦争のない世界」を実現する可能性を探る。

◇ブッダとイエス・キリスト　リチャード・H.ドラモンド著，八木誠一，田中友敏訳　法藏館　2007.7　①978-4-8318-1057-1
＊広い視野から宗教間対話に取り組む宗教学者が、仏教とキリスト教の新たな出会いの地平を拓く画期的論考。

◇イエスとサンタクロースの秘密　北嶋広敏著　太陽企画出版　2005.12
①4-88466-423-X

◇すらすら読めるイエス伝　山本七平著　講談社　（講談社プラスアルファ文庫）　2005.11　①4-06-256990-6

＊イエス・キリストの物語はよく知られています。『聖書』に関する評論などで著名な山本七平も「イエス伝」の執筆が望まれていましたが、生前に刊行することはかないませんでした。本書は、七平が雑誌・小冊子などに書き残したものの中から「生誕」「登場」「闘争」「最後の晩餐」「裁判」「十字架」「復活」など、イエスの生涯で重要なポイントをまとめています。大部分はキリスト教系学校の父母向きに書かれているために、七平はやさしい解説を試みています。

◇イエスとパウロ イスラエルの子　アンドレ・シュラキ著，長柴忠一訳　新教出版社　2005.4　①4-400-12135-6

◇み言葉の調べ 1 主イエスの生涯　宍戸達，宍戸好子著　新教出版社　2005.3
①4-400-12778-8

◇わが師イエスの生涯　井上洋治著　日本キリスト教団出版局　2005.1
①4-8184-0557-4
＊日本人の心の琴線にふれるキリスト教と師イエスの素顔を真摯に求めて長い旅を続けてきた現代の直弟子が、誕生から復活までを記述したイエスの生涯。

◇イエスの生涯　改版　遠藤周作著　新潮社　（新潮文庫）　2005.1　①4-10-112316-0
＊英雄的でもなく、美しくもなく、人々の誤解と嘲りのなかで死んでいったイエス。裏切られ、見棄てられ、犬の死よりもさらにみじめに斃れたイエス。彼はなぜ十字架の上で殺されなければならなかったのか？――幼くしてカトリックの洗礼を受け、神なき国の信徒として長年苦しんできた著者が、過去に書かれたあらゆる「イエス伝」をふまえて甦らせたイエスの"生"の真実。

◇マンガで楽しむ新約聖書　三笠加奈子著　こう書房　2005.1　①4-7696-0851-9
＊受胎告知。東方三博士の礼拝。踊るサロメ。カナの婚礼。最後の晩餐。キリストの降架。西洋絵画が好きだったり、ヨーロッパ諸国に旅行に行かれたことのある方は、これらがモチーフの絵を見たこともあるでしょう。これらはみんな、新約聖書のなかのお話。新約聖

イエス

書はキリスト教の聖典ですが、そんなこととは関係なく、片田舎で生まれたエキセントリックな青年の生涯を描くロードムービー風の小説として、とてもおもしろいんです。SFチックな奇蹟。意外と役に立たない仲間（弟子）。出るくいは打たれる、でも出すぎたくいは打ちにくい的な展開。思った以上に人間くさい登場人物たちによるドタバタ劇？ そんな魅力あふれる「新約聖書に出てくる物語」から選りすぐりの50編をマンガで紹介。読み物として「新約聖書」を楽しむ入り口はこちらです。

◇誰が文明を創ったか─ブッダからシェークスピアまで　ウィル・デューラント著, 高田亜樹訳　PHP研究所　2004.10
ⓟ4-569-63757-4

◇血ぬられた財宝─世界史ミステリー　桐生操著　小学館　（小学館文庫）2004.1
ⓟ4-09-404761-1

◇イエスとは誰か？─宗教・哲学・文学・神学からの50のイエス像　ホルスト・ゲオルク・ペールマン著, 田村宏之訳　教文館　2003.9　ⓟ4-7642-6642-3

◇ザ・クロス─イエスはなぜ十字架を選んだのか　マックス・ルケード著, 佐藤知津子訳　いのちのことば社　2003.4
ⓟ4-264-02078-6
＊ベストセラー絵本『たいせつなきみ』の作者が、一人一人の人間におしみなく注がれる神の愛を、ユニークな視点からリアルに描き出した霊想書。全米クリスチャン・ブック・オブ・ザ・イヤー受賞作。

◇イエス・キリスト─受肉した神の物語　ジャック・マイルズ著, 五郎丸仁美訳　青土社　2002.11　ⓟ4-7917-5998-2
＊旧約聖書を、神を主人公とした物語として大胆に捉え直し、ピュリッツァー賞を受賞した著者が、新約聖書に取り組んだ最新作。旧約の畏るべき神から慈悲溢れるイエスへの変貌を、美的解釈によって鮮やかに解き明かす。文芸批評の手法が聖書研究にもたらした画期的成果。

◇イエスの生と死─聖書の語りかけるもの　松永希久夫著　日本放送出版協会　（NHKライブラリー）　2001.11
ⓟ4-14-084143-5
＊キリスト教の信仰の中心は十字架の贖罪と復活の生命にある。イエスの死と生とがこれにかかわる。また、ナザレのイエスはなぜあのような活動をし、何を考えていたのであろうか。それを知る手がかりとして、イエス自身は、旧約諸文書をどのように読んでいたのを問うてみる。そこにキリスト教の発生と、この宗教の生命線を知ることができる。

◇イエスの復活─実際に何が起こったのか　G.リューデマン著, 橋本滋男訳　日本基督教団出版局　2001.7　ⓟ4-8184-0423-3
＊イエスの復活についての学術研究の成果を専門家でない人たちに分かりやすく伝える解説書。

◇誰がイエスを殺したのか─反ユダヤ主義の起源とイエスの死　ジョン・ドミニク・クロッサン著, 松田和也訳　青土社　2001.4　ⓟ4-7917-5875-7
＊福音書に語られるイエスの受難─ユダの裏切り、逮捕、裁判、虐待、十字架刑そして復活に至る記述は、はたして史実なのか、虚構なのか。ユダヤ人迫害の根拠のひとつとなった受難物語の真相を解明し、信仰と事実の両立を模索する、現代聖書学の最新成果。

◇イエス・キリスト　下　下のサブタイトル：その言葉と業　荒井献著　講談社　（講談社学術文庫）　2001.3
ⓟ4-06-159468-0
＊上巻ではマルコ、マタイ、ルカ三福音書の固有のイエス・キリスト像が明らかにされた。本巻はそれらのキリスト像が造型される元となったイエス伝承にみえるさまざまなキリスト像を精緻に解明。独自の「文学社会学」の方法で、イエスの実像や福音書のキリスト像を追究する新約聖書の第一人者が、その基礎資料を読み解く注目の書。

◇人間臨終図巻　1　山田風太郎著　徳間書店　（徳間文庫）2001.3
ⓟ4-19-891477-X

◇イエス・キリスト─三福音書による　上　荒井献著　講談社　（講談社学術文庫）

イエス

2001.1　①4-06-159467-2
＊新約聖書にみられる多様なイエス・キリスト像。そのなかでマルコ、マタイ、ルカは歴史のイエスについての伝承をもとに、どのような視座から福音書を編集し、それぞれ固有のイエス・キリスト像を造型していったのか。本巻はその過程を社会的背景とともに追及。日本の新約聖書学の第一人者が著したイエス・キリストを理解するための基本的かつ必須の書である。

◇笑う偉人伝　高橋春男著　いそっぷ社　2001.1　①4-900963-11-9

◇生身のイエス―私の読む「マタイによる福音書」　祈寛恵著　木藤文子　2000.11　①4-02-100043-7

◇イエスは食べられて復活した　やすいゆたか著　社会評論社　（バイブルの精神分析）　2000.9　①4-7845-1410-4
＊"イエスの復活"という世界史上最大の謎を解く。本書は、「神の国」を創りあげた初期キリスト教団を精神分析する。

◇イエスの生涯　エルネスト・ルナン著, 忽那錦吾, 上村くにこ訳　人文書院　2000.8　①4-409-42020-8
＊読み継がれる珠玉の名著。イエスはなぜ十字架にかけられたか。律法を越えて弱き者、貧しき者に愛と理想と神の国の思想を説いたイエスの生涯は、人間の心に永遠に訴えかける。60枚のデッサン・地図を付す。

◇ま、飲みながらでも一方にキリストをご紹介します　ジョルジュ・ネラン著　フリープレス　2000.7　①4-7952-3049-8

◇イエスの隠された生涯　マーク・タリー著, 二宮磬訳, 綜合社編　集英社　2000.7　①4-08-773329-7

◇図説イエス・キリスト―聖地の風を聞く　河谷竜彦著　河出書房新社　（ふくろうの本）　2000.6　①4-309-72639-9
＊ベツレヘムでの降誕、ヨルダン川での受洗、ガリラヤ湖での奇跡、最後の晩餐、ゴルゴダの丘での十字架刑、そして復活。わずか三十三年といわれるその生涯が、2000年前と変わらぬ聖地の風景と多くの図版でよみがえる決定版・イエス・キリストの物語。

◇イエスの謎―人間イエスの全てを明かす　学習研究社　（Gakken mook　ムー謎シリーズ）　2000.5　①4-05-602189-9

◇秘儀参入者イエス・キリスト　エドゥアル・シュレー著, 古川順太訳　出帆新社　（スピリチュアルシリーズ）　2000.5　①4-915497-50-X
＊壮大なる神智学的叙事詩。当時の政治、宗教、社会状況、及びエジプトより中近東における秘教という底流にも言及しながら、イエスの心理を描いた希少な文献。本書はイエスが人の子であり、同時に秘儀参入者としての評伝である。

◇貧しい者は幸いか?!―イエスの生を見据えて　善野碩之助著　日本基督教団出版局　2000.5　①4-8184-0365-2

◇イエス22人の証言　井上洋治ほか著　日本基督教団出版局　2000.3　①4-8184-0368-7

◇イラスト版 聖書物語一日一話　下　新約篇　メアリ・バチェラー文, ジョン・ヘイサム絵, 斎藤寿満子訳　講談社　（講談社プラスアルファ文庫）　1999.11　①4-06-256392-4
＊みずからの命を犠牲にした救い主イエス。その生き方と教えをとおして、他人への愛、許し、本当の友、心の弱さなど、人間にとっての普遍的なテーマを描きだす、心おどる物語。イエスの生涯、死後の復活、使徒たちの活躍からヨハネの黙示録まで、新約聖書のエッセンスを収録。より深く、より広く聖書を知るための絶好の入門書。

◇イエス伝―マルコ伝による　矢内原忠雄著　角川書店　（角川文庫　角川ソフィア文庫）　1999.8　①4-04-349101-8
＊『新約聖書』には4つのイエス伝がある。その中で最古の「マルコ伝」は、イエスが神の子であるという論拠を奇跡や神秘的事実に求めず、イエスの人格の愛と真実に求め、人間イエスの姿を事実に即して記している。本書は、このマルコ伝を一人の信仰者の立場で率直に語り、聖書の真理と、戦うイエスの伝道の生涯をやさしく伝える。

◇イエスの若き日　コリン・デ・シルヴァ著, 真野明裕訳　二見書房　1999.7
①4-576-99107-8

◇イエスは仏教徒だった？―大いなる仮説とその検証　エルマー・R.グルーバー, ホルガー・ケルステン著, 市川裕, 小堀馨子監修・解説, 岩坂彰訳　同朋舎　1999.6
①4-8104-2567-3
＊東西文化交流の歴史から導かれた驚愕のイエス像がここにある。気鋭の研究者七人による解説『イエス＝仏教徒説を検証する』を収録。

◇イエス逆説の生涯　笠原芳光著　春秋社　1999.6　①4-393-33180-X
＊イエスはいつ、どこで生れ、少年時代をどのように過ごしたのか。なぜ神を「父」とよび、発心して家を飛び出したのか。新説を駆使し、著者の全思想を賭して「福音書のイエス」から解き放つ衝撃のイエス伝。

◇マグダラとヨハネのミステリー――二つの顔を持ったイエス　リン・ピクネット, クライブ・プリンス著, 林和彦訳　三交社　1999.6　①4-87919-140-X
＊「使徒の中の使徒」は誰だったか？　西欧の異端・秘教的な団体、思想、伝承に見られるマグダラのマリアと洗礼者ヨハネに対する熱烈な崇拝が明らかにする「もう一つのキリスト教」。第3「千年紀」を迎えていまよみがえる「イエス＝魔術師、マリア＝イシス、ヨハネ＝キリスト」説の衝撃。

◇トマス・アクィナスのキリスト論　山田晶著　創文社　(長崎純心レクチャーズ)　1999.3　①4-423-30106-7
＊イエス・キリストとは何か？「我は誰なりと思うや」とのイエスの問いに、弟子たちは「生ける神の子キリストです」と答えた。「イエス・キリストは真の人間であり神である」という使徒伝承はキリスト論の原点であり、その教義(ドグマ)が4世紀から6世紀にかけて異端論争を通して形成されてきた。トマス・アクィナスは「神学大全」第3部でキリスト論の全貌を語っているが、著者はその註解の仕事を通して、トマスが独自な存在論の観点からイエス・キリストを存在と働きのい両面から総合的に捉えていることを解明し、その独創性を高く評価する。近世以降に盛んになった歴史的実証的なイエス伝研究の限界を明らかにして、新たなキリスト論を展望し、さらに信仰と理性のあり方を平易にといた講演。

◇生き方としてのキリスト教　金井創著　日本基督教団出版局　1999.2
①4-8184-0332-6
＊生き方を告げる聖書のメッセージ。人を変え、人にいのちを与える救い主イエス。その言葉への信頼から現状を変えていく力が生まれることを告げたキリスト教は、人々に新しい生き方を提示する。

◇イエス像の二千年　ヤロスラフ・ペリカン著, 小田垣雅也訳　講談社　(講談社学術文庫)　1998.9　①4-06-159344-7
＊イエスは二千年にわたり、西洋文化の歴史の中にそそり立つ人物であった。そして、その生涯と教えは、人間の存在や運命についての最も根本的な問いに対する答えを、それぞれの時代に応じて表現してきた。本書は、各時代の特徴を語るさまざまなイエス像を鮮やかに浮かび上がらせ、歴史の中に位置づけることによって、その時代の精神を明らかにした博識と英知、創見と霊感にあふれた稀にみる労作である。

◇イエス研究史―古代から現代まで　大貫隆, 佐藤研編　日本基督教団出版局　1998.8　①4-8184-0321-0
＊第一線の聖書学者・歴史学者・文学研究者による世界に類を見ないイエス研究史。近代聖書学以降のイエス研究の展開を主としつつ古代・中世に留意し、文学者のイエス観も付加。自分のイエスを検証し、深化させるために必読の書。

◇人間イエスをめぐって　木田献一ほか著　日本基督教団出版局　1998.7
①4-8184-0317-2

◇イエスの失われた十七年　エリザベス・クレア・プロフェット著, 下野博訳　立風書房　1998.6　①4-651-93017-4
＊古代チベットの古文書によれば、イエスは十三歳のとき隊商の群れに加わり、

イエス

東方へ旅立った。目指すはインド、そしてヒマラヤの山地。そこで彼は何をしたか…。東洋と西洋を結び、ブッダとイエスを繋ぎ、歴史と文化に関する限りない知的興奮をもたらす新発掘！地上最大の謎が解き明かされる。

◇イエス・キリスト奇跡の人　津山千恵著　三一書房　1998.6　④4-380-98259-9

◇誤解されたイエス　R.ハイリゲンタール著, 野村美紀子訳　教文館　1998.6　④4-7642-6346-7
＊イエスはインドに行ったか？十字架で死ななかったのか？フェミニストか？結婚して子供もいたのか？反乱者か？菜食主義の平和主義者か？近年、様々な立場から試みられている歴史的イエス像を紹介。それぞれのイエス像に込められた願望や動機を探り、イエス像の歪みの修正をめざす。

◇イエス―あるユダヤ人貧農の革命的生涯　ジョン・ドミニク・クロッサン著, 太田修司訳　新教出版社　1998.5　④4-400-12033-3

◇イエスについて何を知りうるか　ハワード・クラーク・キー著, 浜野道雄訳　新教出版社　（シリーズ・現代のイエス理解）　1997.11　④4-400-11878-9

◇イエス・キリストを語る　由木康著　講談社　（講談社学術文庫）　1997.11　④4-06-159303-X
＊「きよしこのよる」の訳詩などで知られる日本の讃美歌の父が、「正しい主要な福音書」(ルター)とされるヨハネによる福音書を懇切に講読。一世紀末の異端的風潮と対決しながらヨハネ伝が成立した背景と意義を明快に説いて、イエスが現実の人間でありながら、救主としての本質を表わしたことを明らかにする。名説教を謳われた由木牧師の未刊の講解録、待望の刊行なる。

◇イエスの仮説　ヴィットリオ・メッソーリ著, 飯塚成彦訳, 石川康輔監修　ドン・ボスコ社　1997.9　④4-88626-216-3

◇イエス・キリスト―人となられたみこと　ば　2000年大聖年神学歴史委員会編纂, 沢田和夫訳・編　ドン・ボスコ社　1997.9　④4-88626-217-1

◇キリスト教の精神とその運命　G.W.F.ヘーゲル著, 伴博訳　平凡社　（平凡社ライブラリー）　1997.8　④4-582-76210-7
＊支配と憎悪を孕む律法道徳を排し、世界との和解を説くイエスの「愛」の思想。しかし、キリスト教会は再び世界からの離反へと向かう。ディルタイによって「愛による運命との和解」と名付けられた「若きヘーゲル」の青春の哲学。

◇イエスの実像を求めて―現代のイエス探求　R.ハイリゲンタール著, 新免貢訳　教文館　1997.7　④4-7642-6534-6

◇イエス・神の譬え―イエスの生涯について実際に何を知っているのか　E.シュヴァイツァー著, 辻学訳　教文館　（聖書の研究シリーズ）　1997.6　④4-7642-8048-5

◇真実のイエス―伝説の謎にせまる　イアン・ウィルソン著, 小田卓爾訳　紀伊国屋書店　1997.6　④4-314-00788-5
＊イエスは実在したのか？イエスとはどういう人物であったのか？イエスのおこなった数々の奇跡はどのようにしてなされたのか？十字架で処刑されて3日後、本当に復活したのか？そもそもなぜ、イエスは、こんなにも長きに渡って人びとの心をひきつけてきたのだろう？イエスは約2000年前、パレスチナ（現在のイスラエル）地方で生まれたといわれる。彼はまぎれもなく、世界の歴史に大きな影響を与えた人物であり、今なお多くの人びとの心のうちに生きている。では、人間イエスを解き明かすことは可能だろうか？その真実の姿にせまる試みは、文献学、考古学、さらには科学的手法を駆使することで、ここ数十年のうちに飛躍的に進歩した。本書は、このテーマを30年ちかく追いつづけてきたジャーナリストが、そうした近年の成果にもとづき、豊富な最新情報を盛りこんでまとめた、世界的ベストセラーの大改訂版である。

◇エドガー・ケイシーのキリストの秘密　新装　リチャード・ヘンリー・ドラモン

ド著，光田秀訳　たま出版　1997.5
①4-88841-942-X
＊…ケイシーは"ライフ・リーディング"によって個人の過去世に光をあて、そのカルマを明らかにし、今世に生きる指針を与えた。一本書は、現代アメリカのすぐれた神学者ドラモンド博士が"ケイシー・リーディング"をもとに、イエス・キリストの秘められた生涯とその現代的意義を克明に解き明した、まさに現代の福音書である。

◇人間イエス　滝沢武人著　講談社　（講談社現代新書）　1997.4　①4-06-149350-7

◇イエスと死海文書　ジェームズ・H.チャールズウァース編著，山岡健訳　三交社　1996.12　①4-87919-134-5

◇イエスの真実の物語―知られざるキリスト伝　鬼塚五十一著　広済堂出版　1996.12　①4-331-50562-6
＊「そこにイエスがいた―」神の子の生きてきた道と、聖書の世界が手にとるようにわかる、究極のクリスマス・"愛"ストーリー。新しい発見と驚きに満ちた、「イエス伝」の新展開。

◇イエスの生涯　2　D.F.シュトラウス著，岩波哲男訳　教文館　（近代キリスト教思想双書）　1996.12　①4-7642-7160-5

◇解読された「聖書」とイエスの謎―イエスはなぜ十字架刑に処されたのか？　斎藤忠著　日本文芸社　1996.7
①4-537-02517-4
＊2000年来の史的イエス像の謎を解明。1日だけ君臨したイエス王の秘密。「ダニエル書」の神の国来臨スケジュールにのっとって宣教活動を行ない、武の力によるイスラエル解放に最後まで抵抗し、神権政治体制樹立に命を賭けたイエスの真相を描く。

◇世界人物逸話大事典　朝倉治彦，三浦一郎編　角川書店　1996.6　①4-04-031900-1
＊歴史上の人物の生き生きとした人間像を伝えるエピソードを多数紹介する事典。日本人によく知られた人物1883人を見出しに掲載。

◇イエスとは誰か　高尾利数著　日本放送出版協会　（NHKブックス）　1996.3
①4-14-001763-5

◇イエスの生涯　1　D.F.シュトラウス著，岩波哲男訳　教文館　（近代キリスト教思想双書）　1996.3　①4-7642-7154-0
＊イエス伝研究の古典。ヘーゲル哲学の影響の下に、福音書の物語に徹底的な歴史的批判を適用、福音書の物語を「神話」としてその史実性を否定した本書は、当時の教会と神学と社会に震撼的衝撃を与えた。イエス伝研究史のみならず、近代キリスト教神学史に新時代を画した古典的名著。

◇耶蘇伝　田中純著　近代文芸社　1996.3
①4-7733-5106-3
＊まことの人としてのイエス像を求めて。ある小説家が、「読書感覚」と自ら呼ぶものを使って福音書から読みとった等身大のイエスとは。

◇キリストの処女降誕　J.グレサム・メイチェン著，村田稔雄訳　いのちのことば社　1996.2　①4-264-01565-0

◇イエス巡礼　遠藤周作著　文芸春秋　（文春文庫）　1995.12　①4-16-712018-6

◇ナザレのイエス　改訂増補版　ギュンター・ボルンカム著，善野碩之助訳　新教出版社　1995.11　①4-400-13001-0

◇主イエスに就ての黙想　海老沢宣道著　白夢荘　1995.11　①4-87395-269-7

◇イエス・キリスト　遠藤周作著　新潮社　1995.8　①4-10-303514-5

◇イエス　H.カーペンター著，滝沢陽一訳　教文館　（コンパクト評伝シリーズ）　1995.7　①4-7642-1060-6

◇イエス―一人の生ける者の物語　第1巻　E.スヒレベーク著，ヴィセンテ・アリバス，塩谷惇子訳　新世社　1995.7
①4-915623-71-8

◇イエス・キリストの謎と正体―イエスは神の子か、人の子か？　斎藤忠著　日本文芸社　1995.6　①4-537-02465-8
＊謎とミステリーに包まれたイエスの実像を、生誕当時から現代まで、奇説・異説・最新学説を混じえ徹底追究。

イエス

◇イエス―十字架につけられた民衆　宋泉盛著, 梶原寿監訳　新教出版社　1995.3　④4-400-31066-3
  * C・S・ソンのイエス論, 待望の第一作, 完訳。「言は肉となった」(ヨハネ1・14)の神学が伝統的神論・キリスト論を根底的に問いなおす。

◇イエスの生涯<エゴー・エイミ>　下　内田和彦著　いのちのことば社　1995.3　④4-264-01522-7

◇イエスの生涯　ジェラール・ベシエール著, 田辺希久子訳　創元社　(「知の再発見」双書)　1995.2　④4-422-21094-7

◇イエスをたずねて　陶山義雄著　新教出版社　1995.2　④4-400-51715-2

◇イエスを訪ねて　改訂新版　本田栄一著　日本基督教団出版局　1995.2　④4-8184-0211-7

◇世界の伝記　12　キリスト　香川茂著　ぎょうせい　1995.2　④4-324-04389-2

◇イエス―一人の生ける者の物語　第2巻　E.スヒレベーク著, 宮本久雄, 筒井賢治訳　新世社　1994.12　④4-915623-66-1

◇キリストに出会う　渡辺正雄著　丸善　(丸善ライブラリー)　1994.12　④4-621-05144-X

◇キリスト教以前のイエス　アルバート・ノーラン著, 篠崎栄訳　新世社　1994.12　④4-915623-67-X

◇トマスによる福音書　荒井献著　講談社　(講談社学術文庫)　1994.11　④4-06-159149-5

◇イェシュア―現代人のモデル・イエス　L.スウィードラー著, 八木誠一訳　新教出版社　(新教ブックス)　1994.7　④4-400-12483-5

◇イエス・キリスト―コミック版　アンソニー・オヒアー著, ジュディ・グローヴス著, 田辺希久子訳　心交社　(知的常識シリーズ)　1994.7　④4-88302-178-5

◇イエス・キリストの再発見―信仰の理解を深めるために　百瀬文晃編　中央出版社　1994.7　④4-8056-0445-X
  * キリスト者の信仰生活と教会の宣教活動に新たな活力を与えてくれる示唆に富んだ講演集。

◇イエスの生涯・緒論　ダーフィット・フリードリヒ・シュトラウス著, 生方卓, 柴田隆行, 石塚正英, 石川三義訳　世界書院　1994.4　④4-7927-9441-2
  * シュライエルマッヒャーやヘーゲルに指導をうけたシュトラウスは「福音物語は神秘主義の産物」と断じ, 一生反キリスト教の立場を守った。異端の神学者による異端のイエス像。

◇教父と祈り―キリストの名をめぐって　カルメロ・グラナド著, 塩谷惇子訳　新世社　1994.4　④4-915623-62-9

◇イエスの愛, イエスの足跡　菅原裕二著　女子パウロ会　1994.1　④4-7896-0412-8

◇最初のイースター　P.L.マイヤー著, 山田直美訳　日本基督教団出版局　1994.1　④4-8184-0173-0
  * 民衆の大きな期待を受けながら権力者の陰謀によって十字架刑に至るイエス。だが, 絶望した使徒たちが見たのは死と苦しみに勝ち, よみがえった彼の姿だったこの史上最大の出来事に肉薄。

◇イエスのミステリー―死海文書で謎を解く　バーバラ・スィーリング著, 高尾利数訳　日本放送出版協会　1993.12　④4-14-080144-1

◇新約聖書への旅　木村良己著　日本基督教団出版局　1993.12　④4-8184-0172-2

◇新約聖書ものがたり　ジャック・ミュッセ著, 田辺希久子訳　(大阪)創元社　1993.12　④4-422-21043-2

◇イエスと共に歩む―カテキズムとしてのマルコ福音書　カルロ・マリア・マルティーニ著, 石川康輔訳　ドン・ボスコ社　(福音シリーズ)　1993.11　④4-88626-121-3

◇(新)山上の垂訓―イエスのメッセージイエスの足跡を訪ねて　続　助安由吉著　エイト社　1993.9　④4-87164-236-4

◇悟りの招待席―歴史上の人物に永遠の智慧をきく　素空慈著, 塩田今日子訳　地湧社　1993.6　④4-88503-107-9

◇キリストの受難　3　クラース・スキル

イエス

◇ダー著, 中村妙子訳 すぐ書房 1993.5
①4-88068-240-3

◇イエスのユーモア アンリ・コルミエ著, 猪原英雄訳 中央出版社 1992.11
①4-8056-0440-9

◇キリストの道 菅井日人著 グラフィック社 （ヨーロッパ新紀行・シリーズ） 1992.11 ①4-7661-0655-5

◇新山上の垂訓―イエスのメッセージイエスの足跡を訪ねて 助安由吉著 エイト社 1992.9 ①4-87164-229-1

◇地に火を放つ者―双児のトマスによる第五の福音 三田誠広著 トレヴィル, リブロポート〔発売〕 1992.8 ①4-8457-0752-7
＊現代（いま）からおよそ2000年前、孤独なユダヤ娘から産み落された不具の父なし子で超常者の青年が、自らの意志で十字架にかかり処刑された。―その青年の名はイエス・キリスト。キリストの劇的な生涯を個性的に描き切る本格長篇小説。

◇天才たちの死―死因が語る偉人の運命 ハンス・バンクル著, 関田淳子, 後藤久子, 柳沢ゆりえ, 杉村園子共訳 新書館 1992.8 ①4-403-24037-2
＊難聴だけでなく、消化不良にも悩まされていたベートーヴェン、高血圧で不眠症だったレーニン、ヘビースモーカーのフロイト、幼いころから病弱だったケネディ。心身の病と闘う歴史上の人物たちの姿に病理学者の視点から光をあて、彼らの隠された素顔を浮かびあがらせる。

◇性的人間の分析 高橋鉄著 河出書房新社 （河出文庫） 1992.3 ①4-309-47232-X
＊キリスト、釈迦、聖徳太子からマルクス、レーニン、信長まで世界史を画した伝説的巨人たちの生涯と業績をたどりながら、彼らの秘められた願望や衝動、奇怪なコンプレックスを鮮やかに解き明かし、その裸像を浮彫りにする―。現代セクソロジーの最大の先駆者として受難の生涯を貫いた著者の代表的人物論充。『日本の神話』『浮世絵』に続く好評の文庫コレクション第3弾。

◇イエスの生涯―いま始まった 水谷昭夫著 新教出版社 1991.11 ①4-400-61468-9

◇美しき菩薩・イエス 岡野守也著 青土社 1991.6 ①4-7917-5131-0
＊常識を超え、大空の鳥、野の花を愛で、人の心を癒し、美しい忙しさのなかに生きた熱情の人イエス。聖書のうちで最も美しい「マルコによる福音書」が描くイエスを〈比類なく美しき菩薩〉として現代に甦らせ、普遍的人間像へと結晶させた、全く新しいイエス論。

◇キリスト伝〔復刻版〕 ジュゼッペ・リッチョッティ著, フェデリコ・バルバロ訳 ドン・ボスコ社 1991.4
①4-88626-068-3
＊フェデリコ・バルバロ神父司祭叙階50周年記念出版。1970年度「日本翻訳文化賞」に輝く、師の訳業の決定版。

◇イエスに邂った女たち 遠藤周作著 講談社 （講談社文庫） 1990.12
①4-06-184815-1

◇キリスト―イエスの神秘的生涯とその解説 谷口清超著 日本教文社 （谷口清超ヒューマン・ブックス） 1990.11
①4-531-01247-X
＊キリストが今ここに復活する。本書によって現代に愛と平和が甦る。

◇キリストの秘密―ケイシー・リーディングによるケイシー・レポートの〈キリスト〉編!! 新版 リチャード・H.ドラモンド著, 光田秀訳 たま出版 （エドガー・ケイシー〈秘密〉シリーズ） 1990.11
①4-88481-227-1

◇聖書の時代―ドラマティックな聖書世界へのヴィジュアル・ガイド ブルース・メッツガー, デイヴィッド・ゴールドスタイン, ジョン・ファーガソン編, 斎藤和明訳 河出書房新社 1990.11 ①4-309-22188-2
＊聖書世界の民族、風土、偉大な出来事をコンピュータ・グラフィックス、衛星写真、迫真のイラストを駆使してリアルに再現。壮麗なドラマがいまよみがえる。

◇法律家の見たイエスの裁判 W.フリッケ著, 西義之訳 山本書店 1990.11
①4-8414-0201-1
＊ドイツの現役弁護士が、二千年前の「イ

エスの事件」の「人物調書」と「事件調書」から、宗教的・神学的観点ではなく、法律的・歴史的立場から分析し、「イエスの事件」の全貌を明らかにする

◇キリスト―その生涯と弟子たち 〔復刻版〕 岩波書店編集部,岩波映画製作所編 岩波書店 (シリーズ 世界の美術案内) 1990.3 Ⓘ4-00-003563-0

イェルマーク Ermak, Timofeevich
?～1585 エルマクとも。16世紀、西シベリアの征服者。ドン・コサックのアタマン（首領）。

◇世界伝記大事典 世界編 1～12 編集代表:桑原武夫 ほるぷ出版 1980.12～1981.6

イグナティウス・ロヨラ
Ignatius de Loyola
1491頃～1556 イグナティウス・デ・ロヨラとも。15・16世紀、カトリックの聖人。イエズス会創立者。反宗教改革の闘士として活動。主著「心霊修業」。

◇イグナチオ・デ・ロヨラの霊的日記 イグナチオ・デ・ロヨラ著,ホアン・カトレット編,髙橋敦子訳 教友社 2017.3 Ⓘ978-4-907991-32-6

◇神の指ここにあり―聖イグナチオの生涯とイエズス会創立の物語 李聖一著 ドン・ボスコ社 2016.3 Ⓘ978-4-88626-602-6

◇ドン・フェルナンドの酒場で―サマセット・モームのスペイン歴史物語 ウィリアム・サマセット・モーム著,増田善郎訳 原書房 2006.6 Ⓘ4-562-04025-4

◇三人の巡礼者の物語―イグナチオ、ザビエル、ファーヴル ホアン・カトレット編,髙橋敦子訳 新世社 2005.12 Ⓘ4-88382-074-2

◇イグナチオの統治のしかた ペドロ・デ・リバデネイラ著,並河美也子訳 新世社 2002.3 Ⓘ4-88382-039-4

◇ある巡礼者の物語―イグナチオ・デ・ロヨラ自叙伝 イグナチオ・デ・ロヨラ著,門脇佳吉訳 岩波書店 (岩波文庫) 2000.2 Ⓘ4-00-338202-1

◇日本関係海外史料 イエズス会日本書翰集 訳文編 上 東京大学史料編纂所編 東京大学史料編纂所,東京大学出版会〔発売〕 1998.3 Ⓘ4-13-092773-6

◇イグナチオの日々を見た弟子の覚え書き ルイス・ゴンサルヴェス・ダ・カマラ著,ホセ・ミゲル・バラ訳編 新世社 1997.4 Ⓘ4-915623-87-4

◇霊操で祈る―内的知識へのこみち パルマナンダ・ディヴァルカー著,清水弘,石塚博子訳 新世社 1997.1 Ⓘ4-915623-85-8

◇世界人物逸話大事典 朝倉治彦,三浦一郎編 角川書店 1996.6 Ⓘ4-04-031900-1
＊歴史上の人物の生き生きとした人間像を伝えるエピソードを多数紹介する事典。日本人によく知られた人物1883人を見出しに掲載。

◇聖イグナチオ・デ・ロヨラ―16世紀の偉大な巡礼者 中川浪子著 中央出版社 1993.9 Ⓘ4-8056-4795-7
＊イエズス会の創立者聖イグナチオ・デ・ロヨラの生涯。16世紀を背景に、彼がたどった巡礼者としての一生を描く力作。

◇神に栄光人に正義―聖イグナチオ・デ・ロヨラとイエズス会の教育 アンセルモ・マタイス,小林紀由共著 イエズス会日本管区 1993.8

◇イエズス会教育のこころ―世界人をはぐくむネットワーク J.カスタニエダ,高祖敏明編 みくに書房 1993.7 Ⓘ4-943850-49-9
＊本書には、450年間にわたって世界的規模で営まれてきたイエズス会の教育活動の、その理念と実践が結集されている。

◇聖イグナチオ・デ・ロヨラ書簡集 カトリックイエズス会編 平凡社 1992.3 Ⓘ4-582-71713-6

◇フランス・ルネサンスの人々 渡辺一夫著 岩波書店 (岩波文庫) 1992.1 Ⓘ4-00-331881-1
＊フランス・ルネサンス（16世紀）は人間の解放とともに暗澹たる宗教戦争を経なければならなかった。著者は、激動

期を苦悩しつつ生きた、地位も職業も異なる12人の生涯をたどる。

◇愛の鍛練―聖イグナチオと十字架の聖ヨハネ・比較霊性の八日間の黙想　ホアン・カトレット，須沢かおり編著　新世社　1991.12　①4-915623-45-9

◇目で見る聖イグナチオ・デ・ロヨラの自叙伝　イグナチオ・デ・ロヨラ著，A・エバンヘリスタ，佐々木孝訳，ホアン・カトレット絵　新世社　1991.7　①4-915623-44-0

◇イグナチオとイエズス会　フランシス・トムソン著，中野記偉訳　講談社（講談社学術文庫）　1990.9　①4-06-158939-3
＊イグナチオ・ロヨラの名は、その愛弟フランシスコ・ザビエルとともに私たち日本人に深い関わりをもつ。まだ世界が功利主義や物質主義の黒い霧に覆われていなかった16世紀、ヨーロッパの精神文化は早くも頂点を極める。その名はイグナチオ。まがいものでない真の聖性の光とカリスマ的引力は人人を感化し、イエズス会という稀有な世界組織を創始した。比類なき統率者の奇跡の生涯を描く名著。

◇サド，フーリエ，ロヨラ　ロラン・バルト著，篠田浩一郎訳　みすず書房　1990.8　①4-622-00469-0

▎**イクナートン**　Ikhnaton
　⇒アメンホテプ4世

▎**韋后**　いこう
　？～710　韋氏（いし）とも。7・8世紀、中国、唐第4代中宗の皇后。政権を握ろうと夫の中宗を毒殺したが、李隆基（後の玄宗）に殺された。

◇世界女性人名事典―歴史の中の女性たち　世界女性人名事典編集委員会編　日外アソシエーツ，紀伊国屋書店〔発売〕2004.10　①4-8169-1800-0

◇中国歴代皇帝人物事典　岡崎由美，王敏監修　河出書房新社　1999.2　①4-309-22342-7
＊秦の始皇帝、前漢の劉邦、新の王莽、魏の曹丕、隋の煬帝、唐の李世民、元のフビライ、明の朱元璋、清の康熙帝など、中国歴代王朝の皇帝を紹介した人物事典。后妃・公主・宗室なども収録し、歴代宮都・陵墓も掲載。中国史重要人物索引付き。

▎**イサベル**　Isabel Ⅰ, la Católica
　1451～1504　15・16世紀、カスティリア女王（在位1474～1504）。アラゴンの王子フェルナンドと結婚。スペイン統一、国土回復を実現した。

◇世界女性人名事典―歴史の中の女性たち　世界女性人名事典編集委員会編　日外アソシエーツ，紀伊国屋書店〔発売〕2004.10　①4-8169-1800-0

◇世界人物逸話大事典　朝倉治彦，三浦一郎編　角川書店　1996.6　①4-04-031900-1
＊歴史上の人物の生き生きとした人間像を伝えるエピソードを多数紹介する事典。日本人によく知られた人物1883人を見出しに掲載。

▎**イスマーイール**　Ismāʿīl Ⅰ
　1487～1524　イスマーイール1世とも。15・16世紀、イランのサファビー朝の創始者（在位1501～24年）。イランの大部分を支配、強力な統一国家を建設。

◇世界皇帝人名辞典　三浦一郎編　東京堂出版　1977.9

▎**李承晩**　イスンマン
　1875～1965　19・20世紀、韓国の政治家。1948年8月大韓民国独立時に初代大統領に就任。60年まで3期連続して独裁的権力をふるった。

◇韓国大統領実録　朴永圭著，金重明訳　キネマ旬報社　2015.10　①978-4-87376-435-1

◇韓国現代史―大統領たちの栄光と蹉跌　木村幹著　中央公論新社　（中公新書）2008.8　①978-4-12-101959-2

◇韓国歴代大統領とリーダーシップ　金浩鎮著，小針進，羅京洙訳　柘植書房新社

2007.12　①978-4-8068-0574-8
◇現代朝鮮の悲劇の指導者たち―分断・統一時代の思想と行動　徐仲錫著，林哲，金美恵，曺宇浩，李柄輝，崔德孝ほか訳　明石書店　（明日ライブラリー）　2007.2　①978-4-7503-2504-0
◇朝鮮人物事典　木村誠，吉田光男，趙景達，馬淵貞利編　大和書房　1995.5　①4-479-84035-4

イダルゴ
Hidalgo y Costilla, Miguel
1753～1811　イダルゴ・イ・コスティリャとも。18・19世紀、メキシコの牧師、革命家。スペインに対する反乱を指導、独立の父と呼ばれた。
◇世界伝記大事典　世界編1～12　編集代表：桑原武夫　ほるぷ出版　1980.12～1981.6

イーデン
Eden, Robert Anthony, First Earl of Avon
1897～1977　20世紀、イギリスの元首相（1955～1960）。第2次大戦中は外相として連合国間の提携強化に努める。56年スエズ動乱でイギリス出兵に失敗し、引退。
◇外交による平和―アンソニー・イーデンと二十世紀の国際政治　細谷雄一著　有斐閣　2005.1　①4-641-07693-6
＊一九五〇年代前半、英外相アンソニー・イーデンは、朝鮮戦争の休戦、東西間の緊張緩和、西ヨーロッパの安全保障問題など、国際政治に一定の安定をもたらすべく奔走する。外交交渉を通じてそうした多くの問題に解決をもたらしたこの時期は、外交指導者イーデンの栄光の時であった。とりわけ一九五五年のジュネーヴ四大国首脳会談は、「外交による平和」をめざして緊張緩和外交を進めてきたイーデンにとって、その頂点をなすものであった。だが、そのころ彼は、長年の激務から来る病気に悩まされていた。一九三〇年代から五〇年代にいたるイーデンの外交指導を通して、外交の本質、外交指導者の本質、そして二十世紀の国際政治を考える。
◇イーデン回顧録　1　運命のめぐりあい　1951-1955　新装　イーデン著　湯浅義正，町野武共訳　みすず書房　2000.10　①4-622-04981-3
◇イーデン回顧録　2　運命のめぐりあい　1955-1957　新装　イーデン著　湯浅義正，町野武共訳　みすず書房　2000.10　①4-622-04982-1
◇イーデン回顧録　3　独裁者との出あい　1931-1935　新装　イーデン著　南井慶二訳　みすず書房　2000.10　①4-622-04983-X
◇イーデン回顧録　4　独裁者との出あい　1935-1938　新装　イーデン著　南井慶二訳　みすず書房　2000.10　①4-622-04984-8

イプセン
Ibsen, Henrik Johan
1828～1906　19・20世紀、ノルウェーの劇作家。社会劇「人形の家」（1879）「民衆の敵」（82）などによって近代劇を確立。
◇最後の恋―芸術家たちの晩年を彩る光と影　ディートマー・グリーザー著，宮内俊至訳　北樹出版　2015.7　①978-4-7793-0465-1
◇ニーチェからスターリンへ―トロツキー人物論集「1900-1939」　トロツキー著，森田成也，志田昇訳　光文社　（光文社古典新訳文庫）　2010.3　①978-4-334-75202-6
◇イプセンの読み方　原千代海著　岩波書店　2001.6　①4-00-022110-8
＊日本の近代において久しく、あの著名な『人形の家』に象徴される社会劇という枠組みに堅く閉じられたイプセン。このイプセンの戯曲の台詞の核心に踏み込み、その重層的なありようを素手で自在に解きほぐし、いま二十一世紀に解き放つ。原典をノルウェー語から全訳した著者ならではの、芝居の本音の面白さがいたるところから吹き出す、渾身の書き下し四〇〇枚。
◇イプセン―生涯と作品　新版　原千代海著　三一書房　1998.6　①4-380-98253-X

＊聖書と、英雄歌謡と、シェイクスピアと、ミケランジェロに触発されて近代劇の父となったイプセンの全貌!!「人間精神の革命」をモットーに、自由と解放のため闘ったイプセンの詩と真実が、いま、われわれに語るものは何か。

◇世界人物逸話大事典　朝倉治彦，三浦一郎編　角川書店　1996.6　①4-04-031900-1
＊歴史上の人物の生き生きとした人間像を伝えるエピソードを多数紹介する事典。日本人によく知られた人物1883人を見出しに掲載。

◇イプセンの手紙　原千代海編訳　未来社　1993.11　①4-624-61026-1
＊リアリストにしてラディカリスト、ニヒリストにして永遠のロマンティスト。文豪イプセンの素顔をあますところなく伝える244通の手紙が、時を越え、ついに開かれる。

◇インテレクチュアルズ　ポール・ジョンソン著，別宮貞徳訳　共同通信社　1990.9　①4-7641-0243-9
＊ルソーは子どもっぽい思想家、マルクスはめったに風呂に入らず金銭感覚はゼロ、ヘミングウェイは「行動」を口にするばかりで日々酒におぼれ、サルトルは「ことば」の洪水に次々と若い女性を引きずりこんだ。知の巨人たちの驚くべき実像。

イブン・サウード
Ibn Saʻūd, ʻAbd al-ʻAzīz
1880〜1953　アブド・アルアジーズとも。19・20世紀、サウジアラビア王国の建設者(在位1932〜1953)。欧米の石油会社に採掘権を与え、国家の財源とした。

◇サウジ・アラビア王朝史　ジョン・B.フィルビー著，岩永博，冨塚俊夫訳　法政大学出版局　(りぶらりあ選書)　1997.5　①4-588-02184-2

◇砂漠の豹イブン・サウード─サウジアラビア建国史　〔改装版〕　J.ブノアメシャン著，河野鶴代，牟田口義郎訳　筑摩書房　1990.12　①4-480-85083-X
＊アラビアのロレンスには「鉄面皮の山師」と呼ばれ、ルーズヴェルトには「鉄の意志をもった王」といわれた男。第一次大戦後、オスマン・トルコの軛を脱し、英仏の植民政策に抗しつつ、イスラムの宗教的理想と、絶え間ない戦い、100回以上ともいわれる政略結婚とにより、遊牧の民ベドウィンを統一して、いち早く「サウドのアラビア」を打ち立てた男。地下水とともに石油を掘り当て、アメリカとの深い関係のもとに近代化を推し進め、一代で王国の基礎を築きあげた男。沈思黙考、疾風迅雷、「リアドの豹」イブン・サウドの波瀾万丈の生涯を描き尽くす。

イブン・シーナー
Ibn Sīnā, Abū ʻAlī al-Ḥusayn bn ʻAbd Allāh
980〜1037　アヴィケンナとも。10・11世紀、ペルシアの哲学者、医者。中世ラテン世界にも医学の権威としてきこえた。

◇つたえたい、夢の伝記　斎藤整著　ナガセ　(東進ブックス)　2012.3　①978-4-89085-532-2

イブン・バットゥータ
Ibn Baṭṭūṭah, Abū ʻAbdullāh Muḥammad
1304〜1368/1369　14世紀、アラブ化したベルベル系の旅行家。1325〜49年、アフリカ、インド、中国等への大旅行を果たす。

◇イブン・バットゥータと境域への旅─『大旅行記』をめぐる新研究　家島彦一著　名古屋大学出版会　2017.2　①978-4-8158-0861-7

◇イブン・ジュバイルとイブン・バットゥータ─イスラーム世界の交通と旅　家島彦一著　山川出版社　(世界史リブレット人)　2013.12　①978-4-634-35028-1
＊メッカ巡礼(ハッジ)はムスリムの宗教的義務ではあるが、聖地メッカから遠く離れた西アフリカや東南アジアを出発点とした旅は一生をかけた命がけの旅であった。本書では、イスラーム世界を往来した多くの旅人たちの記録のなかでも、傑出した評価をもつイブン・

ジュバイルとイブン・バットゥータが残した旅行記をもとに、人を異郷との交流に奮い立たせたものはなにか、旅を可能にしたイスラーム・ネットワークとはなにかを究めつつ、この二人の旅行を考えてみたい。

◇イブン・バットゥータの世界大旅行——14世紀イスラームの時空を生きる　家島彦一著　平凡社　（平凡社新書）　2003.10
①4-582-85199-1
＊モンゴルがユーラシア大陸を席巻していた十四世紀。広大なイスラーム世界と、隣接するアジア・アフリカを生涯かけて旅してまわった男がいた。その長大な記録『大旅行記』の日本語完訳者が、イブン・バットゥータの旅の全容をたどり、そこから浮かびあがる、かつての世界システムの姿を描き出す。移動・交通・交易の活気、多文化混淆の豊穣さ。波瀾万丈の旅から「近代以前」の世界がみえてくる。

◇アフリカ歴史人物風土記　服部伸六著　社会思想社　（現代教養文庫）　1993.11
①4-390-11515-4
＊歴史に名をとどめる人物の生涯をたどり「知られざるアフリカ」の真実を読む。

イブン・ハルドゥーン
Ibn Khaldūn, 'Abd al-Raḥmān
1332～1406　14・15世紀、アラビアの歴史学者。歴史的事象の内面を掘下げ、歴史哲学の祖といわれる。主著『実例の書』。

◇イブン＝ハルドゥーン　森本公誠著　講談社　（講談社学術文庫）　2011.6
①978-4-06-292053-7
＊十四世紀のチュニスに生まれ、政治家として栄達と失脚を繰り返すなかで独自の「文明の学問」を拓いたイブン＝ハルドゥーン。文明と王権はいかにして崩壊するのか、都会と田舎の格差はなぜ広がるのか、歴史の動因となる「連帯意識」とは——。イスラーム世界にとどまらない普遍性と警句に満ちた主著『歴史序説』の抄訳と、波瀾の生涯。

◇地中海——人と町の肖像　樺山紘一著　岩波書店　（岩波新書）　2006.5
①4-00-431015-6

◇アフリカ歴史人物風土記　服部伸六著　社会思想社　（現代教養文庫）　1993.11
①4-390-11515-4
＊歴史に名をとどめる人物の生涯をたどり「知られざるアフリカ」の真実を読む。

イブン・ルシュド　Ibn Rushd
1126～1198　アヴェロエスとも。12世紀、アラビア哲学者。アリストテレスのすぐれた注釈により、スコラ学に強い影響を与えた。

◇アリストテレス知性論の系譜——ギリシア・ローマ、イスラーム世界から西欧へ　小林剛著　梓出版社　2014.3
①978-4-87262-034-4

李明博　イミョンバク
1941～　20世紀、韓国の政治家。国会議員、ソウル市長を経て、第17代大統領（在任2008～2013）。

◇韓国大統領実録　朴永圭著, 金重明訳　キネマ旬報社　2015.10
①978-4-87376-435-1

◇オモニ——ホームレスから大統領へ　李明博著, 蓮池薫訳　講談社　2008.12
①978-4-06-214939-6
＊酒かすを食べて飢えをしのいだ少年時代。貧しさに投身自殺を考えた青年時代。しかし青年は現代建設会長から韓国大統領へと駆け上がった。

◇李明博自伝　李明博著, 平井久志, 全璟訳　新潮社　（新潮文庫）　2008.10
①978-4-10-216951-3
＊赤貧の幼少期、投獄経験、異例の出世——。大阪に生まれた李明博は、いかにして大統領までのぼりつめたのか。企業戦士として、世界に先駆けて中東に進出し、国交もなかったロシアとの通商を開始。35歳で社長就任と、前代未聞のスピード出世を遂げた男の人生哲学とは何か。韓国で、その波瀾万丈な半生から「神話の主人公」と呼ばれる大統領が、政界に身を転じるまでを綴った、壮大な自伝。

◇韓国現代史―大統領たちの栄光と蹉跌　木村幹著　中央公論新社　(中公新書)　2008.8　①978-4-12-101959-2

◇大韓民国CEO(最高経営責任者)　李明博　鄭先燮著, 屋良朝建訳　マネジメント社　2008.4　①978-4-8378-0452-9
  *大阪に生まれ、韓国で極貧の時代を過ごした少年は、やがて現代建設社長、ソウル市長、そして大韓民国のCEOに上りつめる。現代のコリアンドリームを体現した新大統領は国家をどのように経営するのか。20年間ウォッチしてきたジャーナリストがその人物像と経営手腕を初めて明らかにする。

◇すべては夜明け前から始まる―大韓民国CEO実用主義の大統領 李明博の心の軌跡　李和馥文, 金居修省訳　現文メディア　2008.2　①978-4-652-06901-1
  *この世に生れ、多くの職業を体験しました。10代には、のり巻きなどを売り、露店でくだものを売り、また清掃員として働き…。大学生の時には、重労働に励み…。学生運動に参加して監獄にも入ったし、幼少の時には貧しくて、物ごいのそばで暮らし…。企業のトップになってからは、世界の富豪とも食事を共にし、国会議員になって国会議事堂に出勤もし、ソウル市長として市民たちと苦楽を共にする歳月を過ごしました。今は、国民の声を聞く時間をもっています。後世に残すべき私たちの財産とは何なのかについて考えています。豊かな大韓民国、皆さんといっしょにそれを実現したく思います。

◇李明博―韓国のCEO大統領　ロバート・コーラー編, 大西悠訳　ソウル・セレクション　2008　①978-89-91913-39-4

◇強者は迂回しない―韓国ニューリーダーの自画像　李明博著, 村松豊功, 多田正弘訳　勁文社　1996.5　①4-7669-2448-7

インディラ・ガンディー
Indirā Gāndhī
⇒ガンディー, インディラ

インノケンティウス3世
Innocentius Ⅲ
1160頃～1216　12・13世紀、教皇(在位1198～1216)。史上最大の教皇の一人。

◇英雄たちの食卓　遠藤雅司著　宝島社　2018.3　①978-4-8002-8132-6

◇ローマ教皇事典　マシュー・バンソン著, 長崎恵子, 長崎麻子訳　三交社　2000.8　①4-87919-144-2

【う】

禹　う
年代不詳　古代、中国、伝説上の夏王朝の始祖。姓は姒。帝舜に登用された。

◇世界人物逸話大事典　朝倉治彦, 三浦一郎編　角川書店　1996.6　①4-04-031900-1
  *歴史上の人物の生き生きとした人間像を伝えるエピソードを多数紹介する事典。日本人によく知られた人物1883人を見出しに掲載。

ヴァイツゼッカー
Weizsäcker, Richard von
1920～2015　ワイツゼッガーとも。20世紀、ドイツの政治家。ドイツ大統領。

◇ヴァイツゼッカー　新装版　加藤常昭著　清水書院　(Century Books　人と思想)　2015.9　①978-4-389-42111-3

◇《荒れ野の40年》以後　宮田光雄著　岩波書店　(岩波ブックレット)　2005.5　①4-00-009352-5
  *1985年の"荒れ野の40年"演説で有名な元ドイツ大統領リヒャルト・フォン・ヴァイツゼッカー。本書は、それ以後のヴァイツゼッカーの代表的演説をとりあげ、その政治思想から引き出される幾つかの教訓について学ぶものである。

◇ヴァイツゼッカー　加藤常昭著　清水書院　(Century Books)　1992.6　①4-389-41111-X

ヴァーグナー

＊1985年5月3日、ドイツの終戦40年記念日の大統領リヒャルト・フォン・ヴァイツゼッカーの演説は、今世紀の人間の心に刻まれる記念碑となった。ナチの時代の外務次官で戦争裁判被告となった父、自分の国防軍将校としての従軍、その良心の苦悩を忘れず、戦後の再建の祖国に、誠実なキリスト者として貢献しようとした人。神の前にひざまずく心と共に、共に生きる人間を人間として尊ぶ心に生き抜こうとしたこの人の言葉を、「あの演説」からはじめて学んでみよう。

ヴァーグナー
Wagner, Wilhelm Richard
1813〜1883 ワーグナーとも。19世紀、ドイツの作曲家。、音楽・演劇・詩の融合による総合芸術の楽劇を創始。バイロイトに祝祭劇場を設立した。

◇音楽の革命児ワーグナー 新版 松本零士著 復刊ドットコム 2018.6 ①978-4-8354-5589-1

◇コジマの日記―リヒャルト・ワーグナーの妻 3 1871.11〜1873.4 コジマ・ワーグナー著, 三光長治, 池上純一, 池上弘子訳 東海大学出版部 2017.10 ①978-4-486-02123-0

◇ロマン派の音楽家たち―恋と友情と革命の青春譜 中川右介著 筑摩書房 （ちくま新書） 2017.4 ①978-4-480-06959-7

◇愛犬たちが見たリヒャルト・ワーグナー ケルスティン・デッカー著, 小山田豊訳 白水社 2016.1 ①978-4-560-08487-8

◇ヴァーグナーの反ユダヤ思想とナチズム―『わが闘争』のテクストから見えてくるもの 第2版 鈴木淳子著 アルテスパブリッシング （叢書ビブリオムジカ Bibliomúsica） 2015.12 ①978-4-86559-126-2

◇最後の恋―芸術家たちの晩年を彩る光と影 ディートマー・グリーザー著, 宮内俊之訳 北樹出版 2015.7 ①978-4-7793-0465-1

◇愛と裏切りの作曲家たち 中野京子著 光文社 （光文社知恵の森文庫） 2015.3 ①978-4-334-78669-4

◇ワーグナー 下 マルティン・ゲック著, 岩井智子, 岩井方男, 北川千香子訳 岩波書店 2014.2 ①978-4-00-025939-2
＊大作曲家リヒャルト・ワーグナーを読み解く。未来を志向した「総合芸術」とは？

◇リヒャルト・ワーグナー 改訂版 ハンス・マイヤー著, 天野晶吉訳 芸術現代社 2013.12 ①978-4-87463-199-7
＊生誕200年記念、青史としてのワーグナー伝記。19世紀ドイツ音楽の偉大な鬼才!!革命児!!楽劇の創始者として輝ける功績を残す、ドイツ文化史を背景にその波乱の一生をあますところなく詳述!!名著の復活!!

◇ワーグナー 上 マルティン・ゲック著, 岩井智子, 岩井方男, 北川千香子訳 岩波書店 2013.12 ①978-4-00-025938-5
＊その巨大な芸術的・思想的影響とは？大作曲家リヒャルト・ワーグナーを読み解く。

◇〈新編〉ワーグナー 三光長治著 平凡社 （平凡社ライブラリー） 2013.9 ①978-4-582-76796-4
＊"祝祭劇"をつくりあげた総合芸術家の生涯を、その全貌を、多角的な視点から描き出す。旧版を大幅に増補、新編集。ワーグナーを知る最良の書。

◇ワーグナー―バイロイトの魔術師 バリー・ミリントン著, 三宅幸夫監訳, 和泉香訳 悠書館 2013.7 ①978-4-903487-69-4
＊因襲と偏見にみちたワーグナー像を排し、その芸術の本質を、その人間性を、その政治的影響を、最新の研究成果にもとづき客観的に提示。300点近い貴重な図版とともに、ワーグナー像の転換を迫る！

◇ワーグナーのすべて 堀内修著 平凡社 （平凡社新書） 2013.1 ①978-4-582-85668-2
＊ワーグナーに"正しい解釈"なんてない。あるのは、時代を呼吸しながら、変化を続ける舞台だけなのだ。歌手、指揮者、そして演出家によって、刺激的で挑発

的な舞台が続々と創り続けられる今、作品と彼自身が持ち続ける"毒"と"魔力"を、ワーグナーに魅せられ、追求し続ける著者が熱く語る。生誕二〇〇年。ワーグナーの作品に触れ、胸をいっぱいにするために書かれた一冊。

◇図説ワーグナーの生涯　ヴァルター・ハンゼン著,小林俊明訳　アルファベータ　2012.10　①978-4-87198-575-8
＊芸術史上最大の天才にして、オペラの革命家。戦争と革命の19世紀を背景にした、ワーグナーの波乱の生涯を、188点の絵画・写真で再現。

◇知識ゼロからの世界の10大作曲家入門　吉松隆著　幻冬舎　2012.4
①978-4-344-90247-3

◇ヴァーグナーと反ユダヤ主義—「未来の芸術作品」と19世紀後半のドイツ精神　鈴木淳子著　アルテスパブリッシング　（叢書ビブリオムジカ）　2011.6
①978-4-903951-44-7
＊ヴァーグナー芸術の特徴である理想主義には、恐るべき現実性がひそんでいた。「反ユダヤ主義」—古来ヨーロッパ精神に伏流し、19世紀後半ドイツにおいて異常な高まりを見せ、20世紀にナチスによる大破局を招くことになる思想が、ひとりの作曲家の精神構造にどのような影響を与え、その芸術にどのような刻印を残したか。これまで観念的に語られてきたヴァーグナー芸術と反ユダヤ主義との関係を、彼の音楽作品、論文、書簡、妻コージマの日記、同時代の資料などをもとに徹底的に洗い直し、実証した画期的研究。

◇ワーグナーとニーチェ　ディートリヒ・フィッシャー＝ディースカウ著,荒井秀直訳　筑摩書房　（ちくま学芸文庫）　2010.12　①978-4-480-09323-3
＊国民的音楽家であったワーグナーと、若き俊英ニーチェ。ふたりはショーペンハウアーや古代ギリシアの讃美を通して共鳴しあい、たがいの創造に光を投げかけあうが、次第にニーチェの哲学は、ワーグナー的なものへの闘いとして展開されていく。響きあい、そして決裂するふたりの巨星の運命を、不世出のバリトン歌手、フィッシャー＝ディースカウが美しく綴った名作。

◇ヴァーグナー—西洋近代の黄昏　樋口裕一著　春秋社　2010.1
①978-4-393-93189-9

◇大作曲家たちの履歴書　上　三枝成彰著　中央公論新社　（中公文庫）　2009.12
①978-4-12-205240-6

◇ヴァーグナーの「ドイツ」—超政治とナショナル・アイデンティティのゆくえ　吉田寛著　青弓社　2009.10
①978-4-7872-7273-7
＊音楽によって「真のドイツ」を打ち立てようとした作曲家リヒャルト・ヴァーグナー。三月革命や統一戦争で国家の輪郭が激しく揺れ動いた時代、複数の「ドイツ」がせめぎあうなか、超政治としての芸術を実践した彼の「ドイツ」はいったいどこに向かったのか。19世紀ドイツのナショナリズムを新たに問い直す音楽史。

◇ワーグナー王朝—舞台芸術の天才、その一族の権力と秘密　ハンス＝ヨアヒム・バウアー著,吉田真,滝藤早苗共訳　音楽之友社　2009.5　①978-4-276-21530-6

◇歴史が語る恋の嵐　中野京子著　角川書店,角川グループパブリッシング〔発売〕（角川文庫）　2009.2
①978-4-04-394001-1

◇音楽家カップルおもしろ雑学事典—ひと組5分で読める　萩谷由喜子著　ヤマハミュージックメディア　2007.6
①978-4-636-81855-0

◇60戯画—世紀末パリ人物図鑑　鹿島茂著　中央公論新社　（中公文庫）　2005.10
①4-12-204598-3

◇ワーグナー　吉田真著　音楽之友社　（作曲家・人と作品シリーズ）　2005.1
①4-276-22181-1
＊作曲家、指揮者、おたずね者、著述家、経営家、教祖…ドイツ・オペラの大成者の多面的肖像を描ききり、現在までの「バイロイト王朝」の系譜をも跡づける。巨人ワーグナーの全貌がいま明らかになる。

ヴァーグナー

◇晩年の思想―アドルノ、ワーグナー、鏡花など　三光長治著　法政大学出版局（《思想・多島海》シリーズ）　2004.9
①4-588-10002-5

◇年刊ワーグナー・フォーラム　2004　日本ワーグナー協会編　東海大学出版会　2004.8　①4-486-01652-1

◇ワーグナー紀行　塩山千仭著　春秋社　2004.2　①4-393-93478-4

◇年刊ワーグナー・フォーラム　2003　日本ワーグナー協会編　東海大学出版会　2003.7　①4-486-01624-6

◇ワーグナー―祝祭の魔術師　フィリップ・ゴドフロワ著, 三宅幸夫監修・監訳, 村上伸子訳　創元社（「知の再発見」双書）1999.8　①4-422-21145-5

◇ヴァーグナー大事典　バリー・ミリントン原著監修, 三宅幸夫, 山崎太郎監修　平凡社　1999.3　①4-582-10923-3

◇ダーウィン、マルクス、ヴァーグナー――知的遺産の批判　ジャック・バーザン著、野島秀勝訳　法政大学出版局（叢書・ウニベルシタス）1999.1　①4-588-00633-9
＊今世紀の精神風土を今なお支配する三者の生涯と業績を検討してその呪縛を断ち、ロマン主義の復権による「人間」の回復をめざす。

◇ヴァーグナー家の人々―30年代バイロイトとナチズム　清水多吉著　中央公論社（中公文庫）1999.1　①4-12-203335-7
＊後期ドイツ・ロマン派音楽の巨匠リヒャルト・ヴァーグナーの遺志を継いで、バイロイト音楽祭で壮大な楽音を響かせ続けてきたヴァーグナー家の人々は、ナチズムの圧倒的勝利という時代の流れのなかで離散するが、義娘ヴィニフレッドのみが総統ヒットラーと盟約し、バイロイト劇場はナチスの聖地となる。現代における政治と芸術の相剋を描く、ドイツ音楽の裏面史。

◇知られざるワーグナー　三光長治著　法政大学出版局　1997.10　①4-588-41012-1
＊「私の全体を見てほしい」。夢見るユートピアンだが事業欲の権化、革命家であると同時に王党派、コスモポリタンである熱烈なドイツ主義者、仏教に関心を持つプロテスタント、劇場人にして書斎人、といった"矛盾の塊"ワーグナー。作品はもとより厖大な著作の森に歩み入り、巨匠の襞と陰影を照し出す。

◇ワーグナーヤールブーフ　1997　特集：笑い　日本ワーグナー協会編　東京書籍　1997.8　①4-487-79166-9

◇大作曲家たちの履歴書　三枝成彰著　中央公論社　1997.5　①4-12-002690-6
＊メイドに卵を投げつけた横暴なベートーヴェン。女装して恋愛相手を追いかけた激情家ベルリオーズなど人種、家系、宗教、作曲態度から精神状態、女性関係…18人の大作曲家の、頭の中から爪先までを忌憚なく描き出すクラシックファン必携のデータブック。各作曲家履歴書つき。

◇響きと思考のあいだ―リヒャルト・ヴァーグナーと十九世紀近代　高橋順一著　青弓社（クリティーク叢書）1996.12　①4-7872-1026-2
＊十九世紀近代の根源史としての意味をもつヴァーグナーの「綜合芸術」作品。その弁証法的世界を読み解きながら、魔術的「陶酔」の彼方にある批判的・反省的な「覚醒」の可能性を提示する。

◇ワーグナーヤールブーフ　1996　特集：パリ　日本ワーグナー協会編　東京書籍　1996.10　①4-487-79165-0

◇エルザの夢―新しいワーグナー像を求めて　三光長治著　法政大学出版局（教養選書）1996.6　①4-588-05089-3
＊バイロイト祝祭劇場のオーケストラ・ボックス、コントラバスの林立する奈落まで赴いた自他ともに許す大のワグネリアンが、40年に及ぶ遍歴の折々に綴ったワーグナー傾聴録。「ワーグナーの残したテクストを丹念に読み抜いて、在来の研究者が読み落とした箇所について発見を重ねることで方向を見出した」という、微細な関連の網目を辿る探究は、希代の総合芸術家の軌跡と精神の深層に分け入り、底知れぬ魅力とニーチェやマンらとの関係も含む豊かな問題性を、縦横自在かつ多彩に考察する。

◇世界人物逸話大事典　朝倉治彦，三浦一郎編　角川書店　1996.6　①4-04-031900-1
＊歴史上の人物の生き生きとした人間像を伝えるエピソードを多数紹介する事典。日本人によく知られた人物1883人を見出しに掲載。

◇虚構の音楽――ワーグナーのフィギュール　フィリップ・ラクー＝ラバルト著，谷口博史訳　未来社　（ポイエーシス叢書）1996.2　①4-624-93232-3
＊リヒャルト・ワーグナーの楽劇に魅了されつつも抵抗した二人のフランス詩人――ボードレール、マラルメと、二人のドイツ哲学者――ハイデガー、アドルノ。前世紀のワグネリスムの勝利から今世紀のナチズムにまでおよぶ政治的なものの美学化＝形象化を、『全体芸術作品』の企てに見いだしフランスとドイツ、音楽とポエジー、音楽と哲学、美と崇高のあいだの格闘を詳細に読みこむ、壮大かつアクチュアルな近代芸術の脱構築。

◇ワーグナー　クルト・フォン・ヴェステルンハーゲン著，三光長治，高辻知義訳　白水社　1995.10　①4-560-03723-X
＊大河小説的な流れに沿ってワーグナーの生涯の全容を描き出し、今日なお基本的文献として評価される大がかりな評伝。

◇ワーグナーヤールブーフ　1994　特集：思想　日本ワーグナー協会編　東京書籍　1995.5　①4-487-79163-4

◇ワーグナーと人種差別問題――ワーグナーの反ユダヤ主義――今日に至るまでの矛盾と一貫性　ゴットフリート・ワーグナー著，岩淵達治訳　BOC出版部　（道しるべブックス）　1995.2　①4-89306-036-8

◇ヴェルディとワーグナー――音楽とドラマのかなたへ　荒井秀直著　東京書籍　1994.10　①4-487-75342-2

◇ワーグナーヤールブーフ　1992　日本ワーグナー協会編　東京書籍　1993.5　①4-487-79161-8
＊「ワーグナーヤールブーフ」は、ワーグナーに関する最先端の思索を収めた「論文集」である。

◇ワーグナー　三宅幸夫，山崎太郎ほか著　サントリー文化事業部，ティビーエス・ブリタニカ〔発売〕　1992.11　①4-484-92302-5
＊サントリー音楽文化展'92記念出版。

◇ニーチェとワーグナー　マンフレート・エーガー著，武石みどり訳　音楽之友社　1992.10　①4-276-21560-9
＊ニーチェの著書・手紙・草稿・他、コジマ・ワーグナーの日記、周囲の人々が死した記録、ニーチェの死後徐々に明らかになったさまざまな人間関係・背後の事情などの資料を一つずつ吟味して人間としてのニーチェに迫る。

◇ワーグナー　音楽之友社編　音楽之友社　（作曲家別名曲解説ライブラリー）1992.9　①4-276-01042-X

◇講演集　リヒァルト・ヴァーグナーの苦悩と偉大　他一篇　トーマス・マン著，青木順三訳　岩波書店　（岩波文庫）　1991.5　①4-00-324348-X
＊ヴァーグナーの人と作品を語りつつ、マンが自らの芸術観を披瀝した講演（1933）。この講演は、ヴァーグナーをドイツ民族音楽の理想として利用したナチスを厳しく批判したことで、彼の亡命生活への一因にもなった。ヴァーグナーを通してみた出色のドイツ論。「リヒァルト・ヴァーグナーと『ニーベルングの指環』」を併収。

◇ワーグナー　徳間書店　（徳間CD文庫）1991.2　①4-19-394447-6

◇ワーグナー　堀内修著　講談社　（講談社現代新書）　1990.12　①4-06-149033-8
＊「ニーベルングの指環」「トリスタンとイゾルデ」など、麻薬に似た危険な快楽＝ワーグナー。本書は波乱にみちた生涯や作品にとどまらず、オペラ上演の歴史や現在まで鮮やかに描く。この一冊で、あなたはもうワグネリアン！

◇ワーグナー　三光長治著　新潮社　（新潮文庫）　1990.7　①4-10-109111-0
＊作曲家としては勿論のこと、劇作家、思想家、美学者として、ワーグナーほど多彩な役割を演じた音楽家は他に例を見ない。同時に、ワーグナーほど毀誉褒貶の振幅の激しい作曲家もいない。稀

ヴァスコ・ダ・ガマ

代の風雲児の複雑に織りなされた生涯を底流するものは何であったか？ 創作の軌跡、出生の謎、女性問題、対ユダヤ人観、政治との関り、経済問題など、さまざまな面から大芸術家の実像に迫る。
◇名曲の旅―楽聖たちの足跡　飯野伊著
　電波新聞社　1990.5　①4-88554-247-2

ヴァスコ・ダ・ガマ
Vasco da Gama
⇒ガマ，ヴァスコ・ダ

ヴァルダマーナ
Mahāvīra, Vardhamana Nigantha Nataputta
前549頃〜前477頃　マハーヴィーラとも。前5・4世紀、ジャイナ教の24代目で最初のチルターンカラ（予言者）。現在の形のジャイナ教の開祖。
◇ジャイナ教入門　渡辺研二著　現代図書，星雲社〔発売〕　2006.8　①4-434-08207-8
◇遊学　1　松岡正剛著　中央公論新社（中公文庫）　2003.9　①4-12-204260-7
◇ジャイナ教の瞑想法―6つの知覚瞑想法の理論と実践　坂本知忠著　ノンブル　1999.7　①4-931117-29-5
　＊我が国で初めて紹介されたジャイナ教の瞑想法、その教え（非暴力・無執着・不定主義）。

ヴァレリアヌス
Valerianus, Publius Licinius
190頃〜260　2・3世紀、ローマ皇帝（在位253〜260）。ガルス帝への反乱に乗じてライン地方で即位。
◇軍人皇帝のローマ―変貌する元老院と帝国の衰亡　井上文則著　講談社（講談社選書メチエ）　2015.5　①978-4-06-258602-3
◇ローマ皇帝群像　3　アエリウス・スパルティアヌスほか著，桑山由文，井上文則訳　京都大学学術出版会　（西洋古典叢書）　2009.5　①978-4-87698-183-0

ヴァレンシュタイン
Wallenstein, Albrecht Eusebius Wenzel von
1583〜1634　16・17世紀、ドイツの軍人。皇帝フェルディナント2世を助け、三十年戦争に活躍。
◇世界伝記大事典　世界編　1〜12　編集代表：桑原武夫　ほるぷ出版　1980.12〜1981.6

ヴィクトリア女王
Victoria, Alexandrina
1819〜1901　19・20世紀、イギリスの女王。イギリス帝国主義の最盛期を築いた。
◇図説ヴィクトリア女王―英国の近代化をなしとげた女帝　デボラ・ジャッフェ著，二木かおる訳　原書房　2017.9　①978-4-562-05429-9
◇図説世界史を変えた50の指導者（リーダー）　チャールズ・フィリップス著，月谷真紀訳　原書房　2016.2　①978-4-562-05250-9
◇ヴィクトリア―英国女王伝　イーディス・シットウェル著，藤本真理子訳　書肆山田　2015.3　①978-4-87995-910-2
◇本当は偉くない？ 世界の歴史人物―世界史に影響を与えた68人の通信簿　八幡和郎著　ソフトバンククリエイティブ（ソフトバンク新書）　2013.8　①978-4-7973-7448-3
　＊古代から現代に至るまで、よく知られた帝王や政治家を68人選び、それぞれが世界史の中で果たした役割を、「偉人度」と「重要度」の2つの側面から10点満点で評価。世界史において偉人とされている人物たちの実像に迫る。
◇ホントは怖い英国王室残酷物語　渡辺みどり著　洋泉社　（歴史新書）　2012.7　①978-4-86248-941-8
◇イギリス王室一〇〇〇年史―辺境の王国から大英帝国への飛翔　石井美樹子著　新人物往来社　（ビジュアル選書）　2011.11　①978-4-404-04098-5
◇お姫さま大全―100人の物語　井辻朱美監

修　講談社　2011.3
⓪978-4-06-216768-0
＊この本は、お姫さま100人の物語を集めたものです。物語、舞台、アニメ、神話、史実などのお姫さまたちが、時代や背景をこえて登場します。世界中のお姫さまのことがわかる一冊です。

◇ヴィクトリア女王―大英帝国の"戦う女王"　君塚直隆著　中央公論新社（中公新書）　2007.10　⓪978-4-12-101916-5
＊植民地を世界各地に築き、「太陽の沈まない帝国」と呼ばれた19世紀イギリス。18歳で即位し、この繁栄期に64年間王位にあったのがヴィクトリアである。後に「君臨すれども統治せず」の確立期と言われ、女王の役割は小さいとされたが、実態は違う。自らの四男五女で欧州各王室と血縁を深めた女王は、独自外交を繰り広げ、しばしば時の政権と対立した。本書は、全盛期の大英帝国で、意思を持って戦い続けた女王の実像を描く。

◇ヴィクトリア女王―ジェンダー・王権・表象　川本静子, 松村昌家編著　ミネルヴァ書房（Minerva歴史・文化ライブラリー）　2006.7　⓪4-623-04660-5
＊わが国では、ヴィクトリア朝文化について歴史・文学・美術・あるいは建築などそれぞれの分野において研究が進んではいるが、ヴィクトリア女王そのものを対象としてとりあげた研究はなかった。本書は、男は公領域、女は私領域に活動の場を得るのが男女本来の資質に適っているという考え方が支配的であった時代にあって、「公領域の頂点に立つ女性」というパラドキシカルな存在であったヴィクトリア女王に、王権とジェンダーの関係、「視覚的表象」と「言語的表象」と王権の関係という視点から迫る「ヴィクトリア女王学」の第一歩。これはまた、わが国の「女帝論争」にも何がしか示唆するものがあろう。

◇図説　ヨーロッパの王妃　石井美樹子著　河出書房新社（ふくろうの本）　2006.6
⓪4-309-76082-1

◇産業革命の母　S.ワイントラウブ著, 平岡緑訳　中央公論新社（中公文庫　ヴィクトリア女王）　2006.5　⓪4-12-204691-2

◇覇権の極みに　S.ワイントラウブ著, 平岡緑訳　中央公論新社（中公文庫　ヴィクトリア女王）　2006.4　⓪4-12-204672-6
＊女王として即位し、良き夫、良き相談相手であるアルバートとともに充実した日々を送るヴィクトリアは、大英帝国の覇権を握り、着実に繁栄へと導いていく。まさに幸福の極みにあったヴィクトリアを悲劇が襲う。最愛の夫アルバートが四十二歳の若さで他界してしまったのだ。悲嘆に暮れるヴィクトリアだったが、亡き夫のため、国の発展のため、その生涯を捧げる決意をしたのだった。

◇世紀の女王誕生　S.ワイントラウブ著, 平岡緑訳　中央公論新社（中公文庫　ヴィクトリア女王）　2006.3
⓪4-12-204667-X
＊一九世紀産業革命の時代を統治した女王ヴィクトリア。ところが、彼女は気難しやの国王により牢獄につながれていたうら若き王女にすぎなかった。しかし国王の薨去により彼女の運命は一転する。拘束の身を解かれたばかりか、地上でもっとも領土を拡大しつつある大英帝国の女王の座に昇ったのだ。お伽話か神話のような彼女の波乱に満ちた生涯の幕がここにあがる。

◇世界女性人名事典―歴史の中の女性たち　世界女性人名事典編集委員会編　日外アソシエーツ, 紀伊国屋書店〔発売〕　2004.10　⓪4-8169-1800-0

◇恋に死す　中野京子著　清流出版　2003.12　⓪4-86029-058-5

◇イギリス近代史を彩る人びと　松浦高嶺著　刀水書房（人間科学叢書）　2002.3
⓪4-88708-269-X

◇貴婦人たちの華麗なる犯罪　桐生操著　学習研究社　2000.4　⓪4-05-401097-0

◇英国王室史話　下　森護著　中央公論新社（中公文庫）　2000.3　⓪4-12-203617-8

◇女帝が愛した男たち　テア・ライトナー著, 庄司幸恵訳　花風社　1999.10
⓪4-907725-08-6
＊マリア・テレジア、ヴィクトリア女王など、栄光を浴びた女たちの陰にはつね

ヴィクトル・ユゴー

に強く激しい男たちがいた。"女帝"を愛し、"女帝"と戦い、歴史を動かした男たちの壮絶な生涯。"陰の男たち"に光をあてる画期的なノン・フィクション。

◇ヴィクトリアとヴィクトリア―ヴィクトリア王朝の栄光と悲劇　竹谷新著，中村薫編集　竹林館　1998.2　①4-924691-60-7

◇世界人物逸話大事典　朝倉治彦，三浦一郎編　角川書店　1996.6　①4-04-031900-1
＊歴史上の人物の生き生きとした人間像を伝えるエピソードを多数紹介する事典。日本人によく知られた人物1883人を見出しに掲載。

◇イギリス王室物語　小林章夫著　講談社（講談社現代新書）　1996.1
①4-06-149283-7
＊千年の伝統をもち、今も華麗に輝くイギリス王室。「残虐非道」のヘンリー八世、自信家の処女王エリザベス一世、快楽の王子ジョージ四世など、大英帝国の栄光を築いた強烈な個性たちを描く。

◇ヴィクトリア女王　下　スタンリー・ワイントラウブ著，平岡緑訳　中央公論社　1993.9　①4-12-002243-9

◇ヴィクトリア女王　上　スタンリー・ワイントラウブ著，平岡緑訳　中央公論社　1993.8　①4-12-002234-X
＊1837年、わずか18歳で玉座につき、以後64年間、大英帝国に君臨したヴィクトリア。様々な謀略や暗殺の危機をくぐり抜け、華かな歴史の表舞台に立ち続けた大女王の知られざる素顔を、日記や私信などの一級資料を駆使して描く。

◇ヴィクトリア女王の娘―母娘の手紙を中心に　F.ポンソンビ編，望月百合子訳　ゾーオン社，刀水書房〔発売〕　1993.5
①4-88708-151-0

◇英国王と愛人たち―英国王室史夜話　森護著　河出書房新社　1991.7
①4-309-22200-5
＊歴代英国王で愛人をもたなかった王はほとんどいない。その王たちと愛人たちや庶子たちが織りなすさまざまなエピソードを物語りながら、各王家の好色の血筋をたどり、英国史の知られざる一面に光をあてる歴史エッセイ。教科書では紹介されない話を満載。

▎**ヴィクトル・ユゴー**
Victor-Marie Hugo
⇒ユゴー，ヴィクトル

▎**ウィクリフ**　Wycliffe, John
1320頃～1384　14世紀、宗教改革の先駆者。イギリスの哲学者、神学者。聖書を初めて英訳。

◇ウィクリフ　A.ケニー著，木ノ脇悦郎訳　教文館　（コンパクト評伝シリーズ）　1996.9　①4-7642-1064-9

▎**ウィッテ**　Vitte, Sergei Iulievich
1849～1915　ビッテとも。19・20世紀、ロシアの政治家。蔵相、首相として鉄道建設など近代化政策を推進。日露戦争終結のためのポーツマス講和会議の全権を務めた。

◇世界人物逸話大事典　朝倉治彦，三浦一郎編　角川書店　1996.6　①4-04-031900-1
＊歴史上の人物の生き生きとした人間像を伝えるエピソードを多数紹介する事典。日本人によく知られた人物1883人を見出しに掲載。

◇セルゲイ・ウィッテとロシアの工業化　セオダー・H.フォン・ラウエ著，菅原崇光訳　勁草書房　1977.8

▎**ヴィットーリオ・エマヌエーレ2世**
Vittorio Emanuele Ⅱ
1820～1878　19世紀、イタリア、サルジニア国王（在位1849～1861）、イタリア国王（在位1861～1878）。ガリバルディの統治権献上により統一王国の初代国王となった。

◇世界伝記大事典　世界編 1～12　編集代表：桑原武夫　ほるぷ出版　1980.12～1981.6

ウィリアム1世（ノルマンディー公） William Ⅰ

1027～1087 ギヨーム，ノルマンディー公ウィリアムとも。11世紀，ノルマン王朝初代のイギリス王(在位1066～1087)。「征服王」と称される。

◇世界伝記大事典　世界編 1～12　編集代表：桑原武夫　ほるぷ出版　1980.12～1981.6

ウィリアム3世　William Ⅲ

1650～1702　17・18世紀，イギリス，スチュアート朝の王(在位1689～1702)。無血の名誉革命に成功，議会に推され，「権利宣言」を受諾し国王に即位。

◇世界伝記大事典　世界編 1～12　編集代表：桑原武夫　ほるぷ出版　1980.12～1981.6

ウィリアム・オブ・オッカム William of Occam

1290頃～1349頃　13・14世紀，イギリスの神学者。教会から破門。教皇至上主義を批判。

◇ウィリアム・オッカム研究―政治思想と神学思想　小林公著　勁草書房　2015.10　①978-4-326-10249-5

◇オッカム『大論理学』註解　5　オッカム著，渋谷克美著訳　創文社　2003.8　①4-423-17137-6

ウィルソン，ウッドロー Wilson, Thomas Woodrow

1856～1924　19・20世紀，アメリカの政治家。第28代大統領(在任1913年～1921年)。1919年ノーベル平和賞受賞。

◇世界を変えたアメリカ大統領の演説　井上泰浩著　講談社（講談社パワー・イングリッシュ）　2017.3　①978-4-06-295261-3

◇アメリカ歴代大統領の通信簿―44代全員を5段階評価で格付け　八幡和郎著　祥伝社（祥伝社黄金文庫）　2016.7　①978-4-396-31697-6

◇ウィルソン―国際連盟の提唱者　長沼秀世著　山川出版社（世界史リブレット人）　2013.10　①978-4-634-35074-8
＊第一次世界大戦後の国際連盟創設の主役をになったアメリカ大統領ウィルソンは，どのような人物だったのだろうか。有名大学の学長から，わずか2年の州知事の経験のみで大統領になった人物は，ウィルソン以外にはいない。このようなことがなぜ実現したのだろうか。一方では，大統領在任中に再婚したり，脳卒中に倒れてしばらくは事実上職務を遂行できなかったこともある。ともあれ，ウィルソンはアメリカが世界の大国となるうえで一定の役割をはたした大統領の一人といえるだろう。

◇ノーベル賞受賞者業績事典―全部門855人　新訂第3版　ノーベル賞人名事典編集委員会編　日外アソシエーツ，紀伊國屋書店〔発売〕　2013.1　①978-4-8169-2397-5
＊1901年ノーベル賞創設時から2012年までの各分野の受賞者，受賞団体を収録。平和賞・文学賞・物理学賞・化学賞・生理学医学賞・経済学賞受賞者835人，20団体の業績を詳しく紹介。受賞辞退者についても収録対象とし，本文中にその旨を記載した。経歴・受賞理由・著作・参考文献を一挙掲載。

◇消えた帝国―大統領ウィルソンの挫折　本多巍耀著　芙蓉書房出版　2010.6　①978-4-8295-0485-7
＊国際連盟がいとも簡単に機能不全に陥ってしまったのはなぜか？ "戦争放棄"という輝かしい理想を掲げた大統領はなぜ挫折したのか？ 第一次世界大戦終結直後のパリ講和会議で繰り広げられた虚々実々のかけひきをウィルソン大統領を中心にリアルに描く。

◇アメリカ大統領の挑戦―「自由の帝国」の光と影　本間長世著　NTT出版　2008.5　①978-4-7571-4185-8

◇ピースメイカーズ―1919年パリ講話会議の群像　上　マーガレット・マクミラン著，稲村美貴子訳　芙蓉書房出版　2007.7　①978-4-8295-0403-1
＊世界を変えた6か月間，パリを舞台に繰り広げられた虚々実々の駆け引きロイ

ド・ジョージ(英)、クレマンソー(仏)、ウィルソン(米)3巨頭が主人公のドキュメンタリー映画のような迫力ある記述。イギリス最大のノンフィクション賞「サミュエル・ジョンソン賞」受賞作品。第一次世界大戦後のパリ講和会議の全てを生き生きと描き出したノンフィクション。

◇ピースメイカーズ—1919年パリ講話会議の群像　下　マーガレット・マクミラン著, 稲村美貴子訳　芙蓉書房出版　2007.7
①978-4-8295-0404-8

ウィルソン, ハロルド
Wilson, Sir James Harold
1916～1995　20世紀、イギリの労働党政治家。首相。経済危機克服のため所得政策や公共支出削減計画を打ち出したが、左派の造反のため下院で否決されたのを機会に、首相を辞任した。

◇イギリス現代政治史　第2版　梅川正美, 阪野智一, 力久昌幸編著　ミネルヴァ書房　2016.4　①978-4-623-07624-6

ヴィルヘルム1世
Wilhelm Ⅰ, Friedrich Ludwig
1797～1888　18・19世紀、ドイツ帝国の初代皇帝(1871～1888)、プロシア王(1861～1888)。ヴェルサイユ宮殿で戴冠式を挙行。

◇第二帝国　上巻　政治・衣食住・日常・余暇　伸井太一編著, 斎藤正樹著　パブリブ(帝国趣味インターナショナル)　2017.11
①978-4-908468-17-9
＊それは第三帝国へと繋がる道だったのか『ニセドイツ』伸井太一編著でドイツ第二帝政時代を豊富な図版で解説する。

ヴィルヘルム2世
Wilhelm Ⅱ, Friedrich Viktor Albert
1859～1941　19・20世紀、ドイツ帝国最後の皇帝。ビスマルクを罷免して親政を行うが、第1次世界大戦の勃発とドイツの敗退を招いた。

◇ヴィルヘルム2世—ドイツ帝国と命運を共にした「国民皇帝」　竹中亨著　中央公論新社　(中公新書)　2018.5
①978-4-12-102490-9

ウィレム1世(オラニエ公)
Willem van Oranje
1533～1584　オラニエ公ウィレム, オレンジ公ウィリアムとも。16世紀、オランダ独立戦争の指導者、ネーデルラント連邦(オランダ)共和国諸州の初代の総督。スペイン支配に対し八十年戦争を開始。

◇本当は偉くない？　世界の歴史人物—世界史に影響を与えた68人の通信簿　八幡和郎著　ソフトバンククリエイティブ　(ソフトバンク新書)　2013.8
①978-4-7973-7448-3
＊古代から現代に至るまで、よく知られた帝王や政治家を68人選び、それぞれが世界史の中で果たした役割を、「偉人度」と「重要度」の2つの側面から10点満点で評価。世界史において偉人とされている人物たちの実像に迫る。

◇オラニエ公ウィレム—オランダ独立の父　C.ヴェロニカ・ウェッジウッド著, 瀬原義生訳　文理閣　2008.3
①978-4-89259-561-5

ヴェスプッチ, アメリゴ
Vespucci, Amerigo
1454～1512　アメリゴ・ヴェスプッチとも。15・16世紀、イタリアの探検家、地理学者。南アメリカがアジア大陸とは別の新大陸であることを発見。

◇アメリゴ＝ヴェスプッチ　新装版　篠原愛人著　清水書院　(Century Books　人と思想)　2016.4　①978-4-389-42192-2
＊フィレンツェ生まれのアメリゴ＝ヴェスプッチは初代のスペイン主席航海士となったが、その死後、発見者の名誉をコロンブスから奪おうとしたと非難される。そもそもアメリゴは本当に航海したのか。したのなら、どこまで探検し、そこをどのように解釈したのか。知名度

のわりに知られていない、謎に満ちたアメリゴ＝ヴェスプッチの実像に迫る。

◇アメリゴ＝ヴェスプッチ　篠原愛人著　清水書院　（Century Books　人と思想）　2012.8　①978-4-389-41192-3

◇マゼラン　アメリゴ　ツヴァイク著, 関楠生, 河原忠彦訳　ツヴァイク著, 河原忠彦訳　みすず書房　（ツヴァイク伝記文学コレクション）　1998.8　①4-622-04661-X
＊世界周航という人類の知識の獲得に一身を捧げた人物、マゼラン。平凡なセビーリャ市民であったアメリゴ。新大陸発見の航海に加わった彼の報告から、本人の知らぬまに歴史の偶然にもてあそばれて、アメリカの名付親になるという法外な名声を荷うことになる。推理小説に比する伝記小説2編を収録。

◇アメリゴ・ヴェスプッチ——謎の航海者の軌跡　色摩力夫著　中央公論社　（中公新書）　1993.4　①4-12-101126-0
＊アメリゴ・ヴェスプッチは、謎の航海者である。かれの評価は500年の歴史を通じて二転三転した。かれはコロンブスとそれに続く航海者達がアジアの一部と思いこんでいた未知の陸地が「新大陸」であるという事実に、合理的な推論で初めて気がついた人物である。本書は広くヴェスプッチ一族にも光を当て、かれの人物像を解明する。また古地図を時系列により分析し、かれの生きた時代を巨視的に検討し、アメリゴの生涯と全業績を追う。

◇航海の記録　コロンブス, アメリゴ, ガマ, バルボア, マゼラン著　岩波書店　（大航海時代叢書）　1991.11　①4-00-008501-8

ウェッブ夫妻
Webb, Sidney & Beatrice

（夫）1859〜1947,（妻）1858〜1943　19・20世紀、イギリスの社会学者、フェビアン主義の代表的理論家。夫シドニー、妻ベアトリスの2人。夫シドニーは下院議員、労働党内閣の閣僚を務めた。妻ベアトリスは夫と共に「労働組合運動史」などを著作。

◇人物でよむ西洋社会福祉のあゆみ　室田保夫編著　ミネルヴァ書房　2013.10　①978-4-623-06624-7

◇福祉国家の効率と制御——ウェッブ夫妻の経済思想　江里口拓著　昭和堂　2008.7　①978-4-8122-0831-1
＊ウェッブ夫妻の業績をイギリス経済思想史の中に正当に位置づけ、その本質と現代的意義を導き出す。サブ・テーマとしてウェッブが設立したLSE（ロンドン政治経済大学）に注目する。

◇女性経済学者群像——アダム・スミスを継ぐ卓越した八人　B.ポーキングホーン, D.L.トムソン著, 桜井毅監訳　御茶の水書房　2008.5　①978-4-275-00575-5

◇ウェッブ夫妻の生涯と思想——イギリス社会民主主義の源流　名古忠行著　法律文化社　2005.8　①4-589-02853-0
＊本書は、イギリス福祉国家のプランナーとも称されているシドニーとビアトリス・ウェッブ夫妻の生涯と思想、そして彼らの歴史的意義を研究対象とするものである。

◇ウエッブ夫妻の生涯と時代——1858〜1905年：生誕から共同事業の形成まで　ロイドン・ハリスン著, 大前真訳　ミネルヴァ書房　（Minerva西洋史ライブラリー）　2005.2　①4-623-04117-4
＊下町生まれのシドニーは「専門職業人」の生き方を体現しようとし、大実業家の第八女ビアトリスは上流階級の令嬢としての性的役割に満足できず、社会学者を目指した。2人の結婚は「世界を変える」共同事業契約（パートナーシップ）として始まり、『労働組合運動の歴史』、『産業民主制』という学問的金字塔だけでなく、ロンドンとイングランドの学校教育に大転換をもたらし、ロンドン経済大学（LSE）を生み出した。本書は、「アダムとイヴ以来の奇妙な夫婦」と呼ばれたウエッブ夫妻の、パスフィールド（ウェッブ）財団公認の伝記である。これまで「開かずの扉」と評されてきたシドニーの精神世界、「分裂した自己」を自認したビアトリスの生い立ちと「華麗なる未婚夫人」としての若き日、そして結婚生活と仕事ぶりをヴィクトリア時代中期という時代ととも

もに活写し、夫妻の政治的、学問的業績の再評価を読者に迫る。
◇世界女性人名事典―歴史の中の女性たち 世界女性人名事典編集委員会編 日外アソシエーツ, 紀伊国屋書店〔発売〕2004.10 ⓘ4-8169-1800-0

ヴェーバー, マックス　Weber, Max
1864～1920　ウェーバーとも。19・20世紀、ドイツの社会科学者。西欧資本主義の成立・発展の研究、官僚制の分析などで知られる。主著『プロテスタンティズムの倫理と資本主義の精神』。

◇イェーリングとウェーバー　山口廸彦著〔山口廸彦〕（山口廸彦著訳集）〔201-〕
◇マックス=ヴェーバー　新装版　住谷一彦, 小林純, 山田正範著　清水書院 (Century Books 人と思想) 2015.9 ⓘ978-4-389-42078-9
◇"大学教授"ウェーバーと"ホームレス"マルクス―Tさんへ「現代社会論ノート」篠原三郎著　市民科学研究所, (京都)晃洋書房〔発売〕2015.8 ⓘ978-4-7710-2663-6
◇大学人ヴェーバーの軌跡―闘う社会科学者　野崎敏郎著　晃洋書房　2011.2 ⓘ978-4-7710-2203-4
◇マックス・ヴェーバー物語―二十世紀を見抜いた男　長部日出雄著　新潮社 (新潮選書) 2008.5 ⓘ978-4-10-603608-8
＊百年以上も前、『プロテスタンティズムの倫理と資本主義の精神』を著し、彼は資本主義の行く末を予言していた。経済と文化の発展の末に「精神のない専門人、心情のない享楽人」が跋扈する。二十世紀とは何だったのか？　今日の混迷する世界の難問を解く鍵は？　ドイツの偉大な哲人の生涯を丹念に辿り、その壮大な思想を読み解く評伝大作。選書版で、登場。
◇マックス・ウェーバー　マリアンネ・ウェーバー著, 大久保和郎訳　みすず書房 2008.4 ⓘ978-4-622-01949-7
◇西洋思想の16人　尾場瀬一郎, 小野木芳伸, 片山善博, 南波亜希子, 三谷竜彦, 沢佳成著　梓出版社　2008.4 ⓘ978-4-87262-017-7
◇マックス・ウェーバーと妻マリアンネ―結婚生活の光と影　クリスタ・クリューガー著, 徳永恂, 加藤精司, 八木橋貢訳　新曜社　2007.12 ⓘ978-4-7885-1078-4
＊母ヘレーネ、妻マリアンネ、愛人エルゼ、ミーナ…多彩な「友愛」関係の絵模様をとおして、二人の生活を生き生きと描出し、これまでのウェーバー像とマリアンネ理解に変更と再評価を迫る。
◇マックス・ヴェーバー―ある西欧派ドイツ・ナショナリストの生涯　今野元著　東京大学出版会　2007.12 ⓘ978-4-13-036230-6
＊ドイツの未来に賭けた知的巨人は政治と如何に格闘したか？　激動の時代を駆け抜けた波瀾の生涯を、未公刊史料に基づき描いた斬新なヴェーバー伝。
◇マックス・ヴェーバーの哀しみ――生を母親に貪り喰われた男　羽入辰郎著　PHP研究所　(PHP新書) 2007.11 ⓘ978-4-569-65999-2
＊マックス・ヴェーバーは親に愛された子供とは言い難い。彼は不毛なままに死んでいった。従来、彼の精神疾患の原因は"父親殺し"の反動と理解されてきた。しかし、本書は従来の解釈とは全く異なる観点に立つ。鍵は、そのさなかに書かれた『プロテスタンティズムの倫理と資本主義の精神』の中に隠されている。資料の改竄やでっち上げまでしても書かざるを得なかった『倫理』論文に…。『マックス・ヴェーバーの犯罪』(山本七平賞受賞作)で衝撃をもたらした著者が、文献と想像力を駆使して、大胆かつ繊細に謎を解く。
◇経済思想史―社会認識の諸類型　新版　大田一広, 鈴木信雄, 高哲男, 八木紀一郎編　名古屋大学出版会　2006.9 ⓘ4-8158-0540-7
◇マックス・ウェーバー入門　牧野雅彦著　平凡社　(平凡社新書) 2006.2 ⓘ4-582-85310-2
＊現代社会科学の基礎を築いたマックス・

ウェーバー。その問いかけの根源性は、二十一世紀の今も私たちを刺激してやまない。歴史とは何か、学問の役割はどこにあるのか？「世界の魔術からの解放」は人間に何をもたらし、その果ての近代合理主義はどこまで普遍的なのか？ 同時代の思潮のなかに位置づけながら、いま改めて、ウェーバー思想の全体像をさぐる。

◇経済思想　7　経済思想のドイツ的伝統　八木紀一郎責任編集　日本経済評論社　2006.2　ⓘ4-8188-1811-9

◇回想のマックス・ウェーバー――同時代人の証言　安藤英治聞き手, 亀嶋庸一編, 今野元訳　岩波書店　2005.7
ⓘ4-00-022452-2

◇経済学をめぐる巨匠たち――経済思想ゼミナール　小室直樹著　ダイヤモンド社　(Kei BOOKS)　2004.1
ⓘ4-478-21045-4

◇マックス・ヴェーバーとポーランド問題――ヴィルヘルム期ドイツ・ナショナリズム研究序説　今野元著　東京大学出版会　2003.11　ⓘ4-13-036220-8

◇企業の営利と倫理――M.ヴェーバー研究　笠原俊彦著　税務経理協会　2003.11
ⓘ4-419-04288-5
＊近年の企業と社会の混迷には根深いものがある。それは一時的な倫理の混乱として説明されうるようなものではない。その原因の一つは、現代に連なる大企業の生成以来の指導原理の変容にある。ここに指導原理の問題とは、営利と倫理の問題だといってよい。そして、この問題を解明する鍵は、マックス・ヴェーバーの主要業績のうちに与えられている。この業績は、近代企業の指導原理の成立と変容を明らかにし、このことによって現代に至る企業の営利と倫理のそしてこれによる社会の歴史を、われわれに理解させるからである。このような考えから、本書は、ヴェーバーの所論を研究しようとする。

◇経済学者物語――時代をリードした俊英たち　石沢芳次郎著　産業経済研究会, 東方書林〔発売〕　2003.3　ⓘ4-924979-60-0

◇マックス・ウェーバーと近代　姜尚中著　岩波書店　(岩波現代文庫 学術)　2003.2
ⓘ4-00-600096-0
＊ウェーバーの学問の今日的意味とは何か。彼は歴史＝社会学的研究を通して、近代の合理化が系統的に価値を排除しつつ、イデオロギー的な寓話として審美的宗教やナショナリズム、原理主義を甦らせるというアポリアに立ち向かった。本書は合理化と近代的な知の問題系を明らかにするとともに、現代アメリカニズムの問題をウェーバーを手がかりに読み解いていこうとする試みである。

◇経済学をつくった巨人たち――先駆者の理論・時代・思想　日本経済新聞社編　日本経済新聞社　(日経ビジネス人文庫)　2001.7　ⓘ4-532-19072-X

◇文明と法の衝突　比較法史学会編　比較法制研究所, 未来社〔発売〕　(Historia Juris比較法史研究　思想・制度・社会)　2001.3　ⓘ4-624-01155-4
＊本書は、一九九九年三月、東京大学法学部において、統一テーマ「文明と法の衝突」の下に開催された、比較法史学会第九回研究大会での研究報告をはじめとした論説、書評、学会動向などから成り立っている。

◇マックス・ヴェーバー研究　増補　中村貞二著　未来社　1999.10
ⓘ4-624-40047-X

◇ウェーバーと政治の世界　雀部幸隆著　恒青社厚生閣　1999.4　ⓘ4-7699-0895-4

◇デュルケムとウェーバーの現在　佐藤慶幸著　早稲田大学出版部　1998.4
ⓘ4-657-98208-7

◇社会学思想史にみる人間と社会――マックス・ウェーバーとカール・マンハイム社会学研究　山田隆夫著　青山社　1998.3
ⓘ4-88359-004-6

◇マックス・ヴェーバーの業績　フリードリッヒ・H.テンブルック著, 住谷一彦ほか訳　未来社　(マックス・ヴェーバー研究双書)　1997.5　ⓘ4-624-01137-6

◇社会哲学の復権　德永恂著　講談社　(講談社学術文庫)　1996.10

ウェルギリウス

①4-06-159253-X
＊現代思想に大きな影響を与えた二十世紀ドイツの思想家は、社会をどう捉えていたか。フランクフルト学派の論客としてあらゆる同一性を批判したアドルノや、英雄的実証主義と賞讃される一方で権力政治家とも批判されるウェーバーなどの多面的な実像を追求。アドルノのもとへ留学し、ウェーバー評価で名高い六四年ドイツ社会学会に立会った筆者が、社会科学との対決を通じて哲学の復権を図る意欲作。

◇ウェーバーとその社会―知識社会と権力　上山安敏著　ミネルヴァ書房　（Minerva人文・社会科学叢書）　1996.7　①4-623-02669-8

◇人間ウェーバー―人と政治と学問　徳永恂編，厚東洋輔編　有斐閣　（有斐閣双書Gシリーズ）　1995.12　①4-641-05833-4
＊新資料もつかって、"巨人"ウェーバーの多面的で懐の深い仕事を、その深遠な洞察や理論の背後にある人間像を提示しながら、ヴィヴィッドにわかりやすく説いた最新で格好の入門書。

◇マックス・ウェーバー―自由主義とモダニズム　R.J.ホールトン，B.S.ターナー著，小口信吉ほか訳　文化書房博文社　1995.6　①4-8301-0723-5

◇マックス・ウェーバー青年時代の手紙―新訳　上　マリアンネ・ウェーバー編，阿閉吉男，佐藤自郎訳　文化書房博文社　1995.5　①4-8301-0728-6
＊主に近親縁者あての手紙121通を収めた本書は、青年ウェーバーの人間像、世界観、思想形成の過程を具体的に知るための必読文献である。邦訳は上下に分け、地名・人名・事柄などに詳しい訳注をほどこした。

◇マックス・ウェーバー青年時代の手紙―新訳　下　マリアンネ・ウェーバー編，阿閉吉男，佐藤自郎訳　文化書房博文社　1995.7　①4-8301-0729-4

◇ウェーバーとイスラーム　ブライアン・S.ターナー著，香西純一ほか訳　第三書館　1994.10　①4-8074-9426-0

◇ヴェーバー論争　新版　ユルゲン・コッカ著，住谷一彦，小林純訳　未来社　（マックス・ヴェーバー研究双書）　1994.10　①4-624-30081-5

◇マックス・ヴェーバーとその同時代人群像　W.J.モムゼン，J.オースターハメル，W.シュヴェントカー編著，鈴木広，米沢和彦，嘉目克彦監訳　（京都）ミネルヴァ書房　1994.9　①4-623-02391-5
＊M.ヴェーバー国際シンポジウム（ロンドン）の記録―本書は、欧米の第一線の研究者たちが総力を結集し、ヴェーバーの幅広い交友関係を手掛かりに、世紀の転換期の思想・学問・政治の諸潮流の中に彼を的確に位置づけ、その実像を明らかにした最高水準の研究成果である。

◇マックス・ヴェーバーとドイツ政治1890～1920　2　ヴォルフガング・J.モムゼン著，安世舟ほか訳　未来社　1994.7　①4-624-30079-3

◇マックス・ヴェーバー―社会・政治・歴史　ヴォルフガング・J.モムゼン著，中村貞二ほか訳　未来社　1994.6　①4-624-30080-7

◇ジンメルとヴェーバー　阿閉吉男著　御茶の水書房　1994.4　①4-275-01548-7

◇現代に生きるヴェーバー　川上周三著　勁草書房　1993.10　①4-326-60088-8

◇マックス・ヴェーバーとドイツ政治1890～1920　1　ヴォルフガング・J.モムゼン著，安世舟ほか訳　未来社　1993.6　①4-624-30078-5

◇マックス・ウェーバーと同時代人たち―ドラマとしての思想史　大林信治著　岩波書店　1993.4　①4-00-002143-5

◇ニーチェとヴェーバー　山之内靖著　未来社　1993.2　①4-624-01114-7

ウェルギリウス
Vergilius Maro, Publius
前70～前19　前1世紀、ローマの叙事詩人。作品に国民的叙事詩「アエネイス」「牧歌（詩選）」「農耕詩」など。

◇和音羅読―詩人が読むラテン文学　新装版　高橋睦郎著　幻戯書房　2016.5

①978-4-86488-096-1
◇運命の車輪―天才たちの生涯　永田龍葵著　永田書房　2013.10　①978-4-8161-0726-9
◇ウェルギリウス『アエネーイス』―神話が語るヨーロッパ世界の原点　小川正広著　岩波書店　（書物誕生 あたらしい古典入門）　2009.2　①978-4-00-028289-5
＊みずからの激動の時代体験をとおして人間と社会の問題を深く掘り下げ、知的苦闘の中から作品を生み出したウェルギリウス。このラテン文学最大の詩人が後世にあたえた影響ははかりしれない。彼の遺した大叙事詩『アエネーイス』により「ヨーロッパ」という概念は初めて創られ、またダンテ『神曲』においては主人公を冥界に導く人々としても描かれた。『アエネーイス』は、民族や人種を超え、個人が相互の理解と尊重により結びつけられる社会を創るという理想と、その実現のための大きな苦難を、ローマ建国の英雄アエネーアスに体現させて謳いあげた作品である。ここに込められた詩人の未来へのまなざしは、今なお英雄と同じ苦悩を背負って生きる人類への励ましでもある。
◇環境の思想家たち　上　古代・近代編　ジョイ・A.パルマー編, 須藤自由児訳　みすず書房　（エコロジーの思想）　2004.9　①4-622-08161-X
◇牧歌・農耕詩〔新装版〕　ウェルギリウス著, 河津千代訳　未来社　1994.5　①4-624-61030-X
◇ウェルギリウス研究―ローマ詩人の創造　小川正広著　京都大学学術出版会　1994.2　①4-87698-010-1

ヴェルディ

Verdi, Giuseppe Fortunio Francesco
1813～1901　19・20世紀、イタリアのオペラ作曲家。「リゴレット」（1851）「椿姫」（53）などのオペラで名声を確立した。

◇愛と裏切りの作曲家たち　中野京子著　光文社　（光文社知恵の森文庫）　2015.3　①978-4-334-78669-4
◇ヴェルディ―オペラ変革者の素顔と作品　加藤浩子著　平凡社　（平凡社新書）　2013.5　①978-4-582-85683-5
＊数々の名作オペラを世に送りだしたジュゼッペ・ヴェルディ。宿屋の息子に生まれ、教会のオルガン弾きから大作曲家となった彼は、大農場の経営者にして、病院や「憩いの家」をつくった慈善家、そして、著作権の確立に尽力し、作曲家の地位を高めた人であった。いくつもの顔を持つヴェルディの人間像を描くとともに、オペラ全二十六作品の魅力を余すところなく紹介する。
◇大作曲家たちの履歴書　下　三枝成彰著　中央公論新社　（中公文庫）　2009.12　①978-4-12-205241-3
◇ヴェルディへの旅―写真とエッセイでたどる巨匠の生涯　木之下晃, 永竹由幸著　実業之日本社　2006.3　①4-408-39587-0
＊世界的に活躍する音楽写真家と、オペラ研究の第一人者が、イタリアオペラ最大の巨匠・ヴェルディゆかりの地とその人間像を徹底取材でまとめた、音楽ファン必読の一冊。
◇ヴェルディ　小畑恒夫著　音楽之友社　（作曲家・人と作品シリーズ）　2004.6　①4-276-22182-X
◇ヴェルディとワーグナー―音楽とドラマのかなたへ　荒井秀直著　東京書籍　1994.10　①4-487-75342-2
◇ヴェルディ　ハンス・キューナー著, 岩下久美子訳　音楽之友社　（大作曲家）　1994.6　①4-276-22157-9
◇評伝 ヴェルディ　第1部　あの愛を…　ジュゼッペ・タロッツィ著, 小畑恒夫訳　草思社　1992.7　①4-7942-0467-1
＊独裁者、エゴイストにして偉大なるロマン主義的作曲家の生涯と作品を広い視野のもとにとらえた出色の評伝。第1部では誕生から〈仮面舞台会〉までを扱う。同国人による本格的評伝。
◇評伝 ヴェルディ　第2部　偉大な老人　ジュゼッペ・タロッツィ著, 小畑恒夫訳　草思社　1992.7　①4-7942-0468-X
＊自分だけを信じ、自己の内面の矛盾をバネに作曲しつづけたヴェルディ。第2部では〈アイーダ〉〈レクイエム〉〈オ

〈テッロ〉〈ファルスタッフ〉を生んだ後半生を描く。特異な性格の謎を解く。

◇名曲の旅―楽聖たちの足跡　飯野尹著　電波新聞社　1990.5　①4-88554-247-2

ヴェントリス
Ventris, Michael George Francis
1922～1956　20世紀、イギリスの考古学者。遺跡ピュロスで発見された線文字Bがギリシア語であることをつきとめ、その解読に成功した。

◇線文字Bを解読した男―マイケル・ヴェントリスの生涯　アンドルー・ロビンソン著, 片山陽子訳　創元社　2005.10　①4-422-20230-8
＊ヨーロッパ最古の文字を解読するという20世紀最大の偉業を成し遂げた男は大学も出ていない古典言語学には素人の建築家だった。

ヴォルテール　Voltaire
1694～1778　17・18世紀、フランスの作家、啓蒙思想家。百科全書派の一人。理性と自由を唱えて専制政治と教会を批判した。

◇ヴォルテールの世紀―精神の自由への軌跡　保苅瑞穂著　岩波書店　2009.11　①978-4-00-022210-5
＊「考える自由は人間の生命です」―絶対王政が崩壊に向かい、革命への予感が兆す一八世紀フランスにあって、ヴォルテールと名乗った男は、そう記した。生涯にわたって文化的に、そして政治的に巨大な存在であり続けたヴォルテールは、古代から同時代に至る文学・思想・芸術の圧倒的な教養を背景に、宗教権力や盲信と闘い、農奴解放のために奔走し、ついにはフランスの僻地フェルネーに共同体を建設する。彼を「ヴォルテール」たらしめたもの、それは「人間の生命」である精神の自由にほかならなかった。本書は、パリを追放され、ベルリンの宮廷に招聘されたヴォルテールがプロシアを離れて以降の後半生を、一万数千通に及ぶ書簡を渉猟しながら克明に描き出す。そこに

刻まれた激しくも伸びやかな軌跡は、この世紀のヨーロッパが生み出しえた最良の精神を今日に甦らせる。

◇「知」の革命家ヴォルテール―卑劣なやつを叩きつぶせ　小林善彦著　柘植書房新社　2008.11　①978-4-8068-0589-2
＊フランスを革命に導いた「知」の巨人ヴォルテール―。旧体制を改革するために市民として彼がとった行動、彼の哲学・思想を明らかにする。

◇ルソーの啓蒙哲学―自然・社会・神　川合清隆著　名古屋大学出版会　2002.11　①4-8158-0450-8
＊社会の自然的基礎を廃棄したとき、人間にいかなる歴史が可能なのか。人間の内的自然（本性）と外的自然世界をめぐるルソーの徹底した思考を、18世紀ヨーロッパ思想のコンテクストに位置づけ浮き彫りにするとともに、その「哲学」の全体構想を読み解く。

◇世界人物逸話大事典　朝倉治彦, 三浦一郎編　角川書店　1996.6　①4-04-031900-1
＊歴史上の人物の生き生きとした人間像を伝えるエピソードを多数紹介する事典。日本人によく知られた人物1883人を見出しに掲載。

◇ルソーとヴォルテール　井上堯裕著　世界書院　1995.6　①4-7927-9551-6

◇ヴォルテール　A.J.エイヤー著, 中川信, 吉岡真弓訳　法政大学出版局　（叢書・ウニベルシタス）　1991.10　①4-588-00333-X
＊その生涯と人となりを概観し、劇作家・歴史家としての諸作品、科学や哲学の広範な問題への発言、理神論の立場からするキリスト教の悪弊との闘い、カラス事件等での実践的活動にわたって、矛盾の指摘と批判を交えながら、その知的誠実さや精神的勇気について縦横に語る。

ウォルポール　Walpole, Sir Robert
1676～1745　17・18世紀、イギリスの政治家。ホイッグ党員。1721年初代首相。下院の信任による責任内閣制を推進。

◇最初の首相ロバート・ウォルポール―王

権と議会と　岸本俊介著　丸善プラネット　2017.11　①978-4-86345-356-2
◇世界ナンバー2列伝―史上最強補佐役・宰相・顧問・右腕・番頭・黒幕・参謀　山田昌弘著　社会評論社　2013.11　①978-4-7845-1117-4
＊サブリーダー武勇伝！ 序列2位ヒーロー大全！ 国の主を祭り上げ、実権を握って、進むべき国の針路を切り開いた、歴史のもう一人の主人公達。国家元首じゃないのに国を導いた、歴史の名脇役達76人。
◇本当は偉くない？　世界の歴史人物―世界史に影響を与えた68人の通信簿　八幡和郎著　ソフトバンククリエイティブ（ソフトバンク新書）　2013.8　①978-4-7973-7448-3
＊古代から現代に至るまで、よく知られた帝王や政治家を68人選び、それぞれが世界史の中で果たした役割を、「偉人度」と「重要度」の2つの側面から10点満点で評価。世界史において偉人とされている人物たちの実像に迫る。

▌ウッドロー・ウィルソン
Thomas Woodrow Wilson
⇒ウィルソン，ウッドロー

▌ウマル　'Umar bn al-Khaṭṭab
581頃〜644　6・7世紀、イスラム国家第2代カリフ（在位634〜644）。イスラム国家の諸制度の創設に果した役割は大きい。
◇世界伝記大事典　世界編 1〜12　編集代表：桑原武夫　ほるぷ出版　1980.12〜1981.6

▌ウマル・ハイヤーム
'Umar Khayyām
1048〜1131　オマル・ハイヤームとも。11・12世紀、ペルシアの詩人、科学者。詩集「ルバイヤート」の作者。
◇数学者の素顔を探る―愛好家におくる数学プロムナード　西尾義典著　プレアデス出版，（京都）現代数学社〔発売〕　2004.5　①4-7687-0802-1

◇世界人物逸話大事典　朝倉治彦，三浦一郎編　角川書店　1996.6　①4-04-031900-1
＊歴史上の人物の生き生きとした人間像を伝えるエピソードを多数紹介する事典。日本人によく知られた人物1883人を見出しに掲載。

▌ウラディミル1世
Vladimir Ⅰ Svyatoslavich
？〜1015　10・11世紀、キエフの大公（在位980〜1015）。リューリック朝キエフ・ルーシの最盛期を築きあげた。
◇大公ウラジーミル　ウラジーミル・ヴォルコフ著．市川智子訳　中央公論社　1986.11　①4-12-001538-6
＊聖人に列せられたロシア建国の祖、ウラジーミルの波瀾にみちた生涯。ヴァイキングの血をひくウラジーミルが、戦術・外交・治世に手腕を発揮してロシアを統一し、ビザンチン帝国の皇女アンナを娶ってキリスト教に改宗するまでを活き活きと描く。

▌ウルグ・ベク
Ulug-Beg, Muhammad Tūrghāy
1394〜1449　14・15世紀、中央アジアのティムール王家の第4代君主、サマルカンド王（在位1447〜1449）。漢字名は兀魯伯。
◇世界伝記大事典　世界編 1〜12　編集代表：桑原武夫　ほるぷ出版　1980.12〜1981.6

▌ウルバヌス2世　Urbanus Ⅱ
1042頃〜1099　11世紀、教皇（在位1088〜1099）。福者。
◇本当は偉くない？　世界の歴史人物―世界史に影響を与えた68人の通信簿　八幡和郎著　ソフトバンククリエイティブ（ソフトバンク新書）　2013.8　①978-4-7973-7448-3
＊古代から現代に至るまで、よく知られた帝王や政治家を68人選び、それぞれが世界史の中で果たした役割を、「偉人度」と「重要度」の2つの側面から10点

エイク

満点で評価。世界史において偉人とされている人物たちの実像に迫る。

◇ローマ教皇事典　マシュー・バンソン著，長崎恵子，長崎麻子訳　三交社　2000.8
①4-87919-144-2

【え】

エイク，ファン　Eyck, Van
⇒ファン・アイク

永楽帝　えいらくてい
1360～1424　14・15世紀，中国，明の第3代皇帝（在位1402～1424）。名は朱棣。廟号を太宗，のち成祖。洪武帝の第4子。北京を都とし，前後7回にわたり遠く西アジア，東アフリカ諸国まで朝貢させ，明の国威を示した。

◇習近平と永楽帝―中華帝国皇帝の野望　山本秀也著　新潮社　（新潮新書）　2017.8　①978-4-10-610730-6

◇永楽帝―明朝第二の創業者　荷見守義著　山川出版社　（世界史リブレット人）　2016.7　①978-4-634-35038-0

◇永楽帝―華夷秩序の完成　檀上寛著　講談社　（講談社学術文庫）　2012.12
①978-4-06-292148-0
＊明朝第三代，永楽帝。甥である建文帝から皇位を簒奪し，執拗なまでに粛清と殺戮を繰り返し，歴史を書き換えて政敵が存在した事実まで消し去ろうとした破格の皇帝。その執念と権勢はとどまるところを知らず，中華の威光のもと朝貢国六〇余をかぞえる「華夷秩序」を築き上げた。それは前近代東アジアを律しつづけた中華の"世界システム"であった。

◇永楽帝　伴野朗著　徳間書店　1999.7
①4-19-861034-7
＊「朕に北顧の憂いなし」―太祖洪武帝にそう言わしめた朱棣（永楽帝）は父の武勇，才気を最も色濃く受け継ぎながら，

四男ゆえに燕王として北平（北京）の地にあった。しかし溢れる野心は，彼をその地位に甘んじさせてはおかなかった。朝廷は建国の元勲が次々と粛清され弱体化していた。朱棣は遂に叛旗を翻す。靖難の変の始まりである…。

◇中国史　4　明～清　松丸道雄，池田温，斯波義信，神田信夫，浜下武志編　山川出版社　（世界歴史大系）　1999.6
①4-634-46180-3
＊本巻は，明清時代の歴史を概説するものである。構成は，明と清とに大別し，それぞれ政治過程，社会と経済，文化に分けて叙述されている。

◇紫禁城史話―中国皇帝政治の檜舞台　寺田隆信著　中央公論新社　（中公新書）　1999.3　①4-12-101469-3
＊北京の紫禁城は明朝第三代の成祖永楽帝の命で，1407年に着工され20年で完成した。翌年，成祖は北京に遷都し，一九一二年二月に清朝最後の宣統帝が退位するまで，紫禁城は明清両王朝を通じて24人の皇帝が居住し，500年にわたり政治の檜舞台であった。この一群の建物は皇帝の住居であると共に，その絶対的権威を内外に誇示するための政治的建造物でもある。紫禁城での皇帝たちの動静に注目しつつ明清両王朝の歴史を描く。

◇中国歴代皇帝人物事典　岡崎由美，王敏監修　河出書房新社　1999.2
①4-309-22342-7
＊秦の始皇帝，前漢の劉邦，新の王莽，魏の曹丕，隋の煬帝，唐の李世民，元のフビライ，明の朱元璋，清の康煕帝など，中国歴代王朝の皇帝を紹介した人物事典。后妃・公主・宗室なども収録し，歴代宮都・陵墓も掲載。中国史重要人物索引付き。

◇永楽帝　寺田隆信著　中央公論社　（中公文庫）　1997.2　①4-12-202799-3
＊明帝国の初期，自ら兵を率いてのモンゴリア遠征，南海への鄭和派遣，日本との勘合貿易など対外関係を中心に華々しい功績を残した成祖永楽帝。中国史上屈指の"英雄豪傑"皇帝の生涯を，明朝創始者・朱元璋の四男としての生い

立ちに始まり、靖難の変による帝位篡奪、遠征中の死に至るまで、丹念に辿った傑作評伝。

エヴァンズ　Evans, Sir Arthur John
1851～1941　19・20世紀、イギリスの考古学者。クレタ文明の解明に貢献。

◇エーゲ文明への道―シュリーマンとエヴァンズの発掘物語　レオナード・コットレル著，暮田愛訳　原書房　1992.8　Ⓘ4-562-02341-4

エウクレイデス
Eukleidēs of Alexandria
前330頃～前275頃　ユークリッドとも。前4・3世紀、アレクサンドリアの数学者。ユークリッド幾何学を大成。

◇ルイス・キャロルのユークリッド論　ルイス・キャロル著，細井勉訳・注　日本評論社　2016.4　Ⓘ978-4-535-79802-1

◇ユークリッドと彼の現代のライバルたち　ルイス・キャロル著，細井勉訳・解説　日本評論社　2016.1　Ⓘ978-4-535-79803-8

◇神が愛した天才数学者たち　吉永良正著　角川学芸出版，角川グループパブリッシング〔発売〕（角川ソフィア文庫）2011.4　Ⓘ978-4-04-409436-2

◇数学を生んだ父母たち―数論、幾何、代数の誕生　マイケル・J.ブラッドリー著，松浦俊輔訳　青土社　（数学を切りひらいた人びと）　2009.6　Ⓘ978-4-7917-9171-2

◇数学をきずいた人々　村田全著　さ・え・ら書房　2008.10　Ⓘ978-4-378-01831-7

◇数学者の素顔を探る―愛好家におくる数学プロムナード　西尾義典著　プレアデス出版，（京都）現代数学社〔発売〕2004.5　Ⓘ4-7687-0802-1

◇数学を愛した人たち　吉永良正著　東京出版　2003.9　Ⓘ4-88742-073-0

◇異説 数学者列伝　森毅著　筑摩書房　（ちくま学芸文庫）　2001.8　Ⓘ4-480-08658-7

エウリピデス　Eurīpidēs
前485頃～前406頃　前5世紀、ギリシアの三大悲劇詩人の一人。主要作品「アルケスチス」（前438年上演）、「メデイア」（前431）。

◇人間性豊かなエウリーピデース―全作品論　遠藤輝代著　英光社　2017.5　Ⓘ978-4-87097-180-6

◇世界人物逸話大事典　朝倉治彦，三浦一郎編　角川書店　1996.6　Ⓘ4-04-031900-1
＊歴史上の人物の生き生きとした人間像を伝えるエピソードを多数紹介する事典。日本人によく知られた人物1883人を見出しに掲載。

エカチェリーナ2世
Ekaterina Ⅱ, Alekseevna Romanova
1729～1796　エカチェリーナ大帝とも。18世紀、ロシアの女帝（在位1762～1796）。農奴制を強化、「貴族帝国」を完成させて「大帝」の称号を得た。

◇世界史の10人　出口治明著　文芸春秋（文春文庫）　2018.9　Ⓘ978-4-16-791146-1

◇世界を変えた100人の女の子の物語―グッドナイトストーリーフォーレベルガールズ　エレナ・ファヴィッリ，フランチェスカ・カヴァッロ文，芹沢恵，高里ひろ訳　河出書房新社　2018.3　Ⓘ978-4-309-27931-2

◇図説世界史を変えた50の指導者（リーダー）　チャールズ・フィリップス著，月谷真紀訳　原書房　2016.2　Ⓘ978-4-562-05250-9

◇世界史の10人　出口治明著　文芸春秋　2015.10　Ⓘ978-4-16-390352-1

◇ロマノフ王朝―帝政ロシアの栄光と革命に消えた皇家　新人物往来社編　新人物往来社　（ビジュアル選書）　2011.9　Ⓘ978-4-404-04071-8

◇ロマノフの徒花―ピョートル二世の妃エカチェリーナ　河島みどり著　草思社　2011.6　Ⓘ978-4-7942-1825-4

◇皇帝たちのサンクト・ペテルブルグ―ロ

エカチェリーナ2世

◇マノフ家名跡案内　宇多文雄著, ユーラシア研究所・ブックレット編集委員会企画・編　東洋書店　（ユーラシア・ブックレット）　2011.4　①978-4-88595-988-2

◇お姫さま大全—100人の物語　井辻朱美監修　講談社　2011.3
①978-4-06-216768-0
＊この本は、お姫さま100人の物語を集めたものです。物語、舞台、アニメ、神話、史実などのお姫さまたちが、時代や背景をこえて登場します。世界中のお姫さまのことがわかる一冊です。

◇エカチェリーナ2世とその時代　田中良英著　東洋書店　（ユーラシア・ブックレット）　2009.2　①978-4-88595-833-5
＊女帝エカチェリーナ2世の治世の特徴とその意義を、18世紀ヨーロッパ史およびピョートル大帝期とも関連させながら明らかにする。

◇図説 帝政ロシア—光と闇の二〇〇年　土肥恒之著　河出書房新社　（ふくろうの本）　2009.2　①978-4-309-76124-4
＊ピョートル大帝、エカチェリーナ2世、そして悲劇の最期を迎えたニコライ2世。ロマノフ王朝の華やかな宮廷生活、貧しい農奴のくらし、ボリシェビキによる十月革命…波瀾にみちた帝政ロシアの歴史をたどる決定版。

◇歴史が語る恋の嵐　中野京子著　角川書店, 角川グループパブリッシング〔発売〕（角川文庫）　2009.2
①978-4-04-394001-1

◇歴史を騒がせた「悪女」たち　山崎洋子著　光文社　（知恵の森文庫）　2007.2
①978-4-334-78468-3

◇恋文—女帝エカチェリーナ二世発見された千百六十二通の手紙　小野理子, 山口智子著　アーティストハウス　2006.10
①4-86234-054-7
＊女帝エカチェリーナ二世とポチョムキン。発見された千百六十二通の手紙。

◇世界女性人名事典—歴史の中の女性たち　世界女性人名事典編集委員会編　日外アソシエーツ, 紀伊国屋書店〔発売〕　2004.10　①4-8169-1800-0

◇エカテリーナ二世—十八世紀、近代ロシアの大成者　上　エレーヌ・カレール・ダンコース著, 志賀亮一訳　藤原書店　2004.7　①4-89434-402-5

◇エカテリーナ二世—十八世紀、近代ロシアの大成者　下　エレーヌ・カレール＝ダンコース著, 志賀亮一訳　藤原書店　2004.7　①4-89434-403-3

◇陰の男たち—女帝が愛した男たち2　テア・ライトナー著, 庄司幸恵訳　花風社　1999.11　①4-907725-10-8
＊女帝エカテリーナの夫、"虐待された皇帝"ピョートル、エリザベスとの死闘にひた走るスコットランド女王メアリー・ステュアート—そして陰で操った男たち。好評前作に続き、"陰の男たち"に光をあてる画期的なノン・フィクション。

◇エカテリーナ—恋と美の狩人　南川三治郎著　河出書房新社　（カルチュア・ドキュメント）　1996.7　①4-309-22296-X
＊没後200年、ますます輝きを増す女帝の遺産！ 18世紀のロシアに君臨したエカテリーナ二世—多くの男性との恋の遍歴、エルミタージュに結実した美術品の蒐集、当代の知性への共感と援助—激しく輝かしい女帝の生涯を、美しく豊富な写真で克明にたどる。

◇世界人物逸話大事典　朝倉治彦, 三浦一郎編　角川書店　1996.6　①4-04-031900-1
＊歴史上の人物の生き生きとした人間像を伝えるエピソードを多数紹介する事典。日本人によく知られた人物1883人を見出しに掲載。

◇女帝のロシア　小野理子著　岩波書店　（岩波新書）　1994.2　①4-00-430325-7
＊「大帝」と尊称され、専制君主として一八世紀後半のロシア帝国を強力に統治したエカチェリーナ二世、片や一九歳で女帝のクーデターに加わり、ロシア・アカデミーの初代総裁を務めたダーシコワ公爵夫人。時代に先駆けた二人の女性の波瀾に富んだ生涯を軸に、彼女たちを取り巻き精彩を放つ男たち、ロシアの社会と文学の奥深い魅力を描く。

◇女帝伝説　日本テレビ放送網　（知ってるつもり?!）　1992.3　①4-8203-9208-5

＊不安定な政治の時代に登場した、女帝たちの苛烈な人生の物語。

◇歴史を騒がせた"悪女"たち　山崎洋子著　講談社　1991.9　Ⓘ4-06-205478-7
＊権力への野心、逸しる情熱、冷酷無比な横顔を見せつつ燦然と輝く女たちの魔性。「"伝説"になった女たち」に続く山崎洋子の女性評伝。

■ エセン・ハン　Esen Khan
?〜1454　15世紀、オイラートの指導者。漢字名は也先。北アジアを東西に連ねる大帝国をつくりあげた。「大元天聖大ハン」と称した。

◇世界皇帝人名辞典　三浦一郎編　東京堂出版　1977.9

■ エジソン　Edison, Thomas Alva
1847〜1931　19・20世紀、アメリカの発明家。白熱電球、活動写真など1100を越す発明を達成。

◇歴史を作った世界の五大科学者—ガリレイ・ニュートン・エジソン・キュリー・アインシュタイン　手塚治虫編　子どもの未来社　2018.1　Ⓘ978-4-86412-130-9

◇エジソン「白熱」のビジネスメンタル　桑原晃弥著　三笠書房　2017.6　Ⓘ978-4-8379-2685-6

◇トーマス・エジソン神の仕事力——生涯、心の糧となる105の名語録　桑原晃弥著　電波社　2017.6　Ⓘ978-4-86490-097-3

◇大人が読みたいエジソンの話—発明王にはネタ本があった!?　石川憲二著　日刊工業新聞社　（B&Tブックス）　2017.3　Ⓘ978-4-526-07698-5

◇夢と努力で世界を変えた17人—君はどう生きる?　有吉忠行著　PHP研究所　2015.2　Ⓘ978-4-569-78439-7

◇近代発明家列伝—世界をつないだ九つの技術　橋本毅彦著　岩波書店　（岩波新書）　2013.5　Ⓘ978-4-00-431428-8

◇神が愛した天才科学者たち　山田大隆著　角川学芸出版，角川グループパブリッシング〔発売〕　（角川ソフィア文庫）　2013.3　Ⓘ978-4-04-409446-1

◇自動車王フォードが語るエジソン成功の法則　ヘンリー・フォード，サミュエル・クラウザー著，鈴木雄一訳・監修　言視舎　2012.8　Ⓘ978-4-905369-41-7
＊エジソンはただの発明王ではない。商品化をつねに意識し、実現する起業家・実業家の先駆者だった。大発明家で、同時に先駆的な起業家でもあったエジソン。かつてその部下であった、のちの自動車王フォードが、敬愛の念をこめて綴った「偉人の実像」。

◇世界を変えた素人発明家　志村幸雄著　日本経済新聞出版社　（日経プレミアシリーズ）　2012.2　Ⓘ978-4-532-26153-5

◇偉人たちの黒歴史　偉人の謎研究会編　彩図社　2011.12　Ⓘ978-4-88392-828-6

◇エジソン・ストーリー　ジェイク・ロナルドソン著　IBCパブリッシング　（ラダーシリーズ）　2011.10　Ⓘ978-4-7946-0104-9
＊エジソンは、発明王と言われています。エジソンを生み出した当時のアメリカは、数々の知恵や工夫が活かされて産業が画期的に発展した時期です。同じ頃に生きたカーネギーやロックフェラー、そしてヘンリー・フォードなど、彼らは一庶民から身を起こし、現在もアメリカに君臨する世界企業を造りました。エジソンも紆余曲折を経て、ゼネラル・エレクトリックを創業します。発明王といわれるエジソンも、実は当時のアメリカン・ドリームの担い手だったのです。そんな彼の伝記をわかりやすい英語で紹介します。

◇天才エジソンの秘密—失敗ばかりの子供を成功者にする母との7つのルール　ヘンリー幸田著　講談社　（講談社＋α文庫）　2010.7　Ⓘ978-4-06-281379-2
＊天才エジソンをつくった母ナンシーの教育方法と、知られざるエピソードを多数紹介！エジソンは、学習障害（LD）や注意欠陥・多動性障害（AD/HD）などで小学校を落ちこぼれ、聴覚障害を患いながらも、働きながら史上最高の

エディソン

発明王、企業家となりました。一方で、エジソンは「失敗の天才」でもありました。多くの挫折や困難を乗り越えられたのは、母ナンシーの愛情あふれる教育や協力があったからなのです。

◇若き日のアメリカの肖像―トウェイン、カーネギー、エジソンの生きた時代　飯塚英一著　彩流社　2010.1
①978-4-7791-1482-3
＊南北戦争終結から30年、大作家に、大富豪に、大発明家が次々と誕生した…バブルを生きた巨人たちの歴史物語。

◇未来を創るエジソン発想法―非常識なアイデアが、大成功を生む　浜田和幸著　幸福の科学出版　2009.5
①978-4-87688-390-5
＊あらゆる進歩・成功は、自分の頭で考えることから湧き出てくる。不況・逆境の乗り越え方、起業の着眼点、企画・アイデアのコツ、時代を読む方法。

◇エジソン―電気の時代の幕を開ける　オーウェン・ギンガリッチ編、ジーン・アデア著、近藤隆文訳　大月書店　（オックスフォード科学の肖像）　2009.4
①978-4-272-44053-5
＊実用的な白熱灯、照明・電力システム、電話と発電機の改良、蓄音機、映画用カメラ、電気自動車…エジソンが取得した特許はほぼ1100にものぼる。最新の設備と有能な人材による産業研究所を設立し、技術革新を組織的に追求するシステムを構築、電力産業・音楽産業・映画産業を創出したエジソンの評伝。

◇天才の発想力―エジソンとテスラ、発明の神に学ぶ　新戸雅章著　ソフトバンククリエイティブ　（サイエンス・アイ新書）　2008.1　①978-4-7973-4281-9

◇若き天才からのヒント　芹沢俊介著　中経出版　（中経の文庫）　2007.6
①978-4-8061-2726-0

◇エジソン理系の想像力　名和小太郎著　みすず書房　（理想の教室）　2006.9
①4-622-08323-X
＊抜群の知名度に反して、実はよく伝えられてはいない側面も多いエジソン。その革新性と保守性について、工学の

専門家が、まったく新しい切り口で語ります。19世紀のビル・ゲイツとも言えるエジソン、その矛盾をはらんだ仕事と人物像を、当時の資料を駆使して、浮彫にします。発明誕生の臨場感をリアルに伝える入門書決定版。

◇天才エジソンの秘密―母が教えた7つのルール　ヘンリー幸田著　講談社　2006.3　①4-06-213113-7
＊ハイウェイ、ベニヤ板、強化セメント、ゴムの絶縁体、発電機…すべてエジソンによる発明である。人を伸ばす7つのルールと閃きの汗。

◇世界で最も偉大な経営者　ダイヤモンド社編訳　ダイヤモンド社　（世界標準の知識ザ・ビジネス）　2005.6　①4-478-20087-4

◇快人エジソン―奇才は21世紀に甦る　浜田和幸著　日本経済新聞社　（日経ビジネス人文庫）　2000.11　①4-532-19020-7
＊ベンチャー起業家の草分けにして、「大」のつく親日家…。これまでほとんど語られなかった天才発明家の実像を、精力的な調査で描き出したユニークな人物伝。「天才とは、1％のひらめきと99％の努力のたまもの」の真意とは？単行本に大幅加筆。

◇エジソン発明会社の没落　アンドレ・ミラード著, 橋本毅彦訳　朝日新聞社　1998.7　①4-02-257264-7

◇（図説）エジソン大百科　山川正光著　オーム社　1997.5　①4-274-02339-7
＊生い立ちと生涯をあますところなく紹介！たくさんの写真やイラストで説明！開発競争をエピソードをまじえながら紹介！『世の中に役立つ発明の開発』に、全エネルギーを費やした発明王の生涯。

◇エジソン―20世紀を発明した男　ニール・ボールドウィン著, 椿正晴訳　三田出版会　1997.4　①4-89583-185-X
＊本書は従来あるエジソン伝のように、単なる成功物語であったり、超人・奇人ぶりだけにスポットを当てたものではない。衆知の業績や、有名なエピソードの、その背景までもが丹念な筆致で描き込まれた細密画である。そこには、

ごく普通の人間が、人並みに悩み、傷つき、失敗しながら非凡な人生を獲得していく様が浮かび上がった。

◇快人エジソン―奇才は21世紀に甦る 浜田和幸著 日本経済新聞社 1996.8
①4-532-16193-2
＊本書では、実際にエジソンゆかりの地を訪ね、彼の書き残した日記や、彼のことを直接知っている人々から聞いた話を基にして、過去の世界に住む「伝記上の偉人」ではなく、今を生きる「未来への水先案内人」としてのエジソンを取り上げた。その偉業の裏にひそむ、深い思索や苦悩に焦点を当て、エジソンがわれわれ現代人に送り続けている挑戦的メッセージを紹介することに努めた。

◇世界人物逸話大事典 朝倉治彦, 三浦一郎編 角川書店 1996.6 ①4-04-031900-1
＊歴史上の人物の生き生きとした人間像を伝えるエピソードを多数紹介する事典。日本人によく知られた人物1883人を見出しに掲載。

◇旧少年少女のための新伝記全集 野田秀樹著 中央公論社 1996.4
①4-12-002560-8
＊一休さんにシュバイツァー博士、ジャンヌ・ダルクにベーブ・ルース、世界に名だたる偉人さんたち。その非凡なる生涯の秘められた真実に野田秀樹が肉薄。

◇世界の伝記 6 エジソン 大野進著 ぎょうせい 1995.2 ①4-324-04383-3

◇映画の先駆者たち―パテの時代〔1903-1909〕 ジョルジュ・サドゥール著, 村山匡一郎, 出口丈人, 小松弘訳 国書刊行会（世界映画全史） 1995.1
①4-336-03444-3
＊パテ、エディスン、イーストマンら、映画の独占を夢みる実業家たちの動きを中心に、パイオニアたちによる映画言語の創造過程を精緻に再構成する最大最良の映画史。

◇天才たちは学校がきらいだった トマス・G.ウェスト著, 久志本克己訳 講談社 1994.4 ①4-06-154208-7

◇情報の天才たち―電脳社会をつくった12人の個性 新戸雅章著 （横浜）光栄（電楽ライブラリ） 1993.9 ①4-87719-036-8
＊コンピュータ、情報理論、通信の分野で華々しい業績を残し、情報化社会を創造した先駆者の波乱の生涯と知られざる素顔とは？

◇エジソンに消された男―映画発明史の謎を追って クリストファー・ローレンス著, 鈴木圭介訳 筑摩書房 1992.3
①4-480-83122-3
＊1890年秋、発明家オーギュスタン・ル・プランスは、映画の世界初公開にむけてディジョンを旅立ったまま突如消息を絶った。その直後、エジソンが映画の発明を発表する。エジソンはル・プランスの発明を盗んだのか？ 家族のつのる疑惑のうちに、事件は思わぬ展開をとげる。―19世紀末の産業・芸術を背景に、一発明家の悲劇をミステリー・タッチで描く白熱のドキュメント。

◇学校ぎらいの天才たち 日本テレビ放送網 （知ってるつもり?!） 1992.1
①4-8203-9142-9
＊学校時代、必ずしも優等生でなかった天才たち―。人生の葛藤をこえ、才能を開花させた彼らの足跡をたどる。

エドワード1世　Edward I

1239～1307　13・14世紀、イングランド王（在位1272～1307）。「立法者」の異名を持つ。

◇英国太平記―セントアンドリューズの歌 小林正典著 早川書房 2009.5
①978-4-15-209037-9
＊七百年前、日本が『太平記』の語る南北朝の動乱期を迎えた頃、英国でも三十年にわたる苛烈な戦いの日々がつづいていた。国力に勝る南のイングランドが、当時別国だった北のスコットランドの併合を企てたが、スコットランドが激しく抵抗したためである。野心家で政策と計画に長けたイングランドの王、エドワード一世は、大ブリテン島の統一、さらにはフランス征服を虎視眈々と狙っていた。一方、時代の流れに押し流されながらも、幾多の悲運を

乗り越えて人間的に成長を遂げ、ついにはスコットランドの王として祖国を独立に導くことになるロバート・ブルース。本書は、対照的な二人の王の生涯を縦糸に据え、横糸に両国間の戦場での数々の死闘、フランス等を巻き込んだ国際政治の権謀術数、苛酷な時代を懸命に行き抜いた人々などを克明に描いた歴史物語である。本邦初、英国史に真っ向から挑んだ快作。

▌**エドワード3世** Edward Ⅲ
1312～1377　14世紀、イングランド王(在位1327～1377)。エドワード2世とフランスのイザベラの長子。

◇イギリス王室一〇〇〇年史―辺境の王国から大英帝国への飛翔　石井美樹子著　新人物往来社　(ビジュアル選書)　2011.11　①978-4-404-04098-5
◇英国王室史話　上　森護著　中央公論新社　(中公文庫)　2000.3　①4-12-203616-X

▌**エドワード6世** Edward Ⅵ
1537～1553　16世紀、イングランド王(在位1547～1553)。9歳で即位し、15歳で病死。

◇図説 テューダー朝の歴史　水井万里子著　河出書房新社　(ふくろうの本)　2011.5　①978-4-309-76166-4
◇英国王室史話　上　森護著　中央公論新社　(中公文庫)　2000.3　①4-12-203616-X

▌**エドワード黒太子**
Edward, the Black Prince
1330～1376　14世紀、エドワード3世の長子。「黒太子」の異名がある。

◇世界伝記大事典　世界編1～12　編集代表：桑原武夫　ほるぷ出版　1980.12～1981.6

▌**エピクテトス** Epiktētos
55頃～135頃　1・2世紀、ローマの思想家。ストア派の哲学者。教えは弟子のアリアノスによって「語録」「要訣」にまとめられた。

◇ギリシア・ローマの奇人たち―風変わりな哲学入門　ロジェ=ポル・ドロワ, ジャン=フィリップ・ド・トナック著, 中山元訳　紀伊國屋書店　2003.12　①4-314-00953-5

▌**エピクロス** Epikouros
前342頃～前271頃　前4・3世紀、ギリシアの哲学者。前311年頃ミュティレネに学派を創始。魂の救済者の名声を得、人々の尊敬を集めた。

◇経済思想の巨人たち　竹内靖雄著　新潮社　(新潮文庫)　2013.11　①978-4-10-125371-8
◇哲学史講義　村上恭一著　成文堂　2010.4　①978-4-7923-6095-5
◇ローマの哲人と、人生を考える　ルチャーノ・デ・クレシェンツォ著, 泉典子訳　草思社　2001.3　①4-7942-1046-9
◇よくわかるギリシア哲学―知を愛し真理を求めた人々　斉藤啓一著　同文書院　(超教養シリーズ)　1997.5　①4-8103-7397-5
＊語られなかった哲人たちの素顔。カルト教団のルーツは古代にあった。
◇PoPなギリシア哲学―「幸福」を追い求めた素敵な人々　斉藤啓一著　同文書院　[1996.2]　①4-8103-7313-4
＊決して語られることのなかった"偉大"な哲学者たちの生涯。
◇ギリシア哲学者列伝　下　ディオゲネス・ラエルティオス著, 加来彰俊訳　岩波書店　(岩波文庫)　1994.7　①4-00-336633-6
＊三世紀前半の著。古代ギリシアの哲学者82人の生活、学説、エピソードなどを紹介する。本巻には、ピュタゴラス、エンペドクレス、ピュロン、エピクロスら、我々になじみ深い人物も登場、貴重な史料であるとともに描かれた人間像が無類に面白い。

▌**エーベルト** Ebert, Friedrich
1871～1925　19・20世紀、ドイツの政治家。社会民主党指導者。ドイツ革命で首

相となり（1918）、ドイツ共和国の成立とともに初代大統領（在任1919～1925）。
◇世界伝記大事典　世界編 1～12　編集代表：桑原武夫　ほるぷ出版　1980.12～1981.6

エラスムス　Erasmus, Desiderius
1469頃～1536　15・16世紀、オランダの人文主義者。主著は「格言集」、「対話集」。

◇創造の星―天才の人類史　渡辺哲夫著　講談社　（講談社選書メチエ）　2018.8　①978-4-06-512668-4
◇宗教改革の人間群像―エラスムスの往復書簡から　木ノ脇悦郎著　新教出版社　2017.4　①978-4-400-22727-4
◇エラスムスの思想世界―可謬性・規律・改善可能性　河野雄一著　知泉書館　2017.1　①978-4-86285-248-9
◇エラスムス　新装版　斎藤美洲著　清水書院　（Century Books　人と思想）　2015.9　①978-4-389-42062-8
◇エラスムス＝トマス・モア往復書簡　エラスムス，トマス・モア著，沓掛良彦，高田康成訳　岩波書店　（岩波文庫）　2015.6　①978-4-00-336123-8
◇キリスト教的学識者―宗教改革時代を中心に　E.H.ハービソン著，根占献一監訳　知泉書館　（ルネサンス叢書）　2015.2　①978-4-86285-205-2
◇エラスムス―人文主義の王者　沓掛良彦著　岩波書店　（岩波現代全書）　2014.5　①978-4-00-029132-3
　＊デシデリウス・エラスムス（一四六九‐一五三六年）は、一六世紀を「エラスムスの世紀」と呼ばしめるほどヨーロッパの知的世界に君臨し、決定的な影響を与えた。『痴愚神礼讃』をはじめ膨大な作品を遺し、古典学者や平和主義者など日本ではあまり知られていないさまざまな姿をもった"普遍的文人"の全貌に迫る、初めての本格的概説書。
◇ルネサンス人物列伝　ロバート・デイヴィス，ベス・リンドスミス著，和泉香訳　悠書館　2012.7　①978-4-903487-54-0

◇宗教改革者の群像　日本ルター学会編訳　知泉書館　2011.11　①978-4-86285-119-2
◇ルネサンス　会田雄次，渡辺一夫，松田智雄著　中央公論新社　（中公クラシックス・コメンタリィ）　2008.10　①978-4-12-003969-0
　＊政治の混迷、教会の腐敗を一新した巨星たちの思想。国家悪が招いた"暗黒の中世"に敢然と挑んだ独創的な人々。彼らの軌跡は人間復興の道を跡づける。
◇エラスムスの勝利と悲劇　ツヴァイク著，内垣啓一ほか訳　みすず書房　（ツヴァイク伝記文学コレクション）　1998.11　①4-622-04666-0
　＊ルネサンス最大の人文主義者、ロッテルダム出身のエラスムス（1466頃‐1536）。最初の宗教改革者として、カトリック教会の制度を批判し、聖書の校訂を行い、古代文献の紹介によって、信仰の内面化に道を開いた。その後ルターが宗教改革を唱えて勢力を伸ばした際は、カトリックそしてプロテスタントいずれにも組せず、自由な思考を貫いた。ナチスの影がヨーロッパを覆い始めた時期に、ツヴァイクのヒューマニスティックな思想を開陳する評伝。他に「世界大戦中の発言」として五篇の論文、講演「ヨーロッパ思想の歴史的発展」を収める。
◇エラスムス　J.マッコニカ著，高柳俊一訳，河口英治訳　教文館　（コンパクト評伝シリーズ）　1994.11　①4-7642-1056-8

エラトステネス
Eratosthenes of Cyrene
前275頃～前194　前3・2世紀、ギリシアの天文学者、数学者、地理学者。地球を球体と考え、周囲の長さを算出した。

◇世界伝記大事典　世界編 1～12　編集代表：桑原武夫　ほるぷ出版　1980.12～1981.6

エリザベス1世　Elizabeth Ⅰ
1533～1603　16・17世紀、イギリス、チューダー朝の女王（在位1558～1603）。

エリザベス1世

スペインの無敵艦隊を撃滅した。

◇世界史の10人　出口治明著　文芸春秋
（文春文庫）　2018.9
①978-4-16-791146-1

◇30の「王」からよむ世界史　本村凌二監修, 造事務所編著　日本経済新聞出版社
（日経ビジネス人文庫）　2018.6
①978-4-532-19863-3

◇世界を変えた100人の女の子の物語—グッドナイトストーリーフォーレベルガールズ　エレナ・ファヴィッリ, フランチェスカ・カヴァッロ文, 芹沢恵, 高里ひろ訳　河出書房新社　2018.3　①978-4-309-27931-2

◇王様でたどるイギリス史　池上俊一著　岩波書店　（岩波ジュニア新書）　2017.2
①978-4-00-500847-6

◇図説世界史を変えた50の指導者（リーダー）　チャールズ・フィリップス著, 月谷真紀訳　原書房　2016.2
①978-4-562-05250-9

◇世界史の10人　出口治明著　文芸春秋　2015.10　①978-4-16-390352-1

◇偉人は死ぬのも楽じゃない　ジョージア・ブラッグ著, 梶山あゆみ訳　河出書房新社　2014.3　①978-4-309-25298-8
＊ベートーヴェンは、体液を抜かれ、蒸し風呂に入れられて死んでいった!?ツタンカーメンからアインシュタインまで、医学が未発達な時代に、世界の偉人たちはどんな最期を遂げたのか？驚きいっぱいの異色偉人伝！

◇女王（クィーン）とプリンセスの英国王室史　林信吾著　ベストセラーズ　（ベスト新書）　2013.9　①978-4-584-12420-8

◇本当は偉くない？世界の歴史人物—世界史に影響を与えた68人の通信簿　八幡和郎著　ソフトバンククリエイティブ　（ソフトバンク新書）　2013.8
①978-4-7973-7448-3
＊古代から現代に至るまで、よく知られた帝王や政治家を68人選び、それぞれが世界史の中で果たした役割を、「偉人度」と「重要度」の2つの側面から10点満点で評価。世界史において偉人とされている人物たちの実像に迫る。

◇英国王冠をかけた恋　渡邉みどり著　朝日新聞出版　（朝日文庫）　2012.10
①978-4-02-261741-5
＊1936年、二度の離婚歴のあるアメリカ人女性、シンプソン夫人と恋に落ちた英国王エドワード八世は、恋のために王冠を捨てた。一方、生涯独身を貫き英国黄金時代を築いたとされるのが、16世紀のエリザベス女王だ。対照的ながら共に激動に満ちた、二つの英国王室物語。

◇ホントは怖い英国王室残酷物語　渡辺みどり著　洋泉社　（歴史新書）　2012.7
①978-4-86248-941-8

◇図説エリザベス一世　石井美樹子著　河出書房新社　（ふくろうの本）　2012.6
①978-4-309-76193-0
＊孤独な少女が、王冠を手にし、ローマ教皇をして「あのちっぽけな島の女がスペイン、フランス、神聖ローマ帝国など、すべての国々から恐れられている」と語らせた。生涯独身を貫き、イギリスを7つの海を制覇する大国に育て上げた女王の美しく、激しい人生を描く。

◇お姫さま大全—100人の物語　井辻朱美監修　講談社　2011.3
①978-4-06-216768-0
＊この本は、お姫さま100人の物語を集めたものです。物語、舞台、アニメ、神話、史実などのお姫さまたちが、時代や背景をこえて登場します。世界中のお姫さまのことがわかる一冊です。

◇エリザベス—華麗なる孤独　石井美樹子著　中央公論新社　2009.4
①978-4-12-004029-0
＊英国国教会の確立、弱小国の防衛戦略、臣下の活用といった統治の実際から、人文主義への深い造詣や、数多の求婚を退け独身を貫いた私生活の詳細まで—父王により生母を断頭台に送られた幼女が、やがて時を味方につけ、十六世紀ヨーロッパに威風を行き渡らせる宿命の足どりを、丹念にたどる。

◇歴史のなかの女たち—名画に秘められたその生涯　高階秀爾著　岩波書店　（岩波現代文庫）　2008.7　①978-4-00-602137-5

◇悪女たちの残酷史　岳真也著　講談社

◇(講談社プラスアルファ新書)　2007.4
①978-4-06-272433-3

◇図説 ヨーロッパの王妃　石井美樹子著　河出書房新社　(ふくろうの本)　2006.6
①4-309-76082-1

◇エリザベス―女王への道　デイヴィッド・スターキー著, 香西史子訳　原書房　2006.3　①4-562-03990-6
＊英国史上、最も輝かしい時代を作り上げた女王エリザベス。男性社会に生きながら、女王として君臨する運命へのゆるがない信念、鋭い知性、情熱的で性的な魅力をもちながら、自称処女であった女性。宮廷をとりまく迷路のような謀略の網をかいくぐり、己の機転だけを頼りに背信と疑惑の渦を生きぬいていく。女王の座を熱望し、また愛を渇望しながらも、誰を信じるべきかを知らなかった。

◇宮廷祝宴局―チューダー王朝のエンターテインメント戦略　有路雍子, 成沢和子著　松柏社　2005.3　①4-7754-0073-8
＊巡業劇団は女王陛下のスパイだった!?16世紀のイングランド、チューダー朝の宮廷に祝宴局が誕生した。当初は内外に政権の力を「見せる」手段としてエンターテインメントを管理運営し、後には保護と統制という2つの手段でシェイクスピアを生むエリザベス朝演劇の黄金時代を築き上げた。本書では、宮廷を中心に繰り広げられた華やかなエンターテインメント戦略の舞台裏を、当時の文献と近年の研究成果をもとに洗い出す。

◇世界女性人名事典―歴史の中の女性たち　世界女性人名事典編集委員会編　日外アソシエーツ, 紀伊国屋書店〔発売〕　2004.10　①4-8169-1800-0

◇ルネサンスの女王エリザベス―肖像画と権力　石井美樹子著　朝日新聞社　2001.6　①4-02-257600-6

◇エリザベス一世―大英帝国の幕あけ　青木道彦著　講談社　(講談社現代新書)　2000.1　①4-06-149486-4
＊逆境に生まれ、大国スペインに勝ち、そして貴公子との恋…イギリスの運命を変えた女王！　来襲する無敵艦隊を破り、華やかで冒険に満ちた時代を築いた処女王。その魅力的な実像と時代を鮮やかに描き出す。

◇エリザベス　トム・マグレガー著, 野口百合子訳　新潮社　(新潮文庫)　1999.9
①4-10-220711-2
＊ヘンリー8世と愛人アン・ブーリンとの娘エリザベスは、3歳で母が処刑され、私生児の烙印を押された。21歳の時には、反逆罪の疑いでロンドン塔に幽閉された。しかし数々の陰謀や暗殺の恐怖に怯えながらも、鋭い判断力と英知で男たちを操り、25歳で自ら女を捨て、国家のために生きることを決意する。「ヴァージン・クイーン」、その知られざる素顔が、いま豪華に華麗に浮び上がる。

◇エリザベスとエセックス―王冠と恋　新装版　リットン・ストレイチー著, 福田逸訳　中央公論新社　(中公文庫)　1999.8
①4-12-203484-1
＊狡猾にして純真、繊細にして残忍、敬虔にして好色…。老いた処女王エリザベスの、国王として、女としての相剋、若き寵臣エセックス伯との愛と苦悩を、エリザベス朝後期の激動の時代を背景に描く、伝記文学の白眉。

◇女王エリザベス　上　波瀾の青春　クリストファー・ヒバート著, 山本史郎訳　原書房　1998.11　①4-562-03146-8
＊イングランド王ヘンリー八世の娘としてこの世に生をうけたエリザベスには、誰よりも輝かしい未来が約束されたはずだった。しかし王の寵愛を失った母は死刑台に消え、みずからはロンドン塔に幽閉される。王位継承権をめぐる壮絶な争いの中で、エリザベスは…

◇女王エリザベス　下　大国への道　クリストファー・ヒバート著, 山本史郎訳　原書房　1998.11　①4-562-03147-6
＊スコットランド女王を処刑し、スペイン無敵艦隊を破り、イングランドに栄華をもたらした女王エリザベス。イングランド宮廷はおろか諸外国の王たちさえも手玉に取り、彼女はますます光り輝いてゆく。…優美にして獰猛な女の一代記、ここに完結。

◇イギリス・ルネサンスの女たち―華麗なる女の時代　石井美樹子著　中央公論社（中公新書）　1997.10　Ⓘ4-12-101383-2

◇世界人物逸話大事典　朝倉治彦，三浦一郎編　角川書店　1996.6　Ⓘ4-04-031900-1
＊歴史上の人物の生き生きとした人間像を伝えるエピソードを多数紹介する事典。日本人によく知られた人物1883人を見出しに掲載。

◇イギリス王室物語　小林章夫著　講談社（講談社現代新書）　1996.1
Ⓘ4-06-149283-7
＊千年の伝統をもち、今も華麗に輝くイギリス王室。「残虐非道」のヘンリー八世、自信家の処女王エリザベス一世、快楽の王子ジョージ四世など、大英帝国の栄光を築いた強烈な個性たちを描く。

◇渋沢龍彦全集　4　渋沢龍彦　河出書房新社　1993.9　Ⓘ4-309-70654-1

◇メアリー・ステュアート　ダーチャ・マライーニ作，望月紀子訳　劇書房，構想社〔発売〕　1990.10　Ⓘ4-87574-551-6
＊この芝居には男は登場しない。登場するのは、2人の女王、2人の女、2人の女優。一つの島の2人の女王として、同じ時代を生きながら、生涯一度も出会うことがなかった2人。スコットランド女王メアリー・ステュアート、イングランド女王エリザベス1世、今も、宿命の2人の女王と語り続けられている2人。このドラマの中で、誇り高い2人の女王は、孤独な2人の女として登場する。そして、女としての悩み、悲しみ、女という矛盾、不可解、神秘が、2人の女優を通して交錯し、浮かび上がる。そして、今、男たちの物語に閉じこめられてきた、女たちの鎖が解き放たれる。

エリツィン
Yeltsin, Boris Nikolaevich
1931～2007　20世紀、ロシアの政治家。ロシア大統領。

◇ザ・ラスト・ディケイド―落合信彦選集13　落合信彦著　小学館　（小学館文庫）　2007.3　Ⓘ978-4-09-405234-3

◇エリツィンからプーチンへ　中沢孝之著　東洋書店　（ユーラシア・ブックレット）　2000.7　Ⓘ4-88595-297-2

◇エリツィンの手記―崩壊・対決の舞台裏　上　ボリス・エリツィン著，中沢孝之訳　同朋舎出版　1994.5　Ⓘ4-8104-1867-7

◇エリツィンの手記―崩壊・対決の舞台裏　下　ボリス・エリツィン著，中沢孝之訳　同朋舎出版　1994.5　Ⓘ4-8104-1868-5

◇ボスとしてのエリツィン―ロシア大統領補佐官の記録　レフ・スハーノフ著，川上洸訳　同文書院インターナショナル，同文書院〔発売〕　1993.1　Ⓘ4-8103-8007-6
＊いま、側近が明かす訪日中止の真相。クーデター秘話。ソ連邦崩壊後のドラマ。現代史の「修羅場」を生きるキーマンの知られざるエピソードとその実像。「人間エリツィン」の本質にせまる。

◇エリツィンの選択　ヴラジーミル・ソロヴィヨフ，エレーナ・クレピコヴァ著，山岡洋一訳　文芸春秋　1992.8
Ⓘ4-16-346740-8

◇ボリス・エリツィン―ゴルバチョフを超えた英雄の2000日　ジョン・モリソン著，赤井照久訳，秋野豊監訳　ダイヤモンド社　1992.5　Ⓘ4-478-17030-4
＊1991年5月に、モリソンはモスクワにいて、時代のドラマは主役がゴルバチョフからエリツィンに移ったと見てとり、その人気と信望において政治の舞台から退かずに演じ続ける指導者は、エリツィンをおいて他にいないと断定する。そこから、ボリス・エリツィンを主役に据えた本書が生まれる。

◇元側近が明かすエリツィンの正体　セルゲイ・ヴィクトルヴィッチ・チェシュコ著　アイペックプレス　（New package chase）　1992.3　Ⓘ4-87047-206-6

◇知られざるエリツィン―ロシア史上初の大統領　藤井一行編　窓社　（窓ブックレット）　1991.9　Ⓘ4-943983-48-0
＊あなたはエリツィンの発言を聞いたことがありますか？　知ってるようで知れざる人、エリツィン。本書はわが国で初めてのエリツィンと市民の最新発

◇告白　ボリス・N.エリツィン著，小笠原豊樹訳　草思社　1990.3　Ⓘ4-7942-0371-3
＊モスクワ市党第一書記・政治局員候補の地位から解任されながら、人民代議員選挙でモスクワ市民の圧倒的支持を得て当選を果たした筆者が、生い立ちから現在まで、すべてを率直につづる。ペレストロイカを唱える党の旧態依然たる姿に怒り、ゴルバチョフと政治局員を痛烈に批判し、党上層部の人々の特権を暴露する。改革派の先頭に立つ著者が、その波瀾の政治体験を打ち明けるなかで、問題山積のソ連政治の実態を初めて内部から描き出した、全世界注目の書。

■ エル・グレコ　El Greco
　⇒グレコ，エル

■ エルマク　Ermak, Timofeevich
　⇒イェルマーク

■ エンクルマ　Nkrumah, Francis Nwia Kofia
　1909～1972　ンクルマとも。20世紀、ガーナの政治家。初代首相。ベトナム平和解決を打診するためハノイに向かう途中、軍部クーデターにより政権を追われる。
◇ンクルマーアフリカ統一の夢　砂野幸稔著　山川出版社　（世界史リブレット人）2015.4　Ⓘ978-4-634-35099-1
◇わが祖国への自伝　クワメ・エンクルマ著，野間寛二郎訳　理論社　（新しい人間双書）　1960

■ エンゲルス　Engels, Friedrich
　1820～1895　19世紀、ドイツの経済学者、哲学者、社会主義者。マルクスとともに並ぶマルクス主義創設者。
◇経済・社会と医師たちの交差―ペティ、ケネー、マルクス、エンゲルス、安藤昌益、後藤新平たち　日野秀逸著　本の泉社　2017.10　Ⓘ978-4-7807-1653-5
◇エンゲルス―マルクスに将軍と呼ばれた男　トリストラム・ハント著，東郷えりか訳　筑摩書房　2016.3　Ⓘ978-4-480-86132-0
◇マルクス主義　倉田稔著　成文社　2014.1　Ⓘ978-4-86520-002-7
＊マルクス主義とは何か。その成り立ちから発展、変遷を、歴史上の思想、人物、事象を浮き彫りにしながらたどる。今日的課題を考えるときの、一つの大きな視点。
◇大いなる探求　上　経済学を創造した天才たち　シルヴィア・ナサー著，徳川家広訳　新潮社　2013.6　Ⓘ978-4-10-541502-0
◇マルクス、エンゲルス書簡選集　下　マルクス，エンゲルス著，不破哲三編集・文献解説　新日本出版社　（科学的社会主義の古典選書）　2012.7　Ⓘ978-4-406-05586-4
◇マルクス、エンゲルス書簡選集　中　マルクス，エンゲルス著，不破哲三編集・文献解説　新日本出版社　（科学的社会主義の古典選書）　2012.6　Ⓘ978-4-406-05577-2
＊中巻では、理論の全分野にわたる1867～84年の書簡79通を収録。『資本論』第一部の完成。パリ・コミューンとインタナショナル。ゴータ綱領やデューリングとの論戦、弾圧法下の活動路線などドイツの党への助言など。
◇マルクス、エンゲルス書簡選集　上　マルクス，エンゲルス著，不破哲三編集・文献解説　新日本出版社　（科学的社会主義の古典選書）　2012.5　Ⓘ978-4-406-05573-4
＊出版史上初めての全領域にわたるマルクス、エンゲルス書簡選集。編者・不破哲三が収録書簡すべてに解説と注を執筆。上巻では、史的唯物論の最初の説明、アジア社会論、イギリス外交史、『経済学批判』執筆、日本開国、地代論発見、南北戦争、ラサール問題など1846～66年の81書簡を収録。
◇『資本論』はどのようにして形成されたか―マルクスによる経済学変革の道程をたどる　不破哲三著　新日本出版社　2012.1　Ⓘ978-4-406-05534-5
◇マルクス エンゲルスの青年時代　土屋保男著　新日本出版社　2011.11　Ⓘ978-4-406-05537-6

エンゲルス

＊教職か、詩人か？ マルクスは悩んでいた。同じ頃、意に沿わぬ家業を迫られたエンゲルスは―。自分の生き方を見つけ出す二人を描く。

◇マルクス＝エンゲルス素描　エルネスト・チェ・ゲバラ著，太田昌国訳・解説　現代企画室　2010.6　①978-4-7738-1009-7
＊あのゲバラが、マルクス＝エンゲルスの、簡潔な伝記を書き遺していた―。

◇マルクスと批判者群像　良知力著　平凡社　（平凡社ライブラリー）　2009.2
①978-4-582-76662-2

◇マンチェスター時代のエンゲルス―その知られざる生活と友人たち　ロイ・ウィトフィールド著，坂脇昭吉，岡田光正訳　ミネルヴァ書房　（Minerva21世紀ライブラリー）　2003.9　①4-623-03740-1
＊これまで明らかにならなかったエンゲルスの個人生活の全容を調査・追跡、マンチェスターでの親しい友人や彼を支えた人物とその交流の詳細を、エンゲルスその人の多彩な才能や魅力ある人柄とともに描きだす。

◇イデオロギー論の基礎　小林一穂著　創風社　2003.6　①4-88352-071-3

◇『資本論』と産業革命の時代―マルクスの見たイギリス資本主義　玉川寛治著　新日本出版社　1999.11　①4-406-02688-6
＊二本の脚で歩いて爆発した蒸気機関車、歴史を変えた精紡機の発明、議会に衝撃をあたえた悲惨な児童労働―。マルクスの描いた資本主義の技術革新と過酷な作業実態、労働者の闘いを、多くの写真・図版でリアルに解説。

◇マルクス探訪　服部文男著　新日本出版社　1999.8　①4-406-02673-8
＊思想の巨人たちの魅力あふれる世界。漱石『明暗』に描かれた一冊の本は『資本論』か、何種もある『共産党宣言』初版本の不思議、『帝国主義論』原稿紛失事件など、マルクス、エンゲルス、レーニンをめぐる数々のエピソードをとりあげて、推理と考証で歴史の謎の真相にせまる小論集。

◇ミル・マルクス・エンゲルス　杉原四郎著　世界書院　1999.6　①4-7927-9042-5
＊ミル・マルクス・エンゲルスなどの巨人達を微細即遠大に論証したクロノロギー的文言はまた「知」の饗宴ともなりうる思想のチチュローネ的構成がなされている。21世紀へ架橋する思想の公共圏。

◇マルクス主義の三つの源泉と三つの構成部分・カール・マルクスほか　レーニン著，高橋勝之，大沼作人訳　新日本出版社　（科学的社会主義の古典選書）　1999.1　①4-406-02630-4
＊科学的社会主義は、人類の思想の歴史の中でいかなる位置を占めているのか。その体系の性格、内容、特徴とは。―哲学、経済学、社会主義理論の各構成部分全体にわたる解説をおこなった「カール・マルクス」をはじめ、「マルクスのクーゲルマンへの手紙のロシア語訳序文」など、科学的社会主義とはなにかを論じた著作九編を収める。

◇広松渉著作集　第9巻　エンゲルス論　広松渉著　岩波書店　1997.5
①4-00-092029-4

◇世界人物逸話大事典　朝倉治彦，三浦一郎編　角川書店　1996.6　①4-04-031900-1
＊歴史上の人物の生き生きとした人間像を伝えるエピソードを多数紹介する事典。日本人によく知られた人物1883人を見出しに掲載。

◇エンゲルス　空想から科学へ　浜林正夫著　学習の友社　（科学的社会主義の古典入門シリーズ）　1995.12　①4-7617-1432-8

◇マルクスとエンゲルスの知的関係　テレル・カーヴァー著，内田弘訳　世界書院　1995.11　①4-7927-9511-7

◇古典入門 エンゲルス イギリスにおける労働者階級の状態　浜林正夫，鈴木幹久，安川悦子著　学習の友社　（科学的社会主義の古典入門シリーズ）　1995.9
①4-7617-1431-X

◇エンゲルスと現代　杉原四郎ほか編　御茶の水書房　1995.7　①4-275-01590-8

◇マルクスエンゲルスの青年時代　土屋保男著　新日本出版社　1995.5
①4-406-02353-4

＊民主主義の獲得と、万人が自由である社会を実現するために情熱をふりしぼる青年たち。革命の波にゆれるヨーロッパを舞台に、科学的社会主義の創始者たちの若き日の葛藤、模索、創造と行動を描く感動の物語。

◇フリードリヒ・エンゲルス―若き日の思想と行動　土屋保男著　新日本出版社　1995.4　①4-406-02348-8
＊マルクスとともに、科学的社会主義の理論と運動の成立・発展に巨大な足跡を遺したエンゲルス。資本家の息子に生まれながら労働者階級の未来に全生涯をささげたその苦闘の日々と思想形成を生き生きと描く評伝。

◇エンゲルス論　広松渉著　筑摩書房　（ちくま学芸文庫）　1994.12　①4-480-08167-4

◇マルクス・エンゲルス小伝　大内兵衛著　岩波書店　（岩波新書評伝選）　1994.12　①4-00-003866-4

◇エンゲルス讃歌　中村静治著　信山社出版　1994.11　①4-88261-443-X

◇エンゲルス論―その思想形成過程　広松渉著　情況出版　1994.9　①4-915252-10-8

袁世凱　えんせいがい
1859～1916　19・20世紀、中国の軍人、政治家。北洋軍閥の巨頭。1911年、辛亥革命には内閣総理大臣に起用され、12年宣統帝を退位させ、13年中華民国大総統就任。

◇近代中国指導者評論集成　9　正伝　袁世凱　復刻版　内藤順太郎著　ゆまに書房　（近代中国指導者評論集成）　2016.11　①978-4-8433-5025-6

◇袁世凱―統合と改革への見果てぬ夢を追い求めて　田中比呂志著　山川出版社　（世界史リブレット人）　2015.8　①978-4-634-35078-6

◇袁世凱―現代中国の出発　岡本隆司著　岩波書店　（岩波新書　新赤版）　2015.2　①978-4-00-431531-5

◇真実の満洲史 1894 - 1956　宮脇淳子著，岡田英弘監修　ビジネス社　2013.5　①978-4-8284-1708-0
＊世界史の視点で日本人の国家観、民族観、アジア観を問い直す。気鋭の歴史学者が記す、ロングセラー『真実の中国史』待望の続編。1894年日清戦争勃発から、1956年の最後の引き揚げ船、舞鶴入港まで…日本と大陸の歴史を再検証。

◇袁世凱総統―「開発独裁」の先駆　POD版　アーネスト・P.ヤング著，藤岡喜久男訳　光風社出版　（光風社選書）　1999.10　①4-415-03004-1

◇中国歴代皇帝人物事典　岡崎由美，王敏監修　河出書房新社　1999.2　①4-309-22342-7
＊秦の始皇帝、前漢の劉邦、新の王莽、魏の曹丕、隋の煬帝、唐の李世民、元のフビライ、明の朱元璋、清の康熙帝など、中国歴代王朝の皇帝を紹介した人物事典。后妃・公主・宗室なども収録し、歴代宮都・陵墓も掲載。中国史重要人物索引付き。

◇世界人物逸話大事典　朝倉治彦，三浦一郎編　角川書店　1996.6　①4-04-031900-1
＊歴史上の人物の生き生きとした人間像を伝えるエピソードを多数紹介する事典。日本人によく知られた人物1883人を見出しに掲載。

◇孫文と袁世凱―中華統合の夢　横山宏章著　岩波書店　（現代アジアの肖像）　1996.1　①4-00-004396-X

◇朝鮮人物事典　木村誠，吉田光男，趙景達，馬淵貞利編　大和書房　1995.5　①4-479-84035-4

◇袁世凱総統―「開発独裁」の先駆　アーネスト・P.ヤング著，藤岡喜久男訳　光風社出版　（光風社選書）　1994.12
＊清朝末期、帝国主義の名の下に勢力を伸ばそうとする欧米列強や、日清戦争の勝利に沸き、明治から大正と新時代への気運も高い日本に圧倒されていた中国。そこも袁世凱は1911年、清王朝打倒、共和国体制を築くため辛亥革命において孫文と協力したが、何故袂を分かつことになったのか。内憂外患の続く中、中央集権を進め帝位までを手中に収め、近代中国を形成する上で確か

エンリケ（航海王子）

◇中国悪党伝　寺尾善雄著　河出書房新社（河出文庫）　1990.8　①4-309-47198-6
＊中国史上ただ一人、女帝となった猛女・則天武后と、彼女の恐怖政治をささえた酷吏たち。皇帝の信頼と恩寵にそむいて天下を纂奪した安禄山ら裏切り者たち。国政を私物化した売国宰相や金の亡者の大臣、宦官。民主主義と革命を食い物にした袁世凱…。権謀術策入り乱れる中国社会でも、スケールと徹底性で群をぬく巨悪の実態。そこ知れぬ人間性の暗黒面から覗く、知られざる"悪"の中国史。

◇中国近代の軍閥列伝　辛倍林著，上田正一監訳　学陽書房　1990.6　①4-313-83062-6
＊袁世凱等10人の首領の徹底研究。

エンリケ（航海王子）
Henrique o Navegador
1394～1460　14・15世紀、ポルトガルの王子。大西洋やアフリカ西海岸に多くの探検隊を派遣。

◇本当は偉くない？ 世界の歴史人物―世界史に影響を与えた68人の通信簿　八幡和郎著　ソフトバンククリエイティブ（ソフトバンク新書）　2013.8　①978-4-7973-7448-3
＊古代から現代に至るまで、よく知られた帝王や政治家を68人選び、それぞれが世界史の中で果たした役割を、「偉人度」と「重要度」の2つの側面から10点満点で評価。世界史において偉人とされている人物たちの実像に迫る。

◇エンリケ航海王子―大航海時代の先駆者とその時代　金七紀男著　刀水書房（刀水歴史全書）　2004.1　①4-88708-322-X

閻立本　えんりっぽん
?～673　6・7世紀、中国、唐代の画家。人物風俗画を得意とした。作品に「秦府十八学士図」「凌煙閣功臣二十四人図」「外国図」など。

◇世界伝記大事典　日本・朝鮮・中国 1～6　編集代表：桑原武夫　ほるぷ出版　1978.7

【 お 】

王安石　おうあんせき
1021～1086　11世紀、中国、北宋の政治家、文人。撫州、臨川（現江西省）の人。字は介甫、号は半山。荊公と呼ばれる。著書に「臨川集」「周官新義」「唐百家詩選」などがある。

◇世界史の10人　出口治明著　文芸春秋（文春文庫）　2018.9　①978-4-16-791146-1

◇「悪の歴史」東アジア編　下　南・東南アジア編　上田信編著　清水書院　2018.8　①978-4-389-50065-8

◇96人の人物で知る中国の歴史　ヴィクター・H・メア，サンピン・チェン，フランシス・ウッド著，大間知知子訳　原書房　2017.3　①978-4-562-05376-6

◇世界史の10人　出口治明著　文芸春秋　2015.10　①978-4-16-390352-1

◇王安石―北宋の孤高の改革者　小林義広著　山川出版社（世界史リブレット人）　2013.8　①978-4-634-35033-5
＊王安石の断行した改革は大きな成果を得たが、南宋以後、その改革は否定され、彼の人物像すら歪められていった。あまりに時代を先取りした点や、大商人や地主の利害に抵触した点が、否定や歪曲の原因とされた。そうした側面は否定できないものの、当時の人たちの言説に即し、問題を捉え直してみると、そこには是か非か以前の、国家や社会の在り方、さらには人間観をめぐる対立が浮かび上がってくるのではなかろうか。

◇中国「宰相・功臣」18選―管仲、張良から王安石まで　狩野直禎著　PHP研究所（PHP文庫）　2008.3　①978-4-569-66948-9

◇東洋宰相学　安岡正篤著　福村出版
2006.6　ⓘ4-571-30008-5

◇決定版 吉川幸次郎全集　第13巻　宋篇
吉川幸次郎著　筑摩書房　1998.10
ⓘ4-480-74613-7
＊著者は宋代における文化の民衆化を、近世を開くものとして積極的に評価する。文学は日常を素材とし、人生の悲哀を理知によって止揚する。「宋詩概説」「進歩の一形式」ほかを収める。

◇世界人物逸話大事典　朝倉治彦，三浦一郎編　角川書店　1996.6　ⓘ4-04-031900-1
＊歴史上の人物の生き生きとした人間像を伝えるエピソードを多数紹介する事典。日本人によく知られた人物1883人を見出しに掲載。

◇諸葛亮孔明・逆境からの挑戦　（横浜）光栄　（英雄パラダイムシリーズ）　1992.4
ⓘ4-906300-54-5
＊本書は、諸葛亮の英雄たるゆえんを「逆境からの挑戦」に見い出し、〈賭け〉〈大義〉〈新機軸〉〈不屈〉の四つの要素をピックアップして、諸葛亮の軌跡を追う。つづけて、同じ要素により強敵に挑んだ世界史上の英雄たち―カルタゴの闘将ハンニバル、異形の忠臣楠木正成、改革する宰相王安石、反ファシズムの戦士チャーチルをフィーチャーし、彼らの果敢な挑戦を解説する。歴史世界を冒険する、英雄パラダイムシリーズ第二弾。

◇中国傑物伝　陳舜臣著　中央公論社
1991.10　ⓘ4-12-002057-6
＊越王句践の名参謀から陶の大商人に転身した范蠡、詩才にあふれる「三国志」の英雄・曹操、宦官にして大航海の偉業を成し遂げた明の鄭和など、傑物16人の破天荒な人生。

◇王安石　佐伯富著　中央公論社　（中公文庫）　1990.3　ⓘ4-12-201697-5
＊北宋第6代神宗の時代、民生の安定と財政の立直しを図って、大胆な「新法」を断行した名宰相王安石。中流階級が没落し、特権階級と貧困層が対立する近世的社会状況のものでその革新政策は成功するかにみえたが、官僚や豪商たちの執拗な抵抗にあい、神宗没後、すべては旧に復する―。碩学が、文人としても名高い王安石の政治的功業と挫折を通して、中国政治の伝統的体質を解明する。

王維　おうい
701頃～761　7・8世紀、中国、唐代の詩人、画家。太原の出身。字は摩詰。著作に「王右丞集」（6巻）がある。また後世の南宗画の祖とされた。

◇赤壁と碧城―唐宋の文人と道教　砂山稔著　汲古書院　2016.11　ⓘ978-4-7629-6580-7

◇世界人物逸話大事典　朝倉治彦，三浦一郎編　角川書店　1996.6　ⓘ4-04-031900-1
＊歴史上の人物の生き生きとした人間像を伝えるエピソードを多数紹介する事典。日本人によく知られた人物1883人を見出しに掲載。

オーウェル　Orwell, George
1903～1950　20世紀、イギリスの作家。主著「動物農場」（1945）、「1984年」（49）など。

◇人間という仕事―フッサール、ブロック、オーウェルの抵抗のモラル　ホルヘ・センプルン著，小林康夫，大池惣太郎訳　未来社　（ポイエーシス叢書）　2015.11
ⓘ978-4-624-93264-0

◇オーウェルと旅―日本オーウェル協会企画　佐藤義夫編　音羽書房鶴見書店
2013.11　ⓘ978-4-7553-0276-3

◇ジョージ・オーウェルの世界　ミリアム・グロス編，大石健太郎翻訳監修　音羽書房鶴見書店　2009.10　ⓘ978-4-7553-0243-5

◇オーウェル文学の源流を求めて―その想像的創造力の源泉　高橋鍾著　春風社
2009.2　ⓘ978-4-86110-170-0
＊オーウェルの作品論、細部まで配慮のいきとどいた文章。第1章では、オーウェル専門の研究者でなくても理解できる内容に、同時に読み物としての面白さも追求。そこで文章化した観点・視点を、第2章の論術で深化し、敷衍させている。

◇オーウェル研究―ディーセンシィを求め

オーウェル

て　佐藤義夫著　彩流社　2003.2
①4-88202-794-1
＊全体主義に警鐘を鳴らし、「自由」の重要性を訴えた作家オーウェルの「良心」を探る。

◇特別な一日―読書漫録　山田稔著　平凡社　（平凡社ライブラリー）　1999.11
①4-582-76311-1
＊現代日本語散文の名手が本と人とをめぐり回想と思索をのびやかに繰りひろげる十二篇のエッセイ。低い声でささやく言葉の奥行きが私たちのちぢこまった感受性の幅をひろげる。山田稔のかくれた名著。

◇オーウェル―時代を超える精神　奥山康治著　早稲田大学出版部　1999.2
①4-657-99207-4
＊オーウェルの目に見えていたもの。先見的作家の素顔にせまる。没後50年を経た現在でも、オーウェルの発した警告は生かされていない。時は止まってしまったのか。それとも彼には未来が見えていたのか。

◇オーウェルのマザー・グース―歌の力、語りの力　川端康雄著　平凡社　（平凡社選書）　1998.12　①4-582-84184-8
＊全体主義社会に密かに息づく伝承童謡のかけら、家畜たちのフォークロア、コミック・ソングに一杯のおいしい紅茶…常に民衆文化的感覚で世界を捉え、民衆の内に希望を見出そうとしたオーウェル。その語りの仕掛けに注目し、ラディカルな批評精神を浮き彫りにする。

◇人間ジョージ・オーウェル　上　マイクル・シェルダン著, 新庄哲夫訳　河出書房新社　1997.9　①4-309-20289-6
＊『1984年』『動物農場』などで世界中に衝撃をあたえた作家ジョージ・オーウェルの誕生から死までを克明に綴った「心臓の鼓動まで聞こえる」ジョージ・オーウェル伝決定版！上巻では、アヘン栽培管理官の父親を持ち、大英帝国支配下のインドに生まれたエリック・ブレアが、イギリスの名門校での青春時代、初恋、大英帝国領ビルマでの警察官職などを経ながら独自の懐疑主義を確立し、葛藤ののち文学を志して「作家ジョージ・オーウェル」を名乗るまでの前半生が描かれる。

◇人間ジョージ・オーウェル　下　マイクル・シェルダン著, 新庄哲夫訳　河出書房新社　1997.9　①4-309-20290-X
＊時代と闘い続けた作家オーウェル。凄絶な全人生の足跡。

◇比較の視野―漱石・オースティン・マードック　井内雄四郎著　旺史社　1997.5
①4-87119-060-9
＊対比的作家論の成果。比較対照により、二人の作家の特色や本質がより鮮明に浮かびあがる。相互の影響関係を探る比較文学研究の視野をさらにひろげ、伝統的主題や表現形式の比較文化論的考察におよぶ労作。

◇ジョージ・オーウェル　河合秀和著　研究社出版　（イギリス思想叢書）　1997.2
①4-327-35222-5

◇会いたかった人　中野翠著　徳間書店　1996.6　①4-19-860513-0
＊「他人じゃないっ」会ったこともないのに懐かしい人たち。

◇ジョージ・オーウェル　河合秀和著　学習院大学　（学習院大学研究叢書）　1995.12

◇ジョージ・オーウェル　大石健太郎編著, 相良英明編著　日外アソシエーツ　（人物書誌大系）　1995.12　①4-8169-1347-5

◇ジョージ・オーウェルの栄光と悲惨　宮本靖介著　英宝社　1995.3
①4-269-72044-1

◇絶望の拒絶―ジョージ・オーウェルとともに　鈴木建三著　南雲堂　1995.1
①4-523-29213-2
＊現実のすさまじさに絶望しながら絶望することを拒否しつづけてきたヒューマニストオーウェルの真像に迫る。オールェルの思想の核心を衝く快著。

◇「荒ぶる魂」の遍歴―ジョージ・オーウェルの生涯　大石健太郎著　日外アソシエーツ　（日外教養選書）　1994.11
①4-8169-1267-3

◇戦争とラジオ―BBC時代　ジョージ・オーウェル著, W.J.ウェスト編, 甲斐弦ほ

か訳　晶文社　1994.6　①4-7949-6169-3
◇20世紀イギリス作家の肖像　小野修編　研究社出版　1993.10　①4-327-47174-7
＊激動の20世紀―。作家はどのように生き、なぜ書かねばならなかったのか。イギリス作家8人の生き方に学ぶ…。
◇オーウェルあれこれ　西村徹著　人文書院　1993.10　①4-409-14040-X
◇ジョージ・オーウェル―ユダヤ人から見た作家の素顔　T.R.ファイヴェル著，佐藤義夫訳　八潮出版社　1992.4　①4-89650-090-3
＊オーウェルは遺言状で、自分の伝記を書かないように後世の人に求めたが、本書はオーウェルと親交のあったユダヤ人ジャーナリストのファイヴェルが、作家の波乱の生涯を説き明かした貴重な回想記。
◇ジョージ・オーウェル研究　永島計次著　葦書房　1991.8
◇インテレクチュアルズ　ポール・ジョンソン著，別宮貞徳訳　共同通信社　1990.9　①4-7641-0243-9
＊ルソーは子どもっぽい思想家、マルクスはめったに風呂に入らず金銭感覚はゼロ、ヘミングウェイは「行動」を口にするばかりで日々酒におぼれ、サルトルは「ことば」の洪水に次々と若い女性を引きずりこんだ。知の巨人たちの驚くべき実像。
◇ジョージ・オーウェル―勝利の陣営からの亡命者　リチャード・リース著，戸田仁訳　旺史社　1990.4　①4-87119-033-1

▌**オーウェン**　Owen, Robert
1771～1858　18・19世紀、イギリスの社会思想家。「自伝」(1858)が著名。

◇商人のための人生読本　倉本長治著，倉本初夫編　商業界　2008.2　①978-4-7855-0323-9
◇ロバアト・オウエン著作史予備的考察―ロバアト・オウエン文献学的研究論考1　新訂　五島茂著　一橋大学社会科学古典資料センター　(Study series)　1994.3

▌**王羲之**　おうぎし
307頃～365頃　4世紀、中国、東晋の書家。山東省臨沂の人。字は逸少。刻本に「蘭亭序」「十七帖」など、楷書では「黄庭経」「楽毅論」がある。

◇六朝貴族の世界　王羲之　新訂版　吉川忠夫著　清水書院　(新・人と歴史拡大版)　2017.4　①978-4-389-44105-0
◇96人の人物で知る中国の歴史　ヴィクター・H・メア，サンピン・チェン，フランシス・ウッド著，大間知知子訳　原書房　2017.3　①978-4-562-05376-6
◇もっと知りたい書聖王羲之の世界　島谷弘幸監修　東京美術　(アート・ビギナーズ・コレクション)　2013.1　①978-4-8087-0965-5
◇王羲之の手紙―十七帖を読む　尾崎学著　天来書院　(Tenrai Books)　2013.1　①978-4-88715-259-5
＊史上最高の書家、王羲之の実像が明らかに！　書聖と称えられ、聖人君子のイメージが強い王羲之。しかしその手紙には、全く別の人格を思わせる世界が広がっています。家族への愛、友情、理想と挫折など、その人間的な魅力をわかりやすく紹介する待望の書。十七帖に加え、蘭亭序全文の訳と解説をつけました。
◇書聖王羲之―その謎を解く　魚住和晃著　岩波書店　2013.1　①978-4-00-025876-0
＊東晋の名門貴族に生まれ、「蘭亭序」など優美な書で知られる王羲之。だが素顔は、「骨鯁高爽（高邁な精神で、誰にでもずばりとものを言うこと）」と称される硬骨漢であった。動乱の時代にあって、有能な資質を持ちながら潔癖を貫き、苦悩多き生涯を送ったといわれる。真筆が一つとして現存しないなど、王羲之をめぐる謎や逸話は数多い。著者は、中国・日本の多数の文献を読み解くと同時に、書作品をつぶさに検証。歴史と書法の両面から、書聖・王羲之の知られざる実像を鮮やかに解き明かす。
◇王羲之―六朝貴族の世界　吉川忠夫著　岩波書店　(岩波現代文庫)　2010.10

①978-4-00-600243-5
＊書聖として知られる王羲之。しかし、ただ偉大な書芸術家としてだけでは王羲之の全体像を覆いつくすことはできない。四世紀、東晋時代の貴族として、傑出した知識人として、王羲之は時代といかに向き合ったのか。本書は王羲之の生涯と生活、思想と信仰の全体像を時代の中で描き、彼の書芸術の背後に存在したものを解明する。関連の文章四篇を合わせて収録。

◇王羲之の伝　鬼頭有一著　書泉本部　2008.11

◇王羲之論考　祁小春著　東方出版　2001.5　①4-88591-720-4

◇やさしく極める"書聖"王羲之　石川九楊編・著　新潮社　(とんぼの本)　1999.3　①4-10-602077-7
＊"書聖"といえば、書に興味のない人でも王羲之の名前をあげる。では、この方、一体、いつの時代のどんな人だったのだろうか？　どこが、どのようにすぐれて、"書聖"と讃えられるようになったのか？　天なる神との契約のために生まれた神聖文字にはじまる書の歴史のなかから、王羲之のまことの像を書家・石川九楊が解き明かしてゆく

◇漢字の社会史―東洋文明を支えた文字の三千年　阿辻哲次著　PHP研究所(PHP新書)　1999.3　①4-569-60364-5
＊「三千年の歴史」と「強烈な伝達力」驚異の文字・漢字のパワーと可能性。

◇王羲之伝論　森野繁夫著　白帝社　1997.10　①4-89174-324-7

◇王羲之全書翰　増補改訂版　王羲之書, 森野繁夫, 佐藤利行著　白帝社　1996.10　①4-89174-292-5

◇世界人物逸話大事典　朝倉治彦, 三浦一郎編　角川書店　1996.6　①4-04-031900-1
＊歴史上の人物の生き生きとした人間像を伝えるエピソードを多数紹介する事典。日本人によく知られた人物1883人を見出しに掲載。

◇王羲之　蘭亭序　木耳社編　木耳社　(木耳社手帖シリーズ)　1993.4

①4-8393-2599-5

王建　おうけん
877～943　太祖(高麗)(たいそ)とも。9・10世紀、朝鮮、高麗王朝の始祖(在位918～943)。935年新羅が高麗に下り、後百済を討ち朝鮮を統一。

◇史記　2　乱世の群像　司馬遷著, 奥平卓, 久米旺生訳　徳間書店　(徳間文庫カレッジ)　2016.7　①978-4-19-907062-4

◇朝鮮人物事典　木村誠, 吉田光男, 趙景達, 馬淵貞利編　大和書房　1995.5　①4-479-84035-4

王重陽　おうじゅうよう
1113～1170　12世紀、中国、金の道士。名は嚞。字は知明。号は重陽子、陝西省咸陽の人。儒道仏3教を合せた新道教たる全真教(金蓮正宗)を創始。

◇金代道教の研究―王重陽と馬丹陽　蜂屋邦夫著　汲古書院　(東京大学東洋文化研究所研究報告)　1992.3

王守仁　おうしゅじん
1472～1528　王陽明(おうようめい)とも。15・16世紀、中国、明代の哲学者、政治家。陽明学の始祖。浙江省余姚県の人。字は伯安、名は守仁、諡は文成。著書「朱子晩年定論」「伝習録」。

◇朱子と王陽明―新儒学と大学の理念　間野潜龍著　清水書院　(新・人と歴史拡大版)　2018.4　①978-4-389-44124-1

◇96人の人物で知る中国の歴史　ヴィクター・H・メア, サンピン・チェン, フランシス・ウッド著, 大間知知子訳　原書房　2017.3　①978-4-562-05376-6

◇王陽明―その人と思想　安岡正篤著　致知出版社　2016.5　①978-4-8009-1112-4

◇王陽明と朱子　安岡正篤著　郷学研修所・安岡正篤記念館, 明徳出版社〔発売〕2014.4　①978-4-89619-981-9
＊常に活きた学問を学べと説いた著者が、その生き方に讃仰の念を抱き、また絶大な学問的恩恵を受けた王陽明と朱子。

儒学思想史上に不滅の光を放つ両大儒それぞれの生涯を感慨深く描いた二篇を収録。

◇王陽明「伝習録」を読む　吉田公平著　講談社　（講談社学術文庫）　2013.5
①978-4-06-292172-5
＊中国・明代の儒学者、王陽明。当時、新儒教として学術思想界の主座にあった朱子学の論理構造を批判的に継承した彼の実践的儒学は、陽明学として結実する。近世以降の中国のみならず、わが国でも大塩中斎や吉田松陰、西郷隆盛ら、変革者たちの理論的背景となった思想とは何か。陽明学の最重要書籍を原テキストにしたがって読み解き、その精髄に迫る。

◇照心講座—古教、心を照らす　心、古教を照らす　安岡正篤著　致知出版社　2010.11　①978-4-88474-906-4
＊安岡正篤「人間学講座」第三弾。王陽明、中江藤樹、熊沢蕃山、儒教、禅、そして「三国志」人間学の源流に学ぶ。

◇中国おもしろ英傑伝　芝豪著　明治書院　（学びやぶっく）　2009.5
①978-4-625-68417-3

◇王陽明—知識偏重を拒絶した人生と学問　安岡正篤著　PHP研究所　（PHP文庫　現代活学講話選集）　2006.1
①4-569-66566-7
＊著者には、東京帝国大学の卒業記念として出版された『王陽明研究』と、「王陽明伝—王陽明の生涯と教学」（王陽明生誕五百年記念『陽明学大系 第一巻』所載、昭和46年）の名著がある。本書は、この名著を下敷きに、「分りやすく」と「平明に」を念頭に、王陽明と陽明学について説いた講話集である。難解と言われる陽明学の入門書にして、本シリーズの掉尾を飾るに相応しい、師の「陽明学第三の名著」である。

◇王陽明大伝　5　生涯と思想　岡田武彦著　明徳出版社　（岡田武彦全集）　2005.10
①4-89619-463-2
＊致良知を高唱した50歳から、乱賊平定後病に倒れ、波乱の生涯を閉じた王陽明の「大伝」シリーズ完結篇。「王陽明抜本塞源論」「王陽明の子孫」の二篇を併録。

◇王陽明大伝　1　生涯と思想　岡田武彦著　明徳出版社　（岡田武彦全集）　2002.12
①4-89619-455-1
＊陽明の生き方・考え方を宋明儒学研究の第一人者が、多くの文献を駆使して掘り起し、知行合一の哲学＝陽明学の本質を平易に説いた混迷の時代の行動指針。

◇言志録講話—付・王陽明物語　山田準著　明徳出版社　1998.11　①4-89619-147-1
＊良知すなわち吾が師。西郷隆盛が座右の銘とした言志四録の文より15条を抄出し人間の在り方を説き、併せて、致良知の不滅の精神を獲得した王陽明の生涯を語る人生読本。

◇王陽明—知識偏重を拒絶した人生と学問　安岡正篤著　安岡正篤先生生誕百年記念事業委員会　（現代活学講話選集）　1997.11　①4-900682-28-4

◇王陽明紀行—王陽明の遺跡を訪ねて　岡田武彦著　登竜館　1997.8
①4-89619-135-8
＊本書は日本の同志と中国の陽明学者との協同で、数回にわたって中国全土に散在する王陽明の遺跡を調査したときの旅行記である。

◇世界人物逸話大事典　朝倉治彦, 三浦一郎編　角川書店　1996.6　①4-04-031900-1
＊歴史上の人物の生き生きとした人間像を伝えるエピソードを多数紹介する事典。日本人によく知られた人物1883人を見出しに掲載。

◇王陽明小伝　岡田武彦著　明徳出版社　1995.12　①4-89619-127-7
＊千死万難の戦に成功を立て、また良知を窮めて学問・講学に倦まず励んだ王陽明の生き方は、後の志ある者に感激と勇気を与え続けてきた。彼の知行合一の不屈の生涯を平易興味深く紹介。

◇敬天の聖者 王陽明　田中忠治著　致知出版社　1994.5　①4-88474-340-7
＊「知行合一」の哲人・王陽明〔人間学〕の神髄。

◇王陽明 下　岡田武彦著　明徳出版社　（シリーズ陽明学）　1991.5

◇陸象山と王陽明　吉田公平著　研文出版　1990.7　①4-87636-093-6

汪兆銘　おうちょうめい
1883～1944　汪精衛（おうせいえい）とも。19・20世紀、中国の政治家。字は精衛。初期は中国革命同盟会の指導者の一人。

◇近代中国指導者評論集成　3　汪兆銘　松本和久編・解題　森田正夫著　ゆまに書房　2016.5　①978-4-8433-5019-5, 978-4-8433-5015-7,978-4-8433-5014-0

◇日中戦争史論―汪精衛政権と中国占領地　小林英夫，林道生著　御茶の水書房　2005.4　①4-275-01977-6
＊汪精衛はどのような経緯で「反蔣、反共、降日」になったのか。汪精衛が漢奸と呼ばれる道にはまり込んでいったプロセスと、その過程での日本政治との関わりあい、汪精衛政権の統治実態を検討。

◇汪精衛と蔣汪合作政権　土屋光芳著　人間の科学新社　（明治大学社会科学研究所叢書）　2004.11　①4-8226-0254-0
＊本書は、一九三二年の行政院長就任後、日中戦争中に重慶を離れるまでの汪精衛の対日政策の作成・実施過程を「蔣汪合作」という視座から考察し文人政治家としての汪精衛の評価を試みたものである。

◇日中戦争と汪兆銘　小林英夫著　吉川弘文館　（歴史文化ライブラリー）　2003.7　①4-642-05558-4
＊辛亥革命以後、国民国家形成のうねりの中に生きた汪兆銘。日中戦争「和平」のため日本軍に近づき、傀儡政権を南京に樹立したが…。裏切り者に転落した生涯と、政権下の内政、外交、庶民生活など、知られざる実像に迫る。

◇我は苦難の道を行く―汪兆銘の真実　上巻　上坂冬子著　文芸春秋　（文春文庫）　2002.3　①4-16-729814-7
＊日中戦争のさなか、重慶にたてこもって日本と戦いつづける蔣介石とは別に、南京国民政府を樹立して日本との和平交渉に踏み切った汪兆銘。それゆえに「売国奴（漢奸）」のレッテルを貼られ、中国革命の歴史から抹殺された文人政治家の、真のねらいとは何だったのか？　遺児たちの証言をもとに歴史の真実に迫った画期的労作。

◇我は苦難の道を行く―汪兆銘の真実　下巻　上坂冬子著　文芸春秋　（文春文庫）　2002.3　①4-16-729815-5
＊日米開戦、大東亜会議への出席、時代の波に翻弄されながら、汪兆銘は志半ばにして、日本で病没する。日本敗戦で腹心たちは処刑され、汪兆銘の妻は十四年の幽閉ののち獄死。残された五人の子供たちは世界各地に離散する。彼らにとって、父とは、政治家・汪兆銘とは、そして戦後とは…。新証言をもとに歴史の空白を埋める。

◇汪精衛と民主化の企て　土屋光芳著　人間の科学社　（明治大学社会科学研究所叢書）　2000.11　①4-8226-0187-0
＊日中戦争のさなか、「近衛声明」に呼応して南京に傀儡政権（1940.3.）を樹立した汪精衛は"漢奸"だったのか。辛亥革命から蔣汪合作政権（1932）に至る彼の行動を精細にたどると、汪精衛が全く別の姿で我々の前に立ち現れる。ともに「孫文の後継者」を自認する蔣介石の宿命のライバル、汪精衛（兆銘）の実像に迫る。

◇我は苦難の道を行（い）く―汪兆銘の真実　上巻　上坂冬子著　講談社　1999.10　①4-06-209928-4
＊50年の沈黙を破って語られた二つの中国の悲劇、日本の汚点。「親日・反共」ゆえに「売国奴」のレッテルを貼られ、中国革命の歴史から抹殺された汪兆銘。中国革命の父・孫文の第一の後継者にして、蔣介石・毛沢東の先を駆けた文人政治家のロマン!!渾身の書き下ろし。

◇我は苦難の道を行（い）く―汪兆銘の真実　下巻　上坂冬子著　講談社　1999.10　①4-06-209929-2
＊裏切りと陰謀、革命と反革命!!生存する遺児たちが証言!!志半ばで日本で病死した汪兆銘。日本敗戦で腹心たちは処刑され、汪兆銘の妻は自ら獄死し、残された五人の子供たちは世界各地に離散!!50年間封印されていた真実を明らかにし

た、取材16年の書き下ろし。
◇汪兆銘名古屋に死す　小野稔著　東京ジャーナルセンター　1998.7
①4-88643-015-5
＊戦後半世紀を経て、なお語られぬ和平論。日中の和平を心から願いつつもいつしか歴史の間に消えていった汪兆銘の秘史。―近衛文麿、東条英機、蔣介石、毛沢東…混沌の時代に生きた和平論者たちに捧ぐ。
◇人われを漢奸と呼ぶ―汪兆銘伝　杉森久英著　文芸春秋　1998.6　①4-16-317800-7
＊「日中戦うべからず」との孫文の遺志を継いだ政治家の真の姿を描く遺作評伝。
◇和平は売国か―ある汪兆銘伝　山中徳雄著　不二出版　1990.8

■ **王莽**　おうもう
前45～後23　前1・後1世紀、中国、前漢末の政治家、新（8～24）の建国者。山東の人。字は巨君。漢、元帝の皇后王氏の庶母弟の子。
◇96人の人物で知る中国の歴史　ヴィクター・H・メア，サンピン・チェン，フランシス・ウッド著，大間知知子訳　原書房　2017.3　①978-4-562-05376-6
◇王莽―改革者の孤独　渡邉義浩著　大修館書店　（あじあブックス）　2012.12　①978-4-469-23269-1
＊王朝が何度変わろうとも、中国では二十世紀まで「古典中国」と称すべき国のあり方が存続していた。この儒教に基づく国のあり方を決定づけたのは、前漢の簒奪者として悪名高い王莽にほかならない。歴史を動かした改革者にもかかわらず、その徹底した改革ゆえに同時代からも後世からも理解されなかった男の事績をたどり、その影響力の大きさを改めて問い直す。
◇知られざる素顔の中国皇帝―歴史を動かした28人の野望　小前亮著　ベストセラーズ　（ベスト新書）　2006.12　①4-584-12125-7
◇王莽―書下ろし長篇小説　塚本青史著　講談社　2000.6　①4-06-209982-9
＊2000年前、漢を滅ぼしたひとりの賢者。「新」帝国を造った王莽に迫る赤眉の乱！　数ある謀反人の誉れ高い輩の中で、庶民の熱狂的な支持を受け、国家に理念や理想を掲げて改革体制を創出した王莽を描く。
◇中国歴代皇帝人物事典　岡崎由美，王敏監修　河出書房新社　1999.2　①4-309-22342-7
＊秦の始皇帝、前漢の劉邦、新の王莽、魏の曹丕、隋の煬帝、唐の李世民、元のフビライ、明の朱元璋、清の康熙帝など、中国歴代王朝の皇帝を紹介した人物事典。后妃・公主・宗室なども収録し、歴代宮都・陵墓も掲載。中国史重要人物索引付き。
◇世界人物逸話大事典　朝倉治彦，三浦一郎編　角川書店　1996.6　①4-04-031900-1
＊歴史上の人物の生き生きとした人間像を伝えるエピソードを多数紹介する事典。日本人によく知られた人物1883人を見出しに掲載。

■ **欧陽脩**　おうようしゅう
1007～1072　11世紀、中国、北宋の政治家、学者、文学者。字は永叔、号は酔翁、晩年は六一居士。吉州廬陵（江西省吉安県）の人。主著「欧陽文忠公全集」「廬陵雑説」。
◇赤壁と碧城―唐宋の文人と道教　砂山稔著　汲古書院　2016.11　①978-4-7629-6580-7
◇欧陽脩　新発見書簡九十六篇―欧陽脩全集の研究　東英寿著　研文出版　2013.2　①978-4-87636-355-1
◇人物50人で読む「中国の思想」―孔子から孫文まで　鍾清漢著　PHP研究所　（PHP文庫）　2005.2　①4-569-66346-X
◇欧陽脩その生涯と宗族　小林義広著　創文社　2000.11　①4-423-45005-4
＊唐宋八大家の一人で、宋代中期の11世紀に活躍した欧陽脩の栄光と挫折の波乱に富んだ生涯の全体像を提示した、わが国で初めての本格的研究。「慶暦の新政」などさまざまな政治的課題と格闘し、国家や士大夫のあるべき姿を追

求して多くの政治的著作や歴史叙述を残した欧陽脩。彼が時代とどのように切り結びながら、しだいに自己の生きてある理由を宗族に見出していくのか、六十数年の生涯の軌跡をとおして明らかにする。彼の問題意識は、科挙制度の整備にともない宋代に新たに台頭してきた士大夫に共通のものであった。父系親族組織である宗族の一大転換期を迎え、それに呼応するように彼の熱い思いによって編纂された一族の族譜『欧陽氏譜図』は、族譜編纂のうえで後世に多大な影響を与えた。卓越した文章家であるだけでなく、歴史家、古典研究家、政治家としての多彩な活動を、日常性や宗族との関わりの中で生き生きと描き、人間欧陽脩の新しい側面を浮き彫りにする。

◇世界人物逸話大事典　朝倉治彦，三浦一郎編　角川書店　1996.6　①4-04-031900-1
＊歴史上の人物の生き生きとした人間像を伝えるエピソードを多数紹介する事典。日本人によく知られた人物1883人を見出しに掲載。

■ **欧陽詢**　おうようじゅん
557〜641　6・7世紀、中国、唐初の著名な書家。湖南の人。字は信本。「皇甫誕碑」「九成宮醴泉銘」などは古来「楷法の極則」とたたえられた。

◇唐代書人伝―新編　深谷周道訳　二玄社　1983.5
◇中国書人伝　中田勇次郎編　中央公論社　1973

■ **王陽明**　おうようめい
⇒王守仁（おうしゅじん）

■ **オクタウィアヌス**　Octavianus
⇒アウグストゥス

■ **オゴタイ**　Ögödei Khan
1186〜1241　12・13世紀、大モンゴル国第2代のカーン（1229〜1241）。チンギス・カーンの第3子。漢字名は窩闊台汗。

◇中国歴代皇帝人物事典　岡崎由美，王敏監修　河出書房新社　1999.2
①4-309-22342-7
＊秦の始皇帝、前漢の劉邦、新の王莽、魏の曹丕、隋の煬帝、唐の李世民、元のフビライ、明の朱元璋、清の康熙帝など、中国歴代王朝の皇帝を紹介した人物事典。后妃・公主・宗室なども収録し、歴代宮都・陵墓も掲載。中国史重要人物索引付き。

◇世界人物逸話大事典　朝倉治彦，三浦一郎編　角川書店　1996.6　①4-04-031900-1
＊歴史上の人物の生き生きとした人間像を伝えるエピソードを多数紹介する事典。日本人によく知られた人物1883人を見出しに掲載。

■ **オコンネル**　O'Connell, Daniel
1775〜1847　18・19世紀、アイルランドの民族運動指導者、政治家。アイルランド併合法撤廃協会を設立。

◇世界伝記大事典　世界編1〜12　編集代表：桑原武夫　ほるぷ出版
1980.12〜1981.6

■ **オスマン**
Haussmann, Georges Eugéne
1809〜1891　19世紀、フランスの政治家。セーヌ県知事（1853〜1870）。

◇世界伝記大事典　世界編1〜12　編集代表：桑原武夫　ほるぷ出版
1980.12〜1981.6

■ **オットー1世**　Otto I der Grosse
912〜973　10世紀、ザクセン朝第2代ドイツ王（在位936〜973）。初代神聖ローマ皇帝（在位962〜973）。

◇ドイツ王室一〇〇〇年史―ヨーロッパ史を動かした三王家の栄華と終焉　関田淳子著　中経出版　（ビジュアル選書）
2013.8　①978-4-8061-4856-2
＊戦争に、芸術に、王たちは邁進する。ザクセン・プロイセン・バイエルン、ドイ

ツの基礎となった三王国の軌跡。
◇本当は偉くない？ 世界の歴史人物—世界史に影響を与えた68人の通信簿　八幡和郎著　ソフトバンククリエイティブ　（ソフトバンク新書）　2013.8
①978-4-7973-7448-3
＊古代から現代に至るまで、よく知られた帝王や政治家を68人選び、それぞれが世界史の中で果たした役割を、「偉人度」と「重要度」の2つの側面から10点満点で評価。世界史において偉人とされている人物たちの実像に迫る。

▎**オドアケル**　Odoacer
434頃〜493　5世紀、ゲルマンの名門の出身。東ローマ皇帝ゼノンからパトリキウスの称を受けた（476）。
◇世界伝記大事典　世界編1〜12　編集代表：桑原武夫　ほるぷ出版　1980.12〜1981.6

▎**オバマ**　Obama, Barack Hussein
1961〜　21世紀、アメリカの政治家。第44代大統領（在任2009〜2017）。アメリカ初の黒人大統領。核なき世界に取り組み、2009年ノーベル平和賞を受賞。
◇第44代アメリカ合衆国大統領バラク・オバマ演説集　国際情勢研究会編　ゴマブックス　2017.3　①978-4-7771-1893-9
＊2004年の「基調演説」から2017年の「退任演説」まで世界の人々に感動を与えた名演説を全文掲載！
◇完全保存版 オバマ傑作演説集　コスモピア編集部編　コスモピア　2017.1
①978-4-86454-101-5
◇ヒロシマに来た大統領—「核の現実」とオバマの理想　朝日新聞取材班著　筑摩書房　2016.8　①978-4-480-86447-5
＊2016年5月27日、被爆地・広島を訪れたオバマ大統領は、原爆で、戦争で命を失った人々へ哀悼の意を捧げた。現職の米国大統領による広島訪問は初めてのことだった。歴史的なこの訪問は、いかにして実現したのか。そのとき被爆者は何を思い、何を感じたのか。オバマ大統領の「核なき世界」への願い、浮かび上がる「核の現実」。朝日新聞取材班が総力を結集して描き出す、第一級のドキュメント！ 広島スピーチ全文対訳収録。
◇オバマ大統領は黒人か—変見自在　高山正之著　新潮社　（新潮文庫）　2015.6
①978-4-10-134593-2
◇バラク・オバマ—アメリカの革命　四宮満著　日本図書刊行会，近代文芸社〔発売〕　2014.4　①978-4-8231-0897-6
＊WASP中心のアメリカで、なぜ初の黒人大統領になることができたのか？ その生い立ちから民主党大統領候補戦を勝利するまでの足跡をたどる。
◇バラク・オバマ・ストーリー　ニナ・ウェグナー著　IBCパブリッシング　（ラダーシリーズ）　2013.2　①978-4-7946-0191-9
＊アフリカ系アメリカ人として初めてアメリカ合衆国大統領に就任したバラク・フセイン・オバマ。オバマには、肌の色や性別、宗教を越えて、すべての国民に伝えたい思いがあった。彼がどういう思いでその座につき、なぜアメリカ国民は彼を2度までも選んだのか。深刻な経済問題、長引く戦争、新しいエネルギーへの模索、医療保険を巡る論争に、銃規制を巡る対立などなど。世界の覇権を握るアメリカ合衆国の問題は、国際社会に、そして私たちにも影響を及ぼさずにはいられない。オバマとアメリカの物語を、やさしい英語でまとめた。初当選時の演説全文掲載。生い立ちから大統領就任までの略歴、アメリカ歴代大統領一覧、巻末辞書付き。
◇ノーベル賞受賞者業績事典—全部門855人　新訂第3版　ノーベル賞人名事典編集委員会編　日外アソシエーツ，紀伊國屋書店〔発売〕　2013.1　①978-4-8169-2397-5
＊1901年ノーベル賞創設時から2012年までの各分野の受賞者、受賞団体を収録。平和賞・文学賞・物理学賞・化学賞・生理学医学賞・経済学賞受賞者835人、20団体の業績を詳しく紹介。受賞辞退者についても収録対象とし、本文中にその旨を記載した。経歴・受賞理由・著作・参考文献を一挙掲載。

オバマ

◇バラク・オバマの言葉と文学―自伝が語る人種とアメリカ　里内克巳編著　彩流社　2011.9　①978-4-7791-1661-2
＊バラク・オバマは政治家になる前の若き日々を、無名時代に自らの手で書いている。その"文学性豊かな"回想録を手がかりに、文学・文化・歴史という大きな枠組みのなかで現代アメリカの問題をとらえようとする試み。

◇語り継ぐ黒人女性―ミシェル・オバマからビヨンセまで　岩本裕子著　メタ・ブレーン　2010.10　①978-4-944098-87-3
＊オバマ大統領誕生に見るアメリカの一面。映画と音楽、黒人女性としての自己表現とは…。

◇大統領オバマは、こうしてつくられた　ジョン・ハイルマン, マーク・ハルペリン著, 日暮雅通訳　朝日新聞出版　2010.9　①978-4-02-330845-9

◇希望の子バラクオバマ―アメリカ初のアフリカ系大統領　ニッキ・グリムズ文, ブライアン・コリアー絵, 室崎育美訳　バベルプレス　2010.1　①978-4-89449-093-2
＊ちいさなときから、オバマさんの心には"ホープ"が住んでいました。ホープとは希望のことです。ハワイの砂浜からシカゴの町に引っ越すときも、インドネシアのジャングルからケニアの平原に旅するときも、ホープはいっしょでした。子どものころに自分がほかのだれともちがうと知ったオバマさんは、成長するにつれ、自分にはホープの声を聞き、なりたいものになる力があると気づきました。ほんとうになりたいもの、それは人びとを結ぶかけ橋でした。これは、第44代アメリカ大統領の感動の物語です。文を書いたニッキ・グリムズと絵を描いたブライアン・コリアーは、ともにコレッタ・スコット・キング賞を受賞しています。オバマさんは、わたしたちひとりひとりに、自分を変え、世界を変える力があると気づかせてくれました。

◇オバマ―希望への道　ニューヨーク・タイムズ編, 三浦俊章訳　岩波書店　2009.11　①978-4-00-022401-7
＊2009年1月20日、バラク・フセイン・オバマが第44代アメリカ合衆国大統領に就任した。さまざまな困難を抱えながらも、アメリカは人種の壁を乗り越え、歴史的な一歩を踏み出した。本書は、アメリカのリベラル派を代表するジャーナリズム、ニューヨーク・タイムズが総力を挙げて、激しい選挙戦の現場や刻々と変化する社会の空気を取材し記録してきた成果を、300枚もの写真とともにまとめたものである。

◇ミシェル・オバマの言葉―世界最高の夫を支える日々　ライザ・ロガック編, 小林千枝子訳　ワニブックス　2009.11　①978-4-8470-1884-8
＊シカゴの貧民街で生まれ、一流弁護士としてキャリアを積み、ついにはファーストレディになったミシェル・オバマ。米大統領を支える賢夫人として知られている彼女の、生き方や考え方が詰まった珠玉の"言葉"集。

◇評伝バラク・オバマ―「越境」する大統領　渡辺将人著　集英社　2009.11　①978-4-08-781432-3
＊歴史的選挙からノーベル平和賞まで、海外から異例の注目を集め続けるオバマ氏。その人間性、世界観はいかに培われたか？　インドネシア、ハワイ、カリフォルニア、NY、シカゴ―大統領の「原点」を訪ねる、誰も知らない「前半生」オバマ論。

◇ミシェル・オバマ―素顔のファーストレディ　エリザベス・ライトフット著, 浅尾敦則訳　センゲージラーニング, アスペクト(発売)　2009.4　①978-4-7572-1671-6
＊第44代アメリカ合衆国大統領バラク・オバマの大統領就任により、アフリカ系アメリカ人として初のファーストレディとなったミシェル・オバマ。2008年大統領選では、その発言やファッションセンス、学歴、キャリアまで、文字通り一挙手一投足が話題になった。アメリカはもとより世界で今もっとも注目を集めるアフリカ系アメリカ人女性である。日本ではまだよく知られていない彼女の人となりを本人・知人の発言から浮き彫りにしていく。

◇ミシェル・オバマ　愛が生んだ奇跡　デ

ヴィッド・コルバート著，井上篤夫訳・解説　アートデイズ　2009.4
①978-4-86119-125-1
＊人種差別や貧しさを乗り越え，奴隷の子孫はホワイトハウスの住人になった！全米に熱い旋風を巻き起こすミシェル・オバマの実像とは？　作家井上篤夫氏の現地取材を交えた特別解説も収載。

◇オバマの原点　アンソニー・ペインター著，木内裕也訳　中経出版　2009.3
①978-4-8061-3309-4
＊史上初の黒人大統領は何を変えようとしているのか。―キング牧師から始まる公民権運動，保守勢力と戦い続けた民主党のリベラリズム，シカゴの貧困コミュニティー…。オバマ誕生の背景がわかれば，アメリカがこれからどこへ行くかがわかる。

◇〔オバマ大統領就任記念コンプリートboxバラク・オバマのすべて〕―〔2009.1.20〕　ゴマブックス　2009.3
①978-4-7771-1263-0

◇アメリカ大統領の信仰と政治―ワシントンからオバマまで　栗林輝夫著　キリスト新聞社　2009.2　①978-4-87395-537-7

◇戦後アメリカ大統領事典　藤本一美著者代表，大空社編集部編　大空社　2009.2
①978-4-283-00623-2

◇オバマ―ホワイトハウスへの道　『タイム』誌特別編集著，阿部直子，鮎川晶，北村陽子，小坂恵理，友田葉子訳　ディスカヴァー・トゥエンティワン　2009.1
①978-4-88759-687-0
＊世界176カ国，読者のべ2900万人，最も信頼されるニュース雑誌『タイム』が3年にわたり密着，独占取材＆写真多数掲載。数奇な生い立ち，妻ミシェル，そしてドラマチックな勝利までの一部始終をビジュアルとコンパクトな記事で見る，読む。新指導者オバマの実像に迫り，「アメリカの今」と「世界の明日」を読む全10章。

◇オバマの真実　ナフタリ・ベンデビッド編，松島恵之訳　朝日新聞出版　2009.1
①978-4-02-250535-4
＊第44代アメリカ合衆国大統領バラク・オバマ。シカゴ・トリビューン紙特別取材による初の黒人大統領誕生秘話。

◇ホープス＆ドリームス　バラク・オバマ　スティーブ・ドハーティ著，平野和子，佐々木千恵訳　ゴマブックス　2009.1
①978-4-7771-1217-3
＊2008年，歴史的な結果を迎えた米大統領選挙。バラク・オバマの子ども時代から現代までの軌跡と変革への期待に沸いた熱い日々を，鮮烈なショットとオバマ語録で，立体的にたどる。

◇ブラック・ケネディ―オバマの挑戦　クリストフ・フォン.マーシャル著，大石りら訳　講談社　2008.8　①978-4-06-214773-6
＊弱冠46歳，アメリカ史上初の黒人大統領を目指すバラク・オバマ。「ケネディの再来」と目される男の半生を，ドイツ人特派員が大胆に描く！　新しいアメリカ大統領を知るのに最適な一冊。

◇バラク・オバマの軌跡―アメリカが選んだ男　ヘザー・レアー・ワグナー著，宮崎朔訳　サンガ　2008.7
①978-4-901679-86-2
＊ケニアというルーツ，両親の離婚，母の再婚とインドネシア生活，父との再会，ハーバード・ロースクール時代，妻との出会いから結婚，そして政治の世界へ―。自身の言葉をまじえて描かれるバラク・オバマのルーツ。

◇オバマの孤独　シェルビー・スティール著，松本剛史訳　青志社　2008.4
①978-4-903853-22-2
＊混血であるが故に，アメリカでは両人種の板挟みにあい，孤立感を味わうことになる。現在のオバマがまさにそうだ。

◇マイ・ドリーム―バラク・オバマ自伝　バラク・オバマ著，白倉三紀子，木内裕也訳　ダイヤモンド社　2007.12
①978-4-478-00362-6
＊アフリカからの一本の電話で，すべては始まった。黒人初のアメリカ大統領を目指す男，バラク・オバマ回想録。人生の目的を探してたどりついた家族と人種をめぐる感動の物語。

◇オバマ―アメリカを変える挑戦　マーリーン・タージ・ブリル著，本間正人訳

オーク　2007.11　①978-4-87116-077-3
＊「自分自身の話が、アメリカという国の歴史の一部であることを認識して、私は今ここに立っている。」とほとんど無名に近い上院議員候補バラック・オバマが、2004年民主党党大会で演説した。この伝記は、彼がその夜いかにアメリカ合衆国の人々に感動を与えたか、そして人々の人生を変えていきたいという理想を追求したかを描いたものである。

■ オマル・ハイヤーム
Ùmar Khayyām
⇒ウマル・ハイヤーム

■ オラニエ公ウィレム
Willem van Oranje
⇒ウィレム1世（オラニエ公）

■ オレンジ公ウィリアム
Willem van Orange
⇒ウィレム1世（オラニエ公）

【か】

■ ガウタマ・シッダールタ
Gautama Siddhartha
前563頃～前483頃　ゴータマ・シッダールタ，シャカ，釈尊とも。前6～4世紀頃、インドの聖者。仏教の開祖。ルンビニーに生れ、クシナガラに没。釈迦牟尼はシャカ族出身の聖者の意。

◇仏典をよむ　1　ブッダの生涯　中村元著，前田専学監修　岩波書店　（岩波現代文庫）　2017.12　①978-4-00-600373-9
＊原始仏典から日本人にもなじみの深い大乗仏典まで、仏教学の泰斗がその内容を講義形式でわかりやすくよみ解く「お経」入門シリーズの第一弾。本書では、ブッダの誕生から悪魔の誘惑との闘い、最後の説法まで、ブッダの生涯に即して語り伝えられている最初期の仏典をよむ。ブッダのことばに最も近いと言われる、その力強く智慧に満ちたことばは、現代人に「生きる心がまえ」を教えてくれる。NHKラジオで大好評を博した中村元博士の名講義が、ついに文庫化。

◇仏陀—その人と思想　佐良土茂文，井上秀一画　清水書院　（マンガと図解で知る）　2017.11　①978-4-389-50068-9

◇ブッダはダメ人間だった—最古仏典から読み解く禁断の真実　大村大次郎著　ビジネス社　2017.8　①978-4-8284-1965-7
＊わざわざ苦しいことをするな！　誰だって自分が一番かわいい。この世には聖も俗もない。肉を食って何が悪いのか…恐るべきブッダの教えの真実！

◇柔訳 釈尊の言葉　第3巻　谷川太一著　電波社　2017.8　①978-4-86490-109-3
＊地獄に落ちる人、天国に行ける人。動物以下になってしまう人、象のように精神性高く生きる人。色情のサガに巻かれて落ちる人、自分自身がつくったワナを上手に逃れる人。因果の法則に絡め取られる人、存在することに感謝して新しい自分を発見する人。愚かなままで終わる人、「最高の人間」に至る人。釈尊直伝！「霊界法則」。全3巻シリーズ「原始仏典ダンマパダ」完結！

◇イエスとブッダ—いのちに帰る　ティク・ナット・ハン著，池田久代訳　春秋社　2016.11　①978-4-393-33350-1
＊仏典や聖書のことばを自在に用い、仏教とキリスト教共通の基盤である人間の霊性を深く見つめて、日々の生活を"気づき"のなかで送る指針と瞑想の実践を、わかりやすい詩的なことばで説く世界的仏教者の講話。

◇ブッダと法然　平岡聡著　新潮社　（新潮新書）　2016.9　①978-4-10-610684-2

◇超訳ブッダ 心が軽くなる365日の言葉　津田太愚編　泰文堂　（リンダパブリッシャーズの本）　2016.5　①978-4-8030-0892-0

◇図説世界史を変えた50の指導者（リーダー）　チャールズ・フィリップス著，月谷真紀訳　原書房　2016.2

①978-4-562-05250-9

◇ブッダ伝―生涯と思想　中村元著　KADOKAWA　（角川ソフィア文庫）2015.5　①978-4-04-408914-6
＊ブッダは力強く断言する。私が説いたのは人間の苦しみとその原因、そして苦しみを滅する道だと―。真の自己に目覚めよと訴えつづけたブッダの生涯を、出家、降魔成道（悟り）、初転法輪（初の説法）など画期となった出来事とともに紹介。原始仏教の豊かな世界を「スッタニパータ」『ダンマパダ』など聖典の言葉を数多くとりあげながら平易に解説。慈悲と善き友を語り、心の平安を説いた人間ブッダの思想と生涯が分かる、最良の入門書。

◇仏教　上　第一部仏陀　ベック著，渡辺照宏訳　岩波書店　（岩波文庫）　2014.6　①4-00-333241-5
＊ヨーロッパにおける仏教研究の最も代表的な名著。仏教の基本的立場を比較宗教史の観点から解説した入門書として知られ、重要な事項を適切に説明しながら、読者を仏教の全体的理解へと導き入れる。（上）では、仏陀の偉大さをたたえ、その教えが、民族宗教の域を超え歴史上はじめての人類思想となったことを指摘する。

◇ゴータマは、いかにしてブッダとなったのか―本当の仏教を学ぶ一日講座　佐々木閑著　NHK出版　（NHK出版新書）2013.2　①978-4-14-088399-0
＊いま、心のよりどころを仏教に求める人が増えている。なかでも注目されているのが、"信仰"ではなく、"自己鍛錬"の重要性を説く原始仏教＝「釈迦の仏教」だ。ブッダの生涯はもちろん、仏教成立以前のインドの社会構造、僧団の生活規則など6つのテーマ（講座）からブッダ本来の教えを知る。

◇ブッダとは誰か　吹田隆道著　春秋社　2013.2　①978-4-393-13568-6
＊生身の人間であり、伝説ともなったブッダ。その生涯はどのように伝わり、解釈されてきたのか。多様な文献を時代背景とともに検討し、ブッダに思いをはせた人々の息吹をも伝える、絶好の入門書。

◇完全保存版　ブッダを知りたい。頼富本宏監修　学研パブリッシング，学研マーケティング〔発売〕　2012.9　①978-4-05-405470-7
＊お釈迦様の素顔と仏教文化のすべて。

◇ゴータマ・ブッダ　上　普及版　中村元著　春秋社　2012.8　①978-4-393-13555-6
＊ブッダは、どのような生涯をたどり、どのような思想を語ったのか。本巻では、その誕生から覚りに至るまでを描く。

◇ゴータマ・ブッダ　中　普及版　中村元著　春秋社　2012.8　①978-4-393-13556-3
＊梵天の勧めを受け入れ、真理を語り出すブッダ。ブッダは、いったい何を説いたのか。その後の「救い」の道行きを描く。

◇ゴータマ・ブッダ　下　普及版　中村元著　春秋社　2012.8　①978-4-393-13557-0
＊「ブッダ最後の旅」とは。故郷を目指し遊行の旅に出たブッダが出会ったものとは。涅槃への道程を描く、感動の完結編。

◇ブッダの福祉思想―「仏教的」社会福祉の源流を求めて　朴光駿著　法蔵館　2012.6　①978-4-8318-2457-8
＊「人間ブッダ」に学ぶ、社会福祉の可能性。韓国政府選定「優秀学術図書」、「第1回青枯仏教福祉賞」受賞の『ブッダの生涯と社会福祉』を日本版に増補改訂した待望の一冊。

◇図解　いま、ブッダに学ぶ　ひろさちや著　ワック　2012.5　①978-4-89831-186-8
＊あなたは「人生」していますか!?わたしたちは、どうしたら幸福になれるでしょうか？　幸福への近道はあるのか？　それは仏教が教えてくれる。

◇図解でわかる！　ブッダの考え方　一条真也著　中経出版　（中経の文庫）　2012.5　①978-4-8061-4366-6
＊人から「苦」をなくすために、ブッダは何を考えたのか。心が修まっていれば、人目は気にならない「不妄念」、あまり高い目標を追い求めると破滅する「小欲」、ブッダが悟った「四法印」、苦しみの仕組み「十二縁起」など、心穏やかに生きられる思想。

ガウタマ・シッダールタ

◇仏教誕生　宮元啓一著　講談社　(講談社学術文庫)　2012.3　①978-4-06-292102-2
＊古代インドに生まれ、今もアジアの人々の暮らしに根づく仏教。インドの宗教的・思想的土壌にあって他派の思想との対立と融合を経るなかで、どんな革新性をもって仏教は生まれたのか。その生成の場面に光を当て、比較思想研究の手法によって「経験論とニヒリズムに裏打ちされたプラグマティスト」釈尊の思想の本質に迫る。インド思想史研究の意欲作。

◇仏教入門―インドから日本まで　瓜生中著　大法輪閣　2011.9　①978-4-8046-1324-6
＊釈迦の誕生から教団・思想の成立、アジアに広がった仏教のようす、日本でのダイナミックに浸透した独特の発展過程など、釈迦の教えをベースに据えて、歴史・哲学・習俗との関係性にもふれながら、簡潔かつ丁寧に解説。

◇ブッダの秘密―2500年にわたる謎がいま明らかに！　グループSKIT編著　PHP研究所　2011.6　①978-4-569-79684-0
＊金にものをいわせた享楽生活、妻子を捨てた非情の男、苦行の脱落者、修行仲間から見下される、悟った真理は独り占め、強国を次々パトロンに、キノコにあたって死す。驚愕の事実続々。仏教界には3000人のブッダがいる!?煩悩はなぜ108個なの？　チーズを食べてよいかで教団分裂!?少林寺拳法は仏教から生まれたってホント？　意外な仏教トリビア26も満載。

◇総図解　よくわかる仏教　武田鏡村監修　新人物往来社　2011.6　①978-4-404-04033-6
＊仏教の重要なテーマを厳選。教えから、歴史・人物までをやさしく解説。全テーマに図解イラストと関連写真を付して目で見てわかるビジュアルな誌面構成。もっと知りたい人のために1問1答形式の「歴楽クイズ」付き。

◇ソクラテス・イエス・ブッダ―三賢人の言葉、そして生涯　フレデリック・ルノワール著、神田順子、清水珠代、山川洋子訳　柏書房　2011.5　①978-4-7601-3976-7
＊未曾有の危機に直面した今こそじっくりと耳を傾けたい、賢人たちの時空を超えたメッセージ。その教えと実像に迫る。真の幸福、正しい生き方、そして人生の意味とは。

◇お釈迦様のルーツの謎―王子時代の居城カピラヴァストゥは何処に？　小嶋光昭著　東京図書出版会，リフレ出版〔発売〕　2011.3　①978-4-86223-480-3
＊ブッダが青年期まで過ごした城都カピラヴァストゥがあったのは、果たしてインドなのか、ネパールか―未だ解明されぬ宮殿の謎や、「偉大なる門出」までのブッダのルーツに迫る。

◇ブッダ入門　新装版　中村元著　春秋社　2011.2　①978-4-393-13393-4
＊仏教の創始者である釈尊ゴータマ・ブッダという人が、どのような生涯を送り、どのような思想をいだいていたか、を重点的に解明。神話や伝説を排し、一人の人間として、その真実の姿を描く、白眉のブッダ伝。

◇釈迦　ひろさちや著　春秋社　2011.1　①978-4-393-13392-7
＊約二五〇〇年にわたり伝承されてきた仏教。その誕生から教団の成立・発展まで、大乗仏教的視点から圧倒的なスケールで描く。

◇仏教詳解　宇野正樹，大森義成，豊嶋泰国，樋口英夫，不二龍彦，古川順弘，吉田邦博著　学研パブリッシング，学研マーケティング〔発売〕　(学研雑学百科)　2010.12　①978-4-05-404803-4
＊歴史・教学・経典・習俗まで仏教のすべてを多角的に解説。

◇日本人が知らないブッダの話―お釈迦さまの生涯の意外な真相　アルボムッレ・スマナサーラ著　学研パブリッシング，学研マーケティング〔発売〕　(Esoterica Selection)　2010.7　①978-4-05-404410-4
＊「天上天下唯我独尊」はどういう意味？　最後の言葉「もろもろの事象は過ぎ去る」の真意とは？　なぜ、釈迦族は滅びたのか？「覚り」とは？―お釈迦さまの一生を読み解けば、仏教の本当の教えがよくわかり、幸福への道が瞬時にひらける。スマナサーラ長老が解き明か

す初期仏教のブッダ伝。
◇永遠をつらぬくもの―仏の教えに出会うということ　寺岡一途著　樹心社，星雲社〔発売〕　2010.5　①978-4-434-14549-0
◇面白くてよくわかる！仏教―一般常識としての仏教を知る大人の教科書　松涛弘道著　アスペクト　（「面白くてよくわかる！」シリーズ）　2010.3
　①978-4-7572-1758-4
　＊仏様の教え、葬祭のマナーが、この1冊で早わかり！　お釈迦様って、どんな人？　いろいろな宗派は、どこが違うの？　お焼香は2回、それとも3回？　仏像の豆知識！　日本人の生活にとけこんでいる仏教の魅力に迫る。
◇平易に説いた釈迦一代記　河口慧海著, 日高彪校訂　慧文社　（河口慧海著作選集）　2010.2　①978-4-86330-035-4
◇原始仏教入門―釈尊の生涯と思想から　水野弘元著　佼成出版社　2009.8
　①978-4-333-02395-0
　＊釈尊および原始仏教を中心とした入門的な仏教を、整然とした教理組織ではなく、釈尊の伝記をまじえながら平易にのべる。
◇ブッダとムハンマド―開祖でわかる仏教とイスラム教　保坂俊司著　サンガ　（サンガ新書）　2008.10　①978-4-901679-97-8
　＊仏教とイスラム教は、キリスト教とともに「三大普遍宗教」と呼ばれている。その理由は、それぞれに開祖がおり、開祖の教えを中心に教団が形成され、地域や民族を越えて世界の人々に信仰されるようになった宗教だからである。異なる志向性を持つ仏教とイスラム教も、違いを知るためには、それぞれの"共通点"を知ることが不可欠なのだ。ブッダとムハンマド―「宗教の改革者」という開祖の生涯をはじめとし、「行動や実践」を重視した道徳と戒律の起源などを比較しながら、仏教とイスラム教の違いを、日本人の立場に立った視点で明らかにする。
◇世界をつくった八大聖人―人類の教師たちのメッセージ　一条真也著　PHP研究所　（PHP新書）　2008.4

①978-4-569-69939-4
◇ブッダとイエス・キリスト　リチャード・H.ドラモンド著, 八木誠一，田中友敏訳　法蔵館　2007.7　①978-4-8318-1057-1
　＊広い視野から宗教間対話に取り組む宗教学者が、仏教とキリスト教の新たな出会いの地平を拓く画期的論考。
◇この人を見よ　ブッダ・ゴータマの生涯　ブッダ・ゴータマの弟子たち　増谷文雄著　佼成出版社　（増谷文雄名著選）　2006.2　①4-333-02193-6
　＊名著の輝きそして、新しさ―。日本の仏教研究において一時代を築いた碩学による著作がここに。
◇ブッダの生涯　安田治樹著, 大村次郎写真　河出書房新社　（河出文庫）　2005.8
　①4-309-40755-2
　＊花咲くルンビニーの園、サーラ樹の下で釈尊は誕生した。なに不自由のない宮廷の生活であったが、老・病・死について思索をめぐらし、ある夜ひそかに城を抜け出す。苦行の末、菩提樹の下で正覚に達する。こうした釈尊の一生を、ゆかりの地の写真、アジャンターの壁画やガンダーラの仏像など、仏教美術の名品とともにたどる。
◇釈迦物語　ひろさちや著　大正大学出版会　（大正大学まんだらライブラリー）　2004.7　①4-924297-23-2
　＊あきらめよ！　苦にするな！　自由になれ！　釈迦のおしえをやさしく解き明かす著者最新の仏教入門書。
◇「釈迦」の遺言―「現在の不安」を取り除く99の知恵　志村武著　三笠書房　2004.1　①4-8379-2070-5
　＊「いままでは他人のことだと思うたにおれが死ぬとはこいつはたまらん」といわれるように、私たちは日ごろよほどの大事件や大きな転機にぶつからない限り、自分の命や人生について省みる時間を持たない。その点で、釈迦のようにすぐれた人物は私たちのような凡俗の人間とは、まったく違う。彼らは、いつ、何が起こるかもしれないという現実から決して目をそむけない。それでいて、空に投げ上げられた石が大地

ガウタマ・シッダールタ

にもどってきたかのごとくに、どっしりと落ち着き、自分が見定めた方向へ着々と歩みを進めていく。あらゆる人生の迷いを超えて、強く賢く生き抜くための「知恵」を、釈迦の「英知の言葉」から読みとってほしい。

◇ゴータマ・ブッダの仏教　羽矢辰夫著　春秋社　2003.12　①4-393-13514-8
＊「仏教」は現代の思想的課題にどう応えるのか。ブッダの教えの核心を探りつつ、現代に生きる「仏教」を探究する、気鋭のスリリングな「新ブッディズム宣言」。

◇釈尊の生涯　中村元著　平凡社　(平凡社ライブラリー)　2003.9　①4-582-76478-9
＊インドの風土の中で、釈尊が如何に生き、如何に悩み、如何に悟りを開いたか。そのすべてがここにある。

◇釈尊最後の旅と死─涅槃経を読みとく　松原泰道著　祥伝社　2003.4
①4-396-61184-6
＊永遠の名著『般若心経入門』から30余年、著者自ら「この本が、私の手書きの本の最後」と語る感動作。釈尊の晩年の生き方と最後の教えを、『涅槃経』から読みとき、その智慧に学ぶ。

◇ブッダその人へ　立松和平著　学陽書房　(人物文庫)　2001.11　①4-313-75150-5
＊現代の遊行者を志して灼熱のインドを旅した青春時代から二十数年の歳月を経て立松和平は再びインドへ旅立った。仏蹟を巡礼し、ブッダを追い求める心の旅へ…。ブッダの真髄に迫る作家の感性が光る異色のエッセイ。

◇ブッダ─知れば知るほど　奈良康明監修　実業之日本社　2001.7　①4-408-39479-3
＊ブッダが語った「天上天下、唯我独尊」の真意とは？　人びとはブッダに何を求め、いかに救われたか？「人間とは何か」を問い「いかに生きるべきか」を説いたブッダ(釈尊)の実像に迫る。

◇仏教の源流─インド　長尾雅人著　中央公論新社　(中公文庫)　2001.7
①4-12-203867-7

◇ブッダvs.ニーチェ　湯田豊著　大東出版社　2001.2　①4-500-00665-6
＊東西2大哲学者、ブッダ(輪廻)とニーチェ(永遠の回帰)を比較。両者によって代表される思考のパターンのどれを、われわれは選択すべきか？　そしてわれわれの人生にどう反映させるかを模索。

◇ブッダの教え─仏教二五〇〇年の流れ　山折哲雄文　集英社　(アジアをゆく)　2001.2　①4-08-199002-6

◇ブッダ・釈尊とは─生涯・教えと仏教各派の考え方　大法輪閣編集部編　大法輪閣　2001.2　①4-8046-4201-3

◇ブッダは歩むブッダは語る─ほんとうの釈尊の姿そして宗教のあり方を問う　友岡雅弥著　第三文明社　2001.1
①4-476-03239-7

◇河口慧海著作集　第6巻　河口慧海著, 松濤誠達, 高山竜三, 金子英一監修　うしお書店　2000.5

◇〈マンガ〉仏陀入門─仏教の開祖・釈尊の生涯　笹沼たかし画, 松原泰道監修, 白取春彦原作　サンマーク出版　(サンマーク文庫)　2000.4　①4-7631-8094-0

◇ブッダとは誰か　高尾利数著　柏書房　2000.3　①4-7601-1854-3
＊なぜ、今なお新しく普遍的なのか。現代に生きる私たちの視点からわかりやすく解説するゴータマ・ブッダの「目覚め」の本質。

◇人間ブッダ　田上太秀著　第三文明社　(レグルス文庫)　2000.3
①4-476-01231-0

◇人間ブッダ─生あるものは滅する　安江幸三著　文芸社　2000.3　①4-88737-989-7

◇仏陀のいいたかったこと　田上太秀著　講談社　(講談社学術文庫)　2000.3
①4-06-159422-2

◇ブッダの悟り33の物語　菅沼晃著　法蔵館　1999.12　①4-8318-2299-X
＊人々の個性や能力に応じて、慈しみの心をもって教えを説いた優れた教師ブッダ。苦しみ悩む人々に共感しつつ接し導いたブッダの魅力を、その生涯に即して余すところなく描き出す。

◇宗教史地図 仏教 古坂紘一著 朱鷺書房 1999.10 ①4-88602-176-X
＊古代インドにおけるその誕生から、中国、朝鮮半島を経て日本にいたる大乗仏教の潮流のみならず、チベット仏教およびスリランカーや東南アジア諸国の南伝仏教のながれも概説。大乗思想の根底に根本分裂以来の敗者復活の悲願を見るなど、独自の視点による仏教史入門。

◇新釈尊物語 ひろさちや著 中央公論新社（中公文庫） 1999.10 ①4-12-203523-6
＊釈尊の教えを学んだ時、現実社会の歪みが明らかになり、新しい生き方が見つかる。仏教の原点を照射する本格的な釈尊物語。

◇聖者の大地 牛尾日秀著 みずすまし舎 1999.9 ①4-944052-13-8

◇祈りのブッダ―救いのことばと癒しのかたち 奈良康明文, 松本栄一写真 日本放送出版協会 1999.6 ①4-14-080438-6
＊生きとし生けるものが、幸福でありますように。心の安らぎとなっているアジアの仏像70体に、生き方の指針が記されている経典のことばを散りばめた"ブッダと向き合う真理の世界"。インド・パキスタン・スリランカ・インドネシア・タイ・カンボジア・アフガニスタン・中国など。

◇ゴータマ・ブッダ 羽矢辰夫著 春秋社 1999.5 ①4-393-13297-1
＊ブッダの生涯とその思索の核心を、みずみずしい感性と着実な学的研究の裏付けをもって、斬新かつ清冽に描く、今もっとも新しいブッダ伝。

◇ブッダ―真理に生きた聖者 大角修著 PHP研究所 1999.4 ①4-569-60562-1
＊心にとどくブッダ、歴史に生きたブッダ、現代に蘇るブッダ、そのすべてが本書にある。仏教のこころと考え方がよくわかる入門書。

◇釈尊と十大弟子 ひろさちや著 学陽書房（人物文庫） 1999.4 ①4-313-75078-9

◇法華経の森を歩く 山尾三省著 水書坊 1999.4 ①4-943843-81-6
＊法華経を特定の教団の専有物というイメージから解放したばかりか、仏教という概念からさえも解き放って、真の法華経性、普遍なものとして久遠にありつづける宇宙法を掘りおこした話題作。出口の見えない精神世界に新たな方向を提示すると同時に、現代に枯渇した私たちの魂に、森で出会った泉のごとき安らぎと潤いをあたえてくれる。

◇大河の一滴 五木寛之著 幻冬舎（幻冬舎文庫） 1999.3 ①4-87728-704-3
＊なんとか前向きに生きたいと思う。しかし、プラス思考はそう続かない。頑張ることにはもう疲れてしまった―。そういう人々へむけて、著者は静かに語ろうとする。「いまこそ、人生は苦しみと絶望の連続だと、あきらめることからはじめよう」「傷みや苦痛を敵視して闘うのはよそう。ブッダも親鸞も、究極のマイナス思考から出発したのだ」と。この一冊をひもとくことで、すべての読者の心に真の勇気と生きる希望がわいてくる感動の大ロングセラー、ついに文庫で登場。

◇仏教東漸の旅―はるかなるブッダの道 宇野茂樹著 思文閣出版 1999.2 ①4-7842-0991-3
＊インド・パキスタンから中国・朝鮮半島へ、西域の旅へのいざない。

◇ブッダ大いなる旅路―NHKスペシャル 3 救いの思想大乗仏教 NHK「ブッダ」プロジェクト編 日本放送出版協会 1998.11 ①4-14-080373-8
＊仏教誕生から2500年。いまブッダの壮大な世界が甦る!!ブッダによって否定された偶像崇拝は、死後500年の後、仏像という形で表出する。仏像誕生の謎に迫るとともに、大乗仏教の流れを遡行し、「救い」の思想の変容をみる。

◇ブッダ大いなる旅路―NHKスペシャル 2 篤き信仰の風景南伝仏教 NHK「ブッダ」プロジェクト編 日本放送出版協会 1998.9 ①4-14-080372-X

◇ブッダの人と思想 中村元, 田辺祥二著 日本放送出版協会（NHKブックス） 1998.7 ①4-14-001835-6

◇ブッダ大いなる旅路―NHKスペシャル 1 輪廻する大地・仏教誕生 NHK「ブッ

ガウタマ・シッダールタ

ダ」プロジェクト編　日本放送出版協会　1998.6　ⓈISBN4-14-080371-1
＊仏教誕生から2500年。いまブッダの壮大な世界が甦る!!「輪廻転生」の大地インドに生まれたブッダの思想。大地に吸収され消えさったインドの仏教と、現在も生きつづけるバングラデシュの仏教。取材記と写真で綴る、「大いなる旅路」の序章。

◇仏陀の生涯―『仏所行讃』を読む　平川彰著　春秋社　（新・興福寺仏教文化講座）　1998.3　ⓈISBN4-393-13293-9
＊インド随一の仏教詩人・馬鳴菩薩の一大叙事詩を手がかりに、仏陀・釈尊の生涯と教えを物語風につづった恰好の仏教入門書。著者の素朴で平易な語り口は、畠中光享画伯の味わい深い絵とあいまって、おのずと読者の胸に染み透ってくる。

◇釈尊　新装版　舟橋一哉著　法藏館　1998.1　ⓈISBN4-8318-8132-5

◇英語で話す「仏教」Q&A―対訳　高田佳人著, Jr.バーダマン、ジェームス・M.訳　講談社インターナショナル　（講談社バイリンガル・ブックス）　1997.11　ⓈISBN4-7700-2161-5
＊「日本人は結婚式を神式でするのに、お葬式はなぜ仏式でするの？」身近なことを「どうして？」と外国人から質問され、はたと考え込んでしまう日本人も少なくないようです。本書は、これだけは知っておきたい仏教に関することがらを、やさしい英語で説明できるようにした入門書です。

◇この人を見よ―ブッダ・ゴータマの生涯　増谷文雄著　社会思想社　（現代教養文庫）　1997.7　ⓈISBN4-390-11614-2

◇釈尊の歴史的実像　磯部隆著　大学教育出版　1997.4　ⓈISBN4-88730-205-3

◇「釈尊伝」講話　太田清史著　光華女子大学・短期大学真宗文化研究所　（光華叢書）　1997.3

◇わかりやすい『仏陀』の心―その一生、修行とかがやき　松尾静明著　三宝社　（心を編む双書）　〔1997〕

◇ブッダの言葉　マルク・ドゥ・スメト編、中沢新一，小幡一雄訳　紀伊国屋書店　（コレクション〈知慧の手帖〉）　1996.12　ⓈISBN4-314-00739-7

◇大事因縁物語　福井設了訳　金性寺　1996.12　ⓈISBN4-947721-01-4

◇ブッダその人へ　立松和平著　佼成出版社　1996.11　ⓈISBN4-333-01823-4
＊現代の「遊行者」を志願した苦悩の青春時代から20余年―。今、運命の時を与えられた作家がとらえたブッダの生と死への歩み。これは、現代人に贈る救いへの道標である。

◇ブッダの境涯　溝口史郎訳　東方出版　1996.11　ⓈISBN4-88591-507-4
＊漢訳『方広大荘厳経』と対比して読む釈尊の生涯。仏伝文学の華"ラリタヴィスタラ"（『遊戯の展開』）の仏訳を本邦初訳。

◇釈尊解脱への階梯―山口修源　瞑想録　8　山口修源著　ユニバース、星雲社〔発売〕　1996.9　ⓈISBN4-7952-7486-X

◇（図説）ブッダ　安田治樹編、大村次郷写真　河出書房新社　1996.8　ⓈISBN4-309-72557-0
＊釈尊の歩んだ道。生誕地ルンビニーから入滅の地クシーナガラまで仏教美術の名品とともにその生涯をたどる。

◇おシャカさまと弟子たち　6　ウデーナ王物語　ひろさちや原作、望月あきら漫画　鈴木出版　（ひろさちやの仏教コミックス）　1996.6　ⓈISBN4-7902-1912-7

◇世界人物逸話大事典　朝倉治彦，三浦一郎編　角川書店　1996.6　ⓈISBN4-04-031900-1
＊歴史上の人物の生き生きとした人間像を伝えるエピソードを多数紹介する事典。日本人によく知られた人物1883人を見出しに掲載。

◇ブッダを語る　前田専学著　日本放送出版協会　（NHKライブラリー）　1996.5　ⓈISBN4-14-084026-9
＊人間とは何か、を常に問い続けたゴータマ・ブッダはどう生き、どう考えたか。その誕生から最期の旅に至る道すじを克明に辿り、苦しみと伝道に生きた生涯を活写する。さらに、ブッダの

ガウタマ・シッダールタ

- ◇時代の世界的思想の噴出状況と、多彩な思想と闘いながら成長するブッダをも描きだす壮大なドラマ。
- ◇釈尊のインド 菅原篤著 筑摩書房 (こころの本) 1996.1 ④4-480-84240-3
  - ＊釈尊が多くの苦悩から解脱し、究極の真理に目覚めてから2500年。釈尊はどのような生活をおくりながら、成道(さとり)をひらいていったのか。生誕から苦行・成道までを瞑想の大地の温かいぬくもりとともに伝える「新釈尊伝」。
- ◇釈尊伝 新装改訂版 松原泰道著 佼成出版社 1996.1 ④4-333-01785-8
  - ＊人はどう生き、どう死すべきか─。著者が独自な視点からひもとく釈尊の生涯と思想は、時代を超え、人々に新たな感動を伝える。今、充実した人生を歩むための知恵が満ちあふれた一冊。
- ◇おシャカさまと弟子たち 5 十大弟子 ひろさちや原作 本山一城漫画 鈴木出版 (ひろさちやの仏教コミックス) 1995.12 ④4-7902-1918-6
- ◇仏教誕生 宮元啓一著 筑摩書房 (ちくま新書) 1995.12 ④4-480-05653-X
- ◇新釈尊伝 片岡博雄著 近代文芸社 1995.4 ④4-7733-4181-5
  - ＊仏陀とは何か、仏教とは何か。釈尊の伝記を通じて、その精神を正しく伝え、日常生活を精神的に意義ある充実したものとすることを著者は説いている。
- ◇ブッダの生涯 ジャン・ボワスリエ著, 富樫瓔子訳 創元社 (「知の再発見」双書) 1995.2 ④4-422-21095-5
  - ＊本書は、敬虔な信仰者たちが纏めあげたであろう南方所伝の仏伝文学の諸文献と、西欧における近代の仏教研究の諸成果に基づき、ブッダの時代とその生涯を、その後の仏教の歴史を、多くの美しく貴重な図版や写真を使いながら、流麗な文章で簡潔に描き上げたものである。
- ◇強く生きる釈迦の名言108の知恵─こころ豊かに今を歩む 松濤弘道著 日本文芸社 (にちぶん文庫) 1995.2 ④4-537-06266-5

- ◇世界の伝記 18 釈迦 中沢圭夫著 ぎょうせい 1995.2 ④4-324-04395-7
- ◇早島鏡正著作集 第9巻 ゴータマ・ブッダ 早島鏡正著作集刊行会編 世界聖典刊行協会 1995.2 ④4-88110-119-6
- ◇男 戦いの日々─海の彼方の八つの話 神坂次郎著 PHP研究所 1994.9 ④4-569-54488-6
  - ＊人間はその器量なみの人生しか歩めないのか。アレキサンダー大王、太公望、劉備、韓信、呂布…。己の才能に賭け、運命に挑む男たちを描く力作評伝。
- ◇ボロブドゥル遺跡のレリーフに見るシャカムニの生涯 溝口史郎著 丸善 (丸善ブックス) 1994.6 ④4-621-06002-3
  - ＊インドネシア共和国ジャヴァ島の中央部、古都ジョクジャカルタの西北四十キロのところに、ボロブドゥルと呼ばれる世界最大の仏教遺跡がある。ここには576体の仏像と、1460のレリーフが現存し、これらは仏教の世界観を表現した一つの大マンダラとなっている。本書は、このうち120のレリーフに刻み込まれたシャカムニ(ブッダ)の生涯の物語を、その元となっている経典ラリタヴィスタラの現代訳に従って読み解いてゆくものである。
- ◇仏教 マドゥ・バザーズ・ワング著, 宮島磨訳 青土社 (シリーズ 世界の宗教) 1994.5 ④4-7917-5302-X
  - ＊その発祥、展開、アジア各地への流布、三大宗派の発展、深遠な哲学のエッセンスと道徳戒律、現代の仏教徒の信仰と実践、など、教義から展開まで、コンパクトに紹介。
- ◇決定版 中村元選集 第20巻 大乗仏教 1 中村元著 春秋社 1994.4 ④4-393-31220-1
  - ＊煩瑣で無味乾燥と思われがちなアビダルマ仏教。その奥に秘められた瑞々しい思索を再評価し、原始仏教から大乗仏教への発展の歴史をたどる。
- ◇異邦の予言者─霊感小説釈迦伝 東竜著 日本図書刊行会, 近代文芸社〔発売〕 1994.3 ④4-7733-2222-5

ガウタマ・シッダールタ

◇ダルマ・ヤートラ ブッダの歩いた道—画文集「インド巡礼」 畠中光享著 日本経済新聞社 1993.10 ①4-532-12234-1
＊ブッタ没後2500年。悠久の時を刻むインドの大地に、ブッダをテーマに取り組む日本画界の俊英が、50度を超える炎熱下、雨季の洪水下、ブッダの苦難の生涯をたどる。

◇まごころ説法 高田好胤著 主婦と生活社 1993.9 ①4-391-11563-8
＊かたよらない心、こだわらない心、とらわれない心、ひろくひろくもっとひろくと呼びかける好胤説法の真髄。心がかわいたときひもとく座右の書に。

◇仏典講座 5 仏所行讃 石上善応著 大蔵出版 1993.8 ①4-8043-5433-6

◇仏教とは何か—ブッダ誕生から現代宗教まで 山折哲雄著 中央公論社 (中公新書) 1993.5 ①4-12-101130-9
＊仏教を考える上で、もっとも根元的な難問は「仏教をどう生きるか」ということではないか。現代の日本人にとって、この問いに応えることが焦眉の急務になっている。その難問に対処するには、まずブッダの人生と仏教の歴史を等分の視野におさめる必要がある。ひとり日本においてのみ繁栄を誇り、しかし今や、その生命力を枯渇させつつ自滅の道を突き進んでいる大乗仏教—。日本の仏教を、ブッダ誕生の原点に立ちもどって検証する。

◇ヤスパースと仏教 増補版 湯田豊著 北樹出版, 学文社〔発売〕 1993.4 ①4-89384-304-4

◇中村元選集 第12巻 ゴータマ・ブッダ 2 中村元著 春秋社 1992.5 ①4-393-31212-0
＊最後の旅と大いなる死を描く、ブッダ伝の後篇。最新の原典批判研究をもとに、考古学的・仏教美術的成果をふまえ、真実の姿を探る決定版。

◇釈尊伝—新仏所行讃物語 望月海淑著 宝文館出版 1992.4 ①4-8320-1394-7
＊紀元二世紀ごろ馬鳴（めみょう）によって書かれた『仏所行讃・ブッダチャリタ』をもとに釈尊の生涯と覚りへの道をやさしく物語る。

◇性的人間の分析 高橋鉄著 河出書房新社（河出文庫） 1992.3 ①4-309-47232-X
＊キリスト、釈迦、聖徳太子からマルクス、レーニン、信長まで世界史を画した伝説的巨人たちの生涯と業績をたどりながら、彼らの秘められた願望や衝動、奇怪なコンプレックスを鮮やかに解き明かし、その裸像を浮彫りにする—。現代セクソロジーの最大の先駆者として受難の生涯を貫いた著者の代表的人物論充。『日本の神話』『浮世絵』に続く好評の文庫コレクション第3弾。

◇ブッダの生涯 H.サダーティッサ著, 桂紹隆, 桂宥子訳 立風書房 1991.11 ①4-651-77007-X
＊はじめに風ありき…。この広大無辺の宇宙にいつの頃か一陣の風が吹きわたり、世界のはじまりを告げるとする仏教思想の基にある人、ブッダ。その一生の何とすがすがしく、たおやかであることか。本書は、人間ブッダに興味をもつすべての人のために書かれた、わかりやすい英語版の翻訳である。

◇ブッダ入門 中村元著 春秋社（仏教入門シリーズ） 1991.9 ①4-393-13252-1
＊こころを求める人生の旅路は、果てしがない。いま中村元が、やさしく、あじわい深く、ブッダのすべてを語りかける。

◇釈迦・観音・弥勒とは誰か ルドルフ・シュタイナー, ヘルマン・ベック, ヴァルター・ヨハネス・シュタイン, リヒャルト・カルーツ著, 西川隆範編訳 書肆風の薔薇, 白夜書房〔発売〕（ロサ・ミスティカ叢書） 1991.9 ①4-89176-255-1
＊紀元前5〜6世紀頃にインドに興った仏教は、やがて〈人類の救済〉を担おうとする大乗仏教となって北方へ、中国、朝鮮、日本へと拡まっていったが、この大乗仏教の成立にはキリストの出現、その死と復活が霊的な意味で大きくかかわっているのではないだろうか。地球進化の転換点、火星衝動から水星衝動への転換点ともいうべきこの〈ゴルゴタの秘跡〉を念頭におきながら、シュタイナー派の5人の仏教学者が仏教の3人の偉大な霊的存在、釈迦、観音、弥勒の宇宙的

働きと大乗仏教の成立の意味を問う。
◇ブッダの真理のことば・感興のことば　中村元訳　岩波書店　（ワイド版 岩波文庫）　1991.6　Ⓘ4-00-007040-1
＊『法句経』の名で知られる「真理のことば」（ダンマパダ）も、併収の「感興のことば」（ウダーナヴァルガ）も、ブッダの教えを集めたもので、人間そのものへの深い反省や生活の指針が、風格ある簡潔な句に表わされている。「ウダーナヴァルガ」とは、ブッダが感興をおぼえた時、ふと口にした言葉集の意味で、初めての完訳。
◇松原泰道全集　3　釈尊のこころ　松原泰道著　祥伝社　1991.2　Ⓘ4-396-61034-3
◇ブッダのことば―スッタニパータ　中村元訳　岩波書店　（ワイド版 岩波文庫）　1991.1　Ⓘ4-00-007007-X
＊数多い仏教書のうちで最も古い聖典。後世の仏典に見られる煩瑣な教理は少しもなく、人間としての生きる道が、ブッダとの対話のなかで具体的に語られる。
◇仏陀―その生き方と教え　シュリ・サティア・サイババ述編、比良竜虎編　スリ・サティア・サイ・センター日本支部出版部　1990.10　Ⓘ4-87661-144-0
◇目覚めた人―The man called Buddha　山科誠著　扶桑社　1990.10　Ⓘ4-594-00640-2
◇シルクロードの仏たち―図説釈尊伝　山田樹人著　里文出版　1990.7　Ⓘ4-947546-42-5
＊インド・パキスタンを訪ねること数十回の著者が、初期仏教美術を通して語る釈尊の前生と生涯の物語。本邦初公開の貴重な写真を含む365枚の図版によって日本の仏像の源流を知ることができる。
◇仏教の源流―釈尊の生涯とインド仏跡をたずねて　加藤茂著　世界書院　1990.7
◇ゴータマ・ブッダ　早島鏡正著　講談社　（講談社学術文庫）　1990.4　Ⓘ4-06-158922-9
＊さとりを得ても、なお道を求めて歩みつづけたゴータマ・ブッダ（釈迦）。信仰の対象として神格化され、堂奥深く祀られていたブッダを、著者は永遠の求道者、人間ブッダとして把え、仏教を「道」の体系として究明することを提唱した。「われわれ一人残らず求道者となり、真実の自己たれ」と説くブッダの思想と行動は、価値観の多様化に悩み、既存の思惟方法に戸惑うわれわれの生きる指標となる。
◇ブッダとその弟子89の物語　菅沼晃著　法蔵館　1990.4　Ⓘ4-8318-2300-7
◇釈尊と十大弟子　ひろさちや著　徳間書店　（徳間文庫）　1990.4　Ⓘ4-19-599064-5
◇ブッダの生涯　小林正典写真，三友量順文　新潮社　（とんぼの本）　1990.3　Ⓘ4-10-601981-7
＊ブッダ（仏陀）は何を求め、何を考え、何を伝えようとしたのだろうか。生誕から入滅まで、80年にわたる生涯の事跡は、2500年の時を経た今日も、四大聖地あるいは八大聖地として、大切に伝えられている。特派撮影によるそれらの聖地の佇いをグラフで味わい、経典に記されたそこでのエピソードを読みながら、ブッダの説いた教えの核心に触れる。
◇仏陀の生涯　〔復刻版〕　岩波書店編集部編　岩波書店　（シリーズ 世界の美術案内）　1990.3　Ⓘ4-00-003565-7
◇釈迦志　上　雪山編　長尾豊喜著　新人物往来社　1990.2　Ⓘ4-404-01700-6
＊仏陀釈尊は、武門クシヤトリヤの王家の出である。彼は、万技に非凡の才を発揮したという。戦国期、武道においても達人に成長した釈尊の人生の悟達に届くための乱世での猛行と壮大なロマン。

カヴール
Cavour, Camillo Benso, conte di
1810～1861　19世紀、イタリアの政治家。イタリアの独立と統一の基礎を築いた。1861年3月イタリア新王国の初代首相に就任。
◇世界ナンバー2列伝―史上最強補佐役・宰相・顧問・右腕・番頭・黒幕・参謀　山田昌弘著　社会評論社　2013.11　Ⓘ978-4-7845-1117-4

カエサル

＊サブリーダー武勇伝！ 序列2位ヒーロー大全！ 国の主を祭り上げ、実権を握って、進むべき国の針路を切り開いた、歴史のもう一人の主人公達。国家元首じゃないのに国を導いた、歴史の名脇役達76人。

◇カヴールとその時代　ロザリオ・ロメーオ著，柴野均訳　白水社　1992.11
①4-560-02868-0
＊優れた政治家・外交官として西欧列強の利害関係の合間をぬって、イタリアを統一に導いたカヴールの生涯とその時代背景をきわめて厳密かつ実証的に描く。イタリアの国家統一運動を扱った不朽の名著。

カエサル　Caesar, Gaius Julius
前100～前44　前2・1世紀、ローマ共和政末期最大の軍人、政治家。ローマのガリア支配を確立。

◇ローマ皇帝伝　上　スエトニウス著，国原吉之助訳　岩波書店　（岩波文庫）　2018.5　①4-00-334401-4
＊カエサル（シーザー）からドミティアヌス帝まで、帝政ローマに君臨した元首12人の伝記集。著者スエトニウス（70頃‐130頃）は皇帝付きの秘書官。公文書のみならず、同時代の世評・諷刺・落書の類まで細大もらさず渉猟し、ふんだんに散りばめられた逸話は皇帝の知られざる個人生活にまで及ぶ。本邦初の完訳版。(全2冊)

◇ローマ帝国人物列伝　本村凌二著　祥伝社　（祥伝社新書）　2016.5
①978-4-396-11463-3

◇図説世界史を変えた50の指導者（リーダー）　チャールズ・フィリップス著，月谷真紀訳　原書房　2016.2
①978-4-562-05250-9

◇新書英雄伝―戦史に輝く将星たち　有坂純著　学研教育出版　2015.10
①978-4-05-406350-1

◇イタリア「色黒党」列伝―カエサルからムッソリーニまで　ファブリツィオ・グラッセッリ著　文芸春秋　（文春新書）　2015.7　①978-4-16-661035-8

◇カエサル―貴族仲間に嫌われた「英雄」　毛利晶著　山川出版社　（世界史リブレット人）　2014.4　①978-4-634-35007-6
＊ポンペイウスとの内乱に勝利してローマの最高権力者となったカエサルは、内乱で敵対した貴族たちに対し宥和を試みるものの、自由と伝統を破壊する者として彼らから恐れられ、憎まれ続けた。本書はカエサルを転換期のローマ社会にあらわれた一つの現象としてとらえ、貴族仲間に憎まれた「英雄」の一生を追う。

◇偉人は死ぬのも楽じゃない　ジョージア・ブラッグ著，梶山あゆみ訳　河出書房新社　2014.3　①978-4-309-25298-8
＊ベートーヴェンは、体液を抜かれ、蒸し風呂に入れられて死んでいった!?ツタンカーメンからアインシュタインまで、医学が未発達な時代に、世界の偉人たちはどんな最期を遂げたのか？　驚きいっぱいの異色偉人伝！

◇ローマ政治家伝　1　カエサル　マティアス・ゲルツァー著，長谷川博隆訳　名古屋大学出版会　2013.8
①978-4-8158-0735-1
＊大政治家とは何か。徹底した史料の精査とローマ社会全体を見据えた叙述により、悲劇の英雄にとどまらない新しいカエサル像を描き出した古典的名著。いかにしてカエサルは世界帝国を創造したのか―。

◇本当は偉くない？　世界の歴史人物―世界史に影響を与えた68人の通信簿　八幡和郎著　ソフトバンククリエイティブ　（ソフトバンク新書）　2013.8
①978-4-7973-7448-3
＊古代から現代に至るまで、よく知られた帝王や政治家を68人選び、それぞれが世界史の中で果たした役割を、「偉人度」と「重要度」の2つの側面から10点満点で評価。世界史において偉人とされている人物たちの実像に迫る。

◇世界史の叡智―勇気、寛容、先見性の51人に学ぶ　本村凌二著　中央公論新社　（中公新書）　2013.6　①978-4-12-102223-3

◇カエサル　上　エイドリアン・ゴールズワーシー著,宮坂渉訳　白水社　2012.9
①978-4-560-08229-4

◇カエサル　下　エイドリアン・ゴールズワーシー著,宮坂渉訳　白水社　2012.9
①978-4-560-08230-0

◇プリューターク英雄伝　沢田謙著　講談社　(講談社文芸文庫)　2012.8
①978-4-06-290167-3

◇ローマとギリシャの英雄たち　栄華篇―プルタークの物語　阿刀田高著　新潮社　(新潮文庫)　2011.7
①978-4-10-125536-1

◇世界を変えた　最強の戦闘指揮官30　柘植久慶著　PHP研究所　(PHP文庫)　2010.6　①978-4-569-67481-0

◇カエサル『ガリア戦記』―歴史を刻む剣とペン　高橋宏幸著　岩波書店　(書物誕生　あたらしい古典入門)　2009.5
①978-4-00-028291-8
＊ガリア諸部族を相手に無敵の軍団を率いた武人は、キケローが称賛し、ウェルギリウスの『アエネーイス』に大きな影響を与え、モンテーニュや小林秀雄を唸らせる稀代の文人でもあった。ときに疾風烈火のごとく攻め進む一方、ときに節度と自制、忍耐によって機を待ち、実際の戦闘を最小限に抑える「真の武勇」をそなえた将軍カエサル。ガリアや属州という時空間を舞台に、彼はいかに戦略構想を打ち出し、人を動かし、事を進め、難局を切り拓いていったのか。『ガリア戦記』という作品が体現し、カエサルの偉業を歴史に刻むこととなった言葉の力とは何か。「戦争の大義」「戦争と境界」「戦争と平和」といった普遍的なテーマにも光を当てながら、その醍醐味を読み解く。

◇ローマ帝国と皇帝たち　ニック・マッカーティ著,本村凌二日本語版総監修　原書房　(シリーズ絵解き世界史)　2007.11
①978-4-562-04082-7
＊建国伝説からカルタゴとの死闘、帝国の拡大とカエサル、アウグスティヌスの偉業…。ローマ帝国の興亡と華やかで高度な文化をドラマティックにフルカラーで「再現」。

◇地中海世界を彩った人たち―古典にみる人物像　柳沼重剛著　岩波書店　(岩波現代文庫)　2007.11　①978-4-00-600187-2
＊古代ギリシア・ローマを中心とする地中海世界では、どんな人びとが活躍していたのか。アレクサンドロスやカエサルのような英雄豪傑、クレオパトラのような美女、ソクラテスのような賢者…。西洋古典文学に登場する多彩な人物を紹介し、古代の地中海世界とはどんな世界であったのかを講談調の語り口で生き生きと物語る。

◇マンガ　ローマ帝国の歴史　1　ユリウス・カエサル、世界の運命を握った男　さかもと未明著,小堀馨子監修　講談社　2007.3　①978-4-06-213903-8
＊天才軍人にして天才政治家ユリウス・カエサル。素朴な共和国家を世界帝国にジャンプアップさせた頭脳と行動。

◇ローマ帝国　阪本浩著　ナツメ社　(図解雑学)　2006.4　①4-8163-4079-3
＊現代の文明は、ローマ帝国という礎のうえに成り立っています。それゆえにローマの歴史は、多くの人たちによって研究がすすめられ、いまなお、新しい事実が明らかになっています。本書も、最新の研究にもとづいて、ローマ史の中心的な人物の政治的な判断や行動、ライバルとの対立の様子などを詳細に解説しました。また、歴史を決定づけた代表的な戦いについても、指揮官たちの移動や戦略などを丁寧に解説しました。そして、英雄と呼ばれた人々の実像や歴史的な美談の裏話もふんだんに紹介しています。

◇ユリウス・カエサル　ルビコン以後　上　塩野七生著　新潮社　(新潮文庫　ローマ人の物語)　2004.10　①4-10-118161-6

◇ユリウス・カエサル　ルビコン以後　中　塩野七生著　新潮社　(新潮文庫　ローマ人の物語)　2004.10　①4-10-118162-4

◇ユリウス・カエサル　ルビコン以後　下　塩野七生著　新潮社　(新潮文庫　ローマ人の物語)　2004.10　①4-10-118163-2

カエサル

◇ユリウス・カエサル　ルビコン以前　上
塩野七生著　新潮社　（新潮文庫　ローマ人の物語）　2004.9　Ⓘ4-10-118158-6

◇ユリウス・カエサル　ルビコン以前　中
塩野七生著　新潮社　（新潮文庫　ローマ人の物語）　2004.9　Ⓘ4-10-118159-4

◇ユリウス・カエサル　ルビコン以前　下
塩野七生著　新潮社　（新潮文庫　ローマ人の物語）　2004.9　Ⓘ4-10-118160-8

◇図説永遠の都カエサルのローマ　佐藤幸三著　河出書房新社　（ふくろうの本）　2004.8　Ⓘ4-309-76049-X

◇カエサルを撃て　佐藤賢一著　中央公論新社　1999.9　Ⓘ4-12-002932-8
＊混沌のガリアを纏めあげた恐れを知らぬ若者ウェルキンゲトリクス。政治家人生も終盤を迎えポンペイウスへの劣等感に苛まされるカエサル。対照的かつ運命的な男と男が鎬を削る。佐藤賢一版『ガリア戦記』誕生。

◇マキァヴェッリ全集　2　ディスコルシ
ニッコロ・マキァヴェッリ著，永井三明訳　筑摩書房　1999.1　Ⓘ4-480-79012-8
＊ハンニバル・スキピオ・カエサル・アレクサンドロス…古代ギリシア・ローマ世界の傑出した人物たちの果断な行動に政治・外交・軍事の理想型を求めたマキァヴェッリの代表作。ティトゥス・リウィウスの最初の十巻の論考に関する注釈（全面改訳）。

◇暦をつくった人々―人類は正確な一年をどう決めてきたか　デイヴィッド・E.ダンカン著，松浦俊輔訳　河出書房新社　1998.12　Ⓘ4-309-22335-4
＊人類は正確な一年をどう決めてきたか。人間だけが暦を持ち、暦によって生き、死んでゆく唯一の動物である―暦の謎に挑んだ人たちの熱いドラマを描いた、スリリングなノンフィクション。2000年問題の根底にある全人類的な時間の区切りを解き明かした今世紀最後の必読書。

◇ローマ人の物語　7　悪名高き皇帝たち
塩野七生著　新潮社　1998.9
Ⓘ4-10-309616-0
＊ティベリウス、カリグラ、クラウディウス、ネロ―帝政を構築したアウグストゥスの後に続いた四人の皇帝は、人々の痛罵を浴び、タキトゥスら古代の史家からも手厳しく批判された。しかしながら帝政は揺るがず、むしろその機能を高めていったのはなぜか。四皇帝の陰ばかりでなく光も、罪のみならず功も、余すところなく描いて新視点を示した意欲作。ローマ史を彩る悪女・傑女も続々登場。

◇ゲルマニア　タキトゥス著，国原吉之助訳
筑摩書房　（ちくま学芸文庫）　1996.7
Ⓘ4-480-08278-6
＊力強く簡潔な文体と精彩あふれる描写で知られるタキトゥスの二つの小品を収める。『ゲルマニア』は、当時ローマ帝国に北方から脅威を与えていたゲルマニアの諸部族に関する民族誌。風土、習俗、制度などについての概説と各部族の記述からなる。野性に満ちて強力なゲルマニア人と、文明化し過ぎ頽廃・衰亡への道を歩むローマ人を対比し、警告を発する。『アグリコラ』はタキトゥスの岳父を描いた伝記。暴君のもとでの貴族の生き方を示すとともに、ブリタンニア（古代イギリス）の地理や民族を詳しく記す。

◇世界人物逸話大事典　朝倉治彦，三浦一郎編　角川書店　1996.6　Ⓘ4-04-031900-1
＊歴史上の人物の生き生きとした人間像を伝えるエピソードを多数紹介する事典。日本人によく知られた人物1883人を見出しに掲載。

◇シーザーの大戦略　中島悟史著　ビジネス社　1995.10　Ⓘ4-8284-0640-9

◇ローマ人の物語　4　ユリウス・カエサル
ルビコン以前　塩野七生著　新潮社
1995.9　Ⓘ4-10-309613-6
＊前人未到の偉業と破天荒な人間的魅力、類い稀な文章力によって"英雄"となったユリウス・カエサル（ジュリアス・シーザー）。古代から現代まで数多の人がカエサルに魅きつけられ、政治・思想・演劇・文学・歴史等々、数多の視点からカエサルに迫った。それら全てをふまえて塩野七生が解き明かす、ローマ人カエサルの全貌―ルビコン川を前

に賽が投げられた時まで。

◇カエサル　長谷川博隆著　講談社　（講談社学術文庫）　1994.2　①4-06-159111-8
＊古来、軍人として、また文人としても高く評価されてきた古代ローマの英雄カエサル。彼は形骸化した共和政から帝政への道を拓いた大政治家でもあった。ケルト人やゲルマン人と戦ったガリア遠征の赫々たる戦果をもとに、中央政界での勢力を拡大したが、「一人支配」体制の完成直前に暗殺される。その波乱万丈の生涯は、歴史的転換期に変革を進めた人物の悲劇を物語る。ローマ史の泰斗による必読の好著。

◇男の肖像　塩野七生著　文芸春秋　（文春文庫）　1992.6　①4-16-733702-9
＊人間の顔は、時代を象徴する—。幸運と器量にめぐまれて、世界を揺るがせた歴史上の大人物たち、ペリクレス、アレクサンダー大王、カエサル、北条時宗、織田信長、西郷隆盛、ナポレオン、フランツ・ヨゼフ一世、毛沢東、チャーチルなどを、辛辣に優雅に描き、真のリーダーシップとは何かを問う。豪華カラー版。

◇ガリア戦記　カエサル著，近山金次訳　岩波書店　（ワイド版 岩波文庫）　1991.1　①4-00-007011-8
＊カエサル率いるローマ軍のガリア遠征の記録。現地から彼が送る戦闘の記録はローマ余市を熱狂のるつぼに化したという。7年にわたる激闘を描いたこの書物こそ、文筆家カエサルの名を不朽にし、モンテーニュをして「最も明晰な、最も雄弁な、最も真摯な歴史家」と賞讃せしめたものである。

郭守敬　かくしゅけい
1231〜1316　13・14世紀、中国、元の科学者。字は若思。特に天文儀器の設計と観測を行い、授時暦を完成。

◇世界伝記大事典　日本・朝鮮・中国 1〜6　編集代表：桑原武夫　ほるぷ出版　1978.7

岳飛　がくひ
1103〜1141　12世紀、中国、南宋の武将。字は鵬挙、諡は武穆。金軍を破り、枢密副使となったが、無実の罪で殺される。

◇96人の人物で知る中国の歴史　ヴィクター・H・メア，サンピン・チェン，フランシス・ウッド著，大間知知子訳　原書房　2017.3　①978-4-562-05376-6

◇中国名将列伝—起死回生の一策　来村多加史著　学習研究社　（学研新書）　2008.5　①978-4-05-403477-8

◇中国「宰相・功臣」18選—管仲、張良から王安石まで　狩野直禎著　PHP研究所　（PHP文庫）　2008.3　①978-4-569-66948-9

◇世界人物逸話大事典　朝倉治彦，三浦一郎編　角川書店　1996.6　①4-04-031900-1
＊歴史上の人物の生き生きとした人間像を伝えるエピソードを多数紹介する事典。日本人によく知られた人物1883人を見出しに掲載。

華国鋒　かこくほう
1921〜2008　20世紀、中国の政治家。1968年2月湖南省革委会準備小組副組長。69年4月9期中央委。76年首相、同年「四人組」を追放し党主席、80年12月解任される。

◇華国鋒vs.鄧小平—対立の軌跡 China watching 1980　戸張東夫著　新泉社　1981.6

◇華国鋒　中島宏著　教育社　（入門新書）　1980.4

◇華国鋒—十億を動かす指導力　新井宝雄著　潮出版社　1980.4

◇評伝華国鋒　丁望著，戸張東夫訳　新泉社　1978.10

◇華国鋒伝　新井宝雄著　青年出版社　1978.5

ガザーリー
al-Ghazālī, Abū Hāmid Muhammad
1058〜1111　11・12世紀、アシュアリー派のイスラム神学者。主著は「宗教学の

再興」「哲学者の矛盾」など。
- ◇ガザーリー——古典スンナ派思想の完成者　青柳かおる著　山川出版社　（世界史リブレット人）　2014.4　Ⓘ978-4-634-35025-0　＊イスラーム思想史上最大の思想家といわれ、現代においても大きな影響を与えているガザーリー。信仰をゆるぎないものとする確実な知識を求めてスーフィズム（神秘主義）に回心した彼は、学者として最高の地位を捨て、放浪の旅に出たという。スンナ派のセルジューク朝とシーア派のファーティマ朝が対立する時代、ガザーリーの波乱万丈の人生をたどりながら、スンナ派思想の形成という観点から、ガザーリーの果たした役割をとらえなおす。
- ◇現代に生きるイスラームの婚姻論——ガザーリーの「婚姻作法の書」訳注・解説　青柳かおる著　東京外国語大学アジア・アフリカ言語文化研究所　（イスラム文化研究）　2003.8　Ⓘ4-87297-851-X
- ◇誤りから救うもの　ガザーリー著，中村廣治郎訳　筑摩書房　（ちくま学芸文庫）　2003.8　Ⓘ4-480-08779-6

ガザン・ハン　Ghāzān Khan

1271～1304　13・14世紀、イル・ハン国の第7代ハン（在位1295～1304）。漢字名は合贊汗。同国の最盛期を現出。
- ◇世界伝記大事典　世界編1～12　編集代表：桑原武夫　ほるぷ出版　1980.12～1981.6

カジミェシュ大王　Kazimierz Ⅲ, Wielki

1310～1370　カシミール大王とも。14世紀、ポーランド国王（在位1333～1370）。46～47年「カジーミエシュ大王法典」を編纂。
- ◇世界皇帝人名辞典　三浦一郎編　東京堂出版　1977.9

カスティリオーネ　Castiglione, Giuseppe

1688～1766　郎世寧（ろうせいねい）とも。17・18世紀、イタリアのイエズス会士、画家。中国で活動。作品に「円明園全図」（1737）など。
- ◇清王朝の宮廷絵画——郎世寧とその周辺の画家たち　王凱著　大学教育出版　2016.4　Ⓘ978-4-86429-363-1
- ◇郎世寧全集 1688・1766——COMPLETE WORKS OF GIUSEPPE CASTIGLIONE　聶崇正主編，王凱監修，岩谷貴久子，張京花訳　科学出版社東京，国書刊行会〔発売〕　2015.9　Ⓘ978-4-336-05903-1

カストロ　Castro Ruz, Fidel

1926～2016　20世紀、キューバの革命指導者、政治家。1959年にバティスタ政権を倒し首相に就任。社会主義国家の建設を進めた。
- ◇カストロとゲバラ　広瀬隆著　集英社インターナショナル　（インターナショナル新書）　2018.2　Ⓘ978-4-7976-8020-1
- ◇カストロ　上　セルジュ・ラフィ著，神田順子，鈴木知子訳　原書房　2017.12　Ⓘ978-4-562-05453-4
- ◇カストロ　下　セルジュ・ラフィ著，清水珠代，神田順子訳　原書房　2017.12　Ⓘ978-4-562-05454-1
- ◇チェとフィデル——深き友情　サン・ルイス編，森山也子訳　『チェとフィデル』日本語版刊行委員会　2017.12　Ⓘ978-4-89805-198-6
- ◇独裁者カストロの素顔——キューバを知る著名人が証言！　社会情勢と民衆の真実　宝島社　（別冊宝島）　2017.4　Ⓘ978-4-8002-6950-8
- ◇カストロ兄弟——東西冷戦を生き抜いた強烈な民族主義者　宮本信生著　美術の杜出版　2016.11　Ⓘ978-4-434-22321-1
- ◇カストロとフランコ——冷戦期外交の舞台裏　細田晴子著　筑摩書房　（ちくま新

◇書）2016.3 ①978-4-480-06886-6
◇図説世界史を変えた50の指導者（リーダー）　チャールズ・フィリップス著, 月谷真紀訳　原書房　2016.2
　①978-4-562-05250-9
◇五人の権力者と女たち―カストロ・フセイン・ホメイニ・金正日・ビンラディン　ディアーヌ・デュクレ著, 大塚宏子訳　原書房　2013.6　①978-4-562-04921-9
◇フィデル・カストロ自伝―勝利のための戦略：キューバ革命の闘い　フィデル・カストロ・ルス著, 山岡加奈子, 田中高, 工藤多香子, 富田君子訳　明石書店　2012.9　①978-4-7503-3668-8
◇カストロ家の真実―CIAに協力した妹が語るフィデルとラウール　フアーナ・カストロ著, マリーア＝アントニエタ・コリンズインタビュー・構成, 伊高浩昭訳　中央公論新社　2012.3　①978-4-12-004342-0
　＊実妹が体制内の造反と家族間の確執を証言。幼少期からのカストロ兄弟の"実像"を活写、神話化された"ゲバラ像"に異議を唱える。キューバ革命の裏側がわかる衝撃の告白録。
◇フィデル・カストロの「思索」―人類の経験を背負う人　田中三郎著　同時代社　2011.9　①978-4-88683-705-9
　＊「人類の将来は人間に代わるロボット、あるいはロボットに変化した人間にゆだねるべきではない」核戦争、食糧危機、大災害、文明の危機―絶滅に瀕する世界に「変革の闘い」と「希望を放棄しない神聖な義務」を訴え続けるフィデル・カストロ。大病から復活し、地にありて天にある如く執筆するカストロの「思索」とは。
◇フィデル・カストロ―みずから語る革命家人生　上　フィデル・カストロ述, イグナシオ・ラモネ著, 伊高浩昭訳　岩波書店　2011.2　①978-4-00-024659-0
　＊国際政治の舞台に残る最後の"聖なる怪物"が、著名ジャーナリストとの100時間余におよぶ火花散る対話の中で、その"大河的人生"を語りつくす。
◇フィデル・カストロ―みずから語る革命家人生　下　フィデル・カストロ述, イグナシオ・ラモネ著, 伊高浩昭訳　岩波書店　2011.2　①978-4-00-024660-6
　＊革命家の誕生から、ゲバラとの運命的邂逅、革命の勝利、今日に至る米国との長い苦闘まで。スペイン語圏で大ベストセラーになった大著の待望の翻訳。
◇絆と権力―ガルシア＝マルケスとカストロ　アンヘル・エステバン, ステファニー・パニチェリ著, 野谷文昭訳　新潮社　2010.4　①978-4-10-506161-6
　＊文学者と革命家―ラテンアメリカの"英雄"たちが結ぶ「伝説的友情」の語られざる真実。
◇チェ・ゲバラの記憶　フィデル・カストロ著, 柳原孝敦監訳　トランスワールドジャパン　2008.5　①978-4-86256-011-7
◇革命戦争回顧録　チェ・ゲバラ著, 平岡緑訳　中央公論新社　（中公文庫）　2008.2　①978-4-12-204981-9
　＊カストロとの運命的な出逢いからキューバ革命を達成するまでを回想する。困難を乗り越えて、状況分析、人心掌握の才を発揮する軌跡を克明に描く。本書はゲバラ本人による加筆訂正を反映した二部構成の決定版。過去の戦いを追想する一方で思慮深い政治的分析を加えている。生誕八〇年を記念し訳し下ろし。
◇少年フィデル　フィデル・カストロ著, 柳原孝敦監訳　トランスワールドジャパン　（TWJ books）　2007.10
　①978-4-86256-010-0
◇フィデル・カストロ後のキューバ―カストロ兄弟の確執と〈ラウル政権〉の戦略　ブライアン・ラテル著, 伊高浩昭訳　作品社　2006.12　①4-86182-111-8
　＊「カストロ倒れる」のニュースが2006年7月31日、世界をかけめぐった。48年近く、ケネディをはじめ歴代の米国大統領10人とわたりあい、戦後世界を揺り動かしてきた"最後の革命家"フィデル・カストロは、ついに80歳を目前にして病に倒れた。本書は、CIA高官として、米国の全諜報機関で最高のキューバ情勢分析の専門家と呼ばれた著者が、兄フィデルから弟ラウルへの権力委譲

の真相を誰よりも正確に言い当て、独自の情報収集と綿密な分析により「ラウル新政権」の戦略と見通しに大胆に迫った話題作である。

◇カストロが愛した女スパイ　布施泰和著　成甲書房　2006.10　①4-88086-205-3
＊カストロとの恋、愛児の出産、CIAの魔手、殺人集団への参加、暗殺犯オズワルドとの邂逅…「冷たいドイツ女」の異名をとったマリタ・ロレンツはようやく重い口を開き、ケネディ暗殺事件の真犯人を特定できる決定的な目撃情報を米上院特別委員会で語りだした―。「真実は小説より奇なり」を具現して生きた、美貌の魔性の半生。

◇冒険者カストロ　佐々木譲著　集英社（集英社文庫）2005.11
①4-08-747884-X
＊1959年、32歳の若さでキューバ革命を成功させ、アメリカの喉元に刃を突きつけたフィデル・カストロ。いまなお権力を保持する彼の指導力とカリスマ性はどこからきているのか。生い立ちから革命に目覚めた学生時代、シエラ・マエストラ山中のゲリラとしての生活と戦い、盟友チェ・ゲバラとの確執と決裂、さらに最近の動向までを追い、稀代の革命家の実像に迫る渾身のノンフィクション。

◇カストロ　レイセスター・コルトマン著、岡部広治監訳　大月書店　2005.4
①4-272-54045-9
＊汚れなき理想主義者か、冷酷な独裁者か。元駐キューバ英国大使による最新の評伝。

◇フィデル・カストロ―世界の無限の悲惨を背負う人　田中三郎著　同時代社　2005.3　①4-88683-541-4
＊在ペルー日本大使公邸人質事件のさなか、駐キューバ大使としてまぢかに目撃したカストロの苦悩。文明史の中にキューバ革命とその精神を位置づけ、「義の勇者」カストロの全貌を描ききった渾身の労作。歴史の瞬間を切り取った貴重な写真53枚を収録。

◇カストロ、銅像なき権力者　戸井十月著　新潮社　2003.2　①4-10-403103-8

＊二〇世紀を生き抜き、今も存在感を発し続けているただ一人の権力者、カストロ。なぜこの男だけは、40年以上も権力腐敗からまぬがれているのか。

◇フィデル・カストロ―カリブ海のアンチヒーロー　タッド・シュルツ著、新庄哲夫編訳、高沢明良訳　文芸春秋　1998.4
①4-16-353780-5
＊何でも書いてくれ、と胸をたたいて滔々と語ったフィデル・カストロの自信と挑戦。著者はフィデル・カストロと二か月違いの1926年生まれ。ニューヨーク・タイムズの南米特派員として駐在中、カストロと親しく知るに至る。本書のためにカストロは新たに四回のロング・インタビューに応じ、シエラ・マエストラ山中のゲリラ戦、亡命キューバ人とCIAによる侵攻撃退、チェ・ゲバラとの複雑な友情、ミサイル危機など、内部の目からヴィヴィッドに再現しようとする著者に全面協力をしている。

◇カストロ革命を語る　カストロ述、後藤政子編訳　同文館出版　1995.12
①4-495-86181-6

カーソン, レイチェル
Carson, Rachel

1907～1964　20世紀、アメリカの生物学者。DDTによる環境汚染を警告した『沈黙の春』(1962)の著者。

◇読んでおきたい偉人伝―先生が選んだ！日本と世界の偉人12人の物語 ミニミニ人物伝つき　小学5・6年　山下真一、梅沢真一、由井薗健監修　成美堂出版　2017.4
①978-4-415-32285-8

◇レイチェル＝カーソン　新装版　太田哲男著　清水書院　(Century Books 人と思想) 2016.2　①978-4-389-42137-3

◇人生を切りひらいた女性たち―なりたい自分になろう！ 1 医療・科学編　池内了監修　教育画劇　2016.2
①978-4-7746-2046-6

◇運命の海に出会ってレイチェル・カーソン　新装改訂版　マーティー・ジェザー著、山口和代訳　ほるぷ出版　2015.10

①978-4-593-53521-7
◇レイチェル・カーソンはこう考えた　多田満著　筑摩書房　（ちくまプリマー新書）　2015.9　①978-4-480-68945-0
＊20世紀を代表する偉大な知性、レイチェル・カーソン。環境破壊を警告する嚆矢となった『沈黙の春』や自然を尊ぶ心を育む重要性を説く『センス・オブ・ワンダー』など今なお古びることのないその功績を問いなおす。
◇10分で読める発明・発見をした人の伝記　塩谷京子監修　学研教育出版, 学研マーケティング〔発売〕　2015.3　①978-4-05-204115-0
◇時代を切り開いた世界の10人―レジェンドストーリー　第2期6　レイチェル・カーソン　『沈黙の春』で環境問題をはじめてうったえた"地球の恩人"　髙木まさき監修　学研教育出版　2015.2　①978-4-05-501156-3,978-4-05-811342-4
◇レイチェル・カーソン―いのちと地球を愛した人　上遠恵子著　日本キリスト教団出版局　（ひかりをかかげて）　2013.2　①978-4-8184-0849-4
＊地球を愛し、いのちを愛し、自然の不思議に目をみはる感性『センス・オブ・ワンダー』を子どもたちが持ちつづけることを願ったレイチェル。50年前、殺虫剤や農薬が「魔法のくすり」とされていたころ、彼女が書いた1冊の書物『沈黙の春』は、世界を動かした。
◇『沈黙の春』の50年―未来へのバトン　原強著　かもがわ出版　2011.9　①978-4-7803-0473-2
◇レイチェル・カーソン　上巻　ポール・ブルックス著, 上遠恵子訳　新潮社　（新潮文庫）　2007.10　①978-4-10-216751-9
＊幼いときから自然を愛し、作家になる夢を抱いていたレイチェルは、大学を卒業して政府の魚類野生生物局に勤務しながら執筆を続けた。やがて作家としての天賦の才能が開花、野心作『われらをめぐる海』がベストセラーとなる。歴史的名著『沈黙の春』で環境破壊を告発し、地球の美しさと生命の尊厳を守ろうとしたレイチェル・カーソンの生涯と作品を親しい編集者が紹介する傑作伝記。
◇レイチェル・カーソン　下巻　ポール・ブルックス著, 上遠恵子訳　新潮社　（新潮文庫）　2007.10　①978-4-10-216752-6
＊1958年1月、レイチェルのもとに友人から一通の手紙が届く。そこにはDDTの大量散布によって、害虫と共に鳥や他の野生生物も殺されてしまった怒りと悲しみが綴られていた。ガンとの苦しい孤独な戦いのなか、多数の専門家の協力を得て完成した『沈黙の春』は、激しい論争をまき起こす。自然を愛し、地球の未来に警鐘を鳴らし続けたレイチェル・カーソンの生涯をたどる決定版伝記。
◇レイチェル・カーソン　上岡克己, 上遠恵子, 原強編著　ミネルヴァ書房　2007.5　①978-4-623-04918-9
＊生涯と著作をもとにカーソンをより鮮明に変化に富んだ陰影をもって描き出す。
◇レイチェル・カーソン―自然への愛　アーリーン・R.クオラティエロ著, 今井清一訳　鳥影社　2006.3　①4-88629-983-0
＊海に憧れた少女は、やがて経済的困窮の中で研究と執筆を続け、『沈黙の春』で世界に衝撃を与えることになる。自然への愛に貫かれたレイチェル・カーソンの生涯とその作品を追う。
◇自然保護の夜明け―デイヴィド・ソローからレイチェル・カーソンへ　ポール・ブルックス著, 上遠恵子, 北沢久美訳　新思索社　2006.2　①4-7835-0239-0
＊自然の美しさと不思議さを描いて、自然保護運動の大きな原動力となった。幾多の自然作家たち―その百年にわたる歴史を、レイチェル・カーソンと深い親交を結んだ著者が、生き生きと明快に語りつくす。
◇世界女性人名事典―歴史の中の女性たち　世界女性人名事典編集委員会編　日外アソシエーツ, 紀伊国屋書店〔発売〕　2004.10　①4-8169-1800-0
◇レイチェル・カーソンの世界へ　上遠恵子著　かもがわ出版　（かもがわCブックス）　2004.8　①4-87699-825-6
◇レイチェル・カーソン　ポール・ブルック

ス著，上遠恵子訳　新潮社　2004.3
ⓘ4-10-507203-X

◇「環境の世紀」へ―いまレイチェル・カーソンに学ぶ　レイチェル・カーソン日本協会編　かもがわ出版　1998.11
ⓘ4-87699-418-8
＊1987年5月，レイチェル・カーソン生誕80年と『沈黙の春』出版25年を記念する日本集会が開催され，それを契機に1988年にレイチェル・カーソン日本協会が発足した。本書は，10周年を記念しての論稿集であり，「生命危機の時代」を越えて21世紀に生きる指針である。

◇科学者レイチェル・カーソン　小手鞠るい著　理論社　(こんな生き方がしたい)　1997.11　ⓘ4-652-04932-3
＊自然を愛する心と，冷静な科学者の眼で，はじめて地球環境の危機をうったえる本を書いたレイチェル・カーソンの一生。

◇レイチェル＝カーソン　太田哲男著　清水書院　(Century books)　1997.8
ⓘ4-389-41137-3
＊本書は，カーソンの「人と思想」を，『沈黙の春』を中心に見ていこうとするものである。1章ではカーソンが最初の著作である『潮風の下で』を書くまでのことを，2章ではカーソンの海に関する次の二冊の本のことを述べる。3章では本書の主眼とする『沈黙の春』の内容を見る。4章では『沈黙の春』の意義を思想史的な視野から論ずる。

◇運命の海に出会って　レイチェル・カーソン　マーティー・ジェザー著，山口和代訳　ほるぷ出版　(生き方の研究)　1994.8
ⓘ4-593-53363-5
＊1962年，農薬の複合汚染を警告したカーソンの『沈黙の春』は，大論争を巻き起こした。エコロジーと自然保護を初めて関連づけて，環境汚染を告発した彼女は，また優れた海洋科学者の草分けでもあった。文学と科学を結びつけ，"自然の修道女"とよばれたカーソンの清廉な生涯を綴る。

◇レイチェル・カーソン―その生涯　上遠恵子編　(京都)かもがわ出版　(かもがわブックレット)　1993.4　ⓘ4-87699-080-8

◇レイチェル・カーソン―地球の悲鳴を聴いた詩人　利光早苗著　メディアファクトリー　(The LIFE STORY)　1992.9
ⓘ4-88991-262-2
＊一冊の本が歴史を変えることがある。すさまじい勢いで進む環境破壊を，最初に告発したのは一人の海洋学者が書いた「沈黙の春」であった．

◇レイチェル・カーソン　ポール・ブルックス著，上遠恵子訳　新潮社　1992.6
ⓘ4-10-507202-1
＊かけがえのない地球の美と神秘に深く思いをめぐらし，あらゆる生命の尊厳を守りとおそうとした一人の女性。数々の名編を著した生物学者の作品と仕事ぶりを見つめた本書「レイチェル・カーソン」は，現代人に警鐘を鳴らす一書。

◇アメリカの文化―現代文明をつくった人たち　亀井俊介編　弘文堂　(USA GUIDE)　1992.4　ⓘ4-335-52027-1
＊活力あふれるアメリカ文化の多様な局面を代表するヒーローたちの群像。

▌カーター　Carter, James Earl
1924～　20世紀，アメリカの政治家。第39代大統領(在任1977～1981)。中東和平などを推進。2002年ノーベル平和賞受賞。

◇米国アウトサイダー大統領―世界を揺さぶる「異端」の政治家たち　山本章子著　朝日新聞出版　(朝日選書)　2017.12
ⓘ978-4-02-263068-1

◇ノーベル賞受賞者業績事典―全部門855人　新訂第3版　ノーベル賞人名事典編集委員会編　日外アソシエーツ，紀伊国屋書店〔発売〕　2013.1　ⓘ978-4-8169-2397-5
＊1901年ノーベル賞創設時から2012年までの各分野の受賞者，受賞団体を収録。平和賞・文学賞・物理学賞・化学賞・生理学医学賞・経済学賞受賞者835人，20団体の業績を詳しく紹介。受賞辞退者についても収録対象とし，本文中にその旨を記載した。経歴・受賞理由・著作・参考文献を一挙掲載。

◇アメリカ大統領の信仰と政治―ワシント

ンからオバマまで　栗林輝夫著　キリスト新聞社　2009.2　①978-4-87395-537-7
◇戦後アメリカ大統領事典　藤本一美著者代表,大空社編集部編　大空社　2009.2
①978-4-283-00623-2
◇ホワイトハウス・スキャンダル―歴代大統領、驚きの行状　ロナルド・ケスラー著，桃井健司訳　扶桑社　2005.1
①4-594-04871-4
◇歴代アメリカ大統領総覧　高崎通浩著　中央公論新社　（中公新書ラクレ）2002.9　①4-12-150059-8
◇秘密指令 アメリカ大統領再選　高橋好夫著　鳥影社　2000.2　①4-88629-467-7
＊大統領選に勝つためには手段を選ばない―ジミー・カーターは賭けに出た。イラン革命直後のアメリカ大使館人質事件の真相。
◇ジミー・カーターのアウトドア日記―冒険と思索の日々　ジミー・カーター著，山口和代，篠原章訳　東急エージェンシー出版部　1992.10　①4-88497-010-1
＊米国大統領としての激務を縫って釣り、狩にに親しみ、常に「自然」を友とした自然派大統領の感動の記録。

▍カトリーヌ・ド・メディシス
Cathérine de Médicis
1519〜1589　16世紀、フランス、アンリ2世の王妃。フランソア2世、シャルル9世、アンリ3世の母、シャルル9世の摂政。
◇フランス王妃列伝―アンヌ・ド・ブルターニュからマリー＝アントワネットまで　阿河雄二郎，嶋中博章編　昭和堂　2017.7
①978-4-8122-1632-3
◇息子を国王にした女たち―フランス宮廷凄腕ママ　川島ルミ子著　講談社　（講談社プラスアルファ文庫）　2007.11
①978-4-06-281171-2
＊フランスという国をつくったのはひとりの母親ジュディットだった！　前後の息子たちをおしのけ自分の息子に領土を要求したために、フランク王国は三分割され、現在のフランス、ドイツ、イタリアができたのである。また、権謀術

数の限りをつくして息子たちを次々に国王の座につけたカトリーヌ。そして、世界的英雄の母となったレティツィア。彼女たちの、優しいだけではなく息子に王座をもぎとってくる凄まじいパワー。
◇カトリーヌ・ド・メディシス―ルネサンスの相克　中島実穂著　文芸社　2007.3
①978-4-286-02123-2
＊ここに葬られた王妃は、悪魔と天使だった。非難と賞賛をこもごも一身に受けた。彼女は政権を支え、政権をつぶした。フランス・ヴァロワ朝の終焉を招いた三代の王の母、カトリーヌ王太后の生涯を史実に基づいてつぶさに描いた力作。
◇世界女性人名事典―歴史の中の女性たち　世界女性人名事典編集委員会編　日外アソシエーツ，紀伊国屋書店〔発売〕2004.10　①4-8169-1800-0

▍カニシカ王　Kanishka
在位：130頃〜170頃　2世紀、古代インド、クシャン王朝の第3代の国王（130年頃即位）。漢字表記は迦膩色迦。
◇まんが大乗仏教 インド編・西域編　塚本啓祥監修，瓜生中脚本，芝城太郎作画　佼成出版社　2003.2　①4-333-00637-6

▍カニング　Canning, George
1770〜1827　18・19世紀、イギリスの政治家、外交官。外相、インド監督局総裁を歴任。1827年首相。
◇世界伝記大事典　世界編 1〜12　編集代表：桑原武夫　ほるぷ出版
1980.12〜1981.6

▍カヌート　Cnut
⇒クヌート

▍カビール　Kabīr
1440〜1518頃　14・15世紀、中世インドの宗教改革者。織工。
◇愛の道―神秘家・カビールを語る　OSHO講話　市民出版社　2013.12

カブラル

①978-4-88178-194-4
＊儀式や偶像に捉われず、ハートで生きた神秘家詩人カビールが、現代の覚者・OSHOと溶け合い、響き合う。機織りの仕事を生涯愛し、存在への深い感謝と明け渡しから自然な生を謳ったカビールの講話、初邦訳！

◇はた織りカビールの詩魂　小林円照著, 小林円照監修　ノンブル社　（東西霊性文庫）　2011.10　①978-4-903470-58-0
＊第1章 はた織りカビールの生涯とその詩魂, 第2章 カビール詩における「真正の師匠」（サット・グル）, 第3章 カビールにおける霊性とその諸相

カブラル　Cabral, Pedro Álvarez

1460頃〜1526　15・16世紀、ポルトガルの航海者。1500年4月22日ブラジルを発見。

◇世界伝記大事典　世界編1〜12　編集代表：桑原武夫　ほるぷ出版　1980.12〜1981.6

カボット（父子）　Caboto, Giovanni & Sebastiano

（父）1450頃〜99, （子）1476頃〜1557　カボットとも。15・16世紀、イタリアの航海者。父ジョバンニ、子セバスティアーノの父子。1497年新大陸への北方航路を探索。

◇ルネサンス人物列伝　ロバート・デイヴィス, ベス・リンドスミス著, 和泉香訳　悠書館　2012.7　①978-4-903487-54-0

ガポン　Gapon, Georgii Apollonovich

1870〜1906　19・20世紀、ロシア正教会の司祭、労働組合運動家。トルストイ主義の影響で労働運動を行う。1905年ツァーリへの請願デモを指導、血の日曜日となった。

◇ロシアの失墜―届かなかった一知識人の声　E.J.ディロン著, 成田富夫訳　成文社　2014.6　①978-4-86520-006-5
＊ロシアとはなにか、どこへ行くのか。古き良きロシアへの思い、脱皮してほしいとの願い、失墜していくロシア帝国、台頭してくる革命勢力。20世紀初頭のロシアを、その中枢近くで見続けたアイルランド人が残した記録。

◇テロリスト群像　上　サヴィンコフ著, 川崎浹訳　岩波書店　（岩波現代文庫）　2007.3　①978-4-00-603149-7
＊20世紀初頭、ロシアを震撼させた社会革命党（エス・エル）戦闘団の冷徹なテロ指揮者、詩人ロープシン、本名サヴィンコフの回想録。内務大臣プレーヴェ暗殺に成功した戦闘団は、セルゲイ大公の暗殺計画にとりかかる。そして…幾多の文学・思想書に正義の観念、愛と虚無、政治における目的と手段のテーマを提供した傑作ドキュメント。

ガマ, ヴァスコ・ダ　Gama, Vasco da

1469頃〜1524　ヴァスコ・ダ・ガマとも。15・16世紀、ポルトガルの航海者。1497年インド航路開拓のためリスボンを出航。24年インド総督。

◇ヴァスコ・ダ・ガマの「聖戦」―宗教対立の潮目を変えた大航海　ナイジェル・クリフ著, 山村宜子訳　白水社　2013.8　①978-4-560-08297-3
＊インド亜大陸上陸を果たした探検の足跡をたどり、海洋帝国ポルトガルの興亡を壮大なスケールで描いた、気鋭の作家による傑作歴史ノンフィクション。

◇大航海時代　森村宗冬著　新紀元社　（Truth In Fantasy）　2003.9　①4-7753-0181-0
＊15世紀、ポルトガルのエンリケ航海王子より始まった「大航海時代」。地理上の発見はもとより、交易や異文化との接触により、大きな変革を世界にもたらした。本書は「コロンブス」「ヴァスコ・ダ・ガマ」「マゼラン」など、幾多の冒険者達の人生を追いながら、「大航海時代」の全容を明らかにするものである。

◇世界人物逸話大事典　朝倉治彦, 三浦一郎編　角川書店　1996.6　①4-04-031900-1
＊歴史上の人物の生き生きとした人間像を伝えるエピソードを多数紹介する事典。日本人によく知られた人物1883人

を見出しに掲載。

◇大航海者の世界　2　ヴァスコ・ダ・ガマ　東洋の扉を開く　生田滋著　原書房　1992.11　①4-562-02306-6
＊コロンブスが西回りで「新大陸」に到達した15世紀末、同様にインドをめざして喜望峰を越え、東回りによる「インド航路」をひらいたヴァスコ・ダ・ガマ。「偉大なる第一歩」を踏みだした、知られざる「大航海者」ガマの勇気と信念の生涯をあますところなく描きだす。

◇おれの場合の大航海――バスコ・ダ・ガマを追いかけて　橋本克彦著　JICC出版局　1992.6　①4-7966-0342-5
＊大航海時代が地球に残した爪跡をひっかいて歩いた三万海里。逸脱、脱線、ズッコケ、妄想の地球大紀行たったいま。

◇航海の記録　コロンブス，アメリゴ，ガマ，バルボア，マゼラン著　岩波書店　（大航海時代叢書）　1991.11　①4-00-008501-8

カラカラ帝
Caracalla, Marcus Aurelius Antoninus

188～217　2・3世紀、ローマ皇帝（在位198～217）。ローマに大浴場を建設。

◇ローマ帝国愚帝物語　新保良明著　新人物往来社　（新人物文庫）　2012.4　①978-4-404-04179-1

◇世界極悪人大全――「野心」と「渇望」と「狂気」の果て　桐生操著　文芸春秋　（文春文庫）　2010.2　①978-4-16-777341-0

◇ローマ皇帝群像　2　アエリウス・スパルティアヌスほか著，桑山由文，井上文則，南川高志訳　京都大学学術出版会　（西洋古典叢書）　2006.6　①4-87698-164-7

◇歴史を変えた「暗殺」の真相――時代を動かした衝撃の事件史　柘植久慶著　PHP研究所　（PHP文庫）　2003.3　①4-569-57919-1

◇ローマ帝国愚帝列伝　新保良明著　講談社　（講談社選書メチエ）　2000.4　①4-06-258181-7

ガリバルディ　Garibaldi, Giuseppe

1807～1882　19世紀、イタリアの愛国者、ゲリラ戦指導者。国家統一運動を推進。

◇ガリバルディ―イタリア建国の英雄　藤沢房俊著　中央公論新社　（中公新書）　2016.12　①978-4-12-102413-8

◇図説世界史を変えた50の指導者（リーダー）　チャールズ・フィリップス著，月谷真紀訳　原書房　2016.2　①978-4-562-05250-9

◇イタリアか、死か――英雄ガリバルディの生涯　マックス・ガロ著，米川良夫，樋口裕一訳　中央公論新社　2001.5　①4-12-003141-1
＊50歳を越えて、1860年、千人の同志とともに遠征軍を組織し、両シチリア王国、パレルモとナポリを解放し、全イタリアの統一のために戦い続けた男、ジョルジュ・サンドが当時、「この鉄の男、この火と燃える魂」と語った男、ガリバルディ。そのファンタスティック（奇想天外）な生涯と時代、歴史を、5幕17景のオペラのように描く。

◇世界人物逸話大事典　朝倉治彦，三浦一郎編　角川書店　1996.6　①4-04-031900-1
＊歴史上の人物の生き生きとした人間像を伝えるエピソードを多数紹介する事典。日本人によく知られた人物1883人を見出しに掲載。

ガリレイ　Galilei, Galileo

1564～1642　16・17世紀、イタリアの物理学者、天文学者。振子の等時性を発見。

◇歴史を作った世界の五大科学者――ガリレイ・ニュートン・エジソン・キュリー・アインシュタイン　手塚治虫編　子どもの未来社　2018.1　①978-4-86412-130-9

◇13人の誤解された思想家――西欧近代的価値観を根底から問い直す　小浜逸郎著　PHP研究所　2016.1　①978-4-569-82682-0

◇ガリレオ裁判――400年後の真実　田中一郎著　岩波書店　（岩波新書　新赤版）　2015.10　①978-4-00-431569-8

ガリレイ

◇奇人・変人・大天才 紀元前から19世紀—アリストテレス、ガリレオ、ニュートン、ファラデー、その一生と研究　マイク・ゴールドスミス著, クライブ・ゴダード絵, 小川みなみ編訳　偕成社　2015.3
ⓘ978-4-03-533510-8

◇偉人は死ぬのも楽じゃない　ジョージア・ブラッグ著, 梶山あゆみ訳　河出書房新社　2014.3　ⓘ978-4-309-25298-8
＊ベートーヴェンは、体液を抜かれ、蒸し風呂に入れられて死んでいった!?ツタンカーメンからアインシュタインまで、医学が未発達な時代に、世界の偉人たちはどんな最期を遂げたのか？　驚きいっぱいの異色偉人伝！

◇ケプラーとガリレイ―書簡が明かす天才たちの素顔　トーマス・デ・パドヴァ著, 藤川芳朗訳　白水社　2014.1
ⓘ978-4-560-08339-0
＊科学史上に輝く巨星の対照的な生涯と大発見！ 同時代の二人が交わした書簡に秘められた真相とは？ グローバル化の波に乗る十七世紀の先進都市を舞台に、「天才たち」の劇的な生き様を、気鋭の科学ジャーナリストが活写する。「最良の科学書」第1位に選出された評伝。

◇神が愛した天才科学者たち　山田大隆著　角川学芸出版, 角川グループパブリッシング〔発売〕　（角川ソフィア文庫）　2013.3　ⓘ978-4-04-409446-1

◇革命児たちの仰天!?情熱人生　アンヌ・ブランシャール, フランシス・ミジオ著, セルジュ・ブロッシュ絵, 木山美穂訳　岩崎書店　2012.10　ⓘ978-4-265-85026-6

◇闘う物理学者！　竹内薫著　中央公論新社　（中公文庫）　2012.8
ⓘ978-4-12-205685-5

◇天文学をつくった巨人たち―宇宙像の革新史　桜井邦朋著　中央公論新社　（中公新書）　2011.9　ⓘ978-4-12-102130-4

◇ガリレオ―伝説を排した実像　ジョルジュ・ミノワ著, 幸田礼雅訳　白水社　（文庫クセジュ）　2011.7
ⓘ978-4-560-50959-3
＊七八年にわたる、栄光と失意の生涯を、書簡や著書の引用によって裏づけながらたどってゆく。さらに、没後三五〇年を経て、一九九二年の教皇による名誉回復までの歩みを紹介し、有罪判決を生んだかずかずの不幸な状況、教会の自縄自縛の様子を浮き彫りにする。

◇天才たちの科学史―発見にかくされた虚像と実像　杉晴夫著　平凡社　（平凡社新書）　2011.5　ⓘ978-4-582-85587-6

◇科学の偉人伝　白鳥敬著, 現代用語の基礎知識編　自由国民社　（おとなの楽習　偉人伝）　2010.9　ⓘ978-4-426-11081-9

◇50人の物理学者　I.ジェイムズ著, 入江碧, 入江克訳　シュプリンガー・ジャパン　2010.2　ⓘ978-4-431-10087-4

◇物理学天才列伝　上　ガリレオ、ニュートンからアインシュタインまで　ウィリアム・H.クロッパー著, 水谷淳訳　講談社　（ブルーバックス）　2009.12
ⓘ978-4-06-257663-5

◇古典物理学を創った人々―ガリレオからマクスウェルまで　エミリオ・セグレ著, 久保亮五, 矢崎裕二訳　みすず書房　2009.9　ⓘ4-622-04088-3

◇ガリレオがひらいた宇宙のとびら　渡部潤一著　旬報社　2008.12
ⓘ978-4-8451-1098-8
＊400年まえにガリレオ・ガリレイが望遠鏡をもちいてひらいた宇宙のとびら。そのとびらの向こうにある宇宙のすがたを、ガリレオやその後輩たちはどのように探求してきたのでしょうか…。

◇ガリレオ―はじめて「宇宙」を見た男　ジャン＝ピエール・モーリ著, 田中一郎監修, 遠藤ゆかり訳　創元社　（「知の再発見」双書）　2008.9　ⓘ978-4-422-21200-5

◇闘う物理学者！―天才たちの華麗なる喧嘩　竹内薫著　日本実業出版社　2007.8
ⓘ978-4-534-04265-1

◇ガリレオ・ガリレイ―宗教と科学のはざまで　ジェームズ・マクラクラン著, 野本陽代訳　大月書店　（オックスフォード科学の肖像）　2007.5　ⓘ978-4-272-44043-6
＊17世紀、2000年にわたってヨーロッパ思想を支配しつづけたアリストテレスの伝統から、物理学を解き放ったガリ

レオ。どのようにして物理学は科学となったのか。ガリレオの生きた時代の宗教や政治、その後の科学・思想に及ぼした影響にも触れながら、その生涯と業績をわかりやすく伝える。

◇偉大な数学者たち　岩田義一著　筑摩書房　(ちくま学芸文庫)　2006.12
①4-480-09038-X

◇天才科学者たちの奇跡―それは、小さな「気づき」から始まった　三田誠広著　PHP研究所　(PHP文庫)　2005.3
①4-569-66376-1

◇ローマのガリレオ―天才の栄光と破滅　W.シーア，M.アルティガス著，浜林正夫，柴田知薫子訳　大月書店　2005.1
①4-272-44032-2
＊主役は近代科学の父、ガリレオ・ガリレイ。イタリアの誇るこの天才を失意の晩年に落とし込んだ有罪宣告にいたるまでを、事件にかかわった数代のローマ教皇と中世イタリアの貴族・顕官の栄誉、野心、失意、善意、策略の渦巻く歴史ドラマとして再現。

◇ガリレオの弁明　トンマーゾ・カンパネッラ著、沢井繁男訳　筑摩書房　(ちくま学芸文庫)　2002.3　①4-480-08685-4

◇ガリレオの娘―科学と信仰と愛についての父への手紙　デーヴァ・ソベル著，田中一郎監修，田中勝彦訳　DHC　2002.2
①4-88724-264-6
＊近代科学の礎を築いたガリレオ・ガリレイは、家族を愛し、教会に刃向かわず、研究に没頭できる高給職と後ろ楯の獲得に努めた、きわめて人間らしいルネサンス人だった。これまで注目されることが少なかったものの、常にガリレオの学究的情熱と社会的立場を深く理解し、献身的に支え続けた娘の存在は大きかった。ガリレオおよびその娘の手紙を通して、教会の政治に翻弄された人間ガリレオの足跡を描き出す。

◇巨人の肩に乗って―現代科学の気鋭、偉大なる先人を語る　メルヴィン・ブラッグ著，熊谷千寿訳，長谷川真理子解説　翔泳社　1999.10　①4-88135-788-3
＊実は、地動説の証拠をまったく摑んでいなかったガリレオ。両親と非常に不仲で、焼き殺したいとさえ書いていたニュートン。「革命に科学者は要らず」の言葉と共に断頭台の露と消えたラボアジェ。製本職人から、英国で最も偉大な自然哲学者へと上りつめたファラデー。橋がないことに気付かないほど、抽象世界を彷徨ったポアンカレ。不倫スキャンダルに関して、ノーベル賞委員会と争ったキュリー夫人。現代科学の巨人が贈る、12人の偉人の知られざる姿。

◇ガリレイの17世紀―ガリレイ，ホイヘンス，パスカルの物語　S.G.ギンディキン著，三浦伸夫訳　シュプリンガー・フェアラーク東京　(シュプリンガー数学クラブ)　1996.6　①4-431-70703-4

◇世界人物逸話大事典　朝倉治彦，三浦一郎編　角川書店　1996.6　①4-04-031900-1
＊歴史上の人物の生き生きとした人間像を伝えるエピソードを多数紹介する事典。日本人によく知られた人物1883人を見出しに掲載。

◇旧少年少女のための新伝記全集　野田秀樹著　中央公論社　1996.4
①4-12-002560-8
＊一休さんにシュバイツァー博士、ジャンヌ・ダルクにベーブ・ルース、世界に名だたる偉人さんたち。その非凡なる生涯の秘められた真実に野田秀樹が肉薄。

◇アシモフの科学者伝　アイザック・アシモフ著，木村繁訳　小学館　(地球人ライブラリー)　1995.9　①4-09-251017-9
＊アルキメデスからアインシュタインまで先人たちが闘った歴史の裏側に見えてくるもの―科学は人間に本当の幸福をもたらしたのか。21世紀に向けて問いかけるSFの巨匠・アシモフの遺産。

◇ガリレオ―庇護者たちの網のなかで　田中一郎著　中央公論社　(中公新書)　1995.6　①4-12-101250-X
＊天才ガリレオにしても計算しえなかった自らの人生の着地点。

◇世界の伝記　10　ガリレオ　大野進著　ぎょうせい　1995.2　①4-324-04387-6

◇ガリレオ・ガリレイ　青木靖三著　岩波

書店　（岩波新書評伝選）　1994.10
①4-00-003862-1
◇ガリレオの弁明―ルネサンスを震撼させた宇宙論の是非　トンマーゾ・カンパネッラ著，沢井繁男訳　工作舎　1991.9
①4-87502-186-0

カール4世　Karl Ⅳ
1316～1378　14世紀、神聖ローマ皇帝（在位1347～1378）。1348年プラハ大学を創立。

◇ドイツ中世後期の歴史像　瀬原義生著　文理閣　2011.5　①978-4-89259-651-3
◇図説 プラハ―塔と黄金と革命の都市　片野優，須貝典子著　河出書房新社　（ふくろうの本）　2011.1　①978-4-309-76156-5
◇ハプスブルクをつくった男　菊池良生著　講談社　（講談社現代新書）　2004.8
①4-06-149732-4
＊時の皇帝を相手に大芝居を打ち、ハプスブルク帝国の基盤をわずか七年で築きあげた「建設公」ルドルフの激烈な生涯。
◇ルクセンブルク家の皇帝たち―その知られざる一面　鈴木達哉著　近代文芸社　1997.11　①4-7733-6195-6
＊本書は、中世ルクセンブルク家の消長をその皇帝たちの動向を中心にして叙述し、併せて、中世末のドイツ（ルクセンブルク家が深く係わることになるボヘミア、ハンガリーなどの中部ヨーロッパも含めて）の一時期の歴史をも描写する。

カール5世　Karl Ⅴ
1500～1558　カルロス1世とも。16世紀、神聖ローマ皇帝（在位1519～1556）、スペイン国王カルロス1世（在位1516～1556）。イタリアの支配権をめぐりフランス、オスマン帝国と戦った。

◇皇帝カール五世とその時代　瀬原義生著　文理閣　2013.12　①978-4-89259-719-0
◇カール五世―ハプスブルク栄光の日々　江村洋著　河出書房新社　（河出文庫）　2013.11　①978-4-309-41256-6
＊この男をもって、ハプスブルク家は最盛期を迎える。若きスペイン王として君臨し、皇帝の冠を抱いたのちは、ヨーロッパだけでは飽きたらず、アフリカにまでその手を伸ばした戦いと栄光の日々。しかし、王家と自身の黄昏は、静かに忍び寄っていた―。ハプスブルク家が光に満ちた最後の姿を描いた傑作評伝。
◇ルネサンス人物列伝　ロバート・デイヴィス，ベス・リンドスミス著，和泉香訳　悠書館　2012.7　①978-4-903487-54-0
◇不滅の帝王カルロス五世―スペイン黄金の世紀の虚実　1　伊東章著　鳥影社　2005.8　①4-88629-912-1
＊力による平和は可能か？ 平和を望んだ偉大な帝王が続けた戦争。
◇カール5世とハプスブルク帝国　ジョセフ・ペレ著，塚本哲也監修，遠藤ゆかり訳　創元社　（「知の再発見」双書）　2002.9
①4-422-21165-X
＊700年にわたって存続し、ヨーロッパ最高の名門とうたわれたハプスブルク王室。その最盛期をつくりだし、アメリカ大陸にまで及ぶ「太陽の沈むことのない帝国」に君臨したカール5世とは、いったいどのような人物だったのか。
◇スペインハプスブルクカルロス五世の旅―人物紀行　上野健太郎著　JTB　2000.7　①4-533-03549-3
＊スペイン国王にして神聖ローマ帝国皇帝である「カルロス五世」。その生涯と出張統治の足跡を、10年にわたって足で歩き、目で確かめた、人物紀行。
◇皇帝カルロスの悲劇―ハプスブルク帝国の継承　藤田一成著　平凡社　（平凡社選書）　1999.11　①4-582-84199-6
＊西暦2000年に生誕500年を迎えるカルロス5世は、各地域の多様性を尊重しながらも、統合された超国家的な共同体を目指す「ヨーロッパ連合」の歴史的基盤をつくるうえで、先駆的な役割を果たした君主であった。彼は、カトリック・ヨーロッパを、新興プロテスタント勢力と西進するイスラム勢力から守り抜くために東奔西走しながら、栄華を極めた皇帝の地位を晩年になって自ら退き、スペインの僻地にあるユステ修道院に

引きこもってしまった。本書は当時の史料を丹念に追いながら、この謎の引退劇を探り、ハプスブルク帝国の隆盛と衰退の兆しをともにはらんだ帝国継承の経緯とその意味を明らかにする。

◇カール5世──中世ヨーロッパ最後の栄光　江村洋著　東京書籍　1992.7
Ⓘ4-487-75379-1
＊迫りくるイスラム、新興するプロテスタント、ヨーロッパキリスト教文化の、伝統と統一を守るべく戦った、中世最後の皇帝。

▍**カール12世**　Karl XⅡ

1682〜1718　17・18世紀、スウェーデン王（在位1697〜1718）。北方戦争でロシアへ進軍。

◇スウェーデンの歴史　アンデション，I.，ヴェイブル，J.著，潮見憲三郎訳　文真堂　1988.11　Ⓘ4-8309-3698-3
＊森と湖の国、過去180年のあいだ平和・中立を守ってきた国。現代の福祉社会の原型を示してくれる国。ここには、そのスウェーデンの太古から現代までの歴史が、2人の碩学の筆によって、理解と親しみやすい豊富な図版とともに、簡潔に、しかも鮮やかに述べられています。

▍**カルヴァン**　Calvin, Jean

1509〜1564　16世紀、フランスの宗教改革者。1536年「キリスト教綱要」を出版。

◇ジャン・カルヴァン──その働きと著作　ヴルフェルト・デ・グレーフ著，菊地信光訳　一麦出版社　2017.7
Ⓘ978-4-86325-103-8

◇カルヴァン──亡命者と生きた改革者　C.シュトローム著，菊地純子訳　教文館　2016.7　Ⓘ978-4-7642-6725-1

◇カルヴァン　新装版　渡辺信夫著　清水書院　（Century Books　人と思想）　2016.6　Ⓘ978-4-389-42010-9

◇ルネサンス人物列伝　ロバート・デイヴィス，ベス・リンドスミス著，和泉香訳　悠書館　2012.7　Ⓘ978-4-903487-54-0

◇宗教改革者の群像　日本ルター学会編訳　知泉書館　2011.11　Ⓘ978-4-86285-119-2

◇ジャン・カルヴァンの生涯──西洋文化はいかにして作られたか　下　アリスター・E・マクグラス著，芳賀力訳　キリスト新聞社　2010.6　Ⓘ978-4-87395-568-1

◇ジャン・カルヴァンの生涯──西洋文化はいかにして作られたか　上　アリスター・E.マクグラス著，芳賀力訳　キリスト新聞社　2009.7　Ⓘ978-4-87395-546-9

◇カルヴァン　歴史を生きた改革者──1509-1564　ベルナール・コットレ著，出村彰訳　新教出版社　2008.7
Ⓘ978-4-400-22121-0

◇ヨーロッパ　知の巨人たち──古代ギリシアから現代まで　田中浩著　日本放送出版協会　（NHKライブラリー）　2006.3
Ⓘ4-14-084204-0

◇ジャン・カルヴァン──ある運命　森井真著　教文館　2005.2　Ⓘ4-7642-6581-8
＊カルヴァンの遺した全書簡を読み、その心情の機微に立ち入り、肉声に触れた出色の評伝。激動の歴史の中で、"神の栄光のために"、友情・信仰・使命・闘争を生き抜く人間カルヴァンの実像に迫る。

◇カルヴァンとカルヴァン主義者たち　ポール・ヘルム著，松谷好明訳　聖学院大学出版会　2003.1　Ⓘ4-915832-51-1
＊本書は、近年、ピューリタン神学はジャン・カルヴァンの神学から著しく離れ、あまつさえ対立した、とますます信じられるようになっている。本研究はかかる見解を拒否するが、近年その説を唱えている代表的な人、R・T・ケンドール博士の著作『カルヴァンと一六四九年までのイギリス・カルヴァン主義』（Calvin and English Calvinism to 1649, オクスフォード大学出版局、一九七九）を検討することによって、その拒否の理由を明らかにする。著者の狙いは、カルヴァンとピューリタンは、神学的に言って一つであったことを示すこと、また、そうすることで、カルヴァンはカルヴァン主義者であったという言わずもがなのことを確認することである。

◇カルヴァンの主の晩餐による牧会　高崎毅志著　すぐ書房　2000.1
①4-88068-273-X
＊この本は、改革者ジャン・カルヴァンが宗教改革において何を目指していたかを探りつつ、カルヴァンの神学の中心が、神と人にとって信仰が有用かつ実際的であることを体験的に把握させるものであることを示している。著者は、この半世紀における内外の広範なカルヴァン研究を踏まえ、最近の成果をとりいれるだけでなく、カルヴァンが宗教改革時代の秘跡論を聖書の教えるキリストの生涯と事業にふさわしい内容のものとすべくどのように努めたかを、きわめて説得的に検証する。日本の教会を一新する、待望の名著。

◇カルヴァンの手紙　カルヴァン原著, 荻原登編著　すぐ書房　1999.11
①4-88068-272-1
＊本書は、改革者ジャン・カルヴァンが二十九歳だった一五二八年から、五十六歳で亡くなる一五六四年まで友人、知人をはじめ、ルターやメランクトンのような他の改革者、そして多くの論敵、さらには当代の歴史に名を残す多数の著名人に送った手紙の中から、著者が約三十通を選び解説を付したものです。

◇初期カルヴァンの政治思想　田上雅徳著　新教出版社　1999.4　①4-400-42449-9

◇カルヴァンの『キリスト教綱要』について　渡辺信夫著　神戸改革派神学校　（カルヴァンとカルヴィニズム研究双書シリーズ）　1998.3　①4-88077-097-3

◇カルヴァンとユマニスム　久米あつみ著　御茶の水書房　1997.12　①4-275-01702-1

◇フランス・ルネサンスの人々　渡辺一夫著　岩波書店　（岩波文庫）　1992.1
①4-00-331881-1
＊フランス・ルネサンス（16世紀）は人間の解放とともに暗澹たる宗教戦争を経なければならなかった。著者は、激動期を苦悩しつつ生きた、地位も職業も異なる12人の生涯をたどる。

カール大帝　Karl Ⅰ der Grosse
742～814　カール1世, シャルルマーニュとも。8・9世紀、フランク王（在位768～814）、神聖ローマ皇帝（在位800～814）。小ピピンの子。西欧をほぼ統一する中央集権国家を建国。

◇王たちの最期の日々　上　パトリス・ゲニフェイ編, 神田順子, 谷口きみ子訳　原書房　2018.6　①978-4-562-05570-8

◇泳ぐ権力者―カール大帝と形象政治　ホルスト・ブレーデカンプ著, 原研二訳　産業図書　2016.12　①978-4-7828-0180-2

◇図説世界史を変えた50の指導者（リーダー）　チャールズ・フィリップス著, 月谷真紀訳　原書房　2016.2
①978-4-562-05250-9

◇英雄はいかに作られてきたか―フランスの歴史から見る　アラン・コルバン著, 小倉孝誠監訳, 梅沢礼, 小池美穂訳　藤原書店　2014.3　①978-4-89434-957-5

◇本当は偉くない？ 世界の歴史人物―世界史に影響を与えた68人の通信簿　八幡和郎著　ソフトバンククリエイティブ　（ソフトバンク新書）　2013.8
①978-4-7973-7448-3
＊古代から現代に至るまで、よく知られた帝王や政治家を68人選び、それぞれが世界史の中で果たした役割を、「偉人度」と「重要度」の2つの側面から10点満点で評価。世界史において偉人とされている人物たちの実像に迫る。

◇カール大帝―ヨーロッパの父　佐藤彰一著　山川出版社　（世界史リブレット人）　2013.4　①978-4-634-35029-8
＊西ヨーロッパの古代から中世への歴史的転換にあたって、カール大帝が政治や文化や経済にはたした寄与は極めて大きなものがあった。それはこの傑出した王の個人的資質もさることながら、彼が活躍した時代相との幸運な巡り合わせというものもあった。本書ではこれを、西暦一千年紀後半に世界システムが実在したとする最新の仮説を軸とした文脈の中で考察した。

◇愛と欲望のフランス王列伝　八幡和郎著

集英社　(集英社新書)　2010.12
①978-4-08-720573-2
＊フランスの伝統が生んだ文化は、芸術や料理、ファッションなど世界のさまざまなところに浸透している。だが、学校教育における世界史では、歴史的人物の人間的な部分を削ぎ落としてしまうので、フランス史の真の面白さがわからない。本書は、列伝形式で歴代の王たちを網羅し、現代のセレブに至るまでドラマティックな歴史絵巻として描き出す。人間の歴史の縮図とも言うべきフランス史を、古代から現代まで通史として論じており、この一冊でフランス通になれる書。

◇地上の夢キリスト教帝国—カール大帝の〈ヨーロッパ〉　五十嵐修著　講談社（講談社選書メチエ）　2001.10
①4-06-258224-4
＊神によって戴冠されたフランクの王カールは、本当にローマ皇帝となることを望んだのか—キリスト教を柱とする国造りに邁進した王、東方ビザンツに対峙する西の帝国を作り上げ、「ヨーロッパの父」と謳われたカール大帝の理念と軌跡を追う。

◇シャルルマーニュ伝説—中世の騎士ロマンス　トマス・ブルフィンチ著，市場泰男訳　社会思想社　(現代教養文庫)　1994.1　①4-390-11517-0
＊この物語は、『ギリシア・ローマ神話』『中世騎士物語』と、ブルフィンチの伝説三部作を成すもので、古代・中世の文学的遺産に親しむための絶好の入門書として、広く世界で読まれている。「アーサー王物語」と人気を分ち、有名な「ロランの歌」を含む、シャルルマーニュやその十二勇士を主人公とする壮大な冒険物語で、ながく訳出の待たれていた作品。

カルティニ　Kartini, Raden Ajeng
1879〜1904　19・20世紀、ジャワ上級貴族の娘。西欧的教育を受け、ジャワ人の民族意識の高揚や教育の普及に貢献。

◇インドネシアのファッション・デザイナーたち—多文化性・伝統・グローバル化を読み解く　松本由香著　ナカニシヤ出版　2015.3　①978-4-7795-0903-2

◇歴史を生きた女性たち　第2巻　芸術・学問・教育の世界を切り拓いて　歴史教育者協議会編　汐文社　2010.3
①978-4-8113-8551-8

◇世界女性人名事典—歴史の中の女性たち　世界女性人名事典編集委員会編　日外アソシエーツ，紀伊国屋書店〔発売〕　2004.10　①4-8169-1800-0

◇カルティニの風景　土屋健治著　めこん（めこん選書）　1991.8
＊インドネシア民族は、言語と文化を異にするさまざまな諸種族から構成されている。それが生み出され、育て上げられて今日に至るまで、たかだか80年ほどがたっているにすぎない。このように若い、生まれて間もない民族と国家において、そもそも、民族とか祖国という観念はいつどのようにして生まれてきたのか。民族意識の形成、民族の魂の覚醒、そのことをその誕生の時にさかのぼって考えてみよう。そうすると、カルティニの生きた時代に行き着くことになる。つまり、19世紀末から20世紀末までのほぼ1世紀のインドネシアを、カルティニから始めて現在まで描くことで、この国の人々の「こころのありよう」を考えてみたい。

カルピニ，プラノ
Carpini, Giovanni de Plano
1182頃〜1252　プラノ・カルピニとも。12・13世紀、イタリアの旅行家、フランシスコ会修道士。1245年ローマ教皇の新書を携えモンゴル帝国のカラコルムを訪問。見聞録で知られる。

◇世界伝記大事典　世界編1〜12　編集代表：桑原武夫　ほるぷ出版　1980.12〜1981.6

カール・リープクネヒト
Karl Liebknecht
⇒リープクネヒト，カール

カルロス1世　Carlos
⇒カール5世

完顔阿骨打　かんがんあくだ
⇒完顔阿骨打（ワンヤンアグダ）

桓公　かんこう
？～前643　前7世紀、中国、春秋時代、斉の君主（在位前685～643）。春秋五覇の最初の一人。鮑叔牙の推挙で管仲を登用した。

◇管子の説く覇道　中村聡著　明治書院（漢字漢文ブックス）　1999.12
①4-625-66304-0
＊現代に通じる勝利者への道、卓抜の政治・経済理論に学ぶ‼人心の掌握術をはじめ、国の大きさに応じた政治の仕方、計数に則った経済政策など、『管子』の根本思想は、時を超え、現代社会を生き抜くヒントを提供する。

◇春秋の名君　宮城谷昌光著　講談社（講談社文庫）　1999.9　①4-06-264663-3
＊古代中国の壮大華麗な歴史ロマンを風格ある筆致で描き出し読者を魅了し続ける著者が、鄭の武公・荘公から越の勾践にいたる春秋の名君12人を一人ずつとりあげ語る。さらに、司馬遼太郎さんのこと、『孟嘗君』『重耳』『介子推』から『晏子』に至る創作の秘密まで、宮城谷ワールドの魅力を明かす貴重な随筆集。

◇覇者・斉の桓公—中国春秋の権謀術数　水上静夫著　雄山閣出版　1997.2
①4-639-01426-0

◇中国覇者列伝—興亡に学ぶ実力者の条件　守屋洋著　PHP研究所（PHP文庫）1994.4　①4-569-56633-2
＊周王朝の弱体化と共に群小各国が割拠した春秋時代。権謀術数が横行する動乱の世に、興亡をくり広げた八人の覇者たち。彼らはいかにして人心をつかみ、乱世を制したか。「鼎の軽重を問う」た楚の荘王、呉王と越王の宿命の対決「臥薪嘗胆」、絶世の美女西施の故事「顰に効う」など、当時の故事・列伝を交えながら、中国古典の魅力を満載した一書。

顔真卿　がんしんけい
709～785頃　8世紀、中国、唐代の書家。字は清臣。剛健雄壮な筆力、書風は後世の書道に多大な影響を及ぼした。遺作には「多宝塔感応碑」「八関斉会報徳記」などがある。

◇マンガ「書」の黄金時代と名作手本—宋から民国の名書家たち　魚住和晃編著、栗田みよこ絵　講談社（講談社プラスアルファ文庫）　2010.1　①978-4-06-281342-6

◇司馬遼太郎の風景　6　NHKスペシャル「沖縄・先島への道/奥州白河・会津のみち」　NHK「街道をゆく」プロジェクト著　日本放送出版協会　1999.3
①4-14-080403-3
＊慟哭と忍従の歴史を重ねながら穏やかで優しい人々。豊饒なる黒潮を遡り原倭人の面影を辿る（沖縄・先島への道）。道理と信義に殉じ維新革命の犠牲となった会津藩。気高い精神が敗れた悲劇の真相に迫る（奥州白河・会津のみち）。NHKスペシャル「街道をゆく」の出版化。

◇書の宇宙　13　人と書と　顔真卿　石川九楊編　二玄社　1998.4
①4-544-02213-4

◇世界人物逸話大事典　朝倉治彦,三浦一郎編　角川書店　1996.6　①4-04-031900-1
＊歴史上の人物の生き生きとした人間像を伝えるエピソードを多数紹介する事典。日本人によく知られた人物1883人を見出しに掲載。

ガンディー
Gandhi, Mohandas Karamchand
1869～1948　マハトマ・ガンディーとも。19・20世紀、インドの政治家。通称マハトマ（大聖）。

◇ガンディーとチャーチル　下　1929-1965　アーサー・ハーマン著, 田中洋二郎監訳, 守田道夫訳　白水社　2018.9
①978-4-560-09642-0

◇ガンディーとチャーチル　上　1857-1929　アーサー・ハーマン著, 田中洋二郎監訳, 守田道夫訳　白水社　2018.7
①978-4-560-09641-3

◇非暴力の人物伝―支配とたたかった人びと　1　マハトマ・ガンディー／阿波根昌鴻　たからしげる，堀切リエ著　大月書店　2018.7　ⓘ978-4-272-40981-5

◇ガンディー――平和を紡ぐ人　竹中千春著　岩波書店　（岩波新書　新赤版）　2018.1　ⓘ978-4-00-431699-2

◇ガンディーの遺言―村単位の自給自足を目指して　M.K.ガンディー著，片山佳代子訳編集　ブイツーソリューション　2017.3　ⓘ978-4-434-22859-9

◇父が子に語る世界歴史　6　第一次世界大戦と戦後　新装版　ジャワーハルラール・ネルー著，大山聡訳　みすず書房　2016.7　ⓘ978-4-622-08526-3
　＊1914年、「戦争の犬どもは鎖をとかれ、ヨーロッパから、世界中に走りまわった」。帝国主義の誘惑にはまったヨーロッパ列強は、19世紀をつうじてアジア・アフリカを制覇したが、20世紀の幕開けとなった第一次世界大戦はその必然的な帰結だった。そしてアジアの国々は、はじめて丸ごと、世界史に引きずり込まれる―1917年のロシア革命、国際連盟創設と難問だらけの戦後処理、日本の対華二十一か条要求、ケマル・パシャのトルコ改革、ガンディ率いるインドの非武装蜂起…。

◇図説世界史を変えた50の指導者（リーダー）　チャールズ・フィリップス著，月谷真紀訳　原書房　2016.2　ⓘ978-4-562-05250-9

◇ガンジー　新装版　坂本徳松著　清水書院　（Century Books　人と思想）　2015.9　ⓘ978-4-389-42028-4

◇子どもたちが目を輝かせて聞く偉人の話　平光雄著　致知出版社　2015.8　ⓘ978-4-8009-1081-3

◇母なるガンディー―わたしの生涯が、わたしのメッセージ　山折哲雄著　潮出版社　2013.12　ⓘ978-4-267-01964-7
　＊新たなガンディー像！　半世紀にわたって思索しつづけてきた宗教学の泰斗の到達点とは―。ガンディー評伝の決定版。

◇革命児たちの仰天!?情熱人生　アンヌ・ブランシャール，フランシス・ミジオ著，セルジュ・ブロッシュ絵，木山美穂訳　岩崎書店　2012.10　ⓘ978-4-265-85026-6

◇マハートマー・ガンディー最後の断食―懊悩の五日間　マハートマー・ガンディー述，ヤシュパール・ジャイン編，古賀勝郎訳　古賀勝郎　2012.6

◇偉人たちの黒歴史　偉人の謎研究会編　彩図社　2011.12　ⓘ978-4-88392-828-6

◇ヒンドゥー教の世界　下　ガンディーの生涯と思想　森本達雄著　NHK出版　（NHKシリーズ　NHK宗教の時間）　2011.10　ⓘ978-4-14-910776-9

◇ガンジー・ストーリー　ジェイク・ロナルドソン著，松沢喜好監修　IBCパブリッシング　（IBCオーディオブックス）　2011.8　ⓘ978-4-7946-0095-0
　＊インド独立の父は、強い兵士でもなければ、王侯貴族、聖職者でもない。著名な医者でも科学者でもない。常に貧しいものたちと暮らし、非暴力の信条を貫き通した人―それがマハトマ（偉大なる魂）、または親しみを込めてバープー（父親）と呼ばれたガンジーその人である。イギリスによるインド支配に抵抗し、ヒンドゥー教徒とイスラム教徒の融合を目指したガンジー。何度も投獄され、そして断食をしながら闘い続け、ついにインド独立の夢を果たした。そのガンジーの生誕の日、10月2日は国際非暴力デーとされている。

◇マハトマ・ガンディー　海老根一樹著　IBCパブリッシング　（対訳マンガ偉人伝）　2011.7　ⓘ978-4-7946-0091-2
　＊世界の偉人たちは、どう生きて、どう世界を変えたのか。一人の人間が成し遂げた大きな物語は、今でも私たちを鼓舞し続けます。「対訳マンガ偉人伝」は、わかりやすい英語マンガと、詳細な日本語訳で、楽しみながら英会話力も人間力も相乗効果でアップします。人間は誰しもがスーパーヒーローになれる。

◇ガンジー・ストーリー　ジェイク・ロナルドソン著　IBCパブリッシング　（ラダーシリーズ）　2010.12　ⓘ978-4-7946-0055-4

ガンディー

＊インド独立の父は、強い兵士でもなければ、王侯貴族、聖職者でもない。著名な医者でも科学者でもない。常に貧しいものたちと暮らし、非暴力の信条を貫き通した人―そればマハトマ（偉大なる魂）、または親しみを込めてバープー（父親）と呼ばれたガンジーその人である。イギリスによるインド支配に抵抗し、ヒンドゥー教徒とイスラム教徒の融合を目指したガンジー。何度も投獄され、そして断食をしながら闘い続け、ついにインド独立の夢を果たした。そのガンジーの生誕の日、10月2日は国際非暴力デーとされている。

◇ガンディーからの〈問い〉―君は「欲望」を捨てられるか　中島岳志著　日本放送出版協会　2009.11　①978-4-14-081400-0
＊塩の行進、非暴力、断食、糸車を回す…。ガンディーにとって「真の自由」とは、すべての欲望から解放されることにあった。「人間よ、自己の欲望と向き合え。そして反省し、真理に従って行動せよ―」。「自由」という言葉を楯に競争を煽り、「欲望」の赴くままに突き進んで貧富の差が拡大した今日、その欲望を捨てる「実験」を繰り返したガンディーの生き方を問い直す。

◇アジア英雄伝―日本人なら知っておきたい25人の志士たち　坪内隆彦著　展転社　2008.11　①978-4-88656-328-6

◇非暴力―武器を持たない闘士たち　マーク・カーランスキー著, 小林朋則訳　ランダムハウス講談社　（クロノス選書）　2007.8　①978-4-270-00236-0
＊武力を捨て、戦争を放棄する非暴力という思想は平和を讃えるだけの空虚な理想主義ではない。それは既存の秩序を根底から揺るがす危険で有効な戦略なのだ。イエス・キリストに始まりガンディーやキング牧師に至るまで権力と密接に結びついた暴力に対し非武装・無抵抗で立ち向かった者たちの果敢な挑戦の歴史を振り返り「戦争のない世界」を実現する可能性を探る。

◇マハトマ・ガンジー　ラーム・A.マール著, 福井一光訳　玉川大学出版部　2007.1　①978-4-472-40341-5

＊世界のさまざまな宗教や思想からインスピレーションを受け、真理を実現するために非暴力の闘いを挑んだガンジー。その思想と行動を、多元的な文化の存在意味を考究する間文化論哲学の視点から紐解く。

◇ガンディーと使徒たち―「偉大なる魂」の神話と真実　ヴェド・メータ著, 植村昌夫訳　新評論　2004.12　①4-7948-0648-5
＊数百の声が結ぶ残像と実像。直弟子達の証言によって、神話の彼方から現れる「聖者」の肉声と「戦闘的非暴力」の日常。

◇ガンジー自伝　改版　マハトマ・ガンジー著, 蠟山芳郎訳　中央公論新社　（中公文庫）　2004.2　①4-12-204330-1

◇ガンジー・自立の思想―自分の手で紡ぐ未来　M.K.ガンジー著, 田畑健編, 片山佳代子訳　地湧社　1999.6　①4-88503-146-X

◇真理の教え―バガヴァッド・ギーターとヨーガ及びマハトマ・ガンディーについて　武井和夫著　日本図書刊行会　1999.3　①4-8231-0362-9
＊「実に自分だけが自分の友であり、自分だけが自分の敵である」。インドの聖典『バガヴァッド・ギーター』にはそう書かれています。マハトマ・ガンディーはこの書に感銘を受ける一方、武力より多くの勇気と忍耐を必要とする「真理と非暴力」の運動を推し進めました。この聖典は一名「ヨーガの教典」と言われ、本書ではヨーガの根本教典『ヨーガ・スートラ』等と対比し、詳述しました。ヨーガ実修の本命は凝念・静慮・三昧と言われますが、それは石ころも黄金も同じように見る、成功も失敗も、また愛憎もすべて平等に見る、そのための修練であると記されています。

◇ガンジー―奉仕するリーダー　ケシャヴァン・ナイアー著, 枝広淳子訳　たちばな出版　（未来ブックシリーズ）　1998.10　①4-88692-938-9
＊ガンジーは、貧困からの解放を叫ぶ民衆のリーダーにとどまらなかった。その生きざまは、現代を生きる我々にも、強い印象を与え続けている。ガンジー

は権力の座につかなかったが、奉仕の精神を実践することこそが真のリーダーシップであることを、身をもって示したのである。本書では、ガンジーの人生を手本とした、奉仕するリーダーシップのエッセンスを探る。米国ベンジャミン・フランクリン賞受賞。
◇聖と俗のインド―現代によみがえるガンディー　山折哲雄著　第三文明社　(レグルス文庫)　1998.3　①4-476-01227-2
＊仏陀の真の継承者たるガンディーの非暴力の思想とその実践の軌跡。
◇ガンジー自叙伝―真理の実験　モハンダス・カラムチャンド・ガンジー著, 池田運訳　講談社出版サービスセンター (製作)　1998.1　①4-87601-431-0
◇バーブー物語―われらが師父, マハトマ・ガンジー　ハリーバーウ・ウパッデャイ著, 池田運訳　講談社出版サービスセンター　1998.1　①4-87601-432-9
◇世界人物逸話大事典　朝倉治彦, 三浦一郎編　角川書店　1996.6　①4-04-031900-1
＊歴史上の人物の生き生きとした人間像を伝えるエピソードを多数紹介する事典。日本人によく知られた人物1883人を見出しに掲載。
◇ガンディーとタゴール　森本達雄著　第三文明社　(レグルス文庫)　1995.6　①4-476-01219-1
＊人間の可能性を極限まで追求した二人の巨人の思想と行動の軌跡。
◇ガンジー―非暴力の兵士　カルヴィン・カイトル著, 岳真也訳　潮出版社　1995.4　①4-267-01383-7
◇苦悩するリーダーたち　日本テレビ放送網　(知ってるつもり?!)　1993.6　①4-8203-9305-7
＊人は, 誰でも懸命に生きている。そのあたりまえの生き方のなかに人をハットさせる〈輝き〉をもっているのだ。知っているつもりになっているだけではわからない, 生き方のふしぎにせまる。
◇聖と俗のインド　山折哲雄著　有学書林　1992.6　①4-943931-24-3
◇私にとっての宗教　マハトマ・ガンディー著, 竹内啓二, 浦田広朗, 梅田徹, 鈴木康之, 保坂俊司訳　新評論　1991.7　①4-7948-0100-9
＊インドの「偉大な魂」ガンジーの〈宗教〉に関する著述と講演記録を集大成。
◇市民主義の立場から　久野収著　平凡社　1991.6　①4-582-70208-2

ガンディー, インディラ
Gāndhī, Indirā
1917〜1984　20世紀, インドの政治家。J.ネールの娘。国民会議派。1966年首相に就任。総選挙の敗北を経て1980年に再任。シク教徒の弾圧で反感を招き, 1984年に暗殺された。

◇図説世界史を変えた50の指導者(リーダー)　チャールズ・フィリップス著, 月谷真紀訳　原書房　2016.2　①978-4-562-05250-9
◇インディラ・ガンディー―祖国の分裂・対立と闘った政治家　政治家〈インド〉　筑摩書房編集部著　筑摩書房　(ちくま評伝シリーズ〈ポルトレ〉)　2015.12　①978-4-480-76639-7
◇現代世界の女性リーダーたち―世界を駆け抜けた11人　石井貫太郎編著　ミネルヴァ書房　2008.5　①978-4-623-04994-3
◇世界女性人名事典―歴史の中の女性たち　世界女性人名事典編集委員会編　日外アソシエーツ, 紀伊国屋書店〔発売〕　2004.10　①4-8169-1800-0
◇アジアの女性指導者たち　山崎朋子編著　筑摩書房　1997.9　①4-480-86304-4
＊物語 アジアをつくる女たち。各国の代表的女性リーダー10人の肖像を生き生きと描きつつ, 近現代のアジアの女たちの状況と課題を浮き彫りにする。第一線の研究者・ジャーナリストによる, 全編書下ろし。
◇ネール・ガンジー王朝の崩壊―アムリツァル ガンジー女史の最後の闘い　マーク・タリー, サティッシュ・ジェイコブ著, 岡田滋行訳　新評論　1991.12　①4-7948-0108-4
＊本書は, 1984年10月のインディラ・ガ

ンジー暗殺事件を題材に、インド報道の第一人者として著名なマーク・タリー英BBCデリー支局長と同僚のサティッシュ・ジェイコブ記者が、克明な取材と歴史検証に基づいて執筆した労作である。日本語版出版にあたり、母親の悲劇を受け継いだ息子ラジブが、自らの政治にその教訓を活かそうと懸命に努力しながらも、結局は凶弾に倒れるまでの経緯を緊急追補し、ネール、インディラ、ラジブの親子三代にわたる「王朝」の盛衰を振り返るとともに、今後のインド政治の行方も概観する。

カント　Kant, Immanuel
1724〜1804　18・19世紀、ドイツの哲学者。批判的(形式的)観念論、先験的観念論の創始者。

◇カント伝　マンフレッド・キューン著，菅沢龍文，中沢武，山根雄一郎訳　春風社　2017.6　①978-4-86110-479-4

◇メルロ＝ポンティ哲学者事典　第2巻　大いなる合理主義・主観性の発見　モーリス・メルロ＝ポンティ編著，加賀野井秀一，伊藤泰雄，本郷均，加國尚志監訳　白水社　2017.6　①978-4-560-09312-2

◇6人の世俗哲学者たち―スピノザ・ヒューム・カント・ニーチェ・ジェイムズ・サンタヤナ　ルイス・ホワイト・ベック著，藤田昇吾訳　晃洋書房　2017.5　①978-4-7710-2809-8

◇13人の誤解された思想家―西欧近代的価値観を根底から問い直す　小浜逸郎著　PHP研究所　2016.1　①978-4-569-82682-0

◇カント　新装版　小牧治著　清水書院　(Century Books　人と思想)　2015.9　①978-4-389-42015-4

◇カント―その生涯と思想　新装版　アルセニイ・グリガ著，西牟田久雄，浜田義文訳　法政大学出版局　(叢書・ウニベルシタス)　2015.4　①978-4-588-14008-2

◇カント先生の散歩　池内紀著　潮出版社　2013.6　①978-4-267-01946-3
＊難しくて有名な哲学をつくったのは、こんなに面白い先生だった。就職、友人、お金、老い―哲学者はどう向き合ったのか？　やさしい筆致で描く伝記風エッセイ。

◇消えた国　追われた人々―東プロシアの旅　池内紀著　みすず書房　2013.5　①978-4-622-07763-3
＊国が消えるとはいかなる事態か？　カント生誕の地、ヒトラーの狼の巣、タイタニックを超えるグストロフ号の惨事。過去を尋ね、未来を探る紀行記の名品。

◇カントを学ぶ人のために　有福孝岳，牧野英二編　世界思想社　2012.5　①978-4-7907-1562-7
＊今日、カント研究は欧米や東アジア文化圏で新たな展開を見せている。本書は、最新の研究成果を踏まえ、カントの理論哲学、実践哲学、美学、目的論、政治哲学、法哲学、歴史哲学、宗教論、人間学等と諸科学や現代哲学との対話・対決を通して、その歴史的・現代的意義をさぐる意欲作。

◇高坂正顕著作集　第2巻　カント研究　1　高坂正顕著　学術出版会　(学術著作集ライブラリー)　2011.11　①978-4-284-10355-8，978-4-284-10353-4(set)
＊カント／若きカントとその時代

◇カント　新装版　岩崎武雄著　勁草書房　2011.5　①978-4-326-19819-1
＊哲学のもつ世界観的要素と学問的要素を人間の立場から調和させたカント。主要著作の内容とその現代的意義を解説する。

◇この独身者はすごい！―結婚しなかった24人の偉人　北嶋広敏著　ジョルダン　2009.10　①978-4-915933-28-8

◇賢者たちの人生論―プラトン、ゲーテからアインシュタインまで　金森誠也著　PHP研究所　(PHP文庫)　2009.8　①978-4-569-67328-5

◇カントの哲学―シニシズムを超えて　池田雄一著　河出書房新社　(シリーズ・道徳の系譜)　2006.6　①4-309-24379-7
＊スキャンダラスにして壮大な廃墟をつ

くりあげた「宇宙人」としてのカント。従来の哲学者像を根底から変える多義的、そして革命的な気鋭のデビュー作、炸裂。
◇ジンメルとカント対決―社会を生きる思想の形成　G.ジンメル著, 大鐘武編訳　行路社　2004.7　①4-87534-364-7
◇アラン、カントについて書く　アラン著, 神谷幹夫編訳　知泉書館　2003.10　①4-901654-22-5
＊生きた思索を通じ熟成していったアランのカント像を、独自の編集と達意の訳文で明らかにした貴重な一書。
◇倫理と宗教の間―カントとキェルケゴールに関連して　宮地たか著　渓水社　2002.3　①4-87440-685-8
◇カントとヤスパース―勝義の哲学的人間学への道　伴博著　北樹出版　1999.2　①4-89384-699-X
◇結婚しなかった男たち―世界独身者列伝　北嶋広敏著　太陽企画出版　1998.11　①4-88466-307-1
＊「天才は一であることを望む」プラトンからグールドまで。生涯独身だった天才・奇才の人生を浮き彫りにする本邦初の人物伝。
◇90分でわかるカント　ポール・ストラザーン著, 浅見昇吾訳　青山出版社　1997.5　①4-900845-39-6
＊「無残に破壊された哲学」その再興へカントは立ち向かった。不可能を可能に変えた男の強靭な思想と、知られざる生涯。
◇都市と思想家　2　石塚正英, 柴田隆行, 的場昭弘, 村上俊介編　法政大学出版局（叢書・現代の社会科学）　1996.7　①4-588-60027-3
＊ハイデルベルクと三木清、ベルリンとラサール、ジュネーヴとルソー、ケーニヒスベルクとカント等々、思想家の思想形成と生涯において大きな意味をもった、ドイツ・スイス・東欧の都市。その街路や広場や建物の一角から、ヨーロッパ近代思想史の襞に新たな光を当てる試み。
◇世界人物逸話大事典　朝倉治彦, 三浦一郎編　角川書店　1996.6　①4-04-031900-1
＊歴史上の人物の生き生きとした人間像を伝えるエピソードを多数紹介する事典。日本人によく知られた人物1883人を見出しに掲載。
◇ジンメル著作集　4　カント・カントの物理的単子論　木田元訳　白水社　1994.10　①4-560-02307-7
◇カント考　第2版　増尾藤松著　サンライズ印刷出版部　1994.9　①4-88325-010-5
◇モラリストとしてのカント　1　改訂版　中島義道著　北樹出版, 学文社〔発売〕　1994.6　①4-89384-365-6
◇カント研究　A.フィロネンコ著, 中村博雄訳　東海大学出版会　1993.1　①4-486-01216-X
◇モラリストとしてのカント　1　中島義道著　北樹出版　1992.6　①4-89384-265-X
◇カント考　増尾藤松著　サンライズ印刷出版部　1992.5
◇イマヌエル・カント　オットフリート・ヘッフェ著, 薮木栄夫訳　法政大学出版局（叢書・ウニベルシタス）　1991.2　①4-588-00327-5
＊生涯と哲学の発展と影響を、その原像を見失うことなく説き明かし、とりわけ『純粋理性批判』における理論的認識の簡明な解釈をはじめ、道徳と法の哲学、歴史と宗教の哲学など人間についての基本的な諸問題を入門的に解読しつつカント哲学の全体像の理解に導く。

韓非　かんぴ

?～前233　韓非子（かんぴし）とも。前3世紀、中国、戦国時代末期・韓の貴族、法家。富国強兵と中央集権強化をはかり、その説は秦始皇帝の帝国統一の理論として役立った。

◇リーダーに絶対役立つ韓非子　守屋洋著　PHP研究所（PHPビジネス新書）　2017.2　①978-4-569-83555-6
＊多くの企業トップがひそかに熟読していると言われる中国古典『韓非子』。「人間は利益によって動く動物である」という冷徹な人間観に基づくリーダー

韓愈

論は、"人間不信の哲学"とも称される。本書では、その魅力と現代に活かすべき叡智を、著者独自のわかりやすい口語訳と解説で紹介。「賞罰の権限を手放すな」「あえて白を黒と言い相手を試してみる」…部下を操り、組織を思い通りに動かす裏ノウハウ満載！

◇韓非子　西川靖二著　角川書店　（角川文庫　角川ソフィア文庫 ビギナーズ・クラシックス中国の古典）　2005.3
①4-04-367505-4
＊韓非子は、法による厳格な支配を主張する法家思想の大成者。秦の始皇帝に「この作品の作者に会えれば死んでもよい」とまで言わせた思想は、現代にも通じる冷静ですぐれた政治思想である。「矛盾」「守株」など、鋭い人間観察によるエピソードとともに分かりやすく語られる。

◇韓非　貝塚茂樹著　講談社　（講談社学術文庫）　2003.4　①4-06-159594-6
＊中国戦国時代末期、韓非の祖国韓は強国秦の脅威の前に存亡の危機にあった。そうした状況下、韓非は冷徹な人間観察を通じて社会の積弊を鋭く抉り出し、徹底した法治主義こそが国家の強化・安定を可能にすると論断する。法家思想の大成者と評される韓非の思想の発展とその本質を、古今にわたる日中両国の諸文献を検証しつつ、独自の切り口で読み解く。

◇韓非子の帝王学　小室直樹，西尾幹二，市川宏著　プレジデント社　1998.1
①4-8334-1644-1
＊マキュベリを凌ぐリーダー学の真髄！部下を意のままに従わせる術、上司を操り動かす法、敵の力を弱め瓦解させる秘訣—今日のリーダーが身につけねばならない「人心収攬力」「対外交渉術」の核心を明らかにする。

◇韓非子　上　乱世の君主論　安能務著　文芸春秋　1997.5　①4-16-352890-3
＊マキアベリよりも千八百年前に「現代政治学」を創った男。人間管理とは？法とは？政治とは？人間に対する非情なまでの洞察。迷走する時代の指標となる、座右の古典。

◇韓非子　下　一統の帝王学　安能務著　文芸春秋　1997.5　①4-16-352900-4
＊三流は三国志を二流は孫呉を一流は韓非子を読む。官僚制、汚職、人権問題、国家、文化、戦争、紀元前三世紀の書に全ての答えが記されている。

◇運命には逆らい方がある—英傑の軌跡　中薗英助著　青春出版社　1996.11
①4-413-03059-1
＊本書は、歴史の節目に立ち、その意外な運命に翻弄されることなく立ち向かい人生を切り拓いていった7人の英傑たちに光をあて、人間の、一筋縄ではいかない人生の深奥なるヒダを描いたものである。

◇諸子百家　渡辺精一著・解説　小学館　（地球人ライブラリー）　1996.6
①4-09-251023-3
＊孔子、老子、荘子、孟子をはじめとして荀子、韓非子、孫子、墨子など一2000年以上前の古代中国の「独自の思想を広めた多くの師たち」。彼らは「より良い明日の国と人生」のためにこんなに豊かな言語を遺した。待望の書き下ろし。

◇世界人物逸話大事典　朝倉治彦，三浦一郎編　角川書店　1996.6　①4-04-031900-1
＊歴史上の人物の生き生きとした人間像を伝えるエピソードを多数紹介する事典。日本人によく知られた人物1883人を見出しに掲載。

◇韓非子　西野広祥，市川宏訳　徳間書店　（中国の思想）　1996.3　①4-19-860462-2
＊冷徹なる人間支配の論理。卓越した人間観察と「法術」理論を核に展開される、激烈な政治的論策。その冷徹、非情な論理は秦の始皇帝を感嘆させ、乱世統一の思想的基盤として不滅の光芒を放つ。

◇韓非子入門　岡本隆三著　徳間書店　（徳間文庫）　1994.5　①4-19-890118-X

▎韓愈　かんゆ

768～824　韓退之（かんたいし）とも。8・9世紀、中国、中唐の文学者、思想家、政治家。河南省南陽の人。字は退之、諡は文公。韓昌黎ともいう。著作は「昌黎先

◇韓集挙正　方嵩卿]撰　汲古書院　(古典研究会叢書 漢籍之部)　2002.10
①4-7629-1197-6

◇世界人物逸話大事典　朝倉治彦, 三浦一郎編　角川書店　1996.6　①4-04-031900-1
＊歴史上の人物の生き生きとした人間像を伝えるエピソードを多数紹介する事典。日本人によく知られた人物1883人を見出しに掲載。

◇NHK漢詩紀行　5　山口直樹写真　日本放送出版協会　1996.4　①4-14-080247-2
＊中国文学の華「唐詩」は、唐王朝に仕える官僚たちによって育まれてきた。唐代の代表的官僚詩人、王維、韓愈、杜牧の三人の人生と作品を軸に、官僚詩人の心情を知り、挫折の中からいかに独自の詩境を切り拓いていったかを見ながら、唐詩三百年の光芒をたどる。

◇韓愈と柳宗元─唐代古文研究序説　小野四平著　汲古書院　1995.2
①4-7629-2477-6

◇中唐文人考─韓愈・柳宗元・白居易　太田次男著　研文出版　(研文選書)　1993.6
①4-87636-110-X

【き】

キェルケゴール
Kierkegaard, Sören Aabye
1813〜1855　キルケゴールとも。19世紀、デンマークの哲学者、神学者。ヘーゲル哲学の影響の後、主観主義の立場をとった。実存哲学の先駆者とされる。

◇キェルケゴールの日記─哲学と信仰のあいだ　セーレン・キェルケゴール著, 鈴木祐丞編訳　講談社　2016.4
①978-4-06-219519-5

◇セーレン・キェルケゴール 北シェランの旅─「真理とは何か」　橋本淳著　創元社　2014.5　①978-4-422-93073-2

◇単独者と憂愁─キルケゴールの思想　セーレン・オービュイ・キルケゴール著, 飯島宗享編・訳・解説　未知谷　2012.12
①978-4-89642-392-1
＊先行する解説に続く主要著作『あれか・これか』『哲学的断片』『不安の概念』『現代の批判』『死にいたる病』『キリスト教の修練』『日記』からの絶妙な引用によってキルケゴール思想の全体像が明らかになる。キルケゴール自身の言葉によって構成される彼の哲学の分かり易い要約である本書は、この国に実現したキルケゴールのもうひとつの主著とも言える。実存思想の本質を端的に学びたい初学者にも最適。

◇ロックからウィトゲンシュタインまで　山本新著　八千代出版　2010.9
①978-4-8429-1523-4

◇この独身者はすごい！─結婚しなかった24人の偉人　北嶋広敏著　ジョルダン　2009.10　①978-4-915933-28-8

◇カフカとキルケゴール　改訂版　中沢英雄著　オンブック　2006.9
①4-902950-42-1

◇キルケゴールとアンデルセン　室井光広著　講談社　2000.9　①4-06-210101-7
＊キルケゴールが初めて書いた本は、世界最初のアンデルセン論だった！ この驚きから本書は生まれた。二人の生涯には多くの秘密が隠されている。世界的哲学者と童話作家の邂逅を復元する文学的考古学の試み。

◇キルケゴールと親鸞─宗教的真理の伝達者たち　蓑輪秀邦著　ミネルヴァ書房　(Minerva21世紀ライブラリー)　2000.5
①4-623-03241-8
＊宗教的真理とは、一片の知識として人から人へ伝達されるものではなく、その人の生き方が変わるようなものでなければならない。そのような真理の伝達について、生涯をかけて探究した二人の宗教者の思索に迫る。

◇90分でわかるキルケゴール　ポール・ストラザーン著, 浅見昇吾訳　青山出版社　1998.4　①4-900845-67-1
＊どう生きるべきか。生き方をどう選ぶ

べきか。哲学が誕生して以来、人はこの問いの答えを求めてきた。抽象的な概念に逃げることなく人生の意味を考え抜き生涯自分と闘いつづけた哲人の不安、苦悩、絶望。

◇キェルケゴール―セーレン・キェルケゴールの生涯と思想への手引き　F.J.ビレスコウ・ヤンセン著，大谷長訳　創言社　1997.11　Ⓘ4-88146-502-3

◇キェルケゴールを学ぶ人のために　大屋憲一，細谷昌志共編　世界思想社　1996.10　Ⓘ4-7907-0628-1
＊"真の自己"を求めつづけた稀有な魂の軌跡を追う！不安と絶望に真っこうから立ち向かい、主体的真理の獲得をめざして生涯闘いぬいたキェルケゴールの思想の全容をあざやかに描き出す。

◇世界人物逸話大事典　朝倉治彦，三浦一郎編　角川書店　1996.6　Ⓘ4-04-031900-1
＊歴史上の人物の生き生きとした人間像を伝えるエピソードを多数紹介する事典。日本人によく知られた人物1883人を見出しに掲載。

◇キェルケゴール　P.ガーディナー著，橋本淳，平林孝裕訳　教文館　（コンパクト評伝シリーズ）　1996.3　Ⓘ4-7642-1063-0

◇キェルケゴール思想へのいざない―エロス・理性・聖性の音楽家としての　高藤直樹著　ビネバル出版　1996.2　Ⓘ4-7952-5735-3
＊そして、人生へ旅立つ人へ―北欧の清涼な風土がうんだ真に未来を切り開く思想。スーパーフィロソフィスト、キェルケゴールを理解するための最も新しくてわかりやすい基本書。

◇天才ほどよく悩む　木原武一著　ネスコ，文芸春秋〔発売〕　1995.10　Ⓘ4-89036-904-X

◇キルケゴール　オリヴィエ・コーリー著，村上恭一，小林正巳共訳　白水社　（文庫クセジュ）　1995.1　Ⓘ4-560-05762-1
＊死の淵を歩みながらの苦痛の体験が「死にいたる病」「不安」の概念へと昇華し、哲学上の「実存」の概念へと体系化されていく過程を詳述したのち、完璧な

でのキリスト者像を念頭におきつつ、その前提として「絶望論」を提示せざるをえなかった詩人・哲学者の内心の葛藤を捉え直しこの天才の全体像に迫る。

◇キェルケゴールの生涯と作品　F.ブラント著，北田勝巳，北田多美訳　法律文化社　1991.6　Ⓘ4-589-01606-0

▍**キケロ**　Cicero, Marcus Tullius
前106〜前43　前2・1世紀、ローマの雄弁家、政治家、哲学者。ラテン散文の完成者。

◇キケロ―もうひとつのローマ史　新装復刊　アントニー・エヴァリット著，高田康成訳　白水社　2015.5　Ⓘ978-4-560-08440-3

◇プリューターク英雄伝　沢田謙著　講談社　（講談社文芸文庫）　2012.8　Ⓘ978-4-06-290167-3

◇ローマとギリシャの英雄たち　栄華篇―プルタークの物語　阿刀田高著　新潮社　（新潮文庫）　2011.7　Ⓘ978-4-10-125536-1

◇キケロ―裁判弁説の精神史的考察　角田幸彦著　文化書房博文社　2010.6　Ⓘ978-4-8301-1175-4

◇キケロ―ヨーロッパの知的伝統　高田康成著　岩波書店　（岩波新書）　1999.8　Ⓘ4-00-430627-2
＊西欧近代を形づくるルネサンスの知的活動、それは永らく失われていたキケロ写本の再発見から始まったといってよい。以後、キケロは西欧精神を支える人文主義的教養の基礎として脈々と読みつがれてゆく。前一世紀のローマを政治家・弁論家・哲学者として生きたキケロ。その受容の歴史に光をあて、ヨーロッパの知的伝統を浮き彫りにする。

◇世界人物逸話大事典　朝倉治彦，三浦一郎編　角川書店　1996.6　Ⓘ4-04-031900-1
＊歴史上の人物の生き生きとした人間像を伝えるエピソードを多数紹介する事典。日本人によく知られた人物1883人を見出しに掲載。

◇キケロ　ピエール・グリマル著，高田康成訳　白水社　（文庫クセジュ）　1994.9

①4-560-05758-3
　＊ローマの共和政末期に、政治家・弁論家・哲学者として重要な役割を演じたキケロは、ヘレニズムの知性と精神をも自ら体現し後代に伝えて、西洋思想の形成に多大の影響を与えた。その生いたちから毅然たる死に至るまでの劇的生涯を語り、その人と思想を見事に浮き彫りにする、本邦初刊のキケロ評伝。

徽宗（宋）　きそう

1082〜1135　11・12世紀、中国、北宋の第8代皇帝（在位1100〜1125）。名は佶。神宗の子。詩文、書画、建築などに造詣が深く美術工芸を奨励。古美術の蒐集家でもあった。

◇「悪の歴史」東アジア編　下　南・東南アジア編　上田信編著　清水書院　2018.8
　①978-4-389-50065-8
◇96人の人物で知る中国の歴史　ヴィクター・H・メア，サンピン・チェン，フランシス・ウッド著，大間知知子訳　原書房　2017.3　①978-4-562-05376-6
◇中国皇帝伝　稲畑耕一郎著　中央公論新社　（中公文庫）　2013.5
　①978-4-12-205788-3
◇悲哀の水墨画家たち―埋もれた画の"おくりびと"　矢野一成著　秀作社出版　2011.7　①978-4-88265-495-7
◇皇帝たちの中国史―連鎖する「大一統」　稲畑耕一郎著　中央公論新社　2009.1
　①978-4-12-004001-6
◇中国歴代皇帝人物事典　岡崎由美，王敏監修　河出書房新社　1999.2
　①4-309-22342-7
　＊秦の始皇帝、前漢の劉邦、新の王莽、魏の曹丕、隋の煬帝、唐の李世民、元のフビライ、明の朱元璋、清の康熙帝など、中国歴代王朝の皇帝を紹介した人物事典。后妃・公主・宗室なども収録し、歴代宮都・陵墓も掲載。中国史重要人物索引付き。

キッシンジャー
Kissinger, Henry Alfred

1923〜　20世紀、アメリカの国際政治学者、政治家。ニクソン、フォード政権の外交を担当。1972年のニクソン訪中実現、中東和平、ベトナム戦争終結に尽力。1973年にノーベル平和賞を受賞。

◇オリバー・ストーンが語るもうひとつのアメリカ史　2　ケネディと世界存亡の危機　オリバー・ストーン，ピーター・カズニック著，熊谷玲美，小坂恵理，関根光宏，田沢恭子，桃井緑美子訳　早川書房（ハヤカワ・ノンフィクション文庫）2015.7　①978-4-15-050440-3
◇ノーベル賞受賞者業績事典―全部門855人　新訂第3版　ノーベル賞人名事典編集委員会編　日外アソシエーツ，紀伊國屋書店〔発売〕　2013.1　①978-4-8169-2397-5
　＊1901年ノーベル賞創設時から2012年までの各分野の受賞者、受賞団体を収録。平和賞・文学賞・物理学賞・化学賞・生理学医学賞・経済学賞受賞者835人、20団体の業績を詳しく紹介。受賞辞退者についても収録対象とし、本文中にその旨を記載した。経歴・受賞理由・著作・参考文献を一挙掲載。
◇キッシンジャー回想録 中国　上　ヘンリー・A.キッシンジャー著，塚越敏彦，松下文男，横山司，岩瀬彰，中川潔訳　岩波書店　2012.3　①978-4-00-023874-8
　＊米中和解へと至る歩みを、清末中国の西洋との出会いから語り起こし、周恩来や毛沢東らとの対話を詳細に紹介しながら再構成する。異なる価値観をもつ両大国が、いかにして対話を進めたのか。中国の伝統文化や思想に深い理解を示し、外交の現場で常に中国の真意を見抜いてきた著者の観察眼が光る。
◇キッシンジャー回想録 中国　下　ヘンリー・A.キッシンジャー著，塚越敏彦，松下文男，横山司，岩瀬彰，中川潔訳　岩波書店　2012.3　①978-4-00-023875-5
　＊下巻では、中越戦争、台湾問題、天安門事件、ひいては中国のWTO加盟まで、様々に時代が変化する中での、指導者たちの素顔や外交の変容に迫る。著者

の手によって開かれた協力関係の道は、その後どのような道をたどるのか。中国の大国化は世界の脅威となるのか。四〇年間にわたる米中関係の最も間近な目撃者であり、今もなお政局との緊密な接触を保ち大きな影響力をもつ著者による、刺激的な中国論。

◇周恩来キッシンジャー機密会談録　毛里和子,増田弘監訳　岩波書店　2004.2　①4-00-023389-0

◇キッシンジャー――世界をデザインした男　上　ウォルター・アイザックソン著,別宮貞徳監訳　日本放送出版協会　1994.5　①4-14-080169-7

◇キッシンジャー――世界をデザインした男　下　ウォルター・アイザックソン著,別宮貞徳監訳　日本放送出版協会　1994.5　①4-14-080170-0

金日成　キムイルソン

1912～1994　20世紀、北朝鮮の政治家。本名は成桂。1947年北朝鮮人民委員会委員長、48年北朝鮮首相、49年朝鮮労働党（北労党と南労党の合併党）委員長。66年「自主路線」を宣言。72年新憲法制定で国家元首の主席に就任。

◇最後の「天朝」――毛沢東・金日成時代の中国と北朝鮮　上　沈志華著,朱建栄訳　岩波書店　2016.9　①978-4-00-023066-7

◇最後の「天朝」――毛沢東・金日成時代の中国と北朝鮮　下　沈志華著,朱建栄訳　岩波書店　2016.9　①978-4-00-023067-4

◇北朝鮮「偉大な愛」の幻　上　ブラッドレー・マーティン著,朝倉和子訳　青灯社　2007.4　①978-4-86228-012-1
＊卓越した米国のジャーナリストが、金日成、金正日と北朝鮮国家にまつわる多くの謎を解く。金日成の満州やソ連領における抗日ゲリラ活動の真相とは？　魅力的な青年リーダーから巨大化する個人崇拝の道へと、いかにして変貌をとげたのか。ソ連からの干渉と決別、チュチェ思想誕生の経緯。50年代後半に韓国を上回った経済発展が70年代に逆転したのはなぜか。熾烈な権力闘争、北朝鮮の闇、金父子の私生活の実態―。ぼう大な資史料を徹底検証し、関係者や亡命者たちを取材、その証言を吟味して明かす北朝鮮の内幕。

◇モスクワと金日成―冷戦の中の北朝鮮1945-1961年　下斗米伸夫著　岩波書店　2006.7　①4-00-025299-2
＊分断と建国、1956年のスターリン批判から八月宗派事件、9月のソ中の朝鮮労働党への介入の挫折と金体制の確立を、ソ連、そして中国との関係を軸に再構成、検討。

◇金正日独裁国家の正体　斎藤一朗編　たま出版　2003.6　①4-8127-0166-X
＊北朝鮮極秘情報のすべては、この本から始まった。元側近高官が暴露した独裁の真実。

◇北朝鮮金日成は四人いた　李命英著　ベストセラーズ　（ワニ文庫）　2003.2　①4-584-39154-8
＊独裁者として北朝鮮に君臨し、悪魔の国をつくりあげた金日成主席。しかし、日本植民地下の朝鮮には、抗日の英雄といわれた「金日成」が四人いたという。それでは、血の粛清と鉄の制裁で北朝鮮を「恐怖の国」へと導いた金日成とは何者なのか―。「ニセ金日成」の素顔と北の欺瞞を暴く。

◇金日成は四人いた―北朝鮮のウソは、すべてここから始まっている！　李命英著　成甲書房　2000.10　①4-88086-108-1
＊対北楽観ムードを最後まで憂いながら、著者、李命英氏は逝った。その七十二年の生涯は、金父子の神格化崇拝と暗黒の独裁を糾弾し、北の欺瞞をあばくことに捧げられたものだ。本書は「キム・イルソン探しの旅」の精華、金日成実証研究の白眉である。

◇金日成回顧録―世紀とともに　7　抗日革命　7　金日成著,金日成回顧録翻訳出版委員会訳　雄山閣出版　1997.7　①4-639-01451-1,4-639-01157-1

◇金日成と金正日―革命神話と主体思想　徐大粛著,古田博司訳　岩波書店　（現代アジアの肖像）　1996.9　①4-00-004861-9

金日成

◇朝鮮近現代史における金日成　水野直樹，和田春樹共編　神戸学生青年センター出版部　1996.8　Ⓘ4-906460-29-1

◇金日成回顧録—世紀とともに　6　抗日革命　6　金日成回顧録翻訳出版委員会訳　雄山閣出版　1995.8　Ⓘ4-639-01301-9

◇輝かしい生涯　金福禄ほか編，張延姫ほか写真　朝鮮画報社　1995.6

◇朝鮮人物事典　木村誠，吉田光男，趙景達，馬淵貞利編　大和書房　1995.5　Ⓘ4-479-84035-4

◇金日成回顧録—世紀とともに　6　外国文出版社　1995

◇大いなる度量　李鎮寛著　外国文出版社　1995

◇金日成（キムイルソン）の遺言—元側近高官が暴露した独裁の真実　斎藤一朗編　たま出版　1994.9　Ⓘ4-88481-354-5

◇金日成回顧録—世紀とともに　5　抗日革命　5　1936.5-1937.3　金日成著，金日成回顧録翻訳出版委員会訳　雄山閣出版　1994.9　Ⓘ4-639-01254-3

◇小説金日成　上　李恒九著，萩原遼訳　文芸春秋　1994.9　Ⓘ4-16-315090-0
＊激変する国際情勢、生き残りを図る金日成父子と、北朝鮮人民の運命を、新事実を満載して描く迫真の同時進行ドキュメント・ノベル。

◇小説　金日成　下　李恒九著，萩原遼訳　文芸春秋　1994.9　Ⓘ4-16-315100-1
＊韓国で大ベストセラー。核開発、ミサイル試射…腹心を叱咤し戦争準備を急がせる金日成。そして「危険な後継者」金正日の知られざる素顔と北朝鮮の命運。

◇金日成権力の謎と死—元・秘書室長高鳳基の遺書　高鳳基著，金燦訳・解説　徳間書店　1994.8　Ⓘ4-19-860152-6

◇金日成回顧録—世紀とともに　4　金日成著，金日成回顧録翻訳出版委員会訳　雄山閣出版　1993.11　Ⓘ4-639-01201-2

◇北朝鮮崩壊　上　鄭乙炳著，尹学準，金潤訳　文芸春秋　1993.7　Ⓘ4-16-314080-8
＊「金日成親子がいるかぎり南北統一はない！」韓国・金大統領は独裁政権を打倒

すべく極秘作戦を発動した…。雄大なスケールで描くノンフィクションノベル。

◇北朝鮮崩壊　下　鄭乙炳著，尹学準，金潤訳　文芸春秋　1993.7　Ⓘ4-16-314090-5
＊独裁者、金日成・金正日の末路は？「ソウルを奇襲攻撃して南を混乱に陥れよ！」経済破綻と暴動、急を告げる政局。追いつめられた金正日は…。雄大なスケールで描くノンフィクションノベル。

◇ドキュメント　金日成の真実—英雄伝説「1912年〜1945年」を踏査する　恵谷治著　毎日新聞社　1993.4　Ⓘ4-620-30927-3

◇金日成回顧録—世紀とともに　3　1933.2—1935.2　金日成著，金日成回顧録翻訳出版委員会訳　雄山閣出版　1993.4　Ⓘ4-639-01155-5

◇金日成回顧録—世紀とともに　1　1912.4—1930.5　金日成著，金日成回顧録翻訳出版委員会訳　雄山閣出版　1992.10　Ⓘ4-639-01122-9

◇金日成回顧録—世紀とともに　2　1930.5—1933.2　金日成著，金日成回顧録翻訳出版委員会訳　雄山閣出版　1992.10　Ⓘ4-639-01123-7

◇作られた英雄・金日成—秘録・朝鮮民主主義人民共和国　韓国中央日報社特別取材班編，朴英秀訳　角川書店　1992.8　Ⓘ4-04-831007-0
＊"抗日闘争の伝説的闘士"金日成は、実際には対日解放戦には参加していなかった。そしてソ連極東軍の丹精こめられた"作品"金日成は、次第にライバルを蹴落とし、自らの権力を固めていく。劇的な新証言と綿密な取材にもとづいて、「金日成神話」の真実をあばきだす衝撃の記録。

◇金日成—その衝撃の実像　東亜日報，韓国日報編，黄民基訳　講談社　1992.4　Ⓘ4-06-205863-4
＊初めて明らかにされた「偉大なる首領」金日成の驚くべき素顔。北朝鮮最高指導者の本当の姿を知る朝鮮戦争の作戦局長と粛清の嵐を生きぬいた党高級政治委員による驚愕の第一級証言。人間・金日成の実像と北朝鮮現代史の秘密。

◇金日成と満州抗日戦争　和田春樹著　平凡社　1992.3　①4-582-45603-0
＊"遊撃隊国家"北朝鮮と、そのリーダー金日成は、いかにして形成されたか。生立ち～抗日戦争期を中心に、神話化のベールを越えて解明、中ソの新資料も駆使した決定版。

◇金日成調書―北朝鮮の支配者―その罪と罰　黄民基編　光文社　1992.3　①4-334-96057-X

◇金日成評伝〔新装版〕　許東粲著　亜紀書房　1992.2

◇金日成―その思想と支配体制　徐大粛著,林茂訳　御茶の水書房　1992.1　①4-275-01422-7
＊金日成の初めての正当な評伝。

◇証言 金日成との闘争記　朴甲東著　成甲書房　1991.11　①4-88086-067-0
＊北朝鮮がアプローチして来る。あなたは金日成主席の正体を知るや？ これは机上で書いたものでなく火を噴く実戦体験者のみが知る血と涙の叫びだ。

◇金日成主席の隠された経歴―20世紀最後の独裁者　李命英著　世界日報社　1991.9　①4-88201-046-1
＊北朝鮮の金日成主席とその一族の経歴は、偽物である。従って、北朝鮮の政権の歴史の背景は全くの虚構なのである。そうすると、彼らの実際の経歴はどういうものかという疑問が出てくる。本書は、これらの隠された歴史に対して真正面から取り組んだものである。

◇裏切られた革命―私はなぜ金日成主義批判を書くか　2版　林誠宏著　啓文社　1991.5　①4-7729-1401-3

▎**金正日**　キムジョンイル
1942～2011　20世紀、朝鮮の政治家。父である金日成の死後、共和国最高指導者となる。朝鮮労働党総書記・政治局常務委員、北朝鮮国防委員会委員長、朝鮮人民軍最高司令官・元帥。

◇金正日秘録―なぜ正恩体制は崩壊しないのか　李相哲著　産経新聞出版　2016.8　①978-4-8191-1288-8

◇女が動かす北朝鮮―金王朝三代「大奥」秘録　五味洋治著　文芸春秋（文春新書）2016.4　①978-4-16-661076-1

◇金正日の料理人―間近で見た独裁者の素顔　藤本健二著　扶桑社（扶桑社文庫）2008.12　①978-4-594-05846-3
＊こうして私は1987年8月の暑い日に、家族に見送られ成田を飛び立った。家族は、私が再び北朝鮮に、しかも3年間も行くということで、さすがに不安を隠せない様子だったが、私自身は違っていた。私の中には、何の不安もなかった。それどころか、北朝鮮に行けば、金正日はすぐまた私を呼び出すに違いない、そう確信さえしていた。しかし私は、その後自分の運命が180度変わることになろうとは、夢にも思っていなかったのである。日本人でありながら、金正日の専属料理人、そして友人として北朝鮮中枢で13年間を過ごした男の独占手記、待望の文庫化。

◇わが教え子、金正日に告ぐ―脱北エリート教授が暴く北朝鮮　金賢植著,菅野朋子訳　新潮社　2008.10　①978-4-10-509031-9
＊激しい権力争いに勝利した金正日が絶対君主となり、北朝鮮は生き地獄と化した―。相互批判が強要され疑心暗鬼が渦巻く職場、密告や検閲に怯える家庭生活、常に死と隣り合わせの日々…。低い出身階級から異例の出世を遂げ、首領一族の家庭教師も務めた著者が、間近で見た権力者の姿と支配される人民の苦悩を語った。

◇私は金正日の極私的ボディガードだった―戦慄の思想と驚愕の素顔　李英国著,李京栄訳・監修　講談社（講談社＋α文庫）2008.10　①978-4-06-281241-2
＊世界的最重要人物の警護官として最強を誇り、最高の待遇で11年間仕えていた男が突如逆賊とみなされ、悪魔の巣窟＝政治犯収容所に投獄された。そこで待っていたのは、人間を家畜以下のモノ扱いにする私刑、牛糞混じりのトウモロコシだけの食事…まさに生き地獄だった。「絶対に生き抜いてやる。"人間"として、ここから外に出るんだ！」人間を獣に作り変える"北社会"の知ら

れざる闇。頂点とドン底を経験した者だけが語れる全真相。

◇金正日の正体　重村智計著　講談社　（講談社現代新書）　2008.8
①978-4-06-287953-8
＊「死亡説」は本当か？「影武者」はいるのか？「後継者問題」のゆくえは？　北朝鮮最大の謎に迫る。

◇金正日を告発する―黄長燁の語る朝鮮半島の実相　久保田るり子編著　産経新聞出版　2008.2　①978-4-86306-047-0
＊国家予算の五割強を軍事費につぎ込み、ついに核開発に成功した金正日。崩壊寸前の金正日政権を援助する中国と韓国。現状維持に汲々としている米国。金正日の側近中の側近だった黄長燁（ファンジャンヨプ）氏が、亡命十年目にして語る赤裸々な金正日の正体。

◇北朝鮮「偉大な愛」の幻　上　ブラッドレー・マーティン著,朝倉和子訳　青灯社　2007.4　①978-4-86228-012-1
＊卓越した米国のジャーナリストが、金日成、金正日と北朝鮮国家にまつわる多くの謎を解く。金日成の満州やソ連領における抗日ゲリラ活動の真相とは？　魅力的な青年リーダーから巨大化する個人崇拝の道へと、いかにして変貌をとげたのか。ソ連からの干渉と決別、チュチェ思想誕生の経緯。50年代後半に韓国を上回った経済発展が70年代に逆転したのはなぜか。熾烈な権力闘争、北朝鮮の闇、金父子の私生活の実態―。ぼう大な資史料を徹底検証し、関係者や亡命者たちを取材、その証言を吟味して明かす北朝鮮の内幕。

◇金正日の愛と地獄　エリオット・J.シマ著　幻冬舎　（幻冬舎新書）　2007.3
①978-4-344-98029-7
＊愛した女の数は判明しているだけで14人、父・金日成と継母との仲を裂くため全国から美女を集め父に「愛人」を献上、長男・金正男に世界を舞台に数々の密命を遂行させ、身内であっても裏切り者は容赦なく処刑、大国を相手にしたたかな外交手腕を披露する…それが金正日だ。金王朝の王として、父として、外交家として、ひとりの男として、今まで明かされてこなかった独裁者の素顔を暴くセンセーショナルな一冊。

◇テポドンを抱いた金正日　鈴木琢磨著　文芸春秋　（文春新書）　2006.10
①4-16-660535-6
＊金正日の奇想天外、でまかせの発想の裏を読めずして、北朝鮮の正体はわからない。在日社会探訪で築いたディープな人脈と膨大な極秘資料によって明らかになった「真実」とは。

◇金正日伝　第3巻　朝鮮・金正日伝編纂委員会著,朝鮮外国文出版社訳,チュチェ思想国際研究所編　白峰社,星雲社〔発売〕　2006.4　①4-434-07833-X

◇金正日と高英姫―平壌と大阪を結ぶ「隠された血脈」　鈴木琢磨著　イースト・プレス　2005.4　①4-87257-559-8
＊かつて「大同山」を名乗る在日朝鮮人レスラーがいた。一家で北朝鮮に渡った彼は、金正日によって力道山に匹敵する英雄にまつり上げられる。そして万寿台芸術団の舞姫となった長女・高英姫も、金正日に見初められて愛妻の座に。やがて彼女は、わが子を後継者にすべく、候補者を次々と蹴落としていく…。厚いベールに覆われた金王朝の過去・現在・未来を活写する渾身のノンフィクション誕生。

◇金正日伝　第2巻　朝鮮・金正日伝編纂委員会著,チュチェ思想国際研究所編　白峰社,星雲社（発売）　2005.4
①4-434-06091-0

◇金正日徹底研究　宋奉善著,崔宇根訳　作品社　2005.2　①4-86182-018-9
＊韓国諜報機関が暴く倒錯の独裁者の全貌！　性格分析から全女性関係、さらには病死、暗殺の可能性から後継者問題まで、総力をあげた徹底分析。

◇金正日レポート―決定版　孫光柱著,裴淵弘訳　ランダムハウス講談社　2004.9
①4-270-00034-1

◇金正日の私生活―知られざる招待所の全貌　藤本健二著　扶桑社　2004.7
①4-594-04681-9

◇裸の金正日―絵解き一目でわかる！　鐸

金正日

木昌之，孫光柱監修，金昌烈編著　宝島社（別冊宝島）　2004.4　Ⓘ4-7966-3992-6

◇金正日伝　第1巻　朝鮮・金正日伝編纂委員会著，チュチェ思想国際研究所編　白峰社　2004.2　Ⓘ4-434-04165-7

◇金正日に暗殺された私　李韓永著，太刀川正樹訳・構成　広済堂出版　2003.9　Ⓘ4-331-51000-X
＊金正日・正男親子を知りすぎたために、銃撃された男の遺稿！　北朝鮮のロイヤルファミリーだった「私」が、金一族のプライベートを明かした独占手記。

◇金正日の料理人―間近で見た権力者の素顔　藤本健二著　扶桑社　2003.6　Ⓘ4-594-04106-X
＊独占手記。北朝鮮滞在13年、日本人の専属料理人は、そこで何を見たか！　世界的スクープ写真71点収録。

◇金正日独裁国家の正体　斎藤一朗編　たま出版　2003.6　Ⓘ4-8127-0166-X
＊北朝鮮極秘情報のすべては、この本から始まった。元側近高官が暴露した独裁の真実。

◇金正日が愛した女たち　李韓永著，浅田修訳　徳間書店　（徳間文庫）　2003.4　Ⓘ4-19-891868-6
＊北朝鮮映画界のトップ女優が金正日との間に正男を産んだとき、一族の運命は大きな変転をはじめた。百万ドルのバースデイ・プレゼント、夜毎の淫らな饗宴。正男の従兄として十年をその傍で過ごした著者が語る、金一族の虚飾の日々。

◇不肖・宮嶋金正日を狙え！　宮嶋茂樹著　文芸春秋　2003.4　Ⓘ4-16-359360-8
＊ズル剝け頭、がに股、短い足…これが真の将軍サマの姿だ！　美女軍団？　夜の接待組織？「喜び組」に接近遭遇！　北朝鮮の極秘事項の数々を不肖・宮嶋が世界的スクープ撮影。

◇「金正日」の真実―狡猾、滑稽な「将軍様」　辺真一著　小学館　（小学館文庫）　2003.1　Ⓘ4-09-403363-7
＊母を失い、転学を繰り返した孤独な幼・少年時代と、贅沢三昧の青年時代。そして、約束された出世の道を経て、人民に君臨する独裁者へ…。「へつらう部下

は寵愛する」「『満足組』は性的喜び、『幸福組』はマッサージ、『歌舞組』は歌や踊りで将軍様や幹部に奉仕する」「数か所の邸宅を持ち、毎日違う家にいる。警護担当局員も居所を知らない」「カラヤン以上の天才音楽家、映画の巨匠、卓越した理論家、超ベストセラー作家、そして北朝鮮の科学の父」!?…。本書は、神格化のベールに隠された「将軍様」を完全プロファイリング！　その実像と最新北朝鮮事情から日朝関係の行方をうらなう。

◇私は金正日の極私警護官だった―仮面に隠された戦慄、驚愕の素顔　李英国著，李京栄監訳　ブックマン社　2003.1　Ⓘ4-89308-525-5
＊著者は金正日の警護員として「奴隷主の楽園」で門番を務めた。そして、不屆きな奴隷を懲らしめる「地獄の収容所」の門をくぐった。天国と地獄の門を行き来した著者が北朝鮮の破壊神＝金正日を赤裸々に綴った一冊。

◇金正日、したたかで危険な実像　新版　朝鮮日報『月刊朝鮮』編著，黄民基訳　講談社　（講談社＋α文庫）　2002.11　Ⓘ4-06-256688-5
＊金正日の北朝鮮はやはり日本人を拉致していた！　公然と日本に潜入し、人さらいを奨励する国・北朝鮮の王様・金正日。国民を餓死させながら核開発を進める「悪の枢軸」を支配する、その独裁者の素顔に迫る。新版では、北朝鮮の元工作員・安明進のインタビューも加え、韓国一の月刊誌『月刊朝鮮』が、総力を挙げて金正日の正体を暴く。

◇恐るべき戦略家・金正日　武貞秀士著　PHP研究所　2001.7　Ⓘ4-569-61472-8
＊タブーを破る超・辛口の朝鮮半島情勢論。

◇金正日が愛した女たち―金正男の従兄が明かすロイヤルファミリーの豪奢な日々　李韓永著，浅田修訳　徳間書店　2001.6　Ⓘ4-19-861369-9
＊金正日・正男父子の真の姿と、金正日をめぐる女たちの熾烈な権力争いを活写した迫真のノンフィクション。

金正日

◇金正日(キムジョンイル)衝撃の実像　韓国・中央日報社編, 金燦訳　徳間書店（徳間文庫）　2000.12　①4-19-891416-8
＊北朝鮮を巡る状況はいま、大きく変わりつつある。その主役はもちろん金正日である。これまで多くのベールに包まれ、実像を捕らえることができなかったが、ここにきて韓国、中国、そしてアメリカを相手に見事な政治的手腕を発揮している。国際社会を手玉に取る感さえある金正日とは何者なのか。正確な情報で評価の高い韓国・中央日報社が、その人間像から最新の組織までを新たに追った、必読の一冊。

◇北朝鮮・その実像と軌跡―専門家が伝える政治・軍事・経済・対外関係　伊豆見元, 遠藤哲也, 小此木政夫, 小田川興, 小島末夫ほか著　高文研　1998.9　①4-87498-208-5
＊不確実な情報と、黒い疑惑に包まれた北朝鮮。その真実はどうなのか?!どこまでがわかっており、どこからが謎なのか？　この国を見守り続けてきた研究者・ジャーナリストが、事実に基づいて実態を明らかにし、歴史的背景の下、曲解と偏見を超えた視座を提供する。

◇金正日(キムジョンイル)の愛欲生活―「四人の妻」と「美女」選択システム　金賢植, 孫光柱著　光文社　（カッパ・ブックス）　1998.4　①4-334-00621-3
＊愛憎いりまじる金正日の私生活。金日成総合大学の恩師が明かす、韓国衝撃のベストセラー。

◇北朝鮮の延命戦争―金正日・出口なき逃亡路を読む　関川夏央, 恵谷治, NK会編　ネスコ, 文芸春秋〔発売〕　1998.3　①4-89036-970-8
＊亡命者証言の真相、拉致者の行方と将来、金正日・生誕の地神話のうそ、政治・経済、破綻の現在・過去・未来等々。

◇金正日誰も語らなかった謎と真実―北朝鮮最高指導者　金正日研究会責任編集　光進社　1997.12　①4-87761-006-5
＊1997年10月8日、金正日労働党総書記就任。名実ともに北朝鮮の最高指導者となった金正日の家族構成から趣味、政治スタイルに到るまで、秘密のベールに包まれてきた全ての謎が今明かされる！　完全プロファイリング。

◇金正日書記の人間像　許鋑著, 光明社編部訳　雄山閣出版　1997.7
①4-639-01452-X
＊チュチェ思想をもって突き進む、ひとりの国家の指導者が、いま世界の注目を集めている。その指導者の人となりを、朝鮮民主主義人民共和国はどのように描いているか。

◇金日成と金正日―革命神話と主体思想　徐大粛著, 古田博司訳　岩波書店　（現代アジアの肖像）　1996.9　①4-00-004861-9

◇平壌「十五号官邸」の抜け穴　李韓永著, 太刀川正樹訳・構成　ザ・マサダ　1996.9
①4-915977-29-3
＊叔母・成恵琳はなぜ夫・金正日を見限ったのか？　金正日夫人亡命の仕掛け人が綴る、亡命劇の舞台裏と「後継者・金正男」の素顔。

◇北朝鮮　破局への道―チュチェ型社会主義の病理　玉城素著　読売新聞社　1996.9
①4-643-96084-1
＊付・核開発に絡む日本からの戦略物資調達リポート。

◇金正日その指導者像―私家版　下　金南鎮著, 光明社編集部訳　光明社　1996.4

◇金正日その指導者像　下　金南鎮著, 光明社編集部訳　雄山閣出版　1996.4
①4-639-01345-0

◇金正日―その指導者像　上　金南鎮著, 光明社編集部訳　雄山閣出版社　1996.2
①4-639-01344-2
＊現代朝鮮の実像を浮き彫りにし、その未来像を解く。

◇金正日その指導者像―私家版　上　金南鎮著, 光明社編集部訳　光明社　1996.2

◇人民の指導者　金福禄ほか編, 張延姫ほか写真　朝鮮画報社　1995.6

◇朝鮮人物事典　木村誠, 吉田光男, 趙景達, 馬淵貞利編　大和書房　1995.5
①4-479-84035-4

◇金正日・北朝鮮権力の実像　恵谷治著　時事通信社　1995.3　①4-7887-9504-3

教科書に載った世界史人物800人　**135**

＊金日成急死の謎、権力継承の決着、内部対立の真相…。北朝鮮で今、何が起きているのか。

◇金正日略伝　在日本朝鮮人総聯合会中央常任委員会編著　雄山閣出版　1995.2
①4-639-01276-4
＊全世界から朝鮮民主主義人民共和国の新しい指導者として注目される金正日書記の激動50年の軌跡。その活動史をはじめ、語録・エピソードなども含め、最新の情報を紹介。

◇亡命高官の見た金正日―金王朝で何が起こっているのか？　犯罪的独裁国家・北朝鮮の終末シナリオを読む　高英煥著，池田菊敏訳　徳間書店　1995.2
①4-19-860246-8
＊金正日失脚。そして北朝鮮大崩壊へ。北朝鮮外交部エリート官僚が、第一級証言と分析で権力闘争が激化する金王朝の内幕を暴く。

◇偉大な人間金正日―逸話集　2　李一馥著　外国文出版社　1995

◇金正日（キムジョンイル）その衝撃の実像　朝鮮日報『月刊朝鮮』編，黄民基訳　講談社　1994.11　①4-06-207369-2

◇平壌の金さん、目安箱―北朝鮮と金正日氏への素朴な疑問99　白頭山に登る会編著　こーりん社　1994.11　①4-906489-04-4
＊真実は、これだ。謎の国家と指導者への疑問に迫る―。

◇列車の中で―金正日物語　小泉譲著　SBB出版会　1994.11
＊父や母の熱い血を受け、列車は革命の聖地・旺載山へと走る継続革命を担う若者たちが車中で明らかにする、朝鮮民族の運命の星　金正日の実像。

◇金正日入門―夢想国家の危険な指導者　池田菊敏著　東洋経済新報社　1994.10
①4-492-21064-2
＊北には多くの疑惑があります。その中でも、人権疑惑に厳しい目を向け、収容所の即時解放を叫びながら執筆活動をされる池田先生に神のご加護を。この本には北の真実があります。

◇金正日のすべて―ドキュメント　毎日新聞外信部編　毎日新聞社　1994.9
①4-620-31015-8

◇金正日の核と軍隊　李忠国著，文章煥訳　講談社　1994.9　①4-06-207238-6
＊「地上の楽園」だと信じ、人民軍の一兵士として働き、見た、聞いた北朝鮮の実態―金正日最高司令官は何を指令し、どこへ行こうとしているのか。亡命したエリート科学者の衝撃手記。

◇金正日の北朝鮮―核疑惑は本当に晴れたのか―核疑惑は本当に晴れたのか　金正日の人物像、政策、ブレーンたちは!?　松井茂著　光人社　1994.9　①4-7698-0692-2
＊新指導者金正日の出生・経歴・人物は。後継者争いの内幕は。政策とブレーンたちは。なぜ米朝会談は合意に達したのか。核兵器開発疑惑は本当にないのか。軽水炉供与が米朝に巨大な利権を生み、米朝会談のツケはすべて日本へ。一等々マスコミの報じない衝撃の最新諸情報。

◇金正日衝撃の実像―虚構の独裁者　韓国中央日報社編，金燦訳　徳間書店　1994.9
①4-19-860161-5

◇北朝鮮崩壊　上　鄭乙炳著，尹学準，金潤訳　文芸春秋　1993.7　①4-16-314080-8
＊「金日成親子がいるかぎり南北統一はない！」韓国・金大統領は独裁政権を打倒すべく極秘作戦を発動した…。雄大なスケールで描くノンフィクションノベル。

◇北朝鮮崩壊　下　鄭乙炳著，尹学準，金潤訳　文芸春秋　1993.7　①4-16-314090-5
＊独裁者、金日成・金正日の末路は？「ソウルを奇襲攻撃して南を混乱に陥れよ！」経済破綻と暴動、急を告げる政局。追いつめられた金正日は…。雄大なスケールで描くノンフィクションノベル。

◇人民の子、金正日―金正日書記生誕五十周年を祝して　名田隆司著　さらむ・さらん社　1992.2

▍**金大中**　キムデジュン

1925～2009　20世紀、韓国の政治家。1971年大統領選に敗れる。73年滞日中拉致され、国家保安法違反などで死刑判決を受けたが、最終審で無期刑へ減刑。82

年12月米国へ出国。97年第15代大統領に就任(在任1998〜2003)。新千年民主党総裁。2000年ノーベル平和賞。

◇韓国大統領実録　朴永圭著, 金重明訳　キネマ旬報社　2015.10
①978-4-87376-435-1

◇ノーベル賞受賞者業績事典—全部門855人　新訂第3版　ノーベル賞人名事典編集委員会編　日外アソシエーツ, 紀伊国屋書店〔発売〕　2013.1　①978-4-8169-2397-5
＊1901年ノーベル賞創設時から2012年までの各分野の受賞者、受賞団体を収録。平和賞・文学賞・物理学賞・化学賞・生理学医学賞・経済学賞受賞者835人、20団体の業績を詳しく紹介。受賞辞退者についても収録対象とし、本文中にその旨を記載した。経歴・受賞理由・著作・参考文献を一挙掲載。

◇金大中自伝　2　歴史を信じて　平和統一への道　金大中著, 波佐場清, 康宗憲訳　岩波書店　2011.2　①978-4-00-022582-3
＊会談の冒頭、金正日国防委員長が述べた。「金大統領ほか閣僚の皆さんは、困難で、不安な、恐ろしい道をやって来ました。しかし共産主義者にも道徳があり、私たちは同じ朝鮮民族です」金大中大統領が答えた。「私は初めから怖いもの知らずでした」その場の南と北の人たちがどっと笑った―。韓国大統領となった金大中は、この「奇跡」をどう実現したのか。自伝第2巻は、大統領時代を詳述(全二巻)。

◇金大中 仮面の裏側—元韓国情報部員の告発　金基三著, 荒木信子訳　草思社　2011.1　①978-4-7942-1792-9
＊苦節30年、1998年に念願の大統領の座を射止めた金大中は、次なる目標をノーベル平和賞と定め、政権レベルで受賞工作を開始する。ノーベル賞関係者に働きかけ、「太陽政策」を世界にアピールし、日本人拉致に関与した工作員を北に返還した。南北会談をピョンヤンで開くことが最後のひと押しだ。それは受賞のための「画期的な突破口」となるはずだった―。受賞工作の一端を担った元韓国情報部員が、南北会談を実現すべく金正日に15億ドルの"ワイロ"が送られ、結果として北朝鮮の核開発に手を貸したと告発。「民主化闘士」の仮面で糊塗された金大中の恐るべきマキャヴェリズムを鋭く批判する。朝鮮半島をめぐる危機の淵源を知るための重大証言である。

◇金大中自伝　1　死刑囚から大統領へ　民主化への道　金大中著, 波佐場清, 康宗憲訳　岩波書店　2011.1
①978-4-00-022581-6
＊激動の韓国現代史。軍政に最も憎まれ、数度にわたって死の淵に追い詰められながら、民主化と平和統一への意思を貫き、ついに大統領に上り詰めた人・金大中。その生涯は、朝鮮半島の緊張を解き、軍事政権の韓国から平和で民主的な韓国に作り替える苦難の道そのものだった。アジアにおける希有な政治家の自伝、第1巻(全二巻)。

◇金大中獄中書簡　新装版　金大中著, 和田春樹, 金学鉉, 高崎宗司訳　岩波書店　2009.11　①978-4-00-022575-5
＊金大中元大統領は、80年5月、全斗煥中将率いる戒厳軍による軍事クーデターにより連行され、内乱陰謀罪に問われ死刑判決を受け下獄した。2年半の獄中生活で家族に宛てた29通の書簡に込めた、極限状況の中での魂の告白。深い歴史認識と、鋭い現状分析を通して、金大中の人と思想が浮き彫りにされる。

◇夫・金大中(キムデジュン)とともに—苦難と栄光の回り舞台　李姫鎬著, 米津篤八訳　朝日新聞出版　2009.11
①978-4-02-250656-6
＊アメリカ留学経験を持つエリート女性が、ふたりの子供を抱えた民主化闘士と結婚、挙式後10日で夫の投獄。拉致、死刑判決、米国亡命を乗り越えた夫とともに歩んだ人生は、民主化を求めて闘った韓国の現代史そのものの物語だ。大統領府の台所事情、南北対話時の金正日書記長の横顔も、女性ならではの視点で詳細に綴る。09年8月、波乱の生涯を閉じた金大中氏のもうひとつの伝記でもある。貴重な証言も満載。金大中氏が深く敬愛した妻・李姫鎬自伝。

◇韓国現代史—大統領たちの栄光と蹉跌

木村幹著　中央公論新社　(中公新書)
2008.8　①978-4-12-101959-2

◇検証・拉致疑惑　栗田法和著　鹿砦社
2004.12　①4-8463-0580-5
＊本当に拉致はあったのか？　その虚実を実証的に徹底検証！　そして、歴史の闇から見えてくるものとは。

◇金大中韓国を破滅に導く男　李度珩著
草思社　2003.9　①4-7942-1242-9
＊「民主化の闘士」は、北朝鮮のエージェントだったのか？　疑惑の核心に迫る！　金大中大統領は、共産主義の浸透を防止あるいは反対するよりは、これを包容し、市場経済よりは社会主義経済体制を選ぶ政策を採った。その結果、北朝鮮の共産主義体制は崩壊寸前に生き延びたばかりか、強大な軍備をととのえることによって、韓国の安全はもとより、その同盟国であるアメリカの安全さえも脅かすことになった。日本の安全についてもいうまでもない。

◇朝鮮半島のいちばん長い日―南北首脳会談の真実　崔源起, 鄭昌鉉著, 福田恵介訳
東洋経済新報社　2002.4
①4-492-22219-7
＊歴史的な南北首脳会談の全容を見つめ直し、揺れ動く朝鮮半島情勢の今後を読み解く。首脳会談後の動きを描いた日本語版への書き下ろしを追加。

◇毎日あきれることばかり　三木睦子著
アートン　2001.7　①4-901006-22-3

◇金大中自伝―わが人生、わが道　金大中著, 金淳鎬訳　千早書房　2000.9
①4-88492-257-3

◇金大中大統領―民族の誇り指導者の資質
角間隆著　小学館　(小学館文庫)
2000.3　①4-09-403692-X

◇茨の道の向こうに―獄中の夫へ、祈りの書簡　李姫鎬著, 羅愛蘭訳　創童舎
1999.10　①4-915587-15-0
＊1980年11月21日から1981年12月31日まで、獄中にある夫、金大中氏に宛てた妻からの愛の手紙。

◇わたしの自叙伝―日本へのメッセージ
NHK取材班構成・訳, 金大中著　日本放送出版協会　1998.9　①4-14-080207-3

◇いくたびか死線を越えて―わが人生、わが道　金大中著, 金淳鎬訳　千早書房
1998.4　①4-88492-208-5

◇朝鮮人物事典　木村誠, 吉田光男, 趙景達, 馬淵貞利編　大和書房　1995.5
①4-479-84035-4

◇わたしの自叙伝―日本へのメッセージ
金大中著, NHK取材班構成・訳　日本放送出版協会　1995.3　①4-14-080207-3

◇勇気ある女（ひと）―金大中夫人回想記
李姫鎬著, 金貞淑訳　毎日新聞社
1994.11　①4-620-31020-4

◇新しき出発のために　金大中著, 金容権訳
朝日新聞社　1994.10　①4-02-256802-X

金泳三　キムヨンサム

1927〜2015　20世紀、韓国の政治家。第14代大統領（在任1993〜1998）。軍政下で朴正熙政権批判を続け、1993年に約30年ぶりの文民大統領に選出。

◇韓国大統領実録　朴永圭著, 金重明訳　キネマ旬報社　2015.10
①978-4-87376-435-1

◇金泳三（元大韓民国大統領）オーラルヒストリー　金泳三述　中京大学平成17年度特定研究助成「オーラル・メソッドによる戦後日韓関係に関する基礎的研究」
2006.3

◇金泳三回顧録―民主主義のための私の闘い2　金泳三述, 尹今連監訳, 尹今連, 平川裕美子訳　九州通訳ガイド協会　2002.4

◇金泳三回顧録―民主主義のための私の闘い3　金泳三述, 尹今連監訳, 大野博司, 金本貞美, 韓鉉順訳　九州通訳ガイド協会　2002.4

◇朝鮮人物事典　木村誠, 吉田光男, 趙景達, 馬淵貞利編　大和書房　1995.5
①4-479-84035-4

◇新韓国の創造　金泳三著, 姜尚求訳　東洋経済新報社　1994.2　①4-492-21058-X

◇金泳三―韓国現代史とともに歩む　小林慶二著　原書房　1992.10　①4-562-02384-8

＊韓国次期大統領最有力候補の実像。民主化宣言、ソウルオリンピック、南北朝鮮国連同時加盟とゆれ動く朝鮮半島の新時代を担う民主化闘争の旗手・金泳三の幼少時代から今日にいたるまでの足跡を長時間インタビューを含む最新取材で描く決定版。

キュリー夫妻
Curie, Pierre & Marie

（夫）1859〜1906，（妻）1867〜1934　19・20世紀、フランスの科学者夫妻。夫ピエール、妻マリーの2人。夫ピエールは1880年圧電気現象を発見。1903年夫妻でノーベル物理学賞受賞。妻マリーは1898年ポロニウムおよびラジウムを発見。1911年ノーベル化学賞を受賞。

◇世界にひかりをともした13人の女の子の物語　チェルシー・クリントン作，アレグザンドラ・ボイガー絵，西田佳子訳　潮出版社　2018.7　①978-4-267-02145-9
◇世界を変えた50人の女性科学者たち　レイチェル・イグノトフスキー著，野中モモ訳　創元社　2018.4　①978-4-422-40038-9
◇世界を変えた100人の女の子の物語—グッドナイトストーリーフォーレベルガールズ　エレナ・ファヴィッリ，フランチェスカ・カヴァッロ文，芹沢恵，高里ひろ訳　河出書房新社　2018.3　①978-4-309-27931-2
◇歴史を作った世界の五大科学者—ガリレイ・ニュートン・エジソン・キュリー・アインシュタイン　手塚治虫編　子どもの未来社　2018.1　①978-4-86412-130-9
◇マリー・キュリーの挑戦—科学・ジェンダー・戦争　改訂　川島慶子著　トランスビュー　2016.10　①978-4-7987-0162-2
◇マリー・キュリー—ノーベル賞を二回受賞した女性科学者　吉祥瑞枝監修，横馬場リョウ漫画，蛭海隆志シナリオ　集英社（集英社版・学習まんが　世界の伝記NEXT）　2016.7　①978-4-08-240070-5
◇世界を変えた10人の女性—お茶の水女子大学特別講義　池上彰著　文芸春秋（文春文庫）　2016.5　①978-4-16-790619-1

◇マリ・キュリー—放射能の研究に生涯をささげた科学者 科学者〈ポーランド〉　筑摩書房編集部著　筑摩書房（ちくま評伝シリーズ〈ポルトレ〉）　2015.10　①978-4-480-76638-0
◇人間臨終考　森達也著　小学館　2015.10　①978-4-09-388437-2
◇奇人・変人・大天才 19世紀・20世紀—ダーウィン、メンデル、パスツール、キュリー、アインシュタイン、その一生と研究　マイク・ゴールドスミス著，小川みなみ編訳　偕成社　2015.3　①978-4-03-533520-7
◇偉人は死ぬのも楽じゃない　ジョージア・ブラッグ著，梶山あゆみ訳　河出書房新社　2014.3　①978-4-309-25298-8
　＊ベートーヴェンは、体液を抜かれ、蒸し風呂に入れられて死んでいった!?ツタンカーメンからアインシュタインまで、医学が未発達な時代に、世界の偉人たちはどんな最期を遂げたのか？驚きいっぱいの異色偉人伝！
◇放射能—キュリー夫妻の愛と業績の予期せぬ影響　ローレン・レドニス著，徳永旻訳　国書刊行会　2013.11　①978-4-336-05757-0
　＊2度のノーベル賞受賞、レントゲン、放射線治療、ヒロシマ、スリーマイル、チェルノブイリ、そして…世界を変えたマリーとピエールと子供たちの物語。キュリー夫妻の私生活と研究、発見の光と影をアートと文で描いたアメリカの気鋭女性アーティスト渾身の作品。
◇ノーベル賞でたどる物理の歴史　小山慶太著　丸善出版　2013.10　①978-4-621-08710-7
◇世界を変えた10人の女性—お茶の水女子大学特別講義　池上彰著　文芸春秋　2013.7　①978-4-16-376450-4
◇神が愛した天才科学者たち　山田大隆著　角川学芸出版，角川グループパブリッシング〔発売〕（角川ソフィア文庫）　2013.3　①978-4-04-409446-1
◇革命児たちの仰天!?情熱人生　アンヌ・ブランシャール，フランシス・ミジオ著，セ

キュリー夫妻

◇ルジュ・ブロッシュ絵, 木山美穂訳　岩崎書店　2012.10　①978-4-265-85026-6

◇闘う物理学者！　竹内薫著　中央公論新社　(中公文庫)　2012.8
①978-4-12-205685-5

◇女たち。まっしぐら！　松島駿二郎著　冨山房インターナショナル　2011.8
①978-4-905194-18-7

◇ノーベル賞受賞者人物事典　物理学賞・化学賞　東京書籍編集部編　東京書籍　2010.12　①978-4-487-79677-9
＊ノーベル賞110年にわたる物理学賞・化学賞全受賞者の詳細な「生涯」と「業績」。人類の知的遺産の全貌をあますところなくとらえ、受賞者の人間像と学問的業績をわかりやすくまとめた一冊。

◇科学の偉人伝　白鳥敬著, 現代用語の基礎知識編　自由国民社　(おとなの楽習　偉人伝)　2010.9　①978-4-426-11081-9

◇病にも克った！　もう一つの「偉人・英雄」列伝―逆境は飛躍へのバネに　池永達夫著　コスモトゥーワン　2010.5
①978-4-87795-188-7

◇マリー・キュリーの挑戦―科学・ジェンダー・戦争　川島慶子著　トランスビュー　2010.4　①978-4-901510-89-9

◇歴史を生きた女性たち　第2巻　芸術・学問・教育の世界を切り拓いて　歴史教育者協議会編　汐文社　2010.3
①978-4-8113-8551-8

◇50人の物理学者　I.ジェイムズ著, 入江碧, 入江克則　シュプリンガー・ジャパン　2010.2　①978-4-431-10087-4

◇物理学天才列伝　下　プランク、ボーアからキュリー、ホーキングまで　ウィリアム・H.クロッパー著, 水谷淳訳　講談社　(ブルーバックス)　2009.12
①978-4-06-257664-2

◇X線からクォークまで―20世紀の物理学者たち　限定復刊　エミリオ・セグレ著, 久保亮五, 矢崎裕二訳　みすず書房　2009.9
①4-622-02466-7

◇歴史が語る恋の嵐　中野京子著　角川書店, 角川グループパブリッシング〔発売〕 (角川文庫)　2009.2
①978-4-04-394001-1

◇怒れる女たち　八坂裕子著　ホーム社, 集英社〔発売〕　2008.10
①978-4-8342-5147-0

◇マリー・キュリー――新しい自然の力の発見　ナオミ・パサコフ著, 西田美緒子訳　大月書店　(オックスフォード科学の肖像)　2007.9　①978-4-272-44045-0
＊1903年、夫ピエールとともにノーベル賞受賞。38歳で夫と死別後巻き起こったスキャンダル報道とバッシング。世界初二度目のノーベル賞受賞。新資料をもとに、アインシュタインやラザフォードなどの科学者との交流、歴史的背景にもふれながら、その生涯と業績をわかりやすく伝える新しい評伝。

◇若き天才からのヒント　芹沢俊介著　中経出版　(中経の文庫)　2007.6
①978-4-8061-2726-0

◇マリー・キュリー――フラスコの中の闇と光　バーバラ・ゴールドスミス著, 小川真理子監修, 竹内喜訳　WAVE出版　(グレート・ディスカバリーズ)　2007.5
①978-4-87290-289-1
＊科学者としてのキャリアと家庭の間で悩み、研究を続けるための予算獲得に苦心し、男性中心の科学界で奮闘するマリー…。「キュリー夫人」という神話に隠された、真のマリー・キュリー像が浮かび上がる。

◇ヘウレーカ！　ひらめきの瞬間―誰も知らなかった科学者の逸話集　ウォルター・グラットザー著, 安藤喬志, 井山弘幸訳　化学同人　2006.5　①4-7598-1053-6
＊笑い話から感動話まで天才たちの181のエピソード。誰も知らなかった科学者たちの逸話集。

◇キュリー夫人伝　エーヴ・キュリー著, 河野万里子訳　白水社　2006.4
①4-560-02613-0
＊強い信念とたゆまぬ努力によって二度のノーベル賞に輝いた、女性科学者の比類なき生涯。

◇人物で語る物理入門　下　米沢富美子著　岩波書店　(岩波新書)　2006.3

◇キュリー夫妻

①4-00-430981-6
◇科学者キュリー　セアラ・ドライ著，増田珠子訳　青土社　2005.5
①4-7917-6181-2
＊男中心のパリ科学界の権威的抑圧、ポーランド出身のハンディをはねのけ、徹底して闘うマリー。女性初・二度のノーベル賞受賞の偉業のかげに何があったのか。女として、母として、そして不屈の精神の持ち主として、知られざる事実を活写しその素顔に迫る—。

◇世界女性人名事典—歴史の中の女性たち　世界女性人名事典編集委員会編　日外アソシエーツ，紀伊国屋書店〔発売〕　2004.10　①4-8169-1800-0

◇恋に死す　中野京子著　清流出版　2003.12　①4-86029-058-5

◇現代物理学の扉を開いた人たち—竹内均・知と感銘の世界　竹内均著　ニュートンプレス　2003.3　①4-315-51679-1

◇人物化学史—パラケルススからポーリングまで　島尾永康著　朝倉書店（科学史ライブラリー）　2002.11　①4-254-10577-0

◇二十世紀を変えた女たち—キュリー夫人、シャネル、ボーヴォワール、シモーヌ・ヴェイユ　安達正勝著　白水社　2000.7
①4-560-02824-9

◇マリー・キュリー　1　スーザン・クイン著，田中京子訳　みすず書房　1999.11
①4-622-03670-3
＊ラジウム発見から100年、夫妻二人の放射能発見に対してノーベル物理学賞が贈られ、マリーは1911年に単独で、放射性元素の発見に対する二度目の賞（化学賞）を受けた。女性初のノーベル賞受賞であり、再度の受賞例はほかにない。本書では近年初公開の資料—夫ピエールの死後一年間にわたるマリーの日記や、同僚の科学者ランジュヴァンとの恋愛スキャンダルに際した友人たちの証言集などが駆使される一方、従来の資料にも新たな息吹がふきこまれ、時代背景と科学界のこまやかな描写とともに、あふれるばかりに感情ゆたかなマリー像が生涯にわたって再現される。

◇マリー・キュリー　2　スーザン・クイン著，田中京子訳　みすず書房　1999.11
①4-622-03671-1
＊最愛の夫、最高の共同研究者だったピエールを失って悲しみに沈むマリーが、ある晩、突然若やいで現われる。かすかな春の気配のように、しかし、あとには厳しい試練が待ち受けていた。フランス科学アカデミーからの拒絶、さらに同僚の科学者ポール・ランジュヴァンとの恋愛スキャンダル、二度目のノーベル賞さえも、マリーの断固たる姿勢がなければ受賞は危うかった。それでも、マリーは不死鳥のように蘇る。マリーの業績ほどには知られないその敗北と屈辱をとらえ、科学者としての偉大さが献身的努力によりも、放射能は元素固有の「原子的性質」であると確信した鋭い洞察にあることを示し、「マリー・キュリー神話」の創出を追いつつ感動的なラストシーンまで、クインの筆は一気に進められる。

◇巨人の肩に乗って—現代科学の気鋭、偉大なる先人を語る　メルヴィン・ブラッグ著，熊谷千寿訳，長谷川真理子解説　翔泳社　1999.10　①4-88135-788-3
＊実は、地動説の証拠をまったく摑んでいなかったガリレオ。両親と非常に不仲で、焼き殺したいとさえ書いていたニュートン。「革命に科学者は要らず」の言葉と共に断頭台の露と消えたラボアジェ。製本職人から、英国で最も偉大な自然哲学者へと上りつめたファラデー。橋がないことに気付かないほど、抽象世界を彷徨ったポアンカレ。不倫スキャンダルに関して、ノーベル賞委員会と争ったキュリー夫人。現代科学の巨人が贈る、12人の偉人の知られざる姿。

◇男装の科学者たち—ヒュパティアからマリー・キュリーへ　マーガレット・アーリク著，上平初穂，上平恒，荒川泓訳　北海道大学図書刊行会　1999.5
①4-8329-7221-9
＊科学者を志す女性が克服してきた不当な差別や偏見の実例と背景を丹念に追求。古代から19世紀にいたる男装の科学者たちの役割を発掘・検証する。

◇キュリー夫人伝　新装版　エーヴ・キュリー著,川口篤,河盛好蔵,杉捷夫,本田喜代治共訳　白水社　1998.12
①4-560-02937-7
＊ラジウムの発見者として世界的に有名な科学者であったばかりか、聡明な娘、良き妻、いつくしみ深い母でもあった崇高な女性の物語。

◇こうして始まった20世紀の物理学　西尾成子著　裳華房　（ポピュラー・サイエンス）　1997.11　①4-7853-8677-0

◇ノーベル・フラウエン―素顔の女性科学者　ウラ・フェルシング著,田沢仁,松本友孝訳　学会出版センター　1996.11
①4-7622-0839-6
＊著者は、それぞれまったく異なった経歴を辿って超エリートにまで上り詰めた女性ノーベル賞受賞者の肖像を描き出すとともに、彼女たちとほとんど同じレベルの業績をあげながら、ノーベル賞の授与に当たっては同僚の男性に有利に働いて賞を逸した女性たちにも、スポットを当てている。そして、これら14名の女性たちの経歴を綿密に調査して、彼女たちが遭遇した学問上および職業上の諸々の困難を描きながら、彼女らの学問的業績を述べる。

◇お母さん、ノーベル賞をもらう―科学を愛した14人の素敵な生き方　シャロン・バーチュ・マグレイン著,中村友子訳　工作舎　1996.9　①4-87502-270-0
＊プラス思考で生きる法！中村桂子・子母娘がすべての女性に贈る！20世紀の大発見をなしとげた女性科学者の生い立ち、愛、仕事の喜び。女は結婚して家庭に入るのが当たり前、まして科学など、女にはできっこないとされた社会通念にさからって、科学を生涯の仕事に選び、ノーベル賞級の成果をあげた女性たち。14人の生き方は、とてもユニーク。だけど、どこかあなたにも良く似ている。

◇世界人物逸話大事典　朝倉治彦,三浦一郎編　角川書店　1996.6　①4-04-031900-1
＊歴史上の人物の生き生きとした人間像を伝えるエピソードを多数紹介する事典。日本人によく知られた人物1883名を見出しに掲載。

◇マリー・キュリー―激動の時代に生きた女性科学者の素顔　桜井邦朋著　地人書館　1995.7　①4-8052-0494-X
＊本書は、世界の「偉人」としての面のみが強調される「キュリー夫人」の生涯を、現代に生きる一物理学者の冷静な目で追っている。当時の科学者の中でマリー・キュリーはどういう立場にあったのか、また、周囲の人々とどんな人間関係を保っていたのか、彼女の科学的業績は何によって生み出されたものなのだろうか。中学時代に『キュリー夫人伝』を読み、現代物理学の歴史とマリー・キュリーの関わりに関心を持ち続けてきた著者が自身の見解を織り込みながら彼女の生き方を時代の中に位置づける。

◇世界の伝記　11　キュリー夫人　山主敏子著　ぎょうせい　1995.2
①4-324-04388-4

◇悪妻は六十年の不作か？　日本テレビ放送網　（知ってるつもり?!）　1994.8
①4-8203-9419-3
＊良妻・悪妻の二面をもつ妻たち。妻たる女性から見る夫婦論。

◇キュリー夫人　オルギェルト・ヴォウチェク著,小原いせ子訳　恒文社　1993.7
①4-7704-0777-7
＊1898年12月のパリ―20世紀の命運を決定した放射性元素ラジウムがポーランドの一女性によって発見された。外国人、女性、貧困という2重3重の困難を克服して、祖国愛を人類愛へと昇華したマリア・スクウォドフスカ＝キュリーの正伝を、21世紀をになう日本の若き読者に贈る。

◇キュリー夫人の生涯　谷口敬著　桜桃書房　（スーパーノーベル賞物語）　1992.12
①4-87183-979-6

◇赤い楯―ロスチャイルドの謎　下　広瀬隆著　集英社　1991.11　①4-08-772817-X
＊全世界のジャーナリズムと諜報機関を育てた集団が、じつは同じ系譜にまとまる一族であったため、欧米のジャーナリズムはひとつのタブーを避け事件を報道し、歴史を記録してきたという

重大な疑惑がある。ヘップバーン、グレイス・ケリー、バルドー…。華麗な映画界の裏にみえるスターの素顔。湾岸戦争に踏みきったベーカー国務長官の素姓と多国籍軍を組織したイスラエル人脈とは？現在もなお金融支配のもとで進行する数々の政治的策謀を明らかにする3000枚におよぶ大調査。経営者・サラリーマン・学生にとって必読の書。

キュリロス　Kyrillos
827～869　9世紀、ギリシアの神学者、言語学者、聖人。「スラブの使徒」と称せられる。

◇キリール文字の誕生—スラヴ文化の礎を築いた人たち　原求作著　上智大学出版，ぎょうせい〔発売〕　2014.3
①978-4-324-09739-7
＊現在、ロシアや東欧諸国で使われているロシア文字、「キリール文字」誕生までの壮大なストーリー。キリール文字の創始者キリール、メフォージイ兄弟。その波乱にみちた生涯を激動のヨーロッパ史の中に紡ぐ。

◇物語チェコの歴史—森と高原と古城の国　薩摩秀登著　中央公論新社　（中公新書）2006.3　①4-12-101838-9

キュロス2世　Kyros Ⅱ
前600頃～前529　前6世紀、古代アケメネス朝ペルシアの王（在位前559～530）。有史以来最大の帝国を築いた。

◇ユーラシア文明とシルクロード—ペルシア帝国とアレクサンドロス大王の謎　児島建次郎，山田勝久，森谷公俊著　雄山閣　2016.6　①978-4-639-02427-9

堯　ぎょう
年代不詳　古代、中国、伝説上の聖王。三皇五帝のうちの一人。名は放勲。天文暦法を制定。治水に舜を起用し、のち位を舜に譲った。理想的君主の典型と考えられた。

◇中国おもしろ英傑伝　芝豪著　明治書院（学びやぶっく）　2009.5
①978-4-625-68417-3

◇世界伝記大事典　日本・朝鮮・中国 1～6　編集代表：桑原武夫　ほるぷ出版　1978.7

ギヨーム　Guillaume
⇒ウィリアム1世（ノルマンディー公）

金玉均　きんぎょくきん
1851～1894　キムオッキュンとも。19世紀、李氏朝鮮末期の開明的政治家。号は古筠。甲申政変（京城事変）に失敗、日本に亡命。著書は「箕和近事」「甲申日録」「治道略論」など。

◇アジア英雄伝—日本人なら知っておきたい25人の志士たち　坪内隆彦著　展転社　2008.11　①978-4-88656-328-6

◇開化派リーダーたちの日本亡命—金玉均・朴泳孝・徐載弼の足跡を辿る　姜健栄著　朱鳥社，星雲社（発売）　2006.1
①4-434-07369-9
＊李朝末期、近代化を目指して立ち上がった愛国の志士たち。甲申政変失敗後、再起を期した亡命先日本での波乱の半生を追う。—「KOREA TODAY」誌連載論文。

◇金玉均と日本—その滞日の軌跡　増補新版　琴秉洞著　緑蔭書房　2001.3
①4-89774-248-X

◇嫌韓反日の構造　望月幹夫，林永春編著，尹大辰訳　白帝社　1997.8
①4-89174-306-9
＊なぜ、反日感情が強まるのか。嫌韓反日は、一部の政治家、マスコミ、識者が煽ったものだ。日韓両国民は友好を望んでいる。

◇「日帝」だけでは歴史は語れない—反日の源流を検証する　呉善花著　三交社　1997.6　①4-87919-565-0
＊韓国人の反日感情。それは植民地支配への恨みからではない。根本にあるのは、現代韓国に亡霊のように生きつづける、李朝特有の小中華主義と日本蔑視観である—。そうした観点から、近代日韓関係を徹底的に見つめなおし、日本と提携して朝鮮にクーデターを起こした金玉均らの足跡に大きな照明をあてる。

◇朝鮮人物事典　木村誠, 吉田光男, 趙景達, 馬淵貞利編　大和書房　1995.5
ⓘ4-479-84035-4

◇金玉均と日本―その滞日の軌跡　琴秉洞著　緑蔭書房　1991.7

キング牧師

King, Martin Luther, Jr.
1929～1968　キング, マーティン・ルーサーとも。20世紀、アメリカの黒人牧師、人種差別撤廃運動家。ノーベル平和賞受賞（1964）。

◇マーティン・ルーサー・キング―非暴力の闘士　黒崎真著　岩波書店　（岩波新書新赤版）　2018.3　ⓘ978-4-00-431711-1

◇マーティン＝L＝キング　新装版　梶原寿著　清水書院　（Century Books 人と思想）　2016.2　ⓘ978-4-389-42104-5

◇図説世界史を変えた50の指導者（リーダー）　チャールズ・フィリップス著、月谷真紀訳　原書房　2016.2
ⓘ978-4-562-05250-9

◇革命児たちの仰天!?情熱人生　アンヌ・ブランシャール、フランシス・ミジオ著、セルジュ・ブロッシュ絵、木山美穂訳　岩崎書店　2012.10　ⓘ978-4-265-85026-6

◇マーティン・ルーサー・キング―共生社会を求めた牧師　梶原寿著　日本キリスト教団出版局　（ひかりをかかげて）　2012.7　ⓘ978-4-8184-0827-2

◇偉人たちの黒歴史　偉人の謎研究会編　彩図社　2011.12　ⓘ978-4-88392-828-6

◇はじめてのキング牧師　R.バロウ著、山下慶親訳　教文館　2011.8
ⓘ978-4-7642-6688-9
＊キング牧師は、いったいどんな人間だったのか？彼の非暴力思想はどこから来たのか？はじめて学ぶ人に最適な入門書。

◇キング牧師と文鮮明師―人類一家族の夢を追って　山本秀明編著　創芸社　2011.8　ⓘ978-4-88144-143-5
＊公民権運動も統一運動も宗教者が起こした運動であり、人類は人種、民族、宗教を超えて一家族であるとの信念に出発点を置いています。キング牧師から文鮮明師へ松明のリレー。

◇歴史を震撼させた暗殺事件　小田桐一著　彩図社　2010.6　ⓘ978-4-88392-740-1

◇世界を変える非暴力―暴力連鎖は人類の破滅だ。今こそ非暴力を!!　阿木幸男文、橋本勝イラスト　現代書館　（FOR BEGINNERSシリーズ）　2010.3
ⓘ978-4-7684-0105-7
＊世界各地の非暴力で変革しようとした実践、考え方を紹介。DVDの内容は、ガンジーとキング牧師の行動ドキュメンタリー。

◇ボンヘッファーとキング―抵抗に生きたキリスト者　J.ディオティス・ロバーツ著、島田由紀訳　日本キリスト教団出版局　2008.11　ⓘ978-4-8184-0689-6

◇人物アメリカ史　下　ロデリック・ナッシュ, グレゴリー・グレイヴズ著、足立康訳　講談社　（講談社学術文庫）　2007.9
ⓘ978-4-06-159834-8

◇非暴力―武器を持たない闘士たち　マーク・カーランスキー著、小林朋則訳　ランダムハウス講談社　（クロノス選書）　2007.8　ⓘ978-4-270-00236-0
＊武力を捨て、戦争を放棄する非暴力という思想は平和を讃えるだけの空虚な理想主義ではない。それは既存の秩序を根底から揺るがす危険で有効な戦略なのだ。イエス・キリストに始まりガンディーやキング牧師に至るまで権力と密接に結びついた暴力に対し非武装・無抵抗で立ち向かった者たちの果敢な挑戦の歴史を振り返り「戦争のない世界」を実現する可能性を探る。

◇私には夢がある―キング牧師フォト・ドキュメント　チャールズ・ジョンソン, ボブ・エイデルマン編、山下慶親訳　日本キリスト教団出版局　2005.10
ⓘ4-8184-0578-7

◇20世紀のアメリカ黒人指導者　ジョン・ホープ・フランクリン, オーガスト・マイヤー編、大類久恵, 落合明子訳　明石書店　（明石ライブラリー）　2005.4

①4-7503-2083-8

◇マーティン・ルーサー・キング　マーシャル・フレイディ著，福田敬子訳　岩波書店（ペンギン評伝双書）　2004.2
①4-00-026770-1

◇非暴力思想の研究―ガンディーとキング　ウィリアム＝T＝ランドール著，儀部景俊，比嘉長簾，新垣誠正共訳　編集工房東洋企画　2002.2　①4-938984-22-9

◇アメリカをたぐる―米国本土48州，牧師夫婦の車旅　山本将信，山本愛子編著　ハイネ社，丸善出版事業部〔発売〕1997.11　①4-938821-06-0

◇Martin Luther King―我ら勝利する日まで　ナンシー・シュッカー著，瀬戸毅義訳　燦葉出版社　1996.11　①4-87925-029-5

◇夢か悪夢か・キング牧師とマルコムX　ジェイムズ・H.コーン著，梶原寿訳　日本基督教団出版局　1996.4
①4-8184-0250-8
＊現代アメリカ史を書き換えた二人の黒人解放運動指導者。その思想と行動のドキュメント。

◇キング牧師とマルコムX　上坂昇著　講談社（講談社現代新書）　1994.12
①4-06-149231-4

◇キング牧師とその時代　猿谷要著　日本放送出版協会（NHKブックス）　1994.5
①4-14-001699-X
＊自由と平等をうたう国家に溢れていた人種差別と不平等―大きな夢と力強い言葉，そして非暴力の闘いが人々の心を揺さぶり，変革の嵐を巻き起こした激動の一時代。

◇キング牧師の言葉　コレッタ・スコット・キング編，梶原寿，石井美恵子訳　日本基督教団出版局　1993.12　①4-8184-0170-6
＊凶弾に倒れて25年。アメリカ南部での黒人解放運動を人間解放のための普遍的闘いの深みへと展開し，ノーベル平和賞を受賞したキング牧師の哲学と思想の「生きる記念碑」。

◇苦悩するリーダーたち　日本テレビ放送網（知ってるつもり?!）　1993.6
①4-8203-9305-7

＊人は，誰でも懸命に生きている。そのあたりまえの生き方のなかに人をハットさせる〈輝き〉をもっているのだ。知っているつもりになっているだけではわからない，生き方のふしぎにせまる。

◇白と黒のアメリカ―キング牧師の闘争と夢の記録　小西慶太著　メディアファクトリー　(The LIFE STORY)　1993.3
①4-88991-291-6
＊マルコムXやロス暴動などブラック・パワーが注目されている今日，もう1度それらの原点とも言える60年代の公民権運動指導者マーティン・ルーサー・キング牧師の孤独な闘争を追跡する感動の記録。

◇マーティン・L・キング　梶原寿著　清水書院　(Century Books)　1991.11
①4-389-41104-7
＊キングがその生涯の最後に目ざしたものは，物指向のアメリカ社会の構造と価値観を根底から覆して，人間指向の「愛の共同体」に再創造することであった。いったいキングにおけるこのラディカリズムの源泉は何であろうか。本書はこの秘密に，あらゆる危機の時に彼を根底から支えた奴隷制以来の黒人キリスト教の信仰伝統に視点を据えながら，迫ろうとする企てである。そして彼の抱いた夢が，単なるアメリカの夢を越えた人類の夢でもあることを説明する。

欽宗（宋）　きんそう

1100〜1161　12世紀，中国，北宋最後の第9代皇帝（在位1125〜1127）。姓名は趙桓，父は第8代徽宗皇帝。

◇中国歴代皇帝人物事典　岡崎由美，王敏監修　河出書房新社　1999.2
①4-309-22342-7
＊秦の始皇帝，前漢の劉邦，新の王莽，魏の曹丕，隋の煬帝，唐の李世民，元のフビライ，明の朱元璋，清の康熙帝など，中国歴代王朝の皇帝を紹介した人物事典。后妃・公主・宗室なども収録し，歴代宮都・陵墓も掲載。中国史重要人物索引付き。

【く】

グスタフ・アドルフ
Gustav Ⅱ Adolf
1594～1632　グスタフ2世とも。16・17世紀、スウェーデン王（在位1611～1632）。カルル9世の子。

◇世界史の名将たち　新版　B.H.リデルハート著，森沢亀鶴訳　原書房　2010.1
①978-4-562-04516-7

◇名将たちの戦場　柘植久慶著　中央公論新社　（中公文庫）　2003.11
①4-12-204288-7

◇グスタヴ・アドルフの歩兵―北方の獅子と三十年戦争　リチャード・ブレジンスキー著，リチャード・フック，リチャード・ブレジンスキー彩色画，小林純子訳　新紀元社　（オスプレイ・メンアットアームズ・シリーズ）　2001.6　①4-88317-881-1

クック　Cook, James
1728～1779　18世紀、イギリスの探検家。通称キャプテン・クック。

◇キャプテン・クックの列聖―太平洋におけるヨーロッパ神話の生成　ガナナート・オベーセーカラ著，中村忠男訳　みすず書房　2015.5　①978-4-622-07860-9

◇キャプテン・クック―世紀の大航海者　フランク・マクリン著，日暮雅通訳　東洋書林　2013.3　①978-4-88721-809-3
＊厳然とした階級社会のなか、腕と才覚のみを頼りに名高い探検家へと駆け上がったキャプテン・ジェイムズ・クックの決定的評伝。極貧の生い立ちと徒弟時代、海軍測量士として頭角を現した後の二度にわたる世界周航でつかんだ栄光、博物学の偉人たちとの邂逅と反目、そして三度目の航海で迎える酷薄な最期までの五十年を、一個の十八世紀人の細密な肖像として圧倒的ボリュームでつづる。

◇青い地図―キャプテン・クックを追いかけて　上　トニー・ホルヴィッツ著，山本光伸訳　バジリコ　2003.12
①4-901784-31-5
＊地球が宇宙であった頃、未知の大海に挑んだ海のフロンティアたちの、厳しくも眩しい輝ける航跡。大航海時代末期のキャプテン・クックの足跡をたどる、21世紀の探検航海記。ピューリッツァー賞作家による全米ベストセラー冒険紀行。

◇青い地図―キャプテン・クックを追いかけて　下　トニー・ホルヴィッツ著，山本光伸訳　バジリコ　2003.12
①4-901784-32-3
＊大海と人間に正面から挑んだ大航海者クックの、驚嘆と興奮にみちた黄金の探検航海。冒険をしなくなった大人にささげる21世紀の探検航海記。ピューリッツァー賞作家による全米ベストセラー冒険紀行。

◇船がゆく―キャプテン・クック支配の航跡　多木浩二著　新書館　1998.12
①4-403-12004-0
＊キャプテン・クック（1728－79）の太平洋探険航海のなかに西欧近代の知の、国家の、力の変容を読み解いてゆく本書はまったく新しい歴史であり、思想であり、文学である―。

◇キャプテン ジェイムス・クックの生涯　J.C.ビーグルホール著，佐藤皓三訳　成山堂書店　1998.4　①4-425-95301-0
＊地球を舞台にした探険競争にイギリス王室が夢を託した切り札は、農場の日雇い労働者の息子として生まれながら、ロイヤル・ネービーの艦長に駆け上ったジェイムズ・クック。1768年以降、3回の探険航海を率いて世界地図の空白部分を埋めていったが、それは同時に「南の大陸」伝説の崩壊だった。そして彼もまた太平洋で壮絶な死を迎える。沈着冷静にして大胆、科学的な航海で克明な報告書を残した反面、クックは個人的感情、私生活の記録をほとんど残さなかった。その中で「クック研究者のバイブル」とよばれた原書を、クックと同じ海を航海してきた現役船長が翻訳。

◇大航海時代の風雲児たち　飯島幸人著

成山堂書店　1995.5　ⓟ4-425-94521-2
◇太平洋探検史―幻の大陸を求めて　エティエンヌ・タイユミット著，中村健一訳　(大阪)創元社　(「知の再発見」双書)　1993.12　ⓟ4-422-21083-1
＊本書は，マゼランからダンピアまでの16―17世紀の航海について前置きしたのち，18世紀の航海者の中から，ブーガンヴィル，クック，ラペルーズの3人を選んで詳述した。要領のいい太平洋探検史である。巻末には彼らの航海資料からの抜粋があり，さらに19世紀以後のゴーガン，メルヴィル，スティーヴンスン，マーク・トゥエイン，ジャック・ロンドン，ピエル・ロティ，マティス等の太平洋に関する文章が集められている。
◇歴史の島々　マーシャル・サーリンズ著，山本真鳥訳　法政大学出版局　(叢書・ウニベルシタス)　1993.10
ⓟ4-588-00413-1
＊クック船長の神格化とその死のミステリーを軸に，フィジーやマオリの白人接触時代について，外来王について，ポリネシアの島々を舞台に展開する，構造主義的歴史人類学。
◇キャプテン・クック―科学的太平洋探検　ジョン・バロウ編，荒正人，ジョン・植松みどり訳，バロウ編，原書房　(大航海者の世界)　1992.10　ⓟ4-562-02305-8
＊スペースシャトル『エンデヴァー』の名に見られるように，18世紀のクックの航海の記憶はいまもなお生きつづけている。太平洋の島々の発見，数々の困難とその克服，原住民との交流など，その3回にわたる探検航海を，クック自身の航海日誌をもとに生き生きと再現する。
◇現代ニュージーランド―その歴史を創った人びと　増補版　地引嘉博著　サイマル出版会　1991.8　ⓟ4-377-30902-1
＊緑なす島ニュージーランドと日本の交流が，急速に深まっている。現代ニュージーランド発展を跡づけた全体像。不屈の精神と旺盛な冒険心で，ニュージーランドを創った人びとの物語。歴史と風土と国民性を描いた待望の案内書。
◇帆船史話　王国の海賊編　杉浦昭典著　舵社，舵エンタープライズ〔発売〕1991.5　ⓟ4-8072-3203-7
＊船の歴史から説き起こし，十五世紀にはじまった大航海時代，海軍の起源，成長にともなうさまざまな大戦を経て，世界をまたにかけた海賊の時代までをたどる。ヨーロッパを舞台にして帆船の歩みをたて糸として，その社会の変遷と発展をよこ糸に織り込みながら，海の世紀を浮き彫りにした好著。

屈原　くつげん
前340頃～前278頃　前4・3世紀，中国，戦国時代楚の詩人，政治家。本名，平。原は字。三閭大夫として楚の内政外交に活躍。
◇戦国名臣列伝　宮城谷昌光著　文芸春秋　2005.11　ⓟ4-16-324450-6
◇「史記」の人物列伝　狩野直禎著　学陽書房　(人物文庫)　1998.10
ⓟ4-313-75058-4
＊始皇帝の暗殺に向かう刺客荊軻の悲壮美，項羽と劉邦の統率力の違い，知謀の男張良と陳平，人の見抜き方，組織の上昇方法，権力の恐ろしさ，派閥の消長，保身術，名将李広の自然ににじみ出る人望など，「史記」に描かれた多様な人間模様とその生き方を，人物ごとに描き出した名篇。
◇楚辞　藤野岩友著　集英社　(漢詩選)　1996.12　ⓟ4-08-156103-6
＊戦国末期に，南方揚子江流域の楚の国に，愛国詩人屈原を中心として，雄大な構想と浪漫的な詩想を持つ新しい詩が登場した。国家・社会に寄せる熱情的な詩「離騒」は『楚辞』の代表作である。
◇世界人物逸話大事典　朝倉治彦，三浦一郎編　角川書店　1996.6　ⓟ4-04-031900-1
＊歴史上の人物の生き生きとした人間像を伝えるエピソードを多数紹介する事典。日本人によく知られた人物1883人を見出しに掲載。

グーテンベルク
Gutenberg, Johannes Gensfleisch
1400頃～1468　14・15世紀，ドイツの活

字印刷術創始者。1434年頃活字印刷機を作った。

◇グーテンベルク　新装版　戸叶勝也著　清水書院　（Century Books　人と思想）　2015.9　①978-4-389-42150-2

◇グーテンベルクの時代―印刷術が変えた世界　ジョン・マン著,田村勝省訳　原書房　2006.11　①4-562-04037-8
＊かつて創造されたもののなかで、もっとも驚嘆すべき一冊の本、芸術と技術という宝石―。グーテンベルク聖書という人類の至宝を生み出した技術者の謎の生涯と、激動の時代状況を、豊富な資料を駆使して生き生きと描き出した好著。

◇さまよえるグーテンベルク聖書　富田修二著　慶応義塾大学出版会　2002.8　①4-7664-0935-3
＊その聖書には何があったのか？　日本で初めて『グーテンベルク聖書』の購入に携わった著者がナチの手から逃れた聖書やタイタニック号遭難により大きく運命の変わった聖書などそれぞれの聖書に秘められたドラマを綴る。

◇グーテンベルクの謎―活字メディアの誕生とその後　高宮利行著　岩波書店　1998.12　①4-00-000444-1

◇本の歴史　ブリュノ・ブラセル著,荒俣宏監修,木村恵一訳　創元社　（「知の再発見」双書）　1998.12　①4-422-21140-4

◇グーテンベルク　戸叶勝也著　清水書院　（Century books）　1997.8　①4-389-41150-0
＊活版印刷術を発明したグーデンベルクの名前はわが国でもよく知られているが、活版印刷が具体的にどのようなものであり、この人物がどのような生涯をたどったのか、ということになると果たしてどれぐらいの人が知っているのであろうか？　本書はこうしたことについて、ドイツにおける最新の研究成果に基づいて、当時の社会的・文化的背景との関連のもとに、しかも一般の人にもわかりやすいかたちで叙述したものである。

◇世界人物逸話大事典　朝倉治彦,三浦一郎編　角川書店　1996.6　①4-04-031900-1

＊歴史上の人物の生き生きとした人間像を伝えるエピソードを多数紹介する事典。日本人によく知られた人物1883人を見出しに掲載。

◇アシモフの科学者伝　アイザック・アシモフ著,木村繁訳　小学館　（地球人ライブラリー）　1995.9　①4-09-251017-9
＊アルキメデスからアインシュタインまで先人たちが闘った歴史の裏側に見えてくるもの―科学は人間に本当の幸福をもたらしたのか。21世紀に向けて問いかけるSFの巨匠・アシモフの遺産。

クーデンホーヴェ・カレルギー
Coudenhove-Kalergi, Richard Nikolaus

1894〜1972　20世紀、パン・ヨーロッパ運動家。オーストリア、のちフランス国籍。哲学博士。1922年ヨーロッパ統合運動を提唱。47年ヨーロッパ議員連盟を結成。主著「パン・ヨーロッパ」(23)。

◇青山栄次郎伝―EUの礎を築いた男　林信吾著　角川書店,角川グループパブリッシング(発売)　2009.12　①978-4-04-885037-7
＊欧州貴族と日本人の間に生まれ、三大女優の一人を娶り、欧州統合を唱え一世を風靡するも、ヒトラーに追われた快男児、その名もリヒャルト・クーデンホーフ＝カレルギーこと青山栄次郎。

◇わが青春のハプスブルク―皇妃エリザベートとその時代　塚本哲也著　文芸春秋　(文春文庫)　1999.3　①4-16-757402-0
＊なぜ人々は今もハプスブルク家を慕うのか？　なぜハプスブルク帝国には絢爛たる文化・学術の花が咲いたのか？　皇妃エリザベート、皇帝フランツ・ヨーゼフからシューベルト、ヴィスコンティ、クーデンホフ・カレルギーまで、著者自身の体験を交えながら中欧の歴史と人物を語り尽くした、ハプスブルク・エッセイ。

◇わが青春のハプスブルク―皇妃エリザベートとその時代　塚本哲也著　文芸春秋　1996.3　①4-16-351440-6
＊なぜハプスブルク帝国には絢爛たる文

化・学術の花が咲いたのか。12の異なる民族による多民族国家でありながら、なぜ640年も栄え続けたのか。なぜ今も人々はハプスブルク家を慕うのか。中欧の歴史と人物を語り尽す。『エリザベート』の著者によるハプスブルク・エッセイ。

クヌート　Cnut I

995頃～1035　カヌートとも。10・11世紀、シャフツベリ＝イングランド王（在位1016/17～1035）。デンマーク王（在位1018～1035）、ノルウェー王（在位1028～1035）。

◇世界伝記大事典　世界編 1～12　編集代表：桑原武夫　ほるぷ出版　1980.12～1981.6

クフ王　Khufu

？～前2530頃　前26世紀、古代エジプトの第4王朝第2代の王（在位前2590頃～67頃）。ギリシア名ケオプス。

◇世界史をつくった最強の300人　小前亮著　光文社　（光文社知恵の森文庫）　2018.10
①978-4-334-78752-3

◇クフ王の正体―大ピラミッドが秘めたキリスト像　染谷俊二郎著　新人物往来社　1990.11　①4-404-01780-4
＊定説で前27世紀建造といわれるギザのピラミッドは実は前9世紀に造られ、その王アクナトンの容姿がキリスト像として伝えられたことを証明する革命的な書。

鳩摩羅什　くまらじゅう

344～413　4・5世紀、中国、五胡時代の訳経僧。父はインド人、母は亀茲国国王の妹。国師として長安に迎えられ、竜樹の思想を紹介。

◇96人の人物で知る中国の歴史　ヴィクター・H・メア，サンピン・チェン，フランシス・ウッド著，大間知知子訳　原書房　2017.3　①978-4-562-05376-6

◇法華経の出現―蘇る仏教の根本思想　菅野博史著　大蔵出版　1997.2
①4-8043-0535-1
＊本書は、仏教の原点を踏まえて成立した『法華経』の三大テーマ、「一仏乗」「久遠の釈尊」「地涌の菩薩」の思想を解明し、さらにそのインドでの注目のされ方、中国でのさまざまな議論と法華思想の体系化、日本での展開を明らかにする。

◇明鏡古事―中国人物列伝　古事は今を知る鏡　伴野朗著　経営書院　1993.11
①4-87913-470-8
＊中国四千年の歴史に活躍する英雄たちの魅力的な人物像を描く。

グラックス兄弟
Gracchus, Tiberius & Gaius

（兄）前162～前132，（弟）前153～前121
前2世紀、古代のローマの政治家。護民官。兄ティベリウス、弟ガイウスの兄弟。農地法を制定、国有地占有制限を実施。反対派に攻められ、ともに非業の死をとげた。

◇戦後復興首脳列伝―祖国を廃墟から甦らせた真の盟主たち　麓直浩著　社会評論社　2013.9　①978-4-7845-1116-7

◇ローマとギリシャの英雄たち　黎明篇―プルタークの物語　阿刀田高著　新潮社（新潮文庫）　2011.7
①978-4-10-125535-4

◇プルタルコス英雄伝　中　プルタルコス著，村川堅太郎編　筑摩書房　（ちくま学芸文庫）　1996.9　①4-480-08322-7
＊デルフォイの最高神官プルタルコスは、故国の栄光を懐かしみつつローマの平和を享受した"最後のギリシア人"であった。本書は、ギリシア・ローマの英雄たちをいきいきと描き、後世の人びとに広く愛読された古典的史書を読みやすく再編集した決定版である。本書には、「アレクサンドロス」「アギスとクレオメネス」「ロムルス」「カトー」「ティベリウス・グラックスとガイウス・グラックス」「スルラ」の6編を収録した。

◇世界人物逸話大事典　朝倉治彦，三浦一郎編　角川書店　1996.6　①4-04-031900-1
＊歴史上の人物の生き生きとした人間像を伝えるエピソードを多数紹介する事典。日本人によく知られた人物1883人

を見出しに掲載。

クラッスス
Crassus, Marcus Licinius
前115～前53　前2・1世紀、古代ローマ共和政末期の政治家、富豪。前73年プラエトル、スパルタクスの乱を鎮圧。

◇ローマ帝国人物列伝　本村凌二著　祥伝社　（祥伝社新書）　2016.5
①978-4-396-11463-3

◇英雄伝　4　プルタルコス著、城江良和訳　京都大学学術出版会　（西洋古典叢書）　2015.5　①978-4-87698-910-2

グラッドストン
Gladstone, William Ewart
1809～1898　19世紀、イギリスの政治家。自由党党首。4度内閣を組織。保守党のディズレーリとともに二大政党による議会政治を推進した。

◇最高の議会人グラッドストン　尾鍋輝彦著　清水書院　（新・人と歴史拡大版）　2018.7　①978-4-389-44129-6

◇グラッドストン—政治における使命感　神川信彦著　吉田書店　2011.10
①978-4-905497-02-8
＊19世紀のイギリス議会政治に黄金時代をもたらした大政治家の生涯を流麗な文章で描く。1967年毎日出版文化賞受賞作が、今ここに甦る。

クーリッジ
Coolidge, John Calvin
1872～1933　19・20世紀、アメリカの政治家。第30代大統領（在任1923～1929）。

◇歴代アメリカ大統領総覧　髙崎通浩著　中央公論新社　（中公新書ラクレ）　2002.9　①4-12-150059-8

グリム兄弟
Grimm, Jacob & Wilhelm
（兄）1785～1863、（弟）1786～1859　18・19世紀、ドイツの言語学者。兄ヤコブ、弟ヴィルヘルムの2人。ゲルマンの神話・民話を編集し「グリム童話集」を刊行。言語学者としてヨーロッパ諸語間における音韻法則「グリムの法則」を発見。

◇グリムへの扉—カラー図説　大野寿子編　勉誠出版　2015.5　①978-4-585-29093-3

◇わが生涯の回想—グリム兄弟の弟ルートヴィヒ・エーミール・グリム自伝　下巻　ルートヴィヒ・エーミール・グリム著、山田好司訳　本の風景社　2011.11
①978-4-903703-56-5

◇わが生涯の回想—グリム兄弟の弟ルートヴィヒ・エーミール・グリム自伝　上巻　ルートヴィヒ・エーミール・グリム著、山田好司訳　〔朝霞〕本の風景社，〔横浜〕ココデ出版（発売）　2010.12
①978-4-903703-41-1

◇言語学者列伝—近代言語学史を飾った天才・異才たちの実像　樋口時弘著　朝日出版社　2010.9　①978-4-255-00546-1

◇ヤーコプ・グリムとその時代—「三月前期」の法思想　堅田剛著　御茶の水書房　2009.12　①978-4-275-00860-2
＊ドイツ「三月前期」は、ヤーコプ・グリムの時代だった。ロマン主義の風潮のもと、グリムは"子供と家庭の童話"を蒐集し、ヘーゲルは"大人と国家の法律"を構築した。彼らの周りには、サヴィニー、ガンス、ハイネ、シミュレがいた。三月革命へといたるグリムとその時代を、"法"の思想史として物語る。

◇法のことば/詩のことば—ヤーコプ・グリムの思想史　堅田剛著　御茶の水書房　2007.9　①978-4-275-00540-3
＊童話集の編者として知られるグリム兄弟は、法学者だった。ドイツ・ロマン派の影響のもと、兄ヤーコプ・グリムは、"法"のことばと"詩"のことばを、ゲルマンの"歴史"によって統合する。グリム兄弟を中心に、ヴィーコ、ヘルダー、ヘーゲル、サヴィニー、ミシュレ、ガンス、ハイネを配置した、壮大な思想史の企て。

◇ファシズムと文学—ヒトラーを支えた作家たち　池田浩士著　インパクト出版会　（池田浩士コレクション）　2006.6

グリム兄弟

①4-7554-0165-8
＊我々のファシズムと対峙するために。ナチズムの何が人々の心情をとらえたのか。ファシズムの現場であるドイツ・ナチズムの文学表現と向き合い、その現場を直視するなかから抵抗の論理を探る。

◇グリム兄弟 知られざる人と作品　ベルンハルト・ラウアー著，清水穣訳　淡交社　2006.4　①4-473-03319-8
＊「知の巨人」ヤーコプとヴィルヘルム。その偉大な業績を、グリム兄弟博物館（ドイツ・カッセル）所蔵の遺品と資料でたどる、初めての書。

◇グリム兄弟往復書簡集―ヤーコプとヴィルヘルムの青年時代　第4巻　山田好司訳　本の風景社，ブッキング〔発売〕　2005.12　①4-8354-7202-0
＊本書は、「グリム兄弟自伝・往復書簡集―ヤーコプとヴィルヘルムの青年時代」（本の風景社、二〇〇二年）、「グリム兄弟往復書簡集―ヤーコプとヴィルヘルムの青年時代」第二巻（同社、二〇〇三年）及び「グリム兄弟往復書簡集―ヤーコプとヴィルヘルムの青年時代」第三巻（同社、二〇〇四年）の続編であり、ヘッセン国の公使付き書記官となったヤーコプがナポレオンに対する解放戦争末期からその直後にかけて連合軍の本営に同行してフランス各地に滞在していた時期の一八一四年一月から同年六月までのグリム兄弟の往復書簡を収録したものである。

◇自由人は楽しい―モーツァルトからケストナーまで　池内紀著　日本放送出版協会　（NHKライブラリー）　2005.1　①4-14-084191-5

◇ミシュレとグリム　ヴェルナー・ケーギ著，西沢竜生訳　論創社　2004.1　①4-8460-0410-4

◇グリム兄弟　高橋健二著　新潮社　（新潮文庫）　2000.6　①4-10-129931-5
＊「赤ずきん」「ヘンゼルとグレーテル」など、世界の子どもたちに親しまれているグリム童話。その産みの親のグリム兄弟は年子として、18世紀後半のドイツに生れた。兄ヤーコプと弟ヴィルヘルムは、45年の歳月を費やし210の童話と579の伝説を世に送り出す一方、言語学者としても活躍。この本は、口伝のお話の収集方法やグリム（ドイツ語）辞典の業績を中心に描く、兄弟の人間性あふれる評伝。

◇グリム兄弟とその時代　橋本孝著　パロル舎　2000.5　①4-89419-222-5
＊生涯、学問への愛と情熱に生きたグリム兄弟。時代とともに描く本格評伝！メルヘン収集のみならず、法律草案・辞書編纂にも尽力。グリム兄弟が人類にのこした多くの「知の遺産」に新たな光をあてる。

◇グリム童話考―「白雪姫」をめぐって　小沢俊夫著　講談社　（講談社学術文庫）　1999.11　①4-06-159408-7
＊今なお世界中で愛読されている『グリム童話集』。親から子へ、名もなき人々によって語り伝えられてきたドイツの昔話は、グリム兄弟の手で収集・整理され、彼らの生涯を通して続けられた六度の改版を経て、口伝えの物語からメルヒェンへと変容する。初版以前の手稿から決定版まで、精緻な分析が明らかにする、『グリム童話集』とメルヒェンの姿。

◇グリム兄弟―生涯・作品・時代　ガブリエーレ・ザイツ著，高木昌史，高木万里子訳　青土社　1999.3　①4-7917-5697-5
＊全世界で親しまれるグリム童話は、どのように成立したのか。メルヘン・昔話を、来たるべき共同体の精神的支えとして精力的に収集・研究したグリム兄弟の、波瀾の生涯と時代の全貌を活写し「近代」の意味するものを問う決定版評伝。

◇世界人物逸話大事典　朝倉治彦，三浦一郎編　角川書店　1996.6　①4-04-031900-1
＊歴史上の人物の生き生きとした人間像を伝えるエピソードを多数紹介する事典。日本人によく知られた人物1883人を見出しに掲載。

◇兄弟は他人のはじまりか？　日本テレビ放送網　（知ってるつもり?!）　1994.6　①4-8203-9414-2

◇グリム童話のふるさとを行く―「ドイツ」

クリントン

メルヘン街道の旅　若月伸一文・写真　講談社　（講談社カルチャーブックス）　1993.7　①4-06-198086-6
＊グリム童話は聖書に次ぐ世界的ベストセラー。その名作の舞台となったメルヘン街道の町々を歩きながら、グリム兄弟の偉大な生涯を代表作と共に見る。

◇グリム兄弟—魔法の森から現代の世界へ　ジャック・ザイプス著，鈴木晶訳　筑摩書房　1991.10　①4-480-83606-3

◇人間の生き方—ゲーテ・ヘッセ・ケストナーと共に　高橋健二著　郁文堂　1990.9　①4-261-07178-9
＊ゲーテやグリム、ヘッセやケストナーなど、ドイツの文学者に関する、まとまったエッセイが主になっている。…しかしそれらの文学者を正面から論じた研究というより、側面から見たゲーテやヘッセに重きがおかれている。

クリントン　Clinton, Bill
1946～　20世紀、アメリカの政治家。第42代大統領（在任1993～2001）。

◇米国アウトサイダー大統領—世界を揺さぶる「異端」の政治家たち　山本章子著　朝日新聞出版　（朝日選書）　2017.12　①978-4-02-263068-1

◇アメリカ再生を掲げた大統領・ビル・クリントン—その功罪と足跡　藤本一美著　志学社　（戦後アメリカ大統領シリーズ）　2016.8　①978-4-904180-64-8

◇ビル・クリントン—停滞するアメリカをいかに建て直したか　西川賢著　中央公論新社　（中公新書）　2016.7　①978-4-12-102383-4

◇アメリカ大統領の信仰と政治—ワシントンからオバマまで　栗林輝夫著　キリスト新聞社　2009.2　①978-4-87395-537-7

◇戦後アメリカ大統領事典　藤本一美著者代表，大空社編集部編　大空社　2009.2　①978-4-283-00623-2

◇ホワイトハウス・スキャンダル—歴代大統領、驚きの行状　ロナルド・ケスラー著，桃井健司訳　扶桑社　2005.1

①4-594-04871-4

◇マイライフ—クリントンの回想　上巻　アメリカンドリーム　ビル・クリントン著，楡井浩一訳　朝日新聞社　2004.9　①4-02-257940-4

◇マイライフ—クリントンの回想　下巻　アメリカンパワー　ビル・クリントン著，楡井浩一訳　朝日新聞社　2004.9　①4-02-257941-2

◇大統領執務室—裸のクリントン政権　ボブ・ウッドワード著，山岡洋一，仁平和夫訳　文芸春秋　1994.11　①4-16-349470-7
＊補佐官たちの激論火花散る議会工作大統領の癇癪、そしてそのときヒラリーは…部外者オフ・リミットの現職大統領の聖域をスリリングにあばく。

◇クリントンはJ.F.ケネディを超える—これほど日本重視の大統領は初めて　北浜流一郎，日米経済研究会編　第一企画出版　1993.2　①4-88719-010-7

◇ファースト・チーム　木下玲子著　集英社　1993.2　①4-08-780179-9
＊今、ヒラリーにいちばん信頼されている女性、木下玲子が摑んだ「ファースト・チーム」ビル＆ヒラリー・クリントンのインサイドストーリー。

◇ビル・クリントン　ジョナサン・ポーティス，チャールズ・F.アレン著，森山太郎訳　講談社　1992.12　①4-06-206290-9
＊若くスキャンダラスな新大統領。はたしてアメリカはよみがえるか。世界に新風を吹きこむか？　ビル・クリントンの真の姿に肉迫する決定版。

◇ビル・クリントン—アメリカの変革、日本への挑戦　ジム・ムーア著，小尾敏夫監訳・解説　徳間書店　1992.12　①4-19-355049-4

◇ビル・クリントンのすべて　持田直武著　日本放送出版協会　1992.12　①4-14-080077-1
＊"変化"を旗印に現職ブッシュを撃破したクリントン。数々のスキャンダル攻勢に耐え抜いた力の源は何か？　彼がめざす"新生アメリカ"とは何か？　生い立ちから現在までの全容を紹介する。

◇クリントンは革命する　大和総研ワシントン著　日本実業出版社　1992.11
①4-534-01931-9

クルップ，アルフレート　Krupp, Alfred
1812～1887　アルフレート・クルップとも。19世紀、ドイツの製鋼業者、兵器工場の経営者。F.クルップの子。

◇世界伝記大事典　世界編1～12　編集代表：桑原武夫　ほるぷ出版　1980.12～1981.6

クールベ　Courbet, Gustave
1819～1877　19世紀、フランスの画家。写実主義。主作品「石割り」「オルナンの埋葬」(1849)。

◇知識ゼロからの西洋絵画　困った巨匠たち対決　山田五郎著　幻冬舎　2018.3
①978-4-344-90331-9

◇ギュスターヴ・クールベ—1819-1877 最後のロマン派　ギュスターヴ・クールベ画, ファブリス・マザネス著, Kazuhiro Akase訳　Taschen　2007
①978-4-88783-338-8

◇クールベ　ジェームズ・H.ルービン著, 三浦篤訳　岩波書店　(岩波世界の美術)　2004.11　①4-00-008980-3
＊フランス・レアリスムの画家ギュスターヴ・クールベ (1819-77年) ほど、己の時代の出来事に直接かかわった芸術家はまずいない。そしておそらく、彼の生きた世紀を理解するために、これほど重要な画家もほかにはいない。クールベは19世紀中頃の社会変動の最中にあって、勃興しつつある近代世界とそのなかで自ら主張する新しい芸術上の自由に関して、この上なく力強い芸術表現を生みだした。田舎町オルナン出身のこの野心に満ちあふれた画家は、ひたすら自分自身の経験に拘泥し、着古した伝統を軽蔑したのだが、誠実さと真正さからなる生の声をもってパリの権威に挑戦したのである。本書は研究者に参照の便をはかる包括的な仕事であるよりは、むしろ一般読者に最新情報を与える信頼性の高い刺激的な概観であることを意図している。

◇ヴィヴァン—新装版・25人の画家　第5巻　クールベ　阿部良雄編集・解説　講談社　1996.9　①4-06-254755-4

◇世界人物逸話大事典　朝倉治彦, 三浦一郎編　角川書店　1996.6　①4-04-031900-1
＊歴史上の人物の生き生きとした人間像を伝えるエピソードを多数紹介する事典。日本人によく知られた人物1883人を見出しに掲載。

クレイステネス　Kleisthenes
前570頃～前508頃　前6世紀、アテネの政治家。陶片追放制度を設けた。

◇世界伝記大事典　世界編1～12　編集代表：桑原武夫　ほるぷ出版　1980.12～1981.6

クレオパトラ　Kleopatra Ⅶ
前69～前30　クレオパトラ7世とも。前1世紀、エジプト女王。プトレマイオス朝の最後の女王 (在位前51～前30)。才知と美貌で知られ、カエサルの愛人となり、のちアントニウスと結婚した。

◇クレオパトラとイエスキリスト—紀元前に起こった謎…事実と直結しているかあらゆる角度から謎を解き明かす　稲羽太郎著　ストーク　2018.7　①978-4-434-24659-3

◇クレオパトラ—強く生きた古代エジプトの女王！　金治直美文, 佐々木メエ絵, 近藤二郎監修　学研プラス　(やさしく読めるビジュアル伝記)　2018.5
①978-4-05-204824-1

◇世界を変えた100人の女の子の物語—グッドナイトストーリーフォーレベルガールズ　エレナ・ファヴィッリ, フランチェスカ・カヴァッロ文, 芹沢恵, 高里ひろ訳　河出書房新社　2018.3　①978-4-309-27931-2

◇アントニウスとクレオパトラ　上　エイドリアン・ゴールズワーシー著, 阪本浩訳　白水社　2016.7　①978-4-560-09255-2

◇アントニウスとクレオパトラ　下　エイ

クレオパトラ

ドリアン・ゴールズワーシー著, 阪本浩訳　白水社　2016.7　①978-4-560-09256-9

◇偉人は死ぬのも楽じゃない　ジョージア・ブラッグ著, 梶山あゆみ訳　河出書房新社　2014.3　①978-4-309-25298-8
＊ベートーヴェンは、体液を抜かれ、蒸し風呂に入れられて死んでいった!?ツタンカーメンからアインシュタインまで、医学が未発達な時代に、世界の偉人たちはどんな最期を遂げたのか？　驚きいっぱいの異色偉人伝！

◇本当は恐ろしい血みどろのローマ帝国　歴史の謎を探る会編　河出書房新社　(KAWADE夢文庫)　2013.2　①978-4-309-49863-8

◇クレオパトラ　ステイシー・シフ著, 仁木めぐみ訳, 近藤二郎監修　早川書房　2011.12　①978-4-15-209264-9
＊2000年の時をへて、評伝では右に出る者のないピュリッツァー賞作家が、誤解に満ちたオリエントの妖婦像を一新。たぐいまれな戦略家、かつタフな外交官であり、また愛情深い母として、強国ローマの権力者たちと対峙し、陰謀と戦乱渦巻く時代を駆け抜けた、稀代の女性の素顔を浮かび上がらせる。骨太かつ絢爛に展開する、壮大な歴史絵巻の一大傑作。ニューヨーク・タイムズ・ベスト・ブックス選出をはじめ、有力各紙誌が総絶賛。PEN/ジャクリーン・ボグラド・ウェルド賞(評伝部門)受賞。

◇「美女」と「悪女」大全—歴史を変えた！　榎本秋監修　新人物往来社　2011.5　①978-4-404-04019-0

◇お姫さま大全—100人の物語　井辻朱美監修　講談社　2011.3　①978-4-06-216768-0
＊この本は、お姫さま100人の物語を集めたものです。物語、舞台、アニメ、神話、史実などのお姫さまたちが、時代や背景をこえて登場します。世界中のお姫さまのことがわかる一冊です。

◇歴史を操った魔性の女たち—マリー・アントワネット、淀君から楊貴妃、クレオパトラまで　島崎晋著　広済堂あかつき　(広済堂文庫　ヒューマン文庫)　2010.10　①978-4-331-65476-7

◇世界一面白い古代エジプトの謎　ツタンカーメン/クレオパトラ篇　吉村作治著　中経出版　(中経の文庫)　2010.3　①978-4-8061-3663-7

◇ヨーロッパ王室の女たち—愛と欲望の裏面史　桐生操著　中経出版　(中経の文庫)　2009.3　①978-4-8061-3301-8

◇歴史のなかの女たち—名画に秘められたその生涯　高階秀爾著　岩波書店　(岩波現代文庫)　2008.7　①978-4-00-602137-5

◇世界の「美女と悪女」がよくわかる本—クレオパトラ、楊貴妃からマリー・アントワネット、小野小町まで　島崎晋監修, 世界博学倶楽部著　PHP研究所　(PHP文庫)　2007.9　①978-4-569-66900-7

◇クレオパトラ　クリスティアン=ジョルジュ・シュエンツェル著, 北野徹訳　白水社　(文庫クセジュ)　2007.8　①978-4-560-50915-9
＊ローマの有力者を次々と手玉にとった魅惑の女王—クレオパトラの実像にせまる。芸術家たちに着想を与えた伝説の紹介とともに、歴史的事実としての人物像を、パピルス文書や古銭、碑文などの考古学資料から解明する。プトレマイオス朝の歴史、当時のイデオロギー、行政、軍事、経済についても解説する。

◇悪女たちの残酷史　岳真也著　講談社　(講談社プラスアルファ新書)　2007.4　①978-4-06-272433-3

◇歴史を騒がせた「悪女」たち　山崎洋子著　光文社　(知恵の森文庫)　2007.2　①978-4-334-78468-3

◇世界悪女大全—淫乱で残虐で強欲な美人たち　桐生操著　文芸春秋　(文春文庫)　2006.6　①4-16-767984-1

◇世界女性人名事典—歴史の中の女性たち　世界女性人名事典編集委員会編　日外アソシエーツ, 紀伊国屋書店〔発売〕　2004.10　①4-8169-1800-0

◇世界帝国を夢見た女—クレオパトラの生涯　P.ファンデンベルク著, 坂本明美訳　アリアドネ企画　(アリアドネ古代史スペクタクル)　2001.10　①4-384-02683-8

＊本書が扱う時代は紀元前1世紀。古代ローマが500年近くの歴史と伝統を誇る共和制に別れを告げ、後に東西2つのローマ帝国に分裂するとはいえ、初代皇帝、アウグストゥス帝以来、500年間連綿と続いた帝政の基礎が築かれた時代である。扱う場所は、イギリスからスペイン、エジプトを経てイランにいたる、当時のローマ人が知っていた全ての地域を網羅している。

◇クレオパトラ　上　宮尾登美子著　朝日新聞社　（朝日文庫）　1999.11　①4-02-264212-2
＊ナイルの恵みを受ける豊かな国エジプト。七世クレオパトラがこの国を統べていきなさい—。父王の遺志を継ぎ、新女王は休みなく戦う運命を受け入れた。ローマの武将シーザーを愛し子をなすものの、女としての平安を得ることはない。伝説の女王を、流麗な筆致で描く歴史ロマン。

◇クレオパトラ　下　宮尾登美子著　朝日新聞社　（朝日文庫）　1999.11　①4-02-264213-0
＊権謀術数の上に築かれた地中海世界。シーザー亡き後、ローマの総督となったアントニーは、クレオパトラと再会、たちまち恋に陥る。世界大国を夢み、東方遠征を企てる二人の運命は破滅へと加速していく…。華麗にして波瀾に富んだ女王の生涯が蘇る宮尾文学の粋。

◇クレオパトラ—古代エジプトの終焉　吉村作治編　ニュートンプレス　（Newtonムック　Newtonアーキオ）　1999.4　①4-315-51525-6

◇追憶のクレオパトラ　5　アレクサンドリアの涙　マーガレット・ジョージ著，浅見淳子訳　青山出版社　1997.11　①4-900845-49-3

◇追憶のクレオパトラ　4　エーゲ海の夢　マーガレット・ジョージ著，浅見淳子訳　青山出版社　1997.10　①4-900845-48-5

◇追憶のクレオパトラ　3　地中海の出逢い　マーガレット・ジョージ著，浅見淳子訳　青山出版社　1997.9　①4-900845-47-7

◇追憶のクレオパトラ　2　ローマの宴　マーガレット・ジョージ著，浅見淳子訳　青山出版社　1997.8　①4-900845-46-9

◇クレオパトラ—世界帝国を夢みた女　フィリップ・ファンデンベルク著，坂本明美訳　アリアドネ企画　（Ariadne romantic）　1997.7　①4-384-02361-8
＊恋か、陰謀か！エジプト復興に託した最後の賭け。古代ローマに炸裂する歴史最大のドラマが、いま甦る。

◇追憶のクレオパトラ　1　ナイルの目醒め　マーガレット・ジョージ著，浅見淳子訳　青山出版社　1997.7　①4-900845-45-0

◇クレオパトラ　上　宮尾登美子著　朝日新聞社　1996.10　①4-02-257032-6

◇クレオパトラ　下　宮尾登美子著　朝日新聞社　1996.10　①4-02-257033-4

◇世界人物逸話大事典　朝倉治彦，三浦一郎編　角川書店　1996.6　①4-04-031900-1
＊歴史上の人物の生き生きとした人間像を伝えるエピソードを多数紹介する事典。日本人によく知られた人物1883人を見出しに掲載。

◇世界の伝記　13　クレオパトラ　山主敏子著　ぎょうせい　1995.2　①4-324-04390-6

◇クレオパトラ　エディット・フラマリオン著，高野優訳　（大阪）創元社　（「知の再発見」双書）　1994.9　①4-422-21090-4
＊本書の特徴は、ローマ側の資料だけだとか、アンチ・クレオパトラ側だけに立っているとか、また、その反対とかいった偏向した方法を取らず、今までのクレオパトラ関係の資料の全てを集め、それを冷静に判断し書いている点にある。言ってみれば、クレオパトラ総集編、または究極のクレオパトラ論のようなものであろう。

◇クレオパトラ—消え失せし夢　J.ブノワ＝メシャン著，両角良彦訳　みすず書房　1994.8　①4-622-00582-4

◇小説　クレオパトラ—最後の女王　三枝和子著　読売新聞社　1994.3　①4-643-94016-6
＊古代女権社会のエジプトで権勢を振

グレコ

るった美貌の女王・クレオパトラは、カエサルやアントニウスに近づき、ローマも手中におさめようと計る。が、男権社会の壁に敗北し、自ら朽ち果てた。書き下ろし長編。

◇渋沢龍彦全集 4 渋沢龍彦著 河出書房新社 1993.9 ①4-309-70654-1

◇女帝伝説 日本テレビ放送網 (知ってるつもり?!) 1992.3 ①4-8203-9208-5
＊不安定な政治の時代に登場した、女帝たちの苛烈な人生の物語。

◇クレオパトラ物語―エジプト女王秘話 ミリアム・アリ著, 大塚幸男訳 白水社 (白水Uブックス) 1991.10 ①4-560-07314-7
＊クレオパトラの名は誰もが知っているが、その生と死、数奇な運命の詳細を知る者は稀である。本書では、クレオパトラは単なる伝説的女王としてではなく、生き身の女性として描かれる。

◇歴史を騒がせた"悪女"たち 山崎洋子著 講談社 1991.9 ①4-06-205478-7
＊権力への野心、迸しる情熱、冷酷無比な横顔を見せつつ燦然と輝く女たちの魔性。「"伝説"になった女たち」に続く山崎洋子の女性評伝。

グレコ, エル Greco, El

1541頃～1614 エル・グレコとも。16・17世紀、スペインの画家。名はギリシャ人の意。劇的な構図と明暗構成で、独自の宗教画を描いた。

◇芸術家の愛した家―巨匠のルーツから読み解く美術入門 池上英洋著 エクスナレッジ 2016.12 ①978-4-7678-2255-6

◇「絶筆」で人間を読む―画家は最後に何を描いたか 中野京子著 NHK出版 (NHK出版新書) 2015.9 ①978-4-14-088469-0

◇もっと知りたいエル・グレコ―生涯と作品 大高保二郎, 松原典子著 東京美術 (アート・ビギナーズ・コレクション) 2012.10 ①978-4-8087-0956-3

◇エル・グレコの世界 新人物往来社編 新人物往来社 2012.9 ①978-4-404-04252-1
＊スペイン黄金期に現れた奇跡の宗教画家の傑作を完全収録。

◇呪われた画家たち―エル・グレコ、カラヴァッジョからロートレック、モディリアーニまで モーリス・セリュラス著, 藤田尊潮訳 八坂書房 2010.7 ①978-4-89694-959-9

◇世界人物逸話大事典 朝倉治彦, 三浦一郎編 角川書店 1996.6 ①4-04-031900-1
＊歴史上の人物の生き生きとした人間像を伝えるエピソードを多数紹介する事典。日本人によく知られた人物1883人を見出しに掲載。

◇グレコ―トレドの秘密 モーリス・バレス著, 吉川一義訳 筑摩書房 1996.1 ①4-480-87272-8

◇エル・グレコの生涯―神秘の印1528-1614 ヴェロニカ・デ・ブリューン=デ・オーサ著, 鈴木久仁子訳, 相沢和子訳 エディションq 1995.12 ①4-87417-495-7
＊エル・グレコの描く人物の右手に顕われる薬指と中指がぴたりと合わさった神秘の印、ヴェネツィアのティツィアーノやティントレット、バッサーノの工房での修行の様子、彼が愛した唯一人の女性ヘロニマとのエピソード等をめぐる物語。

グレゴリウス1世 Gregorius I, St.

540頃～604 グレゴリウス大教皇とも。6・7世紀、教皇(在位590～604)。西方四大教父の一人で教会博士。

◇図説世界史を変えた50の指導者(リーダー) チャールズ・フィリップス著, 月谷真紀訳 原書房 2016.2 ①978-4-562-05250-9

◇大グレゴリウス小伝―西欧中世世界の先導者 ピエール・リシェ著, 岩村清太訳 知泉書館 2013.7 ①978-4-86285-159-8

◇ローマ教皇事典 マシュー・バンソン著, 長崎恵子, 長崎麻子訳 三交社 2000.8 ①4-87919-144-2

グレゴリウス7世　Gregorius Ⅶ, St.
1020頃～1085　11世紀、教皇（在位1073～1085）。27条からなる「教皇令」が残っている。

◇西洋中世盛期の皇帝権と法王権—ハインリヒ三世・グレゴリウス七世・ハインリヒ四世をめぐって　井上雅夫著　関西学院大学出版会　2012.3　①978-4-86283-112-5

◇ローマ教皇事典　マシュー・バンソン著, 長崎恵子, 長崎麻子訳　三交社　2000.8　①4-87919-144-2

クレマンソー
Clémenceau, Georges
1841～1929　19・20世紀、フランスの政治家。1906～09、17～20年首相。

◇英雄はいかに作られてきたか—フランスの歴史から見る　アラン・コルバン著, 小倉孝誠監訳, 梅沢礼, 小池美穂訳　藤原書店　2014.3　①978-4-89434-957-5

◇ピースメイカーズ—1919年パリ講話会議の群像　上　マーガレット・マクミラン著, 稲村美貴子訳　芙蓉書房出版　2007.7　①978-4-8295-0403-1
＊世界を変えた6か月間、パリを舞台に繰り広げられた虚々実々の駆け引きロイド・ジョージ（英）、クレマンソー（仏）、ウィルソン（米）3巨頭が主人公のドキュメンタリー映画のような迫力ある記述。イギリス最大のノンフィクション賞「サミュエル・ジョンソン賞」受賞作品。第一次世界大戦後のパリ講和会議の全てを生き生きと描き出したノンフィクション。

◇ピースメイカーズ—1919年パリ講話会議の群像　下　マーガレット・マクミラン著, 稲村美貴子訳　芙蓉書房出版　2007.7　①978-4-8295-0404-8

◇60戯曲—世紀末パリ人物図鑑　鹿島茂著　中央公論新社　（中公文庫）　2005.10　①4-12-204598-3

◇世界人物逸話大事典　朝倉治彦, 三浦一郎編　角川書店　1996.6　①4-04-031900-1
＊歴史上の人物の生き生きとした人間像を伝えるエピソードを多数紹介する事典。日本人によく知られた人物1883人を見出しに掲載。

クローヴィス　Clovis Ⅰ
465頃～511　クロービス1世とも。5・6世紀、メロヴィング朝フランク王国の初代の王（481～511）。正統派キリスト教徒クロチルダと結婚。

◇英雄はいかに作られてきたか—フランスの歴史から見る　アラン・コルバン著, 小倉孝誠監訳, 梅沢礼, 小池美穂訳　藤原書店　2014.3　①978-4-89434-957-5

◇本当は偉くない？世界の歴史人物—世界史に影響を与えた68人の通信簿　八幡和郎著　ソフトバンククリエイティブ　（ソフトバンク新書）　2013.8　①978-4-7973-7448-3
＊古代から現代に至るまで、よく知られた帝王や政治家を68人選び、それぞれが世界史の中で果たした役割を、「偉人度」と「重要度」の2つの側面から10点満点で評価。世界史において偉人とされている人物たちの実像に迫る。

◇クローヴィス　ルネ・ミュソ＝グラール著, 加納修訳　白水社　（文庫クセジュ）　2000.8　①4-560-05831-8
＊五世紀末から六世紀にかけてメロヴィング王朝の始祖として、ガリアの地に君臨したクローヴィス。本書は、中世初期史研究の成果をもとに、フランク族の来歴と彼の生涯をたどり、クロティルド妃やキリスト教との関わりのなか、「フランスにおける最初の国王」の実像に迫る。首都パリが誕生するまでの時代を活写。

◇フランスの歴史をつくった女たち　第1巻　ギー・ブルトン著, 曽村保信訳　中央公論社　1993.11　①4-12-403201-3
＊5世紀末～15世紀中期。フランク王朝の成立から英仏百年戦争まで。男女の愛が歴史を動かす様を活写。

グロティウス　Grotius, Hugo
1583～1645　16・17世紀、オランダの政

クロムウェル

治家、法律家、神学者、詩人。M.カペッラの百科全書「サティリコン」を編集。

◇近世・近代ヨーロッパの法学者たち―グラーティアヌスからカール・シュミットまで　勝田有恒，山内進編著　ミネルヴァ書房　2008.2　①978-4-623-04731-4

◇ヨーロッパ 知の巨人たち―古代ギリシアから現代まで　田中浩著　日本放送出版協会　（NHKライブラリー）　2006.3　①4-14-084204-0

◇世界人物逸話大事典　朝倉治彦，三浦一郎編　角川書店　1996.6　①4-04-031900-1
＊歴史上の人物の生き生きとした人間像を伝えるエピソードを多数紹介する事典。日本人によく知られた人物1883人を見出しに掲載。

▎クロムウェル　Cromwell, Oliver
1599～1658　16・17世紀、イギリスの政治家。ピューリタン革命でチャールズ1世を処刑し、共和制を樹立。護国卿として独裁政治を行った。

◇クロムウェルとピューリタン革命　今井宏著　清水書院　（新・人と歴史拡大版）　2018.4　①978-4-389-44122-7

◇クロムウェル―「神の摂理」を生きる　小泉徹著　山川出版社　（世界史リブレット人）　2015.6　①978-4-634-35053-3

◇本当は偉くない？　世界の歴史人物―世界史に影響を与えた68人の通信簿　八幡和郎著　ソフトバンククリエイティブ　（ソフトバンク新書）　2013.8　①978-4-7973-7448-3
＊古代から現代に至るまで、よく知られた帝王や政治家を68人選び、それぞれが世界史の中で果たした役割を、「偉人度」と「重要度」の2つの側面から10点満点で評価。世界史において偉人とされている人物たちの実像に迫る。

◇イギリス革命講義―クロムウェルの共和国　トマス・ヒル・グリーン著，田中浩，佐野正子訳　未来社　（転換期を読む）　2011.8　①978-4-624-93433-0
＊権謀術数うずまく17世紀イギリスにおいてただ宗教の情熱をたよりに改革を志した異才、オリヴァ・クロムウェル。権力闘争のなかで瓦解する"コモンウェルス"にかれが託した理想とはいかなるものであったか。19世紀を代表する倫理学者が語った、革命の真実。

◇オリバー・クロムウェル―王冠のないイギリス王　ピューリタン革命史　清水雅夫著　リーベル出版　2007.2　①978-4-89798-656-2

◇オリバー・クロムウェルとイギリス革命　クリストファー・ヒル著，清水雅夫訳　東北大学出版会　2003.3　①4-925085-60-3

◇クロムウェルとイギリス革命　田村秀夫編著　聖学院大学出版会　1999.10　①4-915832-31-7
＊本書では、「クロムウェルとイギリス革命」との関連の解明を第一の課題にすえて、イギリス革命が開始された1640年から王政復古を迎える1660年までを主要な検討時期とした。その構成は、まず序章「クロムウェル研究史」（田村秀夫）が、最近の研究動向に配慮しながら、クロムウェル研究の現状と課題を明らかにしている。そのあと、大きく三つの局面から「クロムウェルとイギリス革命」について光をあてる。それは、第一部「クロムウェルと宗教」、第二部「クロムウェルと政治」、第三部「クロムウェルと国際関係」である。

◇世界人物逸話大事典　朝倉治彦，三浦一郎編　角川書店　1996.6　①4-04-031900-1
＊歴史上の人物の生き生きとした人間像を伝えるエピソードを多数紹介する事典。日本人によく知られた人物1883人を見出しに掲載。

◇オリヴァー・クロムウェル―神の道具として生きる　渋谷浩著　聖学院大学出版会　（Veritas Library）　1996.5　①4-915832-14-7

◇政治家の誕生―近代イギリスをつくった人々　塚田富治著　講談社　（講談社現代新書）　1994.6　①4-06-149206-3
＊政治家とは何者なのか。近代的な意味での政治家がはじめて表舞台に登場した16世紀イングランド。この時代の3人の政治家の思想と行動を通し、「あるべ

き政治家像」を原点にもどり考察。
◇明治日本とイギリス革命　今井宏著　筑摩書房　（ちくま学芸文庫）　1994.4
①4-480-08125-9
＊十七世紀の中葉からほぼ五十年にわたってイギリスを騒乱にまきこんだピューリタン革命・名誉革命は、海を隔てた遠いアジアの島国である日本の思想家の眼と心にどのように映ったのだろうか。福沢諭吉、木下尚江、内村鑑三、竹越与三郎ら明治の先人たちの著作と思想をたどりつつ、議会政治の展開を基礎づける「穏健な」革命観、すなわちマコーレーを代表とする「ホイッグ」史観の受容を照射する。
◇評伝オリヴァ・クロムウエル　満江巌著　満江巌著作集刊行会　（満江巌著作集）　1992.7

【け】

ケイ，ジョン　Kay, John
1704〜64頃　18世紀、イギリスの飛杼（とびひ）発明家。自動飛杼を発明し（1733）、織布工程の能率増進に貢献。
◇世界伝記大事典　世界編1〜12　編集代表：桑原武夫　ほるぷ出版　1980.12〜1981.6

ケインズ　Keynes, John Maynard
1883〜1946　19・20世紀、イギリスの経済学者。著書「平和の経済的帰結」（1919）、「貨幣改革論」(23)、「貨幣論」(30)、「説得評論集」(31)、「雇用、利子および貨幣の一般理論」(36)。
◇ケインズ―最も偉大な経済学者の激動の生涯　ピーター・クラーク著, 関谷喜三郎, 石橋春男訳　中央経済社　2017.5
①978-4-502-21251-2
◇ケインズ　新装版　浅野栄一著　清水書院　（Century Books　人と思想）　2016.8　①978-4-389-42093-2
◇ケインズ対フランク・ナイト―経済学の巨人は「不確実性の時代」をどう捉えたのか　酒井泰弘著　ミネルヴァ書房　2015.10　①978-4-623-07401-3
◇経済思想の巨人たち　竹内靖雄著　新潮社　（新潮文庫）　2013.11
①978-4-10-125371-8
◇経済学者の栄光と敗北―ケインズからクルーグマンまで14人の物語　東谷暁著　朝日新聞出版　（朝日新書）　2013.4
①978-4-02-273499-0
◇ケインズかハイエクか―資本主義を動かした世紀の対決　ニコラス・ワプショット著, 久保恵美子訳　新潮社　2012.11
①978-4-10-506341-2
＊こんにち、自由市場の価値と政府の介入についての対立的な主張をめぐる論争は、一九三〇年代と同様に熾烈をきわめている。では、ケインズとハイエクのどちらが正しいのだろうか。八十年にわたって経済学者や政治家を分断してきたこの疑問に答え、この二人の傑出した人物の明白な違いが、現在まで続くリベラル派と保守派の大きな思想の違いに結びついていることを明らかにする。
◇世界を変えた哲学者たち　堀川哲著　角川学芸出版，角川グループパブリッシング〔発売〕　（角川ソフィア文庫）　2012.2　①978-4-04-408606-0
◇マンガ　ケインズ―大不況は解決できる！　小島寛之監修・解説, 石田おさむ画, 細山敏之作　講談社　2011.4
①978-4-06-215713-1
＊「資本主義は市場にまかせていたら不況に陥り、失業や格差を生み出す」と論証した"人間ケインズ"の生涯を生き生きと活写する。
◇福祉の経済思想家たち　増補改訂版　小峯敦編　ナカニシヤ出版　2010.5
①978-4-7795-0455-6
◇なにがケインズを復活させたのか？―ポスト市場原理主義の経済学　ロバート・スキデルスキー著, 山岡洋一訳　日本経済新聞出版社　2010.1　①978-4-532-35402-2
＊一時は各国政府がこぞって採用したケインズ経済学は、なぜ古典派経済学と自由

市場原理に敗れたのか。そしていまなぜ復活なのか。ケインズ研究に生涯を捧げた第一人者が、ケインズの理論と生涯、そして今日的意義を分かりやすく解説しながら、今回の危機を生み出した制度的、理論的、道徳的失敗を論じる。

◇ケインズ　R.スキデルスキー著，浅野栄一訳　岩波書店　（岩波モダンクラシックス）　2009.10　①978-4-00-027163-9
＊20世紀を代表する思想家の1人ケインズは、経済、政治の分野のみならず、哲学、文化の領域でも幅広く活動した。ケインズの性格、価値観、ものの考え方、さらにその文化的・社会的背景等を具体的に解き明かすとともに、彼が提唱した政策から一般理論に至るまで、バランスよく描き出した好著。世界同時不況のなかで、いまあらためて注目を集めるケインズ経済思想の核心を浮き彫りにする。

◇ケインズとケンブリッジ芸術劇場―リディアとブルームズベリー・グループ　中矢俊博著　同文舘出版　2008.8　①978-4-495-43921-7
＊人生の目的は愛と美の享受と真理の追求にある。芸術を愛し、芸術家の妻との愛に生きた20世紀最大の経済学者の生涯にこれまでにない角度から迫る。

◇ケインズとシュンペーター―現代経済学への遺産　根井雅弘著　NTT出版　2007.10　①978-4-7571-2204-8
＊ケインズとシュンペーターの理論は本当に対立しているのか。経済学史上の難問に挑んだ、正統的かつスリリングな思索のドラマ。

◇福祉の経済思想家たち　小峯敦編　ナカニシヤ出版　2007.4　①978-4-7795-0152-4

◇近代経済学の群像　都留重人著　岩波書店　（岩波現代文庫）　2006.9　①4-00-603139-4

◇相場ヒーロー伝説―ケインズから怪人伊東ハンニまで　鍋島高明著　五台山書房，河出書房新社〔発売〕　2005.12　①4-309-90654-0

◇現代経済学の巨人たち―20世紀の人・時代・思想　日本経済新聞社編　日本経済新聞社　（日経ビジネス人文庫）　2001.4　①4-532-19056-8

◇歴史のなかの経済学―一つの評伝集　福岡正夫著　創文社　1999.6　①4-423-85098-2
＊歴史のなかで傑出した経済学者10名の業績と人物に光を当てて、3世紀に及ぶ経済学の歴史に本格的な分析を加えた第一級の理論家による評伝集。新理論誕生の背景で演じられた多くの葛藤、時の移り変わりの中で静かに幕を閉じていった独創的な着想。それぞれの理論が時代のなかで真に貢献し、今日の観点からどのように評価しうるのかを冷静に分析して、現代の経済理論がその背景に宿す豊かな水脈を明らかにする。

◇経済学の歴史　根井雅弘著　筑摩書房　1998.10　①4-480-86703-1
＊現代経済学における理論と思想の関連を「知性史」の観点から追究、ケネーからガルブレイスまで、12名の経済学者を取り上げる。10年来の経済思想史研究の成果を問う渾身の書下し800枚。

◇回想のブルームズベリー―すぐれた先輩たちの肖像　クウェンティン・ベル著，北条文緒訳　みすず書房　1997.7　①4-622-04633-4
＊ケインズやフォースター、ストレイチー、A.ブラントなど、すぐれた先輩たちの知られざる素顔を、グループ最後の長老が穏やかなユーモアで描いた文学的な回想。

◇ケインズ　福岡正夫著　東洋経済新報社　1997.5　①4-492-31235-8
＊豊富な資料と現地での研究成果を盛り込み、ケインズの人と思想をあざやかに描きだす。いま、もっとも信頼できるケインズ伝。

◇世界人物逸話大事典　朝倉治彦，三浦一郎編　角川書店　1996.6　①4-04-031900-1
＊歴史上の人物の生き生きとした人間像を伝えるエピソードを多数紹介する事典。日本人によく知られた人物1883人を見出しに掲載。

◇ケインズを学ぶ―経済学とは何か　根井

雅弘著　講談社　（講談社現代新書　ジュネス）　1996.5　①4-06-149302-7
＊20世紀最大の経済学者は何をどう考えたか。イギリスと世界の経済問題に正面から取り組み、その思索の成果を大衆に訴える一方、新しい経済学を立てたケインズの理論をやさしく解説。

◇ケインズ・バーナードとその時代――和光大学経済学部創立30周年記念号　和光大学経済学部著　白桃書房　1996.4
①4-561-86026-6

◇実務家ケインズ――ケインズ経済学形成の背景　那須正彦著　中央公論社　（中公新書）　1995.7　①4-12-101251-8
＊官僚、政治家、実業家、投機家――。ケインズは現実経済の渦中に身を置いて活躍する。そのなかで培われた実感ないし現実認識と、自らが学び、祖述してきた古典派の教義との間の亀裂は次第に深まり、ついに『一般理論』で革命的なマクロの貨幣経済学を創り上げる。ケインズ経済学形成の背景にあるのは、痛切な実務経験なのだ。金融界から学界に転じた著者が、実務家としての共感をこめて、ヴィヴィッドに描き出す新しいケインズ像。

◇ケインズ――コミック版　ピーター・ピュー著, クリス・ギャラット著, 市岡隆他訳　心交社　（知的常識シリーズ）　1994.10　①4-88302-182-3

◇ケインズ　伊東光晴著　講談社　（講談社学術文庫）　1993.12　①4-06-159105-3

◇近代経済学の群像――人とその学説　都留重人著　社会思想社　（現代教養文庫）　1993.12　①4-390-11510-3
＊代表的経済学者の生いたちと学問の遍歴から読む近代経済学の誕生と発展の背景。

◇ジョン・メイナード・ケインズ　2　裏切られた期待　1883～1920年　ロバート・スキデルスキー著, 古屋隆訳　東洋経済新報社　1992.10　①4-492-06055-3

◇ケインズ　浅野栄一著　清水書院　（Century Books）　1990.10
①4-389-41093-8

＊「人と思想」は、世界の有名な大思想家の生涯とその思想を、当時の社会的背景にふれながら、立体的に解明した思想の入門書です。第1編の生涯編で、思想家の生涯を交友関係や、エピソードなどにもふれて、興味深く克明に記述、第2編では、その主要著書を選択して、概説とその中心となる思想を、わかりやすく紹介してあります。

◇ケインズの悲劇　根井雅弘著　日本経済新聞社　1990.5　①4-532-07503-3

◇誰がケインズを殺したか――物語・経済学　W・カール・ビブン著, 斎藤精一郎訳　日本経済新聞社　1990.3　①4-532-08939-5

ゲーテ
Goethe, Johann Wolfgang von
1749～1832　18・19世紀、ドイツ最大の詩人。ドイツ古典主義文学を確立。

◇教養としてのゲーテ入門――「ウェルテルの悩み」から「ファウスト」まで　仲正昌樹著　新潮社　（新潮選書）　2017.1
①978-4-10-603795-5

◇ゲーテ＝シラー往復書簡集　上　ゲーテ, シラー著, 森淑仁, 田中亮平, 平山令二, 伊藤貴雄訳　潮出版社　2016.7
①978-4-267-02041-4

◇ゲーテ＝シラー往復書簡集　下　ゲーテ, シラー著, 森淑仁, 田中亮平, 平山令二, 伊藤貴雄訳　潮出版社　2016.7
①978-4-267-02042-1

◇巨匠探究――ゲーテ・ゴッホ・ピカソ　前川整洋著　図書新聞　2016.4
①978-4-88611-468-6

◇最後の恋――芸術家たちの晩年を彩る光と影　ディートマー・グリーザー著, 宮内俊至訳　北樹出版　2015.7　①978-4-7793-0465-1

◇ゲーテとサヴィニー――詩人法律家　続　オイゲン・ヴォールハウプター著, 堅田剛編訳　御茶の水書房　2013.11
①978-4-275-01039-1

◇旅人の夜の歌――ゲーテとワイマル　小塩節著　岩波書店　2012.11
①978-4-00-025867-8

ゲーテ

* 『若きウェルテルの悩み』によって世に知られたゲーテは、二十六歳の若さでワイマル公国の宮廷に招かれる。小国とはいえ、一国の政治を担うことになった文学者は、そこで何をなしえたのか。政治・行政に全力で取り組んだ日々に歌われた二篇の詩「旅人の夜の歌」を手がかりに、ナチスの強制収容所へいたるドイツ文化の深層を、歴史的背景とともに描きだす。

◇ゲーテ―生活と作品　上巻　カール・オットー・コンラーディ著, 三木正之, 森良文, 小松原千里, 平野雅史共訳　南窓社　2012.10　①978-4-8165-0407-5, 978-4-8165-0409-9（set）

◇ゲーテ―生活と作品　下巻　カール・オットー・コンラーディ著, 三木正之, 森良文, 小松原千里, 平野雅史共訳　南窓社　2012.10　①978-4-8165-0408-2, 978-4-8165-0409-9（set）

◇晩年の奇蹟―ゲーテの老年期　柴田翔著　ノースアジア大学出版センター　2012.6
①978-4-904302-94-1
* 平成22（2010）年4月24日にノースアジア大学で行われた講演会の内容を書籍化。ゲーテが82歳までどうやって年を重ねたか、老年とはどういうものであったか、そして老年にもかかわらず、一生を総括するような大きな仕事をなぜできたかを、青年時代から順に分かりやすく解説。

◇クリスティアーネとゲーテ―詩人と生きた女性の記録　ジークリット・ダム著, 西山力也訳　法政大学出版局　（叢書・ウニベルシタス）　2011.4　①978-4-588-00954-9

◇私のゲーテ　改訂新版　小塩節著　青娥書房　2010.11　①978-4-7906-0285-9
* ゲーテにとっても、人生は苦く、暗い苦難の道であった。一生をふりかえって自分でしあわせだったと思えるのは、十刻もなかった。しかし、人生を生きることは、やはりほんとうに美しかった。彼の生涯と芸術作品は、どの一片をとってもいつも人びとに生きるよろこびと生命とを与えてやまない。彼は、ほんとうの詩人だった。抒情詩をたのしみつつ生涯と作品をさぐる。

◇ローマの痕跡―ゲーテとそのイタリア　ロベルト・ザッペリ著, 星野純子訳　鳥影社・ロゴス企画　2010.3
①978-4-86265-231-7
* ゲーテのローマでの生活は謎につつまれているところが多い。偽名で生活し、お忍びで庶民的な料理屋や芝居小屋に通った。夜おそくまで町をぶらついた。いくどかは色事も含んでいた。彼はそのことが公けになることを避け、隠した。実際のゲーテの姿を探る興味つきない論証が展開される。

◇ゲーテ―精神世界の先駆者　ルドルフ・シュタイナー著, 西川隆範訳　アルテ, 星雲社（発売）　2009.12
①978-4-434-13972-7
* ゲーテは自然界の深奥に何を見たのか？　神秘学者シュタイナーが、文豪ゲーテの作品世界に潜む秘教的意味を解き明かす。

◇大作家"ろくでなし"列伝―名作99篇で読む大人の痛みと歓び　福田和也著　ワニ・プラス, ワニブックス〔発売〕（ワニブックスPLUS新書）　2009.10
①978-4-8470-6004-5

◇賢者たちの人生論―プラトン、ゲーテからアインシュタインまで　金森誠也著　PHP研究所　（PHP文庫）　2009.8
①978-4-569-67328-8

◇闊歩するゲーテ　柴田翔著　筑摩書房　2009.7　①978-4-480-83810-0
* ゲーテが見た世界の果てしなさ、謎の深さと美しさ―敗戦世代の文学者が描くゲーテの肖像。暗く沈黙するゲーテと生を享受しようと宇宙を快活に歩むゲーテ―複雑で魅惑的なゲーテの時代と生涯を、歴史と自然史の視点から多面体として描き上げる。文学を読むことを根源から問うゲーテ論。

◇ゲーテさんこんばんは　池内紀著　集英社（集英社文庫）　2005.11
①4-08-747885-8
* あの大文豪はこんなにも面白い人だった！　十代から恋愛遍歴を重ね、齢70を過ぎて17歳の少女にプロポーズした。

二十代でベストセラー恋愛小説を書き、ワイマールの顧問官として職務に取り組んだ後、突然偽名を使ってイタリアへ逃亡した。詩をつくり、石を集め、山を登り、82歳で大作『ファウスト』を完成した。数多くのエピソードとともに、天才ゲーテの魅惑の世界を散策する画期的評伝。第五回桑原武夫学芸賞受賞。

◇ゲーテと出版者——一つの書籍出版文化史　ジークフリート・ウンゼルト著, 西山力也, 坂巻隆裕, 関根裕子訳　法政大学出版局　（叢書・ウニベルシタス）　2005.7
①4-588-00822-6
＊「本」を介して向き合う著作者と出版者の赤裸々な人間関係、海賊出版の実態など18・19世紀の出版事情を豊富な資料から詳細に描き出すとともに、新たなゲーテ像を浮き彫りにする。現代ドイツの著名な出版者ウンゼルトが、自己確認と自己錬磨を試みた書籍出版史。

◇自由人は楽しい——モーツァルトからケストナーまで　池内紀著　日本放送出版協会　（NHKライブラリー）　2005.1
①4-14-084191-5

◇ゲーテ、その愛——「野ばら」から『ファウスト』の「グレートヒェン悲劇」まで　溝井高志著　晃洋書房　2004.7
①4-7710-1583-X

◇ゲーテとキリスト教　ヘルムート・ティーリケ著, 田中義充訳　文芸社　2003.10　①4-8355-6332-8
＊ゲーテの世界観におけるヘイ・カイ・パイン（一にして全）は、禅の世界観に極めて近いものであり、現在の宗教的対立を克服する一つの方向性を示しているのでは…。ゲーテの宗教の複数の視点に自己をおき、ゲーテの宗教観の全体像をとらえようとする国際的神学者ヘルムート・ティーリケの著作『Goethe und das Christentum』の邦訳。

◇独仏文学作家論　山村正英著　創栄出版　2002.4　①4-7559-0058-1

◇『ファウスト』と嬰児殺し　大沢武男著　新潮社　（新潮選書）　1999.11
①4-10-600574-3
＊生誕250年ゲーテの最高傑作は、ある薄幸の女性の悲痛な事件が、すべての発端となった。『ファウスト』のなかで無惨に処刑される少女にはモデルがいる。フランクフルト市民を震撼させたその悲劇的事件とは。膨大な裁判史料をもとに、青年弁護士ゲーテの内面と、その芸術への衝動に迫る、ロマンティック・ドキュメント。

◇愛の詩人・ゲーテ——ヨーロッパ的知性の再発見　小塩節著　日本放送出版協会　（NHKライブラリー）　1999.11
①4-14-084107-9
＊詩と音楽と哲学の国ドイツが生んだ近代最高の詩人・文学者ゲーテ。「すみれ」「野ばら」など数多くの詩はいまも全世界で愛読されている。一国の大臣を務め行政官、画家、自然科学、などの分野で多彩な才能を発揮した彼の思想と"愛"が共同体時代のヨーロッパで改めて見直されている。なぜゲーテは注目をあつめるのか。1999年、生誕250年を迎えた彼の生き方と思想の多様性を読み解く。

◇もっと光を　小塩節著　北水　1999.7
①4-939000-12-5
＊帝国直属自由都市フランクフルトに生まれたゲーテは、自由で自律的な自治の町の子らしく、のびのびした自由の気概をいっぱい身につけて、八十二年七ヵ月の生涯を堂々と生き抜きました。ヨーロッパ的人間の典型です。本書では、このゲーテの生涯をその壮大な最後の日、最後の時から眺めて見ました。

◇ゲーテ読本　新版　山下肇編　潮出版社　（潮ライブラリー）　1999.6
①4-267-01530-9
＊明治から現代まで、多彩な各界日本文化人のゲーテ論稿のエッセンスを集録した貴重な入門書。

◇奪われた才能——コルネリア・ゲーテ　ジークリット・ダム著, 西山力也訳　郁文堂　1999.6　①4-261-07229-7
＊ゲーテは、なぜ、妹コルネリアの手紙類をすべて焼き捨ててしまったのか？ 後年、自伝『詩と真実』の中で、愛する妹に対して下したあの情け容赦もない判決の意図は何か？—大詩人の兄ゲーテによって白紙と化した妹コルネリアの

ゲーテ

◇ゲーテが愛した妻クリスティアーネ
　エッカルト・クレスマン著, 重原真知子訳
　あむすく　1998.11　①4-900621-20-X
　＊ゲーテとその妻クリスティアーネ（1765-1816、旧姓ヴルピウス）ほど対照的なカップルを思い浮かべることはできない。生まれも年齢も全く異なり、知的および精神構造の面でも「二つの世界」を具現化しており、それでいて枢密顧問官ゲーテと恋人クリスティアーネ、後に正式な妻となったが、このカップルほど幸福な夫婦は文学史上まれである。クレスマンは二人の正反対の面と同時にまたかくれた共通性を綿密にたどり、「不幸にも、知識人の仲間入りをした」ゲーテの妻を自然な人間として描いている。本書はクリスティアーネの言葉、ゲーテとの性愛（また女性一般にたいするゲーテの関係）、夫婦のアルコール依存症、不幸な息子などがテーマとなっており、著者はこれらすべてを新しい観点から取り上げて、感情的にもおおいに相手の身になって語っている。また天性の生きる知恵をもつクリスティアーネへの共感が隠さず述べられている。

◇自由と形式―ドイツ精神史研究　新装版
　エルンスト・カッシーラー著, 中埜肇訳
　ミネルヴァ書房　（MINERVA哲学叢書）
　1998.10　①4-623-02975-1
　＊宗教と哲学と文学と政治思想という広範な諸領域にわたって、ルター以降ヘーゲルまでのドイツ精神の歴史的展開を叙述する。ドイツ民族の精神的確信であり文化の中枢である宗教（プロテスタンティズム）と哲学と文学との本質をその根源にまで遡って追求し、浅薄なショーヴィニズムに陥ることなく、世界精神史というスコープの中でこれに徹底した反省を加え、16世紀から19世紀に至るそれの諸現象形態を「自由」と「形式」という二つのカテゴリーの相関関係として精緻に分析して見せた。

◇私のゲーテ　新装　小塩節著　青娥書房
　1998.4　①4-7906-0173-0
　＊見よ、これが人間だ。抒情詩をたのしみつつ生涯と作品をさぐる。

◇ゲエテ自己様式化する宇宙（一般様式理論）梶野啓著　風間書房　1998.2
　①4-7599-1073-5

◇J.W.フォン・ゲーテ―旅路遙か、見果てぬ夢　丸山暢謙監修　栄光出版社　（ドイツ文化散歩）　1997.9　①4-7541-0017-4
　＊名作の舞台と素顔のゲーテ。恋に生きた情熱の大詩人は有能な政治家だった。シラー、ベートーベン、メンデルスゾーン、ワイマール公、哲学者・フィヒテなど、歴史に残る人々との交流を通じて、偉人ゲーテの足跡に迫る。

◇ゲーテの言葉　新装版　高橋健二訳編
　弥生書房　（人生の知恵）　1997.4
　①4-8415-0726-4

◇世界人物逸話大事典　朝倉治彦, 三浦一郎編　角川書店　1996.6　①4-04-031900-1
　＊歴史上の人物の生き生きとした人間像を伝えるエピソードを多数紹介する事典。日本人によく知られた人物1883人を見出しに掲載。

◇詩に映るゲーテの生涯　柴田翔著　丸善（丸善ライブラリー）　1996.3
　①4-621-05186-5
　＊19世紀後半にドイツ市民社会の偽善的道徳律によって飾り立てられたゲーテ像は、現実のゲーテとは本質的なところですれ違っている。本書では、既成のゲーテ像を解体し、ヨーロッパの大変動期に生きたゲーテの真の魅力にせまる。

◇ゲーテとその時代　坂井栄八郎著　朝日新聞社　（朝日選書）　1996.2
　①4-02-259646-5
　＊作家にして政治家ゲーテと追体験する激動の83年間。7年戦争・フランス革命・ナポレオン支配。

◇ゲーテ―その生涯と作品　アルベルト・ビルショフスキ著, 高橋義孝, 佐藤正樹訳　岩波書店　1996.1　①4-00-000639-8

◇世界の伝記　14　ゲーテ　植田敏郎著
　ぎょうせい　1995.2　①4-324-04391-4

◇天才たちの死に学ぶ―ツヴァイク、フロイト、モーツアルト、ゲーテの死の瞬間まで

西義之著　文芸春秋　1994.12
　＊わたしたちは自分自身の死を迎える前に、近親者の死をはじめとして、いくつかの死に出会い、いわば死を徐々に学んでいく。わたしたちにとって死は、いや生は果たして意味があるのか。己れの信念を最後まで持して生きぬいた四人の天才たちの死の瞬間までを克明に辿り、死を、生の地平のなかに改めてとらえ直した感動の書。

◇人間ゲーテ　小栗浩著　岩波書店　（岩波新書評伝選）　1994.11　⓪4-00-003864-8

◇ゲーテ　T.J.リード著，筑和正格訳　教文館　（コンパクト評伝シリーズ）　1994.4　⓪4-7642-1054-1

◇名作はなぜ生まれたか――文豪たちの生涯を読む　木原武一著　同文書院　（アテナ選書）　1993.11　⓪4-8103-7172-7
　＊不朽の名作を知る。文豪のドラマチックな生涯をさぐる。西洋の文豪、きらめく20名のだいご味。

◇ゲーテを語る――講演集　トーマス・マン著，山崎章甫訳　岩波書店　（岩波文庫）　1993.10　⓪4-00-329430-0

◇ゲーテとの対話　上　エッカーマン著，山下肇訳　岩波書店　（岩波文庫）　1993.5　⓪4-00-324091-X

◇ゲーテとの対話　中　エッカーマン著，山下肇訳　岩波書店　（岩波文庫）　1993.5　⓪4-00-324092-8

◇ゲーテとの対話　下　エッカーマン著，山下肇訳　岩波書店　（岩波文庫）　1993.5　⓪4-00-324093-6

◇峰々の対話――ゲーテをめぐる世界　薗田宗人著　松籟社　1993.4　⓪4-87984-135-8

◇ゲーテ読本　潮出版社編　潮出版社　1992.6　⓪4-267-01290-3

◇ゲーテとプラトン　エルンスト・カッシーラー著，友田孝興，栗花落和彦共訳　文栄堂書店　1991.8

◇私のゲーテ　小塩節著　青娥書房　1991.1　⓪4-7906-0128-5

◇人間の生き方――ゲーテ・ヘッセ・ケストナーと共に　高橋健二著　郁文堂　1990.9　⓪4-261-07178-9
　＊ゲーテやグリム、ヘッセやケストナーなど、ドイツの文学者に関する、まとまったエッセイが主になっている。…しかしそれらの文学者を正面から論じた研究というより、側面から見たゲーテやヘッセに重きがおかれている。

◇ゲーテの言葉――人生の知恵　〔新装版〕　J.W.von・ゲーテ著，高橋健二訳編　弥生書房　1990.5　⓪4-8415-0640-3

◇ゲーテ相愛の詩人マリアンネ　高橋健二著　岩波書店　1990.4　⓪4-00-000616-9
　＊踊り子からプロイセン王国枢密顧客官の養女に、のちその妻となったマリアンネ。奇しくも文豪ゲーテと過ごした二夏。数多の恋愛を詩作に昇華するゲーテと、「現実の愛」を切望して苦悩するマリアンネ。ゲーテ詩業の一頂点をなす『西東詩集』中の傑作が自作であることも秘めたまま、閉じられたその生涯。最新の資料を基に綴られる、美しくも悲しい愛のかたち。

◇ゲーテと十八世紀　エルンスト・カッシーラー著，友田孝興，栗花落和彦共訳　文栄堂書店　1990.2

┃ **ケネー**　Quesnay, François
1694～1774　17・18世紀、フランスの医者、経済学者。ルイ15世の侍医。『経済表』（1758）を発表し、経済学に大きく貢献。

◇経済・社会と医師たちの交差――ペティ、ケネー、マルクス、エンゲルス、安藤昌益、後藤新平たち　日野秀逸著　本の泉社　2017.10　⓪978-4-7807-1653-5

◇経済思想の歴史――ケネーからシュンペーターまで　小沼宗一著　創成社　2017.2　⓪978-4-7944-3175-2

◇経済思想史――社会認識の諸類型　新版　大田一広，鈴木信雄，高哲男，八木紀一郎編　名古屋大学出版会　2006.9　⓪4-8158-0540-7

◇経済学者物語――時代をリードした俊英たち　石沢芳次郎著　産業経済研究会，東方書林〔発売〕　2003.3　⓪4-924979-60-0

◇経済学の歴史　根井雅弘著　筑摩書房

1998.10　①4-480-86703-1
＊現代経済学における理論と思想の関連を「知性史」の観点から追究、ケネーからガルブレイスまで、12名の経済学者を取り上げる。10年来の経済思想史研究の成果を問う渾身の書下し800枚。

◇貨幣の思想史―お金について考えた人びと　内山節著　新潮社　（新潮選書）
1997.5　①4-10-600515-8
＊本書はペティからケインズにいたるまでの経済学者の苦悩のあとを辿りつつ、貨幣の背後にある資本主義社会の架空性＝虚妄性をえぐり出す。著者のこれまでの、今の人間の生き方の空しさを告発する一連の仕事に貴重な一環をつけ加えた労作である。現代を理解する鍵となる好著である。

ケネディ

Kennedy, John Fitzgerald

1917～1963　20世紀、アメリカの政治家。第35代大統領（在任1961～1963）。ニューフロンティア政策を提唱し、景気回復と経済の安定につとめた。著書「勇気ある人人」(56)で57年ピューリッツァー賞受賞。在任中に暗殺された。

◇世界を変えたアメリカ大統領の演説　井上泰浩著　講談社　（講談社パワー・イングリッシュ）　2017.3　①978-4-06-295261-3

◇アメリカ歴代大統領の通信簿―44代全員を5段階評価で格付け　八幡和郎著　祥伝社　（祥伝社黄金文庫）　2016.7
①978-4-396-31697-6

◇大統領の演説　パトリック・ハーラン著　KADOKAWA　（角川新書）　2016.7
①978-4-04-082056-9

◇オリバー・ストーンが語るもうひとつのアメリカ史　2　ケネディと世界存亡の危機　オリバー・ストーン、ピーター・カズニック著、熊谷玲美、小坂恵理、関根光宏、田沢恭子、桃井緑美子訳　早川書房　（ハヤカワ・ノンフィクション文庫）　2015.7　①978-4-15-050440-3

◇「JFK-その生涯と遺産」展　阿川尚之、簑原俊洋監修、国立公文書館編　国立公文書館　2015.3

◇アメリカ50年　ケネディの夢は消えた？　土田宏著　彩流社　（フィギュール彩）　2015.1　①978-4-7791-7028-7

◇ケネディ家の人々―アイルランドから日本へ　ヒュー・アシュトン著　マクミランランゲージハウス　（Read Smart Readers英語ポケット文庫）　2014.4
①978-4-7773-6517-3

◇ケネディ家の呪い　越智道雄著　イースト・プレス　（イースト新書）　2013.12
①978-4-7816-5020-3
＊米国オバマ大統領は、故ジョン・F.ケネディ大統領の遺児、キャロラインを駐日大使に指名した。アメリカ屈指の名門家系のヒロインが、ついに政治の表舞台に立つことになる。"王朝"と称されるほどの栄光の代償として、ケネディ家は数々の悲劇に翻弄されてきた。凶弾に倒れた大統領をはじめとして、暗殺二件、飛行機事故三件、関わった殺人事件一件―。一族にかけられた「呪い」に抗いながら、彼女はいかに父の名を継ぐ覚悟を固めていったか？　ケネディ家の興亡と、そこに象徴されるアメリカ現代史の光と影を映し出していく。

◇ケネディからの伝言　落合信彦著　小学館　（小学館文庫）　2013.11
①978-4-09-408879-3
＊今も胸を打つ「ケネディ兄弟の名演説」―。一九六三年に暗殺されたジョン・F.ケネディ元大統領、そして六八年に同じく暗殺された弟のロバート・ケネディ元司法長官。彼らの業績をその「言葉」を通じて振り返る。ケネディ兄弟の数々の名演説の英語原文と著者による日本語訳を併載。彼らは軍産複合体などの既得権勢力や社会の偏見と闘い、危機の時代に平和を、憎しみの時代に愛と慈しみを説いた。世界を動かしたその言葉は、五〇年が経った今日もまったく色褪せていない。国際政治ジャーナリスト・落合信彦氏のベストセラー『ケネディからの伝言』増補文庫版。

◇ケネディ暗殺―50年目の真実 KILLING KENNEDY　ビル・オライリー、マー

ティン・デュガード著, 江口泰子訳　講談社　2013.11　①978-4-06-218516-5
＊1961年1月の大統領就任から、わずか2年10ヵ月で命を絶たれるJFK。その激動の1037日間を、犯人オズワルドの数奇な人生と交錯させながら、ノンストップで詳述していく。第二次大戦中、日本軍にあわや殺されかけた海軍将校時代。ホワイトハウスの中で連日繰り広げられた、幾多の女性との情事。そして暗殺事件の全真相…。陰謀論を排し、事実のみで構成したミステリー小説のような面白さ!!

◇ケネディの遺産─JFKとニュー・フロンティアの時代　山本和隆著　志学社　2013.10　①978-4-904180-37-2

◇ケネディ回想録─フォト・メモワール　ジャック・ロウ著, 龍和子訳　原書房　2013.10　①978-4-562-04927-1
＊「ケネディ神話」のすべてがここに！未公開をふくむ279枚におよぶ豊富な写真で甦る「現代のカリスマ」！

◇The JFK Story─ジョン・F・ケネディ・ストーリー　寺沢美紀著　IBCパブリッシング　（ラダーシリーズ）　2013.8　①978-4-7946-0221-3
＊1963年11月22日、パレードを見守る多くのアメリカ国民の前で凶弾に倒れた第35代大統領ジョン・F.ケネディ。2年数ヵ月という短い大統領就任期間に、彼がアメリカ国民に遺したものは何か？人種差別の廃止や社会的弱者の救済、キューバ危機の回避やソ連との協調外交、そして宇宙開発計画など、アメリカ史上最年少の大統領の姿は、いまでも世界中の人々の心に深く刻まれている。

◇私はジョン・Fの愛の奴隷だった　ミミ・アルフォード著, 長坂陽子訳　ビジネス社　2012.11　①978-4-8284-1684-7
＊1962年、夏。19歳の私は、ホワイトハウスでインターンとして働くため、ワシントンD.C.にやってきた。これがその後18か月続く、2人の情事の始まりだった。セックスとドラッグにおぼれた不倫のてん末。ケネディ没後49年目の真実。

◇ケネディからの贈り物─若きリーダーたちへ　ジョン・A.バーンズ著, 比護富幸訳　バベルプレス　2011.7　①978-4-89449-118-2
＊ケネディがリーダーシップを身につけていった方法とは、一つは自らを変える方法、もう一つは周囲のシステムを変える方法だった。なぜ彼はわずか三年務めただけなのに、傑出した大統領になれたのか。ピッグズ湾事件とウィーン会談での失敗や、キューバ・ミサイル危機とベルリン危機での成功など政治面での具体的な行動が詳しく描かれている。単なるリーダーシップのハウツーものではない、彼の人生の全てを扱ったケネディの研究書。

◇歴史を震撼させた暗殺事件　小田桐一著　彩図社　2010.6　①978-4-88392-740-1

◇情熱思考─夢をかなえた45人の物語　是久昌信著　中経出版　2010.5　①978-4-8061-3702-3

◇ベスト&ブライテスト　上　栄光と興奮に憑かれて　デイヴィッド・ハルバースタム著, 浅野輔訳　二玄社　（Nigensha Simultaneous World Issues）　2009.12　①978-4-544-05306-7

◇ベスト&ブライテスト　中　ベトナムに沈む星条旗　デイヴィッド・ハルバースタム著, 浅野輔訳　二玄社　（Nigensha Simultaneous World Issues）　2009.12　①978-4-544-05307-4

◇JFK未完の人生─1917-1963　ロバート・ダレク著, 鈴木淑美訳　松柏社　2009.6　①978-4-7754-0160-6
＊ケネディの病歴は生前も死後もほとんど明かされず、しかもロバートの求めによって検死結果も、50年代の治療記録も焼却処分されていた。核ミサイルのボタンを握る大統領が「健康でない」ことはタブーであったからだ。初公開の資料を基にケネディの生々しい実像に迫る。

◇修羅の人間学　竹内一郎著　メディアファクトリー　2009.5　①978-4-8401-2794-3

◇アメリカ大統領の信仰と政治─ワシントンからオバマまで　栗林輝夫著　キリスト新聞社　2009.2　①978-4-87395-537-7

ケネディ

◇戦後アメリカ大統領事典　藤本一美著者代表, 大空社編集部編　大空社　2009.2
　①978-4-283-00623-2

◇ケネディー「神話」と実像　土田宏著　中央公論新社　（中公新書）　2007.11
　①978-4-12-101920-2
　＊一九六一年、四三歳で米大統領に就任し、三年後、凶弾に倒れたジョン・F.ケネディ。名家に生まれ、海軍士官、下・上院議員として活躍し、一気に頂点に登り詰めた彼は、理想を追い求めた政治家として「神話」化されている。だがその一方で、家族、宗教、女性、病魔といった問題に常に苛まれていた。本書は、虚弱だった成長期から繙き、米ソ冷戦下、政治家としてどのように時代と対峙し、生きようとしたか、その実像を描く。

◇ジョン・F.ケネディ―フォト・バイオグラフィ　ギャレス・ジェンキンズ著, 沢田澄江訳　原書房　2006.11　①4-562-04032-7
　＊秘蔵写真150以上、JFK語録、内部情報による新事実、最新インタビューで甦る20世紀のカリスマ神話。

◇ケネディは「リーダーシップ」をどう語ったか　滝沢大, 滝沢中著　中経出版　2002.11　①4-8061-1680-7
　＊本書は、「ケネディのリーダーとしてのエキス」を扱ったものである。ケネディが指導者として国民を奮い立たせた秘訣の集大成。

◇ケネディのウィット　ビル・アドラー編, 井坂清訳　扶桑社　（扶桑社セレクト）　2002.5　①4-594-03574-4
　＊アメリカ合衆国第35代大統領ジョン・F.ケネディ―暗殺の悲劇ばかりクローズアップして語られがちなケネディだが、本人は、若さと活力と明るいユーモア精神で、多くの人びとから愛されていた。本書は、そんなケネディの知られざる魅力を伝える貴重な1冊である。さまざまな場で残したウィットに富んだ言葉の数々を編纂。ニクソンと争った大統領選や、冷戦が最高潮に達したキューバ危機、悲劇の死の直前まで、どんなときも絶やさず発揮されたユーモアが、人間ケネディの真の魅力を描きだす。

◇ケネディとアメリカ政治　藤本一美編著　EXP　2000.10　①4-901199-08-0

◇JFKの寝室―ケネディとジャクリーンの封印された「性」　クリストファー・アンダーソン著, 戸根由紀恵訳　徳間書店　1997.11　①4-19-860779-6

◇ケネディ家の悪夢―セックスとスキャンダルにまみれた3世代の男たち　ネリー・ブライ著, 桃井健司訳　扶桑社　1996.8
　①4-594-02051-8
　＊マレーネ・ディートリッヒ、マリリン・モンロー、そしてマドンナ…。SEX、ドラッグ、暗殺。今、明かされる隠蔽され続けた膨大なスキャンダル！ジョゼフからJFK、そしてJFKジュニアまでケネディ家3代にわたる男たちの「真実の姿」。

◇ケネディからの伝言　落合信彦著　集英社　（集英社文庫）　1996.2　①4-08-748455-6
　＊ジョン・F・ケネディは繁栄の時代にあって犠牲の精神を、対決の時代に和解を説いた。弟ロバートは超バイオレンスの時代に愛を説いた。まさに命を賭して信念を貫き人々に勇気と希望を与え続けた二人。未来に捧げられたその言葉はあらゆる人の魂を揺り動かし、その足跡は今なお不滅の光芒を放つ。日本人が味わうことができなかったケネディ兄弟のエッセンスがここに甦る。

◇ケネディはなぜ暗殺されたか　仲晃著　日本放送出版協会　（NHKブックス）　1995.1　①4-14-001728-7
　＊30数年にわたる政府、議会、マスコミの真相かくし大作戦。ケネディ神話の虚実を明かし、抹殺を企てた全米各地の反ケネディ組織、そのクモの巣に迫る。

◇JFK―大統領の神話と実像　松尾弌之著　筑摩書房　（ちくま新書）　1994.10
　①4-480-05611-4

◇兄弟は他人のはじまりか？　日本テレビ放送網　（知ってるつもり?!）　1994.6
　①4-8203-9414-2

◇ケネディ―その実像を求めて　井上一馬著　講談社　（講談社現代新書）　1994.5
　①4-06-149203-9
　＊賛否両極から虚実とりまぜて語られて

きたケネディ。だが、ダラスで凶弾に倒れた若き大統領は本当は何を目ざし、何を残したのか。その生涯と暗殺の謎とを検証する。

◇マフィアとケネディ一族　ジョン・H.デイヴィス著，市雄貴訳　朝日新聞社　1994.4　①4-02-256735-X

◇JFK―ケネディ暗殺の真相を追って　オリヴァー・ストーン，ザカリー・スクラーほか著，中俣真知子，袴塚紀子訳　テンプリント，キネマ旬報社〔発売〕　1993.12　①4-87376-068-2
* ジョン・F・ケネディ没後30年。ジャーナリスト、作家、評論家、監督がJFK暗殺を巡って行なった大論争。ケネディ暗殺を巡る101の真相。映画「JFK」注釈付完全シナリオ。米公文書を含む参考文献。

◇大統領になりたくなかった少年―もうひとつのケネディ物語　峯正澄著　メディアファクトリー　（The LIFE STORY）　1993.3　①4-88991-290-8
* JFKには本来、大統領になるべき長兄がいた。長兄は戦死し、JFKはいわば彼の身代わりとなる。大統領になりたくなかった病弱な少年は、家族の期待をうけて第35代大統領に就任。予備校時代には『人間の屑』とまでいわれたJFKのもうひとつの顔とは―。

◇ジョン・F・ケネディの謎―権力の陰謀とアメリカの悪夢　堀田宗路著　日本文芸社　1992.6　①4-537-05015-5
* JFKは、アメリカン・ドリームの象徴か、悪夢の体現者か―。血と狂気のゲリラの時代を精査し、ケネディ暗殺の真の悲劇性を解読する衝撃のドキュメント。

◇ケネディ兄弟の光と影　土田宏著　彩流社　1992.3　①4-88202-219-2
* 平和共存、宇宙開発、病気の征服、経済の発展と貧困の撲滅、そして皮膚の色による差別の撤廃。公正な社会を目指して熱いエネルギーを燃し、凶弾に斃れた悲劇の兄弟。

◇JFK―ケネディ暗殺犯を追え　ジム・ギャリソン著，岩瀬孝雄訳　早川書房　（ハヤカワ文庫NF）　1992.2　①4-15-050167-X
* 1963年11月22日、ダラスを車でパレード中のケネディ大統領が凶弾に倒れ、暗殺犯と目された男オズワルドは二日後、衆人環視のなかで射殺された。当時、ニューオーリンズの地方検事だった著者は、事件の謎を追って調査をはじめた。やがて彼の脳裡には意外な、そして恐るべき真犯人像が…。政府やマスコミの妨害とたたかい、自国の尊厳にかけて真相究明に挑んだギャリソン検事。その勇気ある告発から、葬られた真実が今甦る。

◇ゴルバチョフとケネディ―指導者の栄光と悲劇　渡辺良明著　創流出版　1991.12　①4-915796-13-2
* 両者は共に、地球的な視野で政治を考えることのできた稀有な指導者だ。つまり、グローバリズムとエコロジー的な視点こそ、両者の真骨頂と言える。また、この共通性を通じて、今日のゴルバチョフは、60年代のケネディとほぼ同様な指導的役割（あるいは彼以上の役割）を担っているように思われる。この30年を隔てた両者の史的類似性の認識こそ、彼らを同レベルで論じようとする本著の出発点でもある。

◇死の真相―死因が語る歴史上の人物　ハンス・バンクル著，後藤久子，関田淳子，柳沢ゆりえ，杉村園子共訳　新書館　1990.11　①4-403-24034-8
* ベートーヴェン、フロイト、皇妃エリザベト、皇太子ルドルフ、レーニン、ヒトラー、ケネディ。心身の病いと闘う歴史上の人物に、病理学者の立場から光をあて、社会的人格にかくされた赤裸々な人間性を解剖する。異色の歴史評伝。

ゲバラ

Guevara de la Serna, Ernest（Che）
1928〜1967　チェ・ゲバラとも。20世紀、ラテン・アメリカの革命家。キューバ革命でカストロらとゲリラ戦争を展開、革命成功後、国立銀行総裁、工業相などを歴任。1967年ボリビアで活動中、政府軍に銃殺された。主著「ゲリラ戦争」（61）、

「ゲバラ日記」(68)。

◇カストロとゲバラ　広瀬隆著　集英社インターナショナル　（インターナショナル新書）　2018.2　①978-4-7976-8020-1

◇チェとフィデル――深き友情　サン・ルイス編, 森山也子訳　『チェとフィデル』日本語版刊行委員会　2017.12　①978-4-89805-198-6

◇『エルネスト』オフィシャルブック――もう一人のゲバラ　キノブックス　2017.9　①978-4-908059-78-0
＊ゲバラが名前を託した日系人その知られざる物語。映画に込めた思い、撮影の舞台裏などが明らかになるスペシャル・インタビューから時代背景、登場人物たちの詳細な解説、海堂尊氏ほか豪華執筆陣による特別寄稿まで、作品世界がより重層的に理解できる一冊！

◇チェ・ゲバラ名言集　エルネスト・チェ・ゲバラ著, 米津篤八, 長谷川圭訳　原書房　2017.1　①978-4-562-05370-4

◇ゲバラ100の言葉――日常に変革をもたらすための心得　別冊宝島編集部編　宝島社　2016.2　①978-4-8002-5022-3

◇ゲバラの実像――証言から迫る「最期のとき」と生き様　平山亜理著　朝日新聞出版　2016.2　①978-4-02-251361-8

◇チェ・ゲバラ――旅、キューバ革命、ボリビア　伊高浩昭著　中央公論新社　（中公新書）　2015.7　①978-4-12-102330-8

◇チェ・ゲバラ伝　増補版　三好徹著　文芸春秋　（文春文庫）　2014.4　①978-4-16-790083-0
＊南米アルゼンチンの裕福な家に生まれ、医師になるも、貧困と圧制と腐敗の覆う現実を憂い、キューバ革命へと身を投じたチェ・ゲバラ。彼はどのように生き、そして死んだのか。その情熱と友情。遺した言葉は「ユネスコ世界記憶遺産」にも登録され、いまなお全世界で語られる伝説の男、ゲバラを描いた不朽の傑作評伝、増補版。

◇革命児たちの仰天!?情熱人生　アンヌ・ブランシャール, フランシス・ミジオ著, セルジュ・ブロッシュ絵, 木山美穂訳　岩崎書店　2012.10　①978-4-265-85026-6

◇チェ・ゲバラ革命日記　エルネスト・チェ・ゲバラ著, 柳原孝敦訳　原書房　2012.6　①978-4-562-04788-8
＊キューバ革命時代の最後の未公開日記ついに刊行。当時の未公開写真と自筆原稿も収録。

◇ゲバラ最期の時　戸井十月著　集英社　（集英社文庫）　2012.1　①978-4-08-746787-1
＊ボリビア共和国の山間部に位置する町、バージェ・グランデ。キューバ革命を成立させた英雄、チェ・ゲバラが39歳の若さで謀殺されて以来30年にわたり、人知れず眠り続けた地である。革命家はなぜ殺され、遺体を隠されなければならなかったのか。ゲバラに最後の食事を運んだ少女や、彼の遺体に触れたジャーナリストなどの貴重な証言から最期の真実に迫った、著者渾身のノンフィクション。

◇チェ・ゲバラと歩んだ人生　イルダ・ガデア著, 松枝愛訳　中央公論新社　2011.11　①978-4-12-004303-1
＊最初の妻が、出会いから愛娘の誕生、別れまでを回想。モーターサイクル旅行からキューバ革命までのゲバラの素顔が明らかになる。

◇チェのさすらい　ラモン・チャオ著, エビハラヒロコ訳　トランジスター・プレス　（ラモンブックプロジェクト）　2011.10　①978-4-902951-04-2
＊ラジオフランスから激動の現代史を見つめてきたラモン・チャオ。「マヌ・チャオの父」や「イグナシオ・ラモネの盟友」としても知られるガリシア人作家が、チェ・ゲバラの人生をドン・キホーテの遍歴と比較したユニークな手法で語る。

◇チェ・ゲバラ最後の真実　レヒナルド・ウスタリス・アルセ著, 服部綾乃, 石川隆介訳　武田ランダムハウスジャパン　2011.7　①978-4-270-00662-7
＊チェの遺体を検分し、その死が暗殺であったことをいちはやく世界に知らせて祖国を追われた著者が、膨大な資料、多数の生存者の証言を集大成して、革

命家チェ・ゲバラの「生」と「死」を再構成した労作。知られざるエピソード、未紹介写真を満載。

◇世界革命革命児ゲバラ―マルクス主義と現代　太田竜著　面影橋出版　2011.5
①978-4-88066-012-7

◇フィデル・カストロ―みずから語る革命家人生　上　フィデル・カストロ述, イグナシオ・ラモネ著, 伊高浩昭訳　岩波書店　2011.2　①978-4-00-024659-0
＊国際政治の舞台に残る最後の"聖なる怪物"が、著名ジャーナリストとの100時間余におよぶ火花散る対話の中で、その"大河的人生"を語りつくす。

◇マンガ偉人伝 チェ・ゲバラ　今野清司構成, 嶋野千恵画　光文社　（知恵の森文庫）　2010.7　①978-4-334-78559-8
＊「帝国主義のあるところ、僕はどこでも戦い続ける。永遠の勝利の日まで―」。幼いときから喘息に悩まされ、当初は医者を志していたチェ・ゲバラ。しかし、搾取と貧困にあえぐ人々の存在を知り、ゲリラとして、革命家として戦う道を選ぶ…。海外で"バイオグラフィック・ノベル"として発売され好評を博した、日本発のコミックを「逆輸入」して文庫化。

◇ゲバラの夢、熱き中南米―君の星は輝いているか　Part2　伊藤千尋著　シネ・フロント社　2009.10　①978-4-915576-22-5
＊今、中南米に実現するゲバラの夢！ 中南米を見つづけること38年現地報道の第一人者が明らかにするアメリカから自立した中南米の激動の歩み。

◇ゲバラ最期の時　戸井十月著　集英社　2009.1　①978-4-08-781412-5
＊"指令600"とはなにか―チェ・ゲバラとはどんな男だったか。彼とともに生き、闘い、最期を見届けた者たちの証言より浮かび上がる伝説の革命家の実像。戦場で重傷を負って死んだと発表されたゲバラだが、本当は捕らえられた村で暗殺されたのだった。最後の食事を運んだ少女、銃声を聞いた農夫、遺体に触れたジャーナリストなどの貴重な証言が、ボリビアの山村を訪れた作家戸井十月の前に、伝説以前のリアリティとして衝撃的に立ち上がる。著者渾身の現地インタビューによる書き下ろしドキュメンタリー。

◇チェ・ゲバラ―グラフィック・バイオグラフィ　スペイン・ロドリゲス著, 花田知恵訳　原書房　2009.1
①978-4-562-04200-5
＊中流家庭に育った少年時代、バイクで南米を放浪した青年時代、そして革命戦争の日々、志半ばの死まで個性溢れる濃密な筆致で描き上げた傑作。

◇チェ・ゲバラプレイバック　太田昌国著　現代企画室　2009.1
①978-4-7738-0815-5

◇チェ・ゲバラ～愛しい男（ひと）　イン・ロック　2009.1　①978-4-900405-35-6
＊チェ・ゲバラ、世紀の2部作映画公開記念写真集。

◇父ゲバラとともに、勝利の日まで―アレイダ・ゲバラの2週間　アレイダ・ゲバラ著, 星野弥生編著・訳　同時代社　2009.1
①978-4-88683-636-6
＊チェ・ゲバラの娘で小児科医のアレイダ・ゲバラさんは二〇〇八年五月一四日から二八日まで「アレイダ・ゲバラさん招聘実行委員会」の招きで来日。本書の第一部では、滞日二週間のあいだに行われたアレイダさんの講演記録と講演参加者との質疑、および講演の際に行われた何人かの方とのトークを収録。第二部は、アレイダさんの通訳をつとめ訳文を作成した星野弥生による、招聘に至る経緯、滞日中の日誌と解説などから成る。

◇わが夫、チェ・ゲバラ―愛と革命の追憶　アレイダ・マルチ著, 後藤政子訳　朝日新聞出版　2008.5　①978-4-02-250432-6
＊革命の戦火の中でのチェとの出会い、革命政府樹立とともに始まった"新婚生活"、チェとカストロとの本当の仲、最後の闘いへと旅立つ前にチェが願い出たこと…。アレイダはついに書いた。新たな歴史の真相が明らかになる。

◇ゲバラ世界を語る　チェ・ゲバラ著, 甲斐美都里訳　中央公論新社　（中公文庫）

ゲバラ

2008.5　①978-4-12-205027-3
＊ゲバラの演説・論文・インタビューから厳選した珠玉の名言集。時空を超えて、世界変革への熱い意思と革命的ヒューマニズム精神が伝わる。理想社会を説きつつ、経済、教育など社会的基盤の整備を重視する現実的な思想が窺える。『グローバル・ジャスティス』と『我らのアメリカ、彼らのアメリカ』の二作品を収録、訳し下ろし。

◇チェ・ゲバラの記憶　フィデル・カストロ著, 柳原孝敦監訳　トランスワールドジャパン　2008.5　①978-4-86256-011-7

◇革命戦争回顧録　チェ・ゲバラ著, 平岡緑訳　中央公論新社　（中公文庫）　2008.2
①978-4-12-204981-9
＊カストロとの運命的な出逢いからキューバ革命を達成するまでを回想する。困難を乗り越えて、状況分析、人心掌握の才を発揮する軌跡を克明に描く。本書はゲバラ本人による加筆訂正を反映した二部構成の決定版。過去の戦いを追想する一方で思慮深い政治的分析を加えている。生誕八〇年を記念し訳し下ろし。

◇友よ　弔辞という詩　サイラス・M.コープランド編, 井上一馬訳　河出書房新社　2007.12　①978-4-309-20483-3

◇ゲバラ日記―新訳　チェ・ゲバラ著, 平岡緑訳　中央公論新社　（中公文庫）　2007.11　①978-4-12-204940-6

◇チェ・ゲバラわが生涯―ヒューマン・フォトドキュメント　エルネスト・チェ・ゲバラ著, ビクトル・カサウス編, 角敦子訳　原書房　2007.7　①978-4-562-04089-6

◇偉大なる敗北者たち―メアリ・スチュアートからゲバラまで　ヴォルフ・シュナイダー著, 瀬野文教訳　草思社　2005.5
①4-7942-1407-3

◇ゲバラ―青春と革命　横堀洋一編　作品社　2005.3　①4-86182-023-5
＊ゲバラを乗せてモーターサイクル旅行をした親友・アルベルト。幼なじみの悪友・ホセ。医者の卵「エルネスト」を革命家「チェ」に育てた最初の妻・イルダ。ゲバラの死に至る戦いでの女性同志であり恋人とも憶測される・タニア。

そしてゲバラ殺害の謎…。ゲバラの青春と革命を身近から眺めた15名の貴重な回想・証言によって、伝説の革命家ゲバラの素顔と真実の姿に迫る。

◇チェ・ゲバラ―革命を生きる　ジャン・コルミエ著, 太田昌国監修, 松永りえ訳　創元社　（「知の再発見」双書）　2004.12
①4-422-21180-3
＊20世紀の中盤の時代を行き急ぐようにして駆け抜けた革命家、エルネスト・チェ・ゲバラの生涯（1928〜67）を、豊富な写真と共にたどること、それが本書の目的である。

◇ゲバラ―赤いキリスト伝説　フォト・ドキュメント　アラン・アマー著, 広田明子訳　原書房　2004.10　①4-562-03843-8

◇トラベリング・ウィズ・ゲバラ―革命前夜―若き日のゲバラが南米旅行で見た光景　アルベルト・グラナード著, 池谷律代訳　学習研究社　2004.10　①4-05-402609-5

◇ゲバラ日記　改版　チェ・ゲバラ著, 高橋正訳　角川書店　（角川文庫）　1999.2
①4-04-317001-7

◇ゲバラコンゴ戦記1965　パコ・イグナシオ・タイボ2, フェリックス・ゲーラ, フロイラン・エコバル著, 神崎牧子, 太田昌国訳　現代企画室　1999.1
①4-7738-9807-0
＊1965年2月アルジェの国際会議で激烈なソ連批判を行なって帰国したゲバラは、カストロと数日間の会談に入った。2週間後、彼はキューバから忽然と姿を消した。中ソ論争やカストロ路線との狭間で引き裂かれながら、自らの信念に基づいてコンゴに赴いた彼を待ち受けた運命は？「これほどの孤独感をおぼえたことは初めてだ」と自ら記す、痛切な現代史ドキュメント。

◇エルネスト・チェ・ゲバラとその時代―コルダ写真集　アルベルト・コルダ写真, ハイメ・サルスキー, 太田昌国文, 棚橋加奈江訳　現代企画室　1998.10
①4-7738-9806-2
＊本書は、キューバの写真家アルベルト・コルダが、1959年のキューバ革命直後の数年間に撮影した写真の中から、エ

ルネスト・チェ・ゲバラを被写体としたものを第1部に、フィデル・カストロをはじめ同時代を生きていた人びとを捉えた作品を第2部にまとめたものである。作品の選択はコルダ自身が行なったが、従来キューバ、メキシコ、イタリアなどで刊行されているコルダ写真集とも異なる、独自の版として成立している。写真を解読するための註と文章によって多面的に構成。

◇チェ・ゲバラ伝　三好徹著　原書房　1998.7　①4-562-03100-X
＊革命のロマンティスト、情熱の生涯。

◇ゲバラ日記　新装　エルネスト・チェ・ゲバラ著, 仲晃, 丹羽光男訳　みすず書房　1998.5　①4-622-04932-5

◇ゲバラ最後の闘い——ボリビア革命の日々　新版　レジス・ドブレ著, 安倍住雄訳　新泉社　1998.2　①4-7877-9723-9

◇チェ・ゲバラ——リウスの現代思想学校　新装版　リウス著, 西沢茂子, 山崎満喜子訳　晶文社　1997.12　①4-7949-1255-2
＊伝説の革命家の鮮烈な生涯を、メキシコの人気漫画家リウスが熱い共感をこめて絵解きする。生きながら伝説になった男、「革命」が彼の運命だった——没後30年、かつて全世界の若者を魅了したゲバラの鮮烈な生涯がよみがえる。

◇チェ・ゲバラの政治思想　マリア・デル・カルメン・アリエット著, 丸山永恵訳　IFCC出版会　1994.1

▌ケプラー　Kepler, Johannes
1571〜1630　16・17世紀、ドイツの天文学者。新星（ケプラー星）を発見（1604）。

◇宇宙大発見——天文学46の大事件　二間瀬敏史, 中村俊宏著　PHP研究所　2016.8　①978-4-569-83099-5

◇ケプラーとガリレイ——書簡が明かす天才たちの素顔　トーマス・デ・パドヴァ著, 藤川芳朗訳　白水社　2014.1　①978-4-560-08339-0
＊科学史上に輝く巨星の対照的な生涯と大発見！　同時代の二人が交わした書簡に秘められた真相とは？　グローバル化の波に乗る十七世紀の先進都市を舞台に、「天才たち」の劇的な生き様を、気鋭の科学ジャーナリストが活写する。「最良の科学書」第1位に選出された評伝。

◇天文学をつくった巨人たち——宇宙像の革新史　桜井邦朋著　中央公論新社　（中公新書）　2011.9　①978-4-12-102130-4

◇天才たちの科学史——発見にかくされた虚像と実像　杉晴夫著　平凡社　（平凡社新書）　2011.5　①978-4-582-85587-6

◇ヨハネス・ケプラー——天文学の新たなる地平へ　オーウェン・ギンガリッチ編, ジェームズ・R・ヴォールケル著, 林大訳　大月書店　（オックスフォード科学の肖像）　2010.9　①978-4-272-44057-3
＊たび重なる家族の災厄、教会間・国家間の戦争に翻弄されつづけながらも神聖ローマ帝国数学官としての職務をまっとうし、真の信仰と「世界の調和」を求めつづけたケプラー。天文学に新たな地平を拓いたケプラーの業績とその生涯を歴史的背景に触れながらわかりやすく描く評伝。

◇望遠鏡400年物語——大望遠鏡に魅せられた男たち　フレッド・ワトソン著, 長沢工, 永山淳子訳　地人書館　2009.4　①978-4-8052-0811-3

◇ヨハネス・ケプラー——近代宇宙観の夜明け　アーサー・ケストラー著, 小尾信弥, 木村博訳　筑摩書房　（ちくま学芸文庫）　2008.7　①978-4-480-09155-0
＊1609年、「ケプラーの法則」が近代天文学への扉を押し開いた。それはコペルニクス、チコ、ガリレオ、ニュートンらが登場する一方、魔女狩りや宗教裁判が熾烈な時代でもあった。分水嶺の時代、人は一身にして二世を生きる。占星術で身を処しつつ、観測データへの信頼の下、狂気をはらんだ計算のあげく近代物理学への扉を開けてしまったケプラーもその一人。それがどれほど革命的なのかを理解したのは、ニュートンだった。曲がりくねり、ときに後ずさりさえしながら飛躍成長していく科学の姿を、ラディカルな科学哲学者ケストラーが活写した、定評あるケプラー伝。

近代の力学概念形成の物語でもある。
◇偉大な数学者たち　岩田義一著　筑摩書房　（ちくま学芸文庫）　2006.12
①4-480-09038-X

◇ケプラー疑惑─ティコ・ブラーエの死の謎と盗まれた観測記録　ジョシュア・ギルダー，アンーリー・ギルダー著，山越幸江訳　地人書館　2006.6　①4-8052-0776-0
＊ティコ・ブラーエの助手となったケプラーは、ティコの40年間にわたる精密な観測データを手に入れたかったが、ティコはそれを決してケプラーに渡さなかった。自らの理論の証明にどうしてもそのデータが必要だったケプラーは、再三、それを手に入れようと企てたがかなわず、ついに…。最新のPIXE（粒子線励起X染分析）技術は、ティコの毛髪中に含まれる水銀などの元素量の変化を、彼の死にいたる最後の74時間について明らかにしている。本書は、ティコの突然の死の謎を明らかにするとともに、彼の科学史上の役割を再評価している。

◇神さまはサイコロ遊びをしたか─宇宙論の歴史　小山慶太著　講談社　（講談社学術文庫）　1997.3　①4-06-159271-8
＊アインシュタインは、自身の相対性理論から発展した量子力学の確率的解釈に対して、「神さまはサイコロ遊びをしない」と非難した。宇宙を創造した神の意図を探りたいという好奇心から出発した自然科学は、天動説に固執した時代から四世紀を経て、ビッグバン理論を確立した。宇宙創成以前の時空が消滅する世界を解明せんとする現代まで、神に挑戦した天才物理学者達の苦闘を辿る壮大な宇宙の歴史。

◇世界人物逸話大事典　朝倉治彦，三浦一郎編　角川書店　1996.6　①4-04-031900-1
＊歴史上の人物の生き生きとした人間像を伝えるエピソードを多数紹介する事典。日本人によく知られた人物1883人を見出しに掲載。

◇ケプラーと世界の調和　渡辺正雄編著　共立出版　1991.12　①4-320-00877-4

◇ケプラーの憂鬱　ジョン・バンヴィル著，高橋和久，小熊令子訳　工作舎　（プラネタリー・クラシクス）　1991.10
①4-87502-187-9
＊「初めに形ありき！」宇宙における調和は幾何学に基礎があると信じ、天球に数学的な図形を探し求めたヨハネス・ケプラー。本書は、天文学に捧げた彼の半生を追いながら、科学的真理は幻想から生まれることを描いたヒストリオグラフィック（歴史記述的）・メタフィクションである。1981年度英国ガーディアン小説賞受賞作。

ケマル・アタチュルク
Kemal Atatürk, Mustafa
⇒ムスタファ・ケマル

ケレンスキー
Kerensky, Aleksandr Fyodorovich
1881～1970　19・20世紀、ロシアの政治家。社会革命党の指導者。三月革命後に首相。ボルシェビキ弾圧や戦争継続を行い、十一月革命で打倒され亡命した。

◇ケレンスキー回顧録　アレクサンドル・ケレンスキー著，倉田保雄，宮川毅共訳　恒文社　1967

ケロッグ　Kellogg, Frank Billings
1856～1937　19・20世紀、アメリカの政治家。駐イギリス大使（1824～1828）、国務長官（1825～1829）。

◇ノーベル賞受賞者業績事典─全部門855人　新訂第3版　ノーベル賞人名事典編集委員会編　日外アソシエーツ，紀伊国屋書店〔発売〕　2013.1　①978-4-8169-2397-5
＊1901年ノーベル賞創設時から2012年までの各分野の受賞者、受賞団体を収録。平和賞・文学賞・物理学賞・化学賞・生理学医学賞・経済学賞受賞者835人、20団体の業績を詳しく紹介。受賞辞退者についても収録対象とし、本文中にその旨を記載した。経歴・受賞理由・著作・参考文献を一挙掲載。

玄奘　げんじょう
602～664　玄奘三蔵（げんじょうさんぞ

う）とも。7世紀、中国、唐代の仏僧、訳経家。法相宗の開祖。三蔵法師。著にインド紀行「大唐西域記」。

◇96人の人物で知る中国の歴史　ヴィクター・H・メア，サンピン・チェン，フランシス・ウッド著，大間知知子訳　原書房　2017.3　①978-4-562-05376-6

◇玄奘　新装版　三友量順著　清水書院（Century books　人と思想）　2016.4　①978-4-389-42106-9

◇高僧たちの奇蹟の物語　森雅秀著　朱鷺書房　2016.3　①978-4-88602-204-2

◇天竺へ―三蔵法師3万キロの旅　奈良国立博物館，朝日新聞社編　奈良国立博物館　2011.7

◇封印された三蔵法師の謎　テレビ東京編　日本経済新聞出版社　（日経ビジネス人文庫）　2010.9　①978-4-532-19550-2
＊『西遊記』に出てくる三蔵法師のモデルとなった玄奘。仏法の真理を求めた前人未到の旅は17万3万キロにも及んだ。日本にも多大な影響を与えた玄奘が求めたものは何か。故・平山郁夫画伯の遺志を継ぐテレビ東京のドキュメンタリー番組を書籍化。

◇夢枕獏の奇想家列伝　夢枕獏著　文芸春秋　（文春新書）　2009.3　①978-4-16-660689-4

◇人物50人で読む「中国の思想」―孔子から孫文まで　鍾清漢著　PHP研究所　（PHP文庫）　2005.2　①4-569-66346-X

◇玄奘のシルクロード―心を求めて仏を求めず　松原哲明著　講談社　2005.1　①4-06-212755-5
＊仏教の原典を求めて中国からインドへ旅した玄奘三蔵。25年間100回以上、シルクロードにその足跡をたどった哲明師は玄奘の言葉と心をどう受け取ったのか。玄奘の生き方を通して仏教の「心」が見えてくる！　生きるために人は何を学ぶか。仏教から何を学べるか。

◇三蔵法師の歩いた道―巡歴の地図をたどる旅　長沢和俊著　青春出版社　（プレイブックスインテリジェンス）　2004.3　①4-413-04087-2

◇玄奘三蔵のシルクロード　インド編　朝日新聞創刊百二十周年記念事務局監修，安田暎胤著，安田順恵写真　東方出版　2002.2　①4-88591-763-8
＊大乗の思想の核心を求めた玄奘の旅は、ナーランダを中心とするインド各地での勉学と観礼でその極点に至る。薬師寺法相の学僧がいま、聖地を歩みなおして平易に綴る玄奘の天竺紀行。

◇平山郁夫と玄奘三蔵法師ものがたり　増補改訂版　「美術の窓」編集部編著　生活の友社　2001.6　①4-915919-41-2
＊2001年1月1日、21世紀への幕開けの瞬間、奈良の薬師寺玄奘三蔵院伽藍では、日本画家・平山郁夫氏の手がけた『大唐西域壁画』が完成、公開されました。この壁画は、縦2メートル20センチ、横幅は49メートルにも及ぶ長大なもので、構想も含めて制作に30年以上も費やし完成された超大作です。玄奘の偉業を偲ぶこの大壁画は、玄奘の歩みを説明するだけのものではありません。平山自らが足を運んだシルクロードでのさまざまな体験や感動、思いが何層にも塗り重ねられ、描き込まれた集大成なのです。

◇玄奘三蔵のシルクロード　中国編　朝日新聞創刊百二十周年記念事務局監修，安田暎胤著，安田順恵写真　東方出版　2001.3　①4-88591-714-X

◇玄奘三蔵のシルクロード　ガンダーラ編　朝日新聞創刊百二十周年記念事務局監修，安田暎胤著，安田順恵写真　東方出版　2001.2　①4-88591-704-2

◇夢しごと―三蔵法師を伝えて　白鳥正夫著　東方出版　2000.12　①4-88591-698-4
＊玄奘の心を21世紀へ。展覧会・学術調査・シンポなど、多面展開の悲喜こもごも。

◇大唐大慈恩寺三蔵法師伝　桑山正進，高田時雄編　松香堂　（西域行記索引叢刊）　2000.2　①4-87974-003-9

◇玄奘三蔵のシルクロード　中央アジア編　朝日新聞創刊百二十周年記念事務局監修，安田暎胤著　東方出版　1999.12　①4-88591-640-2

玄奘

◇湯浅泰雄全集　7　東洋精神史　湯浅泰雄著　白亜書房　1999.10　①4-89172-910-4
　＊『玄奘三蔵―はるかなる求法の旅』を全一巻に収録。3万キロ、18年にわたる三蔵法師の熾烈な旅。彼が求めたアビダルマ論と大乗・唯識論の理論的関係を現代哲学や心理学に与えるアクチュアルな問題として解く―小説的な異色の哲学書。

◇大唐西域記　3　玄奘著, 水谷真成訳注　平凡社　（東洋文庫）　1999.8
　①4-582-80657-0

◇三蔵法師　中野美代子著　中央公論新社　（中公文庫）　1999.6　①4-12-203444-2
　＊三蔵法師玄奘の西天取経の遙かな旅は、こんにち「西遊記」という物語を通して、われわれに親しまれている。史実のなかの苦難に満ちた旅の足跡を、文献と写真資料によって克明にたどるとともに、時代を超えたイメージの総体としての玄奘像を探り、フィクション成立の背景をも解明する。

◇三蔵法師のシルクロード　高橋徹文, 後藤正写真, 三蔵法師の道研究会著　朝日新聞社　1999.6　①4-02-258657-5
　＊氷河の天山山脈、熱砂のタクラマカン砂漠、1400年を遡り、玄奘三蔵の求法の道を検証する。中央アジア横断大探査紀行。

◇大唐西域記　2　玄奘著, 水谷真成訳注　平凡社　（東洋文庫）　1999.6
　①4-582-80655-4

◇大唐西域記　1　玄奘著, 水谷真成訳注　平凡社　（東洋文庫）　1999.5
　①4-582-80653-8

◇中国仏教史　第6巻　隋唐の仏教　鎌田茂雄著　東京大学出版会　1999.1
　①4-13-010066-1
　＊中国の仏教がもっとも発展した隋唐期は、中国仏教の新宗派が成立したばかりでなく、仏教が社会の各層に浸透しその全盛時代を出現させた時代である。本巻では、仏教儀礼の種々相、斎会、義邑などにみられる仏教徒の社会活動、唐代仏教の社会事業、仏教経済の発展、玄奘の生涯や求法の旅、その翻訳活動、翻経院の成立、隋唐時代の訳経、疑経の流行、仏教文献の撰述、隋唐時代に成立した諸宗の歴史と教義について述べた。

◇玄奘三蔵のシルクロード　中国編　安田暎胤著　能登印刷出版部　1998.10
　①4-89010-300-7
　＊玄奘の旅を旅しよう。ことの発端は、(財)なら・シルクロード博記念国際交流財団と日本ユネスコ協会連盟、朝日新聞社の三者が隔年で実施しているシルクロード奈良国際シンポジウムの打ち合わせ会後の懇談の席でのことでした。シンポは1997年に続き1999年にも「三蔵法師・玄奘」をテーマに開催しますが、苦難に満ちた旅を追体験できれば、との着想でした。同席の暎胤師も協力を約束し、1997年8月からスタートしました。ツアーは四年がかりで中央アジア、ガンダーラ、インドと続けます。本書も、この旅に合わせて順次発刊しますが、最初の巻は中国編で、玄奘の求法の旅の往路と復路をまとめたもので、玄奘の旅の手引書としても役立ちます。

◇玄奘三蔵―西域・インド紀行　慧立, 彦悰著, 長沢和俊訳　講談社　（講談社学術文庫）　1998.6　①4-06-159334-X
　＊天竺にこそ仏法がある！ 七世紀、唐の都・長安からひとり中央アジアの砂漠を征き、天に至る山巓越えて聖地インドを目ざした三蔵法師。数々の苦難を乗りこえ、各地の大徳を訪ねて仏教の奥義を極め多くの仏典を携えて帰国した。小説『西遊記』はこの旅行から取材したもの。帰国後は勅許を得て経典翻訳の大事業を成しとげた。本書は、求法の生涯を貫いた名僧玄奘三蔵の最も信頼すべき伝記である。

◇世界人物逸話大事典　朝倉治彦, 三浦一郎編　角川書店　1996.6　①4-04-031900-1
　＊歴史上の人物の生き生きとした人間像を伝えるエピソードを多数紹介する事典。日本人によく知られた人物1883人を見出しに掲載。

◇三蔵法師絵伝　中国仏教協会制作　集英社　1995.7　①4-08-781120-4
　＊『西遊記』の原点となった玄奘三蔵の一代記。かつて三蔵法師が踏破した西域やインドの現地を調査し、「大唐西

記」ほか中国の古典を再検討、中国仏教協会が総力をあげて完成した三蔵法師絵物語。史実に基づいた彩色一代記は、日本と中国では初めての制作。原画は、最後の仏画師ともいえる王定理（中央美術学院教授）が生涯をかけて習得した密画法と、秘伝の顔彩を駆使して描き上げた──秀作56点。一挙公開。

◇玄奘　三友量順著　清水書院　（人と思想）　1994.10　①4-389-41106-3
＊本書は玄奘三蔵の生涯とその事跡を、仏教文化の流れのなかで、ある時は筆者の見聞した現地の様子を交えながら概観し、わかり易く読者の方々に紹介することをその主旨としている。

◇心は遠くブッダのあとをつぎ──三蔵法師玄奘の旅　松原哲明著　福島一嘉写真　佼成出版社　1993.5　①4-333-01642-8

◇玄奘三蔵──はるかなる求法の旅　湯浅泰雄著　名著刊行会　（さみっと双書）　1991.11　①4-8390-0257-6
＊三蔵法師の名で広く親しまれている玄奘の旅は『西遊記』によって伝説化しているが、彼の真の目的はアビダルマ論と大乗・唯識論の理論的関係を解明することにあった。本書は、その18年にわたる西域世界の熾烈な旅を克明に追体験しつつ、玄奘が求め続けたものが現代哲学や心理学などに与えるアクチュアルな問題に説きおよぶ。独自の「修行論」の成果をさらに拡張する著者の思想的"冒険"は、玄奘のそれへと重ねあわされていく…。

◇天竺への道　陳舜臣著　朝日新聞社　（朝日文庫）　1991.1　①4-02-260625-8
＊玄奘は、貞観元年秋、国禁を犯して天竺へと旅立った。いくたの政変は若き玄奘にどのような影響を与えたのか。約束された将来をすて、あえて苦難の道にかりたてたものは何であったか。インド・シルクロードにその足跡をたずねる著者は、玄奘の求法の生涯に思いをはせる。

◇西域伝──大唐三蔵物語　上　伴野朗著　集英社　（集英社文庫）　1990.7　①4-08-749608-2
＊求法の大旅行をしてみたい。10歳で両親を失った陳褘は、出家を切実に願った。一方、陳褘の仏の子としての資質を見抜き、呪いをかけようとする婆羅門の妖術士・鬼道居士。彼は妖術で隋をその手に握ろうとしていた。その野望の前に立ちはだかる少林寺の僧侶たち…。陳褘13歳で出家して玄奘を名乗り、ついに、唐の国禁を犯して、西域・天竺への求法の途につく。

◇西域伝──大唐三蔵物語　下　伴野朗著　集英社　（集英社文庫）　1990.7　①4-08-749609-0
＊隋・唐帝国交代期の混乱にあいながらも、玄奘の求法の旅は続く。涼州、瓜州、伊吾、高昌、そして天山山脈を越えて、あこがれの天竺へと心は急ぐ。途中、サマルカンド西郊でのイスラム教の巨星・マホメットとの邂逅…。壮大な歴史と冒険のおもしろさにあふれた大ロマン。

玄宗（唐）　げんそう

685～762　7・8世紀、中国、唐の第6代皇帝（在位712～756）。姓は李。名は隆基。廟号は玄宗。諡は至道大聖大明孝皇帝。睿宗の第3子。革新政治を断行した治世は「開元の治」と呼ばれ、称讃された。

◇杜甫と玄宗皇帝の時代　松原朗編　勉誠出版　（アジア遊学）　2018.6　①978-4-585-22686-4
＊玄宗皇帝の即位とともにこの世に生を受けた杜甫は、大唐の盛時、そして破滅の目撃者であった──。「安禄山の乱」以後に数多くの作品をのこし、晩成の詩人とされる杜甫。その基盤が築かれた「開元の治」とは、どのような時代であったのか？　文学の視点のみならず歴史・政治・思想・美術などのさまざまな時代的背景から杜甫の半生をひもとくことで、その人物像を浮かび上がらせるとともに、作品にのこされた太平の記憶を辿り、玄宗皇帝の時代を描き出す。

◇皇帝たちの中国史──連鎖する「大一統」　稲畑耕一郎著　中央公論新社　2009.1　①978-4-12-004001-6

◇知られざる素顔の中国皇帝──歴史を動か

憲宗(元)

した28人の野望　小前亮著　ベストセラーズ　(ベスト新書)　2006.12
①4-584-12125-7

◇中国皇帝列伝—歴史を創った名君・暴君たち　守屋洋著　PHP研究所　(PHP文庫)　2006.11　①4-569-66730-9

◇玄宗皇帝　伴野朗著　徳間書店　(徳間文庫)　2000.11　①4-19-891408-7

◇玄宗皇帝　今枝二郎著　高文堂出版社　1999.3　①4-7707-0617-0
＊本書では、栄枯盛衰の劇的人生を送った玄宗の生涯が、皇帝を取り巻く人々の姿とともに歴史的に展望し、我が国との関わりにも触れながら述べられている。

◇中国歴代皇帝人物事典　岡崎由美，王敏監修　河出書房新社　1999.2
①4-309-22342-7
＊秦の始皇帝、前漢の劉邦、新の王莽、魏の曹丕、隋の煬帝、唐の李世民、元のフビライ、明の朱元璋、清の康熙帝など、中国歴代王朝の皇帝を紹介した人物事典。后妃・公主・宗室なども収録し、歴代宮都・陵墓も掲載。中国史重要人物索引付き。

◇世界人物逸話大事典　朝倉治彦，三浦一郎編　角川書店　1996.6　①4-04-031900-1
＊歴史上の人物の生き生きとした人間像を伝えるエピソードを多数紹介する事典。日本人によく知られた人物1883人を見出しに掲載。

| 憲宗(元)　けんそう
⇒モンケ・ハン

| 阮福暎　げんふくえい
1762〜1820　18・19世紀、ベトナム、阮朝の初代皇帝(在位1802〜1820)。世祖、年号により嘉隆帝。

◇旅と交流—旅からみる世界と歴史　細田典明編　北海道大学出版会　(北大文学研究科ライブラリ)　2015.3
①978-4-8329-3387-3

| 建文帝　けんぶんてい
1383〜1402　14・15世紀、中国、明朝第2代皇帝。姓名は朱允炆。黄子澄らと帝権の発揚をはかる一方、諸王の地を削り、その勢力を圧迫。

◇しくじった皇帝たち　高島俊男著　筑摩書房　(ちくま文庫)　2008.1
①978-4-480-42399-3
＊父から受け継いだ巨額の富を浪費し、建国から二代で亡国の憂き目に遭った隋の煬帝。悪逆非道の暴君で名高いが、父を殺し帝位を奪ったのは事実か。祖父から帝位を継ぐや否や奸計を巡らし次々と叔父たちの王国を取り潰した明の建文帝。燕王率いる叛乱軍の侵攻による落城の猛火の中を逃げのびたとされるのは事実か。国家経営をしくじった二人の皇帝—その興亡の顛末をホントとつくり話の襞にわけいり、史実の闇に光をあてた歴史評伝。

◇中国歴代皇帝人物事典　岡崎由美，王敏監修　河出書房新社　1999.2
①4-309-22342-7
＊秦の始皇帝、前漢の劉邦、新の王莽、魏の曹丕、隋の煬帝、唐の李世民、元のフビライ、明の朱元璋、清の康熙帝など、中国歴代王朝の皇帝を紹介した人物事典。后妃・公主・宗室なども収録し、歴代宮都・陵墓も掲載。中国史重要人物索引付き。

| 乾隆帝　けんりゅうてい
1711〜1799　高宗(清)(こうそう)とも。18世紀、中国、清朝の第6代皇帝(在位1735〜1796)。名は弘暦、諡は純皇帝、廟号は高宗。雍正帝の第4子。

◇96人の人物で知る中国の歴史　ヴィクター・H・メア，サンピン・チェン，フランシス・ウッド著，大間知知子訳　原書房　2017.3　①978-4-562-05376-6

◇乾隆帝伝　後藤末雄著，新居洋子校注　国書刊行会　2016.8　①978-4-336-05847-8

◇中国皇帝伝—歴史を動かした28人の光と影　小前亮著　講談社　(講談社文庫)　2012.8　①978-4-06-277349-2

＊中国史上、一番の名君は誰か。歴代皇帝の総数は少なくとも二百を超えるが名君と呼ばれる皇帝はわずかだ。しかし名君とは何か、その答えは簡単ではない。王朝の創業者か、領土を拡げた征服者か、善政を布いた為政者か。あるいは上司にするなら誰がいいか、という身近な基準もありだ。様々な角度から探った素顔の皇帝伝。

◇乾隆帝―その政治の図像学　中野美代子著　文芸春秋　（文春新書）　2007.4　①978-4-16-660567-5
＊目標！　五百年、二十五代。清朝の永続を図る中国史上、稀代の名君は、小なる満族が、大なる漢族を支配するために、絵画、建築、詩文…とイメージの総力戦を決意した。

◇中国歴代皇帝人物事典　岡崎由美, 王敏監修　河出書房新社　1999.2　①4-309-22342-7
＊秦の始皇帝、前漢の劉邦、新の王莽、魏の曹丕、隋の煬帝、唐の李世民、元のフビライ、明の朱元璋、清の康熙帝など、中国歴代王朝の皇帝を紹介した人物事典。后妃・公主・宗室なども収録し、歴代宮都・陵墓も掲載。中国史重要人物索引付き。

◇世界人物逸話大事典　朝倉治彦, 三浦一郎編　角川書店　1996.6　①4-04-031900-1
＊歴史上の人物の生き生きとした人間像を伝えるエピソードを多数紹介する事典。日本人によく知られた人物1883人を見出しに掲載。

【こ】

■ **項羽**　こうう
前232～前202　前3世紀、中国、秦末の武将。名は籍、字は羽。叔父項梁と挙兵、劉邦とともに秦を滅ぼし、楚王となる。

◇96人の人物で知る中国の歴史　ヴィクター・H・メア, サンピン・チェン, フランシス・ウッド著, 大間知知子訳　原書房　2017.3　①978-4-562-05376-6

◇十八史略で読む史記―始皇帝・項羽と劉邦　渡邉義浩著　朝倉書店　（漢文ライブラリー）　2016.10　①978-4-254-51587-9

◇一勝百敗の皇帝―項羽と劉邦の真実　板野博行著　ベストセラーズ　2015.11　①978-4-584-13681-2

◇項羽　佐竹靖彦著　中央公論新社　2010.7　①978-4-12-004119-8
＊七十余戦無敗の英雄は、なぜ、ただ一度の敗北によってすべてを失うことになったのか。勝者によって書き換えられた史書の虚構と、楚の民衆が語り継いだ項羽神話の真実。

◇世界を変えた 最強の戦闘指揮官30　柘植久慶著　PHP研究所　（PHP文庫）　2010.6　①978-4-569-67481-0

◇中国武将列伝　守屋洋著　PHP研究所　（PHP文庫）　2007.4　①978-4-569-66829-1

◇「勝敗」の岐路―中国歴史人物伝　村山孚著　徳間書店　（徳間文庫）　2006.10　①4-19-892502-X

◇項羽と劉邦の時代―秦漢帝国興亡史　藤田勝久著　講談社　（講談社選書メチエ）　2006.9　①4-06-258370-4
＊「秦を滅ぼすものは必ずや楚ならん」―中国を最初に統一した秦帝国は、なぜ短期間で滅んだのか。なぜ農民出身の劉邦が項羽に勝利したのか。秦と楚、二つのシステムという観点から「鴻門の会」「四面楚歌」に代表される『史記』史観をとらえ直し、漢王朝成立までのドラマを描き出す。

◇悲劇の名将たち　柘植久慶著　中央公論新社　2005.9　①4-12-003665-0

◇人生を変える「史記」の読み方―司馬遷の不屈の志に学ぶ　水野実著　中経出版　2003.7　①4-8061-1839-7
＊怒り、怨み、徳、俠、交友、君臣のあり方、因果律、帝王学…『史記』には人間のあらゆる姿が描かれている。人間を知るための最良の古典、『史記』の世界を味わおう。

◇項羽―秦帝国を打倒した剛力無双の英雄

永田英正著　PHP研究所　（PHP文庫）
2003.6　①4-569-57976-0
＊始皇帝が病没すると、多くの英傑たちが秦に反旗を翻した。その中で一際強烈な光を放ち、頭角を現したのが、名将項燕、項梁の血を受け継ぐ項羽であった。楚で旗揚げした彼は、秦帝国を打倒した後、漢中に追いやったもう一方の雄・劉邦と壮絶な天下の覇権争いを繰り広げる。張良・韓信・彭越・黥布ら多彩な人間群像をからめつつ、中国史に輝く百戦錬磨の英雄の生涯をみずみずしく描く力作評伝。

◇項羽を殺した男　藤水名子著　講談社　1999.12　①4-06-209956-X

◇国士無双　伴野朗著　祥伝社　（ノン・ポシェット）　1999.12　①4-396-32723-4
＊「彼がいなければ天下は取れなかった」と漢の高祖（劉邦）に言わしめた天才武将・韓信。著名な故事ともなった「股潜り」の屈辱に耐えて身を起こし、韓信はいかにして兵法の常識を破る「背水の陣」をなし得たのか？項羽を追いつめて秦から漢に至る天下の帰趨を決定づけ、戦場で一度も敗れず「国士無双」と謳われた豪雄。その波瀾万丈の生涯を描く中国歴史小説の決定版。

◇中国歴代皇帝人物事典　岡崎由美，王敏監修　河出書房新社　1999.2　①4-309-22342-7
＊秦の始皇帝、前漢の劉邦、新の王莽、魏の曹丕、隋の煬帝、唐の李世民、元のフビライ、明の朱元璋、清の康熙帝など、中国歴代王朝の皇帝を紹介した人物事典。后妃・公主・宗室なども収録し、歴代宮都・陵墓も掲載。中国史重要人物索引付き。

◇「史記」の人物列伝　狩野直禎著　学陽書房　（人物文庫）　1998.10　①4-313-75058-4
＊始皇帝の暗殺に向かう刺客荊軻の悲壮美、項羽と劉邦の統率力の違い、知謀の男張良と陳平、人の見抜き方、組織の上昇方法、権力の恐ろしさ、派閥の消長、保身術、名将李広の自然ににじみ出る人望など、「史記」に描かれた多様な人間模様とその生き方を、人物ごとに描き出した名篇。

◇覇権争奪　堀誠，真鍋呉夫著　講談社　（中国の群雄）　1998.2　①4-06-191883-4
＊秦朝末期、天下争覇の戦いを展開した楚漢の二雄―項羽と劉邦の蜂起と激突。楚漢興亡史を彩る劉邦の「乾坤一擲」の大英断と項羽の悲劇の終幕。

◇(小説)項羽と劉邦　上巻　鄭飛石著，町田富男訳　光文社　1997.4　①4-334-96079-0

◇(小説)項羽と劉邦　下巻　鄭飛石著，町田富男訳　光文社　1997.4　①4-334-96080-4

◇史記　中　楚漢篇　田中謙二，一海知義著，吉川幸次郎監修　朝日新聞社　（朝日選書）　1996.11　①4-02-259004-1
＊怨恨、嫉妬、権勢慾、物慾。永遠の相の下に人間をみつめる。項羽と劉邦、黥布、韓信らの光と陰。

◇世界人物逸話大事典　朝倉治彦，三浦一郎編　角川書店　1996.6　①4-04-031900-1
＊歴史上の人物の生き生きとした人間像を伝えるエピソードを多数紹介する事典。日本人によく知られた人物1883人を見出しに掲載。

◇蒼い月―勇猛項羽と知略沛公　愛川一実著　近代文芸社　1996.3　①4-7733-4850-X

| **広開土王**　こうかいどおう
374～412　好太王（こうたいおう）とも。4・5世紀、朝鮮、高句麗の第19代王（在位391～413）。正しくは国岡上広開土境平安好太王。諱は談徳、号は永楽大王。父の故国壌王のあとを継ぎ高句麗王国発展の基礎をつくった。

◇朝鮮三国志―高句麗・百済・新羅の300年戦争　小和田泰経著　新紀元社　（Truth In History）　2012.7　①978-4-7753-1051-9
＊『善徳女王』や『朱蒙』の東明王、『太王四神記』の広開土王など、韓流ドラマの歴史的背景がこの一冊でよくわかる。

◇日本古代史正解　渡海編　大平裕著　講談社　2011.10　①978-4-06-217175-5

◇広開土王の素顔—古代朝鮮と日本　武光誠著　文芸春秋　（文春文庫）　2007.3
①978-4-16-773001-7
＊かつて朝鮮半島の北に高句麗という国があった。4世紀、南の百済や西の燕との戦争に敗れていたこの国に、若く勇ましい王が現れ、生涯をかけて戦いつづけ、やがて高句麗は全盛期をむかえる—。韓国ドラマで注目されるスーパースター・広開土王についての基礎知識と、古代の朝鮮と日本の関係を、最新の研究から紹介する。

◇朝鮮人物事典　木村誠, 吉田光男, 趙景達, 馬淵貞利編　大和書房　1995.5
①4-479-84035-4

▎**康熙帝**　こうきてい

1654～1722　聖祖（清）（せいそ）とも。17・18世紀、中国、清の第4代皇帝（在位1661～1722）。姓、アイシンギョロ（愛新覚羅）。名、玄燁。廟号、聖祖。康熙は治世の年号。順治帝の第3子。清の全盛期の基礎を築き、「康熙辞典」「古今図書集成」などを編纂させた。

◇96人の人物で知る中国の歴史　ヴィクター・H・メア, サンピン・チェン, フランシス・ウッド著, 大間知知子訳　原書房　2017.3　①978-4-562-05376-6

◇大清帝国隆盛期の実像—第四代康熙帝の手紙から1661-1722　第2版　岡田英弘著　藤原書店　（清朝史叢書）　2016.3
①978-4-86578-066-6

◇康熙帝の手紙　岡田英弘著　藤原書店　（清朝史叢書）　2013.1
①978-4-89434-898-1

◇中国皇帝列伝—歴史を創った名君・暴君たち　守屋洋著　PHP研究所　（PHP文庫）　2006.11　①4-569-66730-9

◇誰も知らなかった皇帝たちの中国　新版　岡田英弘著　ワック　（WAC BUNKO）　2006.9　①4-89831-553-4

◇人物50人で読む「中国の思想」—孔子から孫文まで　鍾清漢著　PHP研究所　（PHP文庫）　2005.2　①4-569-66346-X

◇徳川吉宗と康熙帝—鎖国下での日中交流　大庭脩著　大修館書店　（あじあブックス）　1999.12　①4-469-23159-2
＊吉宗と康熙帝が織りなしていく政策が、はからずも微妙にからみ合う時、江戸時代の日中関係史の上に多くの事実が残されていく。

◇中国歴代皇帝人物事典　岡崎由美, 王敏監修　河出書房新社　1999.2
①4-309-22342-7
＊秦の始皇帝、前漢の劉邦、新の王莽、魏の曹丕、隋の煬帝、唐の李世民、元のフビライ、明の朱元璋、清の康熙帝など、中国歴代王朝の皇帝を紹介した人物事典。后妃・公主・宗室なども収録し、歴代宮都・陵墓も掲載。中国史重要人物索引付き。

◇皇帝たちの中国　岡田英弘著　原書房　1998.11　①4-562-03148-4
＊皇帝とは、つまるところ、総合商社の社長である—漢の武帝、唐の李世民、元のフビライ、明の朱元璋、清の康熙帝という5人の皇帝の肖像を紹介しながら、中国とはなにか、皇帝とはいかなるものだったのか、その本質を明快に解き明かしてゆく。

◇世界人物逸話大事典　朝倉治彦, 三浦一郎編　角川書店　1996.6　①4-04-031900-1
＊歴史上の人物の生き生きとした人間像を伝えるエピソードを多数紹介する事典。日本人によく知られた人物1883人を見出しに掲載。

▎**寇謙之**　こうけんし

363～448　4・5世紀、中国、北魏の道士。字は輔真。道教を国教にした。

◇世界伝記大事典　日本・朝鮮・中国　1～6　編集代表：桑原武夫　ほるぷ出版　1978.7

▎**孔子**　こうし

前551頃～前479　前6・5世紀、中国、春秋時代の学者、思想家。儒教の祖。名は丘、字は仲尼、諡は至聖文宣王。「論語」は弟子たちの手による彼の言行録。

◇世界の哲学者の言葉から学ぼう—100の名

孔子

言でわかる哲学入門　小川仁志著　教育評論社　2018.5　①978-4-86624-014-5

◇96人の人物で知る中国の歴史　ヴィクター・H・メア，サンピン・チェン，フランシス・ウッド著，大間知知子訳　原書房　2017.3　①978-4-562-05376-6

◇孔子　新装版　内野熊一郎，西村文夫，鈴木総一共著　清水書院　（Century Books 人と思想）　2016.7　①978-4-389-42002-4

◇孔子　加地伸行著　KADOKAWA　（〔角川ソフィア文庫〕）　2016.4
①978-4-04-400045-5

◇10分で読めるリーダー・英雄になった人の伝記　塩谷京子監修　学研教育出版　2015.7　①978-4-05-204121-1

◇孔子と魯迅—中国の偉大な「教育者」　片山智行著　筑摩書房　（筑摩選書）　2015.6　①978-4-480-01620-1

◇新しい論語　小倉紀蔵著　筑摩書房　（ちくま新書）　2013.12
①978-4-480-06757-9
＊『論語』はずっと誤読されてきた。それは孔子をシャーマンとして捉えてきているからだ。だが、実際の『論語』はシャーマニズムではなく、アニミズム的世界観に満ちている。これは、森羅万象に生命が宿るという世界観ではない。人と人のあいだ、人とものとのあいだに"いのち"が立ち現われるという思想である。『論語』を注意深く読みなおし、仁と礼、君子と小人といった概念を再定義するとともに、孔子本来の思想を再構築し、東アジアの古層に通底していた精神風土を追究する。

◇はじめての論語—素読して活かす孔子の知恵　安岡定子著　講談社　（講談社プラスアルファ新書）　2013.6
①978-4-06-272805-8
＊「論語読みの論語知らず」にならないための、ビジネスに活かし役立てる論語活用法。

◇孔子—我，戦えば則ち克つ　高木智見著　山川出版社　（世界史リブレット人）　2013.4　①978-4-634-35010-6
＊仁とは、克己によって、人を愛し思いや

る心のあり方である。本書では、孔子が生きた春秋時代へと降り立ち、孔子に直接問い尋ねる気持ちになって、その仁を歴史的に考察した。

◇孔子研究—安岡正篤先生に教えを乞う　嵯峨嵩史著　文芸社　2012.12
①978-4-286-12994-5

◇論語入門　井波律子著　岩波書店　（岩波新書）　2012.5　①978-4-00-431366-3
＊大古典『論語』から精選した百四十六条を味読する。その無類の面白さの中核は、孔子という人物にある。約二千五百年のはるかな時を超えて立ち上がる、臨場感あふれる弟子たちとの対話のなかに、不遇にあって大らかさを失わず、ときに笑い、怒り、慟哭しながら、明朗闊達な精神をもって生きぬいた孔子の、稀有の魅力を読みとく。

◇『論語』を知っていますか—今に生きる孔子の教え　現代論語研究会著　ベストセラーズ　（ワニ文庫）　2012.1
①978-4-584-39321-5
＊『論語』とは、2500年以上昔の中国で活躍した、「孔子」という思想家の言葉を集めた言行録。「徳」による社会の統治を目指した孔子。彼の思想・言葉は、現代を生きる私たちに「人としてあるべき生き方」を教えてくれる。本書では、今さら聞けない論語の基礎知識をわかりやすく解説。さらに孔子が『論語』の思想を確立するに至った経緯を探り、彼の生涯を追った。日常生活で活かせる孔子の金言もピックアップし、古典に慣れない方にも、わかりやす解説している。

◇「論語」の言葉　一個人編集部編　ベストセラーズ　2011.12　①978-4-584-16626-0
＊聖人孔子流浪の生涯と教えから、「論語」と日本人の歴史まで。さらに心に響く論語の言葉や日本全国の孔子廟巡りも収録。

◇決定版 知れば知るほど面白い！ 論語の本　佐久協監修　西東社　2011.7
①978-4-7916-1818-7
＊温故知新。孔子に学び、いまを生きぬく知恵を学ぶ。孔子の生涯から論語の教え、そのメッセージまでなるほど、と

◇さまよえる孔子、よみがえる論語　竹内実著　朝日新聞出版　（朝日選書）2011.6　①978-4-02-259979-7
＊東アジア世界で政治上の権力に対する精神の支柱であった儒教の始祖、孔子。死後2500年、その評価と受容は紆余曲折をたどり、文化大革命では批林批孔運動の標的になった。だが近年、天安門広場には巨大な孔子像が登場、復活のしるしとして注目を浴びた。貧しく生まれた孔子は、塾をひらき門人を教え、政治に携わる。政争に巻き込まれてのち、50代半ばで弟子たちと長期にわたる苦難に満ちた旅をし、晩年は生まれ故郷へ戻って73歳で没するまで思索の日々を送った…。孔子は後世に何を残したか？『論語』に現れる言葉の真実とは？　実際にたどった「孔子と論語」再発見の旅。

◇孔子の一生　ジャン・アミオ著, 神戸仁彦訳　明徳出版社　2011.3　①978-4-89619-788-4
＊18世紀後半、フランス・イエズス会の重鎮、ジャン・アミオは布教活動のため北京に滞在し、「北京使節団による中国人の歴史、学問、芸術、風俗、習慣に関する報告書」をパリに送った。本書は、その一部で、精巧な版画と簡潔な文によって孔子一代の生涯が興味深く描かれている貴重な作品。巻末には参考として清代の「聖蹟図」を附載する。

◇この一冊でわかる！　孔子と老子　野末陳平著　青春出版社　（青春新書　インテリジェンス）　2010.5　①978-4-413-04276-5
＊二千数百年を経て、いまだに世界中に影響を与え続けている孔子と老子。「論語」をはじめ多くの記録が残り、儒教の始祖として聖人にまつりあげられていった孔子と、老荘思想の生みの親として神格化され、道教へと発展するにしたがい、儒教に対抗する一大勢力として今にいたるも、実在すら明らかでない謎の人物、老子。古代中国を代表する、この二人の世界的な思想家の一生から人物像、思想まで、一冊でスッキリわかる、はじめての入門書。

◇中国おもしろ英傑伝　芝豪著　明治書院　（学びやぶっく）　2009.5　①978-4-625-68417-3

◇諸子百家―儒家・墨家・道家・法家・兵家　湯浅邦弘著　中央公論新社　（中公新書）2009.3　①978-4-12-101989-9

◇世界をつくった八大聖人―人類の教師たちのメッセージ　一条真也著　PHP研究所　（PHP新書）　2008.4　①978-4-569-69939-4

◇諸子 百家 争鳴　貝塚茂樹, 小川環樹, 森三樹三郎, 金谷治著　中央公論新社　（中公クラシックス・コメンタリィ）2007.12　①978-4-12-003894-5

◇孔子の一生と論語　新装版　緑川佑介著　明治書院 2007.2　①978-4-625-68403-6
＊孔子の一生と論語の名言の数々！　生きるヒントがここにある。

◇「勝敗」の岐路―中国歴史人物伝　村山孚著　徳間書店　（徳間文庫）　2006.10　①4-19-892502-X

◇奇人と異才の中国史　井波律子著　岩波書店　（岩波新書）　2005.2　①4-00-430934-4
＊春秋時代の孔子から近代の魯迅まで―傑出した才や独特のキャラクターで歴史を彩る五十六人の人物伝を、年代順にたどる。変転する時代状況の中でそれぞれに自分らしさを貫いて生きた彼らの、希望、挫折、嫉妬、諧謔、そして愛情は、どんなものだったのか？　歴史をつくった人物への身近な共感とともに、中国史を丸ごと楽しめる一冊。

◇人物50人で読む「中国の思想」―孔子から孫文まで　鍾清漢著　PHP研究所　（PHP文庫）　2005.2　①4-569-66346-X

◇孔子の一生と論語　緑川佑介著　明治書院　2004.10　①4-625-68346-7

◇痛快！　新論語学　孔健著　集英社インターナショナル, 集英社〔発売〕2003.12　①4-7976-7051-7
＊「政治」、「経済」、「教育」に疲れた日本を癒してくれる。孔子直系第75代子孫が贈る新しい『論語』の世界。

◇孔子伝　白川静著　中央公論新社　（中公

孔子

文庫ワイド版） 2003.9 ⓘ4-12-551291-4

◇孔子伝　改版　白川静著　中央公論新社（中公文庫）　2003.1　ⓘ4-12-204160-0
＊理想を追って、挫折と漂泊のうちに生きた孔子。中国の偉大な哲人の残した言行は、『論語』として現在も全世界に生き続ける。史実と後世の恣意的粉飾を峻別し、その思想に肉薄する、画期的孔子伝。

◇決定版　吉川幸次郎全集　第25巻　続補　吉川幸次郎著　筑摩書房　1999.10　ⓘ4-480-74625-0
＊増補版全集以後に発表された述作を中心とする巻の第一冊で、第一巻から第十二巻までの続補。「読書の学」「私の杜甫研究」ほか二十六篇を収める。

◇孔子─「論語」の人間学　狩野直禎著　学陽書房　1998.11　ⓘ4-313-15044-7
＊お金やモノに振り回されている今、自分を高め、何をめざして生きるべきかを問い続けた孔子の生涯に学ぶ。

◇孔子伝　孔健著　河出書房新社　（河出文庫）　1998.7　ⓘ4-309-47360-1

◇孔子研究　改版　蟹江義丸著　大空社（アジア学叢書）　1998.2　ⓘ4-7568-0576-0

◇勇者は懼れず─孔子英雄伝長編歴史小説　大久保智弘著　祥伝社　1997.9　ⓘ4-396-63117-0

◇論語の読み方　山本七平著　文芸春秋（山本七平ライブラリー）　1997.8　ⓘ4-16-364700-7

◇孔子　中田昭栄著　たま出版　1997.7　ⓘ4-88481-955-1

◇孔子─中国の知的源流　蜂屋邦夫著　講談社（講談社現代新書）　1997.5　ⓘ4-06-149354-X
＊二千五百年の歴史を貫き、孔子の教えは今なお中国文化の根幹に生きている。その生涯・思想・道統をあくまで平易に語りつくし、巨人の息づかいを現代に甦らせた名著。

◇孔子神話─宗教としての儒教の形成　浅野裕一著　岩波書店　1997.2　ⓘ4-00-002905-3

◇（新）孔子に学ぶ人間学　戸来勉著,河野としひさ著　明窓出版　1997.2　ⓘ4-938660-60-1
＊苦労人、孔子の生涯をわかりやすく表現。失敗の苦しみをなめつくしながらも、決して運命に屈する事なく、自己の理想を求め続けた不撓不屈の孔子の生き方に、激動の現代にこそ、学生や、ビジネスマンが学ぶ必要がある。人間孔子を知ることによって、あなたもきっと生きるのが楽しくなる。

◇論語と孔子の事典　江連隆著　大修館書店　1996.9　ⓘ4-469-03208-5
＊論語と孔子について図や絵をとり入れながら人名・キーワードを解説した事典。孔子編と論語編とで構成され、孔子編ではその生涯・系譜・時代について説明し、論語編では「学」「仁」などのキーワードごとに事項を解説する。論語に登場する人物総覧や論語全篇も収録。巻末に孔子略年表・章句索引・人名地名書名索引等を付す。一読むたびに新しい発見、論語と孔子のすべて。

◇世界人物逸話大事典　朝倉治彦,三浦一郎編　角川書店　1996.6　ⓘ4-04-031900-1
＊歴史上の人物の生き生きとした人間像を伝えるエピソードを多数紹介する事典。日本人によく知られた人物1883人を見出しに掲載。

◇陋巷に在り　6　劇の巻　酒見賢一著　新潮社　1996.4　ⓘ4-10-375109-6
＊瀕死の状態になってゆく美少女を救うために、ともに故郷へ帰り、南方の医学を学ぼうと決意する顔回。物狂いの様相を呈する費の奇襲攻撃に驚愕する孔子。顔回の動揺と孔子の活躍。古代中国のシャーマンたち、孔子とその弟子たちを鮮やかに描く、超大作歴史小説。中島敦記念賞受賞。

◇孔子　井上靖著　新潮社　（新潮文庫）　1995.12　ⓘ4-10-106336-2

◇論語の読み方─いま活かすべきこの人間知の宝庫　山本七平著　祥伝社　（ノン・ポシェット）　1995.12　ⓘ4-396-31073-0

◇孔子　和辻哲郎著　岩波書店　（ワイド版

孔子

岩波文庫) 1994.11 ⓘ4-00-007155-6

◇孔子ものがたり―人の道天の道　宇野茂彦著　斯文会　(聖堂選書)　1994.10
ⓘ4-88594-225-X

◇(真説・)人間孔子　孔祥林著　河出書房新社　1994.7　ⓘ4-309-22262-5

◇孔子―聖としての世俗者　ハーバート・フィンガレット著，山本和人訳　平凡社　(平凡社ライブラリー)　1994.6
ⓘ4-582-76054-6
＊儒学や東洋学の伝統的な枠組みを超えたユニークな思想家として孔子を甦らせ、時代に先んじた孔子の洞察と着想、今を生きるわれらの「人間関係の哲学」としての『論語』を解き明かす。

◇孔聖人　呉金明著　近代文芸社　1994.2
ⓘ4-7733-2443-0
＊今、注目されている東アジアの儒教文化圏。儒学の祖孔子の人間味あふれる生涯と弟子たちの活躍を生き生きと描く力作。

◇孔子とその学問―永遠の心を求めて　林大幹著　立花書房　1993.6
ⓘ4-8037-3817-3

◇孔子―人間、一生の心得　渋沢栄一著　三笠書房　1993.3　ⓘ4-8379-1499-3
＊「孔子」の実践者として、渋谷栄一の右に出る者はいない。日本資本主義の育成発展に賭けたあの渋沢の情熱、全エネルギーは、すべて『論語』から生まれたものである。『論語』は覚悟の書である。全ビジネスマン、管理職必読の人生論。

◇孔子―時を越えて新しく　加地伸行著　集英社　(集英社文庫)　1991.7
ⓘ4-08-749731-3

◇天と地と人・孔子　林大幹著　立花書房　1991.6　ⓘ4-8037-3816-5

◇孔子画伝―聖蹟図にみる孔子流浪の生涯と教え　加地伸行著　集英社　1991.3
ⓘ4-08-783047-0

◇孔子伝　白川静著　中央公論社　(中公文庫)　1991.2　ⓘ4-12-201784-X
＊理想を追うあまり、挫折と漂泊のうちに生きた孔子。中国の偉大な哲人の残した言行は、「論語」として現代も全世界に生きつづける。史実と後世の恣意的粉飾を峻別し、伝統と創造、体制と革命など、今日的視点からその思想に肉薄する、画期的孔子伝。

◇孔子の人間学―人生を切り拓く7つの思想とは　孔健著　PHP研究所　1991.1
ⓘ4-569-52951-8

◇孔子と教育　俵木浩太郎著　みすず書房　1990.12　ⓘ4-622-03642-8
＊孔子はすぐれた教育者であった。本書は、孔子の教育の理論と実践を、弟子たちののこした語録『論語』に読みとろうとする試みである。その厳密な文献学的解読からは、儒教道徳の鼓吹者がえがく孔子像とは全く異なる教師・孔子の人間像が浮かびあがる。

◇孔子　金谷治著　講談社　(講談社学術文庫)　1990.8　ⓘ4-06-158935-0
＊長いあいだ聖人として崇められ、それ故にまた旧時代の権威として批判の対象ともされてきた孔子。歴史の粉飾を払い、聖人ではなく血の通って孔子の人間像を鮮明にするため、著者は『論語』の再編を試み、また「孔子観の変遷」という独自の観点から、彼の思想の展開を追究する。新しい「人としての生きかた」を提唱し、それを自ら学びつつ実践する努力を続けた人間孔子の魅力を描いた最良の入門書。

◇孔子家の極意―孔子の知恵の活かし方　孔健著　ベストセラーズ　(ベストセラーシリーズ・ワニの本)　1990.7
ⓘ4-584-00728-4
＊人関関係の知恵とは？　ビジネスマンの方策とは？　混迷時代を生き抜くための「論語」の正しい読み方。

◇寿し日日論語―処世の要訣・人生の指針　斎藤十九八新解　一休社，星雲社〔発売〕　1990.7　ⓘ4-7952-7714-1
＊此の書は、論語の学問的研究を目的とせず、論語の内容である孔子とその門弟其他諸氏間の問答・叙事・言行・識見・思想・信条などから、人々のその立場立場に於ける物事の考え方・生き方の知慧並びに安心立命の基本を学び取り、そ

れらを身につけて、処世の要訣、人生の指針とする上の手近かな道標とすることを主要最大の目的とするものである。

◇素顔の孔子　孔健著　大陸書房　1990.5
①4-8033-2704-1
＊真説・人間孔子論。孔子直系の子孫が明かす、知られざる哲人の横顔。意外な人柄、波瀾にみちた生涯が、今、伝説の殻を破る。

◇諸橋轍次選書　1　如是我聞 孔子伝　上　上　諸橋轍次著　大修館書店　1990.3
①4-469-12051-0
＊『論語』や『史記』などの多くの文献に散在する記録の中から、孔子の言行とそれにまつわる史実や説話を年代的にまとめた詳細な孔子伝。〔上〕は、孔子37歳で斉（せい）を去り、祖国魯（ろ）に戻るまで。

◇諸橋轍次選書　2　如是我聞 孔子伝　下　下　諸橋轍次著　大修館書店　1990.3
①4-469-12052-9
＊『論語』や『史記』などの多くの文献に散在する記録の中から、孔子の言行とそれにまつわる史実や説話を年代的にまとめた詳細な孔子伝。〔下〕は、孔子十余年間の遊歴から愛弟子顔回の死、そして自らの終焉まで。

▌洪秀全　こうしゅうぜん
1813～1864　19世紀、中国、太平天国の最高指導者。自分をヤハウェ（天父）の子と称して上帝会を創立。1851年「太平天国」樹立を宣言、みずから天王と称した。

◇96人の人物で知る中国の歴史　ヴィクター・H・メア，サンピン・チェン，フランシス・ウッド著，大間知知子訳　原書房　2017.3　①978-4-562-05376-6

◇神の子 洪秀全─その太平天国の建設と滅亡　ジョナサン・D.スペンス著，佐藤公彦訳　慶応義塾大学出版会　2011.12
①978-4-7664-1906-1
＊清末中国に澎湃と興った太平天国は、死者2,000万人とも言われる世界史上最大の宗教反乱を引き起こした。本書は、太平天国運動を率いて「地上の天国」を追い求め、大陸全土を14年間の内乱に巻き込んだ男の実像を、西洋と中国との宗教的遭遇を軸に、壮大に物語る。科挙に落ちた一人の男を、聖書はどのようにして、変えてしまったのか。多くの信者は、なぜ自ら従っていったのか。新資料に基づく緻密な分析と、精神世界にまで踏み込む大胆な筆致。碩学による太平天国研究の決定版。

◇太平天国夢幻記　真保亮太郎著　eブックランド社　2011.8　①978-4-902887-25-9

◇中国思想の流れ　下　明清・近現代　橋本高勝編　晃洋書房　2006.11
①4-7710-1505-8

◇洪秀全と太平天国　小島晋治著　岩波書店　（岩波現代文庫 学術）　2001.7
①4-00-600059-6
＊中国革命の源流をなす太平天国運動。指導者・洪秀全はキリスト教を独自に解釈して拝上帝教を創始し、民衆をひきつけて十四年にわたり清朝と対峙した。彼は「世直し」運動の指導者として孫文や毛沢東に大きな影響を与えた。本書は宗教運動から反清革命への転換の経緯やその後の運動の展開を明らかにし、南京入城以後の軍事共産主義的な社会制度や諸王間の抗争の実態を描く。半世紀にわたり太平天国を研究してきた第一人者による伝記。

◇中国歴代皇帝人物事典　岡崎由美，王敏監修　河出書房新社　1999.2
①4-309-22342-7
＊秦の始皇帝、前漢の劉邦、新の王莽、魏の曹丕、隋の煬帝、唐の李世民、元のフビライ、明の朱元璋、清の康熙帝など、中国歴代王朝の皇帝を紹介した人物事典。后妃・公主・宗室なども収録し、歴代宮都・陵墓も掲載。中国史重要人物索引付き。

▌光緒帝　こうしょてい
1871～1908　光緒帝（こうちょてい）とも。19・20世紀、中国、清朝の第11代皇帝、徳宗。父は恭親王の弟の醇親王、母は西太后の妹。1875年即位、実権は西太后が掌握していた。

◇中国歴代皇帝人物事典　岡崎由美，王敏

監修　河出書房新社　1999.2
①4-309-22342-7
＊秦の始皇帝、前漢の劉邦、新の王莽、魏の曹丕、隋の煬帝、唐の李世民、元のフビライ、明の朱元璋、清の康煕帝など、中国歴代王朝の皇帝を紹介した人物事典。后妃・公主・宗室なども収録し、歴代宮都・陵墓も掲載。中国史重要人物索引付き。

◇天子―光緒帝悲話　徳齢著, 永峰すみ, 野田みどり訳　東方書店　1985.10
①4-497-85151-6

江青　こうせい

1913頃〜1991　20世紀、中国の政治家。毛沢東夫人。本名李雲鶴あるいは李青雲。1939年毛沢東と結婚。文化芸術戦線から文化大革命の指導的地位に進んだ。66年8月中央文革小組第1副組長、69年4月党政治局員。76年10月「四人組」の一人として失脚。81年裁判で執行延期付き死刑判決、83年無期懲役に減刑。

◇人間臨終考　森達也著　小学館　2015.10
①978-4-09-388437-2

◇現代世界の女性リーダーたち―世界を駆け抜けた11人　石井貫太郎編著　ミネルヴァ書房　2008.5　①978-4-623-04994-3

◇"伝説"になった女たち　山崎洋子著　光文社　(光文社知恵の森文庫)　2008.1
①978-4-334-78498-0

◇マダム毛沢東―江青という生き方　アンチー・ミン著, 矢倉尚子訳　集英社　2005.11　①4-08-773438-2
＊母親に縛られた纏足を自らはずし、江青は政治の中枢まで登りつめる一歩を踏み出した！　毛沢東の妻・江青を公私共に熟知した作家による決定版伝記小説。

◇近代中国 七人の猛女たち―西太后から江青まで　田所竹彦著　里文出版　2005.10
①4-89806-238-5

◇世界女性人名事典―歴史の中の女性たち　世界女性人名事典編集委員会編　日外アソシエーツ, 紀伊国屋書店〔発売〕
2004.10　①4-8169-1800-0

◇毛沢東夫人江青の真実　楊銀禄著, 莫邦富, 鈴木博, 広江祥子訳　海竜社　2001.8
①4-7593-0680-3
＊今、秘書によってはじめて明かされた驚くべき江青の私生活！　20世紀中国を震撼させた文化大革命で頂点に上りつめた女帝の素顔に迫る。

◇上海の紅いバラ―毛沢東夫人・江青の秘められた過去　王素萍著, 秋村藍子訳　学習研究社　1995.9　①4-05-400430-X
＊恋と野望にかけた青春。文化大革命で数々の悲劇をまきおこした女帝・江青。その出生から、スキャンダルにまみれた女優時代を赤裸々に描くサクセス・ストーリー。

◇「伝説」になった女たち　山崎洋子著　講談社　(講談社文庫)　1994.4
①4-06-185654-5
＊大胆な行動力と美貌で、英雄の妻となった女、恋人の称賛が自信をつくり、芸術の女神に昇華した女、世界中から敵視されても人生を投げず、自分を磨き続けた女、頂点を極めた歌姫として君臨しながら、一人の男の愛だけを願った女、―。史上名高い女たちの光と陰、人々を騒がせた恋を、深く暖かく描く人物伝。

◇やわらかい鋼―小説・江青異聞　山崎厚子著　スコラ　1993.4　①4-7962-0112-2

◇二十世紀の自殺者たち―百三十人の時代証言　若一光司著　徳間書店　1992.7
①4-19-554918-3
＊ヒトラー、モンロー、江青等の謎に満ちた死の真相に迫る。時代が個人を死へと追いやるとき自殺者は時代を告発し続ける。

◇"伝説"になった女たち　山崎洋子著　講談社　1990.11　①4-06-205111-7
＊美貌、恋、名声…。頂点を極めた女たちを彩る悲劇から"伝説"が誕生する。推理作家・山崎洋子が斬新な視点で描く女神たちの実像。

高祖（漢）　こうそ
⇒劉邦（りゅうほう）

高祖（唐）こうそ
⇒李淵（りえん）

黄巣 こうそう
?〜884 9世紀、中国、唐末期の農民反乱指導者。荷沢県（山東省）の人。この黄巣の乱は唐末の諸反乱中最大規模のもので唐に決定的な打撃を与えた。

◇96人の人物で知る中国の歴史 ヴィクター・H・メア，サンピン・チェン，フランシス・ウッド著，大間知知子訳 原書房 2017.3 ①978-4-562-05376-6

◇中国歴代皇帝人物事典 岡崎由美，王敏監修 河出書房新社 1999.2 ①4-309-22342-7
＊秦の始皇帝、前漢の劉邦、新の王莽、魏の曹丕、隋の煬帝、唐の李世民、元のフビライ、明の朱元璋、清の康熙帝など、中国歴代王朝の皇帝を紹介した人物事典。后妃・公主・宗室なども収録し、歴代宮都・陵墓も掲載。中国史重要人物索引付き。

◇長安烈日―大唐帝国を倒した巨魁・黄巣 長編歴史小説 谷恒生著 祥伝社 1998.11 ①4-396-63135-9

高宗（唐）こうそう
628〜683 7世紀、中国、唐の第3代皇帝（在位649〜683）。本名、李治。2代太宗の9子。

◇中国歴代皇帝人物事典 岡崎由美，王敏監修 河出書房新社 1999.2 ①4-309-22342-7
＊秦の始皇帝、前漢の劉邦、新の王莽、魏の曹丕、隋の煬帝、唐の李世民、元のフビライ、明の朱元璋、清の康熙帝など、中国歴代王朝の皇帝を紹介した人物事典。后妃・公主・宗室なども収録し、歴代宮都・陵墓も掲載。中国史重要人物索引付き。

高宗（宋）こうそう
1107〜1187 12世紀、中国、南宋の初代皇帝（在位1127〜1162）。父は徽宗でその第9子。母は韋氏。金と講和し、江南の開発に力を入れて南宋の基礎を開いた。

◇中国歴代皇帝人物事典 岡崎由美，王敏監修 河出書房新社 1999.2 ①4-309-22342-7
＊秦の始皇帝、前漢の劉邦、新の王莽、魏の曹丕、隋の煬帝、唐の李世民、元のフビライ、明の朱元璋、清の康熙帝など、中国歴代王朝の皇帝を紹介した人物事典。后妃・公主・宗室なども収録し、歴代宮都・陵墓も掲載。中国史重要人物索引付き。

高宗（李氏朝鮮）こうそう
1852〜1919 李太王（りたいおう）とも。19・20世紀、朝鮮、李朝の第26代王（在位1863〜1907）。姓名、李載晃。幼名、命福。号、珠淵。廟号、高宗。大院君の第2子。

◇高宗・閔妃―然らば致し方なし 木村幹著 ミネルヴァ書房（ミネルヴァ日本評伝選） 2007.12 ①978-4-623-05035-2
＊高宗（一八五二〜一九一九）李氏朝鮮第二十六代国王、大韓帝国初代皇帝（在位一八六四〜一九〇七）。閔妃（びんひ／ミンビ、一八五一〜一八九五）明成皇后。清国との朝貢体制の下、限られた国際関係しか持てなかった韓国は、西欧列強や新興国日本に対していかに対処しようとしたか。相次ぐクーデタ、大規模な内乱、日清・日露戦争、そして日韓併合。歴史の流れに翻弄された国王夫妻の軌跡を描く。

◇朝鮮王朝史 下 李成茂著，李大淳監修，金容権訳 日本評論社 2006.6 ①4-535-58299-8

◇朝鮮人物事典 木村誠，吉田光男，趙景達，馬淵貞利編 大和書房 1995.5 ①4-479-84035-4

黄宗羲 こうそうぎ
1610〜1695 17世紀、中国、明末、清初の思想家。余姚（浙江省）の人。字、太冲。号、南雷、梨洲。主著は「明夷待訪録」

「宋元学案」など。
◇中国思想の流れ　下　明清・近現代　橋本高勝編　晃洋書房　2006.11
①4-7710-1505-8
◇人物50人で読む「中国の思想」―孔子から孫文まで　鍾清漢著　PHP研究所（PHP文庫）　2005.2　①4-569-66346-X
◇明夷待訪録　浜久雄著　明徳出版社（中国古典新書続編）　2004.3
①4-89619-827-1
＊ルソーにさきだつこと1世紀、明朝滅亡の原因と問題点を剔抉し、人民重視の理想国家の出現を切論した黄宗羲の名著を未刊文も含めて訳注。

▎**公孫竜**　こうそんりゅう
前320頃～前250頃　前4・3世紀、中国、戦国時代・趙の弁論家。字は子秉。「白馬非馬論」「堅白異同論」は有名。著書「公孫竜子」（3巻）。
◇世界人物逸話大事典　朝倉治彦，三浦一郎編　角川書店　1996.6　①4-04-031900-1
＊歴史上の人物の生き生きとした人間像を伝えるエピソードを多数紹介する事典。日本人によく知られた人物1883人を見出しに掲載。

▎**江沢民**　こうたくみん
1926～　20世紀、中国の政治家。1987年党政治局員。92年共産党総書記、国家中央軍事委主席。93年国家主席。
◇権力闘争がわかれば中国がわかる―反日も反腐敗も権力者の策謀　福島香織著　さくら舎　2015.11　①978-4-86581-033-2
＊面白すぎる中国ウォッチャーの第一人者が明かす恐るべき野望と暗闘。中国では反日も反腐敗も権力闘争の道具だ！
◇江沢民―中国を変えた男　ロバート・ローレンス・クーン著，鵜沢尚武，田中敦子，八木正三訳　ランダムハウス講談社　2005.10　①4-270-00095-3
＊中国を世界第二位の経済大国へと変貌させた驚くべき政治力と知力！「数百万中国共産党員の教科書」として物議をかもした本書には、眠れる獅子の真の目覚めが克明に綴られている。現代中国というという国家のDNAが浮き彫りに！日中、米中関係をはじめ、現代中国の政治・経済・軍事問題を理解するための必読書。
◇江沢民の中国―内側から見た「ポスト鄧小平」時代　朱建栄著　中央公論社（中公新書）　1994.5　①4-12-101185-6

▎**光武帝（後漢）**　こうぶてい
⇒劉秀（りゅうしゅう）

▎**洪武帝（明）**　こうぶてい
⇒朱元璋（しゅげんしょう）

▎**孝文帝**　こうぶんてい
467～499　5世紀、中国、北魏の第6代皇帝（在位471～499）。姓名は元（拓跋）宏。諡は孝文皇帝。廟号は高祖。父は北魏5代の献文帝。
◇中国歴代皇帝人物事典　岡崎由美，王敏監修　河出書房新社　1999.2
①4-309-22342-7
＊秦の始皇帝、前漢の劉邦、新の王莽、魏の曹丕、隋の煬帝、唐の李世民、元のフビライ、明の朱元璋、清の康熙帝など、中国歴代王朝の皇帝を紹介した人物事典。后妃・公主・宗室なども収録し、歴代宮都・陵墓も掲載。中国史重要人物索引付き。

▎**康有為**　こうゆうい
1858～1927　19・20世紀、中国、清末の思想家、政治家。広東省南海県の人。字、広廈。号、長素。1898年勅命が下り、戊戌変法を断行した。主著「大同書」など。
◇アジア英雄伝―日本人なら知っておきたい25人の志士たち　坪内隆彦著　展転社　2008.11　①978-4-88656-328-6
◇巷談　中国近代英傑列伝　陳舜臣著　集英社（集英社新書）　2006.11
①4-08-720368-9
◇世界人物逸話大事典　朝倉治彦，三浦一郎編　角川書店　1996.6　①4-04-031900-1
＊歴史上の人物の生き生きとした人間像

顧炎武　こえんぶ
1613〜1682　17世紀、中国、明末清初の学者。もとの名は絳。字、忠清。清代以後は名を炎武、字を寧人、号を亭林と改めた。主著は「日知録」「音学五書」など。

◇96人の人物で知る中国の歴史　ヴィクター・H・メア，サンピン・チェン，フランシス・ウッド著，大間知子訳　原書房　2017.3　Ⓘ978-4-562-05376-6

◇世界人物逸話大事典　朝倉治彦，三浦一郎編　角川書店　1996.6　Ⓘ4-04-031900-1
＊歴史上の人物の生き生きとした人間像を伝えるエピソードを多数紹介する事典。日本人によく知られた人物1883人を見出しに掲載。

◇中国歴史人物選　第10巻　顧炎武　井上進著　白帝社　1994.8　Ⓘ4-89174-227-5
＊異朝に仕えることなく、激動の明末清初を生きた顧炎武。彼の学問と生涯を通して、17世紀中国の真実をさぐる。

顧愷之　こがいし
344頃〜405頃　4・5世紀、中国東晋の画家。「洛神賦図巻」「女史箴図巻」などの模写作品が今日に伝わる。

◇人物中国の歴史　6　駒田信二編　集英社（集英社文庫）　1987.6　Ⓘ4-08-751068-9
＊南北朝の抗争分裂の時代を経て、隋、唐による天下統一の時代を迎える。牡丹が咲き乱れる都の長安には、シルクロードを通って遠くペルシャなどから文物が流入し、絢爛たる文化の華がひらく。前代より書に、画に、詩に、仏教に、それぞれ一世を風靡する逸材が輩出して、これに華をそえる。

ゴーガン
Gauguin, Eugène Henri Paul
1848〜1903　ゴーギャンとも。19・20世紀、フランスの後期印象派の画家。1888年ゴッホと共同生活を。ヨーロッパ文明を否定して、晩年タヒチ、マルケサス諸島で制作活動。主作品「黄色いキリスト」(89)、「タヒチの女たち」(91)、「マナホ・トパパウ（死者の霊は眠らない）」(92)、など。主著は紀行「ノア・ノア」(97)。

◇知識ゼロからの西洋絵画 困った巨匠たち対決　山田五郎著　幻冬舎　2018.3
Ⓘ978-4-344-90331-9

◇"場所"で読み解くフランス近代美術　永井隆則編　三元社　2016.10
Ⓘ978-4-88303-403-1

◇呪われた画家たち―エル・グレコ、カラヴァッジョからロートレック、モディリアーニまで　モーリス・セリュラス著，藤田尊潮訳　八坂書房　2010.7
Ⓘ978-4-89694-959-9

◇もっと知りたいゴーギャン―生涯と作品　六人部昭典著　東京美術　(アート・ビギナーズ・コレクション)　2009.5
Ⓘ978-4-8087-0863-4

◇近代美術の巨匠たち　高階秀爾著　岩波書店　(岩波現代文庫)　2008.1
Ⓘ978-4-00-602130-6

◇ゴーギャン―夢と現実のはざまで　ガブリエレ・クレパルディ著，樺山紘一日本語版監修　昭文社　(Art book)　2007.3
Ⓘ978-4-398-21454-6

◇すぐわかる 画家別 印象派絵画の見かた　島田紀夫監修　東京美術　2007.1
Ⓘ978-4-8087-0811-5

◇巨匠の自画像―名画に潜む知られざるストーリー　青井伝著　すばる舎　2006.8
Ⓘ4-88399-540-2

◇絵画のなかの熱帯―ドラクロワからゴーギャンへ　岡谷公二著　平凡社　2005.12
Ⓘ4-582-65206-9
＊ヨーロッパ文明の相対化にはじまり、ついにはその否定にまで至りついた、南に向かった画家たちの精神の軌跡。

◇ゴッホーゴーギャンとの関係を中心に　櫟木幹三著　デマンド（製作）　2004.10

◇絵画の東方―オリエンタリズムからジャポニスムへ　稲賀繁美著　名古屋大学出版会　1999.10　Ⓘ4-8158-0365-X

＊表象の暴力と西欧近代美術の臨界。西欧の内部と外部の狭間に降り立ち、近代美術の営みをその文法が破綻を余儀なくされる限界点から再考する。

◇近代美術の巨匠たち　高階秀爾著　青土社　1998.8　①4-7917-9122-3
＊あの名作はどのようにして生まれたか。飽くことなく「光」を追求したモネ、不遇の天才セザンヌ、女性の美を絵筆に託したルノワール、単身タヒチに渡り、絵を描きながら孤独のうちに病没したゴーガンなど、近代絵画史に偉大な足跡を残した画家たち。その生い立ちから画家としての目覚め、数々の名作を描くにいたるまで、生活史をも織り込んで描く、巨匠列伝。

◇ノアノアゴーガン　ゴーガン画，マルク・ル・ボネ，田村恵子訳　求竜堂　(美の再発見シリーズ)　1997.6　①4-7630-9716-4

◇後期印象派と世紀末の魅力—生命のドラマと新しい造形への旅立ち　同朋舎出版　1996.10　①4-8104-2326-3

◇新・天才論—教育学からのアプローチ　古寺雅男著　ミネルヴァ書房　(Minerva21世紀ライブラリー)　1996.9　①4-623-02700-7
＊天才は、精神病理学・社会心理学などから異常な部分のみが強調されていた。本書は、天才の豊富な読書量、克明な日記、膨大なメモ等を通して偉業をなしえた天才の天才たる所以を、初めて教育学の立場から明らかにする。

◇世界人物逸話大事典　朝倉治彦，三浦一郎編　角川書店　1996.6　①4-04-031900-1
＊歴史上の人物の生き生きとした人間像を伝えるエピソードを多数紹介する事典。日本人によく知られた人物1883人を見出しに掲載。

◇ヴィヴァン—新装版・25人の画家　第12巻　ゴーガン　丹尾安典編集・解説　講談社　1995.11　①4-06-254762-7

◇ゴーギャン—芸術・楽園・イヴ　湯原かの子著　講談社　(講談社選書メチエ)　1995.3　①4-06-258044-3
＊キリスト教と原始宗教、文明と野蛮、聖なるものとエロス的なもの…。自己の根源を探求し、両極を激しく揺れるゴーギャン。楽園を目指して行動する画家が、ケルトの故地ブルターニュと熱帯の島タヒチに見たものはなにか。北欧の妻メットと南海の"イヴ"テハマナに求めたものはなにか。「芸術の殉教者」の破天荒な生涯と心の叫びを、画家自身に語らせながら鮮やかに描き切る。

◇マラルメの火曜会—世紀末パリの芸術家たち　柏倉康夫著　丸善　(丸善ブックス)　1994.9　①4-621-06010-4
＊詩が、音楽が、そして文学や哲学がもっとも生きいきと輝やいていた時代、十九世紀末のパリ。偉大な詩人マラルメのもとに集った芸術家や文学者によって火曜会が生まれる。この火曜会こそが、十九世紀のそして二十世紀へと連なる芸術の源となったのである。マラルメの革新的な芸術論は、文学の地平はもとより、とりわけ絵画の世界に大きな影響を与えた。本書では、画家マネ、ゴーギャン、ルドン、文学者リラダン、ジッド、ヴァレリー、音楽家ドヴュッシーなどなど、マラルメと深い親交を結んだ芸術家たちとマラルメの生涯を描出する。

◇ゴーガン　ゴーガン画，アラン・ボウネス著，富田章訳　西村書店　(アート・ライブラリー)　1994.7　①4-89013-523-5

◇ゴーガン　ゴーガン画，ロバート・ゴールドウォーター著，嘉門安雄訳　美術出版社　(新装BSSギャラリー世界の巨匠)　1994.6　①4-568-19052-5

◇ゴーギャン—その生涯と作品と、業績の形成に与えた影響を根本からビジュアルにアプローチ！　マイケル・ハワード著，広田治子監訳　同朋舎出版　(ビジュアル美術館)　1993.11　①4-8104-1309-8

◇ゴーギャンの世界　福永武彦著　講談社　(講談社文芸文庫)　1993.1　①4-06-196208-6
＊何故、35歳の富裕な株式仲買人ポール・ゴーギャンが突然、その職を投げ打って、画家をめざしたのか？"野蛮人"たらんとした文明人、傲岸と繊細、多くの矛盾、多くの謎を孕んで"悲劇"へと展

開するゴーギャンの"世界"。著者の詩魂がゴーギャンの魂の孤独、純粋な情熱、内なる真実と交響する。文献を博渉し、若き日の"出遇"から深い愛情で育んだ第1級の評伝文学。毎日出版文化賞受賞。

◇ゴーギャン―私の中の野性　フランソワーズ・カシャン著，田辺希久子訳　（大阪）創元社　（知の再発見双書）　1992.3　①4-422-21063-7

◇ゴーギャン・ゴッホ　ガスパレ・デ・フィオレ，セレノ・インノセンティ，マリア・ルイサ・マテルザニーニ，ラッファエレ・デ・グラダ，クリスティナ・ウェイス，サビネ・バリチ著，小松憲典訳　学習研究社　（絵画の発見）　1991.11　①4-05-105734-8
＊運命的ともいえる二人の画家が、激しくぶつかり、燃えた。印象派を超えて新しい世界を求めながら、一人は深く傷つき、一人はパリを捨てて南海の孤島へ旅立った。名画を読む・名画がわかる初めての巨匠シリーズ。

◇ゴーガン　ロバート・ゴールドウォーター著，嘉門安雄訳　美術出版社　（BSSギャラリー）　1990.10　①4-568-19004-5

▍**胡錦濤**　こきんとう

1942〜　20世紀、中国の政治家。中国共産党政治局常務委員・中央書記局書記（1992〜）、チベット自治区党委書記（88〜）。

◇中国の歴史・現在がわかる本　第1期　3　21世紀の中国　西村成雄監修，阿古智子著　かもがわ出版　2017.3　①978-4-7803-0887-7

◇権力闘争がわかれば中国がわかる―反日も反腐敗も権力者の策謀　福島香織著　さくら舎　2015.11　①978-4-86581-033-2
＊面白すぎる中国ウォッチャーの第一人者が明かす恐るべき野望と暗闘。中国では反日も反腐敗も権力闘争の道具だ！

◇世界の独裁者―現代最凶の20人　六辻彰二著　幻冬舎　（幻冬舎新書）　2011.9　①978-4-344-98235-2

◇戦慄レポート!!　世界を動かす超権力者76人　AKI国際問題研究所監修　双葉社　2010.12　①978-4-575-30282-0

◇胡錦濤―21世紀中国の支配者　楊中美著，趙宏偉監修，青木まさこ訳　日本放送出版協会　2003.3　①4-14-080774-1
＊胡錦濤とはいったい何者なのか。日中戦争中に茶葉商人の家に生まれた秀才はしだいに頭角を現し、四〇代で胡耀邦総書記の大抜擢を受ける。貴州省、チベット自治区書記として振るった辣腕を鄧小平に見込まれ、最高指導者へとのぼりつめた。本書は、その生い立ちまで遡り、いまだ謎に包まれた新指導者の姿を明らかにする。さらに総書記就任後の最新分析も加え、二十一世紀の中国の行方を予測する。

◇胡錦濤と現代中国　辻康吾監修，祁英力著，おうちすえたけ編訳　勉誠出版　2002.11　①4-585-05070-1
＊突如としてあらわれた胡錦濤はどんな人物なのか？　彼の経歴と人脈をたどると、現代中国の政治システムと21世紀への流れが見えてくる。

◇新皇帝・胡錦濤の正体―中国第4世代指導者の素顔と野心　ウィリー・ラム著，相馬勝訳　小学館　（Sapio選書）　2002.11　①4-09-389536-8
＊鄧小平が指名したプリンスは21世紀の中国をどこに導くのか？　NO.1中南海ウォッチャーが日本の読者のために緊急書き下ろし。

◇ネクストチャイニーズリーダー胡錦濤―変革・中国の未来を託された男　日暮高則著　風雅書房　1994.5　①4-89424-021-1

▍**呉三桂**　ごさんけい

1612〜1678　17世紀、中国、明末清初の武将。父は呉襄。平西大将軍に任ぜられ、1662年平西親王。三藩の乱を起す。

◇96人の人物で知る中国の歴史　ヴィクター・H・メア，サンピン・チェン，フランシス・ウッド著，大間知知子訳　原書房　2017.3　①978-4-562-05376-6

◇中国歴代皇帝人物事典　岡崎由美，王敏監修　河出書房新社　1999.2

①4-309-22342-7
　＊秦の始皇帝、前漢の劉邦、新の王莽、魏の曹丕、隋の煬帝、唐の李世民、元のフビライ、明の朱元璋、清の康熙帝など、中国歴代王朝の皇帝を紹介した人物事典。后妃・公主・宗室なども収録し、歴代宮都・陵墓も掲載。中国史重要人物索引付き。
◇世界人物逸話大事典　朝倉治彦，三浦一郎編　角川書店　1996.6　①4-04-031900-1
　＊歴史上の人物の生き生きとした人間像を伝えるエピソードを多数紹介する事典。日本人によく知られた人物1883人を見出しに掲載。

呉子　ごし
前440頃〜前381頃　呉起（ごき）とも。前5・4世紀、中国、戦国時代の政治家、兵法家。法治主義的改革をはかり、秦の商鞅の改革に影響を与えた。孫子と併称される兵法家で、「呉子」はその著。
◇知っていると役立つ「東洋思想」の授業―孔子、老子、韓非子から孫子、尉繚子まで　熊谷充晃著　日本実業出版社　2016.11　①978-4-534-05444-9
◇中国「宰相・功臣」18選―管仲、張良から王安石まで　狩野直禎著　PHP研究所（PHP文庫）　2008.3　①978-4-569-66948-9
◇戦国名臣列伝　宮城谷昌光著　文芸春秋　2005.11　①4-16-324450-6
◇呉子起つ―流転の天才将軍 長編歴史小説　伴野朗著　祥伝社　1999.6　①4-396-63143-X
　＊中国・戦国時代初期の最強の軍事的天才、呉子（呉起）。生まれて初めての戦いで七千の魯軍を率いて斉軍三万を撃破し、魏に仕えては西河を挟んで強国・秦と七十六回戦って六十四勝、残りは互角で一度も負けなかった男。だが一方では、将軍になるために敵国出身の妻を殺した冷血漢という悪評がついて回り、連戦連勝の業績にもかかわらず、その才を妬まれ怖れられて讒言を受け、国を追われること二度、魯・魏・楚と三国を渡り歩いた悲劇の人物でもあった。

近代合理精神に通じるその驚異の兵法とは？　超人的な能力を持つ暗殺者など魅力的な脇役をちりばめて、「流転の将軍」の若き日の無頼から壮絶な最期までを、第一人者が描き切った注目の歴史巨編。

コシューシコ
Kościuszko, Tadeusz Andrzej Bonawentura
1746〜1817　コシチューシコとも。18・19世紀、ポーランドの軍人、政治家。1974年国民防衛最高指揮官に就任し、ワルシャワ防衛戦を指揮したが敗北。
◇世界伝記大事典　世界編 1〜12　編集代表：桑原武夫　ほるぷ出版　1980.12〜1981.6

コシュート　Kossuth Lajos
1802〜1894　19世紀、ハンガリーの政治家。オーストリアからの独立と自由主義的改革のために活動。
◇世界伝記大事典　世界編 1〜12　編集代表：桑原武夫　ほるぷ出版　1980.12〜1981.6

胡適　こせき
1891〜1962　胡適（こてき）とも。20世紀、中国の学者、教育家。字は適之。1946年北京大学学長となったが、アメリカに亡命、その後台湾政府の外交顧問となった。著作集「胡適文存」。
◇胡適―1891-1962 中国革命の中のリベラリズム　ジェローム・B.グリーダー著，佐藤公彦訳　藤原書店　2018.1　①978-4-86578-156-4
◇96人の人物で知る中国の歴史　ヴィクター・H・メア，サンピン・チェン，フランシス・ウッド著，大間知知子訳　原書房　2017.3　①978-4-562-05376-6
◇世界人物逸話大事典　朝倉治彦，三浦一郎編　角川書店　1996.6　①4-04-031900-1
　＊歴史上の人物の生き生きとした人間像を伝えるエピソードを多数紹介する事典。日本人によく知られた人物1883人

を見出しに掲載。

ゴータマ・シッダールタ
Gautama Siddhartha
⇒ガウタマ・シッダールタ

ゴッホ　Gogh, Vincent Willem van
1853〜1890　19世紀、オランダの画家。主にフランスで活動。印象派と日本の浮世絵の影響を受けた独自の色彩・筆致で知られる。作品に「ひまわり」「糸杉」など。

◇ゴッホのあしあと―日本に憧れ続けた画家の生涯　原田マハ著　幻冬舎　（幻冬舎新書）　2018.5　①978-4-344-98503-2

◇知識ゼロからの西洋絵画 困った巨匠たち対決　山田五郎著　幻冬舎　2018.3
①978-4-344-90331-9

◇心に響く印象派画家の言葉46　Moderna Classica編著　青月社　2018.2
①978-4-8109-1317-0

◇先駆者ゴッホ―印象派を超えて現代へ　小林英樹著　みすず書房　2017.11
①978-4-622-08645-1

◇ファン・ゴッホ―巡りゆく日本の夢　圀府寺司、コルネリア・ホンブルク、佐藤幸宏編　青幻舎　2017.10
①978-4-86152-624-4
＊浮世絵に出会い、その美に魅せられ、夢の国「日本」に自身のすべての理想を重ねながら次々に傑作を生み出していったファン・ゴッホ。「日本の夢」が破れた後も日本との繋がりを探るなか早逝した。その創作と「日本」との関わりを、最先端の研究成果と200点余の豊富な図版により明らかにした決定版。日本人の初期ファン・ゴッホ巡礼についても、その全貌を多くの新資料とともに詳述。ファン・ゴッホ美術館との国際共同プロジェクト（展覧会公式・学術カタログ）。

◇ファン・ゴッホの手紙　新装版　ファン・ゴッホ著、二見史郎編訳、圀府寺司訳　みすず書房　2017.7　①978-4-622-08637-6

◇ゴッホへの招待　朝日新聞出版編　朝日新聞出版　2016.10　①978-4-02-251423-3

◇ファン・ゴッホの生涯　上　スティーヴン・ネイフ, グレゴリー・ホワイト・スミス著、松田和子訳　国書刊行会　2016.10
①978-4-336-06045-7

◇ファン・ゴッホの生涯　下　スティーヴン・ネイフ, グレゴリー・ホワイト・スミス著、松田和子訳　国書刊行会　2016.10
①978-4-336-06046-4

◇フィンセント・ファン・ゴッホ　ルース・トムソン著　六耀社　（世界の名画：巨匠と作品）　2016.7　①978-4-89737-832-9
＊強烈な個性で画業10年、37歳の生涯を駆けぬけたファン・ゴッホは、何を遺したのだろうか。あの、激しすぎる絵画への情熱。あの、常人とかけはなれた過激なふるまいは何を語るのか。本書は、近代美術を代表する巨匠の生涯を追い、作品を解きあかしながら、ゴッホが刺激を受け、ゴッホが刺激を与えた画家たちの人と作品にも迫ります。

◇ゴッホの地図帖―ヨーロッパをめぐる旅　ニーンケ・デーネカンプ, ルネ・ファン・ブレルク, タイオ・メーデンドルプ著, 鮫島圭代訳, 千足伸行監修, ファン・ゴッホ美術館編　講談社　2016.9
①978-4-06-220196-4

◇ファン・ゴッホその生涯と作品―彼の作品を含む500点以上の関連画像が如実に物語る　マイケル・ハワード著, 田中敦子訳　ガイアブックス　2015.11
①978-4-88282-955-3

◇ゴッホを旅する　千足伸行著　論創社　2015.9　①978-4-8460-1458-2

◇「絶筆」で人間を読む―画家は最後に何を描いたか　中野京子著　NHK出版（NHK出版新書）　2015.9
①978-4-14-088469-0

◇僕はゴッホ　ジョージ・ロッダム文, スワヴァ・ハラシモヴィチ絵, 岩崎亜矢監訳, 山田美明訳　パイインターナショナル（芸術家たちの素顔）　2015.4
①978-4-7562-4627-1

◇西洋美術 巨匠たちの履歴書　木村泰司監修　宝島社　2013.7
①978-4-8002-1122-4

◇ゴッホが挑んだ「魂の描き方」─レンブラントを超えて　尾崎彰宏著　小学館　（小学館101ビジュアル新書　Art）　2013.4　①978-4-09-823025-9
＊─レンブラントのような絵を描くためには、自分はいったい、何度生まれ変わらなくてはならないのか…。「炎の画家」ゴッホは、「闇の画家」レンブラントに対する切実な思いをこう語る。一見、共通点など何もない17世紀バロックの巨匠の絵画に、ゴッホは何を見いだしたのか？　ゴッホがめざし、乗り越えようとしたレンブラントの絵画をたどり、ゴッホがそこから何を学び、いかにして「魂の画家」となりえたのか、知られざるゴッホの真相に迫る。

◇ゴッホの手紙─絵と魂の日記　ゴッホ著,H・アンナ・スー編,千足伸行監訳,冨田章,藤島美菜訳　西村書店東京出版編集部　2012.7　①978-4-89013-678-0
＊ゴッホの本格的な画集であると同時に、膨大な彼の手紙の簡にして要を得た入門書。弟テオ宛を中心とする700通以上のゴッホの手紙から251通を選び、その抜粋を関連作品とともに紹介。偶像化された画家の素顔に迫るファン必見の1冊。「狂気の画家」ではなく、思慮深く知的なゴッホがみえてくる。

◇ゴッホ契約の兄弟─フィンセントとテオ・ファン・ゴッホ　新関公子著　ブリュッケ　2011.11　①978-4-434-16117-9
＊フィンセントとテオ、ゴッホ兄弟の往復書簡を丁寧に読み解いて、画家と画商の関係を明らかにする。

◇ゴッホ＋─ここまで駆り立てるのは何なのか　没後120年　西日本新聞社　2011.1　①978-4-8167-0826-8

◇ファン・ゴッホ詳伝　二見史郎著　みすず書房　2010.11　①978-4-622-07571-4
＊幕末日本とゴッホ一族の関わりから画家の失恋の真相・ゴーガンとの破綻・病いと自死まで。憶測を排し、多くの手紙を歳月に沿って丹念に解読し、稀有の芸術家の"人間像"を開示した書き下ろし。

◇印象派。─絵画を変えた革命家たち　ペン編集部編　阪急コミュニケーションズ（Pen BOOKS）　2010.10　①978-4-484-10228-3
＊19世紀後半、印象派の画家たちによって、アートの歴史は大きく動いた。光を捉え、鮮やかな色彩を用い、大胆なタッチで生まれた絵画は、宗教画や貴族の肖像画のように、写実的で落ち着き払った「きれいな絵」とはほど遠かった。水面の一瞬のきらめきや、都市生活を生き生きと描いた、センセーショナルで「新しい絵画」だったのだ。ラフなタッチや濁りのない色彩は、画家のヴィジョンを鮮烈に伝え、彼らが夢中になった光や自然、女たちが、魅力的だと感じたままにカンヴァスに表れている。それは100年を経た現在も圧倒的だ。ゆえに展覧会には大勢の人が行列をなすのだ！　絵画を革新したアーティストたちの冒険、それは予想をはるかに超えて、私たちを興奮させる。

◇ゴッホ─日本の夢に懸けた芸術家　圀府寺司著　角川書店　（角川文庫 Kadokawa art selection）　2010.9　①978-4-04-394379-1
＊ゴッホ研究の第一者である著者が、初めて初心者向けに書き下ろした濃密な入門書登場！　必ず押さえておきたいゴッホの代表作をカラーで紹介し、その絵の魅力と描かれた背景、そして彼自身と彼を支えた人々の想いを、ゴッホの多くの資料を繙きながら詳しくかつ簡潔に解説。さまざまな伝説が一人歩きするゴッホだが、本当は何を見て、何を感じ、何を表現しようとしていたのか…。彼の気持ちもじっくり味わえる永久保存版の1冊。

◇世界の名画─名画にまつわるエピソードから巨匠たちの生涯まで。大友義博監修　メイツ出版　2010.9　①978-4-7804-0865-2

◇ゴッホの宇宙（そら）─きらめく色彩の軌跡　小林英樹著　中央公論新社　2010.8　①978-4-12-004143-3
＊孤高の画家を造形的視点から徹底分析、魂の遍歴を辿る。知られざる名作の紹介、書簡・読書歴解読、パレット再現…新しい鑑賞術への誘い。略年譜・図版多数掲載。

ゴッホ

◇呪われた画家たち―エル・グレコ、カラヴァッジョからロートレック、モディリアーニまで　モーリス・セリュラス著, 藤田尊潮訳　八坂書房　2010.7
①978-4-89694-959-9

◇ゴッホ―NHK巨匠たちの肖像　小学館クリエイティブ, 小学館〔発売〕　(DVD美術館)　2010.6　①978-4-7780-3802-1
＊NHKハイビジョンで描く巨匠の生涯。ゴッホを支えたのは弟のテオだった。膨大な往復書簡を通して兄弟の絆を描く。

◇ファン・ゴッホ―アルルの悲劇　ファン・ゴッホ画, アルフレート・ネメチェク解説, 高階絵里加訳　岩波書店　(岩波アート・ライブラリー)　2010.5
①978-4-00-008983-8

◇ゴッホの遺言　完全版　小林英樹著　中央公論新社　(中公文庫)　2009.10
①978-4-12-205218-5
＊画家でもある著者が、ゴッホの代表的な作品とされる、或る「スケッチ」について絵画法の観点や弟テオとの間で取り交わされた書簡等の解読により、贋作であることを証明しつつ、ゴッホの最期のメッセージを読み解き、自殺の真相を鮮やかに描き出す。2000年の日本推理作家協会賞受賞作を改訂した決定版。

◇ファン・ゴッホ―自然と宗教の闘争　圀府寺司著　小学館　2009.3
①978-4-09-387739-8
＊教会、太陽、ひまわり、浮世絵、掘る人…。繰り返し登場するモティーフの変貌から、その生涯と画業が「キリスト教対自然」の壮絶な葛藤であったことが明らかに―。日本のゴッホ研究の第一人者によるゴッホ論。

◇ゴッホ―トレジャー・ボックス　コルネリア・ホンブルフ著, 江口泰子訳, 岡村多佳夫監修　ソフトバンククリエイティブ　2008.11　①978-4-7973-4930-6
＊本書では、ゴッホが生涯の仕事を見つけるために模索する青年期から、やがて画家に転身し、『ジャガイモを食べる人たち』に代表されるオランダ農民を描いた、土の匂いのするような絵を制作した初期、そして、色彩と新たなスタイルへの着想を見いだした1880年代後半のパリ時代、強烈な日差しのなかでブルーとイエローに彩られたプロヴァンス時代、さらにはオーヴェール＝シュル＝オワーズの最晩年までをたどります。彼の愛した『ひまわり』の眩い連作をはじめ、『星月夜』や『子守女(ルーラン夫人の肖像)』、さらに多くの自画像といった傑作はもちろん、これまであまり知られていなかった作品や、ファン・ゴッホにインスピレーションを与えた同時代の画家の作品を美しい図版で紹介し、また書簡や書類などの珍しいレプリカを数多く揃え、ファン・ゴッホの世界をこれまでになく生き生きと再現しています。

◇二人のオランダ人・讃―ゴッホとフェルメール　島雄著　友月書房　2008.5
①978-4-87787-375-2

◇ゴッホは殺されたのか―伝説の情報操作　小林利延著　朝日新聞社　(朝日新書)　2008.2　①978-4-02-273194-4
＊「さまよえる画家」、「炎の人」、ゴッホ。さまざまな伝説をもつ彼に浮上した、新たな姿とは？　彼を支えてきた弟テオとの関係や女性問題を、唯一純正な資料『ゴッホの手紙』を基に、斬新な角度から読み解く。そこから浮かび上がるどんでん返しの結末とは…。この一冊で、従来のゴッホ伝説が根底から覆る。

◇ヴァン・ゴォホの手紙　ヴァン・ゴォホ著, 木村荘八訳　ゆまに書房　(昭和初期世界名作翻訳全集)　2008.2
①978-4-8433-2710-4

◇近代美術の巨匠たち　高階秀爾著　岩波書店　(岩波現代文庫)　2008.1
①978-4-00-602130-6

◇もっと知りたいゴッホ―生涯と作品　圀府寺司著　東京美術　(アート・ビギナーズ・コレクション)　2007.12
①978-4-8087-0816-0

◇ゴッホの復活―日本にたどり着いた「ひまわり」の正体　小林英樹著　情報センター出版局　2007.10　①978-4-7958-4772-9
＊日本人はいつから「美への誇り」を失ったのか。58億円で落札されたあの『ひ

まわり』は贋作である！ 完璧な推理と説得力で、真のゴッホ像を取り戻す。「日本推理作家協会賞」受賞作家、渾身のノンフィクション。

◇テオもうひとりのゴッホ　マリー＝アンジェリーク・オザンヌ，フレデリック・ド・ジョード著，伊勢英子，伊勢京子訳　平凡社　2007.8　①978-4-582-83366-9
＊兄ヴィンセントは弟テオなくして、画家ヴァン・ゴッホたりえたか？ 98通もの未公開書簡を軸に弟テオの画腕としての生涯に光を当てた初めての伝記。"ふたりのゴッホ"の芸術創造のドラマ。

◇ファン・ゴッホ―荒ぶる魂を削る　アンナ・トルテローロ著，樺山紘一日本語版監修　昭文社　（Art book）　2007.3　①978-4-398-21455-3

◇すぐわかる 画家別 印象派絵画の見かた　島田紀夫監修　東京美術　2007.1　①978-4-8087-0811-5

◇巨匠の自画像―名画に潜む知られざるストーリー　青井伝著　すばる舎　2006.8　①4-88399-540-2

◇ゴッホ　閉府寺司著　小学館　（西洋絵画の巨匠）　2006.3　①4-09-675102-2

◇ゴッホ 千日の光芒　小山田義文著　三元社　2006.3　①4-88303-174-8
＊アルルでの「耳切り事件」、サンレミでの精神病院生活、そしてオヴェールでのピストル自殺―。ゴッホが苦しみの中から爆発的な創造力を発揮した1888年2月から1890年7月までの千日間の道程を、東西の芸術・文学の主題と交響させながらたどっていく。

◇絵画のなかの熱帯―ドラクロワからゴーギャンへ　岡谷公二著　平凡社　2005.12　①4-582-65206-9
＊ヨーロッパ文明の相対化にはじまり、ついにはその否定にまで至りついた、南に向かった画家たちの精神の軌跡。

◇ゴッホ―この世の旅人　アルバート・J.ルービン著，高儀進訳　講談社　（講談社学術文庫）　2005.10　①4-06-159728-0
＊「闇から光へ、人生は天国へ到る巡礼の旅」。二十五歳の伝道師ゴッホは、教会で人々にこう説教した。心の内部に巣喰う深い悲しみと強い孤独感。ゴッホは、自己との激しい闘いを個性的な絵へと昇華させていった。暗鬱で寂寥感迫る作品、燃え上がるような情熱的な画風。本書は、人間の魂の読み手が一つ一つの絵を丹念に読み、天才画家の心の秘密と絵のもつ美しさを見事に割り出す。

◇ふたりのゴッホ―ゴッホと賢治37年の心の軌跡　伊勢英子著　新潮社　2005.7　①4-10-413902-5
＊ゴッホと賢治。敬虔な宗教心、猛烈な読書、弟妹への限りない愛情、傍系からの芸術指向、旅への狂おしい欲求、生前の不遇、貧困、そして三十七年の生涯―。余りにも酷似したふたりの人生とふたりの芸術とふたつの裸の魂。比類のない純粋な魂を宿した画家と詩人の心の内奥をたどる…。

◇偉大なる敗北者たち―メアリ・スチュアートからゲバラまで　ヴォルフ・シュナイダー著，瀬野文教訳　草思社　2005.5　①4-7942-1407-3

◇ゴッホの眼　新版　高階秀爾著　青土社　2005.4　①4-7917-6174-X
＊聖なる円光をまとう『向日葵』、葉むらに死を孕む『糸杉』、神の言葉を『種まく人』、死の大鎌で生命を『刈入れする人』など、イコノロジー的な作品の分析や、書簡の精緻な解読によって、ゴッホの孤独で苛烈な生の内部に光をあて、"事件"の真相を解きほぐす、画期的な長篇評論。

◇青空の憂鬱―ゴッホの全足跡を辿る旅　吉屋敬著　評論社　2005.4　①4-566-05069-6
＊オランダ在住40年に及ぶ、画家でありエッセイストである著者が、10年の歳月をかけて辿ったゴッホの全足跡。著者自身の鋭い感性と洞察力、長いオランダ生活で培われた深い知識、さらにはオランダ語資料を自在に駆使すること、それらを通じて初めて可能となった、ゴッホの本質に迫る異色の伝記エッセイ。

◇ゴッホ―ゴーギャンとの関係を中心に　櫟木幹三著　デマンド（製作）　2004.10

ゴッホ

- ◇ゴッホを旅する—カルチャー紀行　南川三治郎写真・文　世界文化社　2003.7
  ①4-418-03507-9
- ◇固い絆—ファン・ゴッホ書簡全集ノート　志村純著　日本図書刊行会　1999.11
  ①4-8231-0459-5
  ＊絵を描き、手紙を書き続けたフィンセント、その画業と生活を支え続けた弟テオ、その絵を守り、書簡集をまとめたテオの妻ヨハンナ。愛と信頼が生んだ文化遺産。ゴッホ絵画と書簡全集。
- ◇ゴッホのフランス風景紀行—パリ、アルル、サン・レミ、オーヴェール　小野規写真, 佐々木綾子, 佐々木三雄文　求竜堂（Earth book）　1999.9　①4-7630-9922-1
  ＊定説のゴッホ論を"場所"から検証。「作品」と「実景写真」の対比からゴッホの謎にアプローチした美術紀行。本邦初取材！　ゴッホの精神病院、ガシェ医師の家 図版満載！　作品50点・写真100点。地図・データも充実！　旅のガイド本としても魅力。
- ◇ゴッホの遺言—贋作に隠された自殺の真相　小林英樹著　情報センター出版局　1999.4　①4-7958-2912-8
  ＊自らの耳を切り取り、精神の病との闘いに疲れ、狂気の果てに、死を選んだ炎の人…従来のゴッホ像は捏造である！　ゴッホはいかに生き、いかに死んでいったのか、その偉大な魂とは？　美術史の定説をくつがえす衝撃のノンフィクション。
- ◇ゴッホ自画像の告白　ヴィンセント・ヴァン・ゴッホ画・文, 木下長宏編・訳　二玄社　（Art & words）　1999.1
  ①4-544-02076-X
- ◇近代美術の巨匠たち　高階秀爾著　青土社　1998.8　①4-7917-9122-3
  ＊あの名作はどのようにして生まれたか。飽くことなく「光」を追求したモネ、不遇の天才セザンヌ、女性の美を絵筆に託したルノワール、単身タヒチに渡り、絵を描きながら孤独のうちに病没したゴーガンなど、近代絵画史に偉大な足跡を残した画家たち。その生い立ちから画家としての目覚め、数々の名作を描くにいたるまで、生活史をも織り込んで描く、巨匠列伝。
- ◇ゴッホ紀行—星への軌跡　野村義照画, 野村篤著　求竜堂　1998.3
  ①4-7630-9802-0
  ＊漂泊の画家・ゴッホゆかりの地の中心部ベルギー在住の著者が、作品以外の唯一の真実『ゴッホの書簡』をたずさえて巡った、オランダ、イギリス、ベルギー、フランス。ゴッホの生きた土地で、ゴッホの視点にたち、ゴッホの気持になって考えた、ゴッホの生きた軌跡。
- ◇ヴァン・ゴッホ　アントナン・アルトー著, 粟津則雄訳　筑摩書房　（ちくま学芸文庫）　1997.8　①4-480-08358-8
  ＊身体的苦痛と狂気の極限で生きた詩人にして前衛演劇の実践者アントナン・アルトー。本書はその最晩年の作品『ヴァン・ゴッホ 社会が自殺させた者』と『神経の秤』『芸術と死』の3篇を収録。とくに『ヴァン・ゴッホ 社会が自殺させた者』は、同じく精神を病みつつ憑かれたように描き続け、ついに自殺した画家、そしてもっとも「卑俗なもの」から「神話」を導き出した画家ゴッホを通して、絵画と絵画自身、おのれとおのれ自身について問い詰めた出色の評論であり、サント=ブーヴ賞を受賞した。他に初期の代表作2篇を併せ読むことにより、アルトーの驚くべき精神の生に一貫するものを浮かび上がらせる。
- ◇ゴッホ　小林利裕著　近代文芸社　1997.7　①4-7733-6166-2
- ◇孤独なひまわり—ファン・ゴッホの告白　田代裕著　あすなろ書房　1997.5
  ①4-7515-1801-1
  ＊本書は『フィンセント・ファン・ゴッホ手紙全集』（ガリマール版）を中心に、1990年のファン・ゴッホ没後百年祭に向けて出版された欧米の図書等を参考にしてまとめたものです。
- ◇ゴッホの生涯　嘉門安雄著　学陽書房　（人物文庫）　1997.2　①4-313-75022-3
  ＊太陽と日本へのあこがれを抱いてさまよった炎の人ゴッホ。ひたすらな情熱のままに絶えず悲劇をはらんで生き、

誰にも認められることのなかった天才画家の、苦悩する生命の脈動と魂の純粋さ、激しさ、光りを求め続けた三十七年の生涯を、その行動と足跡と事実の組み立てによって描く。

◇ゴッホ　ゴッホ画，ウィルヘルム・ウーデ著，坂上桂子訳　西村書店　（アート・ライブラリー）　1997.1　①4-89013-531-6

◇至福のファン・ゴッホ　田代裕著　筑摩書房　1996.11　①4-480-88502-1
＊愛する弟に生涯を支えられ、その腕の中で逝った兄フィンセント。兄のために生き、兄の名を呼びながら息絶えた弟テオ。分かち難く結びついた二つの「生」の形に迫り、真のゴッホ像を浮彫りにする。最新の研究成果をふまえて書下ろした出色の評伝。

◇ゴッホ　ゴッホ画，ゲハード・グルートロイ著，中西博之訳　日本経済新聞社　1996.10　①4-532-12285-6
＊豊富な作品数と斬新な図版で欧米で話題の画集！"炎の画家"ゴッホの真実を探る。収録図版142点。

◇後期印象派と世紀末の魅力―生命のドラマと新しい造形への旅立ち　同朋舎出版　1996.10　①4-8104-2326-3

◇新・天才論―教育学からのアプローチ　古寺雅男著　ミネルヴァ書房　（Minerva21世紀ライブラリー）　1996.9　①4-623-02700-7
＊天才は、精神病理学・社会心理学などから異常な部分のみが強調されていた。本書は、天才の豊富な読書量、克明な日記、膨大なメモ等を通して偉業をなしえた天才の天才たる所以を、初めて教育学の立場から明らかにする。

◇世界人物逸話大事典　朝倉治彦，三浦一郎編　角川書店　1996.6　①4-04-031900-1
＊歴史上の人物の生き生きとした人間像を伝えるエピソードを多数紹介する事典。日本人によく知られた人物1883人を見出しに掲載。

◇ゴッホ―崩れ去った修道院と太陽と讃歌　林正樹著　近代文芸社　1996.4　①4-7733-5071-7
＊旧約聖書的ペシミズムに閉ざされたオランダ時代から、パリ、アルルを経て、宗教的錯乱を伴ったサン・レミ時代の後、最後の土地オーヴェールで何が起こったのかを、描かれた絵画をもとに明らかにする。

◇炎の人―ゴッホ小伝　三好十郎著　講談社　（講談社文芸文庫）　1995.12　①4-06-196351-1

◇ファン・ゴッホ　フランク・エルガー著，天野知香訳　講談社　（Hazan1000）　1995.10　①4-06-207780-9
＊自らの胸を撃ち、その生涯を終えたファン・ゴッホの37年の人生。狂気とのはざまで画家は、激しく筆をふるい大量の名画を遺した。

◇ヴィヴァン―新装版・25人の画家　第11巻　ゴッホ　坂崎乙郎編集・解説　講談社　1995.6　①4-06-254761-9

◇ヴィンセント・ヴァン・ゴッホ彼の兄弟に宛てた手紙集　ヴィンセント・ヴァン・ゴッホ著，宮下録造訳　近代文芸社　1995.3　①4-7733-3987-X

◇炎の画家：ゴッホ　ゴッホ画，ラミューズ編集部編　講談社　（講談社文庫）　1995.1　①4-06-185804-1

◇ファン・ゴッホとミレー　ルイ・ファン・ティルボルフほか編，二見史郎訳，辻井忠男訳　みすず書房　1994.10　①4-622-04250-9

◇ひまわりの画家ファン・ゴッホ　並川汎著　（新潟）西村書店　1994.9　①4-89013-536-7
＊なぜひまわりを描き続けたのか。画家の手紙を通してその実像に迫る。

◇ゴッホの生涯　上　芝田英行著　新潮社　（新潮コミック）　1994.8　①4-10-603039-X

◇ゴッホの生涯　下　芝田英行著　新潮社　（新潮コミック）　1994.8　①4-10-603040-3

◇兄弟は他人のはじまりか？　日本テレビ放送網　（知ってるつもり?!）　1994.6　①4-8203-9414-2

◇ヴァン・ゴッホの生涯　フランク・エル

ゴッホ

ガー著，久保文訳　同時代社　1993.12
①4-88683-299-7

◇ゴッホ　ブルース・バーナード著，高橋達史監訳　同朋舎出版　（ビジュアル美術館）　1993.10　①4-8104-1307-1

◇ゴッホの眼　高階秀爾著　青土社　（高階秀爾コレクション）　1993.10
①4-7917-9113-4
＊聖なる円光をまとう〈向日葵〉、葉むらに死を孕む〈糸杉〉、神の言葉を〈種まく人〉、死の大鎌で生命を〈刈り入れする人〉など、イコノロジー的な作品の分析や、書簡の精緻な解読によって、ゴッホの孤独で苛烈な生の内部に光をあて、「事件」の真相を解きほぐす、画期的な長篇評論。

◇ビジュアル美術館　第1巻　ゴッホ　ブルース・バーナード著，高橋達史監訳（京都）同朋舎出版　1993.10
①4-8104-1307-1
＊敬虔なる若き伝道師の画家への転身と、その純粋すぎる感性ゆえに精神病院での療養を強いられながらも、数々の傑作を生み出していった彼の軌跡をたどります。彼の私信、スケッチ、写真を集めて再編した"私蔵アルバム"を通して画家ゴッホの生涯を検証します。ゴッホが創作してきた傑作の技術や材料を、写真挿図でわかりやすく解説します。

◇ゴッホ　ウィリアム・フィーヴァー著，水沢勉訳　岩波書店　（岩波 世界の巨匠）　1993.5　①4-00-008468-2
＊間断なく襲いかかる不安と絶望。ゴッホにとって、芸術と信仰は同義であった。「神の御言葉の種蒔く人」としての自覚と芸術的使命に貫かれた、まさに天路歴程の生涯を追い、「炎の人」とは異なるゴッホ像を示す。

◇"ゴッホとその時代"展—1993年—1997年国立ゴッホ美術館・国立メスダッハ美術館所蔵品による　1　ゴッホとミレー　安田火災東郷青児美術館編　安田火災美術財団　1993

◇ヴィンセント・ヴァン・ゴッホ　マルク・エド・トラルボー著，坂崎乙郎訳　河出書房新社　1992.9　①4-309-26162-0

＊ゴッホ研究の最高権威者が、ゴッホの全人生を、その作品と徹底した調査図版と千枚余に及ぶ詳細精緻を極めた論考によって初めて立体的に描いた古典的研究画集。

◇天才たちの死—死因が語る偉人の運命　ハンス・バンクル著，関田淳子，後藤久子，柳沢ゆりえ，杉村園子共訳　新書館　1992.8　①4-403-24037-2
＊難聴だけでなく、消化不良にも悩まされていたベートーヴェン、高血圧で不眠症だったレーニン、ヘビースモーカーのフロイト、幼いころから病弱だったケネディ。心身の病と闘う歴史上の人物たちの姿に病理学者の視点から光をあて、彼らの隠された素顔を浮かびあがらせる。

◇真実のゴッホ—ある精神科医の考察　マンフレート・イン・デア・ベーク著，徳田良仁訳　西村書店　1992.6
①4-89013-502-2

◇ゴッホ　マイヤー・シャピロ著，黒江光彦訳　美術出版　（BSSギャラリー）　1992.5　①4-568-19016-9

◇ファン・ゴッホ神話　圀府寺司編　全国朝日放送　1992.4　①4-88131-174-3
＊本書は、ファン・ゴッホの没後1世紀の間に生じたさまざまなできごとを、広い文化的、社会的視野から捉えようという試みである。美術、文学、批評の領域は言うまでもなく、映画、演劇、オペラなどの上演芸術、さらには、美術館、贋作、コレクター、アート・マーケット、コマーシャリズムにいたるまでの領域をとりあげ、ひとり画家の作品や神話が、その後の人間のなかに、社会、文化のなかにどのように生きてきたか、そして今日その神話がどのように解体され、また、あらたに創りあげられようとしているかをここに記録しようと思う。

◇ゴーギャン・ゴッホ　ガスパレ・デ・フィオレ、セレノ・インノセンティ、マリア・ルイサ・マテルザニーニ、ラッファエレ・デ・グラダ、クリスティナ・ウェイス、サビネ・バリチ著，小松憲典訳　学習研究社（絵画の発見）　1991.11

①4-05-105734-8
* 運命的ともいえる二人の画家が、激しくぶつかり、燃えた。印象派を超えて新しい世界を求めながら、一人は深く傷つき、一人はパリを捨てて南海の孤島へ旅立った。名画を読む・名画がわかる初めての巨匠シリーズ。

◇ゴッホ―魂の日記　ベルナール・チュルシェ著，田中梓訳　（新潟）西村書店　1990.12　①4-89013-141-8
* 書簡と作品とで織り成す待望の画集。真実の日記ともいうべき、日々書きしるした手紙と、作品との密接な関わりを説き明かしつつ、天才画家の激しい生涯をたどる。作品収録数我国で最多の215点。

◇ゴッホ100年目の真実　デイヴィッド・スウィートマン著，野中邦子訳　文芸春秋　1990.12　①4-16-344900-0
* ゴッホといえば、だれでもその耳切り事件を想起する。そして〈狂気の画家〉ときめつけ、「糸杉」も「向日葵」も〈狂気〉が生んだ作品と思いこんでいる。しかし、耳を切ったことが事実としても、一人の芸術家の生涯をそのように単純化していいものだろうか。死後100年、ゴッホ研究はたゆみなく続けられ、たとえばゴッホが残した厖大な手紙もその書かれた順序が違っていたことが明らかにされた。本書はそうした研究の成果を踏まえ、若き日の懊悩から晩年の悲劇にいたる全生涯をきめこまかく追った、この四半世紀で初めて出現した本格的評伝である。

◇ゴッホ―燃え上がる色彩　パスカル・ボナフー著，高橋啓訳，嘉門安雄監訳　（大阪）創元社　「知の再発見」双書　1990.11　①4-422-21053-X
* 「黄色、なんと美しい色だろう！」フィンセントはアルルの街を歩き、強烈な日差しがもたらすその色彩に酔いしれた。そして8月、ついに彼自身の分身とも言うべき生涯最高のモチーフ、ひまわりの制作にとりかかる。

◇ゴッホ巡礼　向田直幹，匠秀夫ほか著　新潮社　（とんぼの本）　1990.11　①4-10-601989-2
* ゴッホが死んだオーヴェールの宿の真ん前には、彼が描いたことで有名になった町役場が往時そのままの姿でたっている。そしてズンデルトの生家の真の前にも同じような町役場…数奇な運命のもと、炎のような熱情をもって生き、強烈な表現力で多くの作品を生み出したゴッホ。ピストル"自殺"から百年、画家ゆかりの地を巡りながら、その生涯と作品をふりかえる。

◇炎の人ゴッホ　アーヴィング・ストーン著，新庄哲夫訳　中央公論社　（中公文庫）　1990.7　①4-12-201723-8
* ゴッホ逝いて百年。鮮烈な印象と深い感動を、今なお与えずにおかない"孤高の天才画家"は、どのように悲運の人生を歩み、あの数数の不朽の名作を遺したのか…。ゴッホが燃焼し尽くした魂の軌跡を、ドラマチックな構成と繊細かつ簡勁な文体で忠実に再現し、伝記文学の傑作と評された、アーヴィング・ストーン畢生の大作。映画・演劇の原作本ともなった、超ロングセラー初の文庫化。

コッホ　Koch, Robert
1843～1910　19・20世紀、ドイツの医師。近世細菌学の開祖。結核研究の業績で1905年ノーベル生理・医学賞受賞。

◇夢と努力で世界を変えた17人―君はどう生きる？　有吉忠行著　PHP研究所　2015.2　①978-4-569-78439-7

◇ノーベル賞受賞者業績事典―全部門855人　新訂第3版　ノーベル賞人名事典編集委員会編　日外アソシエーツ，紀伊国屋書店〔発売〕　2013.1　①978-4-8169-2397-5
* 1901年ノーベル賞創設時から2012年までの各分野の受賞者、受賞団体を収録。平和賞・文学賞・物理学賞・化学賞・生理学医学賞・経済学賞受賞者835人、20団体の業績を詳しく紹介。受賞辞退者についても収録対象とし、本文中にその旨を記載した。経歴・受賞理由・著作・参考文献を一挙掲載。

◇ローベルト・コッホ博士日本紀行点描―明治41年6月―同年8月　第2版　川俣昭男著　川俣昭男　2012.12

◇ローベルト・コッホ博士日本紀行点描―

明治41年6月12日～明治41年8月24日　川俣昭男著　川俣昭男　2008.10
◇難病に取り組み医学を発展させた人たち　竹内均編　ニュートンプレス　（竹内均・知と感銘の世界）　2003.2
①4-315-51676-7
◇世界人物逸話大事典　朝倉治彦，三浦一郎編　角川書店　1996.6　①4-04-031900-1
＊歴史上の人物の生き生きとした人間像を伝えるエピソードを多数紹介する事典。日本人によく知られた人物1883人を見出しに掲載。
◇ローベルト・コッホ―医学の原野を切り拓いた忍耐と信念の人　トーマス・D.ブロック著，長木大三，添川正夫訳　シュプリンガー・フェアラーク東京　1991.7
①4-431-70610-0

ゴ・ディン・ジエム　Ngo Dinh Diem

1901～1963　20世紀、ベトナム共和国の政治家。漢字名は呉廷琰。1955年5月のクーデターにより独裁権力を握り、10月初代大統領となった。
◇世界伝記大事典　世界編1～12　編集代表：桑原武夫　ほるぷ出版　1980.12～1981.6

呉道玄　ごどうげん

680頃～750頃　呉道子（ごどうし）とも。7・8世紀、中国、唐の画家。河南の陽翟の人。722年の洛陽敬愛寺の「日蔵月蔵経変」などの壁画などがある。
◇世界伝記大事典　日本・朝鮮・中国1～6　編集代表：桑原武夫　ほるぷ出版　1978.7

ゴードン　Gordon, Charles George

1833～1885　19世紀、イギリスの軍人。1955年クリミヤ戦争に従軍。
◇ヴィクトリア朝偉人伝　リットン・ストレイチー著，中野康司訳　みすず書房　2008.2　①978-4-622-07370-3
◇名将たちの決断　柘植久慶著　中央公論社　（中公文庫）　1995.11　①4-12-202469-2
＊構想20年、膨大な資料調査と、徹底したフィールドワークによって集大成された、名将たちの時代を超えた行動学のすべて。ウエリントン卿、モルトケ大将、ネイ元帥、パットン大将、そして福島・児玉大将…。彼ら高級将校の名将たるゆえんを、その生涯を追うことによって明らかにした本書は、現代のトップマネージメントのためのビジネス書としても、必読の力作である。

呉佩孚　ごはいふ

1874～1939　19・20世紀、中国の軍人、北洋軍閥の政治家。華北を支配。のち北伐軍に追われ政界を引退。
◇中国近代の軍閥列伝　辛倍林著，上田正一監訳　学陽書房　1990.6
①4-313-83062-6
＊袁世凱等10人の首領の徹底研究。

コブデン　Cobden, Richard

1804～1865　19世紀、イギリスの政治家。J.ブライトとともに自由貿易運動の代表者。
◇世界伝記大事典　世界編1～12　編集代表：桑原武夫　ほるぷ出版　1980.12～1981.6

コペルニクス　Copernicus, Nicolaus

1473～1543　15・16世紀、ポーランドの天文学者。「天体の回転について」（1543）を著し、地動説を唱えた。
◇完訳天球回転論―コペルニクス天文学集成　コペルニクス著，高橋憲一訳・解説　みすず書房　2017.10　①978-4-622-08631-4
◇宇宙大発見―天文学46の大事件　二間瀬敏史，中村俊宏著　PHP研究所　2016.8
①978-4-569-83099-5
◇ルネサンス人物列伝　ロバート・デイヴィス，ベス・リンドスミス著，和泉香訳　悠書館　2012.7　①978-4-903487-54-0
◇コペルニクス―地球を動かし天空の美しい秩序へ　O.ギンガリッチ，ジェームズ・

マクラクラン著, 林大訳　大月書店
（オックスフォード科学の肖像）　2008.11
①978-4-272-44051-1
＊ポーランドの片隅で司祭として忙しい毎日をおくるかたわら、わずかな余暇の時間を天文学の研究に費やし、完成した自らの本を死の床で目にする。「すべての中心に太陽がある」——地球を太陽をめぐる惑星にし、1500年にわたって西洋人の思考を支配してきた世界観をひっくりかえしたコペルニクスの評伝。
◇子どもを理科好きにする科学偉人伝60話　菅谷正美監修, 山口晃弘編著　学事出版　2008.6　①978-4-7619-1606-0
◇異色と意外の科学者列伝　佐藤文隆著　岩波書店　（岩波科学ライブラリー）　2007.1　①978-4-00-007467-4
◇コペルニクス的宇宙の生成　1　ハンス・ブルーメンベルク著, 後藤嘉也, 小熊正久, 座小田豊訳　法政大学出版局　（叢書・ウニベルシタス）　2002.12　①4-588-00761-0
＊宇宙と関わりにおける人間の自己意識の変化を跡づけ、ヨーロッパ思想史全体を視野に議論を展開する、壮大な脱領域的コスモロジー。
◇消像画の中の科学者　小山慶太著　文芸春秋　（文春新書）　1999.2　①4-16-660030-3
＊コペルニクスから寺田寅彦、ホーキングまで、歴史に名を残す科学者二十五人の肖像画に眼をこらせば、そこには人間的な、余りにも人間的な素顔が炙り出されてくる。知らず知らずのうちに科学史を散歩できるミニ列伝。
◇神さまはサイコロ遊びをしたか——宇宙論の歴史　小山慶太著　講談社　（講談社学術文庫）　1997.3　①4-06-159271-8
＊アインシュタインは、自身の相対性理論から発展した量子力学の確率的解釈に対して、「神さまはサイコロ遊びをしない」と非難した。宇宙を創造した神の意図を探りたいという好奇心から出発した自然科学は、天動説に固執した時代から四世紀を経て、ビッグバン理論を確立した。宇宙創成以前の時空が消滅する世界を解明せんとする現代まで、神に挑戦した天才物理学者達の苦闘を辿る壮大な宇宙論の歴史。
◇世界人物逸話大事典　朝倉治彦, 三浦一郎編　角川書店　1996.6　①4-04-031900-1
＊歴史上の人物の生き生きとした人間像を伝えるエピソードを多数紹介する事典。日本人によく知られた人物1883人を見出しに掲載。
◇アシモフの科学者伝　アイザック・アシモフ著, 木村繁訳　小学館　（地球人ライブラリー）　1995.9　①4-09-251017-9
＊アルキメデスからアインシュタインまで先人たちが闘った歴史の裏側に見えてくるもの——科学は人間に本当の幸福をもたらしたのか。21世紀に向けて問いかけるSFの巨匠・アシモフの遺産。
◇コペルニクス博士　ジョン・バンヴィル著, 斎藤兆史訳　白水社　（新しいイギリスの小説）　1992.1　①4-560-04469-4
＊死の直前に刊行された『天球の回転について』によって近世の宇宙観に大革命をもたらした地動説の主唱者、コペルニクス。だが果たして彼は真の宇宙像を表し得たのか？　アイルランド・ポストモダン文学の旗手がさまざまな仕掛けをめぐらして描く新感覚の伝記小説は、読者を知的興奮の渦に巻き込む。

ゴムウカ　Gomułka, Władysław

1905〜1982　ゴムルカとも。20世紀、ポーランドの政治家。第二次大戦後に統一労働者党を結成。のち第一書記を務めた。

◇世界の七つの顔　竹内好等著　拓文館　1957

ゴヤ

Goya y Lucientes, Francisco José de
1746〜1828　18・19世紀、スペインの画家、版画家。光と影の表現にすぐれ、後の印象派に影響を与えた。作品に「裸のマハ」など。

◇フランシスコ・ゴヤ　ポール・ロケット著, Babel Corporation訳出協力　六耀社　（六耀社Children & YA Books　世界の名

画：巨匠と作品）　2016.8
①978-4-89737-834-3
＊ゴヤはあふれんばかりの才能と強い出世欲を原動力としてスペインの宮廷画家となった。プロの画家として、多くの権力者たちの、よく知られている肖像画を多数描いた。その一方で、個人的な作品では空想や自己表現を追求して、だいたんでモダンな作品を生み出していった。

◇スペインとスペイン人―"スペイン神話"の解体　フアン・ゴイティソロ著, 本田誠二訳　水声社　2016.1
①978-4-8010-0149-7
＊一五世紀からはじまるスペイン黄金時代において、一枚岩の"スペイン性"なるドグマがつくられる…旧キリスト教徒という特定の血統にのみ与えられたこの神話は一方で、八世紀におよんで共存したイスラム教、ユダヤ教を迫害し、歴史的真実を抑圧することとなる…書くことの自由を求めてあえて「永遠の少数派」たらんとした亡命作家による、スペイン史の"他者"を根底から見つめなおす比類なき文明論。

◇「絶筆」で人間を読む―画家は最後に何を描いたか　中野京子著　NHK出版（NHK出版新書）　2015.9
①978-4-14-088469-0

◇西洋美術 巨匠たちの履歴書　木村泰司監修　宝島社　2013.7
①978-4-8002-1122-4

◇もっと知りたいゴヤ―生涯と作品　大高保二郎、松原典子著　東京美術（アート・ビギナーズ・コレクション）　2011.10　①978-4-8087-0891-7
＊最新のゴヤ研究の成果を盛り込みながら、これまでまとわり付いてきた"ゴヤ伝説"を解体、より真実に迫る"等身大ゴヤ"を構築する。

◇ゴヤ 4 運命・黒い絵　堀田善衛著　集英社　（集英社文庫）　2011.2
①978-4-08-746666-9
＊戦争で荒廃したスペインでは聖職者を除く文化人の大半が弾圧や迫害の対象となり、友人が次々に投獄されていく。1815年、ゴヤも『裸のマハ』が破廉恥で公序良俗を侵害する作品と、異端審問所に召喚され―。妻の死後、40歳以上も若い女性と同棲し、晩年に単身フランスへ渡り、「おれはまだまだ学ぶぞ」と描き続けたゴヤの最期は？　彼の生涯を通して近代ヨーロッパの変遷を追う傑作評伝、完結編。

◇ゴヤ 3 巨人の影に　堀田善衛著　集英社　（集英社文庫）　2011.1
①978-4-08-746658-4
＊19世紀初頭、ナポレオン率いる仏軍の侵入により、スペインは無政府状態に。病気により聴覚を絶たれたゴヤは、マドリードで見た、血みどろの戦争の宿命的結果を、版画集『戦争の惨禍』等にまとめ、"描きながら告発する画家"として新境地を切り開く。1812年、妻に先立たれ、60代半ばで孤独になったゴヤは―。彼が遺した数々の絵画・版画作品と共に波乱に満ちた人生を追う傑作評伝、第3巻。

◇ゴヤ 2 マドリード・砂漠と緑　堀田善衛著　集英社　（集英社文庫）　2010.12
①978-4-08-746648-5

◇ゴヤ 1 スペイン・光と影　堀田善衛著　集英社　（集英社文庫）　2010.11
①978-4-08-746638-6
＊『巨人』『裸のマハ』等で知られる画家フランシスコ・デ・ゴヤ。1746年、荒涼としたスペイン北東部に生まれ、17歳でマドリードへ。下絵描きを経て、宮廷画家の地位を得るが…。大病や相次ぐ子供の死と、苦難に満ちたゴヤの82年の生涯を、数々の絵画・版画作品と共にたどる。著者の並々ならぬ情熱と、徹底した踏査に基づく長編評伝。第1巻では、ゴヤ40歳までを描く。大仏次郎賞・ロータス賞受賞の傑作。

◇呪われた画家たち―エル・グレコ、カラヴァッジョからロートレック、モディリアーニまで　モーリス・セリュラス著, 藤田尊潮訳　八坂書房　2010.7
①978-4-89694-959-9

◇ゴヤ 闇との対話―イメージの森のなかへ　利倉隆構成・文　二玄社　2010.3

ⓘ978-4-544-21111-5
＊幻想と驚異にみちた連作「黒い絵」をはじめ、人間の心の奥底をみつめ、その存在を問いつづけたゴヤ。激動の時代を生き抜く、熱くたぎるスペインの魂。平成21年度児童福祉文化賞受賞。

◇ゴヤの手紙―画家の告白とドラマ　大高保二郎，松原典子編訳　岩波書店　2007.7
ⓘ978-4-00-022874-9
＊本書はスペインを代表する画家、フランシスコ・デ・ゴヤ（一七四六‐一八二八年）の現存する手紙を軸として、ゴヤ宛に書かれたさまざまな人物からの手紙、およびゴヤの生涯とその画業に関連する手紙、覚書、公文書の類をほぼすべて網羅したものである。

◇ゴヤ―最後のカーニヴァル　ヴィクトル・I・ストイキツァ，アンナ・マリア・コデルク著，森雅彦，松井美智子訳　白水社　2003.2　ⓘ4-560-03891-0
＊終焉と誕生が重層化しあった1800年頃を舞台に、カーニヴァルにおける象徴の価値転倒をラジカルに変容させた、巨匠の「想像力」とその「演出」を探る。新しい美術史の旗手による、学際的で鋭利なゴヤ論。

◇ゴヤ　ゴヤ画，エンリケタ・ハリス著，大高保二郎，横山由紀子訳　西村書店　（アート・ライブラリー）　1999.9
ⓘ4-89013-568-5

◇スペインゴヤへの旅　中丸明著　文芸春秋　1998.7　ⓘ4-16-354200-0

◇ゴヤへの旅―生誕地フェンデトードスから栄光と悲惨の地マドリッド、終焉の地ボルドーまで　毎日新聞社　（毎日ムック）　1996.4　ⓘ4-620-79053-2

◇ゴヤ　4　運命・黒い絵　堀田善衛著　朝日新聞社　（朝日文芸文庫）　1994.12
ⓘ4-02-264049-9

◇ビジュアル美術館　第10巻　ゴヤ　その生涯と作品と、業績の形成に与えた影響を根本からビジュアルにアプローチ！　パトリシア・ライト著，栗田秀法訳　同朋舎出版　1994.12　ⓘ4-8104-1783-2

◇ゴヤ―巨人の影に　3　堀田善衛著　朝日新聞社　（朝日文芸文庫）　1994.11
ⓘ4-02-264048-0
＊聾者となったゴヤは、人間のあらゆる感情や欲望を冷徹に観察する画家として新たな境地を切り開く。1808年、皇帝ナポレオン麾下の仏軍が侵入し、王政が崩壊したスペインは、親仏派・皇太子派などが入り乱れて無政府状態に陥る。近代絵画の先覚者の歓喜と絶望の生涯を描く長篇評伝第三部。《全4巻》。

◇ゴヤ　ゴヤ画，アルフォンソ・E.ペレス・サンチェス著，木下亮訳　中央公論社　1994.10　ⓘ4-12-002353-2

◇ゴヤ　2　堀田善衛著　朝日新聞社　（朝日文芸文庫）　1994.10　ⓘ4-02-264047-2
＊絵筆を武器に立身出世の階段を駆けのぼったゴヤは、ついに宮廷画家に任命された。だが王政国家は淫らな頽廃を極め、隣国フランスからは近代の足音が…頂点に辿りついたゴヤを瀕死の大病が襲い、スペイン王政にも危機が迫る。近代絵画の先覚者の歓喜と絶望の生涯を描く長篇評伝第二部《全4巻》。

◇ゴヤ　1　堀田善衛著　朝日新聞社　（朝日文芸文庫）　1994.9　ⓘ4-02-264046-4
＊夏は灼熱に喘ぎ、冬は寒風吹きすさぶ不毛の土地に、庶民の子として生まれたフランシスコ・デ・ゴヤ。やがて、スペイン王家の首席宮廷画家となり、絵師として栄達の頂点を極めるが…近代絵画の先覚者ゴヤの、苦悩にみちた複雑な82年の生涯をえがく評伝。大仏次郎賞・ロータス賞受賞《全4巻》。

◇フランシスコ・デ・ゴヤ　ユッタ・ヘルト著，上田和夫訳　PARCO出版　（パルコ美術新書）　1994.9　ⓘ4-89194-387-4
＊人間をろばにたとえるなど〈カプリチョス〉の諸作品で人間の哀れで滑稽な本性を暴き、〈戦争の惨禍〉で人間の残虐性を描いたスペインの画家ゴヤの生涯を通じてその作品の本質に迫る。

◇堀田善衛全集　12　ゴヤ　2　筑摩書房　1994.4　ⓘ4-480-70062-5
＊人間の所業の一切を見すえ、その本質をはじめて画布の上に定着したゴヤ。――"芸術家の運命"を描ききった大作評

伝の後半。

◇堀田善衛全集 11 ゴヤ 1 堀田善衛著 筑摩書房 1994.3 ①4-480-70061-7
＊歴史と人間を凝視し続けた作家の全体像。堀田善衛全集11華麗なる宮廷画家にして陰惨残虐な絵を残した謎の画家ゴヤ。神話と伝説に満ちたその生涯を描いた渾身の長篇評伝の前半。

◇カリカチュアの近代—7人のヨーロッパ風刺画家 石子順著 柏書房 1993.12 ①4-7601-1014-3
＊18世紀から20世紀にかけて—この時代「笑い」は「武器」でもあった！ 度重なる弾圧にもかかわらず、爆発的に広まったカリカチュア・風刺画の世界。"時代の鏡"とも呼ばれるそれらの作品は現実にどんな役割を果たしたのか。

◇フランシスコ・ゴヤ アン・ウォルドロン著，潮江宏三監訳 （京都）同朋舎出版 （はじめて読む芸術家ものがたり） 1993.9 ①4-8104-1167-2
＊長年にわたって画家としての腕をみがき、ついにはスペインの王や王妃、その他多くの貴族の肖像画を描く地位についた。だが、彼は同時に日常生活や闘牛士、スペインを巻き込んだおそろしい戦争、そしてまた、幻想の世界をも描き出した。

◇ゴヤ ゴヤ画，ホセ・グディオル著，瀬戸慶久訳 美術出版社 （BSSギャラリー） 1993.7 ①4-568-19021-5

◇ゴヤ—スペインの栄光と悲劇 ジャニーヌ・バティクル著，高野優訳 （大阪）創元社 （「知の再発見」双書） 1991.7 ①4-422-21058-0

▌ コラソン・アキノ　Corazon Aquino
⇒アキノ，コラソン

▌ コール　Kohl, Helmut
1930〜2017 20世紀、ドイツの政治家。1982年西ドイツ首相、90年統一ドイツ初代首相。

◇欧米政治外交史—1871〜2012 益田実，小川浩之編著 ミネルヴァ書房 2013.3 ①978-4-623-06558-5

◇ヘルムート・コール—伝記と証言 上 ヴェルナー・フィルマー，ヘリベルト・シュヴァン著，鈴木主税訳 ダイヤモンド社 1993.1 ①4-478-94078-9
＊東西ドイツ統一、EC統合—。現代史を大きく塗り変える政治的地殻変動を決定的に誘導した男、ヘルムート・コールの全貌を明らかにした本。彼がいかに並みはずれた耐久力、忍耐力の持主であるか、そして、いかに権謀術数と駆け引きの才を発揮して、政界の頂点へ登りつめたか、本書は、あらゆる角度から細密に解き明かす。

◇ヘルムート・コール—伝記と証言 下 ヴェルナー・フィルマー，ヘリベルト・シュヴァン著，鈴木主税訳 ダイヤモンド社 1993.1 ①4-478-94090-8
＊東西ドイツ統一、EC統合—。現代史を大きく塗り変える政治的地殻変動を決定的に誘導した男、ヘルムート・コールの全貌を明らかにした本。彼がいかに並みはずれた耐久力、忍耐力の持主であるか、そして、いかに権謀術数と駆け引きの才を発揮して、政界の頂点へ登りつめたか、本書は、あらゆる角度から細密に解き明かす。

◇統一ドイツ コール首相 ヴェルナー・マーザー著，小林正文訳 読売新聞社 1991.12 ①4-643-91120-4
＊ベルリンの壁崩壊、東西ドイツの統一。この2つの事件は、戦後の世界地図を完全に塗り替えた。これを断行したヘルムート・コールの生い立ちから現在までの足跡をたどった半生記。

◇ドイツ統合の完成者ヘルムート・コール—移りゆくヨーロッパ 笹本駿二著 岩波書店 1991.1 ①4-00-001503-6
＊東西ドイツ統合の立役者コールとはいったい何者か、西側の指導者が誰一人として着手すらできなかった事業を、東側の雄ゴルバチョフと連携しながら達成した保守党指導者—その知られざる実像を滞欧生活50年、戦後史の目撃者として活躍するジャーナリストが驚きの念をこめて描く。

コルテス　Cortés, Hernán
1485〜1547　15・16世紀、スペインのメキシコ征服者。スペイン植民地の基礎を築いた。

◇コルテスとピサロ──遍歴と定住のはざまで生きた征服者　安村直己著　山山出版社　（世界史リブレット人）　2016.11　①978-4-634-35048-9

◇金は厳も崩す──エルナン・コルテスとメキシコ　伊東章著　鳥影社　2015.12　①978-4-86265-533-2

◇本当は偉くない？　世界の歴史人物──世界史に影響を与えた68人の通信簿　八幡和郎著　ソフトバンククリエイティブ　（ソフトバンク新書）　2013.8　①978-4-7973-7448-3
　＊古代から現代に至るまで、よく知られた帝王や政治家を68人選び、それぞれが世界史の中で果たした役割を、「偉人度」と「重要度」の2つの側面から10点満点で評価。世界史において偉人とされている人物たちの実像に迫る。

◇アステカ帝国と征服者エルナン・コルテス──真実と虚構　山瀬暢士著　メタ・ブレーン　2005.3　①4-944098-64-2

◇メキシコ征服──アステカ帝国と征服者エルナン・コルテス・真実と虚構　山瀬暢士著　バーチャルクラスター（Gozans books）　2003.4　①4-8354-7159-8

◇コルテス征略誌──「アステカ王国」の滅亡　モーリス・コリス著，金森誠也訳　講談社　（講談社学術文庫）　2003.1　①4-06-159581-4
　＊「アステカ王国」の滅亡は、中米の神話的世界と覇権拡大をはかる欧州の激突の結果であった。豊かな文化に彩られた黄金の王国、その繁栄と民族の精神は、侵略者との凄絶な闘争や伝統宗教のキリスト教との習合などを通じて多くを失っていく。征服者コルテスとアステカ王モンテスーマの人物像に公平に光をあて、新たな視点で追究した王国滅亡への道。

◇世界人物逸話大事典　朝倉治彦，三浦一郎編　角川書店　1996.6　①4-04-031900-1
　＊歴史上の人物の生き生きとした人間像を伝えるエピソードを多数紹介する事典。日本人によく知られた人物1883人を見出しに掲載。

コルネイユ　Corneille, Pierre
1606〜1684　17世紀、フランスの劇作家。大コルネイユと称される。

◇デカルト、コルネーユ、スウェーデン女王クリスティナ──七世紀の英雄的精神と至高善の探求　エルンスト・カッシーラー著，朝倉剛，羽賀賢二訳　工作舎　2000.9　①4-87502-333-2
　＊プロテスタント諸国の盟主スウェーデン王グスタフ・アドルフの戦死で七歳にして女王となり、一八歳にして親政をはじめるやめざましい能力を発揮して三〇年戦争を終結させたクリスティナ。英明な彼女がデカルトを招聘してまで学びたかったものは何だったのか？　突然の退位とカトリックへの改宗は、デカルトの影響によるものか、それとも単なる気まぐれか。独立不羈の英雄的精神は、コルネーユの悲劇に登場するヒロインをも彷彿とさせる。デカルト、コルネーユと謎にみちたバロックの女王。三巨星をめぐり、カッシーラーの省察は冴えわたる。

◇奇っ怪紳士録　荒俣宏著　平凡社　（平凡社ライブラリー）　1993.11　①4-582-76027-9
　＊尋常ならざる思想と行動力を武器に世界の均衡を揺るがす人々、それが奇人だ。「北海道になった男」、ウルトラの父、そして空飛ぶ円盤を発明した男まで、危険な魅力溢れる人物コレクション。

ゴルバチョフ
Gorbachev, Mikhail Sergeevich
1931〜　20世紀、ソ連邦の政治家。ソ連共産党最後の書記長（1985〜1991）、ソ連邦の大統領（1990〜1991）。東西の軍縮、緊張緩和を推進。1990年ノーベル平和賞を受賞。

◇ゴルバチョフに会いに行く　亀山郁夫著　集英社　2016.6　①978-4-08-781558-0

ゴルバチョフ

◇ゴルバチョフが語る冷戦終結の真実と21世紀の危機　山内聡彦，NHK取材班著　NHK出版　（NHK出版新書）　2015.3
①978-4-14-088455-3
＊ウクライナ危機を発端とする深刻な米ロ対立は、このまま「第二の冷戦」を生んでしまうのか？　元ソビエト大統領のゴルバチョフを筆頭に、元ホワイトハウス報道官のフィッツウォーターから、元フランス大統領補佐官のアタリまで—。世界史を変えた男たちが集い、冷戦終結の舞台裏を明かすとともに、いま出来しつつある危機の深層を解きあかす。不毛な国際対立を終わらせるための警告の書！

◇ノーベル賞受賞者業績事典—全部門855人　新訂第3版　ノーベル賞人名事典編集委員会編　日外アソシエーツ，紀伊國屋書店〔発売〕　2013.1　①978-4-8169-2397-5
＊1901年ノーベル賞創設時から2012年までの各分野の受賞者、受賞団体を収録。平和賞・文学賞・物理学賞・化学賞・生理学医学賞・経済学賞受賞者835人、20団体の業績を詳しく紹介。受賞辞退者についても収録対象とし、本文中にその旨を記載した。経歴・受賞理由・著作・参考文献を一挙掲載。

◇ゴルバチョフ・ファクター　アーチー・ブラウン著，小泉直美，角田安正訳　藤原書店　2008.3　①978-4-89434-616-1

◇偉大なる敗北者たち—メアリ・スチュアートからゲバラまで　ヴォルフ・シュナイダー著，瀬野文教訳　草思社　2005.5
①4-7942-1407-3

◇ゴルバチョフと池田大作—冷戦、ペレストロイカ、そして未来へ向けて　中沢孝之著　角川学芸出版　2004.7　①4-04-651917-7

◇七人の首領—レーニンからゴルバチョフまで　下　ドミートリー・ヴォルコゴーノフ著，生田真司訳　朝日新聞社　1997.10　①4-02-257177-2
＊国民、国を「統治」するため七人の指導者のだれひとりとして、いちども（！）選んだことはない。ボリシェヴィキの指導者たちはみんな「違法」であった。権力は、しばしば、そのトップのところで繰りひろげられる激烈で、しかも目には見えない闘争によって、いわゆる「職業的革命家」のごく狭い一団の内部でたらい回しされてきた。最高権力はつねに、1917年10月のクーデターで権力を簒奪した、たったひとつの党の指導者たちの手中にあった。

◇ゴルバチョフ回想録　下巻　ミハイル・ゴルバチョフ著，工藤精一郎，鈴木康雄訳　新潮社　1996.2　①4-10-532002-5

◇ゴルバチョフ回想録　上巻　ミハイル・ゴルバチョフ著，工藤精一郎，鈴木康雄訳　新潮社　1996.1　①4-10-532001-7

◇ゴルバチョフと運命をともにした2000日　アナトーリー・S.チェルニャーエフ著，中沢孝之訳　潮出版社　1994.4
①4-267-01357-8

◇ゴルバチョフの謎　エゴール・クジミッチ・リガチョフ著，大熊秀治監訳　東京新聞出版局　1993.1　①4-8083-0449-X

◇なぜゴルバチョフが—座礁した歴史の舵取り人　下　ロバート・G.カイザー著，吉本晋一郎訳　原書房　1992.9
①4-562-02315-5

◇ゴルバチョフ研究—軍廃・平和・環境　奥貫賢一著　奥貫教室　1992.7

◇なぜゴルバチョフが—座礁した歴史の舵取り人　上　ロバート・G.カイザー著，吉本晋一郎訳　原書房　1992.5
①4-562-02314-7

◇ゴルバチョフとともに　ライーサ・ゴルバチョフ著，山口瑞彦訳　読売新聞社　1992.3　①4-643-92014-9
＊ライーサ夫人が初めて語った生い立ち、恋、家族、愛情、平和。

◇ゴルバチョフの2500日　秋野豊著　講談社　（講談社現代新書）　1992.3
①4-06-149093-1

◇ゴルバチョフとケネディ—指導者の栄光と悲劇　渡辺良明著　創流出版　1991.12
①4-915796-13-2
＊両者は共に、地球的な視野で政治を考えることのできた稀有な指導者だ。つまり、グローバリズムとエコロジー的

な視点こそ、両者の真骨頂と言える。また、この共通性を通じて、今日のゴルバチョフは、60年代のケネディとほぼ同様な指導的役割（あるいは彼以上の役割）を担っているように思われる。この30年を隔てた両者の史的類似性の認識こそ、彼らを同レベルで論じようとする本著の出発点でもある。

◇王の明暗―フセインとゴルビー　ゲイル・シーヒー著，舛添要一訳　飛鳥新社　1991.12　①4-87031-104-6
＊フセインの復活とゴルビーの没落。明暗を分けた二人の英雄のその後。

◇世界を震撼させた三日間　ミハイル・ゴルバチョフ著，福田素子訳　徳間書店　1991.11　①4-19-354721-3
＊8月クーデターの真実。謎に満ちた3日間をいま、ゴルバチョフ自身が赤裸々に語る。

◇ゴルバチョフ演説集　ミハイル・ゴルバチョフ著，読売新聞社外報部訳　読売新聞社　1991.5　①4-643-91014-3
＊中ソ和解、東欧市民革命、東西両ドイツ統一、米ソ協調。世界の政治地図を一変させたゴ大統領のペレストロイカ政策の神髄。

◇ゴルバチョフ 1931―1991　ダスコ・ドーダー，ルイーズ・ブランソン著，大蔵雄之助訳　ティビーエス・ブリタニカ　1991.4　①4-484-91105-1
＊「祖父アドレイ・ゴルバチョフの収容所群島投獄」「学生時代からすでに目覚め始めていた強烈な権力志向」。多くの新事実が、一人の男の真実を解きあかす。英語版に先立って、緊急追加原稿を収録し、ゴルバチョフのすべてを明らかにした最新・最高の評伝。

◇闘うゴルバチョフ―その人間と政治　ルドリフ・コルチャノフ，アルカージイ・マスレンニコフ著，鈴木安子訳　講談社　1991.4
＊ペレストロイカ崩壊！　最大の危機を迎えたゴルバチョフは…。親友が初めて語るゴルバチョフの素顔。最新・最高のゴルバチョフ伝。

◇ゴルバチョフの発言―ペレストロイカの軌跡　ミハイル・S.ゴルバチョフ著　講談社　1991.3　①4-06-205336-5
＊5年間の主要演説のポイントをピックアップ。改革の理念・現状・問題点を多角的に見透す。

◇ライサ・ゴルバチョフ―鉄道員の娘からファーストレディへ　ウルダ・ユルゲンス著，桜井良子訳　ダイヤモンド社　1991.3　①4-478-94073-8
＊1932年、ライサは鉄道員の家庭に生まれた。時代はスターリンの治世下、政府批判がもとで父親は強制収容所に送られるなど、親子は引っ越しを繰り返す極貧生活を余儀なくされた。しかし、ライサは我慢強く賢い娘だった。やがて、モスクワ大学へ入学。そこで出会ったのが、ミハイル・ゴルバチョフ。2人にとっては、その後の人生を大きく変える出会いとなった…。

◇新版 人間ゴルバチョフ―初代ソ連大統領の素顔　中沢孝之著　時事通信社　1991.3　①4-7887-9108-0
＊貧しい農家に生まれ、名門モスクワ大学へと進んだ青春時代、権力の中枢に登りつめる壮年時代を生き生きと描く。また、側近、同僚、各国指導者の証言から、終わりなき闘いを続けるゴルバチョフの実像を浮き彫りにする。

◇ゴルバチョフ　ゲルト・ルーゲ著，鈴木直，深沢雅子ほか訳　平凡社　1991.2　①4-582-44706-6
＊歴史をつくった男、ミハイル・ゴルバチョフのすべてがここにある。モスクワ滞在経験の豊富な第一線の国際派ジャーナリストが信頼できる情報と入念な取材に基づいて書き上げた最新・最良の決定版長編伝記。

◇ゴルバチョフ失脚　落合信彦著　光文社　1991.2　①4-334-92185-X

◇ゴルバチョフ―世界を変えた男　ゲイル・シーヒー著，落合信彦訳　飛鳥新社　1990.12　①4-87031-085-6
＊ミハイル・ゴルバチョフに関して書かれた本は何冊かあるが、それらは大体がアカデミックでいわゆる乾いた書である。彼の人間面を描いたとしてもご

く表面的なものにすぎない。本書は、人間ゴルバチョフの性格、成長過程、ものの考え方、心理的要素などに深く切り込んでいる。

◇ひとりぼっちの大統領　佐久間邦夫著　アイペックスプレス　（News package chase）　1990.9　①4-87047-122-1

◇徹底分析！　素顔のゴルバチョフ　中沢孝之著　JICC出版局　（JICCブックレット）　1990.9　①4-7966-0001-9
＊いま、彼を中心に世界は動く。ソビエトが生んだスーパー・スターゴルバチョフとは一体どんな男なのか？　母と祖母の影響か…？"強い女性"にあこがれる、ゴルビーの意外な実像。

◇人間ゴルバチョフ―初代ソ連大統領の素顔　中沢孝之著　時事通信社　1990.8　①4-7887-9021-1
＊貧しい農家に生まれ、名門モスクワ大学へと進んだ青春時代、権力の中枢に登りつめる壮年時代を生き生きと描く。また、側近、同僚、各国指導者の証言から、終わりなき闘いを続けるゴルバチョフの実像を浮き彫りにする。

◇大統領ゴルバチョフ大研究　中沢孝之著　新芸術社　1990.5　①4-88293-020-X
＊貧しくて靴も買ってもらえなかったミーシャ少年は、やがて南ロシアの片田舎から長い汽車の旅をへてモスクワ大学へ。ライサとの学生結婚、そして地方書記から党の階段を登りつめ、チェルネンコの後を継ぐや、たちまちにして世界中の期待を集めてしまった。彼は今、何をやろうとしているのか？　たった1人で世界を変えた男の半生記。

◇裏から見たゴルバチョフ　江戸雄介著　エール出版社　1990.5　①4-7539-0970-0
＊いま世界で最も気になる男の権謀術数・人心収らん術・懐柔術・自己演出術・発想法・世論操作術・出世の階段の昇り方・弱点・私生活。

▌コルベール　Colbert, Jean Baptiste
1619～1683　17世紀、フランスの政治家。重商主義理論を体系化し、富国強兵策を進め、政治面では王権の中央集権化を推進。

◇世界伝記大事典　世界編1～12　編集代表：桑原武夫　ほるぷ出版　1980.12～1981.6

▌コロンブス　Columbus, Christopher
1451～1506　15・16世紀、イタリアの航海者。スペイン女王イサベルの後援を得て1492年出港。

◇地図で見るアメリカハンドブック　クリスティアン・モンテス，パスカル・ネデレク著，鳥取絹子訳，シリル・シュス地図製作　原書房　2018.9　①978-4-562-05564-7
＊120点以上の地図とグラフで描く、世界最大の強国アメリカ合衆国のポートレート。

◇偉人は死ぬのも楽じゃない　ジョージア・ブラッグ著，梶山あゆみ訳　河出書房新社　2014.3　①978-4-309-25298-8
＊ベートーヴェンは、体液を抜かれ、蒸し風呂に入れられて死んでいった!?ツタンカーメンからアインシュタインまで、医学が未発達な時代に、世界の偉人たちはどんな最期を遂げたのか？　驚きいっぱいの異色偉人伝！

◇コロンブスからカストロまで―カリブ海域史、一四九二－一九六九　1　E.ウィリアムズ著，川北稔訳　岩波書店　（岩波現代文庫）　2014.1　①978-4-00-600307-4
＊ほぼ五世紀にわたって帝国主義に深く侵され、分断されてきたカリブ海域全体に対象をすえたこの通史は、トリニダード島生まれの黒人歴史家であり、すぐれた政治指導者でもある著者の鋭い感性と、長年にわたる研究蓄積が、見事に総合されたものである。分冊（1）は、一八世紀末のハイチ奴隷革命までを扱う。

◇大航海時代　森村宗冬著　新紀元社　（新紀元文庫　Truth In Fantasy）　2013.9　①978-4-7753-1169-1
＊15世紀の「大航海時代」は、地理上の発見、交易や異文化との接触により、世界に大きな変革をもたらしました。本書は「コロンブス」「マゼラン」など幾多の冒険者たちの人生を追いながら、大航海時代の全容を明らかにしていきます。

◇ルネサンス人物列伝　ロバート・デイヴィス，ベス・リンドスミス著，和泉香訳　悠書館　2012.7　Ⓘ978-4-903487-54-0
◇つたえたい、夢の伝記　斎藤整著　ナガセ　(東進ブックス)　2012.3　Ⓘ978-4-89085-532-2
◇1492 コロンブス―逆転の世界史　フェリペ・フェルナンデス＝アルメスト著，関口篤訳　青土社　2010.11　Ⓘ978-4-7917-6569-0
　＊絢爛たる独自文化で繁栄するインド、中国、イスラム圏、日本などに、その後進性から蔑み・無視された、コロンブス新大陸発見当時のヨーロッパ諸国。1492年を分岐点に、現代をも束縛する西欧による世界再編と覇権の謳歌はなぜ可能になったのか。そのダイナミズムを詳細に追う、歴史学の第一人者による白熱の成果。
◇インディアス史　1　ラス・カサス著，長南実訳，石原保徳編　岩波書店　(岩波文庫)　2009.3　Ⓘ978-4-00-334272-5
　＊十六世紀中葉、スペイン人キリスト教徒が書き遺した類まれな世界史記述。コロンブスが記した「航海日誌」を読み解きながら、「発見」された民の人間的資質を浮彫りにし、同時に、彼らを裏切りその地を壊滅させてゆく「毒草の種」を導入した彼の責任を追及する。
◇インディアス史　2　ラス・カサス著，長南実訳，石原保徳編　岩波書店　(岩波文庫)　2009.3　Ⓘ978-4-00-334273-2
　＊第二次航海でエスパニョーラ島に到着したコロンブスが、自然の道理と人間の法に背いてはじめた事業の本質が問われる。キリスト教徒にインディオを分配するというインディアス全体を荒廃させる制度の創案者となるコロンブス兄弟の「無知盲目」の芽を筆者は見逃さない。
◇インディアス史　3　ラス・カサス著，長南実訳，石原保徳編　岩波書店　(岩波文庫)　2009.3　Ⓘ978-4-00-334274-9
　＊コロンブスの帰国中、エスパニョーラ島では島民収奪が本格化するが、スペイン人同士の内紛も激化する。彼は第三次航海ではじめて大陸(ベネズエラ北岸)に接触、島に帰着後は島内の混乱を収束しようとするが果たせず、新任の査察官によって本国に送還される。
◇コロンブスはなぜアメリカ大陸に渡ったのか―キーワードは「ユダヤ人」問題　歴史ミステリー　福井次郎著　彩流社　2008.4　Ⓘ978-4-7791-1030-6
　＊コロンブスとは誰であり、なぜ何度も航海に出なければならなかったのか？　その真の目的は？　その謎を追っていくと、15世紀ヨーロッパ世界の「ユダヤ人問題」と遭遇する…。
◇図説 歴史を変えた大航海の世界地図　歴史の謎研究会編　青春出版社　2007.9　Ⓘ978-4-413-00909-6
◇人物アメリカ史　上　ロデリック・ナッシュ，グレゴリー・グレイヴズ著，足立康訳　講談社　(講談社学術文庫)　2007.8　Ⓘ978-4-06-159833-1
◇海に眠る船―コロンブス大航海の謎　クラウス・ブリンクボイマー，クレメンス・ヘーゲス共著，シドラ房子訳　ランダムハウス講談社　2006.5　Ⓘ4-270-00126-7
◇知られざる世界史 あの人の「幕引き」―彼らを待ちうけていた意外な運命とは　歴史の謎研究会編　青春出版社　(青春文庫)　2005.7　Ⓘ4-413-09320-8
◇世界の探検家列伝　竹内均著　ニュートンプレス　(竹内均知と感銘の世界)　2003.7　Ⓘ4-315-51693-7
◇コロンブス夜話―現代秩序の基を築いた男の実像　伊東章著　鳥影社　2002.3　Ⓘ4-88629-640-8
◇世界人物逸話大事典　朝倉治彦，三浦一郎編　角川書店　1996.6　Ⓘ4-04-031900-1
　＊歴史上の人物の生き生きとした人間像を伝えるエピソードを多数紹介する事典。日本人によく知られた人物1883人を見出しに掲載。
◇旧少年少女のための新伝記全集　野田秀樹著　中央公論社　1996.4　Ⓘ4-12-002560-8
　＊一休さんにシュバイツァー博士、ジャンヌ・ダルクにベーブ・ルース、世界に名だたる偉人さんたち。その非凡なる生

コロンブス

涯の秘められた真実に野田秀樹が肉薄。

◇世界の伝記 15 コロンブス 榊原晃三著 ぎょうせい 1995.2 ①4-324-04392-2

◇コロンブスの真実 目羅信英著 近代文芸社 1995.1 ①4-7733-3539-4

◇コロンブス―歴史を変えた探検家の生涯 ジョン・D.クレア構成, リリーフ・システムズ訳 同朋舎出版 (歴史体験シリーズ) 1994.10 ①4-8104-2034-5

◇完訳コロンブス航海誌 青木康征編訳 平凡社 1993.9 ①4-582-48112-4

◇冒険者伝説 日本テレビ放送網 (知ってるつもり?!) 1993.9 ①4-8203-9329-4

◇マダリアーガ コロンブス正伝 サルバドール・デ・マダリアーガ著, 増田義郎, 斎藤文子訳 角川書店 1993.3 ①4-04-893016-8

◇希望の帆―コロンブスの夢 ユダヤ人の夢 シモン・ヴィーゼンタール著, 徳永恂, 宮田敦子訳 新曜社 1992.11 ①4-7885-0432-4
 * 意気揚々と出航するコロンブスと、その船影にかくれるようにただようボートピープルの群れ。コロンブスの航海を、15世紀スペインにおけるユダヤ人の悲惨な歴史の1ページとして鮮烈に描き切った世界的話題作。

◇コロンブス―歴史を変えた海の冒険者 ナンシー・スマイラー・レビンソン著, 橘高弓枝訳 偕成社 1992.10 ①4-03-814130-6
 * 500年前、大いなる野望をもって未知の世界に船出したコロンブス。冒険と栄光、そして挫折に彩られた偉大なる航海者の生涯の物語。

◇コロンブス―聖者か、破壊者か ミシェル・ルケーヌ著, 富樫瓔子, 久保実訳 (大阪)創元社 (「知の再発見」双書) 1992.10 ①4-422-21071-8

◇コロンブスの野心と挫折―カリブ海で何が起こったか! 前田正裕著 世界の動き社, 東京官書普及〔発売〕 1992.10 ①4-88112-055-7

◇コロンブスをめぐる女性たち ダリオ・G.マルティーニ著, 谷口勇, ジョヴァンニ・ピアッザ訳 而立書房 1992.10 ①4-88059-167-X
 * 『東方見聞録』に若き頃より心酔していたジェノヴァの人コロンブスは、西回りの新航路発見という野望を抱き、その為に大国スペインの後援を必要とした。妬みと羨望の渦巻く宮廷で絶大の信頼を与えるカスティーリャ女王イサベルとその取り巻きでコロンブスに好意を寄せる2人のベアトリスとフアナ、母スザンナ、最初の妻フェリーパ、のちに父の伝記『提督伝』を著す息子を生むもう1人のベアトリス、結果的に彼の野望の犠牲者となるインディアンの酋長の妻アナカオナなどを、コロンブスの愛した花にそれぞれの女性を見たてながら抽出することによって、著者マルティーニは、波乱に富んだ生涯を析出する。

◇コロンブス―黄金と神と栄光を求めて ジョン・ダイソン著, ピーター・クリストファー写真, 青木康征訳 河出書房新社 1992.9 ①4-309-22229-3
 * 1492年10月12日、カリブ海に浮かぶ小さな島にコロンブスが上陸したその日を境にして、世界の歴史は大きく変わっていった。この歴史的航海にコロンブスを駆りたてた力とは、いったい、何であったのか? コロンブスが大西洋横断という一大冒険を敢行した裏には、いったい、どのような秘密が隠されていたというのだろうか? コロンブスの生涯とその歴史的航海に関係する図版をカラーであますところなく収録した本書は、謎と伝説につつまれた従来のコロンブス像を超えて、その実像に迫るとともに、コロンブスが歴史的航海となった1492年の航海に船出した真の理由を解明しようと試みる。

◇人間コロンブス ジョン・スチュワート・コリス著, 高岬沙世訳 時事通信社 1992.9 ①4-7887-9226-5
 * はからずも、"新世界"と搾取の時代をもたらしてしまったコロンブス。彼は何に取り憑かれ、何を求めたのか。栄光と挫折の生涯をたどり、大事業の陰に隠された、矛盾に満ちた内面を想像力

コロンブス

豊かに描き出す。

◇コロンブス提督伝　エルナンド・コロン著，吉井善作訳　朝日新聞社　1992.8
①4-02-256482-2
＊アメリカ大陸到達500年。異文化の衝突は，どのようにして起こったか──。第4次航海に同行したコロンブスの息子エルナンドが，父提督の栄光と悲惨を赤裸々に描いた第一級の史料。

◇五百年後のコロンブス　エドウィー・プレネル著，飛幡祐規訳　晶文社　1992.7
①4-7949-6084-0

◇コロンブスは何をもたらしたか──大航海時代の先駆け　ミルトン・メルツァー著，渡会和子訳　ほるぷ出版　1992.6
①4-593-53418-6

◇コロンブスは何を「発見」したか　笈川博一著　講談社　(講談社現代新書)　1992.5　①4-06-149100-8

◇ラテンアメリカ文学選集　7　楽園の犬　アベル・ポッセ著，鬼塚哲郎訳　現代企画室　1992.5　①4-7738-9207-2
＊時空を自在に超えていくつものテクストと多様な人物を交錯させ，地上に〈楽園〉を求めたジェノヴァ多国籍企業代理人としてのコロンブスの虚実を，破天荒な構想で描く魔術的リアリズムの傑作。

◇裁かれるコロンブス　ラス・カサス著，長南実訳　岩波書店　(アンソロジー新世界の挑戦)　1992.5　①4-00-003631-9
＊「新世界」インディアスの発見者から被壊者へと転落してゆくコロンブスを，彼の同時代人が，きびしく糺す，異色の「コロンブス伝」。

◇コロンブス──大航海の時代　下巻　ズヴィ・ドルネー著，小林勇次訳　日本放送出版協会　1992.4　①4-14-080008-9

◇コロンブス──大航海の時代　上巻　ズヴィ・ドルネー著，小林勇次訳　日本放送出版協会　1992.3　①4-14-080007-0

◇コロンブスの夢　荻内勝之文，篠田有史写真　新潮社　(とんぼの本)　1992.3
①4-10-602004-1
＊船が出る。船が出る。五百年記念の現代版コロンブスの船が出る。本物のコロンブスが乗っていたサンタ・マリア号はエスパニョラ島〔ドミニカ〕で座礁し，その船材は砦の建設に転用されてしまった。残った二隻の帆船でコロンブス一行は命からがら帰還する。涯しない海原を乗り切ってもう一つの大陸にたどり着こうとするコロンブスの夢はともかくも実現するのであるが，その行く手には苦い現実が待っていた。

◇大航海者の世界　1　大航海者コロンブス世界を変えた男　サミュエル・エリオット・モリスン著，荒このみ訳　原書房　1992.1　①4-562-02275-2
＊西回り航路による東洋世界到達を志し，知らずして「新世界発見」の大事業をなしとげた大航海者コロンブス。100点を越える豊富な図版とともに，その波瀾に満ちた生涯を生き生きと再現。ピュリッツァー賞に輝く『大洋の提督──コロンブスの生涯』の待望の普及決定版。

◇秘録　コロンブス手稿　上　スティーヴン・マーロウ著，増田義郎訳　文芸春秋　1991.12　①4-16-312940-5
＊あるときはボルジア卿の毒味役，またあるときはイサベル女王の密偵…。〈私コロンブス〉が500年の時を自由に往来し，だれも知らない航海の秘密，私生活のすべてを綴った希代の書。歴史のはざまに挑戦する世紀の「自伝小説」。

◇秘録　コロンブス手稿　下　スティーヴン・マーロウ著，増田義郎訳　文芸春秋　1991.12　①4-16-312950-2
＊本書では，なにかを夢み，大航海を企画し，それを実行したコロンブスが，自己のアイデンティティを求める一種の探求者として描かれている。過去と現在，現実と超自然的世界のインターフェースを，複雑に，そして巧みに組み合わせたプロットが織りなされ，有名な，謎めいたコロンブスの自署の解釈がそれにからめられて，読者の興味を引きずってゆく。永遠の航海者コロンブスが饒舌に語るわが夢，わが大洋。

◇コロンブス　上野清士文，田島董美絵　現代書館　(FOR BEGINNERSシリーズ)　1991.11

教科書に載った世界史人物800人　**213**

◇航海の記録　コロンブス、アメリゴ、ガマ、バルボア、マゼラン著　岩波書店　（大航海時代叢書）　1991.11　①4-00-008501-8

◇コロンブス四大航海記　アレクサンダー・マッキー著、早川麻百合訳　心交社　（世界紀行冒険選書）　1991.9　①4-88302-024-X

＊500年前の世界には文字通りの"冒険"が存在した。マルコ・ポーロの報告を唯一の手がかりに、余りに未知の領域に漕ぎ出した夢想家たち。だがそれは原住民たちに残忍な根絶をもたらしたヨーロッパ人の大航海時代の幕明けでもあった。

コンスタンティヌス帝

Constantinus Ⅰ, Flavius Valerius

280/8頃～337　コンスタンティヌス1世とも。3・4世紀、ローマ皇帝（在位306～337）。帝国の再建者。

◇30の「王」からよむ世界史　本村凌二監修、造事務所編著　日本経済新聞出版社　（日経ビジネス人文庫）　2018.6　①978-4-532-19863-3

◇コンスタンティヌスの改宗―キリスト教における「奇跡」との関連から　木本和宏著　〔木本和宏〕　2017.9

◇戦後復興首脳列伝―祖国を廃墟から甦らせた真の盟主たち　麓直浩著　社会評論社　2013.9　①978-4-7845-1116-7

◇本当は偉くない？　世界の歴史人物―世界史に影響を与えた68人の通信簿　八幡和郎著　ソフトバンククリエイティブ　（ソフトバンク新書）　2013.8　①978-4-7973-7448-3

＊古代から現代に至るまで、よく知られた帝王や政治家を68人選び、それぞれが世界史の中で果たした役割を、「偉人度」と「重要度」の2つの側面から10点満点で評価。世界史において偉人とされている人物たちの実像に迫る。

◇コンスタンティヌス―その生涯と治世　ベルトラン・ランソン著、大清水裕訳　白水社　（文庫クセジュ）　2012.3　①978-4-560-50967-8

＊正帝であった父親の跡を継いだ古代ローマ後期の皇帝。単独統治を行なうようになってからは活動の拠点を東方に移し、親キリスト教的な姿勢を打ち出す。行財政の改革に加え、軍制や幣制の整備、建設事業についても記述。また、死後の評価に触れている点も本書の特徴である。

◇「私たちの世界」がキリスト教になったとき―コンスタンティヌスという男　ポール・ヴェーヌ著、西永良成、渡名喜庸哲訳　岩波書店　2010.9　①978-4-00-025774-9

＊ヨーロッパの根にあるのはキリスト教ではない。歴史の曲がり角を、全く新しい光の下に書き直す。迷い苦悩しつつ生きたひとりの男の個性が、歴史をつくった。もっとも「大きな物語」を解体する、歴史像への挑戦。

◇ローマ人の物語　37　最後の努力　下　塩野七生著　新潮社　（新潮文庫）　2009.9　①978-4-10-118187-5

＊紀元324年、ライヴァルのリキニウスを敗走させ、ただ一人の最高権力者として内戦を勝ち残ったコンスタンティヌス。帝国全体の一新を企て、自らの名を冠した新都コンスタンティノポリスを建設。帝国の絶対専制君主として君臨したコンスタンティヌス帝は、旧来の安全保障の概念を放棄し、キリスト教を特権的に振興。ローマをまったく別の姿に変えてしまう。それは中世のはじまりの姿だった―。

◇ヨーロッパの改宗―コンスタンティヌス《大帝》の生涯　A.H.M.ジョーンズ著、戸田聡訳　教文館　2008.12　①978-4-7642-7284-2

◇コンスタンティヌスの生涯　エウセビオス著、秦剛平訳　京都大学学術出版会　（西洋古典叢書）　2004.6　①4-87698-153-1

◇世界人物逸話大事典　朝倉治彦、三浦一郎編　角川書店　1996.6　①4-04-031900-1

＊歴史上の人物の生き生きとした人間像を伝えるエピソードを多数紹介する事典。日本人によく知られた人物1883人を見出しに掲載。

コント
Comte, Isidore Auguste Marie François Xavier
1798〜1857　18・19世紀、フランスの実証派哲学者。社会学の創始者。

◇メルロ=ポンティ哲学者事典　第3巻　歴史の発見・実存と弁証法・「外部」の哲学者たち　モーリス・メルロ=ポンティ編著，加賀野井秀一，伊藤泰雄，本郷均，加国尚志監訳　白水社　2017.3　①978-4-560-09313-9

◇社会学の歴史　奥井智之著　東京大学出版会　2010.9　①978-4-13-052023-2

◇イデー——哲学入門　新装復刊　アラン著，渡辺秀訳　白水社　（アラン著作集）　1997.11　①4-560-02361-1,4-560-02355-7

◇世界人物逸話大事典　朝倉治彦，三浦一郎編　角川書店　1996.6　①4-04-031900-1
＊歴史上の人物の生き生きとした人間像を伝えるエピソードを多数紹介する事典。日本人によく知られた人物1883人を見出しに掲載。

【さ】

サイイド・アリー・ムハンマド
Sayyid Mīrzā 'Alī Muḥammad
1819〜1850　セイイェド・アリー・モハンマド、バーブとも。19世紀、イランの宗教家。シーア派の分派バーブ教の開祖。自らが救世主（マフディー）であると主張。政府の弾圧でバーブ教徒の反乱が起きた。

◇世界伝記大事典　世界編 1〜12　編集代表：桑原武夫　ほるぷ出版　1980.12〜1981.6

サイード　Said, Edward Wadie
1935〜2003　20世紀、パレスチナ出身のアメリカの英文学者、比較文学者。コロンビア大教授。著書『オリエンタリズム』で西欧中心の世界観を批判した。

◇サイード自身が語るサイード　エドワード・W.サイード，タリク・アリ述，大橋洋一訳　紀伊国屋書店　2006.12　①4-314-01013-4
＊生い立ち、アメリカ移住までの経緯、影響を受けた音楽・文学、『オリエンタリズム』への思い、政治活動の舞台裏、白血病のこと、知識人の使命…。不屈の知識人が自らの軌跡をたどる一。活字を通して肉声に触れるサイード入門。

◇エドワード・サイード out of place　シグロ編，佐藤真，中野真紀子著　みすず書房　2006.4　①4-622-07211-4

◇エドワード・サイード　ビル・アシュクロフト，パル・アルワリア著，大橋洋一訳　青土社　（シリーズ現代思想ガイドブック）　2005.10　①4-7917-6221-5
＊『オリエンタリズム』で現代の批評理論の様相を一変させたポストコロニアル研究の巨星サイード。パレスチナの窮状を全世界に示し、植民地以降の世界のアイデンティティ形成に勇気を与えた、その仕事の核心とはなにか。権力に対して真実を語り続けた知識人の全貌。

◇サイードと歴史の記述　シェリー・ワリア著，永井大輔訳　岩波書店　（ポストモダン・ブックス）　2004.4　①4-00-027074-5

蔡倫　さいりん
？〜121頃　1・2世紀、中国、後漢の宦官。字は敬仲。樹皮・麻くずなどを材料に、製紙技術を大成し、紙を和帝に献じた。

◇蔡倫——紙を発明した宦官 歴史小説　塚本青史著　祥伝社　（祥伝社文庫）　2000.11　①4-396-32817-6

◇宦官物語——男を失った男たち　寺尾善雄著　河出書房新社　（河出文庫）　1989.9　①4-309-47185-4
＊古代から、ほとんど全世界の王朝に存在していた宦官は、なぜ中国で異例の発達をとげ、強大な勢力集団となったのか？　そもそも宦官とは、宦官制度とは何か？　英雄豪傑美女たちが権謀術策をこらして争った王朝交代劇を、宮廷

の深奥部からあやつった特異な男たちの実像―その発生から実態、生態、歴史、終焉までのすべてを描き出し、秘められた中国史の内幕にせまる、歴史ノンフィクション。

サヴィニー
Savigny, Friedrich Karl von
1779～1861　18・19世紀、ドイツの歴史法学派の創始者。ティボーの自然法学に反対して歴史法学を主張。

◇ゲーテとサヴィニー―詩人法律家　続　オイゲン・ヴォールハウプター著，堅田剛編訳　御茶の水書房　2013.11
Ⓘ978-4-275-01039-1

◇サヴィニーの法思考―ドイツ近代法学における体系の概念　耳野健二著　未来社　1998.11　Ⓘ4-624-01145-7

左宗棠　さそうとう
1812～1885　19世紀、中国、清末の軍人、政治家。曽国藩、李鴻章と並ぶ清朝の重臣。洋務運動の中心人物の一人。

◇巷談 中国近代英傑列伝　陳舜臣著　集英社　（集英社新書）　2006.11
Ⓘ4-08-720368-9

◇中国傑物伝　陳舜臣著　中央公論社　1991.10　Ⓘ4-12-002057-6
＊越王句踐の大参謀から陶の大商人に転身した范蠡、詩才にあふれる「三国志」の英雄・曹操、宦官にして大航海の偉業を成し遂げた明の鄭和など、傑物16人の破天荒な人生。

サダト　al-Sādāt, Anwār
1918～1981　20世紀、エジプトの軍人、政治家。ナセルらとともに自由将校団を結成。1970年急死したナセルのあとを継いで大統領に就任した。イスラエルとの和解によりノーベル平和賞を受賞。

◇ノーベル賞受賞者業績事典―全部門855人　新訂第3版　ノーベル賞人名事典編集委員会編　日外アソシエーツ，紀伊国屋書店〔発売〕　2013.1　Ⓘ978-4-8169-2397-5
＊1901年ノーベル賞創設時から2012年までの各分野の受賞者、受賞団体を収録。平和賞・文学賞・物理学賞・化学賞・生理学医学賞・経済学賞受賞者835人、20団体の業績を詳しく紹介。受賞辞退者についても収録対象とし、本文中にその旨を記載した。経歴・受賞理由・著作・参考文献を一挙掲載。

◇アサド―中東の謀略戦　パトリック・シール著，佐藤紀久夫訳　時事通信社　1993.8　Ⓘ4-7887-9326-1
＊慎重な計算、抜けめない策略、ギリギリの決断で、次々に政敵を倒し、30年余りシリアで独裁権力をふるってきた希代の天才政治家の人生をたどりつつ、中東紛争の謎を追う。

サダム・フセイン
Ṣaddām Ḥussayn
⇒フセイン，サダム

サッカレー
Thackeray, William Makepeace
1811～1863　19世紀、イギリスの小説家。写実主義と皮肉の諷刺をもってイギリス中流階級上層の風俗を描く。

◇パリの異邦人　鹿島茂著　中央公論新社　（中公文庫）　2011.5
Ⓘ978-4-12-205483-7

◇英国の著名小説家十人　ヴァレリー・グロウヴナー・マイヤー著　開文社出版　1996.9　Ⓘ4-87571-933-5

◇不安なヴィクトリアン　鈴木幸子著　篠崎書林　1993.11　Ⓘ4-7841-0507-7

サッチャー
Thatcher, Margaret Hilda
1925～2013　20世紀、イギリスの政治家。初の保守党女性党首(1975)、首相(79)。

◇マーガレット・サッチャー―政治を変えた「鉄の女」　冨田浩司著　新潮社　（新潮選書）　2018.9　Ⓘ978-4-10-603832-7
＊英国初の女性首相サッチャーの功績は、経済再生と冷戦勝利だけではない。そ

の真価は、ケインズ主義的なコンセンサスを破壊し、国家と個人の関係を組み替えたことにある。なぜ彼女は閉塞感に包まれていた社会を変革できたのか。対メディア戦略・大統領型政治・選挙戦術…良くも悪くも21世紀の政治指導者の「原型」を創り出したリーダーシップに迫る。

◇世界を変えた100人の女の子の物語—グッドナイトストーリーフォーレベルガールズ　エレナ・ファヴィッリ，フランチェスカ・カヴァッロ文，芹沢恵，高里ひろ訳　河出書房新社　2018.3　Ⓘ978-4-309-27931-2

◇世界を変えた10人の女性—お茶の水女子大学特別講義　池上彰著　文芸春秋　（文春文庫）　2016.5　Ⓘ978-4-16-790619-1

◇図説世界史を変えた50の指導者（リーダー）　チャールズ・フィリップス著，月谷真紀訳　原書房　2016.2　Ⓘ978-4-562-05250-9

◇10分で読めるリーダー・英雄になった人の伝記　塩谷京子監修　学研教育出版　2015.7　Ⓘ978-4-05-204121-1

◇すべては1979年から始まった—21世紀を方向づけた反逆者たち　クリスチャン・カリル著，北川知子訳　草思社　2015.1　Ⓘ978-4-7942-2102-5

◇レーガンとサッチャー—新自由主義のリーダーシップ　ニコラス・ワプショット著，久保恵美子訳　新潮社　（新潮選書）　2014.2　Ⓘ978-4-10-603742-9

＊冷戦期、停滞に苦しんでいたアメリカとイギリスに颯爽と登場し、劇的に国力を回復させた二人の指導者。アウトサイダーだった彼らが、なぜ権力を奪取できたのか。どうやって国内の左派勢力を打破したのか。いかにしてソ連を盟主とする共産陣営を崩壊に追い込んだのか。その新自由主義的な経済政策と、妥協なき外交・軍事戦略の功罪を鮮やかな筆致で描く。

◇時代を切り開いた世界の10人—レジェンドストーリー　5　マーガレット・サッチャー　信念の政治でイギリスをよみがえらせた　髙木まさき監修　学研教育出版　2014.2　Ⓘ978-4-05-501062-7, 978-4-05-811298-4

◇本当は偉くない？ 世界の歴史人物—世界史に影響を与えた68人の通信簿　八幡和郎著　ソフトバンククリエイティブ　（ソフトバンク新書）　2013.8　Ⓘ978-4-7973-7448-3

＊古代から現代に至るまで、よく知られた帝王や政治家を68人選び、それぞれが世界史の中で果たした役割を、「偉人度」と「重要度」の2つの側面から10点満点で評価。世界史において偉人とされている人物たちの実像に迫る。

◇世界を変えた10人の女性—お茶の水女子大学特別講義　池上彰著　文芸春秋　2013.7　Ⓘ978-4-16-376450-4

◇この年齢（とし）だった！　酒井順子著　集英社　2012.9　Ⓘ978-4-08-780656-4

◇大英帝国の異端児たち　越智道雄著　日本経済新聞出版社　（日経プレミアシリーズ）　2009.9　Ⓘ978-4-532-26056-9

◇為政者の器—現代の日本に求められる政治家像　丹羽文生著　春日出版　2009.8　Ⓘ978-4-86321-193-3

◇心を強くする指導者の言葉—逆境に克つ！　ビジネス哲学研究会編著　PHP研究所　2009.6　Ⓘ978-4-569-77000-0

◇現代世界の女性リーダーたち—世界を駆け抜けた11人　石井貫太郎編著　ミネルヴァ書房　2008.5　Ⓘ978-4-623-04994-3

◇サッチャー主義　小川晃一著　木鐸社　2005.12　Ⓘ4-8332-2369-4

◇サッチャーと英国政治　2　戦後体制の崩壊　梅川正美著　成文堂　2001.3　Ⓘ4-7923-3161-7

＊戦後体制とは一九四五年から七〇年代までの政治のあり方であり、七〇年代はその崩壊期にあたる。八〇年代と九〇年代には、保守党であれ労働党であれ自由系であれ、新たな政治のあり方を模索しなければならず、サッチャーはその課題に挑戦した一番手であった。第二巻では戦後体制の構造とその崩壊についての話をまとめる。

◇サッチャー回顧録―ダウニング街の日々 上巻 普及版 マーガレット・サッチャー著, 石塚雅彦訳 日本経済新聞社 1996.9 ①4-532-16200-9

◇サッチャー回顧録―ダウニング街の日々 下巻 普及版 マーガレット・サッチャー著, 石塚雅彦訳 日本経済新聞社 1996.9 ①4-532-16201-7

◇サッチャー 私の半生 上 マーガレット・サッチャー著, 石塚雅彦訳 日本経済新聞社 1995.8 ①4-532-16167-3
＊「鉄の女」はいかにして生まれたか。政治を志した少女時代から結婚、初当選、そして保守党党首への挑戦の日々。

◇サッチャー 私の半生 下 マーガレット・サッチャー著, 石塚雅彦訳 日本経済新聞社 1995.8 ①4-532-16168-1
＊変わらぬ信念に生きて。強烈なリーダーシップを発揮し、ついにイギリス初の女性首相へ。

◇サッチャー回顧録―ダウニング街の日々 上 マーガレット・サッチャー著, 石塚雅彦訳 日本経済新聞社 1993.11 ①4-532-16116-9
＊20世紀を変えた女性が自ら語る歴史の真実。

◇サッチャー回顧録―ダウニング街の日々 下 マーガレット・サッチャー著, 石塚雅彦訳 日本経済新聞社 1993.11 ①4-532-16117-5

◇マーガレット・サッチャー―「鉄の女」の生き方 カトリーヌ・キュラン著, 渡辺美紀子訳 彩流社 1993.4 ①4-88202-249-4
＊「私の後は？ 私がいるのです」との言葉を残して首相の座を下りたサッチャー。合意の政治を否定し、信念の政治を掲げ、男性社会の政界に一時代を築いたサッチャーとは？

◇ウーマン・イン・パワー―世界を動かした女マーガレット・サッチャー ジェフリー・スミス著, 安藤優子訳 フジテレビ出版, 扶桑社〔発売〕 1991.10 ①4-594-00796-1
＊ウインストン・チャーチル以来の名首相と言われたサッチャーは、その強烈な個性と意志によって、1980年代の世界で最も影響力を持つ人物のひとりになった。1975年に保守党党首にサッチャーが選ばれた時には、これほど偉大な政治家になると誰が想像したであろうか。相対するどんな男性よりも勇敢で、知的で、しかも精神的にも肉体的にもタフであった女性マーガレット・サッチャー。盟友と言われたロナルド・レーガンとのパートナーシップを中心に、今世紀の誰よりも長くイギリス政府を動かし、世界に影響を与えた権力者のパワーを究明する。

◇マーガレット・サッチャー―「鉄の女」の孤独と真実 ピア・パオリ著, 福田素子訳 徳間書店 1991.8 ①4-19-354634-9

◇マーガレット・サッチャー―英国を復権させた鉄の女 ケネス・ハリス著, 大空博訳 読売新聞社 1991.8 ①4-643-91078-X

■ サッフォー　Sapphō
前612～？　前7・6世紀、ギリシアの女流詩人。詩集9巻はさまざまな韻律の独吟抒情詩のほか、合唱隊のための祝婚歌も含んでいた。

◇ギリシアの抒情詩人たち―竪琴の音にあわせ 沓掛良彦著 京都大学学術出版会 2018.2 ①978-4-8140-0130-9

◇サッフォー―ギリシアの女流詩人 マリー・ミルズ・パトリック著, 金子民雄訳 胡桃書房 2011.3

◇サッフォー―詩と生涯 サッフォー詩, 沓掛良彦著 水声社 2006.9 ①4-89176-604-2
＊プラトーンにより「十番目の詩女神」と称えられたレスボス島の詩人の、謎多き生と詩的世界。そのほとんどが失われたなかで奇跡的に現存する詩句を訳出し、さらに、長き時を経て伝説化した生涯と作品に精細な筆致で光を当てる。

◇世界女性人名事典―歴史の中の女性たち 世界女性人名事典編集委員会編 日外アソシエーツ, 紀伊国屋書店〔発売〕 2004.10 ①4-8169-1800-0

◇歴史をさわがせた女たち 外国篇 新装版

永井路子著　文芸春秋　(文春文庫)　2003.6　①4-16-720041-4
◇世界人物逸話大事典　朝倉治彦, 三浦一郎編　角川書店　1996.6　①4-04-031900-1
＊歴史上の人物の生き生きとした人間像を伝えるエピソードを多数紹介する事典。日本人によく知られた人物1883人を見出しに掲載。

サパタ　Zapata, Emiliano
1879～1919　19・20世紀、メキシコ革命の農民軍指導者。一時メキシコ・シティーを占領したが、暗殺された。

◇ビリャとサパタ―メキシコ革命の指導者たち　国本伊代著　山川出版社　(世界史リブレット人)　2014.6　①978-4-634-35075-5
＊ビリャとサパタは、1910年に勃発したメキシコ革命を語るのに欠かせない伝説的英雄である。馬蹄轟く硝煙の革命動乱期に活躍したが、敵の謀略にかかって革命の成果をみることなく殺害された。ビリャもサパタも確固たる革命思想をもって行動を起こしたわけではなかったが、抑圧された農民と民衆が解放される新秩序へ向けて、社会のあり方を大きく変えるきっかけとなったメキシコ革命に貢献し、今なお民衆の間に根強い人気を保っている。

◇暗殺の歴史　リンゼイ・ポーター著, 北川玲訳　創元社　2011.9　①978-4-422-21500-6

◇物語 メキシコの歴史―太陽の国の英傑たち　大垣貴志郎著　中央公論新社　(中公新書)　2008.2　①978-4-12-101935-6
＊「太陽の国メキシコ」と言えば、わたしたちは陽気なマリアッチや古代文明を思い起こす。だが重層的な民族構成や文化をもつメキシコは、「仮面をかぶった国」と言われ、なかなか素顔を見せない。この複雑なメキシコの歴史を、マヤやアステカにはじまり、植民地時代、レフォルマ戦争、メキシコ革命などをへて現代まで概説するとともに、イダルゴやサパタなど、それぞれの時代を特徴づける神がかり的な英雄たちを紹介する。

◇悲劇の名将たち　柘植久慶著　中央公論新社　2005.9　①4-12-003665-0

サラザール
Salazar, António de Oliveira
1889～1970　19・20世紀、ポルトガルの政治家。1933年新憲法を制定し、独裁政治体制を確立。独裁の批判は内外で次第に高まり、68年引退した。

◇世界ナンバー2列伝―史上最強補佐役・宰相・顧問・右腕・番頭・黒幕・参謀　山田昌弘著　社会評論社　2013.11　①978-4-7845-1117-4
＊サブリーダー武勇伝！ 序列2位ヒーロー大全！ 国の主を祭り上げ、実権を握って、進むべき国の針路を切り開いた、歴史のもう一人の主人公達。国家元首じゃないのに国を導いた、歴史の名脇役達76人。

◇ポルトガル 革命のコントラスト―カーネーションとサラザール　市之瀬敦著　上智大学出版, ぎょうせい〔発売〕　2009.10　①978-4-324-08844-9
＊グランドラ、褐色の村、友愛の土地よ。君の中で支配するのは人民、おお町よ。一九七四年、ラジオから流れるこの曲が、旧体制に終止符を打つための軍事作戦開始の合図だった―。ほぼ無血に終わった革命の全貌を、ドキュメンタリータッチで描く。

サラディン　Salāh al-Dīn Yūsuf
1138～1193　サラーフ・アッディーンとも。12世紀、クルド人の武将。ファーティマ朝の宰相。1169年にエジプトのアイユーブ朝を創建した。

◇サラディン―イェルサレム奪回　松田俊道著　山川出版社　(世界史リブレット人)　2015.2　①978-4-634-35024-3

◇本当は偉くない？ 世界の歴史人物―世界史に影響を与えた68人の通信簿　八幡和郎著　ソフトバンククリエイティブ　(ソフトバンク新書)　2013.8　①978-4-7973-7448-3
＊古代から現代に至るまで、よく知られ

た帝王や政治家を68人選び、それぞれが世界史の中で果たした役割を、「偉人度」と「重要度」の2つの側面から10点満点で評価。世界史において偉人とされている人物たちの実像に迫る。

◇イスラームの「英雄」サラディン―十字軍と戦った男　佐藤次高著　講談社　(講談社学術文庫)　2011.11
①978-4-06-292083-4
＊異教徒の侵略に抗して戦い、奮迅の活躍をなすのがムスリム騎士の理想であった。それを体現したアイユーブ朝の始祖・サラディン。十字軍との覇権争いに終止符を打ち聖地エルサレムを奪還したイスラームの「英雄」は、ヨーロッパにおいても畏敬の念をもって描かれた。その生涯を追うことで、聖人化された英雄の、人間としての姿に迫った本格的評伝。

◇世界を変えた 最強の戦闘指揮官30　柘植久慶著　PHP研究所　(PHP文庫)　2010.6　①978-4-569-67481-0

◇名将たちの戦場　柘植久慶著　中央公論新社　(中公文庫)　2003.11
①4-12-204288-7

◇イスラームの「英雄」サラディン―十字軍と戦った男　佐藤次高著　講談社　(講談社選書メチエ)　1996.5　①4-06-258075-6
＊聖地エルサレムの奪還。全イスラームの悲願を背に、エジプトの君主、サラディンは起った。国際都市カイロの開発、十字軍との死闘…。中東の人びとの心に、今なお生きつづける「英雄」の本格的伝記。

サルトル　Sartre, Jean-Paul
1905～1980　20世紀、フランスの哲学者、文学者。実存主義を代表し、行動する哲学者として著名。1964年ノーベル賞拒否。

◇世界の哲学者の言葉から学ぼう―100の名言でわかる哲学入門　小川仁志著　教育評論社　2018.5　①978-4-86624-014-5

◇サルトル伝―1905-1980　上　アニー・コーエン＝ソラル著, 石崎晴己訳　藤原書店　2015.4　①978-4-86578-021-5

◇サルトル伝―1905-1980　下　アニー・コーエン＝ソラル著, 石崎晴己訳　藤原書店　2015.4　①978-4-86578-022-2

◇サルトル伝 1905‐1980　上　アニー・コーエン＝ソラル著, 石崎晴己訳　藤原書店　2015.4　①978-4-86578-021-5
＊20世紀最高の哲学者の全体像。サルトルは、いかにして"サルトル"を生きたか。「世界をこそ所有したい」―社会、思想、歴史のすべてその巨大な渦に巻き込み、自ら企てた"サルトル"を生ききった巨星、サルトル。"全体"であろうとしたその生きざまを、作品に深く喰い込んで描く畢生の大著が、満を持して完訳！

◇サルトル伝 1905‐1980　下　アニー・コーエン＝ソラル著, 石崎晴己訳　藤原書店　2015.4　①978-4-86578-022-2
＊"全体的知識人"とは何か。1945年～、各国訪問、来日、ノーベル賞辞退、…死。「世界をこそ所有したい」―社会、思想、歴史のすべてをその巨大な渦に巻き込み、自ら企てた"サルトル"を生ききった巨星、サルトル。"全体"であろうとしたその生きざまを、作品に深く喰い込んで描く畢生の大著が、満を持して完訳！

◇サルトル読本　沢田直編　法政大学出版局　2015.3　①978-4-588-15069-2

◇サルトル、存在と自由の思想家　渡部佳延著　トランスビュー　2013.8
①978-4-7987-0139-4
＊小説、批評、劇作、評伝から哲学作品、さらには身を賭した政治活動まで、20世紀後半の知的世界に君臨し、国際政治にまで影響を与えた巨人の苦闘の跡をたどり、その全貌を描く。

◇ノーベル賞受賞者業績事典―全部門855人 新訂第3版　ノーベル賞人名事典編集委員会編　日外アソシエーツ, 紀伊国屋書店〔発売〕　2013.1　①978-4-8169-2397-5
＊1901年ノーベル賞創設時から2012年までの各分野の受賞者、受賞団体を収録。平和賞・文学賞・物理学賞・化学賞・生理学医学賞・経済学賞受賞者835人、20団体の業績を詳しく紹介。受賞辞退者についても収録対象とし、本文中にそ

の旨を記載した。経歴・受賞理由・著作・参考文献を一挙掲載。

◇サルトルの誕生―ニーチェの継承者にして対決者　清真人著　藤原書店　2012.12
①978-4-89434-887-5

◇サルトルとその時代　白井浩司著　アートデイズ　2012.9　①978-4-86119-198-5
＊知識人が政治に参加した戦後の世界。サルトルの言葉は熱狂をもって迎えられ、若者たちの生き方さえも変えた。サルトル研究の第一人者が、その生涯をたどり、彼が人々に伝えようとしたことの全貌と彼が生きた時代とを跡付ける。

◇ヴェーユとサルトル―身体論哲学と観念論哲学　村上吉男著　村上吉男　2012.3
①978-4-9906187-0-4

◇劇作家サルトル　山県熙著　作品社　2008.12　①978-4-86182-221-6
＊自由であるべく呪われた存在として人間を捉え、不条理な同時代を「嘔吐」しつつ生きた人間主義の思想家サルトル。構造主義の台頭とともに不当に捨てられたその精神の精髄を10篇の戯曲を通して捉え直す畢生のライフワーク。

◇知識人の時代―バレス/ジッド/サルトル　ミシェル・ヴィノック著，塚原史，立花英裕，築山和也，久保昭博訳　紀伊国屋書店　2007.2　①978-4-314-01008-5

◇サルトル　アニー・コーエン＝ソラル著，石崎晴己訳　白水社　（文庫クセジュ）2006.6　①4-560-50900-X
＊サルトルとは、誰であり、また何だったのか。本書は、多様なジャンルに数多くの著作・作品を残し、変貌することが本質的でもあった二十世紀最大の知識人の軌跡を辿ってゆく。綿密な調査をもとに、新証言を紹介し、あらたな人物像を浮き彫りにする。サルトル研究の第一人者による評伝の決定版。

◇エピソードで読む西洋哲学史　堀川哲著　PHP研究所　（PHP新書）　2006.4
①4-569-64925-4

◇サルトルの世紀　ベルナール＝アンリ・レヴィ著, 石崎晴己監訳, 沢田直, 三宅京子, 黒川学訳　藤原書店　2005.6
①4-89434-458-0
＊巨星サルトルを軸に20世紀の思想地図を塗り替えた世界的話題作、遂に完訳。「サルトル・リバイバル」に火を付けた問題の書。

◇世紀の恋人―ボーヴォワールとサルトル　クローディーヌ・セール＝モンテーユ著, 門田真知子, 南知子訳　藤原書店　2005.6
①4-89434-459-9
＊「私たちのあいだの愛は必然的なもの。でも偶然の愛を知ってもいい。」20世紀と伴走した二人の誕生、出会い、共闘、そして死に至る生涯の真実を、ボーヴォワール晩年の側近が、遺族の証言を踏まえて描いた話題作。

◇サルトルの倫理思想―本来的人間から全体的人間へ　水野浩二著　法政大学出版局　（《思想・多島海》シリーズ）　2004.9
①4-588-10001-7

◇サルトル　ドナルド・D.パルマー著, 沢田直訳　筑摩書房　（ちくま学芸文庫）2003.10　①4-480-08794-X
＊哲学はもとより、評論・小説・戯曲、そして何より「行動」でその思想を展開した20世紀最大の哲学者ジャン＝ポール・サルトル。現象学を学び、実存主義を打ち立て、マルクス主義に走り、後にそのマルクス主義とも訣別した激動の生涯からは、どのような思考が浮き彫りになるのか。また、『嘔吐』『存在と無』を取り上げるとともに、不安・自己欺瞞・他者・根源的投企などのサルトル独自の思想を、ウィットに富んだイラストでわかりやすくも大胆に解説する画期的入門書。用語解説・文献目録・年譜などの付録つき。

◇図解雑学サルトル　永野潤著　ナツメ社　2003.8　①4-8163-3546-3
＊『存在と無』『弁証法的理性批判』などの哲学書、『嘔吐』に代表される小説、そして、『蠅』『出口なし』などの戯曲…。哲学のみならず、幅広いジャンルで活躍したサルトルの思想は、第二次大戦後、「実存主義」ブームの中で一世を風靡し、多くの人々から熱狂的な支持を集めた。本書は、サルトルについて、時代と格闘したその生涯を追いながら、実存主義、

アンガージュマンの思想、マルクス主義との関わりなどについてわかりやすく解説した。サルトル思想の社会的・歴史的背景についても、丁寧に説明。時代とともに生き、真の自由を求め続けたサルトル哲学の魅力に迫った一冊。

◇サルトル―回帰する唯物論　三宅芳夫ほか訳，フレドリック・ジェイムソン著　論創社　1999.10　④4-8460-0283-7
＊遭遇する二つの思考。「テクスト」・「政治」・「歴史」という分割を破壊しながら疾走し続ける思考者ジェイムソンが、緻密で透徹した「読み」で、唯物論者サルトルを蘇らせる。

◇サルトル知の帝王の誕生―「世界という魔界」と「全知への野望」　朝西柾著　新評論　1998.11　④4-7948-0428-8
＊かつて日本の知の天空を、一人のフランス人が支配していた時代があった。「支配」というのが言いすぎなら、知的であることを自任するすべての人間に対して、彼が圧倒的な迫力で存在していた時代と言い換えてもよい。彼が君臨したのは、敗戦直後の1946年ごろから70年安保までのおよそ四半世紀。それは、さまざまな意匠が現れては消えるのを常とするこの国にしては、かなり長い時間だったと言えるだろう。その間、日本のインテレクチュアルたちは、世界で「事」があるたびに、彼がどんな反応をするかに注目せざるを得なかった。そのフランス人の名前はジャン＝ポール・サルトル。

◇90分でわかるサルトル　ポール・ストラザーン著，浅見昇吾訳　青山出版社　1998.4　④4-900845-68-X
＊"人間は、自分の人生の全責任を負わなければならない"自由を求め人生の不条理に反抗し勇敢に、また不器用なまでに理想を貫いた哲人サルトルの生涯。

◇ハイデガーとサルトルと詩人たち　市倉宏祐著　日本放送出版協会　（NHKブックス）　1997.10　④4-14-001810-0
＊ハイデガーはヘルダーリンを論じ続け、サルトルはマラルメの生き方にアンガージュマン〔参加〕の理想の姿を見た。二十世紀を代表する二人の哲学者

は、なぜ詩人に深い関心をもったのか。「詩人であること」が、すなわち「人間であること」だという考え方は、何を意味しているのか。実存の哲学の本質を「無の哲学」ととらえる視点から、ハイデガーとサルトルの詩人論を読み解き、近代知識人の陥った問題点を指摘しつつ、私たちが詩的に生きるためのヒントを提示する。

◇加藤周一著作集　16　科学技術時代の文学　加藤周一著，鷲巣力編　平凡社　1996.12　④4-582-36516-7
＊文学は生き残るのか、生き残るとして、それにどのような役割があるのかを問う『科学と文学』、戦後のフランスで、人間にとっての、あらゆる時代を通しての根本的な問題を提起したジャン＝ポール・サルトル再発見へと読む者を誘う『サルトル私見』など9作品。

◇〈受難した子供〉の眼差しとサルトル　清真人著　御茶の水書房　1996.12　④4-275-01648-3

◇世界人物逸話大事典　朝倉治彦，三浦一郎編　角川書店　1996.6　④4-04-031900-1
＊歴史上の人物の生き生きとした人間像を伝えるエピソードを多数紹介する事典。日本人によく知られた人物1883人を見出しに掲載。

◇サルトル，最後の哲学者　アラン・ルノー著，水野浩二訳　法政大学出版局　（叢書・ウニベルシタス）　1995.12　④4-588-00504-9

◇サルトル、ボーヴォワールとの28日間―日本　朝吹登水子著　同朋舎出版　1995.6　④4-8104-2223-2

◇ボーヴォワールとサルトルに狂わされた娘時代　ビアンカ・ランブラン著，阪田由美子訳　草思社　1995.4　④4-7942-0611-9

◇同時代人サルトル　長谷川宏著　河出書房新社　1994.8　④4-309-24150-6
＊かつて世界の若者の血を滾らせたサルトルとは何であったか。その思想と行動の全貌を時代の中に読み解く待望の長篇評論。

◇サルトル　〔新装版〕　松浪信三郎著　勁

草書房　1994.6　①4-326-19828-1
＊現象学的方法にのっとって存在の問題を問い続けたサルトル。大著『存在と無』のエッセンスをとり出し、平易な言葉で解説する。

◇いま、サルトル―サルトル再入門　思潮社　1991.7　①4-7837-2734-1

◇わが友サルトル、ボーヴォワール　朝吹登水子著　読売新聞社　1991.1　①4-643-90094-6
＊老いてなお輝き続けたSartre、Beauvoir。二十世紀を代表する2つの知性。

◇インテレクチュアルズ　ポール・ジョンソン著，別宮貞徳訳　共同通信社　1990.9　①4-7641-0243-9
＊ルソーは子どもっぽい思想家、マルクスはめったに風呂に入らず金銭感覚はゼロ、ヘミングウェイは「行動」を口にするばかりで日々酒におぼれ、サルトルは「ことば」の洪水に次々と若い女性を引きずりこんだ。知の巨人たちの驚くべき実像。

◇影の娘―サルトルとの二十年　リリアーヌ・シエジェル著，西陽子，海老坂武訳　人文書院　1990.3　①4-409-14034-5

┃サン・シモン
Saint-Simon, Claude Henri de Rouvroy, Comte de

1760～1825　18・19世紀、フランスの哲学者、経済学者。アメリカ独立戦争に参加。主著『新キリスト教論』(1825)。

◇経済思想　6　社会主義と経済学　大田一広責任編集　日本経済評論社　2005.10　①4-8188-1799-6

┃サン・マルティン
San Martín, José de

1778～1850　ホセ・デ・サン・マルティンとも。18・19世紀、アルゼンチンの軍人、政治家。南アメリカ独立革命の英雄。

◇世界伝記大事典　世界編　1～12　編集代表：桑原武夫　ほるぷ出版　1980.12～1981.6

◇ホセ・サンマルチン　南米の解放者　大島喜一著　政経出版社　1961

【し】

┃シヴァージー　Shivājī Bhonsle

1627～1680　17世紀、インドのヒンドゥー教指導者、マラータ王国の創始者（在位1674～1680）。17世紀後半にマラーター王国を建国。

◇世界伝記大事典　世界編　1～12　編集代表：桑原武夫　ほるぷ出版　1980.12～1981.6

┃シェイエス
Sieyès, Emmanuel Joseph

1748～1836　18・19世紀、フランスの政治家。「第三身分とは何か」(1789)が主著。

◇フランス革命の志士たち―革命家とは何者か　安達正勝著　筑摩書房　(筑摩選書)　2012.10　①978-4-480-01554-9

◇ラルース図説世界史人物百科　3　フランス革命・世界大戦前夜　フランソワ・トレモリエール，カトリーヌ・リシ編，樺山紘一監修　原書房　2005.4　①4-562-03730-X

┃シェークスピア
Shakespeare, William

1564～1616　16・17世紀、イギリスの詩人、劇作家。エリザベス朝ルネサンス文学の代表者。作品に4大悲劇「ハムレット」「オセロ」「リア王」「マクベス」、史劇「リチャード3世」「ヘンリー4世」、喜劇「真夏の夜の夢」「ヴェニスの商人」、ほか「ソネット集」など。

◇シェイクスピアの遺言書　梅宮創造著　王国社　2018.6　①978-4-86073-068-0

◇ハムレットと海賊―海洋国家イギリスのシェイクスピア　小野俊太郎著　松柏社

シェークスピア

2018.6　①978-4-7754-0252-8

◇シェイクスピア劇を楽しんだ女性たち──近世の観劇と読書　北村紗衣著　白水社　2018.3　①978-4-560-09600-0

◇ミルワード神父のシェイクスピア物語　ピーター・ミルワード，渡部昇一，門野泉，織田哲司，松田義幸著　創文社　2018.3　①978-4-423-90031-4

◇『リア王』の時代──一六〇六年のシェイクスピア　ジェイムズ・シャピロ著，河合祥一郎訳　白水社　2018.2　①978-4-560-09593-5

◇生きるのが"ふっと"楽になる13のことば　名越康文著　朝日新聞出版　2018.2　①978-4-02-331682-9
  ＊「新しい自分」の見つけ方/「後悔」の避け方/「失敗」との付き合い方…シェイクスピア、吉野源三郎、マキアヴェッリなど…「天才たちの名言×名越心理学」ですーっと気持ちが軽くなる。仕事やプライベート、人間関係で、気軽に試せる、心のレッスン。

◇病気を描くシェイクスピア──エリザベス朝における医療と生活　堀田饒著　ホーム社　2016.10　①978-4-8342-5314-6

◇シェイクスピア大図鑑　スタンリー・ウェルズ ほか著，河合祥一郎監訳　三省堂　2016.7　①978-4-385-16229-4

◇シェイクスピア──人生劇場の達人　河合祥一郎著　中央公論新社（中公新書）　2016.6　①978-4-12-102382-7

◇シェイクスピアの正体　河合祥一郎著　新潮社（新潮文庫）　2016.5　①978-4-10-120476-5

◇シェイクスピア　新装版　福田陸太郎，菊川倫子著　清水書院（Century Books 人と思想）　2016.2　①978-4-389-42081-9

◇シェイクスピア人生の名言　佐久間康夫監修　ベストセラーズ　2016.2　①978-4-584-13700-0

◇図説世界史を変えた50の指導者（リーダー）　チャールズ・フィリップス著，月谷真紀訳　原書房　2016.2　①978-4-562-05250-9

◇シェイクスピアとコーヒータイム　スタンリー・ウェルズ著，前沢浩子訳　三元社（コーヒータイム人物伝）　2015.10　①978-4-88303-391-1

◇こんなに面白かった「シェイクスピア」　河合祥一郎監修　PHP研究所（PHP文庫）　2014.3　①978-4-569-76146-6
  ＊2014年に生誕450周年を迎えたシェイクスピア。その作品はいまも世界中の舞台で常に上演されており、特に欧米では基礎教養として広く浸透している。一方、日本では、「作品名ぐらいは聞いたことがあるけれど、どんな話かと聞かれると…」という人が多いはず。本書では、その生涯・時代背景から、全作品のあらすじ、名ゼリフまで紹介。この1冊でシェイクスピアの魅力が丸わかり！

◇北のヴィーナス──イギリス中世・ルネサンス文学管見　玉泉八州男著　研究社　2013.8　①978-4-327-47230-6
  ＊フランスで発見された「宮廷愛」がやがて、イギリスの地へと渡り、さまざまな変容を遂げつつルネサンスの大河へと流れ込む。聖体劇で賑わうイギリス中世からルネサンスの終焉までの詩と演劇を、シェイクスピアを中心に鮮やかに照射する。

◇Finding Shakespeare　大木シエキエルチャック絢深編著　早稲田大学坪内博士記念演劇博物館　2012.10　①978-4-657-12902-4

◇やさしいシェイクスピア　荒井良雄著　英光社　2011.11　①978-4-87097-147-9

◇シェイクスピアはどのようにしてシェイクスピアになったか　ハーリー・グランヴィル＝バーカー著，大井邦雄訳述　玄文社　2011.11　①978-4-906645-17-6

◇物語の記憶──シェイクスピア、女性、ロビン・フッド　上野美子著　学術出版会，日本図書センター〔発売〕（学術叢書）　2011.7　①978-4-284-10328-2

◇シェイクスピアの恋愛学　小田島雄志著　新日本出版社　2010.10　①978-4-406-05391-4

◇シェイクスピア百科図鑑──生涯と作品　A.

D.カズンズ監修，荒木正純，田口孝夫監訳　悠書館　2010.9　①978-4-903487-39-7
＊いまなお謎の多いその人となりを時代状況を再現しつつたどるとともに、「正典」とされる作品すべてについて、あらすじやそれらが書かれた時代背景、現代にいたる解釈の変遷や時代を割した上演などを、多くの図版とともに紹介。シェイクスピア学の新たな地平を拓く。

◇シェイクスピア・ハンドブック　河合祥一郎，小林章夫編　三省堂　2010.7　①978-4-385-41064-7

◇シェイクスピアの顔―サンダーズ・ポートレイトの謎　ステファニー・ノーレン他著，片山春美，萩原信恵，村松麻由美，吉成淳一訳，長井芳子監訳　バベルプレス　2009.7　①978-4-89449-087-1
＊生前に描かれた唯一の肖像画といわれる謎の絵をめぐり、10人の学者と1人のジャーナリストが、美術史的分析、文学的推論、科学分析、古字体学等、あらゆる角度からその真贋を全力追求した究極の推理小説的レポート。

◇シェイクスピアの生涯　結城雅秀著　勉誠出版　2009.5　①978-4-585-05416-0
＊裁判や訴訟に関する記録、商業的取引や不動産売買、融資締結に関する記録、家族の宗教的背景に関する記録、当時生きていた人々の書き記した日記、記録、手紙などの新資料を駆使し、従来のシェイクスピア像を覆す新解釈を提示する。

◇シェイクスピアについて僕らが知りえたすべてのこと　ビル・ブライソン著，小田島則子，小田島恒志訳　日本放送出版協会　2008.12　①978-4-14-081329-4
＊知るべきか、知らざるべきか、それが問題だ。あの劇作家にまつわる数々の通説を、あのベストセラー作家が追跡。400年前の記録と、専門家による研究の成果を武器に、通説の虚実を選り分ける。これ1冊でシェイクスピア通に。

◇シェイクスピア伝　ピーター・アクロイド著，河合祥一郎，酒井もえ訳　白水社　2008.10　①978-4-560-09214-9
＊偉大なる劇作家を知るための情報を完全網羅。シェイクスピアの全生涯、そして最初の劇曲全集が編まれるまでの史実を、巧みな筆致でつぶさに物語る―。英国が誇る稀代のストーリーテラーによる、シェイクスピア伝の決定版。豊富な訳注・図版・年表は日本版のみの特典。読んで面白く調べて便利な「シェイクスピア辞典」としても重宝。

◇シェイクスピアの世界　ロブ・グレアム著，佐久間康夫訳　ほんのしろ　2008.4　①978-4-87571-998-4
＊シェイクスピアの生きた時代、その知られざる生涯と作品、目を見張る劇場や俳優のエピソード、感動的な名せりふの数々…。

◇シェイクスピアと大英帝国の幕開け　フランク・カーモード著，吉沢康子訳，河合祥一郎監訳　ランダムハウス講談社（クロノス選書）　2008.3　①978-4-270-00312-1
＊弱小国家から帝国への第一歩を踏みだし激動の時代を迎えたエリザベス朝イングランド。その中心地として急成長するロンドンでは演劇という新しいビジネスがめざましい発展を遂げていた。宮廷の庇護と大衆の支持を受けてシェイクスピアが次々と生みだした名戯曲はどんな劇場で演じられどんな観客を楽しませていたのか？　当時の時代背景を振り返り、時を超えて愛され続ける作品の魅力に迫る。

◇謎ときシェイクスピア　河合祥一郎著　新潮社　（新潮選書）　2008.3　①978-4-10-603601-9
＊シェイクスピアは誰だったのか？　その正体をめぐっては、18世紀以来さまざまな「別人説」が唱えられ、今なお論争が絶えない。フロイトもマーク・トウェインもオーソン・ウェルズも信奉した別人説の魅力と論拠は？　従来の本人説の誤りとは？　陰謀渦まくエリザベス朝時代を背景に、シェイクスピアの謎めいた全体像を明快かつスリリングに解き明かす。

◇新編シェイクスピア案内　日本シェイクスピア協会編　研究社　2007.7　①978-4-327-47211-5
＊シェイクスピアへの橋渡し。その生涯から、作品鑑賞のしかた、批評史、日本

シェークスピア

における受容史にいたるまで、幅広くカバーした一冊。

◇イギリス王政復古期のシェークスピアと女性演劇人　山崎順子著　学術出版会，日本図書センター（発売）　（学術叢書）2007.6　①978-4-284-00058-1

◇シェイクスピアとその時代を読む　日本シェイクスピア協会編　研究社　2007.3　①978-4-327-47210-8
＊「王権」「結婚」「国家」「債務」「出版」「暴動」—気鋭の研究者たちが、さまざまな側面から読み解く「シェイクスピアとその同時代」。シェイクスピアたちの生きた時代/シェイクスピアたちを産んだ社会を透察する12の豊かな視座が、現代を生きる我々のありようをも照らし出す。日本シェイクスピア協会創立45周年記念論集。

◇シェイクスピアの驚異の成功物語　スティーヴン・グリーンブラット著，河合祥一郎訳　白水社　2006.9　①4-560-02748-X
＊偉大なる劇作家の人生と作品の関わりを想像力ゆたかに読み解いてゆく—。アメリカを代表する新歴史主義の領袖による、画期的な評伝。

◇世界でいちばん面白い英米文学講義—巨匠たちの知られざる人生　エリオット・エンゲル著，藤岡啓介訳　草思社　2006.9　①4-7942-1526-6

◇シェイクスピアヴィジュアル事典　レスリー・ダントン＝ダウナー，アラン・ライディング著，水谷八也，水谷利美訳　新樹社　2006.2　①4-7875-8541-X
＊シェイクスピアの生涯と彼が生きたいきいきとした時代にふれる。彼を批評しあるいは後援した者から、同時代のライバルまで、エリザベス朝とジェイムズ朝の演劇ブームの実態を描く。全39篇の戯曲を取りあげ、あらすじを述べると共に要点は詳しく解説。また演劇界と映画界それぞれで採用されたさまざまな解釈を紹介する。詩人シェイクスピアの創作したソネット集と物語詩の解説がたっぷり。シェイクスピアの魅力は、独特の言語を含む彼のユニークな発想であり、何百年たっても古びない新鮮さである。いつの世も、国が違っても、世代を越え、人々の心を捕えて離さない戯曲の秘密をさぐる。

◇今に生きるシェイクスピア　熊井明子著　千早書房　2004.11　①4-88492-415-0
＊作品に登場する、かぐわしい花やハーブ、シェイクスピアの故郷ストラトフォード・アポン・エイヴォンの人々、「シェイクスピアの妻」アン・ハサウェイの家のりんご…写真とエッセイでたどる、シェイクスピアの世界。

◇シェイクスピアを求めて　吉田真穂教授退官記念刊行会　2004.10

◇シェイクスピア喜劇の象徴的技法　杉井正史著　大阪教育図書　2004.10　①4-271-11743-9

◇シェイクスピアとイギリス民衆演劇の成立　玉泉八州男著　研究社　2004.3　①4-327-47205-0

◇女たちのシェイクスピア　英米文化学会編，小野昌監修　金星堂　2003.10　①4-7647-0970-8

◇シェイクスピアの世界観　池田仁著　池田仁　2003.9　①4-89630-116-1

◇シェイクスピア言葉と人生　横森正彦著　旺史社　2003.4　①4-87119-077-3
＊読むべきか観るべきかそれが問題だ。楽しんでこそ研究。つねに戯曲を劇場空間で、セリフを暮らしのなかで検証してきた著者による、身近なシェイクスピア論。

◇シェイクスピアを楽しむために　阿刀田高著　新潮社　（新潮文庫）　2003.1　①4-10-125526-1
＊シェイクスピア—1564〜1616（ひとごろしイロイロと覚えます。謀略・発狂・嫉妬・情死、作品の登場人物は、考えられる限り様々な理由でこの世を去ります）。誕生日と命日は同じ4月23日。欧米の大衆娯楽演劇の原点、ハリウッドで最も売れている脚本家、世界で一番有名な作家です。名前は知っているけど、作品も大体見当がつくけど…、という方のための"アトーダ式"解説本。

◇英文学史のシェイクスピア 続 〔古宮照雄〕〔2003〕
◇シェイクスピア50の謎―隠された素顔と知られざる傑作の裏側 歴史の謎研究会編 青春出版社 （青春best文庫） 1999.8 ⓒ4-413-08421-7
◇シェイクスピアと英国ルネッサンスの劇場 M.C.ブラッドブルク著, 稲生幹雄訳 英宝社 1999.3 ⓒ4-269-82002-0
 ＊現代シェイクスピア批評の先達M.C.ブラッドブルク。演劇をこよなく愛し、「舞台」と「歴史」の視点から、独自のシェイクスピア批評を展開したM.C.ブラッドブルク女史の処女作の全訳。
◇二百年の師弟―ヴェルディとシェイクスピア 福尾芳昭著 音楽之友社 1999.2 ⓒ4-276-21561-7
 ＊『リゴレット』にはじまる名作群を生み出したものは"師"から"弟子"へ受け継がれた"ある創造"にあった。
◇仮面をとったシェイクスピア 山田昭広著 日本図書センター 1998.4 ⓒ4-8205-1998-0
◇シェイクスピアはどこにいる？ ジョン・ミシェル著, 高橋健次訳 文芸春秋 1998.3 ⓒ4-16-353880-1
 ＊一般にはストラトフォード・アポン・エイヴォン出身の彼がウィリアム・シェイクスピアだとされている。だが本当にそうなのか？ 無学な田舎者、高利貸、売れない役者…その痕跡は、われわれのシェイクスピアのイメージを裏切りつづける。本当の作者は他にいるのではないか？ イギリスの伝統ともいうべきこの問題を歴史的に整理し、論争の経緯をダイジェストした。
◇シェイクスピア―この豊かな影法師 大井邦雄著 早稲田大学出版部 1998.1 ⓒ4-657-98104-8
◇シェイクスピアと日本人 ピーター・ミルワード著, 中山理訳 講談社 （講談社学術文庫） 1997.11 ⓒ4-06-159304-8
 ＊日本人にとってシェイクスピアの魅力とはなにか。『ロミオとジュリエット』と近松の『曽根崎心中』、『ハムレット』と漱石の『こころ』などを比較検討し、イギリスと日本双方の心と次元がシェイクスピアにもあることに気づく。恋人たちの自殺や恋愛物語における女性観に日本的な色合いを発見して、共感をいだくのである。「万人の心を持つ」シェイクスピアの、言葉の魔術と魅力をさぐる文庫オリジナル。

◇仕事場のシェイクスピア 安西徹雄著 筑摩書房 （ちくま学芸文庫） 1997.11 ⓒ4-480-08388-X
◇シェイクスピアの人間観―イメジャリィの考察 池田仁著 新樹社 1997.8 ⓒ4-7875-8475-8
◇シェイクスピアの謎―法律家のみたシェイクスピア 小室金之助著 三修社 1997.7 ⓒ4-384-01070-2
 ＊謎につつまれたシェイクスピア―その謎に迫り、シェイクスピア作品を法律的立場から解明する。
◇シェイクスピアの言葉 シェイクスピア著, 小津次郎, 関本まや子訳編 弥生書房 （人生の知恵） 1997.3 ⓒ4-8415-0724-8
◇変容を生きる作家たち―十七世紀初頭のシェイクスピア・ジョンソン・ダン 大場建治ほか著 研究社出版 1997.3 ⓒ4-327-47187-9
◇宮廷の文人たち―イギリス・ルネサンスのパトロン制度 有路雍子, 成沢和子, 舟木茂子著 リーベル出版 1997.2 ⓒ4-89798-540-4
 ＊本書はチューダー、スチュアート両王朝期、つまり、王を中心とする宮廷への権力集中化の過程において、当時の文学に対するパトロン制度がどのようなものであったかを再確認する作業をとおして、イギリス・ルネサンス期における文学の位置、文学者のプロフェショナルとしての意識形成を見ていく。
◇ユングとシェイクスピア B.ロジャーズ＝ガードナー著, 石井美樹子訳 みすず書房 （みすずライブラリー） 1996.9 ⓒ4-622-05002-1
◇世界人物逸話大事典 朝倉治彦, 三浦一郎編 角川書店 1996.6 ⓒ4-04-031900-1
 ＊歴史上の人物の生き生きとした人間像

ジェファソン

を伝えるエピソードを多数紹介する事典。日本人によく知られた人物1883人を見出しに掲載。

◇謎解きシェイクスピア　橋本侃著　南雲堂フェニックス　1996.1　①4-88896-107-7
◇シェイクスピアと文化交流　川地美子著　成美堂　1995.7
◇日本シェイクスピア総覧　2　平成1〜5年　佐々木隆編　エルピス　1995.4　①4-900394-14-9
◇シェイクスピア・ハンドブック　高橋康也編　新書館　1994.12　①4-403-25004-1
◇世界史 闇の異人伝　桐生操著　学習研究社　（ムー・スーパー・ミステリー・ブックス）　1994.7　①4-05-400352-4
　＊「パラケルススは人工生命を創造することに成功していた」「ルネサンス・イタリアを暴力によって支配したボルジアの血塗られた野望」「ドイツに現れた謎の少年、カスパール・ハウザーの正体ははたしてだれか」など、歴史の知られざるエピソードに鋭く迫る。
◇劇場人シェイクスピア―ドキュメンタリー・ライフの試み　安西徹雄著　新潮社（新潮選書）　1994.3　①4-10-600455-0
　＊子供の頃シェイクスピアが見たのはどんな芝居だったのか。どのような事情で劇作家になったのか。同時代のあらゆる資料を駆使し、その生涯を再現。
◇シェイクスピアの愛とロマンス―恋愛劇10編の愉しみ　石井美樹子著　同文書院（アテナ選書）　1994.2　①4-8103-7192-1
◇シェイクスピアの女性像　ジュリエット・デュシンベリー著, 森祐希子訳　紀伊国屋書店　1994.2　①4-314-00682-X
◇シェイクスピアの世界　フランソワ・ラロック著, 高野優訳　創元社　（「知の再発見」双書）　1994.2　①4-422-21084-X
◇動乱の中央アジア探検　金子民雄著　朝日新聞社　（朝日文庫）　1993.12　①4-02-260791-2
　＊沙漠と草原と山岳の彼方に霞んでいた19世紀中央アジア。そこに割拠するトルコ系種族は、周辺国民を掠奪、奴隷に

売る凶暴さで恐れられた。しかし英・露の勢力争いに巻き込まれ、結局は、次々とロシア軍に滅ぼされていく。その悲劇を見た多くの探検家たちのスリルに満ちた探検ぶりと生涯を描く。

◇シェイクスピアの世界　木下順二著　岩波書店　（同時代ライブラリー）　1993.5　①4-00-260147-1
◇シェイクスピア―人生・言葉・劇場　サミュエル・シェーンボーム著, 川地美子訳　みすず書房　1993.4　①4-622-04561-3
　＊生い立ちからドラマのさわりまで、大詩人の全貌をコンパクトに把えた百科事典。
◇シェイクスピア閑話　森谷佐三郎著　リーベル出版　1992.12　①4-89798-206-5
◇シェイクスピアはわれらの同時代人　ヤン・コット著, 蜂谷昭雄訳, 喜志哲雄訳　白水社　1992.10　①4-560-03252-1
◇シェイクスピア―言語・欲望・貨幣　テリー・イーグルトン著, 大橋洋一訳　平凡社　1992.4　①4-582-33306-0
◇歴史のなかのシェイクスピア　M.C.ブラッドブルク著, 岩崎宗治, 稲生幹雄訳　研究社出版　1992.1　①4-327-47161-5
◇日本シェイクスピア総覧　佐々木隆編　エルピス　1991.11　①4-900394-06-8
◇シェイクスピアの言葉―人生の知恵〔新装版〕　W.シェイクスピア著, 小津次郎, 関本まや子訳編　弥生書房　1990.6　①4-8415-0642-X

ジェファソン, トマス
Jefferson, Thomas
1743〜1826　18・19世紀、アメリカの政治家。第3代大統領（在任1801〜1809）。

◇列伝アメリカ史　松尾弌之著　大修館書店　2017.6　①978-4-469-24605-6
◇アメリカ大統領図鑑―完全解析　開発社, 米国大統領研究編纂所著　秀和システム　2017.5　①978-4-7980-5121-5
◇アメリカ大統領の信仰と政治―ワシントンからオバマまで　栗林輝夫著　キリス

ト新聞社　2009.2　①978-4-87395-537-7

◇人物アメリカ史　上　ロデリック・ナッシュ，グレゴリー・グレイヴズ著，足立康訳　講談社　（講談社学術文庫）　2007.8　①978-4-06-159833-1

◇共和国アメリカの誕生―ワシントンと建国の理念　本間長世著　NTT出版　2006.3　①4-7571-4131-9
＊理性尊重の啓蒙主義の時代に、自由の理念の下でイギリスからの独立を勝ち取り、13州からなる連邦共和国の発展の基礎を築くまでの、ワシントン、ジェファソン、フランクリンたちの活躍を描く。

◇世界の英雄・偉人伝―もう一度、読み直すと面白い　歴史の謎を探る会　河出書房新社　（KAWADE夢文庫）　2006.3　①4-309-49607-5
＊アショーカ王って、どこで何をした人だっけ？ 米大統領ジェファソンって、え～っと？…など、名前だけは覚えている、世界史の超有名50人を簡潔にクローズアップ。

◇小説より面白いアメリカ史　岡本正明著　中央大学出版部　2005.7　①4-8057-4139-2
＊英雄伝あり、こぼれ話あり。史料の詳細な検討に基づき描かれるのは通史には明かされない「小説より奇なる」エピソード。

◇大統領ジェファソンの子どもたち　シャノン・ラニアインタビュー・文，ジェーン・フェルドマン写真，千葉茂樹訳　晶文社　2004.4　①4-7949-6608-3

◇モンティチェロのジェファソン―アメリカ建国の父祖の内面史　明石紀雄著　ミネルヴァ書房　（Minerva西洋史ライブラリー）　2003.3　①4-623-03619-7

◇世界人物逸話大事典　朝倉治彦，三浦一郎編　角川書店　1996.6　①4-04-031900-1
＊歴史上の人物の生き生きとした人間像を伝えるエピソードを多数紹介する事典。日本人によく知られた人物1883人を見出しに掲載。

◇大奴隷主・麻薬（タバコ）紳士ジェファソン―アメリカ史の原風景　山本幹雄著　阿吽社　1994.11　①4-900590-45-2

▎ジェームズ1世　James Ⅰ
1566～1625　16・17世紀、イギリス、スチュアート朝初代の国王（在位1603～1625）、スコットランド王としてはジェームズ6世（1567～1625）。王権神授説を主張し議会と対立、ピューリタン革命の遠因となった。

◇王様でたどるイギリス史　池上俊一著　岩波書店　（岩波ジュニア新書）　2017.2　①978-4-00-500847-6

◇王はいかに受け入れられたか―政治文化のイギリス史　指昭博編　刀水書房　2007.12　①978-4-88708-365-3
＊"王様"も楽じゃない！ 中世末からダイアナ妃まで、"王様"のパフォーマンスを辿れば…？ イングランド・アイルランド・スコットランドそしてオーストラリア…、国王の権威・儀礼の歴史論集。

◇英国王室史話　下　森護著　中央公論新社　（中公文庫）　2000.3　①4-12-203617-8

◇世界人物逸話大事典　朝倉治彦，三浦一郎編　角川書店　1996.6　①4-04-031900-1
＊歴史上の人物の生き生きとした人間像を伝えるエピソードを多数紹介する事典。日本人によく知られた人物1883人を見出しに掲載。

◇イギリス王室物語　小林章夫著　講談社　（講談社現代新書）　1996.1　①4-06-149283-7
＊千年の伝統をもち、今も華麗に輝くイギリス王室。「残虐非道」のヘンリー八世、自信家の処女王エリザベス一世、快楽の王子ジョージ四世など、大英帝国の栄光を築いた強烈な個性たちを描く。

▎ジェームズ2世　James Ⅱ
1633～1701　17・18世紀、イギリス、スチュアート朝の国王（在位1685～1688）。スコットランド王としてはジェームズ7世。1685年即位するが専制的となり、名誉革命でフランスに亡命した。

◇世界人物逸話大事典　朝倉治彦，三浦一郎編　角川書店　1996.6　①4-04-031900-1

教科書に載った世界史人物800人　**229**

ジェンナー Jenner, Edward
1749～1823 18・19世紀、イギリスの臨床医。種痘法の発見者。

◇小児を救った種痘学入門―ジェンナーの贈り物 増補復刊版 加藤四郎編著 創元社 （緒方洪庵記念財団・除痘館記念資料室撰集） 2016.8 ①978-4-422-20240-2
＊種痘の改良と普及にその半生を捧げ、予防医学の基礎を築いたジェンナー。苦難に立ち向かい偉業を成し遂げた生涯を描く、感動の偉人伝。予防接種の普及につくした日本人医師列伝も収録。

◇近代医学の先駆者―ハンターとジェンナー 山内一也著 岩波書店 （岩波現代全書） 2015.1 ①978-4-00-029154-5

◇ラルース図説世界史人物百科 3 フランス革命‐世界大戦前夜 フランソワ・トレモリエール, カトリーヌ・リシ編, 樺山紘一監修 原書房 2005.4 ①4-562-03730-X

◇天才科学者の不思議なひらめき 山田大隆著 PHPエディターズ・グループ, PHP研究所〔発売〕 2004.8 ①4-569-63438-9

◇難病に取り組み医学を発展させた人たち 竹内均編 ニュートンプレス （竹内均・知と感銘の世界） 2003.2 ①4-315-51676-7

◇医学の10大発見―その歴史の真実 マイヤー・フリードマン, ジェラルド・W.フリードランド著, 鈴木邑訳 ニュートンプレス （Newton Science Series） 2000.9 ①4-315-51582-5

◇ジェンナー（善那先生）の頌徳碑 朝枝善照著 永田文昌堂 1991.11

シェーンベルク Schönberg, Arnold Franz Walter
1874～1951 19・20世紀、オーストリアの作曲家。無調音楽の追求から12音技法を確立した。

◇シェーンベルクの旅路 石田一志著 春秋社 2012.8 ①978-4-393-93566-8
＊音楽の20世紀を照射する独創志向の証し。変貌する作曲家の音楽的冒険と精神的遍歴。

◇大作曲家たちの履歴書 下 三枝成彰著 中央公論新社 （中公文庫） 2009.12 ①978-4-12-205241-3

◇グールドのシェーンベルク グレン・グールド著, 鈴木圭介訳, ギレーヌ・ゲルタン編 筑摩書房 2007.3 ①978-4-480-87352-1
＊20世紀をかけぬけた衝撃のピアニスト、グレン・グールドが、偏愛してやまない作曲家シェーンベルクに、歴史的・文化的・心理的側面から光を当て、多彩な横顔にふれながら新しい像をスリリングに描き出してゆく。ラジオ放送のために書かれたこの作曲家論は、現代音楽への誘いの書でもある。

◇グレン・グールドといっしょにシェーンベルクを聴こう 渡仲幸利著 春秋社 2001.5 ①4-393-93755-4

◇シェーンベルク エーベルハルト・フライターク著, 宮川尚理訳 音楽之友社 （大作曲家） 1998.5 ①4-276-22164-1
＊20世紀の音楽を決定づけた大作曲家の素顔！ 世紀転換期のウィーン、表現主義の牙城ベルリン、そして亡命先のアメリカ…、常に時代の先端で音楽家として、表現者として芸術の可能性を追求したモダニスト、シェーンベルクの生涯を余すところなく伝える本格的評伝。

◇新ウィーン楽派の人々―同時代者が語るシェーンベルク、ヴェーベルン、ベルク ジョーン・アレン・スミス著, 山本直広訳 音楽之友社 1995.9 ①4-276-13230-4
＊近年関心が高まっている世紀末前後のウィーンからは、美術・建築・文学・音楽などで多くの才能が輩出したが、その作風の変化は社会情勢の変化と一致している。新ウィーン楽派のシェーンベルクが歩んだ道も、ウィーンという街ぬきで理解することはできない。本書はシェーンベルクと弟子のヴェーベ

ルン、ベルクと直接あるいは間接的に かかわり合った様々な人たちへのインタビューから、当時の雰囲気と彼らの人間像を浮き彫りにする。
◇新ウィーン楽派　音楽之友社編　音楽之友社　(作曲家別名曲解説ライブラリー)　1994.3　①4-276-01056-X
＊20世紀初めのウィーンに生まれた12音音楽の全貌。詳細な解説と豊富な譜例で大作曲家の名曲を的確に理解できる。

シケイロス　Siqueiros, David Alfaro
1896〜1974　20世紀、メキシコの画家。代表作「ファシズムの挑戦」(1939)など。
◇メヒコの芸術家たち—シケイロスから大道芸人まで　伊高浩昭著　現代企画室　1997.6　①4-7738-9703-1
＊シケイロス、タマヨ、クエバス、トリオ・ロス・パンチョス、カンティンフラス、マリアッチ奏者たち、そして大道芸人たち—古き良きあの日々、青春真っ只中の著者に、人生とは何か、芸術とは何か、メヒコとは何かを教えてくれた芸術家たちを回想する。

始皇帝　しこうてい
前259〜前210　前3世紀、中国、秦(最初の古代統一帝国)の創設者。名は政。荘襄王の子。官制の整備、郡県制の実施、度量衡・文字の統一、焚書坑儒による思想統一などを行う一方、匈奴を攻撃し万里の長城を築き、南方に領土を拡大。
◇30の「王」からよむ世界史　本村凌二監修, 造事務所編著　日本経済新聞出版社　(日経ビジネス人文庫)　2018.6　①978-4-532-19863-3
◇一番おもしろい中国古代史始皇帝と戦国時代　歴史の謎を探る会編　河出書房新社　(KAWADE夢文庫)　2018.6　①978-4-309-49993-2
◇96人の人物で知る中国の歴史　ヴィクター・H・メア, サンピン・チェン, フランシス・ウッド著, 大間知知子訳　原書房　2017.3　①978-4-562-05376-6
◇人間・始皇帝　鶴間和幸著　岩波書店　(岩波新書 新赤版)　2015.9　①978-4-00-431563-6
◇あらすじとイラストでわかる秦の始皇帝　平勢隆郎監修　宝島社　(宝島SUGOI文庫)　2014.1　①978-4-8002-2228-2
＊秦の始皇帝が成し遂げた中国統一の軌跡を徹底解剖!!
◇図解 秦の始皇帝最強研究　「歴史の真相」研究会著　宝島社　2013.12　①978-4-8002-1788-2
＊なぜこの男でなければ中国統一は果たせなかったのか。史上最も偉大で最も嫌われた皇帝の真実！
◇中国皇帝伝　稲畑耕一郎著　中央公論新社　(中公文庫)　2013.5　①978-4-12-205788-3
◇中国皇帝伝—歴史を動かした28人の光と影　小前亮著　講談社　(講談社文庫)　2012.8　①978-4-06-277349-2
＊中国史上、一番の名君は誰か。歴代皇帝の総数は少なくとも二百を超えるが名君と呼ばれる皇帝はわずかだ。しかし名君とは何か、その答えは簡単ではない。王朝の創業者か、領土を拡げた征服者か、善政を布いた為政者か。あるいは上司にするなら誰がいいか、という身近な基準もありだ。様々な角度から探った素顔の皇帝伝。
◇皇帝たちの中国史—連鎖する「大一統」　稲畑耕一郎著　中央公論新社　2009.1　①978-4-12-004001-6
◇「世界の英雄」がよくわかる本—アレクサンドロス、ハンニバルからチンギス・ハーン、ナポレオンまで　寺沢精哲監修　PHP研究所　(PHP文庫)　2007.1　①978-4-569-66766-9
◇知られざる素顔の中国皇帝—歴史を動かした28人の野望　小前亮著　ベストセラーズ　(ベスト新書)　2006.12　①4-584-12125-7
◇中国皇帝列伝—歴史を創った名君・暴君たち　守屋洋著　PHP研究所　(PHP文庫)　2006.11　①4-569-66730-9
◇知られざる世界史 あの人の「幕引き」—彼らを待ちうけていた意外な運命とは

始皇帝

歴史の謎研究会編　青春出版社　（青春文庫）　2005.7　ⓘ4-413-09320-8

◇秦の始皇帝　陳舜臣著　文芸春秋　（文春文庫）　2003.8　ⓘ4-16-715017-4

◇秦の始皇帝　吉川忠夫著　講談社　（講談社学術文庫）　2002.2　ⓘ4-06-159532-6
＊初めて中国統一をなしとげ「始皇帝」を名乗った男は、以後二千年、連綿と続く中華帝国システムを築いた。郡県制施行による中央集権体制の確立。度量衡の統一と文字・貨幣の制定。さらには焚書坑儒として伝えられる思想・言論の統制と、万里の長城の修築…。兵馬俑に守られた広大な陵墓に葬られた稀代の英雄の生涯と真実を、中国古代史の泰斗が活写する。

◇漢文名作選　第2集2　英傑の群像　鎌田正監修, 若林力, 高野由紀夫著　大修館書店　1999.9　ⓘ4-469-13062-1
＊晋の文公（重耳）・秦の始皇帝・魏の曹操など12人の英傑たちの伝記に加えて、西施や王昭君ほか中国史を生きた6人の女性たちの物語を収録。原文（返り点・送り仮名付き）、書き下し文（総ルビ）に、現代語訳と解説を付す。

◇中国歴代皇帝人物事典　岡崎由美, 王敏監修　河出書房新社　1999.2　ⓘ4-309-22342-7
＊秦の始皇帝、前漢の劉邦、新の王莽、魏の曹丕、隋の煬帝、唐の李世民、元のフビライ、明の朱元璋、清の康熙帝など、中国歴代王朝の皇帝を紹介した人物事典。后妃・公主・宗室なども収録し、歴代宮都・陵墓も掲載。中国史重要人物索引付き。

◇始皇帝の謎と真実　青春出版社　（青春best文庫）　1998.12　ⓘ4-413-08398-9

◇小説始皇帝暗殺　荒俣宏著　角川書店　（角川文庫）　1998.12　ⓘ4-04-169032-5

◇秦始皇帝　新装版　A.コットレル著, 田島淳訳　河出書房新社　1998.11　ⓘ4-309-22336-2
＊掘り出された巨大地下軍団が語りかける独裁者の素顔！　中国を初めて統一した独裁者。万里の長城を築き、焚書坑儒を断行し、強兵策と独自の官僚機構によって未曾有の世界帝国を築いた始皇帝の疾風怒濤の生涯を、最新の発掘史料を駆使して生き生きと再現する。

◇始皇帝──中華帝国の開祖　安能務著　文芸春秋　（文春文庫）　1998.8　ⓘ4-16-760701-8
＊名君ありき！　紀元前二世紀。戦国時代に終止符を打ち、世界で初めて「政治」力学を意識し、一代にして中華帝国を創りあげた男。「徳」を尊ぶ儒家たちによって歪められてきた、冷徹な独裁者といった歴史認識に異をとなえ、始皇帝の人間像に深く迫りながら、現代の世界にも通じる政治学・経営学を根本から解きあかした一冊。

◇小説始皇帝暗殺　荒俣宏著　角川書店　1998.7　ⓘ4-04-791295-6

◇始皇帝　上　伴野朗著　徳間書店　（徳間文庫）　1997.12　ⓘ4-19-890801-X

◇始皇帝　下　伴野朗著　徳間書店　（徳間文庫）　1997.12　ⓘ4-19-890802-8

◇秦始皇帝（しんのしこうてい）　上　久保田千太郎作, 久松文雄画　文芸春秋　（文春文庫）　1997.10　ⓘ4-16-811046-X

◇秦始皇帝（しんのしこうてい）　下　久保田千太郎作, 久松文雄画　文芸春秋　（文春文庫）　1997.10　ⓘ4-16-811047-8

◇不老を夢みた徐福と始皇帝──中国の徐福研究最前線　池上正治編訳　勉誠社　1997.7　ⓘ4-585-05030-2

◇史記の人間学　下　秦・始皇帝から漢・武帝　将たる者の器量　会田雄次, 尾崎秀樹ほか著　プレジデント社　1997.4　ⓘ4-8334-1633-6
＊組織の盛衰は、将師にあり！　『史記』が教えるリーダー学。トップの人間的魅力とは。

◇中国兵馬俑への旅──カメラ紀行　滝口鉄夫著　北海道新聞社　1996.8　ⓘ4-89363-115-2

◇世界人物逸話大事典　朝倉治彦, 三浦一郎編　角川書店　1996.6　ⓘ4-04-031900-1
＊歴史上の人物の生き生きとした人間像

を伝えるエピソードを多数紹介する事典。日本人によく知られた人物1883人を見出しに掲載。

◇始皇帝を掘る　樋口隆康著　学生社　1996.5　①4-311-20197-4
＊世界中が注目する秦の始皇帝陵の謎。今世紀最大の発見といわれる「兵馬俑坑」の謎は。2千年の基礎を築いた始皇帝はどんな人物か。考古学と文献から全貌と実像を描く。

◇幻の出雲王国は始皇帝に滅ぼされた!!　幸沙代子著　飛鳥新社　（謎の地球史探検ガイド）　1996.4　①4-87031-264-6
＊中国を平定した始皇帝は富士山麓に進軍した。『史記』の記述の嘘をあばき、古代アジア史の真相に迫る。

◇兵馬俑と始皇帝　今泉恂之介著　新潮社　（新潮選書）　1995.11　①4-10-600487-9

◇始皇帝─中華帝国の開祖　安能務著　文芸春秋　1995.9　①4-16-350660-8
＊滔々たる中国史の流れに、たった一人で立ち向かった政治的天才・始皇帝─孤高の帝王が乱世に見た歴史とは、戦争とは、権力とは、人間とは。

◇秦の始皇帝　陳舜臣著　尚文社ジャパン　1995.6　①4-916002-04-0
＊日本芸術院賞受賞最新作豊かな革識で語られた始皇帝の実像。中国を統一した始皇帝の出生から秦の滅亡までを描破。

◇（小説）秦の始皇帝　鄭飛石著、町田富男訳　光文社　1995.4　①4-334-96076-6

◇始皇帝　下　伴野朗著　徳間書店　1995.2　①4-19-860239-5

◇始皇帝　上　伴野朗著　徳間書店　1995.1　①4-19-860225-5

◇始皇帝─THE FIRST EMPEROR　NHK取材班著　日本放送出版協会　（NHKスペシャルセレクション）　1994.12
＊地下軍団・兵馬俑の発見によって、2200年の闇の中から蘇った始皇帝。今に続く統一国家「中国」を創り上げた恐るべきエネルギーとカリスマ性、謎に包まれた実像を解き明かす。

◇秦・始皇帝陵の謎　岳南著　講談社　（講談社現代新書）　1994.12
＊始皇帝陵の側近くから今世紀最大の考古学上の大発見となった"兵馬俑"の大地下軍団が発掘された。二千年の眠りから覚めた遺物群が、語りかけるものは何か。歴史の闇に閉ざされた始皇帝と秦王朝の、真実の姿に迫る。

◇長城の兵俑─神仙になりたかった始皇帝　石山隆著　舵社　1994.12　①4-8072-1902-2

◇秦の始皇帝99の謎　渡辺竜策著　PHP研究所　（PHP文庫）　1994.10　①4-569-56700-2

◇覇　中国大帝伝─大地を制圧した皇帝十二人　立間祥介著　学習研究社　（歴史群像新書）　1994.10　①4-05-400406-7
＊秦の始皇帝、漢の劉邦、唐の太宗、元のフビライ…彼ら建国の祖は、大地のつづくかぎり地平の彼方までをその手中に収めた。みずから歴史を築いた英雄たちの偉業は、現在も色あせることなく、燦然たる輝きを放っている。大河の流れのごとく、絶えることなく連綿とつづいた中国覇業の譜─。真の歴史が、ここにある。現代版『史記本紀』ついに完成。

◇秦の始皇帝─多元世界の統一者　籾山明著　白帝社　（中国歴史人物選）　1994.9　①4-89174-228-3
＊古代遺産が真実を語る。中国の天下とその文化を統一した始皇帝。彼が築いた古代帝国の全貌を、同時代史料を駆使し、鮮やかに描きだす。

◇男　戦いの日々─海の彼方の八つの話　神坂次郎著　PHP研究所　1994.9　①4-569-54488-6
＊人間はその器量なみの人生しか歩めないのか。アレキサンダー大王、太公望、劉備、韓信、呂布…己の才能に賭け、運命に挑む男たちを描く力作評伝。

史思明　ししめい

?～761　8世紀、中国、唐の武将。安史の乱の指導者の一人。安禄山の子の安慶緒を殺して大燕皇帝を称した。

◇中国歴代皇帝人物事典　岡崎由美，王敏

監修　河出書房新社　1999.2
①4-309-22342-7
＊秦の始皇帝、前漢の劉邦、新の王莽、魏の曹丕、隋の煬帝、唐の李世民、元のフビライ、明の朱元璋、清の康熙帝など、中国歴代王朝の皇帝を紹介した人物事典。后妃・公主・宗室なども収録し、歴代宮都・陵墓も掲載。中国史重要人物索引付き。

◇西晋の武帝司馬炎　福原啓郎著　白帝社（中国歴史人物選）　1995.4
①4-89174-232-1
＊司馬氏の栄光と悲惨。3世紀後半の西晋の武帝司馬炎の建国・統一の実現と、武帝歿後の余りにも早い滅亡・分裂の到来の経緯を描く。

シナン　Sinan, Mimar
1492頃～1588　スィナンとも。15・16世紀、トルコの建築家。オスマン・トルコ帝国時代を代表するモスク建築家。

◇夢枕獏の奇想家列伝　夢枕獏著　文芸春秋　（文春新書）　2009.3
①978-4-16-660689-4

司馬睿　しばえい
276～322　3・4世紀、中国、東晋の初代皇帝（在位317～322）。字は景文、諡は元帝。琅邪王司馬覲の子。

◇中国歴代皇帝人物事典　岡崎由美，王敏監修　河出書房新社　1999.2
①4-309-22342-7
＊秦の始皇帝、前漢の劉邦、新の王莽、魏の曹丕、隋の煬帝、唐の李世民、元のフビライ、明の朱元璋、清の康熙帝など、中国歴代王朝の皇帝を紹介した人物事典。后妃・公主・宗室なども収録し、歴代宮都・陵墓も掲載。中国史重要人物索引付き。

司馬炎　しばえん
236～290　武帝（西晋）（ぶてい）とも。3世紀、中国、西晋の初代皇帝（在位265～289）。姓名、司馬炎。司馬昭の子。

◇中国歴代皇帝人物事典　岡崎由美，王敏監修　河出書房新社　1999.2
①4-309-22342-7
＊秦の始皇帝、前漢の劉邦、新の王莽、魏の曹丕、隋の煬帝、唐の李世民、元のフビライ、明の朱元璋、清の康熙帝など、中国歴代王朝の皇帝を紹介した人物事典。后妃・公主・宗室なども収録、歴

司馬光　しばこう
1019～1086　11世紀、中国、北宋の学者、政治家。字は君実、号は迂夫、迂叟、諡は太師温国公文正、また温公、速水先生と称される。「資治通鑑」の編者。

◇「資治通鑑」の名言に学ぶ　荒井桂著　致知出版社　2018.6　①978-4-8009-1179-7

◇よき人々の系譜　阿部祐太著　阿部出版　2015.1　①978-4-87242-326-6

◇中国人物列伝──第三講・歴史家と歴史書、第四講・日中交流史話　木田知生，檀上寛編　恒星出版　（カルチャーフロンティアシリーズ）　2005.1　①4-907856-28-8

◇世界人物逸話大事典　朝倉治彦，三浦一郎編　角川書店　1996.6　①4-04-031900-1
＊歴史上の人物の生き生きとした人間像を伝えるエピソードを多数紹介する事典。日本人によく知られた人物1883人を見出しに掲載。

◇司馬光とその時代　木田知生著　白帝社（中国歴史人物選）　1994.12
＊中国史学名著『資治通鑑』の著者、司馬光。史学・政治諸分野における活躍を、王安石らの同時代人とともに描く本邦初の専著。

司馬遷　しばせん
前145頃～前86頃　前2・1世紀、中国、前漢の歴史家。夏陽（陝西省韓城県）の人。字、子長。官名により太史公と称する。不朽の名著「史記」130巻の著者。

◇司馬遷と『史記』の成立　大島利一著　清水書院　（新・人と歴史拡大版）　2017.8
①978-4-389-44119-7

◇96人の人物で知る中国の歴史　ヴィクター・H・メア，サンピン・チェン，フランシス・ウッド著，大間知知子訳　原書房　2017.3　Ⓘ978-4-562-05376-6

◇経済思想の巨人たち　竹内靖雄著　新潮社　（新潮文庫）　2013.11　Ⓘ978-4-10-125371-8

◇中国古代の歴史家たち―司馬遷・班固・范曄・陳寿の列伝訳注　福井重雅編　早稲田大学出版部　2006.3　Ⓘ4-657-06309-X

◇新釈漢文大系　91　史記　11（列伝4）　青木五郎著　明治書院　2004.6　Ⓘ4-625-67304-6

◇司馬遷論攷　新田幸治著　雄山閣出版　2000.1　Ⓘ4-639-01650-6
＊司馬遷研究に新たな視点をもたらす画期的論考。『史記』を材として司馬遷の思索の諸相を明らかにする。

◇司馬遷―史記の世界　武田泰淳著　講談社　（講談社文芸文庫）　1997.10　Ⓘ4-06-197588-9
＊「司馬遷は生き恥さらした男である。」に始まる本書は、武田泰淳の中国体験もふまえた戦中の苦渋の結晶であり、それまでの日本的叙情による歴史から離れて、新たな歴史認識を展開した。世界は個々人の集合であり、個の存在の持続、そして、そこからの記録が広大な宇宙的世界像と通底する。第一篇「司馬遷伝」、第二篇「史記」の世界構想。

◇司馬遷の研究　佐藤武敏著　汲古書院　（汲古叢書）　1997.9　Ⓘ4-7629-2512-8

◇史記の人間学　上　春秋・戦国の時代　名補佐役の条件　渡部昇一，小室直樹ほか著　プレジデント社　1997.7　Ⓘ4-8334-1632-5
＊名参謀なくして、名リーダーなし！　覇王を補佐する名参謀。時代を先取りする知恵袋。

◇『史記』と司馬遷　伊藤徳男著　山川出版社　1996.12　Ⓘ4-634-64410-X

◇世界人物逸話大事典　朝倉治彦，三浦一郎編　角川書店　1996.6　Ⓘ4-04-031900-1
＊歴史上の人物の生き生きとした人間像を伝えるエピソードを多数紹介する事典。日本人によく知られた人物1883人を見出しに掲載。

◇史記を語る　宮崎市定著　岩波書店　（岩波文庫）　1996.4　Ⓘ4-00-331332-1

◇中国のアウトサイダー　井波律子著　筑摩書房　1993.4　Ⓘ4-480-83611-X
＊風に乗って空を飛んだ列子や昇天した仙人たち。しばしの夢に蟻の世界で三十年も過した男。糞を担ぎつつ亡国へのレクイエムを書き続けた張岱。文学に現われた、乱世からドロップアウトして自らの生を全うした奇人たち。

◇司馬遷―起死回生を期す　林田慎之助著　集英社　（集英社文庫）　1991.7　Ⓘ4-08-749732-1
＊約二千年前、天漢二年の秋、中国の歴史家・司馬遷は友人である将軍・李陵を弁護したため、武帝の逆鱗にふれた。朝廷に五十万銭さし出すか、宦官に身を落とすか、或いは死刑。孤立無援の彼には、男根を切除する陰惨な刑を選ぶしかなかった。生ける屍となった彼は、生の証として壮大な歴史記録「史記」を完成。数奇な運命を生きた司馬遷の劇的な生涯を描く。

シハヌーク　Sihanouk, Norodom
1922〜2012　シアヌーク，ノロドム・シアヌークとも。20世紀、カンボジアの国王、政治家。1941年に国王に即位。その後のクーデターと亡命生活を経て、1993年に再び国王となった。

◇シハヌーク―悲劇のカンボジア現代史　ミルトン・オズボーン著，小倉貞男訳　岩波書店　1996.6　Ⓘ4-00-023305-X

◇私の国際交遊録―現代のカリスマとリーダーシップ　ノロドム・シアヌーク，バーナード・クリッシャー著，仙名紀訳　恒文社　1990.6　Ⓘ4-7704-0719-X
＊今世紀を代表する世界のカリスマ的指導者たちは、みな共通の能力と欠点、超人的な特性を具えていた。本書は、カンボジアのシアヌーク殿下が、これら偉大な指導者たちとの交遊の模様をつづりながら、現代におけるリーダーシップとは何かを探る。

シモン・ド・モンフォール
Simon de Montfort, Earl of Leicester
1208頃～1265　13世紀、イングランドの貴族。リュイスの戦いでヘンリーを破り、事実上のイングランド支配者となった。

◇世界伝記大事典　世界編 1～12　編集代表：桑原武夫　ほるぷ出版　1980.12～1981.6

シモン・ボリバル　Simón Bolívar
⇒ボリバル，シモン

シャカ　Śákyamuni
⇒ガウタマ・シッダールタ

ジャクソン　Jackson, Andrew
1767～1845　18・19世紀、アメリカの政治家。第7代大統領（在任1829～1837）。西部の農民などの支持を得て民主主義（ジャクソニアン・デモクラシー）を推進。支持者層が民主党を結成した。

◇アメリカ大統領図鑑―完全解析　開発社，米国大統領研究編纂所　秀和システム　2017.5　①978-4-7980-5121-5

◇アメリカ歴代大統領の通信簿―44代全員を5段階評価で格付け　八幡和郎著　祥伝社（祥伝社黄金文庫）　2016.7　①978-4-396-31697-6

◇歴代アメリカ大統領総覧　高崎通浩著　中央公論新社（中公新書ラクレ）　2002.9　①4-12-150059-8

◇アメリカ史重要人物101　新装版　猿谷要編　新書館　2001.8　①4-403-25055-6

シャー・ジャハーン　Shāh Jahān
1592～1666　16・17世紀、インド、ムガール帝国第5代皇帝（在位1627～1658）。帝国の全盛期を築き、タージマハル廟などの壮麗な建築を残した。

◇永遠のタージ　清水義範著　角川書店（角川文庫）　1999.2　①4-04-180415-9
＊2万人という膨大な職工を22年間動員し続け完成したインド史上最高の建造物タージ・マハル。17世紀ムガール帝国の五代皇帝シャー・ジャハーンは、なぜ全精力を注いでまで絢爛極める廟を建立するに至ったか。親族たりとも信用できぬ戦乱の世で、彼が唯一心を許した妻ムムターズの実像を追いその理由に迫る。またムガール帝国初期までの歴史を遡り、タージ・マハル建造に至るまでの愛憎劇を描く。インドをこよなく愛する著者が幻想のような二人の愛を謳い上げた渾身の歴史大河ロマン。角川文庫50周年特別書き下ろし作品。

シャープール1世　Shāpūr I
？～272　3世紀、ササン朝ペルシアの王（在位241～272）。シリアに進出、260年にはローマ軍を破り皇帝ワレリアヌスを捕虜とした。

◇世界伝記大事典　世界編 1～12　編集代表：桑原武夫　ほるぷ出版　1980.12～1981.6

シャルル7世
Charles VII, le Victorieux
1403～1461　15世紀、フランス王（在位1422～1461）。ジャンヌ・ダルクによるオルレアン解放後に戴冠。百年戦争を終結し、国民国家建設を進めた。

◇ブルボン公とフランス国王―中世後期フランスにおける諸侯と王権　上田耕造著　晃洋書房　2014.3　①978-4-7710-2507-3

◇戦後復興首脳列伝―祖国を廃墟から甦らせた真の盟主たち　麓直浩著　社会評論社　2013.9　①978-4-7845-1116-7

◇フランスをつくった王―シャルル7世年代記　樋口淳著　悠書館　2011.3　①978-4-903487-46-5
＊百年戦争のさなか、王太子の地位をひろった少年が、アンジュー公妃の庇護とベリー公の富をえて、フランスを国民国家にみちびく物語。

シャルル10世　Charles X
1757～1836　18・19世紀、フランス王。

アルトア伯として知られる。
◇王たちの最期の日々　下　パトリス・ゲニフェイ編，神田順子訳　原書房　2018.6　①978-4-562-05571-5

シャルルマーニュ　Charlemagne
⇒カール大帝

謝霊運　しゃれいうん
385〜433　4・5世紀、中国、六朝時代宋の詩人。祖父謝玄は晋の車騎将軍、康楽公。謝康楽とも呼ばれる。

◇謝霊運論集　森野繁夫著　白帝社　2007.12　①978-4-89174-893-7
◇中国の古代文学　2　史記から陶淵明へ　改版　白川静著　中央公論新社　(中公文庫)　2003.7　①4-12-204241-0
＊古い国家の羈絆から解き放たれ、自らの運命に生きはじめた孤独な生活者たち。彼ら「士人」は体制への埋没を拒否し、自然の情感に沿って天の道に合しようとした。「天道是なるか非なるか」と厳しく問うことによる文学精神の成立から、現実を避けて桃源郷を求める創作詩にまでいたる、文化の道筋を探る。
◇六朝唐詩論考　高木正一著　創文社　(創文社東洋学叢書)　1999.9　①4-423-19248-9

ジャンヌ・ダルク
Jeanne d'Arc, St.
1412〜1431　15世紀、フランスの聖女。百年戦争末期、フランスの危機を救った少女。オルレアンの少女と呼ばれる。

◇ジャンヌ＝ダルクの百年戦争　新訂版　堀越孝一著　清水書院　(新・人と歴史拡大版)　2017.4　①978-4-389-44106-7
◇図説ジャンヌ・ダルク―フランスに生涯をささげた少女　上田耕造著　河出書房新社　(ふくろうの本)　2016.7　①978-4-309-76241-8
◇英雄はいかに作られてきたか―フランスの歴史から見る　アラン・コルバン著，小倉孝誠監訳，梅沢礼，小池美穂訳　藤原書店　2014.3　①978-4-89434-957-5
◇幻想のジャンヌ・ダルク―中世の想像力と社会　コレット・ボーヌ著，阿河雄二郎，北原ルミ，嶋中博章，滝沢聡子，頼順子訳　昭和堂　2014.3　①978-4-8122-1350-6
＊聖女か、女魔術師か、それとも魔女か。乙女、預言者、騎士…幻想に浮かぶジャンヌはさまざまな姿をみせる。当時の人々は彼女に多様なイメージを抱いていた。当時の史料やジャンヌを知る人の証言、ジャンヌにまつわる伝説などの超自然的な問題も冷静に分析し、真のジャンヌの姿へと迫る。これまでのジャンヌ・ダルク研究に一石を投じた書。
◇本当は偉くない？　世界の歴史人物―世界史に影響を与えた68人の通信簿　八幡和郎著　ソフトバンククリエイティブ　(ソフトバンク新書)　2013.8　①978-4-7973-7448-3
＊古代から現代に至るまで、よく知られた帝王や政治家を68人選び、それぞれが世界史の中で果たした役割を、「偉人度」と「重要度」の2つの側面から10点満点で評価。世界史において偉人とされている人物たちの実像に迫る。
◇戦士ジャンヌ・ダルクの炎上と復活　竹下節子著　白水社　2013.7　①978-4-560-08295-9
＊火刑台の炎と消えたジャンヌは四〇〇年の歴史の闇を切り裂いて復活し、ヨーロッパの「普遍」という理念を懸けた戦場に立つ。聖俗を超えた少女のカリスマとその同時代性を明らかにする快著。
◇「美女」と「悪女」大全―歴史を変えた！　榎本秋監修　新人物往来社　2011.5　①978-4-404-04019-0
◇異端者たちの中世ヨーロッパ　小田内隆著　日本放送出版協会　(NHKブックス)　2010.9　①978-4-14-091165-5
＊ヨーロッパ世界を禍々しく彩る正統と異端の物語。正統と異端の対立というドラマの外部、スポットライトから離れた歴史の薄暗がりに目を向け、中世ヨーロッパ社会の深層にある矛盾や葛藤に光を投げかける。古代末期のグノーシス主義から、中世のカタリ派、ワ

ルド派、聖霊派とベガンをへて、中世末期のフスやジャンヌ・ダルクまで歴史の闇に葬られた異端者たちの声に耳を傾け、ヨーロッパ世界の成り立ちを問い直す渾身の力作。

◇歴史のなかの女たち―名画に秘められたその生涯　高階秀爾著　岩波書店　(岩波現代文庫)　2008.7　①978-4-00-602137-5

◇ジャンヌ・ダルクと女戦士たち―フランスを救った聖女の隠された真実と戦場を駆けた女たちのドラマ　新人物往来社　(別冊歴史読本)　2006.2　①4-404-03330-3

◇ジャンヌ・ダルク―歴史を生き続ける「聖女」　高山一彦著　岩波書店　(岩波新書)　2005.9　①4-00-430968-9
　＊フランス解放の闘いの先頭に立ちながら、異端裁判で火刑にされたジャンヌ・ダルクは、死後復権して、聖人に列せられた。同時代から現在まで、五百五十年余にわたって歴史を生き続ける「聖女」像を、史料を博捜して追跡する。そこからは、中世、啓蒙の時代、国民国家と変わりゆくフランスの歴史が浮び上り、興味ぶかい。図版多数。

◇ジャンヌ・ダルクの生涯　藤本ひとみ著　中央公論新社　(中公文庫)　2005.9　①4-12-204578-9
　＊17歳で剣を取り、祖国フランスを救ったジャンヌ・ダルク―。神のお告げを聞いた生まれ故郷ドンレミから、戦勝を重ねたオルレアン、ノートル・ダム大聖堂における戴冠式、そして炎に包まれ19年の生涯を終えた街ルーアンまで、「男装の少女」ジャンヌ・ダルクの謎につつまれた生涯をたどる歴史エッセイ。図版68点収載。

◇知られざる世界史　あの人の「幕引き」―彼らを待ちうけていた意外な運命とは　歴史の謎研究会編　青春出版社　(青春文庫)　2005.7　①4-413-09320-8

◇世界女性人名事典―歴史の中の女性たち　世界女性人名事典編集委員会編　日外アソシエーツ, 紀伊国屋書店〔発売〕　2004.10　①4-8169-1800-0

◇歴史に甦る群像たち　島岡恵吾著　鳥影社　2004.6　①4-88629-839-7

◇美と王妃たち　ジャン・コクトー著, 高橋洋一訳　河出書房新社　2004.5　①4-309-20409-0

◇ヨーロッパ中世を変えた女たち　福本秀子著　日本放送出版協会　(NHKライブラリー)　2004.3　①4-14-084181-8

◇二千年の祈り―イエスの心を生きた八人　高橋佳子著　三宝出版　2004.3　①4-87928-044-5

◇ジャンヌ・ダルク失われた真実―天使の"声"に導かれた少女　レオン・ドゥニ著, 浅岡夢二訳　ハート出版　2003.12　①4-89295-468-3
　＊神の啓示を聞き、祖国フランスを侵略の危機から救った奇跡の少女ジャンヌ・ダルク。その苦難に満ちた生涯と、後世に残したスピリチュアルなメッセージは、現代を生きる我々に"生きることの意味"と"本当の幸福"を教えてくれる。たび重なる裏切りと拷問の果て、ついに火刑台に立った19歳の少女は何を信じ、何によって救われたのか…。これまでにない独自の視点から、失われた歴史の謎が解き明かされてゆく。

◇図説 歴史の意外な結末―教科書には載ってない！ あの人物・事件の「その後」　日本博学倶楽部著　PHP研究所　2003.8　①4-569-62954-7

◇剣の乙女―戦場を駆け抜けた女戦士　稲葉義明, F.E.A.R.著　新紀元社　(Truth In Fantasy)　2003.7　①4-7753-0132-2

◇中世を生きる女性たち―ジャンヌ・ダルクから王妃エレアノールまで　アンドレア・ホプキンズ著, 森本英夫監修　原書房　2002.5　①4-562-03499-8

◇ジャンヌ・ダルク　フィリップ・セギ著, 藤田真利子訳　ソニー・マガジンズ　(ソニー・マガジンズ文庫)　1999.12　①4-7897-1492-6
　＊イギリスとの百年戦争に揺れる15世紀フランス。王太子シャルルのもとへ、神の使者を自称する少女ジャンヌ・ダルクが現れる。ジャンヌは、シャルルを王位に就けるのが神の意志であり、祖

ジャンヌ・ダルク

国を救うために自分は死力を尽くすと語り、軍勢を要求する。怪しむ王太子の義母ヨランドや重臣たちをよそに前線に立ったジャンヌは、兵士たちを鼓舞し劇的な勝利をつかむが…。救世主、聖処女、魔女、殉教者、戦士、狂人…さまざまな言葉で語られてきた伝説の少女ジャンヌ・ダルクの真実の姿にベッソンが迫る、スペクタクル・ドラマ。

◇魔女幻想―呪術から読み解くヨーロッパ 度会好一著 中央公論新社 (中公新書) 1999.9 ①4-12-101494-4
＊魔女狩りという妄想と迫害の結合は現代社会に何を語るのか。本書は英語圏の魔女幻想を中心に、歴史上の事実と文化的なうねりをエピソード豊かに検証する。

◇戦場のジャンヌ・ダルク―栄光と悲運 大谷暢順著 社会思想社 1999.1 ①4-390-60422-8
＊オルレアンの少女のはりつめた生と戦略家としての実像を再現。英仏百年戦争の趨勢を一変させたロワール戦線と、最後の戦いとなったコンピエーニュの息づまる攻防―。短い生を燃焼させて「中世の終り」を印し、新時代の到来を告げた少女ジャンヌの、「栄光」と「悲運」を分けた戦跡を歩く。

◇ジャンヌ・ダルクの肖像画 木下亜由子著 けやき出版 1998.4 ①4-87751-046-X

◇聖ジャンヌ＝ダルク 大谷暢順著 中央公論社 (中公文庫) 1998.2 ①4-12-203063-3
＊百年戦争の只中、15世紀初頭に、フランスの一農村の少女が神の啓示を受け、祖国の解放のため起ち上った。多くの奇蹟を巻き起し、数奇な運命に翻弄された末、宗教裁判で火刑に処せられる―。死後四百年以上のちに、はじめて聖女に加えられるまでの、オルレアンの少女、ジャンヌ・ダルクのすべてに迫る。

◇にぎにぎしい女たち―フランス史に現われた女性像 新装版 岩瀬孝著 朝文社 (朝文社百科シリーズ) 1998.1 ①4-88695-142-2
＊「フランス史に現われた女性像」。日本とフランスの文化・歴史・思想などを対比しながら、17世紀に華ひらいたサロン文化のプレシュウズ（才女）たちをいきいきと語る。

◇フランス残酷物語 桐生操著 新書館 (桐生操文庫) 1997.6 ①4-403-28007-2

◇ジャンヌ・ダルク 超異端の聖女 竹下節子著 講談社 (講談社現代新書) 1997.1 ①4-06-149337-X
＊「正統―異端」の枠組みを超えて、ヨーロッパの心性に影響してきたキリスト教のもう一つの地平「超異端」。その神秘の力を体現した女たちのエネルギー渦巻く中世に現れ、神話的存在となった処女戦士を、あらたな視点で描き出す。

◇マーク・トウェインのジャンヌ・ダルク―ジャンヌ・ダルクについての個人的回想 マーク・トウェイン著, 大久保博訳 角川書店 1996.8 ①4-04-791248-4

◇世界人物逸話大事典 朝倉治彦, 三浦一郎編 角川書店 1996.6 ①4-04-031900-1
＊歴史上の人物の生き生きとした人間像を伝えるエピソードを多数紹介する事典。日本人によく知られた人物1883人を見出しに掲載。

◇ジャンヌ・ダルクと蓮如 大谷暢順著 岩波書店 (岩波新書) 1996.3 ①4-00-430439-3
＊「フランスを救え」。神の声に従い剣を手に戦場に赴いた十七歳の少女ジャンヌ。片や他力の信仰に身を任せ布教の旅に出た浄土真宗中興の祖、蓮如。戦乱の世に生きた同時代人である二人は洋の東西にありながら共に衰退した中世から近世への道を切り開いた。長年ジャンヌの足跡を訪ね資料を渉猟してきた著者が彼らの「信じる心」の本源を探る。

◇ジャンヌ・ダルクの実像 レジーヌ・ペルヌー著, 高山一彦訳 白水社 (文庫クセジュ) 1995.5 ①4-560-05766-4

◇ジャンヌ・ダルク、誰？―聖少女の幻影を追って 三木宮彦著 フィルムアート社 1995.5 ①4-8459-9542-5
＊1429年2月、小さなドムレミ村の名もない少女は、たったひとりの聖なる戦いを始めた。映画と歴史に描かれたジャ

ンヌ・ダルク像をてがかりに、混迷する現代史の視点で追う聖少女の真実。

◇ジャンヌ・ダルク　海生正雄著　近代文芸社　1995.4　①4-7733-4010-X
＊憂国の天使か、狂気魔女か。形式百年戦争末期、軍を率いて英軍を撃破したオルレアンの乙女ジャンヌ・ダルク。全編会話という斬新な形式で、歴史に弄ばれた少女の真実に迫る。

◇世界の伝記　19　ジャンヌ＝ダルク　榊原晃三著　ぎょうせい　1995.2　①4-324-04396-5

◇ジャンヌ・ダルクとその時代　清水正晴著　現代書館　1994.11　①4-7684-6646-X

◇世界史　闇の異人伝　桐生操著　学習研究社　（ムー・スーパー・ミステリー・ブックス）　1994.7　①4-05-400352-4
＊「パラケルススは人工生命を創造することに成功していた」「ルネサンス・イタリアを暴力によって支配したボルジア家の血塗られた野望」「ドイツに現れた謎の少年、カスパール・ハウザーの正体ははたしてだれか」など、歴史の知られざるエピソードに鋭く迫る。

◇フランスの歴史をつくった女たち　第1巻　ギー・ブルトン著，曽村保信訳　中央公論社　1993.11　①4-12-403201-3
＊5世紀末〜15世紀中期。フランク王朝の成立から英仏百年戦争まで。男女の愛が歴史を動かす様を活写。

◇ジャンヌ・ダルク　レジーヌ・ペルヌー，マリ・ヴェロニック・クラン著，福本直之訳　東京書籍　1992.9　①4-487-76153-0
＊ジャンヌ・ダルク＝「乙女」の出現から処刑までわずか2年…。後世に付与された伝説・神話の類を排除し、厖大な史料から事実のみを冷静に積み上げ「ジャンヌ・ダルクという名の事件」の全容を解説する。綿密・重厚な評伝、同時代の登場人物解説、呼称・言語・王家の私生児伝説ほかさまざまなテーマの徹底討論まで、「今日知りうるかぎりのすべて」を網羅した決定版。

◇ジャンヌ・ダルク　堀越孝一著　朝日新聞社　（朝日文庫）　1991.7

①4-02-260655-X
＊15世紀、百年戦争の渦中で揺れ動くフランスに、忽然とあらわれた救国の聖女ジャンヌ・ダルク。後世の解釈が定着させた"悲劇のヒロイン"のイメージはあまりにも強烈だ。だが、現実のジャンヌとはいったい何者だったのか。当時の時代背景を明らかにしながら、生身のジャンヌを蘇らせる。

シャンポリオン
Champollion, Jean François
1790〜1832　18・19世紀、フランスの考古学者。エジプト学の創始者。

◇ヒエログリフ解読史　ジョン・レイ著，田口未和訳　原書房　2008.10　①978-4-562-04175-6
＊ロゼッタストーン発見と解読のすべて。石発見の歴史から、シャンポリオンほか多くの解読のドラマまで、ロゼッタストーン解読史の最良の入門書。

◇シャンポリオン伝　下　ジャン・ラクチュール著，矢島文夫，岩川亮，江原聡子訳　河出書房新社　2005.1　①4-309-22424-5

◇シャンポリオン伝　上　ジャン・ラクチュール著，矢島文夫，岩川亮，江原聡子訳　河出書房新社　2004.12　①4-309-22423-7
＊古代エジプト文明の謎に光をあて、「ロゼッタ石」を解読した天才の生涯！激動のフランス革命とナポレオンの登場、徹底的な語学の習得、無数の敵たち、ヨーロッパ中の学界を巻き込んだ「古代文字」をめぐる名著。

周恩来　しゅうおんらい
1898〜1976　20世紀、中国の政治家。1949年中華人民共和国成立とともに国務院総理（首相）。54年のジュネーブ会議、55年のバンドン会議と平和五原則外交を推進、第三世界のリーダーとなる。72年2月にはニクソン・アメリカ大統領を招いて米中首脳会談、同年9月には田中首相を

◇周恩来の述懐　曹応旺著, 吉田修誠, 吉田理華訳　中国出版トーハン　2018.7
　①978-4-7994-0007-4

◇毛沢東、周恩来と溥儀　王慶祥著, 松田徹訳　科学出版社東京　2017.11
　①978-4-907051-21-1

◇周恩来たちの日本留学―百年後の考察　王敏編著　三和書籍　(国際日本学とは何か？)　2015.9　①978-4-86251-187-4

◇中南海の100日―秘録・日中国交正常化と周恩来　鈴木英司著　三和書籍　2012.9
　①978-4-86251-139-3
　＊日中国交正常化への道は平坦ではなかった。そこには、当事者たちの努力と両国民の力強い支援があった。本書は、日中関係の打開を目指した人々による数々のドラマを、特に周恩来など中国側関係者の人間像を中心に描いている。新たに明らかとなった資料を基に構成されたフィクションであるが、重要事実を裏付けるために著者が中国側関係者から直接聴いた貴重な証言が多数収録されている。

◇周恩来秘録―党機密文書は語る　上　高文謙著, 上村幸治訳　文芸春秋　(文春文庫)　2010.5　①978-4-16-765168-8

◇周恩来秘録―党機密文書は語る　下　高文謙著, 上村幸治訳　文芸春秋　(文春文庫)　2010.5　①978-4-16-765169-5

◇中国おもしろ英傑伝　芝豪著　明治書院　(学びやぶっく)　2009.5
　①978-4-625-68417-3

◇人間・周恩来―紅朝宰相の真実　金鐘編, 松田州二訳　原書房　2007.8
　①978-4-562-04093-3
　＊本書は、香港を代表する総合誌「開放雑誌」が専門の周恩来研究チームを組織し、膨大な関係資料と独自の取材に基づいてまとめ上げた周恩来評論集である。毛沢東・江青との関係や文化大革命への関与など多くの謎を残して逝った周恩来だが、その人物像は、中国共産党当局による神格化と情報統制に阻まれ、未だ十分に解明されていない。公

招いて日中国交回復を実現した。

正無私の聖人か、稀代の役者か。林彪の墜落死など中共史上の大事件とのかかわり、対台湾工作の内幕、私生活…さらなる周恩来研究の深化に向けて、香港ジャーナリズムが歴史の闇へと切り込む三十三編。

◇周恩来秘録―党機密文書は語る　上　高文謙著, 上村幸治訳　文芸春秋　2007.3
　①978-4-16-368750-6
　＊毛沢東の粛清を逃れるために、周恩来は何をしてきたのか？　党中央文献室に保管された周恩来の極秘ファイル米国に亡命した党伝記作家が衝撃の執筆。

◇周恩来秘録―党機密文書は語る　下　高文謙著, 上村幸治訳　文芸春秋　2007.3
　①978-4-16-368760-5
　＊「慈父」周恩来に嫉妬の炎を燃やす毛沢東。死の床まで周が怖れた毛の報復文書とは？「周恩来外交」の成功が、周の政治生命を逆に縮めた。

◇周恩来―人民の宰相　高橋強, 川崎高志著　第三文明社　(レグルス文庫)　2004.12　①4-476-01239-6

◇毛沢東と周恩来―中国共産党をめぐる権力闘争「1930年～1945年」　トーマス・キャンペン著, 杉田米行訳　三和書籍　2004.2　①4-916037-54-5

◇周恩来と日本―苦悩から飛翔への青春　王永祥, 高橋強編著　白帝社　2002.11
　①4-89174-614-9
　＊偉大なる指導者、周恩来の「人生の転換期」といわれる日本留学時代の真実の姿を浮き彫りにした注目の書。

◇周恩来と池田大作　南開大学周恩来研究センター著, 王永祥編, 周恩来・鄧穎超研究会訳, 西園寺一晃監修　朝日ソノラマ　2002.1　①4-257-03650-8

◇周恩来伝―1949-1976　上　金冲及主編, 劉俊南, 譚佐強訳　岩波書店　2000.12
　①4-00-023350-5
　＊一九四九年の中華人民共和国建国以来、その死に至るまで「人民の総理」として敬愛された周恩来(一八九八‐一九七六)。彼は終始内政と外交の実務の最高責任者を担い、国事に力を尽くした。本書は彼の日記、書簡、草稿や会議での発

言記録、関係者の証言など、主として中国共産党の未公開資料に基づく詳細な伝記である。上巻では、中央政府の仕事の開始から、朝鮮戦争への参戦、国民経済の回復、ジュネーブ会議とバンドン会議への参加、中国共産党の第八回大会前後の政策方針、大躍進期の曲折までが扱われる。

◇周恩来伝―1949-1976 下　金冲及主編，劉俊南，譚佐強訳　岩波書店　2000.12
①4-00-023351-3
＊下巻では、六〇年代初期の経済調整、国防先端事業の指導、文化大革命の発動と紅衛兵運動、中国共産党第九回大会、林彪事件、ニクソン訪中と日中国交正常化、江青らと「四人組」との闘争が叙述される。文革の困難な状況下で自らに対する批判を乗り越え、極左派の攻撃から古参幹部を守り鄧小平を復活させた周恩来。晩年にがんを患いながらも生命の最後の瞬間まで任務を全うしようとする姿のうちに、人間周恩来の苦悩と夫婦愛がかいま見える。本書により、新中国半世紀の歩みに新たな光が当てられる。

◇周恩来と毛沢東―周恩来試論　POD版
鳥居民著　草思社　1999.10
①4-7942-9006-3

◇周恩来・最後の十年―ある主治医の回想録　張佐良著，早坂義征訳　日本経済新聞社　1999.10　①4-532-16316-1
＊エピソードで綴る晩年の私生活。文革の嵐の中で、なぜ"失脚"しなかったのか？　政治的に対立しながらも、毛沢東が傍らに置き続けたのは？　家族の匂いを感じさせない彼に、「家庭」生活はあったのか？…知られざる秘話が、いま、ここに解き明かされる。

◇周恩来『十九歳の東京日記』　周恩来著，矢吹晋編，鈴木博訳　小学館　（小学館文庫）　1999.10　①4-09-403621-0

◇中華人民共和国演義　第5巻　林彪の挫折
張濤之著，海江田万里監修　冒険社　1996.12　①4-938913-09-7
＊毛沢東暗殺を企てた林彪の無惨な最期。四人組の陰謀渦巻くなかでついに周恩

来も他界。

◇長兄―周恩来の生涯　ハン・スーイン著，川口洋，川口美樹子訳　新潮社　1996.6
①4-10-533001-2
＊周恩来の七十八年の生涯は、波瀾の中国近現代史そのものであった。天津の大学時代、日本・ヨーロッパへの留学、妻・鄧穎超との出会いに始まり、国共合作や長征、整風運動、建国から大躍進、そして四人組…毛沢東とともに、歴史を動かした"長兄"周恩来の人間的実像を、映画『慕情』の女流作家が描き切った「決定的評伝」。

◇明鏡古事―中国人物列伝　古事は今を知る鏡　伴野朗著　経営書院　1993.11
①4-87913-470-8
＊中国四千年の歴史に活躍する英雄たちの魅力的な人物像を描く。

◇NHKスペシャル　周恩来の決断―日中国交正常化はこうして実現した　NHK取材班編　日本放送出版協会　1993.3
①4-14-080088-7
＊周恩来最後の外交となった日中国交正常化。彼は、いかなる構想を描き、どのように準備を進めていったのか。国交正常化にいたる緊迫の「外交ドラマ」を、関係者多数の証言により、中国側の視点に立って再現。厚いベールに包まれたその舞台裏に迫る。

◇周恩来伝 1898―1949　下　金冲及編，狭間直樹監訳　（京都）阿吽社　1993.2
①4-900590-31-2
＊見事に保存されていた若い頃の日記や作文原稿など、かつて公表されたことのなかった膨大な原文書や、従来の周恩来伝が利用できなかった党関係の非公開文書・電報などを駆使、多くの関係者への徹底した聞きとり調査を重ねて、資料そのものに語らせた歴史の書。翻訳は、京都大学人文科学研究所の中国近代史研究班の共同作業による、緻密で平易な訳。

◇パリの周恩来―中国革命家の西欧体験
小倉和夫著　中央公論社　（中公叢書）
1992.11　①4-12-002171-8
＊留学四年間に何を見、いつ、どのように

して革命家になったか。鄧小平、ホー・チ・ミン、レーニンが滞在したパリ、調査と研究十年、青年周恩来の行動と思想形成を追う。

◇周恩来伝 1898—1949 中 金冲及編, 狭間直樹監訳 （京都）阿吽社 1992.10
①4-900590-30-4
＊1936年、張学良が蔣介石を監禁した西安事変は、世界の内外を震撼させた。この歴史的瞬間に現場にのりこんだ周恩来は、平和解決の方針を貫徹することによって、10年におよぶ内戦を終結させ、国共合作への新たな道を切り拓く。事件から半世紀をへだてたいま、未公開資料をも駆使しつつ、その全体像を明らかにする。

◇周恩来伝—1898-1949 上 金冲及主編, 狭間直樹監訳 阿吽社 1992.8
①4-900590-29-0

◇周恩来と私 熊向暉著, 劉俊南訳 日本放送出版協会 1991.11 ①4-14-008799-4
＊1937年、日本の侵略に反対する抗日運動が中国全土に燃え広がった。学生だった熊向暉は、周恩来の指令で、蔣介石の右腕である胡宗南将軍の機密秘書となった。国民党軍と紅軍は、時には合作して抗日戦にあたりながら機会を見ては相手のせん滅をはかった。熊は危難をかいくぐりながら重要な作戦情報を味方に送り、反攻に成功した。毛沢東は、「敵中にある熊の存在は数個師団にあたる」と激賞した。国共内戦の終結までの情報作戦を描くドキュメント。

◇毛沢東と周恩来 矢吹晋著 講談社 （講談社現代新書） 1991.10
①4-06-149070-2
＊厳格なる父・毛沢東、寛容なる母・周恩来。最新の資料から、田舎っぺ皇帝と気配り宰相の素顔に迫り、2つの巨星が作りあげた中国の社会主義を検証。『天安門』以後を占う。

◇日本人の中の周恩来 周恩来記念出版委員会編 里文出版 1991.3
①4-947546-45-X
＊70人の日本人が、日中の未来に書き残す20世紀の傑出した政治家・周恩来の素顔。人間的魅力に満ち、清冽な決断者であった周恩来像と戦後日中関係の証言。

周敦頤 しゅうとんい
1017～1073 11世紀、中国、北宋の学者。字は茂叔。濂渓先生と敬称される。宋代性理学の創始者の一人。程顥（こう）、程頤（い）兄弟を教えた。主著「太極図説」。

◇世界伝記大事典 日本・朝鮮・中国 1～6 編集代表：桑原武夫 ほるぷ出版 1978.7

朱熹 しゅき
1130～1200 朱子（しゅし）とも。12世紀、中国、南宋の学者、官僚、思想家。名は熹、字は元晦、仲晦、諡は文、号は晦庵、晦翁など。朱子学の集大成者。朱松の子。著に「朱子文集」など。

◇朱子と王陽明—新儒学と大学の理念 間野潜龍著 清水書院 （新・人と歴史拡大版） 2018.4 ①978-4-389-44124-1

◇96人の人物で知る中国の歴史 ヴィクター・H・メア, サンピン・チェン, フランシス・ウッド著, 大間知知子訳 原書房 2017.3 ①978-4-562-05376-6

◇王陽明と朱子 安岡正篤著 郷学研修所・安岡正篤記念館, 明徳出版社〔発売〕 2014.4 ①978-4-89619-981-9
＊常に活きた学問を学べと説いた著者が、その生き方に讃仰の念を抱き、また絶大な学問的恩恵を受けた王陽明と朱子。儒学思想史上に不滅の光を放つ両大儒それぞれの生涯を感慨深く描いた二篇を収録。

◇朱子伝 三浦国雄著 平凡社 （平凡社ライブラリー） 2010.8
①978-4-582-76707-0
＊儒学を宇宙論・形而上学へと集大成し、東アジアの思想と社会に大きな影響を与えた朱子。その生涯を聖人君子としてではなく、歴史的現実のなかで悩み苦しみ、喜び悲しむ「人間・朱子」として描く。

◇朱子の伝記と学問 岡田武彦著 明徳出版社 （岡田武彦全集） 2008.5
①978-4-89619-470-8

朱元璋

* 中国哲学の主流として、後世に絶大な影響を与えた朱子学。その成立から発展に至るまでの学統や思想の特色を多角的に論じた朱子学理解のための必読書。

◇南宋学研究　吉原文昭著　研文社
　2002.12　①4-9900920-8-2

◇朱熹門人集団形成の研究　市来津由彦著　創文社　（東洋学叢書）　2002.2
　①4-423-19254-3

◇論語集註私新抄　木南卓一著　明徳出版社　2001.11　①4-89619-159-5

◇人間をみがく―「小学」を読む　安岡正篤著, 安岡正篤講話選集刊行委員会編纂　ディ・シー・エス出版局　2001.7
　①4-925227-06-8

◇世界人物逸話大事典　朝倉治彦, 三浦一郎編　角川書店　1996.6　①4-04-031900-1
　* 歴史上の人物の生き生きとした人間像を伝えるエピソードを多数紹介する事典。日本人によく知られた人物1883人を見出しに掲載。

◇中国歴史人物選　第7巻　朱熹　衣川強著　白帝社　1994.8　①4-89174-226-7
　* 中国の文化史上に絶大な影響を与えた朱子学。その開祖朱熹が官僚として送った生涯の中に、大学者の本質を見る。

朱元璋　しゅげんしょう

1328～1398　洪武帝(明)(こうぶてい), 太祖(明)(たいそ)とも。14世紀、中国、明の初代皇帝。姓名は朱元璋、廟号は太祖。1368年明朝を建て、中国を統一。

◇96人の人物で知る中国の歴史　ヴィクター・H・メア, サンピン・チェン, フランシス・ウッド著, 大間知知子訳　原書房　2017.3　①978-4-562-05376-6

◇中国名将列伝―起死回生の一策　来村多加史著　学習研究社　（学研新書）　2008.5　①978-4-05-403477-8

◇中国皇帝列伝―歴史を創った名君・暴君たち　守屋洋著　PHP研究所　（PHP文庫）　2006.11　①4-569-66730-9

◇誰も知らなかった皇帝たちの中国　新版　岡田英弘著　ワック　（WAC BUNKO）
　2006.9　①4-89831-553-4

◇中国歴代皇帝人物事典　岡崎由美, 王敏監修　河出書房新社　1999.2
　①4-309-22342-7
　* 秦の始皇帝、前漢の劉邦、新の王莽、魏の曹丕、隋の煬帝、唐の李世民、元のフビライ、明の朱元璋、清の康熙帝など、中国歴代王朝の皇帝を紹介した人物事典。后妃・公主・宗室なども収録し、歴代宮都・陵墓も掲載。中国史重要人物索引付き。

◇明代王府の研究　佐藤文俊著　研文出版　1999.2　①4-87636-165-7
　* 本書は太祖朱元璋の構想時期も含め明一代二百余年続いた、同姓諸王封建の歴史的・社会的存在についての考察である。

◇皇帝たちの中国　岡田英弘著　原書房　1998.11　①4-562-03148-4
　* 皇帝とは、つまるところ、総合商社の社長である―漢の武帝、唐の李世民、元のフビライ、明の朱元璋、清の康熙帝という5人の皇帝の肖像を紹介しながら、中国とはなにか、皇帝とはいかなるものだったのか、その本質を明快に解き明かしてゆく。

◇世界人物逸話大事典　朝倉治彦, 三浦一郎編　角川書店　1996.6　①4-04-031900-1
　* 歴史上の人物の生き生きとした人間像を伝えるエピソードを多数紹介する事典。日本人によく知られた人物1883人を見出しに掲載。

◇覇　中国大帝伝―大地を制圧した皇帝十二人　立間祥介著　学習研究社　（歴史群像新書）　1994.10　①4-05-400406-7
　* 秦の始皇帝、漢の劉邦、唐の太宗、元のフビライ…彼ら建国の祖は、大地のつづくかぎり地平の彼方までをその手中に収めた。みずから歴史を築いた英雄たちの偉業は、現在も色あせることなく、燦然たる輝きを放っている。大河の流れのごとく、絶えることなく連綿とつづいた中国覇業の譜―。真の歴史が、ここにある。現代版『史記本紀』ついに完成。

◇明の太祖 朱元璋　檀上寛著　白帝社　（中国歴史人物選）　1994.7　①4-89174-225-9
　* 貧農の子として生をうけながら、皇帝

にまで登りつめた朱元璋。その生き様を徹底的に浮き彫りにし、希代の人物の素顔に迫る。
◇紅嵐―明王朝太祖異聞　登竜の巻　高橋和島著　青樹社　1993.10　①4-7913-0786-0
◇朱竜賦　伴野朗著　徳間書店　(Tokuma冒険＆推理特別書下し)　1992.9
　①4-19-124956-8

朱子　しゅし
⇒朱熹（しゅき）

朱全忠　しゅぜんちゅう
852～912　9・10世紀、中国、五代後梁の初代皇帝（在位907～912）。姓名は朱温、廟号は太祖。
◇中国歴代皇帝人物事典　岡崎由美，王敏監修　河出書房新社　1999.2
　①4-309-22342-7
＊秦の始皇帝、前漢の劉邦、新の王莽、魏の曹丕、隋の煬帝、唐の李世民、元のフビライ、明の朱元璋、清の康熙帝など、中国歴代王朝の皇帝を紹介した人物事典。后妃・公主・宗室なども収録し、歴代宮都・陵墓も掲載。中国史重要人物索引付き。
◇中国悪党伝　寺尾善雄著　河出書房新社（河出文庫）　1990.8　①4-309-47198-6
＊中国史上ただ一人、女帝となった猛女・則天武后と、彼女の恐怖政治をささえた酷吏たち。皇帝の信頼と恩寵にそむいて天下を簒奪した安禄山ら裏切り者たち。国政を私物化した売国宰相や金の亡者の大臣、宦官。民主主義と革命を食い物にした袁世凱…。権謀術策入り乱れる中国社会でも、スケールと徹底性で群をぬく巨悪の実態。そこ知れぬ人間性の暗黒面から覗く、知られざる"悪"の中国史。

シュタイン
Stein, Karl, Freiherr vom und zum
1757～1831　18・19世紀、プロシアの政治家。税制・商工担当大臣。
◇世界伝記大事典　世界編1～12　編集代表：桑原武夫　ほるぷ出版　1980.12～1981.6
◇シュタインと市民社会―プロイセン改革小史　石川澄雄著　御茶の水書房（市民社会叢書）　1972

シュトレーゼマン
Stresemann, Gustav
1878～1929　19・20世紀、ドイツの政治家。首相（在任1923年）。1926年ノーベル平和賞受賞。
◇ノーベル賞受賞者業績事典―全部門855人　新訂第3版　ノーベル賞人名事典編集委員会編　日外アソシエーツ，紀伊国屋書店〔発売〕　2013.1　①978-4-8169-2397-5
＊1901年ノーベル賞創設時から2012年までの各分野の受賞者、受賞団体を収録。平和賞・文学賞・物理学賞・化学賞・生理学医学賞・経済学賞受賞者835人、20団体の業績を詳しく紹介。受賞辞退者についても収録対象とし、本文中にその旨を記載した。経歴・受賞理由・著作・参考文献を一挙掲載。

シューベルト
Schubert, Franz Peter
1797～1828　18・19世紀、ドイツ・ロマン派の代表的作曲家の一人。「歌曲の王」と呼ばれる。
◇フランツ・シューベルト―あるリアリストの音楽的肖像　ハンス＝ヨアヒム・ヒンリヒセン著, 堀朋平訳　アルテスパブリッシング（叢書ビブリオムジカ）　2017.4　①978-4-86559-159-0
◇音楽と病―病歴にみる大作曲家の姿　改装版　ジョン・オシエー著, 菅野弘久訳　法政大学出版局　2017.1
　①978-4-588-41037-6
◇〈フランツ・シューベルト〉の誕生―喪失と再生のオデュッセイ　堀朋平著　法政大学出版局　2016.3　①978-4-588-42016-0
◇シューベルトの歌曲をたどって　新装復

シューベルト

- 刊　ディートリヒ・フィッシャー＝ディースカウ著，原田茂生訳　白水社　2012.5　①978-4-560-08223-2
  * ドイツ歌曲演奏の第一人者が綴る、卓抜なシューベルト読本。

◇ハプスブルク恋の物語―七〇〇年王朝に秘められた不倫・政略・愛憎の歴史　新人物往来社編　新人物往来社　（ビジュアル選書）　2012.3　①978-4-404-04163-0

◇シューベルトとシューマン―青春の軌跡　井上和雄著　音楽之友社　（オルフェ・ライブラリー）　2009.12　①978-4-276-37103-3
  * 作曲家の生涯をたどり、その音楽の形式や楽曲分析から美しさを描く。上質の名曲解説が伝えるいまの日本でシューベルトやシューマンを語る意味。

◇大作曲家たちの履歴書　上　三枝成彰著　中央公論新社　（中公文庫）　2009.12　①978-4-12-205240-6

◇兼常清佐著作集　第4巻　ベートーヴェンの死・平民楽人シューベルト　兼常清佐著，蒲生美津子，土田英三郎，川上央編　大空社　2008.6　①978-4-283-00610-2

◇音楽と病―病歴にみる大作曲家の姿　新装版　ジョン・オシエー著，菅野弘久訳　法政大学出版局　2007.11　①978-4-588-41021-5

◇フリーメイソンと大音楽家たち　吉田進著　国書刊行会　2006.11　①4-336-04811-8

◇菩提樹はさざめく　三宅幸夫著　春秋社　2004.12　①4-393-93487-3
  * ヴィルヘルム・ミュラー＆フランツ・シューベルト『冬の旅』。「この道を進まねばならない誰も帰ってきたことのない道を」奥深い芸術歌曲の世界を読み解く試み。

◇フランツ・シューベルト　前田昭雄著　春秋社　2004.10　①4-393-93169-6

◇シューベルトのオペラ―オペラ作曲家としての生涯と作品　井形ちづる著　水曜社　2004.9　①4-88065-131-1

◇シューベルトの手紙―ドキュメント・シューベルトの生涯より　新装改訂版　オットー・エーリヒ・ドイッチュ原編，実吉晴夫訳・解説　メタモル出版　（国際フランツ・シューベルト協会刊行シリーズ）　2004.6　①4-89595-432-3
  * 手紙・日記・詩・夢物語・メモで辿るシューベルトの全生涯。

◇シューベルト　村田千尋著　音楽之友社　（作曲家・人と作品シリーズ）　2004.4　①4-276-22176-5

◇シューベルト　喜多尾道冬著　朝日新聞社　（朝日選書）　1997.9　①4-02-259684-8
  * 愛をうたうと悲しみになり、悲しみをうたうと愛になる―19世紀初頭のウィーン。都市に生きる人びとの夢、おそれ、友愛、孤独をメロディに結晶させた早世の天才。『美しい水車屋の娘』『冬の旅』など珠玉の作品群に隠された魂の葛藤と救済を見つめた評伝。

◇シューベルトの歌曲をたどって　新装版　ディートリヒ・フィッシャー＝ディースカウ著，原田茂生訳　白水社　1997.7　①4-560-03731-0
  * ドイツ歌曲演奏の第一人者が綴る卓抜なシューベルト読本。

◇シューベルト痛みと愛　石井誠士著　春秋社　1997.6　①4-393-93142-4

◇シューベルトの手紙―O・E・ドイッチュ編「ドキュメント・シューベルトの生涯」より　オットー・エーリヒ・ドイッチュ原編，実吉晴夫訳・解説　メタモル出版　（国際フランツ・シューベルト協会刊行シリーズ）　1997.5　①4-89595-154-5

◇大作曲家たちの履歴書　三枝成彰著　中央公論社　1997.5　①4-12-002690-6
  * メイドに卵を投げつけた横暴なベートーヴェン。女装して恋愛相手を追いかけた激情家ベルリオーズなど人種、家系、宗教、作曲態度から精神状態、女性関係…18人の大作曲家の、頭の中から爪先までを忌憚なく描き出すクラシックファン必携のデータブック。各作曲家履歴書つき。

◇シューベルトのリート―創作と受容の諸相　村田千尋著　音楽之友社　1997.4　①4-276-13188-X

シューベルト

◇大作曲家の少年時代　ウルリッヒ・リューレ著, 鈴木皓訳　中央公論社　1996.7　Ⓘ4-12-002589-6
＊「普通の少年」が「天才」になる瞬間。さくらんぼ欲しさに歌を歌ったハイドン、数学の追試をうけるくらいなら、と学校を去ったシューベルト、ローラースケートに夢中だった不良少年ガーシュイン―7人の天才たちが音楽にめざめ才能と感性を花ひらかせる過程を生き生きと描く。

◇シューベルト―音楽的肖像　アルフレート・アインシュタイン著, 浅井真男訳　白水社　1996.6　Ⓘ4-560-03726-4
＊伝記的事実と作品を分離せずに、若くして逝った天才シューベルトの「創造」を年を追って追求し、諸作品の本質と核心に迫る。

◇シューベルトとウィーン　チャールズ・オズボーン著, 岡美知子訳　音楽之友社　1995.8　Ⓘ4-276-22410-1
＊本書は、英語圏の筆者による「シューベルト伝」。十九世紀前半のビーダーマイヤーと呼ばれる時代のウィーンで、三十一歳という短い生涯を閉じた音楽家シューベルトの実像が、対象と適度な距離を保ちながら、幅広い文献を基に客観的に描き出されている。時代と土地と人物と作品に投げかけられている筆者のまなざしは終始冷静で、他国者ゆえか時には遠慮がちに見えるところもあるが、その奥には常に、幼時より自分の心を摑んで放さない偉大な芸術家への、敬愛と哀惜の情を感じる。その一方で、頻繁にかなりの頁を割いて引用されている、シューベルト本人の日記や詩、友人や家族宛の手紙、友人たちの語るエピソードは、傷つきやすい生身の人間シューベルトの悲哀と慟哭を直截に訴えかけて、我々に強烈な印象を残す。

◇世界の伝記　20　シューベルト　今日泊亜蘭著　ぎょうせい　1995.2　Ⓘ4-324-04397-3

◇シューベルト　音楽之友社編　音楽之友社　(作曲家別名曲解説ライブラリー)　1994.11　Ⓘ4-276-01057-8

◇ベートーヴェン・シューベルト　アントン・ノイマイヤー著, 村田千尋訳　東京書籍　(現代医学のみた大作曲家の生と死)　1993.9　Ⓘ4-487-76162-X
＊大作曲家の人間と音楽を現代医学の観点から問い直し、作品解釈の新たな展望を拓く医学評伝。

◇シューベルト　前田昭雄著　新潮社　(新潮文庫)　1993.3　Ⓘ4-10-127211-5
＊交響曲「未完成」、弦楽四重奏曲「死と乙女」、歌曲集「冬の旅」等々―わずか三十一年の短い生涯ながら、シューベルトは千曲にもおよぶ美しい音楽を書き残した。しかし、優美な旋律の間からは、時として〈さすらい人〉の孤独な嘆きが聞こえてくる。シューベルトとはいったい何者だったのか？　生涯・芸術の両面から、奇跡の天才作曲家の実像に迫る書下ろし評伝。

◇大作曲家の知られざる横顔　渡辺学而著　丸善　(丸善ライブラリー)　1991.7　Ⓘ4-621-05018-4
＊"地震の日に生まれたヴィヴァルディ"、"モーツァルトの祖先は左官屋さん"、"ベートーヴェンの楽符に余分に印刷された二小節の謎"など、バッハ、ハイドンからショパンにいたる大作曲家たちの、知られざるエピソードの数々と、彼らの生きた時代や社会を、正確な資料に基づいて語ることにより、その素顔を浮彫にしてゆく。

◇大作曲家の世界　2　ウィーン古典派の楽聖 モーツァルト・ベートーヴェン・シューベルト　〔カラー版〕　エドゥアルド・レシーニョ, クィリーノ・プリンチペ, ダニーロ・プレフーモ著、森田陽子, 貴堂明子, 小畑恒夫訳　音楽之友社　1990.6　Ⓘ4-276-22082-3
＊バッハからストラヴィンスキーまで、18人の大作曲家の生い立ちと活躍ぶりを、豊富な図版とともにアカデミックにそしてヴィジュアルにつづる豪華なシリーズ。

◇名曲の旅―楽聖たちの足跡　飯野尹著　電波新聞社　1990.5　Ⓘ4-88554-247-2

シュペングラー　Spengler, Oswald
1880〜1936　19・20世紀、ドイツの哲学者、文化哲学者。形態学的方法論を世界史に適用した。主著「西洋の没落」。

◇ナチス時代 ドイツ人名事典　新版　ロベルト・S.ヴィストリヒ著, 滝川義人訳　東洋書林　2002.10　①4-88721-573-8
＊ヒトラー支配下のドイツに深いかかわりをもった政治家・軍人・実業家・知識人・芸術家・教会関係者・レジスタンスの闘士等、多種多様な分野の人物を精選し、経歴やナチスとのスタンスなどを記載。

◇シュペングラー—ドイツ精神の光と闇　アントン・ミルコ・コクターネク著, 南原実, 加藤泰義訳　新潮社　1972

◇西洋の没落—文明と夜の思想家シュペングラーの生涯　八田恭昌著　桃源社　(桃源選書)　1966

シュリーマン　Schliemann, Heinrich
1822〜1890　19世紀、ドイツの考古学者。トルコのヒッサリクを発掘し、城壁、財宝などを発見。

◇ギリシア考古学の父シュリーマン—ティリンス遺跡原画の全貌　天理大学附属天理参考館編　山川出版社　(MUSAEA JAPONICA)　2015.4　①978-4-634-64829-6

◇夢と努力で世界を変えた17人—君はどう生きる？　有吉忠行著　PHP研究所　2015.2　①978-4-569-78439-7

◇トロイアの真実—アナトリアの発掘現場からシュリーマンの実像を踏査する　大村幸弘著, 大村次郷写真　山川出版社　2014.3　①978-4-634-64069-6
＊エーゲ海に面したトルコのヒサルルック遺跡は、シュリーマンの発掘以後、1世紀以上にもわたりトロイアとして発掘されてきた。その根拠はみつかったといえるのだろうか。掘りつくされたヒサルルックが今なお多くの研究者を惹きつける理由は何か。日本の一考古学者が追う。

◇日本を愛したドイツ人—ケンペルからタウトへ　島谷謙著　広島大学出版会　2012.9　①978-4-903068-25-1

◇つたえたい、夢の伝記　斎藤整著　ナガセ　(東進ブックス)　2012.3　①978-4-89085-532-2

◇40歳から成功した男たち　佐藤光浩著　アルファポリス　(アルファポリス文庫)　2010.3　①978-4-434-14381-6

◇トロイア戦争とシュリーマン　ニック・マッカーティ著, 本村凌二日本語版総監修　原書房　(シリーズ絵解き世界史)　2007.9　①978-4-562-04081-0
＊フルカラーでたどる神々と英雄たちの「愛」をめぐる戦いの物語。ひとりの美しい女性をめぐって始まった「トロイア戦争」と「木馬作戦」。美しい図版とともにドラマティックに描きあげた胸躍る英雄と神々の物語。

◇賭けた儲けた生きた—紅花大尽からアラビア太郎まで　鍋島高明著　五台山書房, 河出書房新社〔発売〕　2005.4　①4-309-90626-5

◇自由人は楽しい—モーツァルトからケストナーまで　池内紀著　日本放送出版協会　(NHKライブラリー)　2005.1　①4-14-084191-5

◇古代への情熱—シュリーマン自伝　改版　ハインリヒ・シュリーマン著, 村田数之亮訳　岩波書店　(岩波文庫)　2003.6　①4-00-334201-1
＊トロヤ戦争の物語を絵本で読んだ少年シュリーマン(1822 - 90)は、美しい古都が必ず地下に埋もれていると信じその発掘を志す。長年にわたる猛烈な勉学と経済的苦闘をへて、ついに独力でトロヤの遺跡を発見、少年の日の夢を実現する。いかなる環境にあっても自己の目標と希望を見失わず努力しつづけた意志と情熱の生涯が小説以上の面白さで語られる。

◇シュリーマン—黄金と偽りのトロイ　デイヴィッド・トレイル著, 周藤芳幸, 沢田典子, 北村陽子訳　青木書店　1999.2

①4-250-99004-4
＊ドイツの貧しい少年はいかにして考古学の巨星となったのか。偉人の典型として語り継がれてきた、「シュリーマン伝」の虚構を剥ぎ、神話の彼方に浮かび上がる、人間シュリーマンの人生をたどる。

◇シュリーマン・黄金発掘の夢　エルヴェ・デュシエーヌ著，福田ゆき，藤丘樹実訳　創元社　（「知の再発見」双書）　1998.6
　①4-422-21136-6

◇トロイアの秘宝―その運命とシュリーマンの生涯　キャロライン・ムアヘッド著，芝優子訳　角川書店　1997.4
　①4-04-791262-X
＊ベルリンの戦火に消えたトロイア黄金の秘宝。シュリーマンの夢は、50年の闇を裂いてモスクワの美術館の地下に再び甦った。考古学者シュリーマンの自伝『古代への情熱』にはけっして書かれなかった、奇矯にして劇的なその生涯の全容と黄金の秘宝の数奇な運命を、女流伝記作家がはじめて明らかにする。

◇世界人物逸話大事典　朝倉治彦，三浦一郎編　角川書店　1996.6　①4-04-031900-1
＊歴史上の人物の生き生きとした人間像を伝えるエピソードを多数紹介する事典。日本人によく知られた人物1883人を見出しに掲載。

◇古代への情熱　H.シュリーマン著，池内紀訳・解説　小学館　（地球人ライブラリー）　1995.11　①4-09-251020-9
＊北ドイツの片田舎に生まれたシュリーマンは、貧しさゆえにたぐいまれな「想像力」と頑固なまでの「夢への執着心」をはぐくんだ。高等教育を受けられなかったため自ら開発した学習法で十数カ国語をマスターし、貿易商として成功をおさめて遺跡発掘の莫大な資金を稼いだ。シュリーマンの人間味あふれるエピソード。

◇シュリーマン―トロイア発掘者の生涯　エーミール・ルートヴィヒ著，秋山英夫訳　白水社　1995.10　①4-560-02885-0
＊少年時代の夢と、強固な信念と、恐るべき努力によって、トロイア、ミュケナイ、ティリュンスの黄金を発掘した男の決定版伝記。

◇エーゲ文明への道―シュリーマンとエヴァンズの発掘物語　レオナード・コットレル著，暮田愛訳　原書房　1992.8
　①4-562-02341-4

◇古代への情熱―シュリーマン自伝　シュリーマン著，村田数之亮訳　岩波書店　（ワイド版岩波文庫）　1991.12
　①4-00-007076-2

◇運をつかんだ努力家たち　日本テレビ放送網　（知ってるつもり?!）　1991.11
　①4-8203-9130-5
＊人は、誰でも懸命に生きている。そのあたりまえの生き方のなかに人をハッとさせる〈輝やき〉をもっているのだ。知っているつもりになっているだけではわからない、生き方のふしぎにせまる。努力家と言われる人々は、人生の転機にあたってどのようにして運をつかんでいったのだろうか。

◇彼らは何歳で始めたか　富永直久著　ダイヤモンド社　1991.10　①4-478-70066-4

▌舜　しゅん
年代不詳　古代、中国、伝説上の聖王。三皇五帝のうちの一人。姓は姚、氏は有虞、名は重華。堯と並ぶ伝説上の聖天子。

◇中国おもしろ英傑伝　芝豪著　明治書院　（学びやぶっく）　2009.5
　①978-4-625-68417-3

◇世界人物逸話大事典　朝倉治彦，三浦一郎編　角川書店　1996.6　①4-04-031900-1
＊歴史上の人物の生き生きとした人間像を伝えるエピソードを多数紹介する事典。日本人によく知られた人物1883人を見出しに掲載。

▌荀子　じゅんし
前298頃～前235頃　前4・3世紀頃、中国、戦国時代末の儒家。趙の人。名、況。尊称、荀卿。著書は「荀子」32篇。性悪説を唱え、孟子の性善説に対抗。

◇荀子考　大槻賢一著　文芸社ビジュアルアート　2009.1　①978-4-7818-0053-0

ショー

＊人間の性は悪だが、後天的努力により矯正することができる―いわゆる『性悪説』で知られる中国の思想家、荀子。「礼の王者・覇者」を理想とする彼の国家観はどのようにして生まれたのか。現代にも通ずるその政治論とは？ これまで謎が多く意外になじみの薄かった荀子について、経歴からその政治論の有効性についてまとめた入門書的評論。

◇荀子　内山俊彦著　講談社　（講談社学術文庫）　1999.9　①4-06-159394-3
＊古代戦国期、秦帝国出現前夜の激動の時代を生き、儒家ながら、伝統的な儒家の枠組みに収まりきらない異色の思想を展開した荀子。「性悪説」で名高い人間観や「天人の分」で知られる自然観、「礼の王国」論に見られる国家観等々、現実的かつ合理性に貫かれたその思想像を多角的に探り、中国古代思想史上の位置を明らかにする。

◇世界人物逸話大事典　朝倉治彦，三浦一郎編　角川書店　1996.6　①4-04-031900-1
＊歴史上の人物の生き生きとした人間像を伝えるエピソードを多数紹介する事典。日本人によく知られた人物1883人を見出しに掲載。

◇荀子の思想―自然・主宰の両天道観と性朴説　児玉六郎著　風間書房　1992.12　①4-7599-0824-2

▌ショー，バーナード
Shaw, George Bernard
1856〜1950　19・20世紀、イギリスの劇作家。「キャンディダ」(1895)、「聖ジョーン」(1923)など作品多数。25年ノーベル文学賞受賞。

◇文学都市ダブリン―ゆかりの文学者たち　木村正俊著　春風社　2017.2　①978-4-86110-518-0

◇新薩摩学―知られざる近代の諸相 変革期の人々　仙波玲子編　南方新社　（新薩摩学シリーズ）　2013.3　①978-4-86124-256-4
＊時代と苦闘した先人たち、西洋一辺倒の日本の近代成立期、日本文化の基層を描いた小説家、梶井基次郎。最年少の薩摩藩英国留学生で、異国の地でコスモポリタンとして生きた長沢鼎。薩摩における浄土真宗の解禁に尽力し、西南戦争阻止に奔走した民権論者、田中直哉。孫文とともに「革命三尊」と称えられた章炳麟。ほか、時代に先駆けて生きた東西両洋の人物を取り上げる。近代史の大きな流れの中では注目されることの少ない人々。だが、変革期のダイナミズムを知るには、舞台の影に潜むこれらの人々にも焦点を当てる必要がある。

◇バーナード・ショーへのいざない　日本バーナード・ショー協会編　文化書房博文社　2006.11　①4-8301-1091-0

◇バーナード・ショー世界と舞台―イプセンからブレヒトまで　清水義和著　文化書房博文社　2000.3　①4-8301-0908-4
＊本書はバーナード・ショーの劇と評論に関する論文集である。扱った劇は中期から後期にかけての作品である。

◇世界人物逸話大事典　朝倉治彦，三浦一郎編　角川書店　1996.6　①4-04-031900-1
＊歴史上の人物の生き生きとした人間像を伝えるエピソードを多数紹介する事典。日本人によく知られた人物1883人を見出しに掲載。

◇バーナード・ショーとコート座　島村東太郎著　東京教学社　1992.3　①4-8082-8003-5

◇バーナード・ショー研究序説　島村東太郎著　東京教学社　1992.2　①4-8082-8002-7

◇G・K・チェスタトン著作集　評伝篇 4巻 ジョージ・バーナード・ショー　G.K.チェスタトン著　P.ミルワード編集・解題，安西徹雄訳　春秋社　1991.6　①4-393-41225-7

▌ジョアン2世　João II
1455〜1495　15世紀、ポルトガル王（在位1481〜1495）。「無欠王」といわれた。

◇ルネサンス人物列伝　ロバート・デイヴィス，ベス・リンドスミス著，和泉香訳　悠書館　2012.7　①978-4-903487-54-0

商鞅　しょうおう
?～前338　前4世紀、中国、戦国時代の政治家、法家。衛の出身。秦の孝公に仕え、秦の発展の基礎をつくった。

◇96人の人物で知る中国の歴史　ヴィクター・H・メア，サンピン・チェン，フランシス・ウッド著，大間知知子訳　原書房　2017.3　①978-4-562-05376-6

◇戦国名臣列伝　宮城谷昌光著　文芸春秋　2005.11　①4-16-324450-6

◇中国宰相列伝—君主に仕え百官を率いる　守屋洋著　プレジデント社　1993.7　①4-8334-1494-5
＊上には君主を戴き、下には文武百官を従える。その狭間で呻吟し知恵を絞る「宰相型人材」。管仲から諸葛孔明、名宰相10人の軌跡に、その栄光と非命の分岐点を探る。

蔣介石　しょうかいせき
1887～1975　19・20世紀、中華民国の軍人、政治家。国民政府の代表者。名は中正。第2次世界大戦後アメリカの仲介で中共と停戦、政治協商会議を開いたが、まもなく再び内戦となり、中共軍に追われて台湾に逃れた。

◇96人の人物で知る中国の歴史　ヴィクター・H・メア，サンピン・チェン，フランシス・ウッド著，大間知知子訳　原書房　2017.3　①978-4-562-05376-6

◇近代中国指導者評論集成　1　蔣介石　松本和久編・解題　石丸藤太著　ゆまに書房　2016.5　①978-4-8433-5017-1,978-4-8433-5015-7,978-4-8433-5014-0

◇ラスト・バタリオン—蔣介石と日本軍人たち　野嶋剛著　講談社　2014.4　①978-4-06-217801-3

◇蔣介石研究—政治・戦争・日本　山田辰雄，松重充浩編著　東方書店　2013.3　①978-4-497-21229-0
＊スタンフォード大学フーバー研究所所蔵の「蔣介石日記」をはじめとする新たな資料を参照し、台中の接近という新たな政治環境のもと、日・中・台の研究者による新たな論文17本を収録。

◇蔣介石の外交戦略と日中戦争　家近亮子著　岩波書店　2012.10　①978-4-00-025865-4
＊抗日戦争を指導し勝利したのは国民党だったのか、中国共産党だったのか？蔣介石の外交戦略の意図を明らかにし、日中戦争における中国の外交と戦術が「五大国」の一つに数えられるという国際的地位の向上に果たした実態を通して、歴史の真実に迫る。蔣介石は、なぜ満洲事変で日本との武力衝突を避けたのか？　なぜ盧溝橋事件で「最後の関頭」を決意したのか？　なぜ首都南京の攻防戦で正規軍を撤退させたのか？　毛沢東共産党と汪精衛親日政権をどう見ていたのか？　蔣介石は孫文の「外交は新時代の武器」という言葉を発展させ、「外交は無形の戦争」と主張した。蔣介石関連資料とりわけ「蔣介石日記」と台湾の檔案史料を日本で初めて本格的に使って活動記録を再現。中国共産党が作り上げたストーリーとは異なった抗日戦争史を描くことに挑戦し、「持久戦」「安内攘外」「反共抗ソ」「以徳報怨」などを唱えた蔣介石の外交戦略の内在的論理を明らかにする。

◇蔣介石が愛した日本　関栄次著　PHP研究所　（PHP新書）　2011.3　①978-4-569-79611-6
＊蔣介石ほど日本に深いかかわりをもった世界の指導者はいない。新潟での兵営生活、孫文の代理としての訪日、渋沢栄一との出会い—青年期の四年にわたる日本滞在と頻繁な往来は、彼をして、「日本の民族性を愛している。日本は私の第二の故郷である」と言わしめるほどであった。誰よりも日中の友好協力を切望していた蔣介石が、なぜ抗日戦に突入し、中共との内戦に敗れ、台湾へと退去せねばならなかったのか。思想と行動そして日本人への親愛の情を、彼を支えた三人の女性とのかかわりに光を当てて描く。

◇蔣介石と日本—友と敵のはざまで　黄自進著　武田ランダムハウスジャパン　（東アジア叢書）　2011.1　①978-4-270-00628-3
＊もし、蔣介石がいなかったら…日本は南

北に分かれていたかもしれない。日本を尊敬しながら敵にした蔣介石の生の声と戦中と戦後の「事実」を明らかにする。蔣介石の日記を読み通したこれまでにない日中台関係史。

◇宋家王朝—中国の富と権力を支配した一族の物語　下　スターリング・シーグレーブ著, 田畑光永訳　岩波書店　(岩波現代文庫)　2010.1　①978-4-00-603197-8
＊美齢と蔣介石の結婚により権勢をほしいままにした宋一族。抗日戦争の中でいったんは米国を篭絡して中国の命運を支配するが、国共内戦に敗れて台湾移転を余儀なくされる。米中関係秘史と宋・蔣の秘密結社との関わりにも触れて綴られる「宋家王朝」の興亡。蔣の独裁政治とその死、民主化の進展、宋美齢の死までを扱った新原稿「宋家王朝の終焉」を付す。

◇蔣介石神話の嘘—中国と台湾を支配した独裁者の虚像と実像　黃文雄著　明成社　2008.3　①978-4-944219-70-4
＊戦後、多くの日本人は、蔣介石を「東洋道徳の権化」のごとくに考えてきた。曰く「天皇制を護持してくれた」。曰く「対日賠償請求権を放棄してくれた」。曰く「支那派遣軍と在留日本人を無事に送還してくれた」云々。しかし、これらの蔣介石神話が半ば虚偽であったことは今日既に明らかにされている。蔣介石の幕僚は、天皇を戦犯リストに加えているし、蔣は日本へ賠償を要求している。大陸から日本の兵隊や民間人を急いで帰したのも、蔣の軍隊が百戦百敗した強力な支那派遣軍を刺激せぬためだ。多くの罪もなき日本人を戦犯裁判で処刑したのも蔣の政府である。権力によって意図的につくられた神話はいずれは崩壊する。本書は、蔣介石ばかりでなく、中国近代史をつくりあげ、後に神格化された孫文、毛沢東の実像にも迫りながら、中国文明の本質を明らかにしていく快著である。

◇蔣介石と南京国民政府—中国国民党の権力浸透に関する分析　家近亮子著　慶応義塾大学出版会　2002.3　①4-7664-0896-9
＊中国共産党に対抗する南京国民政府の内部対立の過程と「以党治国」政策の挫折を新史料を駆使して解明する。

◇蔣介石書簡集　中　1912-1949　蔣介石著, 丁秋潔, 宋平編, 鈴木博訳　みすず書房　2000.9　①4-622-03809-9

◇蔣介石書簡集　上　1912-1946　蔣介石著, 丁秋潔, 宋平編, 鈴木博訳　みすず書房　2000.3　①4-622-03808-0

◇蔣介石　保阪正康著　文芸春秋　(文春新書)　1999.4　①4-16-660040-0

◇宋姉妹—中国を支配した華麗なる一族　伊藤純, 伊藤真著　角川書店　(角川文庫)　1998.11　①4-04-195426-6
＊二十世紀が始まろうとしていた中国で三人の姉妹が産声を上げた。財閥の娘として生まれた彼女たちは、アメリカで豊かな青春時代を過ごす。そして帰国した三人は、それぞれの伴侶を求めた。長女靄齢は財閥・孔祥熙へ、次女慶齢は革命家・孫文へ、三女美齢は政治家・蔣介石へ嫁いだ—。これはまた、彼女たちの人生の大きな岐路であった。様々な思惑が錯綜する、革命という時代のうねりの中で、それぞれに愛憎と確執を抱きながら生きた三姉妹。ときにしたたかに、ときに純粋に、己の信じる道を生きた三人の運命を描きつつ、激動の中国史を活写した、出色の歴史ノンフィクション。

◇宮崎世竜遺稿集—蔣介石とその時代　「初期の」中国の少数民族と中共の政策　宮崎世竜著, 宮崎光子, 松本達郎編　宮崎光子　1998.5

◇蔣介石—マクロヒストリー史観から読む蔣介石日記　黃仁宇著, 北村稔, 永井英美, 細井和彦訳　東方書店　1997.12　①4-497-97534-7
＊抗日戦や内戦の指揮から諸外国との交渉、武器・弾薬の調達や土嚢用の麻袋の手配まで、一切合切を背負っていた蔣介石とはどんな人物だったのか？　本人の日記を多数引用するほか、周囲の人々の証言、書簡や電報を含む豊富な史料を駆使して、蔣介石の新たな一面を検証する。

◇蔣介石と毛沢東—世界戦争のなかの革命

野村浩一著　岩波書店　（現代アジアの肖像）　1997.4　Ⓘ4-00-004397-8
◇世界人物逸話大事典　朝倉治彦，三浦一郎編　角川書店　1996.6　Ⓘ4-04-031900-1
＊歴史上の人物の生き生きとした人間像を伝えるエピソードを多数紹介する事典。日本人によく知られた人物1883人を見出しに掲載。
◇蔣介石に棄てられた女—陳潔如回想録　陳潔如著，加藤正敏訳　草思社　1996.4　Ⓘ4-7942-0699-2
＊政治的圧力を受け、埋もれること30年—。宋美齢に妻の座を奪われたうえ、その存在すら否定された前夫人が、蔣介石の私生活を初めて明かし、台湾で話題騒然となった問題の書。
◇21世紀創造の原理—カイロ会談秘話　張桂芳，山蔭基央共著　マネジメント社　1994.9　Ⓘ4-8378-0348-2
＊日本敗戦処理のカイロ会談と天皇制擁護の秘話から見た"人類協調の原理とは"蔣介石総統の「怨に報いるに徳を以てする」にある。
◇宇垣一成宰相であれば第二次世界大戦は起こらなかった。—宇垣一成将軍と蔣介石将軍　池見猛著　池見学園出版部　1992.12
◇「繆斌工作」成ラズ—蔣介石、大戦終結への秘策とその史実　横山銕三著　展転社　1992.5　Ⓘ4-88656-075-X
＊憂色濃い昭和二十年。日中和平に命を懸けた一人の中国人がいた。その男の名は「繆斌」。蔣介石の密命を受けた彼の和平工作は、戦争終結に向けた起死回生の秘策であった。本書は「死して和平の神とならん」とした彼の生涯と"工作"の全貌を描く。

▌鄭玄　じょうげん
127～200　2世紀、中国、後漢の学者。経学の大成者。字は康成。
◇中国思想史—幻の名著復刊　小島祐馬著　ベストセラーズ　2017.5　Ⓘ978-4-584-13791-8
＊現代に脈々と生き続ける思想の源流に遡り、混迷する現代社会を読み解く手掛かり—京大名誉教授で「中国学」の泰斗、小島祐馬の代表的著書。中国思想を知るための「最高の入門書」が甦る！
◇鄭玄と『周礼』—周の太平国家の構想　間嶋潤一著　明治書院　2010.11　Ⓘ978-4-625-46401-0
◇人物50人で読む「中国の思想」—孔子から孫文まで　鍾清漢著　PHP研究所（PHP文庫）　2005.2　Ⓘ4-569-66346-X

▌蕭統　しょうとう
⇒昭明太子（しょうめいたいし）

▌昭明太子　しょうめいたいし
501～531　蕭統（しょうとう）とも。6世紀、中国、南朝梁の文人。武帝の長子。著書に「昭明太子集」など。
◇中国歴代皇帝人物事典　岡崎由美，王敏監修　河出書房新社　1999.2　Ⓘ4-309-22342-7
＊秦の始皇帝、前漢の劉邦、新の王莽、魏の曹丕、隋の煬帝、唐の李世民、元のフビライ、明の朱元璋、清の康熙帝など、中国歴代王朝の皇帝を紹介した人物事典。后妃・公主・宗室なども収録し、歴代皇帝・陵墓も掲載。中国史重要人物索引付き。
◇世界人物逸話大事典　朝倉治彦，三浦一郎編　角川書店　1996.6　Ⓘ4-04-031900-1
＊歴史上の人物の生き生きとした人間像を伝えるエピソードを多数紹介する事典。日本人によく知られた人物1883人を見出しに掲載。

▌諸葛亮　しょかつりょう
181～234　諸葛孔明（しょかつこうめい）とも。2・3世紀、中国、三国時代蜀漢の政治家、戦略家。字は孔明。諡は忠武。劉備に仕え、蜀の経営に努力した。
◇劉備と諸葛亮—カネ勘定の『三国志』　柿沼陽平著　文芸春秋　（文春新書）　2018.5　Ⓘ978-4-16-661171-3
◇96人の人物で知る中国の歴史　ヴィクター・H・メア，サンピン・チェン，フラ

諸葛亮

ンシス・ウッド著, 大間知知子訳　原書房　2017.3　①978-4-562-05376-6

◇心に残る「三国志」の言葉―写真紀行　小松健一著　新潮社　2015.8
①978-4-10-339271-2

◇忠節と知謀で乱世を生き抜いた諸葛孔明―三国志デビューから赤壁までの軌跡　堅山忠男著　セルバ出版, 創英社／三省堂書店〔発売〕　2012.10　①978-4-86367-094-5
＊本書では、諸葛孔明が三顧の礼で迎えられたデビューから赤壁の戦いまでの前半生に焦点を絞って、その軌跡を追った。

◇戦争と科学者―世界史を変えた25人の発明と生涯　トマス・J.クローウェル著, 藤原多伽夫訳　原書房　2012.7
①978-4-562-04848-9

◇「三国志」の政治と思想―史実の英雄たち　渡邉義浩著　講談社（講談社選書メチエ）　2012.6　①978-4-06-258532-3

◇教えてあげる諸葛孔明　安藤昌季, チームジェズー著　角川学芸出版（角川文庫〔角川ソフィア文庫〕）　2011.11
①978-4-04-407702-0
＊歴女が豊富な図版とビジュアルを使ってわかりやすく歴史をナビゲート！ 今回の主人公は、諸葛亮孔明。不世出の軍師の生涯を中心に、多くの英雄たちが活躍した『三国志』の歴史世界を徹底ナビ。なぜ、孔明は三国（魏・呉・蜀）の中で一般劣勢な劉備玄徳の軍師になったのか。なぜ、彼の軍略が突出していたのか。そして彼が考案した『天下三分の計』がもたらした意外な真相とは⁉ この1冊で『三国志』が「超」わかる究極ガイド。

◇諸葛孔明―「三国志」とその時代　宮川尚志著　講談社（講談社学術文庫）　2011.10　①978-4-06-292075-9
＊連戦連敗の将として死んだ諸葛亮。無謀な北伐を繰り返しながら後に義の人として絶大な人気を博した『三国志』の英傑。その思想と行動を中国史研究の先駆者が幾多の文献を用いて描き出す。なぜ彼が後世、称賛されるに至ったのか。その評価はどのように変遷したのか。一九四〇年の初版以来、改訂を重ねて読み継がれてきた「三国志」研究の重要古典。

◇諸葛孔明　植村清二著　筑摩書房（ちくま文庫）　2011.3　①978-4-480-42809-7

◇諸葛孔明伝―その虚と実　渡辺義浩著　新人物往来社（新人物文庫）　2011.2
①978-4-404-03987-3

◇三国志の虚実　菅野正則著　新日本出版社　2010.6　①978-4-406-05366-2
＊「赤壁の戦い」の主役は孔明ではなかった⁉ 戦乱のない中国を目指し、己の信じる正義、人としての誠意を貫いた英雄たちの実像。

◇諸葛亮―美麗の天才軍師　三国志　三国志武将研究会著　PHP研究所　2009.5
①978-4-569-70824-9
＊天下三分の計を実現せん！ 三国志の主役、美しき天才の生涯を漫画と文章でつづる。

◇中国おもしろ英傑伝　芝豪著　明治書院（学びやぶっく）　2009.5
①978-4-625-68417-3

◇一下万上―書簡に知る諸葛孔明の愛と苦悩　貴志白文著　創栄出版, 星雲社（発売）　2008.12　①978-4-434-12713-7
＊国民には「安居楽業」（安心して暮らし、生業を勤しむ）をもたらし、軍を率いて中国全土を震撼させた男。諸葛孔明の半生を新たな視点から考察する。

◇中国「宰相・功臣」18選―管仲、張良から王安石まで　狩野直禎著　PHP研究所（PHP文庫）　2008.3
①978-4-569-66948-9

◇英傑たちの『三国志』　伴野朗著　日本放送出版協会（NHKライブラリー）　2007.3　①978-4-14-084219-5

◇三国志―正史と小説の狭間　満田剛著　白帝社　2006.2　①4-89174-786-2

◇三国志英雄列伝　九内俊彦著　リイド社（リイド文庫）　2005.8　①4-8458-2621-6

◇知られざる世界史 あの人の「幕引き」―彼らを待ちうけていた意外な運命とは　歴史の謎研究会編　青春出版社（青春文庫）　2005.7　①4-413-09320-8

諸葛亮

◇三国志・歴史をつくった男たち　竹田晃著　明治書院　(漢字・漢文ブックス)　2005.4　④4-625-66339-3
◇全論諸葛孔明　渡辺精一著　講談社　2004.6　④4-06-211897-1
◇諸葛孔明―三国時代を演出した天才軍師　狩野直禎著　PHP研究所　(PHP文庫)　2003.5　④4-569-57948-5
　＊劉備から「三顧の礼」を受けて「天下三分の計」を説き、その戦略構想をもとに蜀漢建国を輔佐した天才軍師・諸葛孔明。『三国志演義』などの文学作品には、巧みな兵略で敵を打ち破る痛快な逸話が多いが、正史『三国志』などの史実を踏まえてその足跡をたどると、「人間孔明」の真実の姿が見えてくる。歴史学者ならではの筆致で、乱世の時代層を読み解きながら、その劇的な生涯を描いた傑作評伝。
◇定本 佐藤春夫全集　第31巻　翻訳・翻案　佐藤春夫著　臨川書店　1999.9　④4-653-03341-2
　＊詩に小説に、評論に、多才を発揮し、常に文壇の先駆者として新生面を切り拓いた文豪佐藤春夫。その活動の軌跡を余すところなく伝える決定版全集。本全集で初めて書簡を収録するほか、詳細な人名索引を付し、作家の生涯と作品を再現する。
◇諸葛孔明―英雄ありて　陳舜臣著　集英社　(陳舜臣中国ライブラリー)　1999.7　④4-08-154015-2
　＊動乱の世「天下統一は万民の不幸」と唱え、平和を願うがゆえの戦いを強いた丞相の矛盾と苦悩。著者により初めて小説化された智謀の政略家像とは―。他に興亡の歴史を伝えるドラマの故地を綴る紀行文併録。
◇諸葛孔明―こころざし、乱を治めるにあり　加来耕三著　光文社　(光文社文庫　グラフィティにんげん謎事典)　1999.7　④4-334-72688-7
　＊27歳のとき、劉備と出会い、蜀帝国の建国を助け、わずか13年の間に、彼を帝位につけた、天才軍師・諸葛孔明。孔明はどうしてこれほどの偉業を成し得たのか？『三国志演義』を離れた真の孔明とはいかなる人物だったのか？　人を見抜き、動かし、三国志時代を駆け抜けたその生涯は、我々に「現代を生き抜く知恵」を教えてくれる。
◇諸葛孔明の占法─百戦百勝の太陰暦真伝　北条一鴻著　徳間書店　(トクマブックス)　1999.6　④4-19-850459-8
　＊行動の方向、時刻を占断する「奇門遁甲」、選択に迷ったときの対処を明かす「六壬神課」、二つの真伝・秘法で、運命の追い風を味方につける。
◇新釈 三国志　下　童門冬二著　学陽書房　(人物文庫)　1999.1　④4-313-75071-1
　＊「官渡の戦い」において、華北の覇者となった曹操は、天下統一に向けて南下を開始する。これを迎え撃つ孫権、劉備、知将周瑜そして諸葛孔明…。新しい時代の到来を熱望する民衆に代わってくりひろげられる英雄たちの死力を尽した戦いの中に、組織と人間をめぐる永遠のテーマが浮び上る。
◇三国志武将列伝 趙雲伝　3　江東の策謀　大場惑著　光栄　(歴史ポケットシリーズ)　1998.12　④4-87719-646-3
　＊孫権の妹との婚姻のため、謀略うずまく江東へと向かう劉備。主を守るべく、知勇兼備の名将趙雲もまたともに旅立った！　孔明に託された三つの秘策を胸に、趙雲の静かなる戦いがはじまる。
◇三国志武将列伝 趙雲伝　4　覇望の入蜀　大場惑著　光栄　(歴史ポケットシリーズ)　1998.12　④4-87719-647-1
　＊暗君劉璋を倒すべく蜀攻めに挑んだ劉備は、窮地に追い込まれた。危機を察した孔明は、長坂坡の英雄趙雲とともに救援に向かう。つきづきと立ちはだかる難敵に、趙雲はいかにして立ち向かうのか。
◇私説三国志 天の華・地の風　8　江森備著　光風社出版，成美堂出版〔発売〕　1998.9　④4-415-08747-7
　＊漢中南山下原に病を養っていた孔明の病牀に、魏の大がかりな昇進人事が知らされた。…大将軍・仲達をはじめとする魏軍が動く。病をおして、蜀漢の丞相として中原に覇を唱えるべく、孔

諸葛亮

◇三国志 12の巻 霹靂の星 北方謙三著 角川春樹事務所 1998.8
①4-89456-060-7
＊われに鳥翼はなし。自ら駆け続ける孔明の孤影に、光は射すのか。去り行く者の声。魂の呻き。蜃気楼の如く蘇る、若き苦悩の日々よ。

◇諸葛孔明伝 完結編 藤原芳秀画、瀬戸竜哉作 小学館 （まんが三国志シリーズ） 1998.8 ①4-09-620103-0

◇随縁護花 陳舜臣著 集英社 （集英社文庫） 1998.8 ①4-08-748845-4
＊紀元前三世紀、秦の始皇帝の命を受け不老不死の薬を求めて東の蓬莱に向かった邪馬台国の徐福。それから二千年後、革命途中の孫文は神戸に立ち寄り「日本は覇道をとるのか王道をとるのか」と日本国民に問いかけた。古代から近代までの日中往還の歴史を語る第一部。他に諸葛孔明、ジンギス汗などを素材にした「中国歴史拾遺」、李白、杜甫ほかの「中国詩人列伝」を収録。

◇私説三国志 天の華・地の風 7 江森備著 光風社出版、成美堂出版〔発売〕 1998.7
①4-415-08731-0
＊美貌の軍師・孔明の運命は…物語はますます佳境へ。街亭での痛恨の大敗北を報告のため成都へ帰着した孔明を待ちうけていたのは…。魏延の命令は容赦なく、夜着をすべらせ裸の肩を抱かれた彼のほてった身体は…。

◇諸葛孔明・逆境をバネにする参謀学 加来耕三著 成美堂出版 （成美文庫） 1998.7
①4-415-06809-X
＊「天下三分の計」を揚げ、「呉」との同盟を推進し、小国「蜀」を大国「魏」と対峙させた天才軍師・諸葛孔明。常に劣勢、逆境に立ちながら、大敵を相手に局面を切り開いた孔明の兵法、参謀学に、著者のこれまでの文献研究を加え、新たに再検討、再構築を試みた。

◇諸葛亮孔明—その虚像と実像 渡辺義浩著 新人物往来社 1998.2 ①4-404-02583-1
＊孔明と劉備はせめぎあっていた！30年ぶりに歴史学者が挑んだ諸葛亮論。

◇軍師・諸葛孔明 立間祥介著 三笠書房 （知的生きかた文庫） 1998.1
①4-8379-0934-5

◇英雄台頭 立間祥介,守屋洋著,尾崎秀樹,陳舜臣編 講談社 （中国の群雄） 1997.10 ①4-06-191884-2
＊後漢末の乱世に魏・蜀・呉三国鼎立時代をつくり、漢皇室による天下再統一を目指した諸葛孔明と劉備。天下三分の計を実現する英雄の実像にせまる。

◇諸葛孔明伝 上巻 藤原芳秀画、瀬戸竜哉作 小学館 （まんが三国志シリーズ） 1997.5 ①4-09-620101-4

◇諸葛孔明伝 下巻 藤原芳秀画、瀬戸竜哉作 小学館 （まんが三国志シリーズ） 1997.5 ①4-09-620102-2

◇諸葛孔明がゆく 榛葉英治著 歴思書院 1996.10 ①4-7612-5603-6

◇諸葛孔明謎の生涯 新人物往来社 （別冊歴史読本） 1996.7 ①4-404-02388-X

◇世界人物逸話大事典 朝倉治彦,三浦一郎編 角川書店 1996.6 ①4-04-031900-1
＊歴史上の人物の生き生きとした人間像を伝えるエピソードを多数紹介する事典。日本人によく知られた人物1883人を見出しに掲載。

◇三国志の英雄—諸葛孔明 渡辺精一,楡今日子著 総合法令 （HOREI HARD BOOKS） 1996.5 ①4-89346-516-3
＊三国志研究の第一人者が描く迫真の人間像。

◇三国志を行（い）く 諸葛孔明篇 井波律子,山口直樹著 新潮社 （とんぼの本） 1995.5 ①4-10-602036-X
＊壮大な中国大陸を舞台に激動の三国時代を生きぬいた英雄・豪傑たち、なかでも異彩を放つのが智謀のほまれ高かった諸葛孔明。五丈原に流星とともに逝ったその波瀾の生涯を、中国文学研究の俊英と中国撮影20回に及ぶ写真家が、史実にもとづきリアルに感動的に甦えらせる。

◇現代に生きる孔明の人材学—人を発掘し、育て、活かす"人材のリストラ"の知恵 林田慎之助著 ごま書房 1994.3
①4-341-17047-3

◇三国志諸葛孔明「天下三分の計」と蜀帝国の栄光　世界文化社　（ビッグマンスペシャル）　1994.4

◇三国志の英雄 諸葛孔明　渡辺精一，楡今日子共著　総合法令　（HOREI BOOKS）　1994.3　ⓘ4-89346-355-1

◇三国志 風と雲と龍―曹操と諸葛孔明　林田慎之助著　集英社　1994.3　ⓘ4-08-781097-6
＊「三国志」の二大巨人＝曹操と諸葛孔明の壮絶な人生と、隠れた人間的魅力を解明した、林田慎之助の「三国志」エッセイ集。

◇正史 三国志英傑伝　3　貫く蜀書　陳寿著，裴松之注，中国の思想刊行委員会編訳　徳間書店　1994.3　ⓘ4-19-860086-4
＊漢室再興をめざし敢然と曹操に挑んだ劉備、不世出の大政略家・諸葛亮、関羽・張飛・趙雲らの「五虎将」、そして龐統・姜維・法正・馬良・馬謖…。「信」と「義」が織りなす壮絶な生の軌跡。

◇諸葛孔明　下　陳舜臣著　中央公論社（中公文庫）　1993.11　ⓘ4-12-202051-4
＊関羽、張飛が非業の死をとげ、主君劉備も逝き、蜀の危急存亡のとき、丞相孔明は魏による悪しき統一を防ぐため、輿に乗り白羽扇で軍を率い、五丈原に陣を布く―。史料の徹底的な吟味によって鮮やかによみがえる孔明の「志」と感動的な生涯。

◇明鏡古事―中国人物列伝 古事は今を知る鏡　伴野朗著　経営院　1993.11　ⓘ4-87913-470-8
＊中国四千年の歴史に活躍する英雄たちの魅力的な人物像を描く。

◇諸葛孔明　上　陳舜臣著　中央公論社（中公文庫）　1993.10　ⓘ4-12-202035-2
＊後漢は衰微し、群雄が覇を競う乱世に、一人の青年が時を待っていた。三顧の礼にこたえ、劉備のもと、「臥竜」孔明は、南下する最強の敵、曹操に立ち向かうべく、赤壁の戦いへと赴く。透徹した史眼、雄渾の筆致がとらえた孔明の新しい魅力と壮大な「三国志」の世界。

◇諸葛孔明の憂鬱　渡辺精一著　東京書籍　1993.9　ⓘ4-487-79063-8
＊建安十二年冬、「三顧の礼」の二度目の訪問も失敗に終わった劉備らの一行は、新野城にもどっていった。隆中にある一軒の酒屋では、孟公威、石公元、崔州平らが劉備や曹操について熱っぽく論じている。やがて春を迎え、劉備の兵士募集に応じた飛剣の名手・虚空児が、襄陽城郊外にある幽鬼楼で怪死をとげる。容疑者と思われた道士・王圭も、その翌日、幽鬼楼の三階で死体となって発見される。若き日の諸葛孔明の推理はいかに。その謎解きのあげくに、孔明がたどりついた真実とは。

◇「実説」諸葛孔明―ある天才軍師の生涯　守屋洋著　PHP研究所　（PHP文庫）　1993.8　ⓘ4-569-56568-9
＊「三国志」のヒーロー諸葛孔明。きわだった個人的武力を持たない彼が、鬼をもあざむく知略を武器に寡兵をもって大軍を打ち破る。このドラマにこそ庶民は喝采を送るのだが…。本書で語るように本物の孔明は小説ほど成功してはいなかった。けれども、真実の孔明の生涯は一人の精廉な男の人生として、新たな感動を放つ。孤高の天才軍師の足跡をたどる力作評伝。

◇中国宰相列伝―君主に仕え百官を率いる　守屋洋著　プレジデント社　1993.7　ⓘ4-8334-1494-5
＊上には君主を戴き、下には文武百官を従える。その狭間で呻吟し知恵を絞る「宰相型人材」。管仲から諸葛孔明、名宰相10人の軌跡に、その栄光と非命の分岐点を探る。

◇人物 諸葛孔明　加来耕三著　潮出版社　1993.6　ⓘ4-267-01322-5
＊夢と理想だけの架空の人物・孔明からはいかほどのことも学べない―。孔明の実像に迫った著者渾身の書き下ろし。

◇三国志 諸葛孔明外伝　今戸栄一著　新人物往来社　1992.11　ⓘ4-404-01973-4
＊中国の民間には、三国志の英雄たちの意外で面白い伝説がたくさん残されている。それらのなかから孔明にまつわる話を集めてみた。神のごとくの智謀を生み出す陰に、珍談あり、奇談あり。

諸葛亮

◇孔明の野望―異説『柴堆三国志』　加来耕三著　二見書房　（二見文庫）　1992.10
①4-576-92131-2
＊ベストセラー『反三国志』に勝るとも劣らぬ、第三の三国志。陳寿の『三国志』や羅貫中の『三国志演義』とは一線を画して中国の民衆のなかに溶けこみ、代々伝えられてきた、まったく異なる三国志を発掘。民衆のつくりだした三国志は、軍師・諸葛孔明の再生から始まり、思いがけぬ展開をしてゆく。

◇孔明と仲達―天才と英才の対決　松本一男著　PHP研究所　1992.9
①4-569-53719-7
＊『三国志』の最後を飾るふたりの戦略家の生き様をひもとき、数々の智謀・智略を徹底比較し不動の指導原理を解き明かした待望の書。

◇「三国志」真説 諸葛孔明―人智の限りを尽くし戦いぬいた男の美学　立間祥介著　三笠書房　1992.9　①4-8379-1484-5
＊天の運、地の運を味方につけた男、名軍師・孔明の実像。中国史上最大の動乱期を、文字通り稲妻のように駆けめぐった一人の天才軍師・諸葛孔明―。先帝（劉備）に赤誠を尽くし、後主・劉禅の名補佐役として蜀漢の天下統一への夢に殉じた男の生涯を、史実に即して描く。

◇諸葛孔明―影の旋律　渡辺精一著　東京書籍　1992.8　①4-487-75312-0
＊諸葛兄弟の秘密、天下三分の計は孔明の創案にあらず等々、初めて読み解かれる影の旋律。『蜀志』諸葛亮伝の全文を掲げ、孔明の実像に迫る。索引付き。

◇諸葛亮孔明・逆境からの挑戦　（横浜）光栄　（英雄パラダイムシリーズ）　1992.4
①4-906300-54-5
＊本書は、諸葛亮の英雄たるゆえんを「逆境からの挑戦」に見い出し、〈賭け〉〈大義〉〈新機軸〉〈不屈〉の四つの要素をピックアップして、諸葛亮の軌跡を追う。つづけて、同じ要素によって強敵に挑んだ世界史上の英雄たち―カルタゴの闘将ハンニバル、異形の忠臣楠木正成、改革する宰相王安石、反ファシズムの戦士チャーチルをフィーチャーし、彼らの果敢な挑戦を解説する。歴史世界を冒険する、英雄パラダイムシリーズ第二弾。

◇三国志の軍師諸葛孔明　新人物往来社　（別冊歴史読本）　1992.2

◇<史伝>諸葛孔明―諸葛亮新伝　章映閣著，村山孚編訳　徳間書店　1991.9
①4-19-224656-2

◇諸葛孔明―泣いて馬謖を斬る　林田慎之助著　集英社　（集英社文庫）　1991.8
①4-08-749741-0

◇諸葛孔明　上　陳舜臣著　中央公論社　1991.3　①4-12-002003-7
＊後漢が衰微し、群雄が覇を競う乱世に、謹厳で慎重な、顔の長い青年が時を待っていた。三顧の礼にこたえ劉備の指揮のもと、「臥竜」孔明は、最強の敵、曹操に真正面から立ち向うべく、赤壁の戦いへ赴く。透徹した史眼、雄渾の筆致がとらえた「三国志」の壮大な世界。

◇諸葛孔明　下　陳舜臣著　中央公論社　1991.3　①4-12-002004-5
＊関羽、張飛がたおれ、劉備も逝き、蜀の危急存亡のとき、曹操の悪しき統一を防ぐため「天下三分の計」をたて、興に乗り白羽扇で軍を率い、丞相孔明は五丈原に向う。史料の徹底的な吟味によってよみがえる孔明の新しい魅力。

◇諸葛孔明―三国志の英雄たち　立間祥介著　岩波書店　（岩波新書）　1990.11
①4-00-430146-7
＊「三顧の礼」「水魚の交わり」「天下三分の計」などの言葉で有名な孔明。「三国志」では、類いまれな軍師として、仁愛の丞相として、また篤い忠義の人として描かれ、永く人びとの敬愛を集め、語りつがれてきた。遠大な理想の実現のために身命を賭した智略家の生涯を、後漢末から三国時代にかけての時代相を縦糸に魁偉な英雄たちの姿を横糸に描く。

◇「三国志」の英雄―実説諸葛孔明 ある天才軍師の生涯　守屋洋著　PHP研究所　1990.8　①4-569-52832-5
＊さまざまな不利を乗りこえ、難敵と戦

い、小国の命運を支えた男。中国最高の軍略家の真実の物語。

徐光啓　じょこうけい
1562〜1633　16・17世紀、中国、明末の政治家、学者。天主教（キリスト教）徒。字は子先。号は玄扈。

◇世界伝記大事典　日本・朝鮮・中国 1〜6　編集代表：桑原武夫　ほるぷ出版　1978.7

ジョージ1世　George I
1660〜1727　17・18世紀、イギリス、ハノーバー朝初代国王（在位1714〜1727）。54歳でドイツからイギリスに招かれ即位。ウォルポールの長期政権へと導いた。

◇英国王室史話　下　森護著　中央公論新社（中公文庫）　2000.3　①4-12-203617-8

◇世界人物逸話大事典　朝倉治彦，三浦一郎編　角川書店　1996.6　①4-04-031900-1
＊歴史上の人物の生き生きとした人間像を伝えるエピソードを多数紹介する事典。日本人によく知られた人物1883人を見出しに掲載。

◇イギリス王室物語　小林章夫著　講談社（講談社現代新書）　1996.1　①4-06-149283-7
＊千年の伝統をもち、今も華麗に輝くイギリス王室。「残虐非道」のヘンリー八世、自信家の処女王エリザベス一世、快楽の王子ジョージ四世など、大英帝国の栄光を築いた強烈な個性たちを描く。

ジョゼフィーヌ　Joséphine de Beauharnais
1763〜1814　18・19世紀、フランス皇帝ナポレオン1世の妃。ナポレオンの激しい情愛を受けたが、跡継ぎに恵まれず離婚。

◇年をとるほど愛される女になる方法—フランス女性の永遠の憧れジョゼフィーヌに学ぶ　伊藤緋紗子著　河出書房新社　2018.5　①978-4-309-02687-9

◇ナポレオン愛の書簡集　草場安子著　大修館書店　2012.3　①978-4-469-25079-4

◇お姫さま大全—100人の物語　井辻朱美監修　講談社　2011.3
①978-4-06-216768-0
＊この本は、お姫さま100人の物語を集めたものです。物語、舞台、アニメ、神話、史実などのお姫さまたちが、時代や背景をこえて登場します。世界中のお姫さまのことがわかる一冊です。

◇歴史のなかの女たち—名画に秘められたその生涯　高階秀爾著　岩波書店（岩波現代文庫）　2008.7　①978-4-00-602137-5

◇皇帝を惑わせた女たち　藤本ひとみ著　角川書店，角川グループパブリッシング（発売）（角川文庫）　2007.9
①978-4-04-175517-4

◇ナポレオンが選んだ3人の女—フランス皇帝の大奥　川島ルミ子著　講談社（講談社＋α文庫）　2006.4　①4-06-281015-8
＊19世紀、帝政フランス宮廷に生きた3人の女。パリ社交界のスター、ジョゼフィーヌ、ポーランドの名花マリー・ヴァレフスカ、そしてオーストリア皇帝の娘であるマリー・ルイーズ。愛と名誉と幸福を求めて波乱の時代を生き抜いた三者三様の華やかな軌跡。しかし、その陰にナポレオンの正統な後継者である少年の悲劇の人生が隠されていた。

◇世界女性人名事典—歴史の中の女性たち　世界女性人名事典編集委員会編　日外アソシエーツ，紀伊國屋書店〔発売〕　2004.10　①4-8169-1800-0

ジョゼフ・チェンバレン
Joseph Chamberlain
⇒チェンバレン，ジョゼフ

ジョット　Giotto di Bondone
1266頃〜1337　13・14世紀、イタリアの画家、建築家。人物・背景に現実感をもたせ、ルネサンス期の画家に大きな影響を与えた。

◇ジョルジョ・ヴァザーリ 美術家列伝　第1巻　ジョルジョ・ヴァザーリ著，森田義之，越川倫明，甲斐教行，宮下規久朗，高梨光正監修　中央公論美術出版　2014.2

ショパン

①978-4-8055-1601-0

◇キリスト教とは何か。1　西洋美術で読み解く、聖書の世界　池上英洋監修，ペン編集部編　阪急コミュニケーションズ（PenBOOKS）　2011.12
①978-4-484-11232-9
＊西洋絵画を鑑賞したとき、あるいはヨーロッパの美術館や教会を訪れたとき、こんなふうに思ったことはないだろうか。「キリスト教のことを知っていたら、もっと理解が深まるはずなのに…」巨匠たちが競って描いた名エピソードを題材に、聖書が伝える世界と、救世主イエスの教えを読み解く。

◇芸術家列伝　1　ジョット、マザッチョほか　ジョルジョ・ヴァザーリ著，平川祐弘，小谷年司訳　白水社　（白水uブックス）　2011.6　①978-4-560-72122-3

◇ルネサンス画人伝　新装版　ジョルジョ・ヴァザーリ著，平川祐弘，小谷年司，田中英道訳　白水社　2009.12
①978-4-560-08043-6

◇ありがとうジョット―イタリア美術への旅　石鍋真澄著　吉川弘文館　（歴史文化セレクション）　2009.7　①978-4-642-06352-4
＊ジョット、マザッチョ、カラヴァッジョの生涯と作品、中世市民の都市シエナ、反宗教改革の聖人とバロック美術、バロックの祝祭都市ローマ…ルネサンスからバロックまで、イタリア美術の魅力をわかりやすく描く。

◇聖痕印刻―ジョットの後期壁画をめぐって　佐々木英也著　中央公論美術出版　1995.11　①4-8055-0304-1

◇ジョット　サンドリーナ・バンデーラ・ビストレッティ著，尾形希和子訳　京都書院　（カンティーニ美術叢書）　1995.2
①4-7636-4100-X

▌**ショパン**　Chopin, Frédéric François
1810〜1849　19世紀、ポーランドの作曲家。「ピアノの詩人」といわれる。

◇ロマン派の音楽家たち―恋と友情と革命の青春譜　中川右介著　筑摩書房　（ちくま新書）　2017.4　①978-4-480-06959-7

◇パリのヴィルトゥオーゾたち―ショパンとリストの時代　改訂版　ヴィルヘルム・フォン・レンツ著，中野真帆子訳　ハンナ　2016.4　①978-4-907121-55-6

◇ピアノ音楽の巨匠たち　ハロルド・C.ショーンバーグ著，後藤泰子訳　シンコーミュージック・エンタテイメント　2015.4
①978-4-401-64019-5

◇ショパンを嗜む　平野啓一郎著　音楽之友社　2013.12　①978-4-276-21065-3
＊ショパンをより深く知ることで、人は、バラード第四番を聴き、作品59の三つのマズルカを聴きながら、何を問うてみるべきかがわかるようになるだろう。ショパンを慈しむ作家平野啓一郎が小説『葬送』の取材ノートをもとに綴る。

◇ジョルジュ・サンドと四人の音楽家―リスト、ベルリオーズ、マイヤベーア、ショパン　坂本千代，加藤由紀著　彩流社（フィギュール彩）　2013.10
①978-4-7791-7003-4

◇書簡集1812‐1876　ジョルジュ・サンド著，持田明子，大野一道編・監訳・解説　藤原書店　（ジョルジュ・サンドセレクション）　2013.7　①978-4-89434-896-7
＊フロベール、バルザック、ハイネ、ユゴー、デュマ・フィス、ツルゲーネフ、マリ・ダグー、ドラクロワ、ショパン、リスト、ミシュレ、マルクス、バクーニン…2万通に及ぶ全書簡から精選、サンドの生涯と思想を提示。19世紀ヨーロッパの全体像が見える！　図版多数。八歳の少女が母に宛てた、最初の短い手紙から、死の九日前に書かれた最後の手紙まで二四九通を収めた。

◇切手絵巻ショパン物語　荒井照夫著　ハンナ　2013.3　①978-4-88364-339-4

◇知識ゼロからの世界の10大作曲家入門　吉松隆著　幻冬舎　2012.4
①978-4-344-90247-3

◇ショパン孤高の創造者―人・作品・イメージ　ジム・サムスン著，大久保賢訳　春秋社　2012.3　①978-4-393-93188-2
＊19世紀初めのワルシャワの社交界と文化が、どのような影響をショパンに与え

たのか。偏見によって歪曲されたジョルジュ・サンドとの本当の関係性は？　ピアノ音楽においてショパンが成し遂げた、真の革命とは？　ショパン研究の第一人者が描きだす、新たなショパン像。

◇ショパン全書簡―1816〜1831年：ポーランド時代　ショパン著，ゾフィア・ヘルマン，ズビグニェフ・スコヴロン，ハンナ・ヴルブレフスカ＝ストラウス編，関口時正，重川真紀，平岩理恵，西田諭訳　岩波書店　2012.3　①978-4-00-025839-5
＊フリデリク・ショパン（1810－49年）は、1830年にワルシャワを発った後、再び故国に戻ることはなかった。彼がポーランド時代に家族や親友たちに宛てて書いた少年期・青年期の手紙は、ショパンの人間形成や文化的・音楽的背景をうかがい知る上で欠かせない貴重な資料である。ポーランドで新しく刊行が始まった新校訂の書簡全集にもとづく待望の原典訳。人物や音楽作品、生活環境、政治的・社会的・文化的背景に関する詳細な原注付き。

◇ピアニストの系譜―その血脈を追う　真嶋雄大著　音楽之友社　2011.10　①978-4-276-14332-6
＊ショパンの師は…？　グレン・グールドは独学だった…？　チェルニーの生徒は何人…？　『音楽の友』誌でお馴染みの著者が挑んだ1000人のピアニストのルーツさがし。国別の折り込み系譜図付。

◇ショパンとサンドゆかりの地を訪ねる―ワルシャワ―パリ―ノアン　大内田倭文著　スタイルノート　2011.6　①978-4-903238-56-2

◇ショパン・望郷のピアニスト　ギ・ド・プルタレス著，高波秋訳　ジャン・ジャック書房　2010.12　①978-4-9980745-9-5

◇ショパン、私の恋人　角川マーケティング　2010.10　①978-4-04-895402-0
＊ドラマティックな愛に生き、不滅の名曲を生み出した"ピアノの詩人"ショパン。そして、そんなショパンに激しい愛をぶつけた、男装の麗人、サンド。200年経た現在でも、広く愛される、数多の名曲が生まれた背景にあったものは一体何だったのか―？　生誕200年を迎えるショパンと、その恋人である男装の麗人、ジョルジュ・サンドの愛の軌跡を、女優でありピアニストである松下奈緒さんが辿る旅に出る―BS日テレ10周年特別番組「松下奈緒ショパン、私の恋人。―」を完全書籍化。番組と連動した内容はもちろん、書籍ならではの切り口で名曲が生まれた背景や史実にも迫り、また、スペイン、フランスへのガイドブックの要素も含めた一冊。

◇ショパン天才の秘話―20歳の孤独な作曲家とロマン派の巨人たち　中川右介著　静山社　（静山社文庫）　2010.10　①978-4-86389-072-5

◇ショパンをめぐる女性たち　萩谷由喜子著　ショパン　2010.7　①978-4-88364-301-1

◇やさしく読める作曲家の物語―モーツァルト、ベートーヴェン、ショパン、ドビュッシー　栗原千種文，小倉正巳絵　ヤマハミュージックメディア　2010.6　①978-4-636-85597-5

◇ショパンその生涯　青沢唯夫著　芸術現代社　2010.6　①978-4-87463-186-7

◇ショパンとサンド―Une trace d'amour　新版　小沼ますみ著　音楽之友社　2010.5　①978-4-276-21064-6
＊ヨーロッパいちスキャンダラスな女といわれた作家ジョルジュ・サンドと、天才音楽家でありながら控えめで品行方正なショパンとの、ある意味不可解な結びつき。本書は歪められた俗説を排し、現存する資料をもとに客観的な視点でふたりの軌跡をたどる。生誕200年を機に改めて考える人間ショパンの真の姿。

◇フレデリク・ショパン全仕事　小坂裕子著　アルテスパブリッシング　2010.5　①978-4-903951-31-7
＊ピアノ曲、室内楽曲、歌曲など全曲を作品番号順に解説。秘められたエピソードの数々も紹介し、伝記としても楽しめる画期的なショパン・ガイドが登場。

◇愛と魂の旋律ショパンの世界へ　堀内みさ文，堀内昭彦写真　世界文化社　（CD book）　2010.4　①978-4-418-10206-8

ショパン

* 39年の生涯をピアノに捧げたフレデリック・ショパン(1810年ワルシャワ近郊生―1849年パリ没)。その優美で高雅な人物像と生涯。

◇CDでわかるショパン鍵盤のミステリー――オールカラー　仲道郁代編著　ナツメ社　2010.3　①978-4-8163-4850-1
* 名曲の聴きどころと波瀾万丈な生涯をピアニスト仲道郁代が案内。

◇ショパン――作曲家ダイジェスト　久元祐子, 堀内みさ, 山本一太著　学研パブリッシング　2010.2　①978-4-05-404471-5
* ピアニスト憧れの作曲家の生涯と代表曲を一挙紹介。

◇図説ショパン　伊熊よし子著　河出書房新社　(ふくろうの本)　2010.2　①978-4-309-76137-4
* 「ピアノの詩人」の知られざる素顔と交遊録。"ワルツ""ノクターン""マズルカ""ポロネーズ""ピアノ・ソナタ"―。豊富な図版で作品とともに振り返るショパンの生涯。

◇大作曲家たちの履歴書　上　三枝成彰著　中央公論新社　(中公文庫)　2009.12　①978-4-12-205240-6

◇ドラマティック・ショパン―人生を決めた選択　石井清司著　ヤマハミュージックメディア　2009.10　①978-4-636-84799-4
* 優柔不断な男がくだした大きな決断。革命、芸術、恋で揺れるショパンの青春を追う。

◇ショパンおもしろ雑学事典―知ってるようで知らない　キーワードでひく　室田尚子, 佐藤浩子, 山尾敦史著　ヤマハミュージックメディア　2009.3　①978-4-636-84206-7
* 今までにない切り口から、一味違ったショパンが見えてくる。エピソード満載、読みきりキーワードで解説する新しいタイプのショパン雑学本。

◇兼常清佐著作集　第5巻　ショパン・音楽概論・音楽の階級性―附・名人滅亡　兼常清佐著, 蒲生美津子, 土田英三郎, 川上央編　大空社　2008.6　①978-4-283-00610-2

◇音楽家カップルおもしろ雑学事典―ひと組5分で読める　萩谷由喜子著　ヤマハミュージックメディア　2007.6　①978-4-636-81855-0

◇ショパン――愛と追憶のポーランド　アルベルト・グルジンスキ, アントニ・グルジンスキ共著, 小林倫子, 松本照男共訳　ショパン　2006.10　①4-88364-241-0
* ショパンの手紙や当時の音楽紙・誌の記事、さまざまな資料をもとにポーランド時代の知られざるショパンが今よみがえった。

◇ショパンについての覚え書き　アンドレ・ジッド著, 中野真帆子編訳　ショパン　2006.8　①4-88364-214-3

◇ショパンの肖像　石垣優著　東京図書出版会, リフレ出版(発売)　2005.12　①4-901880-92-6
* 20歳でパリに亡命したショパンの心はパリで何を見たのか。―ドラクロワは人間ショパンに感動した。

◇ショパン紀行―あの日ショパンが見た風景　堀内みさ文, 堀内昭彦写真　東京書籍　2005.12　①4-487-80083-8
* ショパンは39年の短い生涯のなかで、驚くべき長距離を移動した。生地ジェラゾヴァ・ヴォラや首都ワルシャワなど20歳まで過ごした故国ポーランド、輝かしい成功を収めたパリ、作家ジョルジュ・サンドと生活をともにしたマヨルカ島と中部フランスの村ノアン、北の果てスコットランド、パリでの死まで、音楽家のはるかな旅路を丹念にたどり、美麗かつ貴重な写真とともに、その心象風景にせまる音楽紀行。

◇クラシック 名曲を生んだ恋物語　西原稔著　講談社　(講談社プラスアルファ新書)　2005.9　①4-06-272337-9

◇パリのヴィルトゥオーゾたち―ショパンとリストの時代　ヴィルヘルム・フォン・レンツ著, 中野真帆子訳　ショパン　2004.10　①4-88364-185-6

◇ショパン瑠璃色のまなざし　荒木昭太郎著　春秋社　2004.7　①4-393-93171-8

◇ショパン　小坂裕子著　音楽之友社　(作

曲家・人と作品シリーズ) 2004.4
①4-276-22178-1

◇ショパンの手紙　新装復刊　ショパン著，アーサー・ヘドレイ編，小松雄一郎訳　白水社　2003.6　①4-560-02655-6

◇クラシックコンサート―湧きいづる哀惜の調べ　vol.18　ショパン名曲集　毎日新聞社　(CDブック)　1999.12
①4-620-00034-5
＊ピアノを愛し、ピアノのためだけに作曲をし、短い人生を駆け抜けていったショパン。愛国心と民族の誇りを、最高のクオリティのピアノ音楽に昇華して残してくれた。「争いを止めて優しい人類愛の世界を作ろう」と。1999年、没後150年のショパンよりの、21世紀を迎える私達へのメッセージでもある。

◇ショパンを読む本―ショパンをめぐる50のアプローチ　トーオン　1999.10
①4-636-72012-1
＊素朴な疑問、秘密と謎、交友録、名曲にまつわるエピソードから、おすすめCDまで。気軽に、楽しく、ショパンがわかる。

◇ショパンを解く！―現代作曲家の熱きまなざし　アンドレ・ブクレシュリエフ著，小坂裕子訳　音楽之友社　1999.9
①4-276-13144-8
＊没後150年を経て、ようやく明かされる真実のショパン像。現代の作曲家が、時に冷徹に、時に情熱的に解き明かす、注目の書。

◇名曲名盤ショパン―ピアノの詩人の華麗なる世界　佐藤泰一著　音楽之友社　(On books)　1998.7　①4-276-35137-5

◇大作曲家たちの履歴書　三枝成彰著　中央公論社　1997.5　①4-12-002690-6
＊メイドに卵を投げつけた横暴なベートーヴェン。女装して恋愛相手を追いかけた激情家ベルリオーズなど人種、家系、宗教、作曲態度から精神状態、女性関係…18人の大作曲家の、頭の中から爪先までを忌憚なく描き出すクラシックファン必携のデータブック。各作曲家履歴書つき。

◇マヨルカの夜　ジョルジュ・サンド著，小坂裕子訳　藤原書店　1997.2
①4-89434-061-5

◇大作曲家の少年時代　ウルリッヒ・リューレ著，鈴木皓訳　中央公論社　1996.7　①4-12-002589-6
＊「普通の少年」が「天才」になる瞬間。さくらんぼ欲しさに歌を歌ったハイドン、数学の追試をうけるくらいなら、と学校を去ったシューベルト、ローラースケートに夢中だった不良少年ガーシュイン―7人の天才たちが音楽にめざす才能と感性を花ひらかせる過程を生き生きと描く。

◇世界人物逸話大事典　朝倉治彦，三浦一郎編　角川書店　1996.6　①4-04-031900-1
＊歴史上の人物の生き生きとした人間像を伝えるエピソードを多数紹介する事典。日本人によく知られた人物1883人を見出しに掲載。

◇ジョルジュ・サンドからの手紙―スペイン・マヨルカ島，ショパンとの旅と生活　持田明子編・構成　藤原書店　1996.3
①4-89434-035-6

◇ショパン　カミーユ・ブールニケル著，荒木昭太郎訳　音楽之友社　(大作曲家)　1994.8　①4-276-22158-7

◇ショパン　失意と孤独の最晩年　小沼ますみ著　音楽之友社　(音楽選書)　1992.10
①4-276-37064-7
＊名声と栄光を手にしながら、孤独のうちに生き、苦悩することの多かったショパン。祖国を、健康を、愛を、霊感まで失った彼の悲劇的な最晩年を、残された手紙を軸に、最新の研究も取り入れて詳述し、今までとかく軽視されてきたイギリス旅行にも光をあてる。

◇はじめてのショパン　河合貞子著　春秋社　1992.5　①4-393-93730-9

◇ノアンのショパンとサンド―夏の愛の日々　シルヴィ・ドレーグ・モワン著，小坂裕子訳　音楽之友社　1992.5
①4-276-22434-9
＊本書には稀にみる二人の芸術家の出会いとその日々、そしてその人間的な心の行き違いが生き生きと描かれていく。

ショパンをめぐるこの七夏は、ここに凝縮された物語りとして、あたかも優れたドキュメンタリー映画のように仕上げられている。

◇ピアニスト・ショパン　下巻　ウイリアム・アトウッド著，横溝亮一訳　東京音楽社　1991.10　Ⓘ4-88564-184-5

◇ショパン　遠山一行著　講談社　（講談社学術文庫）　1991.9　Ⓘ4-06-158987-3
＊20歳でポーランドを離れたショパンはパリに定住し、生涯ふたたび祖国の土を踏むことはなかった。彼にとって祖国とは何であったか…。多くの謎に包まれたその人間像を残された手紙の数々から解き明かし、ロマン派以降の近代の音楽家達を襲った観念地獄・自意識地獄に抗して純粋な「音」と向き合ったショパンの芸術の核心に迫る。在来のロマンティクなショパン像の通念を破る、音楽批評の金字塔。

◇大作曲家の知られざる横顔　渡辺学而著　丸善　（丸善ライブラリー）　1991.7　Ⓘ4-621-05018-4
＊"地震の日に生まれたヴィヴァルディ"、"モーツァルトの祖先は左官屋さん"、"ベートーヴェンの楽符に余分に印刷された二小節の謎"など、バッハ、ハイドンからショパンにいたる大作曲家たちの、知られざるエピソードの数々と、彼らの生きた時代や社会を、正確な資料に基づいて語ることにより、その素顔を浮彫にしてゆく。

◇ピアニスト・ショパン　上巻　ウイリアム・アトウッド著，横溝亮一訳　東京音楽社　1991.6　Ⓘ4-88564-178-0

◇ショパンとピアノと作品と　佐藤允彦著　東京音楽社　1991.3　Ⓘ4-88564-177-2

◇大作曲家の世界　3　ロマン派の旗手　メンデルスゾーン・シューマン・ショパン　ピエロ・ラッタリーノ著，森田陽子，蓑田洋子，小畑恒夫訳　音楽之友社　1990.7　Ⓘ4-276-22083-1
＊メンデルスゾーン・シューマン・ショパンをその時代とともにヴィジュアルに紹介。

◇名曲の旅―楽聖たちの足跡　飯野尹著　電波新聞社　1990.5　Ⓘ4-88554-247-2

◇ショパン―優雅なる激情　第2版　青沢唯夫著　芸術現代社　（大音楽家一生涯と作品シリーズ）　1990.3　Ⓘ4-87463-085-5

ジョルダーノ・ブルーノ
Giordano Bruno
⇒ブルーノ，ジョルダーノ

ジョン王　John, Lackland
1167～1216　12・13世紀、イングランド王(在位1199～1216)。失地王ともいわれる。

◇王様でたどるイギリス史　池上俊一著　岩波書店　（岩波ジュニア新書）　2017.2　Ⓘ978-4-00-500847-6

◇英国王室史話　上　森護著　中央公論新社　（中公文庫）　2000.3　Ⓘ4-12-203616-X

ジョン・ケイ　John Kay
⇒ケイ，ジョン

ジョン・ステュアート・ミル
John Stuart Mill
⇒ミル，ジョン・ステュアート

ジョンソン
Johnson, Lyndon Baines
1908～1973　20世紀、アメリカの政治家。第36代大統領(在任1963～1969)。ケネディ暗殺に伴い大統領に昇格した。ベトナム戦争介入と北爆開始が内外からの強い批判を浴びた。

◇偉大な社会を目指した大統領リンドン・B・ジョンソン―転換期の米国　今博著　志学社　（戦後アメリカ大統領シリーズ）　2017.11　Ⓘ978-4-904180-72-3

◇ベスト＆ブライテスト　上　栄光と興奮に憑かれて　デイヴィッド・ハルバースタム著，浅野輔訳　二玄社　（Nigensha Simultaneous World Issues）　2009.12　Ⓘ978-4-544-05306-7

◇ベスト&ブライテスト　中　ベトナムに沈む星条旗　デイヴィッド・ハルバースタム著, 浅野輔訳　二玄社　（Nigensha Simultaneous World Issues）　2009.12　①978-4-544-05307-4

◇ベスト&ブライテスト　下　アメリカが目覚めた日　デイヴィッド・ハルバースタム著, 浅野輔訳　二玄社　（Nigensha Simultaneous World Issues）　2009.12　①978-4-544-05308-1

◇戦後アメリカ大統領事典　藤本一美著者代表, 大空社編集部編　大空社　2009.2　①978-4-283-00623-2

◇ホワイトハウス・スキャンダル―歴代大統領、驚きの行状　ロナルド・ケスラー著, 桃井健司訳　扶桑社　2005.1　①4-594-04871-4

▎ジョン・ヘイ　John Hay
　⇒ヘイ, ジョン

▎ジョン・ボール　John Ball
　⇒ボール, ジョン

シラー
Schiller, Johann Christoph Friedrich von
1759～1805　18・19世紀、ドイツの劇作家、詩人。古典主義に基づく歴史劇を確立した。作品に「オルレアンの少女」「ウィルヘルム・テル」など。

◇「愛の時代」のドイツ文学―レンツとシラー　菅利恵著　彩流社　2018.2　①978-4-7791-2450-1

◇ゲーテ=シラー往復書簡集　上　ゲーテ, シラー著, 森淑仁, 田中亮平, 平山令二, 伊藤貴雄訳　潮出版社　2016.7　①978-4-267-02041-4

◇ゲーテ=シラー往復書簡集　下　ゲーテ, シラー著, 森淑仁, 田中亮平, 平山令二, 伊藤貴雄訳　潮出版社　2016.7　①978-4-267-02042-1

◇シラー　新装版　内藤克彦著　清水書院　（Century Books　人と思想）　2015.9　①978-4-389-42041-3

◇シラー小伝　相原隆夫著　近代文芸社　2015.9　①978-4-7733-7987-7
＊マルチ人間・シラーの軌跡を貫く捩れのない「一本の線」とは何か!?シラーが生涯に亘り奮闘努力して求め続けたものを追体験することは、私達がこれから行くべき道を模索する努力の手懸かりとなってくれる。

◇フリードリヒ・シラーの生涯　ジークリット・ダム著, 中村元保, 渡辺洋子共訳　同学社　2009.11　①978-4-8102-0219-9
＊生誕250周年、親しみやすい文章でいきいきと人間シラーを描く。

◇若きF.シラーの人と論説―人間学的に観たドイツ古典主義の生成と伸展　小野八十吉著　講談社出版サービスセンター　2007.8　①978-4-87601-816-1

◇教育者シラー――美と芸術による人間性の獲得　ユルゲン・シェーファー著, 舩尾日出志, 舩尾恭代監訳, 久野弘幸, 沢たか子編訳　学文社　2007.4　①978-4-7620-1640-0

◇シラーの生涯―その生活と日常と創作　ペーター・ラーンシュタイン著, 上西川原章訳　法政大学出版局　（叢書・ウニベルシタス）　2004.3　①4-588-00791-2

◇カントとシラーにおける構想力　ハンス・フェガー著, 鳥谷部平四郎訳　大学教育出版　2002.6　①4-88730-463-3

◇シラーの美的教養思想―その形成と展開の軌跡　内藤克彦著　三修社　（南山大学学術叢書）　1999.3　①4-384-01094-X
＊本書は、シラーの美的教育論において展開された「美的教養」思想がいかなる思考過程を経て形成されていったのであるか、そしてそれは、あらまし、いかなる内容のものであったのかを、発展史的に跡づけ、またそれが彼の創作にとって、いかなる成果をもたらしたものであったのかを、形式的には、知性と感性との活発な「相互作用」を励起して、奥深い詩的表現を目指すと同時に、内容的には、シラー独自の歴史哲学的想念を一つの詩的心象に昇華せしめようとした思想詩『散歩』を例にとって、

秦檜

検証しようとした試みの報告を内容とするものである。

◇世界人物逸話大事典　朝倉治彦，三浦一郎編　角川書店　1996.6　①4-04-031900-1
＊歴史上の人物の生き生きとした人間像を伝えるエピソードを多数紹介する事典。日本人によく知られた人物1883人を見出しに掲載。

◇シラー　内藤克彦著　清水書院　(Century books)　1994.7
①4-389-41041-5

◇天才たちの死―死因が語る偉人の運命　ハンス・バンクル著，関田淳子，後藤久子，柳沢ゆりえ，杉村園子共訳　新書館　1992.8　①4-403-24037-2
＊難聴だけでなく、消化不良にも悩まされていたベートーヴェン、高血圧で不眠症だったレーニン、ヘビースモーカーのフロイト、幼いころから病弱だったケネディ。心身の病と闘う歴史上の人物たちの姿に病理学者の視点から光をあて、彼らの隠された素顔を浮かびあがらせる。

◇フリードリヒ・シラー　エーミール・シュタイガー著，神代尚志，森良文，吉安光徳ほか訳　白水社　1990.1
①4-560-04175-X
＊ゲーテと同時代を生き、対称的な作品と生き方を示した劇詩人シラーの全貌を、「生の疎遠」という生涯を通しての十字架と、「自由」への希求という全作品に流れるライトモチーフを通して論述する画期的大著。

▌秦檜　しんかい
1090～1155　11・12世紀、中国、南宋の政治家。金との間に和議を結び、以後19年間宰相に在任。

◇中国悪党伝　寺尾善雄著　河出書房新社（河出文庫）　1990.8　①4-309-47198-6
＊中国史上ただ一人、女帝となった猛女・則天武后と、彼女の恐怖政治をささえた酷吏たち。皇帝の信頼と恩寵にそむいて天下を簒奪した安禄山ら裏切り者たち。国政を私物化した売国宰相や金の亡者の大臣、宦官。民主主義と革命を食い物にした袁世凱…。権謀術策入り乱れる中国社会でも、スケールと徹底性で群をぬく巨悪の実態。そこ知れぬ人間性の暗黒面から覗く、知られざる"悪"の中国史。

▌神宗（宋）　しんそう
1048～1085　11世紀、中国、北宋の第6代皇帝（在位1067～1085）。英宗の長子。

◇中国人物列伝―第三講・歴史家と歴史書、第四講・日中交流史話　木田知生，檀上寛編　恒星出版　（カルチャーフロンティアシリーズ）　2005.1　①4-907856-28-8

◇中国歴代皇帝人物事典　岡崎由美，王敏監修　河出書房新社　1999.2
①4-309-22342-7
＊秦の始皇帝、前漢の劉邦、新の王莽、魏の曹丕、隋の煬帝、唐の李世民、元のフビライ、明の朱元璋、清の康熙帝など、中国歴代王朝の皇帝を紹介した人物事典。后妃・公主・宗室なども収録し、歴代宮都・陵墓も掲載。中国史重要人物索引付き。

▌ジンナー　Jinnah, Mohammed Ali
1876～1948　19・20世紀、パキスタンの政治家。建国の祖、初代総督（1947～1948）。ヒンズー教との分離、イスラム国家建設に尽力。

◇世界伝記大事典　世界編1～12　編集代表：桑原武夫　ほるぷ出版　1980.12～1981.6

【す】

▌スィナン　Sinan, Mimar
⇒シナン

▌スウィフト　Swift, Jonathan
1667～1745　17・18世紀、イギリスの作家、政治評論家。風刺と批判精神で知ら

れる。作品に「ガリバー旅行記」など。
◇ジョナサン・スウィフトの生涯―自由を愛した男　塩谷清人著　彩流社　2016.3　①978-4-7791-2208-8
◇イギリス詩人伝　サミュエル・ジョンソン著，原田範行，円月勝博，武田将明，仙葉豊，小林章夫，渡辺孔二，吉野由利訳　筑摩書房　2009.12　①978-4-480-83646-5
◇アイルランド・ケルト文化を学ぶ人のために　風呂本武敏編　世界思想社　2009.5　①978-4-7907-1402-6
◇ガリヴァー旅行記　木下卓，清水明編著　ミネルヴァ書房　（シリーズ　もっと知りたい名作の世界）　2006.8　①4-623-04621-4
＊多様な視点から迫り、一八世紀に書かれた『ガリヴァー旅行記』が三世紀近くの時を超えて、現代の読者にも魅力的な物語であり続ける理由を明らかにしようとしたのが本書である。
◇数学を愛した作家たち　片野善一郎著　新潮社　（新潮新書）　2006.5　①4-10-610167-X
◇スウィフト伝―「ガリヴァー旅行記」の政治学　レズリー・スティーヴン著，高橋孝太郎訳　彩流社　1999.7　①4-88202-484-5
◇英国文学史―古典主義時代　イポリット・テーヌ著，手塚リリ子，手塚喬介訳　白水社　1998.10　①4-560-04661-1
＊ドライデン、アディスン、スウィフトなど、作家の人物像を力強くたたみかけていく壮快さもさることながら、王政復古（1660年）後の約百年間のイギリス古典主義時代の文学の支配的な特性を鮮やかに剔出する。「文学作品は、三つの互いに浸潤しあう要素、時代・人種・環境の生み出したものとして理解できる」というテーヌ独自の理論を批評のかたちで実践に移した古典的な名著。
◇ジョナサン・スウィフトと女性たち　有田昌哉著　近代文芸社　1997.2　①4-7733-5978-1
＊プラトニック・ラヴはあり得るか？　男女の愛を、精神愛で貫徹したスウィフトの謎を考察する。

◇スウィフト　レズリー・スティーヴン著，高橋孝太郎訳　一穂社　1996.8　①4-900482-13-7
◇世界人物逸話大事典　朝倉治彦，三浦一郎編　角川書店　1996.6　①4-04-031900-1
＊歴史上の人物の生き生きとした人間像を伝えるエピソードを多数紹介する事典。日本人によく知られた人物1883人を見出しに掲載。
◇鯨の腹のなかで―オーウェル評論集　3　ジョージ・オーウェル著，川端康雄編，小野寺健，川端康雄，河野徹，鶴見俊輔，横山貞子訳　平凡社　（平凡社ライブラリー）　1995.7　①4-582-76107-0
＊鯨の腹のなかの作家ヘンリー・ミラー、真昼の暗黒のなかのケストラー、「人間らしさ」を護るディケンズ、「人間らしさ」を呪うスウィフト、「すぐれた通俗詩人」キプリング―代表的な作家論5篇を収録。
◇炎の軌跡―ジョナサン・スウィフトの生涯　三浦謙著　南雲堂　1994.1　①4-523-29214-0
＊圧制と欺瞞にうちかって果敢に生きぬいたスウィフトの生涯を誠実に描いた本邦初の伝記。
◇メービウスの帯―書き手スウィフト　渡辺孔二著　山口書店　1991.11　①4-8411-0836-X

スカルノ　Sukarno

1901〜1970　20世紀、インドネシアの政治家。初代大統領（1945〜1967）。45年独立をかちとり、植民地闘争の先頭に立ったが、65年の九・三〇事件後、台頭した軍部右派勢力により、67年3月大統領全権限を奪われた。

◇スカルノ―インドネシア「建国の父」と日本　後藤乾一，山崎功著　吉川弘文館　（歴史文化ライブラリー）　2001.5　①4-642-05517-7
＊「国家のためなら悪魔にも魂を売ることを辞さない」革命家スカルノ。光と影を併せ持つ生涯から母国独立への波乱の道程を描き、戦中・戦後に関わった様々な日本人を浮彫りにする。現代イ

スキピオ

ンドネシアの背景理解に最適。

◇スカルノとスハルト―偉大なるインドネシアをめざして　白石隆著　岩波書店（現代アジアの肖像）　1997.1
①4-00-004866-X
＊オランダの植民地支配、日本軍の占領を経て1945年に独立したインドネシアでは、初代大統領スカルノ（1901～70）のあと、スハルト（1921～）の時代が六八年以来なお続いている。スカルノの指導民主主義、スハルトの新秩序体制とは何か。96年夏の反政府暴動は何を告知するのか。二人の生涯を通じて、この国の現代史と政治構造を考える。

◇私の国際交遊録―現代のカリスマとリーダーシップ　ノロドム・シアヌーク，バーナード・クリッシャー著，仙名紀訳　恒文社　1990.6　①4-7704-0719-X
＊今世紀を代表する世界のカリスマ的指導者たちは、みな共通の能力と欠点、超人的な特性を具えていた。本書は、カンボジアのシアヌーク殿下が、これら偉大な指導者たちとの交遊の模様をつづりながら、現代におけるリーダーシップとは何かを探る。

スキピオ
Scipio Africanus Major, Publius Cornelius
前235頃～前183　前3・2世紀、古代ローマの政治家。第2次ポエニ戦争のときの名将。

◇世界人物逸話大事典　朝倉治彦，三浦一郎編　角川書店　1996.6　①4-04-031900-1
＊歴史上の人物の生き生きとした人間像を伝えるエピソードを多数紹介する事典。日本人によく知られた人物1883人を見出しに掲載。

スコット　Scott, Robert Falcon
1868～1912　19・20世紀、イギリスの南極探検家。アムンゼンに遅れること1カ月、極点に達したが、帰途4人の同行者とともに遭難。

◇南極のスコット　新装版　中田修著　清水書院　（Century Books　人と思想）　2015.9　①978-4-389-42147-2

◇世界最悪の旅―スコット南極探検隊　アプスレイ・チェリー・ガラード著，加納一郎訳　中央公論新社　（中公文庫BIBLIO）　2002.12　①4-12-204143-0
＊二十世紀初頭に繰り広げられた南極点到達競争において、初到達の夢破れ、極寒の大地でほぼ全員が死亡した英国のスコット隊。その悲劇的な探検行の真実を、数少ない生存者である元隊員が綴った凄絶な記録。

◇南極点征服　ロアルド・アムンゼン著，谷口善也訳　中央公論新社　（中公文庫BIBLIO）　2002.12　①4-12-204142-2
＊二十世紀初頭に繰り広げられた南極点到達競争において、英国のスコット隊に先んじ南極点初到達の栄光を手にしたノルウェーのアムンゼン自らが著した南極探検の記録。犬ゾリを駆り鉄の意志のもと極点へと突進する探検隊の姿が活写される。

◇本多勝一集　第28巻　アムンセンとスコット　本多勝一著　朝日新聞社　1999.4　①4-02-256778-3
＊南極点初到達を競い、勝者は最高の栄誉を、敗者は全員遭難死した壮絶な闘いの物語。

◇南極のスコット　中田修著　清水書院（Century books　人と思想）　1998.1
①4-389-41147-0
＊ロバート＝フォーコン＝スコットは南極探検を二度している。初回の探検では、彼はまだ周辺が切り切れに発見されているだけだった南極で、内陸部を初めて深く踏査し、大陸の存在を確認した。九年後に今後は南極点初到達を目的に掲げて彼は再度南極へ向かった。しかしようやく到達した南極点にノルウェーの旗が立っているのを発見することになり、そして失望の帰り旅で彼の一行五人は全滅した。この極点旅行の話があまりにも有名になったために、スコットの話題がそれだけに限られてしまいがちになっている。本書はそれを補う意味で、スコットおよび彼の探検隊の活動の全体を概観し、彼の極点

旅行もそういう全体の展望の中で見ることを勧めている。

◇世界最悪の旅—悲運のスコット南極探検隊　アプスレイ・チェリー・ガラード著, 加納一郎訳　朝日新聞社　(朝日文庫)　1993.2　ⓘ4-02-260744-0

スターリン
Stalin, Iosif Vissarionovich
1879〜1953　20世紀、ソ連の政治家。グルジア生まれ。本名はシュガシビリ。1922年ロシア共産党書記長。レーニンの死後にトロツキーとの対立を経て政権を掌握。1953年の死まで独裁権力をふるった。

◇ローズヴェルトとスターリン—テヘラン・ヤルタ会談と戦後構想　上　スーザン・バトラー著, 松本幸重訳　白水社　2017.10　ⓘ978-4-560-09575-1

◇ローズヴェルトとスターリン—テヘラン・ヤルタ会談と戦後構想　下　スーザン・バトラー著, 松本幸重訳　白水社　2017.10　ⓘ978-4-560-09576-8

◇現代史とスターリン—『スターリン秘史—巨悪の成立と展開』が問いかけたもの　不破哲三, 渡辺治著　新日本出版社　2017.6　ⓘ978-4-406-06139-1

◇独裁者たちの最期の日々　上　ディアンヌ・デュクレ, エマニュエル・エシュト編者, 清水珠代訳　原書房　2017.3　ⓘ978-4-562-05377-3

◇スターリン批判 1953〜56年—一人の独裁者の死が、いかに20世紀世界を揺り動かしたか　和田春樹著　作品社　2016.6　ⓘ978-4-86182-573-6

◇スターリン秘史—巨悪の成立と展開　6　戦後の世界で　不破哲三著　新日本出版社　2016.3　ⓘ978-4-406-05959-6

◇スターリン秘史—巨悪の成立と展開　5　大戦下の覇権主義 下　不破哲三著　新日本出版社　2015.12　ⓘ978-4-406-05940-4

◇スターリン秘史—巨悪の成立と展開　4　大戦下の覇権主義 中　不破哲三著　新日本出版社　2015.9　ⓘ978-4-406-05920-6

◇スターリン秘史—巨悪の成立と展開　3　大戦下の覇権主義 上　不破哲三著　新日本出版社　2015.5　ⓘ978-4-406-05894-0

◇スターリン秘史—巨悪の成立と展開　2　転換・ヒトラーとの同盟へ　不破哲三著　新日本出版社　2015.2　ⓘ978-4-406-05858-2

◇歴史を翻弄した黒偉人　黒偉人研究委員会編　彩図社　2014.4　ⓘ978-4-88392-984-9

◇悪の出世学—ヒトラー、スターリン、毛沢東　中川右介著　幻冬舎　(幻冬舎新書)　2014.3　ⓘ978-4-344-98342-7
＊権力を握ることは悪ではないが、激しい闘争を勝ち抜き、のしあがった者に"ただのいい人"はいない。本書は歴史上、最強最悪といわれる力を持った三人の政治家—ヒトラー、スターリン、毛沢東の権力掌握術を分析。若い頃は無名で平凡だった彼らは、いかにして自分の価値を実力以上に高め、政敵を葬り、反対する者を排除して有利に事を進め、すべてを制したか。その巧妙かつ非情な手段とは。半端な覚悟では読めない、戦慄の立身出世考。

◇女と独裁者—愛欲と権力の世界史　ディアンヌ・デュクレ著, 神田順子監訳, 清水珠代, 山川洋子, ベリャコワ・エレーナ, 浜田英作訳　柏書房　2012.4　ⓘ978-4-7601-4115-9

◇ウォー・ポリティクス—「政治的危機」と指導者の群像　藤本一美編　志学社　2011.4　ⓘ978-4-904180-16-7

◇歴史を翻弄した黒偉人—33人の怪物　黒偉人研究委員会編　彩図社　2010.12　ⓘ978-4-88392-768-5

◇スターリン—青春と革命の時代　サイモン・セバーグ・モンテフィオーリ著, 松本幸重訳　白水社　2010.3　ⓘ978-4-560-08052-8
＊評伝スターリン二部作第2弾！ 誕生から10月革命まで、「若きスターリン」の実像に迫る画期的な伝記。コスタ伝記文学賞受賞作品。

◇ニーチェからスターリンへ—トロツキー人物論集「1900-1939」　トロツキー著, 森

スターリン

田成也，志田昇訳　光文社　（光文社古典新訳文庫）　2010.3　①978-4-334-75202-6

◇スターリン―赤い皇帝と廷臣たち　上　サイモン・セバーグ・モンテフィオーリ著，染谷徹訳　白水社　2010.2　①978-4-560-08045-0

◇スターリン―赤い皇帝と廷臣たち　下　サイモン・セバーグ・モンテフィオーリ著，染谷徹訳　白水社　2010.2　①978-4-560-08046-7
* 独ソ戦からその最期まで「人間スターリン」の実像に迫る画期的な伝記。英国文学賞「歴史部門」受賞作品。

◇世界極悪人大全―「野心」と「渇望」と「狂気」の果て　桐生操著　文芸春秋　（文春文庫）　2010.2　①978-4-16-777341-0

◇スターリン秘録　斎藤勉著　扶桑社　（扶桑社文庫）　2009.6　①978-4-594-05969-9
* 第二次大戦ではソ連を率いナチス・ドイツと戦い，戦後は東西冷戦構造の中心として世界を二分した男，スターリン。側近から一般市民にいたるまで粛清された人数は数知れず，ソ連は巨大な「収容所群島」と化した。この男が現在の世界に落とす影はあまりにも大きく，日本においても北方領土やシベリア抑留などの問題はいまだ解決されていない。世紀を超えて全世界に大きな影響を及ぼし続ける，謎多き独裁者の秘密に迫る名著，待望の文庫化。

◇世界残酷物語　上　古代・中世・近代　新装版　コリン・ウィルソン著，関口篤訳　青土社　2009.2　①978-4-7917-6466-2

◇スターリンと芸術家たち　ボリス・ワジモヴィチ・ソコロフ著，斎藤紘一訳　鳥影社　2007.12　①978-4-86265-105-1

◇独裁者たちの仮面劇　伊藤阿京著　東京経済　2006.11　①4-8064-0764-X

◇スターリンの消息　藤原稜三著　創造，恒文社〔発売〕　2006.9　①4-7704-1120-0

◇大審問官スターリン　亀山郁夫著　小学館　2006.2　①4-09-387527-8
* 芸術とは，権力とは何か？　神は存在するのか，しないのか？　ショスタコーヴィチ，プロコフィエフ，パステルナーク，ゾーシチェンコ，エイゼンシテイン，ドヴジェンコら，世界的な芸術家，作家たちと歴代の秘密警察長官を巻き込み，スターリン支配下に現出した恐るべきテロルの実態をえぐる迫真のドキュメント。

◇スターリニズム　グレイム・ギル著，内田健二訳　岩波書店　（ヨーロッパ史入門）　2004.11　①4-00-027093-1

◇スターリン・その劇的な生涯　ニコライ・ニコラエヴィチ・ヤコブレフ著，佐藤賢明訳　新読書社　2004.11　①4-7880-5109-5

◇ヒトラーとスターリン―対比列伝　第1巻　アラン・ブロック著，鈴木主税訳　草思社　2003.8　①4-7942-1234-8
* 練達の筆で描く二大独裁政治家の，類のない「対比列伝」。第1巻では二人の出自から，政権の座につき，独裁者としてそれを行使しはじめるまでを描く。

◇ヒトラーとスターリン―対比列伝　第2巻　アラン・ブロック著，鈴木主税訳　草思社　2003.8　①4-7942-1235-6
* 歴史の現場に居あわせているかのようなストーリー・テリングの冴え。第2巻では，独ソ不可侵条約を締結するに至るプロセスと，ヒトラーがバルバロッサ作戦を命じるまでを描く。

◇ヒトラーとスターリン―対比列伝　第3巻　アラン・ブロック著，鈴木主税訳　草思社　2003.8　①4-7942-1236-4
* 20世紀とは何だったのか。洞察に満ちた歴史読み物の傑作。第3巻では，独ソ戦でヒトラーが敗北して自殺し，戦後，スターリンがなおも恐怖政治を続けるなかで死亡するまでを描く。

◇知られざるスターリン　ジョレス・メドヴェージェフ，ロイ・メドヴェージェフ著，久保英雄訳　現代思潮新社　2003.3　①4-329-00428-3

◇スターリンの大テロル―恐怖政治のメカニズムと抵抗の諸相　O.フレヴニューク著，富田武訳　岩波書店　1998.3　①4-00-001067-0

◇七人の首領―レーニンからゴルバチョフまで　上　ドミートリー・ヴォルコゴー

スターリン

ノフ著, 生田真司訳　朝日新聞社　1997.10　Ⓘ4-02-257176-4
＊七人の肖像でみるソ連の70年。

◇スターリンという神話　ユーリイ・ボーレフ著, 亀山郁夫訳　岩波書店　1997.2　Ⓘ4-00-001066-2

◇スターリン極秘書簡—モロトフあて・1925年—1936年　スターリン著, ラーズ・リーほか編, 岡田良之助, 萩原直訳　大月書店　1996.12　Ⓘ4-272-53026-7

◇赤軍大粛清—20世紀最大の謀略　将校大量殺戮の謎に潜むスターリンの狂気とヒトラーの陰謀　ルドルフ・シュトレビンガー著, 守屋純訳　学習研究社　1996.11　Ⓘ4-05-400650-7
＊第二次世界大戦前夜の1937年6月11日、モスクワのルビャンカ監獄で、トハチェフスキー元帥をはじめとする8人の赤軍最高幹部が銃殺された。以後、粛清の嵐はソヴィエト三軍の高級将校、政治委員にまで及び、世界を震撼される大事件に発展する。将校大量殺戮の謎に潜むスターリンの狂気とヒトラーの陰謀。国際政治の舞台裏で蠢く二人の駆け引きはいかなるスパイ小説をも凌ぐ凄惨かつ驚愕のストーリーである。

◇世界人物逸話大事典　朝倉治彦, 三浦一郎編　角川書店　1996.6　Ⓘ4-04-031900-1
＊歴史上の人物の生き生きとした人間像を伝えるエピソードを多数紹介する事典。日本人によく知られた人物1883人を見出しに掲載。

◇赤いツァーリ—スターリン、封印された生涯　上　エドワード・ラジンスキー著, 工藤精一郎訳　日本放送出版協会　1996.4　Ⓘ4-14-080255-3
＊歴史のヴェールが、再びはがされる。自らの過去と、盟友たちを消しつづけた男、スターリン。それは夢想国家実現へのはじまりだった。作られた誕生日、二重スパイ説…謎の生涯を明かす。

◇赤いツァーリ—スターリン、封印された生涯　下　エドワード・ラジンスキー著, 工藤精一郎訳　日本放送出版協会　1996.4　Ⓘ4-14-080256-1
＊新資料が明かす歴史の謎。皇帝と化し

たスターリン。恐怖におびえる後継者たちは、その死を前にひとつの計画を実行した。粛清の嵐、スターリン暗殺説。その真相に迫る。

◇スターリン—鋼鉄の巨人　大森実著　講談社　（講談社文庫　人物現代史）　1995.8　Ⓘ4-06-263024-9
＊スターリンは、米英二大資本主義国の側について、第二次世界大戦をどのように戦ったのか。「第二次大戦が終わったあと、GNPを倍増させた国は、米国とソビエトだけだった」といわしめたその指導力とは。二つのイデオロギーが対立する冷戦時代を迎え、朝鮮戦争・ベトナム戦争へとつながる「前史」を描く。

◇スターリン—ユーラシアの亡霊　ロバート・コンクエスト著, 佐野真訳　時事通信社　1994.7　Ⓘ4-7887-9421-7

◇スターリンとは何だったのか　ウォルター・ラカー著, 白須英子訳　草思社　1993.11　Ⓘ4-7942-0524-4
＊20世紀最大の問題であり日本の知識人の中に今なお影をおとすスターリニズムの本質を最新の資料をもとに徹底的に究明した労作。

◇勝利と悲劇—スターリンの政治的肖像　上　ドミートリー・ヴォルコゴーノフ著, 生田真司訳　朝日新聞社　1992.6　Ⓘ4-02-256436-9
＊本書は、ソ連で初めての本格的なスターリン伝であるが、単なる伝記ではない。革命と建設、粛清、そして第2次大戦から冷戦時代へと、壮大なソ連現代史のドラマが展開されている。

◇勝利と悲劇—スターリンの政治的肖像　下　ドミートリー・ヴォルコゴーノフ著, 生田真司訳　朝日新聞社　1992.6　Ⓘ4-02-256437-7
＊本巻では、まず第2次大戦とスターリンの晩年を扱った。ついで、スターリニズムとは何か、スターリニズムの遺産とはいかなるものかについて、記録、データを踏まえた考察を試みている。

◇スターリン—冷酷無残、その恐怖政治　アルバート・マリン著, 駐文館編集部訳　（岡山）駐文館, 星雲社〔発売〕　1992.1

教科書に載った世界史人物800人　271

スタンダール

①4-7952-5664-0
＊スターリンは4世紀半の間、ソ連が後進国から超大国へと変貌していく様を見つめながら、その上に君臨し続けてきた。彼はソ連を世界で最も巨大な国家に作り上げただけでなく、報道機関や人民を自由に操り、歴史すら自分の要求に合わせて書き換えた。また彼は、第2次世界大戦中、民主主義国家の貴重な同盟国であったソ連を、"鉄のカーテン"を下ろすことによって、彼らの最も恐るべき敵国に変えた。どのようにしてこの男が、革命のうちで生まれた国家を組織化していき、同時に国民の期待を裏切っていったか、そしていかにその下で人民が苦しみに喘いだか、著者アルバート・マリンはぞっとするような語り口でそれらを描き出している。

◇スターリン謀殺―スターリンの死の謎 ベリヤの陰謀 アブドゥラフマン・アフトルハノフ著，田辺稔訳 中央アート出版社 1991.4 ①4-88639-604-6
＊レーニン、スターリン、そしてゴルバチョフ。スターリン体制の病根は果たして払拭されたのか。スターリンの死をめぐるベリヤ、フルシチョフ、マレンコフ、ブルガーニンらの陰謀の実態が、元ボルシェヴィキ幹部の亡命作家によってはじめて白日のもとにあばかれる迫真のドキュメント。

スタンダール Stendhal
1783〜1842 18・19世紀、フランスの小説家。「赤と黒」(1830)、「パルムの僧院」(39)などの小説を書く。

◇スタンダールのオイコノミア―経済の思想、ロマン主義、作家であること 柏木治著 関西大学出版部 2017.3
①978-4-87354-652-0

◇スタンダール 新装版 鈴木昭一郎著 清水書院 （Century Books 人と思想） 2015.9 ①978-4-389-42052-9

◇恋愛書簡術―古今東西の文豪に学ぶテクニック講座 中条省平著 中央公論新社 （中公文庫） 2015.1
①978-4-12-206067-8

◇植民地主義の時代を生きて 西川長夫著 平凡社 2013.5 ①978-4-582-70295-8
＊朝鮮に生まれ、占領下の日本に引き揚げ、戦後冷戦体制とグローバル化の時代に、国民国家と植民地主義を批判し続けた著者が、原爆／原発体制の彼方へ手わたす32篇。

◇スタンダールとは誰か 臼田紘著 新評論 2011.3 ①978-4-7948-0866-0
＊スタンダールの人と作品を通して文学の魅力を再発見！ 旅、恋愛、音楽、美術…文学の豊穣な世界への誘い。『赤と黒』『パルムの僧院』…近代小説の開拓者スタンダール。その作品群には人生を豊かにする永遠のテーマが燦めいている。

◇スタンダール、ロチ、モーリヤック―異邦人の諸相 山辺雅彦，酒井三喜，福田耕介著 朝日出版社 2010.3
①978-4-255-00521-8

◇この独身者はすごい！―結婚しなかった24人の偉人 北嶋広敏著 ジョルダン 2009.10 ①978-4-915933-28-8

◇大作家"ろくでなし"列伝―名作99篇で読む大人の痛みと歓び 福田和也著 ワニ・プラス，ワニブックス〔発売〕 （ワニブックスPLUS新書） 2009.10
①978-4-8470-6004-5

◇賢者たちの人生論―プラトン、ゲーテからアインシュタインまで 金森誠也著 PHP研究所 （PHP文庫） 2009.8
①978-4-569-67328-8

◇スタンダールと妹ポーリーヌ―作家への道 岩本和子著 青山社 2008.9
①978-4-88179-145-5

◇スタンダールの生涯 ヴィクトール・デル・リット著，鎌田博夫，岩本和子訳 法政大学出版局 （叢書・ウニベルシタス） 2007.3 ①978-4-588-00864-1
＊『赤と黒』『パルムの僧院』にいたる作家の波瀾に満ちた実生活とその繊細な感受性、時代精神を多彩なエピソードをまじえて物語り、豊かな人間像を描き出した古典。図版・年譜。

◇スタンダール 近代ロマネスクの生成 栗須公正著 名古屋大学出版会 （南山大学

学術叢書) 2007.3 ①978-4-8158-0560-9
＊フランス革命後の変動する社会の中で、成長する新聞メディアから同時代の政治と社会の生態を貪欲に吸収し、恋愛心理と交錯させつつ生み出された、『赤と黒』や『パルムの僧院』など近代ロマネスクの世界。その形成原理を創造の現場から探る。

◇数学を愛した作家たち　片野善一郎著　新潮社　(新潮新書)　2006.5
①4-10-610167-X

◇スタンダール、バルザックとイタリア―ジーナあるいはイタリア　公開講演会　フィリップ・ベルティエ著，小野潮訳　中央大学人文科学研究所　(人文研ブックレット)　2002.2

◇世界人物逸話大事典　朝倉治彦，三浦一郎編　角川書店　1996.6　①4-04-031900-1
＊歴史上の人物の生き生きとした人間像を伝えるエピソードを多数紹介する事典。日本人によく知られた人物1883人を見出しに掲載。

◇ミラノの情熱恋愛―スタンダールの誕生　石川宏寛　五月書房　1995.7
①4-7727-0232-6
＊ひとりのミラネーゼへの小説的で、激しい恋。そして…「恋愛論」の誕生。文献の再構築をつうじて復元されるスタンダールの恋の伝記。

◇スタンダール/愛の祝祭―『赤と黒』をつくった女たち　松原雅典著　みすず書房　1994.12　①4-622-04589-3

◇名作はなぜ生まれたか―文豪たちの生涯を読む　木原武一著　同文書院　(アテナ選書)　1993.11　①4-8103-7172-7
＊不朽の名作を知る。文豪のドラマチックな生涯をさぐる。西洋の文豪、きらめく20名のだいご味。

◇スタンダール　スカラ座にて　ジュゼッペ・ピントルノ編，西川長夫訳　音楽之友社　1993.1　①4-276-20098-9
＊フランスの文豪にして稀代の音楽狂が、世界一の劇場に見たロマン主義の息吹。

◇スタンダール　鈴木昭一郎著　清水書院　(Century Books)　1991.7

①4-389-41052-0
＊「人と思想」は、世界の有名な大思想家の生涯とその思想を、当時の社会的背景にふれながら、立体的に解明した思想の入門書です。第1編の生涯編で、思想家の生涯を交友関係や、エピソードなどにもふれて、興味深く克明に記述し、第2編では、その主要著書を選択して、概説とその中心となる思想を、わかりやすく紹介してあります。

▍スタンリー
　Stanley, Sir Henry Morton
1841～1904　19・20世紀、アメリカの探検家、ジャーナリスト。白人として初めてタンガニカ湖からコンゴ川を下って熱帯アフリカの横断に成功した。著書に「暗黒大陸横断記」(1878)など。

◇世界の探検家列伝　竹内均著　ニュートンプレス　(竹内均知と感銘の世界)　2003.7　①4-315-51693-7

◇世界人物逸話大事典　朝倉治彦，三浦一郎編　角川書店　1996.6　①4-04-031900-1
＊歴史上の人物の生き生きとした人間像を伝えるエピソードを多数紹介する事典。日本人によく知られた人物1883人を見出しに掲載。

▍スー・チー　Aung San Suu Kyi
1945～　アウン・サン・スー・チーとも。20世紀、ミャンマーの民主化運動指導者。ビルマ建国の父アウン＝サン将軍の長女。1991年度ノーベル平和賞受賞。

◇世界を変えた100人の女の子の物語―グッドナイトストーリーフォーレベルガールズ　エレナ・ファヴィッリ，フランチェスカ・カヴァッロ文，芹沢恵，高里ひろ訳　河出書房新社　2018.3　①978-4-309-27931-2

◇世界を変えた10人の女性―お茶の水女子大学特別講義　池上彰著　文芸春秋　(文春文庫)　2016.5　①978-4-16-790619-1

◇アウンサンスーチーのミャンマー　房広治著　木楽舎　2016.3
①978-4-86324-097-1

◇10分で読めるリーダー・英雄になった人

スー・チー

の伝記　塩谷京子監修　学研教育出版　2015.7　Ⓘ978-4-05-204121-1

◇物語ビルマの歴史―王朝時代から現代まで　根本敬著　中央公論新社　（中公新書）　2014.1　Ⓘ978-4-12-102249-3
＊民主化運動の指導者アウンサンスーチー、壮麗なパゴダ、『ビルマの竪琴』などで知られ、潜在力の高い新興市場としても注目されるビルマ（ミャンマー）。王朝時代に始まり、イギリス植民地時代、日本軍による占領期。戦後の独立後は、ビルマ式社会主義、二三年間にわたる軍政期、そして二〇一一年に民政へ移管し、改革の進む現代まで。知られざる多民族・多言語・多宗教国家の歩みをたどり、未来を展望する。

◇世界を変えた10人の女性―お茶の水女子大学特別講義　池上彰著　文芸春秋　2013.7　Ⓘ978-4-16-376450-4

◇アウンサンスーチー・ストーリー　タイラー・バーデン著　IBCパブリッシング　（ラダーシリーズ）　2012.12　Ⓘ978-4-7946-0179-7
＊1962年以降、軍事政権下にあったミャンマー（旧ビルマ）で、非暴力民主化運動の指導者として活動を続けてきたアウンサンスーチー氏。政府から通算15年にも及ぶ自宅軟禁を受け、愛する夫や子供たちと引き裂かれても、彼女はあくまでも静かにその意思を訴え続けた。妻であり母であった1人の女性がなぜ、ミャンマーの政治の舞台で、このような運命に身を投じることになったのか。彼女がその中でもくじけず訴え続けてきたこと、彼女とその支持者たちによって少しずつ変わり始めたミャンマーの姿。読みやすい英語で分かりやすくお届けします。

◇アウンサンスーチーへの手紙　大津典子著　毎日新聞社　2012.11　Ⓘ978-4-620-32153-0
＊アウンサンスーチーとその家族を38年間、見守り、支え続けた日本人女性が綴る"ビルマの聖像"の素顔。

◇アウンサンスーチー―愛と使命　ピーター・ポパム著，宮下夏生，森博行，本城悠子訳　明石書店　2012.7　Ⓘ978-4-7503-3620-6

◇アウンサンスーチー―変化するビルマの現状と課題　根本敬，田辺寿夫著　角川書店　（角川oneテーマ21）　2012.6　Ⓘ978-4-04-110261-9

◇自由―自ら綴った祖国愛の記録　アウンサンスーチー著，マイケル・アリス編，柳沢由実子訳　角川書店　（角川文庫）　2012.6　Ⓘ978-4-04-100346-6
＊ミャンマー民主化運動の指導者であり、国民の精神的支柱であるアウンサンスーチー。彼女は2010年11月まで、断続的におよそ15年にわたり軍事政権により自宅に拘禁されてきた。だがついに変化の時は訪れ、2012年4月のミャンマー議会の補欠選挙でアウンサンスーチー率いる国民民主連盟は大勝し、彼女自身も国会議員となった。民主化実現の第一歩を踏み出した祖国を、彼女はどう導いていくのか。自らの信条を綴った名著、待望の文庫化。

◇絆こそ、希望の道しるべ―命あるかぎり、あきらめない　アウンサンスーチー述　ケーズ・パブリッシング　2011.10　Ⓘ978-4-905395-02-7
＊人々との連帯、家族への愛、そして日本との絆…アウンサンスーチーが語る魂のメッセージ。

◇ピースウーマン―ノーベル平和賞を受賞した12人の女性たち　アンゲリーカ・U.ロイッター，アンネ・リュッファー著，松野泰子，上浦倫人訳　英治出版　2009.10　Ⓘ978-4-86276-044-9

◇希望の声―アラン・クレメンツとの対話　増補版　アウンサンスーチー著，大石幹夫訳　岩波書店　2008.9　Ⓘ978-4-00-022569-4
＊軍事政権下のビルマにあって、長期間にわたり自らの意志を貫き通し、民主化運動の精神的支柱であり続けるアウンサンスーチー。彼女の強さ、おだやかさは、どこからきているのだろうか。ビルマで僧侶として修行した米国人ジャーナリストによるロング・インタビューの増補版。二〇〇七年八月に生

じた民主化運動の中心人物である全ビルマ僧侶同盟の指導者へのインタビューなどを新たに収録する。

◇アウン・サン・スー・チー――戦う気品　三上義一著　ランダムハウス講談社　（ランダムハウス講談社文庫）　2008.5
⓵978-4-270-10189-6
＊ジャーナリストの長井健司氏が殺害されたことで一躍話題になった軍事政権のビルマに、長年軟禁生活を余儀なくされているノーベル平和賞受賞者のアウン・サン・スー・チーの数奇な半生をたどりつつ、知られざるビルマの現代史が手に取るように分かる、手に汗握るノンフィクションの傑作。

◇現代世界の女性リーダーたち――世界を駆け抜けた11人　石井貫太郎編著　ミネルヴァ書房　2008.5　⓵978-4-623-04994-3

◇銃とジャスミン――アウンサンスーチー、7000日の戦い　ティエリー・ファリーズ著, 山口隆子, 竹林卓訳　ランダムハウス講談社　2008.4　⓵978-4-270-00334-3
＊2006年のある水曜日…スーチーはブラインドを降ろした廊下の方へ歩いていった。その視線は壁にかけられた写真に向けられた。白黒写真はセピアに変色していた。写真の左には母親の横顔が写っている。束ねた髪に花のブーケをさし、上品に何かを言いかけているようだった。中央で寄りそっているのがスーチーと2人の兄だ。6つのまん丸な瞳はレンズに魅せられているようだった。当時スーチーは何歳だったのか　一歳？　一歳半？　右には白いターバンを被った父親が微笑みながら横を見ているのか？　若い妻と視線をかわしているのか？　男の子の一人を見つめているのか？　スーチーは今なおこの謎を解くことが出来ない。悲劇の数ヶ月前に撮影された幸福な家族の写真だ…。

◇アウンサンスーチーの思想と行動――客員研究員研究　伊野憲治著　アジア女性交流・研究フォーラム　2001.3
⓵4-900846-32-5

◇希望の声――アラン・クレメンツとの対話　アウンサンスーチー著, 大石幹夫訳　岩波書店　2000.7　⓵4-00-022508-1
＊軍事政権下のビルマにあって、長期間にわたり自らの意志を貫き通しているアウンサンスーチー。彼女の強さ、おだやかさは、どこからきているのだろうか。ビルマで長年修行をした米国人僧侶を聞き手として、宗教観、人生観、家族の思い出、国への想い、和解のあり方などを語ったロング・インタビュー。

◇アジアの女性指導者たち　山崎朋子編著　筑摩書房　1997.7　⓵4-480-86304-4
＊物語　アジアをつくる女たち。各国の代表的女性リーダー10人の肖像を生き生きと描きつつ、近現代のアジアの女たちの状況と課題を浮き彫りにする。第一線の研究者・ジャーナリストによる、全編書下ろし。

◇アウン・サン・スー・チー――囚われの孔雀　三上義一著　講談社　（講談社文庫）　1995.7　⓵4-06-263069-9
＊ビルマ建国の英雄・アウン・サン将軍の娘に生まれ、オックスフォードに学び、英国人と幸せな結婚をする。良妻賢母にして賢明な主婦、政治嫌いの彼女が、なぜ非暴力の自由化運動にのめり込んでいったのか。1991年度ノーベル平和賞を受賞した「宿命」の女性の知られざる素顔とビルマ民主化運動を描く。

◇アウン・サン・スー・チー　囚われの孔雀　三上義一著　講談社　1991.12
⓵4-06-205632-1
＊ノーベル平和賞を受賞した「宿命」の女の知られざる素顔と、ビルマ民主化運動の蹉跌を活写。

◇自由――自ら綴った祖国愛の記録　アウン・サン・スー・チー著, マイケル・アリス編, ヤンソン由実子訳　集英社　1991.12
⓵4-08-773140-5

スティーヴンソン
Stephenson, George
1781～1848　18・19世紀、イギリスの技術者。蒸気機関車の発明者。

◇ワットとスティーヴンソン――産業革命の技術者　大野誠著　山川出版社　（世界史リブレット人）　2017.10

ステンカ・ラージン

①978-4-634-35059-5

◇スティーブンソンと蒸気機関車　コーリン・クレスウェル・ドーマン著，前田清志訳　(町田)玉川大学出版部　(原図で見る科学の天才)　1992.2　①4-472-05851-0
＊ジョージとロバート・スティーブンソンの親子は，蒸気機関車〈ロケット号〉をつくったことや，今日の鉄道の基礎をつくったことでよく知られている。しかし，実際は彼らはもっとたくさんの仕事をなしとげているのである。スティーブンソン父子の生涯と功績をつづったこの魅力的な物語は，ドーマンは，父ジョージの誕生から息子ロバートが死に至る80年以上にわたって，ジョージが若く貧乏をしていた頃からロバートが最後に成功するまでの大きな進歩を興味深くあとづけている。

ステンカ・ラージン　Stenka Razin
1630頃～1671　17世紀，ロシアの革命家。農民戦争(1670～1671)の指導者。

◇ステンカ・ラージン―自由なロシアを求めて　土肥恒之著　山川出版社　(ヒストリア)　2002.11　①4-634-49120-6
＊ロシア民謡で私たちにも知られるステンカ・ラージン。あの「ペルシアの姫君」は実在したのか，それともフィクションか。そして何よりもコサックとは一体なにもので，彼らの「自由」とはいかなる背景から生まれたのか。中世の「タタールのくびき」から脱して，ようやく近代へ向かおうとするロシア。その新王朝ロマノフの支配を揺るがしたラージンの反乱の実相を明らかにするとともに，西欧とは異なる道をたどったロシアの歴史と社会の原像を探ることにしよう。

◇ステンカ・ラージン伝―ロシヤ革命の序曲 17世紀の記録　アンドレイ・サハロフ著，米内哲雄訳　たくみ書房　1980.1

ストウ　Stowe, Harriet Elizabeth Beecher
1811～1896　19世紀，アメリカの女流小説家。奴隷制廃止に尽力。奴隷の生活を描いた初めての物語である「アンクル・トムの小屋」を発表した。

◇アメリカを揺り動かしたレディたち　猿谷要著　NTT出版　2004.10　①4-7571-4072-X

◇世界女性人名事典―歴史の中の女性たち　世界女性人名事典編集委員会編　日外アソシエーツ，紀伊国屋書店〔発売〕　2004.10　①4-8169-1800-0

◇世界人物逸話大事典　朝倉治彦，三浦一郎編　角川書店　1996.6　①4-04-031900-1
＊歴史上の人物の生き生きとした人間像を伝えるエピソードを多数紹介する事典。日本人によく知られた人物1883人を見出しに掲載。

ストリンドベリ　Strindberg, Johan August
1849～1912　19・20世紀，スウェーデンの劇作家，小説家。イプセンと並ぶ近代演劇の先駆者。作品に小説「赤い部屋」，戯曲「父」「令嬢ジュリー」など。

◇文学への洗礼　須磨一彦著　中央大学出版部　(中央大学学術図書)　2007.5　①978-4-8057-5164-0

◇世界人物逸話大事典　朝倉治彦，三浦一郎編　角川書店　1996.6　①4-04-031900-1
＊歴史上の人物の生き生きとした人間像を伝えるエピソードを多数紹介する事典。日本人によく知られた人物1883人を見出しに掲載。

ストルイピン　Stolypin, Pëtr Arkadievich
1862～1911　19・20世紀，ロシアの政治家。1906年首相。農村共同体解体を強行するなどで反発を招き暗殺された。

◇世界伝記大事典　世界編 1～12　編集代表：桑原武夫　ほるぷ出版　1980.12～1981.6

スハルト　Suharto
1921～2008　20世紀，インドネシアの政

治家、軍人。インドネシア大統領。

◇「国家英雄」が映すインドネシア　山口裕子，金子正徳，津田浩司編著　木犀社　2017.3　①978-4-89618-066-4
＊インドネシアの独立と発展に貢献した人物をたたえる最高位の称号、「国家英雄」。1万3千もの島々に、千を超える民族集団を擁する国家として独立してから70年あまり、生まれながらの「インドネシア人」が国民の大多数を占め、民主化と地方分権化の進む今となってもなおインドネシアは、なぜ「英雄」を生み出し続けるのか。国民創設期に誕生した国家英雄制度は、国民統合に向けて変容を重ね、高度に体系化されてきた。その歴史と認定された英雄、認定をめざす地方や民族集団の運動に光を当てる。

◇インドネシア繚乱　今木健之著　鹿砦社　1999.7　①4-8463-0329-2
＊暴動・選挙・汚職…激動に揺れるインドネシアを、日本史になぞらえて検証。豊臣秀吉、西郷隆盛らとスハルト、スカルノの生き方は酷似していた。

◇スハルト「帝国」の崩壊　吉村文成著　めこん　1999.6　①4-8396-0130-5
＊20世紀のいま、なぜインドネシアにあのような「帝国」の建設が可能だったのか？　スハルトは何をしたのか？　9・30事件から大統領退陣まで、今ようやく語られる真実。

◇スカルノとスハルト—偉大なるインドネシアをめざして　白石隆著　岩波書店（現代アジアの肖像）　1997.1　①4-00-004866-X
＊オランダの植民地支配、日本軍の占領を経て1945年に独立したインドネシアでは、初代大統領スカルノ（1901〜70）のあと、スハルト（1921〜）の時代が六八年以来なお続いている。スカルノの指導民主主義、スハルトの新秩序体制とは何か。96年夏の反政府暴動は何を告知するのか。二人の生涯を通じて、この国の現代史と政治構造を考える。

▍**スピノザ**　Spinoza, Baruch de
1632〜1677　17世紀、オランダの哲学者。汎神論的一元論を主張。主著「エチカ」「知性改善論」。

◇6人の世俗哲学者たち—スピノザ・ヒューム・カント・ニーチェ・ジェイムズ・サンタヤナ　ルイス・ホワイト・ベック著，藤田昇吾訳　晃洋書房　2017.5　①978-4-7710-2809-8

◇スピノザ　新装版　工藤喜作著　清水書院　（Century Books　人と思想）　2015.9　①978-4-389-42058-1

◇スピノザ　チャールズ・ジャレット著，石垣憲一訳　講談社　（講談社選書メチエ　知の教科書）　2015.1　①978-4-06-258595-8

◇スピノザ—ある哲学者の人生　スティーヴン・ナドラー著，有木宏二訳　人文書館　2012.3　①978-4-903174-26-6
＊孤高の哲学者—スピノザ。その人生、その思想、永遠無限の愛！　詳細な資料調査による完全なスピノザの伝記、待望の初訳。

◇フェルメールとスピノザ—〈永遠〉の公式　ジャン＝クレ・マルタン著，杉村昌昭訳　以文社　2011.12　①978-4-7531-0296-9
＊フェルメールの描いた『天文学者』のモデルはスピノザである。「永遠」の観念をめぐる極上の思想サスペンス。画家と哲学者の出会い、そして「永遠」の創造。二人の秘められた共通性に肉薄する。

◇スピノザ入門　ピエール＝フランソワ・モロー著，松田克進，樋口善郎訳　白水社（文庫クセジュ）　2008.8　①978-4-560-50927-2
＊十七世紀の哲学者スピノザがいかに生き、何を書き、論じ、どのように受けとめられてきたかを解説。当時の時代状況やオランダの特異性を紹介するとともに、蔵書目録およびテクストにみられる引用から彼の語学力や教養の限界までも探る。実物大の人物像にせまる評伝の決定版。

◇環境の思想家たち　上　古代・近代編　ジョイ・A.パルマー編，須藤自由児訳　みすず書房　（エコロジーの思想）　2004.9　①4-622-08161-X

◇理性と愛―スピノザの思想　大津真作著　高文堂出版社　（市民社会思想史）　2004.7　①4-7707-0718-5

◇スピノザ異端の系譜　小岸昭ほか訳, Y.ヨベル著　人文書院　1998.5　①4-409-03050-7
＊『エチカ』で知られるスピノザの内在の哲学、その起源には14世紀に始まった改宗ユダヤ人『マラーノ』の葛藤状況が存在していた！―異端審問時代のスペイン・ポルトガルに於て密かに育まれた内在の思想が彼の思索生活の中でどのように体系化されていったかを検証するとともに、その哲学がカント、ヘーゲル、ヘス、マルクス、ニーチェ、フロイトらに与えた多大な影響を考察する。

◇スピノザ　青土社　1996.11　①4-7917-1010-X

◇世界人物逸話大事典　朝倉治彦, 三浦一郎編　角川書店　1996.6　①4-04-031900-1
＊歴史上の人物の生き生きとした人間像を伝えるエピソードを多数紹介する事典。日本人によく知られた人物1883人を見出しに掲載。

◇スピノザの生涯と精神　リュカス、コレルス著, 渡辺義雄訳・解題　学樹書院　1996.2　①4-906502-05-9
＊「最も哲学者らしい哲学者」と形容される人物の肉声と素顔が、同時代人たちの熱い証言によっていま静かに蘇る。苦悩する現代人のための第1級のドキュメント。

◇スピノザ―実践の哲学　ジル・ドゥルーズ著, 鈴木雅大訳　平凡社　1994.3　①4-582-70214-7
＊徹底して内在的・実践的にスピノザを読みつつわれわれの生と思考の再定義を図るドゥルーズの問題作、待望の邦訳成る。

スペンサー　Spencer, Herbert
1820～1903　19・20世紀、イギリスの哲学者。大学の教壇に立たず、民間の学者として終った。進化論の立場に立ち、10巻からなる大著「総合哲学」(1862～1896)で、広範な知識体系としての哲学を構想した。

◇進化論物語―「進化」をめぐる六人の学者の功罪とその生涯　垂水雄二著　バジリコ　2018.2　①978-4-86238-236-8

スミス, アダム　Smith, Adam
1723～1790　18世紀、イギリスの経済学者、哲学者。ことに古典学派経済学の祖として著名。

◇はじめての経済思想史―アダム・スミスから現代まで　中村隆之著　講談社　（講談社現代新書）　2018.6　①978-4-06-512227-3

◇アダム・スミス―競争と共感、そして自由な社会へ　高哲男著　講談社　（講談社選書メチエ）　2017.5　①978-4-06-258651-1

◇覚えておきたい人と思想100人　スマート版―世界の思想家ガイドブック　本間康司絵・文, 越田年彦執筆・監修　清水書院　2016.8　①978-4-389-50050-4

◇アダム・スミスとその時代　ニコラス・フィリップソン著, 永井大輔訳　白水社　2014.7　①978-4-560-08369-7

◇経済学と経済学者―学ぶ喜びと知る楽しさ　桜井毅著　社会評論社　2014.4　①978-4-7845-1827-2

◇経済思想の巨人たち　竹内靖雄著　新潮社　（新潮文庫）　2013.11　①978-4-10-125371-8

◇歴史を動かした哲学者たち　堀川哲著　角川学芸出版, 角川グループパブリッシング〔発売〕　（角川ソフィア文庫）　2012.12　①978-4-04-408610-7

◇福祉の経済思想家たち　増補改訂版　小峯敦編　ナカニシヤ出版　2010.5　①978-4-7795-0455-6

◇イギリスのモラリストたち　柘植尚則著　研究社　2009.8　①978-4-327-48154-4

◇真説アダム・スミス―その生涯と思想をたどる　ジェイムズ・バカン著, 山岡洋一訳　日経BP社, 日経BP出版センター〔発売〕　2009.6　①978-4-8222-4749-2
＊スミスは、「同感」と呼ぶものの作用が

社会全体を導く基本的な原理だと考えていた。そして、この原理を社会の支配と法に適用しようとして、苦闘を続けた。我々の知らない本当のアダム・スミス。人間の本質について考え続けたその実像。

◇西洋思想の16人　尾場瀬一郎，小野木芳伸，片山善博，南波亜希子，三谷竜彦，沢佳成著　梓出版社　2008.4
①978-4-87262-017-7

◇人物で読む経済学史　古家弘幸著　ふくろう出版　2007.3　①978-4-86186-310-3
＊ぜひ覚えておきたい重要な経済学者を簡潔に解説。経済政策の礎となる理論を築き、時代を支えた経済学者たちの実像を通じて、経済学を俯瞰する。

◇経済思想史―社会認識の諸類型　新版　大田一広，鈴木信雄，高哲男，八木紀一郎編　名古屋大学出版会　2006.9
①4-8158-0540-7

◇アダム・スミス　山崎怜著　研究社　(イギリス思想叢書)　2005.1
①4-327-35216-0
＊経済学の生みの親、スミスは『道徳感情の理論』の改訂に生涯を賭け、さらに「法学」体系の樹立とその外延に広大な「哲学史」執筆を構想していた。正義論にはじまる思想の中で、『諸国民の富』はどういう位置にあるか、全学問形成過程を人生の歩みとの連携で探る。

◇原点探訪 アダム・スミスの足跡　田中秀夫著　法律文化社　2002.11
①4-589-02610-4

◇アダム・スミスと現代　田中正司著　御茶の水書房　2000.7　①4-275-01821-4

◇アダム・スミス研究　新装版　水田洋著　未来社　2000.5　①4-624-32029-8

◇アダム・スミス伝　I.S.ロス著，篠原久，只腰親和，松原慶子訳　シュプリンガー・フェアラーク東京　2000.4
①4-431-70845-6
＊この非凡な人物は倫理学と経済学の枠内におさまらない、驚くほど多くの問題を扱った人だ。現代においてもなお、経済社会の諸現象の相互依存を扱うスミスの熟練の冴えは、知的に感銘を与え、挑発的でもある。我々はスミスの中に、経済学者だけではなく、芸術や学問に関する創意に富んだ理論家、とりわけ人間性と市民社会について読者に伝達すべき知恵をそなえた現実的道徳哲学者を見る。

◇経済学体系と国家認識―アダム・スミスの一研究　山崎怜著　岡山商科大学　(岡山商科大学学術研究叢書)　2000.3
①4-907734-01-8

◇アダム・スミスの誤算　佐伯啓思著　PHP研究所　(PHP新書 幻想のグローバル資本主義)　1999.6　①4-569-60535-4

◇歴史のなかの経済学―一つの評伝集　福岡正夫著　創文社　1999.6
①4-423-85098-2
＊歴史のなかで傑出した経済学者10名の業績と人物に光を当てて、3世紀に及ぶ経済学の歴史に本格的な分析を加えた第一級の理論家による評伝集。新理論誕生の背景で演じられた多くの葛藤、時の移り変わりの中で静かに幕を閉じていった独創的な着想。それぞれの理論が時代のなかで真に貢献し、今日の観点からどのように評価しうるのかを冷静に分析して、現代の経済理論がその背景に宿す豊かな水脈を明らかにする。

◇経済学の歴史　根井雅弘著　筑摩書房　1998.10　①4-480-86703-1
＊現代経済学における理論と思想の関連を「知性史」の観点から追究、ケネーからガルブレイスまで、12名の経済学者を取り上げる。10年来の経済思想史研究の成果を問う渾身の書下し800枚。

◇経済学通になる本―シュプールを描いた経済学者たち　今静行著　オーエス出版　1998.9　①4-7573-0001-8
＊経済学は私たちの暮らしにどう影響してきたか。経済学は現実の経済になにができるのか。アダム・スミスから最新理論までよくわかる。

◇アダム・スミス―自由主義とは何か　水田洋著　講談社　(講談社学術文庫)　1997.5　①4-06-159280-7
＊十八世紀英国の資本主義勃興期に、「見

えざる手」による導きを唱えて自由主義経済の始祖となったアダム・スミス。彼は手放しの自由放任主義者ではなくフェアな自由競争を主張し、『道徳感情論』では利己心の自制を説き、『国富論』では政経癒着による独占と特権を批判した。現代日本社会が抱える問題点にも鋭い示唆を与えるスミスの思想の核心とその生涯を、豊富な資料を駆使して第一人者が説く必携の書。

◇貨幣の思想史―お金について考えた人びと　内山節著　新潮社　(新潮選書)　1997.5　①4-10-600515-8
＊本書はペティからケインズにいたるまでの経済学者の苦悩のあとを辿りつつ、貨幣の背後にある資本主義社会の架空性＝虚妄性をえぐり出す。著者のこれまでの、今の人間の生き方の空しさを告発する一連の仕事に貴重な一環をつけ加えた労作である。現代を理解する鍵となる好著である。

◇比較政治思想史講義―アダム・スミスと福沢諭吉　岩間一雄著　大学教育出版　1997.5　①4-88730-220-7
＊本書は、大学のテキスト・ブックとしての体裁をとっているが、内容的には、アジアと西欧とをいわばグローバルな視点で描き出してもいる。今、自分がどこにいるかを世界史的なパースペクティヴのなかで透視する場合、明解な座標軸を提供する格好の読み物。

◇世界人物逸話大事典　朝倉治彦,三浦一郎編　角川書店　1996.6　①4-04-031900-1
＊歴史上の人物の生き生きとした人間像を伝えるエピソードを多数紹介する事典。日本人によく知られた人物1883人を見出しに掲載。

◇アダム・スミスの失敗―なぜ経済学にはモラルがないのか　ケネス・ラックス著、田中秀臣訳　草思社　1996.4　①4-7942-0698-2
＊『国富論』を著した経済学の父アダム・スミスは、人は「利己心」を追求するために行動すると考えた。本書は、ディケンズが描いたイギリス社会やアメリカの大恐慌、環境破壊等を引き合いに出しながら、「利己心」にもとづく社会

の過ちを跡づけ、スミスおよびその後継者たちが根本的な誤りをおかしていたことを明らかにする。そして、人は生来「利己心」のみならず「慈愛心」をも備えており、新しい原理にもとづく学問を構築することで、貪欲さよりも「慈愛心」に拠って立つ社会をつくりあげるべきだと説く、画期的な意欲作。

◇天下のために十銭を惜しむ―石田梅岩とアダム・スミス　森田芳雄著　河出書房新社　1994.9　①4-309-24154-9

◇スミス・ヘーゲル・マルクス　難波田春夫著　講談社　(講談社学術文庫)　1993.11　①4-06-159100-2

◇自由主義の夜明け―アダム・スミス伝〔新装版〕　水田洋著　国土社　1990.5　①4-337-31001-0

▌**スメタナ**　Smetana, Bedřich
1824～1884　19世紀、チェコの作曲家。国民意識の強い作品でチェコ国民音楽の父とされる。作品に交響詩「わが祖国」など。

◇美術家の横顔―自由と人権、革新と平和の視点より　成沢栄寿著　花伝社,共栄書房〔発売〕　2011.5　①978-4-7634-0602-6

◇チェコ音楽の魅力―スメタナ・ドヴォルジャーク・ヤナーチェク　内藤久子著　東洋書店　(ユーラシア選書)　2007.1　①978-4-88595-658-4

◇チェコの音楽―作曲家とその作品　佐川吉男著　芸術現代社　2005.12　①4-87463-175-4

◇ベドジフ・スメタナわが祖国論　犬島肇著　〔犬島肇〕　2003.8

▌**スラ**　Sulla, Lucius Cornelius
前138頃～前78　スッラとも。前2・1世紀、ローマの政治家。閥族派の代表。

◇戦後復興首脳列伝―祖国を廃墟から甦らせた真の盟主たち　麓直浩著　社会評論社　2013.9　①978-4-7845-1116-7

◇ローマとギリシャの英雄たち　黎明篇―プ

ルタークの物語　阿刀田高著　新潮社
（新潮文庫）　2011.7
①978-4-10-125535-4
◇英雄伝　3　プルタルコス著, 柳沼重剛訳
京都大学学術出版会　（西洋古典叢書）
2011.4　①978-4-87698-188-5

▌スレイマン1世　Süleyman Ⅰ
1494〜1566　15・16世紀、オスマン帝国第10代のスルタン（在位1520〜1566）。アジア・ヨーロッパ・北アフリカにわたる帝国最大の版図を築いた。
◇オスマン帝国の栄光とスレイマン大帝
　三橋冨治男著　清水書院　（新・人と歴史拡大版）　2018.5　①978-4-389-44125-8
◇図説世界史を変えた50の指導者（リーダー）　チャールズ・フィリップス著, 月谷真紀訳　原書房　2016.2
　①978-4-562-05250-9

【せ】

▌セイイェド・アリー・モハンマド
Sayyid Mīrzā Àlī Muḥammad
　⇒サイイド・アリー・ムハンマド

▌世祖（元）　せいそ
　⇒フビライ

▌世宗（李氏朝鮮）　せいそう
1397〜1450　世宗（李朝）（せいそう）とも。14・15世紀、朝鮮、李朝の第4代王（在位1418〜1450）。字は元正。ハングルの創製をはじめ、内治・外交・文化に大きな業績を残した名君といえる。
◇世宗（セジョン）大王のコリア史―ハングル創製と李朝文化　片野次雄著　彩流社　2012.3　①978-4-7791-1770-1
＊民に思いをはせ、民のための文字を創り、李朝の豊饒な文化の源となった"世宗"。その治績と人となりが今ここによみがえる。
◇ハングルを創った国王・世宗大王の生涯　板倉聖宣著　仮説社　2007.8
　①978-4-7735-0202-2
◇朝鮮王朝史　上　李成茂著, 李大淳監修, 金容権訳　日本評論社　2006.6
　①4-535-58298-X
◇朝鮮人物事典　木村誠, 吉田光男, 趙景達, 馬淵貞利編　大和書房　1995.5
　①4-479-84035-4

▌西太后　せいたいこう
1835〜1908　19・20世紀、中国、清朝の咸豊帝の側室。同治帝の生母。慈禧皇太后。
◇西太后秘録―近代中国の創始者　上　ユン・チアン著, 川副智子訳　講談社　（講談社＋α文庫）　2018.5
　①978-4-06-281661-8
◇西太后秘録―近代中国の創始者　下　ユン・チアン著, 川副智子訳　講談社　（講談社＋α文庫）　2018.5
　①978-4-06-281662-5
◇96人の人物で知る中国の歴史　ヴィクター・H・メア, サンピン・チェン, フランシス・ウッド著, 大間知知子訳　原書房　2017.3　①978-4-562-05376-6
◇北京・山本照像館―西太后写真と日本人写真師　日向康三郎著　雄山閣　2015.10
　①978-4-639-02377-7
◇西太后秘録―近代中国の創始者　上　ユン・チアン著, 川副智子訳　講談社
2015.2　①978-4-06-219402-0
◇西太后秘録―近代中国の創始者　下　ユン・チアン著, 川副智子訳　講談社
2015.2　①978-4-06-219403-7
◇西太后―清末動乱期の政治家群像　深沢秀男著　山川出版社　（世界史リブレット人）　2014.6　①978-4-634-35076-2
＊男性中心の清朝末期の社会で、西太后が48年間政治権力の座にあったことは特筆すべきであろう。そのうえ、内憂外患の時代、政権の運営は困難であった。同治帝の即位とともに官僚たちの洋務運動を認めたが、光緒帝の戊戌変

法は弾圧し、多くの人を犠牲にした。そして八カ国連合軍に宣戦布告するものの敗れ、革命運動を台頭させることとなったのである。

◇西太后 最後の十三日　宮原桂著　牧野出版　2010.12　①978-4-89500-143-4
＊清朝末期、宮廷医たちはいかにして西太后の健康を守り通したのか。究極の漢方テクニック「脈診」が西太后の野望に隠された真実を解き明かす。

◇西太后とフランス帰りの通訳　渡辺みどり著　朝日新聞出版　（朝日文庫）2008.10　①978-4-02-261596-1
＊西太后の晩年、通訳として侍したフランス帰りの若い娘がいた。近代的で聡明な彼女がのぞいた宮廷の暮らしとは…日清戦争と義和団の乱の後で荒廃する清国で、女帝として君臨し続けた最高権力者の素顔を描き出す。贅の限りを尽くした宮廷ファッションも紹介。文庫オリジナル。

◇破壊の女神—中国史の女たち　井波律子著　光文社　（知恵の森文庫）2007.5　①978-4-334-78477-5

◇歴史を騒がせた「悪女」たち　山崎洋子著　光文社　（知恵の森文庫）2007.2　①978-4-334-78468-5

◇近代中国 七人の猛女たち—西太后から江青まで　田所竹彦著　里文出版　2005.10　①4-89806-238-5

◇西太后—大清帝国最後の光芒　加藤徹著　中央公論新社　（中公新書）2005.9　①4-12-101812-5
＊内憂外患にあえぐ落日の清朝にあって、ひときわ強い輝きを放った一代の女傑、西太后。わが子同治帝、甥の光緒帝の「帝母」として国政を左右し、死に際してなお、幼い溥儀を皇太子に指名した。その治世は半世紀もの長きにわたる。中級官僚の家に生まれ、十八歳で後宮に入った娘は、いかにしてカリスマ的支配を確立するに至ったか。男性権力者とは異なる、彼女の野望の本質とは何か。「稀代の悪女」のイメージを覆す評伝。

◇世界女性人名事典—歴史の中の女性たち　世界女性人名事典編集委員会編　日外アソシエーツ，紀伊国屋書店〔発売〕2004.10　①4-8169-1800-0

◇西太后治下の中国—中国マキアベリズムの極致　POD版　J.O.P.ブランド，E.T.バックハウス共著，藤岡喜久男訳　光風社出版　（光風社選書）1999.10　①4-415-03003-3

◇愛された悪女と愛されない美女—中国の歴史を彩った女たち　藤水名子著　青春出版社　1998.9　①4-413-03109-1
＊絶世の悪女のしたたかな輝きと、絶世の美女のかくも凡庸ではかなき運命と。虞美人と呂后の違い、王昭君と西太后の違い。

◇西太后汽車に乗る　徳齢著，井関唯史訳　東方書店　1997.8　①4-497-97526-6
＊フランスの学校で教育を受け、女官として西太后に寵愛された著者が回顧する、西太后最初で最後の帰省旅行！ 伝説に満ちた西太后を詳かに描いた作品。西太后はもとより、特異な儀式やしきたり、複雑な人間関係などを側近ならではの視点で興味深く語る。

◇中国ペガソス列伝—政治の記憶　中野美代子著　中央公論社　（中公文庫）1997.8　①4-12-202915-5
＊武則天、楊貴妃、フビライ・ハーン、西太后、そして『三国演義』の英雄たち…。中国の政治という天空をペガソスのように駆け抜けた人物たちの軌跡を鮮やかなタッチで描いた評伝文学。

◇西太后に侍して—紫禁城の二年　徳齢著，太田七郎，田中克己訳　研文社　1997.4

◇破壊の女神—中国史の女たち　井波律子著　新書館　（Shinshokan History Book Series）1996.10　①4-403-24041-0
＊本書は、古代から近代に至るまで、約三千年の及ぶ中国の歴史のなかで、実在・虚構を問わず、特記すべき女たちをとりあげ、その生の軌跡をたどったものである。

◇世界人物逸話大事典　朝倉治彦，三浦一郎編　角川書店　1996.6　①4-04-031900-1
＊歴史上の人物の生き生きとした人間像

西太后

を伝えるエピソードを多数紹介する事典。日本人によく知られた人物1883人を見出しに掲載。

◇西太后　第11巻　紫禁城の落日　高陽著,鈴木隆康訳,永沢道雄訳　朝日ソノラマ　1995.8　Ⓘ4-257-79021-0

◇西太后　第10巻　新政への道　高陽著,鈴木隆康訳,永沢道雄訳　朝日ソノラマ　1995.6　Ⓘ4-257-79020-2

◇西太后　第9巻　怨み尽きず　高陽著,鈴木隆康訳,永沢道雄訳　朝日ソノラマ　1995.4　Ⓘ4-257-79019-9

◇歴史を騒がせた「悪女」たち　山崎洋子著　講談社　(講談社文庫)　1995.4　Ⓘ4-06-185934-X
＊男を惑わせる魅力的な女、謎めいている、頭のよい、決然としている女、むろん、残忍、冷酷、意地悪でもあるけれど、それでも人は、胸をときめかせてしまう—そういう女が悪女である。古今東西の、スケールの大きい悪女たちの魅力と、驚くべき生涯を、濃密にいきいきと描く、衝撃の女性人物評伝第二弾。

◇西太后　第8巻　義和団の嵐　高陽著,鈴木隆康訳,永沢道雄訳　朝日ソノラマ　1995.2　Ⓘ4-257-79018-0

◇西太后　第7巻　母子君臣　高陽著,鈴木隆康訳,永沢道雄訳　朝日ソノラマ　1994.12　Ⓘ4-257-79017-2

◇艶　中国妖女伝—皇帝を魅了し操った十三人の女　村山孚著　学習研究社　(歴史群像新書)　1994.10　Ⓘ4-05-400405-9
＊中国の歴史の陰には、激しい女の妖力が秘められている。希代の名君と謳われた殷の紂王をその魅力で虜にし、ついには国を滅ぼしてしまった「傾国の美女」妲己を初め、兄と近親相姦し、魯の君主である桓公を殺害させた文姜、その肌に触れた男を次々と不幸に陥れた絶世の美女・夏姫、大商人呂不韋の子を身籠ったまま、皇帝の嗣子と結婚し、後に秦の始皇帝となる男子を産み落とした歌姫の翠玉など、大国を揺るがせた女たちの全てが、ここに浮き彫りになる。

◇西太后　第6巻　戦火と屈辱　高陽著,鈴木隆康訳,永沢道雄訳　朝日ソノラマ　1994.10　Ⓘ4-257-79016-4

◇西太后　第5巻　清宮の光と影　高陽著,鈴木隆康訳,永沢道雄訳　朝日ソノラマ　1994.8　Ⓘ4-257-79015-6

◇西太后　第4巻　深宮の毒　高陽著,鈴木隆康訳,永沢道雄訳　朝日ソノラマ　1994.6　Ⓘ4-257-79014-8

◇ドラゴン・レディ—西太后の生涯と伝説　上　スターリング・シーグレーブ著,高橋正,山田耕介訳　サイマル出版会　1994.4　Ⓘ4-377-21005-X
＊西欧列強によりねつ造された西太后＝「不可解な中国」イメージを、根本からくつがえす野心的告発ノンフィクション。

◇ドラゴン・レディ—西太后の生涯と伝説　下　スターリング・シーグレーブ著,高橋正,山田耕介訳　サイマル出版会　1994.4　Ⓘ4-377-21006-8
＊「百日維新」「義和団の台頭」「北京籠城」—清末大事件の意外な真相と、西太后の実像を明かす「反伝記」の傑作。

◇西太后　第3巻　皇帝の恋　高陽著,鈴木隆康,永沢道雄訳　朝日ソノラマ　1994.4　Ⓘ4-257-79013-X
＊西太后は粛順なきあと、実力者恭王に打撃を加え、権力の座を強固にする。実子の同治帝は西太后になつかず、宮中に仕える少女・桂連に激しい恋をするが、宮廷の厚いしきたりに阻まれる。

◇西太后　第1巻　熱河の対決　高陽著,鈴木隆康,永沢道雄訳　朝日ソノラマ　1994.2　Ⓘ4-257-79011-3
＊清朝第九代皇帝の咸豊帝が肺結核で崩ずると、懿貴妃の子が同治帝として帝位につく。彼女は西太后となり、権力掌握のため政敵・粛順打倒の機をうかがう。

◇西太后　第2巻　覇者と敗者　高陽著,鈴木隆康,永沢道雄訳　朝日ソノラマ　1994.2　Ⓘ4-257-79012-1
＊西太后は東太后とともに、幼い同治帝の後見役となるが、ことごとに粛順一派に発言を封じられる。西太后は恭王と手を結び、ついに粛順らを捕らえて処刑する。

教科書に載った世界史人物800人

◇明鏡古事――中国人物列伝 古事は今を知る鏡　伴野朗著　経営書院　1993.11
ⓘ4-87913-470-8
＊中国四千年の歴史に活躍する英雄たちの魅力的な人物像を描く。

◇女帝伝説　日本テレビ放送網　（知ってるつもり?!）　1992.3　ⓘ4-8203-9208-5
＊不安定な政治の時代に登場した、女帝たちの苛烈な人生の物語。

◇歴史を騒がせた"悪女"たち　山崎洋子著　講談社　1991.9　ⓘ4-06-205478-7
＊権力への野心、迸しる情熱、冷酷無比な横顔を見せつつ燦然と輝く女たちの魔性。「"伝説"になった女たち」に続く山崎洋子の女性評伝。

◇中国ペガソス列伝――武則天から魯迅まで　中野美代子著　日本文芸社　1991.5
ⓘ4-537-05001-2
＊女帝武則天、フビライ・ハーン、楊貴妃、西太后、三国の英雄、水滸の盗賊、魯迅一。政治という天空を駆け抜けていったペガソスたちの鮮烈な軌跡を、鏤刻の文章で活写する異色の中国人物伝。付録、特別対談中野美代子vs松枝到。

◇中国史にみる女性群像　田村実造著　清水書院　（清水新書）　1990.10
ⓘ4-389-44054-3
＊秦末における項羽と劉邦との血みどろの抗争の蔭に散った一輪の名花にも似た虞美人。シルク・ロードをめぐる、中国と北アジア遊牧騎馬民族との対立抗争。その舞台裏で、はるかな異境に嫁いだ公主たちの数奇な運命と望郷の念い。後宮での后妃たちの権勢争奪のすさまじい葛藤。ただ一人の女帝、則天武后。その他文明太后（北魏）、西太后（清朝）など政権を握った女性たち。本書は、秦末、楚・漢の抗争から滅亡まで、中国三千年の歴史を視野に入れて、歴史の虚実、光と陰とを語る雄大なスケールの「女性群像」である。

▍**正統帝**　せいとうてい
1427～1464　15世紀、中国、明の第6代（正統帝）、8代（天順帝）皇帝（在位1435～1449、1457～1464）。廟号は英宗。

◇中国歴代皇帝人物事典　岡崎由美，王敏監修　河出書房新社　1999.2
ⓘ4-309-22342-7
＊秦の始皇帝、前漢の劉邦、新の王莽、魏の曹丕、隋の煬帝、唐の李世民、元のフビライ、明の朱元璋、清の康熙帝など、中国歴代王朝の皇帝を紹介した人物事典。后妃・公主・宗室なども収録し、歴代宮都・陵墓も掲載。中国史重要人物索引付き。

▍**セオドア・ローズヴェルト**
Theodore Roosevelt
⇒ローズヴェルト，セオドア

▍**セザンヌ**　Cézanne, Paul
1839～1906　19・20世紀、フランスの画家。後期印象派の代表者。

◇知識ゼロからの西洋絵画 困った巨匠たち対決　山田五郎著　幻冬舎　2018.3
ⓘ978-4-344-90331-9

◇心に響く印象派画家の言葉46　Moderna Classica編著　青月社　2018.2
ⓘ978-4-8109-1317-0

◇芸術家の愛した家――巨匠のルーツから読み解く美術入門　池上英洋著　エクスナレッジ　2016.12　ⓘ978-4-7678-2255-6

◇ポール・セザンヌ　スージー・ブルックス著，Babel Corporation訳出協力　六耀社（世界の名画：巨匠と作品）　2016.6
ⓘ978-4-89737-831-2

◇セザンヌ　アレックス・ダンチェフ著，二見史郎，蜂巣泉，辻井忠男訳　みすず書房　2015.11　ⓘ978-4-622-07905-7

◇セザンヌ論――その発展の研究　新装版　ロジャー・フライ著，辻井忠男訳　みすず書房　2015.11　ⓘ978-4-622-07971-2

◇マネと印象派の巨匠たち――印象派ってナニ？　島田紀夫監修　小学館　2014.7
ⓘ978-4-09-682088-9

◇もっと知りたいセザンヌ――生涯と作品　永井隆則著　東京美術　（アート・ビギナーズ・コレクション）　2012.3

セザンヌ

①978-4-8087-0945-7
◇セザンヌの食卓―いろとりどりの林檎たち　林綾野, 千足伸行編著　講談社　2012.3　①978-4-06-217606-4
＊林檎ひとつで、パリ中を「あっ！」と言わせた画家・セザンヌ。その足跡を追いかける旅/南仏料理と林檎のレシピ16点。
◇モネとセザンヌ―光と色彩に輝く印象派の画家たち　森実与子著　新人物往来社　（ビジュアル選書）　2012.2　①978-4-404-04162-3
◇セザンヌ―NHK巨匠たちの肖像　小学館クリエイティブ, 小学館〔発売〕　（DVD美術館）　2010.9　①978-4-7780-3805-2
＊西洋絵画を根本から覆すことになったセザンヌが新たに開発した3つの技法とは？　NHKハイビジョン映像で描く巨匠の生涯。
◇病にも克った！　もう一つの「偉人・英雄」列伝―逆境は飛躍へのバネに　池永達夫著　コスモトゥーワン　2010.5　①978-4-87795-188-7
◇セザンヌ物語　吉田秀和著　筑摩書房　（ちくま文庫　吉田秀和コレクション）　2009.6　①978-4-480-42576-8
＊セザンヌはどこから出発して、どこに到達したのか―近代的美学の枠組みからはなれてなおその芸術から放射される"精神的な品位"に惹かれた著者の渾身の美術論。自然のすべて、人間精神の姿におよぶ宇宙を画布のなかに捉えつくすという高い志を持して生き、描いて描いて、ついに永遠を思うに至ったセザンヌの創造の極点に迫る。
◇セザンヌ　ガスケ著, 与謝野文子訳　岩波書店　（岩波文庫）　2009.4　①978-4-00-335731-6
＊プロヴァンスが生んだ画家セザンヌ。その晩年に親しくつき合った同郷の若き詩人。ガスケは自ら目にし耳にした老画家の姿を丹念に記録した。ゾラとの友情、ルーヴルでの熱狂、そして芸術論…。傷つきやすい天才の複雑な内面を、詩的な言葉で再現した伝記と対話篇。
◇近代美術の巨匠たち　高階秀爾著　岩波書店　（岩波現代文庫）　2008.1

①978-4-00-602130-6
◇セザンヌ―光の体現者　シルヴィア・ボルゲージ著, 樺山紘一日本語版監修　昭文社　（Art book）　2007.3　①978-4-398-21453-9
◇すぐわかる　画家別　印象派絵画の見かた　島田紀夫監修　東京美術　2007.1　①978-4-8087-0811-5
◇セザンヌ　メアリー・トンプキンズ・ルイス著, 宮崎克己訳　岩波書店　（岩波世界の美術）　2005.1　①4-00-008981-1
◇セザンヌを愛するために―その人生と芸術　末永照和著　川崎市生涯学習振興事業団かわさき市民アカデミー出版部, シーエーピー出版〔発売〕　（かわさき市民アカデミー講座ブックレット）　2002.4　①4-916092-50-3
◇吉田秀和全集　18　セザンヌ　吉田秀和著　白水社　2002.4　①4-560-03841-4
◇ポール・セザンヌ―1839-1906　ウルリケ・ベックス＝マローニー著　タッシェン・ジャパン　（タッシェン・ニューベーシックアートシリーズ）　2001.10　①4-88783-047-5
◇セザンヌ―孤高の先駆者　高階秀爾監修, ミシェル・オーグ著, 村上尚子訳　創元社　（「知の再発見」双書）　2000.10　①4-422-21152-8
＊本書は、さまざまの資料を駆使してセザンヌの生涯を辿りながら、つねに作品に立ち帰り、主要な作品を、時に適切な部分拡大図を用いて的確に分析し、歴史的位置づけを試みている点で、バランスのよくとれた信頼できる手引きと言うべきであろう。
◇セザンヌとその時代　浅野春男著　東信堂　（世界美術双書）　2000.3　①4-88713-341-3
＊本書では、近代絵画の父と見なされたセザンヌ像について語りながらも、そこに留まることなく、近年、新しく捉え直されつつあるセザンヌ像についても述べていきたい。それはセザンヌという一個の謎である。この謎に挑戦しなければならない。セザンヌはつねに不

教科書に載った世界史人物800人　285

可解な絵を描き、人々の反感や嘲笑を喚起したスキャンダラスなアーティストだった。こうしたセザンヌの特異的な性格を主題的に論じることにするために、1つ章を設けて解説している。

◇セザンヌとゾラ―その芸術と友情　新関公子著　ブリュッケ　2000.2
①4-7952-1679-7
＊エミール・ゾラとポール・セザンヌが無二の親友であったことは、たんなる芸術家同士の友情物語にとどまらない。その友情は、近代美術の革命の方向を決める光でもあった。本書は、セザンヌとゾラの絶交の理由に新知見を見い出し、二人の芸術と印象派運動を再検討するものである。

◇セザンヌ画家のメチエ　前田英樹著　青土社　2000.2　①4-7917-5794-7
＊山、川、雲、岩、樹木、家、林檎、農夫…プロヴァンスの自然に強いられ、肉体を酷使し続ける、仕事の犬＝セザンヌ。驚くべき絵画表現を可能にした、画家の感覚の秘密を一挙に解き明かし、絵画の魅力の根源を論じきった、まったく新しいセザンヌ論の誕生。

◇セザンヌの画　内田園生著　みすず書房　1999.11　①4-622-04261-4

◇近代美術の巨匠たち　高階秀爾著　青土社　1998.8　①4-7917-9122-3
＊あの名作はどのようにして生まれたか。飽くことなく「光」を追求したモネ、不遇の天才セザンヌ、女性の美を絵筆に託したルノワール、単身タヒチに渡り、絵を描きながら孤独のうちに病没したゴーガンなど、近代絵画史に偉大な足跡を残した画家たち。その生い立ちから画家としての目覚め、数々の名作を描くにいたるまで、生活史をも織り込んで描く、巨匠列伝。

◇セザンヌのプロヴァンス　セザンヌ画，ドニ・クターニュ解説，村上能成訳　求竜堂（美の再発見シリーズ）　1998.1
①4-7630-9735-0

◇セザンヌ逍遙　藤谷千恵子著　求竜堂　1997.2　①4-7630-9705-9
＊セザンヌに魅了され、16年間にわたり、幾度となくセザンヌの歩いた土地を訪れ、モティーフの場所を探し出し、セザンヌの作品を追体験していく旅を続ける著者の美術エッセイ。

◇セザンヌ　セザンヌ画，アンリ・ラララマン著，小田部麻利子訳　日本経済新聞社　1996.10　①4-532-12286-4
＊豊富な作品数と斬新な図版で欧米で話題の画集！"現代絵画の父"セザンヌの芸術と人生。収録図版140点。

◇ポール・セザンヌ　クルト・レオンハルト著，岡村奈保ほか共訳　パルコ出版局（パルコ美術新書）　1996.8
①4-89194-488-9
＊近代美術の父と呼ばれ、キュビスムなどに大きな影響をおよぼした画家セザンヌ。たえず自然のなかにモティーフを探し絵画表現に苦悩し続けたセザンヌの真の姿に迫る先駆的な著作。

◇世界人物逸話大事典　朝倉治彦，三浦一郎編　角川書店　1996.6　①4-04-031900-1
＊歴史上の人物の生き生きとした人間像を伝えるエピソードを多数紹介する事典。日本人によく知られた人物1883人を見出しに掲載。

◇セザンヌ解釈　シドニー・ガイスト著，浅野春男訳　スカイドア　1996.5
①4-915879-32-1

◇ヴィヴァン―新装版・25人の画家　第10巻　セザンヌ　渡辺康夫編集・解説　講談社　1995.12　①4-06-254760-0
＊力強い造形性と密度の濃い色彩。南仏の自然をこよなく愛した現代絵画の父。

◇セザンヌ回想　P.M.ドラン編，高橋幸次，村上博哉訳　淡交社　1995.9
①4-473-01413-4
＊13編の回想録と手紙によって克明に浮かび上がる孤高の画家・セザンヌ。絵画に向き合う激しい姿勢そして芸術理論。

◇セザンヌ　アンリ・ペリュショ著，矢内原伊作訳　みすず書房　1995.7
①4-622-01554-4
＊本書はセザンヌに関する従来の夥しい資料をあまねく渉猟検討し、セザンヌが生活した場所を訪ね風景と事物に接し、客観的な事実の上に伝記を展開し

◇セザンヌ　セザンヌ画，キャサリン・ディーン著，浅野春男訳　西村書店（アート・ライブラリー）　1994.7
Ⓘ4-89013-521-9

◇セザンヌ　セザンヌ画，マイヤー・シャピロ著，黒江光彦訳　美術出版社（新装BSSギャラリー世界の巨匠）　1994.6
Ⓘ4-568-19051-7

◇セザンヌと読む―画家の思想形成をさぐる　松嶋保和著　勁草出版サービスセンター，勁草書房〔発売〕　1994.6
Ⓘ4-326-93327-5

◇ルノワール・セザンヌ―印象派 おおらかな色彩と空間　マウラ・ボフィット，ルイサ・コゴルノ，ガスパラ・デ・フィオレ，マリナ・ロッビアニ，サビネ・バリチ著，伊海里麻子，石藤浩一訳　学習研究社（絵画の発見）　1991.10
Ⓘ4-05-105733-X
＊印象派2大巨匠の絵画が見える。名画鑑賞のポイントを簡潔にアドバイス。

◇セザンヌへの道のり　藤谷千恵子著　牧羊社　1990.12　Ⓘ4-8333-1066-X

◇セザンヌ論―その発展の研究　ロジャー・フライ著，辻井忠男訳　みすず書房　1990.11　Ⓘ4-622-04234-7
＊本書は、フライの多岐にわたる著作中、セザンヌにおける「サント・ヴィクトワール山」のごとき重要な位置を占めている。現代の美術批評において、彼の「フォルマリスト」的方法を確立させた著作。

◇セザンヌ礼讃―セザンヌの七不思議　片多草吉著　平凡社（製作）　1990.8

▌セネカ　Seneca, Lucius Annaeus
前4頃～後65　前1・後1世紀、ローマの後期ストア派の哲学者、詩人。皇帝ネロの師傅、執政官も務めた。著書は「対話篇」「自然篇」他。

◇セネカ哲学する政治家―ネロ帝宮廷の日々　ジェイムズ・ロム著，志内一興訳　白水社　2016.5　Ⓘ978-4-560-08497-7

◇世界史の叡智―勇気、寛容、先見性の51人に学ぶ　本村凌二著　中央公論新社（中公新書）　2013.6　Ⓘ978-4-12-102223-3

◇賢者たちの人生論―プラトン、ゲーテからアインシュタインまで　金森誠也著　PHP研究所（PHP文庫）　2009.8
Ⓘ978-4-569-67328-8

◇セネカ　角田幸彦著　清水書院（Century books 人と思想）　2006.4
Ⓘ4-389-41186-1
＊ローマ帝政の暴虐・狂態を生き、その運命を「伴侶」と「対話」したセネカ。彼は、ローマ共和政を哲学したキケローと並んで、ヨーロッパ精神史の恩人である。セネカは哲学者・悲劇作家・宮廷政治家であった。本書では、彼を倫理思想家としてのみならずその全体像で描こうと、彼の多彩で奥の深い人間性に迫ろうとした。

◇ローマの哲人セネカの言葉　中野孝次著　岩波書店　2003.9　Ⓘ4-00-002585-6
＊人生、貧困、死など、誰もが突き当たるテーマを取り上げ、真に自由に生きることを説くセネカ。その文章は、無類の魅力を持ち、悩める人を力強く励ます。独自の訳と解釈による、現代人のためのセネカ案内。

◇セネカ入門―セネカと私　茂手木元蔵著　東海大学出版会　1994.5
Ⓘ4-486-01274-7

▌ゼノン　Zenon ho Kypros
前335～前263　前4・3世紀、ギリシアの哲学者。ストア学派の祖。アパテイアをもって自然と一致して生きる倫理学を唱えた。

◇ソクラテス以前哲学者断片集　第2分冊　内山勝利編　岩波書店　1997.6
Ⓘ4-00-092092-8

◇よくわかるギリシア哲学―知を愛し真理を求めた人々　斉藤啓一著　同文書院（超

教養シリーズ） 1997.5 ①4-8103-7397-5
＊語られなかった哲人たちの素顔。カルト教団のルーツは古代にあった。

◇PoPなギリシア哲学―「幸福」を追い求めた素敵な人々　斉藤啓一著　同文書院〔1996.2〕　①4-8103-7313-4
＊決して語られることのなかった"偉大"な哲学者たちの生涯。

セリム1世　Selim I Yâvuz
1467〜1520　15・16世紀、オスマン帝国第9代のスルタン（在位1512〜1520）。事実上スルタン・カリフ制を樹立。

◇悪の歴史―隠されてきた「悪」に焦点をあて、真実の人間像に迫る　西洋編上＋中東編　鈴木董編著　清水書院　2017.12
①978-4-389-50066-5

セルバンテス
Cervantes Saavedra, Miguel de
1547〜1616　16・17世紀、スペインの小説家。代表作「ドン・キホーテ」は近代小説の先駆とされる。

◇天才たちのスペイン　谷口江里也著　未知谷　2016.5　①978-4-89642-495-9

◇小島信夫批評集成　6　私の作家遍歴3・奴隷の寓話　小島信夫著　水声社　2011.2　①978-4-89176-816-4
＊ゴーゴリをはじめロシア文学の大胆な読解を経て、作家はセルバンテス『ドン・キホーテ』に挑む。文学の400年を駆けめぐる"作家遍歴"は、ついに寓話の世界へ――著者畢生の大著も、ここにクライマックスを迎える。

◇セルバンテスとスペイン生粋主義―スペイン史のなかのドン・キホーテ　アメリコ・カストロ著, 本田誠二訳　法政大学出版局　（叢書・ウニベルシタス）　2006.8　①4-588-00849-8
＊スペイン内戦の悲劇を経験した後に生み出された史観をもとに、自らの過去とも決別して、セルバンテスをスペイン的生粋主義の中に定位する。

◇セルバンテスの芸術　本田誠二著　水声社　2005.10　①4-89176-561-5

＊『ドン・キホーテ』出版400年記念。小説そのものの起源であり、その最高の到達点ともいうべきこの大長編小説を生んだセルバンテスの創作理念を、戯曲、短編小説、叙事詩等を含めてその全作品から解き明かす。

◇セルバンテスの思想　アメリコ・カストロ著, 本田誠二訳　法政大学出版局　（叢書・ウニベルシタス）　2004.8
①4-588-00801-3

◇丸かじりドン・キホーテ　中丸明著　日本放送出版協会　1998.6　①4-14-005298-8
＊本邦初！　各地方言を駆使して訳された『ドン・キホーテ』ダイジェスト。世界一のベストセラーの隠し味を「13の鍵」で読み解く。人生の悩みを一挙に解決するドン・キホーテとサンチョ・パンサの名言百選。これ一冊で『ドン・キホーテ』とスペインの通になれる究極の指南書。

◇ドン・キホーテのごとく―セルバンテス自叙伝　上　スティーヴン・マーロウ著, 増田義郎訳　文芸春秋　1996.6
①4-16-316340-9

◇ドン・キホーテのごとく―セルバンテス自叙伝　下　スティーヴン・マーロウ著, 増田義郎訳　文芸春秋　1996.6
①4-16-316350-6

◇世界人物逸話大事典　朝倉治彦, 三浦一郎編　角川書店　1996.6　①4-04-031900-1
＊歴史上の人物の生き生きとした人間像を伝えるエピソードを多数紹介する事典。日本人によく知られた人物1883人を見出しに掲載。

◇セルバンテス　P.E.ラッセル著, 田島伸悟訳　教文館　（コンパクト評伝シリーズ）　1996.1　①4-7642-1062-2

◇セルバンテスまたは読みの批判　カルロス・フエンテス著, 牛島信明訳　水声社　（叢書アンデスの風）　1991.12
①4-89176-262-4

銭大昕　せんたいきん
1728〜1804　18・19世紀、中国、清の学

者。著に「二十二史攷異」100巻など。
◇世界伝記大事典　日本・朝鮮・中国1～6　編集代表：桑原武夫　ほるぷ出版　1978.7

宣統帝　せんとうてい

1906～1967　溥儀（ふぎ）とも。20世紀、中国、清朝最後の皇帝（在位1908～1912）。姓・愛親覚羅。辛亥革命で退位。満州事変が起ると日本軍特務機関に誘い出され、満州国執政を経て皇帝に就任（在位1934～1945）。

◇毛沢東、周恩来と溥儀　王慶祥著, 松田徹訳　科学出版社東京　2017.11
①978-4-907051-21-1

◇近代中国指導者評論集成　5　執政溥儀宣統帝より執政まで　松本和久編・解題　内山舜著　ゆまに書房　2016.5
①978-4-8433-5021-8,978-4-8433-5015-7, 978-4-8433-5014-0

◇溥儀—変転する政治に翻弄された生涯　塚瀬進著　山川出版社　（日本史リブレット人）　2015.7　①978-4-634-54899-2

◇禁城の虜—ラストエンペラー私生活秘聞　加藤康男著　幻冬舎　2014.1
①978-4-344-02513-4
＊清朝、満洲の滅亡に翻弄され、逃げて逃げて生きた。同性愛、女官との宮廷秘話、皇后・側室との異常性愛の真相が遂に明らかに。歴史の残酷を赤裸々に描く実話巨編。宦官は見た！最後の皇帝「溥儀」の愛欲と悲劇。

◇紫禁城の黄昏—完訳　上　R.F.ジョンストン著, 中山理訳, 渡部昇一監修　祥伝社　（祥伝社黄金文庫）　2008.10
①978-4-396-31468-2

◇紫禁城の黄昏—完訳　下　R.F.ジョンストン著, 中山理訳, 渡部昇一監修　祥伝社　（祥伝社黄金文庫）　2008.10
①978-4-396-31469-9
＊宣統帝溥儀が家庭教師のジョンストンと共に日本公使館に逃げ込んできた時の芳沢公使の当惑、その後も日本政府がいかに溥儀にかかわることを嫌ったか、その側にいたジョンストンの記述ほど信用のあるものはない。

◇世紀風雪　上　愛新覚羅恒懿著, 李珍, 水野衛子, 横山和子, 佐野ちなみ訳　日本放送出版協会　2007.3
①978-4-14-081187-0

◇世紀風雪　下　愛新覚羅恒懿著, 李珍, 水野衛子, 横山和子, 佐野ちなみ訳　日本放送出版協会　2007.3
①978-4-14-081188-7

◇紫禁城の黄昏—新訳　レジナルド・F.ジョンストン著, 岩倉光輝訳　本の風景社　2007.2　①4-939154-04-1

◇溥儀—清朝最後の皇帝　入江曜子著　岩波書店　（岩波新書）　2006.7
①4-00-431027-X
＊三度皇帝となり、後半生は「人民」として生きたラストエンペラー溥儀（一九〇六・六七）。三歳で清朝最後の皇帝として即位、辛亥革命後の張勲の復辟による二度目の即位、満州国の「傀儡」皇帝、東京裁判での証言、戦犯管理所での「人間改造」、自伝『我が前半生』の執筆、文革中のガンとの闘いなど波瀾に満ちた数奇な生涯をいきいきと描く。

◇ラストエンペラーでございます　上野香奈著　新風舎　2006.2　①4-7974-6334-1
＊三歳のちっちゃな男の子溥儀は、しわだらけの老婆（西太后）の一声で、大帝国清朝（現・中国）の皇帝に即位！自分達の損得で動く大人に翻弄され、皇帝から、戦争犯罪人になりさがってしまう。「清朝の宣統帝」という看板を背負った男の、贅と汚名にまみれた生涯とは。

◇紫禁城の黄昏—完訳　上　R.F.ジョンストン著, 中山理訳, 渡部昇一監修　祥伝社　2005.3　①4-396-65032-9

◇紫禁城の黄昏—完訳　下　R.F.ジョンストン著, 中山理訳, 渡部昇一監修　祥伝社　2005.3　①4-396-65033-7

◇満州帝国の誕生—皇帝溥儀と関東軍日本の戦歴　山川暁著　学習研究社　（学研M文庫）　2001.10　①4-05-901087-1
＊あたかも幻の如く出現した巨大国家、満州帝国。1932年3月、石原莞爾らを中心とした関東軍が、満州事変によって建国した帝国である。石原らによって擁立された皇帝は、辛亥革命により一

宣統帝

度は帝位を剥奪された、清朝最後の皇帝、溥儀。関東軍、溥儀、漢民族、さらにはソ連各々の思惑を捲き込みながら、帝国は繁栄を極めてゆくが…歴史に埋もれた謎の大帝国の全貌が、今、蘇る。

◇ふたつの故宮　上　天裂け、中原燃ゆ　朕は皇帝なり　日本放送出版協会　1999.3
①4-14-080430-0
＊疾風の如く、怒濤の如く、流転の秘法に中華を見た渾身の歴史ドキュメント。

◇紫禁城史話──中国皇帝政治の檜舞台　寺田隆信著　中央公論新社　（中公新書）
1999.3　①4-12-101469-3
＊北京の紫禁城は明朝第三代の成祖永楽帝の命で、1407年に着工され20年に完成した。翌年、成祖は北京に遷都し、一九一二年二月に清朝最後の宣統帝が退位するまで、紫禁城は明清両王朝を通じて24人の皇帝が居住し、500年にわたり政治の檜舞台であった。この一群の建物は皇帝の住居であると共に、その絶対的権威を内外に誇示するための政治的建造物でもある。紫禁城での皇帝たちの動静に注目しつつ明清両王朝の歴史を描く。

◇貴妃は毒殺されたか──皇帝溥儀と関東軍参謀吉岡の謎　入江曜子著　新潮社
1998.5　①4-10-423601-2
＊戦時下の満州帝室で密やかに息を引き取った皇帝溥儀の貴妃・譚玉齢。極東軍事裁判の証言台で、溥儀が側近中の側近であった関東軍参謀・吉岡安直による謀殺を告発してから半世紀。貴妃の最期を診察した日本人医師が沈黙を破った…果たして謀殺は事実だったのか。"満州国の定説"を覆す衝撃のノンフィクション。

◇最後の皇妃──『福貴人』李玉琴　王慶祥著, 銭端本訳　学生社　1997.7
①4-311-60327-4
＊ラストエンペラー溥儀の宮廷生活と清朝崩壊後の皇族達の裏面！　平民から突然、皇妃『福貴人』となった十五歳の李玉琴！　宮中生活の実態と皇帝・溥儀の素顔！　満州国崩壊後の皇族達の流浪の生活の実態。

◇わが夫、溥儀　李淑賢著　学生社
1997.5　①4-311-60326-6
＊ラストエンペラー溥儀の知られざる私生活と素顔！「最後の皇帝」とまずしい家庭に育った夫人との出会い、溥儀が告白した肉体的欠陥、「皇帝」から一市民となった私生活の実態、溥儀におそいかかる文化大革命の嵐！　ガンとの闘いに明け暮れた晩年の日々！　など、溥儀の夫人が人間・溥儀と結婚生活の実像を赤裸々に公開。

◇世界人物逸話大事典　朝倉治彦, 三浦一郎編　角川書店　1996.6　①4-04-031900-1
＊歴史上の人物の生き生きとした人間像を伝えるエピソードを多数紹介する事典。日本人によく知られた人物1883人を見出しに掲載。

◇愛新覚羅溥儀最後の人生　賈英華著, 日中文化学院監訳　時事通信社　1995.12
①4-7887-9537-X
＊波乱の前半生を終え、第二の人生に再出発した溥儀を襲う文化大革命の嵐と病魔──ラスト・エンペラー苦闘の後半生を描いた歴史ノンフィクションの決定版。

◇溥儀・戦犯から死まで──最後の皇帝溥儀の波瀾にみちた後半生　王慶祥著, 王象一訳, 徐耀庭訳　学生社　1995.10
①4-311-60325-8
＊戦犯収容所で10年間の改造生活の実態。愛新覚羅一族との再会と葛藤。周恩来・毛沢東は溥儀を守ったか。一市民─「溥儀」を襲った文革の嵐と病魔。

◇溥儀日記　王慶祥編, 銭端本, 董国良訳　学生社　1994.10　①4-311-60324-X
＊皇帝"溥儀"の少年時代から文革を経て、死の寸前まで書き続けた絶筆までの日記。

◇最後の宦官──溥儀に仕えた波乱の生涯　上凌海成著, 斌華, 衛東訳　河出書房新社（河出文庫）　1994.6　①4-309-47269-9
＊中国清朝末期に当たる20世紀初頭、天津郊外に貧農の子として生を受けた孫耀庭は、十歳の時、両親への孝を誓って自ら〈宦官〉になることを願い出た。最後の皇帝・愛親覚羅溥儀に側近として仕え、皇后・婉容の寵愛をも享受するに至った

孫耀庭が間近に見たものは…。知られざる紫禁城の最深部から北京胡同の混沌まで、大清帝国の落日に染まる近代中国を括写した迫真のドキュメント前編。

◇わが半生―「満州国」皇帝の自伝　上　溥儀著，小野忍，野原四郎，新島淳良，丸山昇訳　筑摩書房　（ちくま文庫）　1992.12
Ⓘ4-480-02662-2
＊清朝末期、紫禁城の奥深く、最後の皇帝がわずか3歳で即位した。滅びゆく大国は、歴史の波に呑まれ、列強の手に翻弄され、皇帝溥儀は運命のままに怒濤の前半生を送る。

◇わが半生―「満州国」皇帝の自伝　下　溥儀著，小野忍，野原四郎，淳良・新島，丸山昇訳　筑摩書房　（ちくま文庫）　1992.12　Ⓘ4-480-02663-0
＊清朝崩壊後、日本軍が興した「満州国」の傀儡皇帝となった溥儀。三たびつかみとった皇帝の座は、しかし日本の敗戦とともに虚しく崩れ去る。待っていたのは、中華人民共和国による、戦犯としての長い「改造」期間だった。第2次大戦後、一個の人民へと急転した溥儀の、国家との、そして自己との戦いが克明に描かれる。

◇満州国皇帝の通化落ち　北野憲二著　新人物往来社　1992.5　Ⓘ4-404-01910-6
＊満州最後の日、日本人はどう生きたか。ソ連軍・暴民から教え子を守るため、生命をかけた通化高女校長夫妻と教師たち。激動昭和史の深部を明かす感動のドキュメント。

◇皇帝溥儀と関東軍―満州帝国復辟の夢　山川暁著　フットワーク出版　（秘蔵写真で知る近代日本の戦歴）　1992.4
Ⓘ4-87689-089-7

◇溥儀 1912〜1924―紫禁城の廃帝　秦国経編著，宇野直人，後藤淳一訳，波多野太郎監訳　東方書店　1991.2
Ⓘ4-497-91316-3
＊残照のラスト・エンペラー。清朝崩壊後の紫禁城内における末代皇帝・溥儀と彼をめぐる人々の活動を、書類・書翰をもとに紹介。

【そ】

▍宋応星　そうおうせい
1590頃〜1650頃　16・17世紀、中国、明代の技術書「天工開物」(1637) の著者。江西省奉新県の人。字は長庚。

◇世界伝記大事典　日本・朝鮮・中国 1〜6　編集代表：桑原武夫　ほるぷ出版　1978.7

▍宋教仁　そうきょうじん
1882〜1913　19・20世紀、中国の革命家。中国革命同盟会結成に参加、同盟会を国民党に改組、理事長代理として事実上の党首となり、大総統袁世凱を牽制しようとしたが、袁の刺客に上海で暗殺された。

◇孫文・辛亥革命と日本人　久保田文次著　汲古書院　（汲古叢書）　2011.12
Ⓘ978-4-7629-2596-2

◇宋教仁研究―清末民初の政治と思想　片倉芳和著　清流出版　2004.6
Ⓘ4-86029-083-6
＊著者渾身のライフワークいよいよ刊行！志半ばにして袁世凱の刺客の凶弾に倒れた宋教仁。この中華民国初期の革命運動・政治家の研究成果がこの一冊に。

◇宋教仁の研究　松本英紀著　晃洋書房　2001.3　Ⓘ4-7710-1248-2
＊清末民国初の政治家。近代国家の真髄を発見した革命家！孫文と対立する宋教仁の革命論を探る。

▍宋慶齢　そうけいれい
1893〜1981　19・20世紀、中国の政治家。宋子文・宋美齢の姉、孫文の夫人。中華人民共和国成立後に国家副首席。

◇宋慶齢―人間愛こそ正義　久保田博子著　汲古書院　2016.4　Ⓘ978-4-7629-6565-4

◇華獅子―激動の中国を駆け抜けた宋慶齢　田中重光著　叢文社　2014.1
Ⓘ978-4-7947-0720-8

荘子

◇宋家王朝―中国の富と権力を支配した一族の物語　上　スターリング・シーグレーブ著, 田畑光永訳　岩波書店　（岩波現代文庫）　2010.1　①978-4-00-603196-1
◇宋家王朝―中国の富と権力を支配した一族の物語　下　スターリング・シーグレーブ著, 田畑光永訳　岩波書店　（岩波現代文庫）　2010.1　①978-4-00-603197-8
＊美齢と蔣介石の結婚により権勢をほしいままにした宋一族。抗日戦争の中でいったんは米国を篭絡して中国の命運を支配するが、国共内戦に敗れて台湾移転を余儀なくされる。米中関係秘史と宋・蔣の秘密結社との関わりにも触れて綴られる「宋家王朝」の興亡。蔣の独裁政治とその死、民主化の進展、宋美齢の死までを扱った新原稿「宋家王朝の終焉」を付す。
◇近代中国 七人の猛女たち―西太后から江青まで　田所竹彦著　里文出版　2005.10　①4-89806-238-5
◇宋慶齢　沈潔著　大空社　（シリーズ福祉に生きる）　2001.11　①4-283-00074-4, 4-283-00082-5
◇論集 中国女性史　中国女性史研究会編　吉川弘文館　1999.10　①4-642-08142-9
＊中国女性史を、新しい視点で再構築する。南宋の裁判記録にみる女性の訴訟をはじめ、抗日戦争期の「慰安婦」問題や、改革開放期の労働政策など、古代から現代に至る女性に関わるさまざまな問題を取り上げた最新の成果。
◇宋姉妹―中国を支配した華麗なる一族　伊藤純、伊藤真著　角川書店　（角川文庫）　1998.11　①4-04-195426-6
＊二十世紀が始まろうとしていた中国で三人の姉妹が産声を上げた。財閥の娘として生まれた彼女たちは、アメリカで豊かな青春時代を過ごす。そして帰国した三人は、それぞれの伴侶を求めた。長女靄齢は財閥・孔祥熙へ、次女慶齢は革命家・孫文へ、三女美齢は政治家・蔣介石へ嫁いだ―。これはまた、彼女たちの人生の大きな岐路であった。様々な思惑が錯綜する、革命という時代のうねりの中で、それぞれに愛憎と確執を抱きながら生きた三姉妹。ときにしたたかに、ときに純粋に、己の信じる道を生きた三人の運命を描きつつ、激動の中国史を活写した、出色の歴史ノンフィクション。

◇アジアの女性指導者たち　山崎朋子編著　筑摩書房　1997.7　①4-480-86304-4
＊物語 アジアをつくる女たち。各国の代表的女性リーダー10人の肖像を生き生きと描きつつ、近現代のアジアの女たちの状況と課題を浮き彫りにする。第一線の研究者・ジャーナリストによる、全編書下ろし。
◇宋慶齢―中国の良心・その全生涯　上　イスラエル・エプシュタイン著, 久保田博子訳　サイマル出版会　1995.12　①4-377-21063-7
＊中国を愛し、人民の解放に捧げた宋慶齢の波乱の生涯と魅力を、彼女を支えつづけた著者が描く感動のノンフィクション大作。
◇宋慶齢―中国の良心・その全生涯　下　イスラエル・エプシュタイン著, 久保田博子訳　サイマル出版会　1995.12　①4-377-21064-5
＊孫文の遺志を継ぐ、中国統一のシンボル、激動の20世紀を先駆けた傑作伝記。
◇抗日戦争と一女性―宋慶齢の場合　仁木ふみ子著　アドバンテージサーバー　（ブックレット生きる）　1995.6　①4-930826-23-3
◇宋姉妹―中国を支配した華麗なる一族　NHK取材班著　角川書店　1995.6　①4-04-822010-1
＊昔、中国に三人の姉妹がいた。ひとりは金を愛し、ひとりは権力を愛し、ひとりは中国を愛した…孫文・蔣介石・孔祥熙の妻たちの激動の運命。

荘子　そうし

前369〜前286　荘周（そうしゅう）とも。前4・3世紀、中国、戦国時代の思想家、下級官吏。道家に属する。「荘子」はその著とされる。

◇荘子からの伝言―狂の境地で遊びなはれ

堀部武司著　カナリアコミュニケーションズ　2018.5　①978-4-7782-0425-9
◇生と死のことば―中国の名言を読む　川合康三著　岩波書店　（岩波新書）2017.10　①978-4-00-431683-1
◇96人の人物で知る中国の歴史　ヴィクター・H・メア，サンピン・チェン，フランシス・ウッド著，大間知知子訳　原書房　2017.3　①978-4-562-05376-6
◇荘子　玄侑宗久著　NHK出版　（NHK「100分de名著」ブックス）　2016.8　①978-4-14-081705-6
＊一切をあるがままに受け入れるところに真の自由が成立すると説く『荘子』は、今から約二千三百年前の中国で成立した古典である。禅の成立に大きな役割を果たしたほか、西行や芭蕉、鷗外・漱石から湯川秀樹に至るまで、多くの人々に影響を与え続けている。「渾沌七竅に死す」「胡蝶の夢」「蝸牛角上の争い」など、想像力を刺激する数々の寓話を読み解きながら、その魅力の源泉を探る。
◇荘子　新装版　鈴木修次著　清水書院　（Century Books　人と思想）　2016.3　①978-4-389-42038-3
◇荘子の心―自由に生きるヒント　于丹著，孔健，趙建勲，笠原祥士郎訳　幸福の科学出版　2008.5　①978-4-87688-604-3
◇MY古典 荘子のことば　田中佩刀著　斯文会，明徳出版社〔発売〕　2002.12　①4-89619-755-0
＊あるがままに生きてこそ、心の豊かさも長寿も得られるとする荘子の書から現代人の心を癒やす33話を紹介。
◇荘子＝超俗の境へ　蜂屋邦夫著　講談社　（講談社選書メチエ）　2002.10　①4-06-258252-X
＊人間社会を悠々と俯瞰する巨鳥「大鵬」がいる。貧窮の中に生き生きと暮らし、反権力を貫く賢者がいる。濁流の上を平然と泳ぐ達人もいる―。世俗を脱しきれない我々人間に、二千数百年の時を超えて驚きと感動を与え続ける「荘子」の思想の核心とは。天地自然の「道」を説く「大いなる智慧」に迫る。

◇荘子は哭く　小嵐九八郎著　実業之日本社　1999.10　①4-408-53368-8
◇諸子百家　渡辺精一著・解説　小学館　（地球人ライブラリー）　1996.6　①4-09-251023-3
＊孔子、老子、荘子、孟子をはじめとして荀子、韓非子、孫子、墨子など―2000年以上前の古代中国の「独自の思想を広めた多くの師たち」。彼らは「より良い明日の国と人生」のためにこんなに豊かな言語を遺した。待望の書き下ろし。
◇世界人物逸話大事典　朝倉治彦，三浦一郎編　角川書店　1996.6　①4-04-031900-1
＊歴史上の人物の生き生きとした人間像を伝えるエピソードを多数紹介する事典。日本人によく知られた人物1883人を見出しに掲載。
◇荘子（そうじ）　真崎守著　徳間書店　（徳間文庫）　1995.8　①4-19-890366-2
◇荘子―大知と逍遙の世界　服部武著　冨山房　1990.11　①4-572-00631-8
◇臨済・荘子　前田利鎌著　岩波書店　（岩波文庫）　1990.8　①4-00-331791-2
◇荘子の知恵　日影丈吉著　新芸術社　1990.2　①4-88293-018-8

┃曹操　そうそう
155～220　2・3世紀、中国、三国・魏王朝の始祖。黄巾の乱を平定。後漢の献帝を擁して華北を統一。

◇生と死のことば―中国の名言を読む　川合康三著　岩波書店　（岩波新書）2017.10　①978-4-00-431683-1
◇たのしく読める世界のすごい歴史人物伝　伊藤純郎監修　高橋書店　2017.6　①978-4-471-10381-1
◇96人の人物で知る中国の歴史　ヴィクター・H・メア，サンピン・チェン，フランシス・ウッド著，大間知知子訳　原書房　2017.3　①978-4-562-05376-6
◇三国志最強の男曹操の人望力　加来耕三著　すばる舎　2016.5　①978-4-7991-0497-2
◇実践版三国志―曹操・劉備・孫権、諸葛孔

曹操

明…最強の人生戦略書に学ぶ　鈴木博毅著　プレジデント社　2016.5
Ⓘ978-4-8334-2170-6

◇三国志曹操―「曹操＝悪役」が根底から覆る！　別冊宝島編集部編　宝島社　2016.3　Ⓘ978-4-8002-5115-2

◇曹操―乱世をいかに生きるか　酒井穣著　PHP研究所　2015.6
Ⓘ978-4-569-82527-4

◇中国皇帝伝　稲畑耕一郎著　中央公論新社　（中公文庫）　2013.5
Ⓘ978-4-12-205788-3

◇「三国志」の政治と思想―史実の英雄たち　渡邉義浩著　講談社　（講談社選書メチエ）　2012.6　Ⓘ978-4-06-258532-3

◇曹操―魏の武帝　石井仁著　新人物往来社　（新人物文庫）　2010.8
Ⓘ978-4-404-03894-4
＊正邪を超越した史上屈指の英傑。三国時代研究者が、正史をはじめ多くの史料・国内外における最新の研究成果を駆使し、曹操の実像を明らかにした本格評伝。

◇三国志の虚実　菅野正則著　新日本出版社　2010.6　Ⓘ978-4-406-05366-2
＊「赤壁の戦い」の主役は孔明ではなかった!?戦乱のない中国を目指し、己の信ずる正義、人としての誠意を貫いた英雄たちの実像。

◇曹操―矛を横たえて詩を賦す　川合康三著　筑摩書房　（ちくま文庫）　2009.7
Ⓘ978-4-480-42574-4
＊「三国志演義」ではもっぱら敵役扱いの曹操だが、実際は武人、政治家、詩人として、中国の歴史の流れを大きく変えた傑出した人物だった。宦官の貰い子の息子として、そのまま世塵に埋もれていったはずのひとりの青年が、後漢末の群雄割拠の時代、自らの才能だけを頼りにのし上がり、ついには一国の王者となるまでを、数々のエピソードを交えながら豊かに描き出す。

◇曹操―文武万能の王 三国志　三国志武将研究会著　PHP研究所　2009.5
Ⓘ978-4-569-70826-3
＊幼少時より大器の片鱗を覗かせた男。魏の王にまつわる逸話を漫画と文章でつづる。

◇皇帝たちの中国史―連鎖する「大一統」　稲畑耕一郎著　中央公論新社　2009.1
Ⓘ978-4-12-004001-6

◇中国名将列伝―起死回生の一策　来村多加史著　学習研究社　（学研新書）　2008.5　Ⓘ978-4-05-403477-8

◇英傑たちの『三国志』　伴野朗著　日本放送出版協会　（NHKライブラリー）　2007.3　Ⓘ978-4-14-084219-5

◇三国志曹操伝　改訂新版　中村愿著　新人物往来社　2007.3　Ⓘ978-4-404-03455-7
＊乱世を疾駆した英雄曹操。通説を覆す諸葛孔明像など、三国志の真髄に迫る古典的名著。

◇中国皇帝列伝―歴史を創った名君・暴君たち　守屋洋著　PHP研究所　（PHP文庫）　2006.11　Ⓘ4-569-66730-9

◇「勝敗」の岐路―中国歴史人物伝　村山孚著　徳間書店　（徳間文庫）　2006.10
Ⓘ4-19-892502-X

◇三国志傑物伝　三好徹著　光文社　2006.7　Ⓘ4-334-92507-3

◇三国志曹操伝　別冊宝島編集部編　宝島社　（宝島社文庫）　2005.11
Ⓘ4-7966-4997-2

◇三国志英雄列伝　九内俊彦著　リイド社　（リイド文庫）　2005.8　Ⓘ4-8458-2621-6

◇三国志・歴史をつくった男たち　竹田晃著　明治書院　（漢字・漢文ブックス）　2005.4　Ⓘ4-625-66339-3

◇曹操―三国志の真の主人公　堀敏一著　刀水書房　（刀水歴史全書　歴史・民族・文明）　2001.10　Ⓘ4-88708-283-5
＊孔明や劉備の活躍する『三国志演義』はおもしろいが、小説であって事実ではない。学者が史実を正確に書くと少々むつかしいが、"事実は小説より奇なり"というとおり、小説よりはるかにおもしろい。これは第一級の歴史家の書いた歴史の本。

◇曹操伝―三国志の英傑　守屋洋著　学習

研究社　（学研M文庫）　2001.4
①4-05-902039-7
＊曹操—後漢末の群雄割拠の中を勝ち上がり、いちはやく黄河流域に最大勢力を築き、魏の太祖となった三国志の英傑である。この希代の英雄の出自から、黄巾の乱平定、劉備・孫権との赤壁の戦いの実相などを追い、その死と評価、語録まで収載、曹操の真実に鋭く迫る。乱世を勝ち抜いた英雄のロマンあふれる伝記。

◇曹操—魏の曹一族　上巻　陳舜臣著　中央公論新社　（中公文庫）　2001.3
①4-12-203792-1
＊時は後漢末。人相見から「清平（平和時）の姦賊、乱世の英雄」と評された機略縦横の若者は、大動乱前夜の首都洛陽で、官途に就いた—。冷徹なまでの合理的精神と卓抜な人材登用で頭角を現わし、群雄が覇を競う乱世に新しい秩序を打ち立てようとした曹操の生涯。毀誉褒貶相半ばしてきた男の真の経略とは？　ベストセラー『諸葛孔明』と双壁をなす長篇。

◇曹操—魏の曹一族　下巻　陳舜臣著　中央公論新社　（中公文庫）　2001.3
①4-12-203793-X
＊果てしない兵乱、疲弊する民衆。曹操は最愛の子の夭折、後継者問題をめぐる家庭内の確執に苦悩しながらも、着々と覇業を推し進め、建安二十五年、「天下なお未だ安定せず」の言葉を遺して逝く—。作家として出発した若い頃から、曹操の詩文を読み、戦場を駆け抜けたその生涯に思いを馳せてきた著者が、英雄の内面に光を当て、新しい曹操像を描き出した歴史大作。

◇少年曹操　草森紳一著　文芸春秋　1999.12　①4-16-318880-0
＊芸術も兵法も一流だった男、悪罵も恐れず、苛烈な生を生きた男、孫子の思想を受け、「三国鼎立」を望んだ男。任俠道の「少年」の観点から解きあかす、三国志の英雄の真の魅力とは—。

◇鄭問之三国誌　1　榊涼介著　メディアワークス，角川書店〔発売〕　1999.11
①4-8402-1356-9
＊乱世の奸雄・曹操を主人公に、乱世を切り拓く熱き想いと、乱世を生抜く冷徹な戦略を描く。

◇漢文名作選　第2集2　英傑の群像　鎌田正監修, 若林力, 高野由紀夫著　大修館書店　1999.9　①4-469-13062-1
＊晋の文公（重耳）・秦の始皇帝・魏の曹操など12人の英傑たちの伝記に加えて、西施や王昭君ほか中国史を生きた6人の女性たちの物語を収録。原文（返り点・送り仮名付き）、書き下し文（総ルビ）に、現代語訳と解説を付す。

◇洛陽の姉妹　安西篤子著　講談社　1999.3　①4-06-209567-X
＊男たちが殺し合うなら、女は情を尽くし抜く—。三国時代が終わり、新たな動乱の世を迎えた。洛陽の都で数十年ぶりの再会を果たした姉妹の上にも、運命は容赦なく襲いかかった…。表題作ほか「趙氏春秋」「曹操と曹丕」など抒情あふれる中国短篇小説集。

◇黄土の群星　日本ペンクラブ編, 陳舜臣選　光文社　（光文社文庫）　1999.1
①4-334-72704-2
＊皇帝、美姫、名臣、刺客…悠久の中国四千年を舞台に、綺羅星のごとく煌いた群像を鮮やかに描いた12編。不朽の名作から第一人者の力作、気鋭の秀作まで、珠玉の中国小説傑作選。

◇新釈 三国志　上　童門冬二著　学陽書房　（人物文庫）　1999.1　①4-313-75070-3
＊宦官の専横によって腐敗堕落した後漢王朝に取って代わるべく、中国各地に躍り出た群雄たちの熾烈な主導権争い。政治力・軍事力ともに抜きん出た姦雄曹操、そして関羽、張飛らの英雄たち。日本の歴史上の人物との対比の中にあぶり出されてくる独自の世界と人間群像を鮮明に描き出した野心作。

◇新釈 三国志　下　童門冬二著　学陽書房　（人物文庫）　1999.1　①4-313-75071-1
＊「官渡の戦い」において、華北の覇者となった曹操は、天下統一に向けて南下を開始する。これを迎え撃つ孫権、劉備、知将周瑜そして諸葛孔明…。新しい時代の到来を熱望する民衆に代わってくりひろげられる英雄たちの死力を

曹操

◇三国志武将列伝趙雲伝 2 天翔の騎士 大場惑著 光栄 （歴史ポケットシリーズ） 1998.11 ⓘ4-87719-645-5
＊我が道をさえぎるものなど、何もなし！ 荊州を襲った仇敵曹操の大軍の前に、つぎつぎと倒れていく仲間たち。敵陣に残された若君を救うため、趙雲はただひとり敵陣を翔ける。

◇曹操―魏の曹一族 上巻 陳舜臣著 中央公論社 1998.11 ⓘ4-12-002860-7
＊「清平（平和時）の姦賊、乱世の英雄」と評された機略縦横の若者は、大動乱前夜の首都洛陽で官途に就いた―。透徹した史眼、雄渾な筆致が浮彫りにする、新しい曹操像と壮大な三国志の世界。

◇曹操―魏の曹一族 下巻 陳舜臣著 中央公論社 1998.11 ⓘ4-12-002861-5
＊打ち続く兵乱、疲弊する民衆。乱世に新しい秩序を打ち立てようとした超世の傑物は、「天下なお未だ安定せず」の言葉を遺して逝った―。若き日からの思索が結実した陳舜巨文学の金字塔。

◇曹操注解「孫子の兵法」 中島悟史著 ビジネス社 1998.11 ⓘ4-8284-0800-2
＊『論語』と並ぶ中国古典『孫子の兵法』は、「三国志」の英傑・曹操（魏の武帝）が自ら筆をとって注釈をつけ、部下の幹部教育の教科書としたものが原典であることはあまり知られていない。本書は、最近になって発掘された2200年前の前漢時代、オリジナル・テキストにもっとも近いとされる竹簡「銀雀山簡牘版―孫子の兵法」にもとづき、これまでの伝統的な文学的解釈を払拭、新たに経営科学の観点をすえて、『孫子の兵法』を"兵法論"をこえた"戦略理論"の新古典として位置づけた意欲作。

◇乱世の英雄 伴野朗、伊藤桂一著、尾崎秀樹、陳舜臣編 講談社 （中国の群雄） 1997.10 ⓘ4-06-191885-0
＊天下制覇をねらう魏・呉の攻防。その野望と戦略。

◇三国志実録 吉川幸次郎著 筑摩書房 （ちくま学芸文庫） 1997.3

ⓘ4-480-08331-6

◇世界人物逸話大事典 朝倉治彦，三浦一郎編 角川書店 1996.6 ⓘ4-04-031900-1
＊歴史上の人物の生き生きとした人間像を伝えるエピソードを多数紹介する事典。日本人によく知られた人物1883人を見出しに掲載。

◇野望の流裔 井藤貴子著 鳥影社 1996.6 ⓘ4-7952-6361-2

◇曹操―三国志の奸雄 竹田晃著 講談社 （講談社学術文庫） 1996.3 ⓘ4-06-159220-3
＊中国史上もっともドラマチックな時代―三国時代の幕を開き、その立役者となった曹操。彼は主家を奪った逆臣として悪名高く、「乱世の奸雄」と評されてきたが、政治家として、また詩人としてもまことに優れた人物であった。名族の出身でもない曹操が、濁流のなかから身を起こし、一時代を回転させる軸となっていく軌跡と彼の人間的魅力は、現代人の心を惹きつけてやまない。真の曹操像にせまる好著。

◇曹操伝三国志異聞 赤羽堯著 文芸春秋 1995.9 ⓘ4-16-315780-8

◇曹操伝―三国志の英傑 守屋洋著 総合法令出版 1995.5 ⓘ4-89346-455-8
＊今、時代の脚光を浴びる曹操。諸葛孔明と並ぶ英傑の魅力をあますところなく描く。

◇曹操・悪役の人生論―野望を抱き、したたかに生きよ 松本一男著 PHP研究所 1994.4 ⓘ4-569-54350-2
＊「三国志」最大の強国・魏を創りあげた英傑。武人として、政治家として、詩人として、持てる才能を出し切った爽快な人生に学ぶテキスト。

◇三国志 風と雲と龍―曹操と諸葛孔明 林田慎之助著 集英社 1994.3 ⓘ4-08-781097-6
＊「三国志」の二大巨人＝曹操と諸葛孔明の壮絶な人生と、隠れた人間的魅力を解明した、林田慎之助の「三国志」エッセイ集。

◇曹操論―とくに当時の神仙思想・遊仙文

学とのかかわりにおいて　上野裕人著
〔上野裕人〕　1994.3
◇覇道三国志—曹操の壮心やまず　雑喉潤著　東京書籍　1993.9　①4-487-79134-0
＊抜群の軍略家にして政治家、かつ詩人であった曹操のドライで野性的な人間像。三国志の時代精神は、まさに曹操にあり。覇者・曹操の激烈な生涯。
◇曹操孟徳 時代を動かす機略　（横浜）光栄（英雄パラダイムシリーズ）　1992.11
①4-906300-77-4
＊本書は、曹操が中原を制したゆえんを先見性と応変の機略に見い出し、その起業家ぶりを分析。つづいて同様にパイオニアとして新時代の礎を築いた世界史上の英雄たち—ユリウス・カエサル、武家政治の開祖平清盛、明の太祖朱元璋、トルコ共和国初代大統領ムスタファ・ケマルをフィーチャーして、彼らがいかに旧体制と格闘したかを解説する。
◇中国傑物伝　陳舜臣著　中央公論社　1991.10　①4-12-002057-6
＊越王句践の名参謀から陶の大商人に転身した范蠡、詩才にあふれる「三国志」の英雄・曹操、宦官にして大航海の偉業を成し遂げた明の鄭和など、傑物16人の破天荒な人生。

▮ **曹丕**　そうひ
187〜226　2・3世紀、中国、三国時代魏の初代皇帝（在位220〜226）、文学者。字は子桓。諡は文帝。曹操の長子。著に「典論」「列異伝」。
◇三国志と乱世の詩人　林田慎之助著　講談社　2009.9　①978-4-06-215308-9
◇三国志英雄列伝　九内俊彦著　リイド社（リイド文庫）　2005.8　①4-8458-2621-6
◇三国志・歴史をつくった男たち　竹田晃著　明治書院　（漢字・漢文ブックス）2005.4　①4-625-66339-3
◇魏帝の娘卑弥呼　清水発晃著　敬文堂　2002.8　①4-7670-0103-X
◇洛陽の姉妹　安西篤子著　講談社　1999.3　①4-06-209567-X
＊男たちが殺し合うなら、女は情を尽くし抜く—。三国時代が終わり、新たな動乱の世を迎えた。洛陽の都で数十年ぶりの再会を果たした姉妹の上にも、運命は容赦なく襲いかかった…。表題作ほか「趙氏春秋」「曹操と曹丕」など抒情あふれる中国短篇小説集。
◇中国歴代皇帝人物事典　岡崎由美，王敏監修　河出書房新社　1999.2
①4-309-22342-7
＊秦の始皇帝、前漢の劉邦、新の王莽、魏の曹丕、隋の煬帝、唐の李世民、元のフビライ、明の朱元璋、清の康熙帝など、中国歴代王朝の皇帝を紹介した人物事典。后妃・公主・宗室なども収録し、歴代宮都・陵墓も掲載。中国史重要人物索引付き。

▮ **ゾエ**　Zōē Palaiologia
⇒ソフィア

▮ **則天武后**　そくてんぶこう
624〜705　武則天（ぶそくてん）とも。7・8世紀、中国、唐朝の第3代高宗の皇后。のちみずから国号を周と改め女帝となる（在位690〜705）。
◇世界史の10人　出口治明著　文芸春秋（文春文庫）　2018.9
①978-4-16-791146-1
◇中国史にみる女性群像—悲運と権勢のなかに生きた女性の虚実　復刊　田村実造著　清水書院　（新・人と歴史 拡大版）2017.7　①978-4-389-44117-3
◇96人の人物で知る中国の歴史　ヴィクター・H・メア，サンピン・チェン，フランシス・ウッド著，大間知知子訳　原書房　2017.3　①978-4-562-05376-6
◇則天武后　気賀沢保規著　講談社　（講談社学術文庫）　2016.11
①978-4-06-292395-8
◇世界史の10人　出口治明著　文芸春秋　2015.10　①978-4-16-390352-1
◇中国皇帝伝　稲畑耕一郎著　中央公論新社　（中公文庫）　2013.5
①978-4-12-205788-3

則天武后

- ◇皇帝たちの中国史―連鎖する「大一統」　稲畑耕一郎著　中央公論新社　2009.1　①978-4-12-004001-6
- ◇破壊の女神―中国史の女たち　井波律子著　光文社　（知恵の森文庫）　2007.5　①978-4-334-78477-5
- ◇知られざる素顔の中国皇帝―歴史を動かした28人の野望　小前亮著　ベストセラーズ　（ベスト新書）　2006.12　①4-584-12125-7
- ◇中国皇帝列伝―歴史を創った名君・暴君たち　守屋洋著　PHP研究所　（PHP文庫）　2006.11　①4-569-66730-9
- ◇世界女性人名事典―歴史の中の女性たち　世界女性人名事典編集委員会編　日外アソシエーツ, 紀伊国屋書店〔発売〕　2004.10　①4-8169-1800-0
- ◇則天武后　上　津本陽著　幻冬舎　（幻冬舎文庫）　2000.4　①4-87728-864-3
- ◇則天武后　下　津本陽著　幻冬舎　（幻冬舎文庫）　2000.4　①4-87728-865-1
- ◇中国歴代皇帝人物事典　岡崎由美, 王敏監修　河出書房新社　1999.2　①4-309-22342-7
  * 秦の始皇帝、前漢の劉邦、新の王莽、魏の曹丕、隋の煬帝、唐の李世民、元のフビライ、明の朱元璋、清の康熙帝など、中国歴代王朝の皇帝を紹介した人物事典。后妃・公主・宗室なども収録し、歴代宮都・陵墓も掲載。中国史重要人物索引付き。
- ◇女帝則天武后　宇田川芳郎著　日本図書刊行会　1999.1　①4-8231-0035-2
  * 中国史上、唯一の女皇帝、武照の、野望と波乱に満ちた生涯を描く。『楊貴妃』に続く第二弾。
- ◇愛された悪女と愛されない美女―中国の歴史を彩った女たち　藤水名子著　青春出版社　1998.9　①4-413-03109-1
  * 絶世の悪女のしたたかな輝きと、絶世の美女のかくも凡庸ではかなき運命と。虞美人と呂后の違い、王昭君と西太后の違い。
- ◇武則天　下　原百代著　毎日新聞社　1998.5　①4-620-10589-9
- ◇武則天　中　原百代著　毎日新聞社　1998.4　①4-620-10588-0
- ◇国をゆるがす女たち　安西篤子, 中野美代子, 筧久美子, 尾崎秀樹, 陳舜臣編　講談社　（中国の群雄）　1998.3　①4-06-191889-3
- ◇武則天　上　原百代著　毎日新聞社　1998.3　①4-620-10587-2
- ◇中国ペガソス列伝―政治の記憶　中野美代子著　中央公論社　（中公文庫）　1997.8　①4-12-202915-5
  * 武則天、楊貴妃、フビライ・ハーン、西太后、そして『三国演義』の英雄たち…。中国の政治という天空をペガソスのように駆け抜けた人物たちの軌跡を鮮やかなタッチで描いた評伝文学。
- ◇追跡・則天武后　今泉恂之介著　新潮社　（新潮選書）　1997.6　①4-10-600517-4
- ◇則天武后　上　津本陽著　幻冬舎　1997.4　①4-87728-157-6
- ◇則天武后　下　津本陽著　幻冬舎　1997.4　①4-87728-158-4
- ◇破壊の女神―中国史の女たち　井波律子著　新書館　（Shinshokan History Book Series）　1996.10　①4-403-24041-0
  * 本書は、古代から近代に至るまで、約三千年に及ぶ中国の歴史のなかで、実在・虚構を問わず、特記すべき女たちをとりあげ、その生の軌跡をたどったものである。
- ◇世界人物逸話大事典　朝倉治彦, 三浦一郎編　角川書店　1996.6　①4-04-031900-1
  * 歴史上の人物の生き生きとした人間像を伝えるエピソードを多数紹介する事典。日本人によく知られた人物1883人を見出しに掲載。
- ◇則天文字の研究　蔵中進著　翰林書房　1995.11　①4-906424-75-9
- ◇則天武后　気賀沢保規著　白帝社　（中国歴史人物選）　1995.2　①4-89174-231-3
  * 男の世界に敢然と挑み、自力で頂点をきわめた唯一人の女、則天武后。その激しくも人間味溢れた一生を、時代の

相貌とともに描く。

◇艶 中国妖女伝—皇帝を魅了し操った十三人の女　村山孚著　学習研究社　（歴史群像新書）　1994.10　①4-05-400405-9
＊中国の歴史の陰には、激しい女の妖力が秘められている。希代の名君と謳われた殷の紂王をその魅力で虜にし、ついには国を滅ぼしてしまった「傾国の美女」妲己を初め、兄と近親相姦し、魯の君主である桓公を殺害させた文姜、その肌に触れた男を次々と不幸に陥れた絶世の美女・夏姫、大商人呂不韋の子を身籠ったまま、皇帝の嗣子と結婚し、後に秦の始皇帝となる男子を産み落とした歌姫の翠玉など、大国を揺るがせた女たちの全てが、ここに浮き彫りになる。

◇覇 中国大帝伝—大地を制圧した皇帝十二人　立間祥介著　学習研究社　（歴史群像新書）　1994.10　①4-05-400406-7
＊秦の始皇帝、漢の劉邦、唐の太宗、元のフビライ…彼ら建国の祖は、大地のつづくかぎり地平の彼方までをその手中に収めた。みずから歴史を築いた英雄たちの偉業は、現在も色あせることなく、燦然たる輝きを放っている。大河の流れのごとく、絶えることなく連綿とつづいた中国覇業の譜—。真の歴史が、ここにある。現代版『史記本紀』ついに完成。

◇渋沢龍彦全集　4　渋沢龍彦著　河出書房新社　1993.9　①4-309-70654-1

◇中国ペガソス列伝—武則天から魯迅まで　中野美代子著　日本文芸社　1991.5　①4-537-05001-2
＊女帝武則天、フビライ・ハーン、楊貴妃、西太后、三国の英雄、水滸の盗賊、魯迅—。政治という天空を駆け抜けていったペガソスたちの鮮烈な軌跡を、鏤刻の文章で活写する異色の中国人物伝。付録、特別対談中野美代子vs松枝到。

◇中国史にみる女性群像　田村実造著　清水書院　（清水新書）　1990.10　①4-389-44054-3
＊秦末における項羽と劉邦との血みどろの抗争の蔭に散った一輪の名花にも似た虞美人。シルク・ロードをめぐる、中国と北アジア遊牧騎馬民族との対立抗争。その舞台裏で、はるかな異境に嫁いだ公主たちの数奇な運命と望郷の念い。後宮での后妃たちの権勢争奪のすさまじい葛藤。ただ一人の女帝、則天武后。その他文明太后（北魏）、西太后（清朝）など政権を握った女性たち。本書は、秦末、楚・漢の抗争から滅亡まで、中国三千年の歴史を視野に入れて、歴史の虚実、光と陰とを語る雄大なスケールの「女性群像」である。

▍ソクラテス　Sōkratēs
前469頃〜前399　前5・4世紀、ギリシアの哲学者。プラトン、アリストテレスらに教え、のちのギリシア哲学の流れを決定づけた。

◇幸福とは何か—ソクラテスからアラン、ラッセルまで　長谷川宏著　中央公論新社　（中公新書）　2018.6　①978-4-12-102495-4

◇裸足のソクラテス—哲学の祖の実像を追う　八木雄二著　春秋社　2017.8　①978-4-393-32373-1

◇哲学の誕生—ソクラテスとは何者か　納富信留著　筑摩書房　（ちくま学芸文庫）　2017.4　①978-4-480-09794-1

◇クセノフォーン ソークラテースの思い出　佐々木理訳　岩波書店　（岩波文庫）　2016.7　①4-00-336031-1
＊アテーナイの軍人クセノフォーンが、己れの見聞のままに忠実に、師と仰いだ哲学者ソークラテースの姿を記した追想録。師への告発にたいする反論に始まって日常の言行を述べながら教育論にいたる全篇から、ソークラテースの人となりが生き生きと浮び上がってくる。歴史的ソークラテース像を知るうえでの貴重な一書。

◇哲学の始原—ソクラテスはほんとうは何を伝えたかったのか　八木雄二著　春秋社　2016.7　①978-4-393-32367-0

◇ソクラテス—われらが時代の人　ポール・ジョンソン著, 中山元訳　日経BP社　2015.12　①978-4-8222-5081-2

◇ソクラテス　新装版　中野幸次著　清水

ソクラテス

書院 （Century Books 人と思想） 2015.9 ⓘ978-4-389-42003-1

◇ソクラテス 増補 岩田靖夫著 筑摩書房 （ちくま学芸文庫） 2014.2 ⓘ978-4-480-09595-4
＊ソクラテス哲学の核心にある「反駁的対話」の構造と意味を分析し、それがかれの倫理的信念といかに関わるかを考察する。さらに、この倫理的信念の彼方に現れる「無知の自覚」が、ダイモニオンの囁きと共に、なにか超越的なものを示唆することを推定する。

◇運命の車輪―天才たちの生涯 永田龍葵著 永田書房 2013.10 ⓘ978-4-8161-0726-9

◇百％の真善美―ソクラテス裁判をめぐって 遠藤利国著 未知谷 2013.3 ⓘ978-4-89642-400-3
＊「魂の探究なき生活は生き甲斐なきもの」と、若者の魂に向かって問い続け、惑わせたと、ソクラテスが国家反逆罪で訴えられた…当時の状況を証言する三つの書からの豊富で的確な引用に導かれて、読者はアテナイ市民の一人となり、二四〇〇年前の裁判を追体験する。そして裁判の公正さに驚嘆し、投票の場面では、迷うだろう…ソクラテスは有罪か？ 量刑は？―。

◇ソクラテスからデカルトまで 山本新著 北樹出版 2012.7 ⓘ978-4-7793-0341-8

◇ソクラテス・イエス・ブッダ―三賢人の言葉、そして生涯 フレデリック・ルノワール著, 神田順子, 清水珠代, 山川洋子訳 柏書房 2011.5 ⓘ978-4-7601-3976-7
＊未曽有の危機に直面した今こそじっくりと耳を傾けたい、賢人たちの時空を超えたメッセージ。その教えと実像に迫る。真の幸福、正しい生き方、そして人生の意味とは。

◇崇高なるソクラテスの死 ジャン・ポール・モンジャン文, 及川美枝訳, ヤン・ル＝ブラ絵 ディスカヴァー・トゥエンティワン （プチ哲学） 2011.5 ⓘ978-4-7993-1012-0
＊ソクラテスはアテネの町を歩きまわり、行く先々で出会う人に呼びかけます。「自分自身を知れ！ 富を気にかけるのをやめ、真実を求め、知を愛する者であれ！」でも、アテネ市民はそういうソクラテスを快く思いませんでした。とうとう、裁判で、毒ニンジンの汁を飲んで死ぬという刑を宣告されてしまいます。さて、ソクラテスはどうするのでしょう？ 逃げ出すのでしょうか？ 哲学者でも死を恐れるのでしょうか？―。知恵とは、自分が知らないことを、知っていることだ。人生について。幸福について。絵で読む哲学者の教え。

◇ソクラテス言行録 1 クセノポン著, 内山勝利訳 京都大学学術出版会 （西洋古典叢書） 2011.3 ⓘ978-4-87698-187-8
＊プラトンと並ぶ愛弟子が、在りし日の師に思いを馳せ綴った「追想記」の新訳。ソクラテス言行録第一弾。

◇ダメ人間の世界史―ダメ人間の歴史 vol 1 引きこもり・ニート・オタク・マニア・ロリコン・シスコン・ストーカー・フェチ・ヘタレ・電波 山田昌弘, 麓直浩著 社会評論社 2010.3 ⓘ978-4-7845-0976-8

◇自死という生き方―覚悟して逝った哲学者 須原一秀著 双葉社 （双葉新書） 2009.12 ⓘ978-4-575-15351-4

◇哲学で自分をつくる―19人の哲学者の方法 滝本往人著 東京書籍 2009.3 ⓘ978-4-487-80357-6

◇世界をつくった八大聖人―人類の教師たちのメッセージ 一条真也著 PHP研究所 （PHP新書） 2008.4 ⓘ978-4-569-69939-4

◇三人の求道者―ソクラテス・一遍・レヴィナス 岩田靖夫著 創文社 （長崎純心レクチャーズ） 2006.10 ⓘ4-423-30125-3

◇ソクラテスはなぜ死んだのか 加来彰俊著 岩波書店 2004.3 ⓘ4-00-023707-1

◇よくわかるギリシア哲学―知を愛し真理を求めた人々 斉藤啓一著 同文書院 （超教養シリーズ） 1997.5 ⓘ4-8103-7397-5
＊語られなかった哲人たちの素顔。カルト教団のルーツは古代にあった。

◇ソクラテスの隣人たち―アテナイにおける市民と非市民 桜井万里子著 山川出版社 （歴史のフロンティア） 1997.4

① 4-634-48130-8
＊ソクラテスのような上層市民から解放奴隷アゴラトスまで、紀元前5世紀末、ペロポネソス戦争に敗れ、寡頭派と民主派の内戦に明け暮れるアテナイに生きた4人の姿をとおして、古代ギリシア社会における市民と非市民のあり方を考える。

◇歴史の目撃者　ジョン・ケアリー編，猿谷要監修，仙名紀訳　朝日新聞社　1997.2
① 4-02-257053-9
＊あなたはそこに居た！ 直接目撃者の目に歴史的事件はどのように映っただろうか。新鮮な切り口で見せる世界史アンソロジー。

◇ソクラテス最後の十三日　森本哲郎著　PHP研究所　（PHP文庫）　1997.1
① 4-569-56973-0

◇PoPなギリシア哲学―「幸福」を追い求めた素敵な人々　斉藤啓一著　同文書院〔1996.2〕　① 4-8103-7313-4
＊決して語られることのなかった"偉大"な哲学者たちの生涯。

◇ギリシア哲学史　加藤信朗著　東京大学出版会　1996.2　① 4-13-012054-9

◇ソクラテス　岩田靖夫著　勁草書房　1995.7　① 4-326-19835-4
＊ソクラテスの論法は「反駁的対話」と呼ばれる。その論理と哲学をつかみ、思想全体を整合的に理解する。

◇ソクラテス最後の十三日　森本哲郎著　PHP研究所　1995.2　① 4-569-54663-3

◇裁かれたソクラテス　T.C.ブリックハウス，N.D.スミス著，米沢茂，三嶋輝夫訳　東海大学出版会　1994.6
① 4-486-01265-8

◇ソクラテス裁判　イジドア・ファインスタイン・ストーン著，永田康昭訳　法政大学出版局　（叢書・ウニベルシタス）　1994.3　① 4-588-00429-8
＊はたして後世が逆転審判するように、被告ソクラテスが勝者で告発人アテーナイ市民は敗者なのか。プラトンの『弁明』は真実のソクラテス像を語っているのか。歴史的思想的社会的政治的な広大な背景を明瞭かつ生き生きと描き、新たな図式から裁判の見直しを図る。

◇ソクラテスはなぜ裁かれたか　保坂幸博著　講談社　（講談社現代新書）　1993.12
① 4-06-149181-4
＊有罪とされた哲学者ソクラテスは、どんな罪を犯したのだろうか。その裁判の争点を問い直し、神話的ギリシア世界におけるソクラテスの真の偉大さを考察する。

◇ソクラテスの生き方　白石浩一著　社会思想社　1991.11　① 4-390-60352-3

◇ソクラテスの弁明・クリトン　プラトン著，久保勉訳　岩波書店　（ワイド版　岩波文庫）　1991.6　① 4-00-007045-2
＊自己の所信を力強く表明する法廷のソクラテスを描いた『ソクラテスの弁明』。死刑の宣告を受けた後、国法を守って平静に死を迎えようとするソクラテスと、脱獄を勧める老友クリトンとの獄中の対話『クリトン』。ともにプラトン初期の作であるが、芸術的にも完璧に近い筆致をもって師ソクラテスの偉大な姿を我々に伝えている。

◇人間を学ぶ―林竹二先生の人と思想　小林洋文著　径書房　1990.4

◇仮面をとったソクラテス―哲学者とその妻の不思議　保坂幸博著　広済堂出版　1990.3　① 4-331-50285-6
＊ソクラテスは、クサンチッペという妻と、3人の子どもたちがいたことが確認されています。ところで、クサンチッペといえば、今日までの2千数百年にわたって、悪い妻の代表として語りつがれてきた当人です。この本のテーマは、はたして彼女が悪妻だったのかどうか、あるいは、なぜに悪妻といわれるようになったのかを調査することにあります。

蘇軾　そしょく

1036〜1101　蘇東坡（そとうば）とも。11・12世紀、中国、北宋の文学者、政治家。父の洵、弟の轍とともに「三蘇」と称せられる、宋代の文豪。

◇96人の人物で知る中国の歴史　ヴィクター・H・メア，サンピン・チェン，フラ

ンシス・ウッド著，大間知知子訳　原書房　2017.3　①978-4-562-05376-6
◇詩人と造物—蘇軾論考　山本和義著　研文出版　2002.10　①4-87636-212-2
◇蘇軾　近藤光男著　集英社　（漢詩選）1996.12　①4-08-156111-7
＊北宋を代表する詩人蘇軾（蘇東坡）は、人間の不幸の裏側にも、彼のみにわかる幸福を見つけた。人間の善意の中に生きようと、数奇な生涯を送った純情詩人を豊富な図版と詳しい資料で紹介。
◇世界人物逸話大事典　朝倉治彦，三浦一郎編　角川書店　1996.6　①4-04-031900-1
＊歴史上の人物の生き生きとした人間像を伝えるエピソードを多数紹介する事典。日本人によく知られた人物1883人を見出しに掲載。
◇蘇軾にみる逆境に在りて屈せず—左遷と粛清のリストラ時代をしたたかに生き抜いた宋の官僚の知恵　松本一男著　日本文芸社　1996.6　①4-537-02519-0
＊逆境一刻値千金…官僚詩人・蘇軾の生きざま。春宵一刻値千金…の詩で有名な蘇軾「蘇東坡」は、政争の嵐のなか左遷・投獄・流刑を繰り返す、波乱の官僚人生を生き抜いた不屈の人でもあった。逆境にあって彼は何を想ったのか…。
◇蘇軾—その人と文学　改訂版　王水照著，山田侑平訳　日中出版　（中国古典入門叢書）1996.3　①4-8175-1223-7

蘇秦　そしん
?～前317　前4世紀、前4世紀、中国戦国時代の思想家、政治家。字は季子。諸国が合従する策を説き、縦横家と呼ばれた。
◇史記　2　乱世の群像　司馬遷著，奥平卓，久米旺生訳　徳間書店　（徳間文庫カレッジ）2016.7　①978-4-19-907062-4
◇戦国名臣列伝　宮城谷昌光著　文芸春秋　2005.11　①4-16-324450-6
◇男の後半生—中国英傑に学ぶ　守屋洋著　PHP研究所　（PHP文庫）2002.1　①4-569-57655-9

ソフィア　Sophia
?～1503　ゾエとも。15世紀、ロシアのイヴァン3世の妃。
◇世界女性人名事典—歴史の中の女性たち　世界女性人名事典編集委員会編　日外アソシエーツ，紀伊国屋書店〔発売〕2004.10　①4-8169-1800-0

ソフォクレス　Sophoklēs
前496頃～前406　前5世紀、ギリシア、アテナイの詩人。三大悲劇詩人の一人。123編の作品を作り、7編が現存。代表作に「オイディプス王」など。
◇ギリシア悲劇と「美しい死」　吉武純夫著　名古屋大学出版会　2018.3　①978-4-8158-0906-5
◇オイディプスの謎　吉田敦彦著　講談社　（講談社学術文庫）2011.7　①978-4-06-292060-5
＊ギリシァ悲劇の白眉『オイディプス王』と『コロノスのオイディプス』。作者ソポクレスは二つの物語で深遠な問いを立てる。人間の本性とは何か？　苛烈な運命の下で、人間はいかに生きるべきか？　前五世紀、栄華を誇ったアテネはその後大敗戦、疫病の猖獗を経験する。大国難の中にあっても、人間は高貴なる魂を保持せねばならぬと訴えたのである。
◇世界人物逸話大事典　朝倉治彦，三浦一郎編　角川書店　1996.6　①4-04-031900-1
＊歴史上の人物の生き生きとした人間像を伝えるエピソードを多数紹介する事典。日本人によく知られた人物1883人を見出しに掲載。

ゾラ
Zola, Émile Edouard Charles Antoine
1840～1902　19・20世紀、フランスの小説家。自然主義を唱え、その指導者となった。主著「テレーズ・ラカン」（1867）、「居酒屋」（77）他。
◇ゾラと近代フランス—歴史から物語へ　小倉孝誠著　白水社　2017.8　①978-4-560-09558-4

◇あらゆる文士は娼婦である――19世紀フランスの出版人と作家たち　石橋正孝，倉方健作著　白水社　2016.10
①978-4-560-09515-7

◇ゾラ　新装版　尾﨑和郎著　清水書院（Century Books　人と思想）　2015.9
①978-4-389-42073-4

◇知識人の時代――バレス/ジッド/サルトル　ミシェル・ヴィノック著，塚原史，立花英裕，築山和也，久保昭博訳　紀伊国屋書店　2007.2　①978-4-314-01008-5

◇60戯曲――世紀末パリ人物図鑑　鹿島茂著　中央公論新社　(中公文庫)　2005.10
①4-12-204598-3

◇エミール・ゾラ断章　加賀山孝子著　早美出版社　2000.2　①4-915471-91-8
＊フランス19世紀の文豪エミール・ゾラは『居酒屋』や『ジェルミナール』など20巻からなる『ルーゴン・マッカール叢書』を執筆するかたわら、「ドレフュス事件」が起こると、真実と正義のために敢然と立ち上がった。あまり知られていないゾラの人間像と不朽の名作がここに鮮やかに照射される。

◇セザンヌとゾラ――その芸術と友情　新関公子著　ブリュッケ　2000.2
①4-7952-1679-7
＊エミール・ゾラとポール・セザンヌが無二の親友であったことは、たんなる芸術家同士の友情物語にとどまらない。その友情は、近代美術の革命の方向を決める光でもあった。本書は、セザンヌとゾラの絶交の理由に新知見を見い出し、二人の芸術と印象派運動を再検討するものである。

◇ドレフュス事件とエミール・ゾラ　告発　稲葉三千男著　創風社　1999.11
①4-88352-020-X
＊ゾラ裁判以後を描く。

◇ゾラと自然主義　アンリ・ミットラン著，佐藤正年訳　白水社　(文庫クセジュ)　1999.7　①4-560-05817-2
＊19世紀のパリの風俗をナチュラルに描きつづけたエミール・ゾラ。本書はその自然主義と写実主義とを見きわめ、精神分析学・哲学・構造論・テーマ論・神話論などによる豊富な研究成果をもとにしながら、小説家としてのゾラの才能に迫る。巻末には略年譜・小説全作品の梗概一覧などを充実収録。

◇ドレフュス事件とエミール・ゾラ――1897年　稲葉三千男著　創風社　1996.11
①4-915659-85-2

◇世界人物逸話大事典　朝倉治彦，三浦一郎編　角川書店　1996.6　①4-04-031900-1
＊歴史上の人物の生き生きとした人間像を伝えるエピソードを多数紹介する事典。日本人によく知られた人物1883人を見出しに掲載。

◇ゾラと世紀末　清水正和著　国書刊行会　1992.3　①4-336-03342-0

◇ナナ――マネ・女・欲望の時代　ヴェルナー・ホーフマン著，水沢勉訳　PARCO出版局　(PARCO PICTURE BACKS)　1991.2　①4-89194-262-2
＊画家マネがナナの姿のなかに19世紀末パリの実相を透視する。マネの絵画、ゾラの小説からマルクスまでを駆使して、実術史家ホーフマンが現代に至る「欲望の時代」を暴く。

ソロモン王　Solomon
？～前933頃　前10世紀頃、イスラエル統一王国3代目の王（在位前961～922）。エルサレム神殿を建築。

◇世界史をつくった最強の300人　小前亮著　光文社　(光文社知恵の森文庫)　2018.10
①978-4-334-78752-3

◇よくわかる「世界の怪人」事典――ソロモン、ラスプーチンから、卑弥呼、ジキルとハイドまで　一条真也監修，造事務所編著　広済堂あかつき　(広済堂文庫)　2009.10
①978-4-331-65457-6

◇神さまに力をもらった話――旧約聖書の中の10人　伊達久子構成・文　日本教会新報社，星雲社〔発売〕　2002.12
①4-434-02717-4

◇図説 聖書物語 旧約篇　山形孝夫著，山形美加図版解説　河出書房新社　(ふくろうの本)　2001.6　①4-309-72660-7
＊傑作絵画でよむ旧約聖書。天地創造・人

類創造からイスラエル王国滅亡までの壮大な歴史ドラマ。宗教人類学・ジェンダー論など、斬新な視角から聖書を読み解き、ヨーロッパ人の魂の言葉となった旧約物語の謎に迫る、知的冒険の旅。

◇面白いほどよくわかる聖書のすべて―天地創造からイエスの教え・復活の謎まで　ひろさちや監修，中見利男著　日本文芸社（学校で教えない教科書）　2000.12　①4-537-25021-6

◇世界人物逸話大事典　朝倉治彦，三浦一郎編　角川書店　1996.6　①4-04-031900-1
＊歴史上の人物の生き生きとした人間像を伝えるエピソードを多数紹介する事典。日本人によく知られた人物1883人を見出しに掲載。

ソロン　Solōn

前640頃～前560頃　前7・6世紀、アテネの政治家、立法家、詩人。ギリシア七賢人の一人。

◇ローマとギリシャの英雄たち　黎明篇―プルタークの物語　阿刀田高著　新潮社（新潮文庫）　2011.7
①978-4-10-125535-4

◇英雄伝　1　プルタルコス著，柳沼重剛訳　京都大学学術出版会　（西洋古典叢書）　2007.6　①978-4-87698-167-0

◇世界人物逸話大事典　朝倉治彦，三浦一郎編　角川書店　1996.6　①4-04-031900-1
＊歴史上の人物の生き生きとした人間像を伝えるエピソードを多数紹介する事典。日本人によく知られた人物1883人を見出しに掲載。

孫権　そんけん

182～252　2・3世紀、中国、三国呉の初代皇帝（在位222～252）。孫堅の子。江南支配を達成。

◇実践版三国志―曹操・劉備・孫権、諸葛孔明…最強の人生戦略書に学ぶ　鈴木博毅著　プレジデント社　2016.5
①978-4-8334-2170-6

◇英傑たちの『三国志』　伴野朗著　日本放送出版協会　（NHKライブラリー）
2007.3　①978-4-14-084219-5

◇三国志・歴史をつくった男たち　竹田晃著　明治書院　（漢字・漢文ブックス）
2005.4　①4-625-66339-3

◇中国歴代皇帝人事典　岡崎由美，王敏監修　河出書房新社　1999.2
①4-309-22342-7
＊秦の始皇帝、前漢の劉邦、新の王莽、魏の曹丕、隋の煬帝、唐の李世民、元のフビライ、明の朱元璋、清の康熙帝など、中国歴代王朝の皇帝を紹介した人物事典。后妃・公主・宗室なども収録し、歴代宮都・陵墓も掲載。中国史重要人物索引付き。

◇新釈 三国志　下　童門冬二著　学陽書房（人物文庫）　1999.1　①4-313-75071-1
＊「官渡の戦い」において、華北の覇者となった曹操は、天下統一に向けて南下を開始する。これを迎え撃つ孫権、劉備、知将周瑜そして諸葛孔明…。新しい時代の到来を熱望する民衆に代わってくりひろげられる英雄たちの死力を尽した戦いの中に、組織と人間をめぐる永遠のテーマが浮び上る。

◇三国志武将列伝 趙雲伝　3　江東の策謀　大場惑著　光栄　（歴史ポケットシリーズ）　1998.12　①4-87719-646-3
＊孫権の妹との婚姻のため、謀略うずまく江東へと向かう劉備。主を守るべく、知勇兼備の名将趙雲もまたともに旅立った！　孔明に託された三つの秘策を胸に、趙雲の静かなる戦いがはじまる。

◇乱世の英雄　伴野朗，伊藤桂一著，尾崎秀樹，陳舜臣編　講談社　（中国の群雄）
1997.10　①4-06-191885-0
＊天下制覇をねらう魏・呉の攻防。その野望と戦略。

◇運命には逆らい方がある―英傑の軌跡　中薗英助著　青春出版社　1996.11
①4-413-03059-1
＊本書は、歴史の節目に立ち、その意外な運命に翻弄されることなく立ち向かい人生を切り拓いていった7人の英傑たちに光をあて、人間の、一筋縄ではいかない人生の深奥なるヒダを描いたもので

ある。
◇世界人物逸話大事典　朝倉治彦，三浦一郎編　角川書店　1996.6　Ⓘ4-04-031900-1
　＊歴史上の人物の生き生きとした人間像を伝えるエピソードを多数紹介する事典。日本人によく知られた人物1883人を見出しに掲載。
◇明鏡古事―中国人物列伝 古事は今を知る鏡　伴野朗著　経営書院　1993.11　Ⓘ4-87913-470-8
　＊中国四千年の歴史に活躍する英雄たちの魅力的な人物像を描く。

孫子　そんし

春秋時代　前6・5世紀、中国、春秋時代の兵法家。兵法書「孫子」の著者の尊称。兵法の祖である斉の孫武を指すとされる。別に孫臏の兵法もあった。

◇真説 孫子　デレク・ユアン著，奥山真司訳　中央公論新社　2018.2　Ⓘ978-4-12-005047-3
　＊中国圏と英語圏の解釈の相違と継承の経緯を分析し、東洋思想の系譜からタオイズムとの相互関連を検証、中国戦略思想の成立と発展を読み解く。気鋭の戦略思想家が、世界的名著の本質に迫る。
◇孫子と兵法三十六計　洋泉社編集部編　洋泉社　2014.5　Ⓘ978-4-8003-0397-4
　＊2500年前から現代まで受け継がれる不朽の古典から読み解く。現代を生きる知恵と勝ち抜く戦略。
◇名言で読み解く中国の思想家　湯浅邦弘編著　ミネルヴァ書房　2012.8　Ⓘ978-4-623-06378-9
◇二人の兵法孫子―孫武と孫臏の謎　永井義男著　明治書院　（学びやぶっく　しゃかい）　2011.2　Ⓘ978-4-625-68460-9
　＊「孫子」は二人いた。一人は孫武、もう一人は孫臏。古来兵法の聖典といわれたその魅力を、分かりやすく解き明かす。歴史的な戦争や現代戦、さらには日常の事柄にも当てはめて、その真髄を説明する。
◇諸子百家―儒家・墨家・道家・法家・兵家　湯浅邦弘著　中央公論新社　（中公新書）　2009.3　Ⓘ978-4-12-101989-9
◇「勝敗」の岐路―中国歴史人物伝　村山孚著　徳間書店　（徳間文庫）　2006.10　Ⓘ4-19-892502-X
◇春秋名臣列伝　宮城谷昌光著　文芸春秋　2005.11　Ⓘ4-16-324440-9
◇曹操注解 孫子の兵法　中島悟史著　朝日新聞社　（朝日文庫）　2004.8　Ⓘ4-02-264332-3
　＊「あらゆる戦略・政策の波及結果をシミュレーションで比較せよ」という"数理"の孫子兵法。敵軍からも将軍・高官を抜擢、「ともに新時代へ」と導いた"人事"の曹操。二つの個性の結晶が銀雀山前漢墓竹簡など最新発掘文献と、読みやすい現代訳によって、組織経営科学の書としてよみがえる。
◇小説 孫子の兵法　上　鄭飛石著, 李銀沢訳　広済堂出版　（広済堂ブルーブックス）　1999.4　Ⓘ4-331-05808-5
　＊知将孫武と名将伍子胥の運命の出会い。小さな布袋ひとつ肩にかけ、今日も山中をひとりで歩き回る若者がいた。その名は、天下の漂浪客、斉の兵法研究家孫武。彼は有名な古戦場を歩き回り、現地の踏査を通じて戦術と戦法を研究していた。時、まさに乱世。天下の覇権を掌握せんと列国の諸侯は互いに混戦と乱戦をくり返し、一日として戦いのない日はなかった。なかでも晋・楚・秦の三国は熾烈な暗闘をつづけていた。そんな時、智略に富んだ楚の若き忠臣伍子胥と孫武は運命的な出会いをする。これによって中国の春秋戦国時代は、大波乱の幕を切って落とす。
◇リーダーシップ孫子―指導者はいかにあるべきか　武岡淳彦著　集英社　1994.5　Ⓘ4-08-781081-X
◇孫子―人間の魅力・男の器量　高畠穣著　三笠書房　1991.12　Ⓘ4-8379-1467-5
　＊呉の国の兵法家であると同時の大将軍、大政治思想家でもあった孫武。父と兄の仇を討つべく楚を出奔、やがて呉で抜群の頭角をあらわす伍子胥。義兄弟の契りゆえに刺客となって一命を投げうつ専諸と要離。国内統一と隣国に野

ソンツェン・ガンポ

心を燃やす呉王闔閭…孫武をめぐる魅力的人間像を描く。

ソンツェン・ガンポ
Sroṅ-btsan sgam-po

?～649　6・7世紀、チベットの初代の王。漢字名は松賛干布。仏教に帰依し、チベット文字を制定した。

◇西蔵の民族と文化　青木文教著　慧文社　（近代チベット史叢書）　2009.3
①978-4-86330-025-5

孫文 そんぶん

1866～1925　19・20世紀、中国の革命家、思想家。号は逸仙中山。中国国民党の創設者。1912年中華民国臨時大総統。国民革命の実現をめざした。

◇96人の人物で知る中国の歴史　ヴィクター・H・メア，サンピン・チェン，フランシス・ウッド著，大間知子訳　原書房　2017.3　①978-4-562-05376-6

◇孫文と陳独秀―現代中国への二つの道　横山宏章著　平凡社　（平凡社新書）　2017.2　①978-4-582-85837-2

◇近代の日本人と孫文　中山義弘著　汲古書院　2016.8　①978-4-7629-6575-3

◇孫文―近代化の岐路　深町英夫著　岩波書店　（岩波新書 新赤版）　2016.7
①978-4-00-431613-8

◇素顔の孫文―国父になった大ぼら吹き　横山宏章著　岩波書店　2014.4
①978-4-00-001082-5

◇科学の人（マン・オブ・サイエンス）・孫文―思想史的考察　武上真理子著　勁草書房　（現代中国地域研究叢書）　2014.2
①978-4-326-34896-1
＊革命家としての孫文像を見直し、「サイエンス」の時代におけるその科学哲学の生成と深化の過程を追う。

◇孫文の社会主義思想―中国変革の道　安藤久美子著　汲古書院　2013.6
①978-4-7629-6505-0

◇革命いまだ成功せず―孫文伝：孫文の革命は中国の民主化で完結する！　チームIJINDEN編集制作，黒須義宏作画，幸福の科学出版編集　幸福の科学出版　2012.12
①978-4-86395-272-0
＊孫文の理想を見失った中国。一党独裁をやめよ。覇権主義をやめよ。誤った歴史教育をやめよ。愛国無罪は法治国家ならぬ放置国家である。孫文は、「自由な中国」を願っている。

◇孫文・辛亥革命と日本人　久保田文次著　汲古書院　（汲古叢書）　2011.12
①978-4-7629-2596-2

◇孫文―その指導者の資質　舛添要一著　角川書店，角川グループパブリッシング（発売）　（角川oneテーマ21）　2011.10
①978-4-04-110048-6
＊膨大な研究書を分析して明かされる孫文の実像。現役政治家が問う異色の研究書。

◇辛亥革命100年と日本　日台関係研究会編　早稲田出版　2011.9
①978-4-89827-395-1
＊辛亥革命で清朝は倒され、中華民国は成立したが、中国の統一と安定は実現しなかった。そして第二次世界大戦後、国共内戦の結果、孫文の革命の理想は台湾に移転した中華民国で成就することになった。一方、中国では、共産党一党独裁が継続しており、孫文の理想から見れば「革命いまだならず」のままである。辛亥革命一〇〇年にあたり、中華民国一〇〇年の歴史を振り返り、辛亥革命、孫文、蔣介石と日本との関わりをひも解き、これからの日台関係を考える。

◇義の絆―大義之結 孫文と宮崎滔天　松本州弘著　大石浩司　2011.7

◇孫文―百年先を見た男　田所竹彦著　新人物往来社　（新人物文庫）　2011.5
①978-4-404-04011-4
＊現代中国を予見し「改革開放」のビジョンを描いた孫文の生涯を追う。

◇孫文と日本―神戸・長崎と東亜同文書院・愛知大学　愛知大学東亜同文書院大学記念センター編　あるむ　（愛知大学東亜同文書院ブックレット）　2011.3
①978-4-86333-036-8

◇孫文と長崎―辛亥革命100周年 写真誌 新装版　横山宏章，陳東華著，長崎中国交流史協会編　長崎文献社　2011.2
①978-4-88851-022-6

◇孫文と梅屋庄吉―100年前の中国と日本 特別展　東京国立博物館，毎日新聞社編　東京国立博物館　2011

◇宋家王朝―中国の富と権力を支配した一族の物語　上　スターリング・シーグレーブ著，田畑光永訳　岩波書店　（岩波現代文庫）　2010.1　①978-4-00-603196-1

◇孫文の辛亥革命を助けた日本人　保阪正康著　筑摩書房　（ちくま文庫）　2009.8
①978-4-480-42634-5
＊清朝末期の混乱の極みにあった1911年、中国初の近代革命となる辛亥革命が起こる。その義挙成功の陰には、アジア解放の夢のもとに、革命の指導者・孫文を助けようと一身を賭した多くの日本人がいた。義によって時代を駆け抜けた孫文と宮崎滔天、山田良政・純三郎兄弟の活躍を軸に、日中にまたがる人間交流を緻密に描いたノンフィクションの傑作。

◇アジア英雄伝―日本人なら知っておきたい25人の志士たち　坪内隆彦著　展転社　2008.11　①978-4-88656-328-6

◇日本に遺された孫文の娘と孫　宮川東一著　商業界　2008.5　①978-4-7855-0326-0
＊孫文の娘、冨美子の生涯と孫、宮川東一の半生。

◇巷談 中国近代英傑列伝　陳舜臣著　集英社　（集英社新書）　2006.11
①4-08-720368-9

◇孫文と長崎―写真誌 日中国交正常化30周年記念　長崎中国交流史協会編，横山宏章，陳東華著　長崎中国交流史協会　2003.2　①4-88851-022-9

◇浪人と革命家―宮崎滔天、孫文たちの日々 真筆に見る日中の絆　田所竹彦著　里文出版　2002.7　①4-89806-174-5

◇孫文と神戸―辛亥革命から90年　補訂版 陳徳仁，安井三吉著　神戸新聞総合出版センター　2002.1　①4-343-00167-9
＊1924年、日本への最後の"伝言"ともいえる「大アジア主義」の講演を神戸に残して去った中国革命の父、孫文。中国近代化にかけたその波乱の生涯を当時の在神華僑、政治家、実業家、そして市民たちの姿と行動を通して生き生きと描きだす。辛亥革命から90年を記念して、その後の研究成果を踏まえ、参考文献、歴史散歩などを充実させた補訂版刊行。

◇萱野長知・孫文関係史料集　久保田文次編　高知市民図書館　2001.3

◇砂の密約―孫文外伝―革命いまだ成らず 伴野朗著　集英社　（集英社文庫）　2000.4　①4-08-747184-5

◇孫文―百年先を見た男　田所竹彦著　築地書館　2000.3　①4-8067-1196-9
＊「第一に革命、第二にウーマン…」近代中国を創った革命家・孫文。彼にかかわった女性たち、知られざる私生活、日本・欧米との深いかかわり、その思想の先見性を、コンパクトにまとめた二十一世紀の中国、台湾を理解するための一冊。

◇孫文と華僑―孫文生誕130周年記念国際学術討論会論文集　日本孫文研究会，神戸華僑華人研究会編　汲古書院　（孫中山記念会研究叢書）　1999.3　①4-7629-2634-5

◇宋姉妹―中国を支配した華麗なる一族 伊藤純，伊藤真著　角川書店　（角川文庫）　1998.11　①4-04-195426-6
＊二十世紀が始まろうとしていた中国で三人の姉妹が産声を上げた。財閥の娘として生まれた彼女たちは、アメリカで豊かな青春時代を過ごす。そして帰国した三人は、それぞれの伴侶を求めた。長女靄齢は財閥・孔祥熙へ、次女慶齢は革命家・孫文へ、三女美齢は政治家・蒋介石へ嫁がった。これはまた、彼女たちの人生の大きな岐路であった。様々な思惑が錯綜する、革命という時代のうねりの中で、それぞれに愛憎と確執を抱きながら生きた三姉妹。ときにしたたかに、ときに純粋に、己の信じる道を生きた三人の運命を描きつつ、激動の中国史を活写した、出色の歴史ノンフィクション。

◇砂の密約―孫文外伝―革命いまだ成らず 伴野朗著　実業之日本社　1997.9

大院君

◇ ①4-408-53321-1
＊"十回蜂起して十回挫折"。近代中国の黎明を夢み、志なかばで倒れた革命家孫文。国父と呼ばれたその英雄の真実の姿とは。

◇世界人物逸話大事典　朝倉治彦，三浦一郎編　角川書店　1996.6　①4-04-031900-1
＊歴史上の人物の生き生きとした人間像を伝えるエピソードを多数紹介する事典。日本人によく知られた人物1883人を見出しに掲載。

◇孫文と袁世凱―中華統合の夢　横山宏章著　岩波書店　(現代アジアの肖像)　1996.1　①4-00-004396-X

◇革命家 孫文―革命いまだ成らず　藤村久雄著　中央公論社　(中公新書)　1994.4　①4-12-101184-8
＊「革命いまだ成らず」を遺訓とし、1925年、孫文は革命に捧げた波乱の生涯を終え、完成を民衆に託した。辛亥革命は清朝を倒し専制政治に終止府を打ったが、中華民国は反動的な袁世凱に奪われ、その後は軍閥混戦が続いた。孫文は共和制の定着のため軍閥と戦い、真の自由と平等を獲得した民主国家の建設を目ざした。本書は孫文の革命運動や彼の新生中国の建設計画を考察し、生涯を追ってこの偉人の実像に迫ろうとするものである。

◇孫文と日本　沼野誠介著　キャロム　1993.3　①4-906390-12-9

◇仁あり義あり、心は天下にあり―孫文の辛亥革命を助けた日本人　保阪正康著　朝日ソノラマ　1992.2　①4-257-03320-7

◇移情閣遺聞―孫文と呉錦堂　中村哲夫著　阿吽社　1990.3

【 た 】

┃ **大院君**　だいいんくん
1820～1898　19世紀、朝鮮、李朝末期の執政者。宗親南延君球の第4子。自分の第2子高宗の摂政として政治の実権を握る。
◇大院君・閔妃　3　ぺりかん社　(明治人による近代朝鮮論影印叢書)　2000.5　①4-8315-0935-3
◇朝鮮人物事典　木村誠，吉田光男，趙景達，馬淵貞利編　大和書房　1995.5　①4-479-84035-4

┃ **太祖（高麗）**　たいそ
⇒王建（おうけん）

┃ **太祖（遼）**　たいそ
⇒耶律阿保機（やりつあぼき）

┃ **太祖（宋）**　たいそ
⇒趙匡胤（ちょうきょういん）

┃ **太祖（元）**　たいそ
⇒チンギス・ハン

┃ **太祖（明）**　たいそ
⇒朱元璋（しゅげんしょう）

┃ **太祖（李朝）**　たいそ
⇒李成桂（りせいけい）

┃ **太祖（清）**　たいそ
⇒ヌルハチ

┃ **太宗（唐）**　たいそう
598～649　李世民（りせいみん）とも。7世紀、中国、唐朝の第2代皇帝（在位626～649）。本名李世民。北朝以来の武将の名門出身。文治に努め、外は東突厥以下を制圧、「貞観の治」とうたわれた。
◇「悪の歴史」東アジア編　下　南・東南アジア編　上田信編著　清水書院　2018.8　①978-4-389-50065-8
◇30の「王」からよむ世界史　本村凌二監修，造事務所編著　日本経済新聞出版社　(日経ビジネス人文庫)　2018.6　①978-4-532-19863-3

◇隋の煬帝と唐の太宗―暴君と明君、その虚実を探る　布目潮渢著　清水書院　（新・人と歴史拡大版）　2018.5
①978-4-389-44127-2
◇独裁君主の登場　宋の太祖と太宗　竺沙雅章著　清水書院　（新・人と歴史拡大版）　2017.8　①978-4-389-44120-3
◇96人の人物で知る中国の歴史　ヴィクター・H・メア，サンピン・チェン，フランシス・ウッド著，大間知知子訳　原書房　2017.3　①978-4-562-05376-6
◇中国皇帝伝　稲畑耕一郎著　中央公論新社　（中公文庫）　2013.5
①978-4-12-205788-3
◇皇帝たちの中国史―連鎖する「大一統」　稲畑耕一郎著　中央公論新社　2009.1
①978-4-12-004001-6
◇中国名将列伝―起死回生の一策　来村多加史著　学習研究社　（学研新書）　2008.5　①978-4-05-403477-8
◇「世界の英雄」がよくわかる本―アレクサンドロス、ハンニバルからチンギス・ハーン、ナポレオンまで　寺沢精哲監修　PHP研究所　（PHP文庫）　2007.1
①978-4-569-66766-9
◇知られざる素顔の中国皇帝―歴史を動かした28人の野望　小前亮著　ベストセラーズ　（ベスト新書）　2006.12
①4-584-12125-7
◇中国皇帝列伝―歴史を創った名君・暴君たち　守屋洋著　PHP研究所　（PHP文庫）　2006.11　①4-569-66730-9
◇誰も知らなかった皇帝たちの中国　新版　岡田英弘著　ワック　（WAC BUNKO）　2006.9　①4-89831-553-4
◇太宗李世民　芝豪著　幻冬舎　（幻冬舎文庫）　2001.3　①4-344-40083-6
＊隋朝末期。暴君煬帝の打倒を叫び、各地で叛乱が続発する。李世民の父、李淵も風雲に乗じて挙兵した。父を助け、群雄を討ち平らげてゆく世民。やがて煬定の死とともに、隋朝は滅亡。父が興した唐朝で世民は人並み外れた手腕を発揮する。裏切りや謀略渦まく中、果断な指導者の生きざまを描いた長編歴史小説。
◇中国歴代皇帝人物事典　岡崎由美，王敏監修　河出書房新社　1999.2
①4-309-22342-7
＊秦の始皇帝、前漢の劉邦、新の王莽、魏の曹丕、隋の煬帝、唐の李世民、元のフビライ、明の朱元璋、清の康熙帝など、中国歴代王朝の皇帝を紹介した人物事典。后妃・公主・宗室なども収録し、歴代宮都・陵墓も掲載。中国史重要人物索引付き。
◇皇帝たちの中国　岡田英弘著　原書房　1998.11　①4-562-03148-4
＊皇帝とは、つまるところ、総合商社の社長である―漢の武帝、唐の李世民、元のフビライ、明の朱元璋、清の康熙帝という5人の皇帝の肖像を紹介しながら、中国とはなにか、皇帝とはいかなるものだったのか、その本質を明快に解き明かしてゆく。
◇覇　中国大帝伝―大地を制圧した皇帝十二人　立間祥介著　学習研究社　（歴史群像新書）　1994.10　①4-05-400406-7
＊秦の始皇帝、漢の劉邦、唐の太宗、元のフビライ…彼ら建国の祖は、大地のつづくかぎり地平の彼方までをその手中に収めた。みずから歴史を築いた英雄たちの偉業は、現在も色あせることなく、燦然たる輝きを放っている。大河の流れのごとく、絶えることなく連綿とつづいた中国覇業の譜―。真の歴史が、ここにある。現代版『史記本紀』ついに完成。

太宗（清）　たいそう
⇒ホンタイジ

太武帝　たいぶてい
408～452　5世紀、中国、北魏の第3代皇帝（在位423～452）。姓名は拓跋燾。明元帝の長子。

◇中国歴代皇帝人物事典　岡崎由美，王敏監修　河出書房新社　1999.2
①4-309-22342-7
＊秦の始皇帝、前漢の劉邦、新の王莽、魏の曹丕、隋の煬帝、唐の李世民、元のフ

ビライ、明の朱元璋、清の康熙帝など、中国歴代王朝の皇帝を紹介した人物事典。后妃・公主・宗室なども収録し、歴代宮都・陵墓も掲載。中国史重要人物索引付き。

ダイムラー
Daimler, Gottlieb Wilhelm
1834〜1900　19世紀、ドイツの機械技術者、発明家。高速ガソリンエンジンの製作に成功。1886年4輪ガソリン自動車を完成。

◇メルセデスの魂　御堀直嗣著　河出書房新社　2005.3　①4-309-24335-5
＊BMW、フォルクスワーゲン、ポルシェ…すべてはメルセデス・ベンツからはじまった。自動車発祥の地"シュツットガルト"。その歴史と風土から、メルセデス・ベンツの本質をひもとく。

◇億万長者の知恵―「ひらめき」を実現させる技術　藤井孝一監修　青春出版社（プレイブックス・インテリジェンス）2004.10　①4-413-04102-X

◇ドイツ企業のパイオニア―その成功の秘密　ヴォルフラム・ヴァイマー編著，和泉雅人訳　大修館書店　1996.5　①4-469-21202-4
＊質実剛健のドイツ製品を世界に知らしめた17人の熱き起業家の物語。

ダヴィデ王　David
前1011頃〜前960頃　前11・10世紀、イスラエル王国第2代目の王（在位：前1000頃〜前960頃）。エルサレムに都を移し、広大な領土を誇った。

◇私の聖書ものがたり　阿刀田高著　集英社　2004.11　①4-08-781321-5

◇神さまに力をもらった話―旧約聖書の中の10人　伊達久子構成・文　日本教会新報社，星雲社〔発売〕2002.12　①4-434-02717-4

◇うたうダビデ―サムエル記　仲田孝男著　日本図書刊行会　1998.11　①4-8231-0173-1
＊ダビデ70年の生涯とは。イスラエル最初の王サウルからの逃避行。ダビデの女たち。息子アブサロムの反逆。

◇世界人物逸話大事典　朝倉治彦，三浦一郎編　角川書店　1996.6　①4-04-031900-1
＊歴史上の人物の生き生きとした人間像を伝えるエピソードを多数紹介する事典。日本人によく知られた人物1883人を見出しに掲載。

ダヴィド　David, Jacques Louis
1748〜1825　18・19世紀、フランスの画家。新古典主義の創始者、指導者。大作「ホラティウス兄弟の誓い」(1785) など。

◇画家ダヴィド―革命の表現者から皇帝の首席画家へ　鈴木杜幾子著　晶文社　1991.7　①4-7949-6062-X
＊ジャック・ルイ・ダヴィッド。1748―1825。フランス新古典主義の代表的画家。その前半生においては、熱烈な革命派として、フランス革命の諸事件の視覚的記録を描き、後半生では、皇帝ナポレオンの首席画家として、大作『ナポレオンの戴冠式』を残した。二つの苛烈な時代を生き抜いた画家の生涯と仕事を通じて、忘れられた西洋近代絵画の正統を掘り起こした気鋭の力作。

◇ダヴィッド　リュック・ド・ナントゥイユ解説，木村三郎訳　美術出版社（世界の巨匠シリーズ）1987.10　①4-568-16056-1
＊ジャック・ルイ・ダヴィッドは、彼の生きた世代の最も偉大な画家と呼ばれてきた。その天才は、その個性とその時代―いいかえれば、彼の能力と生きていた時代の重大事件である、美術上、政治上の変革―から生まれたものである。著者、リュック・ド・ナントゥイユ氏は、フランスの外交官であるが、フランスの美術と歴史に対する鋭い洞察力で、ジャック＝ルイ・ダヴィッドという、複雑であり、また多作な天才を生き生きと解釈している。

ダーウィン
Darwin, Charles Robert
1809〜1882　19世紀、イギリスの博物学

者。南半球を航海、地質と動植物の観察をし1839年「ビーグル号航海記」を刊行。

◇ダーウィンの生涯 改版 八杉竜一著 岩波書店 (岩波新書) 2018.9 ①978-4-00-416054-0
＊ダーウィンほど多く伝記が書かれ、その生涯が知られている科学者はほかにはいない。しかし、その伝記もほとんどが晩年の自伝によっていた。久しくダーウィンに傾倒する著者は、学校時代やビーグル号航海の際の書簡、記録等の直接資料をもとに、彼の青年時代を鮮明にとらえ、偉大な科学者の人間的発展を情熱をこめて描き出した。

◇面白すぎる天才科学者たち─世界を変えた偉人たちの生き様 内田麻理香著 講談社 (講談社プラスアルファ文庫) 2016.3 ①978-4-06-281652-6

◇13人の誤解された思想家─西欧近代的価値観を根底から問い直す 小浜逸郎著 PHP研究所 2016.1 ①978-4-569-82682-0

◇ダーウィンと進化論 バーナード・ストーンハウス作, 菊池由美訳 玉川大学出版部 (世界の伝記科学のパイオニア) 2015.12 ①978-4-472-05962-9

◇ダーウィン 新装版 江上生子著 清水書院 (Century Books 人と思想) 2015.9 ①978-4-389-42066-6

◇奇人・変人・大天才 19世紀・20世紀─ダーウィン、メンデル、パスツール、キュリー、アインシュタイン、その一生と研究 マイク・ゴールドスミス著, 小川みなみ編訳 偕成社 2015.3 ①978-4-03-533520-7

◇偉人は死ぬのも楽じゃない ジョージア・ブラッグ著, 梶山あゆみ訳 河出書房新社 2014.3 ①978-4-309-25298-8
＊ベートーヴェンは、体液を抜かれ、蒸し風呂に入れられて死んでいった!?ツタンカーメンからアインシュタインまで、医学が未発達な時代に、世界の偉人たちはどんな最期を遂げたのか？ 驚きいっぱいの異色偉人伝！

◇神が愛した天才科学者たち 山田大隆著 角川学芸出版, 角川グループパブリッシング〔発売〕(角川ソフィア文庫) 2013.3 ①978-4-04-409446-1

◇ダーウィン家の人々─ケンブリッジの思い出 グウェン・ラヴェラ著, 山内玲子訳 岩波書店 (岩波現代文庫 文芸) 2012.9 ①978-4-00-602208-2
＊『種の起原』であまりにも著名なチャールズ・ダーウィンの孫娘による本書は、ダーウィン家の群像とヴィクトリア朝上流階級の人間模様をウィットとユーモアあふれる表現で生き生きと描き出す。百数十年前のケンブリッジの街並みと、多くの科学者を育んだダーウィン家の人々が蘇ってくる。著者自身によるペン画の挿絵も魅力的であり、古き良き時代の英国を描き出す至上の回想記として英米ではベストセラーにもなった。待望の復刊。

◇ダーウィンと現代─「生命の樹」の発見 ナイルズ・エルドリッジ著, 長谷川真理子, 長谷川寿一, 相馬雅代訳 麗沢大学出版会 2012.6 ①978-4-89205-612-3
＊「ダーウィン進化論」の進化─独創的思考と精神の軌跡─を、『種の起源』に至るまでの未刊(当時)のノート、草稿、書簡を中心に克明に分析することによって照射する。科学的探求と学者・ダーウィンについての素晴らしい物語。

◇偉人たちの黒歴史 偉人の謎研究会編 彩図社 2011.12 ①978-4-88392-828-6

◇天才たちの科学史─発見にかくされた虚像と実像 杉晴夫著 平凡社 (平凡社新書) 2011.5 ①978-4-582-85587-6

◇ダーウィン入門─現代進化学への展望 斎藤成也著 筑摩書房 (ちくま新書) 2011.3 ①978-4-480-06597-1
＊19世紀の知の巨人、チャールズ・ダーウィン。自然淘汰論による進化論を提唱し、生物学だけでなく、現代思想にも大きな影響をあたえた。ダーウィンはどんな時代を生き、何を考え、私たちに何を遺したのか。ルネッサンスから現代までの進化学説史の緊張関係にわけいり、「ヒト」の観念がどのように変わってきたのかをたどる。ダーウィンの功績と

限界を審判し、最先端の進化学が切り拓いた地平を展望する生物学の入門書。

◇ダーウィンの世界―ダーウィン生誕200年―その歴史的・現代的意義　松永俊男，日本学術協力財団編　日本学術協力財団（学術会議叢書）　2011.2
①978-4-9904989-1-7

◇科学の偉人伝　白鳥敬著，現代用語の基礎知識編　自由国民社　（おとなの楽習　偉人伝）　2010.9　①978-4-426-11081-9

◇知識ゼロからのダーウィン進化論入門　佐倉統監修　幻冬舎　2010.5
①978-4-344-90186-5
＊地球上に生きる何千何万もの生物はどこから来てどこへ行くのか。遺伝子、突然変異、自然選択、ビーグル号の航海…。進化のメカニズムを完全解説。

◇進化論の時代―ウォーレス＝ダーウィン往復書簡　新妻昭夫著　みすず書房　2010.3　①978-4-622-07529-5
＊『種の起原をもとめて』（毎日出版文化賞）に続きウォーレスを鏡にダーウィン進化論に迫る集大成。二人が約150通の真摯な手紙を交わした四半世紀は、歴史を振り返れば「進化論の時代」だった。

◇ダーウィンの思想―人間と動物のあいだ　内井惣七著　岩波書店　（岩波新書）　2009.8　①978-4-00-431202-4
＊ダーウィンはいかにして生物学から神を追放し、人間と動物をつないだのか。ビーグル号の航海に始まり、主著『種の起源』と『人間の由来』に至る思想的成長の道筋をたどる。自然淘汰・種の分岐の原理、進化の偶然性とデザインの問題、進化と道徳の関係を明快に解きほぐす。徹底して人間を動物界に投げ戻すダーウィンの真骨頂。

◇チャールズ・ダーウィンの生涯―進化論を生んだジェントルマンの社会　松永俊男著　朝日新聞出版　（朝日選書）　2009.8　①978-4-02-259957-5
＊ダーウィンの生涯は、イギリス・ヴィクトリア時代のジェントルマン（上層中流階級）の生活そのものだった。医師で資本家の父ロバートの下、ケンブリッジでジェントルマンとしての教養教育を受け、国教会の牧師になるつもりだったが、海軍の調査船ビーグル号に艦長の話し相手として乗船することになり、その機会に取り組んだ自然史研究によって、その一生は大きく変わる。帰国後のロンドンでの科学者仲間との交流から、進化論への歩みが始まる。ウェジウッド家のエマとの結婚や、その後の生活と研究は、裕福な資産に支えられていた。ヴィクトリア朝の世界帝国イギリス、その繁栄を担ったジェントルマン層、その一員だったダーウィンが、その時期に、その場所で進化論を生み出したのはなぜか。近年、進展著しいダーウィン研究の成果を織りこんで描くダーウィンとその時代。

◇ダーウィンが信じた道―進化論に隠されたメッセージ　エイドリアン・デズモンド，ジェイムズ・ムーア著，矢野真千子，野下祥子訳　日本放送出版協会　2009.6　①978-4-14-081381-2
＊世界を揺るがした、科学史上もっとも重要な発見のひとつである「進化論」。この理論が生み出された陰には、いったい何があったのか？　キリスト教社会に背いて研究を続けるほど、ダーウィンを駆り立てた熱い思いとは？　新たに見直された若き日の草稿、書簡、自筆ノートから、ある強い信念があぶり出される。崇めるにせよけなすにせよ、21世紀になった現在でも避けては通れない人物、それがダーウィン。聖人でも悪魔でもなく単なる科学者でもない、人間としての彼の姿に世界的研究家が迫る！　新たなダーウィン像の決定版。

◇マンガ　ダーウィン進化論入門　瀬口のりお画，田中裕作，渡辺正雄監修　講談社　（講談社プラスアルファ文庫）　2008.11
①978-4-06-281250-4
＊人間を創造したのは神か、それとも猿が人間の祖先なのか―。19世紀、西洋キリスト教世界の人々を仰天させた「進化論」の提唱者ダーウィン。22歳の青年ダーウィンを乗せた軍艦ビーグル号が世界一周の航海へ。ガラパゴス諸島での不思議な生物たちとの出会いは、若き生物学者に大いなる感動とインス

ピレーションを与えた。『種の起源』出版から約150年。今も欧米社会では、信仰か科学か百家争鳴は尽きない。異才の苦悩と喜び、その生涯を読み解く。

◇恋する天才科学者　内田麻理香著　講談社　2007.12　①978-4-06-214439-1
◇世界を変えた天才科学者50人─常識として知っておきたい　夢プロジェクト編　河出書房新社　（KAWADE夢文庫）　2007.8　①978-4-309-49659-7
◇ダーウィン─世界を揺るがした進化の革命　レベッカ・ステフォフ著, 西田美緒子訳　大月書店　（オックスフォード科学の肖像）　2007.2　①978-4-272-44041-2
　＊19世紀の社会を揺るがした科学の革命「進化論」はどのように生まれたか。1835年、26歳のダーウィンはたった1か月間、ガラパゴス諸島に滞在した。その後長年にわたって、そこで目にした動植物のユニークさの理由を考えつづけ、1859年、50歳になって初めて『進化論』を発表する。それまでの深い思考の過程とその後巻き起こった激しい論争、そして現代への遺産とは。
◇ダーウィンのミミズ、フロイトの悪夢　アダム・フィリップス著, 渡辺政隆訳　みすず書房　2006.8　①4-622-07241-6
◇ダーウィンの足跡を訪ねて　長谷川真理子著　集英社　（集英社新書ヴィジュアル版）　2006.8　①4-08-720355-7
　＊進化の理論を確立し、今日に至る進化生物学の基礎を築いたチャールズ・ダーウィン。彼は、後世の学問に、真の意味で巨大な影響を及ぼした数少ない科学者である。ダーウィンの考え方や投げかけた問題は、いまだに解けないさまざまな謎を含み、現在でも重要なものとなっている。彼はどのような生涯を送り、どのような思惟の果てに、画期的な理論を創出したのだろうか。著者は長い期間をかけて、ダーウィンが生まれ育った場所、行った場所など、それぞれの土地を実際に訪れ、歩いてみた。シュルーズベリ、エジンバラ、ケンブリッジ、ガラパゴス…。ダーウィンゆかりの地をめぐる、出会いと知的発見の旅を通して、その思索と生涯、変わらぬ魅力が浮かび上がる。
◇ダーウィン―進化の海を旅する　平山廉監修, パトリック・トール著, 藤丘樹実, 南条郁子訳　創元社　（「知の再発見」双書）　2001.10　①4-422-21159-5
◇ダーウィンの危険な思想─生命の意味と進化　石川幹人ほか訳, 山口泰司監訳, ダニエル・C.デネット著　青土社　2001.1　①4-7917-5860-9
　＊ダーウィンが本来的に目ざしていたものは何だったのか？　従来の進化論解釈を超えて、ダーウィン思想の根幹にある「アルゴリズムのプロセス」「デザイン形成の論理」を検証・展開させ、21世紀のきたるべき生命論を示し、宇宙論そして倫理観までを導きだす。AI研究、ミーム説以降の成果をふまえ、異才デネットが到達した包括的理論の全貌。
◇ダーウィン自伝　チャールズ・ダーウィン著, ノラ・バーロウ編, 八杉竜一, 江上生子訳　筑摩書房　（ちくま学芸文庫）　2000.6　①4-480-08558-0
◇巨人の肩に乗って─現代科学の気鋭、偉大なる先人を語る　メルヴィン・ブラッグ著, 熊谷玲寿訳, 長谷川眞理子解説　翔泳社　1999.10　①4-88135-788-3
　＊実は、地動説の証拠をまったく摑んでいなかったガリレオ。両親と非常に不仲で、焼き殺したいとさえ書いていたニュートン。「革命に科学者は要らず」の言葉と共に断頭台の露と消えたラボアジェ。製本職人から、英国で最も偉大な自然哲学者へと上りつめたファラデー。橋がないことに気付かないほど、抽象世界を彷徨ったポアンカレ。不倫スキャンダルに関して、ノーベル賞委員会と争ったキュリー夫人。現代科学の巨人が贈る、12人の偉人の知られざる姿。
◇ダーウィン─世界を変えたナチュラリストの生涯　エイドリアン・デズモンド, ジェイムズ・ムーア著, 渡辺政隆訳　工作舎　1999.9　①4-87502-316-2
　＊世界を震撼させた進化論はいかにして生まれたのか？　激動する時代背景とともに、思考プロセスを活写。数々の賞

ダーウィン

に輝く世界的ベストセラー。ジェイムズ・テイト・ブラック・メモリアル賞（英・1991）、コミッソ賞（伊・1993）、ワトソン・デイヴィス賞（米国科学史学会・1993）、ディングル賞（英国科学史学会・1997）。

◇英国ガーデニング物語　チャールズ・エリオット著，中野春夫訳　集英社　1999.4
①4-08-773307-6
＊ひとはなぜ庭仕事を愛するのか。アメリカ人ジャーナリストがみずからをイギリスの大地へと「移植」して、ユーモアたっぷりに分析する英国ガーデニングの驚くべき奥深さ！　園芸家必読、ガーデニングブック決定版。

◇現代によみがえるダーウィン　長谷川真理子，三中信宏，矢原徹一著　文一総合出版（ダーウィン著作集）　1999.4
①4-8299-0120-9
＊あるときは実験生物学者、あるときは理論生物学者、またあるときはナチュラリスト…しかしその実体は？　現代進化学の第一線で活躍する研究者が語る新しいダーウィン像。

◇ダーウィン，マルクス，ヴァーグナー—知的遺産の批判　ジャック・バーザン著，野島秀勝訳　法政大学出版局（叢書・ウニベルシタス）　1999.1　①4-588-00633-9
＊今世紀の精神風土を今なお支配する三者の生涯と業績を検討してその呪縛を断ち、ロマン主義の復権による「人間」の回復をめざす。

◇ダーウィンの衝撃—文学における進化論　ジリアン・ビア著，渡部ちあき，松井優子訳　工作舎　1998.5　①4-87502-296-4
＊ダーウィンの『種の起源』は、1859年に発表されるや、幅広い層に衝撃をもたらした。この本は、時間と変化に注目したことで、物語と似たところがあり、いわば一種の文学的テキストとして読むことができたのである。ジョージ・エリオット、トマス・ハーディら、19世紀の英国の作家たちも進化論に染まり、彼らは自らの物語を織りなしていくさいに、さまざまなかたちでこれを取り込み、また反発もしていった…。本書は、ダーウィンが用いた隠喩、プロットを分析し、彼が『種の起源』を書くうえで当時の文学から受けた影響、そして彼の進化思想が19世紀小説の構造に与えた影響などを克明に探っていく。ダーウィン研究、英文学研究の里程標として、高い評価を受けた一書である。

◇ダーウィン論詞花集　ルーズほか著，横山利明編訳　新水社　1997.4
①4-915165-77-9

◇チャールズ・ダーウィン—生涯・学説・その影響　ピーター・J.ボウラー著，横山輝雄訳　朝日新聞社（朝日選書）　1997.2
①4-02-259671-6
＊ダーウィンは生前、進化論の生みの親として讃えられたのではない。同時代人の評価は、現在とは驚くほど異なっている。神話の中から、この100年のダーウィン像の移り変わりを掘り起こす。

◇ダーウィンの花園—植物研究と自然淘汰説　ミア・アレン著，羽田節子，鵜浦裕翻訳　工作舎　1997.1　①4-87502-275-1
＊食虫植物モウセンゴケの驚くべき運動能力、昆虫を操るかのようなランの仕掛け、クレマチスはリーフクライマー、葉柄を鉤にして昇る。あなたの庭のカタバミが夜になると眠るのを、ごぞんじだろうか！　二二歳から五年間にわたるビーグル号の探検のときからダーウィンは植物に魅せられ、研究のために膨大な量を採集した。いや、それよりずっと以前、六歳の肖像画のチャールズの手には花の植木鉢が乗っている。地質学者ライエル、世界的植物学者ジョセフ・フッカー、エイサ・グレイを親友とし、心やさしきエマ夫人とたくさんの子どもたちとすごした博物学者の生涯が、植物研究の側面から色とりどりに描き出される。植物を愛した意外な素顔。花とすごした楽しい日々の観察記。

◇世界人物逸話大事典　朝倉治彦，三浦一郎編　角川書店　1996.6　①4-04-031900-1
＊歴史上の人物の生き生きとした人間像を伝えるエピソードを多数紹介する事典。日本人によく知られた人物1883人を見出しに掲載。

◇ダーウィンの生涯　八杉竜一著　岩波書店

（岩波新書）　1995.3　①4-00-003871-0
◇世界の伝記　22　ダーウィン　瀬川昌男著　ぎょうせい　1995.2　①4-324-04399-X
◇伝記のなかのエロス―奇人・変人・性的人間　佐伯彰一著　中央公論社　（中公文庫）　1994.8　①4-12-202125-1
＊古今東西の伝記や自伝に精通した著者が描く10人の私生活。
◇神を殺した男―ダーウィン革命と世紀末　丹治愛著　講談社　（講談社選書メチエ）　1994.4　①4-06-258014-4
◇ダーウィン教壇に立つ―よみがえる大科学者たち　リチャード・M.イーキン著，石館三枝子，石館康平訳　講談社　1994.3　①4-06-154210-9
＊学生の授業離れに頭を痛めたイーキン教授はある日、奇想天外なアイデアを思いつく。6人の偉大な生物学者に扮装し、その発見と生涯を彼ら自身の言葉で語ろうというのだ。ダーウィンが進化論を語り、メンデルが遺伝の法則を説く。パスツールは微生物と格闘し、シュペーマンはイモリの卵に没頭する。ハーヴェイは血液循環の、ボーモントは食物の消化のみごとな実験をしてみせる…。イーキン教授扮する"大生物学者"による、型破りの面白生物学講義。
◇冒険者伝説　日本テレビ放送網　（知ってるつもり?!）　1993.9　①4-8203-9329-4
◇ビーグル号の3人―艦長とダーウィンと地の果ての少年　リチャード・L.マークス著，竹内和世訳　白揚社　1992.6　①4-8269-9004-9
◇ダーウィンと進化―原図で見る科学の天才　B.ストーンハウス著，松香光夫訳　（町田）玉川大学出版部　1991.12　①4-472-05821-9
＊今ある生物が大昔に生きていた生物から進化したものであると唱えたダーウィンの生涯。
◇ダーウィン―進化理論の確立者　ジョナサン・ハワード著，山根正気，小河原誠訳　未来社　1991.11　①4-624-11137-0
◇伝記のなかのエロス―奇人・変人・性的人間　佐伯彰一著　筑摩書房　1990.4　①4-480-83602-0
＊たまたま出会った東西の有名無名の伝記・自伝の魅力、妙に心に残る十名の登場人物の特異なプロフィールと性向を描く好人物評伝。

▌**ダ・ヴィンチ, レオナルド**
Leonardo da Vinci
⇒レオナルド・ダ・ヴィンチ

▌**タキトゥス**　Tacitus, Cornelius
55頃～120頃　1・2世紀、ローマの歴史家。代表作は「同時代史」（104～109）と「年代記」（115～117頃）。
◇海のかなたのローマ帝国―古代ローマとブリテン島　増補新版　南川高志著　岩波書店　（世界歴史選書）　2015.12　①978-4-00-026860-8
＊ローマ帝国の降盛を象徴する「ハドリアヌスの長城」から、兵士たちの日常生活を活写する「ウィンドランダ木版文書」にいたるまで、イギリスにはローマ時代の遺跡・遺物が多数現存する。地中海世界に発したローマ人は、なぜこの僻遠の地にまで進出したのか。そこでの支配の実態とはいかなるものであったのか。最北端から「帝国」を、さらには「帝国」を見つめる私たちの歴史観をも問い直し、多くの議論を喚起した旧著に、新稿「ローマ帝国支配後半期のブリテン島」を増補。
◇世界人物逸話大事典　朝倉治彦，三浦一郎編　角川書店　1996.6　①4-04-031900-1
＊歴史上の人物の生き生きとした人間像を伝えるエピソードを多数紹介する事典。日本人によく知られた人物1883人を見出しに掲載。

▌**タゴール**　Tagore, Rabindranāth
1861～1941　19・20世紀、インドの詩人、哲学者、劇作家、作曲家。1913年詩集「ギーターンジャリ」（10）でノーベル文学賞を受賞。インド国歌「ジャナ・ガナ・マナ」も作詩作曲。
◇タゴールの世界―我妻和男著作集　我妻

タスマン

和男著　第三文明社　2017.11
ⓘ978-4-476-03370-0

◇私の出会った詩人たち　清水茂著　舷灯社　2016.11　ⓘ978-4-87782-140-1

◇タゴール　新装版　丹羽京子著　清水書院　(Century Books　人と思想)　2016.5　ⓘ978-4-389-42119-9

◇ノーベル賞受賞者業績事典―全部門855人　新訂第3版　ノーベル賞人名事典編集委員会編　日外アソシエーツ,紀伊国屋書店〔発売〕　2013.1　ⓘ978-4-8169-2397-5
＊1901年ノーベル賞創設時から2012年までの各分野の受賞者、受賞団体を収録。平和賞・文学賞・物理学賞・化学賞・生理学医学賞・経済学賞受賞者835人、20団体の業績を詳しく紹介。受賞辞退者についても収録対象とし、本文中にその旨を記載した。経歴・受賞理由・著作・参考文献を一挙掲載。

◇ラビンドラナート・タゴール―生誕150周年記念号　ウダイ・ナーラーヤン・スィン,ナウディープ・スリ共同編集主幹,日本詩人クラブ国際交流インド実行委員会訳　Public Diplomacy Division Ministry of External Affairs Government of India　2012

◇ひと　ラビンドラナート・タゴール執筆,髙橋亮監修　本の泉社　2011.8
ⓘ978-4-7807-0780-9

◇タゴール　丹羽京子著　清水書院　(Century books　人と思想)　2011.5
ⓘ978-4-389-41119-0
＊一九一三年、ベンガルの詩人タゴールは、一冊の詩集によって、アジア人のみならず非ヨーロッパ人として初めてノーベル文学賞を受賞した。以来、タゴールは世界的な詩人として高く評価されている。本書はこの偉大な詩人の軌跡を描き出し、その今日的な意味を問うものである。

◇タゴール―詩・思想・生涯　我妻和男著　麗沢大学出版会,広池学園事業部〔発売〕　2006.6　ⓘ4-89205-507-7
＊アジアで始めてのノーベル文学賞受賞の詩人であり、思想家、教育者、音楽家、画家そして社会改良家であるタゴールの画期的評伝。

◇タゴールの詩と言葉　オンデマンド版　タゴール著,吉田絃二郎訳　ゆまに書房（昭和初期世界名作翻訳全集）　2004.5
ⓘ4-8433-1116-2

◇ガンディーとタゴール　森本達雄著　第三文明社　(レグルス文庫)　1995.6
ⓘ4-476-01219-1
＊人間の可能性を極限まで追求した二人の巨人の思想と行動の軌跡。

▌**タスマン**　Tasman, Abel Janszoon
1603〜1659　17世紀、オランダの航海家、探検家。タスマニア島（1642）など太平洋上の多くの島を発見。

◇オーストラリアの発見―タスマン／ダンピア　榊原晃三訳　タイムライフブックス　(冒険者たちの世界史)　1983.9
ⓘ4-8275-1181-0

▌**タバリー**
al-Ṭabarī, Abū Jaʻfar Muḥammad ibn Jarīr
839〜923　9・10世紀、アッバース朝時代の歴史家、神学者、法学者。ハディースを収集。年代記「諸預言者と諸王の歴史」等を著した。

◇世界伝記大事典　世界編1〜12　編集代表：桑原武夫　ほるぷ出版
1980.12〜1981.6

▌**ダービー（父子）**　Darby, Abraham
（父）1677〜1717,（子）1711〜1763　17・18世紀、イギリスの製鉄業者。父・子の2人。父はダービ家の祖。石炭による製鉄法を最初に実施。子は石炭をコークス化して燃料とする鉄鉱の熔鉱炉処理に成功（1735）。

◇世界伝記大事典　世界編1〜12　編集代表：桑原武夫　ほるぷ出版
1980.12〜1981.6

▌**タフト**　Taft, William Howard
1857〜1930　19・20世紀、アメリカの政

治家。第27代大統領（在任1909〜1913）、第10代連邦最高裁判所長官。行政府と司法府の両方の長を務めた唯一の人物。
◇ヘンリー・スティムソン回顧録　下　ヘンリー・L・スティムソン, マックジョージ・バンディ著, 中沢志保, 藤田怜史訳　国書刊行会　2017.6　①978-4-336-06149-2

ダライ・ラマ13世
Dalai Lama XIII, Thubs-bstan rgya-mtsho
1876〜1933　19・20世紀、チベット・ラマ教の法王。中華民国成立後はチベット王国の主権回復のため活動。
◇裸形のチベット―チベットの宗教・政治・外交の歴史　正木晃著　サンガ　（サンガ新書）　2008.7　①978-4-901679-82-4
◇14人のダライ・ラマ―その生涯と思想　下　グレン・H.ムリン著, 田崎国彦, 渡辺郁子, クンチョック・シタル訳　春秋社　2006.10　①4-393-13726-4

ダライ・ラマ14世
Dalai Lama XIV
1935〜　20世紀、チベットのラマ教の指導者。名はテンジン・ギャツォ。1940年第14世となる。1959年以降インドに亡命。1989年ノーベル平和賞を受賞。
◇ダライ・ラマ英語スピーチ集―Be Optimistic！　生声CD付き　対訳　下山明子文責・編　集広舎　2017.11　①978-4-904213-52-0
＊ノーベル平和賞受賞記念スピーチ、東京、広島を含む世界各地での英語名演説から19トラックをセレクト！　全文英日併記、生声によるCD収録。ポイントとなるキーワード解説付き！
◇ノーベル賞受賞者業績事典―全部門855人　新訂第3版　ノーベル賞人名事典編集委員会編　日外アソシエーツ, 紀伊國屋書店〔発売〕　2013.1　①978-4-8169-2397-5
＊1901年ノーベル賞創設時から2012年までの各分野の受賞者、受賞団体を収録。平和賞・文学賞・物理学賞・化学賞・生理学医学賞・経済学賞受賞者835人、20団体の業績を詳しく紹介。受賞辞退者についても収録対象とし、本文中にその旨を記載した。経歴・受賞理由・著作・参考文献を一挙掲載。
◇ダライラマ真実の肖像　ダライ・ラマ14世語り, クロディーヌ・ベルニエ＝パリエス文, 神田順子訳　二玄社　2009.5　①978-4-544-05013-4
＊どんな人も、たとえそれが敵意のある人であっても、私と同じように苦痛を恐れ、幸福を求める生き物です。どんな人も、苦痛を免れ、幸福を手にする権利を持っています。そのように考えれば、友人であれ敵であれ、他人の幸福は自分自身に深く関わる問題であることがわかります。これが真の慈悲の基盤です―写真とその言葉でたどる慈悲と叡知に満ちた70年の足跡。初の伝記写真集。
◇ダライ・ラマ14世　さいわい徹脚本・画　マガジンハウス　（マンガで読む偉人伝）　2009.3　①978-4-8387-1962-4
＊チベットの君主ダライ・ラマ13世の生まれ変わりとして発見され、わずか4歳で戴冠。孤独な少年時代、執政の汚職、中国軍の侵攻、毛沢東主席との会見、そして民衆の蜂起、インドへの亡命。20世紀の国際社会の荒波のなかチベット人を率いる、たぐいまれなリーダーと称されるダライ・ラマ14世の生涯をマンガで！　決してブレない人生を、豪華執筆陣が描く、マンガで読む偉人伝シリーズの第1弾。
◇ダライ・ラマの真実―聞き書き　松本栄一著　日本放送出版協会　（生活人新書）　2009.3　①978-4-14-088284-9
＊出口の見えない紛争の時代。その渦中で、ガンディーの非暴力主義を受け継ぐダライ・ラマ14世はメッセージを出し続けてきた。人間の幸福と世界平和への熱い思い。40年にわたる交流のなかで、著者が折々に受け止めた言葉と、レンズを通して見た素顔から、ダライ・ラマの思想の核心へと迫っていく。
◇なぜダライ・ラマは重要なのか　ロバート・サーマン著, 鷲尾翠訳　講談社　2008.12　①978-4-06-215004-0
＊ダライ・ラマの世界に対する態度、優し

ダライ・ラマ14世

さと非暴力と理性的な自己抑制による平和と繁栄の実現をめざす教え。

◇知識ゼロからのダライ・ラマ入門　長田幸康著　幻冬舎　2008.8
①978-4-344-90127-8
＊ダライ・ラマは本当に生まれ変わりなのか？　なぜ中国は弾圧するのか？　チベットにはいつ帰れるのか？　「思いやり」と「非暴力」の思想がイラストと図解でよくわかる。

◇14人のダライ・ラマ―その生涯と思想　下　グレン・H.ムリン著，田崎国彦，渡辺郁子，クンチョック・シタル訳　春秋社　2006.10　①4-393-13726-4

◇ダライ・ラマの言葉―聞き書き　松本栄一著　日本放送出版協会　（生活人新書）2006.10　①4-14-088194-1
＊著者がダライ・ラマ14世と出会ったのは1971年。著者23歳、ダライ・ラマ36歳のときだ。それ以降、2人の出会いは36年にわたって続いている。心の名医ダライ・ラマの素顔と思想を、長年撮り続けた写真と対話で明らかにする。

◇ダライ・ラマとパンチェン・ラマ　イザベル・ヒルトン著，三浦順子訳　ランダムハウス講談社　（ランダムハウス講談社）2006.9　①4-270-10054-0
＊ことのはじまりはパンチェン・ラマ十世が50歳の若さで急死したことにあった。転生ラマをめぐり、中国とチベット亡命政府のかけひきの中、95年5月半ば、突如ダライ・ラマはパンチェン・ラマ十一世を発表。その生まれ変わりとされる6歳の少年は、両親、兄弟とともに中国公安に連れ去られ、消息を絶った。転生者探しの顛末は？　中国とチベットの関係は？　本書は英国人ジャーナリストの著者が、綿密な取材力で克明に描いたノンフィクション作品である。

◇素顔のダライ・ラマ　ダライ・ラマ14世テンジン・ギャツォ，ビクター・チャン著，牧内玲子訳　春秋社　2006.3
①4-393-13722-1

◇チベットわが祖国―ダライ・ラマ自叙伝　改版　ダライ・ラマ著，木村肥佐生訳　中央公論新社　（中公文庫　Biblio 20世紀）2001.11　①4-12-203938-X

◇ダライ・ラマ自伝　ダライ・ラマ著，山際素男訳　文芸春秋　（文春文庫）　2001.6
①4-16-765109-2

◇西蔵漂泊―チベットに魅せられた十人の日本人　下　江本嘉伸著　山と渓谷社　1994.4　①4-635-28024-1
＊仏教の原典を求めて、あるいは僧院での修学に、そして国の密命をおびてチベットへ。10人が実践した「旅」はきわめて稀な「知の体験」であった。彼らの旅を、新発見の資料と現地を含めた取材で探った異色のドキュメンタリー。

◇ダライ・ラマ法王の愛―里親制度の現実　ダライ・ラマ法王とチベット難民の子供達　助安由吉著　エイト社　1993.5
①4-87164-228-3

◇こんな男になってみないか―心に勲章を抱いた11人　大谷幸三著　クレスト社　1992.11　①4-87712-002-5
＊ホーキング、ダライ・ラマ、世界一の大男、etc.―タフな男たちのタフな物語。

◇ダライ・ラマ自伝　ダライ・ラマ著，山際素男訳　文芸春秋　1992.1
①4-16-345720-8
＊活仏とされての数奇な半生。その澄んだ目は、世界をどう見ているか。

◇ダライ・ラマ　山折哲雄，松本栄一著　河出書房新社　1991.11　①4-309-22209-9
＊チベットの民500万人の頂点に立つ聖僧ダライ・ラマの歴史と素顔。「転生者」として数奇な運命をたどるチベット仏教界の最高僧ダライ・ラマ14世の真実を、独自取材と貴重な写真で活写。

◇雪の国からの亡命―チベットとダライ・ラマ半世紀の証言　ジョン・F.アベドン著，三浦順子，小林秀英，梅野泉著　地湧社　1991.1　①4-88503-085-4
＊何世紀にもわたって外の世界と隔絶されて、独自の精神文化を築きあげてきた孤高の国チベット。現世における精神的最高指導者であるダライ・ラマを中心に、あらゆる問題を自らの手で解決してきた人々が、なぜかくのごとき悲劇に見舞われたのか？　ダライ・ラマをはじめ、400人以上のチベット人の生

の声と膨大な資料を駆使し、チベットの根底を流れる仏教精神を浮き彫りにしながら、中国の侵略から今日に至る歴史の流れを鮮烈に描き出した長編ドキュメンタリー。
◇ダライ・ラマの贈り物―東アジアの現場から　谷有二著　未来社　1990.10　①4-624-41070-X

ダラディエ　Daladier, Édouard
1884～1970　19・20世紀、フランスの政治家。1938年首相のときヒトラーの要求に屈し、ミュンヘン協定に調印、人民戦線の崩壊を招いた。
◇世界人物逸話大事典　朝倉治彦，三浦一郎編　角川書店　1996.6　①4-04-031900-1
＊歴史上の人物の生き生きとした人間像を伝えるエピソードを多数紹介する事典。日本人によく知られた人物1883人を見出しに掲載。

ダランベール
D'Alembert, Jean Le Rond
1717～1783　18世紀、フランスの物理学者、数学者、哲学者。百科全書の編纂に参加した。
◇ラモー芸術家にして哲学者―ルソー・ダランベールとの「ブフォン論争」まで　村山則子著　作品社　2018.5　①978-4-86182-687-0
◇数学者列伝―オイラーからフォン・ノイマンまで　1　I.ジェイムズ著，蟹江幸博訳　シュプリンガー・フェアラーク東京　（シュプリンガー数学クラブ）　2005.12　①4-431-71119-8
◇世界人物逸話大事典　朝倉治彦，三浦一郎編　角川書店　1996.6　①4-04-031900-1
＊歴史上の人物の生き生きとした人間像を伝えるエピソードを多数紹介する事典。日本人によく知られた人物1883人を見出しに掲載。

ダリ　Dali, Salvador
1904～1989　20世紀、スペイン生れのアメリカの画家。シュールレアリスムの代表的画家。
◇もっと知りたいサルバドール・ダリ―生涯と作品　村松和明著　東京美術　（アート・ビギナーズ・コレクション）　2016.7　①978-4-8087-1064-4
◇僕はダリ　キャサリン・イングラム文，アンドリュー・レイ絵，岩崎亜矢監訳，小俣鐘子訳　パイ インターナショナル　（芸術家たちの素顔）　2014.6　①978-4-7562-4504-5
◇ダリ―夢のリアリティー　ダリ画，ラルフ・シーブラー解説，大高保二郎訳　岩波書店　（岩波アート・ライブラリー）　2010.9　①978-4-00-008992-0
＊夢と現実の狭間から世界を挑発し続けた20世紀最大の画家。
◇ダリをめぐる不思議な旅　村松和明著　ラピュータ　（ラピュータブックス）　2010.3　①978-4-947752-92-5
＊ダリはどのようにして天才になったのか…その生涯を追いながら、生地カタルーニャを巡れば、誰も想像しえなかった真実が今ここに浮かび上がる。
◇美の旅人　スペイン編2　伊集院静著　小学館　（小学館文庫）　2009.12　①978-4-09-408452-8
＊サルバドール・ダリ。二十世紀の画家の中でとりわけ異彩を放つスペイン絵画の鬼才。生涯演じつづけた異端の人はいったい何をしようとしていたのか？　演じることのみによって新しい創造世界が生まれるのか？　こう問いかけながら、旅はマドリードからカタルーニャ地方へとつづく。フィゲラスで過ごした少年時代からシュルレアリストたちとの交流。さらに最愛の妻であり創作の源であったガラとの出逢い。そして富と名誉を手に入れながらも悲劇が訪れる晩年。その奇抜な作品群と数奇な運命を辿る。読んで旅するビジュアル読本、迫力のオールカラー文庫化第二巻。
◇贋作王ダリ―シュールでスキャンダラスな天才画家の真実　スタン・ラウリセンス著，楡井浩一訳　アスペクト　2008.10　①978-4-7572-1560-3

ダリ

* ＊ダリ専門美術商兼詐欺師だった著者が明かす、画家サルバドール・ダリの波乱万丈の生涯。欲望と狂気とスキャンダル渦巻く美術界を描いた驚愕のノンフィクション。
* ◇ダリーシュルレアリスムを超えて　ジャン＝ルイ・ガイユマン著，伊藤俊治監修，遠藤ゆかり訳　創元社　（「知の再発見」双書）　2006.10　①4-422-21190-0
* ◇巨匠の自画像―名画に潜む知られざるストーリー　青井伝著　すばる舎　2006.8　①4-88399-540-2
* ◇美の旅人　伊集院静著　小学館　（週刊ポストBOOKS）　2005.5　①4-09-379182-1
  * ＊ゴヤ、ダリ、ミロ、そしてピカソ。旅して読み解くスペインの巨匠たち。初めての意欲的「絵画」読本。109点の作品を収録したオールカラー440ページの豪華版。
* ◇ダリ　ロバート・ラドフォード著，岡村多佳夫訳　岩波書店　（岩波世界の美術）　2002.7　①4-00-008930-7
* ◇サルバドール・ダリが愛した二人の女　アマンダ・リア著，北川重男訳　西村書店　2001.6　①4-89013-589-8
  * ＊デヴィット・ボウイの恋人だったダンシングクイーンが語る70年代のセレブリティたちとの奇妙な関係。
* ◇サルヴァドール・ダリ1904-1989　ジル・ネレー著　タッシェン・ジャパン　（タッシェン・ニュー・ベーシック・アート・シリーズ）　2000.8　①4-88783-002-5
* ◇ダリ　メレディス・イスリントンースミス著，野中邦子訳　文芸春秋　1998.9　①4-16-354330-9
* ◇ブニュエル、ロルカ、ダリ―果てしなき謎　アグスティン・サンチェス・ビダル著，野谷文昭、網野真木子共訳　白水社　1998.8　①4-560-03872-4
  * ＊二十世紀のスペインが生んだ天才たちの複雑に絡み合った人生！「学生館」とよばれる寄宿学校で出会い、愛情とライバル意識と、ときに敵意をかわしながら映像・文学・美術という異なる世界を制した彼らの足跡を、大量の新資料

を駆使してたどる決定版。1988年度エスペホ・デ・エスパーニャ賞受賞作。

* ◇ダリ―異質の愛　アマンダ・リア，北川重男訳　（新潟）西村書店　1993.12　①4-89013-514-6
  * ＊18年間ダリ夫妻と親しく交際したアマンダ・リアが語るダリの姿。天才画家の素顔をつづる回想録。'60年代の音楽、美術、映画界の興味深いエピソードを満載。
* ◇画家の妻たち　沢地久枝著　文芸春秋　1993.5　①4-16-347510-9
  * ＊炎のように短く燃えた愛もあり、静謐な長い人生もあった。憎しみの果ての別れもあった…。美の狩人たちの創造の源泉であり、その苦悩と歓喜を共有した伴侶たちにとって、永遠の美とは何だったのか。レンブラントからピカソまで、19人の画家による妻の肖像画を通して、男と女の運命的なドラマをさぐる。
* ◇キリコ・ダリ　ルイサ・コゴルノ，ジアンニ・ロッパ，ガブパレ・デ・フィオレ，マリナ・ロッピアーニ，サビネ・バリチ著，片桐頼継，伊藤里麻子訳　学習研究社　（絵画の発見）　1992.12　①4-05-105743-7
  * ＊イタリアの画家キリコは、古代建築や静物を組み合わせた神秘的で形而上的な絵を描き、スペインの画家ダリは、精密な写実の中に偏執的な幻覚の世界を描いた。
* ◇ダリ　エリック・シェーンズ著，新関公子訳　岩波書店　（岩波 世界の巨匠）　1992.7　①4-00-008463-1
  * ＊天才から詐欺師まで、ダリほど毀誉褒貶著しい画家も珍しい。鮮やかな技術で深層に眠るイメージを揺さぶる作品群は、しかし、たんなるシンボリズムやシュルレアリスム風意匠との接点にあやうく存在している。ダリは意識下を撃つ反社会芸術をも消費する大衆社会に呑みこまれたのか、それともダリが大衆社会を消費したのか。20世紀を駆け抜けたダリの変容の本質をいま問う。欧米気鋭の執筆陣による本書は、絵画の革新と創作にすべての情熱を傾けた彼らの生涯を、同時代の芸術活動にも

着目する平易な解説と、画家の苦闘と挑戦を示す美しいカラー図版によって生きいきと伝える、まさに西洋美術入門の決定版。

◇レーニン・ダダ　ドミニク・ノゲーズ著, 鈴村和成訳　ダゲレオ出版　1990.5
＊1916年、チューリッヒで、レーニンとダダイストたちが数ヶ月にわたって隣りあわせていた―。この驚くべき偶然の遭遇は、久しく人に知られることはなかった。だが、これり本当に偶然の遭遇だったのか？　この隠されたエピソードの上に積み重ねられた綿密な研鑽が、驚倒すべき発見へと読者を導く。従来のレーニン像を顛倒する〈黒いユーモア〉に充ちたクリティーク・フィクション。

◇さよなら、アンディーウォーホルの60年代　ウルトラ・ヴァイオレット著, 入江直之, 金子由美訳　平凡社　1990.1
Ⓘ4-582-37304-6
＊"Sexとドラッグとロックンロール"の時代をスキャンタラスに駆け抜けたヒロイン＆ヒーローたち.

▌ダレイオス1世　Dareios Ⅰ
前558頃～前486　前6・5世紀、アケメネス朝ペルシアの王（在位前522～486）。州総督（サトラップ）による中央集権機構を確立。

◇30の「王」からよむ世界史　本村凌二監修, 造事務所編著　日本経済新聞出版社（日経ビジネス人文庫）　2018.6
Ⓘ978-4-532-19863-3

◇悪の歴史―隠されてきた「悪」に焦点をあて、真実の人間像に迫る　西洋編上＋中東編　鈴木董編著　清水書院　2017.12
Ⓘ978-4-389-50066-5

◇本当は偉くない？　世界の歴史人物―世界史に影響を与えた68人の通信簿　八幡和郎著　ソフトバンククリエイティブ（ソフトバンク新書）　2013.8
Ⓘ978-4-7973-7448-3
＊古代から現代に至るまで、よく知られた帝王や政治家を68人選び、それぞれが世界史の中で果たした役割を、「偉人度」と「重要度」の2つの側面から10点満点で評価。世界史において偉人とされている人物たちの実像に迫る。

◇歴史を動かした「独裁者」―「強大な権力」はいかに生まれ、いかに崩壊したか　柘植久慶著　PHP研究所　（PHP文庫）2003.9　Ⓘ4-569-66058-4

▌ダレイオス3世　Dareios Ⅲ
前380頃～前330　前4世紀、ペルシア帝国最後の王（在位前336/335～330）。アレクサンドロス大王の遠征軍に敗れた。

◇アレクサンドロス大王東征路の謎を解く　森谷公俊著　河出書房新社　2017.11
Ⓘ978-4-309-22719-1

▌タレス　Thalēs
前624頃～前546頃　前7・6世紀、ギリシアの哲学者。ギリシャ七賢人の一人。イオニア自然哲学の創始者。万物の根源を水とした。

◇鏡のなかのギリシア哲学　小坂国継著　ミネルヴァ書房（Minerva21世紀ライブラリー）　2017.3　Ⓘ978-4-623-07908-7

◇ダメ人間の世界史―ダメ人間の歴史 vol 1　引きこもり・ニート・オタク・マニア・ロリコン・シスコン・ストーカー・フェチ・ヘタレ・電波　山田昌弘, 麓直浩著　社会評論社　2010.3　Ⓘ978-4-7845-0976-8

◇知識と時間―古代ギリシアの文化相対主義　瀬戸一夫著　勁草書房　2003.8
Ⓘ4-326-10148-2
＊勃興しつつあるペルシア帝国と爛熟したエジプト文明に囲まれるギリシア。拮抗する文明の狭間で、人間は時間について語り始めていた。時の経過は異文化対立を貫く。太陽と月の回帰現象から「時計」を着想した哲学者、アナクシマンドロスへの深い眼差しで描く、哲学史の新境地。

◇ソクラテス以前哲学者断片集　第1分冊　内山勝利編　岩波書店　1996.12
Ⓘ4-00-092091-X

◇ギリシア数学のあけぼの　上垣渉著　日本評論社　（ファラデーブックス）

タレーラン

1995.12　①4-535-60715-X

タレーラン
Talleyrand-Périgord, Charles Maurice de, Prince Duc de Bénévent
1754〜1838　タレイラン・ペリゴールとも。18・19世紀、フランスの政治家。ナポレオンの執政下の外相（1799〜1807）。

◇ナポレオン フーシェ タレーラン—情念戦争1789-1815　鹿島茂著　講談社　（講談社学術文庫）　2009.8
①978-4-06-291959-3
＊一七八九年の大革命から一八一五年のワーテルローの戦いまで、ナポレオンの熱狂情念が巻き起こした相次ぐ戦争による混乱と怒涛の三〇年。この偉大なる皇帝の傍らに、警察大臣フーシェ＝陰謀情念と外務大臣タレーラン＝移り気情念なかりせば、ヨーロッパは異なる姿になったにちがいない。情念史観の立場から、交錯する三つ巴の心理戦と歴史事実の関連を丹念に読解し、活写する。

◇タレーラン考—六つの顔を持った男　小栗了之著　荒地出版社　2005.4
①4-7521-0136-X
＊高級貴族の家に生まれ、聖職者となるが、外務大臣に就任、ナポレオン1世に反逆、6人の君主に仕え、フランスを救った男。

◇タレラン伝　上　ジャン・オリユー著，宮沢泰司訳　藤原書店　1998.6
①4-89434-104-2

◇タレラン伝　下　ジャン・オリユー著，宮沢泰司訳　藤原書店　1998.6
①4-89434-105-0

◇ナポレオンとタレイラン　上　高木良男著　中央公論社　1997.4　①4-12-002676-0
＊己が野望のままに大帝国を夢見たナポレオンと勢力均衡による平和をヨーロッパに齎そうとしたタレイラン、二人の協力と対立を中心に描く19世紀虚々実々の「外交」を描く決定版。

◇ナポレオンとタレイラン　下　高木良男著　中央公論社　1997.4　①4-12-002677-9
＊友情と同志愛から抗争と敵対に至る二人の関係はフランスの国運を賭けた革命と戦争と平和をめぐる外交思想の対立であり、天才的軍人政治家と思想家外交官の人間ドラマだった。

◇歴史の影の男たち　池田理代子著　小学館　1996.7　①4-09-386006-8
＊夢を追い、運命に立ち向かい、時代を生きぬいた24人の愛すべき男たち。24人の人間ドラマ。

◇伝記文学の面白さ　中野好夫著　岩波書店　（同時代ライブラリー）　1995.2
①4-00-260216-8

◇悪の天才タレイラン　長塚隆二著　読売新聞社　1990.2　①4-643-90005-9
＊背信の美学か、非情の処世術か、ナポレオンを見捨てた男。フランス大革命以後の激動の四政体を泳ぎ渡った大政治家の生涯。

段祺瑞　だんきずい
1865〜1936　19・20世紀、中国の北洋軍閥の巨頭。親日的な安徽派の領袖。安徽合肥出身。国務総理に就任。

◇日中政治外交関係史の研究—第一次世界大戦期を中心に　楊海程著　芙蓉書房出版　2015.4　①978-4-8295-0647-9

◇中国近代の軍閥列伝　辛倍林著，上田正一監訳　学陽書房　1990.6
①4-313-83062-6
＊袁世凱等10人の首領の徹底研究。

ダンテ　Dante Alighieri
1265〜1321　13・14世紀、イタリア最大の詩人。作品に清新体派の代表作とされる抒情詩集「新生」大作「神曲」など。

◇ダンテ　新装版　野上素一著　清水書院　（Century Books　人と思想）　2016.6
①978-4-389-42065-9

◇ダンテ　R.W.B.ルイス著，三好みゆき訳　岩波書店　（ペンギン評伝双書）　2005.2
①4-00-026771-X

◇新編 作家論　正宗白鳥著，高橋英夫編　岩波書店　（岩波文庫）　2002.6
①4-00-310394-7

◇人間臨終図巻 2　山田風太郎著　徳間書店　(徳間文庫)　2001.4
①4-19-891491-5

◇ダンテ　マリーナ・マリエッティ著, 藤谷道夫訳　白水社　(文庫クセジュ)　1998.4　①4-560-05800-8
＊ダンテの生きた時代と彼を取り巻く世界は、彼の作品と深くかかわり、その作品のなかに大きな足跡を残している。本書はこうした視点から、今まで見過ごしにされがちであった政治、経済、哲学、宗教、芸術面における当時の時代状況に光を当て、ダンテの生涯と作品を立体的に浮かび上がらせている。

◇世界人物逸話大事典　朝倉治彦, 三浦一郎編　角川書店　1996.6　①4-04-031900-1
＊歴史上の人物の生き生きとした人間像を伝えるエピソードを多数紹介する事典。日本人によく知られた人物1883人を見出しに掲載。

◇ダンテ　G.ホームズ著, 高柳俊一, 光用行江訳　教文館　(コンパクト評伝シリーズ)　1995.4　①4-7642-1058-4

◇ダンテとヨーロッパ中世　ルードルフ・ボルヒャルト著, 小竹澄栄訳　みすず書房　1995.4　①4-622-04698-9
＊中世の極点かルネサンスの始源か。本書はダンテの言語世界に深く分け入り、『神曲』の詩人を言語―文化史、精神史に位置づける。ダンテと中世文化への画期的寄与。

◇名作はなぜ生まれたか―文豪たちの生涯を読む　木原武一著　同文書院　(アテナ選書)　1993.11　①4-8103-7172-7
＊不朽の名作を知る。文豪のドラマチックな生涯をさぐる。西洋の文豪、きらめく20名のだいご味。

▎ダントン　Danton, Georges Jacques
1759〜1794　18世紀、フランス革命期における山岳党の指導者の一人。司法大臣として革命裁判所創設に尽力。

◇フランス革命の志士たち―革命家とは何者か　安達正勝著　筑摩書房　(筑摩選書)　2012.10　①978-4-480-01554-9

◇フランス革命の肖像　佐藤賢一著　集英社　(集英社新書ヴィジュアル版)　2010.5　①978-4-08-720541-1

◇ラルース図説世界史人物百科 3　フランス革命・世界大戦前夜　フランソワ・トレモリエール, カトリーヌ・リシ編, 樺山紘一監修　原書房　2005.4
①4-562-03730-X

◇人間臨終図巻 1　山田風太郎著　徳間書店　(徳間文庫)　2001.3
①4-19-891477-X

◇世界人物逸話大事典　朝倉治彦, 三浦一郎編　角川書店　1996.6　①4-04-031900-1
＊歴史上の人物の生き生きとした人間像を伝えるエピソードを多数紹介する事典。日本人によく知られた人物1883人を見出しに掲載。

【ち】

▎チェ・ゲバラ　Che Guevara
⇒ゲバラ

▎チェンバレン, ジョゼフ
Chamberlain, Joseph
1836〜1914　19・20世紀、イギリスの政治家。1888年自由党を分裂させ、自由統一党を結成。

◇世界人物逸話大事典　朝倉治彦, 三浦一郎編　角川書店　1996.6　①4-04-031900-1
＊歴史上の人物の生き生きとした人間像を伝えるエピソードを多数紹介する事典。日本人によく知られた人物1883人を見出しに掲載。

◇ジョセフ・チェンバレン―非凡な議会人の生涯と業績　早川崇著　第一法規出版　1983.11

▎チェンバレン, ネヴィル
Chamberlain, Arthur Neville
1869〜1940　19・20世紀、イギリスの政

チトー

治家。J.チェンバレンの2男。

◇ミュンヘン会談への道―ヒトラー対チェンバレン 外交対決30日の記録　関静雄著　ミネルヴァ書房　（MINERVA西洋史ライブラリー）　2017.11
ⓘ978-4-623-08089-2
＊1933年のナチス政権の成立から1939年のドイツのポーランド侵攻による第二次欧州戦争勃発に至るまでの、欧州社会の激動期において、「危機」と呼ばれる節目の時期が幾度かあった。本書はその中でも、ヒトラーのニュルンベルク演説、ズデーテン騒動を経て欧州戦争必至の様相を呈した1938年の「ミュンヘン9月危機」に焦点を当てる。そして、この間、四たび持たれたヒトラーとチェンバレンの直接会談を中心に、開戦か避戦かをめぐる英独外交戦略の実像を明らかにする。

チトー　Tito
⇒ティトー

チャイコフスキー
Chaikovski, Pëtr Ilich
1840〜1893　19世紀、ロシアの作曲家。作品にバレー組曲「白鳥の湖」、交響曲「悲愴」など。

◇チャイコーフスキイ伝―アダージョ・ラメントーソはレクイエムの響き　上巻　小松佑子著　文芸社　2017.6
ⓘ978-4-286-18184-4

◇チャイコーフスキイ伝―アダージョ・ラメントーソはレクイエムの響き　下巻　小松佑子著　文芸社　2017.6
ⓘ978-4-286-18185-1

◇R40のクラシック―作曲家はアラフォー時代をどう生き、どんな名曲を残したか　飯尾洋一著　広済堂出版　（広済堂新書）　2013.12　ⓘ978-4-331-51784-0

◇知識ゼロからの世界の10大作曲家入門　吉松隆著　幻冬舎　2012.4
ⓘ978-4-344-90247-3

◇クラシック・ゴシップ！―いい男。ダメな男。歴史を作った作曲家の素顔　上原章江著　ヤマハミュージックメディア　2011.9　ⓘ978-4-636-87006-0

◇大作曲家たちの履歴書　下　三枝成彰著　中央公論新社　（中公文庫）　2009.12
ⓘ978-4-12-205241-3

◇ロシア音楽の魅力―グリンカ・ムソルグスキー・チャイコフスキー　森田稔著　東洋書店　（ユーラシア選書）　2008.11
ⓘ978-4-88595-803-8
＊「ロシア音楽の父」と言われ、『ルスラーンとリュドミーラ』などのオペラで有名なグリンカ（一八〇四〜五七）。日本でもたいへん人気のある『展覧会の絵』をはじめとして、『ボリース・ゴドゥノーフ』『禿山の一夜』等々たくさんの有名作品を持つムソルグスキー（一八三九〜八一）。そして、『白鳥の湖』『眠れる森の美女』『くるみ割り人形』の三大バレエ音楽、世界中の劇場でオペラのスタンダード・ナンバーとして上演される『エヴゲーニイ・オネーギン』『スペードの女王』など、世界的に知られる名作を数多く生みだしたチャイコフスキー（一八四〇〜九三）。十九世紀ロシアを代表する作曲家三人を、最新の研究成果を取り入れて浮かび上がらせた、まったく新しい「ロシア音楽の魅力」。

◇音楽家カップルおもしろ雑学事典―ひと組5分で読める　萩谷由喜子著　ヤマハミュージックメディア　2007.6
ⓘ978-4-636-81855-0

◇チャイコフスキー―宿命と憧れのはざまで　宮沢淳一著　東洋書店　（ユーラシア・ブックレット）　2006.6　ⓘ4-88595-632-3
＊「宿命」「憧れ」をキーワードに、西欧ではじめて認められ、バレエ音楽や交響曲で高名なチャイコフスキーの生きた53年間と作品を総覧する。第15回吉田秀和賞を受賞した気鋭の評論家による一冊。

◇チャイコフスキー　伊藤恵子著　音楽之友社　（作曲家・人と作品シリーズ）　2005.6　ⓘ4-276-22185-4
＊ロシアが生んだ最大の作曲家、チャイコフスキー。人生への葛藤、結婚生活の破綻、突然の死―甘く優雅で感傷的

な旋律の背景を五千通以上の手紙をたどりながら鮮明に描き出す。

◇巨匠の肖像―ヴァーグナーからガーシュウィンへ　海老沢敏著　中央公論新社（中公文庫）　2001.4　①4-12-203808-1

◇永遠の「白鳥の湖」―チャイコフスキーとバレエ音楽　森田稔著　新書館　1999.3　①4-403-23064-4
＊チャイコフスキーの魅惑。「白鳥の湖」「眠れる森の美女」「くるみ割り人形」のすべて。巻末に初演台本の全訳と曲番表を収録。

◇世界人物逸話大事典　朝倉治彦，三浦一郎編　角川書店　1996.6　①4-04-031900-1
＊歴史上の人物の生き生きとした人間像を伝えるエピソードを多数紹介する事典。日本人によく知られた人物1883人を見出しに掲載。

◇チェーホフとチャイコフスキー　改訂新版　E.バラバノーヴィチ著，中本信幸訳　新読書社　1996.5　①4-7880-7028-6

◇チャイコフスキー　洋泉社（キーワード事典　作曲家再発見シリーズ）　1995.6　①4-89691-167-9
＊最新の資料をもとに編集した新しいチャイコフスキー像。

◇旋律の魔術師チャイコフスキー　森田稔文，福井鉄也写真　音楽之友社（music gallery）　1994.5　①4-276-38038-3

◇チャイコフスキーわが愛　ジョージ・バランシン，ソロモン・ヴォルコフ著，斉藤毅訳　新書館　1993.12　①4-403-23037-7
＊一杯の水が彼の命を奪った。まるでロシアン・ルーレットのように…。二十世紀の天才芸術家バランシンが推理する誰も知らなかった作曲家の真実。

◇新チャイコフスキー考―没後100年によせて　森田稔著　日本放送出版協会　1993.11　①4-14-080135-2
＊弟モデスト、後援者メック夫人との交換書簡集、ポズナーンスキイやブラウンなど研究者たちの著作集を含む、新たな資料を駆使してさらに赤裸々な人間像を探る。愛される作曲家チャイコフスキーの新実像。

◇憂愁の作曲家チャイコフスキー　志鳥栄八郎著　朝日新聞社（朝日文庫）　1993.10　①4-02-260784-X
＊帝政ロシア末期の暗い世相の中で、哀愁の旋律を創り続けたチャイコフスキー。繊細で神経質な少年時代、優れた芸術家たちとの親交や衝突、人生を大きく左右した3人の女性との出会いと別れ―。その人間性を浮き彫りにしつつ、『白鳥の湖』『悲愴』などの主要30曲を詳細に解説。

◇チャイコフスキー　エヴェレット・ヘルム著，許光俊訳　音楽之友社（大作曲家）　1993.7　①4-276-22152-8

◇チャイコフスキー　音楽之友社編　音楽之友社（作曲家別名曲解説ライブラリー）　1993.5　①4-276-01048-9
＊ロシアの大地に生まれたロマンと憂愁。没後100年記念出版。

◇チャイコフスキイ―文学遺産と同時代人の回想　サハロワ編，岩田貴訳　群像社　1991.7　①4-905821-04-5
＊ロシアの大作曲家の遺した音楽評論・日記・書簡。作曲家の全貌と19世紀後半のロシアとヨーロッパの音楽状況を知る貴重な遺産。

◇チャイコフスキー　森田稔ほか著　サントリー文化事業部，ティビーエス・ブリタニカ〔発売〕　1990.9　①4-484-90302-4

◇大作曲家の世界　4　ロマン派の巨星リスト・ブラームス・チャイコフスキー　〔カラー版〕　ピエロ・ラッタリーノ，グイド・サルヴェッティ，ルーベンス・テデスキ著，黒木弘子，小畑朋子，簑田洋子訳　音楽之友社　1990.8　①4-276-22084-X
＊リスト・ブラームス・チャイコフスキーを、その時代とともにヴィジュアルに紹介。

チャーチル

Churchill, Sir Winston Leonard Spencer

1874～1965　19・20世紀、イギリスの政治家。1940年首相に就任、第2次世界大戦

チャーチル

下、国際的に活躍した。

◇ガンディーとチャーチル　下　1929-1965　アーサー・ハーマン著, 田中洋二郎監訳, 守田道夫訳　白水社　2018.9
ⓘ978-4-560-09642-0

◇チャーチルは語る　マーティン・ギルバート編, 浅岡政子訳　河出書房新社
2018.9　ⓘ978-4-309-20751-3
＊「絶対に屈してはならない。絶対に…」チャーチルの公式伝記作家による全200篇の「名言集・名演説集」決定版！　発言の時代背景と解説を付し、あらゆる文献から集めた珠玉の言葉。言葉を最大の武器とし、演説の名手でもあったチャーチルの経験、考え、困難の足跡をたどる。

◇ガンディーとチャーチル　上　1857-1929　アーサー・ハーマン著, 田中洋二郎監訳, 守田道夫訳　白水社　2018.7
ⓘ978-4-560-09641-3

◇チャーチルと第二次世界大戦　山上正太郎著　清水書院　（新・人と歴史拡大版）2018.7　ⓘ978-4-389-44130-2

◇英国の危機を救った男チャーチル──なぜ不屈のリーダーシップを発揮できたのか　谷光太郎著　芙蓉書房出版　2018.6
ⓘ978-4-8295-0737-7

◇人間チャーチルからのメッセージ──不安な豊かさの時代に生きる私たちへ　松本正著　小学館スクウェア　2017.12
ⓘ978-4-7979-8753-9

◇ヘンリー・スティムソン回顧録　下　ヘンリー・L・スティムソン, マックジョージ・バンディ著, 中沢志保, 藤田怜史訳　国書刊行会　2017.6　ⓘ978-4-336-06149-2

◇チャーチル・ファクター──たった一人で歴史と世界を変える力　ボリス・ジョンソン著, 石塚雅彦, 小林恭子訳　プレジデント社　2016.4　ⓘ978-4-8334-2167-6

◇チャーチル名言録　チャーチル著, 中西輝政監修・監訳　扶桑社　2016.3
ⓘ978-4-594-07448-7

◇チャーチル──イギリス帝国と歩んだ男　木畑洋一著　山川出版社　（世界史リブレット人）　2016.2　ⓘ978-4-634-35097-7

◇チャーチル　ソフィー・ドゥデ著, 神田順子訳　祥伝社　（祥伝社新書　ガリマール新評伝シリーズ）　2015.9
ⓘ978-4-396-11437-4

◇チャーチル──不屈の指導者の肖像　ジョン・キーガン著, 富山太佳夫訳　岩波書店　2015.8　ⓘ978-4-00-023887-8

◇チャーチル──日本の友人　林幹人著
Sophia University Press上智大学出版　2015.3　ⓘ978-4-324-09943-8

◇こんなリーダーになりたい──私が学んだ24人の生き方　佐々木常夫著　文芸春秋（文春新書）　2013.9
ⓘ978-4-16-660936-9

◇チャーチル──不屈のリーダーシップ　ポール・ジョンソン著, 山岡洋一, 高遠裕子訳　日経BP社　2013.4　ⓘ978-4-8222-4957-1

◇ノーベル賞受賞者業績事典──全部門855人　新訂第3版　ノーベル賞人名事典編集委員会編　日外アソシエーツ, 紀伊國屋書店〔発売〕　2013.1　ⓘ978-4-8169-2397-5
＊1901年ノーベル賞創設時から2012年までの各分野の受賞者、受賞団体を収録。平和賞・文学賞・物理学賞・化学賞・生理学医学賞・経済学賞受賞者835人、20団体の業績を詳しく紹介。受賞辞退者についても収録対象とし、本文中にその旨を記載した。経歴・受賞理由・著作・参考文献を一挙掲載。

◇偉人たちの黒歴史　偉人の謎研究会編　彩図社　2011.12　ⓘ978-4-88392-828-6

◇危機の指導者チャーチル　冨田浩司著　新潮社　（新潮選書）　2011.9
ⓘ978-4-10-603687-3
＊ヒットラーの攻勢の前に、絶体絶命の危機に陥った斜陽の老大国イギリス。その時、彼らが指導者に選んだのは、孤高の老政治家チャーチルだった。なぜ国民はチャーチルを支持したのか。なぜチャーチルは危機に打ち克つことができたのか。波乱万丈の生涯を鮮やかな筆致で追いながら、リーダーシップの本質に鋭く迫る。今こそ日本人が学ぶべき"危機の指導者論"。

◇ウォー・ポリティクス―「政治的危機」と指導者の群像　藤本一美編　志学社　2011.4　Ⓟ978-4-904180-16-7

◇愛すべきあつかましさ　島地勝彦著　小学館　（小学館101新書）　2010.12　Ⓟ978-4-09-825099-8

◇為政者の器―現代の日本に求められる政治家像　丹羽文生著　春日出版　2009.8　Ⓟ978-4-86321-193-3

◇心を強くする指導者の言葉―逆境に克つ！　ビジネス哲学研究会編著　PHP研究所　2009.6　Ⓟ978-4-569-77000-0

◇チャーチルが愛した日本　関栄次著　PHP研究所　（PHP新書）　2008.3　Ⓟ978-4-569-69365-1
＊イギリスの歴史的な名宰相ウィンストン・チャーチルは終生、日本に対して好意と深い理解を示しつづけた。幼少のころ愛する母から伝えられた美しい日本の印象が、忘れがたい記憶として残っていたからである。箱根、東京、日光、京都を旅したチャーチルの母は、明治期の日本に何を見たのか？　戦中、戦後のチャーチルは、荒廃した日本に何を望んだのか？　歴史的名宰相の目に映った日本の隆盛と衰退、そして再生とは…。母の日本旅行記など未邦訳資料を踏まえながら、元外交官が見事に描ききる。

◇判断力と決断力―リーダーの資質を問う　田中秀征著　ダイヤモンド社　2006.7　Ⓟ4-478-18048-2

◇戦時中のチャーチル称賛と非難―当時の人々は総理チャーチルをどう見ていたか？　ブライアン・ガードナー著, 浜本正夫訳　浜本正夫　2002.5　Ⓟ4-89630-055-6

◇少年チャーチルの戦い　シリア・サンズ著, 河合秀和訳　集英社　1998.4　Ⓟ4-08-773293-2
＊20世紀を代表する人物であるチャーチルの、落ちこぼれの少年時代。

◇チャーチル―イギリス現代史を転換させた一人の政治家　増補版　河合秀和著　中央公論社　（中公新書）　1998.1　Ⓟ4-12-190530-X
＊植民地での従軍・観戦に、福祉政策の着手に、第一次大戦の作戦指揮に、時には反革命に情熱を傾け、歴史を書くことで政治家としての背骨を作ってきたチャーチル。彼は1940年、ただ一国でナチ・ドイツに対峙する祖国を率いて立つ。イギリスの過去と現在を一身に体現した彼は、帝国没落の暗黒の時を、輝ける一ページに書き変えた。資料を博捜し、貴重な見聞を混えて描く巨人の伝記に、あらたに「チャーチルと日本」の一章を増補した。

◇チャーチルに学ぶリーダーシップ―逆境の経営環境で成功するために　スティーヴン・F.ヘイワード著, 竹田純子訳　トッパン　（トッパンのビジネス経営書シリーズ）　1997.12　Ⓟ4-8101-7802-1

◇ヒトラー対チャーチル―80日間の激闘　ジョン・ルカーチ著, 秋津信訳　共同通信社　1995.8　Ⓟ4-7641-0348-6

◇世界の伝記　25　チャーチル　足沢良子著　ぎょうせい　1995.2　Ⓟ4-324-04402-3

◇祖父チャーチルと私―若き冒険の日々　ウィンストン・S.チャーチル著, 佐藤佐智子訳　法政大学出版局　（りぶらりあ選書）　1994.5　Ⓟ4-588-02154-0
＊冒険家であり、ジャーナリストであり、政治家でもあり、さらに好むと好まざるとにかかわらず、何よりも《チャーチルの孫》である著者の、若き日の思い出と冒険の物語。幼い目を通して見た宰相や、特異な性格の父・ランドルフの知られざる素顔を描き、イートン校でのいじめやスパルタ教育、オックスフォードでの優雅な学生生活を通して、イギリス上流階級の生活と教育を生き生きと再現する。また、自ら単発機を操縦してのアフリカ一周冒険旅行や、ジャーナリストとしてヴェトナムや中東の戦闘に立ち会った記録を圧倒的な迫力をもって語り、それらの旅で出会った人びと―ハイレ・セラシエ、シュバイツァー、ダヤン、ケネディ一族などの相貌を活写する。

◇天才たちは学校がきらいだった　トマス・G.ウェスト著, 久志本克己訳　講談社　1994.4　Ⓟ4-06-154208-7

◇チャーチル　ロバート・ペイン著，佐藤亮一訳　法政大学出版局　（りぶらりあ選書）　1993.3　①4-588-02146-X
＊現代史の巨人・チャーチル九十年の生涯を、その内面に踏み込んで描く。名門の出自であることへの誇りと狂気の血筋であることへの不安、絵を愛し動物を愛した人柄と原爆投下を〈正義〉と言い切る精神、政治家としてのためらわざる決断と死を前にしての権力への執着…。その正と負を、勝利と敗北を、栄光と悲哀を余すところなく描き切った本書は、〈偉大さ〉とは何か、その内実と本質を終始一貫して読者に問いかける。

◇天才たちの死―死因が語る偉人の運命　ハンス・バンクル著，関田淳子，後藤久子，柳沢ゆりえ，杉村園子共訳　新書館　1992.8　①4-403-24037-2
＊難聴だけでなく、消化不良にも悩まされていたベートーヴェン、高血圧で不眠症だったレーニン、ヘビースモーカーのフロイト、幼いころから病弱だったケネディ。心身の病と闘う歴史上の人物たちの姿に病理学者の視点から光をあて、彼らの隠された素顔を浮かびあがらせる。

◇男の肖像　塩野七生著　文芸春秋　（文春文庫）　1992.6　①4-16-733702-9
＊人間の顔は、時代を象徴する—。幸運と器量にめぐまれて、世界を揺るがせた歴史上の大人物たち、ペリクレス、アレクサンダー大王、カエサル、北条時宗、織田信長、西郷隆盛、ナポレオン、フランツ・ヨゼフ一世、毛沢東、チャーチルなどを、辛辣に優雅に描き、真のリーダーシップとは何かを問う。豪華カラー版。

◇諸葛孔明・逆境からの挑戦　（横浜）光栄　（英雄パラダイムシリーズ）　1992.4　①4-906300-54-5
＊本書は、諸葛亮の英雄たるゆえんを「逆境からの挑戦」に見い出し、〈賭け〉〈大義〉〈新機軸〉〈不屈〉の四つの要素をピックアップして、諸葛亮の軌跡を追う。つづけて、同じ要素によって強敵に挑んだ世界史上の英雄たち—カルタゴの闘将ハンニバル、異形の忠臣楠木正成、改革する宰相王安石、反ファシズムの戦士チャーチルをフィーチャーし、彼らの果敢な挑戦を解説する。歴史世界を冒険する、英雄パラダイムシリーズ第二弾。

◇彼らは何歳で始めたか　富永直久著　ダイヤモンド社　1991.10　①4-478-70066-4

◇ダウニング街日記—首相チャーチルのかたわらで　下　ジョン・コルヴィル著，都築忠七，見市雅俊，光永雅明訳　平凡社　（20世紀メモリアル）　1991.2
①4-582-37310-0
＊「今世紀中葉を扱う、歴史的に最も重要な日記」（『ザ・タイムズ』）と評された、英国首相秘書官の戦時日記の下巻。上巻に続き、1941年から1955年までを収録、ヤルタ会談・ポツダム会談、ドイツ降伏。戦後は「鉄のカーテン」演説からチャーチル首相の辞任までを扱う。

◇ダウニング街日記—首相チャーチルのかたわらで　上　ジョン・コルヴィル著，都築忠七，見市雅俊，光永雅明訳　平凡社　（20世紀メモリアル）　1990.6
①4-582-37307-0
＊1939年9月1日ドイツ軍がポーランドに侵攻し、第2次世界大戦が勃発した。本書は、ダウニング街十番（英国首相官邸）に勤務する若き首相秘書官が、開戦直後に筆をおこし、戦後1950年代にいたるまで英国政権の中枢にあってひそかに書きつづけた〈禁制の政治日記〉である。上巻には、ワルシャワ陥落、ダンケルク撤退、フランス降伏、イギリス本土の戦い（バトル・オヴ・ブリテン）、ロンドン大空襲と、イギリスが〈孤独の戦い〉を強いられた、1939年9月から1940年末までの16か月を収録する。

▎チャールズ1世　Charles I
1600〜1649　17世紀、イギリス、スチュアート朝の国王（在位1625〜1649）。議会を解散し専制政治を行い、ピューリタン革命を招いた。

◇名画で読み解くイギリス王家12の物語　中野京子著　光文社　（光文社新書）　2017.10　①978-4-334-04313-1

◇王様でたどるイギリス史　池上俊一著

岩波書店 （岩波ジュニア新書） 2017.2
①978-4-00-500847-6

◇英国王室史話　下　森護著　中央公論新社
（中公文庫）　2000.3　①4-12-203617-8

◇世界人物逸話大事典　朝倉治彦，三浦一郎
編　角川書店　1996.6　①4-04-031900-1
＊歴史上の人物の生き生きとした人間像を伝えるエピソードを多数紹介する事典。日本人によく知られた人物1883人を見出しに掲載。

▌チャールズ2世　Charles Ⅱ
1630～1685　17世紀、イギリス、スチュアート朝の国王（在位1660～1685）。チャールズ1世の次男。護国卿政権の崩壊後、王政復古を実現。

◇名画で読み解くイギリス王家12の物語　中野京子著　光文社　（光文社新書）　2017.10　①978-4-334-04313-1

◇英国王室史話　下　森護著　中央公論新社
（中公文庫）　2000.3　①4-12-203617-8

◇世界人物逸話大事典　朝倉治彦，三浦一郎
編　角川書店　1996.6　①4-04-031900-1
＊歴史上の人物の生き生きとした人間像を伝えるエピソードを多数紹介する事典。日本人によく知られた人物1883人を見出しに掲載。

◇イギリス王室物語　小林章夫著　講談社
（講談社現代新書）　1996.1
①4-06-149283-7
＊千年の伝統をもち、今も華麗に輝くイギリス王室。「残虐非道」のヘンリー八世、自信家の処女王エリザベス一世、快楽の王子ジョージ四世など、大英帝国の栄光を築いた強烈な個性たちを描く。

◇英国王と愛人たち─英国王室史夜話　森護著　河出書房新社　1991.7
①4-309-22200-5
＊歴代英国王で愛人をもたなかった王はほとんどいない。その王たちと愛人たちや庶子たちが織りなすさまざまなエピソードを物語りながら、各王家の好色の血筋をたどり、英国史の知られざる一面に光をあてる歴史エッセイ。教科書では紹介されない話を満載。

▌チャンドラグプタ王　Chandragupta
在位：前317～前296頃　前4・3世紀、インド、マウリヤ朝の祖（在位前317頃～296頃）。インド史上初めて北インド全域を支配。

◇世界伝記大事典　世界編 1～12　編集代表：桑原武夫　ほるぷ出版
1980.12～1981.6

▌チャンドラグプタ2世　Chandragupta
在位：376頃～414頃　4・5世紀、インド、グプタ朝第3代の王（在位385～413頃）。北インドの大部分を支配するなどグプタ朝の最盛期を築いた。

◇「悪の歴史」東アジア編　下　南・東南アジア編　上田信編著　清水書院　2018.8
①978-4-389-50065-8

▌チャンドラ・ボース　Chandra Bose
⇒ボース，チャンドラ

▌中宗（唐）　ちゅうそう
656～710　7・8世紀、中国、唐の第4代皇帝（在位683～684、705～710）。高宗と則天武后の間の子。

◇中国歴代皇帝人物事典　岡崎由美，王敏監修　河出書房新社　1999.2
①4-309-22342-7
＊秦の始皇帝、前漢の劉邦、新の王莽、魏の曹丕、隋の煬帝、唐の李世民、元のフビライ、明の朱元璋、清の康熙帝など、中国歴代王朝の皇帝を紹介した人物事典。后妃・公主・宗室なども収録し、歴代宮都・陵墓も掲載。中国史重要人物索引付き。

▌張角　ちょうかく
？～184　2世紀、中国、後漢末の黄巾の乱の指導者。鉅鹿（きょろく、河北省藁城県）の人。

◇96人の人物で知る中国の歴史　ヴィクター・H・メア，サンピン・チェン，フラ

ンシス・ウッド著，大間知知子訳　原書房　2017.3　Ⓟ978-4-562-05376-6
◇「勝敗」の岐路―中国歴史人物伝　村山孚著　徳間書店　（徳間文庫）　2006.10　Ⓟ4-19-892502-X

張学良　ちょうがくりょう

1901～2001　20世紀、中国東北地方の軍閥。父は張作霖。蔣介石のもとで、東北軍を指揮して共産党軍討伐戦に従事したが、1936年12月督戦に来た蔣介石を西安に監禁し、内戦停止、一致抗日を懇請した。

◇張学良秘史―六人の女傑と革命、そして愛　富永孝子著　KADOKAWA　（〔角川ソフィア文庫〕）　2017.7　Ⓟ978-4-04-400279-4

◇"二人のプリンス"と中国共産党―張作霖の直系孫が語る天皇裕仁・張学良・習近平　河信基著　彩流社　2015.12　Ⓟ978-4-7791-2189-0

◇張家三代の興亡―孝文・作霖・学良の"見果てぬ夢"　古野直也著　芙蓉書房出版　1999.11　Ⓟ4-8295-0240-1
＊張学良は中国では英雄視されているが、蔣介石に身柄を拘束されて50年以上になる。李登輝台湾総統の手で解放された学良は現在はハワイで余生を送っている。学良と個人的に会談できた日本人は過去に二人しかいない。その一人である著者が、張作霖・張学良親子の波乱の人生と複雑怪奇な日本と中国の100年の歴史秘話を書き下ろす。

◇張学良―日中の覇権と「満洲」　西村成雄著　岩波書店　（現代アジアの肖像）　1996.5　Ⓟ4-00-004398-6

◇張学良―その数奇なる運命　傅虹霖著、川崎将夫訳、酒井亨訳　連合出版　1995.11　Ⓟ4-89772-113-X
＊西安事変で蔣介石を監禁して「一致抗日」を迫り、近代中国の流れを転回させながら自らは囚われの身となって半世紀。歴史の舞台に華やかに登場し無残に消えた東北の若きプリンスの運命を、米国在住の女性研究者が綿密な取材で生き生きと描く。

◇張学良の昭和史最後の証言　NHK取材班，臼井勝美著　角川書店　（角川文庫）　1995.5　Ⓟ4-04-195402-9
＊関東軍により爆殺された張作霖の長男、張学良。父を敬愛し、頭脳明晰であった彼はまた、プレイボーイと呼ばれ、西洋人と交流する一面も併せ持っていた。西安事件で蔣介石を監禁し国共合作を迫った張学良は、以来半世紀をこえる幽閉生活を送ってきた。そしてついに沈黙を破り、その数奇な生涯と日中に横たわる謎がときあかされた―。張作霖爆殺事件から西安事件までの日中秘話。

◇張学良はなぜ西安事変に走ったか―東アジアを揺るがした二週間　岸田五郎著　中央公論社　（中公新書）　1995.5　Ⓟ4-12-101246-1
＊日中戦争のさ中、一九三六年十二月十二日、国民党委員長の蔣介石に対し張学良と楊虎城が「兵諫」をもって、内戦の即時停止と挙国抗日を要求した西安事変はなぜおこったか。この年二月、日本では「二・二六」事件、七月、スペインでは内戦勃発、十二月、西安事変と世界を振撼させた事件が相継ぐ。本書は、僅か二週間で終息した事変が国共合作による抗日民族統一戦線へ道を開き、日中戦争に一大転機をもたらした西安事変の全貌を描く。

◇東北軍閥政権の研究―張作霖・張学良の対外抵抗と対内統一の軌跡　水野明著　国書刊行会　1994.8　Ⓟ4-336-03640-3

◇張学良の昭和史最後の証言　NHK取材班，臼井勝美著　角川書店　1991.8　Ⓟ4-04-821041-6
＊55年の沈黙を破っていま語られる日中秘話。奉天軍閥張学良が、張作霖爆殺事件より西安事件までの謎をときあかす。

◇張学良―忘れられた貴公子　松本一男著　中央公論社　（中公文庫）　1991.7　Ⓟ4-12-201824-2

◇張学良と中国―西安事変立役者の運命　松本一男著　サイマル出版会　1990.2　Ⓟ4-377-20834-9
＊父張作霖は関東軍の謀略で爆死、自らは抗日の国共合作を企図して蔣介石を

西安に監禁し、一国の命運を握って中国現代史のヒーローとなった張学良が、大陸から台湾へと幽閉されて50余年。苛酷な運命を通して、中国人とは、権力とは何かを問うたドキュメント。

▌張儀　ちょうぎ

?〜前310　前4世紀、中国、戦国時代の縦横家。魏の人。連衡策を成功させ、秦の発展の一因をつくった。

◇男の後半生—中国英傑に学ぶ　守屋洋著　PHP研究所　（PHP文庫）　2002.1　①4-569-57655-9

◇謀臣列伝　伴野朗著　実業之日本社　1998.10　①4-408-53344-0
 ＊英雄たちの華かな活躍の陰に、智略を持って仕える男たちがいた。主を求め諸国を渡り歩く彼らの苦難と栄光の軌跡を描く、中国歴史小説集。

◇世界人物逸話大事典　朝倉治彦, 三浦一郎編　角川書店　1996.6　①4-04-031900-1
 ＊歴史上の人物の生き生きとした人間像を伝えるエピソードを多数紹介する事典。日本人によく知られた人物1883人を見出しに掲載。

▌趙匡胤　ちょうきょういん

927〜976　太祖（宋）（たいそ）とも。10世紀、中国、北宋の初代皇帝（在位960〜976）。姓名は趙匡胤。

◇独裁君主の登場　宋の太祖と太宗　竺沙雅章著　清水書院　（新・人と歴史拡大版）　2017.8　①978-4-389-44120-3

◇96人の人物で知る中国の歴史　ヴィクター・H・メア, サンピン・チェン, フランシス・ウッド著, 大間知知子訳　原書房　2017.3　①978-4-562-05376-6

◇中国皇帝列伝—歴史を創った名君・暴君たち　守屋洋著　PHP研究所　（PHP文庫）　2006.11　①4-569-66730-9

◇中国歴代皇帝人物事典　岡崎由美, 王敏監修　河出書房新社　1999.2　①4-309-22342-7
 ＊秦の始皇帝、前漢の劉邦、新の王莽、魏の曹丕、隋の煬帝、唐の李世民、元のフビライ、明の朱元璋、清の康熙帝など、中国歴代王朝の皇帝を紹介した人物事典。后妃・公主・宗室なども収録し、歴代宮都・陵墓も掲載。中国史重要人物索引付き。

◇覇 中国大帝伝—大地を制圧した皇帝十二人　立間祥介著　学習研究社　（歴史群像新書）　1994.10　①4-05-400406-7
 ＊秦の始皇帝、漢の劉邦、唐の太宗、元のフビライ…彼ら建国の祖は、大地のつづくかぎり地平の彼方までをその手中に収めた。みずから歴史を築いた英雄たちの偉業は、現在も色あせることなく、燦然たる輝きを放っている。大河の流れのごとく、絶えることなく連綿とつづいた中国覇業の譜—。真の歴史が、ここにある。現代版『史記本紀』ついに完成。

▌張居正　ちょうきょせい

1525〜1582　16世紀、中国、明の政治家。内閣の首輔として10年間幼帝を助けた。主著「書経直解」「帝鑑図説」。

◇96人の人物で知る中国の歴史　ヴィクター・H・メア, サンピン・チェン, フランシス・ウッド著, 大間知知子訳　原書房　2017.3　①978-4-562-05376-6

▌張騫　ちょうけん

?〜前114　前2世紀、中国、前漢の旅行家、外交家。武帝の建元年間、大月氏に使した。後年イリ地方の烏孫と結ぶため再び西域に使した。

◇張騫とシルクーロード　新訂版　長沢和俊著　清水書院　（新・人と歴史拡大版）　2017.6　①978-4-389-44112-8

◇96人の人物で知る中国の歴史　ヴィクター・H・メア, サンピン・チェン, フランシス・ウッド著, 大間知知子訳　原書房　2017.3　①978-4-562-05376-6

◇張騫　桐谷正著　幻冬舎　（幻冬舎文庫）　2001.3　①4-344-40082-8
 ＊時は漢の武帝の治世。大月氏国と軍事同盟を結ぶべく、張騫は西域へ旅立った。匈奴が出没する大草原。そして、

炎熱の大砂漠。不屈の冒険者・張騫の旅は十余年、二万キロに及び、その足跡はひろく西アジア全域に刻みこまれた。それはぶどう酒や汗血馬の発見につながり、シルクロード開拓の原点となる壮挙であった。長編歴史小説。

◇世界人物逸話大事典　朝倉治彦，三浦一郎編　角川書店　1996.6　Ⓘ4-04-031900-1
＊歴史上の人物の生き生きとした人間像を伝えるエピソードを多数紹介する事典。日本人によく知られた人物1883人を見出しに掲載。

◇熱砂とまぼろし―シルクロード列伝　陳舜臣著　毎日新聞社　1994.5
Ⓘ4-620-10501-5
＊法顕、宋雲、張騫、ヘディン、ヤクブ・ベク―東西文化が交流する中央アジアに夢とロマンを追い求めた冒険家列伝。

◇シルクロードの開拓者張騫　田川純三著　筑摩書房　（ちくまライブラリー）　1991.9　Ⓘ4-480-05162-7

張作霖　ちょうさくりん

1875～1928　19・20世紀、中国の軍閥。東北地方（満州）の馬賊から身をおこし、北京の中央政界に進出したが、蒋介石の率いる国民革命軍の北伐に撃破されて退却の途上、日本軍の陰謀により爆殺された。

◇張作霖―爆殺への軌跡一八七五―一九二八　杉山祐之著　白水社　2017.2
Ⓘ978-4-560-09534-8

◇近代中国指導者評論集成　7　怪傑張作霖　松本和久編・解題　園田一亀著　ゆまに書房　2016.11　Ⓘ978-4-8433-5023-2,
978-4-8433-5016-4,978-4-8433-5014-0

◇近代中国指導者評論集成　8　大元帥張作霖　松本和久編・解題　浅野犀涯著　ゆまに書房　2016.12　Ⓘ978-4-8433-5024-9,
978-4-8433-5016-4,978-4-8433-5014-0

◇馬賊で見る「満洲」―張作霖のあゆんだ道　渋谷由里著　講談社　（講談社選書メチエ）　2004.12　Ⓘ4-06-258317-8
＊馬賊が誕生した清末期。あるものは官憲の銃弾に倒れ、あるものは混乱を潜りぬけ略奪者から脱却し、軍閥の長として中原の覇権をうかがう。覇権に最も近づいた男＝「東北王」張作霖とその舞台の激動の歴史をたどり、併せて日本にとって「満洲」とは何だったのかを考える。

◇張家三代の興亡―孝文・作霖・学良の"見果てぬ夢"　古野直也著　芙蓉書房出版　1999.11　Ⓘ4-8295-0240-1
＊張学良は中国では英雄視されているが、蒋介石に身柄を拘束されて50年以上になる。李登輝台湾総統の手で解放された学良は現在はハワイで余生を送っている。学良と個人的に会談できた日本人は過去に二人しかいない。その一人である著者が、張作霖・張学良親子の波乱の人生と複雑怪奇な日本と中国の100年の歴史秘話を書き下ろす。

◇世界人物逸話大事典　朝倉治彦，三浦一郎編　角川書店　1996.6　Ⓘ4-04-031900-1
＊歴史上の人物の生き生きとした人間像を伝えるエピソードを多数紹介する事典。日本人によく知られた人物1883人を見出しに掲載。

◇東北軍閥政権の研究―張作霖・張学良の対外抵抗と対内統一の軌跡　水野明著　国書刊行会　1994.8　Ⓘ4-336-03640-3

◇張作霖　白雲荘主人著　中央公論社　（中公文庫）　1990.7　Ⓘ4-12-201728-9
＊満洲の一寒村に呱々の声をあげた、東洋の風雲児・張作霖。馬賊となり、満蒙の天地に名を轟かし、又ひとたび帰順するや、たちまち軍界に頭角を現わし、遂には北京政府の大元帥となり、四百余州を掌中にする。誕生から関東軍の爆殺にいたる波瀾の生涯を、豊富な挿話を交えて明らかにする。張作霖の死を惜しんで、直後に纏められた、初めての伝記。

◇中国近代の軍閥列伝　辛倍林著，上田正一監訳　学陽書房　1990.6
Ⓘ4-313-83062-6
＊袁世凱等10人の首領の徹底研究。

趙紫陽　ちょうしよう

1919～2005　20世紀、中国の政治家。1965年広東省党委員会第1書記。文化大革命初期全職務を解任されたが71年復活。80年政治局常務委員、首相となり、81年

党副主席も兼務。87年党総書記となるが、89年天安門事件への対応が反革命暴動を支持したとされ解任。

◇赤い中国の黒い権力者たち　陳破空著，山田智美訳　幻冬舎ルネッサンス　（幻冬舎ルネッサンス新書）　2014.6
①978-4-7790-6107-3

◇趙紫陽極秘回想録―天安門事件「大弾圧」の舞台裏！　趙紫陽，バオ・プー，ルネー・チアン，アディ・イグナシアス著，河野純治訳　光文社　2010.1
①978-4-334-96210-4
＊民主化運動を支持し、権力闘争に敗れて追放された趙紫陽は、その渦中で何を見、何を考え、どう行動したのか？本書は、軟禁状態のままこの世を去った"国家の囚人"が、命をかけて歴史の真実を明らかにしようとした世紀の「遺言」である。

◇趙紫陽―中国共産党への遺言と「軟禁」15年余　宗鳳鳴著，高岡正展編訳　ビジネス社　2008.8　①978-4-8284-1441-6
＊趙紫陽は、「第2次天安門事件」で、武力鎮圧に異議を申し立て、総書記の座を追われた人物である。亡くなるまでの15年余りにわたり、北京の一角に軟禁された。数十年来の戦友であった著者が密かに100度以上通い、趙紫陽の発言を書きとめたのが本書である。天安門事件の真相から、「中南海」の人間関係、社会主義・共産党の歴史的総括と将来性まで、本音が詰まった一書である。

▍チョーサー　Chaucer, Geoffrey
1340頃～1400　14世紀、イギリスの詩人。「英詩の父」といわれる。代表作「カンタベリー物語」(1393～1400)。

◇世界でいちばん面白い英米文学講義―巨匠たちの知られざる人生　エリオット・エンゲル著，藤岡啓介訳　草思社　2006.9
①4-7942-1526-6

◇中世ゴシック絵画とチョーサー　塩見知之著　高文堂出版社　2005.1
①4-7707-0723-1

◇チョーサー研究―作品の構成と意味の研究　塩見知之著　高文堂出版社　2004.12
①4-7707-0720-7

◇チョーサーの『家扶の話』―伝統の受容と変容　庄村哲二著　熊本学園大学付属海外事情研究所　（熊本学園大学付属海外事情研究所研究叢書）　2003.12

◇チョーサー中世イタリアへの旅　奥田宏子著　御茶の水書房　（神奈川大学評論ブックレット）　2003.7　①4-275-01992-X
＊14世紀イギリスの大詩人の生涯を、近年の中世交易ルートの諸研究を視座に入れて浮彫りにする。

◇世界人物逸話大事典　朝倉治彦，三浦一郎編　角川書店　1996.6　①4-04-031900-1
＊歴史上の人物の生き生きとした人間像を伝えるエピソードを多数紹介する事典。日本人によく知られた人物1883人を見出しに掲載。

◇G・K・チェスタトン著作集　評伝篇 1巻　チョーサー　G.K.チェスタトン著　P.ミルワード編集・解題，渡部昇一訳，福士直子訳　春秋社　1995.8　①4-393-41222-2
＊対象とする人物のなかに己れの自画像を描くように独自の世界観を展開する、批評精神の面目躍如。待望久しい「評伝シリーズ」堂々完結。「英詩の父」チョーサーが『カンタベリー物語』等に描いてみせたヨーロッパ中世の一大曼陀羅を、あるがままに見、理解する仕方を示すチェスタトンの知力の見事な結集。

▍褚遂良　ちょすいりょう
596～658　6・7世紀、中国、唐代初期の書家。「伊闕仏龕碑」「雁塔聖教序」などが集帖に伝えられている。

◇褚遂良 雁塔聖教序　新装版　二玄社　（拡大法書選集）　2001.3　①4-544-01657-6

◇世界人物逸話大事典　朝倉治彦，三浦一郎編　角川書店　1996.6　①4-04-031900-1
＊歴史上の人物の生き生きとした人間像を伝えるエピソードを多数紹介する事典。日本人によく知られた人物1883人を見出しに掲載。

全斗煥

全斗煥　チョンドゥホァン
1931～　20世紀、韓国の政治家。慶尚南道陝川郡生れ。陸軍士官学校が4年制の正規陸士に改編された第1期生。朴大統領射殺事件の合同捜査本部長として、初めて政局の表舞台に登場した。1980年8月大将で退役、第11代大統領（1980—1988）に就任。

◇韓国大統領実録　朴永圭著，金重明訳　キネマ旬報社　2015.10
①978-4-87376-435-1

◇韓国歴代大統領とリーダーシップ　金浩鎮著，小針進，羅京洙訳　柘植書房新社　2007.12　①978-4-8068-0574-8

◇朝鮮人物事典　木村誠，吉田光男，趙景達，馬淵貞利編　大和書房　1995.5
①4-479-84035-4

チンギス・ハン　Chinggis Khan

1162頃～1227　テムジン，成吉思汗，太祖（元）とも。12・13世紀、モンゴル帝国の建設者。初代ハン（在位1206～1227）。漢字名は成吉思汗。

◇英雄たちの食卓　遠藤雅司著　宝島社　2018.3　①978-4-8002-8132-6

◇草原の覇者成吉思汗　新訂版　勝藤猛著　清水書院　（新・人と歴史拡大版）　2017.5　①978-4-389-44108-1

◇チンギス・ハーン　Sh.ナツァグドルジ著，T.ムンフツェツェグ監修，吉本るり子訳　アルド書店　（モンゴル文庫）　2016.8
①978-4-908814-00-6

◇図説世界史を変えた50の指導者（リーダー）　チャールズ・フィリップス著，月谷真紀訳　原書房　2016.2
①978-4-562-05250-9

◇チンギス・ハーンとその子孫―もうひとつのモンゴル通史　岡田英弘著　ビジネス社　2016.1　①978-4-8284-1859-9

◇チンギス・カンとその時代　白石典之編　勉誠出版　2015.9　①978-4-585-22127-2

◇中国おもしろ英傑伝　芝豪著　明治書院（学びやぶっく）　2009.5
①978-4-625-68417-3

◇チンギス・ハーン―大モンゴル "蒼き狼" の覇業　学習研究社　（歴史群像シリーズ）　2007.3　①978-4-05-604617-5

◇「世界の英雄」がよくわかる本―アレクサンドロス、ハンニバルからチンギス・ハーン、ナポレオンまで　寺沢精哲監修　PHP研究所　（PHP文庫）　2007.1
①978-4-569-66766-9

◇チンギス・ハン―その生涯、死、そして復活　ジョン・マン著，宇丹貴代実訳　東京書籍　2006.7　①4-487-80081-1
＊モンゴル族の起源、逃亡者テムジン、バルジュナの誓い、ハンの称号、イスラム世界・ヨーロッパへの大遠征、死と秘密の埋葬地、後継者たちほか、「世界史を作った英雄」の生涯と征服の過程をたどる綿密な評伝に、死後の神格化とその霊廟の変遷、謎とされる墓の探索紀行を加えた力作。

◇堺屋太一が解くチンギス・ハンの世界　堺屋太一著，講談社学芸局出版部編　講談社　2006.2　①4-06-212850-0
＊草原に生きた男はなぜ、世界帝国を築けたのか？　現地撮影の鮮やかな映像、理解しやすい解説、歴史を読み解く鋭い視点がぎっしり。

◇チンギス・カン―"蒼き狼"の実像　白石典之著　中央公論新社　（中公新書）　2006.1　①4-12-101828-1
＊一二〇六年、モンゴル高原の諸部族はチンギス・カンのもとに統一された。強力な騎馬軍団と豊富な鉄製武器を誇る「大モンゴル国」は、西夏や金、ホラズムなどの強国を攻略し、ユーラシアの東西にまたがる世界帝国へと成長した。だが、偉大な足跡を残したチンギス・カンの生涯は謎に満ちている。近年の発掘調査で得られた成果から何が見えてきたのか。モンゴルの大地を駆けめぐる考古学者が、「世界征服者」の実像に迫る。

◇内蒙華北 幻想紀行―真言密教僧たちのもう一つの戦い　真下亨著　鳥影社　1999.8　①4-88629-412-X
＊埋もれていた日中交流の秘話。散逸寸前の資料をひもとき中国大陸を奥深く旅する愉快な仲間たち。

◇射鵰英雄伝　1　砂漠の覇者ジンギスカーン　金庸著,岡崎由美監修,金海南訳　徳間書店　1999.7　①4-19-861037-1
＊雪の一夜が二人の義兄弟の運命を変えた。一人はモンゴルの大草原で戦場の勇者に、もう一人は金国の王室で育てられるが…。宋末元初の激動期を描く大河ロマン！武俠小説の金字塔、ついに登場。

◇文明の人口史―人類と環境との衝突、一万年史　湯浅赳男著　新評論　1999.4　①4-7948-0429-6
＊「人口爆発」という21世紀の重い課題に、人類は活路を見出せるか。その唯一の道、それは人類が自己抑制の文化を手にすることである。このことを知的に理解するには、文明史を統一的に学ぶことが必要となる。

◇中国歴代皇帝人物事典　岡崎由美,王敏監修　河出書房新社　1999.2　①4-309-22342-7
＊秦の始皇帝、前漢の劉邦、新の王莽、魏の曹丕、隋の煬帝、唐の李世民、元のフビライ、明の朱元璋、清の康熙帝など、中国歴代王朝の皇帝を紹介した人物事典。后妃・公主・宗室なども収録し、歴代宮都・陵墓も掲載。中国史重要人物索引付き。

◇戦争学　松村劭著　文芸春秋　（文春新書）　1998.12　①4-16-660019-2
＊冷戦は終わったものの、朝鮮半島の情勢を見ても分かるように、戦争の危機はすぐそこにある。在日米軍との共同作戦計画にも携わった自衛隊・元作戦幕僚の著者が、古代から核戦力の時代までの戦史をたどり、ジンギス・カーンやナポレオンなどの戦い方を始め様々な戦闘を検証して、戦争のメカニズムを明快に説いた、類書のない画期的な戦略戦術教本。経営戦略に、或いは人生の知嚢としても役立ちます。

◇ビジュアル博物館　73　ロシア　キャスリーン・バートン・ミューレル著,栗原成郎日本語版監修　同朋舎　1998.11　①4-8104-2529-0
＊ヨーロッパとアジアの2大陸にまたがる世界最大の国ロシア。宝石や木材、石油など、天然資源に富む魅力的な大地は、チンギス＝ハンからスターリンまで、いつの時代も、権力に飢えた野心家たちの標的となってきました。しかし、血なまぐさい過去とは裏腹に、ロシアは活力に満ちた文化をはぐくみつづけ、数え切れないほどの偉大な芸術家、文学者、科学者を生み出してきました。本書は、そんなロシアのすべてを、貴重なカラー写真をふんだんに使って紹介する一冊です。建国期から、きらびやかな帝政時代、波乱に満ちた革命期とソビエト時代を経て、今日に至るまでの歴史―独特の味わいをもつ美術品や伝統工芸―そして、そこに暮らす人々のユニークな風俗・習慣など、ロシアのもつさまざまな表情がこの一冊に詰め込まれています。

◇図説　モンゴル歴史紀行　松川節著　河出書房新社　1998.11　①4-309-72588-0
＊匈奴、テュルク、ウイグル、ジンギス・カン率いるモンゴル…アジアの中央に覇を競った遊牧民族興亡の跡をたどる。

◇チンギス・ハーン新聞　チンギス・ハーン新聞編纂委員会編　アスペクト　1997.12　①4-89366-900-1
＊人類史上最大最強の帝国『大モンゴル帝国』の240年あなたはチンギスの名を知っていても、ハーンの実像と世界帝国の真実をまだ知らない…。理想の上司NO.1、蒼き狼の帝王学を徹底解析。

◇チンギス・ハーンの一族　3　滄海への道　陳舜臣著　朝日新聞社　1997.10　①4-02-257126-8

◇チンギス・ハーンの一族　4　斜陽万里　陳舜臣著　朝日新聞社　1997.10　①4-02-257127-6

◇チンギス・ハーンの一族　2　中原を征く　陳舜臣著　朝日新聞社　1997.8　①4-02-257125-X

◇チンギス・ハーンの一族　1　草原の覇者　陳舜臣著　朝日新聞社　1997.5　①4-02-257124-1

◇世界人物逸話大事典　朝倉治彦,三浦一郎編　角川書店　1996.6　①4-04-031900-1
＊歴史上の人物の生き生きとした人間像

チンギス・ハン

を伝えるエピソードを多数紹介する事典。日本人によく知られた人物1883人を見出しに掲載。

◇チンギス・ハーン世界帝国の謎―草原と熱沙に賭けた二人の王者の野望と夢　川崎淳之助著　日本文芸社　1996.4　①4-537-02511-5
　＊獅子の力(腕力)と狐の力(知力)で世界最強の遊牧帝国を築いたチンギス・ハーンとチムール…大草原モンゴルと熱沙のシルクロードを支配した二大英雄の世界制覇への野望と戦略を探る。

◇世界の伝記　21　ジンギスカン　吉田比砂子著　ぎょうせい　1995.2　①4-324-04398-1

◇チンギス・ハーンの軌跡―モンゴル騎馬文化の光と影　ティム・セヴェリン著，松田忠徳訳　三五館　1994.12
　＊ユーラシア史観で超人たちの力の源泉を検証する，傑作探検ノンフィクション。一流の欧州人学者が，日本になかったチンギス・ハーン像を伝えてくれた。

◇チンギス・ハーン　岡田英弘著　朝日新聞社　(朝日文庫)　1994.1　①4-02-260794-7
　＊英雄チンギス・ハーンの人間像をモンゴル帝国成立期の歴史的背景と共に，専門家の立場から分かりやすく解説。遊牧帝国の交代からモンゴル民族の起源，アジア大陸を制覇した一族の戦略と隣国との関係，さらに現代に引きつがれる末裔たちの一大ドラマを，最新の研究と史料に基づいて展開する。

◇覇王チンギス・ハーン―長編歴史スペクタクル　下　志茂田景樹著　祥伝社　(Non novel)　1993.11　①4-396-20452-3

◇明鏡古事―中国人物列伝　古事は今を知る鏡　伴野朗著　経営書院　1993.11　①4-87913-470-8
　＊中国四千年の歴史に活躍する英雄たちの魅力的な人物像を描く。

◇チンギス・ハーンの伝説―モンゴル口承文芸　蓮見治雄著　角川書店　(角川選書)　1993.9　①4-04-703242-5
　＊モンゴル草原では馬頭琴の伴奏で長い歌がうたわれ，いまも夜を徹して英雄叙事詩が語られる。民話やことわざが伝承され，生活の基盤をなしている国モンゴル―。その遊牧民の文化と歴史に口承文芸の分野からアプローチを試み，モンゴル人の心と思考の型を探求する。

◇覇王チンギス・ハーン―長編歴史スペクタクル　中　志茂田景樹著　祥伝社　(Non novel)　1993.7　①4-396-20433-7

◇成吉思汗と西夏　松井武男著　〔松井武男〕　1993.4

◇覇王チンギス・ハーン―長編歴史スペクタクル　上　志茂田景樹著　祥伝社　(Non novel)　1993.1　①4-396-20417-5

◇チンギス・ハーン英雄伝　下　赤羽堯著　光文社　1992.12　①4-334-92216-3
　＊頂点に立った男がなすべきことは，何か。支配と平等への箴言。ローマ帝国より広大な，世界史上類をみない領土拡大に成功したチンギス・ハーン。"希望=帝国継承の巻"完結編刊行。

◇ジンギスカン　ラーフ・フォックス著，由良君美訳　筑摩書房　(ちくま文庫)　1992.10　①4-480-02656-8
　＊アレクサンダー大王のほかに並ぶもののない大モンゴル帝国を築きあげた巨人・ジンギスカン。この名は，時には世界史から抹殺され，またある時には夥しい逸話・伝説に埋もれ，と必ずしも正当に評価がなされてきたとは言えない。若くしてスペイン市民戦争に逝った著書がこの歴史のタブーに挑み，ジンギスカンの実像と大遊牧民帝国の運命に活き活きとした筆で迫った歴史的名著。歴史ロマン溢れる一冊。

◇チンギス・ハーン英雄伝　中　赤羽堯著　光文社　1992.10　①4-334-92214-7
　＊混乱の組織を"蒼き狼"はどう立てなおしたか。栄光を目前にする者への諫言。いまチンギス・ハーンの偉業が解明される―。彼は敵の大部族をどう撃破したか？　大モンゴル帝国創立までの"熱情=領土拡大の巻"刊行。長編歴史小説。

◇チンギス・ハーン英雄伝　上　赤羽堯著　光文社　1992.9　①4-334-92213-9
　＊父との死別，裏切り，結婚，同盟―。そ

して復讐のための殺戮。最強のモンゴル兵をつくる秘密を描く歴史大作"野望＝部族統一の巻"刊行.

◇ジンギスカン　小林高四郎著　岩波書店（岩波新書）　1992.7　①4-00-413051-4
＊13世紀、北アジアの草原が生み出した世界的英雄ジンギスカン。彼を生んだステップ的人間とは何か。いかにして遊牧民族が高度の文明をほこる定着民の国家を征服しえたのか。なぜ、この征服王朝の運命は短かかったのか。東西の根本資料にもとづき、社会経済史的な背景のうちに、多くの謎に満ちたジンギスカンの一生を描く.

◇大モンゴル　1　蒼き狼チンギス・ハーン　NHK取材班編　角川書店　1992.4　①4-04-522101-8
＊アジアとヨーロッパを結んだ空前絶後の世界国家「モンゴル帝国」―。チンギス・ハーンとモンゴル軍団が与えた衝撃から新たな世界史は始まった.

◇チンギス・ハーン―世界の征服王　レオ・デ・ハルトフ著，福島マルタ訳　心交社　1991.6　①4-88302-020-7
＊いかなる天運、いかなる叡智、いかなる資質によって、この13世紀のモンゴル王は空前絶後の大空間を征服することができたのか。本書は、当時のヨーロッパに想像を絶する衝撃と恐怖を与えた、世界史上の一大事件を的確に記述。くり返し強い感懐を与えつづける英雄譚である.

◇ジンギス汗の兵法―「統合の時代」を生き抜く知恵　陳再明著　ティビーエス・ブリタニカ　1990.7　①4-484-90205-2
＊「戦う国際派ビジネスマン」のための新・行動原理。「孫子」の理論と「ジンギス汗」の実践、いま、この二つの兵法を集大成して、ついに無敵の兵法学が生まれた.

▌**陳寿**　ちんじゅ
233～297　3世紀、中国、西晋の歴史家。「三国誌」の著者。字は承祚。巴西（四川省）の人.

◇三国志事典　渡邉義浩著　大修館書店　2017.6　①978-4-469-23278-3

◇三国志談義　安野光雅，半藤一利著　文芸春秋（文春文庫）　2015.1　①978-4-16-790284-1

◇三国志傑物伝　三好徹著　光文社（光文社文庫）　2008.6　①978-4-334-74438-0
＊烈士、忠臣、謀臣、智将―。人物の宝庫「三国志」の汲めども尽きぬ魅力は、英雄たちの偉業を支え、あるいは、その敵方にまわって、それを阻まんとした、彼ら脇役たちの人生に負うところが大きい。前著『三国志外伝』でファンを唸らせた著者が、再び放つ「詩心」あふれる三国志.

◇中国古代の歴史家たち―司馬遷・班固・范曄・陳寿の列伝訳注　福井重雅編　早稲田大学出版部　2006.3　①4-657-06309-X

◇中国人物列伝―第三講・歴史家と歴史書、第四講・日中交流史話　木田知生，檀上寛編　恒星出版（カルチャーフロンティアシリーズ）　2005.1　①4-907856-28-8

◇絵解き三国志―どこから読んでも面白い！　歴史の謎研究会編　青春出版社（青春文庫）　2004.12　①4-413-09306-2
＊登場人物の「相関図」や「合戦地図」でヒーローたちの歴史のドラマがまるわかり.

◇三国志の英傑たち　北方謙三著　日本放送出版協会（NHK人間講座）　2004.2　①4-14-189097-9

▌**陳水扁**　ちんすいへん
1951～　20世紀、台湾の政治家。台湾総統.

◇民進党三十年と蔡英文政権　浅野和生編著　展転社（日台関係研究会叢書）　2016.12　①978-4-88656-431-3
＊民進党結党から30年の苦難と栄光。戒厳体制下で台湾唯一の野党として結成された民進党は、国民党政府による弾圧と党内対立に耐え、ついに政権獲得という栄光を摑みとる.

◇台湾―メディア・政治・アイデンティティ　本多周爾著　春風社　2010.4　①978-4-86110-216-5

＊「統一か独立か」の間で揺れる政策とナショナル・アイデンティティ。独自の歴史と成り立ちをもつ台湾の新聞、テレビ、ラジオなどメディア事情と民主化後の変遷、政治とのかかわりを分析。

◇ポスト民主化期の台湾政治―陳水扁政権の8年　若林正丈編　アジア経済研究所（研究双書）　2010.1
①978-4-258-04582-2

◇馬英九と陳水扁―台湾の動向2003～2009.3　中川昌郎著　明徳出版社　2010.1
①978-4-89619-721-1
＊日本にとって、台湾は重要かつ微妙な存在である。台湾の政治・社会・経済を研究してきた著者が、最近六年間余り、台湾の動向研究をまとめた本書は、台湾の実像を知り、明日の台湾を展望する上での好資料。

◇台湾之子　陳水扁著、及川朋子ほか訳　毎日新聞社　2000.5　①4-620-31446-3

◇陳水扁の時代―台湾・民進党、誕生から政権獲得まで　丸山勝著　藤原書店　2000.4　①4-89434-173-5
＊李登輝時代の終わりを宣告した陳水扁とは何者か？　長年にわたりジャーナリストとして中国‐台湾情勢に注目し、民進党の動向に関心を寄せてきた著者が、国民党による弾圧の時代から陳水扁の総統当選に至る台湾民主化の軌跡をつぶさに描き、今後の台湾情勢の展望を示す。陳水扁への単独インタビュー収録。

▌陳独秀　ちんどくしゅう
1879～1942　19・20世紀、中国、近代の思想家、政治家。安徽省懐寧の人。字、仲甫。号、実庵。辛亥革命後、1915年上海で雑誌「新青年」を発刊。21年中国共産党初代委員長となったが、29年に除名。主著「独秀文存」（33、2巻）。

◇孫文と陳独秀―現代中国への二つの道　横山宏章著　平凡社　（平凡社新書）　2017.2　①978-4-582-85837-2

◇陳独秀―反骨の志士、近代中国の先導者　長堀祐造著　山川出版社　（世界史リブレット人）　2015.10

①978-4-634-35090-8

◇中国トロツキスト全史　唐宝林著, 鈴木博訳　論創社　2012.4
①978-4-8460-1127-7
＊1927年の中国トロツキー派の誕生から、52年に一斉逮捕されるまで、25年間にわたる苦難に満ちた闘争の歴史を、陳独秀らの活動を軸にして大量の第一次資料を基に生き生きと描き出す。

◇中国革命の真実―過渡期への手付　くどうひろし著　柘植書房新社　2011.10
①978-4-8068-0622-6
＊労働者を搾取、植民地を収奪することで生み出される巨万の富、資本の支配は、否定されるべき対象となった。資本家はそのように目覚めた人々を忌み嫌い、弾圧、敵視した。ロシア一〇月革命が世界中の資本家を震え上がらせ、中国革命はそれに追い打ちをかけた。それだけに資本の支配を拡大したい帝国主義国が、ソ連、中国を経済、軍事の両面で封鎖、締め上げた。スターリン独裁と粛正、毛沢東の文化大革命のような悲劇は、帝国主義との相関で起こった。ロシア革命と中国革命は、世界を二度びっくりさせ、帝国主義の矛盾を打破する端緒を切り開いたが、襲いかかってくる帝国主義の侵略に深傷を負い、害毒を防ぎ切れなかった。

◇中国共産党を作った13人　譚璐美著　新潮社　（新潮新書）　2010.4
①978-4-10-610359-9

◇福沢諭吉と陳独秀―東アジア近代科学啓蒙思想の黎明　周程著　東京大学出版会　2010.3　①978-4-13-016030-8
＊日本と中国において近代科学に焦点をあてた啓蒙思想はどのように形成されたのか。明治日本の最大級の啓蒙主義者である福沢諭吉に、中国新文化運動の総司令にして根元的な民主主義思想家であった陳独秀を対置し、両国の科学思想発展の相違を明らかにする。併せて、日中の「科学」の語源についての新知見を提示。

◇陳独秀の時代―「個性の解放」をめざして　横山宏章著　慶応義塾大学出版会

2009.9　①978-4-7664-1635-0

【つ】

ツヴィングリ
Zwingli, Huldreich Ulrich
1484～1531　15・16世紀、スイスの宗教改革指導者、チューリヒ教会司祭。チューリヒ市および教会の新教化を行う。
◇旅する教会―再洗礼派と宗教改革　永本哲也，猪刈由紀，早川朝子，山本大丙編　新教出版社　2017.2　①978-4-400-22725-0
◇世界人物逸話大事典　朝倉治彦，三浦一郎編　角川書店　1996.6　①4-04-031900-1
＊歴史上の人物の生き生きとした人間像を伝えるエピソードを多数紹介する事典。日本人によく知られた人物1883人を見出しに掲載。

ツォンカパ　Tsoṅ-Kha-pa
1357～1419　14・15世紀、チベット黄帽派（ゲルクパ派）ラマ教の開祖。漢字名は宗喀巴。
◇ツォンカパ 菩提道次第大論の研究　3　ツルティム・ケサン，藤仲孝司訳著　UNIO，星雲社〔発売〕　2017.10　①978-4-434-23618-1
＊自己の後生を考える「小士の道次第」、解説を求める「中士の道次第」を説いた第1巻、利他のために最高の正覚を求める「大士の道次第」を説いた第2巻に続く、それを締めくくる観（ヴィパシャナー）を説いた章。主題は、縁起と空性と中道。インド大乗仏教のナーガールジュナ（龍樹）、チャンドラキールティ（月称）の示す深遠な空性を、論理学的方法により解明した未曾有の探求。
◇チベット仏教発展史略　王森著，田中公明監訳，三好祥子訳　科学出版社東京，国書刊行会〔発売〕　2016.5　①978-4-336-05969-7
＊チベット研究第一人者の手による、チベット仏教史解説の決定版！ 吐蕃末期からサキャ政権成立まで、400年に及ぶ分裂期を中心に、チベット族に関する鋭い分析を交えながらチベット仏教の発展史を系統立てて解説。また、きわめて独創的な「チベット十三万戸」に関する論考や、チベット仏教最大宗派ゲルク派の始祖ツォンカパ研究の代表的論文『ツォンカパ伝論』『ツォンカパ年譜』も収載。チベット学を志すものにとっての必携書である。
◇聖ツォンカパ伝　石浜裕美子，福田洋一著　大東出版社　2008.2　①978-4-500-00726-4
＊ダライラマの奉じる仏教哲学を創始した聖ツォンカパの伝記。その生涯は今もチベットの僧侶たちの手本であり、彼の創始した祭りは僧院の年中行事である。ツォンカパ伝は無数に存在するものの、本書は最古層に属し、後に現れるツォンカパ伝の基礎となった四つの伝記をとりあげた。

ツルゲーネフ
Turgenev, Ivan Sergeevich
⇒トゥルゲーネフ

【て】

ディアス　Díaz, Porfirio
1830～1915　19・20世紀、メキシコの軍人、独裁者、大統領（1877～80、84～1911）。76年クーデターで権力を握る。メキシコ革命により追放。
◇世界伝記大事典　世界編 1～12　編集代表：桑原武夫　ほるぷ出版　1980.12～1981.6

ディアス，バルトロメウ
Dias, Bartholomeu
1450頃～1500　バルトロメウ・ディアスとも。15世紀、ポルトガルの航海者。

教科書に載った世界史人物800人　**339**

1487年喜望峰を発見。
◇図説 歴史を変えた大航海の世界地図　歴史の謎研究会編　青春出版社　2007.9
①978-4-413-00909-6
◇哲学者・ソフィスト列伝　ピロストラトス，エウナピオス著，戸塚七郎，金子佳司訳　京都大学学術出版会　（西洋古典叢書）　2001.11　①4-87698-131-0

ティエール　Thiers, Louis Adolphe
1797～1877　18・19世紀、フランスの政治家、歴史家。七日革命を推進。
◇60戯画―世紀末パリ人物図鑑　鹿島茂著　中央公論新社　（中公文庫）　2005.10
①4-12-204598-3

ディオクレティアヌス帝
Diocletianus, Gaius Aurelius Valerius
245頃～313頃　3・4世紀、ローマ皇帝（在位284～305）。最後のキリスト教大迫害を行う。
◇ローマ帝国人物列伝　本村凌二著　祥伝社　（祥伝社新書）　2016.5
①978-4-396-11463-3
◇戦後復興首脳列伝―祖国を廃墟から甦らせた真の盟主たち　麓直浩著　社会評論社　2013.9　①978-4-7845-1116-7
◇ディオクレティアヌスと四帝統治　ベルナール・レミィ著，大清水裕訳　白水社　（文庫クセジュ）　2010.7
①978-4-560-50948-7
＊紀元後三世紀、ローマ帝国は危機的状況にあった。その帝国を立て直し、さらに数百年間存続させることを可能にしたディオクレティアヌスによる改革事業と、四帝統治体制の成立から結末までを解説する。近年の研究に基づいて、明晰で現実的な政治家としての手腕にせまる。
◇ローマ人の物語 35 最後の努力 上　塩野七生著　新潮社　（新潮文庫）　2009.9
①978-4-10-118185-1
＊ローマの再建に立ち上がったディオクレティアヌス帝は紀元293年、帝国を東西に分け、それぞれに正帝と副帝を置いて統治するシステム「四頭政」（テトラルキア）を導入した。これによって北方蛮族と東の大国ペルシアの侵入を退けることに成功。しかし、膨れ上がった軍事費をまかなうための新税制は、官僚機構を肥大化させただけだった。帝国改造の努力もむなしく、ローマはもはや、かつての「ローマ」ではなくなっていく―。

ディケンズ
Dickens, Charles John Huffam
1812～1870　19世紀、イギリスの小説家。ビクトリア朝を代表する作家。ユーモアとペーソスのある文体で知られる。作品に「オリバー・ツイスト」「クリスマス・キャロル」など。
◇チャールズ・ディケンズ　アンドルー・サンダーズ著，田村真奈美訳　彩流社　（時代のなかの作家たち）　2015.5
①978-4-7791-1704-6
◇偉人は死ぬのも楽じゃない　ジョージア・ブラッグ著，梶山あゆみ訳　河出書房新社　2014.3　①978-4-309-25298-8
＊ベートーヴェンは、体液を抜かれ、蒸し風呂に入れられて死んでいった!?ツタンカーメンからアインシュタインまで、医学が未発達な時代に、世界の偉人たちはどんな最期を遂げたのか？驚きいっぱいの異色偉人伝！
◇チャールズ・ディケンズ伝　クレア・トマリン著，高儀進訳　白水社　2014.2
①978-4-560-08344-4
＊文豪の素顔と永遠の名作の舞台裏とは？創作秘話や朗読巡業から、愛人問題や慈善活動まで、英国最大の国民的作家の生涯を鮮やかに再現する。受賞多数の伝記作家による傑作評伝！口絵・地図・図版多数収録。
◇ディケンズとアメリカ―19世紀アメリカ事情　川澄英男著　彩流社　2013.10
①978-4-7791-9030-8
＊人気作家ディケンズを迎えた若きアメリカ・新生共和国に何かを求めるディケンズ―。そして、次第に明らかにさ

◇大作家"ろくでなし"列伝―名作99篇で読む大人の痛みと歓び　福田和也著　ワニ・プラス，ワニブックス〔発売〕　（ワニブックスPLUS新書）　2009.10　ⓣ978-4-8470-6004-5

◇ディケンズ鑑賞大事典　西条隆雄，植木研介，原英一，佐々木徹，松岡光治編著　南雲堂　2007.5　ⓣ978-4-523-31045-7

◇図説 チャールズ・ディケンズ　エリザベス・ジェイムズ著，高橋裕子訳　ミュージアム図書　（大英図書館シリーズ作家の生涯）　2006.12　ⓣ4-944113-60-9

◇世界でいちばん面白い英米文学講義―巨匠たちの知られざる人生　エリオット・エンゲル著，藤岡啓介訳　草思社　2006.9　ⓣ4-7942-1526-6

◇60戯画―世紀末パリ人物図鑑　鹿島茂著　中央公論新社　（中公文庫）　2005.10　ⓣ4-12-204598-3

◇ディケンズの遺産―人間と作品の全体像　マイケル・スレイター著，佐々木徹訳　原書房　2005.3　ⓣ4-562-03880-2
＊小説、書簡、ジャーナリズム、スピーチなどの膨大な著作そして幅広く活発な社会活動を行なったディケンズの全体像を平明な文章によってコンパクトな形で提示するという至難の技を成し遂げたディケンズ研究の第一人者による快挙。

◇ディケンズの毛皮のコート・シャーロットの片思いの手紙　ダニエル・プール著，片岡信訳　青土社　1999.3　ⓣ4-7917-5705-X
＊「大いなるバビロン」とシャーロット・ブロンテが驚愕した19世紀ロンドン。新しいメディア「小説」が売れっ子作家たちを翻弄する。熱狂的なファンに毛皮のコートを切り取られたディケンズ、悲恋にくれるシャーロット・ブロンテ―。英国ヴィクトリア朝の華麗にして暗黒の側面から綴る小説出版秘話。

◇ディケンズとアメリカ―19世紀アメリカ事情　川澄英男著　彩流社　1998.11　ⓣ4-88202-492-6
＊人気作家ディケンズを迎えた若きアメリカ、新生共和国に何かを求めるディケンズ―。そして、次第に明らかにされるディケンズ自身の姿。

◇みなし児の遍歴―ディケンズとヴィクトリア朝小説　富士川和男著　桐原書店　1998.4　ⓣ4-342-87111-4

◇英国の著名小説家十人　ヴァレリー・グロウヴナー・マイヤー著　開文社出版　1996.9　ⓣ4-87571-933-7

◇世界人物逸話大事典　朝倉治彦，三浦一郎編　角川書店　1996.6　ⓣ4-04-031900-1
＊歴史上の人物の生き生きとした人間像を伝えるエピソードを多数紹介する事典。日本人によく知られた人物1883人を見出しに掲載。

◇チャールズ・ディケンズ―生涯と作品　三ツ星堅三著　創元社　1995.10　ⓣ4-422-81035-9

◇鯨の腹のなかで―オーウェル評論集 3　ジョージ・オーウェル著，川端康雄編，小野寺健，川端康雄，河野徹，鶴見俊輔，横山貞子訳　平凡社　（平凡社ライブラリー）　1995.7　ⓣ4-582-76107-0
＊鯨の腹のなかの作家ヘンリー・ミラー、真昼の暗黒のなかのケストラー、「人間らしさ」を護るディケンズ、「人間らしさ」を呪うスウィフト、「すぐれた通俗詩人」キプリング―代表的な作家論5篇を収録。

◇教育者ディケンズ　J.L.ヒューズ著，藤村公輝訳　青山社　（立命館大学経営学部研究叢書）　1994.10　ⓣ4-915865-35-5

◇ディケンズ小事典　松村昌家編　研究社出版　（小事典シリーズ）　1994.1　ⓣ4-327-37403-2

◇チャールズ・ディケンズ　小池滋著　沖積舎　（ちゅうせき叢書）　1993.10　ⓣ4-8060-7520-5
＊19世紀イギリスの大文豪を従来ない方法で著者独特の見方による時代の産物・鉄道などに依拠して論ずるディケンズ論。

◇ヴィクトリア朝挿絵画家列伝―ディケンズと『パンチ』誌の周辺　谷田博幸著　図書出版社　（ビブリオフィル叢書）　1993.5　ⓣ4-8099-0509-8

ディズレーリ

*クルックシャンク、ジョン・リーチといったヴィクトリア朝期に活躍した挿絵画家の中より、特に興味深い人物をとりあげ、彼らにまつわる数々のエピソードを披露する。

◇アンデルセンとディケンズ―ディケンズ訪問時の日記の復元と相互に交した手紙・記録の公開！　エリアス・ブレスドルフ著、渡辺省三訳　研究社出版　1992.6
①4-327-48110-6
　*あなたはご存じでしたか？　お互いにその文学を賞讃し合い、のちのちも影響し合うことになる、小説と童話で世界的な評価を得る二大作家の若き日の出会いと別れ。

◇G・K・チェスタトン著作集　評伝篇 2巻　チャールズ・ディケンズ　G.K.チェスタトン著　P.ミルワード編集・解題、小池滋訳、金山亮太訳　春秋社　1992.4
①4-393-41223-0

ディズレーリ
Disraeli, Benjamin, 1st Earl of Beaconsfield
1804〜1881　19世紀、イギリスの政治家。ダービー内閣の蔵相。

◇世界ナンバー2列伝―史上最強補佐役・宰相・顧問・右腕・番頭・黒幕・参謀　山田昌弘著　社会評論社　2013.11
①978-4-7845-1117-4
　*サブリーダー武勇伝！　序列2位ヒーロー大全！　国の主を祭り上げ、実権を握って、進むべき国の針路を切り開いた、歴史のもう一人の主人公達。国家元首じゃないのに国を導いた、歴史の名脇役達76人。

◇大英帝国の異端児たち　越智道雄著　日本経済新聞出版社　（日経プレミアシリーズ）　2009.9　①978-4-532-26056-9

◇ダンディズムの系譜―男が憧れた男たち　中野香織著　新潮社　（新潮選書）　2009.2　①978-4-10-603630-9
　*顰蹙を買う反逆の徒が、なぜ「男の理想」となったのか？　華麗な装い、大胆な立ち居振る舞い、事に臨む態度で、氏素性に関係なく周囲をひれ伏させる男がいた。「ナポレオン（英雄）になるよりも、ブランメル（ダンディの祖）になりたい」と詩人バイロンにいわしめた、絶対的な魅力の正体とは？　時代ごとのカリスマ、理想の男たちのまばゆい系譜と「愛され力」を、気鋭のファッションジャーナリストが徹底解剖する。

◇イギリス近代史を彩る人びと　松浦高嶺著　刀水書房　（人間科学叢書）　2002.3
①4-88708-269-X

◇ナポレオンと女達　田辺明雄著　沖積舎　2000.7　①4-8060-4068-1

◇ディズレイリ　ロバート・ブレイク著、谷福丸訳　大蔵省印刷局　1993.12
①4-17-282000-X

鄭成功　ていせいこう
1624〜1662　17世紀、中国、明末清初の人。明朝復興運動の中心人物。父は鄭芝龍、母は平戸の田川七左衛門の娘。国姓爺。

◇鄭成功―南海を支配した一族　奈良修一著　山川出版社　（世界史リブレット人）　2016.8　①978-4-634-35042-7

◇秘話鄭成功異聞　斉藤孝治著　いなほ書房　2013.6　①978-4-434-18090-3
　*明末、亡国の危機に際し忠と義に殉じ、疾風のように生きた国姓爺鄭成功。だが何故かその出自と生涯は不透明で謎に満ちている。36年余の記者経験を持つ著者が7年もの歳月をかけ、中原の固始に始まり、北はロシア国境に近い牡丹江、東は舟山群島の島々、南は中国大陸に面した台湾の南澳、水上、西は福建の安海、南安に至るまで綿密な調査を重ね、今、解き明かす真実の数々。150点に及ぶ未公開の史資料（写真、文書）も圧巻。

◇東天紅の龍―鄭成功評伝　チャップリンの息子―台湾内地人の一視点　短編集　他二編　内藤史朗著、内藤史朗著　榕樹会事務局　2010.8

◇龍王の海―国姓爺・鄭成功　河村哲夫著　海鳥社　2010.3　①978-4-87415-766-4
　*大航海時代の国際貿易港・平戸で中国人海商と日本人女性の間に生まれた鄭成

功。明の滅亡、西欧列強の進出、日本の鎖国化という激動の東アジアを舞台に、彼はいかに戦い、いかに生きたのか―。

◇中国名将列伝―起死回生の一策　来村多加史著　学習研究社　（学研新書）2008.5　Ⓘ978-4-05-403477-8

◇悲劇の名将たち　柘植久慶著　中央公論新社　2005.9　Ⓘ4-12-003665-0

◇怒濤のごとく　上　白石一郎著　文芸春秋（文春文庫）2001.12　Ⓘ4-16-737021-2

◇怒濤のごとく　下　白石一郎著　文芸春秋（文春文庫）2001.12　Ⓘ4-16-737022-0

◇朱帆―鄭成功青雲録　高橋和島著　小学館　（小学館文庫　時代・歴史傑作シリーズ）1999.10　Ⓘ4-09-403651-2
＊興明滅清！　快男児、大活躍！　物語は近松門左衛門の『国姓爺合戦』で有名な鄭成功の若き日を描いたもの。主人公の自己形成小説的側面と、痛快極まりない活劇小説とが一体となった躍動感あふれる展開が、魅力となっている。

◇怒帆―鄭成功疾風録　高橋和島著　小学館　（小学館文庫　時代・歴史傑作シリーズ）1999.10　Ⓘ4-09-403652-0
＊転戦、大陸から台湾へ。外人部隊はサムライ！

◇鄭成功―旋風に告げよ　上巻　陳舜臣著　中央公論新社　（中公文庫）1999.6　Ⓘ4-12-203436-1
＊国姓爺鄭成功、幼名福松は、東アジアの海の実力者を父として、日本人田川氏の娘を母として、平戸に生まれた。七歳のとき福建泉州へと渡り、父のもとで成長、やがて南京の太学に学ぶ。折りしも李自成軍に首都北京を占領された明朝は滅亡、山海関を越えた満洲鉄騎軍は中国大陸制圧に向けて怒濤の南進を開始した。唐王隆武帝を奉じ、父とともに反清勢力を率いることになった若き英雄の運命は。

◇鄭成功―旋風に告げよ　下巻　陳舜臣著　中央公論新社　（中公文庫）1999.6　Ⓘ4-12-203437-X
＊父芝竜は形勢の不利を悟り、清朝の招撫を受けて投降するが、鄭成功はなおも"抗清復明"の志を曲げない。東南沿岸部を拠点に、日本や南海諸地域との貿易活動によって得た潤沢な資金を財政基盤として、強力な水軍を統率、長江をさかのぼり南京を攻囲する。幾たびの悲運、敗戦にも屈することなく、のちに台湾からオランダ勢力を駆逐した鄭成功の感動的な生涯を、東アジアの海を舞台に描く歴史長篇。

◇紫禁城史話―中国皇帝政治の檜舞台　寺田隆信著　中央公論新社　（中公新書）1999.3　Ⓘ4-12-101469-3
＊北京の紫禁城は明朝第三代の成祖永楽帝の命で、1407年に着工され20年に完成した。翌年、成祖は北京に遷都し、一九一二年二月に清最後の宣統帝が退位するまで、紫禁城は明清両王朝を通じて24人の皇帝が居住し、500年にわたり政治の檜舞台であった。この一群の建物は皇帝の住居であると共に、その絶対的権威を内外に誇示するための政治的建造物でもある。紫禁城での皇帝たちの動静に注目しつつ明清両王朝の歴史を描く。

◇怒濤のごとく　上　白石一郎著　毎日新聞社　1998.12　Ⓘ4-620-10595-3

◇怒濤のごとく　下　白石一郎著　毎日新聞社　1998.12　Ⓘ4-620-10596-1

◇南海の風雲児・鄭成功　伴野朗著　講談社　（講談社文庫）1994.9　Ⓘ4-06-185831-9

◇明鏡古事―中国人物列伝　古事は今を知る鏡　伴野朗著　経営書院　1993.11　Ⓘ4-87913-470-8
＊中国四千年の歴史に活躍する英雄たちの魅力的な人物像を描く。

◇南海の風雲児・鄭成功　伴野朗著　講談社　1991.8　Ⓘ4-06-205448-5
＊抗清復明の旗印を高々と掲げ孤軍奮闘した日中混血の武将。台湾をオランダ勢力から解放した「国民英雄」…。海に生きた一代の風雲児・鄭成功の生涯を日中双方の視点から総合的に描く力作評伝。

ディーゼル　Diesel, Rudolf
1858～1913　19・20世紀、ドイツの機械

技術者。ディーゼル機関の発明者。

◇ほかほかのパン—物理学者のいた街　2　太田浩一著　東京大学出版会　2008.10　①978-4-13-063603-2

◇大発明への発想と執念—竹内均　知と感銘の世界　竹内均編　ニュートンプレス　2002.12　①4-315-51657-0

◇ディーゼルエンジンはいかにして生み出されたか　ルドルフ・ディーゼル著，山岡茂樹訳　山海堂　1993.8　①4-381-10054-9
＊本書は、ルドルフ・ディーゼルの遺著であり、ディーゼルエンジンに関するアイデアの生成、発明の過程、特にその生みの苦しみについてつづられた唯一の、そしてあらゆる技術領域、発明事例を通じてたぐいまれなレポートである。

▌ティトー　Tito

1892〜1980　チトーとも。20世紀、ユーゴスラビアの政治家。本名はヨシップ・ブロズ。第2次世界大戦でドイツ軍に抵抗するパルチザンを組織。戦後にユーゴスラビア首相、のち大統領。労働者の自主管理を中心とする独自の社会主義を樹立。非同盟主義路線を保った。

◇増補 共産主義の系譜　新版　猪木正道著　KADOKAWA　（角川ソフィア文庫）　2018.9　①978-4-04-400411-8
＊「本書は非マルキストによる現実態としてのマルクス思想史＝共産主義史の金字塔著作である」（解説より）。マルクス、レーニン、スターリンからチトー、毛沢東に至るまで、共産主義の思想と運動の歴史を一貫した視点で平易に読み解き、画期的な批判的研究書として多くの識者が支持した名著。

◇独裁者たちの最期の日々　下　ディアンヌ・デュクレ，エマニュエル・エシュト編者，清水珠代訳　原書房　2017.3　①978-4-562-05378-0

◇独裁者の妻たち　アンティエ・ヴィントガッセン著，渡辺一男訳　阪急コミュニケーションズ　2003.11　①4-484-03109-4

◇チトーと語る　髙橋正雄著　恒文社　1982.2　①4-7704-0479-4

▌ディドロ　Diderot, Denis

1713〜1784　18世紀、フランスの哲学者、文学者。「百科全書」の編集者。芸術論にも業績を残す。

◇百科全書の時空—典拠・生成・転位　逸見龍生，小関武史編　法政大学出版局　2018.3　①978-4-588-15091-3
＊近代思想史上の記念碑たるディドロとダランベールたちの『百科全書』は、厳しい検閲や弾圧のなかでいかにして執筆・編集・出版されたのか。先行するさまざまな辞典や著作からの借用・書き換え、翻訳や改訂を通じて各項目テクストが成立してきた詳細な内情を解明し、18世紀的な知の地図そのものを再構成する試み。日仏の啓蒙研究を代表する執筆陣による共同研究の成果！

◇ディドロ自然と芸術　冨田和男著　鳥影社　2016.4　①978-4-86265-555-4

◇ドニ・ディドロ、哲学者と政治—自由な主体をいかに生み出すか　ジャンルイジ・ゴッジ著，王寺賢太監訳・解題，逸見龍生，福田真希，川村文重訳　勁草書房　2015.11　①978-4-326-15436-4

◇ディドロ、18世紀のヨーロッパと日本　中川久定編　岩波書店　1991.4　①4-00-002701-8

▌ティムール　Tīmūr

1336〜1405　チムールとも。14・15世紀、ティムール帝国の創建者。漢字名は帖木児。1370年に王となり、大遠征ののち、中央アジアのほぼ全域に及ぶ大国を建設。

◇本当は偉くない？　世界の歴史人物—世界史に影響を与えた68人の通信簿　八幡和郎著　ソフトバンククリエイティブ　（ソフトバンク新書）　2013.8　①978-4-7973-7448-3
＊古代から現代に至るまで、よく知られた帝王や政治家を68人選び、それぞれが世界史の中で果たした役割を、「偉人度」と「重要度」の2つの側面から10点満点で評価。世界史において偉人とされている人物たちの実像に迫る。

◇チムール—シルクロードの王者　川崎淳

之助著　朝日新聞社　（朝日選書）
2003.6　⓵4-925219-54-5

◇草原の彗星チムール　森下研著　新潮社
1992.2　⓵4-10-365302-7
＊後に第2のチンギス汗と称されたチムールは、モンゴルのバルラス部族長タラガイの息子として1336年に生まれた。15歳でサマルカンドでカズガンの親衛隊に入って以来、頭角を表わし、チャガタイ汗国の混乱に乗じて70年には事実上の君主となり、中央アジアのほぼ全域を制覇した。彼のすさまじい進攻はアッラーの神の加護によるものか？　歴史上謎の多い人物の全貌が今、ここに甦える。

▎ティラク　Tilak, Bāl Gangādhar
1856〜1920　19・20世紀、インド民族運動の指導者。急進的活動で国民会議派と対立し、1916年インド自治連盟を結成。

◇世界伝記大事典　世界編 1〜12　編集代表：桑原武夫　ほるぷ出版
1980.12〜1981.6

▎鄭和　ていわ
1371〜1434頃　14・15世紀、中国、明の宦官、武将。南海遠征の総指揮官。イスラム教徒。通商貿易に貢献。三保太監、三宝太監。

◇世界航海史上の先駆者 鄭和　寺田隆信著　清水書院　（新・人と歴史拡大版）
2017.8　⓵978-4-389-44121-0

◇96人の人物で知る中国の歴史　ヴィクター・H・メア，サンピン・チェン，フランシス・ウッド著，大間知知子訳　原書房
2017.3　⓵978-4-562-05376-6

◇歴史感動物語　12　世界史 2　学研教育出版　2015.2　⓵978-4-05-501137-2，978-4-05-811338-7

◇再見 鄭和の西方大航海—偉大な中国艦隊司令官海のシルクロードを行く　マイケル・ヤマシタ，ジアンニ・グアダルーピ著，花田知恵訳　日経ナショナルジオグラフィック社　（National Geographic）
2008.6　⓵978-4-86313-031-9

◇1421—中国が新大陸を発見した年　ギャヴィン・メンジーズ著，松本剛史訳　ヴィレッジブックス　（ヴィレッジブックス）
2007.12　⓵978-4-86332-930-0

◇中国が海を支配したとき—鄭和とその時代　ルイーズ・リヴァシーズ著，君野隆久訳　新書館　（Shinshokan history book series）　1996.5　⓵4-403-24039-9

◇大航海時代の風雲児たち　飯島幸人著　成山堂書店　1995.5　⓵4-425-94521-2

◇中国傑物伝　陳舜臣著　中央公論社
1991.10　⓵4-12-002057-6
＊越王句踐の名参謀から陶の大商人に転身した范蠡、詩才にあふれる「三国志」の英雄・曹操、宦官にして大航海の偉業を成し遂げた明の鄭和など、傑物16人の破天荒な人生。

▎テオドシウス帝
　Theodosius Ⅰ, Flavius
347〜395　テオドシウス1世とも。4世紀、ローマ皇帝（在位379〜395）。死に際し、帝国を2子に2分。

◇世界人物逸話大事典　朝倉治彦，三浦一郎編　角川書店　1996.6　⓵4-04-031900-1
＊歴史上の人物の生き生きとした人間像を伝えるエピソードを多数紹介する事典。日本人によく知られた人物1883人を見出しに掲載。

▎テオドラ　Theodora
500頃〜548　テオドラ皇后とも。6世紀、東ローマ皇帝ユスチニアヌス1世の皇后。有能な政治手腕で、皇帝の政策に影響を与えた。

◇ビザンツ皇妃列伝—憧れの都に咲いた花　井上浩一著　白水社　（白水uブックス）
2009.12　⓵978-4-560-72109-4

◇最後のローマ皇帝—大帝ユスティニアヌスと皇妃テオドラ　野中恵子著　作品社
2006.11　⓵4-86182-100-2
＊4世期末、ローマ帝国が再び東西に分かれたあと、ゲルマン民族の中に取り残された西の都ラヴェンナから、ローマの灯は消えてしまった。だが、帝国は

東の都コンスタンティノポリスで命脈を保ち、ゆるぎない繁栄を築いていた。本書は、6世紀、その威信にかけて西方世界を取り戻し、「我らの海」にまたがる古の栄華を蘇らせた大帝ユスティニアヌス1世とその皇妃にして共治帝テオドラの、愛と野望の物語である。

◇世界女性人名事典—歴史の中の女性たち
世界女性人名事典編集委員会編　日外アソシエーツ，紀伊国屋書店〔発売〕
2004.10　①4-8169-1800-0

◇ローマ帝国衰亡史—ユスティニアヌスとビザンティン帝国　6　第39・44章　エドワード・ギボン著，朱牟田夏雄，中野好之訳　筑摩書房　（ちくま学芸文庫）
1996.5　①4-480-08266-2
＊ヨーロッパ古代世界に最大の版図をもち、多年隆盛を誇ったローマ帝国はなぜ滅びたのか。この「消えることのない、永遠の問い」に対する不朽の解答—18世紀イギリスの歴史家E・ギボンの名筆になる大歴史書の完訳。西ローマ帝国滅亡後、舞台はコンスタンティノポリスを首都とする東ローマ帝国に移る。この帝国の中興の祖とうたわれるユスティニアヌス帝と皇妃テオドラ、勇将ベリサリウスの時代を跡づけ、現代法律学にも影響を及ぼすローマ法とユスティニアヌス法典を語る。

◇ビザンツ皇妃列伝—憧れの都に咲いた花
井上浩一著　筑摩書房　1996.3
①4-480-85731-1
＊王室に嫁いだ女性たちの様々な運命。1,000年の歴史をもつビザンツ帝国の都、コンスタンティノープル。オリエントの香りただよい、黄金きらめく文化の中、宮殿の奥では何が起きていたのか。皇妃たちの生涯が、帝国史の大きな流れのなかにくっきりと浮かび上がる。

◇世にも奇怪な人物—恐怖のどん底に陥れた世界史人間録　青木日出夫著　雄鶏社（ON SELECT）　1995.8
①4-277-88103-3
＊魔術に取り憑かれた戦慄のオカルティスト、神の啓示を振り回す恐怖のカルト教祖、大量殺戮の兵器発明に血道を上げた天才科学者…。古代ローマの昔より、歴史の中に現れては消える、悪と妖気に満ちた不気味な人物。彼らは、いったい誰に選ばれた人間なのか。

▌テオドリック大王　Theodoric
455頃～526　5・6世紀、東ゴート国王（在位471～526）。全イタリアを支配し、ラベンナに東ゴート王国の都をおいた。

◇世界伝記大事典　世界編　1～12　編集代表：桑原武夫　ほるぷ出版
1980.12～1981.6

▌デカルト　Descartes, René
1596～1650　16・17世紀、フランスの哲学者。幾何学的方法による万学統一をめざす。

◇デカルト　ロランス・ドヴィレール著，津崎良典訳　白水社　（文庫クセジュ）
2018.9　①978-4-560-51022-3

◇デカルト全書簡集　第4巻　1640-1641
デカルト著　大西克智，津崎良典，三浦伸夫，武田裕紀，中沢聡，石田隆太，鈴木泉訳　知泉書館　2016.2
①978-4-86285-227-4

◇デカルト全書簡集　第8巻　1648-1655
デカルト著　安藤正人，山田弘明，吉田健太郎，クレール・フォヴェルグ訳　知泉書館　2016.2　①978-4-86285-226-7

◇デカルトと西洋近世の哲学者たち　山田弘明著　知泉書館　2016.1
①978-4-86285-224-3

◇デカルト全書簡集　第6巻　1643-1646
デカルト著，倉田隆，山田弘明，久保田進一，クレール・フォヴェルグ訳　知泉書館
2015.12　①978-4-86285-223-6

◇デカルト全書簡集　第3巻　1638-1639
デカルト著，武田裕紀，香川知晶，安西なつめ，小沢明也，曽我千亜紀，野々村梓，東慎一郎，三浦伸夫，山上浩嗣，クレール・フォヴェルグ訳　知泉書館　2015.2
①978-4-86285-204-5

◇デカルト全書簡集　第7巻　1646-1647
デカルト著，岩佐宣明，山田弘明，小沢明也，曽我千亜紀，野々村梓，武藤整司，長

谷川暁人　クレール・フォヴェルグ訳　知泉書館　2015.1　①978-4-86285-203-8
◇デカルト全書簡集　第2巻　1637-1638　デカルト著, 武田裕紀, 小泉義之, 山田弘明, 東慎一郎, 政井啓子, 久保田進一, クレール・フォヴェルグ訳　知泉書館　2014.2　①978-4-86285-177-2
＊本巻では1637年10月から1638年7月までの51通の書簡が扱われる。この間の書簡は, 刊行されたばかりの『方法序説および三試論』への様々な論者からよせられた反論への答弁と,「極大・極小」の方法の有効性を巡るフェルマとの論争が中心。当時の自然科学・数論の論争の現場が窺い知れる。
◇デカルト全書簡集　第5巻　1641-1643　デカルト著, 持田辰郎, 山田弘明, 古田知章, 吉田健太郎, クレール・フォヴェルグ訳　知泉書館　2013.7　①978-4-86285-160-4
＊本巻では1641年から43年までの2年間に渡る86通の書簡が扱われる。この時期デカルトは「第七反論への答弁」や『ヴォエティウス宛書簡』により, "新哲学"のリーダーとして"旧哲学"と激しく論争していたが, 本書はその実情を伝える貴重な記録である。また地球の運動をめぐる一連の自然学的業績が展開される。
◇歴史を動かした哲学者たち　堀川哲著　角川学芸出版, 角川グループパブリッシング〔発売〕（角川ソフィア文庫）2012.12　①978-4-04-408610-7
◇ソクラテスからデカルトまで　山本新著　北樹出版　2012.7　①978-4-7793-0341-8
◇デカルト全書簡集　第1巻　1619-1637　デカルト著, 山田弘明, 吉田健太郎, クレール・フォヴェルグ, 小沢明也, 久保田進一, 稲垣恵一, 曽我千亜紀, 岩佐宣明, 長谷川暁人訳　知泉書館　2012.1　①978-4-86285-124-6
＊デカルトは730通以上の膨大な往復書簡を残したが, それらはラテン語, フランス語, オランダ語で書かれた。そのうちわが国で翻訳されているのは30％ほどであり, 数学や物理学に関わる書簡は割愛されてきた。本巻では初期の125通を扱い, 若きデカルトが音楽論に強い興味を抱いていたことやレンズについての話題など数学や自然学に関する多くの書簡が収録される。友人への近況報告, 出版社との打ち合わせから, 彼が教会や政治権力に細心の注意をはらいつつ執筆していたことなど, 生きたデカルトの姿が垣間見える。
◇神が愛した天才数学者たち　吉永良正著　角川学芸出版, 角川グループパブリッシング〔発売〕（角川ソフィア文庫）2011.4　①978-4-04-409436-2
◇デカルトの骨―死後の伝記　ラッセル・ショート著, 松田和也訳　青土社　2010.10　①978-4-7917-6575-1
＊"近代哲学の父"にして, 解析幾何学の創始者, 自然科学に基づく今日の世界観をつくったとされるデカルト。近代をめぐる最大のミステリーは, 彼が死に, 16年後に遺骨が掘り出されたところからはじまる―。骨はどこへ消えた？　最も面白く, 最も知的なノンフィクション。
◇数学をきずいた人々　村田全著　さ・え・ら書房　2008.10　①978-4-378-01831-7
◇代数に惹かれた数学者たち　ジョン・ダービーシャー著, 松浦俊輔訳　日経BP社, 日経BP出版センター〔発売〕2008.4　①978-4-8222-8354-4
◇イタリア・ルネサンスの哲学者　新装版　P.O.クリステラー著, 佐藤三夫監訳, 根占献一, 伊藤博明, 伊藤和行共訳　みすず書房　2006.9　①4-622-07240-8
◇デカルト入門　小林道夫著　筑摩書房（ちくま新書）2006.4　①4-480-06293-9
＊「私は考える, ゆえに私はある」―近代精神の確立を宣言し, 現代の知の枠組みとなる哲学の根本原理と方法を構築した近代哲学の父デカルト。だが, 書斎で思索に耽る「意識中心主義」の哲学者という人物像ほど, 彼にふさわしくないものはない。青年期には, 三十年戦争の十七世紀ヨーロッパ諸国を冒険と遍歴で駆けぬけた行動的思想家―これがデカルトだ。本書は, コギトの確立に体系の集約点をみるドイツ観念論の桎梏を解き放ち, 認識論と形而上学

デカルト

から、自然学や宇宙論にまで及ぶ壮大な知の体系のもとに、デカルトの真実の姿を見いだそうとする本格的な入門書である。デカルトの思想を心の哲学や環境世界などの現代的視座からも読みなおす意欲作。

◇物語近代哲学史 2 デカルトからカントまで ルチャーノ・デ・クレシェンツォ著，谷口伊兵衛，ジョバンニ・ピアッザ訳 而立書房 2005.7 ①4-88059-321-4

◇疎まれし者デカルト——十八世紀フランスにおけるデカルト神話の生成と展開 山口信夫著 世界思想社 2004.10 ①4-7907-1083-1
＊「デカルト神話」の謎に迫る。ヴォルテールなど啓蒙主義者たちのデカルト批判にもかかわらず、デカルトの思想が十八世紀フランスを生き抜いたのはなぜか。「オランダで迫害され、フランスに疎まれたデカルト」という神話の謎を、広範な文献の渉猟によって解き明かす。

◇デカルト——「われ思う」のは誰か 斎藤慶典著 日本放送出版協会 （シリーズ・哲学のエッセンス） 2003.5 ①4-14-009307-2
＊究極の懐疑はどこへ向かうのか。自らの生をよりよく導くために絶対に疑いえないものを求めた方法的懐疑はどこへ向かうのか。神の存在証明は成り立つのか。デカルトが行き着いた極限の思考の営みを解き明かす。

◇デカルト伝 ジュヌヴィエーヴ・ロディス＝レヴィス著，飯塚勝久訳 未来社 1998.7 ①4-624-01144-9
＊仮面の哲学者デカルトの再生。デカルト研究の世界的権威が、数々の新事実を明らかにし、実に3世紀ぶりにデカルト伝を書き変えた。生誕400年に出版されるや仏有力紙誌で高い評価を得た本書は「近代哲学の祖」の実像に迫り、作品読解への最良の導入ともなろう。

◇デカルト 新装 アラン著，桑原武夫，野田又夫訳 みすず書房 1998.6 ①4-622-04927-9

◇にぎにぎしい女たち——フランス史に現われた女性像 新装版 岩瀬孝著 朝文社 （朝文社百科シリーズ） 1998.1 ①4-88695-142-2
＊「フランス史に現われた女性像」。日本とフランスの文化・歴史・思想などを対比しながら、17世紀に華ひらいたサロン文化のプレシュウズ（才女）たちをいきいきと語る。

◇イデー——哲学入門 新装復刊 アラン著，渡辺秀訳 白水社 （アラン著作集） 1997.11 ①4-560-02361-1,4-560-02355-7

◇数学をつくった人びと 上 E.T.ベル著，田中勇，銀林浩訳 東京図書 1997.10 ①4-489-00528-8
＊古今の数学者たちが生きた激動の時代を背景にその生涯を描く。全国学校図書館協議会選定図書。

◇90分でわかるデカルト ポール・ストラザーン著，浅見昇吾訳 青山出版社 1997.3 ①4-900845-30-2

◇デカルト 1 所雄章著 勁草書房 1996.10 ①4-326-19829-X
＊遍歴と思索。旅に生き、異郷で暮らした近世哲学の「英雄」の生涯を、彼の内に芽生え、育ち、開花した思想との連関において捉える。

◇世界人物逸話大事典 朝倉治彦，三浦一郎編 角川書店 1996.6 ①4-04-031900-1
＊歴史上の人物の生き生きとした人間像を伝えるエピソードを多数紹介する事典。日本人によく知られた人物1883人を見出しに掲載。

◇兵士デカルト——戦いから祈りへ 小泉義之著 勁草書房 1995.10 ①4-326-15313-X

◇快傑デカルト——哲学風雲録 ディミトリ・ダヴィデンコ著，竹田篤司，中田平訳 工作舎 1992.4 ①4-87502-195-X
＊快傑？ 怪傑？ 魁傑？ ルネ・デカルト、またの名をペロンの騎士。既成概念のぶっ壊し屋にして、はみだし者。思惟の妨害者にして、独学の天才。「我思う故に我あり」のみならず「我つねる故に我あり」を自認した男。博打のプロにして、ドン・ファンの鑑。当代一の剣術使いにして、薔薇十字団員…。そして、

何よりもかれはたった一人で歴史の流れを変えてしまった革命家だった。フランスで話題騒然、痛快無比な伝記小説の傑作登場。

◇無益にして不確実なるデカルト　ジャン＝フランソワ・ルヴェル著，飯塚勝久訳　未来社　（ボイエーシス叢書）　1991.1
①4-624-93208-0

デクラーク
De Klerk, Frederik Willem
1936〜　20世紀，南アフリカ共和国大統領。在職1989〜94。

◇ノーベル賞受賞者業績事典——全部門855人　新訂第3版　ノーベル賞人名事典編集委員会編　日外アソシエーツ,紀伊国屋書店〔発売〕　2013.1　①978-4-8169-2397-5
＊1901年ノーベル賞創設時から2012年までの各分野の受賞者，受賞団体を収録。平和賞・文学賞・物理学賞・化学賞・生理学医学賞・経済学賞受賞者835人，20団体の業績を詳しく紹介。受賞辞退者についても収録対象とし，本文中にその旨を記載した。経歴・受賞理由・著作・参考文献を一挙掲載。

デフォー　Defoe, Daniel
1660〜1731　17・18世紀，イギリスのジャーナリスト，小説家。諷刺文「非国教徒処理捷径」(1702)などで政府を攻撃。

◇さまざまなるデフォー　仙葉豊著　関東学院大学出版会　2018.3
①978-4-901734-71-4

◇経済思想の巨人たち　竹内靖雄著　新潮社　（新潮文庫）　2013.11
①978-4-10-125371-8

◇ダニエル・デフォーの世界　塩谷清人著　世界思想社　2011.12
①978-4-7907-1547-4
＊膨大な原典に基づく本格的なデフォー評伝。

◇『ロビンソン・クルーソー』を書いた男の物語——ダニエル・デフォー伝　ジェイムズ・サザランド著，織田稔，藤原浩一訳　ユニオンプレス　2008.8
①978-4-946428-36-4

◇イギリス近代史を彩る人びと　松浦高嶺著　刀水書房　（人間科学叢書）　2002.3
①4-88708-269-X

◇世界人物逸話大事典　朝倉治彦，三浦一郎編　角川書店　1996.6　①4-04-031900-1
＊歴史上の人物の生き生きとした人間像を伝えるエピソードを多数紹介する事典。日本人によく知られた人物1883人を見出しに掲載。

◇ダニエル・デフォー——アンビヴァレンスの航跡　宮崎孝一著　研究社出版　1991.6　①4-327-48106-8
＊タテマエとホンネを使い分けながら，なんでもやった男，ダニエル・デフォーの矛盾にみちた生涯と才気あふれる作品世界。

テミストクレス　Themistoklēs
前524頃〜前460頃　前6・5世紀，アテネの政治家，将軍。サラミスの海戦でペルシャ艦隊を破った。のち陶片追放にあった。

◇新書英雄伝——戦史に輝く将星たち　有坂純著　学研教育出版　2015.10
①978-4-05-406350-1

◇プリューターク英雄伝　沢田謙著　講談社　（講談社文芸文庫）　2012.8
①978-4-06-290167-3

◇ローマとギリシャの英雄たち　黎明篇——プルタークの物語　阿刀田高著　新潮社　（新潮文庫）　2011.7
①978-4-10-125535-4

◇アテネ民主政——命をかけた八人の政治家　沢田典子著　講談社　（講談社選書メチエ）　2010.4　①978-4-06-258465-4

◇英雄伝　1　プルタルコス著,柳沼重剛訳　京都大学学術出版会　（西洋古典叢書）　2007.6　①978-4-87698-167-0

◇テミストクレス——古代ギリシア天才政治家の発想と行動　仲手川良雄著　中央公論新社　（中公叢書）　2001.12
①4-12-003211-6
＊東西世界の最初の激突ともいうべきペ

ルシア戦争において、そこにテミストクレスという一人の男がいたということは、歴史の不可思議というほかない。もしかれの活動がなかったならば、ギリシアは敗れたろうし、ギリシア古典文化は成立せず、ローマ史もヨーロッパ史も随分違ったものになっていたろう。われわれの歴史も変わっていたかもしれぬ。いま組織の改革と個人の力が求められているとき、この強烈な天才の発想と行動が注目される。

デモクリトス　Demokritos
前460頃～前370頃　前5・4世紀、ギリシアのエピグラム詩人、哲学者。レウキッポスの原子論を継承。不変不滅の原子の運動を説いた。

◇鏡のなかのギリシア哲学　小坂国継著　ミネルヴァ書房　（Minerva21世紀ライブラリー）　2017.3　①978-4-623-07908-7

◇科学の偉人伝　白鳥敬著, 現代用語の基礎知識編　自由国民社　（おとなの楽習　偉人伝）　2010.9　①978-4-426-11081-9

◇世界を変えた天才科学者50人—常識として知っておきたい　夢プロジェクト編　河出書房新社　（KAWADE夢文庫）　2007.8　①978-4-309-49659-7

◇哲学思想の50人　ディアーネ・コリンソン著, 山口泰司, 阿部文彦, 北村晋訳　青土社　2002.4　①4-7917-5951-6

◇初期ギリシア自然哲学者断片集　3　日下部吉信編訳　筑摩書房　（ちくま学芸文庫）　2001.7　①4-480-08598-X
＊B.C.8～4Cの初期ギリシア世界に、万物の始まりや人間のあり方などを総体的に捉えようとして考え抜いた哲学者たちがいた。本書は、彼らの生涯とその著作断片を集めた唯一の基本文献として名著の誉れ高い、ドイツの碩学ディールスとクランツの編纂本を底本として、そのなかから最も重要な15人を選び、平明かつ明快な訳文に訳注を加えて文庫版全3巻にまとめたものである。ハイデッガーにより、存在の故郷として望郷されたソクラテス以前の初期ギリシア自然哲学の本来の姿を現代に蘇らせ、近代世界を決定的に規定するにいたった主観性原理によって隠蔽された存在の真理をあらわにする。第3巻は、レウキッポスとデモクリトス2人の原子論者を収録。

◇ソクラテス以前哲学者断片集　第4分冊　内山勝利編　岩波書店　1998.2　①4-00-092094-4

◇ギリシア哲学者列伝　下　ディオゲネス・ラエルティオス著, 加来彰俊訳　岩波書店　（岩波文庫）　1994.7　①4-00-336633-6
＊三世紀前半の著。古代ギリシアの哲学者82人の生活、学説、エピソードなどを紹介する。本巻には、ピュタゴラス、エンペドクレス、ピュロン、エピクロスら、我々になじみ深い人物も登場、貴重な史料であるとともに描かれた人間像が無類に面白い。

デューイ　Dewey, John
1859～1952　19・20世紀、アメリカの哲学者、教育学者、心理学者。プラグマティズムの立場にたち、概念道具説を主張。

◇J.デューイ　新装版　山田英世著　清水書院　（Century Books　人と思想）　2016.2　①978-4-389-42023-9

◇ジョン・デューイ—現代を問い直す　レイモンド・D・ボイスヴァート著, 藤井千春訳　晃洋書房　2015.2　①978-4-7710-2569-1

◇教育と心理の巨人たち　岩永雅也, 星薫編著　放送大学教育振興会, 日本放送出版協会〔発売〕　（放送大学教材）　2010.3　①978-4-595-31182-6

◇心理学群像　1　末永俊郎監修, 鹿取広人, 鳥居修晃編　アカデミア出版会　（学問の群像シリーズ）　2005.5

◇デューイとミードと成瀬仁蔵　河村望訳　人間の科学新社　2004.3　①4-8226-0234-6

◇デューイ派教育者の研究　松村将著　京都女子大学　（京都女子大学研究叢刊）　1997.10　①4-906427-28-6

◇多様化する「知」の探究者　朝日新聞社

（21世紀の千人）　1995.5
①4-02-258603-6

◇知育・美育・徳育―知性・想像力・性格の生涯教育　4版　小田武著　啓文社　1992.6　①4-7729-1156-1

◇アメリカの文化―現代文明をつくった人たち　亀井俊介編　弘文堂　（USA GUIDE）　1992.4　①4-335-52027-1
＊活力あふれるアメリカ文化の多様な局面を代表するヒーローたちの群像。

デュナン　Dunant, Jean Henri
1828～1910　19・20世紀、スイスの人道主義者、国際赤十字の創始者。またYMCA創立者の一人。1901年第1回ノーベル平和賞を受賞。

◇赤十字の父アンリー・デュナン　日本赤十字社長野県支部編　日本赤十字社長野県支部　2013.5

◇ノーベル賞受賞者業績事典―全部門855人　新訂第3版　ノーベル賞人名事典編集委員会編　日外アソシエーツ, 紀伊国屋書店〔発売〕　2013.12　①978-4-8169-2397-5
＊1901年ノーベル賞創設時から2012年までの各分野の受賞者、受賞団体を収録。平和賞・文学賞・物理学賞・化学賞・生理学医学賞・経済学賞受賞者835人、20団体の業績を詳しく紹介。受賞辞退者についても収録対象とし、本文中にその旨を記載した。経歴・受賞理由・著作・参考文献を一挙掲載。

◇赤十字の父　アンリー・デュナン　スイス赤十字親善使節招聘実行委員会監修, アンリー・デュナン博物館編, エーテル・コッハー, ハンス・アマン著, 九頭見和夫訳　春風社　2005.10　①4-86110-052-6
＊「赤十字」を創始し、第1回ノーベル平和賞を受賞した偉人。しかしデュナンは、事業の失敗、破産、周囲の無理解など、数々の困難に直面する。その波乱にみちた生涯を史実に忠実にたどる。

◇武器を持たない戦士たち―国際赤十字　ハンス・マグヌス・エンツェンスベルガー編, 小山千早訳　新評論　2003.11
①4-7948-0603-5

＊世界で最も古いトレードマーク「赤十字」。その成り立ちと活動の内容について、私達はあまりにも知らなさすぎる。

◇赤十字のふるさと―ジュネーブ条約をめぐって　北野進著　雄山閣　2003.7
①4-639-01818-5
＊ジュネーブ条約（赤十字条約）に日本が調印したのは明治19年（1886）6月5日のことであった。一世紀以上前の日本の近代化のためにアレキサンダー・シーボルト、橋本綱常、井上馨、蜂須賀茂韶、フレデリック・マーシャル、石黒忠悳、森鷗外などが尽力していた。真相を探究した21世紀のための日赤の歴史書。

◇学校ぎらいの天才たち　日本テレビ放送網　（知ってるつもり?!）　1992.1
①4-8203-9142-9
＊学校時代、必ずしも優等生でなかった天才たち―。人生の葛藤をこえ、才能を開花させた彼らの足跡をたどる。

◇赤十字とアンリ・デュナン―戦争とヒューマニティの相剋　吹浦忠正著　中央公論社（中公新書）　1991.9　①4-12-101039-6
＊赤十字の創設者アンリ・デュナンは、比類なき情熱で抜群の行動力を示す一方で、自らつくった組織から常に孤立してしまう独断的な性格の持ち主であった。そのため、赤十字以外にも、彼の手を離れてはじめて、存分にその機能を発揮しだした事業は数多く存在する。本書は、彼の生い立ち、彷徨生活から、破産、落魄の死までを辿ると同時に、彼を生んだ19世紀ヨーロッパの、領土拡張主義と人道主義とが頂点に達した時代背景を描く。

デュプレクス
Dupleix, Joseph François
1697～1763　17・18世紀、フランスの植民地政治家。カルナータカ戦争で活躍。

◇世界伝記大事典　世界編　1～12　編集代表：桑原武夫　ほるぷ出版　1980.12～1981.6

デュボイス

Du Bois, William Edward Burghardt
1868〜1963 19・20世紀、アメリカの著述家、編集者、黒人運動指導者。1909年全国有色人種協会NAACPの創設に参加。

◇死にたる民を呼び覚ませ 下巻 人種とアメリカ文学の生成 エリック・J.サンドクイスト著、中央大学人文科学研究所編、藤平育子、井上麻依子、横溝仁、向山大地訳 中央大学出版部 （中央大学人文科学研究所翻訳叢書） 2016.3
①978-4-8057-5415-3

◇20世紀のアメリカ黒人指導者 ジョン・ホープ・フランクリン、オーガスト・マイヤー編、大類久恵、落合明子訳 明石書店（明石ライブラリー） 2005.4
①4-7503-2083-8

◇W.E.B.デュボイス―人種平等獲得のための闘い 千葉則夫著 近代文芸社 2003.11 ①4-7733-7073-4
＊キングやマルコム以前にこれ程偉大で知的なアフリカ系アメリカ人がいたことをあなたは知っていますか？ アメリカ国内の人種差別撤廃のみならず、世界中の人々の人権確立のために奔走したW.E.B.デュボイスの、妥協なき闘いの日々。

デューラー Dürer, Albrecht

1471〜1528 15・16世紀、ドイツの画家、版画家、美術理論家。ドイツ・ルネサンス絵画の完成者。

◇知識ゼロからの西洋絵画 困った巨匠たち対決 山田五郎著 幻冬舎 2018.3
①978-4-344-90331-9

◇ドイツ・ルネサンスの挑戦―デューラーとクラーナハ 田辺幹之助監修・著、新藤淳、岩谷秋美著 東京美術 （ToBi selection） 2016.10 ①978-4-8087-1069-9

◇デューラーの芸術 越宏一著 岩波書店（岩波セミナーブックス ヨーロッパ美術史講義） 2012.7 ①978-4-00-028185-0
＊ドイツ最大の画家アルブレヒト・デューラーの作品には、ネーデルラント絵画とイタリア絵画という、相反する美的原理を調和させようとする絶え間ない戦いが読み取れる。本書では、デューラーの初期から後期の代表的作品を取り上げ、その芸術がいかに形成されたかを考察する。「比較と記述」によるユニークなデューラー論。

◇ルネサンス人物列伝 ロバート・デイヴィス、ベス・リンドスミス著、和泉香訳 悠書館 2012.7 ①978-4-903487-54-0

◇デューラーを読む―人と作品の謎をめぐって 藤代幸一著 法政大学出版局 2009.12 ①978-4-588-27619-4
＊"ペンを執る画匠"デューラーの旅日記や書簡を読み込み、フランス病疑惑や"メレンコリア1"の謎を、記号・紋章・占星術等のキーワードを通して読み解く。

◇芸術に関する幻想 W.H.ヴァッケンローダー著、毛利真実訳 鳥影社・ロゴス企画 2009.2 ①978-4-86265-165-5
＊デューラーに対する限りない敬愛、ラファエロ、ミケランジェロなどイタリア画家たちへの深い共感、そして音楽へのオマージュが奏でられる。

◇自伝と書簡 デューラー著、前川誠郎訳 岩波書店 （岩波文庫） 2009.1
①978-4-00-335712-5
＊深い精神性そして鋭い写実。ドイツ・ルネサンスの代表者デューラー（1471 - 1528）。稀有の画家の遺文集。家譜や覚書などの貴重な自伝的資料、友宛てのヴェネツィア便り、祭壇画の注文主との熾烈な駆け引き、年金獲得交渉書簡などの筆の冴えは500年前に生きた近代人の心性を鮮やかに映し出す。『ネーデルラント旅日記』姉妹編。挿図多数。

◇アルブレヒト・デューラーの芸術 ハインリッヒ・ヴェルフリン著、永井繁樹、青山愛香訳 中央公論美術出版 2008.2
①978-4-8055-0566-3

◇ネーデルラント旅日記 デューラー著, 前川誠郎訳 岩波書店 （岩波文庫） 2007.10 ①978-4-00-335711-8
＊1520年夏、五十歳の画家は途切れた年金の支給を新皇帝カルロス五世に請願すべく、妻と侍女を伴い遠くネーデルラント（今のベルギー地方）への長旅

出る。その時綿密に付けた出納簿である本日記にはエラスムスやルッターも登場し、併せて残された見事な画業とも相まって稀有の旅行記になっている。

◇デューラーとその故郷　海津忠雄著　慶応義塾大学出版会　2006.11
①4-7664-1322-9
＊ドイツ・ルネサンスの天才画家・版画家デューラーの生涯と作品を、故郷ニュルンベルクの歴史とともに考察する。

◇遍歴時代のデューラー作品―初期ネーデルランド絵画の影響をめぐって　青山愛香著　東京芸術大学美術学部西洋美術史研究室　（Aspects of problems in Western art history）　2002.2

◇デューラーの手紙―付・家譜・覚書　アルブレヒト・デューラー著, 前川誠郎訳・注　中央公論美術出版　1999.12
①4-8055-0376-9
＊本書はルップリッヒの校合編纂になる『デューラー遺文集』第一巻を底本とし、そこに収められた自伝二種と、全部で六十九通載せられた書簡中から断簡や重複を除いた五十一篇を択んで翻訳したものである。

◇アルブレヒト・デューラーの芸術　下村耕史著　中央公論美術出版　1997.10
①4-8055-0338-6
＊本書はデューラー研究の利点を積極的に活かすことを心がけながら、デューラーの美術理論と作品の関連の研究を目指すもので、芸術論と作品論の二編から構成される。

◇美と宗教―宗教改革と五人の芸術家　内海松寿著　里文出版　1996.12
①4-947546-98-0
＊十六世紀前半のドイツは、宗教改革と大農民戦争という未曾有の動乱期であったが、動乱の不安に創造の魂を呼び覚まされた画家や彫刻家たちは、自らの信仰を告白し悲劇の時代を証言する作品を生み出した。本書は波乱のまっただ中を生きた五人の芸術家の人と作品を尋ね、美と宗教について考える力作である。

◇アルブレヒト・デューラー　ネーデルラント旅日記1520-1521　アルブレヒト・デューラー著, 前川誠郎訳・注　朝日新聞社　1996.7　①4-02-256971-9

◇世界人物逸話大事典　朝倉治彦, 三浦一郎編　角川書店　1996.6　①4-04-031900-1
＊歴史上の人物の生き生きとした人間像を伝えるエピソードを多数紹介する事典。日本人によく知られた人物1883人を見出しに掲載。

◇デューラー　ペーター・シュトリーダー著, 勝国興監訳　中央公論社　1996.5
①4-12-002541-1
＊ドイツ・ルネサンスを代表する天才の画業の全貌を示す記念碑的出版。精緻なカラー印刷により原画の色彩を再現する豪華美術書。カラー図版160点・総図版455点。詳細文献付き主題別図版目録収載。

◇「人体均衡論四書」注解　アルブレヒト・デューラー著, 下村耕史訳・注　中央公論美術出版　1995.11　①4-8055-0300-9

◇デューラーとその時代―精神史の中のドイツ・ルネサンス　宮田嘉久著　隆文館　1992.9　①4-89747-318-7

◇デューラー―人と作品　前川誠郎著　講談社　1990.9　①4-06-204862-0
＊波瀾と研鑽の修業時代、イタリア美術界との交流、やがて訪れる栄光の日々と不朽の名作の数々。ドイツ・ルネサンスの天才画家・版画家の全生涯と作品誕生の背景を、画家自身の言葉に基づきながら語る、著者畢生の"交友録的デューラー伝"。

テュルゴー

Turgot, Anne Robert Jacques
1727〜1781　チュルゴーとも。18世紀、フランスの経済学者、政治家。ルイ16世統治初期の財務総監。

◇チュルゴーの失脚―1776年5月12日のドラマ　上　エドガール・フォール著, 渡辺恭彦訳　法政大学出版局　（叢書・ウニベルシタス）　2007.9　①978-4-588-00870-2
＊フランスにおける政治経済学の創設者の一人チュルゴーの失脚を招いた民衆暴動＝小麦粉戦争を軸に、18世紀フラン

陶淵明

ス社会のドラマを生き生きと描き出す。
◇チュルゴーの失脚—1776年5月12日のドラマ　下　エドガール・フォール著，渡辺恭彦訳　法政大学出版局　（叢書・ウニベルシタス）　2007.9　①978-4-588-00871-9
＊チュルゴーの改革はなぜ成功しなかったのか。国王ルイ16世やマリー・アントワネットをはじめ，歴史の舞台の主役・脇役に光を当てつつその真因に迫る。

【と】

▌**陶淵明**　とうえんめい
　⇒陶潜（とうせん）

▌**ドヴォルザーク**　Dvořák, Antonin
1841〜1904　19・20世紀，チェコの作曲家。オーストリア終身上院議員。プラハ音楽院院長。代表作「スターバト・マーテル」（1877），交響曲「新世界より」（93），弦楽四重奏曲「アメリカ」（93）など。
◇ドヴォルジャーク—その人と音楽・祖国　黒沼ユリ子著　冨山房インターナショナル　2018.9　①978-4-86600-051-0
◇音楽家カップルおもしろ雑学事典—ひと組5分で読める　萩谷由喜子著　ヤマハミュージックメディア　2007.6　①978-4-636-81855-0
◇チェコ音楽の魅力—スメタナ・ドヴォルジャーク・ヤナーチェク　内藤久子著　東洋書店　（ユーラシア選書）　2007.1　①978-4-88595-658-4
◇チェコの音楽—作曲家とその作品　佐川吉男著　芸術現代社　2005.12　①4-87463-175-4
◇賛美歌と大作曲家たち—こころを癒す調べの秘密　大塚野百合著　創元社　1998.11　①4-422-14355-7
　＊巨匠の神を慕う思い。バッハ，メンデルスゾーン，ドヴォルジャーク，ヘンデル，ブラームス，高田三郎…。音楽の巨人たちの底知れない霊的深みをともに分かち合える待望の書。
◇ドヴォルザーク　クルト・ホノルカ著，岡本和子訳　音楽之友社　（大作曲家）　1994.4　①4-276-22156-0

▌**董其昌**　とうきしょう
1555〜1636　16・17世紀，中国，明代の書家，画家。南宗画家。字は玄宰。号，思白，香光，思翁。作品に「盤谷序図巻」など。
◇中国画論の研究　古原宏伸著　中央公論美術出版　2003.8　①4-8055-0372-6
◇文人画粋編　中国篇5　徐渭・董其昌　中央公論社　1986.2　①4-12-402525-4

▌**トゥキディデス**　Thoukydidēs
前460頃〜前400頃　前5世紀，ギリシアの歴史家。ペロポネソス戦争を扱った「戦史」を著す。
◇古代ギリシアにおける哲学的知性の目覚め　佐藤康邦著　左右社　（放送大学叢書）　2018.2　①978-4-86528-189-7
◇ヘロドトスとトゥキュディデス—歴史学の始まり　桜井万里子著　山川出版社　（Historia）　2006.5　①4-634-49194-X
　＊21世紀の歴史学はどうあるべきか。その答えを，その可能性を，古代ギリシアにさかのぼり，ペルシア戦争，ペロポネソス戦争を見据えた二人の歴史家と対話しながら考えていきたい。のちの歴史家たちが非難したようにヘロドトスはほんとうに「嘘つき」だったのか。史料批判において厳密だったといわれるトゥキュディデスは，ほんとうに「事実」だけを記録したのか。歴史叙述が歴史学へといたる端緒を探る。
◇世界人物逸話大事典　朝倉治彦，三浦一郎編　角川書店　1996.6　①4-04-031900-1
　＊歴史上の人物の生き生きとした人間像を伝えるエピソードを多数紹介する事典。日本人によく知られた人物1883人を見出しに掲載。

■ **トゥグリル・ベク** Tǔghril Beg
993頃～1063 10・11世紀、セルジューク朝の始祖（在位1037～1063）。イランを本拠とする大帝国を建設し、イスラム圏を再統一。
◇世界伝記大事典 世界編 1～12 編集代表：桑原武夫 ほるぷ出版 1980.12～1981.6

■ **トゥサン・ルヴェルチュール** Toussaint L'Ouverture, François Dominique
1743～1803 トゥサン・ルーベルチュールとも。18・19世紀、ハイチの黒人奴隷解放者、将軍。大統領となり新政府を組織（1801～1802）。
◇黒いナポレオン―ハイチ独立の英雄トゥサン・ルヴェルチュールの生涯 ジャン＝ルイ・ドナディウー著, 大嶋厚訳 えにし書房 2015.11 Ⓘ978-4-908073-16-8
◇ブラック・ジャコバン―トゥサン＝ルヴェルチュールとハイチ革命 増補新版 C.L.R.ジェームズ著, 青木芳夫監訳 大村書店 2002.6 Ⓘ4-7563-2030-9
◇ブラック・ジャコバン―トゥサン＝ルヴェルチュールとハイチ革命 C.L.R.ジェームズ著, 青木芳夫監訳 大村書店 1991.3

■ **湯若望** とうじゃくぼう
　⇒アダム・シャール

■ **鄧小平** とうしょうへい
1904～1997 20世紀、中国の政治家。四人組追放後の1977年党副主席、83年党中央軍事委主席、中央顧問委主任。事実上の最高実力者として改革を推進した。
◇96人の人物で知る中国の歴史 ヴィクター・H・メア, サンピン・チェン, フランシス・ウッド著, 大間知知子訳 原書房 2017.3 Ⓘ978-4-562-05376-6
◇鄧小平 エズラ・F・ヴォーゲル著, 橋爪大三郎聞き手 講談社 （講談社現代新書） 2015.11 Ⓘ978-4-06-288345-0

◇現代中国の父 鄧小平 上 エズラ・F・ヴォーゲル著, 益尾知佐子, 杉本孝訳 日本経済新聞出版社 2013.9 Ⓘ978-4-532-16884-1
＊三度の失脚から復活し、改革開放へと突き進む―鄧小平と数多くの登場人物のストーリーを織り交ぜながら、あたかも大河小説のように、中国の現代化への道のりを描く。政府要人、党史研究者、国内外の専門家、家族、関係者への聞き取りのほか、日米中の公文書など膨大な文献を駆使し、10年もの歳月をかけて完成した超大作。ライオネル・ゲルバー賞、全米出版社協会PROSE賞特別賞受賞。

◇現代中国の父 鄧小平 下 エズラ・F・ヴォーゲル著, 益尾知佐子, 杉本孝訳 日本経済新聞出版社 2013.9 Ⓘ978-4-532-16885-8
＊21世紀アメリカ最後のライバルとなった超大国・中国。下巻では経済発展の原動力となった広東と福建の門戸開放という実験からストーリーが始まる。毛沢東時代には考えられなかった人民公社解体、香港返還と一国二制度の導入といった成功を積み重ねながら、時代は天安門事件へと向かう。武力弾圧のために軍隊出動を命じた鄧小平は、人民と共産党のあいだに生まれた大きな亀裂をいかにして埋めていったのか？ 最高の外交関係書に贈られるライオネル・ゲルバー賞、全米出版社協会PROSE賞特別賞を受賞した名著。「年間ベストブック」にエコノミスト誌、FT紙、WSJ紙等が選出。

◇外交を制す―鄧小平秘録 明石散人著 講談社 2013.4 Ⓘ978-4-06-218299-7
＊香港返還の陰には、中国・イギリス二大政治大国の、凄まじい暗闘があった。歴史の舞台裏を、史料をもとに完全再現する。

◇毛沢東と鄧小平の「百ヵ年計画」―中国人民解放軍の核・海洋・宇宙戦略を読む 平松茂雄著 オークラ出版 2013.4 Ⓘ978-4-7755-2032-1
＊日本人は毛沢東の軍事偏重路線を愚かと嘲り、鄧小平の経済開放路線を褒め称

える。だが、両者の行動を規定するロジックは一貫している。全ては偉大な中華の再興のためである。中国共産党のロジックは、毛沢東以来変わらない。中国を理解するには、現代の最高指導者のパーソナリティ分析をいくらしたところで無意味である。毛沢東と鄧小平の言動の先にこそ、中国の未来がある。温故知新は真理である。

◇鄧小平秘録　上　伊藤正著　文芸春秋（文春文庫）　2012.9
①978-4-16-783815-7
＊武力によって共産党専制を死守した1989年「天安門事件」。沈みかけた開放政策に拍車をかけた1992年「南巡講話」。最高権力者・鄧小平が下した決断が、極貧国から世界第二位の経済大国となったいまも中国を規定し続けている。彼はどのように考え、決断したのか？　膨大な史料から明らかにする！　日本記者クラブ賞受賞作品。

◇鄧小平秘録　下　伊藤正著　文芸春秋（文春文庫）　2012.9
①978-4-16-783816-4

◇キッシンジャー回想録　中国　下　ヘンリー・A.キッシンジャー著，塚越敏彦，松下文男，横山司，岩瀬彰，中川潔訳　岩波書店　2012.3　①978-4-00-023875-5
＊下巻では、中越戦争、台湾問題、天安門事件、ひいては中国のWTO加盟まで、様々に時代が変化する中での、指導者たちの素顔や外交の変容に迫る。著者の手によって開かれた協力関係の道は、その後どのような道をたどるのか。中国の大国化は世界の脅威となるのか。四〇年間にわたる米中関係の最も間近な目撃者であり、今もなお政局との緊密な接触を保ち大きな影響力をもつ著者による、刺激的な中国論。

◇日中をダメにした9人の政治家―私と天安門事件20年　石平著　ベストセラーズ　2011.4　①978-4-584-13298-2
＊弱腰外交の元凶は、田中角栄、中曽根康弘、宮沢喜一元首相である。天安門事件、中国革命は再び起こる。中国は第二の中東になる。

◇鄧小平政治的伝記　ベンジャミン・ヤン著，加藤千洋，加藤優子訳　岩波書店　（岩波現代文庫）　2009.8　①978-4-00-603191-6
＊「改革・開放の総設計師」鄧（とう）小平（一九〇四 - 九七）。彼の近代化路線により中国は世界経済をリードするまでに至った。しかし、天安門事件とそれ以後の政治的締めつけ、格差の拡大は社会の不安定要因となっている。本書は鄧（とう）の子息と個人的関係をもつ著者による本格的伝記。「富強中国」を追求した鄧（とう）小平の少年時代から晩年に至るまでの生涯が詳述される。

◇鄧小平秘録　下　伊藤正著　産経新聞出版　2008.4　①978-4-594-05572-1
＊中国本国で「禁書」処分を受けた書、待望の完結。中国を変えた最高指導者の正体と、その闘争の歴史を白日の下に曝す。中国人経済学者・何清漣女史による「鄧（とう）小平論」収録。

◇鄧小平秘録　上　伊藤正著　産経新聞出版　2008.2　①978-4-594-05547-9
＊現代中国の「明」と「暗」を生みだした指導者の遍歴。天安門事件当時、中国中枢部では何が起きていたのか？　中国人論客・石平氏による「鄧（とう）小平論」収録。

◇鄧小平　矢吹晋著　講談社　（講談社学術文庫）　2003.8　①4-06-159610-1
＊稀代のリアリスト、鄧小平。「白猫黒猫」論の徹底した柔軟思考と、「発展」を目指す鉄の意志とが、百年変わらなかった中国を巨大経済国家に変えた。若き日のパリ留学。蜂起。三度の失脚を乗り越えて世界を牽引する経済建設へ。毛路線を覆し、現代中国の父となった「小さな巨人」の全貌。

◇わが父・鄧小平―「文革」歳月　上　毛毛著，藤野彰ほか訳　中央公論新社　2002.5　①4-12-003264-7
＊文化大革命勃発―糾弾、失脚、追放、一家離散。激動の時代を耐え抜いたある家族の物語。

◇わが父・鄧小平―「文革」歳月　下　毛毛著，藤野彰ほか訳　中央公論新社　2002.5　①4-12-003265-5

鄧小平

*「四人組」との死闘、失脚、再び一家離散。生涯最大の危機に彼はどう身を処したのか。

◇鄧小平政治的伝記　ベンジャミン・ヤン著, 加藤千洋, 加藤優子訳　朝日新聞社　1999.9　①4-02-257353-8
　*理想より現実の人間関係を生きた「政治的人間」。

◇鄧小平伝―中国解放から香港返還まで　解放軍文芸出版社編著, 劉金田ほか編, 孫秀萍, 申鉄電訳　東京新聞出版局　1997.4　①4-8083-0600-X
　*「最後の皇帝」、「偉大な凡人」。数々の異名を取った改革開放"総設計師"波乱万丈の生涯。

◇革命皇帝鄧小平伝　ツォン・シャオロン著　総合法令出版　(Horei hard books)　1995.5　①4-89346-452-3
　*苦難と栄光の生涯を描く。鄧小平語録付。

◇近代中国の不死鳥―鄧小平　リチャード・エバンス著, 朱建栄監訳　同朋舎出版　1995.4　①4-8104-2220-8
　*駐中国大使として香港返還交渉に当たった著者が描く最後の革命家の波瀾の生涯。

◇鄧小平の遺言―野望果てることなし　落合信彦著　小学館　1994.9　①4-09-389441-8

◇毛沢東と鄧小平　渡辺利夫, 小島朋之著　NTT出版　1994.7　①4-87188-321-3

◇小説 鄧小平　鄭義著, 丸山勝訳　読売新聞社　1994.4　①4-643-94024-7
　*1997年に迫った香港の中国返還。南部を中心に発展する中国経済は、そこを通過点にしていっそう加速することは間違いない。21世紀の経済大国の姿が現実のものになりつつある。そのカギを握るのが今年90歳を迎える鄧小平だ。「社会主義市場経済」という新語を流行らせ、中華民族本来の現実主義を蘇らせた。姿見せぬ老人の"最後の闘争"は実を結ぶのか。抗日戦争、国共内戦を経て四人組打倒まで、3度の失脚から復活した不死身の半生にメスを入れる。

◇わが父・鄧小平　1　若き革命家の肖像　毛毛著, 長堀祐造ほか訳　徳間書店　1994.2　①4-19-860075-9
　*一六歳でフランス留学に旅立って以来、今日に至るまで鄧小平の生涯は、中国共産党の歩みと軌を一にしている。本書は、鄧小平の少年時代から外国留学、第一次革命戦争、そして長征に至るまでの活躍ぶりを克明に跡づけている。著者の毛毛女史は革命の参加者たちの膨大な回想録を渉猟し、折にふれて父から聞いた数多の回想を織りこみ、さらには当時の証人を訪ねて、父の激動の生涯を生き生きと描き出している。中国革命と鄧小平の巨大な叙事詩である。

◇わが父・鄧小平　2　新中国誕生への道　毛毛著, 長堀祐造ほか訳　徳間書店　1994.2　①4-19-860076-7
　*いま世界を動かすキー・パーソンの一人、鄧小平。氏の生涯は中国革命とともにあり、押しも押されもせぬ中国革命の生き証人である。本書は、三女の毛毛女史が長征から新中国誕生までを、革命に献身した人々の回想や折々父が著者に語った言葉をもとに綴った激動の中国現代史である。さらには、自らを語ることの少ない父に代わって娘が著した"自伝"ともいえる。鄧小平の人間像と革命中国の歩みが見事に浮き彫りにされた歴史ドキュメント。

◇鄧小平　矢吹晋著　講談社　(講談社現代新書)　1993.6　①4-06-149153-9
　*「白猫黒猫」の改革派か。「民主化弾圧」の保守派か。3度の失脚を経て、今なお君臨する「四川省の唐辛子」。パリ留学、百色蜂起から、文革・軟禁下での生活、天安門事件の真相まで、現実主義者鄧小平の軌跡を追い、毛沢東路線を覆した「赤い資本主義」の行方を占う。

◇ニュー・エンペラー―毛沢東と鄧小平の中国　ハリソン・E.ソールズベリー著, 天児慧訳　福武書店　1993.4　①4-8288-1727-1
　*『天安門に立つ』で知られる中国ウォッチャーの第一人者ソールズベリーが、ポスト鄧小平を見据えながら綿密な取材と豊富な人脈をもとに書き下ろした中国現代史の決定版。毛沢東、鄧小平は

教科書に載った世界史人物800人　**357**

いかにして〈エンペラー〉の玉座を手中に収めたのか…。現代中国権力闘争の表と裏。全米各紙で絶賛を浴びた話題のノンフィクション。

◇最後の龍—鄧小平伝　パトリック・サバティエ著，花上克己訳　時事通信社　1992.11　Ⓘ4-7887-9241-9
＊中国の最高実力者・鄧小平の波乱の人生を現代史とともに生き生きと描き、その複雑な人間像を浮き彫りにする。

◇鄧小平最期の闘争—「中南海」56日の真実　インサイド・ドキュメント　江之楓著，戸張東夫訳　徳間書店　1990.6　Ⓘ4-19-144276-7

▌陶潜　とうせん
365頃〜427　陶淵明（とうえんめい）とも。4・5世紀、中国、東晋末期〜南朝宋初期の詩人。名は潜。六朝最大の詩人。散文にもすぐれた。

◇96人の人物で知る中国の歴史　ヴィクター・H・メア，サンピン・チェン，フランシス・ウッド著，大間知知子訳　原書房　2017.3　Ⓘ978-4-562-05376-6

◇陶淵明―〈距離〉の発見　釜谷武志著　岩波書店　（書物誕生 あたらしい古典入門）　2012.9　Ⓘ978-4-00-028301-4

◇陶淵明と白楽天―生きる喜びをうたい続けた詩人　下定雅弘著　角川学芸出版　（角川選書）　2012.6　Ⓘ978-4-04-703508-9

◇陶淵明私記―詩酒の世界逍遥　沓掛良彦著　大修館書店　2010.11　Ⓘ978-4-469-23263-9
＊陶詩の世界と深く向き合い名篇の数々を味わい尽くす。

◇一海知義著作集　1　陶淵明を読む　一海知義著　藤原書店　2009.11　Ⓘ978-4-89434-715-1

◇陶淵明伝　吉川幸次郎著　筑摩書房　（ちくま学芸文庫）　2008.8　Ⓘ978-4-480-09170-3
＊官界をきらい、野にあって酒を愛し、自由を謳った陶淵明。伝説に彩られ、日本でもファンの多い大詩人だが、著者は「淵明のこころのゆたかさが、かえっ

てにが手」と語り、また「矛盾を矛盾のままに表白しているのが、淵明の文学」と書く。野心に満ちた乱世、意に染まぬ仕官、挫折、帰郷。平坦ではない人生において、淵明は何を表現したのか。本書はこの稀代の詩人と正対し、主要作品の味読を通して、平静な言葉の裏にひしめきかげろう複雑で濃厚なものに眼を凝らし、その文学世界と生涯に迫る。「閑情の賦」「陶淵明詩の訓話」「燃焼と持続」の関連論考3篇を併録。

◇一海知義著作集　2　陶淵明を語る　一海知義著　藤原書店　2008.5　Ⓘ978-4-89434-625-3
＊中国古典文学の第一人者として、陶淵明、陸游、河上肇など、日中両国の歴史のなかで、「ことば」を支えとして生を貫いた詩人・思想家に光を当ててきた一海知義。深い素養をユーモアに包んで、古代から現代まで縦横に逍遥しつつ、われわれの身のまわりにある「ことば」たちの豊かな歴史と隠された魅力を発見させてくれる、一海知義の仕事の数々を集大成。

◇陶淵明像の生成―どのように伝記は作られたか　上田武著　笠間書院　（茨城キリスト教大学言語文化研究所叢書）　2007.3　Ⓘ978-4-305-70349-1
＊俗世を超越した高潔な生き方で敬愛された詩人の謎に包まれた人生を史実を追いながら、明らかにする。

◇陶淵明　詩と酒と田園　安藤信広，大上正美，堀池信夫編　東方書店　2006.11　Ⓘ4-497-20608-4
＊東晋という戦乱の時代、隠逸の思想の系譜、そして作品に託された寓意とは―陶淵明の文学を多方面から読み解きながら、「いかに生きるか」を模索した詩人の姿を浮き彫りにする。

◇陶淵明　釜谷武志著　角川書店　（角川文庫　角川ソフィア文庫 ビギナーズ・クラシックス中国の古典）　2004.12　Ⓘ4-04-367504-6
＊俗世間から離れ、隠遁生活を送る陶淵明は、自らの田園体験を通してさまざまな感慨を詠む。その親しみやすい詩は、人々の共感をよぶとともに、日本人

の生き方にも大きな影響を与えてきた。「帰去来辞」や「桃花源記」を含め、代表的な詩の世界を楽しみ、詩人の心にふれる。
◇陶淵明・白居易論―抒情と説理　松浦友久著　研文出版　（松浦友久著作選）2004.6　Ⓘ4-87636-232-7
◇菅原道真と陶淵明―詩とのかかわりから　井出大著　〔井出大〕　2002.5
◇「笑い」としての陶淵明―古いユーモア　伊藤直哉著　五月書房　2001.2
　Ⓘ4-7727-0342-X
　＊へぇー、陶淵明文学って、こんな見方も可能なの？「深遠なる飲んべえ詩人」陶淵明を、一見古めかしく実は新鮮な「ユーモア」の視点から解剖する。
◇桃花源記の謎を解く―寓意の詩人・陶淵明　沼口勝著　日本放送出版協会　（NHKブックス）　2001.2　Ⓘ4-14-001910-7
　＊司馬睿氏の再興した東晋の王朝は勢いが衰え、反乱を平定した将軍劉裕は、朝廷の重臣たちを次々と陥れ弑逆していく。幕下にあった陶淵明は官途を離れ、田園に閑居して「飲酒」二十首などの詩歌を詠う。その詩文には実は当時の過酷な政争と劉裕が王位を簒奪するさまを幽憤する寓意があった。千数百年もの間、読み解くことができなかった陶淵明の真意を著者はその謎を解く鍵を「易」のことばに見出して明らかにしていく。
◇風呂で読む陶淵明　興膳宏著　世界思想社　1998.6　Ⓘ4-7907-0715-6
　＊理想と現実の狭間にゆれながら、真実を求めて生きた稀有な魂の軌跡。本書は合成樹脂製ですので湯水に濡れても大丈夫です。
◇陶淵明―虚構の詩人　一海知義著　岩波書店　（岩波新書）　1997.5
　Ⓘ4-00-430505-5
　＊超俗の詩人と呼ばれる陶淵明は、「桃花源記」で身分の差のないユートピアを描き、「挽歌詩」においては自らの死を悼むなど、中国では他に例をみない虚構の世界を通して内面を探求し、苛酷な実社会と関わろうとした反俗の詩人でもあった。千六百年前、現代に通じ

る鋭さと深さで人生をうたった大詩人に「虚構」という切り口から肉薄する。
◇世界人物逸話大事典　朝倉治彦，三浦一郎編　角川書店　1996.6　Ⓘ4-04-031900-1
　＊歴史上の人物の生き生きとした人間像を伝えるエピソードを多数紹介する事典。日本人によく知られた人物1883人を見出しに掲載。
◇陶淵明の精神生活　長谷川滋成著　汲古書院　（汲古選書）　1995.7
　Ⓘ4-7629-5018-1
◇陶淵明とその時代　石川忠久著　研文出版　1994.4　Ⓘ4-87636-117-7
◇琴中趣　竜川清著　竜川清　1993.3
◇陶淵明と文天祥　吉原重久著　近代文芸社　1992.8　Ⓘ4-7733-1657-8
　＊世塵をよそに、南山の麓にて悠然と鋤を取る田園詩人陶淵明。「殺されるまでは生きぬく」と「気」一つで、忽必烈大王を屈服せしめた文天祥。「静と動」の二人の人生。
◇中国古典入門叢書 1　〔新装版〕　廖仲安著，山田侑平訳　日中出版　（陶淵明）1990.2　Ⓘ4-8175-1184-2

同治帝　どうちてい
1856～1875　19世紀、中国、清朝の第10代皇帝（在位1861～1874）咸豊帝のただ一人の男子。生母は西太后。
◇中国歴代皇帝人物事典　岡崎由美，王敏監修　河出書房新社　1999.2
　Ⓘ4-309-22342-7
　＊秦の始皇帝、前漢の劉邦、新の王莽、魏の曹丕、隋の煬帝、唐の李世民、元のフビライ、明の朱元璋、清の康熙帝など、中国歴代王朝の皇帝を紹介した人物事典。后妃・公主・宗室なども収録し、歴代宮都・陵墓も掲載。中国史重要人物索引付き。

董仲舒　とうちゅうじょ
前176頃～前104頃　前2世紀、中国、漢の儒学者。河北広川出身。春秋博士。武帝に賢良対策を献じ、制度革新、儒教一尊の

トゥルゲーネフ

学制、人材の採用などを説いた。著作に「春秋繁露」「董子文集」。

◇世界人物逸話大事典　朝倉治彦，三浦一郎編　角川書店　1996.6　Ⓘ4-04-031900-1
＊歴史上の人物の生き生きとした人間像を伝えるエピソードを多数紹介する事典。日本人によく知られた人物1883人を見出しに掲載。

トゥルゲーネフ
Turgenev, Ivan Sergeevich

1818〜1883　ツルゲーネフとも。19世紀，ロシアの小説家。「猟人日記」(1847〜1852)、「父と子」(62) などでロシアの社会問題を取り扱った。

◇メリメとロシア作家たち―ロシアへの想い　浦野進著　水声社　2012.6　Ⓘ978-4-89176-914-7

◇トゥルゲーネフ伝　アンリ・トロワイヤ著，市川裕見子訳　水声社　2010.4　Ⓘ978-4-89176-780-8
＊19世紀ロシアの貴族社会に生まれ、フランスをも愛した男の情熱的な生涯。ドストエフスキー、トルストイと並ぶもう一人のロシアの文豪の実像を追う。

◇ロシアの十大作家　松下裕著　水声社　2004.9　Ⓘ4-89176-508-9

◇世界人物逸話大事典　朝倉治彦，三浦一郎編　角川書店　1996.6　Ⓘ4-04-031900-1
＊歴史上の人物の生き生きとした人間像を伝えるエピソードを多数紹介する事典。日本人によく知られた人物1883人を見出しに掲載。

◇観る者と求める者―ツルゲーネフとドストエフスキー　佐藤清郎著　武蔵野書房　1993.12

◇ロシア文学裏ばなし―虫眼鏡で見た作家の周辺　工藤精一郎著　中央公論社（中公新書）　1990.9　Ⓘ4-12-100988-6
＊プーシキンの「決闘と死」をはじめ、ツルゲーネフの失われた「日記と告白小説」、ドストエフスキーの「罪と罰」の受難、トルストイの「復活」発表時の逸話、ゴーリキイの「どん底」公演余談など、ロシア文学の5大作家の周辺を探訪

する。本書は、作家の生きた人間、生臭い対人関係、作品の成立過程の重要なモーメントなどを垣間見せる厖大な資料群から、生の声と生きた事実を掘りおこして描く、秀逸なロシア文学裏ばなしである。

ド・ゴール
De Gaulle, Charles André Joseph Marie

1890〜1970　19・20世紀、フランスの軍人、政治家。第2次大戦中フランス解放運動を指導。

◇ドゴールと自由フランス―主権回復のレジスタンス　渡辺和行著　昭和堂　2017.12　Ⓘ978-4-8122-1702-3

◇図説世界史を変えた50の指導者（リーダー）　チャールズ・フィリップス著，月谷真紀訳　原書房　2016.2　Ⓘ978-4-562-05250-9

◇英雄はいかに作られてきたか―フランスの歴史から見る　アラン・コルバン著，小倉孝誠監訳，梅澤礼，小池美穂訳　藤原書店　2014.3　Ⓘ978-4-89434-957-5

◇指導者とは　リチャード・ニクソン著，徳岡孝夫訳　文芸春秋（文春学芸ライブラリー）　2013.12　Ⓘ978-4-16-813009-0

◇シャルル・ドゴール―民主主義の中のリーダーシップへの苦闘　渡辺啓貴著　慶応義塾大学出版会　2013.7　Ⓘ978-4-7664-2045-6
＊第一次大戦での奮闘と捕虜生活、第二次大戦期のナチスによるパリ陥落とロンドンでの亡命政府樹立、アルジェリア独立戦争の解決と第五共和制創設、大統領への就任、そして五月騒乱へ。本書は、この激変する現代ヨーロッパ史をたどりながら、第五共和制大統領時代の「行動の自由」を求めた自立外交、アメリカ・ソ連に対する「第三の極」としてのヨーロッパ、というドゴール外交の特徴と行動に焦点をあてる。そして、民主主義の中の政治的リーダーシップという今日的課題への答えを探っていく。

◇ド・ゴール―偉大さへの意志　渡辺和行

著　山川出版社　（世界史リブレット人）
2013.6　①978-4-634-35096-0
＊ド・ゴールは、戦争の30年（1914〜44）と繁栄の30年（1944〜73）を生きた軍人にして政治家である。この時代のフランスは激動の歴史を刻んでいる。第一次世界大戦、経済恐慌に苦しんだ30年代、第二次世界大戦とフランス解放の戦い、アルジェリアの独立と第五共和政の誕生、68年の「五月革命」など、その時々の重要な事件にド・ゴールは関与していた。本書の目的は、「ド・ゴールとその時代」を描くことである。

◇ドゴール　エリック・ルーセル著, 山口俊章, 山口俊洋訳　祥伝社　（ガリマール新評伝シリーズ世界の傑物）　2010.12　①978-4-396-62073-8
＊軍の現代化、機甲部隊重視を提唱しながらも無名に近かった少壮将校。亡命先のロンドンでナチスからの解放を呼びかけた「六月一八日の男」。チャーチル、ルーズベルトと渡り合い、つかみとった「戦勝国」の座。泥沼化の手前でアルジェリアを独立させ、五月革命の反乱を収拾―瀕死の共和国を蘇生させ、文武両面で国益を体現した卓抜な指導者像。

◇ドゴールのいるフランス―危機の時代のリーダーの条件　山口昌子著　河出書房新社　2010.5　①978-4-309-24516-4
＊第二次世界大戦とアルジェリア戦争で二度祖国を救い、戦後の国際社会で不退転のリーダーシップを発揮してフランスの独自性を大胆に打ち出したドゴール。長い特派員歴を持つ著者が、徹底した関係者への取材を通して、これまでのドゴール像を全く一新する血の通ったドゴールの姿を浮き彫りにした、渾身の書下し評伝。

◇判断力と決断力―リーダーの資質を問う　田中秀征著　ダイヤモンド社　2006.7　①4-478-18048-2

◇ド・ゴールとミッテラン―刻印と足跡の比較論　A.デュアメル著, 村田晃治訳　世界思想社　（Sekaishiso seminar）　1999.6　①4-7907-0760-1
＊英雄と政治家―右翼・保守、左翼・革新を代表し、政策で対立的、世界観・手法において対照的で、四半世紀間非妥協的な政敵だった二人を対比し、芸術としての政治を描きつつ、仏現代政治史を活写する。

◇世界人物逸話大事典　朝倉治彦, 三浦一郎編　角川書店　1996.6　①4-04-031900-1
＊歴史上の人物の生き生きとした人間像を伝えるエピソードを多数紹介する事典。日本人によく知られた人物1883人を見出しに掲載。

トスカネリ
Toscanelli, Paolo dal Pozzo
1397〜1482　14・15世紀、イタリアの天文学者、医者。「西方航路」を支持し、コロンブスに影響を与えた。

◇世界人物逸話大事典　朝倉治彦, 三浦一郎編　角川書店　1996.6　①4-04-031900-1
＊歴史上の人物の生き生きとした人間像を伝えるエピソードを多数紹介する事典。日本人によく知られた人物1883人を見出しに掲載。

ドストエフスキー
Dostoevskii, Fëdor Mikhailovich
1821〜1881　19世紀、ロシアの作家。神の問題と人間存在を「魂のリアリズム」とよばれる方法で追求。作品に「罪と罰」「白痴」「悪霊」「カラマーゾフの兄弟」など。

◇ドストエフスキーの霊言―ロシアの大文豪に隠された魂の秘密　大川隆法著　幸福の科学出版　2017.12　①978-4-86395-969-9
＊今なお世界に影響を与えつづけるドストエフスキー。日本と世界に語る、驚愕の真実とは。

◇文豪図鑑―あの文豪の素顔がわかる　開発社編　自由国民社　2016.11　①978-4-426-12167-9

◇ドストエフスキーとキリスト教―イエス主義・大地信仰・社会主義　清真人著　藤原書店　2016.10　①978-4-86578-090-1

◇ドストエフスキーの作家像　木下豊房著　鳥影社　2016.8　①978-4-86265-562-2

◇ドストエフスキー―カラマーゾフの預言

ドストエフスキー

河出書房新社　2016.1
①978-4-309-20697-4

◇ドストエフスキー　勝田吉太郎著　第三文明社　2014.4　①978-4-476-03326-7

◇ひらけ！ドスワールド—人生の常備薬ドストエフスキーのススメ　太田直子著　ACクリエイト　(AC BOOKS)　2013.11　①978-4-904249-39-0
＊やっぱり古典！どのハウツー本よりも効果絶大。恋愛、仕事、人間関係…すべてドスが教えてくれる。

◇ドストエフスキーと父親殺し/不気味なもの　ジークムント・フロイト著, 中山元訳　光文社　(光文社古典新訳文庫)　2011.2　①978-4-334-75224-8
＊『カラマーゾフの兄弟』の父親殺しをテーマに、ドストエフスキーの性格と作品を分析した論文と、ホフマンの「砂地」の分析を中心に考察をすすめる「不気味なもの」。みずからの理論を発展させ、鋭い精神分析的考察で文学を読み解き、以降の文学論に大きな影響を与えた重要論文6編。

◇小林秀雄全集　補巻2　註解・追補　小林秀雄, 新潮社著　新潮社　2010.6　①978-4-10-643538-6

◇病にも克った！もう一つの「偉人・英雄」列伝—逆境は飛躍へのバネに　池永達夫著　コスモトゥーワン　2010.5　①978-4-87795-188-7

◇ドストエフスキィの「世界意識」—その文学・人間・思想・社会観の小宇宙　立石伯著　深夜叢書社　2009.11　①978-4-88032-296-4
＊従来論じられることの少なかった『作家の日記』『論文・記録』を軸に据え、ドストエフスキィの精神の深奥に分け入る果敢なる試み。作家の文学・芸術観、人間論から、ロシア論、西欧論、さらに、宗教論、社会思想、政治・経済論、宇宙論までを、文学空間の拡がりにおいて開示する渾身の書き下ろし。「精神のリレー」を継承する第一走者の疾走を目撃せよ。

◇大作家"ろくでなし"列伝—名作99篇で読む大人の痛みと歓び　福田和也著　ワニプラス, ワニブックス〔発売〕　(ワニブックスPLUS新書)　2009.10　①978-4-8470-6004-5

◇ドストエフスキーの世界観　新装復刊　ベルジャーエフ著, 斎藤栄治訳　白水社　2009.5　①978-4-560-08007-8

◇ドストエフスキー—謎とちから　亀山郁夫著　文芸春秋　(文春新書)　2007.11　①978-4-16-660604-7
＊『カラマーゾフの兄弟』新訳が話題の著者によるドストエフスキーの勧め。人物、時代、作品の謎を通して、現代の猛烈なグローバリゼーションに抗して生きる知恵を見出す。

◇ロシアの近代化と若きドストエフスキー—「祖国戦争」からクリミア戦争へ　高橋誠一郎著　成文社　2007.7　①978-4-915730-59-7

◇21世紀ドストエフスキーがやってくる　大江健三郎ほか著　集英社　2007.6　①978-4-08-774861-1
＊いまどきドストエフスキー？知っている人も、知らない人も読み進めれば、ヤメラレない。各界の"ドストエフスキー好き"が、その魅力を余すところなく披露。

◇ドストエフスキイの遺産　セルゲイ・フーデリ著, 糸川紘一訳　群像社　(ロシア作家案内シリーズ)　2006.8　①4-905821-27-4
＊「死の家」(＝監獄)と聖書というドストエフスキイ的な運命を背負って生き、苦難のなかソ連時代に終生キリストと共にあった「教会の人」フーデリがつかみとったドストエフスキイの本質。テキスト分析にこだわる文学理論派のドストエフスキイ解釈を排し、作家の心にあったキリスト教の思想に光をあてる原点回帰のドストエフスキイ論。

◇小説家が読むドストエフスキー　加賀乙彦著　集英社　(集英社新書)　2006.1　①4-08-720325-5
＊十九世紀ロシアを代表する作家ドストエフスキー。二十一世紀の今日なお読者を魅了してやまない作品の現代性の秘密はどこにあるのか…。長編小説の

名手、作家加賀乙彦が『死の家の記録』『罪と罰』『白痴』『悪霊』『カラマーゾフの兄弟』の五作品をテキストに、小説の構造、伏線の張り方、人物の造型法などを読み解く。小説に仕掛けられた謎や隠された構造を明らかにするとともに、ドストエフスキーの宗教的な主題に光を当てた画期的な作家論、作品論である。

◇ドストエフスキー・カフェ──現代ロシアの文学風景　望月哲男著　東洋書店（ユーラシア・ブックレット）　2005.10　④4-88595-586-6
＊ドストエフスキーの生んだ作品の主題・人物像は現代作家にいかなる影響を与えているか、その矛盾をはらむ諸側面が何故普遍性を保ち続けていられるのか、鋭い切り口と説得力ある論証でまとめあげた。

◇ドストエフスキイの生活　33刷改版　小林秀雄著　新潮社（新潮文庫）　2005.4　④4-10-100703-9

◇ドストエフスキイと近代芸術　山田幸平著　塚本学院大阪芸術大学, 小池書院（発売）　2005.2　④4-88315-935-3
＊19世紀のペテルブルグ、ロシア思想、トルストイ、チェーホフ、エル・グレコ…。ドストエフスキイの作風の構造を大阪芸術大学名誉教授・山田幸平が幅広い視点から読み解く。

◇遠藤周作とドストエフスキー　清水正著　D文学研究会　2004.9　④4-434-04823-6

◇ドストエフスキー──木洩れ日のなかを歩む獏の独白　上　大森政虎著　八坂書房　2004.5　④4-89694-807-6

◇ドストエフスキー──木洩れ日のなかを歩む獏の独白　下　大森政虎著　八坂書房　2004.5　④4-89694-808-4

◇回想のドストエフスキー　2　アンナ・グリゴーリエヴナ・ドストエフスカヤ著, 松下裕訳　みすず書房（みすずライブラリー）　1999.12　④4-622-05048-X

◇回想のドストエフスキー　1　アンナ・グリゴーリエヴナ・ドストエフスカヤ著, 松下裕訳　みすず書房（みすずライブラリー）　1999.9　④4-622-05043-9

＊才能に恵まれつつも、厖大な借金、持病、多くの障害に悩む45歳、妻20歳。二人はヨーロッパへ旅立つ…。深い愛のみが描きうる作家の真実。

◇天才たちの不思議な物語──神に愛された人、見捨てられた人　桐生操著　PHP研究所　1998.2　④4-569-55993-X
＊想像を超えた運命のいたずら、世間の誤解、栄光と裏切り、絶望的な恋…。試練を糧にして自分の世界を創造した偉人3人の驚くべき生涯。

◇随想　ドストエフスキー　小沼文彦著　近代文芸社　1997.5　④4-7733-5989-7
＊「人間」という神秘の解明に生涯を費やし、世界、及び日本文学へ多大な影響を与えたドストエフスキー文学の軌跡を辿った随想集。

◇世界人物逸話大事典　朝倉治彦, 三浦一郎編　角川書店　1996.6　④4-04-031900-1
＊歴史上の人物の生き生きとした人間像を伝えるエピソードを多数紹介する事典。日本人によく知られた人物1883人を見出しに掲載。

◇ドストエフスキー　江川卓著　岩波書店（岩波新書）　1994.8　④4-00-003858-3

◇ドストエフスキーの妻　S.V.ベローフ著, 糸川紘一訳　響文社　1994.3　④4-906198-48-1

◇観る者と求める者──ツルゲーネフとドストエフスキー　佐藤清郎著　武蔵野書房　1993.12

◇知られざるドストエフスキー　中村健之介著　岩波書店　1993.12　④4-00-002935-5

◇ドストエフスキー闇からの啓示　森和朗著　中央公論社　1993.11　④4-12-002269-2
＊21世紀の闇を透視する恐るべき洞察力。ドストエフスキーを灯として技術文明社会の昏迷を探る。

◇ドストエフスキー裁判　H.Ф.ベリチコフ著, 中村健之介編訳　(札幌)北海道大学図書刊行会　1993.11　④4-8329-3191-1
＊27歳のドストエフスキーは、秘密警察に逮捕され、死刑判決を受けた。諜報員の報告書、逮捕状、供述書、判決文、皇帝の裁可、手紙などを収集、注・解説を付

ドナテルロ

して時間の流れに沿って配列。臨場感あふれるドラマとして事件を再現する。

◇名作はなぜ生まれたか──文豪たちの生涯を読む　木原武一著　同文書院　（アテナ選書）　1993.11　①4-8103-7172-7
＊不朽の名作を知る。文豪のドラマチックな生涯をさぐる。西洋の文豪、きらめく20名のだいご味。

◇ドストエフスキーの黙示録──死滅した100年　佐藤章著　朝日新聞社　1993.4　①4-02-256561-6

◇剪り取られた眼──レーミゾフ/ドストエフスキイ　淵上克司著　国書刊行会　1992.7　①4-336-03392-7

◇ドストエフスキイ──近代精神克服の記録　改訂新版　吉村善夫著　新教出版社　1991.3　①4-400-61451-4

◇ドストエフスキイへの旅　白川正芳著　武蔵野書房　1991.3

◇ロシア文学裏ばなし──虫眼鏡で見た作家の周辺　工藤精一郎著　中央公論社　（中公新書）　1990.9　①4-12-100988-6
＊プーシキンの「決闘と死」をはじめ、ツルゲーネフの失われた「日記と告白小説」、ドストエフスキーの「罪と罰」の受難、トルストイの「復活」発表時の逸話、ゴーリキイの「どん底」公演余談など、ロシア文学の5大作家の周辺を探訪する。本書は、作家の生きた人間、生臭い対人関係、作品の成立過程の重要なモーメントなどを垣間見せる膨大な資料群から、生の声と生きた事実を掘りおこして描く、秀逸なロシア文学裏ばなしである。

◇ドストエーフスキイ山脈　続　田中幸治著　近代文芸社　1990.4　①4-7733-0154-6

◇ロシアの愛と苦悩　小野理子著　（京都）人文書院　1990.3　①4-409-14033-7
＊プーシキン、ゲルツェン、ドストエフスキイ、チェルヌィシェフスキイ、トルストイ、チェーホフ。彼らの生涯と愛の形を女の立場から渾身で描く。

▌ドナテルロ　Donatello
1386頃～1466　14・15世紀、イタリアの彫刻家。初期のルネサンス彫刻の確立者。作品「ガッタメラータ騎馬像」など。

◇ルネサンス人物列伝　ロバート・デイヴィス、ベス・リンドスミス著、和泉香訳　悠書館　2012.7　①978-4-903487-54-0

◇イラストで読むルネサンスの巨匠たち　杉全美帆子著　河出書房新社　2010.4　①978-4-309-25529-3

◇ルネサンス彫刻家建築家列伝　新装版　ジョルジョ・ヴァザーリ著、森田義之監訳　白水社　2009.1　①978-4-560-09501-0

▌ドビュッシー
Debussy, Achille Claude
1862～1918　19・20世紀、フランスの作曲家。全音音階、平行和音、などを自由に駆使し、印象主義の音楽を確立。

◇ドビュッシーと歩くパリ　新装版　中井正子著　アルテスパブリッシング　2018.4　①978-4-86559-177-4

◇ドビュッシー──香りたつ音楽　島松和正著　講談社エディトリアル　2017.7　①978-4-907514-80-8

◇楽聖ドビュッシー　小松耕輔著, 松下健治編　フュゼ　2017.7　①978-4-908795-02-2

◇ベル・エポックの音楽家たち──セザール・フランクから映画の音楽まで　フランソワ・ポルシル著, 安川智子訳　水声社　2016.8　①978-4-8010-0169-5

◇ドビュッシーとの散歩　青柳いづみこ著　中央公論新社　（中公文庫）　2016.2　①978-4-12-206226-9

◇知識ゼロからの世界の10大作曲家入門　吉松隆著　幻冬舎　2012.4　①978-4-344-90247-3

◇ドビュッシーをめぐる変奏──印象主義から遠く離れて　アンドレ・シェフネル著, 山内里佳訳　みすず書房　2012.2　①978-4-622-07265-2

◇クラシック・ゴシップ！──いい男。ダメ

な男。歴史を作った作曲家の素顔　上原章江著　ヤマハミュージックメディア　2011.9　①978-4-636-87006-0
◇メーテルランクとドビュッシー——『ペレアスとメリザンド』テクスト分析から見たメリザンドの多義性　村山則子著　作品社　2011.3　①978-4-86182-321-3
◇やさしく読める作曲家の物語—モーツァルト、ベートーヴェン、ショパン、ドビュッシー　栗原千種文,小倉正巳絵　ヤマハミュージックメディア　2010.6　①978-4-636-85597-5
◇大作曲家たちの履歴書　下　三枝成彰著　中央公論新社　(中公文庫)　2009.12　①978-4-12-205241-3
◇ドビュッシー——想念のエクトプラズム　青柳いづみこ著　中央公論新社　(中公文庫)　2008.3　①978-4-12-205002-0
＊神秘思想・同性愛・二重人格・近親相姦・オカルティズム…。印象主義という仮面の下に覗くデカダンスの黒い影。従来のドビュッシー観を覆し、その悪魔的な素顔に斬り込んだ、一線のピアニストによる画期的評伝—没後90年。頽廃の作曲家の光と闇。
◇ドビュッシー　松橋麻利著　音楽之友社　(作曲家・人と作品シリーズ)　2007.5　①978-4-276-22189-5
＊友人すら次々背を向けるほどのスキャンダラスな生活の中、多くの傑作が生み出される…類い希なる才能で、フランス音楽の「近代」から「現代」への扉を開いた天才の全貌に迫る。
◇伝記クロード・ドビュッシー　フランソワ・ルシュール著,笠羽映子訳　音楽之友社　2003.9　①4-276-13162-6
＊書籍、日記、評論などを丹念に検証・考証し紡ぎ出したドビュッシーの生涯。ドビュッシー研究の第一人者が最後に残した最上の業績がここに。
◇ドビュッシー書簡集—1884-1918　ドビュッシー著,フランソワ・ルシュール編,笠羽映子訳　音楽之友社　1999.11　①4-276-13164-2
◇ドビュッシー——生と死の音楽　改訂新版　V.ジャンケレヴィッチ著,船山隆,松橋麻利訳　青土社　1999.10　①4-7917-5739-4
＊音楽は沈黙によって息づいている、音楽全体が…。それを越えると沈黙しかないあの極限へ向かっている。それこそ音楽のもっとも内密な本質が隠されている所だ。音楽は自ら生まれ出た沈黙へ、自らを否定するかにみえる沈黙へ向かう。本書は、伝記ではないし、もちろん無味乾燥な分析論でもない。単なる感想とも評論とも違う。細心の読譜にもとづきながら、しかも直観によって楽譜の背後に潜む作曲家の思想や深層心理にまで達する一つの念念がうちたてられている。
◇ドビュッシー——想念のエクトプラズム　青柳いづみこ著　東京書籍　1997.3　①4-487-79296-7
＊印象派の桃色の霧の奥にみえかくれするデカダンスの黒い影—鋭い切り口で従来のドビュッシー観を斬新にくつがえす。
◇ドビュッシーとピアノ曲　マルグリット・ロン著,室淳介訳　音楽之友社　1995.4　①4-276-13160-X
◇ドビュッシー　音楽之友社編　音楽之友社　(作曲家別名曲解説ライブラリー)　1993.6　①4-276-01050-0
＊詩的感情と色彩感覚を音にした印象派の巨匠。詳細な解説と豊富な譜例で、大作曲家の名曲を的確に理解できる。
◇ドビュッシーとその時代　テオ・ヒルスブルンナー著,吉田仙太郎訳　西村書店　(大作曲家とその時代シリーズ)　1992.11　①4-89013-504-9
◇大作曲家の世界　6　近代音楽の創造者マーラー・ドビュッシー・ストラヴィンスキー　クィリーノ・プリンチペ,アンナ・メニケッティ,マルコ・ヴァッローラ著,蓑田洋子,小畑朋子訳　音楽之友社　1990.10　①4-276-22086-6
＊マーラー・ドビュッシー・ストラヴィンスキーをその時代とともにヴィジュアルに紹介。
◇名曲の旅—楽聖たちの足跡　飯野尹著　電波新聞社　1990.5　①4-88554-247-2

ドプチェク

ドプチェク Dubček, Alexander
1921～1992 20世紀、チェコスロバキアの政治家。1968年同国共産党第一書記。自由化政策を進めたが、ソ連邦の武力介入を招き、辞任。

◇希望は死なず―ドプチェク自伝　アレクサンデル・ドプチェク著，イジー・ホフマン編，森泉淳訳　講談社　1993.11　①4-06-206353-0
＊東欧民主改革の指導者A.ドプチェクが明かす"もう一つのプラハの春"。現代史の一ページに新たな光を当てる貴重な証言の数々。歴史の流れに翻弄されながらも真実を追求しつづけた政治家の波乱の生涯。

◇証言 プラハの春　アレクサンデル・ドプチェク著，熊田亨訳　岩波書店　1991.12　①4-00-002689-5
＊人間の顔をした社会主義の試行と挫折。「プラハの春」の先頭に立ったドプチェクの語る改革の動向とワルシャワ条約軍侵攻前後の真相。89年春のこのTVインタヴュは「東欧革命」の導火線となった。

杜甫　とほ

712～770 8世紀、中国、盛唐の詩人。李白と並んで李杜と称され、詩聖と呼ばれる。作品に「北征」など。

◇杜甫と玄宗皇帝の時代　松原朗編　勉誠出版　（アジア遊学）　2018.6　①978-4-585-22686-4
＊玄宗皇帝の即位とともにこの世に生を受けた杜甫は、大唐の盛時、そして破滅の目撃者であった―。「安禄山の乱」以後に数多くの作品をのこし、晩成の詩人とされる杜甫。その基盤が築かれた「開元の治」とは、どのような時代であったのか？　文学の視点のみならず歴史・政治・思想・美術などのさまざまな時代的背景から杜甫の半生をひもとくことで、その人物像を浮かび上がらせるとともに、作品にのこされた太平の記憶を辿り、玄宗皇帝の時代を描き出す。

◇唐代文人疾病攷　小高修司著　知泉書館　2016.7　①978-4-86285-236-6

◇杜甫のユーモア ずっこけ孔子　興膳宏著　岩波書店　2014.3　①978-4-00-025960-6
＊杜甫・孔子などの中国古典に関するもの、その落語訳、ことばの問題、日中交流史、近代日本文学、師友についてなど多彩なテーマの随筆・講演を収録。軽妙な筆致で楽しく読めるエッセイ集。

◇杜甫研究論集　松原朗編　研文出版　2013.10　①978-4-87636-365-0

◇杜甫　川合康三著　岩波書店　（岩波新書 新赤版）　2012.10　①978-4-00-431392-2
＊李白と並び称される唐代の詩人・杜甫（七一二～七七〇）。名門の家に生まれたが、苦労してなった官僚の職をわずか四年で辞め、貧困のなかで放浪生活を送った杜甫は、社会や現実を凝視して、苦難を乗り越える意志を力強くうたう詩をのこした。その悲惨な生涯をたどりながら、世界との抗いを生々しく描いた代表作を読み解く。

◇40歳になったら読みたい李白と杜甫　野末陳平著　青春出版社　（青春新書 インテリジェンス）　2011.10　①978-4-413-04337-3
＊千二百年以上も前に詠まれた詩が、今も多くの人に読み継がれている李白と杜甫。酒を愛し、旅と自由を愛し、玄宗皇帝と楊貴妃のそばで宮廷詩人として人気を博した詩仙・李白と、家族を愛し貧窮の中で人生を見つめ、社会派詩人として詩聖の地位を確立した杜甫。中国を代表する世界的に有名な詩人が、どういう人生を歩みどう生きたのか、二人の足跡をたどる―。

◇李白 杜甫―詩仙、天衣無縫を詠い詩聖、悲憤慷慨を詠う　山口直樹著　学研パブリッシング　2011.9　①978-4-05-405037-2
＊代表作品七十四首と李白・杜甫が詠った唐詩の原風景を詩情豊に再現した「写真漢詩」。作品解説・小伝・撮影ノート・史跡ガイド・年譜。

◇杜甫―憂愁の詩人を超えて　興膳宏著　岩波書店　（書物誕生 あたらしい古典入門）　2009.10　①978-4-00-028295-6
＊若き日に科挙を目指すも果たせず、の

ちには中央政界の思惑とあいつぐ戦乱に翻弄された杜甫の境涯は、まさに「憂愁」と形容するにふさわしい。しかし彼は、しばしば挫折と流浪を経験しながらも、いやそれゆえにこそ、厳しい現実と常に対峙し、自己をとりまく家族、友、社会、そして自然に温かいまなざしを注ぎつづけた。その強靱な精神こそが、「詩聖」を誕生させたのである。中国詩史のなかの杜甫の位置を丁寧におさえたうえで、その生涯を辿りながら詩の魅力を存分に味わう。待望の新「杜甫詩選」。

◇杜甫―偉大なる憂鬱　宇野直人，江原正士著　平凡社　2009.2
①978-4-582-83425-3
＊乱世を生き、家族と友と市井の民を愛した男の漢詩に惚れ、逆境の人生に学ぶ。"詩聖"と呼ばれた大詩人の作品と生涯をわかりやすく辿った決定版。

◇杜甫・李白・白楽天―その詩と生涯 中国の三大詩人　福地順一著　鳥影社　2007.12　①978-4-86265-089-4

◇杜甫　宇野直人著　日本放送出版協会（NHKシリーズ　NHK古典講読・漢詩）2007.10　①978-4-14-910624-3

◇李白と杜甫―漂泊の生涯　荘魯迅著　大修館書店　2007.1　①978-4-469-23241-7
＊権力の関わるところに、正義などあるのか？　激動の時代を生きた詩人たちの生涯を、大胆な小説的構想も交えながら骨太に描く、長編評伝。

◇漂泊の詠―私説杜甫詩伝　矢田順治著　現代詩研究会　2006.5

◇杜甫詩を読む　繰井潔著　竹林館（ソフィア叢書　中国文学おもしろ論文集）2002.3　①4-86000-011-0

◇杜甫と芭蕉　曹元春著　白帝社　2000.2
①4-89174-356-5
＊本書の研究方法は、芭蕉の俳諧を歴史的文献的に知ると共に、その精神を把握することにある。第一漂泊の精神、第二表現技法、第三人間観・自然観、第四思想の源流といった、文芸精神の杜甫に由来する点を文献上に実証的にとらえ、それをどのように芭蕉の俳諧に取り入れていったかを明らかにし、更にその精神が芭蕉において、また杜甫において、どのように表現されているか、比較的文学的に幅広く検証している。

◇決定版 吉川幸次郎全集　第25巻　続補　吉川幸次郎著　筑摩書房　1999.10
①4-480-74625-0
＊増補版全集以後に発表された述作を中心とする巻の第一冊で、第一巻から第十二巻までの続補。「読書の学」「私の杜甫研究」ほか二十六篇を収める。

◇随縁護花　陳舜臣著　集英社（集英社文庫）1998.8　①4-08-748845-4
＊紀元前三世紀、秦の始皇帝の命を受け不老不死の薬を求めて東の蓬莱に向かった琅邪国の徐福。それから二千年後、革命途中の孫文は神戸に立ち寄り「日本は覇道をとるのか王道をとるのか」と日本国民に問いかけた。古代から近代までの日中往還の歴史を語る第一部。他に諸葛孔明、ジンギス汗などを素材にした「中国歴史拾遺」、李白、杜甫ほかの「中国詩人列伝」を収録。

◇李白と杜甫　高島俊男著　講談社（講談社学術文庫）1997.8　①4-06-159291-2
＊中国唐代は高名な詩人を輩出したが、なかでも李白と杜甫はひときわ強い光を放っている。七四四年、この両者は唐の副都洛陽で世に名高い奇跡的な邂逅をした。本書は、この時から一年余の交遊を振出しに、広大な中国全土を旅から旅へと明け暮れた二人の変転きわまる生涯をたどり、さまざまな詩の形式ごとに李・杜を比較、考察する。現代語訳をこころみ、李白の奔放、杜甫の沈鬱を浮彫りにした意欲作。

◇杜甫研究　安東俊六著　風間書房　1996.12　①4-7599-0996-6

◇杜甫論の新構想―受容史の視座から　許総著, 加藤国安訳・注　研文出版　1996.10　①4-87636-138-X

◇杜甫　目加田誠著　集英社（漢詩選）1996.9　①4-08-156109-5
＊漂泊の天才詩人、杜甫の詩は人生の誠実さを教える。杜甫の生涯の各時代につ

いて、その時代の特色を最もよく表わす詩を選び、詳しい解説とともに紹介。

◇風呂で読む杜甫　川合康三著　世界思想社　1996.8　④4-7907-0615-X
＊漂泊と憂愁、詩聖の生の軌跡。

◇世界人物逸話大事典　朝倉治彦，三浦一郎編　角川書店　1996.6　④4-04-031900-1
＊歴史上の人物の生き生きとした人間像を伝えるエピソードを多数紹介する事典。日本人によく知られた人物1883人を見出しに掲載。

◇杜甫の旅　田川純三著　新潮社　（新潮選書）　1993.4　④4-10-600435-6
＊70回に及ぶ中国への踏査行を生かし大詩人・杜甫の内面深くふみこんだアカデミック・ノンフィクション。

◇杜甫　詩と生涯　秦泥著，韓美津，陳憶青訳　徳間書店　（徳間文庫）　1992.10　④4-19-567321-6
＊杜甫は中国盛唐期の代表的詩人。『詩聖』と称せられる。23歳で科挙に落第後、彼の人生は、一時左拾遺として宮廷に仕えたものの大半は苦難の放浪の日々であった。国を憂い、民の苦しみを詠じる現実主義的な彼の詩歌は、自身の生活の軌跡であり、唐王朝の衰退とともに推移する時代の客観的な反映といえる。本書は律詩の完成者である社会派詩人杜甫の生涯と詩風の変遷を紹介。日中合同企画出版。

◇杜甫　〔新装版〕　劉開揚著，橋本堯訳　日中出版　（中国古典入門叢書）　1991.4　④4-8175-1189-3

トマス・アクィナス
Thomas Aquinas
1225頃～1274　13世紀、イタリアのドミニコ会士、神学者。アリストテレス哲学をキリスト教思想に調和させ、スコラ哲学を完成。

◇トマス・アクィナス―理性と神秘　山本芳久著　岩波書店　（岩波新書 新赤版）　2017.12　④978-4-00-431691-6

◇トマス＝アクィナス　新装版　稲垣良典著　清水書院　（Century Books　人と思想）　2016.7　④978-4-389-42114-4

◇経済思想の巨人たち　竹内靖雄著　新潮社　（新潮文庫）　2013.11　④978-4-10-125371-8

◇ソクラテスからデカルトまで　山本新著　北樹出版　2012.7　④978-4-7793-0341-8

◇トマス・アクィナス　新装版　稲垣良典著　勁草書房　2007.5　④978-4-326-19831-3
＊13世紀、ラテン・キリスト教世界は危機に直面した。「アリストテレスの衝撃」を受けとめ、新しい哲学の創造に進んだトマスの軌跡。

◇哲学をきずいた人びと　1　ソクラテスからデカルトまで　山本新著　高文堂出版社　2004.5　④4-7707-0717-7

◇美の形而上学―トマス・アクィナス　津崎幸子著　岩波出版サービスセンター（製作）　2004.3

◇「内なることば」の研究―トマス・アクィナスにおける「神の言」との関係において　津崎幸子著　岩波出版サービスセンター（製作）　2003.4

◇トマス・アクィナス　稲垣良典著　講談社　（講談社学術文庫）　1999.5　④4-06-159377-3
＊理性優位の時代に、科学は、また宗教は、人間の生といかに係わっていくのか。本書は、中世最大の思想家トマス・アクィナスの理性と信仰の総合へ向かう思索の軌跡を、伝記や『神学大全』等の著作に拠りつつ論証する。「恩寵は自然を破壊せず、むしろこれを完成する」というトマスのテーゼに、21世紀への解が示される。

◇アウグスティヌスとトマス・アクィナス　新装　E.ジルソン，Ph.ベーナー著，服部英次郎，藤本雄三訳　みすず書房　1998.6　④4-622-04926-0
＊ローマ帝国没落のさなか、キリスト教思想形成期に生きたアウグスティヌスと、中世キリスト教界の円熟期に生きたトマス・アクィナス―対照的な個性の相違をもってヨーロッパ精神史に聳えるこの二人の思想家が目ざしたものは何であったのか。中世哲学史の碩学

による本書は、テキストに即して両者の思考過程をたどりつつ、現代におけるその意義を描き出す。

◇トマス・アクィナス　A.ケニー著,高柳俊一,藤野正克訳　教文館　（コンパクト評伝シリーズ）　1996.10　①4-7642-1065-7
＊本書は哲学者としてのトマス・アクィナスを扱ったものであり、必ずしもトマスと同じ神学上の関心や信仰を持っていないと思われる読者のために書かれたものである。第一章は聖トマスの生涯と彼の著作についての解説と、現代の哲学にとってトマスがいかなる重要性を持っているかについて触れている。第二章はアクィナスの形而上学の体系における主要な考え方の概略を述べたものであり、存在についての学説についても検討を加えている。第三章はアクィナスの精神に関する哲学に充てられている。

◇トマス・アクィナス　稲垣良典著　勁草書房　1996.1　①4-326-19831-1
＊「アリストテレスの衝撃」を受けとめ、新しい哲学の創造に進んだトマスの軌跡。

◇トマス・アクィナス　稲垣良典著　清水書院　（Century Books）　1992.11　①4-389-41114-4
＊中世の精神文化を代表する偉大な作品といえば、だれでもゴシック大聖堂と共にトマス・アクィナスの『神学大全』をあげる。しかし多くの人は、いわば遙かな時代の記念碑であるかのようにトマスを遠くから眺め、讃え、そしてそのまま行き過ぎてしまう。近づいてその生の声に耳を傾ける人は稀である。本書はトマスの生の声を伝え、読者をトマスその人との出会いに導こうとする試みである。

トマス・ジェファソン
Thomas Jefferson
⇒ジェファソン，トマス

トマス・ペイン　Thomas Paine
⇒ペイン，トマス

トーマス・マン　Thomas Mann
⇒マン，トーマス

トマス・モア　Sir Thomas More
⇒モア，トマス

ドーミエ
Daumier, Honoré Victorin
1808～1879　19世紀、フランスの画家、版画家。諷刺的政治漫画、風俗漫画を多数描いた。代表作「三等車」（油彩）など。

◇ドーミエ諷刺画の世界　喜安朗編　岩波書店　（岩波文庫）　2002.2
①4-00-335681-0

◇オノレ・ドーミエ—偉大なる漫画家　ブルース・ロートン著,若桑みどり訳,福間加容訳　大月書店　1997.11
①4-272-61044-9
＊19世紀最大の風刺漫画家ドーミエの芸術活動を、時代背景の中に初めてトータルに描いた大作。漫画、水彩、素描、油彩画、そして彫刻と多彩なメディアはそれぞれドーミエにとってどんな意味をもっていたのか。実作1点1点の極細部を丹念に分析して技法と作品の含意を解読することをつうじて、ドーミエという芸術家の全体像をみごとによみがえらせる。19世紀フランス美術史研究を飛躍させる記念碑的業績。

◇世界人物逸話大事典　朝倉治彦,三浦一郎編　角川書店　1996.6　①4-04-031900-1
＊歴史上の人物の生き生きとした人間像を伝えるエピソードを多数紹介する事典。日本人によく知られた人物1883人を見出しに掲載。

◇オノレ・ドーミエ　ユルク・アルブレヒト著,小谷民菜訳　PARCO出版　（パルコ美術新書）　1995.7　①4-89194-421-8
＊近代ジャーナリズムの発展した19世紀パリで新聞紙上に政治・社会のめまぐるしい動きをカリカチュア作品に込めたドーミエ。4000枚に及ぶリトグラフ、1000枚の木版画を描いたその生涯を追う。

◇ドーミエ　ドーミエ画, ロベール・レー

ドミニコ

著，大島清次訳　美術出版社　（新装BSS
ギャラリー）　1994.9　①4-568-19059-2

◇カリカチュアの近代―7人のヨーロッパ風
刺画家　石子順著　柏書房　1993.12
①4-7601-1014-3
＊18世紀から20世紀にかけて―この時代
「笑い」は「武器」でもあった！　度重な
る弾圧にもかかわらず、爆発的に広
まったカリカチュア‐風刺画の世界。
"時代の鏡"とも呼ばれるそれらの作品
は現実にどんな役割を果たしたのか。

◇ドーミエ　ドーミエ画，ロベール・レー
著，大島清次訳　美術出版社　（BSSギャ
ラリー）　1991.5　①4-568-19010-X

ドミニコ　Domingo de Guzmán

1170頃〜1221　12・13世紀、スペイン生
まれの宗教者、聖人。説教者兄弟修道会
（ドミニコ会）の創立者。托鉢の旅を続け、
清貧を重んじた。

◇聖ドミニコ　マリ・ドミニック・ポアンス
ネ著，岳野慶作訳　サンパウロ　（アルバ
文庫）　1999.4　①4-8056-4809-0

ドラクロワ

Delacroix, Ferdinand Victor Eugène

1798〜1863　18・19世紀、フランス、ロマ
ン派の画家。補色並置による独自な彩色技
法を確立。作品「キオス島の虐殺」など。

◇絵を旅する―印象派の旅から　藤谷千恵
子著　求龍堂　2013.7
①978-4-7630-1209-8

◇絵画のなかの熱帯―ドラクロワからゴー
ギャンへ　岡谷公二著　平凡社　2005.12
①4-582-65206-9
＊ヨーロッパ文明の相対化にはじまり、
ついにはその否定にまで至りついた、
南に向かった画家たちの精神の軌跡。

◇ボードレール批評　2　美術批評2・音楽
批評　シャルル・ボードレール著，阿部良
雄訳　筑摩書房　（ちくま学芸文庫）
1999.3　①4-480-08472-X
＊ギリシア・ローマ、そしてルネサンス以
来の芸術の伝統を遮断し、近代・現代の
幕を開いた重要な概念「モデルニテ」
（現代性）とは何か。ボードレールに
よって生命を与えられた「モデルニテ」
は、道徳的であると同時に野蛮であり、
進歩的であると同時に反動的な様相す
ら帯びる。それは、たんなる美学的概
念にとどまらず、強烈な同時代の主張
となり、歴史的な概念ともなった。近
代芸術の祖ボードレールの「モデルニ
テ」を理解するためのもっとも重要な
論考「現代生活の画家」「ウージェー
ヌ・ドラクロワの作品と生涯」「1859年
のサロン」他を収録。

◇ドラクロワ色彩の饗宴　ウジェーヌ・ド
ラクロワ画・文，高橋明也編・訳　二玄社
（Art & words）　1999.1
①4-544-02075-1

◇ヴィヴァン25人の画家　2　ドラクロワ
新装版　高階秀爾監修・編　講談社
1997.2　①4-06-254752-X
＊巨匠の作品と生涯を浮き彫りにする。
カラー・ドキュメント　図説・ドワクロ
ワの生涯。多彩華麗！　エキゾティシズ
ムに満ちた作品を生み出したロマン派
の巨匠の全貌。

◇想像力と幻想―西欧十九世紀の文学・芸
術　高階秀爾著　青土社　（高階秀爾コレ
クション）　1994.2　①4-7917-9114-2
＊芸術活動の根源に横たわるイマジネー
ションやイリュージョンが、時代や社
会の動きのなかで、どのように生みだ
され、展開するか、その相関を刻明に跡
づけ、〈近代〉の意味を具体的に解きほぐ
す犀利な論攷。

トラヤヌス帝

Trajanus（Marcus Ulpius Crinitus）

52〜117　1・2世紀、ローマ皇帝（在位98
〜117）。五賢帝の一人。ダキアを征服。
ローマ帝国の最大版図を現出。

◇30の「王」からよむ世界史　本村凌二監
修，造事務所編著　日本経済新聞出版社
（日経ビジネス人文庫）　2018.6
①978-4-532-19863-3

◇ローマ五賢帝―「輝ける世紀」の虚像と実
像　南川高志著　講談社　（講談社学術文

庫) 2014.1 Ⓘ978-4-06-292215-9
◇ローマ人の物語 24 賢帝の世紀 上 塩野七生著 新潮社 (新潮文庫) 2006.9
Ⓘ4-10-118174-8
＊紀元二世紀、同時代人さえ「黄金の世紀」と呼んだ全盛期をローマにもたらしたのは、トライアヌス、ハドリアヌス、アントニヌス・ピウスの三皇帝だった。初の属州出身皇帝となったトライアヌスは、防衛線の再編、社会基盤の整備、福祉の拡充等、次々と大事業を成し遂げ、さらにはアラビアとダキアを併合。治世中に帝国の版図は最大となる。三皇帝の業績を丹念に追い、その指導力を検証する一作。

┃ トリボニアヌス　Tribonianus
?〜542頃　5・6世紀、ビザンチンの法学者。「ローマ法大全」を編集。

◇世界伝記大事典　世界編 1〜12　編集代表：桑原武夫　ほるぷ出版
1980.12〜1981.6

┃ トルストイ
　Tolstoi, Lev Nikolaevich
1828〜1910　19・20世紀、ロシアの小説家、思想家。不滅の名作「戦争と平和」(1868〜1869)、「アンナ・カレーニナ」(75〜78)などを生み、晩年は「トルストイ主義」と呼ばれるキリスト教的人間愛を唱えた。

◇ソウル・サバイバー——私を導いた13人の信仰者　フィリップ・ヤンシー著, 山下章子訳　いのちのことば社　2018.3
Ⓘ978-4-264-03891-7

◇ロマン・ロラン著三つの「英雄の生涯」を読む——ベートーヴェン、ミケランジェロ、トルストイ　三木原浩史著　鳥影社
2018.3　Ⓘ978-4-86265-652-0

◇トルストイ新しい肖像　E・J・ディロン著, 成田富夫訳　成文社　2017.9
Ⓘ978-4-86520-024-9

◇文豪図鑑——あの文豪の素顔がわかる　開発社編　自由国民社　2016.11
Ⓘ978-4-426-12167-9

◇トルストイの実像　ボリス・スーシコフ著, 糸川紘一訳　群像社　2015.10
Ⓘ978-4-903619-57-6

◇トルストイ　新装版　八島雅彦著　清水書院　(Century Books　人と思想)
2015.9　Ⓘ978-4-389-42162-5

◇夢と努力で世界を変えた17人——君はどう生きる？　有吉忠行著　PHP研究所
2015.2　Ⓘ978-4-569-78439-7

◇トルストイと生きる　藤沼貴著　春風社
2013.12　Ⓘ978-4-86110-385-8
＊岩波文庫版『戦争と平和』の訳者でもあり、トルストイの翻訳と研究に捧げた著者の生涯は生命の燃焼と呼ぶに相応しく、個性と個性のぶつかり合いを通して文豪の創作と生の真実に迫る。

◇祖国を失ったトルストイ——人間杜翁探求　中尾充夫著　文芸春秋企画出版部
2013.3　Ⓘ978-4-16-008770-5

◇トルストイ大地の作家　糸川紘一著　東洋書店　(ユーラシア選書)　2012.6
Ⓘ978-4-86459-058-7
＊コーカサスでの転地療養、コサックや山民との出会いなしに、後年の文豪トルストイについては語れない。見果てぬ夢は一介の農夫であった。野良着を「一張羅」にしたトルストイの作家人生。

◇父トルストイの思い出　イリヤ・トルストイ著, 青木明子訳　群像社　(ロシア作家案内シリーズ)　2012.6
Ⓘ978-4-903619-34-7
＊長編『戦争と平和』で世界的大作家となったレフ・トルストイを父に持ち、美しいロシアの自然にいだかれて育ったイリヤ。教育熱心な父の教えを直接受け、偉大な作家の家庭人としての日々の姿を間近に見て育った息子が父の死後まもなくつづりはじめた思い出の日々。農奴解放、戦争、皇帝暗殺——時代が大きく揺れ動いていた19世紀のロシアで常に社会の注目を浴び続けた作家である父の思想や社会活動、同時代の大作家トゥルゲーネフとの不和などの人間関係、そして世間を騒がせた晩年の家出と死まで、さまざまなエピソードの真実の姿を家族のひとりとして静かにや

トルストイ

さしさをこめて語る超一級の回想録。

◇真実─トルストイはなぜ家出したか　都築政昭著　近代文芸社　2010.11
ⓟ978-4-7733-7738-5
＊「大文豪」「世界の良心」・トルストイはなぜ82歳という高齢で家出をしなければならなかったのか─その真実に迫る、あまりに人間的なドキュメントに感動せずにはいられない─。

◇落穂拾い─人間トルストイ余話　中尾充夫著　文芸社　2010.11
ⓟ978-4-286-09582-0

◇トルストイを語る─いかに生きるか　小西増太郎著，太田健一監修　万葉舎　2010.10　ⓟ978-4-86050-051-1

◇トルストイ・クロニクル─生涯と活動　藤沼貴著　東洋書店　(ユーラシア・ブックレット)　2010.10　ⓟ978-4-88595-951-6

◇ニーチェからスターリンへ─トロツキー人物論集「1900-1939」　トロツキー著，森田成也，志田昇訳　光文社　(光文社古典新訳文庫)　2010.3　ⓟ978-4-334-75202-6

◇トルストイ　藤沼貴著　第三文明社　2009.7　ⓟ978-4-476-03300-7
＊『戦争と平和』など壮麗な文学作品群、民衆教育への執念、真実の宗教を求めての教会権力との対決…八十二年の生涯を跡づけるトルストイ研究の最高峰。

◇文豪の真実　エドワード・ソレル画・文，藤岡啓介訳　マール社　2007.9
ⓟ978-4-8373-0434-0

◇小西増太郎・トルストイ・野崎武吉郎─交情の軌跡　太田健一著　吉備人出版　2007.4　ⓟ978-4-86069-162-2

◇トルストイ─人と作品をめぐる断片　幸林清栄著　泰斗舎　2007.2
ⓟ978-4-925190-09-1

◇トルストイ家の箱舟　ふみ子・デイヴィス著　群像社　2007.1
ⓟ978-4-903619-03-3
＊16歳年上の作家と結婚し、13人の子を産み、終生そいとげるつもりのソフィア夫人。すべての財産を民衆に捧げようとする夫レフ。夫婦の晩年にいったい何があったのか。子どもたちは両親をどう見ていたのか。秘書ブルガーコフの日記、夫婦の日記をもとに文豪の家族がかかえたドラマを追う─。

◇トルストイの生涯　ロマン・ロラン著，蛯原徳夫訳　岩波書店　(岩波文庫)　2005.6　ⓟ4-00-325561-5
＊ロマン・ロランは、人生と芸術に悩む無名の一青年であった若き日の自分の手紙に返事を寄せて励ましてくれた老トルストイを終生、人生最大の師と仰ぎ、尊敬と愛情を抱き続けた。その恩にむくいるべく筆をとったのがこの伝記である。ここには超人的な偉人トルストイではなく、人間のうちでも最も人間的なトルストイが描かれている。

◇トルストイの伝記、評伝及びトルストイの論説語録に関する図書目録　中尾充夫編〔中尾充夫〕　2003.8

◇トルストイ　八島雅彦著　清水書院　(Century books　人と思想)　1998.12
ⓟ4-389-41162-4
＊世界文学の中に屹立する二大傑作『戦争と平和』および『アンナ・カレーニナ』を生み出したロシアの文豪トルストイ。彼にはたぐいまれな広い視野と目に映る広大な生活のすみずみまでを識別する豊かな感受性とがあった。彼はロシアの生活を愛し、ロシアの人々、とりわけ農民たちと子どもたちを愛した。しかし、この豊かな精神は、一方で真理を探求してやまない精神でもあった。彼は時代の風潮に反発し、あらゆる権威・権力に反発して、絶対的な自由を、真の創造性を、そして人生の本当の意味を執拗に求めつづけた。その彼がついに見いだした人間にとっての自由と創造性、生きることの意味とはいかなるものだったのか。人生の教師トルストイの投げかける問いかけは、現代においてどんな意味をもちうるのだろうか。

◇トルストイと日本　柳富子著　早稲田大学出版部　1998.9　ⓟ4-657-98312-1
＊独創的なトルストイ論。森鷗外、芥川龍之介、中里介山をはじめ日本の知識人たちに与えたトルストイの影響を、厳密な考証に基づいて読み解く。

◇世界人物逸話大事典　朝倉治彦，三浦一郎編　角川書店　1996.6　①4-04-031900-1
＊歴史上の人物の生き生きとした人間像を伝えるエピソードを多数紹介する事典。日本人によく知られた人物1883人を見出しに掲載。

◇トルストイ　ヘンリー・ギフォード著，小沼文彦，広瀬良一訳　教文館　（コンパクト評伝シリーズ）　1993.11　①4-7642-1051-7

◇名作はなぜ生まれたか──文豪たちの生涯を読む　木原武一著　同文書院　（アテナ選書）　1993.11　①4-8103-7172-7
＊不朽の名作を知る。文豪のドラマチックな生涯をさぐる。西洋の文豪、きらめく20名のだいご味。

◇トルストイの言葉　〔新装版〕　小沼文彦訳編　弥生書房　（人生の知恵）　1993.4　①4-8415-0670-5

◇トルストイの生涯　藤沼貴著　第三文明社　（レグルス文庫）　1993.1　①4-476-01206-X
＊権力と闘い、内なる生の鉱脈を掘りつづけた巨人の実像に迫る力作。

◇続 大人のための偉人伝　木原武一著　新潮社　（新潮選書）　1991.6　①4-10-600400-3
＊『森の生活』のソロー、『ユートピアだより』のモリスをはじめ、トルストイ、マルクス、フランクリン、ルソー、モンテーニュ、レオナルド・ダ・ヴィンチ、福沢諭吉など、九人の「偉人」の生涯と作品に、新しい光をあてる。

◇インテレクチュアルズ　ポール・ジョンソン著，別宮貞徳訳　共同通信社　1990.9　①4-7641-0243-9
＊ルソーは子どもっぽい思想家、マルクスはめったに風呂に入らず金銭感覚はゼロ、ヘミングウェイは「行動」を口にするばかりで日々酒におぼれ、サルトルは「ことば」の洪水に次々と若い女性を引きずりこんだ。知の巨人たちの驚くべき実像。

◇ロシア文学裏ばなし─虫眼鏡で見た作家の周辺　工藤精一郎著　中央公論社　（中公新書）　1990.9　①4-12-100988-6

＊プーシキンの「決闘と死」をはじめ、ツルゲーネフの失われた「日記と告白小説」、ドストエフスキーの「罪と罰」の受難、トルストイの「復活」発表時の逸話、ゴーリキイの「どん底」公演余談など、ロシア文学の5大作家の周辺を探訪する。本書は、作家の生きた人間、生臭い対人関係、作品の成立過程の重要なモーメントなどを垣間見せる厖大な資料群から、生の声と生きた事実を掘りおこして描く、秀逸なロシア文学裏ばなしである。

◇レフ・トルストイと革命運動　エルヴィン・オーバーレンダー著，法橋和彦監訳・解説　大阪外国語大学学術出版委員会　（大阪外国語大学学術研究双書）　1990.3　①4-900588-01-6

◇ロシアの愛と苦悩　小野理子著　（京都）人文書院　1990.3　①4-409-14033-7
＊プーシキン、ゲルツェン、ドストエフスキイ、チェルヌィシェフスキイ、トルストイ、チェーホフ。彼らの生涯と愛の形を女の立場から渾身で描く。

▌**トルーマン**　Truman, Harry S.
1884～1972　19・20世紀、アメリカの政治家。第33代大統領（在任1945～1953）。第2次大戦の終局処理に従事。トルーマン・ドクトリンなどを推進し、冷戦に対処した。

◇ヘンリー・スティムソン回顧録　下　ヘンリー・L・スティムソン，マックジョージ・バンディ著，中沢志保，藤田怜史訳　国書刊行会　2017.6　①978-4-336-06149-2

◇世界を変えたアメリカ大統領の演説　井上泰浩著　講談社　（講談社パワー・イングリッシュ）　2017.3　①978-4-06-295261-3

◇歴史を翻弄した黒偉人　黒偉人研究委員会編　彩図社　2014.4　①978-4-88392-984-9

◇歴史を翻弄した黒偉人─33人の怪物　黒偉人研究委員会編　彩図社　2010.12　①978-4-88392-768-5

◇ベスト&ブライテスト　上　栄光と興奮に憑かれて　デイヴィッド・ハルバースタ

ム著, 浅野輔訳　二玄社　(Nigensha Simultaneous World Issues)　2009.12
①978-4-544-05306-7

◇戦後アメリカ大統領事典　藤本一美著者代表,大空社編集部編　大空社　2009.2
①978-4-283-00623-2

◇アメリカ大統領の挑戦―「自由の帝国」の光と影　本間長世著　NTT出版　2008.5
①978-4-7571-4185-8

◇直言の人ハリーSトルーマン　マール・ミラー著, 芹沢満訳　アルファー（製作）2003.8

◇人物日米関係史―万次郎からマッカーサーまで　斎藤元一著　成文堂　1999.11
①4-7923-7068-X
＊本書は八人の伝記を通して日米関係の歴史を簡潔に、しかもその多岐にわたる面を掘り下げて描写する力作である。

◇世界人物逸話大事典　朝倉治彦, 三浦一郎編　角川書店　1996.6　①4-04-031900-1
＊歴史上の人物の生き生きとした人間像を伝えるエピソードを多数紹介する事典。日本人によく知られた人物1883人を見出しに掲載。

◇原爆投下決断の内幕―悲劇のヒロシマナガサキ　下　ガー・アルペロビッツ著, 鈴木俊彦, 岩本正恵, 米山裕子訳　ほるぷ出版　1995.8　①4-593-57033-6
＊多くの人命を救うためという、アメリカのヒロシマ「神話」を暴く。アメリカの歴史家が最新の資料をもとに暴露するアメリカ指導部の虚偽。

◇ホワイトハウス日記 1945 - 1950―トルーマン大統領とともに　イーブン・A.エアーズ著, ロバート・H.ファレル編, 宇佐美滋, 木村卓司, 寺地功次, 橋本美智子訳　平凡社　（20世紀メモリアル）　1993.7
①4-582-37325-9
＊トルーマン政権の副報道官が密かに書き残したこの日記は、第2次世界大戦終結から朝鮮戦争勃発へといたる、今世紀史上とりわけ重要な時期におけるアメリカ政権中枢の赤裸々な動きを克明に映し出している。秘密裡につづられたホワイトハウスの真実。

◇トルーマン回顧録　〔新装版〕　ハリー・S.トルーマン著, 堀江芳孝訳　恒文社　1992.4　①4-7704-0752-1
＊第2次大戦末期の1945年4月、ルーズベルト大統領の急死により、米国大統領に就任したトルーマン―。世界史の稀にみる激動期に登場した運命の政治家が綴る第一級の資料。

▋ドレーク　　Drake, Sir Francis
1540頃～1596　16世紀、イギリス最初の世界周航をした船乗り。ドレーク海峡を発見。1988年無敵艦隊撃破にも貢献。

◇航海の世界史　新装復刊　ヘルマン・シュライバー著, 杉浦健之訳　白水社　2010.5　①978-4-560-08074-0
＊エジプト人、フェニキア人の舟から原子力船に至る航海の歴史を、船の構造の変化や、民族・大陸間の関係をおりまぜ、詳細な資料を背景に概観する。

◇海賊キャプテン・ドレーク―イギリスを救った海の英雄　杉浦昭典著　講談社（講談社学術文庫）　2010.4
①978-4-06-291989-0
＊一〇歳にしてテームズ川の船乗りになり、マゼランの半世紀後、史上二人目の世界周航者となったキャプテン・ドレーク。奴隷貿易とスペイン植民地襲撃で、巨万の富を手に入れる一方、エリザベス女王にサーの称号を受け、イギリス海軍提督として無敵艦隊を撃退する。一六世紀、海上という無法地帯を舞台に、大暴れした男たちの野望と冒険を活写する。

◇大航海時代の風雲児たち　飯島幸人著　成山堂書店　1995.5　①4-425-94521-2

◇大航海者の世界 4　ドレイク 無敵艦隊を破った男　ネヴィル・ウィリアムズ著, 向井元子訳　原書房　1992.7
①4-562-02304-X
＊イギリス人として初めて世界周航をなしとげ、海上覇権をめぐるスペインとの熾烈な戦いにおいて無敵艦隊を打ち破り、イギリスの世界帝国への道を開いたドレイク。不屈の勇気、卓越したリーダーシップ、エリザベス女王への熱烈な忠誠心を持った海の英雄の怒濤の生涯。

ドレフュス　Dreyfus, Alfred

1859〜1935　19・20世紀、ユダヤ系のフランス陸軍将校。1894年ドイツのスパイとされたが無罪を主張、1899年に釈放され、1906年最終的な免責を受けた。

◇世紀の大スパイ　陰謀好きの男たち　柏原竜一著　洋泉社　2009.2　①978-4-86248-367-6
　＊ノルマンディー上陸作戦の真の貢献者はダブルクロスだった！　コミンテルンはスパイ工場だった！　なぜナチスはスパイ狩りに成功し、英国は失敗したのか？　最強の情報機関（SOE）を崩壊させたのは誰か？　現実のほうがフィクションより面白い！　華麗で残酷なスパイの世界。

◇ドレフュス事件　大仏次郎　朝日新聞社（朝日選書）　2003.6　①4-925219-81-2

◇ドレフュス家の一世紀　平野新介著　朝日新聞社　（朝日選書）　1997.8　①4-02-259682-1
　＊一家の世紀末は「事件」から始まった。19世紀末フランスをゆるがしたドレフュス事件。罪を着せられた彼の晩年、取り巻く人々、アウシュビッツに送られた孫娘。このユダヤ人一族が迎える次の世紀末は？　子孫へのインタビューで綴るもう一つの歴史。

◇世界人物逸話大事典　朝倉治彦，三浦一郎編　角川書店　1996.6　①4-04-031900-1
　＊歴史上の人物の生き生きとした人間像を伝えるエピソードを多数紹介する事典。日本人によく知られた人物1883人を見出しに掲載。

◇国家主義とドレフュス事件　モーリス・バレス著，稲葉三千男訳　創風社　1994.6　①4-915659-48-8

◇ドレーフュス事件　ピエール・ミケル著，渡辺一民訳　白水社　（文庫クセジュ）　1990.8　①4-560-05709-5

トロツキー
　Trotskii, Lev Davidovich

1879〜1940　19・20世紀、ロシアの革命家。10月革命の指導者の一人。

◇トロツキー　上　ロバート・サーヴィス著，山形浩生，守岡桜訳　白水社　2013.4　①978-4-560-08272-0
　＊「天才革命家」の光と陰。誕生から、革命運動への傾倒、流刑と亡命、レーニンとの出会い、十月革命までを精細に描く評伝。「20世紀の社会主義」に一石を投じる、英国の泰斗による注目の大作！　ダフ・クーパー賞受賞作品。

◇トロツキー　下　ロバート・サーヴィス著，山形浩生，守岡桜訳　白水社　2013.4　①978-4-560-08273-7

◇革命児たちの仰天!?情熱人生　アンヌ・ブランシャール，フランシス・ミジオ著，セルジュ・ブロッシュ絵，木山美穂訳　岩崎書店　2012.10　①978-4-265-85026-6

◇魯迅とトロツキー——中国における『文学と革命』　長堀祐造著　平凡社　2011.9　①978-4-582-48218-8

◇トロツキー暗殺と米ソ情報戦—野望メキシコに散る　篠崎務著　社会評論社　2009.11　①978-4-7845-0588-3

◇亡命日記—査証なき旅　トロツキー著，栗田勇，浜田泰三訳　現代思潮新社　2008.3　①978-4-329-02037-6

◇トロツキーの挽歌　片島紀男著　同時代社　2007.10　①978-4-88683-616-8
　＊トロツキーの政治的評伝としては、ドイッチャーやプルーエの著作があり、トロツキー自身の自伝もある。本書はこれらとはひと味違う。レーニンと並ぶロシア革命の指導者でありながら、スターリンとの闘いに敗れ、トルコ、ノルウェー、メキシコと世界各地に亡命の地を探しながら、それでも革命への意志を持ち続け、スターリンの手先の凶刃に倒れるまで、その闘いをやめなかった「偉大な男」の生きざまを描いた「挽歌」であり、「オマージュ」である。「革命家としてのトロツキー」だけでなく、二人の娘、二人の息子の命をスターリンによって奪われ、悲しみに沈むトロツキー、情報の不足にいらいらしながら世界情勢を分析し、激動する時代

に対して、闘いの方向を示し続けたトロツキー、妻ナタリアと共に多くの同志や友人からの助けを受け、交友を深めたトロツキー、こうした人間としてのトロツキーの晩年を、作者自身のトロツキーに対する限りない敬意と哀惜の念をもって描いている。そして本書はまた、革命の成果を簒奪し、ソ連の崩壊に導いたスターリン体制に対する厳しい告発の書でもある。

◇メキシコ時代のトロツキー──1937-1940　小倉英敬著　新泉社　2007.3
①978-4-7877-0701-7
＊スターリンにソ連邦を追放され、世界各地を流浪した末に暗殺されたロシア革命の英雄レフ・トロツキー最後の3年半を過ごした亡命地メキシコの人間模様と当時の社会情勢を、画家フリーダ・カーロとの恋愛など豊富なエピソードを交えながら鮮やかなドラマとして描きだす。スターリンによる戦慄のトロツキー暗殺計画の全容も再現するなかから、ロシア革命の何が誤りだったのか、人類はどのような教訓が得られるのかを同時に探る。

◇知られざる世界史　あの人の「幕引き」──彼らを待ちうけていた意外な運命とは　歴史の謎研究会編　青春出版社　（青春文庫）　2005.7　①4-413-09320-8

◇偉大なる敗北者たち──メアリ・スチュアートからゲバラまで　ヴォルフ・シュナイダー著、瀬野文教訳　草思社　2005.5
①4-7942-1407-3

◇わが生涯　下　トロツキー著、志田昇訳　岩波書店　（岩波文庫）　2001.3
①4-00-341280-X

◇わが生涯　上　トロツキー著、森田成也訳　岩波書店　（岩波文庫）　2000.12
①4-00-341279-6

◇トロツキーとグラムシ──歴史と知の交差点　片桐薫、湯川順夫編　社会評論社　1999.12　①4-7845-0317-X
＊これまで長いあいだ、トロツキーとグラムシはいわば背中合わせ、もしくは遠く離れた政治思想家と見られ、両者を並べて論じることなど、論外のこととされてきた。今日、20世紀の政治および政治思想を総括するにあたって、トロツキーとグラムシの関係だけでなく、当時の政治や政治思想を含むコミンテルンや第二インターナショナルその他の見直しの一環として、こうした作業は避けて通ることのできない問題である。本書では、こうした最初の試みとして、六人の執筆者がそれぞれトロツキーとグラムシの関係を論じている。

◇トロツキー　3　1929-1940　ピエール・ブルーエ著，杉村昌昭監訳，毬藻充監訳　柘植書房新社　1997.8　①4-8068-0135-6

◇世界人物逸話大事典　朝倉治彦，三浦一郎編　角川書店　1996.6　①4-04-031900-1
＊歴史上の人物の生き生きとした人間像を伝えるエピソードを多数紹介する事典。日本人によく知られた人物1883人を見出しに掲載。

◇生きているトロツキイ　佐々木力著　東京大学出版会　1996.2　①4-13-013018-8
＊時流に抗し、21世紀への"希望"をうたう知的レジスタンスの書。日本を代表する国際的科学史家が、ロシアの「社会主義」の実験を歴史的に問い直し、古典的マルクス主義の継承者トロツキイの思想の現代的意義を探る。

◇トロツキー　2　1922-1929　ピエール・ブルーエ著，杉村昌昭監訳，毬藻充監訳　柘植書房　1994.12　①4-8068-0134-8

◇トロツキー再評価　P.デュークス編，T.ブラザーストーン編，志田昇監訳，西島栄監訳　新評論　1994.12　①4-7948-0238-2

◇トロツキー──その政治的肖像　上　ドミートリー・A.ヴォルコゴーノフ著，生田真司訳　朝日新聞社　1994.7
①4-02-256792-9
＊旧ソ連で歴史から抹殺されていた革命家・トロツキーに、初めてロシア人の視点から光を当てる。

◇トロツキー──その政治的肖像　下　ドミートリー・A.ヴォルコゴーノフ著，生田真司訳　朝日新聞社　1994.7
①4-02-256793-7

◇トロツキー　1　1879-1922　ピエール・

ブルーエ著，杉村昌昭，毬藻充監訳　柘植書房　1993.8　①4-8068-0133-X
＊膨大な資料を駆使して20世紀の歴史証言、トロツキーの実像に迫る。
◇トロツキー伝三部作　アイザック・ドイッチャー著，田中西二郎，橋本福夫，山西英一訳　新評論　1992.2　①4-7948-0124-6
◇甦るトロツキー　村岡到著　稲妻社（ブックレット稲妻）　1990.9
◇（写真集）トロツキー—時代の証言「1879-1940」ロシア革命を生きて　新時代社　1990.8

【 な 】

ナイティンゲール
Nightingale, Florence
1820〜1910　19・20世紀、イギリスの看護婦。看護婦の職制を確立。病院、医療制度の改革にも努めた。

◇闘うナイチンゲール—貧困・疫病・因襲的社会の中で　德永哲著　花乱社　2018.5　①978-4-905327-87-5
◇世界を変えた100人の女の子の物語—グッドナイトストーリーフォーレベルガールズ　エレナ・ファヴィッリ，フランチェスカ・カヴァッロ文，芹沢恵，高里ひろ訳　河出書房新社　2018.3　①978-4-309-27931-2
◇世界を変えた10人の女性—お茶の水女子大学特別講義　池上彰著　文芸春秋　（文春文庫）　2016.5　①978-4-16-790619-1
◇ナイチンゲール　新装版　小玉香津子著　清水書院　（Century Books　人と思想）　2015.9　①978-4-389-42155-7
◇ナイチンゲール讃歌　城ケ端初子編著　サイオ出版　2015.6　①978-4-907176-35-8
◇実像のナイチンゲール　リン・マクドナルド著，金井一薫監訳，島田将夫，小南吉彦訳　現代社　2015.4　①978-4-87474-168-9
◇夢と努力で世界を変えた17人—君はどう生きる？　有吉忠行著　PHP研究所　2015.2　①978-4-569-78439-7
◇ナイチンゲール伝—図説看護覚え書とともに　茨木保著　医学書院　2014.2　①978-4-260-01840-1
＊近代看護の創始者フローレンス・ナンチンゲール。クリミアの過酷な戦地で看護団を率い、帰国後は政府を動かし医療・福祉の広範な改革を主導した彼女は、みずから病み人として半世紀、在宅に引きこもって暮らした孤高の人であった一。ベストセラー『まんが医学の歴史』の著者が向き合った、ナイチンゲールその生涯の物語。月刊『看護教育』で好評を博した連載内容を改稿、更に図説『看護覚え書』を描き下ろし、最後に、「ナイチンゲール誓詞」誕生と、彼女の最後の闘いと未来に託したメッセージに迫る『ナイチンゲールの夢—1893年』を収載した。
◇世界を変えた10人の女性—お茶の水女子大学特別講義　池上彰著　文芸春秋　2013.7　①978-4-16-376450-4
◇ナイチンゲールとマズロー—看護における二人の位置付け　広野照海著　さんこう社　2013.4　①978-4-902386-58-5
◇フローレンス・ナイチンゲールの落とし物　角田栄子著　文芸社　2012.3　①978-4-286-11662-4
◇実践を創る　新看護学原論—ナイチンゲールの看護思想を基盤として　金井ひとえ著　現代社　2012.3　①978-4-87474-150-4
◇偉人たちの黒歴史　偉人の謎研究会編　彩図社　2011.12　①978-4-88392-828-6
◇ナイチンゲールの真実—信仰と献身の美徳を語る　大川隆法著　幸福の科学出版　2011.5　①978-4-86395-117-4
◇医師という生き方　茨木保著　ぺりかん社　（発見！しごと偉人伝）　2010.9　①978-4-8315-1272-7
◇情熱思考—夢をかなえた45人の物語　是久昌信著　中経出版　2010.5　①978-4-8061-3702-3
◇数学を拡げた先駆者たち—無限、集合、カ

オス理論の誕生　マイケル・J.ブラッドリー著,松浦俊輔訳　青土社　（数学を切りひらいた人びと）　2009.4
①978-4-7917-9173-6

◇怒れる女たち　八坂裕子著　ホーム社, 集英社〔発売〕　2008.10
①978-4-8342-5147-0

◇ナイチンゲールは統計学者だった！―統計の人物と歴史の物語　丸山健夫著　日科技連出版社　2008.6　①978-4-8171-9273-8
＊ナイチンゲールは、統計学者だった！英国の陸軍兵士たちへの熱い想いが、彼女を統計学のプレゼンテーションの世界へと導く。ナイチンゲールと統計学の関係をはじめ、19世紀の統計学を創った、日本と西洋の人々の物語。

◇ヴィクトリア朝偉人伝　リットン・ストレイチー著, 中野康司訳　みすず書房　2008.2　①978-4-622-07370-3

◇若き天才からのヒント　芹沢俊介著　中経出版　（中経の文庫）　2007.6
①978-4-8061-2726-0

◇世界を変える人たち―社会起業家たちの勇気とアイデアの力　デービッド・ボーンステイン著, 井上英之監訳, 有賀裕子訳　ダイヤモンド社　2007.2
①978-4-478-20092-6
＊この本に登場するのは、貧しい人に自分の財産を寄付した慈善家ではない。「困っている人を生み出している世の中」を変えてやろうと挑み、成功した人たちである。小さな波から大きなうねりを巻き起こす社会起業家の、「世界の作り変え方」がここに。

◇世界女性人名事典―歴史の中の女性たち　世界女性人名事典編集委員会編　日外アソシエーツ, 紀伊国屋書店〔発売〕　2004.10　①4-8169-1800-0

◇福祉に生きた女性先駆者―F・ナイチンゲールとJ・アダムス　鈴木真理子著　草の根出版会　2004.1　①4-87648-192-X

◇ナイチンゲール神話と真実　ヒュー・スモール著, 田中京子訳　みすず書房　2003.6　①4-622-07036-7
＊自らの失敗を個人のものとせず、法則化して公衆のものとするために費やしたエネルギーは、その時代や社会の背景から想像に余りある。これこそ今、わが国の医療界が直面している事故や過誤の事実公開、情報開示への教訓でなくて何であろう。本書の全ページにわたる苦闘のありさまと、改革を阻む勢力、ともに推進する友人たちの姿に、今世紀に生きる私たちが受け継ぎ発展させなければならない課題は何か。

◇池田名誉会長ナイチンゲールを語る―「女性の世紀」に寄せて　池田大作著　聖教新聞社　2002.3　①4-412-01186-0

◇ナイチンゲール　小玉香津子著　清水書院　（Century books 人と思想）　1999.10　①4-389-41155-1
＊ナイチンゲールの人とその仕事についての研究が進んだ結果、彼女は看護婦と呼ぶには大き過ぎる存在であることがわかってきた。看護はナイチンゲールがまぶしくも特異な生きかたの現象であることを思い知らされ、看護の世界は彼女を看護婦のシンボルと言い立てなくなった。ところが一般社会では、今なおナイチンゲールといえば看護である。彼女の名を一夜にして高めた、"クリミアで傷病兵を看取る天使ナイチンゲール"のイメージがもっぱら通用している。本書は、看護婦の一人である筆者が、フロレンス・ナイチンゲールが何を考えどのように生きたかを描いた小伝であり、ナイチンゲールのイメージの落差"なぜ"への回答でもある。

◇魅惑の女―ひとつのイギリス近代史　西村孝次著　研究社出版　1996.9
①4-327-48132-7

◇旧少年少女のための新伝記全集　野田秀樹著　中央公論社　1996.4
①4-12-002560-8
＊一休さんにシュバイツァー博士、ジャンヌ・ダルクにベーブ・ルース、世界に名だたる偉人さんたち。その非凡なる生涯の秘められた真実に野田秀樹が肉薄。

◇ナイチンゲール―その生涯と思想　3　エドワード・T.クック著, 中村妙子, 友枝久美子訳　時空出版　1994.6

①4-88267-015-1
＊フローレンス・ナイティンゲール（1820―1910）の没後3年目に刊行された本書は、「クックのナイティンゲール伝」として、その後多く世に出たナイティンゲール伝のもととなった定本である。クックは、ナイティンゲールあての手紙、彼女が出した手紙、報告書、覚え書、メモその他の文書、および陸軍省の文書など膨大な一次資料に当たり、これらを引用しつつ、彼女の思索と行動を活き活きと再現する。伝説をはるかにしのぐ、偉大で雄渾な生涯の真実がよみがえる。

◇ナイティンゲールのことば―その光と影　モニカ・ベイリー編，助川尚子訳　医学書院　1994.5　①4-260-34151-0

◇ナイティンゲール―その生涯と思想　2　エドワード・T.クック著，中村妙子，友枝久美子訳　時空出版　1994.2　①4-88267-014-3
＊クックは、ナイティンゲールあての手紙、彼女が出した手紙、報告書、覚え書、メモその他の文書、および陸軍省の文書など膨大な一次資料に当たり、これらを引用しつつ、彼女の思索と行動を活き活きと再現する。伝説をはるかにしのぐ、偉大で雄渾な生涯の真実がよみがえる。

◇ナイティンゲール―その生涯と思想　1　エドワード・T.クック著，中村妙子訳　時空出版　1993.12　①4-88267-013-5
＊サー・エドワード・クックによって、ナイティンゲール没後3年目の1913年に書かれた本書は、すべてのナイティンゲール伝の豊かな源泉となる定本である。クックは手紙、覚え書、メモ、公式文書等の膨大な一次資料に当たり、それらを引用しつつ、フローレンスのなまの声を活き活きと伝え、当時の状況を再現して読者をひきこむ。歴史的資料としても貴重な本書は、伝説をくつがえし、弱者のために生涯を官僚制と戦った彼女の情熱的な生き方と、時代に先駆けた精神を今日によみがえらせる。第1巻は天職を求めて苦悩しつつ自己実現していく若き日から、クリミア戦争終結まで。

◇ナイティンゲール伝―他一篇　リットン・ストレイチー著，橋口稔訳　岩波書店（岩波文庫）　1993.11　①4-00-322811-1

◇フロレンス・ナイチンゲール　上巻　日野秀逸著　労働旬報社（医療ブックス）　1990.7　①4-8451-0142-4
＊近代看護へ大きな影響を及ぼしたナイチンゲールの看護論を、フロレンス・ナイチンゲールという魅力的な女性の生き方、思想、仕事を通じて語る。

┃ **ナーガールジュナ**　Nāgārjuna
　⇒竜樹（りゅうじゅ）

┃ **ナギブ**　Najīb Maḥfūẓ
1901～1984　マハフーズとも。20世紀、エジプトの小説家。「バイナ・ル・カスライン」などの「3部作」によって、戦後アラブ文壇の第一人者の地位を確保した。

◇マフフーズ・文学・イスラム―エジプト知性の閃き　八木久美子著　第三書館　2006.9　①4-8074-0603-5
＊アラブ世界唯一のノーベル文学賞受賞者が82歳で暗殺未遂に遭う。イスラム的知性のあり方を一世紀にわたるひとりの文学者の歩みの中に追求する。

┃ **ナジ・イムレ**　Nagy Imre
1896～1958　20世紀、ハンガリーの政治家。1928～44年にモスクワへ亡命。解放後帰国し、53年に首相。56年ハンガリー動乱で失脚。

◇世界伝記大事典　世界編　1～12　編集代表：桑原武夫　ほるぷ出版　1980.12～1981.6

┃ **ナセル**　Nāṣir, Jamāl ʻAbd al-
1918～1970　20世紀、エジプトの軍人、政治家。1952年クーデターを指導。56年以降大統領として、スエズ運河国有化などの民族主義政策実施。

◇ナセル―アラブ民族主義の隆盛と終焉　池田美佐子著　山川出版社（世界史リブレット人）　2016.4　①978-4-634-35098-4

◇本当は偉くない？ 世界の歴史人物―世界史に影響を与えた68人の通信簿　八幡和郎著　ソフトバンククリエイティブ　（ソフトバンク新書）　2013.8
Ⓘ978-4-7973-7448-3
＊古代から現代に至るまで、よく知られた帝王や政治家を68人選び、それぞれが世界史の中で果たした役割を、「偉人度」と「重要度」の2つの側面から10点満点で評価。世界史において偉人とされている人物たちの実像に迫る。

ナーナク　Nānak

1469〜1538　15・16世紀、シク教の開祖。インド各地で布教に努めた。

◇世界伝記大事典　世界編 1〜12　編集代表：桑原武夫　ほるぷ出版　1980.12〜1981.6

ナポレオン3世
Napoléon Ⅲ, Charles Louis Napoléon Bonaparte

1808〜1873　19世紀、フランス第二帝政の皇帝（在位1852〜1870）。1世の甥。

◇王たちの最期の日々　下　パトリス・ゲニフェイ編，神田順子訳　原書房　2018.6
Ⓘ978-4-562-05571-5

◇英雄はいかに作られてきたか―フランスの歴史から見る　アラン・コルバン著，小倉孝誠監訳，梅沢礼，小池美穂訳　藤原書店　2014.3　Ⓘ978-4-89434-957-5

◇ナポレオン三世　ティエリー・ランツ著，幸田礼雅訳　白水社　（文庫クセジュ）　2010.10　Ⓘ978-4-560-50951-7
＊一八四八年から五二年までは共和国大統領、五二年から七〇年までは皇帝として君臨したルイ＝ナポレオン・ボナパルトの一代記。疑惑の出自、脱獄、亡命を経て登位した波乱の生涯と人物像を紹介する。ながらくあまり評価されてこなかったその統治・理念に光りをあてる。

◇怪帝ナポレオン三世―第二帝政全史　鹿島茂著　講談社　（講談社学術文庫）　2010.10　Ⓘ978-4-06-292017-9
＊偉大な皇帝ナポレオンの凡庸な甥が、陰謀とクー・デタで権力を握った、間抜けな皇帝＝ナポレオン三世。しかしこの紋切り型では、この摩訶不思議な人物の全貌は摑みきれない。近現代史の分水嶺は、ナポレオン三世と第二帝政にある。「博覧会的」なるものが、産業資本主義へと発展し、パリ改造が美しき都を生み出したのだ。謎多き皇帝の圧巻の大評伝。

◇ナポレオン入門―1世の栄光と3世の挑戦　高村忠成著　第三文明社　（レグルス文庫）　2008.2　Ⓘ978-4-476-01262-0
＊崇高なフランス革命の理念を掲げ、ヨーロッパ統一と東西文明の融合を図った英雄の夢とロマンを描く。

◇怪帝ナポレオン3世―第二帝政全史　鹿島茂著　講談社　2004.11　Ⓘ4-06-212590-0

◇ナポレオン3世とフランス第二帝政　高村忠成著　北樹出版　2004.10
Ⓘ4-89384-965-4

◇世界人物逸話大事典　朝倉治彦，三浦一郎編　角川書店　1996.6　Ⓘ4-04-031900-1
＊歴史上の人物の生き生きとした人間像を伝えるエピソードを多数紹介する事典。日本人によく知られた人物1883人を見出しに掲載。

ナポレオン・ボナパルト
Napoléon Ⅰ, Bonaparte

1769〜1821　ナポレオン1世とも。18・19世紀、フランス第一帝政の皇帝（在位1804〜1814）。コルシカ人貴族の子。革命後の混乱を収拾し独裁政権を樹立。

◇王たちの最期の日々　下　パトリス・ゲニフェイ編，神田順子訳　原書房　2018.6
Ⓘ978-4-562-05571-5

◇ナポレオン―最後の専制君主、最初の近代政治家　杉本淑彦著　岩波書店　（岩波新書 新赤版）　2018.2
Ⓘ978-4-00-431706-7

◇ナポレオン時代―英雄は何を遺したか　アリステア・ホーン著，大久保庸子訳　中央公論新社　（中公新書）　2017.12
Ⓘ978-4-12-102466-4

◇図説世界史を変えた50の指導者（リーダー）　チャールズ・フィリップス著, 月谷真紀訳　原書房　2016.2
①978-4-562-05250-9

◇図説ナポレオン—政治と戦争　フランスの独裁者が描いた軌跡　松嶌明男著　河出書房新社　（ふくろうの本）　2016.1
①978-4-309-76236-4

◇世界史劇場駆け抜けるナポレオン—臨場感あふれる解説で、楽しみながら歴史を"体感"できる　神野正史著　ベレ出版　2015.11　①978-4-86064-454-3

◇偉人は死ぬのも楽じゃない　ジョージア・ブラッグ著, 梶山あゆみ訳　河出書房新社　2014.3　①978-4-309-25298-8
＊ベートーヴェンは、体液を抜かれ、蒸し風呂に入れられて死んでいった!?ツタンカーメンからアインシュタインまで、医学が未発達な時代に、世界の偉人たちはどんな最期を遂げたのか？　驚きいっぱいの異色偉人伝！

◇英雄はいかに作られてきたか—フランスの歴史から見る　アラン・コルバン著, 小倉孝誠監訳, 梅沢礼, 小池美穂訳　藤原書店　2014.3　①978-4-89434-957-5

◇ナポレオン—英雄か独裁者か　上垣豊著　山川出版社　（世界史リブレット人）　2013.10　①978-4-634-35062-5
＊フランス革命の激動は国境をこえて、ヨーロッパを揺るがしていた。革命の終着点が見えないなかで一人の青年将軍がフランスの救世主としてあらわれる。神話化されたナポレオンの実像に迫るのはいまだに困難であるが、近年の研究によって当時の統治システムや社会の具体的な様相がかなり解明されてきている。近代世界の揺籃期に登場した英雄の事業を、明らかとなった歴史的背景のなかでとらえ直してみたい。

◇本当は偉くない？　世界の歴史人物—世界史に影響を与えた68人の通信簿　八幡和郎著　ソフトバンククリエイティブ　（ソフトバンク新書）　2013.8
①978-4-7973-7448-3
＊古代から現代に至るまで、よく知られた帝王や政治家を68人選び、それぞれが世界史の中で果たした役割を、「偉人度」と「重要度」の2つの側面から10点満点で評価。世界史において偉人とされている人物たちの実像に迫る。

◇ナポレオン言行録　バラエティ・アートワークス企画・漫画　イースト・プレス　（まんがで読破）　2013.7
①978-4-7816-0958-4
＊18世紀フランス。人々が王政に不満をつのらせはじめていた時代に英雄ナポレオンは生まれた。めざましい戦果と不屈の精神によって皇帝までのぼりつめたナポレオンだが、同時にそれは衰退のはじまりであった…。数々の栄誉と裏切りに直面しながらも最後まで己の理想を追い求めた英雄の力強い言葉と波瀾に満ちた生涯を漫画化。

◇フランス革命の志士たち—革命家とは何者か　安達正勝著　筑摩書房　（筑摩選書）　2012.10　①978-4-480-01554-9

◇ナポレオン愛の書簡集　草場安子著　大修館書店　2012.3　①978-4-469-25079-4

◇フランス王室一〇〇〇年史—ヨーロッパ一の大国、四王家の栄枯盛衰　新人物往来社編　新人物往来社　（ビジュアル選書）　2012.1　①978-4-404-04135-7
＊ユーグ・カペーからナポレオン3世まで、ヨーロッパ史の中心であり続けたフランスの歩み。

◇偉人たちの黒歴史　偉人の謎研究会編　彩図社　2011.12　①978-4-88392-828-6

◇危険な世界史—血族結婚篇　中野京子著　角川書店　（角川文庫）　2011.10
①978-4-04-394003-5

◇ナポレオン—ヨーロッパを制覇した皇帝とボナパルト家の人々　新人物往来社編　新人物往来社　（ビジュアル選書）　2011.8　①978-4-404-04063-3

◇ナポレオンの戦役　ローラン・ジョフラン著, 渡辺格訳　中央公論新社　2011.1
①978-4-12-004190-7
＊傑出した軍人ボナパルトの知謀と素顔、若き皇帝を取り巻く将軍たちの息づかい、戦場の兵士の悲惨な現実…。革命と帝政の時代の戦闘を、そこに生きた

者の目線で臨場感たっぷりに再現。フランスの政治・外交事情、超越的機動力を誇った大陸軍の戦術を、史実と洞察の絶妙なバランスをもって読み解き、戦場の太鼓の響きや砲声までもを生き生きと伝える痛快な戦史。

◇愛と欲望のフランス王列伝　八幡和郎著　集英社　（集英社新書）　2010.12
①978-4-08-720573-2
＊フランスの伝統が生んだ文化は、芸術や料理、ファッションなど世界のさまざまなところに浸透している。だが、学校教育における世界史では、歴史的人物の人間的な部分を削ぎ落としてしまうので、フランス史の真の面白さがわからない。本書は、列伝形式で歴代の王たちを網羅し、現代のセレブに至るまでドラマティックな歴史絵巻として描き出す。人間の歴史の縮図とも言うべきフランス史を、古代から現代まで通史として論じており、この一冊でフランス通になれる書。

◇フランス革命の肖像　佐藤賢一著　集英社　（集英社新書ヴィジュアル版）　2010.5　①978-4-08-720541-1

◇ナポレオン大いに語る　ナポレオン述, フリードリヒ・ジーブルク編, 金森誠也訳　PHP研究所　2009.9
①978-4-569-70972-7
＊皇帝ナポレオンの"人間性"が、鮮やかに浮かび上がる生々しい対話録。

◇ナポレオン フーシェ タレーラン―情念戦争1789‐1815　鹿島茂著　講談社　（講談社学術文庫）　2009.8
①978-4-06-291959-3
＊一七八九年の大革命から一八一五年のワーテルローの戦いまで、ナポレオンの熱狂情念が巻き起こした相次ぐ戦争による混乱と怒涛の三〇年。この偉大なる皇帝の傍らに、警察大臣フーシェ＝陰謀情念と外務大臣タレーラン＝移り気情念なかりせば、ヨーロッパは異なる姿になったにちがいない。情念史観の立場から、交錯する三つ巴の心理戦と歴史事実の関連を丹念に読解し、活写する。

◇皇帝ナポレオンのすべて―ビジュアル詳解　新人物往来社　（別冊歴史読本）　2009.2　①978-4-404-03635-3

◇井沢元彦の英雄の世界史　井沢元彦著　広済堂出版　（広済堂文庫）　2008.5
①978-4-331-65428-6

◇ナポレオン入門―1世の栄光と3世の挑戦　高村忠成著　第三文明社　（レグルス文庫）　2008.2　①978-4-476-01262-0
＊崇高なフランス革命の理念を掲げ、ヨーロッパ統一と東西文明の融合を図った英雄の夢とロマンを描く。

◇若き天才からのヒント　芹沢俊介著　中経出版　（中経の文庫）　2007.6
①978-4-8061-2726-0

◇ナポレオン最期の日―皇帝従僕マルシャンの回想　ルイ・マルシャン著, 藪崎利美編訳　MK出版社　2007.3
①978-4-9902082-1-9

◇「世界の英雄」がよくわかる本―アレクサンドロス、ハンニバルからチンギス・ハーン、ナポレオンまで　寺沢精哲監修　PHP研究所　（PHP文庫）　2007.1
①978-4-569-66766-9

◇セント＝ヘレナ覚書　ラス・カーズ著, 小宮正弘編訳　潮出版社　2006.3
①4-267-01710-7
＊流謫のナポレオン、剣を言葉にかえた最後の闘い。ナポレオン研究の泰斗、渾身の編訳、ついに完成。

◇ナポレオンとヴェルサイユ展―皇帝戴冠200年記念ヴェルサイユ宮殿美術館所蔵　大野芳材ほか編　日本経済新聞社　2006

◇ナポレオン―島々の皇帝、流刑の皇帝　アルノー・ドネー画・文, 藪崎利美訳　東方出版　2005.12　①4-88591-983-5

◇栄光の大ナポレオン展―文化の光彩と人間のロマン　五木田聡ほか編集　東京富士美術館　2005.11

◇知られざる世界史 あの人の「幕引き」―彼らを待ちうけていた意外な運命とは　歴史の謎研究会編　青春出版社　（青春文庫）　2005.7　①4-413-09320-8

◇ナポレオンの恋人たち―愛される女の条

ナポレオン・ボナパルト

◇件　藤本ひとみ著　角川書店　2004.9
①4-04-883897-0

◇ナポレオン―英雄の野望と苦悩　下　エミール・ルートヴィヒ著,北沢真木訳　講談社　(講談社学術文庫)　2004.6
①4-06-159660-8

◇ナポレオンは殺された―犯人・殺害方法・動機まで、驚愕の真相　桐生操著　PHP研究所　2004.6　①4-569-63489-3

◇ナポレオン―英雄の野望と苦悩　上　エミール・ルートヴィヒ著,北沢真木訳　講談社　(講談社学術文庫)　2004.5
①4-06-159659-4

◇ワーテルロー戦役　アルバート・A.ノフィ著,諸岡良史訳　コイノニア社　2004.5　①4-901943-05-7

◇ナポレオン自伝　ナポレオン著、アンドレ・マルロー編,小宮正弘訳　朝日新聞社　2004.4　①4-02-257911-0

◇ナポレオンの生涯　ロジェ・デュフレス著,安達正勝訳　白水社　(文庫クセジュ)　2004.2　①4-560-05871-7

◇江戸のナポレオン伝説―西洋英雄伝はどう読まれたか　岩下哲典著　中央公論新社　(中公新書)　1999.9　①4-12-101495-2
＊北からも南からも出没する異国船。海の外がどうも騒がしい。そう直感した蘭学者たちの前には、「鎖国」という厚い壁が立ち塞がっていた。その頃世界は一人の風雲児によって激動の嵐に巻き込まれており、日本近海の動揺もその余波であった。"震源地"ナポレオンの事績に関心を持ち、伝記を訳述、紹介した小関三英は、蛮社の獄直前に自刃。しかし、彼が開いた西洋偉人研究は兵法研究へと広がる一方、幕末の志士たちの精神的な糧となった。

◇わが人生に悔いあり―世界没落人物伝　藤井薫著　なあぶる　1999.7
①4-931440-15-0
＊ナポレオン、西郷隆盛、レーニン…時代を彩る著名人の共通項とは何か？　それは、人生の前半生で栄耀栄華を極めた後、急転直下で没落し、失意の晩年をすごしていること。なぜ、彼らは栄光の座を追われたのか？　本書は、時代に名を残す著名人たちの波瀾万丈の人生をたどり、その没落の原因を探る。栄光と悲惨を極めた先人たちの人生は、現代を生きるわたしたちにも大きな教訓を与えてくれる。番外編には「大往生をとげた人々」をピックアップ。

◇ナポレオンの生涯　ティエリー・レンツ著,福井憲彦監修,遠藤ゆかり訳　創元社　(「知の再発見」双書)　1999.6
①4-422-21144-7
＊戴冠式でナポレオンは高らかに宣言した。フランスの領土を保全し、国民の権利と平等と自由を尊重すると。これはまさに、フランス革命がめざした理想そのものだった。本書は、ナポレオンの多面的な性格と歴史的位置とを、一面に偏ることなくバランスよく紹介している。

◇セント・ヘレナ日記抄　ラス・カーズ編,小宮正弘訳　潮出版社　1999.5
①4-267-01538-4
＊フランス革命期に彗星のように現れ、たちまちにしてヨーロッパに大帝国を築き上げたナポレオンは、1815年6月、ワーテルローの戦いで、イギリス、プロイセンを主軸とする対仏連合軍の前に屈し、アフリカ大陸のはるか西方、セント・ヘレナの孤島に流刑の身となる。彼を乗せた護送艦ノーサンバーランド号がイギリスのプリマスを出港したのは1815年8月9日。本書は、ナポレオンの随員数名のうちの一人、書記役ラス・カーズによる孤島での貴重な記録の精粋である。やがてナポレオン終焉の地となる島が近づいている。すでに十月も半ばになろうとしている。

◇彼も人の子ナポレオン―統率者の内側　城山三郎著　講談社　(講談社文庫)　1999.3　①4-06-264517-3
＊世界史の上で、最も強烈な光を放った男、ナポレオン。勇敢さと人並み外れた集中力で、仏皇帝の座に就いた彼もまた人の子であった。幼児性を残し、自己正当化の果てに破滅していく生涯。少年兵の体験を持つ著者が、矛盾する大号令を臆面もなくかけ続けた男の素顔に、現地取材して迫る。城山文学の新境地。

ナポレオン・ボナパルト

◇反ナポレオン考―時代と人間　新版　両角良彦　朝日新聞社　（朝日選書）　1998.12　①4-02-259715-1
＊同時代人の見た英雄。反発、非難、中傷の渦の中から、あまりにも個性的な人物像が浮かびあがる。新資料を駆使した新訂版ナポレオン4部作、完結編。

◇フランス革命とナポレオン　専修大学人文科学研究所編　未来社　1998.11　①4-624-11169-9
＊本書は、専修大学人文科学研究所付属「フランス革命史料研究センター」の主に1994年以降の定例研究会活動を総括する意図のもとに企画された論文集である。「フランス革命200周年」後の研究動向をふまえ、「革命・権力・ナポレオン・周縁・革命像」の視点に基づく分析を深め、また、日本における「国民国家を問う」、「過ぎ去ろうとしない近代」といった歴史学上の問題提起および現代の世界史的諸状況・諸課題との関連で、再度、フランス革命・ナポレオンの主体的目標、その客観的役割について再検討を促した。

◇公爵（ウェリントン）と皇帝（ナポレオン）　ジョン・ストローソン著、城山三郎訳　新潮社　1998.10　①4-10-537101-0
＊真のリーダーとは？　人心の掌握とは？　人生の転機での決断とは？　貴族階級から軍人としてインドやエジプトで戦歴を積み、その鋭敏な才知と冷静な判断力で英国軍総司令官として活躍し、首相にまで登りつめた英知の公爵ウェリントン。乱世に生まれ、陸軍一筋に生き、スペインやロシアに対し独創的な戦術を用いて、勝機を摑み、厚い人望から欧州を支配しようとする野心の皇帝ナポレオン。同年齢の英雄二人は、挫折と成功を繰り返し、ワーテルローで天下分け目の決戦を迎える。ライバルの歴史絵巻には、現代に生きるわれわれへの示唆と教訓がある。

◇ナポレオンその栄光　小栗了之著　幻洋社　1998.9　①4-906320-36-8

◇ナポレオン暗殺―セント＝ヘレナのミステリー　ルネ・モーリ著，石川宏訳　大修館書店　1998.2　①4-469-21224-5
＊およそ180年前、南大西洋の孤島で何が起きたのか!?―毒殺説の真相に迫る。

◇ちょっといい話・面白い話・気になる話―人生に取り組む姿勢が変わる　北村龍彦著　日新報道　1998.3　①4-8174-0412-4

◇波瀾万丈のナポレオン―「人間」と「歴史」のロマンを語る　池田大作，フィリップ・モワンヌ，パトリス・モーラ，高村忠成著　潮出版社　1997.5　①4-267-01439-6
＊時代を拓くリーダーシップとは勝利の人生をきずく人間学の要諦。

◇ナポレオンとタレイラン　上　高木良男著　中央公論社　1997.4　①4-12-002676-0
＊己が野望のままに大帝国を夢見たナポレオンと勢力均衡による平和をヨーロッパに齎そうとしたタレイラン、二人の協力と対立を中心に19世紀虚々実々の「外交」を描く決定版。

◇ナポレオンとタレイラン　下　高木良男著　中央公論社　1997.4　①4-12-002677-9
＊友情と同志愛から抗争と敵対に至る二人の関係はフランスの国運を賭けた革命と戦争と平和をめぐる外交思想の対立であり、天才的軍人政治家と思想家外交官の人間ドラマだった。

◇ナポレオン　戦争編　覇権樹立と帝政の崩壊　学習研究社　（歴史群像シリーズ）　1996.11　①4-05-601362-4

◇ナポレオン群星伝―英雄交響曲　3　革命の終焉　中里融司著　学習研究社　（歴史群像新書）　1996.11　①4-05-400745-7

◇ナポレオン　皇帝編　フランス革命と英雄伝説　学習研究社　（歴史群像シリーズ）　1996.10　①4-05-601361-6

◇ナポレオン　上　長塚隆二著　文芸春秋　（文春文庫）　1996.9　①4-16-743902-6

◇ナポレオン　下　長塚隆二著　文芸春秋　（文春文庫）　1996.9　①4-16-743903-4
＊フランス皇帝の地位と絶対権力を手に入れて百鬼夜行の政界を征する一方、アウステルリッツの戦闘などで軍事的才能を発揮したナポレオン。しかし、昇りつめた太陽は必ず没する自然の法則には逆らえない。下巻は、英雄ナポレオンの後半生を描き、国を統べ軍を

指揮する最高指導者の勇気と決断、そしてあるべき姿を提示する。

◇ナポレオン群星伝―英雄交響曲 2 覇王胎動 中里融司著 学習研究社 (歴史群像新書) 1996.7 ①4-05-400681-7

◇世界人物逸話大事典 朝倉治彦,三浦一郎編 角川書店 1996.6 ①4-04-031900-1
＊歴史上の人物の生き生きとした人間像を伝えるエピソードを多数紹介する事典。日本人によく知られた人物1883人を見出しに掲載。

◇ナポレオン群星伝―英雄交響曲 1 剣と外套 中里融司著 学習研究社 (歴史群像新書) 1996.4 ①4-05-400679-5

◇ルイ・ボナパルトのブリュメール一八日―底本 初版本 カール・マルクス著,植村邦彦訳、柄谷行人収録論文 太田出版 1996.4 ①4-87233-269-5
＊本書は、一八五二年春にニューヨークのドイツ語月刊誌『革命』に発表されたマルクスの論文「ルイ・ボナパルトのブリュメール一八日」の翻訳である。

◇彼も人の子ナポレオン―統率者の内側 城山三郎著 講談社 1996.4 ①4-06-207372-2
＊「不遇のときこそ、人は素顔を見せる」。世界史の中で最も強烈な光を放った男のこころを見つめる城山文学の新境地。

◇文豪シャトーブリヤンの見たナポレオン像 山内宏之著 近代文芸社 1995.7 ①4-7733-3970-5

◇フランスの歴史をつくった女たち 第8巻 ギー・ブルトン著、田代葆訳 中央公論社 1995.4 ①4-12-403208-0
＊ナポレオンの時代（その2）。オーストリア皇女マリー＝ルイーズとの再婚、エルバ島での愛情生活、セント＝ヘレナでの最期まで。

◇ナポレオンが愛した三人の女 川島ルミ子著 成星出版 1995.1 ①4-916008-06-5
＊革命と戦争に揺れるヨーロッパ、希代の英雄ナポレオン、そして愛に生きた女たち。異なる運命とロマンが織り成す華麗なる3つの物語。

◇セント・ヘレナ落日―ナポレオン遠島始末 〔新版〕 両角良彦著 朝日新聞社 (朝日選書) 1994.11 ①4-02-259614-7
＊全欧州に君臨した華やかな舞台から一転して、英雄ナポレオンは屈辱の幽囚生活のうちに悲壮な最期をとげる。一孤島セント・ヘレナで送った5年半にわたる晩年の実相に迫って、著者の「ナポレオン」シリーズを締めくくる一大ノンフィクション。

◇悪妻は六十年の不作か？ 日本テレビ放送網 (知ってるつもり?!) 1994.8 ①4-8203-9419-3
＊良妻・悪妻の二面をもつ妻たち。妻たる女性から見る夫婦論。

◇世界史 闇の異人伝 桐生操著 学習研究社 (ムー・スーパー・ミステリー・ブックス) 1994.7 ①4-05-400352-4
＊「パラケルススは人工生命を創造することに成功していた」「ルネサンス・イタリアを暴力によって支配したボルジア家の血塗られた野望」「ドイツに現れた謎の少年、カスパール・ハウザーの正体ははたしてだれか」など、歴史の知られざるエピソードに鋭く迫る。

◇ナポレオン伝説の形成―フランス19世紀美術のもう一つの顔 鈴木杜幾子著 筑摩書房 (ちくまライブラリー) 1994.6 ①4-480-05198-8
＊視覚的な資料を時代の意匠と伝統の交錯する社会的記号として読み解き、歴史に簒奪された美の復権を試みるユニークなフランス美術史。

◇ナポレオン・ボナパルト 山上正太郎著 社会思想社 1994.4 ①4-390-60373-6

◇ナポレオン秘史―マレンゴの戦勝 アントニーノ・ロンコ著、谷口勇,ジョヴァンニ・ピアッザ訳 而立書房 1994.2 ①4-88059-193-9
＊今日では忘却の彼方に消えかけている、北イタリアの小村マレンゴでの対オーストリア軍への僥倖ともいうべき勝利こそ、ナポレオンを一躍英雄に押し上げ、その後の輝かしい王道を切り開いた。ただし、この戦勝は、有能な将軍ドゼの悲劇的な犠牲があってこそ可能だった。この知られざる裏面史を豊富な資料か

ナポレオン・ボナパルト

ら、著者によって初めて明らかにされた。貴重なナポレオン秘史である。

◇新版 一八一二年の雪―モスクワからの敗走　両角良彦著　朝日新聞社　（朝日選書）　1993.11　①4-02-259586-8
＊雪・炎・コサックがナポレオン軍を襲う。はるばるロシアに侵攻した40万の大軍は、なぜ悲惨な末路を迎えたのか―。英雄の没落を決定的にした、大義なき戦いの実相を、1級資料で明らかにしたノンフィクションの傑作。

◇シャトーブリヤンとナポレオン―転んだ仏文学者の覚え書　滝川好庸著　理想社　1993.10　①4-650-90203-7
＊大革命期を生きた二つの巨大な個性、ナポレオンとシャトーブリヤンの互への愛憎を生き生きと描き出した表題作をはじめ、他論文7編。そして真の教育とは？ 真のゆとりとは？ を見すえる教育論10編。仏文学者であり、学園経営者でもある著者の集大成。

◇「大ナポレオン展」カタログ　東京富士美術館編　東京富士美術館　1993.10

◇ナポレオンの戦場―ヨーロッパを動かした男たち　柘植久慶著　集英社　（集英社文庫）　1993.6　①4-08-748039-9
＊世界の戦略・戦術を一変させ、フランスに栄光をもたらした軍事的天才ナポレオン。1769年に生まれ、1821年に没するまで、その生涯は戦いにつぐ戦いで、波乱に満ちたものであった。アメリカの陸軍特殊部隊〈グリン・ベレー〉等に所属し、豊富な戦闘体験を持つ著者が、30年来のテーマであるナポレオンをいま新たな考察で描く。

◇ナポレオン―革命と戦争　本池立著　世界書院　1992.12　①4-7927-2111-3

◇新版 東方の夢―ボナパルト、エジプトへ征く　両角良彦著　朝日新聞社　（朝日選書）　1992.8　①4-02-259557-4
＊政権への野望を燃やす29歳の将軍ナポレオンを、遠いエジプトの地へ進攻させたものは何か？　この一大遠征の発端から終末までを克明に描くノンフィクション、待望の決定版。

◇天才たちの死―死因が語る偉人の運命　ハンス・バンクル著，関田淳子，後藤久子，柳沢ゆりえ，杉村園子共訳　新書館　1992.8　①4-403-24037-2
＊難聴だけでなく、消化不良にも悩まされていたベートーヴェン、高血圧で不眠症だったレーニン、ヘビースモーカーのフロイト、幼いころから病弱だったケネディ。心身の病と闘う歴史上の人物たちの姿に病理学者の視点から光をあて、彼らの隠された素顔を浮かびあがらせる。

◇男の肖像　塩野七生著　文芸春秋　（文春文庫）　1992.6　①4-16-733702-9
＊人間の顔は、時代を象徴する―。幸運と器量にめぐまれて、世界を揺るがせた歴史上の大人物たち、ペリクレス、アレクサンダー大王、カエサル、北条時宗、織田信長、西郷隆盛、ナポレオン、フランツ・ヨゼフ一世、毛沢東、チャーチルなどを、辛辣に優雅に描き、真のリーダーシップとは何かを問う。豪華カラー版。

◇ナポレオン秘話　ジョルジュ・ルノートル著，大塚幸男訳　白水社　（白水Uブックス）　1991.8　①4-560-07312-0

◇私の見聞録―歴史の証言として　ヴィクトル・ユゴー著，稲垣直樹編訳　潮出版社　1991.6　①4-267-01269-5
＊膨大な未定稿から選んだ行動の記録。19世紀フランスの社会と波瀾万丈の人生のなかで、行動する人間・ユゴーがつづる、本にならなかったもう一つの『レ・ミゼラブル』。

◇反ナポレオン考　両角良彦著　朝日新聞社　（朝日選書）　1991.5　①4-02-259526-4
＊フランス革命を継承し、そして破壊した稀有の英雄の実像に、全欧州の反対派の目から迫る。長年にわたるナポレオン研究の最終章。

◇不可能を可能にするナポレオン語録　長塚隆二著　日本教文社　1991.1　①4-531-06222-1
＊戦略戦術・組織運用・人心掌握に無類の才能を発揮した、稀代の英雄・ナポレオンの英知の「言葉」は、時代を超えて現代を動かし、あなたを成功に導く。

◇ナポレオン1812年　ナイジェル・ニコルソン著，白須英子訳　中央公論社　（中公文庫）　1990.6　①4-12-201721-1
＊全盛期の常勝将軍が凡庸な指揮官に敗れた原因は何か。世界史上最大の謎の一つ「モスクワ遠征」の全行程を軍事・作戦面と心理面から生き生きと再現する、臨場感あふれる壮大な歴史絵巻。

【に】

ニクソン　Nixon, Richard Milhous

1913～1994　20世紀、アメリカの政治家。第37代大統領（在任1968～1974）。「ニクソン・ドクトリン」を打出し、ベトナム停戦を実現。またアメリカ大統領として初の訪中、訪ソを行った。ウォーターゲート事件で在任中に辞任。

◇この自伝・評伝がすごい！　成毛真著　KADOKAWA　2017.4　①978-4-04-601925-7
◇世界ナンバー2列伝——史上最強補佐役・宰相・顧問・右腕・番頭・黒幕・参謀　山田昌弘著　社会評論社　2013.11　①978-4-7845-1117-4
＊サブリーダー武勇伝！　序列2位ヒーロー大全！　国の主を祭り上げ、実権を握って、進むべき国の針路を切り開いた、歴史のもう一人の主人公達。国家元首じゃないのに国を導いた、歴史の名脇役達76人。
◇アメリカ合衆国の異端児たち　越智道雄著　日本経済新聞出版社　（日経プレミアシリーズ）　2009.7　①978-4-532-26050-7
◇戦後アメリカ大統領事典　藤本一美著者代表, 大空社編集部編　大空社　2009.2　①978-4-283-00623-2
◇人物アメリカ史　下　ロデリック・ナッシュ, グレゴリー・グレイヴズ著, 足立康訳　講談社　（講談社学術文庫）　2007.9　①978-4-06-159834-8
◇ホワイトハウス・スキャンダル——歴代大統領、驚きの行状　ロナルド・ケスラー著, 桃井健司訳　扶桑社　2005.1　①4-594-04871-4
◇ニクソン・メモ——大統領のメディア工作　マービン・カルブ著, 岡村黎明訳　サイマル出版会　1996.11　①4-377-31096-8
＊ニクソンは、報道の本当の能力と威力を初めて理解した現代の政治家の一人であり、記者たちがニュースのネタを求め、生き残るために取材競争していることを熟知していた。本書はニクソンの新しい伝記というよりもむしろ報道と政治の相互作用の生々しい実例としてのニクソン・メモの物語であり、一人の抜けめのない執念の政治家が名誉回復を追求した物語でもある。
◇戦略家ニクソン——政治家の人間的考察　田久保忠衛著　中央公論社　（中公新書）　1996.7　①4-12-101309-3
＊一九七一年七月ニクソン米大統領は世界の意表をついて訪中を発表、翌年二月歴史的な北京訪問を敢行し対中関係正常化のレールを敷いた。そのためソ連は一夜にして二正面作戦の脅威に直面した。これはニクソンの大戦略であり、彼の対中政策は正真正銘のニクソン・ブランドである。対中外交には彼の全人格的な特徴と戦略的思考が凝縮されている。本書は晩年まで米政界に外交と安全保障上の戦略的助言を与えた政治家の人間研究である。
◇静かなるクーデター——「ウォーターゲート事件」20年後の真実　レン・コロドニー, ロバート・ゲトリン著, 斎藤元一, 柴田寛二訳　新潮社　1993.9　①4-10-526501-6
＊ニクソンは権力争いの犠牲者ではなかったのか？　新しい視点から事件の全貌に迫る。1972年6月、ウォーターゲート・ビルの民主党本部に五人の男が侵入した。これが世に言うウォーターゲート事件である。この事件に関与していたとして、時の大統領ニクソンは辞任し、すべての汚名を着て従容としてホワイトハウスを去った。だが、事件は、そんな単純なものではなかったのだ…。歴史の真実を追及する衝撃の書。
◇ニクソン　わが生涯の戦い　リチャード・

ニクソン著，福島正光訳　文芸春秋　1991.10　①4-16-345580-9
＊勝利と敗北、そして再生―ニクソンだけが語りうる逆境の哲学。最後の勝者たる条件。

ニコライ1世　Nikolai Ⅰ Pavlovich

1796～1855　18・19世紀、ロシアの皇帝（在位1825～1855）。1853年クリミア戦争を引起した。

◇ロマノフ王朝―帝政ロシアの栄光と革命に消えた皇家　新人物往来社編　新人物往来社　（ビジュアル選書）　2011.9　①978-4-404-04071-8

◇ロシア皇帝歴代誌　デヴィッド・ウォーンズ著，栗生沢猛夫監修，月森左知訳　創元社　2001.7　①4-422-21516-7

◇世界人物逸話大事典　朝倉治彦，三浦一郎編　角川書店　1996.6　①4-04-031900-1
＊歴史上の人物の生き生きとした人間像を伝えるエピソードを多数紹介する事典。日本人によく知られた人物1883人を見出しに掲載。

ニコライ2世
Nikolai Ⅱ Aleksandrovich

1868～1918　19・20世紀、帝制ロシア最後の皇帝（在位1894～1917）。皇太子時代に日本で大津事件に遭う。二月革命で退位し、十月革命で殺害された。

◇オリガ・ロマノフ―わたしはプリンセス　オリガ・ロマノフ公女著，井川歩美訳　東洋書店新社　2018.6　①978-4-7734-2031-9

◇興亡の世界史　ロシア・ロマノフ王朝の大地　土肥恒之著　講談社　（講談社学術文庫）　2016.9　①978-4-06-292386-6
＊ヨーロッパとアジアの間で、皇帝たちは揺れ続けた。大改革を強行したピョートル大帝と女帝エカチェリーナ二世、革命の中で銃殺されたニコライ二世一家。民衆の期待に応えて「よきツァーリ」たらんと奮闘したロマノフ家の群像と、その継承国家・ソ連邦の七四年間を含む、広大無辺を誇る多民族国家の通史。暗殺と謀略、テロと革命に彩られた権力のドラマ。

◇ロシアの失墜―届かなかった一知識人の声　E.J.ディロン著，成田富夫訳　成文社　2014.6　①978-4-86520-006-5
＊ロシアとはなにか、どこへ行くのか。古き良きロシアへの思い、脱皮してほしいとの願い、失墜していくロシア帝国、台頭してくる革命勢力。20世紀初頭のロシアを、その中枢近くで見続けたアイルランド人が残した記録。

◇ロマノフ王朝―帝政ロシアの栄光と革命に消えた皇家　新人物往来社編　新人物往来社　（ビジュアル選書）　2011.9　①978-4-404-04071-8

◇ニコライ二世とその治世―戦争・革命・破局　加納格著　東洋書店　（ユーラシア・ブックレット）　2009.10　①978-4-88595-878-6

◇最後のロシア皇帝ニコライ二世の日記　保田孝一著　講談社　（講談社学術文庫）　2009.10　①978-4-06-291964-7
＊帝政ロシア最後の皇帝となったニコライ二世。その生涯は歴史の流れの大転換を一身に体現するものであった。訪日の際の大津事件、日露戦争、第一次世界大戦への突入、戦争の進行に伴う退位と抑留等、歴史的事件の渦中で彼は何を見、どう動いたのか。処刑の直前まで書き続けられた日記から、日常の政務、革命への態度、人間関係、日本観などを読み解く。

◇図説 帝政ロシア―光と闇の二〇〇年　土肥恒之著　河出書房新社　（ふくろうの本）　2009.2　①978-4-309-76124-4
＊ピョートル大帝、エカチェリーナ2世、そして悲劇の最期を迎えたニコライ2世。ロマノフ王朝の華やかな宮廷生活、貧しい農奴のくらし、ボリシェビキによる十月革命…波瀾にみちた帝政ロシアの歴史をたどる決定版。

◇甦るニコライ二世―中断されたロシア近代化への道　エレーヌ・カレール＝ダンコース著，谷口侑訳　藤原書店　2001.5　①4-89434-233-2

ニコライ2世

◇最後のロシア皇帝　植田樹著　筑摩書房
（ちくま新書）　1998.7　①4-480-05767-6
＊皇帝ロマノフ二世とその家族が西シベリア・エカテリンブルグで革命派によって銃殺されたニュースは当時世界を震撼させるものだった。だがこの事件は、近年その遺骸が発掘されるまで、その後七十年もの間なぜか歴史の闇の中に置き去りにされたままにあった。ソ連邦時代を通じて政府当局者さえその所在を知り得なかった事実は一体何を物語っているのだろうか。皇帝一家の遺骸発掘を契機に次々と明らかにされる記録や報道をもとに、隣国ロシアの知られざる歴史の暗部に光をあてる著者会心の力作。

◇ロマーノフ王朝滅亡―革命期の政治の夢と個人の苦闘　マーク・D.スタインバーグ，ヴラジーミル・M.フルスタリョーフ編，川上洸訳　大月書店　1997.3　①4-272-53027-5
＊ロシア最後の皇帝とその一家をめぐる運命の500日。最後のツァーリ、ニコライ二世と妃アレクサーンドラとのあいだに交わされた手紙やふたりの日記を横糸に、生まれたばかりのソヴェート政権の内部機密文書を縦糸にして、二月革命の勃発からロマーノフ王家終焉までの運命の日々をドラマティックに描く資料集。

◇ニコライ二世とアレクサンドラ皇后―ロシア最後の皇帝一家の悲劇　ロバート・K.マッシー著，佐藤俊二訳　時事通信社　1997.1　①4-7887-9643-0
＊20世紀初頭、ボリシェヴィキ革命の中で滅亡したロシア皇帝一家の愛と悲劇を、ドラマチックに描いた読み易い歴史物語。

◇世界人物逸話大事典　朝倉治彦，三浦一郎編　角川書店　1996.6　①4-04-031900-1
＊歴史上の人物の生き生きとした人間像を伝えるエピソードを多数紹介する事典。日本人によく知られた人物1883人を見出しに掲載。

◇ロマノフ家のオルゴール―堀江オルゴール館物語　中村嘉人著　未来社　1994.2　①4-624-71062-2
＊ロマノフ王朝・最後の皇帝ニコライ二世が愛でた絶品のオルゴール、その数奇な運命。滅びゆくオルゴールへの限りなき愛情。

◇ニコライ2世―帝政ロシア崩壊の真実　ドミニク・リーベン著，小泉摩耶訳　日本経済新聞社　1993.10　①4-532-16111-8
＊今日のロシアと酷似する帝政末期ロシア。怒濤の時代を生きたニコライ2世は、けっして暗愚でも卑小な君主でもなかった。帝国の命運を一身に背負った悲劇の皇帝の生涯とその時代を鮮やかに描く、歴史評伝の傑作。通説を覆す全く新たな皇帝像。

◇ニコライ遭難　吉村昭著　岩波書店　1993.9　①4-00-001700-4
＊明治24年5月11日、来日中の露国皇太子襲撃さる―明治日本を揺るがした大津事件。ニコライの長崎来航から、日露の緊張、裁判、そして犯人津田三蔵の死まで未公開記録を踏まえ、事件の全貌と歴史の核心に迫った待望の長編小説。

◇皇帝ニコライ処刑―ロシア革命の真相　上　エドワード・ラジンスキー著，工藤精一郎訳　日本放送出版協会　1993.6　①4-14-080106-9
＊荘厳な舞踏会、皇太子と公女の果てしない愛の誓いは、国境を、そして宗教を越えた。全米大ベストセラー、新資料・新証言による決定版。

◇皇帝ニコライ処刑―ロシア革命の真相　下　エドワード・ラジンスキー著，工藤精一郎訳　日本放送出版協会　1993.6　①4-14-080107-7
＊革命の最中、皇帝ニコライ二世とその家族が処刑された。果たして全員が死んだのか？　処刑を決定したのは誰か？　グラスノスチで発見された新資料、新証言をもとにロシアの劇作家、歴史家でもある著者が、その半生にわたり謎の解明に挑んだノンフィクションの傑作。

◇最後のロシア皇帝ニコライ二世の日記　増補版　保田孝一著　朝日新聞社　（朝日選書）　1990.6　①4-02-259503-5
＊大津事件、日露戦争、バレリーナとの恋、ラスプーチン暗殺、革命、そして処

ニザーム・アルムルク
Nizām al-Mulk
1018〜1092　11世紀、ペルシアの政治家。セルジューク朝のスルタン、マリク・シャーに仕えた名宰相。

◇世界伝記大事典　世界編1〜12　編集代表：桑原武夫　ほるぷ出版　1980.12〜1981.6

ニーチェ
Nietzsche, Friedrich Wilhelm
1844〜1900　19世紀、ドイツの哲学者。実存哲学の先駆者。主著「ツァラトゥストラかく語りき」など。

◇愛と妄想のニーチェ—自分主義の社会学　改訂版　Drオグリ著　スラヴァ書房　2018.3

◇ニーチェ入門　清水真木著　筑摩書房（ちくま学芸文庫）　2018.1
①978-4-480-09830-6

◇6人の世俗哲学者たち—スピノザ・ヒューム・カント・ニーチェ・ジェイムズ・サンタヤナ　ルイス・ホワイト・ベック著, 藤田昇吾訳　晃洋書房　2017.5
①978-4-7710-2809-8

◇ニーチェかく語りき　三島憲一著　岩波書店（岩波現代文庫　学術）　2016.12
①978-4-00-600355-5

◇ニーチェみずからの時代と闘う者　ルドルフ・シュタイナー著, 高橋巖訳　岩波書店（岩波文庫）　2016.12
①978-4-00-337001-8

◇過酷なるニーチェ　中島義道著　河出書房新社（河出文庫）　2016.11
①978-4-309-41490-4

◇ニーチェ＋　溝口隆一編著　ふくろう出版　2016.2　①978-4-86186-667-8

◇13人の誤解された思想家—西欧近代的価値観を根底から問い直す　小浜逸郎著　PHP研究所　2016.1
①978-4-569-82682-0

◇ニーチェと女性たち—鞭を越えて　キャロル・ディース著, 真田収一郎訳・解説　風濤社　2015.8　①978-4-89219-401-6

◇常識なんてにゃンセンス—人生を変える〈ニーチェの言葉〉　リベラル社　2015.2
①978-4-434-20323-7

◇ニーチェ1　溝口隆一著　ふくろう出版　2014.3　①978-4-86186-583-1
＊ニーチェに関する論文を集めた論文集。『ニーチェb』でも扱えなかったテーマについて書かれたものを積極的に集めた。

◇蛇とニーチェ　山本悦夫著　創英社/三省堂書店　2013.5　①978-4-88142-599-2
＊ニーチェが『ツァラトゥストラかく語りき』を書いたのはなぜか。ツァラトゥストラが「鳥と蛇」を伴侶としたのはなぜか。ニーチェの足跡を実際に踏破しながら、そこで見た真実の「ニーチェ」を披瀝する。真のニーチェ理解へと誘う待望の書。

◇ニーチェを知る事典—その深淵と多面的世界　渡辺二郎, 西尾幹二編　筑摩書房（ちくま学芸文庫）　2013.4
①978-4-480-09528-2
＊哲学史の巨人ニーチェ。魅力的だが断片的な言葉の表層からは、なかなかその思想にたどりつくことはできない。ニーチェがその著書・箴言で言おうとしたことの本質とはいったい何なのだろうか。本書は、生い立ち、交友、影響を受けた思想、キー概念から掘り下げるその哲学の根本問題、さまざまなニーチェ解釈、フーコー、ドゥルーズに至る現代思想への影響などを、各分野の第一人者が解説。ニーチェの思想の深淵と多面的世界を、50人以上の錚々たる執筆陣が描き出した、いわば「読む事典」である。文庫化にあたり、新しい視点からのユニークな読書案内（清水真木）を増補。

◇知識ゼロからのニーチェ入門　竹田青嗣, 西研著, 藤野美奈子画　幻冬舎　2012.10
①978-4-344-90259-6

＊体験を黄金に変えた哲学者ニーチェが教える、今を生きるための考え方。

◇まんがと図解でわかるニーチェ　白取春彦監修　宝島社　（宝島SUGOI文庫）2012.4　①978-4-7966-9693-7
＊迷える女子大生、まどかが触れた"生の哲学者"ニーチェの世界。その深みで見えた人生の光とは―？　ルサンチマン、ニヒリズム、超人、力への意志といった、一見難しそうに見えるニーチェ哲学のキーワードを、読みやすいまんがと図解で平易に解説。『ツァラトゥストラはかく語りき』他、主著の名言や印象的なフレーズを豊富に掲載。ベストセラー『超訳 ニーチェの言葉』の編訳者、白取春彦氏を監修に迎え、やさしい文章でニーチェがわかる、ニーチェ入門書の決定版です。

◇世界を変えた哲学者たち　堀川哲著　角川学芸出版，角川グループパブリッシング〔発売〕　（角川ソフィア文庫）2012.2　①978-4-04-408606-0

◇あらすじとイラストでわかるニーチェ―道をひらき、幸せを導く「ニーチェの言葉」：85の名言＆キーワードで孤高の哲学者の思想がまるわかり！：道をひらく名言がここにある！　知的発見！探検隊編著　イースト・プレス　2012.1　①978-4-7816-0706-1
＊85の名言＆キーワードで孤高の哲学者の思想がまるわかり。

◇ニーチェの手紙　フリードリヒ・ニーチェ著，茂木健一郎編・解説，塚越敏，真田収一郎訳　筑摩書房　（ちくま学芸文庫）　2012.1　①978-4-480-09429-2
＊哲学者・ニーチェの手紙より、胸に迫る手紙約100篇を精選。19世紀を代表する文化人たちをとりこにした魅惑的な女性、ルー・ザロメに宛てたちょっと不器用で愛らしい恋文や、家族・友人たちに心をこめて綴った真情あふれる手紙、そして近代までの西洋哲学をひっくりかえしたといわれる鋭い言葉の数々を収録。手紙と、脳科学者・茂木健一郎の解説を通して、主著からはうかがいしれない哲学者の真の人間像と、思想の多層性を味わう。上質な人生と人間関係をめざすすべての人に贈る、画期的な哲学読み物。ニーチェの人間関係や基本用語がわかるやさしい解説つき。

◇西尾幹二全集　第5巻　光と断崖―最晩年のニーチェ　西尾幹二著　国書刊行会　2011.10　①978-4-336-05384-8

◇図解でよくわかるニーチェの哲学　富増章成著　中経出版　2011.6　①978-4-8061-4053-5
＊そうだったのか。ニーチェの代表的思想が、1時間でわかる。

◇ワーグナーとニーチェ　ディートリヒ・フィッシャー＝ディースカウ著，荒井秀直訳　筑摩書房　（ちくま学芸文庫）2010.12　①978-4-480-09323-3
＊国民的音楽家であったワーグナーと、若き俊英ニーチェ。ふたりはショーペンハウアーや古代ギリシアの讃美を通して共鳴しあい、たがいの創造に光を投げかけあうが、次第にニーチェの哲学は、ワーグナー的なものへの闘いとして展開されていく。響きあい、そして決裂するふたりの巨星の運命を、不世出のバリトン歌手、フィッシャー＝ディースカウが美しく綴った名作。

◇ニーチェはこう考えた　石川輝吉著　筑摩書房　（ちくまプリマー新書）　2010.11　①978-4-480-68850-7
＊熱くてグサリとくる言葉の人、ニーチェ。だが、もともとはまじめで弱くて、斜に構えた青年だった。徹底的に挫折しても、再び立ち上がることができるのはなぜか？　不安で不確実な現代に、等身大のニーチェがいま、よみがえる。

◇ニーチェからスターリンへ―トロッキー人物論集「1900-1939」　トロッキー著，森田成也，志田昇訳　光文社　（光文社古典新訳文庫）　2010.3　①978-4-334-75202-6

◇哲学で自分をつくる―19人の哲学者の方法　滝本往人著　東京書籍　2009.3　①978-4-487-80357-6

◇ニーチェ伝―ツァラトゥストラの秘密　ヨアヒム・ケーラー著，五郎丸仁美訳　青土社　2009.1　①978-4-7917-6455-6
＊「神は死んだ」「永遠回帰」「超人思想」…世紀をまたいでわれわれを魅了し

呪縛する難解なニーチェ思想。しかしこれらはみなニーチェの内面生活から生まれたものだった―。妹エリーザベトが堅牢に綴じ上げた封印を破り、知られざる生身の姿が明らかになる。ニーチェ・ルネッサンスの掉尾を飾る待望の評伝にして"問題の書"。ついに邦訳なる。

◇ニーチェ―同時代への闘争者　ルドルフ・シュタイナー著,西川隆範訳　アルテ　2008.4　①978-4-434-11871-5
＊ニーチェの晩年、発狂の病床を訪れた神秘学者シュタイナーが永劫回帰と超人思想の核心に迫る。

◇フリードリヒ・ニーチェ　リー・スピンクス著,大貫敦子，三島憲一訳　青土社　（シリーズ現代思想ガイドブック）　2006.10　①4-7917-6231-2
＊真実と虚偽の区別、道徳への信頼、私たちが人間であるという合意、ニーチェはそうした常識を覆す。思想史に挑みかかり、現代批評理論の源流となったニーチェ哲学の、文学・芸術・現代文化に与えた衝撃を明快に説く。

◇初期ニーチェ論―ひとはいかにして自由精神になるか　村上悦雄著　近代文芸社　2006.9　①4-7733-7400-4
＊初期ニーチェの思想とその生成を熱く自伝的に新たに読み解いた力作。

◇ニヒリズムと無―ショーペンハウアー/ニーチェとインド思想の間文化的解明　橋本智津子著　京都大学学術出版会　2004.12　①4-87698-642-8
＊ショーペンハウアーとニーチェ―「無」と「ニヒリズム」によって西洋哲学の近代の扉を開いた二人の、インド思想との関わりを文献学的に論証する。

◇ニーチェ私論―道化、詩人と自称した哲学者　岡田紀子著　法政大学出版局　2004.11　①4-588-10004-1
＊ニーチェのいう「造形的・治癒的・模造的・再製的」な力を有する「自由な精神」をもって、ニーチェのテクスト群をゲリラ的に渡り歩き、稀有な思想家の豊かな比喩や逆説、脈絡の深い洞察を読み解く試み。言葉と詩をめぐっては連歌を援用し、自然支配や戦争の肯定には不耕起農法や戦争否認の主張を対置し、ハイデガーの解釈も問い直しつつ、子供と遊びの境地に至るニーチェ独自の思想世界を照射する。

◇ジンメル著作集　5　ショーペンハウアーとニーチェ　新装復刊　ジンメル著　吉村博次訳　白水社　2004.10　①4-560-02550-9,4-560-02545-2

◇ニーチェと悪循環　ピエール・クロソウスキー著,兼子正勝訳　筑摩書房　（ちくま学芸文庫）　2004.10　①4-480-08879-2

◇旅するニーチェリゾートの哲学　岡村民夫著　白水社　2004.8　①4-560-02444-8

◇写真でみるニーチェの生涯と風景―ニーチェにおける＜父―子信交＞の宗教心理学的研究　宗教的人格の探究　山崎俊生著　ルガール社　2004.6　①4-89754-005-4

◇ニーチェ　清水真木著　講談社　（講談社選書メチエ　知の教科書）　2003.9　①4-06-258279-1
＊誤解され続けてきた哲学者ニーチェ。病気に苦しむ哲学者の健康法とは、発狂後に描かれたただ一枚のスケッチが告げるものとは、思想誕生の秘密とは―喜劇的で少し哀しい生涯を辿りながら、そのラディカルな思想の全貌を明らかにする。

◇ニーチェ―闇の中の断絶と光芒　金輪杉芳著　文芸社　2003.4　①4-8355-5331-4
＊夏目漱石も敏感に反応し、批判的に読んだ『ツァラトゥストラ』はニーチェ哲学の中心をなす作品である。若き日に哲学に志した著者は、この著作を中心として「神の死」「永遠回帰」「超人」など、その思想の神髄に迫る。

◇人生を考えるヒント―ニーチェの言葉から　木原武一著　新潮社　（新潮選書）　2003.3　①4-10-603524-3
＊いかに生きるべきか、私たちの生活に悩みは尽きません。『大人のための偉人伝』などでお馴染みの著者が、ニーチェの箴言を通し、人生をよりよく生きるささやかな智恵を贈ります。身近なエピソードを交え、難解とされるニーチェ思想を平易に解説。

◇ニーチェの遠近法　新装版　田島正樹著, 小倉利丸編　青弓社　（クリティーク叢書）　2003.1　①4-7872-1035-1
＊ニーチェが残した無数のアフォリズム―この独特の表現形式の意味と言語的可能性を模索し、伝統的哲学とは異なる「認識」と「遠近法」を求めた哲学者の横顔を浮き彫りにする。

◇ヘーゲルからニーチェへ―意志論の展開を地平として　石川康晴著　行路社　2002.12

◇ニーチェの病跡―ある哲学者の生涯と旅・その詩と真実　小林真著　金剛出版　1999.9　①4-7724-0625-5
＊この本は、独文学者としてのニーチェの長い間の読書と、精神医学者としての臨床と研究との融合によって成っている。文学者と医学者の二つの側面を持つ著者ならではの労作である。ニーチェを梅毒性の精神異常、つまり進行麻痺に侵された人と診断し、作品と生涯の綿密な分析解明が行われている。この分野での先人の研究にも丁寧に誠実に言及がなされている。

◇無頭人　ジョルジュ・バタイユほか著, 兼子正勝, 中沢信一, 鈴木創士訳　現代思潮社　（エートル叢書）　1999.7　①4-329-01004-6
＊ニーチェのようにわれわれは狂暴なまでに宗教的である。第二次世界大戦へと崩壊する世界の中でバタイユによって企てられたもうひとつの共同体、無頭の「共同体」の思考。

◇ニーチェ・レー・ルー―彼等の出会いのドキュメント　E.プファイファー編, 真田収一郎訳解説　未知谷　1999.4　①4-915841-85-5

◇ニーチェ　ジル・ドゥルーズ著, 湯浅博雄訳　筑摩書房　（ちくま学芸文庫）　1998.5　①4-480-08421-5

◇ニーチェ―真理の迷路　湯田豊著　丸善　（丸善ライブラリー）　1998.5　①4-621-05267-5
＊"神は死んだ""超人の思想""永遠への回帰"…さまざまな言葉で語られるニーチェ哲学。その本質はどこにあるのか。本書ではニーチェの残した言葉を数多く引用することによって、その本質を彼自身に語らせ、時代を超えた哲学者ニーチェの全体像を抽出しようとする。

◇ニーチェが泣くとき　アーヴィン・D.ヤーロム著, 金沢泰子訳　西村書店　1998.4　①4-89013-580-4

◇ニーチェとパロディ　サンダー・L.ギルマン著, 富山太佳夫訳, 永富久美訳　青土社　1997.11　①4-7917-5582-0

◇90分でわかるニーチェ　ポール・ストラザーン著, 浅見昇吾訳　青山出版社　1997.1　①4-900845-28-0
＊"神は死んだ"現代哲学の先駆者ニーチェは20世紀の現実を、不気味なほど見事に予測していた。最高に"危険な"哲学への誘い。

◇ニーチェについて―好運への意志　無神学大全　ジョルジュ・バタイユ著, 酒井健訳　現代思潮社　1996.7　①4-329-00107-1

◇世界人物逸話大事典　朝倉治彦, 三浦一郎編　角川書店　1996.6　①4-04-031900-1
＊歴史上の人物の生き生きとした人間像を伝えるエピソードを多数紹介する事典。日本人によく知られた人物1883人を見出しに掲載。

◇アフォリズムの誕生―リヒテンベルクとニーチェ　加納武著　近代文芸社　1996.5　①4-7733-5105-5
＊アフォリズムの神髄に迫る。開かれた表現形式である"アフォリズム"を通して文学、哲学、科学の根底に流れる接点を捉え、近代の「偽りの構造」を暴く。

◇現代思想の源流―マルクス・ニーチェ・フロイト・フッサール　今村仁司ほか著　講談社　（現代思想の冒険者たち）　1996.5　①4-06-265900-X

◇ニーチェ　山崎庸佑著　講談社　（講談社学術文庫）　1996.1　①4-06-159210-6

◇ニーチェを学ぶ人のために　青木隆嘉著　世界思想社　1995.10　①4-7907-0575-7

◇ニーチェ　ジャン・グラニエ著, 須藤訓任訳　白水社　（文庫クセジュ）　1995.7　①4-560-05768-0

◇ニーチェ事典　大石紀一郎ほか編　弘文堂　1995.2　①4-335-15034-2

◇ジンメル著作集　5　ショーペンハウアーとニーチェ　吉村博次訳　白水社　1994.10　①4-560-02308-5

◇ニーチェ・コントラ・ボードレール　道躰章弘著　水声社　1994.9　①4-89176-304-3

◇ニーチェ入門　竹田青嗣著　筑摩書房（ちくま新書）　1994.9　①4-480-05608-4

◇ニーチェ全集　15　フリードリッヒ・ニーチェ著，川原栄峰訳　筑摩書房（ちくま学芸文庫）　1994.6　①4-480-08085-6
＊本書は、晩年のニーチェの思想とその形成過程を知るための必読文献である。また、若き日のニーチェが「回想」ふうに書き残した文章を編集した『自伝集』を併載する。

◇ニーチェとヴェーバー　山之内靖著　未来社　1993.2　①4-624-01114-7

◇ニーチェとワーグナー　マンフレート・エーガー著，武石みどり訳　音楽之友社　1992.10　①4-276-21560-9
＊ニーチェの著書・手紙・草稿・他、コジマ・ワーグナーの日記、周囲の人々が死した記録、ニーチェの死後徐々に明らかになったさまざまな人間関係・背後の事情などの資料を一つずつ吟味して人間としてのニーチェに迫る。

◇ニーチェ　ゲオルク・ピヒト著，青木隆嘉訳　法政大学出版局（叢書・ウニベルシタス）　1991.7　①4-588-00339-9

◇ニーチェ―和尚ラジニーシ、ニーチェを語る　和尚講話　和尚ラジニーシ著，スワミ・アナンド・ニサルガム、小森健太郎訳　全国エルピー・ブル狂連　1990.3

◇ニーチェとその影―芸術と批判のあいだ　三島憲一著　未来社　1990.3　①4-624-01098-1

◇ニーチェの光と影―故郷喪失者の自由と孤独　ハインツ・F.ペーテルス著，河端春雄訳　(京都)啓文社　1990.2　①4-7729-1375-0

▌ ニューコメン　Newcomen, Thomas
1663～1729　17・18世紀、イギリスの技術者。1705年蒸気機関を発明。

◇エンジンのロマン―発想の展開と育成の苦闘　鈴木孝著　三樹書房　2002.4　①4-89522-287-X

▌ ニュートン　Newton, Sir Isaac
1642～1727　17・18世紀、イギリスの数学者、物理学者、天文学者。万有引力の法則の発見、微積分法の発明、光のスペクトル分析などの業績を残した。

◇数学をつくった天才たち　立田奨著　辰巳出版　2018.3　①978-4-7778-2051-1

◇歴史を作った世界の五大科学者―ガリレイ・ニュートン・エジソン・キュリー・アインシュタイン　手塚治虫編　子どもの未来社　2018.1　①978-4-86412-130-9

◇大人が読みたいニュートンの話―万有引力の法則の「完成」はリンゴが落ちて22年後だった!?　石川憲二著　日刊工業新聞社（B&Tブックス）　2017.9　①978-4-526-07751-7

◇ニュートンと万有引力　P・M・ラッタンシ作，原田佐和子訳　玉川大学出版部（世界の伝記科学のパイオニア）　2016.5　①978-4-472-05967-4

◇面白すぎる天才科学者たち―世界を変えた偉人たちの生き様　内田麻理香著　講談社（講談社プラスアルファ文庫）　2016.3　①978-4-06-281652-6

◇奇人・変人・大天才　紀元前から19世紀―アリストテレス、ガリレオ、ニュートン、ファラデー、その一生と研究　マイク・ゴールドスミス著，クライブ・ゴダード絵，小川みなみ編訳　偕成社　2015.3　①978-4-03-533510-8

◇天才を生んだ孤独な少年期―ダ・ヴィンチからジョブズまで　熊谷高幸著　新曜社　2015.3　①978-4-7885-1424-9

◇夢と努力で世界を変えた17人―君はどう生きる？　有吉忠行著　PHP研究所　2015.2　①978-4-569-78439-7

◇面白くて眠れなくなる数学者たち　桜井進著　PHPエディターズ・グループ，PHP研究所〔発売〕　2014.7　①978-4-569-82006-4

◇神が愛した天才科学者たち　山田大隆著　角川学芸出版，角川グループパブリッシング〔発売〕　（角川ソフィア文庫）　2013.3　①978-4-04-409446-1

◇物語数学史　小堀憲著　筑摩書房　（ちくま学芸文庫）　2013.2　①978-4-480-09510-7

◇ニュートンと贋金づくり―天才科学者が追った世紀の大犯罪　トマス・レヴェンソン著，寺西のぶ子訳　白揚社　2012.12　①978-4-8269-0167-3
＊17世紀のロンドンを舞台に繰り広げられた国家を揺るがす贋金事件。天才科学者はいかにして犯人を追いつめたのか？　膨大な資料と綿密な調査をもとに、事件解決にいたる攻防をスリリングに描いた科学ノンフィクション。

◇革命児たちの仰天!?情熱人生　アンヌ・ブランシャール，フランシス・ミジオ著，セルジュ・ブロッシュ絵，木山美穂訳　岩崎書店　2012.10　①978-4-265-85026-6

◇偉人たちの黒歴史　偉人の謎研究会編　彩図社　2011.12　①978-4-88392-828-6

◇天文学をつくった巨人たち―宇宙像の革新史　桜井邦朋著　中央公論新社　（中公新書）　2011.9　①978-4-12-102130-4

◇科学者たちはなにを考えてきたか―見えてくる科学の歴史　小谷太郎著　ベレ出版　2011.8　①978-4-86064-294-5

◇天才たちの科学史―発見にかくされた虚像と実像　杉晴夫著　平凡社　（平凡社新書）　2011.5　①978-4-582-85587-6

◇神が愛した天才数学者たち　吉永良正著　角川学芸出版，角川グループパブリッシング〔発売〕　（角川ソフィア文庫）　2011.4　①978-4-04-409436-2

◇科学の偉人伝　白鳥敬著，現代用語の基礎知識編　自由国民社　（おとなの楽習　偉人伝）　2010.9　①978-4-426-11081-9

◇ニュートン―あらゆる物体を平等にした革命　オーウェン・ギンガリッチ編，ゲイル・E.クリスティアンソン著，林大訳　大月書店　（オックスフォード科学の肖像）　2009.12　①978-4-272-44056-6
＊清教徒革命のさなか1642年のクリスマスに生まれ、「万有引力の法則」をはじめとする革命的な業績によって近代科学の礎を築いたニュートン。ライプニッツとの微積分法をめぐる熾烈な闘いなど生涯を通してくりかえされた衝突、宗教観、錬金術、罪のリスト…業績とともにその人物像にも生きいきと迫る評伝。

◇物理学天才列伝　上　ガリレオ、ニュートンからアインシュタインまで　ウィリアム・H.クロッパー著，水谷淳訳　講談社　（ブルーバックス）　2009.12　①978-4-06-257663-5

◇この独身者はすごい！―結婚しなかった24人の偉人　北嶋広敏著　ジョルダン　2009.10　①978-4-915933-28-8

◇古典物理学を創った人々―ガリレオからマクスウェルまで　エミリオ・セグレ著，久保亮五，矢崎裕二訳　みすず書房　2009.9　①4-622-04088-3

◇万国科学者図鑑―萌える理系紳士たち　万国科学萌研究会編著　PHP研究所　2009.9　①978-4-569-77191-5

◇数学を育てた天才たち―確率、解析への展開　マイケル・J.ブラッドリー著，松浦俊輔訳　青土社　（数学を切りひらいた人びと）　2009.4　①978-4-7917-9172-9

◇天才の世界　湯川秀樹，市川亀久弥著　光文社　（光文社知恵の森文庫）　2008.12　①978-4-334-78520-8

◇数学をきずいた人々　村田全著　さ・え・ら書房　2008.10　①978-4-378-01831-7

◇天才の栄光と挫折―数学者列伝　藤原正彦著　文芸春秋　（文春文庫）　2008.9　①978-4-16-774902-6

◇ニュートン―宇宙の法則を解き明かす　ジャン＝ピエール・モーリ著，田中一郎監修，遠藤ゆかり訳　創元社　（「知の再発見」双書）　2008.8　①978-4-422-21199-2
＊1665年6月、ペストが大流行したためケンブリッジ大学は閉鎖され、学生や教

師たちは立ち退きを余儀なくされた。そのなかに学士の称号を得たばかりのアイザック・ニュートンという若者がいた。当時23歳だった彼もまた、ケンブリッジを去り、生まれ故郷に一時帰省する。そして驚くべきことに、わずか1年半のあいだに、微積分法、光学（色彩論）、万有引力の法則という3つの大理論の基礎を築くことになったのである。この期間を歴史家たちは「驚異の年」とよんでいる。

◇天才の時間　竹内薫著　NTT出版　2008.8　①978-4-7571-6015-6

◇数学物語　新装版, 改版　矢野健太郎著　角川学芸出版, 角川グループパブリッシング〔発売〕（角川ソフィア文庫）2008.4　①978-4-04-311802-1

◇代数に惹かれた数学者たち　ジョン・ダービーシャー著, 松浦俊輔訳　日経BP社, 日経BP出版センター〔発売〕2008.4　①978-4-8222-8354-4

◇天才たちが愛した美しい数式　中村義作監修, 桜井進著　PHP研究所　2008.1　①978-4-569-69154-1

◇恋する天才科学者　内田麻理香著　講談社　2007.12　①978-4-06-214439-1

◇若き天才からのヒント　芹沢俊介著　中経出版（中経の文庫）2007.6　①978-4-8061-2726-0

◇偉大な数学者たち　岩田義一著　筑摩書房（ちくま学芸文庫）2006.12　①4-480-09038-X

◇世界を数式で想像できれば—アインシュタインが憧れた人々　ロビン・アリアンロッド著, 松浦俊輔訳　青土社　2006.5　①4-7917-6267-3

＊ニュートンは「星をその道筋に乗せる」仕組みを思い描き、マクスウェルは見えない「場」を想像し、アインシュタインは「宇宙」全体を想像した。偉大な物理学者たちは、いつも数学の力に見いだされ、日常の制約を超える豊かな想像を働かせていく…。数学の魔法にかかった物理の天才たち。

◇科学の発見はいかになされたか　福沢義晴著　郁朋社　2005.10　①4-87302-326-2

◇ニュートンの海—万物の真理を求めて　ジェイムズ・グリック著, 大貫昌子訳　日本放送出版協会　2005.8　①4-14-081063-7

＊いまから300年以上も前、ひとりの男が人間の世界を一気に変貌させた。ただの一度も海を見たことがないまま、潮汐の現象を解明し、外界との接触を拒んで、万有引力の法則を発見した、孤高の天才アイザック・ニュートン。彼は自然現象のすべてに疑いの目を向けて、世界を解明した。ニュートン力学はアインシュタインによって葬り去られたというのは大きな間違いである。いまだに私たちの日常生活はニュートン力学に基づいて機能している。『カオス』の著者グリックが、いま、あらためてニュートンの素顔とその偉大な業績に迫る。英米のベストセラー・サイエンスノンフィクション。

◇天才科学者たちの奇跡—それは、小さな「気づき」から始まった　三田誠広著　PHP研究所（PHP文庫）2005.3　①4-569-66376-1

◇巨人の肩に乗って—現代科学の気鋭、偉大なる先人を語る　メルヴィン・ブラッグ著, 熊谷千寿訳, 長谷川真理子解説　翔泳社　1999.10　①4-88135-788-3

＊実は、地動説の証拠をまったく摑んでいなかったガリレオ。両親と非常に不仲で、焼き殺したいとさえ書いていたニュートン。「革命に科学者は要らず」の言葉と共に断頭台の露と消えたラボアジェ。製本職人から、英国で最も偉大な自然哲学者へと上りつめたファラデー。橋がないことに気付かないほど、抽象世界を彷徨ったポアンカレ。不倫スキャンダルに関して、ノーベル賞委員会と争ったキュリー夫人。現代科学の巨人が贈る、12人の偉人の知られざる姿。

◇数理解析のパイオニアたち　ヴラディーミル・イーゴレヴィッチ・アーノルド著, 蟹江幸博訳　シュプリンガー・フェアラーク東京　1999.7　①4-431-70820-0

＊20世紀の現代数学から見て、17世紀の天才たちはどこまで到達していたのだろう

ニュートン

か？　本書は、現代ロシアの世界的数学者アーノルドが、17世紀のニュートンやホイヘンス等による近代数学の萌芽を振り返り、それらが200年後、300年後にどのような形で開花することになったかを独自の切り口で語ったものである。数学上の業績の解説だけではなく、ニュートンとライブニッツの先取権争いや、ニュートンとフックの確執など、伝記的な挿話も織り交ぜられ、生き生きとした興味深い読み物となっている。

◇消像画の中の科学者　小山慶太著　文芸春秋　（文春新書）　1999.2
①4-16-660030-3
＊コペルニクスから寺田寅彦、ホーキングまで、歴史に名を残す科学者二十五人の肖像画に眼をこらせば、そこには人間的な、余りにも人間的な素顔が炙り出されてくる。知らず知らずのうちに科学史を散歩できるミニ列伝。

◇結婚しなかった男たち—世界独身者列伝　北嶋広敏著　太陽企画出版　1998.11
①4-88466-307-1
＊「天才は一であることを望む」プラトンからグールドまで。生涯独身だった天才・奇才の人生を浮き彫りにする本邦初の人物伝。

◇心は孤独な数学者　藤原正彦著　新潮社　1997.10　①4-10-327405-0

◇数学をつくった人びと　上　E.T.ベル著，田中勇，銀林浩訳　東京図書　1997.10
①4-489-00528-8
＊古今の数学者たちが生きた激動の時代を背景にその生涯を描く。全国学校図書館協議会選定図書。

◇ニュートンとカント—力と物質の自然哲学　松山寿一著　晃洋書房　1997.7
①4-7710-0920-1

◇神さまはサイコロ遊びをしたか—宇宙論の歴史　小山慶太著　講談社　（講談社学術文庫）　1997.3　①4-06-159271-8
＊アインシュタインは、自身の相対性理論から発展した量子力学の確率的解釈に対して、「神さまはサイコロ遊びをしない」と非難した。宇宙を創造した神の意図を探りたいという好奇心から出発した自然科学は、天動説に固執した時代から四世紀を経て、ビッグバン理論を確立した。宇宙創成以前の時空が消滅する世界を解明せんとする現代まで、神に挑戦した天才物理学者達の苦闘を辿る壮大な宇宙論の歴史。

◇ニュートン復活　J.フォーベルほか編，平野葉一ほか訳　現代数学社　1996.11
①4-7687-0320-8
＊ニュートンはどのような種類の科学者であったのか？　彼が企てた多くの研究分野の間には、どのような脈絡があったのか？　ニュートンと同時代の人々が彼を畏怖したのは何故だったのか？　ニュートンの業績は我々の世界理解にどのような跡を残しているのか？　本書では、ニュートンの生涯、その研究やその遺産の豊かさを追求する。

◇世界人物逸話大事典　朝倉治彦，三浦一郎編　角川書店　1996.6　①4-04-031900-1
＊歴史上の人物の生き生きとした人間像を伝えるエピソードを多数紹介する事典。日本人によく知られた人物1883人を見出しに掲載。

◇ニュートンの錬金術　B.J.T.ドブズ著，寺島悦恩訳　平凡社　1995.11
①4-582-53712-X

◇アシモフの科学者伝　アイザック・アシモフ著，木村繁訳　小学館　（地球人ライブラリー）　1995.9　①4-09-251017-9
＊アルキメデスからアインシュタインまで先人たちが闘った歴史の裏側に見えてくるもの—科学は人間に本当の幸福をもたらしたのか。21世紀に向けて問いかけるSFの巨匠・アシモフの遺産。

◇ニュートン　島尾永康著　岩波書店　（岩波新書評伝選）　1994.6　①4-00-003854-0

◇アイザック・ニュートン　1　リチャード・S.ウェストフォール著，田中一郎，大谷隆昶訳　平凡社　1993.12　①4-582-53710-3
＊成り上がりの荘園領主の跡取りとして生まれたこの男が目指した自然哲学は、本当に近代科学だったのだろうか。ニュートン伝の決定版。

◇アイザック・ニュートン　2　リチャード・

S.ウェストフォール著，田中一郎，大谷隆昶訳　平凡社　1993.12　①4-582-53711-1
＊プリンキピアの上梓によってイギリス科学界に君臨することになったこの人物の、啞然とさせられるばかりの傲慢さと執念深さ。ニュートン伝の決定版。

◇ニュートンはなぜ人間嫌いになったのか—神経内科医が語る病と「生」のドラマ　ハロルド・L.クローアンズ著，加我牧子ほか訳　白揚社　1993.1　①4-8269-9005-7
＊世界的神経内科医が描く不思議な症例の数々。医師と病と患者をめぐる感動の人間ドラマ。

【ぬ】

ヌルハチ　Nurhaci
1559〜1626　太祖（清）（たいそ）とも。16・17世紀、中国、清朝の建国者、初代皇帝（在位1616〜1626）。漢字名は奴児哈赤。

◇96人の人物で知る中国の歴史　ヴィクター・H.メア，サンピン・チェン，フランシス・ウッド著，大間知知子訳　原書房　2017.3　①978-4-562-05376-6

◇清太祖実録の研究　松村潤著　東北アジア文献研究会　（東北アジア文献研究叢刊）　2001.3

◇満洲—起源・植民・覇権　新装版　小峰和夫著　御茶の水書房　1999.6　①4-275-01762-5
＊地域独自の歴史と風土に迫る—。ツングース系の女真族の一少数部隊にすぎなかった建州女真が、長白山（白頭山）の北西から勃興して清朝の太祖となったヌルハチの登場から1912年にその幕を閉じるまでの268年にわたる満州の地域・経済史。

◇中国歴代皇帝人物事典　岡崎由美，王敏監修　河出書房新社　1999.2　①4-309-22342-7
＊秦の始皇帝、前漢の劉邦、新の王莽、魏の曹丕、隋の煬帝、唐の李世民、元のフビライ、明の朱元璋、清の康熙帝など、中国歴代王朝の皇帝を紹介した人物事典。后妃・公主・宗室なども収録し、歴代宮都・陵墓も掲載。中国史重要人物索引付き。

◇清太祖ヌルハチと清太宗ホンタイジ—清朝を築いた英雄父子の生涯　立花丈平著　近代文芸社　1996.5　①4-7733-5142-X
＊16世紀末中国全土を支配した満州族の英雄その名はヌルハチ。激動の時代を炎のように生きた英雄父子の生涯を通じて歴史に息を吹き込む壮大なノンフィクション。

◇清の太祖ヌルハチ　松浦茂著　白帝社　（中国歴史人物選）　1995.8　①4-89174-233-X

◇覇　中国大帝伝—大地を制圧した皇帝十二人　立間祥介著　学習研究社　（歴史群像新書）　1994.10　①4-05-400406-7
＊秦の始皇帝、漢の劉邦、唐の太宗、元のフビライ…彼ら建国の祖は、大地のつづくかぎり地平の彼方までをその手中に収めた。みずから歴史を築いた英雄たちの偉業は、現在も色あせることなく、燦然たる輝きを放っている。大河の流れのごとく、絶えることなく連綿とつづいた中国覇業の譜—。真の歴史が、ここにある。現代版『史記本紀』ついに完成。

【ね】

ネヴィル・チェンバレン
Arthur Neville Chamberlain
⇒チェンバレン，ネヴィル

ネッケル　Necker, Jacques
1732〜1804　18・19世紀、フランス、ルイ16世時代の財務総監。1781年「財政報告書」を提出。

◇世界伝記大事典　世界編1〜12　編集代表：桑原武夫　ほるぷ出版　1980.12〜1981.6

ネブカドネザル2世
Nebuchadnezzar Ⅱ

?〜前562　前7・6世紀、新バビロニア帝国の王（在位前605〜562）。エジプト軍を撃破、シリア、エルサレムにも侵入。ユダ王国を滅ぼした。

◇世界史をつくった最強の300人　小前亮著　光文社　（光文社知恵の森文庫）　2018.10
　Ⓘ978-4-334-78752-3

◇ネブカドネザル2世―バビロンの再建者　山田重郎著　山川出版社　（世界史リブレット人）　2017.1　Ⓘ978-4-634-35003-8

ネルー　Nehrū, Pandit Jawāharlāl
1889〜1964　19・20世紀、インドの政治家。1947年初代首相（外相を兼務）となり、以後17年間にわたり首相をつとめ国の基礎を固めた。インディラ・ガンジー首相は娘。

◇本当は偉くない？　世界の歴史人物―世界史に影響を与えた68人の通信簿　八幡和郎著　ソフトバンククリエイティブ　（ソフトバンク新書）　2013.8
　Ⓘ978-4-7973-7448-3
　＊古代から現代に至るまで、よく知られた帝王や政治家を68人選び、それぞれが世界史の中で果たした役割を、「偉人度」と「重要度」の2つの側面から10点満点で評価。世界史において偉人とされている人物たちの実像に迫る。

◇世界人物逸話大事典　朝倉治彦，三浦一郎編　角川書店　1996.6　Ⓘ4-04-031900-1
　＊歴史上の人物の生き生きとした人間像を伝えるエピソードを多数紹介する事典。日本人によく知られた人物1883人を見出しに掲載。

◇ネール・ガンジー王朝の崩壊―アムリツァル ガンジー女史の最後の闘い　マーク・タリー，サティッシュ・ジェイコブ著，岡田滋行訳　新評論　1991.12
　Ⓘ4-7948-0108-4
　＊本書は、1984年10月のインディラ・ガンジー暗殺事件を題材に、インド報道の第一人者として著名なマーク・タリー英BBCデリー支局長と同僚のサティッシュ・ジェイコブ記者が、克明な取材と歴史考証に基づいて執筆した労作である。日本語版出版にあたり、母親の悲劇を受け継いだ息子ラジブが、自らの政治にその教訓を活かそうと懸命に努力しながらも、結局は凶弾に倒れるまでの経緯を緊急追補し、ネール、インディラ、ラジブの親子三代にわたる「王朝」の盛衰を振り返るとともに、今後のインド政治の行方も概観する。

ネルウァ帝
Nerva, Marcus Cocceius

30〜98　1世紀、ローマ皇帝（在位96〜98）。五賢帝の一人。

◇ローマ五賢帝―「輝ける世紀」の虚像と実像　南川高志著　講談社　（講談社学術文庫）　2014.1　Ⓘ978-4-06-292215-9

◇危機と克服　塩野七生著　新潮社　（ローマ人の物語）　1999.9　Ⓘ4-10-309617-9
　＊繰り広げられる意味なき争い、無惨な三皇帝の末路―帝国再生のため、時代は「健全な常識人」を求めていた。塩野七生が書下ろす、刺激あふれる物語、第八弾。

ネルソン
Nelson, Horatio Nelson, Viscount

1758〜1805　18・19世紀、イギリスの海軍軍人。1805年トラファルガルの戦いでフランスとスペインの連合艦隊を撃破したが、戦死。

◇ネルソン提督大事典　コリン・ホワイト著，山本史郎訳　原書房　2005.7
　Ⓘ4-562-03942-6
　＊ネルソン研究の第一人者による初めての事典。主要な戦いを新しい海戦図とともに最新分析。鍵となる人間関係について新しい光をあてる。新たに発見された書簡から主要なものを掲載。生涯の歩みを最新の研究から詳細に跡づける。英国海事博物館から多数の貴重な図版を掲載。ネルソンが乗船した艦船の完全リストを掲載。

◇ラルース図説世界史人物百科　3　フラン

ノヴァーリス

ス革命‐世界大戦前夜　フランソワ・トレモリエール，カトリーヌ・リシ編，樺山紘一監修　原書房　2005.4
①4-562-03730-X

◇ネルソン提督伝　上　ロバート・サウジー著，増田義郎監修，山本史郎訳　原書房　2004.7　①4-562-03780-6

◇ネルソン提督伝　下　ロバート・サウジー著，増田義郎監修，山本史郎訳　原書房　2004.7　①4-562-03781-4

◇ネルソン提督伝──われ，本分を尽くせり　C.S.フォレスター著，高津幸枝訳　東洋書林　2002.11　①4-88721-593-2
＊「ホーンブロワー・シリーズ」の作者が，その独自の視点でネルソンの人間性・個性を捉え，大胆な筆致にユーモアを織り交ぜながら描いた。ネルソン伝の傑作。既刊の伝記を踏まえながら，さまざまな文献から取捨選択した内容を斬新な切り口で語っており，作者の個性がにじみ出た，他のネルソン研究書にない魅力をそなえた佳品。

◇世界人物逸話大事典　朝倉治彦，三浦一郎編　角川書店　1996.6　①4-04-031900-1
＊歴史上の人物の生き生きとした人間像を伝えるエピソードを多数紹介する事典。日本人によく知られた人物1883人を見出しに掲載。

◇天才たちの死──死因が語る偉人の運命　ハンス・バンクル著，関田淳子，後藤久子，柳沢ゆりえ，杉村園子共訳　新書館　1992.8　①4-403-24037-2
＊難聴だけでなく，消化不良にも悩まされていたベートーヴェン，高血圧で不眠症だったレーニン，ヘビースモーカーのフロイト，幼いころから病弱だったケネディ。心身の病と闘う歴史上の人物たちの姿に病理学者の視点から光をあて，彼らの隠された素顔を浮かびあがらせる。

◇ネルソン提督伝──ナポレオン戦争とロマンス　ロバート・サウジー著，山本史郎訳　原書房　（大航海者の世界）　1992.5
①4-562-02303-1
＊ナポレオン戦争・トラファルガル海戦において，フランス・スペイン連合艦隊を打ち破り，世界に冠たる無敵イギリス海軍を築いた英雄・ネルソン。数々の海戦で示したその勇気と情熱あふれる行動，そしてハミルトン夫人とのロマンスをあますところなく描く待望の完訳。

【の】

▎ノヴァーリス　Novalis
1772～1801　18・19世紀，ドイツ初期ロマン派の代表的詩人，小説家。宇宙万有を統一的なものとした。作品に「青い花」など。

◇ノヴァーリス──夜の想像力考察　森崇司著　日本文学館　2011.3
①978-4-7765-2472-4

◇ノヴァーリスの彼方へ──ロマン主義と現代　今泉文子著　勁草書房　2002.1
①4-326-85175-9

◇ノヴァーリスと自然神秘思想　中井章子著　創文社　1998.2　①4-423-17107-4

▎盧泰愚　ノテウ
1932～　20世紀，韓国の軍人，政治家，大統領（在任1988～1993）。ソウルオリンピックを開催し，ソ連・中国との間で国交を樹立した。

◇韓国大統領実録　朴永圭著，金重明訳　キネマ旬報社　2015.10
①978-4-87376-435-1

◇韓国歴代大統領とリーダーシップ　金浩鎮著，小針進，羅京洙訳　柘植書房新社　2007.12　①978-4-8068-0574-8

◇朝鮮人物事典　木村誠，吉田光男，趙景達，馬淵貞利編　大和書房　1995.5
①4-479-84035-4

▎ノーベル　Nobel, Alfred Bernhard
1833～1896　19世紀，スウェーデンの化

学者、事業家。ノーベル賞の提供者。

◇人間臨終考　森達也著　小学館　2015.10
①978-4-09-388437-2

◇ノーベル賞受賞者業績事典―全部門855人　新訂第3版　ノーベル賞人名事典編集委員会編　日外アソシエーツ, 紀伊国屋書店〔発売〕　2013.1　①978-4-8169-2397-5
＊1901年ノーベル賞創設時から2012年までの各分野の受賞者、受賞団体を収録。平和賞・文学賞・物理学賞・化学賞・生理学医学賞・経済学賞受賞者835人、20団体の業績を詳しく紹介。受賞辞退者についても収録対象とし、本文中にその旨を記載した。経歴・受賞理由・著作・参考文献を一挙掲載。

◇知っていそうで知らないノーベル賞の話　北尾利夫著　平凡社　（平凡社新書）2011.9　①978-4-582-85606-4
＊ノーベルはそもそもなぜ賞の創設を構想したか？　候補者推薦から受賞決定にはどんなプロセスがあるのか？　賞金はどこから出される？　経済学賞はノーベル賞ではない？　最高権威の意外な内側。

◇万国科学者図鑑―萌える理系紳士たち　万国科学萌研究会編著　PHP研究所　2009.9　①978-4-569-77191-5

◇恋する天才科学者　内田麻理香著　講談社　2007.12　①978-4-06-214439-1

◇天才科学者の不思議なひらめき　山田大隆著　PHPエディターズ・グループ, PHP研究所〔発売〕　2004.8　①4-569-63438-9

◇アルフレッド・ノーベル伝―ゾフィーへの218通の手紙から　ケンネ・ファント著, 服部まこと訳　新評論　1996.6　①4-7948-0305-2
＊1876年の夏、当時43歳だったノーベルは、ウィーン近郊の花屋で20歳になったばかりの娘ゾフィー・ヘスに出会い、恋に陥った。男は才能と教養を備えたスウェーデン紳士で、努力と自制心の人であった。一方、女は無教養でわがままで不作法な下町娘にすぎなかった。男は女に、一方的に金品や別荘や豪華な衣服を買い与え、二人の関係は18年もの間続くことになった。しかし、二人の仲は、娘が若き将校の子を宿すことによって破局を迎え、結果として、男が女に宛てた218通という膨大な数の書簡が残されたのである。本書では、この書簡を軸に人間アルフレッド・ノーベルの孤独な姿が描き出される。

◇世界人物逸話大事典　朝倉治彦, 三浦一郎編　角川書店　1996.6　①4-04-031900-1
＊歴史上の人物の生き生きとした人間像を伝えるエピソードを多数紹介する事典。日本人によく知られた人物1883人を見出しに掲載。

▌盧武鉉　ノムヒョン
1946〜2009　20世紀、韓国の政治家。第16代韓国大統領（在任2003〜2008）。

◇韓国大統領実録　朴永圭著, 金重明訳　キネマ旬報社　2015.10
①978-4-87376-435-1

◇韓国現代史―大統領たちの栄光と蹉跌　木村幹著　中央公論新社　（中公新書）2008.8　①978-4-12-101959-2

◇韓国歴代大統領とリーダーシップ　金浩鎮著, 小針進, 羅京洙訳　柘植書房新社　2007.12　①978-4-8068-0574-8

◇韓国の希望盧武鉉の夢　盧武鉉編著, 青柳純一編訳　現代書館　2003.1
①4-7684-6847-0

【は】

▌ハイドン　Haydn, Franz Joseph
1732〜1809　18・19世紀、オーストリアの作曲家。ウィーン古典派の代表。ソナタ形式の確立に貢献。

◇すぐわかる！4コマピアノ音楽史―ピアノの誕生〜古典派編　小倉貴久子監修, 工藤啓子著, 駿高泰子4コマ漫画　ヤマハミュージックメディア　2014.3
①978-4-636-90093-4
＊ピアノの歴史が楽しくわかる！　演奏力にも磨きがかかる！　モーツァルトや

ハイネ

ベートーヴェンはどんなピアノを使っていたのか…？"作曲家"と"ピアノ"と"音楽史"が一気につながる!!

◇フリーメイソンと大音曲家たち　吉田進著　国書刊行会　2006.11　①4-336-04811-8

◇クラシック 名曲を生んだ恋物語　西原稔著　講談社　(講談社プラスアルファ新書)　2005.9　①4-06-272337-9

◇J.S.バッハ、ハイドン　吉田秀和　音楽之友社　(吉田秀和作曲家論集)　2002.6　①4-276-22096-3

◇新西洋音楽史　中　ドナルド・ジェイ・グラウト、クロード・V.パリスカ著、戸口幸策、津上英輔、寺西基之共訳　音楽之友社　1998.11　①4-276-11213-3
＊本書は、初期バロック時代の音楽からルートヴィヒ・ヴァン・ベートーヴェンまでを収録している。

◇モーツァルトに消えた音楽家たち　久保田慶一著　音楽之友社　(はじめて音楽と出会う本)　1998.5　①4-276-33083-1
＊モーツァルトと同じ時代に生きながら、こんにちその光の陰の中でしか語られることのない音楽家たち。しかし実際にはモーツァルト以上に輝き、モーツァルトにも多大な影響を与えた彼ら。本書においてモーツァルトは、時代を見る視点なのだ。モーツァルトの生きた時代が音として蘇る、もうひとつの18世紀音楽史。

◇大作曲家の少年時代　ウルリッヒ・リューレ著, 鈴木皓訳　中央公論社　1996.7　①4-12-002589-6
＊「普通の少年」が「天才」になる瞬間。さくらんぼ欲しさに歌を歌ったハイドン、数学の追試をうけるくらいなら、と学校を去ったシューベルト、ローラースケートに夢中だった不良少年ガーシュイン—7人の天才たちが音楽にめざめ才能と感性を花ひらかせる過程を生き生きと描く。

◇世界人物逸話大事典　朝倉治彦, 三浦一郎編　角川書店　1996.6　①4-04-031900-1
＊歴史上の人物の生き生きとした人間像を伝えるエピソードを多数紹介する事典。日本人によく知られた人物1883人を見出しに掲載。

◇ハイドン　音楽之友社編　音楽之友社　(作曲家別名曲解説ライブラリー)　1996.4　①4-276-01066-7

◇ハイドン復活　中野博詞著　春秋社　1995.11　①4-393-93136-X

◇ハイドン・モーツァルト—現代医学のみた大作曲家の生と死　アントン・ノイマイヤー著、礒山雅, 大内典訳　東京書籍　1992.10　①4-487-76080-1
＊ハイドンの頭蓋骨はどこにいったのか。モーツァルトは本当に毒殺されたのか。大作曲家の人間と音楽を、現代医学の観点から問い直し、作品解釈の新たな展望を拓く医学評伝。

◇大作曲家の知られざる横顔　渡辺学而著　丸善　(丸善ライブラリー)　1991.7　①4-621-05018-4
＊"地震の日に生まれたヴィヴァルディ"、"モーツァルトの祖先は左官屋さん"、"ベートーヴェンの楽符に余分に印刷された二小節の謎"など、バッハ、ハイドンからショパンにいたる大作曲家たちの、知られざるエピソードの数々と、彼らの生きた時代や社会を、正確な資料に基づいて語ることにより、その素顔を浮彫にしてゆく。

◇名曲の旅—楽聖たちの足跡　飯野尹著　電波新聞社　1990.5　①4-88554-247-2

◇ハイドン ロマンの軌跡—弦楽四重奏が語るその生涯　井上和雄著　音楽之友社　1990.2　①4-276-20106-3
＊ハイドンのプレイを通して立ちのぼってくるその精神は、「真面目で勤勉な宮廷楽長」といった既存のイメージを超え豊かなロマンにあふれていた。モーツァルト、ベートーヴェンに続く軌跡シリーズの第3弾。

▍ハイネ　Heine, Heinrich
1797～1856　18・19世紀、ドイツの詩人。詩集「歌の本」(1827)、紀行文集「旅の絵」(1826～31)などの作品で有名。

◇ハイネ　新装版　一条正雄著　清水書院

（Century Books 人と思想） 2016.3
Ⓘ978-4-389-42151-9

◇最後の恋―芸術家たちの晩年を彩る光と影 ディートマー・グリーザー著, 宮内俊至訳 北樹出版 2015.7 Ⓘ978-4-7793-0465-1

◇ドイツに生きたユダヤ人の歴史―フリードリヒ大王の時代からナチズム勃興まで アモス・エロン著, 滝川義人訳 明石書店 （世界歴史叢書） 2013.12
Ⓘ978-4-7503-3942-9

◇詩人法律家 オイゲン・ヴォールハウプター著, 堅田剛編訳 御茶の水書房 2012.12 Ⓘ978-4-275-01010-0

◇詩人ヘルヴェークとハイネ 可知正孝著 鳥影社・ロゴス企画 2012.1
Ⓘ978-4-86265-334-5
＊「二月革命」「三月革命」とつづく激動の時代に交差した二人の詩人―その出会いと齟齬・批判をダイナミックに論じる初めての具体的試み。

◇ハイネとVormärzの詩人たち―世代を超えた交流をめぐって 高池久隆, 高木文夫編 日本独文学会 （日本独文学会研究叢書） 2007.10 Ⓘ978-4-901909-49-5

◇ハイネ―挑発するアポリア 木庭宏著 松籟社 2001.7 Ⓘ4-87984-217-6
＊矛盾の火矢を放つ難問（アポリア）ハイネ。「詩」を捨て去ろうとする詩人。ユダヤ人を批判するユダヤ人。王政復古と対峙しながら共和制にも深い疑い。分裂を一身にひきうけて、ハイネかく闘えり。

◇ハイネ 一条正雄著 清水書院 （Century books） 1997.10
Ⓘ4-389-41151-9

◇ハイネの言葉 新装版 井上正蔵訳編 弥生書房 （人生の知恵） 1997.9
Ⓘ4-8415-0740-X

◇ハイネはだれのものか―詩人ハイネ生誕二百年によせて 一条正雄著 近代文芸社 1997.9 Ⓘ4-7733-6228-6
＊芸術家・護民官・使徒、最後のロマン主義詩人にして、最初の現代詩人。ヨーロッパ文化危機の告知者。

◇ハイネとベルネ―ドイツ市民社会の門口で 木庭宏著 松籟社 1996.10
Ⓘ4-87984-180-3

◇世界人物逸話大事典 朝倉治彦, 三浦一郎編 角川書店 1996.6 Ⓘ4-04-031900-1
＊歴史上の人物の生き生きとした人間像を伝えるエピソードを多数紹介する事典。日本人によく知られた人物1883人を見出しに掲載。

◇ハイネの見た夢 木庭宏著 日本放送出版協会 （NHKブックス） 1994.3
Ⓘ4-14-001688-4

◇ハイネ序説 井上正蔵著 未来社 1992.8 Ⓘ4-624-61023-7

◇ハイネとオルテガ 木庭宏著 松籟社 1991.5 Ⓘ4-87984-116-1

◇若いハイネ―ハイネ伝のために 木本欽吾著 広島経済大学地域経済研究所 （広島経済大学研究双書） 1990.12

◇ハイネとマチルデ愛の生活 ワルター・ビクトル著, 清水昌生訳 芸林書房 1990.11 Ⓘ4-7681-5605-3

バイバルス
Baybars al-Bunduqdārī Ⅰ
1228〜1277 13世紀、エジプト、バフリ・マムルーク朝第4代のスルタン（在位1260〜1277）。モンゴル軍・十字軍と戦い、王朝の基礎を固めた。

◇世界史の10人 出口治明著 文芸春秋 （文春文庫） 2018.9
Ⓘ978-4-16-791146-1

ハイレ・セラシエ
Haile Selassie Ⅰ Ras Taffari Makonnen
1892〜1975 ハイレセラシエ1世とも。20世紀、エチオピア皇帝。アフリカ統一機構の設立や、ビアフラ紛争などアフリカの地域紛争の調停に尽力した。

◇私の国際交遊録―現代のカリスマとリーダーシップ ノロドム・シアヌーク, バーナード・クリッシャー著, 仙名紀訳 恒文社 1990.6 Ⓘ4-7704-0719-X

＊今世紀を代表する世界のカリスマ的指導者たちは、みな共通の能力と欠点、超人的な特性を具えていた。本書は、カンボジアのシアヌーク殿下が、これら偉大な指導者たちとの交遊の模様をつづりながら、現代におけるリーダーシップとは何かを探る。

◇皇帝ハイレ・セラシエ―エチオピア帝国最後の日々　リシャルト・カプシチンスキー著, 山田一広訳　筑摩書房　（ちくま文庫）　1989.4　Ⓘ4-480-02308-9
＊「そうです。皇帝の1日は、通報者たちの報告を聞くことから始まります。危険な企ては夜生まれます…」。密告制度を張りめぐらし、飼いライオンにしか心をひらかなかった"哲人皇帝"ハイレ・セラシエ。世界最古の帝国に君臨した独裁者の、孤独と猜疑にみちた権力の日々が、そして暗黒政治の実態が、当時宮廷に仕えた召使いたちの生々しい証言によって、赤裸にあばかれる。いま静かに上がる、エチオピア帝国崩壊のドラマの幕―。

バイロン
Byron, George Gordon Noel, 6th Baron
1788～1824　18・19世紀、イギリスの詩人。男爵。

◇史上最悪の破局を迎えた13の恋の物語　ジェニファー・ライト著, 二木かおる訳　原書房　2018.9　Ⓘ978-4-562-05592-0
◇イギリス摂政時代の肖像―ジョージ四世と激動の日々　C・エリクソン著, 古賀秀男訳　ミネルヴァ書房　（MINERVA歴史・文化ライブラリー）　2013.5
Ⓘ978-4-623-06590-5
◇多彩なる詩人バイロン　東中稜代著　近代文芸社　（龍谷叢書）　2010.3
Ⓘ978-4-7733-7685-2
◇世界禁断愛大全―「官能」と「耽美」と「倒錯」の愛　桐生操著　文芸春秋　2006.10　Ⓘ4-16-368490-5
◇バイロンと他者―『ドン・ジュアン』詳読　坂口周作著　金星堂　2003.9

Ⓘ4-7647-0971-6
◇ロード・バイロン「チャイルド・ハロルドの巡礼」―注解　第2編　ロード・バイロン著, 田吹長彦編　九州大学出版会　1998.2　Ⓘ4-87378-532-4
◇世界人物逸話大事典　朝倉治彦, 三浦一郎編　角川書店　1996.6　Ⓘ4-04-031900-1
＊歴史上の人物の生き生きとした人間像を伝えるエピソードを多数紹介する事典。日本人によく知られた人物1883人を見出しに掲載。
◇永遠の巡礼詩人バイロン　楠本哲夫著　三省堂　1991.7　Ⓘ4-385-35384-0
＊詩人バイロンに魅せられた著者が、10年の歳月をかけまとめた伝記。
◇ルネッサンス・太陽・革命―イギリス作家群像　阿部史郎, 阿部幸子, 福永信哲著　恒星社厚生閣　1991.3　Ⓘ4-7699-0697-8

ハインリヒ4世　Heinrich Ⅳ
1050～1106　11・12世紀、ドイツ王（在位1054～1077）、神聖ローマ皇帝（在位1056～1106）。叙任権論争で教皇派に敗れ、教皇グレゴリウス7世に赦免を請うた（カノッサの屈辱）。

◇世界伝記大事典　世界編1～12　編集代表：桑原武夫　ほるぷ出版　1980.12～1981.6

ハーヴェー　Harvey, Sir William
1578～1657　16・17世紀、イギリスの医学者、生理学者。1628年に血液循環論を発表。

◇ウィリアム・ハーヴィ―血液はからだを循環する　ジョール・シャケルフォード著, 梨本治男訳　大月書店　（オックスフォード科学の肖像）　2008.9
Ⓘ978-4-272-44050-4
＊シェイクスピアが活躍した劇場ブームの最中、ヨーロッパ初の室内解剖劇場が建てられたパドヴァ大学に留学。その後イングランド王の顧問医を務めるかたわら、1628年『動物の心臓と血液の動きに関する解剖学的研究』を発表、実験による科学的論証で血液は体内を循

環することを証明。古代からルネサンスまでつづいたヒト生理学を覆し現代科学のルーツを築いたハーヴィの評伝。

◇近代生物学史論集　中村禎里著　みすず書房　2004.2　①4-622-07082-0
＊生物学の視点から科学革命を再考し、生物学史の意味を真摯に問いかける。"科学史のセミプロ"を自称しながら独自の道を切り拓いてきた著者の爽やかな論文集。

◇人体を探究した科学者—竹内均・知と感銘の世界　ニュートンプレス　2003.5　①4-315-51689-9

◇生物学の旗手たち　長野敬著　講談社（講談社学術文庫）　2002.1　①4-06-159530-X

◇医学の10大発見—その歴史の真実　マイヤー・フリードマン，ジェラルド・W.フリードランド著，鈴木邑訳　ニュートンプレス　(Newton Science Series)　2000.9　①4-315-51582-5

◇アシモフの科学者伝　アイザック・アシモフ著，木村繁訳　小学館（地球人ライブラリー）　1995.9　①4-09-251017-9
＊アルキメデスからアインシュタインまで先人たちが闘った歴史の裏側に見えてくるもの—科学は人間に本当の幸福をもたらしたのか。21世紀に向けて問いかけるSFの巨匠・アシモフの遺産。

◇ダーウィン教壇に立つ—よみがえる大科学者たち　リチャード・M.イーキン著，石舘三枝子，石舘康平訳　講談社　1994.3　①4-06-154210-9
＊学生の授業離れに頭を痛めたイーキン教授はある日、奇想天外なアイデアを思いつく。6人の偉大な生物学者に扮装し、その発見と生涯を彼ら自身の言葉で語ろうというのだ。ダーウィンが進化論を語り、メンデルが遺伝の法則を説く。パスツールは微生物と格闘し、シュペーマンはイモリの卵に没頭する。ハーヴェイは血液循環の、ボーモントは食物の消化のみごとな実験をしてみせる…。イーキン教授扮する"大生物学者"による、型破りの面白生物学講義。

◇医学をきずいた人びと—名医の伝記と近代医学の歴史　上　シャーウィン・B・ヌーランド著，曽田能宗訳　河出書房新社　1991.11　①4-309-20161-X
＊医学の父ヒッポクラテス。実験による実証主義をときながら、逆に固定化した権威としてまつりあげられた古代ローマのガレノス。ルネッサンス期に人体解剖図をつくりあげたヴェッサリウス。血液の循環を発見したハーヴェイ。聴診器の発明者ラエネック…。西欧の医師たちが理念、理論を実践の中でどのように生かし医学をきずきあげてきたのか。外科医である著者が現場の医師の目で語った、伝記による読物医学史。

▌パウロ　Paulos
?～60以後　1世紀頃、キリスト教の使徒。聖人。神の恩恵により信仰のみによって義とされると説いた。後の宗教改革の信仰義認論の祖となった。

◇パウロ—十字架の使徒　青野太潮著　岩波書店（岩波新書　新赤版）　2016.12　①978-4-00-431635-0

◇パウロ　新装版　八木誠一著　清水書院（Century Books　人と思想）　2015.9　①978-4-389-42063-5

◇旅のパウロ—その経験と運命　佐藤研著　岩波書店　2012.2　①978-4-00-023795-6
＊自ら撮影機材をかついで、パウロの伝道の足跡をたどり、映像によって風景をよみがえらせつつ、そこに隠された精神と肉体の秘密を探る、パウロ周航。

◇パウロの言葉—図説『新約聖書』がよくわかる！　船本弘毅監修　青春出版社（青春新書　インテリジェンス）　2011.12　①978-4-413-04342-7
＊イエスの教えをやさしく説き起こした手紙の数々！　世界中にキリスト教を広めたパウロの伝道とその生涯に迫る。

◇伝道師—仏教、キリスト教はいかにして世界宗教になったか　HSエディターズ・グループ編　幸福の科学出版　2011.11　①978-4-86395-160-0

◇サウロ—キリスト教回心以前のパウロ

パウロ

マーティン・ヘンゲル著, 梅本直人訳　日本キリスト教団出版局　2011.1
ⓘ978-4-8184-0767-1
＊最初のキリスト教著作家であり、神学者であったパウロ。彼が生きた周辺世界の資料を丹念に読み解きつつ、その出自や教育、キリスト教迫害者へと至った背景に迫る。

◇身体を張って生きた愚かしいパウロ―身体と他者　宮本久雄著　新世社　2009.12
ⓘ978-4-88382-099-3

◇パウロの現代性―義認・義化の教師としてのパウロ　上智大学キリスト教文化研究所編　リトン　2009.11
ⓘ978-4-86376-007-3

◇聖パウロ　教皇ベネディクト十六世著, カトリック中央協議会司教協議会秘書室研究企画室編訳　カトリック中央協議会（ペトロ文庫）　2009.4　ⓘ978-4-87750-144-0

◇パウロからの手紙　太田愛人著　日本放送出版協会　2009.3　ⓘ978-4-14-081351-5
＊信仰・愛・希望―それは西欧精神の源流になった。旅の伝道者、パウロが説き続けたイエスの教え・死・復活。旅先から、獄中から、信徒に書き続けたパウロの手紙は、やがてローマ、そしてヨーロッパの人々のこころをとらえていった。

◇パウロの福音　カルロ・マリア・マルティーニ著, 佐久間勤訳　女子パウロ会　2009.2　ⓘ978-4-7896-0671-4
＊ユダヤに生まれたキリスト教を、世界の宗教にした異邦人の使徒パウロ。パウロの生き方は、どのように現代に呼びかけるか。

◇愛と栄冠―使徒パウロの生涯　改訂版　ダニエル-ロップス著, アグネス・レト訳　女子パウロ会　2009.2
ⓘ978-4-7896-0669-1

◇使徒パウロ―伝道にかけた生涯　新版　佐竹明著　新教出版社　2008.11
ⓘ978-4-400-11021-7

◇十字架の聖パウロの生涯―受難の紋章を心に刻みつけて　ポール・フランシス・スペンサー著, 丸山ヒデ子訳, 井上博嗣監修　ドン・ボスコ社　2007.10
ⓘ978-4-88626-447-3

◇パウロ伝　新版　ジェームズ・M.ストーカー著, 村岡崇光訳　いのちのことば社　2007.4　ⓘ978-4-264-02526-9

◇聖パウロ―神から生まれた月足らずの子　アラン・ドゥコー著, 奈須瑛子訳　女子パウロ会　2006.5　ⓘ4-7896-0609-0
＊アカデミー・フランセーズの鬼才、歴史家ドゥコーが、聖パウロの足跡を追って、ユダヤ、ギリシア、ローマの精神世界を縦横に駆けめぐるユニークな評伝。

◇パウロを語る―対談　新装版　佐古純一郎, 井上洋治著　朝文社　2006
ⓘ4-88695-188-0

◇神の旅人―聖パウロの道を行く　森本哲郎著　PHP研究所　(PHP文庫)　2005.12　ⓘ4-569-66546-2
＊古代ローマ帝国が地中海を制していた時代。イエス・キリストが教えを説き、そして十字架にかけられた。聖パウロは、このイエスの教えを伝えるべく、自らの生命をかけ、2万キロの旅に生涯をささげた。著者は、「神の旅人」パウロの困難にみちた行程を丹念に辿り、旅に秘められた歴史と人間ドラマを見事に描き出す。読者の心を、あたかも同時代にいるように誘ってくれる、渾身の紀行文である。

◇パウロとペテロ　小河陽著　講談社（講談社選書メチエ）　2005.5
ⓘ4-06-258332-1
＊イエスの筆頭弟子にして復活後の教会指導者ペテロ。迫害者から異邦人伝道者へと回心したパウロ。古代ローマ帝国の片隅ではじまった運動を世界宗教にまで伸展させた二人の実像は？ そして、彼らのユダヤ人・異邦人への宣教戦略とは？ 二大伝道者の足跡を辿る一冊。

◇イエスとパウロ　イスラエルの子　アンドレ・シュラキ著, 長柴忠一訳　新教出版社　2005.4　ⓘ4-400-12135-6

◇聖パウロ―普遍主義の基礎　アラン・バディウ著, 長原豊, 松本潤一郎訳　河出書房新社　2004.12　ⓘ4-309-24326-6
＊出来事の詩人―思想家、闘志の形象われ

らが同時代人パウロがここに蘇る。死と復活の反弁証法にして真理/革命の存在論—ジジェク、アガンベンらに影響を与え、現代思想界の「パウロ・ルネッサンス」の導火線となった衝撃の反哲学。

◇聖パウロ　エティエンヌ・トロクメ著,加藤隆訳　白水社　（文庫クセジュ）　2004.11　Ⓘ4-560-50881-X

◇パウロの生涯と神学　朴憲郁著　教文館　2003.3　Ⓘ4-7642-7218-0

◇賢者の思想がよくわかる本　西洋の思想家編　富増章成著　中経出版　2001.7　Ⓘ4-8061-1504-5

◇パウロ・親鸞、イエス・禅　増補新版　八木誠一著　法蔵館　2000.5　Ⓘ4-8318-1052-5
＊キリスト教と仏教の基本構造と、絶対者に対する共通の立場を解明し、宗教そのものの根源を説いた不朽の名著。書き下し「宗教の実践論」を増補。

◇キリスト教の揺籃期—その誕生と成立　エチエンヌ・トロクメ著,加藤隆訳　新教出版社　1998.8　Ⓘ4-400-32442-7
＊パレスチナの一隅で起こったこの小さな宗教運動はなぜ生き延びたのか？ フランス新約学界を代表する大家が流麗な筆致で描き出すキリスト教最初の100年。

◇パウロの宣教　原口尚彰著　教文館　（聖書の研究シリーズ）　1998.3　Ⓘ4-7642-8050-7

◇キリストを運んだ男—パウロの生涯　井上洋治著　日本基督教団出版局　1998.1　Ⓘ4-8184-0304-0
＊キリストを異邦人世界に運んだ男、パウロ。ユダヤ教の枠を越えてキリスト教をヘレニズム世界に伝道したパウロ。彼の生涯と課題を、西洋的キリスト教と格闘してきた著者自身の経験に重ね合せて考察。ライフワークである福音と文化の問題に肉薄し、日本人とキリスト教のかかわりを問う。

◇使徒パウロ　2　ローマへの道　佐古純一郎著　朝文社　1997.3　Ⓘ4-88695-139-2
＊世界的宗教へとキリストを飛躍させたパウロ。エフェソ伝道、エルサレムでの逮捕・投獄。そしてローマでの殉教を、その伝道を通し説く。

◇ヨハネとパウロ—新約神学の統一性に関する一考察　鈴木牧雄著　大森教会　（大森講座）　1997.2　Ⓘ4-400-31686-6

◇パウロの歩いた道　原口貞吉著　日本基督教団出版局　1996.11　Ⓘ4-8184-0259-1

◇聖パウロ—その心の遍歴　和田幹男著　女子パウロ会　1996.6　Ⓘ4-7896-0457-8
＊キリストに捕らえられたから、わたしも彼を捕らえようと、身をのりだして、ひたすら前進するのです…。迫害者から一転してキリストの熱愛者へ。キリストの心を心とするまでに、パウロの歩まねばならなかった長い道。

◇パウロ　E.P.サンダース著、土岐健治, 太田修司訳　教文館　（コンパクト評伝シリーズ）　1994.7　Ⓘ4-7642-1055-X

◇パウロと親鸞　佐古純一郎著　朝文社　1992.12　Ⓘ4-88695-079-5

◇使徒パウロ　1　ダマスコの回心　佐古純一郎著　朝文社　1991.12　Ⓘ4-88695-050-7

◇松木治三郎著作集　第1巻　新教出版社　1991.12　Ⓘ4-400-10091-X

◇対談　パウロを語る　佐古純一郎、井上洋治著　朝文社　1991.1　Ⓘ4-88695-034-5
＊佐古牧師と井上神父が語り合うパウロの信仰と伝道の生涯。そして日本のキリスト者として…。

◇パウロの愛の手紙—ピリピ人への手紙講解説教　樋口信平著　いのちのことば社　1990.11　Ⓘ4-264-01233-3

◇パウロの信仰告白　カルロ・マリア・マルティーニ著、今道瑤子訳　女子パウロ会　1990.1　Ⓘ4-7896-0332-6

◇聖書の世界　使徒行伝編　ミルトス編集部編　ミルトス　1990.1　Ⓘ4-89586-007-8
＊イエス・キリスト以降、初代キリスト教がいかに発展していったかを伝える新約聖書中の「使徒行伝」は、「ルカ伝福音書」と同一の記者に手になる重要な文書である。使徒パウロをはじめ、さまざまな人物が困難を乗り越え、ギリ

シア・ローマ世界に新しい教えを布教していった。そして西洋文明の礎がきずかれたのであった。この写真文集は、「使徒行伝」のあらすじとその舞台を、分かりやすく紹介するものである。

◇天幕づくりパウロ―その伝道の社会的考察　R.F.ホック著，笠原義久訳　日本基督教団出版局　1990.1　Ⓘ4-8184-0042-4

バオダイ　Bao Dai

1914〜1997　20世紀、ベトナム阮朝第13代皇帝(在位1925〜1945)。漢字名は保大。49年国家主席。55年10月の国民投票においてゴ・ジン・ジェムに敗れた。

◇世界伝記大事典　世界編 1〜12　編集代表：桑原武夫　ほるぷ出版　1980.12〜1981.6

白居易　はくきょい

772〜846　白楽天(はくらくてん)とも。8・9世紀、中国、中唐の詩人。太原(山西省)の人。字は楽天。号は香山居士。韓愈と「韓白」、李白、杜甫を加えて「李杜韓白」と並称された。全集に「白氏文集」。

◇白楽天の「池上篇並序」と鴨長明の『方丈記』の比較　徳田美栄子著　〔徳田美栄子〕〔199-〕

◇96人の人物で知る中国の歴史　ヴィクター・H・メア，サンピン・チェン，フランシス・ウッド著，大間知知子訳　原書房　2017.3　Ⓘ978-4-562-05376-6

◇白楽天　新装版　花房英樹著　清水書院　(Century Books 人と思想)　2016.5　Ⓘ978-4-389-42087-1

◇白居易と柳宗元―混迷の世に生の讃歌を　下定雅弘著　岩波書店　(岩波現代全書)　2015.4　Ⓘ978-4-00-029160-6

◇陶淵明と白楽天―生きる喜びをうたい続けた詩人　下定雅弘著　角川学芸出版　(角川選書)　2012.6　Ⓘ978-4-04-703508-9

◇白楽天―官と隠のはざまで　川合康三著　岩波書店　(岩波新書)　2010.1　Ⓘ978-4-00-431228-4
＊一世を風靡した流行詩人にして、政治の中枢に上りつめた大官僚。玄宗・楊貴妃の愛の詩人にして、身近な言葉で日常の歓びをうたった閑適の詩人。多難な人生の中で、悲観より楽観を選びとるその詩は、中国の文学に新しい地平を切り開いた。官人としての生涯をたどりながら、日本にも広く深く浸透したその多面的な魅力に迫る。

◇杜甫・李白・白楽天―その詩と生涯 中国の三大詩人　福地順一著　鳥影社　2007.12　Ⓘ978-4-86265-089-4

◇白楽天の愉悦―生きる叡智の輝き　下定雅弘著　勉誠出版　2006.4　Ⓘ4-585-05354-9
＊自分を愛し、幸福を求めて快楽を味わいつくした白楽天の詩文は、古来より日本人に愛唱され続け、日本人の感性に深く浸透してきた。1200年前の詩人が放つ叡智の輝き。著者渾身の白楽天論。

◇陶淵明・白居易論―抒情と説理　松浦友久著　研文出版　(松浦友久著作選)　2004.6　Ⓘ4-87636-232-7

◇白楽天　新装版　アーサー・ウェーリー著，花房英樹訳　みすず書房　2003.4　Ⓘ4-622-07038-3
＊白楽天は貧しい地方官の子に生まれながら、その才能をのばし、官吏としても高位にのぼり、75年の生涯を終えるまでに、厖大な数の作品をのこした。政治や社会に対する詩、個人生活の自由をうたう詩、そして楊貴妃と玄宋皇帝とのロマンスをうたった叙事詩と、その詩は多彩であり、しかも庶民に親しまれる平明さをもっている。それはいかなる時代と社会を背景として書かれたのか？詩人はいかなる人間であり、いかなる知的生活を過ごしたのか？　著者アーサー・ウェーリーは、"源氏物語"の流麗な英訳で知られるイギリスの東洋学者。これは、彼の中国学と西欧的知性と文学的資質との調和から生まれ、この詩人に捧げられた最も詳細な伝記である。

◇源氏物語と白居易の文学　新間一美著　和泉書院　(研究叢書)　2003.2　Ⓘ4-7576-0203-0

◇白居易「諷諭詩」の研究　静永健著　勉誠

◇白居易研究講座　第7巻　日本における白居易の研究　太田次男ほか編集　勉誠出版　1998.8　Ⓘ4-585-02058-6

◇世界人物逸話大事典　朝倉治彦，三浦一郎編　角川書店　1996.6　Ⓘ4-04-031900-1
＊歴史上の人物の生き生きとした人間像を伝えるエピソードを多数紹介する事典。日本人によく知られた人物1883人を見出しに掲載。

◇白居易研究構座　第6巻　白氏文集の本文　太田次男ほか編　勉誠社　1995.12　Ⓘ4-585-02057-8

◇白楽天とその詩　近藤春雄著　武蔵野書院　1994.10　Ⓘ4-8386-0381-9
＊本書は詩をたよりに、「白楽天とは」と題して、白楽天の生涯を時代をおって書きつづるとともに、別に「その詩」と題して参考にした詩をまとめて口語訳を付すことにした。

◇白居易研究講座　第5巻　白詩受容を繞る諸問題　太田次男ほか編集　勉誠社　1994.9　Ⓘ4-585-02056-X

◇白居易研究講座　第4巻　日本における受容　散文篇　太田次男ほか編集　勉誠社　1994.5　Ⓘ4-585-02055-1

◇白居易研究講座　第2巻　白居易の文学と人生　2　太田次男ほか編　勉誠社　1993.7　Ⓘ4-585-02053-5

◇白楽天　花房英樹著　清水書院　（Century Books）　1990.8　Ⓘ4-389-41087-3

◇白居易研究　2版　花房英樹著　世界思想社　1990.5　Ⓘ4-7907-0139-5

▌**朴正煕**　パクチョンヒ

1917～1979　20世紀、韓国の軍人、政治家。1961年5月軍事クーデターを指導。63年10月民政復帰の際、第5代大統領に。72年「10月維新」として体制固めをはかる。79年金載圭中央情報部長により射殺。

◇朴正煕と金大中が夢見た国　金景梓著，太刀川正樹訳　如月出版　2017.5　Ⓘ978-4-901850-53-7

◇韓国大統領実録　朴永圭著，金重明訳　キネマ旬報社　2015.10　Ⓘ978-4-87376-435-1

◇興亡の世界史　第18巻　大日本・満州帝国の遺産　青柳正規，陣内秀信，杉山正明，福井憲彦編　姜尚中，玄武岩著　講談社　2010.5　Ⓘ978-4-06-280718-0
＊揺籃の地、満州が生んだ日韓の権力者、昭和の妖怪・岸信介と独裁者・朴正煕の軌跡。

◇韓国現代史―大統領たちの栄光と蹉跌　木村幹著　中央公論新社　（中公新書）　2008.8　Ⓘ978-4-12-101959-2

◇韓国歴代大統領とリーダーシップ　金浩鎮著，小針進，羅京洙訳　柘植書房新社　2007.12　Ⓘ978-4-8068-0574-8

◇現代朝鮮の悲劇の指導者たち―分断・統一時代の思想と行動　徐仲錫著，林哲，金美恵，曺宇浩，李柄輝，崔徳孝ほか訳　明石書店　（明日ライブラリー）　2007.2　Ⓘ978-4-7503-2504-0

◇朴正煕、最後の一日―韓国の歴史を変えた銃声　趙甲済著，裵淵弘訳　草思社　2006.5　Ⓘ4-7942-1496-0
＊朴正煕大統領はなぜ、最側近だったKCIA部長に殺害されたのか。18年におよぶ朴正煕政権が幕を閉じ、それにつづく13年間の全斗煥・盧泰愚政権を誕生させた決定的瞬間、1979年10月26日の暗殺にいたる大統領の最後の24時間を、綿密な取材によって再構成。カーター「人権外交」の圧力、釜山・馬山の反政府暴動、野党新民党総裁・金泳三の議員職除名問題、部下たちの忠誠心争い。大統領を取り巻いていた内外の状況を重層的に描きだしつつ事件の真相に迫り、事大主義を排して韓国型民主主義の実現をめざした朴正煕大統領の、清廉孤高の人間像をも浮き彫りにしていく。韓国有数のジャーナリストによる力作ドキュメント。

◇朴正煕と金大中―私の見た激動の舞台裏　文明子著，阪堂博之訳　共同通信社　2001.2　Ⓘ4-7641-0473-3

◇韓国を強国に変えた男　朴正煕―その知ら

れざる思想と生涯　河信基著　光人社　1996.6　①4-7698-0764-3
＊自分だけを信じて果敢に歴史に挑んだ男の生と死—韓国近代化に奔走し、遂には側近に殺害されるにいたる劇的な一生を描く。深い反日感情を抱きながらも、近代化に成功した日本の秘密を探ろうと努め、満州国軍に志願し、大日本帝国陸軍士官学校に学び、日本敗戦後は軍事クーデターを成功させて全軍を掌握、国民の大反対の嵐の中で対日国交正常化を実現し、近代化の礎を築いた特異な個性の "独裁者" の変幻自在な生涯。

◇朝鮮人物事典　木村誠，吉田光男，趙景達，馬淵貞利編　大和書房　1995.5　①4-479-84035-4

◇クーデター—朴正煕とその時代　2　李炳注著，鄭敬謨訳　シアレヒム社，影書房〔発売〕　1993.5　①4-87714-163-4
＊日韓条約を目前に、権力基盤の確立に狂奔する朴軍事政権。民主主義への弔鐘と軍靴の響きが韓半島にこだまする…。

◇クーデター—朴正煕とその時代　1　李炳注著，吾郷洋子訳　シアレヒム社，影書房〔発売〕　1992.4
＊「現代の司馬遷」たらんとする李炳注が、大胆かつ克明に暴いた驚くべき韓国現代史の真実。

◇朴正煕—韓国近代革命家の実像　趙甲済著，永守良孝訳　亜紀書房　1991.10
＊成せば成る！ のスローガンを掲げ、漢江の奇跡を実現し、極貧の韓国をオリンピック開催国にして世界の開発モデルを創造した男の前半生。李朝的要素と闘いつづけ、ついに凶弾に倒れた悲劇の革命家の知られざる生涯を、韓国一のジャーナリストがいま全力を傾注して解く。

バクーニン
Bakunin, Mikhail Aleksandrovich
1814〜1876　19世紀、ロシア生れの無政府主義思想家。「社会民主同盟」を結成。

◇アナキズム入門　森元斎著　筑摩書房（ちくま新書）　2017.3　①978-4-480-06952-8

◇アナキズム　第19号　特集 バクーニン生誕200周年　『アナキズム』誌編集委員会編　『アナキズム』誌編集委員会　2015.5　①978-4-9906230-9-8

◇バクーニン　上　E・H・カー著，大沢正道訳　現代思潮新社　2013.9　①978-4-329-02072-7

◇バクーニン　下　E・H・カー著，大沢正道訳　現代思潮新社　2013.9　①978-4-329-02073-4

◇世界人物逸話大事典　朝倉治彦，三浦一郎編　角川書店　1996.6　①4-04-031900-1
＊歴史上の人物の生き生きとした人間像を伝えるエピソードを多数紹介する事典。日本人によく知られた人物1883人を見出しに掲載。

◇勝田吉太郎著作集　第4巻　アナーキスト　勝田吉太郎著　（京都）ミネルヴァ書房　1993.11　①4-623-02328-1

ハーグリーヴズ　Hargreaves, James
1720頃〜1778　18世紀、イギリスの発明家。複式手動紡糸機を発明。靴下・下着用の紡糸工場をつくった。

◇世界伝記大事典　世界編1〜12　編集代表：桑原武夫　ほるぷ出版　1980.12〜1981.6

パスカル　Pascal, Blaise
1623〜1662　17世紀、フランスの科学者、思想家。キリスト教弁証論の執筆に励む。遺稿「パンセ」(1670)。

◇パスカル　新装版　小松摂郎著　清水書院　（Century Books　人と思想）　2016.6　①978-4-389-42012-3

◇世界を変えた手紙—パスカル、フェルマーと〈確率〉の誕生　キース・デブリン著，原啓介訳　岩波書店　2010.10　①978-4-00-006277-0
＊17世紀、未来を数値的に正確に捉えることが想像すらできなかった時代に、偶然の未来を数学的に覗き見るという概念、すなわち「確率」の基盤をつくっ

た二人の数学者。確率によって未来は評価しうる対象となった。この革命は人類の生活や未来に対する考え方をどのように変えたのか。「未完のゲーム」といわれる問題に取り組む二人の往復書簡を紹介しながら、興味深い登場人物とエピソードに満ちた数学的な確率の誕生と発展の歴史を眺望する。

◇科学の偉人伝　白鳥敬著, 現代用語の基礎知識編　自由国民社　（おとなの楽習　偉人伝）　2010.9　Ⓘ978-4-426-11081-9

◇パスカルとその時代　中村雄二郎著　東京大学出版会　2010.4
Ⓘ978-4-13-010010-6

◇数学を育てた天才たち―確率、解析への展開　マイケル・J.ブラッドリー著, 松浦俊輔訳　青土社　（数学を切りひらいた人びと）　2009.4　Ⓘ978-4-7917-9172-9

◇世界を変えた天才科学者50人―常識として知っておきたい　夢プロジェクト編　河出書房新社　（KAWADE夢文庫）　2007.8　Ⓘ978-4-309-49659-7

◇人間実存の研究―パスカル、メルロ＝ポンティ、高田保馬とともに　野口隆著　晃洋書房　2006.5　Ⓘ4-7710-1725-5

◇天才科学者たちの奇跡―それは、小さな「気づき」から始まった　三田誠広著　PHP研究所　（PHP文庫）　2005.3
Ⓘ4-569-66376-1

◇パスカル考　塩川徹也著　岩波書店　2003.2　Ⓘ4-00-024417-5
＊『パンセ』を、それが本来構想されたキリスト教護教論の枠組みのもとに読み直す。論争と説得のためのテクストという、新しい光に照らし出された、知られざる宗教思想の全貌。四半世紀にわたる研究の集大成。

◇パスカルの隠し絵―実験記述にひそむ謎　小柳公代著　中央公論新社　（中公新書）　1999.12　Ⓘ4-12-101510-X
＊「人間は考える葦である」という言葉で有名な『パンセ』の作者パスカルは、天才的数学者、厳密な実験物理学者としても知られている。とりわけ十七世紀までヨーロッパ自然学の大前提であった"真空不可能"説を打ち破る大実験を行い、ゆるぎない理論を提出したことで名高い。しかしそこには、謎めいた印象が否めない。パスカルは本当に実験したのか。彼の物理論文には、『パンセ』と同じ文学作品としてのしかけを読みとるべきではないのか。

◇パスカルと神学―アウグスティヌス主義の流れのなかで　ジャン・ミール著, 道体滋穂子訳　晃洋書房　1999.9
Ⓘ4-7710-1089-7
＊恩寵と人間の自由意志という観点からパスカルの全著作を解読しようと試みる労作。

◇パスカル伝　田辺保著　講談社　（講談社学術文庫）　1999.8　Ⓘ4-06-159387-0
＊『パンセ』を座右の書として、くり返し読み、格調の高い、懐疑と苦悩のことばに感動する人は多い。三十代という若さで亡くなるまで、数学、物理学、哲学、神学にと幅広い活躍をしたパスカル。本書は、彼の全生涯をたどることによって、神なき人間の悲惨、キリスト教と人の問題についての核心を、余すところなく浮き彫りにする好著である。

◇数学をつくった人びと　上　E.T.ベル著, 田中勇, 銀林浩訳　東京図書　1997.10
Ⓘ4-489-00528-8
＊古今の数学者たちが生きた激動の時代を背景にその生涯を描く。全国学校図書館協議会選定図書。

◇ガリレイの17世紀―ガリレイ, ホイヘンス, パスカルの物語　S.G.ギンディキン著, 三浦伸夫訳　シュプリンガー・フェアラーク東京　（シュプリンガー数学クラブ）　1996.6　Ⓘ4-431-70703-4

◇世界人物逸話大事典　朝倉治彦, 三浦一郎編　角川書店　1996.6　Ⓘ4-04-031900-1
＊歴史上の人物の生き生きとした人間像を伝えるエピソードを多数紹介する事典。日本人によく知られた人物1883人を見出しに掲載。

◇メナール版パスカル全集　第1巻　生涯の軌跡　1　B.パスカル著, 赤木昭三, 支倉崇晴, 広田昌義, 塩川徹也編　白水社　1993.11　Ⓘ4-560-02296-8

＊近親者の証言ならびにパスカルの小品で生涯の軌跡を辿る。1655年までの詳細な年譜と家族の消息も併録。

◇パスカル　A.J.クレイルスハイマー著，田辺保，足立杉子訳　教文館　（コンパクト評伝シリーズ）　1993.7　④4-7642-1050-9

◇パスカルの人間観—天使でもなければ、野獣でもない　児玉正幸著　行路社　1992.5

パストゥール　Pasteur, Louis

1822～1895　パスツールとも。19世紀、フランスの化学者、細菌学者。近代微生物学の祖といわれる。

◇教育心理学者たちの世紀—ジェームズ、ヴィゴツキー、ブルーナー、バンデューラら16人の偉大な業績とその影響　バリー・J.ジマーマン，デイル・H シャンク編，塚野州一訳　福村出版　2018.6　①978-4-571-22055-5

◇奇人・変人・大天才 19世紀・20世紀—ダーウィン、メンデル、パスツール、キュリー、アインシュタイン、その一生と研究　マイク・ゴールドスミス著，小川みなみ編訳　偕成社　2015.3　①978-4-03-533520-7

◇夢と努力で世界を変えた17人—君はどう生きる？　有吉忠行著　PHP研究所　2015.2　①978-4-569-78439-7

◇英雄はいかに作られてきたか—フランスの歴史から見る　アラン・コルバン著，小倉孝誠監訳，梅沢礼，小池美穂訳　藤原書店　2014.3　①978-4-89434-957-5

◇おもしろサイエンス 微生物の科学　中島春紫著　日刊工業新聞社　（B&Tブックス）　2013.7　①978-4-526-07108-9

　＊私たちは微生物の力を借りて、ヨーグルトやパンなどの発酵食品、味噌などの発酵調味料、ワイン・ビール・清酒などの酒類を生み出してきました。一方で、大腸菌、ウイルスなど有害な微生物の名前もよく耳にします。では、「目には見えない微生物」は、どのような素顔をもっているのでしょうか。

◇神が愛した天才科学者たち　山田大隆著　角川学芸出版，角川グループパブリッシング〔発売〕　（角川ソフィア文庫）　2013.3　①978-4-04-409446-1

◇ルイ・パスツール—無限に小さい生命の秘境へ　オーウェン・ギンガリッチ編，ルイーズ・E.ロビンズ著，西田美緒子訳　大月書店　（オックスフォード科学の肖像）　2010.12　①978-4-272-44058-0

　＊発酵は微小な生物の働きによって起こることを証明して生物学革命の引き金をひき、この発見を医学にまで広げて考えて細菌とウイルスの世界の扉を開いたパスツール。20世紀半ばまで「人類にとって最も偉大な恩人のひとり」として英雄視されていたその業績と生涯を現代の視点を織りこんで描いた評伝。

◇巨人探求—近代基礎医学の研究者たち　復刻版　平沢興著　敬成会白根緑ヶ丘病院，（新潟）考古堂書店〔発売〕　2010.8　①978-4-87499-749-9

◇病にも克った！　もう一つの「偉人・英雄」列伝—逆境は飛躍へのバネに　池永達夫著　コスモトゥーワン　2010.5　①978-4-87795-188-7

◇人と細菌—17・20世紀　ピエール・ダルモン，寺田光徳，田川光照訳　藤原書店　2005.10　①4-89434-479-3

　＊近代医学の最も重要な事件—「細菌の発見」。顕微鏡観察から細菌学の確立に至る200年の「前史」、公衆衛生への適用をめぐる150年の「正史」を、人間の心性から都市計画まで視野に収め論じる野心的大著。

◇パストゥール—実験ノートと未公開の研究　ジェラルド・L.ギーソン著，長野敬，太田英彦訳　青土社　2000.2　①4-7917-5798-X

　＊葡萄酒やビールの製造・保存法から狂犬病ワクチンまで、革命的成果の裏に秘められた「私的科学」とは。未公開の実験ノートなど、豊富な資料を駆使し、偉大な科学者が誕生する過程を精緻に読み解く、科学史の斬新な眼差し。

◇パストゥール—世紀を超えた生命科学への洞察　ルネ・デュボス著，トーマス・D.ブロック編，長木大三ほか訳　学会出版セ

ンター　1996.8　①4-7622-9804-2
◇パストゥール　川喜田愛郎著　岩波書店（岩波新書）　1995.4　①4-00-003874-5
◇ダーウィン教壇に立つ―よみがえる大科学者たち　リチャード・M.イーキン著,石館三枝子,石館康平訳　講談社　1994.3　①4-06-154210-9
　＊学生の授業離れに頭を痛めたイーキン教授はある日、奇想天外なアイデアを思いつく。6人の偉大な生物学者に扮装し、その発見と生涯を彼ら自身の言葉で語ろうというのだ。ダーウィンが進化論を語り、メンデルが遺伝の法則を説く。パスツールは微生物と格闘し、シュペーマンはイモリの卵に没頭する。ハーヴェイは血液循環を、ボーモントは食物の消化のみごとな実験をしてみせる…。イーキン教授扮する"大生物学者"による、型破りの面白生物学講義。
◇パストゥール―微生物の研究により、はじめて伝染病の原因をつきとめたフランスの科学者　ビバリー・バーチ著,菊島伊久栄訳　偕成社　(伝記 世界を変えた人々)　1992.1　①4-03-542100-6
　＊パストゥールは、19世紀初めフランスの小さな町で生まれました。内気で神経質な少年でしたが、家族や友だちの肖像画を描くことはうまく、それにより、彼は正確に観察することや一心に集中することを学んだようです。後年、微生物が伝染病の原因であることを明らかにできたのは、失敗しても頑張りぬき、実験をくりかえし、細心の注意を払ったからなのです。彼は、自分の愛する科学研究に没頭し、人類に大きく貢献したのです。小学中級から大人まで。

▎パスパ　Hphags-pa
　1235/39～1280　13世紀、チベットのサキヤ派の法王。漢字名は八思巴。フビライ・ハンより国師の称号を授けられた。パスパ文字を考案。
◇96人の人物で知る中国の歴史　ヴィクター・H・メア,サンピン・チェン,フランシス・ウッド著,大間知知子訳　原書房　2017.3　①978-4-562-05376-6

▎バッハ　Bach, Johann Sebastian
　1685～1750　17・18世紀、ドイツのオルガン奏者、作曲家。バロック音楽の統合者で音楽史上最大の作曲家の一人。
◇バッハ―「音楽の父」の素顔と生涯　加藤浩子著　平凡社　(平凡社新書)　2018.6　①978-4-582-85878-5
◇音楽と病―病歴にみる大作曲家の姿　改装版　ジョン・オシエー著,菅野弘久訳　法政大学出版局　2017.1　①978-4-588-41037-6
◇「音楽の捧げもの」が生まれた晩―バッハとフリードリヒ大王　ジェイムズ・R.ゲインズ著,松村哲哉訳　白水社　2014.6　①978-4-560-08359-8
　＊バッハ晩年の傑作はどういう事情を背景に誕生したのか、そして作品に込められたメッセージとは？　二つの時代の衝突から生まれた名曲を、二人の人生をもとに読み解く。
◇R40のクラシック―作曲家はアラフォー時代をどう生き、どんな名曲を残したか　飯尾洋一著　広済堂出版　(広済堂新書)　2013.12　①978-4-331-51784-0
◇バッハ万華鏡―時代の激流に生きた教会音楽家　川端純四郎著　日本キリスト教団出版局　2013.7　①978-4-8184-0863-0
◇バッハの人生とカンタータ　樋口隆一著　春秋社　2012.11　①978-4-393-93571-2
　＊バッハの生涯をたどりながら、宗教音楽のすばらしさ、聴きどころをやさしく語りかけるコンパクトなバッハ入門。
◇知識ゼロからの世界の10大作曲家入門　吉松隆著　幻冬舎　2012.4　①978-4-344-90247-3
◇教養としてのバッハ―生涯・時代・音楽を学ぶ14講　礒山雅,久保田慶一,佐藤真一編著　アルテスパブリッシング　(叢書ビブリオムジカ)　2012.3　①978-4-903951-53-9
　＊バッハ時代のドイツは？　当時話されていたドイツ語は？　ルターがバッハに残した遺産とは？　バッハはどんな楽器・奏法・音響・音律を想定して作曲したの

バッハ

か？ 19世紀にバッハ復興が起こったわけは？ ルター派のバッハがなぜカトリックのミサ曲を書いたのか？――バッハ研究の第一人者・礒山雅をはじめ9人の著者による14の講義が、バッハという類なき知の水脈へ誘う。

◇バッハ キーワード事典　久保田慶一編，江端伸昭，尾山真弓，加藤拓未，堀朋平著　春秋社　2012.1　①978-4-393-93028-1
＊バッハの音楽には西洋音楽のあらゆる要素が集約されている…演奏と学習と鑑賞のための便利なオールラウンドガイド。楽譜による実例満載。

◇偉人たちの黒歴史　偉人の謎研究会編　彩図社　2011.12　①978-4-88392-828-6

◇クラシック・ゴシップ！―いい男。ダメな男。歴史を作った作曲家の素顔　上原章江著　ヤマハミュージックメディア　2011.9　①978-4-636-87006-0

◇「無伴奏チェロ組曲」を求めて―バッハ、カザルス、そして現代　エリック・シブリン著，武藤剛史訳　白水社　2011.5　①978-4-560-08130-3
＊バッハの「無伴奏チェロ組曲」に魅せられたジャーナリストが、この名曲を軸に作曲者バッハと紹介者カザルスの生涯を語りつつ、組曲のなりたちや受容について考察する。

◇バッハ＝魂のエヴァンゲリスト　礒山雅著　講談社（講談社学術文庫）　2010.4　①978-4-06-291991-3
＊なぜ心にこれほど深い慰めをもたらすのか。人生への力強い肯定を語るのか。「神の秩序の似姿」に血肉をかよわせるオルガン曲。聖の中の俗、俗の中の聖を歌い上げるカンタータ。胸いっぱいに慈愛しみ渡る"マタイ受難曲"…。三百年の時を超え人々の魂に福音を与え続ける楽聖の生涯をたどり、その音楽の本質と魅力を解き明かした名著、待望の新版。

◇ヨハン・ゼバスティアン・バッハ―学識ある音楽家　クリストフ・ヴォルフ著，秋元里予訳　春秋社　2004.12　①4-393-93156-4
＊音楽へのひたむきな愛ゆえ、禁じられた楽譜を月明かりで写した少年バッハ、フレミング伯爵邸で行われるはずの音楽試合は、対戦相手のマルシャンが現れず不戦勝、ラインケン参りで無一文になったバッハに投げられた魚の頭からは、なんと金貨が…新しい作曲法という新大陸めざして、大航海に乗り出す音楽家バッハの誕生の前史から、「学識ある音楽家」バッハが残した音楽遺産の継承まで、ハーヴァード大学のヴォルフ博士が描いた生身の人間バッハ像。

◇バッハ随想　秋山元男著　文芸社　2004.7　①4-8355-7635-7

◇バッハ―伝承の謎を追う　新装版　小林義武著　春秋社　2004.6　①4-393-93172-6

◇超人バッハ―作品に秘められた驚異の暗号　蕨徹著　サンパウロ　2004.6　①4-8056-5812-6

◇わが魂の安息、おおバッハよ！　鈴木雅明著　音楽之友社　2004.4　①4-276-13015-8

◇マリアの3祝日　礒山雅著　東京書籍　（バッハ・カンタータの森を歩む）　2004.4　①4-487-79960-0

◇ピアノ教師バッハ―教育目的からみた《インヴェンションとシンフォニア》の演奏法　村上隆著　音楽之友社　2004.2　①4-276-13107-3

◇バッハ小伝　フォルケル著，角倉一朗訳　白水社　（白水Uブックス）　2003.9　①4-560-07362-7
＊古典的なバッハ評伝。親族から直接に得た情報に基づいてその生涯をたどり、同時に、「真の音楽芸術の愛国的賛美者のために」という副題も示しているように、バッハをはじめてドイツ民族の英雄として描き、かつバッハの崇高な音楽を、その品位にふさわしく描き上げている。

◇J.S.バッハ、ハイドン　吉田秀和著　音楽之友社　（吉田秀和作曲家論集）　2002.6　①4-276-22096-3

◇世界人物逸話大事典　朝倉治彦，三浦一郎編　角川書店　1996.6　①4-04-031900-1
＊歴史上の人物の生き生きとした人間像を伝えるエピソードを多数紹介する事

典。日本人によく知られた人物1883人を見出しに掲載。

ハーディング
Harding, Warren Gamaliel
1865〜1923　19・20世紀、アメリカの政治家。第29代大統領(在任1921〜1923)。1921年対ドイツ単独講和を結び、ワシントン海軍軍縮会議を召集。

◇アメリカ歴代大統領の通信簿—44代全員を5段階評価で格付け　八幡和郎著　祥伝社　(祥伝社黄金文庫)　2016.7　①978-4-396-31697-6

◇歴代アメリカ大統領総覧　高崎通浩著　中央公論新社　(中公新書ラクレ)　2002.9　①4-12-150059-8

◇ビヨンド・リスク—世界のクライマー17人が語る冒険の思想　ニコラス・オコネル著, 手塚勲訳　山と渓谷社　1996.12　①4-635-17808-0
＊1930年代から現代まで、登山史上に大きな足跡を印してきたクライマー17人へのインタビューが明らかにする真実。本書は、世界で最も実績のあるクライマーたちの気取りのない自画像である。

バトゥ　Batu
1207〜1255　13世紀、キプチャク・ハン国の初代ハン。チンギス・ハンの孫。西征軍を率い、ヨーロッパ諸国を脅かす強大なハン国を建てた。

◇蒙古襲来—偉大なジンギスカン　加藤幸広著　文芸社　2002.3　①4-8355-3679-7
＊偉大なホラズムではすべてが平穏。強大なモンゴル王国の盛衰。ジンギスカンとバツー汗の欧州侵攻の足跡。

バートランド・ラッセル
Bertrand Russell
⇒ラッセル, バートランド

ハドリアヌス帝
Hadrianus, Publius Aelius
76〜138　1・2世紀、ローマ皇帝(在位117〜138)。五賢帝の一人。すぐれた政治的手腕をもち、死後神格化された。

◇ローマ五賢帝—「輝ける世紀」の虚像と実像　南川高志著　講談社　(講談社学術文庫)　2014.1　①978-4-06-292215-9

◇本当は偉くない？　世界の歴史人物—世界史に影響を与えた68人の通信簿　八幡和郎著　ソフトバンククリエイティブ　(ソフトバンク新書)　2013.8　①978-4-7973-7448-3
＊古代から現代に至るまで、よく知られた帝王や政治家を68人選び、それぞれが世界史の中で果たした役割を、「偉人度」と「重要度」の2つの側面から10点満点で評価。世界史において偉人とされている人物たちの実像に迫る。

◇世界史の叡智—勇気、寛容、先見性の51人に学ぶ　本村凌二著　中央公論新社　(中公新書)　2013.6　①978-4-12-102223-3

◇本当は恐ろしい血みどろのローマ帝国　歴史の謎を探る会編　河出書房新社　(KAWADE夢文庫)　2013.2　①978-4-309-49863-8

◇ハドリアヌス—ローマの栄光と衰退　アントニー・エヴァリット著, 草皆伸子訳　白水社　2011.10　①978-4-560-08165-5
＊複雑で、無気味で、魅力的な支配者。「ローマ五賢帝」のひとりで、帝国に繁栄と安定をもたらしながら同時代の厳しい批判も浴びた、優れた軍人かつ芸術家肌の皇帝の生涯を、時代背景ごと描き出す。

◇ローマ皇帝ハドリアヌスとの建築的対話　伊藤哲夫著　井上書院　2011.3　①978-4-7530-2288-5

◇ハドリアヌス帝—文人皇帝の生涯とその時代　レモン・シュヴァリエ, レミ・ポワニョ著, 北野徹訳　白水社　(文庫クセジュ)　2010.3　①978-4-560-50945-6
＊芸術と美少年を愛したとされる、ローマ帝国五賢帝のひとり—ハドリアヌス帝は、政治・法律・文化などのあらゆる面で帝国の統合・均質化をすすめた優れた統治者であった。その業績と人物像を、史料にもとづいて解説する。地

図・系図・年表・索引も充実。

◇ハドリアヌス帝の回想　新装版　マルグリット・ユルスナール，多田智満子著　白水社　2008.12　①978-4-560-09219-4
＊旅とギリシア、芸術と美少年を愛したローマ五賢帝の一人ハドリアヌス。命の終焉で語られるその稀有な生涯一。

◇ローマ人の物語　25　賢帝の世紀　中　塩野七生著　新潮社　（新潮文庫）　2006.9　①4-10-118175-6
＊トライアヌスの後を継ぎ皇帝となったハドリアヌスは、就任直後、先帝の重臣を粛清し、市民の信頼を失っていた。しかし大胆な政策や改革を実施することにより人気を回復。そして皇帝不在でも機能する組織固めを確実にしたハドリアヌスは紀元121年、念願の帝国視察の大旅行に旅立つ。目的は帝国の安全保障体制の再構築にあった。治世の三分の二を費やした、帝国辺境の旅。それを敢行した彼の信念とは…。

◇ローマ人の物語　26　賢帝の世紀　下　塩野七生著　新潮社　（新潮文庫）　2006.9　①4-10-118176-4
＊安全保障の重要性を誰よりも知っていたハドリアヌスは、治世の大半を使って帝国の辺境を視察し続け、帝国の防衛体制を磐石なものとした。しかしその責務を無事終えローマに戻ったハドリアヌスは、ローマ市民の感覚とは乖離する言動をとり続け、疎まれながらその生涯を終える。そして時代は後継者アントニヌス・ピウスの治世に移るが、帝国全域で平穏な秩序は保たれ続けた。それはなぜ可能だったのか。

◇ローマ皇帝ハドリアヌス　ステュワート・ペローン著，前田耕作監修，暮田愛訳　河出書房新社　2001.5　①4-309-22371-0
＊屈指の名帝、唯一の皇帝詩人、五賢帝のひとり、夢想家—その壮大な帝国旅行の生涯を描く名著。

◇世界人物逸話大事典　朝倉治彦，三浦一郎編　角川書店　1996.6　①4-04-031900-1
＊歴史上の人物の生き生きとした人間像を伝えるエピソードを多数紹介する事典。日本人によく知られた人物1883人を見出しに掲載。

◇ハドリアヌス帝の回想　〔新装版〕　マルグリット・ユルスナール著，多田智満子訳　白水社　1993.8　①4-560-04489-9
＊ローマ帝国を未曽有の繁栄に導いた哲人皇帝の崇高なデカダンス。真の享楽主義として闊達に生きた皇帝の瞑想的な魂の遍歴。美青年アンティノウスへの溺愛。皇帝みずから語る歴史論・文明論であり、詩であり、人生論である。澄んだ意識のフィルターを通したひとつの人生と帝国の歴史。

▎バーナード・ショー　Bernard Shaw
　⇒ショー，バーナード

▎バーブ
　Bāb, Sayyid Mīrzā ʿAlī Muḥammad
　⇒サイイド・アリー・ムハンマド

▎バブーフ　Babeuf, François-Noël
1760〜1797　18世紀、フランスの革命家、共産主義者。「バブーフの陰謀」の主謀者。

◇フランス史—ナポレオンの世紀　6　19世紀　ジュール・ミシュレ著，大野一道監修，立川孝一監修・責任編集　藤原書店　2011.9　①978-4-89434-818-9
＊テルール（恐怖政治）以降の混乱をだれが収束するか。「英雄」ナポレオンに対峙するミシュレの厳しいまなざしは、国境を越えスペイン、ロシア、そして極東の日本へと広がり、グローバル化する現代世界を予見する。

◇フランス革命事典　2　人物1　フランソワ・フュレ，モナ・オズーフ編，河野健二，阪上孝，富永茂樹監訳　みすず書房　（みすずライブラリー）　1998.12　①4-622-05033-1
＊学際的な視野からフランス革命の事実と思想的意味を解釈する事典。革命の舞台において主要な役割を担った人物、そして二次的な役割のうちに生涯を終えながら、その思想は生き延びてフランスの近代を拓いた12人の論考を収録。フランス革命年表、共和暦＝西暦対照表、革

命期のパリ市街図、フランス全図付き。

バーブル
Bābur, Ẓahīr al-Dīn Muḥammad
1483〜1530　15・16世紀、インドのムガル朝の創始者（在位1526〜1530）。中央アジアからインドに侵入し北インドを支配した。

◇世界史の10人　出口治明著　文芸春秋　2015.10　①978-4-16-390352-1

◇バーブル—ムガル帝国の創設者　間野英二著　山川出版社　（世界史リブレット人）　2013.4　①978-4-634-35046-5
 ＊インドにムガル帝国を創設したバーブルは、その故国ウズベキスタンで、日本における織田信長にも匹敵する人気を誇る。バーブルの人気の秘密、バーブルの回想録『バーブル・ナーマ』の面白さ、バーブルの時代の特質、バーブルが生まれ育った「シルクロード」の実像。

◇バーブル・ナーマの研究　3　訳注　間野英二著　松香堂　1998.2　①4-87974-984-2

◇ユーラシア文明の旅　加藤九祚著　中央公論社　（中公文庫）　1993.5　①4-12-202001-8
 ＊アジアとヨーロッパにまたがる広大なユーラシア国家だった旧ソ連。日本ともつながりの深いこの地域の歴史と文化に深い造詣をもつ著者が、学術研究が盛んだった頃の第一線のソ連学者の業績を紹介しつつ、シベリアと中央アジアの民族文化の諸断面を綴る。

パフレヴィー2世
Pahlevī, Muḥammad Reḍā Shāh
1919〜1980　パーレビとも。20世紀、イラン国王。「イラン白色革命」と称する近代化に努めたが、反体制派勢力に抗しきれず、1979年国外に退去。エジプトで死去。

◇世界伝記大事典　世界編 1〜12　編集代表：桑原武夫　ほるぷ出版　1980.12〜1981.6

◇私は間違っていたのか—歴史への証言　モハマド・レザ・パーレビ著，横山三四郎訳　講談社　1980.6

◇国王の罠—イラン・パーレビ国王　ジェラール・ド・ビリエ著，黒木寿時訳　勁文社　（海外ノンフィクションシリーズ）　1975

ハミルトン　Hamilton, Alexander
1757〜1804　18・19世紀、アメリカの政治家。アメリカ独立期の指導者で、憲法の制定と連邦政府の樹立を主張した。

◇世界ナンバー2列伝—史上最強補佐役・宰相・顧問・右腕・番頭・黒幕・参謀　山田昌弘著　社会評論社　2013.11　①978-4-7845-1117-4
 ＊サブリーダー武勇伝！ 序列2位ヒーロー大全！ 国の主を祭り上げ、実権を握って、進むべき国の針路を切り開いた、歴史のもう一人の主人公達。国家元首じゃないのに国を導いた、歴史の名脇役達76人。

◇大統領になりそこなった男たち　内藤陽介著　中央公論新社　（中公新書ラクレ）　2008.9　①978-4-12-150290-2

◇アレグザンダー・ハミルトン伝—アメリカを近代国家につくり上げた天才政治家　上　ロン・チャーナウ著，井上広美訳　日経BP社，日経BP出版センター（発売）　2005.9　①4-8222-4473-3
 ＊ワシントン、ジェファーソン等と並ぶアメリカ建国の父。初代財務長官として税制・金融制度の確立に辣腕をふるい、49歳で決闘に倒れたアメリカ資本主義の祖の波乱の生涯。

◇アレグザンダー・ハミルトン伝—アメリカを近代国家につくり上げた天才政治家　中　ロン・チャーナウ著，井上広美訳　日経BP社，日経BP出版センター（発売）　2005.9　①4-8222-4474-1
 ＊ハミルトン財務長官は独立戦争で疲弊した財政を立て直すために、輸入関税、公債の償還、中央銀行の設立等に取り組む。南部諸州と対立しながらも財政状況を飛躍的に改善。ウォール街の基礎を築く。

バルザック

◇アレグザンダー・ハミルトン伝—アメリカを近代国家につくり上げた天才政治家 下　ロン・チャーナウ著，井上広美訳　日経BP社，日経BP出版センター（発売）2005.9　Ⓘ4-8222-4475-X
＊フランス革命に端を発した対仏戦争に対応するために「臨時軍」を発足させるが、世論や議会の支持が得られず挫折。副大統領との主導権争いから決闘となり、銃弾に倒れる。早すぎた「常備軍」の構想。

▌**バルザック**　Balzac, Honoré de
1799〜1850　18・19世紀、フランスの小説家。リアリズム文学の頂点とされる。作品に「ゴリオ爺さん」「谷間の百合」「従兄ポンス」など。

◇恋愛書簡術—古今東西の文豪に学ぶテクニック講座　中条省平著　中央公論新社（中公文庫）　2015.1
Ⓘ978-4-12-206067-8

◇大作家「ろくでなし」列伝—名作99篇で読む大人の痛みと歓び　福田和也著　ワニ・プラス，ワニブックス〔発売〕（ワニブックスPLUS新書）　2009.10
Ⓘ978-4-8470-6004-5

◇迷宮の作家たち　ヘンリー・ミラー著，木村公一訳　水声社（ヘンリー・ミラー・コレクション）　2006.11
Ⓘ4-89176-517-8

◇バルザックとその時代　伊藤幸次著　渡辺出版　2004.4　Ⓘ4-902119-02-1

◇スタンダール、バルザックとイタリア—ジーナあるいはイタリア　公開講演会　フィリプ・ベルティエ著，小野潮訳　中央大学人文科学研究所（人文研ブックレット）　2002.2

◇バルザック伝　アンリ・トロワイヤ著，尾河直哉訳　白水社　1999.11
Ⓘ4-560-04677-8
＊創作のよろこびに打ちふるえ、かなわぬ恋に懊悩する人間バルザック…その息づかいが感じられる興趣つきない伝記。

◇バルザック　髙山鉄男著　清水書院（Century books　人と思想）　1999.8
Ⓘ4-389-41168-3
＊バルザックの『人間喜劇』には、物欲と虚栄、出世欲と情欲、青春の希望と愛、信仰と献身など、およそ人間にかかわるすべてが描かれている。そこに語られている絢爛たる物語の数々は、「西欧の千一夜物語」というべく、また近代市民社会そのものの栄光と悲惨の物語でもある。だが描かれているものは、栄光よりも悲惨なのであって、バルザックは、「近代」というものがいかに空しく危険かということを描いたのである。ところでこの膨大な作品は、一人の天才の苦痛に満ちた生涯の代価として後世に残されたものだ。借金に押しつぶされそうになりながら日夜執筆にはげみ、途方もない夢を追い続け、多くの貴婦人に愛された男、多くを考え、多くを愛し、多くを書いたバルザックの生涯は、『人間喜劇』そのものと同じほどに驚くべき数々のドラマに満ちている。

◇バルザックの世界　石井晴一著　第三文明社　1999.5　Ⓘ4-476-03226-5

◇闘う小説家バルザック　芳川泰久著　せりか書房　1999.5　Ⓘ4-7967-0219-9
＊十九世紀初め、パリのパサージュを通行する群衆のなかに小説の登場人物と読者を発見し、彼らの欲望が織りなす来るべき近代社会の縮図を全く新しい知的パラダイムのもとに壮大な小説群『人間喜劇』として描きだしたバルザックの創造の秘密に迫る野心作。

◇バルザックがおもしろい　鹿島茂，山田登世子著　藤原書店　1999.4
Ⓘ4-89434-128-X
＊バルザック世界のための案内書。『バルザック「人間喜劇」セレクション』プレ企画。

◇パリの王様たち—ユゴー・デュマ・バルザック三大文豪大物くらべ　鹿島茂著　文芸春秋（文春文庫）　1998.1
Ⓘ4-16-759001-8
＊ユゴー・デュマ・バルザック。ナポレオン神話が青年を捉えた時代のなかに、巨匠出現の必然性を見抜いて、三人の素顔に迫る傑作評伝。異性への多大な情熱に燃えるユゴー。"小説工房"の創始者デュ

マ。誇大妄想とさえいえる自信家バルザック。彼らはいかにして彼らになったのか。小説よりも奇なる巨匠の生涯。

◇世界人物逸話大事典　朝倉治彦，三浦一郎編　角川書店　1996.6　①4-04-031900-1
＊歴史上の人物の生き生きとした人間像を伝えるエピソードを多数紹介する事典。日本人によく知られた人物1883人を見出しに掲載。

◇パリの王様たち―ユゴー・デュマ・バルザック　三大文豪大物くらべ　鹿島茂著　文芸春秋　1995.1　①4-16-349820-6
＊名誉も金も女も欲しい。十九世紀のパリを舞台に、巨匠たちの、人間的な素顔を描ききる。

◇想像力と幻想―西欧十九世紀の文学・芸術　高階秀爾著　青土社　（高階秀爾コレクション）　1994.2　①4-7917-9114-2
＊芸術活動の根源に横たわるイマジネーションやイリュージョンが、時代や社会の動きのなかで、どのように生みだされ、展開するか、その相関を刻明に跡づけ、〈近代〉の意味を具体的に解きほぐす犀利な論攷。

◇名作はなぜ生まれたか―文豪たちの生涯を読む　木原武一著　同文書院　（アテナ選書）　1993.11　①4-8103-7172-7
＊不朽の名作を知る。文豪のドラマチックな生涯をさぐる。西洋の文豪、きらめく20名のだいご味。

◇わが兄バルザック―その生涯と作品　M.ロール・シュルヴィル著，大竹仁子，中村加津訳　（諏訪）鳥影社，星雲社〔発売〕　1993.4　①4-7952-5192-4
＊兄に対する絶対的信頼と尊敬に裏打ちされた妹の記録。バルザック研究の基本的資料。

◇バルザック論　E.R.クルティウス著，小竹澄栄訳　みすず書房　1990.4　①4-622-04683-0
＊本書は、『フランス文化論』、『ヨーロッパ文学とラテン中世』を著わした著名な文学評論家・ロマニスト、E.R.クルティウスによる先駆的にして不滅のバルザック論である。彼はバルザックを、「近代の神話」を創造した幻視家としてとらえつつ、人間喜劇の構成原理を明らかにし、その巨大な文学宇宙を思想史に位置づける―。

▎ハルシャ王　Harsha-Vardhana
？～647　ハルシャバルダナとも。6・7世紀、古代インド、ハルシア王朝の創始者（在位606～647）。シーラディトヤ（戒日王）と号した。

◇父が子に語る世界歴史　2　中世の世界　新装版　ジャワーハルラール・ネルー著，大山聡訳　みすず書房　2016.7　①978-4-622-08522-5
＊始めの頃は「寛容」を大切にしたイスラム教も、そしてまたキリスト教も、いつしか様子を変えてゆく。やってきたのは、宗教どうしの対立と十字軍の時代、あるいは『アラビアン・ナイト』の時代だった…。7世紀の仏僧、玄奘の17年にわたる大旅行からはじめて、中世の終幕までを語る。

▎ハルデンベルク
Hardenberg, Karl August, Fürst von
1750～1822　18・19世紀、プロシアの政治家。フランスとの解放戦争を指導。

◇世界伝記大事典　世界編1～12　編集代表：桑原武夫　ほるぷ出版　1980.12～1981.6

▎バルトロメウ・ディアス
Bartholomeu Dias
⇒ディアス，バルトロメウ

▎バルボア　Balboa, Vasco Núñez de
1475頃～1519　15・16世紀、スペインの冒険家。ヨーロッパ人として初の太平洋発見者。

◇航海の記録　コロンブス，アメリゴ，ガマ，バルボア，マゼラン著　岩波書店　（大航海時代叢書）　1991.11　①4-00-008501-8

ハールーン・アッラシード
Hārūn al-Rashīd
766〜809　8・9世紀、アッバース朝第5代のカリフ(在位786〜809)。「千夜一夜物語」の主人公。

◇悪の歴史―隠されてきた「悪」に焦点をあて、真実の人間像に迫る　西洋編上＋中東編　鈴木董編著　清水書院　2017.12
①978-4-389-50066-5

ハロルド・ウィルソン
Sir James Harold Wilson
⇒ウィルソン，ハロルド

班固　はんこ
32〜92　1世紀、中国、後漢初の歴史家、文学者。「漢書」を編集。匈奴討伐に従軍、敗戦の罪に座して獄死。

◇中国古代の歴史家たち―司馬遷・班固・范曄・陳寿の列伝訳注　福井重雅編　早稲田大学出版部　2006.3　①4-657-06309-X
◇世界人物逸話大事典　朝倉治彦，三浦一郎編　角川書店　1996.6　①4-04-031900-1
＊歴史上の人物の生き生きとした人間像を伝えるエピソードを多数紹介する事典。日本人によく知られた人物1883人を見出しに掲載。
◇中国史にみる女性群像　田村実造著　清水書院（清水新書）　1990.10
①4-389-44054-3
＊秦末における項羽と劉邦との血みどろの抗争の蔭に散った一輪の名花にも似た虞美人。シルク・ロードをめぐる、中国と北アジア遊牧騎馬民族との対立抗争。その舞台裏で、はるかな異境に嫁いだ公主たちの数奇な運命と望郷の念い。後宮での后妃たちの権勢争奪のすさまじい葛藤。ただ一人の女帝、則天武后。その他文明太后（北魏）、西太后（清朝）など政権を握った女性たち。本書は、秦末、楚・漢の抗争から滅亡まで、中国三千年の歴史を視野に入れて、歴史の虚実、光と陰とを語る雄大なスケールの「女性群像」である。

班超　はんちょう
32〜102　1・2世紀、中国、後漢の武将。父は班彪、兄は班固。西域50国余を統轄、定遠侯に封ぜられた。

◇中国武将列伝　守屋洋著　PHP研究所（PHP文庫）　2007.4
①978-4-569-66829-1
◇世界人物逸話大事典　朝倉治彦，三浦一郎編　角川書店　1996.6　①4-04-031900-1
＊歴史上の人物の生き生きとした人間像を伝えるエピソードを多数紹介する事典。日本人によく知られた人物1883人を見出しに掲載。
◇大遠征　伴野朗著　集英社（集英社文庫）　1994.12　①4-08-748256-1
◇明鏡古事―中国人物列伝　古事は今を知る鏡　伴野朗著　経営書院　1993.11
①4-87913-470-8
＊中国四千年の歴史に活躍する英雄たちの魅力的な人物像を描く。
◇中国史にみる女性群像　田村実造著　清水書院（清水新書）　1990.10
①4-389-44054-3
＊秦末における項羽と劉邦との血みどろの抗争の蔭に散った一輪の名花にも似た虞美人。シルク・ロードをめぐる、中国と北アジア遊牧騎馬民族との対立抗争。その舞台裏で、はるかな異境に嫁いだ公主たちの数奇な運命と望郷の念い。後宮での后妃たちの権勢争奪のすさまじい葛藤。ただ一人の女帝、則天武后。その他文明太后（北魏）、西太后（清朝）など政権を握った女性たち。本書は、秦末、楚・漢の抗争から滅亡まで、中国三千年の歴史を視野に入れて、歴史の虚実、光と陰とを語る雄大なスケールの「女性群像」である。

ハンニバル　Hannibal
前247〜前183　前3・2世紀、カルタゴの名将。生涯ローマと戦い続けた。

◇地中海世界の覇権をかけてハンニバル　新訂版　長谷川博隆著　清水書院（新・人と歴史拡大版）　2017.6
①978-4-389-44113-5

◇新書英雄伝―戦史に輝く将星たち　有坂純著　学研教育出版　2015.10
①978-4-05-406350-1

◇名画とあらすじでわかる！　英雄とワルの世界史　祝田秀全監修　青春出版社　（青春新書INTELLIGENCE）　2015.2
①978-4-413-04443-1

◇戦後復興首脳列伝―祖国を廃墟から甦らせた真の盟主たち　麓直浩著　社会評論社　2013.9　①978-4-7845-1116-7

◇世界史の叡智―勇気、寛容、先見性の51人に学ぶ　本村凌二著　中央公論新社　（中公新書）　2013.6　①978-4-12-102223-3

◇プリュターク英雄伝　沢田謙著　講談社　（講談社文芸文庫）　2012.8
①978-4-06-290167-3

◇世界を変えた　最強の戦闘指揮官30　柘植久慶著　PHP研究所　（PHP文庫）　2010.6　①978-4-569-67481-0

◇経済大国カルタゴ滅亡史―一冊で読めるポエニ戦争ハンニバル戦記　是本信義著　光人社　2009.5　①978-4-7698-1425-2
＊地中海の女王と称されて繁栄をきわめるカルタゴ。台頭するローマ。象部隊を率いてアルプスを越えた勇将ハンニバルと、不撓不屈のローマ軍団が血で血を洗う壮大なる叙事詩！　一冊で読めるポエニ戦争ハンニバル戦記。

◇井沢元彦の英雄の世界史　井沢元彦著　広済堂出版　（広済堂文庫）　2008.5
①978-4-331-65428-6

◇地中海世界を彩った人たち―古典にみる人物像　柳沼重剛著　岩波書店　（岩波現代文庫）　2007.11　①978-4-00-600187-2
＊古代ギリシア・ローマを中心とする地中海世界では、どんな人びとが活躍していたのか。アレクサンドロスやカエサルのような英雄豪傑、クレオパトラのような美女、ソクラテスのような賢者…。西洋古典文学に登場する多彩な人物を紹介し、古代の地中海世界とはどんな世界であったのかを講談調の語り口で生き生きと物語る。

◇「世界の英雄」がよくわかる本―アレクサンドロス、ハンニバルからチンギス・ハーン、ナポレオンまで　寺沢精哲監修　PHP研究所　（PHP文庫）　2007.1
①978-4-569-66766-9

◇ハンニバル―地中海世界の覇権をかけて　長谷川博隆著　講談社　（講談社学術文庫）　2005.8　①4-06-159720-5
＊エブロ河を越えアルプスを越え、南イタリアの地カンナエでローマ軍団を打ち砕いたハンニバル。戦いに勝ちながら、最終的にローマという果実を刈り取らなかったのは何故なのか。地中海世界の覇権をかけて大国ローマを屈服寸前まで追いつめたカルタゴの勇将、アレクサンドロス・カエサル・ナポレオンに比肩する天才の戦略と悲劇的な生涯を描く。

◇ハンニバルアルプス越えの謎を解く　ジョン・プレヴァス著，村上温夫訳　白水社　2000.10　①4-560-02826-5
＊ハンニバルは宿敵ローマを倒すべく、軍勢と象を引き連れ、陸路イタリアへ向かった。行く手には異民族が待ち伏せ、峻険アルプスが立ちはだかる…。ハンニバルの越えた峠を著者自らが踏査し、伝説の道程が明かされる！　古代へのロマンをかきたてる壮大な歴史読物。

◇ハンニバル異聞　中　森本泰平著　日本図書刊行会，近代文芸社〔発売〕　1999.9
①4-8231-0054-9
＊カルタゴの脅威に怯えるマルセーユを救うべく、サグントの報復を掲げて宣戦するローマ。受けて立つハンニバル兄弟に果たして…成算はあるのか。

◇ポエニ戦争　ベルナール・コンベ＝ファルヌー著，石川勝二訳　白水社　（文庫クセジュ）　1999.2　①4-560-05812-1
＊フェニキア人の植民市カルタゴが、百戦錬磨の連邦国家ローマを相手に、三度、戦いを挑む。ハンニバルの活躍とともに記憶される悲運の物語。古代地中海の覇権争いの顛末を詳細に描く。

◇マキァヴェッリ全集　2　ディスコルシ　ニッコロ・マキァヴェッリ著，永井三明訳　筑摩書房　1999.1　①4-480-79012-8
＊ハンニバル・スキピオ・カエサル・アレクサンドロス…古代ギリシア・ローマ世界の傑出した人物たちの果断な行動

ハンムラビ王

に政治・外交・軍事の理想型を求めたマキァヴェッリの代表作。ティトゥス・リウィウスの最初の十巻の論考に関する注釈(全面改訳)。

◇ローマ人の物語 2 ハンニバル戦記 塩野七生著 新潮社 1993.8
①4-10-309611-X
＊カルタゴ国滅亡という結果に終るポエニ戦役。興隆の途にあるローマ人は、はじめて直面した大危機を"ハンニバル戦争"と呼び、畏れつつ耐えた。戦場で成熟したカルタゴ稀代の名将ハンニバルに対して、ローマ人は若き才能スキピオとローマ・システムを以て抗し、勝った―。歴史はプロセスにあり、という視点から余すところなく、しかし情緒を排して活写される敗者と勝者の命運。

◇諸葛孔明・逆境からの挑戦 (横浜)光栄 (英雄パラダイムシリーズ) 1992.4
①4-906300-54-5
＊本書は、諸葛亮の英雄たるゆえんを「逆境からの挑戦」に見い出し、〈賭け〉〈大義〉〈新機軸〉〈不屈〉の四つの要素をピックアップして、諸葛亮の軌跡を追う。つづけて、同じ要素によって強敵に挑んだ世界史上の英雄たち―カルタゴの闘将ハンニバル、異形の忠臣楠木正成、改革する宰相王安石、反ファシズムの戦士チャーチルをフィーチャーし、彼らの果敢な挑戦を解説する。歴史世界を冒険する、英雄パラダイムシリーズ第二弾。

◇アルプスを越えた象―ハンニバルの進攻 ギャヴィン・デ・ビーア著,時任生子訳 思索社 1991.3 ①4-7835-0185-8

▌ハンムラビ王 Hammurabi
?～前1750頃 前18世紀、バビロン第1王朝6代の王(在位：前1792頃～前1750頃)。ハンムラビ法典を制定、発布したことで知られる。

◇世界史をつくった最強の300人 小前亮著 光文社 (光文社知恵の森文庫) 2018.10
①978-4-334-78752-3

◇30の「王」からよむ世界史 本村凌二監修,造事務所編著 日本経済新聞出版社 (日経ビジネス人文庫) 2018.6
①978-4-532-19863-3

◇悪の歴史―隠されてきた「悪」に焦点をあて、真実の人間像に迫る 西洋編上＋中東編 鈴木董編著 清水書院 2017.12
①978-4-389-50066-5

◇ハンムラビ王―法典の制定者 中田一郎著 山川出版社 (世界史リブレット人) 2014.2 ①978-4-634-35001-4
＊ハンムラビは今から3400年以上も前に、43年もの間バビロンの王として君臨した。治世晩年に編纂させたハンムラビ法典の「あとがき」によると、彼は後世の人々に、戦いに勝利した王、人々に安寧と豊饒をもたらした王、そしてなによりも社会的にもっとも弱い立場にあった孤児や寡婦を守る「正しい王」として認められたいと願っていた。本書では、ハンムラビが本当にそのような王であったのかどうか、当時の史料に基づいて検証する。

◇本当は偉くない？ 世界の歴史人物―世界史に影響を与えた68人の通信簿 八幡和郎著 ソフトバンククリエイティブ (ソフトバンク新書) 2013.8
①978-4-7973-7448-3
＊古代から現代に至るまで、よく知られた帝王や政治家を68人選び、それぞれが世界史の中で果たした役割を、「偉人度」と「重要度」の2つの側面から10点満点で評価。世界史において偉人とされている人物たちの実像に迫る。

▌バンヤン Bunyan, John
1628～1688 17世紀、イギリスの説教者、宗教文学者。非合法説教のため、投獄された。

◇ジョン・バニヤン ロジャー・シャロック著,バニヤン研究会訳 ヨルダン社 1997.10 ①4-8428-0237-5

◇世界人物逸話大事典 朝倉治彦,三浦一郎編 角川書店 1996.6 ①4-04-031900-1
＊歴史上の人物の生き生きとした人間像を伝えるエピソードを多数紹介する事典。日本人によく知られた人物1883人を見出しに掲載。

◇バニヤンとその周辺―英文学とキリスト教　山本俊樹著　待晨堂　1992.5　Ⓘ4-924294-03-9
◇イギリス革命におけるミルトンとバニヤン　永岡薫，今関恒夫編　御茶の水書房　1991.8　Ⓘ4-275-01431-6

【ひ】

ピアリ　Peary, Robert Edwin
1856〜1920　19・20世紀、アメリカの北極探検家、海軍の軍人。1909年、北極点に達す。
◇世界の探検家列伝　竹内均著　ニュートンプレス　（竹内均知と感銘の世界）2003.7　Ⓘ4-315-51693-7
◇北極点　ロバート・エドウィン・ピアリー著，中田修訳　（東久留米）ドルフィンプレス，オセアニア出版社〔発売〕　（極地探検三大古典）　1993.10　Ⓘ4-87203-053-2

ピウスツキ
　Pilsudski, Józef Klemens
1867〜1935　19・20世紀、ポーランドの独立運動家、政治家、国家元首、元帥。第一次世界大戦後にソ連との戦争を指導、独裁的権力を得た。
◇クーデターの技術　クルツィオ・マラパルテ著，手塚和彰，鈴木純訳　中央公論新社　（中公選書）　2015.3　Ⓘ978-4-12-110021-4

ピカソ　Picasso, Pablo Ruiz（y）
1881〜1973　19・20世紀、スペインの画家、彫刻家。20世紀ヨーロッパ美術の象徴的存在。作品は「アビニヨンの娘たち」「ゲルニカ」など。
◇非暴力の人物伝―表現の自由をまもった人びと　2　チャップリン/パブロ・ピカソ　山口理著　大月書店　2018.8　Ⓘ978-4-272-40982-2
◇ピカソ―型破りの天才画家　岡田好恵文，真斗絵，大高保二郎監修　講談社　（講談社青い鳥文庫）　2017.6　Ⓘ978-4-06-285632-4
＊スペイン生まれの天才画家パブロ・ピカソは、20世紀という激動の時代のなかでたくさんの名作を描きました。でも、子どものころは大の勉強ぎらいで劣等生。挫折と挑戦を繰り返して、多くの人の心を動かす絵を描くようになったのです。なかでも有名なのは、『ゲルニカ』という大作。この絵はなぜ描かれたのか？　人間らしい心を忘れなかったピカソの人生と仕事をたどります。小学上級から。
◇ピカソ　3　意気揚々　1917-1932　ジョン・リチャードソン著，木下哲夫訳　白水社　2017.6　Ⓘ978-4-560-09253-8
◇ピカソ　2　キュビストの叛乱　1907-1916　ジョン・リチャードソン著，木下哲夫訳　白水社　2016.5　Ⓘ978-4-560-09252-1
◇天才たちのスペイン　谷口江里也著　未知谷　2016.5　Ⓘ978-4-89642-495-9
◇ピカソの世紀　続　ゲルニカと戦争、そして栄光と孤独　1937-1973　ピエール・カバンヌ著，中村隆夫訳　西村書店　2016.4　Ⓘ978-4-89013-745-9
◇ピカソ　1　神童　1881-1906　ジョン・リチャードソン著，木下哲夫訳　白水社　2015.2　Ⓘ978-4-560-09251-4
◇時代を切り開いた世界の10人―レジェンドストーリー　第2期9　パブロ・ピカソ　つねに新しい表現に挑戦した20世紀を代表する芸術家　髙木まさき監修　学研教育出版　2015.2　Ⓘ978-4-05-501159-4, 978-4-05-811342-4
◇西洋美術　巨匠たちの履歴書　木村泰司監修　宝島社　2013.7　Ⓘ978-4-8002-1122-4
◇ピカソは本当に偉いのか？　西岡文彦著　新潮社　（新潮新書）　2012.10　Ⓘ978-4-10-610491-6
＊「なぜ『あんな絵』に高い値段がつくの

ピカソ

か？」「これって本当に『美しい』のか？」。ピカソの絵を目にして、そんな疑問がノド元まで出かかった人も少なくないだろう。その疑問を呑み込んでしまう必要はない。ピカソをめぐる素朴な疑問に答えれば、素人を煙に巻く「現代美術」の摩訶不思議なからくりもすっきりと読み解けるのだから―。ピカソの人と作品に「常識」の側から切り込んだ、まったく新しい芸術論。

◇ゲルニカ―ピカソ、故国への愛　アラン・セール文・図版構成, 松島京子訳　冨山房インターナショナル　2012.4
①978-4-905194-32-3
＊ピカソの生い立ち、子供時代、少年時代、戦争、爆撃、ゲルニカの制作過程をたどりながら、世界の色彩が勝利をおさめる日を見てみよう。

◇偉人たちの黒歴史　偉人の謎研究会編　彩図社　2011.12　①978-4-88392-828-6

◇ピカソはぼくの親友なんだ　アントニー・ペンローズ著　六耀社　2011.2
①978-4-89737-668-4
＊アントニー・ペンローズことトニーは、イギリス東サセックスの農場で少年時代を送っていた。そこにやってきたのは、大きな目をきらきらさせながら、不思議な絵を描き、魔法のようにいろいろなオブジェを作り出す男、ピカソ。ゲームに夢中になったり、動物の世話をしたりしてともに時間を過ごすうち、ふたりは大の親友になっていく。本書は、トニー少年が、年の離れた友人、パブロ・ピカソと過ごした少年時代の思い出を、少年の目線で綴ったものである。「小さな人たち」のためのピカソ入門書であると同時に、トニー少年と大人のピカソが結んだ心温まる友情の物語にもなっている。

◇評伝ピカソ―未知の画集への果てなき旅　池田節雄著　彩流社　2010.9
①978-4-7791-1562-2
＊8万点もの膨大な作品を残したピカソの生涯と多面的な人物像に、テーマ別の画集を「旅」することで迫る、新視点からの評伝。画集・写真集・図録・単行本リスト付。

◇ピカソ―巨匠の作品と生涯　岡村多佳夫著　角川書店, 角川グループパブリッシング（発売）（角川文庫　Kadokawa art selection）2009.2　①978-4-04-392101-0
＊青の時代の胸を衝く自画像、ローズの時代の静謐なサーカスの軽業師、そしてキュビスムの時代の奇妙な建物や人物などなど。変幻自在に作風を変え次々と大作を描いた巨匠ピカソ。その生涯をじっくりとたどりながら、年代別に変化していく作品をオールカラーでダイナミックに紹介するハンディサイズのガイドブック。なぜこれが名画なの？どうしてこんな形なの？そんな素朴な疑問にも丁寧にこたえる、初心者に最適な決定版。

◇クリムトとピカソ、一九〇七年―裸体と規範　ジャン・クレール著, 松浦寿夫訳　水声社　2009.1　①978-4-89176-699-3
＊規範と逸脱、秩序と冒険…。その人生においても、美術史の言説においても、決して相まみえることのなかった2人の画家の作品を大胆に横断することで、20世紀の芸術が孕まざるをえない矛盾と葛藤を精緻に炙り出す。

◇ピカソの世紀―キュビスム誕生から変容の時代へ 1881-1937　ピエール・カバンヌ著, 中村隆夫訳　西村書店　2008.11
①978-4-89013-605-6
＊その偉大さゆえに、しばしば伝記作家たちにより誇大評価され、ゆがめられてきたピカソ像。それらをフランス美術界の精鋭P・カバンヌが、冷静に問い直し検証。実際に取材して集められた証言の数々、生き生きとした会話の再現により浮かび上がる、みずみずしい真実のピカソ伝。

◇語るピカソ　ブラッサイ著, 飯島耕一, 大岡信訳　みすず書房　2008.10
①4-622-01509-9
＊ピカソ83歳の誕生日に、親友の写真家によって捧げられた、対話と写真による記録。30年に及ぶ日々の創造の歓び、彼をめぐる芸術家たちの肖像。

◇近代美術の巨匠たち　高階秀爾著　岩波書店（岩波現代文庫）2008.1
①978-4-00-602130-6

◇君はピカソを知っているか　布施英利著　筑摩書房　（ちくまプリマー新書）　2006.12　①4-480-68751-3
＊世界の美を変えた男、ピカソ。挑戦と破壊に満ちた絵画の裏側には、歴史と伝統も脈打っている。華々しい革命児の人生を辿りながら西洋美術の基礎も学べる、彩り豊かな入門書。

◇美の20世紀　1　ピカソ　アナトーリ・ポドクシク著,山梨俊夫監訳,甲斐義明訳　二玄社　2006.10　①4-544-21001-1
＊常に前衛をリードし続けたスーパースター、ピカソの謎に迫る。

◇巨匠の自画像―名画に潜む知られざるストーリー　青井伝著　すばる舎　2006.8　①4-88399-540-2

◇ピカソ―創造のエネルギーをかきたてる「未完成力」　斎藤孝著　大和書房　（斎藤孝の天才伝）　2006.6　①4-479-79162-0
＊20世紀最高の芸術家は破壊と創造の達人だった！ 斎藤孝が天才の秘密を読み解く。

◇もっと知りたいピカソ―生涯と作品　大高保二郎監修,松田健児著　東京美術　（アート・ビギナーズ・コレクション）　2006.2　①4-8087-0794-2

◇マイ・グランパパ、ピカソ　マリーナ・ピカソ著,五十嵐卓,藤原えりみ訳　小学館　2004.11　①4-09-356631-3

◇ピカソと闘牛　須藤哲生著　水声社　2004.4　①4-89176-500-3

◇ピカソ　瀬木慎一著　集英社　（集英社新書）　2003.8　①4-08-720206-2
＊二十世紀最大の芸術家ピカソ！ その巨大で迷路のごとき作品世界を、創作と人生に大きな影響を与えた女性たちとの関わりを通して浮き彫りにする。「人間」を生涯のテーマとしたピカソにとって、描いた女性はモデル以上の精神的な存在であり、女性がかわるごとにその芸術も大きく変化していったのである。一九六一年の「ピカソ展」、六二年の「ピカソ・ゲルニカ展」、六四年の大回顧展の企画実行者を務めて以来、ピカソ、ジャクリーヌ夫人、娘マヤ、孫マリーナ、そして画商カーンワイラーとも深く親交のあった著者が、没後三十年を経てなお「前衛」としてあり続ける巨人の真実に迫る。

◇ピカソと恋人ドラ―パリ1940‐50年代の肖像　ジェームズ・ロード著,野中邦子訳　平凡社　（20世紀メモリアル）　1999.12　①4-582-37342-9
＊天才ピカソとの愛、その光と影。ジャコメッティ、バルテュス、バタイユ、ラカン、コクトー、シャガール…20世紀の創造者たちが集うパリで、愛と芸術に生きたドラ・マールを描くはじめての回想録。

◇ピカソと過ごしたある日の午後―コクトーが撮った29枚の写真　ビリー・クルーヴァー著,北代美和子訳　白水社　1999.4　①4-560-03874-0
＊コダックでパチリ！ 愉快なコクトーの写真日記。母親と過ごしたモンパルナスを訪れたコクトーは、当時モンパルナスを根城にしていた芸術家たちのスナップショットを次つぎと撮影した。それから半世紀、一連の写真は散逸し、撮ったのがだれかもわからなくなってしまう。著者のクルーヴァーはそれらの写真をふたたび一か所に集め、芸術家たちが過ごした真夏の昼下がりを再現する。

◇ピカソの祈り―名画〈ゲルニカ〉の誕生から帰郷まで　柏倉康夫著　小学館　（小学館ライブラリー）　1999.3　①4-09-460120-1

◇ピカソジャコメッティベイコン　ミシェル・レリス著,岡谷公二編訳　人文書院　1999.2　①4-409-10011-4
＊現代におけるリアリズムの系譜を「愛するものだけについて語る」という規則の下に綴った特異な美術論。人物評から作品論まで、ほぼすべてのテクストを独自編集。

◇ピカソマイフレンド―フォトドキュメント　ロベルト・オテロ写真・文　小学館　1999.2　①4-09-699601-7

◇ピカソのミッシング・リンク―20世紀芸術の隠されたルーツを暴く　山田明著　東洋出版　1998.9　①4-8096-7267-0
＊ピカソ嫌いのためのピカソ論。現代芸

ピカソ

術の目を覆いたくなる混迷の発端はピカソからはじまる。彼と彼の芸術を理解できない批評家は、彼を超越的天才として彼に盲従してしまった。彼以降、規範をなくした芸術は数多くの現代芸術を創り出すが、それは芸術の崩壊への道でしかなかった。彼が芸術を暴走させてしまったのである。ピカソが盗んだのはバルザックとニーチェである。この二つの思想で彼の言動の難解さ、絵画のほとんどは解明できる。ピカソ芸術の中にある数多くの嘘、彼が盗んだ思想の原典をさぐることで、彼が崩壊へと追いやった20世紀芸術の文法を見直す。

◇近代美術の巨匠たち　高階秀爾著　青土社　1998.8　①4-7917-9122-3
＊あの名作はどのようにして生まれたか。飽くことなく「光」を追求したモネ、不遇の天才セザンヌ、女性の美を絵筆に託したルノワール、単身タヒチに渡り、絵を描きながら孤独のうちに病没したゴーガンなど、近代絵画史に偉大な足跡を残した画家たち。その生い立ちから画家としての目覚め、数々の名作を描くにいたるまで、生活史をも織り込んで描く、巨匠列伝。

◇女たちが変えたピカソ　木島俊介著　中央公論社（中公文庫）1998.2　①4-12-203066-8
＊二十世紀最大の画家ピカソ。だが彼の作品の多くは、今日まで数々の謎に包まれた「わからない美術」であった。ピカソが生涯描きつづけたものは何だったのか――著者は、最新の研究成果を踏まえつつ、大胆な推理を試みる。ピカソの女性関係を軸に、九三点の作品を通して芸術創造の軌跡を辿り、ピカソの実像を解明する、刺激的美術論。

◇「ピカソと写真」展　朝日新聞社文化企画局編　朝日新聞社文化企画局　c1998

◇ギャラリーゲーム――ピカソと画商の戦略　マイケル・C.フィッツジェラルド著, 別宮貞徳監訳　淡交社　1997.9　①4-473-01571-8

◇世界人物逸話大事典　朝倉治彦、三浦一郎編　角川書店　1996.6　①4-04-031900-1

＊歴史上の人物の生き生きとした人間像を伝えるエピソードを多数紹介する事典。日本人によく知られた人物1883人を見出しに掲載。

◇ヴィヴァン――新装版・25人の画家　第19巻　ピカソ　神吉敬三編集・解説　講談社　1995.7　①4-06-254769-4

◇ピカソ＜アヴィニョンの娘たち＞――アヴァンギャルドの挑発　クラウス・ヘルディンク著, 井面信行訳　三元社　1995.6　①4-88303-025-3

◇ピカソと泣く女――マリー＝テレーズ・ワルテルとドラ・マールの時代　ジュディ・フリーマン著, 福のり子訳　淡交社　1995.4　①4-473-01401-0

◇ピカソ　ピカソ画, ローランド・ペンローズ著, 末永照和訳　西村書店　（アート・ライブラリー）1994.5　①4-89013-518-9

◇ピカソを読む――芸術とエロティシズムの葛藤　中村茂夫著　岩崎美術社　1993.12　①4-7534-1341-1
＊画家とモデルを中心に、芸術とエロとの境界を巨匠の個々の作品により解明をめざす。積年の研究によるピカソ論。

◇ピカソ――天才とその世紀　マリ・ロール・ベルナダック, ポール・デュ・ブーシェ著, 高階絵里加訳　（大阪）創元社　(「知の再発見」双書）1993.10　①4-422-21081-5

◇恋愛放浪伝　日本テレビ放送網　（知ってるつもり?!）1993.10　①4-8203-9302-2
＊愛に生き、愛に苦しみ、愛を描いた人たちの物語。

◇パブロ・ピカソ　ジョン・ビアズリー著, 渡辺真監訳　（京都）同朋舎出版　（はじめて読む芸術家ものがたり）1993.9　①4-8104-1166-4
＊パブロ・ピカソは、少年のころから驚くほど本物そっくりに絵を描いた。だがピカソは、抽象芸術家として名声を得て、キュビスムという手法を生み出した。91歳まで意欲的な創作活動を続けたピカソは、モダン・アートの偉大な芸術家だ。

◇渋沢龍彦全集　4　渋沢龍彦著　河出書房新社　1993.9　①4-309-70654-1

◇画家の妻たち　沢地久枝著　文芸春秋　1993.5　①4-16-347510-9
＊炎のように短く燃えた愛もあり、静謐な長い人生もあった。憎しみの果ての別れもあった…。美の狩人たちの創造の源泉であり、その苦悩と歓喜を共有した伴侶たちにとって、永遠の美とは何だったのか。レンブラントからピカソまで、19人の画家による妻の肖像画を通して、男と女の運命的なドラマをさぐる。

◇マティスとピカソ―芸術家の友情　フランソワーズ・ジロー著，野中邦子訳　河出書房新社　1993.2　①4-309-20210-1
＊マティスが鮮やかな色彩の交錯を楽しむ一方、ピカソは思うがままに構図を操った。博学で雄弁、謹厳実直、「愛こそが芸術を支える」というマティスに対し、内気で気まぐれ、急進的、「狂気に向かって翼をひらいた」ピカソ。フランソワーズが目撃したのは、この北極と南極のような二人の間に育まれた、たぐいまれな愛情だった。二人の巨匠の素顔をふかい理解をもって描く。

◇ピカソ―その生涯と作品　ローランド・ペンローズ著，高階秀爾，八重樫春樹訳　新潮社　1992.10　①4-10-512601-6

◇ピカソ　ダニエル・ブーン著，太田泰人訳　岩波書店　（岩波　世界の巨匠）　1992.5　①4-00-008461-5

◇ピカソの女たち　ロイ・マグレゴル・ヘイスティ著，東珠樹訳　美術公論社　1991.8　①4-89330-112-8
＊ピカソの絵に隠された7つの愛。女性とともに変貌を遂げたピカソ芸術。その自由奔放な創作の秘密に迫る好著。

◇ピカソ　偽りの伝説　上　アリアーナ・S.ハフィントン著，高橋早苗訳　草思社　1991.6　①4-7942-0420-5
＊ピカソに魅了され、生涯を捧げたあげく悲劇的な末路をたどった女たちとの生活を軸に、天才画家の栄光の裏に潜む、苦悩と矛盾に満ちた生涯を再現する。

◇ピカソ　偽りの伝説　下　アリアーナ・S.ハフィントン著，高橋早苗訳　草思社　1991.6　①4-7942-0421-3
＊芸術だけでなく、人生においても容赦なく破壊のゲームを続けたピカソは、ついに究極の絵画を見出すことなく、孤独と絶望に閉ざされた晩年を迎える。

◇ゲルニカ物語―ピカソと現代史　荒井信一著　岩波書店　（岩波新書）　1991.1　①4-00-430155-6
＊スペイン内戦の時代に生まれ、20世紀最大の政治的絵画といわれる「ゲルニカ」。パリ万国博に初めて展示されたこの壁画は、単にゲルニカ爆撃への怒りを語るだけではない。著者は、ファシズムと人民戦線が対峙する時代状況に重ねてピカソの内面的な苦悩を描き、さらに戦後史の激動の中でこの絵がたどった運命にも説き及ぶ。

◇黒耀石の頭―ピカソ・仮面・変貌　アンドレ・マルロー著，岩崎力訳　みすず書房　1990.5　①4-622-04233-9
＊本書は、ピカソの死を契機に、その偉大な画家との交流を振り返るかたちで書かれたユニークな「ピカソ論」であると同時に、マルロー一流の美術論＝思想を十全に開陳した芸術的エッセーでもある。

◇ピカソからゲルニカへ―ある絵画の生成の系譜　ジャン・ルイ・フェリエ著，根本美作子訳　筑摩書房　1990.4　①4-480-87148-9
＊ピカソはすでに有名な画家として、1937年パリ万博スペイン館を飾る作品制作を依嘱されていた。その年4月、ナチスによるゲルニカ爆撃。これがピカソのテーマとなった。現代史の一事件―史上初めての非線闘員に対する非道に組織的攻撃―に対する憤激がきっかけであることは確かだ。どのように『ゲルニカ』が生まれたのか。絵画の歴史とピカソの絶えざる変貌を歩みの両面から、絵画の術法、図像の伝統的意味、精神分析、神話、科学技術、マス・メディアの現代的意味…著者は多様な手段でこの絵の分析を試みる。

ピサロ　Pizarro, Francisco

1470頃～1541　15・16世紀、スペインのインカ帝国発見、征服者。1535年首都リ

マを建設し全ペルーを支配。
◇コルテスとピサロ―遍歴と定住のはざまで生きた征服者　安村直己著　山川出版社　(世界史リブレット人)　2016.11
①978-4-634-35048-9
◇インカ帝国―その征服と破滅　山瀬暢士著　メタ・ブレーン　2007.1
①4-944098-83-9
＊大航海時代を経て、スペイン征服軍は新大陸に到達。インカ帝国内では皇位争いによる内戦が勃発していた。海賊まがいの征服者たち、宣教を掲げるスペイン王室、流れをうかがう傀儡皇帝、そして国土回復を狙うインカ族、植民地支配へと至る分岐点となった大抗争の歴史。マヤ文明研究で国際的に定評のある著者が、従来の征服史観では捉えられない、インカ帝国崩壊の真相を追う。

ビスマルク

Bismarck-Schönhausen, Otto Eduard Leopold, Fürst von

1815〜1898　19世紀、プロシア、ドイツの政治家。ドイツ帝国初代宰相。

◇ビスマルク　新装版　加納邦光著　清水書院　(Century Books　人と思想)　2015.9　①978-4-389-42182-3
◇ビスマルク―ドイツ帝国を築いた政治外交術　飯田洋介著　中央公論新社　(中公新書)　2015.1　①978-4-12-102304-9
◇世界ナンバー2列伝―史上最強補佐役・宰相・顧問・右腕・番頭・黒幕・参謀　山田昌弘著　社会評論社　2013.11
①978-4-7845-1117-4
＊サブリーダー武勇伝！　序列2位ヒーロー大全！　国の主を祭り上げ、実権を握って、進むべき国の針路を切り開いた、歴史のもう一人の主人公達。国家元首じゃないのに国を導いた、歴史の名脇役達76人。
◇ビスマルク　上　ジョナサン・スタインバーグ著, 小原淳訳　白水社　2013.9
①978-4-560-08313-0
＊最新研究を踏まえ、その生涯をドイツ・ヨーロッパ社会の歴史的状況に位置づける。私生活、反ユダヤ主義にも光を当て、「鉄血宰相」の全貌に迫る！
◇ビスマルク　下　ジョナサン・スタインバーグ著, 小原淳訳　白水社　2013.9
①978-4-560-08314-7
＊「独裁者」の悪魔的な力。最新研究を踏まえ、その生涯をドイツ・ヨーロッパ社会の歴史的状況に位置づける。私生活、反ユダヤ主義にも光を当て、「鉄血宰相」の全貌に迫る！　「ナチズム」との関係を問う。
◇本当は偉くない？　世界の歴史人物―世界史に影響を与えた68人の通信簿　八幡和郎著　ソフトバンククリエイティブ　(ソフトバンク新書)　2013.8
①978-4-7973-7448-3
＊古代から現代に至るまで、よく知られた帝王や政治家を68人選び、それぞれが世界史の中で果たした役割を、「偉人度」と「重要度」の2つの側面から10点満点で評価。世界史において偉人とされている人物たちの実像に迫る。
◇ビスマルク―ドイツ帝国の建国者　大内宏一著　山川出版社　(世界史リブレット人)　2013.4　①978-4-634-35065-6
＊ドイツ帝国の建国者として知られているビスマルクは、なぜプロイセンの指導者になることができたのだろうか。1848年革命のときには実現できなかったドイツの国家的統一を、なぜ彼は実現することができたのだろうか。そして、彼が築いたドイツ帝国はどのような特徴をもつ国家であったのだろうか。時々のビスマルクを取り巻く背景や状況に注目しながら、これらの問いにたいする答えを追求する。
◇ビスマルクと大英帝国―伝統的外交手法の可能性と限界　飯田洋介著　勁草書房　2010.8　①978-4-326-20050-4
◇鮮烈・ビスマルク革命―構造改革の先駆者/外交の魔術師　前田靖一著　彩流社　2009.3　①978-4-7791-1419-9
＊二八年間の政権にあって、ドイツ帝国を建設し、富国強兵政策で列強の位置に引きあげ、欧州世界の平和を維持した男の物語。

◇60戯画—世紀末パリ人物図鑑　鹿島茂著　中央公論新社　(中公文庫)　2005.10
①4-12-204598-3

◇ビスマルク　加納邦光著　清水書院　(Century books　人と思想)　2001.8
①4-389-41182-9
＊第二次世界大戦以前の日本でのビスマルク評は、いわゆる「鉄と血」の意志で対デンマーク、対オーストリア、対フランス戦争で勝利を収め、ドイツを統一した建国の大立者というものであった。これが民主主義の時代になると、「文化闘争」や「社会主義者鎮圧法」などで強権を振るった保守反動の政治家、そしてヒトラーにつながる血なまぐさい軍国主義者というイメージが強くなり、一般に敬遠されるようになった。本書では、ビスマルクの実像に迫るため、ビスマルク個人の私生活とその生身の人間像にも視線を向ける。そしてビスマルクの政治と彼の成し遂げたドイツ統一の意味を、当時の日本との関連、また1990年のドイツ再統一や「欧州連合」との関連も踏まえながら、今一度、検証しようとするものである。

◇ビスマルク伝　第8巻　エーリッヒ・アイク著, 小崎順訳　ぺりかん社　1999.6
①4-8315-0886-1
＊ナポレオン（フランス）を破り（1870年）、ドイツ統一帝国を建国するや、"鉄血宰相"から"平和調停者"に大転身、英、仏、墺、伊等の対立を絶妙な外交手腕で調整、第一次大戦までの半世紀間、欧州に平和をもたらした立役者。その苦難と栄光を冷静な視点から語った最長篇伝記。

◇ビスマルク伝　第7巻　エーリッヒ・アイク著, 新妻篤訳　ぺりかん社　1999.4
①4-8315-0843-8
＊本書は、エーリック・アイヒ著『ビスマルク伝』第3巻中の第11章「大転換」の第3節以降の全訳である。

◇ビスマルク伝　第6巻　エーリッヒ・アイク著, 加納邦光訳　ぺりかん社　1998.2
①4-8315-0831-4

◇ビスマルク伝　第5巻　エーリッヒ・アイク著, 吉田徹也, 新妻篤訳　ぺりかん社　1997.4
①4-8315-0744-X
＊本書には北ドイツ連邦の成立とそれにつづく対フランス戦争、そしてドイツ帝国創設にいたる時期のビスマルク像が描き出されている。それは政治家として絶頂期にあるビスマルクの姿であり、この不世出の大政治家がまさにヨーロッパの歴史をぬりかえた時期の姿である。

◇世界人物逸話大事典　朝倉治彦, 三浦一郎編　角川書店　1996.6　①4-04-031900-1
＊歴史上の人物の生き生きとした人間像を伝えるエピソードを多数紹介する事典。日本人によく知られた人物1883人を見出しに掲載。

◇ビスマルク伝　第4巻　エーリッヒ・アイク著, 渋谷寿一訳　ぺりかん社　1996.4
①4-8315-0723-7

◇ビスマルク—生粋のプロイセン人・帝国創建の父　エルンスト・エンゲルベルク著, 野村美紀子訳　海鳴社　1996.3
①4-87525-170-X
＊後進国ドイツの維新をやってのけ、二十世紀世界の構図とその火種を蒔いた男が、いま百年の眠りから蘇る。膨大な資料を駆使して、多感な少年時代から世界の檜舞台での神経戦までを活写。列強の干渉、分裂国家と王室の利害、民衆の感情など、綿密な読みと計算・さらに断固とした意志—偉大な指導者の内面を明かす。ベルリンの壁を突き破る力ともなった記念碑的著作。

◇ビスマルク伝　第3巻　エーリッヒ・アイク著, 新妻篤訳　ぺりかん社　1995.6
①4-8315-0683-4

◇ビスマルク伝　第2巻　エーリッヒ・アイク著, 救仁郷繁訳　ぺりかん社　1994.10
①4-8315-0655-9

◇ビスマルク伝　第1巻　エーリッヒ・アイク著, 救仁郷繁訳　ぺりかん社　1993.6
①4-8315-0602-8

ピタゴラス　Pythagoras

前582頃～前497/6　前6・5世紀、古代ギリシアの数学者、哲学者。万物の根源を

◇天才数学者はこう解いた、こう生きた──方程式四千年の歴史　木村俊一著　講談社（講談社学術文庫）　2016.4
　①978-4-06-292360-6

◇ピュタゴラスの音楽　キティ・ファーガソン著, 柴田裕之訳　白水社　2011.9
　①978-4-560-08163-1
　＊25世紀に及ぶピュタゴラスの影響を壮大なスケールで描く。「ピュタゴラスの定理」で知られる紀元前6世紀のギリシアの賢人。その数奇に満ちた生涯と、現在に至るまでの思想の継承史を明らかにする。

◇ピタゴラス的生き方　イアンブリコス著, 水地宗明訳　京都大学学術出版会（西洋古典叢書）　2011.6　①978-4-87698-190-8
　＊思想と理論に留まらぬ実践としてのピタゴラス哲学を学ぶ人のため、手本とすべき「生き方」を記述した書物。

◇神が愛した天才数学者たち　吉永良正著　角川学芸出版, 角川グループパブリッシング〔発売〕（角川ソフィア文庫）　2011.4　①978-4-04-409436-2

◇科学の偉人伝　白鳥敬著, 現代用語の基礎知識編　自由国民社（おとなの楽習　偉人伝）　2010.9　①978-4-426-11081-9

◇数学を生んだ父母たち──数論、幾何、代数の誕生　マイケル・J.ブラッドリー著, 松浦俊輔訳　青土社（数学を切りひらいた人びと）　2009.6　①978-4-7917-9171-2

◇ポルピュリオス『ピタゴラスの生涯』　ポルピュリオス著, 水地宗明訳　晃洋書房　2007.9　①978-4-7710-1892-1

◇数学を愛した人たち　吉永良正著　東京出版　2003.9　①4-88742-073-0

◇天才数学者はこう解いた、こう生きた──方程式四千年の歴史　木村俊一著　講談社（講談社選書メチエ）　2001.11
　①4-06-258225-2

◇異説 数学者列伝　森毅著　筑摩書房（ちくま学芸文庫）　2001.8　①4-480-08658-7

◇よくわかるギリシア哲学──知を愛し真理を求めた人々　斉藤啓一著　同文書院（超教養シリーズ）　1997.5　①4-8103-7397-5
　＊語られなかった哲人たちの素顔。カルト教団のルーツは古代にあった。

◇ソクラテス以前哲学者断片集　第1分冊　内山勝利編　岩波書店　1996.12
　①4-00-092091-X

◇PoPなギリシア哲学──「幸福」を追い求めた素敵な人々　斉藤啓一著　同文書院〔1996.2〕　①4-8103-7313-4
　＊決して語られることのなかった"偉大"な哲学者たちの生涯。

◇ギリシア数学のあけぼの　上垣渉著　日本評論社（ファラデーブックス）　1995.12　①4-535-60715-X

◇ギリシア哲学者列伝　下　ディオゲネス・ラエルティオス著, 加来彰俊訳　岩波書店（岩波文庫）　1994.7　①4-00-336633-6
　＊三世紀前半の著。古代ギリシアの哲学者82人の生活、学説、エピソードなどを紹介する。本巻には、ピュタゴラス、エンペドクレス、ピュロン、エピクロスら、我々になじみ深い人物も登場、貴重な史料であるとともに描かれた人間像が無類に面白い。

❚ビッテ　Vitte, Sergei Iulievich
　⇒ウィッテ

❚ピット　Pitt, William
1759〜1806　18・19世紀、イギリスの政治家。ピット（大）の2男。首相として活躍。

◇世界ナンバー2列伝──史上最強補佐役・宰相・顧問・右腕・番頭・黒幕・参謀　山田昌弘著　社会評論社　2013.11
　①978-4-7845-1117-4
　＊サブリーダー武勇伝！ 序列2位ヒーロー大全！ 国の主を祭り上げ、実権を握って、進むべき国の針路を切り開いた、歴史のもう一人の主人公達。国家元首じゃないのに国を導いた、歴史の名脇役達76人。

◇ラルース図説世界史人物百科　3　フランス革命・世界大戦前夜　フランソワ・トレモリエール, カトリーヌ・リシ編, 樺山紘一監修　原書房　2005.4

①4-562-03730-X

ヒッポクラテス　Hippokratēs
前460頃～前375頃　前5・4世紀、ギリシアの医学者。魔法や迷信から脱した科学的医学の基礎を確立した。

◇50の事物で知る 図説 医学の歴史　ギル・ポール著, 野口正雄訳　原書房　2016.12
①978-4-562-05344-5
＊ヒッポクラテスの木、『人体の構造』、鉄の肺、最初の心臓移植、幹細胞…世界を、人がより健康的に生きる場とするために、みずからの人生を捧げた非常に多くの先駆的な男女の、創意工夫にかんする驚くべき物語。人類と医学の壮大な物語！

◇図説 世界を変えた50の医学　スーザン・オールドリッジ著, 野口正雄訳　原書房（シリーズ知の図書館）　2014.6
①978-4-562-04996-7

◇歴史でわかる科学入門　ウィリアム・F.バイナム著, 藤井美佐子訳　太田出版　2013.12　①978-4-7783-1385-2
＊やさしい言葉で書かれた科学の物語。

◇難病に取り組み医学を発展させた人たち　竹内均編　ニュートンプレス　（竹内均・知と感銘の世界）　2003.2
①4-315-51676-7

◇ヒポクラテース読本―その全集の抄訳と伝記　ヒポクラテース著, 山崎博愛訳　ライフ社　1997.4　①4-89730-037-1

◇医学をきずいた人びと―名医の伝記と近代医学の歴史　上　シャーウィン・B・ヌーランド著, 曽田能宗訳　河出書房新社　1991.11　①4-309-20161-X
＊医学の父ヒッポクラテス。実験による実証主義をときながら、逆に固定化した権威としてまつりあげられた古代ローマのガレノス。ルネッサンス期に人体解剖図をつくりあげたヴェッサリウス。血液の循環を発見したハーヴェイ。聴診器の発明者ラエネック…。西欧の医師たちが理念、理論を実践の中でどのように生かし医学をきずきあげてきたのか。外科医である著者が現場の医師の目で語った、伝記による読物医学史。

ヒトラー　Hitler, Adolf
1889～1945　19・20世紀、ドイツの政治家。「第三帝国」の総統。1933年首相に就任し、ナチス・ドイツの「第三帝国」を確立。

◇ヒトラーの家―独裁者の私生活はいかに演出されたか　デスピナ・ストラティガコス著, 北村京子訳　作品社　2018.10
①978-4-86182-712-9
＊第三帝国時代の膨大な史料をひもとき、邸宅の設計図から、インテリアや家具などの詳細、知られざる重要人物、当時の内外の報道に至るまで詳述。ナチズムの恐るべき実態に新たな角度から迫る。

◇1924―ヒトラーが"ヒトラー"になった年　ピーター・ロス・レンジ著, 菅野楽章訳　亜紀書房　（亜紀書房翻訳ノンフィクション・シリーズ）　2018.3
①978-4-7505-1536-6

◇ヒトラー『わが闘争』とは何か　クロード・ケテル著, 太田佐絵子訳　原書房　2018.1　①978-4-562-05473-2

◇なぜリーダーはウソをつくのか―国際政治で使われる5つの「戦略的なウソ」　ジョン・J.ミアシャイマー著, 奥山真司訳　中央公論新社　（中公文庫）　2017.12
①978-4-12-206503-1

◇ヒトラー野望の地図帳　サカイヒロマル著　電波社　2017.11　①978-4-86490-107-9

◇ミュンヘン会談への道―ヒトラー対チェンバレン 外交対決30日の記録　関静雄著　ミネルヴァ書房　（MINERVA西洋史ライブラリー）　2017.11
①978-4-623-08089-2
＊1933年のナチス政権の成立から1939年のドイツのポーランド侵攻による第二次欧州戦争勃発に至るまでの、欧州社会の激動期において、「危機」と呼ばれる節目の時期が幾度かあった。本書はその中でも、ヒトラーのニュルンベルク演説、ズデーテン騒動を経て欧州戦争必至の様相を呈した1938年の「ミュンヘン9月危機」に焦点を当てる。そし

◇写真でたどるアドルフ・ヒトラー——独裁者の幼少期から家族、友人、そしてナチスまで　マイケル・ケリガン著, 白須清美訳　原書房　2017.9　①978-4-562-05433-6

◇ヒトラーとは何か　セバスチャン・ハフナー著, 瀬野文教訳　草思社　（草思社文庫）　2017.8　①978-4-7942-2292-3

◇ヒトラーと第二次世界大戦　新訂版　三宅正樹　清水書院　（新・人と歴史拡大版）　2017.5　①978-4-389-44110-4

◇独裁者たちの最期の日々　上　ディアンヌ・デュクレ, エマニュエル・エシュト編者, 清水珠代訳　原書房　2017.3　①978-4-562-05377-3

◇悪とはなにか——テロ、大量殺戮、無差別殺人・理性を超えた「人間の罪業」を解き明かす　テリー・イーグルトン著, 前田和男訳　ビジネス社　2017.1　①978-4-8284-1930-5
＊なぜ人間に"悪魔"は宿るのか。なぜ「悪」が栄えるのか？　なぜ「悪の闇」が「善の光」よりも強いのか？　ヒトラーの犯罪はスターリンと毛沢東のそれよりもひどいとは必ずしもいえない!?人間の残虐行為の「なぜ？」を論証する。

◇ヒトラー　下　1936-1945　天罰　イアン・カーショー著, 石田勇治監修　福永美和子訳　白水社　2016.5　①978-4-560-08449-6

◇ヒトラー悪の言葉101　20世紀ドイツ史研究会著　宝島社　2016.3　①978-4-8002-5165-7

◇ヒトラー　上　1889-1936　傲慢　イアン・カーショー著, 川喜田敦子訳, 石田勇治監修　白水社　2016.1　①978-4-560-08448-9

◇歴史を翻弄した黒偉人　黒偉人研究委員会編　彩図社　2014.4　①978-4-88392-984-9

◇悪の出世学——ヒトラー、スターリン、毛沢東　中川右介著　幻冬舎　（幻冬舎新書）　2014.3　①978-4-344-98342-7
＊権力を握ることは悪ではないが、激しい闘争を勝ち抜き、のしあがった者に"ただのいい人"はいない。本書は歴史上、最強最悪といわれる力を持った三人の政治家——ヒトラー、スターリン、毛沢東の権力掌握術を分析。若い頃は無名で平凡だった彼らは、いかにして自分の価値を実力以上に高め、政敵を葬り、反対する者を排除して有利に事を進め、すべてを制したか。その巧妙かつ非情な手段とは。半端な覚悟では読めない、戦慄の立身出世考。

◇眠れなくなるほど面白いヒトラーの真実　日本文芸社　（日文PLUS）　2014.1　①978-4-537-26070-0

◇ヒトラーとは何か——新訳　セバスチャン・ハフナー著, 瀬野文教訳　草思社　2013.1　①978-4-7942-1948-0
＊画家になりそこなった我の強いオーストリア人青年は、いかにして人類史上類を見ない独裁者になったのか？　ナチスの興亡を同時代人として体験したジャーナリストが、ヒトラーの野望の軌跡を臨場感あふれる筆致で描いた傑作評伝。独自のヒトラー解釈で話題を呼んだハイネ賞受賞の名著が、新訳でさらに読みやすく。

◇魂の殺人——親は子どもに何をしたか　新装版　アリス・ミラー著, 山下公子訳　新曜社　2013.1　①978-4-7885-1320-4
＊良い親や立派な教師が、しつけと教育の名の下に子どもを殴り傷つけ、人間性を破壊し、支配欲を満たしてきた。そしてある日、凄惨な事件が発覚して世は騒然とする——独裁者の子ども時代を暴き、子どもの権利と尊厳を説く。時を超えて読み継がれる、驚愕と救いのストーリー。

◇ナチ・イデオロギーの系譜——ヒトラー東方帝国の起原　谷喬夫著　新評論　2012.12　①978-4-7948-0924-7
＊世界支配を賭けた「生存圏」構想の来歴。絶滅政策と対をなすユートピア計画の着想を19世紀ドイツ思想のなかに丹念に辿り、「蛮行」の全貌を明らかに

する政治思想史の挑戦。

◇女と独裁者―愛欲と権力の世界史　ディアンヌ・デュクレ著, 神田順子監訳, 清水珠代, 山川洋子, ベリャコワ・エレーナ, 浜田英作訳　柏書房　2012.4
①978-4-7601-4115-9

◇ヒトラーのウィーン　中島義道著　新潮社　2012.1　①978-4-10-439708-2
＊各界の天才たちが一堂に会していた頃のウィーンで、天才とはほど遠い落ちこぼれだったヒトラーは、「ユダヤ人絶滅」を「善」とする自らの主観の骨格を固めていった。彼の過剰な健康志向や、潔癖症的傾向も、その根は、浮浪者収容所に潜伏するほどの"負け犬"だったウィーン時代にある。だが現在、ウィーンからヒトラーの行跡はきれいに消されてしまっている。それをあぶり出すべく、ウィーンと関わりの深い哲学者が、後に不世出の「怪物」と化すことになる男の青春の日々を、様々な視角から追う。

◇写真と貴重映像から読み解くヒトラーとナチスの全貌　毒島刀也, 田中健介, 仲田裕之著　コスミック出版　2011.12
①978-4-7747-9077-0
＊ナチス・ドイツとヒトラーを徹底解説。特別付録DVD、ナチス党大会完全収録「意志の勝利」付き。

◇ヒトラーの側近たち　大沢武男著　筑摩書房　（ちくま新書）　2011.11
①978-4-480-06624-4

◇ヒトラーの遺言―1945年2月4日―4月2日　ヒトラー著, マルティン・ボルマン記録, 篠原正瑛訳・解説　原書房　2011.6
①978-4-562-04707-9
＊自死直前、独裁者はすべてを吐露した―。敗戦と自らの死を覚悟したヒトラーがむきだしに語った戦争、ドイツ、世界、ユダヤ人、日本…。世紀の独裁者の思想のエッセンス。

◇ヒトラーの最期―ソ連軍女性通訳の回想　エレーナ・ルジェフスカヤ著, 松本幸重訳　白水社　2011.6　①978-4-560-08134-1
＊一九四五年五月、ベルリン…独裁者の探索と死亡確認に関わった女性が明かす、意外な真相とは？ ドイツ語通訳として従軍した独ソ戦最前線での体験、兵士と市民の様子、ベルリン陥落から戦後に至るまで、知られざる「戦争の日常」を描く。

◇ヒトラー『わが闘争』がたどった数奇な運命　アントワーヌ・ヴィトキーヌ著, 永田千奈訳　河出書房新社　2011.5
①978-4-309-22546-3
＊なぜ1200万の読者は悪の真意を「見抜けなかった」のか？ 刊行のいきさつ、刊行時の評判、ナチス政権や第三帝国に与えた影響、読者の反響、外国語版の普及、戦後の動き…世界で初めてこの「書物」の軌跡を克明にたどった話題の書。

◇ウォー・ポリティクス―「政治的危機」と指導者の群像　藤本一美編　志学社　2011.4　①978-4-904180-16-7

◇歴史を翻弄した黒偉人―33人の怪物　黒偉人研究委員会編　彩図社　2010.12
①978-4-88392-768-5

◇ヒトラーとシュタウフェンベルク家―「ワルキューレ」に賭けた一族の肖像　ペーター・ホフマン著, 大山晶訳　原書房　2010.8　①978-4-562-04589-1

◇ヒトラーの大衆扇動術　許成準著　彩図社　2010.7　①978-4-88392-751-7

◇歴史を震撼させた暗殺事件　小田桐一著　彩図社　2010.6　①978-4-88392-740-1

◇ヒトラー権力掌握の二〇カ月　グイド・クノップ著, 高木玲訳　中央公論新社　2010.4　①978-4-12-004115-0
＊誰もがその男を過小評価し、「より小さな悪に違いない」とみなした。これは、1993年初頭から1934年夏にかけての、煽動者による電光石火の勝利と、独裁を阻止し得たはずの個人や組織の敗北の記録である。

◇ヒットラーの通った道　永峯清成著　新人物往来社　2010.3　①978-4-404-03841-8
＊ベルリンからミュンヘンを経てヴィーンに至るまでの行程を忠実に再現し、戦後の姿をも描く。

◇世界極悪人大全―「野心」と「渇望」と「狂気」の果て　桐生操著　文芸春秋　（文春文庫）　2010.2　①978-4-16-777341-0

◇第三帝国の興亡　5　ナチス・ドイツの滅亡　ウィリアム・L.シャイラー著, 松浦伶訳　東京創元社　2009.4
①978-4-488-00380-7
＊1944年6月、ノルマンディー上陸作戦開始。同年8月、4年ぶりにパリが解放される。連合軍の快進撃の前にドイツ軍は崩壊し、1945年春、ついに首都ベルリンが包囲される。運命の4月30日は目前に迫っていた―。征服した国の人々の奴隷化とユダヤ人の大量虐殺は、どのように進められたのか。幾度も計画されたヒトラー暗殺計画が、ことごとく失敗した理由とは。そして、第三帝国は世界に何を残したのか。膨大な資料と豊富な取材経験を駆使してナチス第三帝国の全貌を描き上げる、第一級の歴史ノンフィクション。

◇青年ヒトラー　大沢武男著　平凡社　（平凡社新書）　2009.3　①978-4-582-85455-8
＊反ユダヤ主義を掲げ、その圧倒的な演説力で民衆を魅了しながら、破滅の道へと突き進んだアドルフ・ヒトラー。二〇〇九年四月二十日、人類史上稀に見る汚点を残したヒトラーの誕生百二十年目を機に、冷静かつ客観的に、その出生、恵まれた幼少期から、挫折と反ユダヤ主義に目覚めていく青年期、そしてナチ党入党までを検証する。いかにして狂気に満ちた独裁者になったのか。

◇世界残酷物語　上　古代・中世・近代　新装版　コリン・ウィルソン著, 関口篤訳　青土社　2009.2　①978-4-7917-6466-2

◇第三帝国の嘘　セルジュ・コスロン著, 太田佐絵子訳　原書房　2009.2
①978-4-562-04194-7
＊ナチスの嘘は、たんに人を欺く戦術に付随する現象というだけではなく、犯罪的エネルギーの核をなすのである。過激化や、新たな歴史への順応の時期をへたあと、このイデオロギーは1928年から1933年までのわずか5年間で、ドイツの大多数の人々の心をとらえ、政治的にも社会的にも大勝利を収めたものである。嘘で塗り固められたヒトラー帝国の恐るべき全貌を初めて明らかにする。

◇第三帝国の興亡　4　ヨーロッパ征服　ウィリアム・L.シャイラー著, 松浦伶訳　東京創元社　2008.10
①978-4-488-00379-1
＊ポーランド侵攻に端を発した第二次世界大戦は、ドイツ軍と連合軍との全面対決に突入した。猛進撃するドイツ軍の前にフランスは降伏、イギリス軍は大陸からの全面撤退へ追い込まれる。ヨーロッパ大陸を征服したヒトラーは宿願の対ソ戦へと踏み切ったが、大いなる転機が待ち受けていた―。戦力においてほぼ互角だったドイツ軍になぜ連合軍は完敗したのか。頂点に達したヒトラーが犯した、致命的な失策とは何か。膨大な資料と豊富な取材経験を駆使してナチス第三帝国の全貌を描き上げる、第一級の歴史ノンフィクション。全米図書賞受賞作。

◇第三帝国の興亡　3　第二次世界大戦　ウィリアム・L.シャイラー著, 松浦伶訳　東京創元社　2008.8
①978-4-488-00378-4
＊1939年の夏、世界に衝撃が走った。長年の敵対関係から一転して、ドイツがソ連と不可侵条約を締結したのである。それからわずか九日後、ヒトラーはポーランド侵攻作戦"白"を発動させ、ドイツ軍はワルシャワを目ざして進撃を開始する。以後約六年にわたる世界大戦が勃発したのだ。ヒトラーが不倶戴天の敵スターリンと手を結ぶに至った経緯とは。なぜ英仏をはじめとする諸国は、ヒトラーの野望を食い止められなかったのか。膨大な資料と豊富な取材経験を駆使してナチス第三帝国の全貌を描き上げる、第一級の歴史ノンフィクション。

◇第三帝国の興亡　2　戦争への道　ウィリアム・L.シャイラー著, 松浦伶訳　東京創元社　2008.6　①978-4-488-00377-7
＊つとめて平和を口にすること、外交政策に慎重を期して、ひそかに再軍備を進めること―。独裁制を確立したヒトラーがとったこの戦略はことごとく功を奏し、オーストリアとチェコスロヴァキアの無血征服という完璧な勝利をドイツにもたらす。イギリスやフランスなどの民主主義諸国は、なぜヒト

ラーの野望を食い止められなかったのか。息詰まる外交戦でヒトラーが見せた、その天才的な手腕とは。膨大な資料と豊富な取材経験を駆使してナチス第三帝国の全貌を描き上げる、第一級の歴史ノンフィクション。

◇第三帝国の興亡　1　アドルフ・ヒトラーの台頭　ウィリアム・L.シャイラー著, 松浦伶訳　東京創元社　2008.5
①978-4-488-00376-0
＊1933年1月30日アドルフ・ヒトラーは、ドイツ首相に就任した。この日をもってヴァイマル共和制は終焉を迎え、ナチス第三帝国が誕生したのだ。ヒトラーはただちにドイツのナチ化を開始。侵略と戦争への道を突き進んでいく。ウィーンで悲惨な青春時代を過ごし、第一次世界大戦では無名の伍長。ビヤホール・プッチの失敗により投獄された男は、いかにして権力を掌握し、総統としてドイツに君臨するに至ったのか。膨大な資料と豊富な取材経験を駆使してナチス第三帝国の全貌を描き上げる、第一級の歴史ノンフィクション。

◇ヒトラーとは何者だったのか？―厳選220冊から読み解く　阿部良男著　学習研究社　（学研M文庫）　2008.1
①978-4-05-901211-5
＊第2次大戦をひきおこした悪の権化、または、ドイツ国民を巧みに煽動した天才的カリスマとして、今もなお、恐れられているアドルフ・ヒトラー。しかし、彼は本当に稀代の悪人で、天才だったのか―!?ナチス・ドイツ勃興時から戦中戦後、さらには現在まで発表され続けている膨大なヒトラー関連の文献を長年渉猟してきた著者が、その数千に及ぶコレクションの中から220冊を厳選し項目別に分類、解説・検証することで、ヒトラーの「実像」に迫る。

◇ヒトラー 我が生涯―戦争と芸術と　永峯清成著　新人物往来社　2007.10
①978-4-404-03501-1
＊何がヒトラーを政治に駆り立てたのか。出生地をはじめ、青春時代を過ごしたヴィーン等、オーストリア・ドイツ各地を取材し、その人間性と事蹟を検証する。著者畢生の大作。

◇ヒトラーとホロコースト　ロベルト・S.ヴィストリヒ著, 相馬保夫監訳, 大山晶訳　ランダムハウス講談社　（クロノス選書）　2006.11　①4-270-00161-5
＊一民族の殲滅をめざした壮絶な犯罪、ホロコースト。何がこれほどの惨劇を可能にしたのか。そのとき国家は、宗教は、そして一人一人の人間は、いったい何を考え、どう行動したのか。人間性をおびやかす歴史のブラックホールをのぞきこみ、人類が学ぶべき教訓をあぶりだす。

◇ヒトラーの死を見とどけた男―地下壕最後の生き残りの証言　ローフス・ミッシュ著, 小林修訳　草思社　2006.11
①4-7942-1542-8
＊追いつめられ、苦悶し、最期の時を迎えた独裁者―。すべてを目撃した親衛隊員が、60年の沈黙を破ってはじめて語る。

◇独裁者たちの仮面劇　伊藤阿京著　東京経済　2006.11　①4-8064-0764-X

◇世界禁断愛大全―「官能」と「耽美」と「倒錯」の愛　桐生操著　文芸春秋　2006.10　①4-16-368490-5

◇アドルフ・ヒトラーの一族―独裁者の隠された血筋　ヴォルフガング・シュトラール著, 畔上司訳　草思社　2006.3
①4-7942-1482-0
＊ヒトラーが終生隠し続けた闇―そのスキャンダラスな出自と家庭環境を、多数の未公開資料や当事者の証言をもとに明らかにしたはじめての書。

◇独裁者ヒトラーの全貌　荒地出版社編　荒地出版社　2006.3　①4-7521-0138-6
＊ヒトラー出生の謎から戦略、戦術、自殺の謎まで徹底検証。図解ナチス・ドイツの新兵器、組織他。

◇ヒトラー・コード　H.エーベルレ, M.ウール編, 高木玲訳　講談社　2006.1
①4-06-213266-4
＊本書は、たったひとりの読者・スターリンのためにまとめられた。宿敵ヒトラーの自決を疑うソ連の独裁者は、「神話作戦」の名のもと、ふたりの総統側近を厳しく尋問させる。偽証は生命を危

うくする状況下で告白されたヒトラーの日常生活、食習慣、気質、病歴から政策、戦争指導、地下濠での最期の日々、死の瞬間まで、すべてが第一級の記録である。読後、スターリンが封印した"禁断の書"がドイツ若手研究者の手で、55年ぶりに発見されたとき、世界は震撼した。欧米ベストセラーを緊急翻訳。未公開写真32ページ、関連人物400名のリスト付き。

◇真実のアドルフ・ヒトラー——20世紀の怪物　金森誠也著　PHP研究所　（PHP文庫）　2005.11　①4-569-66498-9
＊ナチスドイツの指導者となり、第二次世界大戦の口火を切って欧州を戦乱の巷と化したアドルフ・ヒトラー。絵描き志望の不遇な若者だった彼は、いかにして人類史上最悪の独裁者となったのか。本書は、数々の資料に残されたヒトラーの言葉を紹介しながら、その生涯、政治・外交・軍事戦略、人生哲学、パーソナリティ・性癖までを丹念に考察。"20世紀の怪物"の真の姿に迫る。

◇ヒトラーの青年時代　藤村瞬一著　刀水書房　2005.10　①4-88708-347-5

◇アドルフ・ヒトラーの青春——親友クビツェクの回想と証言　アウグスト・クビツェク著, 橘正樹訳　三交社　2005.7　①4-87919-159-0

◇ヒトラー——最期の12日間　ヨアヒム・フェスト著, 鈴木直訳　岩波書店　2005.6　①4-00-001934-1
＊第三帝国の崩壊は、ヒトラーの悪魔的な破滅への意志がもたらしたのか？ナチス・ドイツがはらんでいた構造的矛盾の結果なのか？ソ連軍によるベルリン進攻から陥落そして降伏まで、地下要塞にこもり自害を決意するにいたるヒトラーと、彼をとりまくナチス幹部たちの断末魔のあがきを活写。ひとつの国家が敗北し終焉するとはどういうことなのか？ドイツ歴史界の重鎮・フェストが人間ヒトラーを通して描く迫真の歴史ドキュメンタリー。

◇アドルフ・ヒトラー——五つの肖像　グイド・クノップ著, 高木玲訳　原書房　2004.3　①4-562-03756-3

◇ヒトラーとスターリン——対比列伝　第1巻　アラン・ブロック著, 鈴木主税訳　草思社　2003.8　①4-7942-1234-8
＊練達の筆で描く二大独裁政治家の、類のない「対比列伝」。第1巻では二人の出自から、政権の座につき、独裁者としてそれを行使しはじめるまでを描く。

◇ヒトラーとスターリン——対比列伝　第2巻　アラン・ブロック著, 鈴木主税訳　草思社　2003.8　①4-7942-1235-6
＊歴史の現場に居あわせているかのようなストーリー・テリングの冴え。第2巻では、独ソ不可侵条約を締結するに至るプロセスと、ヒトラーがバルバロッサ作戦を命じるまでを描く。

◇ヒトラーとスターリン——対比列伝　第3巻　アラン・ブロック著, 鈴木主税訳　草思社　2003.8　①4-7942-1236-4
＊20世紀とは何だったのか。洞察に満ちた歴史読み物の傑作。第3巻では、独ソ戦でヒトラーが敗北して自殺し、戦後、スターリンがなおも恐怖政治を続けるなかで死亡するまでを描く。

◇ヒトラーと映画　岩崎昶著　朝日新聞社　（朝日選書）　2003.6　①4-925219-60-X

◇ヒトラーと第三帝国　NHK取材班編　KTC中央出版　（その時歴史が動いた）　2003.3　①4-87758-302-5
＊新資料が明かす！独裁から崩壊へ。

◇ナチス時代　ドイツ人名事典　新版　ロベルト・S.ヴィストリヒ著, 滝川義人訳　東洋書林　2002.10　①4-88721-573-8
＊ヒトラー支配下のドイツに深いかかわりをもった政治家・軍人・実業家・知識人・芸術家・教会関係者・レジスタンスの闘士等、多種多様な分野の人物を精選し、経歴やナチスとのスタンスなどを記載。

◇ワーグナーのヒトラー——「ユダヤ」にとり憑かれた預言者と執行者　ヨアヒム・ケーラー著, 橘正樹訳　三交社　1999.11　①4-87919-141-8
＊ゲルマン崇拝と反ユダヤ神殿としてのバイロイト。ワーグナー・オペラとしてのナチス第三帝国。ヒトラーは単にワー

グナーを誤解し、悪用しただけなのか。預言者は救済され、そのヴィジョンの執行者だけが断罪される従来の「ヒトラーのワーグナー」論に対し、ワーグナーの音楽に心酔し、ワーグナーの思想からイデオロギーを作り出し、ワーグナーの神話的、黙示録的ヴィジョンの成就と実行を生涯の使命とみなした「弟子」ヒトラーの軌跡を、ワーグナーのオペラと散文著作をからめながら詳細に跡づける、迫力満点の歴史読み物。

◇僕は画家になりたかった——ヒトラーに立ちはだかった帝国　浜田政彦著　三五館　1999.8　①4-88320-179-1
＊底無しの不況・金融破綻・企業の連鎖倒産・あふれる失業者…これは今の日本ではなく、第一次世界大戦後のドイツ社会の姿であった。そんな中、「画家になりたかった」のになれなかった、誰かを愛したいのに愛せなかった、不器用な一人の青年がいた。のちのヒトラーである。彼は自らの帝国をつくりあげることで、青春時代の"浮かばれない"想いから逃れようとしたのである。そして今、あの時のように"浮かばれない"想いを抱えた人が日本で増えてきている。時と国を超えて、再び「ヒトラー＝愛と青春の迷い子」が登場しようとしているのだろうか。ヒトラーの人物像を浮き彫りにする。

◇ヒトラーの震え　毛沢東の摺り足——神経内科からみた20世紀　小長谷正明著　中央公論新社　（中公新書）　1999.5　①4-12-101478-2
＊20世紀は戦争の世紀であり、一国の命運はしばしば独裁者の手に委ねられた。だが独裁者の多くが晩年「神経の病」に冒されて指導力を発揮できず、国民を絶望的状況へ導いたことはあまり知られていない。彼らを襲った疾患とはいかなるものだったのか。政治的指導者から作曲家、大リーガーまで、多彩な著名人を取り上げ、貴重な映像と信頼に足る文献をもとにその病状を診断する。神経内科の専門医がエピソード豊かに綴る20世紀史話。

◇ヒトラー権力の本質　イアン・カーショー著, 石田勇治訳　白水社　1999.1　①4-560-02816-8
＊ヒトラーはこうして「カリスマ」となった。政界、財界、教会などの伝統的エリート層はなぜヒトラーを受け入れ、そして民衆はそれをどのように受けとめたのか。第三帝国における権力構造を読み解く刺激的な一冊。ヒトラー・ナチズム研究の到達点。

◇ヒトラーの遺産——国家蘇生のリーダーシップ　柘植久慶著　中央公論社　1998.9　①4-12-002827-5
＊第一次世界大戦に敗れて経済破綻と政治の混迷に喘いでいたワイマル共和国を短期間で再生し、当時世界最高の政治家と絶賛されたアドルフ・ヒトラー。野合を廃し、組織の若返りを図り、大胆な重点投資を行った実行力こそ、日本再建の鍵である。

◇ヒトラーという男——史上最大のデマゴーグ　ハラルト・シュテファン著, 滝田毅訳　講談社　（講談社選書メチエ）　1998.2　①4-06-258124-8
＊全「優」の小学生。偉大な芸術家への夢だけに生きた青年。兵役忌避者。一変して、鉄十字章の「勇敢」な兵士は、戦場に「故郷」を見いだす。魔力的な演説、メディア操作。一人の天才・悪魔が、絶望のドイツを熱狂的国家へと再編する。夢と嘘と現実の間を駆け抜けた男の生涯を、あらゆるヒトラー研究を渉猟し、総括した決定版。

◇ヒトラーとロンギヌスの槍　ハワード・A.ビュークナー, ヴィルヘルム・ベルンハルト著, 並木伸一郎訳　角川春樹事務所　（ボーダーランド文庫）　1998.2　①4-89456-377-0
＊人類の運命の鍵を握るロンギヌスの槍とは？　五千年前に宇宙から飛来したという石より作られ、「錆びることも、鈍ることも、壊されることも、破られることもない」神秘の槍。十字架上のキリストを貫いたこの槍は、二千年の数奇な運命の果てに、ドイツ第三帝国総統ヒトラーの手に握られた。ナチス内部に密かに組織された「聖槍の騎士団」、帝国の危機にヒトラーが発した

ヒトラー

極秘指令「ワルキューレ2」、南極へと発進するUボート…。ドイツが秘匿するロンギヌスの槍に隠された謎と秘められた陰謀を明らかにする唯一の重要文献、初翻訳なる。

◇ヒトラーとオカルト伝説　ケン・アンダーソン著，沢田憲秀訳　荒地出版社　1997.10　①4-7521-0102-5
＊人は彼を魔術師、超人、占星術愛好家などと評する…数々のオカルト伝説に覆われたヒトラーの真実とは？　ヒトラーのオカルト伝説を検証する。

◇魔術師ヒトラー――独裁者とオカルティズム　J.H.ブレナン著，小泉源太郎訳　アリアドネ企画　（Ariadne cosmic）　1997.8　①4-384-02368-5
＊ナチ独裁帝国の隠されたオカルティズムに迫る。

◇ヒトラーハンドブック　新人物往来社（別冊歴史読本）　1997.6　①4-404-02507-6

◇ユダヤ財閥がヒトラーを育てた――ヒトラーへの使者が暴露した超一級極秘資料莫大な資金をいかなる方法で援助したか　シドニー・ウオーバーグ著，牛山火壱訳・監修　第一企画出版　1997.6　①4-88719-040-9

◇ヒトラーのいちばん長かった日――ドイツ第三帝国の崩壊と総統の死　福島克之著　光人社　（光人社NF文庫）　1997.1　①4-7698-2147-6
＊天才かそれとも狂人か――愛人エヴァ・ブラウンとの結婚式を挙げたヒトラーはそれから十数時間後に、みずから生命を絶った。死後半世紀をへた今日においても、世界の第一級ドキュメントの座に君臨しているヒトラーをめぐる怪奇な謎。独裁者の戦慄の二十四時間を内外の膨大な資料を駆使して描いた迫真のドラマ。

◇赤軍大粛清――20世紀最大の謀略　将校大量殺戮の謎に潜むスターリンの狂気とヒトラーの陰謀　ルドルフ・シュトレビンガー著，守屋純訳　学習研究社　1996.11　①4-05-400650-7
＊第二次世界大戦前夜の1937年6月11日、モスクワのルビャンカ監獄で、トハチェフスキー元帥をはじめとする8人の赤軍最高幹部が銃殺された。以後、粛清の嵐はソヴィエト三軍の高級将校、政治委員にまで及び、世界を震撼される大事件に発展する。将校大量殺戮の謎に潜むスターリンの狂気とヒトラーの陰謀。国際政治の舞台裏で蠢く二人の駆け引きはいかなるスパイ小説をも凌ぐ凄惨かつ驚愕のストーリーである。

◇ヒトラー＝ムッソリーニ秘密往復書簡　アドルフ・ヒトラー，ベニート・ムッソリーニ著，大久保昭男訳　草思社　1996.10　①4-7942-0725-5

◇ヒトラー最期の日――50年目の新事実　エイダ・ペトロヴァ，ピーター・ワトソン著，藤井留美訳　原書房　1996.10　①4-562-02861-0
＊ヒトラーはどのように死んだのか？　この戦後最大のミステリーは、冷戦が生んだ鉄のカーテンにさえぎられて、半世紀ものあいだ謎のままになっていた。しかし、すべての謎が明らかにされる時がきた。1995年に発見された「神話作戦」ファイルに、1945年にベルリンで起こったことが、ことこまかに記録されていたのである。発見されたものはそれだけではなかった。未発表の尋問記録、法医学的な証拠、ヒトラーのプライベート写真、死ぬまで大切に持っていた水彩画などが、つぎつぎと見つかったのである。そして、そのなかでも最大の発見がヒトラーの頭蓋骨である。銃弾が貫通して穴のあいた頭蓋骨こそ、ヒトラーの最期を決定的に物語るものだった。

◇ナチス/ヒトラーの謎――悪夢の時代の主役たち　新人物往来社　（別冊歴史読本）　1996.7　①4-404-02391-X

◇ヒトラー検死報告――法医学からみた死の真実　ヒュー・トマス著，栗山洋児訳　同朋舎出版　1996.7　①4-8104-2294-1
＊1945年4月30日、ベルリンの地下壕で何が起こったのか。ヒトラーの死後、半世紀を経てはじめて検証されるヒトラーの死の真実。検死データを新たに分析し、外科医が歴史の虚偽に立ち向かう。

◇世界人物逸話大事典　朝倉治彦，三浦一郎編　角川書店　1996.6　①4-04-031900-1
＊歴史上の人物の生き生きとした人間像を伝えるエピソードを多数紹介する事典。日本人によく知られた人物1883人を見出しに掲載。

◇ヒトラーの秘密―ユダヤvsナチズム　赤間剛著　出帆新社　1996.5
①4-915497-21-6
＊"悪魔"ヒトラーはなぜ生まれたのか。ホロコースト（ユダヤ人虐殺）の真相とはなにか。そして、現代に甦る戦慄の「ヒトラー・プログラム」とは。ヒトラーの秘密を解き明かし、「この世の真の支配者」の正体を暴く衝撃の書。

◇ヒトラーとユダヤ人―悲劇の起源をめぐって　フィリップ・ビューラン著，佐川和茂，佐川愛子訳　三交社　1996.4
①4-87919-130-2
＊ユダヤ人絶滅はいつ決定されたのか。著者発掘の新資料をはじめ膨大な資料を駆使して歴史の真実に迫る。ヒトラーの反ユダヤ主義思想の背景と大虐殺に至る過程を歴史的に再構成。

◇ヒトラーの選択　ケネス・マクゼイ編，柘植久慶訳　原書房　1995.10
①4-562-02742-8

◇ヒトラー対チャーチル―80日間の激闘　ジョン・ルカーチ著，秋津信訳　共同通信社　1995.8　①4-7641-0348-6

◇ヒトラーとユダヤ人　大沢武男著　講談社　（講談社現代新書）　1995.5
①4-06-149249-7

◇ヒトラーのテーブル・トーク―1941-1944　上　アドルフ・ヒトラー著，吉田八岑監訳　三交社　1994.12　①4-87919-122-1

◇ヒトラーのテーブル・トーク―1941-1944　下　アドルフ・ヒトラー著，吉田八岑監訳　三交社　1994.12　①4-87919-123-X

◇世界史・悪の帝王たち―戦慄と野望が彩るワルの凄腕！　桐生操著　日本文芸社（にちぶん文庫）　1994.4
①4-537-06248-7
＊邪悪な野望を貫くために、世界を揺がした悪の帝王たち―。独裁者、殺人鬼、魔術師…など、傍若無人な数多の悪行を貪り、戦慄に彩られた超弩級のワルが放つ、比類なき凄腕と実像を描く。

◇魔術師ヒトラー　神代康隆著　学習研究社　（ムー・スーパー・ミステリー・ブックス）　1993.10　①4-05-400186-6
＊現代に浮上する戦慄のプログラム。狂気の予言者が描いた地獄の未来図を暴く。

◇ヒトラー―炎の独裁者　大ศ実著　講談社（講談社文庫）　1993.8　①4-06-185457-7
＊現代史のルーツを強烈な人物を通して描く今までにない歴史書。今世紀、国家と民族の歴史というものを意識した巨人が生まれた。五人の巨人と、五つの国家、民族には妙な因果の相関関係が発見できる。第一巻では、ワイマール共和国の成立と崩壊―。ヒトラー登場の背景を鋭く抉り、ユダヤ問題の本質に迫る。

◇ヒトラー神話―第三帝国の虚像と実像　イアン・ケルショー著，柴田敬二訳　刀水書房　（人間科学叢書）　1993.7
①4-88708-149-9
＊第二次大戦後50年、かつての正義ソヴィエトの崩壊を誰が予想しえたか。また、ドイツ右翼の復活？を誰が予想しただろうか。ドイツ人自身の問題であると同時に、現代世界の問題であり、人類の問題であるヒトラーとドイツを今あらためて問いなおす。

◇ヒトラーの戦場―ヨーロッパを動かした男たち　柘植久慶著　集英社　（集英社文庫）　1993.3　①4-08-748007-0
＊ヒトラーに関する幾多の文献は、戦勝国側から出版されており、その実像は歪められている。狂人、はたまた矮少な人物として描き、彼を精神的におかしな人間として扱うことで説明しようとしているかのように見える。ではなぜ、そんな人物に6千万以上のドイツ人が従ったのか？―10代前半でヒトラーに興味を抱いた著者は、その疑問を解くべく、徹底的取材でヒトラーの実像に迫る。

◇第二次世界大戦　ヒトラーの戦い　10　児島襄著　文芸春秋　（文春文庫）　1993.1
①4-16-714145-0
＊1945年4月、ソ連軍はベルリン総攻撃を

ヒトラー

開始、独軍は劣勢ながらも必死の防禦戦を展開するが、エルベ川で西部の米軍と東部のソ連軍の連繫がなり、独軍は南北に分断される。激闘のベルリン包囲戦の中で、ヨーロッパに新秩序確立を夢みたヒトラーは非命の到来を覚悟し、愛人エバとともに自決、波瀾に富んだ生涯を終える。完結篇。

◇第二次世界大戦 ヒトラーの戦い 9 児島襄著 文芸春秋 （文春文庫） 1992.12
④4-16-714144-2
＊1945年2月、東西両戦線で優位を獲得した連合軍側はクリミヤ半島ヤルタで「三国首脳会談」を開く。会談はそれぞれの思惑を秘め、ドイツの戦後処理、ソビエトの対日参戦を含めた「戦後の世界地図」作成作業でもあった。一方、西部の戦線では連合軍がライン川を越えルール地帯の包囲に成功し、東部でもソ連軍がベルリンへ進撃する。

◇第二次世界大戦 ヒトラーの戦い 8 児島襄著 文芸春秋 （文春文庫） 1992.11
④4-16-714143-4
＊戦局の挽回を期すヒトラーは「アルデンヌ反撃作戦」を企図、西部戦線に戦車軍を集結し1944年12月最後の大反攻を開始、連合軍側の情勢判断の錯誤もあり熾烈な攻防戦が展開される。厳寒の東部戦線ではソ連軍が次々にドイツ軍を打ち破り、ポーランドへ進撃する。そしてナチスによる世紀の犯罪・アウシュヴィツの真実が明るみに

◇ヒトラー 独裁への道―ワイマール共和国崩壊まで ハインツ・ヘーネ著, 五十嵐智友訳 朝日新聞社 （朝日選書） 1992.10
④4-02-259560-4
＊ナチスの政権掌握から60年。民主主義の模範といわれたワイマール共和国で、なぜファシズムが選挙で勝てたのか…。練達のジャーナリストによる検証は、今日に通じる多くの教訓を投げかける。

◇第二次世界大戦 ヒトラーの戦い 5 児島襄著 文芸春秋 （文春文庫） 1992.9
④4-16-714140-X
＊1942年8月、東部戦線のドイツ軍は一斉に大攻撃に出てスターリングラードに肉薄する。しかし、冬将軍の訪れとと

もにソビエト軍は大反撃を開始、以後独ソ連戦は攻守ところをかえることになる。北アフリカでもロンメル率いる独軍は退却を始め、米英軍はシシリー島へ進攻、焦慮するヒトラーに盟友ムソリーニ失脚のニュースが…。

◇第二次世界大戦 ヒトラーの戦い 6 児島襄著 文芸春秋 （文春文庫） 1992.9
④4-16-714141-8
＊1943年9月、イタリヤのバドリオ政権は連合国に無条件降伏する。前首相ムソリーニはドイツ軍に救出されファシスト政権を樹立するが、もはや有明無実の存在でしかない。一方、東部戦線の相次ぐ敗退でヒトラーが前線の将軍に不信の念を募らせている'44年6月、連合軍による"史上最大の作戦"ノルマンディ上陸作戦が開始される。

◇第二次世界大戦 ヒトラーの戦い 3 児島襄著 文芸春秋 （文春文庫） 1992.8
④4-16-714138-8
＊ヒトラーの対英和平工作にもかかわらず、民族の自決権という大義名分を逸脱したナチス・ドイツに対し、英仏はついに宣戦を布告。ヒトラーは西部戦線でも総攻撃を下命、隣国を次々に制圧し、独軍は'40年6月パリ無血入城を果たす。9月に日独伊軍事同盟を締結したヒトラーは全欧州制覇を企図して対ソビエト戦の準備を進める…。

◇第二次世界大戦 ヒトラーの戦い 4 児島襄著 文芸春秋 （文春文庫） 1992.8
④4-16-714139-6
＊対ソビエト作戦『バルバロッサ』によって'41年6月22日、ナチス・ドイツ軍は突如ソ連攻撃を開始、南北にわたる長大な戦線で圧倒的な勝利を収めるが、退却したソビエト軍は徐々に戦勢を挽回、厳寒の戦場で熾烈な攻防戦が続く。一方、極東では12月8日、日本の真珠湾攻撃によりアメリカも宣戦を布告し第二次世界大戦へと拡大する。

◇第二次世界大戦 ヒトラーの戦い 1 児島襄著 文芸春秋 （文春文庫） 1992.7
④4-16-714136-1
＊ドイツ第三帝国の興亡と生死をともにしたヒトラーの劇的な生涯と複雑混迷

の時代史の実相を克明に活写する長篇第一巻。第一次大戦後、ヴェルサイユ体制の桎梏と世界恐慌に喘ぐドイツで合法的に政権を獲得したヒトラーは軍の増強を果たし、ラインラントへ進駐、一方で華麗なるベルリン五輪を演出し、国威発揚に努める。

◇第二次世界大戦 ヒトラーの戦い 2 児島襄著 文芸春秋 (文春文庫) 1992.7
①4-16-714137-X
＊謀略と粛清により国内の権力を握りつつあるヒトラーは、国家の生活圏拡大のため密かに戦争計画を策定、1938年民族自決権を主張しオーストリアを無血併合する。続いて英仏独伊4国によるミュンヘン協定でズデーテン地方を割譲させたのちチェコを併合、強圧外交と武力を用いポーランドへ侵攻し第二次大戦の幕が切って落された。

◇二十世紀の自殺者たち―百三十人の時代証言 若一光司著 徳間書店 1992.7
①4-19-554918-3
＊ヒトラー、モンロー、江青等の謎に満ちた死の真相に迫る。時代が個人を死へと追いやるとき自殺者は時代を告発し続ける。

◇ヒトラーの世界観―支配の構想 エバーハルト・イエッケル著, 滝田毅訳 南窓社 1991.11 ①4-8165-0071-5

◇ヒトラーの遺言――一九四五年二月四日‐四月二日 マルティン・ボアマン記録, 篠原正瑛訳 原書房 1991.10
①4-562-02246-9
＊死を覚悟した独裁者の赤裸なメッセージ。第三ライヒ潰滅に直面したヒトラーが、ヨーロッパ、そして世界の現状と将来への見通しを腹蔵なく吐露。世紀の独裁者の思想のエッセンス。

◇独裁者ヒトラーの錬金術―ミダス王になろうとした男 ヴルフ・シュワルツヴェラー著, 佐々木秀訳 (新潟)西村書店 1991.10 ①4-89013-501-4
＊今日でもヒトラーは、人類の敵ではあったが金銭的な腐敗とは無縁な慎ましい私生活を送っていた、と多くの人々に信じられている。しかし、実際には個人的な蓄財に励み、贅沢ざんまいの暮らしを送り、ついには生地に近いオーストリアのリンツに、パリのルーブル、ロンドンの大英博物館等を凌ぐ大美術館建設を夢見るに至った。本書は、ヒトラーの経歴の特異な変遷を資料に基づいて丹念に追い、そうした"事実"を暴くことによって、作られた禁欲主義者のイメージ"神話"を打ち砕くものである。

◇舞い上がる鷲―ヒトラーの戦い 児島襄著 小学館 (小学館ライブラリー) 1991.10 ①4-09-460010-8
＊1933年1月30日、ヒトラー内閣誕生でドイツ第3帝国の産声が郷きわたった…。なぜドイツ国民はヒトラーを選んだのか…。20世紀半ば、戦争へ加速するヨーロッパの歴史を生々しく描いた、著者渾身の力作。

◇ヒトラーの抬頭―ワイマール・デモクラシーの悲劇 山口定著 朝日新聞社 (朝日文庫) 1991.7 ①4-02-260652-5
＊ワイマール憲法採択の日、国民議会議長は、「われわれは、ドイツ国民を地球上における最も自由なる国民とした」と演説。しかし、生まれたばかりの共和国では早くも右翼勢力が跳梁。一圧倒的な大衆的支持を得たナチズムの社会背景は何か。ナチ党の浮沈を通してヒトラーの政権掌握過程を描く。

◇死の真相―死因が語る歴史上の人物 ハンス・バンクル著, 後藤久子, 関田淳子, 柳沢ゆりえ, 杉村園子共訳 新書館 1990.11 ①4-403-24034-8
＊ベートーヴェン, フロイト, 皇妃エリザベト、皇太子ルドルフ、レーニン、ヒトラー、ケネディ。心身の病いと闘う歴史上の人物に、病理学者の立場から光をあて、社会的人格にかくされた赤裸々な人間性を解剖する。異色の歴史評伝。

◇アドルフ・ヒトラー 3 ジョン・トーランド著, 永井淳訳 集英社 (集英社文庫) 1990.6 ①4-08-760182-X
＊1939年9月末現、怒濤のごときドイツ軍はポーランド国境を越え、ここに20年続いたヨーロッパの平和は破られた。機械化部隊は、北へ、西へと突き進み、大陸全土を蹂躙し、諸国は次々とナチ

スドイツの軍門に下っていく…ピューリッツァー賞ノンフィクション作家が描くアドルフ・ヒトラー伝、狂気のクライマックス、第2次世界大戦。

◇アドルフ・ヒトラー 4 ジョン・トーランド著，永井淳訳 集英社 （集英社文庫） 1990.6 ①4-08-760183-8
 ＊イギリス侵攻の失敗により東へ目を転じたヒトラーは、バルバロッサ作戦を発動、ドイツとソ連は交戦状態にはいった。ウクライナ、コーカサスそして"共産主義の本拠地"モスクワめざし驀進するドイツ機甲師団の前に立ちはだかるのは、スターリン率いるソ連軍300万と、ナポレオンをも退けた"ロシアの冬将軍"だった…。ピューリッツァー賞受賞ノンフィクション作家が描く、アドルフ・ヒトラー伝、その野望の終焉と破滅。

◇アドルフ・ヒトラー 1 ジョン・トーランド著，永井淳訳 集英社 （集英社文庫） 1990.4 ①4-08-760180-3
 ＊はずかしがり屋の聖歌隊の少年、長じて画家になることを夢見たナイーヴな青年が、20世紀最大の悪魔に変わったのはなぜか？ 出生、ウィーンでの青年期、第一次大戦での負傷、ナチス結党…200人以上に及ぶインタヴュー、公刊・未公刊の日記・書簡・公式文書などさまざまな資料をもとに克明に描く、アドルフ・ヒトラー伝の決定版。

◇アドルフ・ヒトラー 2 ジョン・トーランド著，永井淳訳 集英社 （集英社文庫） 1990.4 ①4-08-760181-1
 ＊第一次大戦後のヴェルサイユ体制のもと、ドイツ国民の生活は苦境のどん底に落ちこんでいた。鬱積する不満を背景にナチズムが台頭し、天才アジテーター、ヒトラーはミュンヘンで蜂起を謀るが失敗。しかし、獄中で書いた著書「わが闘争」を掲げて、ついに首相の座に。膨大な資料を縦横に駆使して描く、アドルフ・ヒトラーの開戦前夜。

ピノチェト Pinochet Ugarte, Augusto
1915～2006 20世紀、チリの軍人、大統領（在任1973～1990）。アジェンデ政権をし1974年に大統領に就任。退任後、人権侵害や公金横領の罪に問われた。

◇ピノチェト将軍の信じがたく終わりなき裁判―もうひとつの9・11を凝視する アリエル・ドルフマン著，宮下嶺夫訳 現代企画室 2006.9 ①4-7738-0608-7
 ＊その凶暴さにおいて比類なきチリ軍事クーデターは1973年9月11日に実行された。米国の支援を受けて―それから25年後、ロンドンでジェノサイドの容疑でスコットランドヤードに逮捕された軍事政権の中心人物、ピノチェト将軍の裁判をめぐるサスペンス・ドキュメント。

ピピン3世 Pippin der Kleine
714～768 8世紀、フランク王国カロリング朝の王。短軀王とも呼ばれる。

◇世界人物逸話大事典 朝倉治彦，三浦一郎編 角川書店 1996.6 ①4-04-031900-1
 ＊歴史上の人物の生き生きとした人間像を伝えるエピソードを多数紹介する事典。日本人によく知られた人物1883人を見出しに掲載。

ヒューム Hume, David
1711～1776 18世紀、スコットランドの外交官、歴史家、哲学者。イギリス経験論を徹底化した。主著「人間悟性論」（1758）。

◇ヒュームの人と思想―宗教と哲学の間で 中才敏郎著 和泉書院 （人文学のフロンティア大阪市立大学人文選書） 2016.3 ①978-4-7576-0791-0

◇デイヴィッド・ヒューム―哲学から歴史へ ニコラス・フィリップソン著，永井大輔訳 白水社 2016.2 ①978-4-560-08485-4

◇アダム・スミスとその時代 ニコラス・フィリップソン著，永井大輔訳 白水社 2014.7 ①978-4-560-08369-7

◇経済学者たちの闘い―脱デフレをめぐる

◇論争の歴史　増補版　若田部昌澄著　東洋経済新報社　2013.4
①978-4-492-37113-8
◇歴史を動かした哲学者たち　堀川哲著　角川学芸出版，角川グループパブリッシング〔発売〕　（角川ソフィア文庫）2012.12　①978-4-04-408610-7
◇ヒューム読本　新装版　中才敏郎編　法政大学出版局　2011.6
①978-4-588-12132-6
◇イギリスのモラリストたち　柘植尚則著　研究社　2009.8　①978-4-327-48154-4
◇福祉の経済思想家たち　小峯敦編　ナカニシヤ出版　2007.4　①978-4-7795-0152-4
◇ヒューム読本　中才敏郎編　法政大学出版局　2005.4　①4-588-15040-5
＊最新の研究を踏まえ，多角的に捉えた，その哲学の魅力と豊かさ。いま，ヒュームとともに哲学を。
◇ヒューム　ジル・ドゥルーズ，アンドレ・クレソン著，合田正人訳　筑摩書房　（ちくま学芸文庫）　2000.2　①4-480-08542-4
＊ドゥルーズの哲学のすべてがその初期のヒューム論のなかにある。それはドゥルーズの哲学のアルファにしてオメガである。『経験論と主体性』と並ぶドゥルーズのヒューム論考でありながらも，これまで一度も読者の前にその姿を現すことのなかった幻の共著の邦訳ここになる。ドゥルーズの独特なヒューム読解の精髄を示すとともに，想像力とは何か，情念とは何か，仁愛とは何か，正義・公正とは何か，徳とは何かといった，ドゥルーズの思考の最も奥深き動因をも鮮やかに呈示する。今後の新たなドゥルーズ理解にとっての必読の書である。
◇経験論と主体性——ヒュームにおける人間的自然についての試論　ジル・ドゥルーズ著，木田元，財津理訳　河出書房新社　2000.1　①4-309-24223-5
＊精神は，それ自身によっても，それ自身においても，ひとつの自然「本性」ではない。精神は科学の対象ではないのだ。そこでヒュームが取り組むことになる問はこうなる—精神はどのようにしてひとつの人間的自然「人間本性」に生成するのか。想像と妄想，虚構と自然が渾然一体となり「主体」へと生成する未曾有の世界。真に独創的なヒューム論。
◇ヒューム研究　新装版　神野慧一郎著　ミネルヴァ書房　（Minerva人文・社会科学叢書）　1998.10　①4-623-02972-7
＊ヒュームは，18世紀啓蒙思想の流れに棹さして，人間本性に基づく認識体系の樹立を企図した『人間本性論』を記した。本書は，ヒュームのこの主著を中心に，彼の経験論を懐疑論ではなく，科学的方法に傾倒した自然主義に立脚するものとして捉え，デカルト，ニュートンに対するヒュームの思想関係の見直しから論を展開し，知覚，想像力，認識，因果性，物体，自我等，ヒューム哲学の鍵概念を徹底分析している。「神経の回復」の時代の若き旗手ヒュームの実像に迫る本格的研究。
◇ヒューム　泉谷周三郎著　研究社出版　（イギリス思想叢書）　1996.11
①4-327-35215-2
＊宗教の権威や，旧来の因襲・偏見などを退け，文明化された社会をめざした「啓蒙の世紀」——。その18世紀に経験と観察に徹して，人間とは何かを探究しつづけたヒュームの生涯をたどる。
◇世界人物逸話大事典　朝倉治彦，三浦一郎編　角川書店　1996.6　①4-04-031900-1
＊歴史上の人物の生き生きとした人間像を伝えるエピソードを多数紹介する事典。日本人によく知られた人物1883人を見出しに掲載。
◇ヒューム　杖下隆英著　勁草書房　1994.9　①4-326-19834-6
◇ヒューム　A.J.エア著，篠原久訳　日本経済評論社　1994.1　①4-8188-0697-8
＊徹底的な経験論に立って，従来の形而上学に破壊的な批判を加え，実体・因果法則などの観念は習慣による主観的な確信にすぎないとした18世紀英国の哲学者ヒュームの人と思想。

ピョートル1世（大帝）

Pëtr I Alekseevich
1672〜1725　17・18世紀、ロシアのツァーリ、皇帝。中央集権化を推し進めた。

◇図説世界史を変えた50の指導者（リーダー）　チャールズ・フィリップス著，月谷真紀訳　原書房　2016.2
①978-4-562-05250-9

◇ピョートル大帝―西欧に憑かれたツァーリ　土肥恒之著　山川出版社　（世界史リブレット人）　2013.12
①978-4-634-35057-1
＊西欧化に向けて大きく舵を切り、帝政ロシアの礎をきずいたピョートル大帝は、自らを「国家の召使」と自覚する「近代人」であった。だが彼はいかなる法の制約も受けることのない専制君主であり、改革は大きな犠牲をともなった。サンクト・ペテルブルクは改革のシンボルであるが、伝統的なモスクワの人々の心性と大きく乖離していたのである。本書では大帝の諸改革をとおして人間ピョートルに肉迫することにしよう。

◇本当は偉くない？ 世界の歴史人物―世界史に影響を与えた68人の通信簿　八幡和郎著　ソフトバンククリエイティブ　（ソフトバンク新書）　2013.8
①978-4-7973-7448-3
＊古代から現代に至るまで、よく知られた帝王や政治家を68人選び、それぞれが世界史の中で果たした役割を、「偉人度」と「重要度」の2つの側面から10点満点で評価。世界史において偉人とされている人物たちの実像に迫る。

◇危険な世界史―血族結婚篇　中野京子著　角川書店　（角川文庫）　2011.10
①978-4-04-394003-5

◇皇帝たちのサンクト・ペテルブルグ―ロマノフ家名跡案内　宇多文雄著，ユーラシア研究所・ブックレット編集委員会企画・編　東洋書店　（ユーラシア・ブックレット）　2011.4　①978-4-88595-988-2

◇世界極悪人大全―「野心」と「渇望」と「狂気」の果て　桐生操著　文芸春秋　（文春文庫）　2010.2　①978-4-16-777341-0

◇図説 帝政ロシア―光と闇の二〇〇年　土肥恒之著　河出書房新社　（ふくろうの本）　2009.2　①978-4-309-76124-4
＊ピョートル大帝、エカチェリーナ2世、そして悲劇の最期を迎えたニコライ2世。ロマノフ王朝の華やかな宮廷生活、貧しい農奴のくらし、ボリシェビキによる十月革命…波瀾にみちた帝政ロシアの歴史をたどる決定版。

◇よみがえるロマノフ家　土肥恒之著　講談社　（講談社選書メチエ）　2005.3
①4-06-258326-7

◇麗しのサンクトペテルブルグ　中村喜和著　川崎市生涯学習振興事業団かわさき市民アカデミー出版部，シーエーピー出版〔発売〕　（かわさき市民アカデミー講座ブックレット）　2004.3　①4-916092-67-8

◇新物語世界史への旅　2　大江一道著　山川出版社　2003.7　①4-634-64880-6

◇ピョートル大帝の妃―洗濯女から女帝エカチェリーナ一世へ　河島みどり著　草思社　2002.10　①4-7942-1164-3
＊十八世紀はロシアにとって女帝の時代だった。初めての女帝エカチェリーナ一世から、有名なエカチェリーナ二世まで四人の女帝を輩出したのである。その先鞭をつけたのが本書の主人公エカチェリーナ一世である。ソ連時代は皇帝の伝記は限られたものしか刊行が許されなかったこともあって、エカチェリーナ一世の伝記はいまもない。著者は亡命ロシア人が多くいたパリの古書店で革命前に刊行された文献を渉猟し、本書を書き上げた。ヴェールを脱いだエカチェリーナ一世はまことに魅力に富んだ女性で、読むものを引きつけずにはおかない。

◇名将たちの戦場　柘植久慶著　中央公論新社　2001.1　①4-12-003102-0

◇世界人物逸話大事典　朝倉治彦，三浦一郎編　角川書店　1996.6　①4-04-031900-1
＊歴史上の人物の生き生きとした人間像を伝えるエピソードを多数紹介する事典。日本人によく知られた人物1883人を見出しに掲載。

◇ピョートル大帝とその時代―サンクト・ペテルブルグ誕生　土肥恒之著　中央公論社（中公新書）　1992.9　①4-12-101092-2
＊今から300年前、ロシアではピョートルという強烈な個性をもつツァーリが、国家と社会の「改造」を断行した。それは20年に及ぶ大北方戦争の交戦国スウェーデンを手本に、ロシアの「西欧化」を目指すもので、改革の射程は軍事、行財政、商工業から信仰・文化にまで及んだ。新首都サンクト・ペテルブルグ建設は改革を象徴する事業であった。本書は近代世界史の一翼を形成するピョートル改革の内容と成果、その影響をつぶさに検証する。

┃ビリャ　Villa, Pancho Francisco
1877～1923　19・20世紀、メキシコ革命の農民軍指導者。立憲革命軍指導者と対立、反抗を続けた。
◇ビリャとサパタ―メキシコ革命の指導者たち　国本伊代著　山川出版社（世界史リブレット人）　2014.6　①978-4-634-35075-5
＊ビリャとサパタは、1910年に勃発したメキシコ革命を語るのに欠かせない伝説的英雄である。馬蹄轟く硝煙の革命動乱期に活躍したが、敵の謀略にかかって革命の成果をみることなく殺害された。ビリャもサパタも確固たる革命思想をもって行動を起こしたわけではなかったが、抑圧された農民と民衆が解放される新秩序へ向けて、社会のあり方を大きく変えるきっかけとなったメキシコ革命に貢献し、今なお民衆の間に根強い人気を保っている。
◇暗殺の歴史　リンゼイ・ポーター著，北川玲訳　創元社　2011.9　①978-4-422-21500-6

┃ピンダロス　Pindaros
前518～前438　前6・5世紀、ギリシアの抒情詩人。「競技祝勝歌」などが残っている。
◇ギリシアの抒情詩人たち―竪琴の音にあわせ　杤掛良彦著　京都大学学術出版会　2018.2　①978-4-8140-0130-9

◇ピンダロス研究―詩人と祝勝歌の話者　安西真著　北海道大学図書刊行会（北海道大学大学院文学研究科研究叢書）　2002.5　①4-8329-6311-2
◇ピンダロス研究―詩人と祝勝歌の話者　安西真著　北海道大学大学院文学研究科（北海道大学大学院文学研究科研究叢書）　2002.3

┃ヒンデンブルク
Hindenburg, Paul Ludwig Hans Anton von Beneckendorff und von
1847～1934　19・20世紀、ドイツの軍人、政治家。ワイマール共和国第2代大統領になったが、ヒトラーの台頭を許した。
◇ナチス時代　ドイツ人名事典　新版　ロベルト・S.ヴィストリヒ著，滝川義人訳　東洋書林　2002.10　①4-88721-573-8
＊ヒトラー支配下のドイツに深いかかわりをもった政治家・軍人・実業家・知識人・芸術家・教会関係者・レジスタンスの闘士等、多種多様な分野の人物を精選し、経歴やナチスとのスタンスなどを記載。

【ふ】

┃ファラデー　Faraday, Michael
1791～1867　18・19世紀、イギリスの化学者、物理学者。電気分解に関するファラデーの法則で著名。
◇物理学を変えた二人の男―ファラデー、マクスウェル、場の発見　ナンシー・フォーブス，ベイジル・メイホン著，米沢富美子，米沢恵美訳　岩波書店　2016.9　①978-4-00-006324-1
◇ファラデーとマクスウェル　新装版　後藤憲一著　清水書院（Century Books 人と思想）　2016.8　①978-4-389-42115-3
◇光と電磁気ファラデーとマクスウェルが考えたこと―電場とは何か？　磁場とは何か？　小山慶太著　講談社（ブルー

ファラデー

バックス) 2016.8 ①978-4-06-257982-7

◇電気革命——モールス、ファラデー、チューリング　デイヴィッド・ボダニス著,吉田三知世訳　新潮社　(新潮文庫)　2016.6　①978-4-10-220036-0

◇ファラデーと電磁力　ブライアン・バウアーズ作,坂口美佳子訳　玉川大学出版部　(世界の伝記科学のパイオニア)　2016.5　①978-4-472-05968-1

◇面白すぎる天才科学者たち——世界を変えた偉人たちの生き様　内田麻理香著　講談社　(講談社プラスアルファ文庫)　2016.3　①978-4-06-281652-6

◇奇人・変人・大天才　紀元前から19世紀——アリストテレス、ガリレオ、ニュートン、ファラデー、その一生と研究　マイク・ゴールドスミス著,クライブ・ゴダード絵,小川みなみ編訳　偕成社　2015.3　①978-4-03-533510-8

◇電気にかけた生涯——ギルバートからマクスウェルまで　藤宗寛治著　筑摩書房　(ちくま学芸文庫)　2014.2　①978-4-480-09586-2

◇神が愛した天才科学者たち　山田大隆著　角川学芸出版、角川グループパブリッシング〔発売〕　(角川ソフィア文庫)　2013.3　①978-4-04-409446-1

◇世界を変えた素人発明家　志村幸雄著　日本経済新聞出版社　(日経プレミアシリーズ)　2012.2　①978-4-532-26153-5

◇電気事始め——マイケル・ファラデーの生涯　J.ハミルトン著,佐波正一訳　教文館　2010.4　①978-4-7642-6683-4

◇物理学天才列伝　上　ガリレオ、ニュートンからアインシュタインまで　ウィリアム・H.クロッパー著,水谷淳訳　講談社　(ブルーバックス)　2009.12　①978-4-06-257663-5

◇古典物理学を創った人々——ガリレオからマクスウェルまで　エミリオ・セグレ著,久保亮五,矢崎裕二訳　みすず書房　2009.9　①4-622-04088-3

◇マイケル・ファラデー——科学をすべての人に　コリン・A.ラッセル著,須田康子訳　大月書店　(オックスフォード科学の肖像)　2007.12　①978-4-272-44046-7
＊1804年、13歳で書店兼製本屋の師弟となり、そこで出会った本をきっかけに科学の道を志す。電気と磁気の科学の開拓者としての数々の発見とともに、『ロウソクの科学』としていまも読みつがれるクリスマス講演などを立ちあげ、市民や子ども向け科学講演の基礎をつくったファラデーの業績と生涯。

◇恋する天才科学者　内田麻理香著　講談社　2007.12　①978-4-06-214439-1

◇電子レンジと電磁波——ファラデーの発見物語　板倉聖宣, 松田勧著　仮説社　(サイエンスシアターシリーズ　電磁波をさぐる編)　2006.8　①4-7735-0195-2

◇天才科学者たちの奇跡——それは、小さな「気づき」から始まった　三田誠広著　PHP研究所　(PHP文庫)　2005.3　①4-569-66376-1

◇ファラデー——王立研究所と孤独な科学者　島尾永康著　岩波書店　2000.3　①4-00-005944-0
＊名講演「ロウソクの科学」で子供たちを魅了したファラデーの足跡。

◇巨人の肩に乗って——現代科学の気鋭、偉大なる先人を語る　メルヴィン・ブラッグ著,熊谷千寿訳,長谷川真理子解説　翔泳社　1999.10　①4-88135-788-3
＊実は、地動説の証拠をまったく掴んでいなかったガリレオ。両親と非常に不仲で、焼き殺したいとさえ書いていたニュートン。「革命に科学者は要らず」の言葉と共に断頭台の露と消えたラボアジェ。製本職人なり、英国で最も偉大な自然哲学者へと上りつめたファラデー。橋がないことに気付かないほど、抽象世界を彷徨ったポアンカレ。不倫スキャンダルに関して、ノーベル賞委員会と争ったキュリー夫人。現代科学の巨人が贈る、12人の偉人の知られざる姿。

◇ファラデー——実験科学の時代　小山慶太著　講談社　(講談社学術文庫)　1999.5　①4-06-159376-5
＊ファラデーの法則(電気分解の法則)やファラデー効果(磁気光学効果)に名を

残す19世紀の実験科学の天才ファラデー。高等教育も受けない製本職人から身を起こし、偉大な発見を重ねたその清貧の生涯を、躍動感あふれる英国ヴィクトリア朝時代の科学史を背景に描く好著。

◇(新)ファラデー伝—19世紀科学は何を教えているか　井上勝也著　研成社　(のぎへんのほん)　1995.10　①4-87639-042-8
＊電磁誘導とローソクの科学と…。科学・技術も経済も転換期であり、ファラデーの教訓が生かせる時でもある。すばらしい発想とよく準備された実験から生まれた数々の基礎研究、生活態度は150経った今も輝き続けている。ファラデーから現代人へのメッセージが伝わってくる書。

◇科学史の事件簿　科学朝日編　朝日新聞社　1995.1　①4-02-256824-0
＊なにが、彼らをそうさせたのか…24人の大科学者をめぐる、危うい出来事。

◇マイケル・ファラデー—天才科学者の軌跡　J.M.トーマス著，千原秀昭、黒田玲子訳　東京化学同人　(科学のとびら)　1994.12
＊マイケル・ファラデーの名前は電気分解の法則により最も広く知られている。しかし、この本を読むとそれはファラデーの業績のほんの一部に過ぎないことがわかる。本書では、ファラデーの科学への貢献を単に史実を追うだけでなく、彼の人間性を浮き彫りにしている。

◇天才たちは学校がきらいだった　トマス・G.ウェスト著，久志本克己訳　講談社　1994.4　①4-06-154208-7

◇ファラデーが生きたイギリス　小山慶太著　日本評論社　(ファラデーブックス)　1993.12　①4-535-60712-5
＊M.ファラデーはそのときどう考え、どう行動したか？　ビクトリア王朝期のイギリスと19世紀物理学とともに、今、ファラデーが蘇る。

◇ファラデーとマクスウェル　後藤憲一著　清水書院　(Century Books)　1993.2　①4-389-41115-2

◇ファラデーの生涯—電磁誘導の発見者　H.スーチン著，小出昭一郎、田村保子訳　東京図書　1992.6　①4-489-00386-2
＊電磁気学への道をひらいた、大科学者の人間味あふれる素顔—。

┃ フアレス　Juárez, Benito Pablo
1806〜1872　19世紀、メキシコの政治家。「改革の父」と敬称される。

◇世界伝記大事典　世界編1〜12　編集代表：桑原武夫　ほるぷ出版　1980.12〜1981.6

┃ ファン・アイク(兄弟)　Van Eyck, Hubert & Jan
(兄)1366頃〜1426，(弟)1380頃〜1441
エイク，ファンとも。14・15世紀、フランドルの画家。兄フーベルト、弟ヤンの2人。兄はフランドル絵画の創始者。弟はフィリップ善良公の宮廷画家を務めた。

◇自画像の告白—「私」と「わたし」が出会うとき　森村泰昌著　筑摩書房　2016.3　①978-4-480-87386-6

◇ファン・エイク—アルノルフィーニ夫妻の肖像　ステファノ・ズッフィ著，千速敏男訳　西村書店東京出版編集部　(名画の秘密)　2015.10　①978-4-89013-730-5

┃ ファン・ボイ・チャウ　Phan Boi Chau
1867〜1940　19・20世紀、ベトナムの民族主義運動の指導者、儒学者。漢字名は潘佩珠。「東遊運動」を起こし、「海外血書」を著した。

◇浅羽佐喜太郎と東遊運動—指導者ファン・ボイ・チャウと地域が伝える　浅羽佐喜太郎公記念碑建立八五周年記念事業実行委員会　2003.11

┃ フィヒテ　Fichte, Johann Gottlieb
1762〜1814　18・19世紀、ドイツの哲学者。ドイツ観念論の代表者の一人。

◇フィヒテ　新装版　福吉勝男著　清水書院　(Century Books　人と思想)　2015.9　①978-4-389-42090-1

◇カントからヘーゲルへ　新装版　岩崎武雄著　東京大学出版会　2012.5
①978-4-13-013027-1

◇未完のフィヒテ―激動のベルリンを舞台にした一哲学者の「生」のドラマ　石崎宏平著　丸善プラネット　2010.1
①978-4-86345-036-3
＊本書は、一七九九年、いわゆる無神論者の嫌疑をかけられイエナを追われたフィヒテが、その後二度の短い期間を除いてその死に至るまで、そのほとんどを過ごしたベルリンを舞台として、家族を含めた彼の人的交流を通しての思想の形成の過程をたどろうとするものである。

◇フィヒテ研究　第12号（2004年）　フィヒテ研究編集委員会編　日本フィヒテ協会,（京都）晃洋書房〔発売〕　2004.12
①4-7710-1600-3,ISSN0919-9101

◇フィヒテ論考　村上嘉隆著　教育報道社　2004.7　①4-905713-19-6

◇フィヒテ知識学の根本構造　中川明才著　晃洋書房　（西洋思想叢書）　2004.4
①4-7710-1546-5

◇フィヒテ研究　第11号（2003年）　フィヒテ研究編集委員会編　日本フィヒテ協会,（京都）晃洋書房〔発売〕　2003.12
①4-7710-1492-2,ISSN0919-9101

◇世界人物逸話大事典　朝倉治彦,三浦一郎編　角川書店　1996.6　①4-04-031900-1
＊歴史上の人物の生き生きとした人間像を伝えるエピソードを多数紹介する事典。日本人によく知られた人物1883人を見出しに掲載。

◇フィヒテ　福吉勝男著　清水書院　(Century Books)　1990.7
①4-389-41090-3
＊本書は、世界の有名な大思想家の生涯とその思想を、当時の社会的背景にふれながら、立体的に解明した思想の入門書です。第1編の生涯編で、思想家の生涯を交友関係や、エピソードなどにもふれて、興味深く克明に記述、第2編では、その主要著書を選択して、概説とその中心となる思想を、わかりやすく紹介してあります。

◇フィヒテ‐シェリング往復書簡　フィヒテ, シェリング著, ワルター・シュルツ解説, 座小田豊, 後藤嘉也訳　法政大学出版局　（叢書・ウニベルシタス）　1990.5
①4-588-00295-3
＊〈主観性〉の理解および〈絶対的なもの〉の認識可能性を主題として問い、18世紀末から19世紀初頭にかけて展開された。哲学史上比類のない意義をもった思索と論争のドキュメント。ドイツ観念論の、壮大かつ深遠な思想の構築現場が示される。ワルター・シュルツによる詳細な解説を付す。

フィリップ2世　Philippe Ⅱ, Auguste
1165〜1223　12・13世紀、フランス、カペー朝の王（在位1180〜1223）。弱体だったカペー朝の王権を強大にした。尊厳王（オーギュスト）と呼ばれる。

◇王たちの最期の日々　上　パトリス・ゲニフェイ編, 神田順子, 谷口きみ子訳　原書房　2018.6　①978-4-562-05570-8

◇フランスの歴史をつくった女たち　第1巻　ギー・ブルトン著, 曽村保信訳　中央公論社　1993.11　①4-12-403201-3
＊5世紀末〜15世紀中期。フランク王朝の成立から英仏百年戦争まで。男女の愛が歴史を動かす様を活写。

フィリップ4世　Philippe Ⅳ, le Bel
1268〜1314　13・14世紀、フランス王（在位1285〜1314）。初めて三部会を召集。

◇図説ヨーロッパ王室史―ダークヒストリー　2　ブレンダ・ラルフ・ルイス著, 中村佐千江訳, 樺山紘一日本語版監修　原書房　2010.9　①978-4-562-04578-5

フィリッポス2世　Philippos Ⅱ
前382〜前336　前4世紀、古代マケドニアの王（在位前359〜336）。アレクサンドロス大王の父。

◇新訳アレクサンドロス大王伝―『プルタルコス英雄伝』より　プルタルコス著, 森谷公俊訳・註　河出書房新社　2017.6

①978-4-309-22704-7
◇歴史を変えた「暗殺」の真相—時代を動かした衝撃の事件史　柘植久慶著　PHP研究所　（PHP文庫）　2003.3
　①4-569-57919-1
◇世界人物逸話大事典　朝倉治彦，三浦一郎編　角川書店　1996.6　①4-04-031900-1
＊歴史上の人物の生き生きとした人間像を伝えるエピソードを多数紹介する事典。日本人によく知られた人物1883人を見出しに掲載。

フィルドゥシー
Firdausī, Abū al-Qāsim
940頃～1025　10・11世紀、ペルシアの民族叙事詩人。6万句の大民族叙事詩「王書」を書いた。

◇世界伝記大事典　世界編 1～12　編集代表：桑原武夫　ほるぷ出版　1980.12～1981.6

フーヴァー　Hoover, Herbert Clark
1874～1964　19・20世紀、アメリカの政治家。第31代大統領（在任1929～1933）。大恐慌の克服に失敗した。

◇誤解された大統領—フーヴァーと総合安全保障構想　井口治夫著　名古屋大学出版会　2018.2　①978-4-8158-0904-1

フェリペ2世　Felipe Ⅱ el Prudente
1527～1598　16世紀、スペイン王（1556～1598）。イングランド女王メアリー・チューダーと結婚。

◇英雄たちの食卓　遠藤雅司著　宝島社　2018.3　①978-4-8002-8132-6
◇本当は偉くない？　世界の歴史人物—世界史に影響を与えた68人の通信簿　八幡和郎著　ソフトバンククリエイティブ　（ソフトバンク新書）　2013.8
　①978-4-7973-7448-3
＊古代から現代に至るまで、よく知られた帝王や政治家を68人選び、それぞれが世界史の中で果たした役割を、「偉人度」と「重要度」の2つの側面から10点満点で評価。世界史において偉人とされている人物たちの実像に迫る。

◇南の悪魔フェリッペ二世—スペイン黄金の世紀の虚実　2　伊東章著　鳥影社　2006.10　①4-86265-030-9
＊フェリッペ二世が偉大なる父から引き継いだ強大な王国は、実は財政的に完全に破綻していた…。『不滅の帝王カルロス五世』に続く、スペイン黄金の世紀の実相。

◇スペインフェリペ二世の生涯—慎重王とヨーロッパ王家の王女たち　西川和子著　彩流社　2005.5　①4-88202-988-X
＊華麗なる人脈…。スペインの黄金時代を生きた"慎重王"71年の歩みと4人の王妃。

フェリペ5世　Felipe Ⅴ
1683～1746　17・18世紀、スペイン、ブルボン朝の初代国王（在位1700～1724、1724～1746）。オーストリアと対立し、王位継承戦争へと発展した。

◇世界伝記大事典　世界編 1～12　編集代表：桑原武夫　ほるぷ出版　1980.12～1981.6

フェルナンド
Fernando Ⅴ el Catolico
1452～1516　15・16世紀、スペイン統一を実現した王。アラゴン王となり、1492年グラナダを征服して国土回復運動を終結。

◇歴史系倉庫 世界史の問題児たち　亀漫画　PHP研究所　2016.10
　①978-4-569-83103-9

フェルメール
Vermeer, Jan, van Delft
1632～1675　17世紀、オランダの画家。代表作「手紙」。

◇フェルメール—作品と画家のとっておき知識　千足伸行監修　河出書房新社　2018.10　①978-4-309-25608-5
＊たとえば"牛乳を注ぐ女"。召使いが牛乳を器に注ぐという、ありふれた日常

フェルメール

のひとコマを描いた絵だ。作者であるフェルメールにいたっては、どんな顔をしていたのかもわかっていない。なのに、なぜこんなにも惹かれるのか。その秘密を解き明かす！

◇フェルメール最後の真実　秦新二，成田睦子著　文芸春秋　（文春文庫）　2018.10　①978-4-16-791147-8
　＊世界に30数点しかないフェルメール作品。それを動かすのは「フェルメール・マン」と呼ばれる国際シンジケートの男たち。ウィーロック、リトケなど世界的美術館の花形学芸員たちが繰り広げる虚々実々の交渉を、企画展プロデューサーがリアルに描く。これを読めばフェルメール展鑑賞が劇的に面白くなる！　全作品カラー掲載。

◇もっと知りたいフェルメール―生涯と作品　改訂版　小林頼子著　東京美術　（アート・ビギナーズ・コレクション）　2017.8　①978-4-8087-1093-4

◇自画像の告白―「私」と「わたし」が出会うとき　森村泰昌著　筑摩書房　2016.3　①978-4-480-87386-6

◇フェルメール生涯の謎と全作品　大友義博監修　宝島社　2015.10　①978-4-8002-4495-6

◇「絶筆」で人間を読む―画家は最後に何を描いたか　中野京子著　NHK出版　（NHK出版新書）　2015.9　①978-4-14-088469-0

◇知識ゼロからのフェルメール鑑賞術　森村泰昌著　幻冬舎　2013.11　①978-4-344-90278-7
　＊なぜ小さいのか？　なぜ少ないのか？　なぜ青なのか？　なぜ日本で超人気なのか？　"美しすぎる謎"が一冊でわかる！

◇西洋美術　巨匠たちの履歴書　木村泰司監修　宝島社　2013.7　①978-4-8002-1122-4

◇美術を巡る旅ガイド―ヨーロッパを代表する画家達　ゴッホ、フェルメール、ゴヤ、カラヴァッジョ、ムンク　Lee Feinstein, Kristin Hohenadel, Barbie Latza Nadeau, Sandra Smellenburg, George Stolz著、野崎武夫訳　メディアファクトリー　2012.2　①978-4-8401-4350-9

◇フェルメールとスピノザ―〈永遠〉の公式　ジャン＝クレ・マルタン著，杉村昌昭訳　以文社　2011.12　①978-4-7531-0296-9
　＊フェルメールの描いた『天文学者』のモデルはスピノザである。「永遠」の観念をめぐる極上の思想サスペンス。画家と哲学者の出会い、そして「永遠」の創造。二人の秘められた共通性に肉薄する。

◇フェルメールの調べ　小林頼子著　宝島社　2011.12　①978-4-7966-8819-2
　＊澄み渡るブルーと、計算し尽くされた構図、デザイン…光の魔術師ヨハネス・フェルメール。その生涯と全作品を時系列でまとめたポケット画集。36作品全てフルカラー掲載。

◇フェルメール光の王国　福岡伸一著　木楽舎　（翼の王国books）　2011.8　①978-4-86324-040-7
　＊生物学者・福岡伸一がおくる極上の美術ミステリー紀行。

◇フェルメールの食卓―暮らしとレシピ　林綾野著　講談社　2011.7　①978-4-06-217046-8

◇レンブラントとフェルメール―オランダ絵画「光と影」の巨匠たち　岡部昌幸著　新人物往来社　（ビジュアル選書）　2011.3　①978-4-404-03993-4

◇呪われた画家たち―エル・グレコ、カラヴァッジョからロートレック、モディリアーニまで　モーリス・セリュラス著，藤田尊潮訳　八坂書房　2010.7　①978-4-89694-959-9

◇巨匠たちの迷宮―名画の言い分　木村泰司著　集英社　2009.9　①978-4-08-781421-7

◇フェルメール―謎めいた生涯と全作品　小林頼子著　角川書店　（角川文庫　Kadokawa art selection）　2008.9　①978-4-04-391601-6
　＊作品数はわずか30数点、空間トリックと光の独特な描写、計算されたモチーフ―。未だ謎多く注目を集め続ける、17世紀オランダの画家、ヨハネス・フェル

メール。その魅力をフェルメール研究の第一人者がわかりやすく解説したハンディサイズのガイドブック登場！ 全作品を、オールカラーで掲載。作品解説とともに、研究によって明かされた秘密、同時代の画家との対比や時代背景まで紹介。初心者にもおすすめの保存版。

◇フェルメールとデルフトの巨匠たち　TBSテレビ事業局制作　ピエ・ブックス　2008.8　Ⓘ978-4-89444-743-1
＊光の天才画家フェルメールと、オランダ絵画の黄金期を代表するデルフトの巨匠たち。作品を一堂に集めた展覧会にともない、フェルメール初来日作品を含む、来日する作品を大判図版で収録。

◇フェルメール論―神話解体の試み　増補新装版　小林頼子著　八坂書房　2008.7　Ⓘ978-4-89694-913-1
＊その神話性ゆえに検証を拒んできた"孤高の天才画家"のヴェールを解き放ち、蔓延する神話的言説の解体を試みた渾身の研究書。新稿「1996年以降のフェルメール」を加え、ペーパーバック版で登場。第10回吉田秀和賞受賞。フェルメール関連古文書、財産目録など貴重な一次資料収録。作品36点のカラー図版掲載。

◇二人のオランダ人・讃―ゴッホとフェルメール　島雄著　友月書房　2008.5　Ⓘ978-4-87787-375-2

◇牛乳を注ぐ女―画家フェルメールの誕生　小林頼子著　ランダムハウス講談社　2007.10　Ⓘ978-4-270-00249-0

◇もっと知りたいフェルメール―生涯と作品　小林頼子著　東京美術　（アート・ビギナーズ・コレクション）　2007.9　Ⓘ978-4-8087-0830-6

◇フェルメール物語　野中均著　文芸社　2007.4　Ⓘ978-4-286-02738-8
＊その時、その場所で彼はどのように人生を送ったのであろうか。17世紀オランダの画家ヨハネス・フェルメール（1632～1675）の謎に満ちた生涯を、物語という形式で描いた意欲作。

◇フェルメール―精緻な世界観と表現力　ステファノ・ズッフィ著, 樺山紘一日本語版監修　昭文社　（Art book）　2007.3　Ⓘ978-4-398-21457-7

◇謎解きフェルメール　小林頼子, 朽木ゆり子著　新潮社　（とんぼの本）　2003.6　Ⓘ4-10-602104-8
＊現存する作品、わずか30数点―その1点1点を読み解き、人間フェルメールの真実の姿に迫る。

◇フェルメールの世界―17世紀オランダ風俗画家の軌跡　小林頼子著　日本放送出版協会　（NHKブックス）　1999.10　Ⓘ4-14-001870-4
＊17世紀のオランダは市民社会の勃興期。時代の変化を敏感に嗅ぎ取り、時代の懐深く分け入ったフェルメールは、常に自己を模索しながら、主題の選択や人物配置、空間構成、光や質感の描写に独創的な才能を発揮し、静寂に支配された光と陰が綾なす傑作の数々を物していった。謎の天才画家といった神話に惑わされることなく、17世紀に生きた画家の素顔を浮かび上がらせ、歴史のいたずらに奔弄されつづけたフェルメール作品の魅力をわかりやすく、生き生きと語る気鋭の野心作。

◇運河沿いのフェルメールの家　イングリット・メラー著, 鈴木芳子訳　エディションq　1999.2　Ⓘ4-87417-610-0

◇フェルメール論―神話解体の試み　小林頼子著　八坂書房　1998.8　Ⓘ4-89694-416-X
＊近年、欧米で300年ぶりにフェルメール作品を一堂に会した展覧会が開かれ大変な話題を呼んだことは記憶に新しい。その影響もあり、この数年間にフェルメールに関する研究は、格段に広がりと深みを増した。生前における画家としての活動・知名度・人間関係・経済状況を見直させる史料の発掘、X線写真等による個別作品に関する最新の諸情報、そして、「フェルメールは没後忘れられ19世紀半ばに再発見された」という俗説の見直し等々、近年発表された史・資料、解釈、分析は実に多くを教えてくれる。本書は、これら最新の研究成果をふまえた上で、さらに新たな発想に基づく新しいフェルメール像を提示し、

蔓延する神話的言説の解体を試みた渾身の研究書である。
◇奇蹟の器—デルフトのフェルメール　千葉成夫著　五柳書院　(五柳叢書)　1994.10　①4-906010-64-4
＊現代美術の批評家が、30数点の作品だけを残した17世紀の天才画家フェルメールを、同時代人の視点で分析する渾身の書き下ろし。
◇フェルメール　フェルメール画、アーサー・K.ウィーロックJr.著、黒江光彦訳　美術出版社　(BSSギャラリー)　1991.11　①4-568-19013-4

■ フォード　Ford, Henry
1863〜1947　19・20世紀、アメリカの実業家。フォード・モーターの設立者。
◇オリバー・ストーンが語るもうひとつのアメリカ史　3　帝国の緩やかな黄昏　オリバー・ストーン、ピーター・カズニック著、金子浩、柴田裕之、夏目大訳　早川書房　(ハヤカワ・ノンフィクション文庫)　2015.7　①978-4-15-050441-0
◇人物アメリカ史　下　ロデリック・ナッシュ、グレゴリー・グレイヴズ著、足立康訳　講談社　(講談社学術文庫)　2007.9　①978-4-06-159834-8
◇図解　成功哲学ノート—実業家・理論家の巨星27人に学ぶ成功の秘訣　池田光著　PHP研究所　2007.1　①4-569-65850-4
◇ヘンリー・フォードの軌跡—20世紀の巨人産業家　ヘンリー・フォード著、豊土栄訳　創英社　2000.12　①4-88142-463-7
◇ヘンリー・フォード著作集—20世紀の巨人事業家　上巻　私の人生と事業、今日そして明日、前進　ヘンリー・フォード著、豊土栄訳　創英社　2000.12
◇ヘンリー・フォード著作集—20世紀の巨人事業家　下巻　ヘンリー・フォード著、豊土栄訳　創英社　2000.12
◇アメリカの文化—現代文明をつくった人たち　亀井俊介編　弘文堂　(USA GUIDE)　1992.4　①4-335-52027-1
＊活力あふれるアメリカ文化の多様な局面を代表するヒーローたちの群像。
◇藁のハンドル—資本主義を最初に実現した男の魂　ヘンリー・フォード自伝　ヘンリー・フォード著、竹村健一訳　祥伝社　(ノン・ブック　愛蔵版)　1991.7　①4-396-50020-3

■ 溥儀　ふぎ
⇒宣統帝(せんとうてい)

■ プーシキン
Pushkin, Aleksandr Sergeevich
1799〜1837　18・19世紀、ロシアの詩人。ロシアのリアリズム文学の確立者。「大尉の娘」(1836)が代表作。
◇ロシア社会思想史—インテリゲンツィヤによる個人主義のための闘い　上　イヴァーノフ＝ラズームニク著、佐野努、佐野洋子訳　成文社　2013.3　①978-4-915730-97-9
◇メリメとロシア作家たち—ロシアへの想い　浦野進著　水声社　2012.6　①978-4-89176-914-7
◇プーシキン伝　アンリ・トロワイヤ著、篠塚比名子訳　水声社　2003.1　①4-89176-482-1
＊19世紀前半のロシア、皇帝ニコライ1世の絶対的な権力支配のもと、高らかに"愛"と"自由"を謳いあげ、いまなお民衆から最も強く愛されている"ロシアの宝"。わずか37年という、短くも劇的なその生涯を描きつくす決定版評伝。
◇世界人物逸話大事典　朝倉治彦、三浦一郎編　角川書店　1996.6　①4-04-031900-1
＊歴史上の人物の生き生きとした人間像を伝えるエピソードを多数紹介する事典。日本人によく知られた人物1883人を見出しに掲載。
◇プーシキン—愛と抵抗の詩人　草鹿外吉著　新日本出版社　(新日本新書)　1990.9　①4-406-01715-1
◇ロシア文学裏ばなし—虫眼鏡で見た作家の周辺　工藤精一郎著　中央公論社　(中公新書)　1990.9　①4-12-100988-6

＊プーシキンの「決闘と死」をはじめ、ツルゲーネフの失われた「日記と告白小説」、ドストエフスキーの「罪と罰」の受難、トルストイの「復活」発表時の逸話、ゴーリキイの「どん底」公演余談など、ロシア文学の5大作家の周辺を探訪する。本書は、作家の生きた人間、生臭い対人関係、作品の成立過程の重要なモーメントなどを垣間見せる厖大な資料群から、生の声と生きた事実を掘りおこして描く、秀逸なロシア文学裏ばなしである。

◇ロシアの愛と苦悩　小野理子著　（京都）人文書院　1990.3　①4-409-14033-7
＊プーシキン、ゲルツェン、ドストエフスキイ、チェルヌィシェフスキイ、トルストイ、チェーホフ。彼らの生涯と愛の形を女の立場から渾身で描く。

▎フス　Hus, Jan
1370頃〜1415　14・15世紀、ボヘミアの神学者、宗教改革家。聖書中心の教説をとき、世俗化した教会を批判した。

◇宗教改革の物語―近代、民族、国家の起源　佐藤優著　KADOKAWA　2014.4　①978-4-04-110736-2
＊近代、民族、国家、ナショナリズムの起源となった宗教改革。現代の危機の源泉に挑む!!佐藤優が全精力を注いだ大型論考。

◇ルネサンス人物列伝　ロバート・デイヴィス，ベス・リンドスミス著，和泉香訳　悠書館　2012.7　①978-4-903487-54-0

◇図説 プラハ―塔と黄金と革命の都市　片野優，須貝典子著　河出書房新社　（ふくろうの本）　2011.1　①978-4-309-76156-5

◇ルクセンブルク家の皇帝たち―その知られざる一面　鈴本達哉著　近代文芸社　1997.11　①4-7733-6195-6
＊本書は、中世ルクセンブルク家の消長をその皇帝たちの動向を中心にして叙述し、併せて、中世末のドイツ（ルクセンブルク家が深く係わることになるボヘミア、ハンガリーなどの中部ヨーロッパも含めて）の一時期の歴史をも描写する。

▎フセイン　Ḥusayn ibn 'Alī
1853頃〜1931　フサインとも。19・20世紀、ヒジャーズ王（1916〜1924）。ハーシム家の創始者。ファイサル1世の父。

◇世界伝記大事典　世界編 1〜12　編集代表：桑原武夫　ほるぷ出版　1980.12〜1981.6

▎フセイン，サダム
　Ḥussayn, Ṣaddām
1937〜2006　20世紀、イラクの政治家、軍人。イラク大統領・軍最高司令官・首相。

◇独裁者たちの最期の日々　下　ディアンヌ・デュクレ，エマニュエル・エシュト編者，清水珠代訳　原書房　2017.3　①978-4-562-05378-0

◇五人の権力者と女たち―カストロ・フセイン・ホメイニ・金正日・ビンラディン　ディアーヌ・デュクレ著，大塚宏子訳　原書房　2013.6　①978-4-562-04921-9

◇世界極悪人大全―「野心」と「渇望」と「狂気」の果て　桐生操著　文芸春秋　（文春文庫）　2010.2　①978-4-16-777341-0

◇裸の独裁者サダム―主治医回想録　アラ・バシール，ラーシュ・シーグル・スンナノー著，山下丈訳　日本放送出版協会　2004.11　①4-14-081006-8

◇偽りの報酬　フセイン・スマイダ，キャロル・ジェローム著，落合信彦訳　扶桑社　（扶桑社ノンフィクション）　1994.5　①4-594-01425-9
＊イラク社会の体制派バース党幹部の息子であるフセイン・スマイダは、幼少の頃から暴力的な父と、その背後に君臨するサダム・フセインを憎み、復讐を誓ってきた。本書は、サダムとその体制への告発と反抗の記録であり、イラクにおける恐怖政治がどれほどのものかを暴いていく。イラク情報機関ムハバラットが、国内だけでなく全中東にはりめぐらした密告システムをはじめ、他国の人間には決してうかがい知れない独裁者のやり方、さらにはイラクがかかわってきた国際的事件についての

プーチン

◇王の明暗―フセインとゴルビー　ゲイル・シーヒー著，舛添要一訳　飛鳥新社　1991.12　①4-87031-104-6
＊フセインの復活とゴルビーの没落。明暗を分けた二人の英雄のその後。

◇サダム・フセイン　ジュディス・ミラー著，ローリー・ミロイエ著，舛添要一訳　飛鳥新社　1990.11　①4-87031-084-8

プーチン

Putin, Vladimir Vladimirovich
1952～　20世紀、ロシアの政治家、ロシア連邦大統領（2000～）。ソ連邦国家保安委員会（KGB）に勤務。サンクトペテルブルグ市副市長、ロシア連邦保安長官などを経て、首相、大統領を歴任。

◇プーチンのユートピア―21世紀ロシアとプロパガンダ　ピーター・ポマランツェフ著，池田年穂訳　慶応義塾大学出版会　2018.4　①978-4-7664-2512-3
＊21世紀のロシアでは、独裁さえもリアリティー・ショーである―。ロシア系イギリス人のTVプロデューサー、ピーター・ポマランツェフ。急成長を遂げるロシアのテレビ業界に潜入した彼は、図らずもロシアのあらゆる腐敗と遭遇する。映画監督に転身したギャング、ロシア史上最高の政治工学者、自爆テロ組織「黒い未亡人」を離れる売春婦、自殺したスーパーモデルとセクト、ロンドンに逃れ栄華を極めるオリガルヒ（新興財閥）―。モスクワ劇場占拠事件や、ベロゾフスキーとアブラモヴィッチの裁判に立ち合い、ロシア・メディアの内側に蠢くプロパガンディストのやり口を知るポマランツェフは、プーチン独裁の先鋭化とともに、自身もまたその体制内部に引き込まれていることに気づく。カネと権力に塗れたシュールな世界で、新たな独裁体制を築くプーチン。クレムリンに支配されたメディアの内側から、21世紀のロシア社会とプロパガンダの実態を描く話題作。

◇オリバー・ストーンオンプーチン　オリバー・ストーン著，プーチン述，土方奈美訳　文芸春秋　2018.1　①978-4-16-390765-9

◇プーチンとロシア人　木村汎著　産経新聞出版　2018.1　①978-4-8191-1331-1

◇プーチンの世界―「皇帝」になった工作員　フィオナ・ヒル，クリフォード・G・ガディ著，浜野大道，千葉敏生訳，畔蒜泰助監修　新潮社　2016.12　①978-4-10-507011-3

◇プーチン―内政的考察　木村汎著　藤原書店　2016.11　①978-4-86578-093-2

◇汝の名はスパイ、裏切り者、あるいは詐欺師―インテリジェンス畸人伝　手嶋龍一著　マガジンハウス　2016.11　①978-4-8387-2896-1

◇プーチン露大統領とその仲間たち―私が「KGB」に拉致された背景　塩原俊彦著　社会評論社　2016.4　①978-4-7845-1549-3

◇世界を動かす巨人たち　政治家編　池上彰著　集英社　（集英社新書）　2016.4　①978-4-08-720828-3

◇プーチンの実像―証言で暴く「皇帝」の素顔　朝日新聞国際報道部著　朝日新聞出版　2015.10　①978-4-02-251322-9

◇プーチン―人間的考察　木村汎著　藤原書店　2015.4　①978-4-86578-023-9

◇そいつを黙らせろ―プーチンの極秘指令　マーシャ・ゲッセン著，松宮克昌訳　柏書房　2013.7　①978-4-7601-4282-8
＊自らの過去を知る同僚や恩人を次々に葬り去ってきた無表情の男は、いかにして大統領に成り上がったか？　素顔を間近で取材してきた女性ジャーナリストが命懸けで綴ったノンフィクション！

◇独裁者プーチン　名越健郎著　文芸春秋　（文春新書）　2012.5　①978-4-16-660861-4
＊大統領に復帰し、さらなる絶対的権力者となったプーチン。貧しい労働者階級からKGB中佐を経て頂点の座に上り詰めた軌跡を追うとともに、バラマキ政治を展開し、派手なパフォーマンス、水戸黄門ばりのテレビ対話など、日本では知られていない「黒い皇帝」の素顔に迫る。

◇世界の独裁者―現代最凶の20人　六辻彰二著　幻冬舎　(幻冬舎新書)　2011.9
①978-4-344-98235-2

◇現代ロシアを見る眼―「プーチンの十年」の衝撃　木村汎, 袴田茂樹, 山内聡彦著　日本放送出版協会　(NHKブックス)　2010.8　①978-4-14-091162-4
＊一九九九年大晦日、エリツィンによって後継指名されたプーチンは、経済の国家管理、言論の統制など権威主義的な政策を次々と断行、ロシアは民主化の道を歩んでいると期待していた欧米に衝撃を与えた。一方、市民生活には秩序と安定がもたらされ、高度消費社会が到来。国民は圧倒的な支持率でプーチンに喝采を送りつづけた。プーチンが実質ロシアを主導した十年の間に、この大国は欧米の軌道から外れて独自の道を歩みはじめたといえる。プーチンによって築き上げられた体制とは、どのようなものなのか？　政治、経済、外交、すべての視点から現代ロシアの姿を浮き彫りにする。

◇現代ロシアの深層―揺れ動く政治・経済・外交　小田健著　日本経済新聞出版社　2010.4　①978-4-532-35412-1
＊巨大な隣人の素顔をベテラン記者が多角的に解説する待望の現代ロシア論。知られざる再生の苦悩とジレンマ。

◇帝政民主主義国家ロシア―プーチンの時代　中村逸郎著　岩波書店　2005.4
①4-00-024013-7
＊「プーチンの時代」とはロシアの市民にとってどういう時代なのか。議会、内閣、軍、そして地方政府からメディアまでを掌握し、今や絶大な権力を持つに到ったプーチン大統領。その支配のメカニズムとそれに内在する問題を明らかにしつつ、劣悪を極める生活インフラ、破綻した行政サービス、相次ぐテロの恐怖、さらには形骸化した法支配、癒着した政財界の専横の下で、「慈父たる皇帝」にすがるほかない市民生活の実像とゆれ動くかれらの意識を、綿密な聞き取り調査から浮き彫りにする最新のロシア論。

◇プーチンの帝国―ロシアは何を狙っているのか　江頭寛著　草思社　2004.6
①4-7942-1316-6

◇プーチン　池田元博著　新潮社　(新潮新書)　2004.2　①4-10-610054-1

◇プーチンの変貌？―9・11以後のロシア　木村汎, 佐瀬昌盛編　勉誠出版　2003.5
①4-585-05085-X
＊9・11テロ、イラク問題。漂流するプーチン・ロシア。世界情勢のカギを握るロシアの今を、第一線の執筆者陣が緊急詳説。

ブッシュ（父）
Bush, George Herbert Walker
1924～2018　20世紀、アメリカの政治家。第41代大統領(在任1989～1993)。ソ連のゴルバチョフ書記長とともに東西冷戦の終結を宣言した。

◇米国アウトサイダー大統領―世界を揺さぶる「異端」の政治家たち　山本章子著　朝日新聞出版　(朝日選書)　2017.12
①978-4-02-263068-1

◇戦後アメリカ大統領事典　藤本一美著者代表, 大空社編集部編　大空社　2009.2
①978-4-283-00623-2

◇ホワイトハウス・スキャンダル―歴代大統領、驚きの行状　ロナルド・ケスラー著, 桃井健司訳　扶桑社　2005.1
①4-594-04871-4

◇ジョージ・ブッシュ・アット・ウォー―ジョージ・ブッシュの太平洋戦争　ジョー・ハイムス著, 山下道夫訳　一光社　1991.10
＊本書は、アメリカ合衆国大統領ジョージ・ブッシュ氏の太平洋における戦争体験を中心に、第二次世界大戦の日米関係の一断面を切り取って見せたノンフィクションである。

◇対訳 ブッシュ大統領決断のスピーチ―危機直面のリーダーシップの英語　電脳翻訳21研究会訳, 小宮山信之編　中経出版　1991.5　①4-8061-0522-8
＊1990年8月2日のイラク軍のクウェート侵攻直後から、1991年2月27日夜の停戦声明へいたるまでのブッシュ大統領の"決断のメッセージ"を対訳で16本収録。

ブッシュ（子）

さらに事態の推移の中での各々の位置づけを説明し、英語用語解説もつけてある。日本初のコンピュータによる超翻訳。

◇石油に賭ける男ジョージ・ブッシュのパックス・アメリカーナ—米大統領の自叙伝　ジョージ・ブッシュ著，吉沢泰治訳　ダイナミックセラーズ　1991.4　①4-88493-221-8
＊この本は現職の大統領によって初めて書かれた自叙伝である。興味深い実話を満載した内容は公私に関わらず率直に述べられている。1980年、彼をロナルド・レーガンのコンビにならせた舞台裏での政治的かけ引きについてもズバリ本音を書いており非常に関心を引く。彼は第2次大戦中、米海軍の若きパイロットであり、その後1950年代、テキサスで石油業者として活躍した時代や、政治家として名声を得るまでの多くの敗北と勝利についても語っている。白血病で失った最愛の娘ロビンや内助の功を立派に務めた妻のバーバラや家族についての有様をも克明に描いている。ブッシュは3代の共和党大統領に仕えた経験や民主党のジョンソン及びカーター両大統領との緊迫した遭遇についても論じている。

ブッシュ（子）　Bush, George W.

1946〜　20・21世紀、アメリカの政治家。第43代大統領（在任2001〜2009）。同時多発テロ事件後、アフガニスタン、イラクに侵攻した。

◇なぜリーダーはウソをつくのか—国際政治で使われる5つの「戦略的なウソ」　ジョン・J.ミアシャイマー著，奥山真司訳　中央公論新社　（中公文庫）　2017.12　①978-4-12-206503-1

◇アメリカ歴代大統領の通信簿—44代全員を5段階評価で格付け　八幡和郎著　祥伝社　（祥伝社黄金文庫）　2016.7　①978-4-396-31697-6

◇オリバー・ストーンが語るもうひとつのアメリカ史　3　帝国の緩やかな黄昏　オリバー・ストーン，ピーター・カズニック著，金子浩，柴田裕之，夏目大訳　早川書房　（ハヤカワ・ノンフィクション文庫）　2015.7　①978-4-15-050441-0

◇大統領でたどるアメリカの歴史　明石和康著　岩波書店　（岩波ジュニア新書）　2012.9　①978-4-00-500723-3

◇決断のとき　上　ジョージ・W.ブッシュ著，伏見威蕃訳　日本経済新聞出版社　2011.4　①978-4-532-16782-0

◇決断のとき　下　ジョージ・W.ブッシュ著，伏見威蕃訳　日本経済新聞出版社　2011.4　①978-4-532-16783-7

◇アメリカ大統領の信仰と政治—ワシントンからオバマまで　栗林輝夫著　キリスト新聞社　2009.2　①978-4-87395-537-7

◇戦後アメリカ大統領事典　藤本一美著者代表，大空社編集部編　大空社　2009.2　①978-4-283-00623-2

◇アメリカ大統領の挑戦—「自由の帝国」の光と影　本間長世著　NTT出版　2008.5　①978-4-7571-4185-8

◇ブッシュのホワイトハウス　上　ボブ・ウッドワード著，伏見威蕃訳　日本経済新聞出版社　2007.3　①978-4-532-16586-4

◇ブッシュのホワイトハウス　下　ボブ・ウッドワード著，伏見威蕃訳　日本経済新聞出版社　2007.3　①978-4-532-16587-1

◇ウルカヌスの群像—ブッシュ政権とイラク戦争　ジェームズ・マン著，渡辺昭夫監訳　共同通信社　2004.11　①4-7641-0544-6

◇いまさらブッシュ—石油の海で溺れて、喚いて　岡庭昇著　三五館　2004.10　①4-88320-304-2

◇ブッシュの野望サウジの陰謀—石油・権力・テロリズム　クレイグ・アンガー著，秋岡史訳　柏書房　2004.9　①4-7601-2622-8

◇世界は後戻りできない　アンドリュー・デウィット，金子勝著　岩波書店　（岩波ブックレット　反ブッシュイズム）　2004.9　①4-00-009335-5

◇攻撃計画—ブッシュのイラク戦争　ボブ・ウッドワード著，伏見威蕃訳　日本経済新

聞社　2004.7　①4-532-16473-7
◇「正義」の倫理―ジョージ・W・ブッシュの善と悪　ピーター・シンガー著，中野勝郎訳　昭和堂　2004.7　①4-8122-0411-9
◇忠誠の代償―ホワイトハウスの嘘と裏切り　ロン・サスキンド著，武井楊一訳　日本経済新聞社　2004.6　①4-532-16472-9
◇ブッシュを採点する―内政と外交の政策評価　杉田米行編著　亜紀書房　2004.5　①4-7505-0403-3
◇ブッシュの戦争株式会社―テロとの戦いでぼろ儲けする悪い奴ら　ウィリアム・D.ハートゥング著，杉浦茂樹，池村千秋，小林由香利訳　阪急コミュニケーションズ　2004.3　①4-484-04107-3
◇ブッシュには，もううんざり！　モリー・アイヴィンズ，ルー・デュボーズ著，池村千秋訳　阪急コミュニケーションズ　2004.2　①4-484-04108-1

プッチーニ

Puccini, Giacomo Antonio Domenico Michele Secondo Maria
1858～1924　19・20世紀、イタリアの作曲家。オペラ「マノン・レスコー」（1893）、「蝶々夫人」（1904）などの作曲で知られる。

◇貧乏モーツァルトと金持ちプッチーニ―身近な疑問から紐解く「知財マネタイズ経営」入門　正林真之著　サンライズパブリッシング，星雲社〔発売〕　2018.7　①978-4-434-24814-6
　＊なぜ、モーツァルトは名曲を多数生み出したのに貧乏で一生を終えたのか？　なぜ、ピカソは7500億円以上もの資産を遺すことができたのか？　なぜ、「くまモン」は海外からも版権使用許可が殺到しているのか？　なぜ、「日本の苺」の技術は盗まれ220億の損害が出てしまったのか？「知財ビジネス」で勝ち組になるためのヒントと新戦略！
◇イタリア「色悪党」列伝―カエサルからムッソリーニまで　ファブリツィオ・グラッセッリ著　文芸春秋　（文春新書）　2015.7　①978-4-16-661035-8
◇愛と裏切りの作曲家たち　中野京子著　光文社　（光文社知恵の森文庫）　2015.3　①978-4-334-78669-4
◇音楽の都ルッカとオペラの天才プッチーニ　レンツォ・クレスティ著，吉田友香子，金光真理子編訳　一芸社　2011.3　①978-4-86359-028-1
◇大作曲家たちの履歴書　下　三枝成彰著　中央公論新社　（中公文庫）　2009.12　①978-4-12-205241-3
◇音楽家カップルおもしろ雑学事典―ひと組5分で読める　萩谷由喜子著　ヤマハミュージックメディア　2007.6　①978-4-636-81855-0
◇ジャコモ・プッチーニ―生涯と作品　ジュリアン・バッデン著，大平光雄訳　春秋社　2007.3　①978-4-393-93178-3
　＊常に斬新な手法を志向し、独自のオペラツルギーを確立した作曲家の全貌。名作オペラ誕生の背景、多彩な交友関係を詳述しつつ、作品の制作過程、楽曲と台本との関わり等、綿密な分析が施された労作。
◇評伝　プッチーニ―その作品・人・時代　ウィリアム・ウィーヴァー，シモネッタ・プッチーニ編著，大平光雄訳　音楽之友社　2004.12　①4-276-13175-8
　＊プッチーニの全体像にせまるドキュメント集として編纂された本書は、それぞれのテーマにもっともふさわしい筆者によるエッセイをまとめている。
◇プッチーニ　南条年章著　音楽之友社　（作曲家・人と作品シリーズ）　2004.8　①4-276-22187-0
◇ジャコモ・プッチーニ　星出豊著　知玄舎　2003.8　①4-434-03401-4
　＊Qui...amor...sempre con te！　ここで…あなたと…ずっと一緒に！　プッチーニが、台本作家の反対を押し切ってまで、自ら書き加えた死の直前の…ラ・ボエーム…ヒロイン，ミミのこの詞。…何故。
◇イタリア・オペラの黄金時代―ロッシーニからプッチーニまで　ウィリアム・ウィーヴァー著，大平光雄訳　音楽之友社　1998.2　①4-276-11372-5

＊ロッシーニの『セビリャの理髪師』が初演された1816年から、1926年、プッチーニの『トゥーランドット』初演に至る110年間に、現在親しまれているイタリア・オペラのすべてのレパートリーが生み出されている。アメリカにおけるイタリア・オペラの権威である著者による本書は、膨大な資料から導き出された史実をもとに、興味深いエピソード、当時の社会情勢などを織り込みながら、ベッリーニ、ドニゼッティ、ヴェルディなどの作曲家はもとより、歌手、出版社、指揮者などオペラを取り巻くさまざまな人々の姿に迫っている。そして、流麗なメロディと感動的なドラマに満ちたイタリア・オペラが全盛を極めたこの黄金の1世紀を、豊富な図版とともに生き生きと描き出している。

◇大作曲家たちの履歴書　三枝成彰著　中央公論社　1997.5　①4-12-002690-6
＊メイドに卵を投げつけた横暴なベートーヴェン。女装して恋愛相手を追いかけた激情家ベルリオーズなど人種、家系、宗教、作曲態度から精神状態、女性関係…18人の大作曲家の、頭の中から爪先までを忌憚なく描き出すクラシックファン必携のデータブック。各作曲家履歴書つき。

◇プッチーニ/ラ・ボエーム　新潮社　（新潮オペラCDブック）　1995.12　①4-10-780506-9
＊涙が溢れる…魂が震える…フレーニ＋パヴァロッティの超美声が酔わせる豪華版。ミュルジェの原作小説『放浪芸術家たちの生活風景』を完全収録。

◇ヴェルディ/プッチーニ　音楽之友社編　音楽之友社　（作曲家別名曲解説ライブラリー）　1995.8　①4-276-01064-0

◇プッチーニのすべて―名作三大オペラ「トスカ」「ボエーム」「蝶々夫人」ほか　宮沢縦一著　芸術現代社　（みやざわじゅういち・オペラシリーズ）　1990.7　①4-87463-096-0
＊オペラ博士、宮沢先生の待望のオペラシリーズ。本書を読まないではオペラは語れない。あなたをオペラ通にする知識、とっておきのエピソード満載!!

プッチーニの生涯とオペラを易しく詳述。オペラファン必携の好書。

◇名曲の旅―楽聖たちの足跡　飯野尹著　電波新聞社　1990.5　①4-88554-247-2

仏図澄　ぶっとちょう

?～348　3・4世紀、中国、五胡十六国時代後趙の僧。中央アジアの亀茲（現クーチョ）出身。後趙の王に信奉された。

◇仏教の来た道　鎌田茂雄著　講談社　（講談社学術文庫）　2003.3　①4-06-159590-3
＊インドから西域に伝わった仏教は、中国、朝鮮、日本へと東漸し、それぞれの地にしっかりと根をおろした。仏教伝播の道筋には、敦煌や雲岡の石窟をはじめ仏教文化の遺産が数多く見られる。また仏教伝播の立役者は、仏図澄、法顕、玄奘三蔵ら布教・求法に燃える僧たちであった。今なお残る史跡や文物、伝道僧の事績に光を当て、仏の来た道をたどり返す。

武帝（南朝宋）　ぶてい
⇒劉裕（りゅうゆう）

プトレマイオス
Ptolemaios Klaudios

100頃～178頃　1・2世紀、ギリシアの天文学者。天文学書の「アルマゲスト」や地理学書を著す。

◇宇宙大発見―天文学46の大事件　二間瀬敏史、中村俊宏著　PHP研究所　2016.8　①978-4-569-83099-5

◇地中海―人と町の肖像　樺山紘一著　岩波書店　（岩波新書）　2006.5　①4-00-431015-6

ブハーリン
Bukharin, Nikolai Ivanovich

1888～1938　19・20世紀、ソ連邦の政治家。党中央委員となり、機関紙「プラウダ」の編集に務めたが、1938年の反革命陰謀のかどで処刑。

◇ブハーリン裁判―付―我々は粛清裁判記録

をどう読みとるべきか　ソ連邦司法人民委員部，トロツキー編著，鈴木英夫他訳　風塵社　（復刊ライブラリー　革命のオルタナティヴ）　2018.1　Ⓘ978-4-7763-0074-8

◇ブハーリン裁判　ソ連邦司法人民委員部，トロツキー著，鈴木英夫他訳　鹿砦社　（鹿砦社復刊ライブラリー）　1991.5

◇夫ブハーリンの想い出　下　アンナ・ラーリナ著，和田あき子訳　岩波書店　1990.5　Ⓘ4-00-000245-7

◇夫ブハーリンの想い出　アンナ・ラーリナ著，和田あき子訳　岩波書店　1990.4　Ⓘ4-00-000244-9

＊ブハーリンとの出会い、楽しかりし日々、そして政治裁判の嵐。ブハーリン逮捕の直後、若き著者も捕えられ、1937年からフルシチョフ改革の56年まで、収容所や刑刑地で服役する。本書は、絶望の時代を生き抜いた誇り高き一女性の回想録である。党・国家の指導者が多数登場し、政治裁判にいたる30年代の政治のありよう、多くの指導者がなぜスターリンに屈服していったのか、を生き生きと伝える。

フビライ　Khubilai Khan

1215〜1294　世祖（元）（せいそ）とも。13世紀、中国、元朝の初代皇帝（在位1260〜1294）。漢字名は忽必烈汗。廟号は世祖。南宋を討滅し中国を統一、高麗を属国化し、ジャワなど南方諸国や日本に遠征。

◇世界史の10人　出口治明著　文芸春秋　（文春文庫）　2018.9　Ⓘ978-4-16-791146-1

◇「悪の歴史」東アジア編　下　南・東南アジア編　上田信編著　清水書院　2018.8　Ⓘ978-4-389-50065-8

◇英雄たちの食卓　遠藤雅司著　宝島社　2018.3　Ⓘ978-4-8002-8132-6

◇96人の人物で知る中国の歴史　ヴィクター・H・メア，サンピン・チェン，フランシス・ウッド著，大間知知子訳　原書房　2017.3　Ⓘ978-4-562-05376-6

◇世界史の10人　出口治明著　文芸春秋　2015.10　Ⓘ978-4-16-390352-1

◇クビライの挑戦―モンゴルによる世界史の大転回　杉山正明著　講談社　（講談社学術文庫）　2010.8　Ⓘ978-4-06-292009-4

＊十三世紀初頭に忽然と現れた遊牧国家モンゴルは、ユーラシアの東西をたちまち統合し、世界史に画期をもたらした。チンギス・カンの孫、クビライが構想した世界国家と経済のシステムとは。「元寇」や「タタルのくびき」など「野蛮な破壊者」というイメージを覆し、西欧中心・中華中心の歴史観を超える新たな世界史像を描く。サントリー学芸賞受賞作。

◇皇帝たちの中国史―連鎖する「大一統」　稲畑耕一郎著　中央公論新社　2009.1　Ⓘ978-4-12-004001-6

◇知られざる素顔の中国皇帝―歴史を動かした28人の野望　小前亮著　ベストセラーズ　（ベスト新書）　2006.12　Ⓘ4-584-12125-7

◇誰も知らなかった皇帝たちの中国　新版　岡田英弘著　ワック　（WAC BUNKO）　2006.9　Ⓘ4-89831-553-4

◇中国歴代皇帝人物事典　岡崎由美，王敏監修　河出書房新社　1999.2　Ⓘ4-309-22342-7

＊秦の始皇帝、前漢の劉邦、新の王莽、魏の曹丕、隋の煬帝、唐の李世民、元のフビライ、明の朱元璋、清の康熙帝など、中国歴代王朝の皇帝を紹介した人物事典。后妃・公主・宗室なども収録し、歴代宮都・陵墓も掲載。中国史重要人物索引付き。

◇皇帝たちの中国　岡田英弘著　原書房　1998.11　Ⓘ4-562-03148-4

＊皇帝とは、つまるところ、総合商社の社長である―漢の武帝、唐の李世民、元のフビライ、明の朱元璋、清の康熙帝という5人の皇帝の肖像を紹介しながら、中国とはなにか、皇帝とはいかなるものだったのか、その本質を明快に解き明かしてゆく。

◇中国ペガソス列伝―政治の記憶　中野美代子著　中央公論社　（中公文庫）　1997.8　Ⓘ4-12-202915-5

＊武則天、楊貴妃、フビライ・ハーン、西

太后、そして『三国演義』の英雄たち…。中国の政治という天空をペガソスのように駆け抜けた人物たちの軌跡を鮮やかなタッチで描いた評伝文学。
◇元の皇帝フビライ—大草原の虹　岡本好古著　講談社　1997.4　Ⓘ4-06-208596-8
◇覇 中国大帝伝—大地を制圧した皇帝十二人　立間祥介著　学習研究社　(歴史群像新書)　1994.10　Ⓘ4-05-400406-7
　＊秦の始皇帝、漢の劉邦、唐の太宗、元のフビライ…彼ら建国の祖は、大地のつづくかぎり地平の彼方までをその手中に収めた。みずから歴史を築いた英雄たちの偉業は、現在も色あせることなく、燦然たる輝きを放っている。大河の流れのごとく、絶えることなく連綿とつづいた中国覇業の譜—。真の歴史が、ここにある。現代版『史記本紀』ついに完成。
◇中国ペガソス列伝—武則天から魯迅まで　中野美代子著　日本文芸社　1991.5　Ⓘ4-537-05001-2
　＊女帝武則天、フビライ・ハーン、楊貴妃、西太后、三国の英雄、水滸の盗賊、魯迅—。政治という天空を駆け抜けていったペガソスたちの鮮烈な軌跡を、鏤刻の文章で活写する異色の中国人物伝。付録、特別対談中野美代子vs松枝到。

ブライト　Bright, John
1811〜1889　19世紀、イギリスの下院議員、演説家。グラッドストン内閣の商相(1868〜1870)。
◇ヴィクトリア朝の人びと　エイザ・ブリッグズ著，村岡健次，河村貞枝訳　(京都)ミネルヴァ書房　1988.7　Ⓘ4-623-01845-8
　＊この本は、イギリス史の中でもことのほか活力に富み、政治の言葉も経済の言葉もひとしく闘いよりも均衡を志向した時代に生きた数々の人びとの軌跡がかかわっています。そのすべてのケースについて、個人の性格と行動の相互の関係が論じられるだけでなく、それら個人の影響がその時期にどう描かれ、また、その後の時代にはどう描かれたかということも論じられています。

フラグ　Hūlāgū Khān
1218〜1265　13世紀、イル・ハン国の建設者(在位1258〜1265)。漢字名は旭烈兀。モンケ・ハンの弟。ペルシアに統一国家を建てた。
◇世界皇帝人名辞典　三浦一郎編　東京堂出版　1977.9

プラクシテレス　Praxiteles
前400頃〜前330頃　前4世紀、ギリシアの彫刻家。アテネ人。裸体の女神像としては最初の「クニドスのアフロディテ」などを制作。
◇世界伝記大事典　世界編 1〜12　編集代表：桑原武夫　ほるぷ出版　1980.12〜1981.6

プラトン　Platōn
前429頃〜前347　前5・4世紀、ギリシアの哲学者。イデア論を形成してソフィストに対抗。
◇プラトンの公と私　栗原裕次著　知泉書館　2016.10　Ⓘ978-4-86285-241-0
◇哲学の原点—ソクラテス・プラトン・アリストテレスの知恵の愛求としての哲学　天野正幸著　左右社　(放送大学叢書)　2016.6　Ⓘ978-4-86528-149-1
　＊哲学史2400余年の本来の出発点。思索の筋道が蘇る！ ギリシャ哲学研究者必携。
◇13人の誤解された思想家—西欧近代的価値観を根底から問い直す　小浜逸郎著　PHP研究所　2016.1　Ⓘ978-4-569-82682-0
◇プラトン　ミヒャエル・エルラー著，三嶋輝夫，田中伸司，高橋雅人，茶谷直人訳　講談社　(講談社選書メチエ　知の教科書)　2015.10　Ⓘ978-4-06-258611-5
◇プラトン入門　竹田青嗣著　筑摩書房　(ちくま学芸文庫)　2015.6　Ⓘ978-4-480-09674-6
◇経済思想の巨人たち　竹内靖雄著　新潮社　(新潮文庫)　2013.11

プラトン

①978-4-10-125371-8
◇プリューターク英雄伝　沢田謙著　講談社　（講談社文芸文庫）　2012.8
①978-4-06-290167-3
◇ソクラテスからデカルトまで　山本新著　北樹出版　2012.7　①978-4-7793-0341-8
◇プラトン　新装版　山本光雄著　勁草書房　2011.5　①978-4-326-19822-1
＊プラトンとはどんな人だろうか。ペロポンネソス戦争の最中に生まれ、諸国を遍歴し、学校を建てたその生涯を辿りながら、イデア論などの考え方を解説する。
◇ダメ人間の世界史—ダメ人間の歴史 vol 1　引きこもり・ニート・オタク・マニア・ロリコン・シスコン・ストーカー・フェチ・ヘタレ・電波　山田昌弘, 麓直浩著　社会評論社　2010.3　①978-4-7845-0976-8
◇賢者たちの人生論—プラトン、ゲーテからアインシュタインまで　金森誠也著　PHP研究所　（PHP文庫）　2009.8　①978-4-569-67328-8
◇プラトン哲学入門　アルビノス他著, 中畑正志編, 鎌田雅年, 久保徹, 国方栄二, 脇条靖弘, 木下昌巳, 村上正治訳　京都大学学術出版会　（西洋古典叢書）　2008.12　①978-4-87698-180-9
＊昔も今もプラトンを読む喜びは少しも変わらない。神のごとき哲人に関する古代人の手になる案内書。紀元後2〜5世紀の古代ギリシア・ローマ人による、入手しがたいプラトン哲学の案内書をまとめている。
◇西洋思想の16人　尾場瀬一郎, 小野木芳伸, 片山善博, 南波亜希子, 三谷竜彦, 沢佳成著　梓出版社　2008.4
①978-4-87262-017-7
◇コーラ—プラトンの場　ジャック・デリダ著, 守中高明訳　未来社　（ポイエーシス叢書）　2004.4　①4-624-93252-8
◇プラトン入門　竹田青嗣著　筑摩書房　（ちくま新書）　1999.3　①4-480-05790-0
＊ヨーロッパ哲学の絶対的な「真理」主義の起源をなす人物として、ポストモダン思想家から最悪の評価を与えられている人、プラトン。しかしプラトンこそ実は、異なった人間どうしが言葉を通して共通の理解や共感を見出しうる可能性を求めた、「普遍性」の哲学者であった。また同時に、哲学の本質的なテーマは、人間の生の原理にかかわることを明確に提示した哲学者であった。プラトン評価を逆転させながら、著者自らの哲学観を明快に開陳する、目から鱗の一冊。
◇プラトン入門　名和香薫著　安楽寺　（哲学論集）　1997.7
◇よくわかるギリシア哲学—知を愛し真理を求めた人々　斉藤啓一著　同文書院　（超教養シリーズ）　1997.5　①4-8103-7397-5
＊語られなかった哲人たちの素顔。カルト教団のルーツは古代にあった。
◇プラトン　斎藤忍随著　講談社　（講談社学術文庫）　1997.3　①4-06-159274-2
＊古代ギリシアにあって「哲学」を学問として大成したプラトン。イデア論を基底におくその理想主義哲学は、西欧の哲学思想にはかりしれない影響を及ぼした。荒廃したアテーナイを揺籃に形成されたプラトンの思想は、倫理的徳目、政治、国家、宇宙論等々、広範にわたる。理想的国家・社会の実現を目指しつつ、生涯を研究と教育に捧げたプラトンの思索の真髄を著作の中に読み解いた絶好のプラント入門書。
◇90分でわかるプラトン　ポール・ストラザーン著, 浅見昇吾訳　青山出版社　1997.1　①4-900845-27-2
＊"人間は洞窟の中の囚人である"プラトンは人間のおかれている状況をこのように描いた。果たして人間は、どのように洞窟からの脱出を遂げるのだろうか。
◇PoPなギリシア哲学—「幸福」を追い求めた素敵な人々　斉藤啓一著　同文書院　〔1996.2〕　①4-8103-7313-4
＊決して語られることのなかった"偉大"な哲学者たちの生涯。
◇ギリシア哲学史　加藤信朗著　東京大学出版会　1996.2　①4-13-012054-9
◇プラトン　〔新装版〕　山本光雄著　勁草書房　1994.9　①4-326-19822-2
＊プラトンはどういう人だろう—ペロポ

プラノ・カルピニ

ンネソス戦争の最中に生まれ，諸国を遍歴し，学校を建てた生涯を辿り，イデア論などの考え方を説明する。

◇裁かれたソクラテス　T.C.ブリックハウス，N.D.スミス著，米沢茂，三嶋輝夫訳　東海大学出版会　1994.6
①4-486-01265-8

◇プラトン入門　R.S.ブラック著，内山勝利訳　岩波書店　（岩波文庫）　1992.6
①4-00-336781-2

◇ゲーテとプラトン　エルンスト・カッシーラー著，友田孝興，栗花落和彦共訳　文栄堂書店　1991.8

◇田中美知太郎全集　第26巻　増補版　加来彰俊ほか編　筑摩書房　1990.9
①4-480-75426-1

◇田中美知太郎全集　第25巻　増補版　加来彰俊ほか編　筑摩書房　1990.2
①4-480-75425-3

▌プラノ・カルピニ　Plano Carpini
　⇒カルピニ，プラノ

▌ブラマンテ　Bramante, Donato d'Angelo
1444～1514　15・16世紀，イタリアの建築家，画家。ローマのサン・ピエトロ・イン・モントリオ修道院の小聖堂などを建築。

◇ブラマンテ―1444-1514　福田晴虔著　中央公論美術出版　（イタリア・ルネサンス建築史ノート）　2013.9
①978-4-8055-0669-1
＊16世紀初頭のローマを中心とした「盛期ルネサンス」建築の創始者として位置づけられるドナート・ブラマンテ（1444‐1514）。15世紀後半，都市整備や建築の事業は，施主たちのimpresaを求める飽くなき政治的パフォーマンスと同一視され，一方で建築は，フィラレーテ以来，ある種の社会改革者，「理想都市」の創造者（「デミウルゴス」）像と重ねられ，世界をも造り変え兼ねない技術であるという怖れのイメージを生んでいた。半世紀前に提示された，自由な市民社会においてはじめて定着しうるようなアルベルティ的建築家像―絶えず建築形態に新しい意味を与えようと苦闘する存在―は保留されざるを得なかった。このような世情の中で，ブラマンテはいかにして建築固有の表現手段を，そのpoïesis（作詩法）を，構築していったのか。

◇ブラマンテ―ルネサンス建築の完成者　アルナルド・ブルスキ著，稲川直樹訳　中央公論美術出版　2002.2　①4-8055-0412-9
＊本書ではブラマンテの建築の成立過程が同時代の経済や政治や文化におよぶ歴史状況のなかで再構成され，しかもそれがより総合的で本質的であるだけでなく，より包括的かつ有機的でまた各部を扱ううえでさらに均衡のとれたものとなるよう努められている。新版では，テキストに関してもまた図版に関しても，かなりな程度のさしかえと補完を行なった。

◇ローマ教皇事典　マシュー・バンソン著，長崎恵子，長崎麻子訳　三交社　2000.8
①4-87919-144-2

▌フランクリン　Franklin, Benjamin
1706～1790　18世紀，アメリカの政治家，科学者。1752年凧を揚げて雷雲の荷電を調べたことで有名。

◇ベンジャミン・フランクリンの心理法則―人あたりの良さだけで英雄になった　内藤誼人著　ぱる出版　2018.6
①978-4-8272-1125-2
＊「人たらし」と呼ばれる古今東西の「人づきあいの達人」たちは，少なからず「好かれる心理法則」を心得ていた。時代や文化，社会などに影響されない「根源的な心理法則」は間違いなくある。本書は誰にも簡単にできる「好かれる心理」のエッセンスを紹介する。

◇渋沢栄一とフランクリン―2人の偉人に学ぶビジネスと人生の成功法則　斎藤孝著　致知出版社　2016.5
①978-4-8009-1108-7

◇フランクリン自伝―古典翻訳　ベンジャ

ミン・フランクリン著, 鶴見俊輔訳　土曜社　2015.7　①978-4-907511-13-5
◇夢と努力で世界を変えた17人―君はどう生きる？　有吉忠行著　PHP研究所　2015.2　①978-4-569-78439-7
◇電気にかけた生涯―ギルバートからマクスウェルまで　藤宗寛治著　筑摩書房（ちくま学芸文庫）　2014.2　①978-4-480-09586-2
◇嵐の正体にせまった科学者たち―気象予報が現代のかたちになるまで　John D. Cox著, 堤之智訳　丸善出版　2013.12　①978-4-621-08749-7
◇世界を変えた素人発明家　志村幸雄著　日本経済新聞出版社　（日経プレミアシリーズ）　2012.2　①978-4-532-26153-5
◇アメリカ啓蒙の群像―スコットランド啓蒙の影の下で1723‐1801　田中秀夫著　名古屋大学出版会　2012.1　①978-4-8158-0685-9
◇世界を新たに　フランクリンとジェファソン―アメリカ建国者の才覚と曖昧さ　バーナード・ベイリン著, 大西直樹, 大野ロベルト訳　彩流社　2011.3　①978-4-7791-1599-8
＊建国期と現在が密接に関連するアメリカの歴史に流れる"原点"とも言える諸相…政府の構成と権力、保証された人民の権利、国家の価値である理念と原理…をめぐる問題点への新視点からのアプローチ。イギリス植民地アメリカの人々の意識を絵画とともに検証し、自らが抜け出た旧世界からより良き世界をもとめるための創造力に溢れた時代であったことを指摘する。革命期に最大の業績を残した創造力ゆたかな人々のひとりトーマス・ジェファソンの性格や政治に見られる矛盾の解明。ベンジャミン・フランクリンの革命中とその後の駐フランス大使としての成功、より良き世界を建設しようとするアメリカの努力の具体的な姿をフランスでの絵画、肖像、出回った印刷物などの多くのイメージを通して検証。
◇ベンジャミン・フランクリン、アメリカ人になる　ゴードン・S・ウッド著, 池田年穂, 金井光太朗, 肥後本芳男訳　慶応義塾大学出版会　2010.9　①978-4-7664-1772-2
＊イギリス帝国に生まれ、ジェントルマンになり、帝国を愛したベンジャミン・フランクリン。その彼がなぜ、アメリカ建国の父となったのか。ピューリツァー賞、バンクロフト賞受賞の歴史家ゴードン・S・ウッドがフランクリンの実像を描く傑作評伝。
◇筋を通せば道は開ける―フランクリンに学ぶ人生の習慣　斎藤孝著　PHP研究所（PHP新書）　2010.3　①978-4-569-77645-3
＊筋を通し、合理的に生きる人は強い。目先の利益に囚われず、易きに流れることもなく、大所高所から最も全体の利益が大きい選択を行う。この習慣の積み重ねが、周りの人からの確かな信頼、仕事における確かな成果、そして悔いのない人生をもたらす。そんな生き方を体現したのが、「アメリカ資本主義の育ての親」であり、実業家、政治家、科学者のフランクリンだ。手帳を活用して「徳」を身につける、相手を論破せず主張を通す、企画を立てる際はまず全体像を見通す…。彼の習慣は誰でも実践できる。
◇50人の物理学者　I.ジェイムズ著, 入江碧, 入江克訳　シュプリンガー・ジャパン　2010.2　①978-4-431-10087-4
◇人物アメリカ史　上　ロデリック・ナッシュ, グレゴリー・グレイヴズ著, 足立康訳　講談社（講談社学術文庫）　2007.8　①978-4-06-159833-1
◇科学好事家列伝―科学者たちの生きざま過去と現在　佐藤満彦著　東京図書出版会, リフレ出版〔発売〕　2006.7　①4-86223-051-2
◇共和国アメリカの誕生―ワシントンと建国の理念　本間長世著　NTT出版　2006.3　①4-7571-4131-9
＊理性尊重の啓蒙主義の時代に、自由の理念の下でイギリスからの独立を勝ち取り、13州からなる連邦共和国の発展の基

フランクリン・ローズヴェルト

礎を築くまでの、ワシントン、ジェファソン、フランクリンたちの活躍を描く。

◇フランクリン自伝　フランクリン著，渡辺利雄訳　中央公論新社　（中公クラシックス）　2004.12　①4-12-160073-8

◇世界人物逸話大事典　朝倉治彦，三浦一郎編　角川書店　1996.6　①4-04-031900-1
＊歴史上の人物の生き生きとした人間像を伝えるエピソードを多数紹介する事典。日本人によく知られた人物1883人を見出しに掲載。

◇続 大人のための偉人伝　木原武一著　新潮社　（新潮選書）　1991.6　①4-10-600400-3
＊『森の生活』のソロー、『ユートピアだより』のモリスをはじめ、トルストイ、マルクス、フランクリン、ルソー、モンテーニュ、レオナルド・ダ・ヴィンチ、福沢諭吉など、九人の「偉人」の生涯と作品に、新しい光をあてる。

◇進歩がまだ希望であった頃―フランクリンと福沢諭吉　平川祐弘著　講談社　（講談社学術文庫）　1990.1　①4-06-158910-5
＊『フランクリン自伝』は18世紀アメリカが後世に遺す文学上の傑作だが、『福翁自伝』は19世紀日本が世界に伝える無比の作品である。フランクリンと福沢諭吉は、克明な観察者、八面六臂の啓蒙家として、米国独立と明治維新を生き抜いた。この偉物を分析して、日米精神史上の対比評伝を私は本書で試みた。「前へ、前へ」それが2人の歩調だが、それは進歩がまだ希望であった頃の時代精神だったにちがいない。

フランクリン・ローズヴェルト
Franklin Delano Roosevelt
⇒ローズヴェルト，フランクリン

フランコ
Franco Bahamonde, Francisco
1892～1975　20世紀、スペインの軍人、政治家。人民戦線政府打倒のクーデターを起こし、独裁的権力を握った。第2次世界大戦後みずから終身国家元首に。

◇独裁者たちの最期の日々　上　ディアンヌ・デュクレ，エマニュエル・エシュト編者，清水珠代訳　原書房　2017.3
①978-4-562-05377-3

◇カストロとフランコ―冷戦期外交の舞台裏　細田晴子著　筑摩書房　（ちくま新書）　2016.3　①978-4-480-06886-6

◇フランコと大日本帝国　フロレンティーノ・ロダオ著，深沢安博訳者代表，八嶋由香利，深沢晴奈，渡辺千秋，砂山充子，磯山久美子訳　晶文社　2012.2
①978-4-7949-6765-7
＊1939年、内戦に勝利したフランコ政権は熱烈な日本讚美の念を表明する。しかし、その6年後、太平洋戦争の最終局面では対日宣戦布告寸前にいたる。この時期、フランコ統治下のスペインと帝国日本のあいだに、いったいなにがあったのか？　スペイン政府の協力のもとに構築された日本の対アメリカ諜報網の全貌、中国大陸やフィリピンにおける日西両国の利害の錯綜など、虚々実々の国際政治の暗部を明るみにさらし、第二次世界大戦下、日本とスペインの知られざる外交交渉史を発掘する。

◇スペイン内戦―包囲された共和国1936－1939　ポール・プレストン著，宮下嶺夫訳　明石書店　（世界歴史叢書）　2009.9
①978-4-7503-3041-9

◇フランコスペイン現代史の迷路　色摩力夫著　中央公論新社　（中公叢書）　2000.6　①4-12-003013-X
＊人間として「面白くもおかしくもない秀才」が戦前・戦後の40年に亙って独裁権力を行使し得たのはなぜか。

ブーランジェ
Boulanger, Georges Ernest Jean Marie
1837～1891　19世紀、フランスの将軍、政治家。政権奪取の野望を持ち、反議会主義的政治運動ブーランジェ事件を起こすが失敗した。

◇60戯画―世紀末パリ人物図鑑　鹿島茂著

中央公論新社　（中公文庫）　2005.10
ⓘ4-12-204598-3

フランシス・ベーコン
Francis Bacon
⇒ベーコン，フランシス

フランソワ1世　François I
1494〜1547　15・16世紀，フランス王（在位1515〜1547）。神聖ローマ皇帝と2度抗争。

◇王たちの最期の日々　上　パトリス・ゲニフェイ編，神田順子，谷口きみ子訳　原書房　2018.6　ⓘ978-4-562-05570-8
◇宗教改革の人間群像―エラスムスの往復書簡から　木ノ脇悦郎著　新教出版社　2017.4　ⓘ978-4-400-22727-4
◇英雄はいかに作られてきたか―フランスの歴史から見る　アラン・コルバン著，小倉孝誠監訳，梅沢礼，小池美穂訳　藤原書店　2014.3　ⓘ978-4-89434-957-5

フランチェスコ
Francesco d'Assisi, St.
1181頃〜1226　アッシジのフランチェスコとも。12・13世紀，フランシスコ修道会の創立者。イタリアの守護聖人。

◇アッシジのフランチェスコ　新装版　川下勝著　清水書院　（Century Books　人と思想）　2016.9　ⓘ978-4-389-42184-7
◇図説世界史を変えた50の指導者（リーダー）　チャールズ・フィリップス著，月谷真紀訳　原書房　2016.2　ⓘ978-4-562-05250-9
◇革命児たちの仰天!?情熱人生　アンヌ・ブランシャール，フランシス・ミジオ著，セルジュ・ブロッシュ絵，木山美穂訳　岩崎書店　2012.10　ⓘ978-4-265-85026-6
◇「エコロジスト守護聖人」アッシジの聖フランチェスコ　信濃千曲著　文芸社　2011.5　ⓘ978-4-286-10329-7
◇アッシジの聖フランチェスコ　ジャック・ルゴフ著，池上俊一，梶原洋一訳　岩波書店　2010.7　ⓘ978-4-00-022060-6
＊フランチェスコが生きた時代は，西洋中世において都市化が進み，貨幣経済が浸透してゆく社会の一大転換期だった。清貧と謙譲を実践し，新たな伝道の形を創始したフランチェスコ―その活動は，変容へ向かうさまざまな動きが伝統と対峙していた同時代の歴史的・社会的・文化的流れの中にどう位置づけるべきなのか。歴史家としてつねにフランチェスコに魅了されてきたという中世史の泰斗が「私の」フランチェスコ像を提示する。

◇聖フランシスコとその時代　ベラルド・ロッシ著，小平正寿訳，マリオ・T.カンドゥッチ監修　サンパウロ　2009.12　ⓘ978-4-8056-4827-8
◇一遍聖とアシジの聖フランシスコ　高野修著　岩田書院　2009.9　ⓘ978-4-87294-576-8
◇完全の鑑―アシジの聖フランシスコ　小さき兄弟会著，石井健吾訳　あかし書房　2005.3　ⓘ4-87013-885-9
◇アッシジのフランチェスコ　川下勝著　清水書院　（Century Books　人と思想）　2004.12　ⓘ4-389-41184-5
＊一三世紀に生きたフランチェスコは，キリスト教とイスラム教の二極対立の中で，他宗教との対話を試み，対立する陣営に赴いて平和の実現に尽力した。フランチェスコの時代からすでに八〇〇年が経過しているが，かれの自然との一体感，人間の尊厳と自然への敬意，対話の実現と平和への熱望は，時代を超えて，今もなお生き続け，現代人に雄弁に語りかけている。

◇アッシジのフランチェスコ―ひとりの人間の生涯　キアーラ・フルゴーニ著，三森のぞみ訳　白水社　2004.12　ⓘ4-560-02602-5
◇アシジの丘―聖フランチェスコの愛と光　北原教隆撮影，山川亜希子，山川紘矢文　日本教文社　1999.9　ⓘ4-531-06336-8
＊山川紘矢・亜希子夫妻の初の書き下しと北原教隆の叙情的なカラー写真で今よみがえる聖地アシジ―。生きている

◇聖フランシスコの祈り　ウルフギャング・ベイダー編，大島澄江訳　ドン・ボスコ社　1999.7　①4-88626-254-6

◇中世の人間観と歴史—フランシスコ・ヨアキム・ボナヴェントゥラ　坂口昂吉著　創文社　1999.2　①4-423-46046-7
＊人間の尊厳、歴史の進歩の肯定—ルネサンス思想の基盤をなすこの二つの近代的精神は、中世キリスト教世界の中で徐々に形成された。本書は十二・十三世紀の三人の宗教思想家、フランシスコ・ヨアキム・ボナヴェントゥラに焦点を当て、彼らの思想がフランシスコ会の設立、発展を通じて如何に融合し、近代的精神の宗教的母型を作り出したかを探る、著者四十年の研究の集大成。

◇アッシジの聖フランシスコ　永井明著　サンパウロ　（アルバ文庫）　1998.11　①4-8056-0050-0

◇良寛と聖フランチェスコ—菩薩道と十字架の道仏教とキリスト教の関係について　石上・イアゴルニッツァー・美智子著　考古堂書店　1998.6　①4-87499-552-7
＊越後の聖僧良寛・アッシジの聖フランチェスコ。東西の二聖人の出会い。その驚くべき共通点と相違を明かにする比較文明論。二聖人の比較を通して、仏教とキリスト教の宇宙と人間観を解明。

◇アシジの貧者　新装　ニコス・カザンツァキ著，清水茂訳　みすず書房　1997.10　①4-622-04916-3

◇アシジの聖フランシスコ　イエンス・ヨハンネス・ヨルゲンセン著，永野藤夫訳　平凡社　（平凡社ライブラリー）　1997.8　①4-582-76212-3
＊自らを小さき者の側に置き、平和と謙遜を説いた聖フランシスコ。日本人に最も愛される聖人の「清貧」の思想が現代社会にもたらす意義は何か。流麗で簡潔な文章、通俗的な聖人伝とは違う冷静な眼が随所に光る評伝の名作。

◇いと低きもの—小説・聖フランチェスコの生涯　クリスティアン・ボバン著，中条省平訳　平凡社　1995.7　①4-582-30411-7

◇アシジのフランシスコを読む　ルイ・アントワーヌ著，小島俊明訳　聖母の騎士社　（聖母文庫）　1994.4　①4-88216-111-7

◇アシジの聖フランシスコ—小さき花　ホアン・カトレット著・絵，山内加代子訳　新世社　1992.12　①4-915623-51-3

◇愛されるより愛することを—アッシジの聖フランシスコ　池利文撮影，遠藤周作文，加賀乙彦文，門脇佳吉編集　学習研究社　1992.11　①4-05-500027-8

◇フランシスコの祈り　石井健吾編訳　女子パウロ会　1992.9　①4-7896-0382-2

◇アシジの聖フランシスコ　改訂第3版　J.ヨルゲンセン著，佐藤要一訳　ドン・ボスコ社　1992.6　①4-88626-016-0

◇アシジの聖フランシスコの第二伝記　チェラノのトマス原著，小平正寿，フランソア・ゲング共訳　あかし書房　1992.5　①4-87013-868-9

◇アッシジの太陽—フランチェスコの足跡を訪ねて　助安由吉著　エイト社　1991.11　①4-87164-223-2
＊アッシジの清貧の人、フランチェスコは叫んでいる。必要以上のものを持つな形式にとらわれるな、人の嫌うところにこそ愛を注げ！　そこが神の源と直結しているから。

◇聖フランシスコの世界　菅井日人著　グラフィック社　（ヨーロッパ新紀行）　1991.6　①4-7661-0651-2

◇太陽の歌—アシジのフランシスコ　川下勝著　聖母の騎士社　（聖母文庫）　1991.1　①4-88216-071-4

◇下村寅太郎著作集　3　アッシジのフランシス研究　下村寅太郎著　みすず書房　1990.12　①4-622-00913-7
＊"キリストの模倣"を唯一の信条に、貧困無所有の生涯を貫徹、裸になって大地に臥し、神への讃歌を歌いつつ死を迎えた聖者の評伝。迸り出る清冽な感動の裏に、人間と信仰のドラマが展開する。

▌フランツ1世　Franz Ⅰ
1708～1765　18世紀、神聖ローマ皇帝。

マリア・テレジアの夫、ロートリンゲン公。のち、トスカーナ大公となった。
◇偉大な妻のかたわらで―フランツ一世・シュテファン伝　下　ゲオルク・シュライバー著,高藤直樹訳　谷沢書房　2003.5
　Ⓘ4-924347-45-0
◇偉大な妻のかたわらで―フランツ一世・シュテファン伝　上　ゲオルク・シュライバー著,高藤直樹訳　谷沢書房　1996.3
　Ⓘ4-924347-44-2

フランツ・ヨーゼフ1世
Franz Joseph Ⅰ
1830～1916　19・20世紀、オーストリア皇帝(在位1848～1916)。国民の敬愛を集め国父と呼ばれた。オーストリア・ハンガリー帝国の実質的な最後の皇帝とされる。
◇フランツ・ヨーゼフ―ハプスブルク「最後」の皇帝　江村洋著　河出書房新社　(河出文庫)　2013.12　Ⓘ978-4-309-41266-5
＊もはやハプスブルク家の光も消えかけようとした一九世紀後半、「一致団結して」をスローガンに、ひとりの皇帝が現れた。その後、六八年の長きに渡って帝位を守り続け、王家の復活を夢見続けたその男、フランツ・ヨーゼフ―しかし、運命の輪は彼を翻弄し、次々と悲劇に襲われる。帝都ウィーンの光と影とともに、ハプスブルク家の落日を描いた本邦初の傑作評伝。
◇ハプスブルク家の光芒　菊池良生著　筑摩書房　(ちくま文庫)　2009.10
　Ⓘ978-4-480-42645-1
◇フランツ・ヨーゼフとハプスブルク帝国　坂井栄八郎監訳,スティーヴン・ベラー著,川瀬美保訳　刀水書房　(人間科学叢書)　2001.9　Ⓘ4-88708-281-9
◇フランツ・ヨーゼフ―ハプスブルク「最後」の皇帝　江村洋著　東京書籍　1994.9　Ⓘ4-487-79143-X
＊帝国の崩壊と家族の解体を生きなければならなかった「最後の皇帝」。
◇男の肖像　塩野七生著　文芸春秋　(文春文庫)　1992.6　Ⓘ4-16-733702-9
＊人間の顔は、時代を象徴する―。幸運と器量にめぐまれて、世界を揺るがせた歴史上の大人物たち、ペリクレス、アレクサンダー大王、カエサル、北条時宗、織田信長、西郷隆盛、ナポレオン、フランツ・ヨゼフ一世、毛沢東、チャーチルなどを、辛辣に優雅に描き、真のリーダーシップとは何かを問う。豪華カラー版。

ブラント　Brandt, Willy
1913～1992　20世紀、ドイツ連邦共和国の政治家。1969年首相に就任。東西両ドイツ基本条件締結などにより、71年10月ノーベル平和賞受賞。
◇ヴィリー・ブラントの生涯　グレゴーア・ショレゲン著,岡田浩平訳　三元社　2015.7　Ⓘ978-4-88303-386-7
◇ノーベル賞受賞者業績事典―全部門855人　新訂第3版　ノーベル賞人名事典編集委員会編　日外アソシエーツ,紀伊国屋書店〔発売〕　2013.1　Ⓘ978-4-8169-2397-5
＊1901年ノーベル賞創設時から2012年までの各分野の受賞者、受賞団体を収録。平和賞・文学賞・物理学賞・化学賞・生理学医学賞・経済学賞受賞者835人、20団体の業績を詳しく紹介。受賞辞退者についても収録対象とし、本文中にその旨を記載した。経歴・受賞理由・著作・参考文献を一挙掲載。

ブリアン　Briand, Aristide
1862～1932　19・20世紀、フランスの政治家。第1次世界大戦後、国際協調主義と集団安全保障体制の路線を進め、1926年ノーベル平和賞を受けた。
◇ノーベル賞受賞者業績事典―全部門855人　新訂第3版　ノーベル賞人名事典編集委員会編　日外アソシエーツ,紀伊国屋書店〔発売〕　2013.1　Ⓘ978-4-8169-2397-5
＊1901年ノーベル賞創設時から2012年までの各分野の受賞者、受賞団体を収録。平和賞・文学賞・物理学賞・化学賞・生理学医学賞・経済学賞受賞者835人、20団体の業績を詳しく紹介。受賞辞退者についても収録対象とし、本文中にその旨を記載した。経歴・受賞理由・著作・参考文献を一挙掲載。

フーリエ

◇世界人物逸話大事典　朝倉治彦，三浦一郎編　角川書店　1996.6　Ⓘ4-04-031900-1
＊歴史上の人物の生き生きとした人間像を伝えるエピソードを多数紹介する事典。日本人によく知られた人物1883人を見出しに掲載。

| フーリエ
Fourier, François Marie Charles
1772～1837　18・19世紀，フランスの空想的社会主義者。二月革命期のフランスなどで彼の理論の実現が企てられた。

◇フーリエ現代を担保するもの　吉川敦著　現代数学社　（双書・大数学者の数学）　2015.5　Ⓘ978-4-7687-0445-5

◇数学者列伝―オイラーからフォン・ノイマンまで　1　I.ジェイムズ著，蟹江幸博訳　シュプリンガー・フェアラーク東京　（シュプリンガー数学クラブ）　2005.12　Ⓘ4-431-71119-8

◇数学をつくった人びと　1　E.T.ベル著，田中勇，銀林浩訳　早川書房　（ハヤカワ文庫NF　数理を愉しむシリーズ）　2003.9　Ⓘ4-15-050283-8

◇シャルル・フーリエ伝―幻視者とその世界　ジョナサン・ビーチャー著，福島知己訳　作品社　2001.5　Ⓘ4-87893-391-7
＊「明敏な洞察」と「奇妙な思弁」が混在する稀代の幻視者の生涯をあますところなく描き，その思想形成過程を詳細に浮き彫りにした初めての本格評伝。

◇フーリエのユートピア　シモーヌ・ドゥブー著，今村仁司監訳　平凡社　1993.6　Ⓘ4-582-70212-0

◇サド，フーリエ，ロヨラ　ロラン・バルト著，篠田浩一郎訳　みすず書房　1990.8　Ⓘ4-622-00469-0

| フリードリヒ1世
Friedrich Ⅰ, Barbarossa
1122～1190　バルバロッサとも。12世紀，ドイツ皇帝（在位1155～1190）。イタリア，ポーランドなどに勢力を拡大。

◇コミュニケーションから読む中近世ヨーロッパ史―紛争と秩序のタペストリー　服部良久編著　ミネルヴァ書房　（MINERVA西洋史ライブラリー）　2015.10　Ⓘ978-4-623-07278-1

| フリードリヒ2世　Friedrich Ⅱ
1194～1250　12・13世紀，ドイツ王（在位1212～1250），神聖ローマ皇帝（在位1220～1250）。シチリアを拠点にしてイタリア統一をめざしたが実現しなかった。

◇世界史の10人　出口治明著　文芸春秋　（文春文庫）　2018.9　Ⓘ978-4-16-791146-1

◇皇帝フリードリッヒ二世の生涯　上　塩野七生著　新潮社　2013.12　Ⓘ978-4-10-309637-5
＊古代にカエサルがいたように，中世にはこの男がいた―！　構想45年，塩野七生がどうしても書きたかった男ルネサンスを先駆けた"世界の驚異"

◇皇帝フリードリッヒ二世の生涯　下　塩野七生著　新潮社　2013.12　Ⓘ978-4-10-309638-2

◇本当は偉くない？　世界の歴史人物―世界史に影響を与えた68人の通信簿　八幡和郎著　ソフトバンククリエイティブ　（ソフトバンク新書）　2013.8　Ⓘ978-4-7973-7448-3
＊古代から現代に至るまで，よく知られた帝王や政治家を68人選び，それぞれが世界史の中で果たした役割を，「偉人度」と「重要度」の2つの側面から10点満点で評価。世界史において偉人とされている人物たちの実像に迫る。

◇皇帝フリードリヒ二世　エルンスト・H.カントーロヴィチ著，小林公訳　中央公論新社　2011.9　Ⓘ978-4-12-004257-7
＊「世界の驚異」か？　「反キリスト」か？　「秘められたドイツ」を開示する超問題作。中世ヨーロッパに君臨した魁偉な神聖ローマ皇帝の生涯と思想像を圧倒的な学殖と情熱をもって描ききり，空前の熱狂と論争を巻き起こした記念碑的評伝。本邦初訳。詳細論争資料併載。

◇皇帝フリードリヒ2世　E.H.カントロ

ヴィッツ著, 金沢和雄訳　金沢和雄
2004.6

フリードリヒ2世（大王）
Friedrich Ⅱ, der Grosse
1712～1786　18世紀、プロシア王（在位1740～1786）。プロシアをヨーロッパ一流の強国に高めた。

◇フリードリヒ大王―祖国と寛容　屋敷二郎著　山川出版社　（世界史リブレット人）　2016.12　①978-4-634-35055-7

◇図説世界史を変えた50の指導者（リーダー）　チャールズ・フィリップス著, 月谷真紀訳　原書房　2016.2　①978-4-562-05250-9

◇世界人物逸話大事典　朝倉治彦, 三浦一郎編　角川書店　1996.6　①4-04-031900-1
＊歴史上の人物の生き生きとした人間像を伝えるエピソードを多数紹介する事典。日本人によく知られた人物1883人を見出しに掲載。

フリードリヒ・ヴィルヘルム1世
Friedrich Wilhelm Ⅰ
1688～1740　17・18世紀、プロシア王（在位1713～1740）。フリードリヒ1世の子。富国強兵の実をあげた。

◇世界伝記大事典　世界編 1～12　編集代表：桑原武夫　ほるぷ出版　1980.12～1981.6

プリニウス
Plinius Secundus Major, Gaius
23頃～79　1世紀、ローマの百科全書学者。2万項目からなる百科全書「博物誌」（37巻）の編者。

◇プリニウスの系譜―「博物誌」がつなぐ文化・歴史　中野里美著　雄山閣　2017.6　①978-4-639-02495-8

◇プリニウスの博物誌　別巻2　プリニウスのローマ　自然と人への賛歌　縮刷版　プリニウス著, 中野里美著　雄山閣　2013.12　①978-4-639-02283-1
＊日本人による日本人のためのプリニウス入門書。プリニウスの生涯やプリニウスが生きた時代のローマ帝国についてだけではなく、プリニウスが後世に与えた様々な影響、そして『プリニウスの博物誌』を通じて、プリニウスの思想に迫る。

◇ローマのプリニウス　中野里美著　光陽出版社　2008.6　①978-4-87662-479-9

◇生物学の旗手たち　長野敬著　講談社　（講談社学術文庫）　2002.1　①4-06-159530-X

◇世界人物逸話大事典　朝倉治彦, 三浦一郎編　角川書店　1996.6　①4-04-031900-1
＊歴史上の人物の生き生きとした人間像を伝えるエピソードを多数紹介する事典。日本人によく知られた人物1883人を見出しに掲載。

ブリューゲル
Bruegel, Pieter, the Elder
1528頃～1569　16世紀、フランドルの画家。風俗画、風景画などを残した。

◇ブリューゲルとネーデルラント絵画の変革者たち　幸福輝著　東京美術　（ToBi selection）　2017.4　①978-4-8087-1081-1

◇ブリューゲルの世界　森洋子著　新潮社　（とんぼの本）　2017.4　①978-4-10-602274-6

◇ブリューゲルへの招待　朝日新聞出版編　朝日新聞出版　2017.4　①978-4-02-251469-1

◇ピーテル・ブリューゲル　ポール・ロケット著, Babel Corporation訳出協力　六耀社　（世界の名画：巨匠と作品）　2016.7　①978-4-89737-833-6
＊はじめは版画のデザイン画家としてスタートしたピーテル・ブリューゲルは、やがて、農民のくらしや四季折々の風景を細かくていねいに描きこんだ絵画で広く世に知られるようになる。ブリューゲルがユーモアや社会への批判を交えながらいきいきと描いた平和な風景や不気味な光景は、多くのひとびとや画家をおどろかせてきた。その影響は、風景画はもとより、政治まんが

や、シュールレアリストといった幅広いジャンルに及んでいる。

◇「絶筆」で人間を読む―画家は最後に何を描いたか　中野京子著　NHK出版（NHK出版新書）　2015.9
①978-4-14-088469-0

◇図説ブリューゲル―風景と民衆の画家　岡部紘三著　河出書房新社　（ふくろうの本）　2012.8　①978-4-309-76194-7
＊16世紀フランドル、常に名もなき人々に目を向け続けた、温かく、不思議な、その世界。謎に包まれたその素顔と生涯をたどりながら、代表的作品を読み解き、ブリューゲルへの扉を開く、美術愛好者必携の入門書。

◇ルネサンス人物列伝　ロバート・デイヴィス，ベス・リンドスミス著，和泉香訳　悠書館　2012.7　①978-4-903487-54-0

◇ピーテル・ブリューゲル―ロマニズムとの共生　幸福輝著　ありな書房　2005.3
①4-7566-0585-0

◇ブリューゲルへの旅　中野孝次著　文芸春秋　（文春文庫）　2004.5
①4-16-752313-2

◇ブリューゲル　ブリューゲル画，キース・ロバーツ著，幸福輝訳　西村書店　（アート・ライブラリー）　1999.1
①4-89013-557-X

◇ブリューゲルへの旅　中野孝次著　河出書房新社　（河出文庫）　1993.8
①4-309-40385-9

◇ボイマンス美術館展―バベルの塔をめぐって　セゾン美術館編　セゾン美術館　1993

◇ブリューゲル―民衆劇場の画家　ウォルター・S.ギブソン著，森洋子，小池寿子訳　美術公論社　1992.12　①4-89330-118-7
＊痛快な諷刺、比類なく雄大な風景、活気づく農民たち―。ブリューゲル芸術の源泉を解く決定版の手引書。

◇ボッシュ・ブリューゲル　ジョバンナ・ベルガマスチ，アンジェロ・デ・フィオレ，ジアンニ・ロッバ，マウラ・ボフィット，ガスパレ・デ・フィオレ，ルイサ・コゴル

ノ，サビネ・バリチ著，石原宏，伊藤里麻子訳　学習研究社　（絵画の発見）　1992.9　①4-05-105728-3
＊15・16世紀のオランダ、ベルギーで活躍したルネサンスの巨匠―。空想の動植物や人物が展開する奇々怪々の幻想絵画を描いたボッシュと、農民画家ブリューゲルを紹介。

◇ブリューゲル　佐渡谷重信著　美術公論社　1990.2　①4-89330-100-4
＊中世美術におけるヒエロニムス・ボスの継嗣ブリューゲル。その時代を見つめる眼が描く生の悲喜劇は室町末期と通底した"中世の秋"を照らす燭光であった。

フルシチョフ
Khrushchev, Nikita Sergeevich
1894～1971　20世紀、ソ連邦の政治家。1958年、党第一書記として首相を兼任、最高指導者となった。のちに失脚。

◇指導者とは　リチャード・ニクソン著，徳岡孝夫訳　文芸春秋　（文春学芸ライブラリー）　2013.12　①978-4-16-813009-0

◇資料体系　アジア・アフリカ国際関係政治社会史　第2巻　アジア3j　浦野起央編・著　パピルス出版　2001.10　①4-89473-018-9

◇七人の首領―レーニンからゴルバチョフまで　上　ドミートリー・ヴォルコゴーノフ著，生田真司訳　朝日新聞社　1997.10　①4-02-257176-4
＊七人の肖像でみるソ連の70年。

◇フルシチョフを語る　ロイ・メドベージェフ，アレクサンドル・ボービンほか著　（モスクワ）プログレス出版所，新読書社〔発売〕　1991.12　①4-7880-5104-4
＊今日のソ連を語るには、この人物を知らずには、何も言うことはできない。闇に葬られようとした解任の真実を明らかに。

◇父フルシチョフ　解任と死　上　セルゲイ・フルシチョフ著，ウィリアム・トーブマン編，福島正光訳　草思社　1991.11
①4-7942-0436-1
＊フルシチョフ解任の陰謀はどう仕組まれたか。息子として父の身近にいた著

者がその真相を初めて明かすとともに晩年の父を描く。

◇父フルシチョフ 解任と死 下 セルゲイ・フルシチョフ著,ウィリアム・トーブマン編,福島正光訳 草思社 1991.11 ①4-7942-0437-X
＊失脚して事実上、軟禁状態にあった父に、著者ら家族は、何か没頭できる仕事をさせたいと思った。こうして回想録の仕事が始まった。当局は、その作業を絶えず妨害した。そしてついに、KGBはオリジナル・テープと書き起こし原稿を一切没収した。だが、著者らは彼らより一枚上手だった。この仕打ちに対して、米タイム社に出版のゴーサインを送って報いたのだった。回想録をめぐる当局とのたたかい。父の名誉回復のため献身した著者の執念の物語。

◇スターリン謀殺—スターリンの死の謎 ベリヤの陰謀 アブドゥラフマン・アフトルハノフ著,田辺稔訳 中央アート出版社 1991.4 ①4-88639-604-6
＊レーニン、スターリン、そしてゴルバチョフ。スターリン体制の病根は果たして払拭されたのか。スターリンの死をめぐるベリヤ、フルシチョフ、マレンコフ、ブルガーニンらの陰謀の実態が、元ボルシェヴィキ幹部の亡命作家によってはじめて白日のもとにあばかれる迫真のドキュメント。

◇フルシチョフ 封印されていた証言 フルシチョフ著,ジェロルド・シェクター,ヴャチェスラフ・ルチコフ編,福島正光訳 草思社 1991.4 ①4-7942-0405-1
＊フルシチョフの回想録は、すでに2巻が公表されており、本書が最後の巻となる。これまでの巻のもととなったテープには削除された部分があり、その削除は重要な話のところで行われていた。フルシチョフ自身が、政治的な理由から削除することを認めていたのである。グラスノスチのおかげで、1989年、その削除部分のテープがそっくり編者のもとに届いた。これを書き起こし、編集したのが本書である。

プルタルコス　Plutarchos
46頃〜120頃　1・2世紀、ギリシアの哲学者、伝記作家。「プルターク英雄伝」「エチカ」などが現存。

◇西洋古典学研究 64 日本西洋古典学会編 岩波書店 2016.3 ①978-4-00-009640-9,ISSN0447-9114

◇世界人物逸話大事典 朝倉治彦,三浦一郎編 角川書店 1996.6 ①4-04-031900-1
＊歴史上の人物の生き生きとした人間像を伝えるエピソードを多数紹介する事典。日本人によく知られた人物1883人を見出しに掲載。

ブルートゥス
Brutus, Marcus Junius
前85〜前42 ブルータスとも。前1世紀、古代ローマの人。カエサルの暗殺者として有名。

◇ローマ帝国人物列伝 本村凌二著 祥伝社 （祥伝社新書） 2016.5 ①978-4-396-11463-3

◇プリューターク英雄伝 沢田謙訳 講談社 （講談社文芸文庫） 2012.8 ①978-4-06-290167-3

◇ローマとギリシャの英雄たち 栄華篇—プルタークの物語 阿刀田高著 新潮社 （新潮文庫） 2011.7 ①978-4-10-125536-1

◇キケロー選集 16 書簡4 キケロー著,大西英文,兼利琢也,根本和子訳 岩波書店 2002.11 ①4-00-092266-1
＊本巻は、『縁者・友人宛書簡集』第二分冊、および『弟クイントゥス宛書簡集』『ブルートゥス宛書簡集』を収める。『縁者・友人宛書簡集』については、書簡番号二三四-四三五が本巻に訳出されている。

フルトン　Fulton, Robert
1765〜1815 18・19世紀、アメリカの技術者。汽船の発明者とされる。

◇世界伝記大事典 世界編1〜12 編集代

プルードン

表：桑原武夫　ほるぷ出版
1980.12〜1981.6

プルードン
Proudhon, Pierre Joseph

1809〜1865　19世紀、フランスの社会哲学者、社会改革論者。「財産とは何ぞや」（1840）が主著。

◇プルードン―その生涯と書簡　サント・ブーヴ著, 原幸雄訳　現代思潮新社　（〔古典文庫〕）　2013.9　⑤978-4-329-02075-8
＊プルードンの原像を刻む古典的評伝。国家・法・私有財産の熾烈な否定の下に論陣を張る"知的プロメテウス"プルードン、厖大な書簡を駆使して投写するその全像。近代文芸批評の先達たるサント・ブーヴの面目躍如とした一巻である。

◇近世ヨーロッパの民衆指導者　増補改訂版　石塚正英著　社会評論社　2011.3　①978-4-7845-1504-2

◇プルードンと現代　藤田勝次郎著　世界書院　1993.5　①4-7927-3044-9

ブルネレスキ Brunelleschi, Filippo

1377〜1446　14・15世紀、イタリアの建築家、発明家。フィレンツェのサンタ・マリア・デル・フィオーレ大聖堂のドームを完成。

◇ルネサンス人物列伝　ロバート・デイヴィス, ベス・リンドスミス著, 和泉香訳　悠書館　2012.7　①978-4-903487-54-0

◇ブルネッレスキ―1377-1446　福田晴虔著　中央公論美術出版　（イタリア・ルネサンス建築史ノート）　2011.9　①978-4-8055-0667-7
＊フィレンツェ大聖堂クーポラの建造に生涯をささげた近代的技術者の先駆、「透視図法」の創始者、「古典建築復興」の立役者などと位置づけられてきたブルネッレスキ（Filippo Brunelleschi,1377‐1446）。その像と業績を、「建築」の独自性追求という視点から、史料と遺構の徹底的な再検討を通じて洗い直す。

◇イラストで読むルネサンスの巨匠たち　杉全美帆子著　河出書房新社　2010.4　①978-4-309-25529-3

◇ルネサンス彫刻家建築家列伝　新装版　ジョルジョ・ヴァザーリ著, 森田義之監訳　白水社　2009.1　①978-4-560-09501-0

◇天才建築家ブルネレスキ―フィレンツェ・花のドームはいかにして建設されたか　ロス・キング著, 田辺希久子訳　東京書籍　2002.7　①4-487-79704-7
＊ルネサンス期イタリア。ミラノ、ナポリ、フィレンツェが威信をかけて半島の覇権を争っていたそのころ、一人の天才建築家が叡智を傾け、宿敵たちの策謀に屈することなく前代未聞の壮大な建築プロジェクト、サンタ・マリア・デル・フィオーレ大聖堂の完成に取り組んでいた。

ブルーノ, ジョルダーノ
Bruno, Giordano

1548〜1600　16世紀、後期ルネサンスの哲学者。その宇宙観は近代的宇宙観の先駆とされる。

◇ルネサンス人物列伝　ロバート・デイヴィス, ベス・リンドスミス著, 和泉香訳　悠書館　2012.7　①978-4-903487-54-0

◇ジョルダーノ・ブルーノとヘルメス教の伝統　フランセス・イエイツ著, 前野佳彦訳　工作舎　2010.5　①978-4-87502-429-3
＊ジョルダーノ・ブルーノによって集大成されたルネサンスの魔術的世界観が、ヘルメス教の復興/復古運動に基盤を置くものであったことを豊富な文献渉猟と確かなマクロ記述により立証した研究。『記憶術』と並ぶイエイツの代表作。

◇イタリア・ルネサンスの哲学者　新装版　P.O.クリステラー著, 佐藤三夫監訳, 根占献一, 伊藤博明, 伊藤和行共訳　みすず書房　2006.9　①4-622-07240-8

◇ジョルダーノ・ブルーノと大使館のミステリー　ジョン・ボッシー著, 浜林正夫, 鏡ますみ, 葛山初音訳　影書房　2003.3　①4-87714-261-4
＊「ルネッサンス最後の哲学者」ジョルダーノ・ブルーノ（1548〜1600）は、

1583年から85年、エリザベス1世女王治世のロンドンに滞在したが、当時の複雑な政治状況の只中で彼はどのような立場で、どんな役割を担ったのか。そのミステリアスなスパイ活動を解明する大著の全訳である。

◇イタリア・ルネサンスの哲学者　P.O.クリステラー著，佐藤三夫監訳　みすず書房　1993.3　①4-622-03063-2
＊ペトラルカ，ヴァッラ，フィチーノ，ピーコ，ポンポナッツィ，テレジオ，パトリーツィ，ブルーノ。14—16世紀ルネサンスを代表する思想家8人の生涯と思想。

ブルム　Blum, Léon
1872～1950　19・20世紀、フランスの政治家。1936年社会主義者、ユダヤ人として初めて人民戦線内閣の首相に就任。

◇世界人物逸話大事典　朝倉治彦，三浦一郎編　角川書店　1996.6　①4-04-031900-1
＊歴史上の人物の生き生きとした人間像を伝えるエピソードを多数紹介する事典。日本人によく知られた人物1883人を見出しに掲載。

ブレア　Blair, Tony
1953～　20世紀、イギリスの政治家。イギリス首相、労働党党首。

◇赤いバラは散らない—英国労働党の興亡　谷藤悦史著　一芸社　2016.7　①978-4-86359-113-4

◇ブレアのイギリス—1997-2007　アンソニー・セルドン編，土倉莞爾，広川嘉裕監訳　関西大学出版部　2012.3　①978-4-87354-537-0

◇ブレア回顧録　上　トニー・ブレア著，石塚雅彦訳　日本経済新聞出版社　2011.11　①978-4-532-16809-4
＊イギリス元首相にして、現代を代表する政治家のひとりトニー・ブレア。彼は、新生労働党（ニューレーバー）と「第三の道」を掲げて労働党史上最大の勝利をおさめ、18年間にわたる保守党支配に終止符を打った。首相就任、ダイアナ妃の死去、北アイルランド和平の厳しい交渉、医療と教育政策での苦闘、公的サービスの一大改革…野党時代には経験し得ない試練に直面し、彼は何を考え、いかにそれを乗り越えたのか。労働党初の3期連続という長期政権を成し遂げたブレアが首相就任直後から退任に至るまでの自らの葛藤と決断をあますことろなく語った大ベストセラー。

◇ブレア回顧録　下　トニー・ブレア著，石塚雅彦訳　日本経済新聞出版社　2011.11　①978-4-532-16810-0
＊9・11、対テロ戦争など、ブレアが首相を務めた10年間は、イギリス国内だけでなく、世界が激変した時代でもあった。「一歩一歩が闘争だった」と述懐するブレアが、国内世論の猛反発を受けながらも、対テロ戦争に邁進したのはなぜか？　イラクを筆頭に4つの戦争を断行し、屹立した指導力を示したブレアが、自らの政治生命を賭してまで貫いた信念と、リーダーシップの真髄を熱く語る。

◇倫理的な戦争—トニー・ブレアの栄光と挫折　細谷雄一著　慶応義塾大学出版　2009.11　①978-4-7664-1687-9
＊はたして、倫理的な戦争などというものが、あるのだろうか。あるいは、「善」なる目的を掲げ、国境を越えて「正義」を実現することは可能だろうか。ブレアが苦悩し、真剣に向き合ったいくつもの難しい問題は、二一世紀の世界政治を考える上で中心的な課題となるであろう。本書では、ブレアが外交指導をした時代を振り返って、その意味を再検討する。

◇ブレアのイラク戦争—イギリスの世界戦略　梅川正美，阪野智一編著　朝日新聞社（朝日選書）　2004.12　①4-02-259866-2
＊「大量破壊兵器」という大義が崩れても、イギリスはなぜ、卑屈なまでにアメリカの戦争政策の後を追うのか。ブレアを戦争に駆りたてたのは、冷戦後の世界秩序のなかで再び覇権を握ろうとする"大英帝国"への壮大な野望だった。国内では、保守党対労働党の対立軸が崩れるなか、ブレア流社会民主主義に率いられて軍事大国をめざす「ニュー・レイバー」、議会を軽んじて国民への情報

ブレジネフ

を操る首相の出現など、政治変化が加速している。外交では、米欧協調への指導権を模索しながら、かえって独仏との溝を深め、対米外交に軸足を置くしかないブレア外交の苦渋が続く。対米軍事追随、議会や内閣の空洞化と官邸権限の拡大など他国のこととは思えないイギリスの内政と外交の現状をイギリス政治研究者が多角的に分析する。

◇決断の代償―ブレアのイラク戦争　山本浩著　講談社　2004.4　①4-06-212346-0

◇決断するイギリス―ニューリーダーの誕生　黒岩徹著　文芸春秋　(文春新書)　1999.2　①4-16-660026-5
＊イギリスの食事はまずいという人は、いまのイギリスを知らない人である。この数年で、イギリスはすっかり変わった。食事がうまくなり、ファッションや映画などの文化産業も活性化した。ダイアナ妃の死去以来、イギリス人の感情表現さえ変わったといわれる。この躍動するイギリスの先頭に立つのがトニー・ブレアである。彼はなぜ四十三歳の若さで首相になり得たのか。ブレア首相誕生の軌跡をたどりながら、イギリス式リーダーシップの本質に迫る。

▌ブレジネフ　Brezhnev, Leonid Ilich
1906〜1982　20世紀、ソ連邦の政治家。1960〜63年最高会議幹部会議長を経て、66年ソ連共産党書記長。

◇最後のソ連世代―ブレジネフからペレストロイカまで　アレクセイ・ユルチャク著, 半谷史郎訳　みすず書房　2017.10　①978-4-622-08642-0

◇独裁者たちの最期の日々　下　ディアンヌ・デュクレ, エマニュエル・エシュト編者, 清水珠代訳　原書房　2017.3　①978-4-562-05378-0

◇本当は偉くない？世界の歴史人物―世界史に影響を与えた68人の通信簿　八幡和郎著　ソフトバンククリエイティブ　(ソフトバンク新書)　2013.8　①978-4-7973-7448-3
＊古代から現代に至るまで、よく知られた帝王や政治家を68人選び、それぞれが世界史の中で果たした役割を、「偉人度」と「重要度」の2つの側面から10点満点で評価。世界史において偉人とされている人物たちの実像に迫る。

◇七人の首領―レーニンからゴルバチョフまで　下　ドミートリー・ヴォルコゴーノフ著, 生田真司訳　朝日新聞社　1997.10　①4-02-257177-2
＊国民、国を「統治」するため七人の指導者のだれひとりとして、いちども(！)選んだことはない。ボリシェヴィキの指導者たちはみんな「違法」であった。権力は、しばしば、そのトップのところで繰りひろげられる激烈で、しかも目には見えない闘争によって、いわゆる「職業的革命家」のごく狭い一団の内部でたらい回しされてきた。最高権力はつねに、1917年10月のクーデターで権力を簒奪した、たったひとつの党の指導者たちの手中にあった。

◇モスクワ発至急電―ブレジネフの死は暗殺だった　山田日出夫著　山手書房新社　1990.7　①4-8413-0010-4
＊ブレジネフ死亡、アンドロポフ書記長誕生。その裏には恐るべき陰謀が秘められていた。これを知った特派員の身に次々と襲いかかるKGBの魔の手。当時、特派員としてモスクワに在住した著者が書き下ろした衝撃のノンフィクションノベルズ。

▌プレハーノフ
Plekhanov, Georgii Valentinovich
1856〜1918　19・20世紀、ロシアの革命家、思想家。「土地と自由」結社の綱領作成に参加。1883年ロシア初のマルクス主義グループ「労働解放団」を組織。主著「社会主義と政治闘争」(83)、「われらの意見の相違」(84)、「歴史における個人の役割」(98)。

◇ニーチェからスターリンへ―トロツキー人物論集「1900-1939」　トロツキー著, 森田成也, 志田昇訳　光文社　(光文社古典新訳文庫)　2010.3　①978-4-334-75202-6

フレミング　Fleming, Sir Alexander

1881～1955　19・20世紀、イギリスの細菌学者。ペニシリンの発見で、1945年のノーベル生理・医学賞受賞。

◇ノーベル賞受賞者業績事典―全部門855人　新訂第3版　ノーベル賞人名事典編集委員会編　日外アソシエーツ, 紀伊国屋書店〔発売〕　2013.1　①978-4-8169-2397-5
 ＊1901年ノーベル賞創設時から2012年までの各分野の受賞者、受賞団体を収録。平和賞・文学賞・物理学賞・化学賞・生理学医学賞・経済学賞受賞者835人、20団体の業績を詳しく紹介。受賞辞退者についても収録対象とし、本文中にその旨を記載した。経歴・受賞理由・著作・参考文献を一挙掲載。

◇科学の発見はいかになされたか　福沢義晴著　郁朋社　2005.10　①4-87302-326-2

◇医学の10大発見―その歴史の真実　マイヤー・フリードマン, ジェラルド・W.フリードランド著, 鈴木邑訳　ニュートンプレス　（Newton Science Series）　2000.9　①4-315-51582-5

◇奇跡の薬―ペニシリンとフレミング神話　グウィン・マクファーレン著, 北村二朗訳　平凡社　（二十世紀メモリアル）　1990.8　①4-582-37309-7
 ＊ありえないような偶然の連続によって発見されたペニシリン。だが、発見から臨床的応用までには、はるかな距離があった。発見者として世界中から歓呼の声で迎えられたフレミングの人生と、抗生物質革命の実質を担いながらも影に隠されてしまった人々の苦闘を通して、奇跡の薬にまつわる神話を暴く。

フロイト　Freud, Sigmund

1856～1939　19・20世紀、オーストリアの神経科医。精神分析学の創始者。

◇ジークムント・フロイト伝―同時代のフロイト、現代のフロイト　エリザベト・ルディネスコ著, 藤野邦夫訳　講談社　2018.5　①978-4-06-219988-9

◇フロイト　新装版　鈴村金弥著　清水書院　（Century Books　人と思想）　2016.6　①978-4-389-42024-6

◇13人の誤解された思想家―西欧近代的価値観を根底から問い直す　小浜逸郎著　PHP研究所　2016.1　①978-4-569-82682-0

◇フロイト入門　中山元著　筑摩書房　（筑摩選書）　2015.11　①978-4-480-01629-4

◇フロイトとアンナ・O―最初の精神分析は失敗したのか　リチャード・A・スクーズ著, 岡元彩子, 馬場謙一共訳　みすず書房　2015.10　①978-4-622-07938-5

◇ウィーン大学生フロイト―精神分析の始点　金関猛著　中央公論新社　（中公叢書）　2015.3　①978-4-12-004690-2

◇フロイトの脱出　デヴィッド・コーエン著, 高砂美樹訳　みすず書房　2014.1　①978-4-622-07796-1
 ＊ジークムント・フロイトはいかにナチスのはびこるウィーンから脱出し、ロンドンへと逃れたのか？　本書はフロイトの晩年に重点を置き、ロンドンへの脱出の顚末をつづったノンフィクションである。82歳の高齢で亡命するだけの資金もない精神分析家がウィーンを発つまでの日々を辿っていくと、あるひとりの男の存在が浮かび上がってくる―フロイト家の不正蓄財を管理するべくナチスから派遣された将校、アントン・ザウアーヴァルトである。これまでに数々の伝記で語られてきたフロイト像を検証し、フロイトが精神分析学史に遺した功績に触れながら、物語はフロイト家とザウアーヴァルトをめぐる謎の解明へと収斂されていく。

◇フロイトとユング　小此木啓吾, 河合隼雄著　講談社　（講談社学術文庫）　2013.12　①978-4-06-292207-4
 ＊十九世紀末、フロイトによって確立された精神分析学。彼の高弟ユングは後に袂を分かち、一派をなす―。人間存在の深層を探究した彼らの存在は、今なお我々に多大な影響を与え続けている。彼らは何を追い求め、何を明らかにしたのか。二人の巨人の思想の全容と生涯を、それぞれの孫弟子にあたり日本を代表する第一人者が語りつくし

フロイト

た記念碑的対談。

◇史上最強図解よくわかるフロイトの精神分析　久能徹，太田裕一編著　ナツメ社　2013.6　①978-4-8163-5440-3
＊20世紀の巨人といわれるフロイトの思想を、精神分析が誕生した時代背景とともにわかりやすく解説。

◇フロイトの情熱―精神分析運動と芸術　比嘉徹徳著　以文社　2012.11　①978-4-7531-0307-2
＊精神分析、そして精神分析家。100年前、フロイトの「輝かしい孤立」から生まれ、「それまで世界に存在しなかった」学問と職業。「その一身において精神分析」であったフロイトの闘い、その紆余曲折のすべて。

◇革命児たちの仰天!?情熱人生　アンヌ・ブランシャール，フランシス・ミジオ著，セルジュ・ブロッシュ絵，木山美穂訳　岩崎書店　2012.10　①978-4-265-85026-6

◇世界を変えた哲学者たち　堀川哲著　角川学芸出版，角川グループパブリッシング〔発売〕　（角川ソフィア文庫）　2012.2　①978-4-04-408606-0

◇フロイトと日本人―往復書簡と精神分析への抵抗　北山修編著・書簡監訳，井口由子書簡訳・注　岩崎学術出版社　2011.7　①978-4-7533-1024-1

◇心理学対決！フロイトvsユング―史上最強カラー図解　山中康裕編著　ナツメ社　2010.4　①978-4-8163-4873-0
＊心理学の巨匠2人の理論が、豊富な資料ですっきりわかる。

◇教育と心理の巨人たち　岩永雅也，星薫編著　放送大学教育振興会，日本放送出版協会〔発売〕　（放送大学教材）　2010.3　①978-4-595-31182-6

◇フロイトの伝説　サミュエル・ウェーバー著，前田悠希訳　法政大学出版局　（叢書・ウニベルシタス）　2009.3　①978-4-588-00910-5
＊フロイトのテクストはそこにある―永遠に不気味な魅惑として。言語の天才で、デリダの親友である哲学者サミュエル・ウェーバーが、精神分析それ自体の来歴と葛藤の源泉を驚くべき精緻さで読み解く、脱構築批評の代表作。「不気味なもの」をはじめとするフロイトの論考、ホフマン『砂男』等の文学作品が、言語と人間の劇としての比類ない深さで現れる。訳者および港道隆氏との往復書簡も付した日本語訳、ついに登場。

◇フロイト―視野の暗点　ルイス・ブレーガー著，後藤素規，弘田洋二監訳，大阪精神分析研究会訳　里文出版　2007.10　①978-4-89806-281-4
＊20世紀における偉大な人物フロイトを、著者（米国の現代精神分析研究所初代所長）が、多くの資料と新事実によって、フロイト自身がつくりあげた英雄的イメージである虚像にせまり、その背景を探る。フロイトの心の奥底にメスを入れ、フロイトを脱神話化した画期的な研究書であり、興味つきない伝記ともなっている。

◇フロイト伝　カトリーヌ・クレマン著，吉田加南子訳　青土社　2007.10　①978-4-7917-6366-5
＊医学や心理学のみならず、すべての文化をぬりかえた精神分析の父フロイト。フランスを代表する女性伝記作家が、その生涯と理論を一気に語り下ろす。豊富な写真と個性的な語り口で、フロイトと20世紀に関心あるすべての人に贈る、読んで楽しい入門書。

◇マンガフロイト入門―精神分析の創始者　リチャード・アッピグナネッセイ文，オスカー・サラーティ絵，小林司訳　講談社（ブルーバックス）　2007.7　①978-4-06-257563-8
＊精神分析という手法を開発し、精神医学の新しい境地を切り開いたフロイト。夢分析やリビドー、超自我など一見奇妙で難解に思える概念を、平易な言葉を使ってマンガ形式で解説。一番わかりやすいフロイトの入門書。

◇フロイトの生涯　新装版　アーネスト・ジョーンズ著，竹友安彦，藤井治彦訳　紀伊国屋書店　2007.6　①978-4-314-00058-1

◇フロイト＝ユンク往復書簡　下　フロイ

ト，ユンク著，W.マクガイアー，W.ザウアーレンダー編，金森誠也訳　講談社（講談社学術文庫）　2007.4
①978-4-06-159813-3

◇父フロイトとその時代　マルティン・フロイト著，藤川芳朗訳　白水社　2007.4
①978-4-560-02450-8
＊フロイトの長男が自分史の上に父の相貌を重ねた一時代の伝記！　フロイト一家のロンドン亡命までを語る。

◇フロイト＝ユンク往復書簡　上　フロイト，ユンク著，W.マクガイアー，W.ザウアーレンダー編，金森誠也訳　講談社（講談社学術文庫）　2007.3
①978-4-06-159812-6
＊二〇世紀が生んだ二人の巨人、フロイトとユンク。一九〇六年四月一一日付のフロイト書簡を皮切りに、二人の間に約七年、三六〇通に及ぶ文通が始まる。フロイトはユンクを溺愛して「息子」と呼び、ユンクも「父」なる師に忠実に応えた。二人は同志として連帯し、精神分析を否定する医学界に敢然と戦いを挑む。本巻では一九〇六‐〇九年の書簡を収録。

◇フロイト論　伊藤飛鳥著　日新報道　2006.12　①4-8174-0641-0
＊身体に原因がない病気の真因を抑圧された心に見出し、また、自ら父へのエディプス・コンプレックスを克服した自我の確立等、その精神分析学における功績を考察。

◇ダーウィンのミミズ、フロイトの悪夢　アダム・フィリップス著，渡辺政隆訳　みすず書房　2006.8　①4-622-07241-6

◇世紀転換期ドイツの文化と思想——ニーチェ、フロイト、マーラー、トーマス・マンの時代　斎藤成夫著　同学社　2006.1
①4-8102-0149-X

◇心理学群像　2　末永俊郎監修，河合隼雄，木下冨雄，中島誠編　アカデミア出版会（学問の群像シリーズ）　2005.6

◇フロイト　2　ピーター・ゲイ著，鈴木晶訳　みすず書房　2004.8　①4-622-03189-2

◇フロイトと作られた記憶　フィル・モロン著，中村裕子訳　岩波書店　（ポストモダン・ブックス）　2004.8　①4-00-027076-1

◇フロイト最後の日記——1929～1939　ジグムント・フロイト著，ロンドン・フロイト記念館編，小林司訳　日本教文社　2004.4
①4-531-08138-2

◇図解雑学フロイトの精神分析　鈴木晶著　ナツメ社　2004.2　①4-8163-3646-X

◇フロイトからユングへ——無意識の世界　鈴木晶著　日本放送出版協会　（NHKライブラリー）　1999.10　①4-14-084105-2
＊自分の知らない部分、これこそが無意識であり、私たちはそれに操られている。この無意識の構造をめぐる理論をうちたてたフロイトと、彼の著作に感銘を受け親交を深めながらも訣別してしまうユング。まったく異なる方向性を持つ精神分析の巨匠二人が、ともに重要性を認識した「無意識の世界」を通して、人間の心を探究する。

◇巨人の肩に乗って——現代科学の気鋭、偉大なる先人を語る　メルヴィン・ブラッグ著，熊谷千寿訳，長谷川真理子解説　翔泳社　1999.10　①4-88135-788-3
＊実は、地動説の証拠をまったく摑んでいなかったガリレオ。両親と非常に不仲で、焼き殺したいとさえ書いていたニュートン。「革命に科学者は要らず」の言葉と共に断頭台の露と消えたラボアジェ。製本職人から、英国で最も偉大な自然哲学者へと上りつめたファラデー。橋がないことに気付かないほど、抽象世界を彷徨ったポアンカレ。不倫スキャンダルに関して、ノーベル賞委員会と争ったキュリー夫人。現代科学の巨人が贈る、12人の偉人の知られざる姿。

◇ダーウィンを読むフロイト——二つの科学の物語　ルーシール・B.リトヴォ著，安田一郎訳　青土社　1999.4　①4-7917-5710-6
＊知のパラダイムの大変動を促した19世紀末のダーウィン進化論。20世紀最大の知的成果たる精神分析は、その土壌から生まれた全く新しい知のかたちであった。膨大なフロイト資料を渉猟し、フロイトの理論体系の根源にある進化論の影響を丹念に読み込み、フロイト

フロイト

理解の新地平を拓く。

◇フロイト―モラリストの精神　フィリップ・リーフ著，宮武昭，薗田美和子訳　誠信書房　1999.3　①4-414-40273-5
＊政治的人間、宗教的人間、経済的人間に続く最後の西欧的人間の類型、つまりわれわれ二十世紀の心理的人間の出現を、リーフはフロイトのメッセージから解読し、古代ギリシアから現代にいたる思想史のなかに位置づける。

◇図説フロイト―精神の考古学者　鈴木晶著　河出書房新社　1998.3　①4-309-72574-0
＊心の中の広大な闇にひそむ力。その力が私たちを動かしている!!現代人の人間観を根本から変えたフロイト。その生涯と思想を明快に描いたわかりやすい精神分析入門。

◇フロイト&ラカン事典　P.コフマン編，佐々木孝次監訳　弘文堂　1997.11
①4-335-15039-3

◇フロイト　1　ピーター・ゲイ著，鈴木晶訳　みすず書房　1997.9　①4-622-03188-4
＊世紀末ウィーンの細部から『夢判断』の衝撃、ユングとの交友と決別、ドーラや鼠男、狼男など患者の様子ほか、フロイトにまつわるすべてを時代のうねりと共に描き尽くした伝記決定版。

◇歴史は病気でつくられる　リチャード・ゴードン著，倉俣トーマス・旭，小林武夫著　時空出版　1997.9　①4-88267-024-0
＊医学の歴史は残酷な理不尽のカタログに過ぎず、無知を虚構にすり替えたものである。あまりに残酷で、人間くさく、滑稽な医学の歴史。

◇精神分析に別れを告げよう―フロイト帝国の衰退と没落　H.J.アイゼンク著，宮内勝，中野明徳，藤山直樹，小沢道雄，中込和幸ほか共訳　批評社　1997.4
①4-8265-0228-1

◇フロイト・人種・ジェンダー　サンダー・L.ギルマン著，鈴木淑美訳　青土社　1997.2　①4-7917-5516-2
＊人間は、つねに、自己と他者をカテゴライズする。その最も手近なカテゴリーが人種とジェンダーだ。世紀末のヨーロッパでは、医学や生物学のデータでさえ、ユダヤ人を特異化し、差別化した。科学者として同時代の知を共有し、ユダヤ人として差別に苦しんだフロイト。その葛藤が、抑圧の理論として、フロイトの心理学を生みだした。豊富な資料で描く精神分析誕生の現場。

◇世界人物逸話大事典　朝倉治彦，三浦一郎編　角川書店　1996.6　①4-04-031900-1
＊歴史上の人物の生き生きとした人間像を伝えるエピソードを多数紹介する事典。日本人によく知られた人物1883人を見出しに掲載。

◇現代思想の源流―マルクス・ニーチェ・フロイト・フッサール　今村仁司ほか著　講談社　(現代思想の冒険者たち)　1996.5　①4-06-265900-X

◇フロイトはコカイン中毒だった―虚構の神話　松岡悠一郎著　マルジュ社　1995.2　①4-89616-093-2
＊1890年代、コカインが「性」機能に異常な刺激作用のあることが識られ、その服用は「性」に関する臨床例を増大させた。自我の抑制・判断力・羞恥の消去から、集団sex、同性愛、近親相姦etc.へと亢進させる『秘薬』こそが、フロイト『精神分析学』誕生のエキスであった。

◇フロイトを読む―探究と逍遙　ピーター・ゲイ著，坂口明徳，大島由紀夫訳　法政大学出版局　(叢書・ウニベルシタス)　1995.2　①4-588-00467-0
＊フロイトとシェイクスピアの問題、フロイトと6人の子供の名前、フロイトとユダヤ人のジョーク、フロイトと噂の義妹との往復書簡など、彼の精神と研究姿勢に対する諸々の疑問と謎に接近、新たな視点から読解を試みる。

◇天才たちの死に学ぶ―ツヴァイク、フロイト、モーツアルト、ゲーテの死の瞬間まで　西義之著　文芸春秋　1994.12
＊わたしたちは自分自身の死を迎える前に、近親者の死をはじめとして、いくつかの死に出会い、いわば死を徐々に学んでいく。わたしたちにとって死は、いや生は果たして意味があるのか。己れの信念を最後まで持して生きぬいた

四人の天才たちの死の瞬間までを克明に辿り、死を、生の地平のなかに改めてとらえ直した感動の書。

◇フロイト　アンソニー・ストー著，鈴木晶訳　講談社　（講談社選書メチエ）　1994.2　Ⓘ4-06-258008-X
＊「無意識」「夢」「エロスとタナトス」「自我・超自我・エス」…。精神の深奥に分け入り、「こころ」の見方に革命を起こしたフロイト。いまなお、われわれは彼の「呪縛」から逃れることはできない。強迫的なパーソナリティーのもたらした膨大な著作。優れた洞察と過度の普遍化。死後半世紀のいま、この天才の思想と生涯を明らかにする。

◇世の終わりにうたう歌―世紀末ウィーンの天才たち　伊藤勝彦編　新曜社　1993.10　Ⓘ4-7885-0464-5
＊19世紀末のウィーン、不気味な終末幻想にとり憑かれつつ、創造的な活動に情熱をそそいだ天才たち―。クリムト、マーラー、フロイト、ウィトゲンシュタインらの思索・生活・作品を甦らせ、その不思議な輝きのなかに、「新しい世紀末」のゆくえを問う。

◇フロイト―無意識の扉を開く　ピエール・ババン著，小林修訳　（大阪）創元社（「知の再発見」双書）　1992.11　Ⓘ4-422-21074-2
＊写真を見ながら精神分析の創始者フロイトの生涯がわかる、楽しいフロイト伝。

◇フロイトのラブレター　山本コウタロー翔訳・文　モード学園出版局　1992.9　Ⓘ4-89591-078-4

◇性的人間の分析　高橋鉄著　河出書房新社（河出文庫）　1992.3　Ⓘ4-309-47232-X
＊キリスト、釈迦、聖徳太子からマルクス、レーニン、信長まで世界史を画した伝説的巨人たちの生涯と業績をたどりながら、彼らの秘められた願望や衝動、奇怪なコンプレックスを鮮やかに解き明かし、その裸像を浮彫りにする―。現代セクソロジーの最大の先駆者として受難の生涯を貫いた著者の代表的人物論充。『日本の神話』『浮世絵』に続く好評の文庫コレクション第3弾。

◇フロイトとユング　小此木啓吾，河合隼雄著　思索社　1991.11　Ⓘ4-7835-1171-3

◇フロイト家の日常生活　デトレフ・ベルテルセン著，石光泰夫，石光輝子訳　平凡社　（20世紀メモリアル）　1991.2　Ⓘ4-582-37314-3
＊1929年から1982年まで53年間、精神分析の創始者ジークムントと娘アンナの二代にわたりフロイト家につかえた家政婦―パウラ・フィヒトル。本書は、一ジャーナリストが家政婦パウラに長時間インタヴューをおこない、加えて、一家と親交のあった人々の証言や膨大な数の書簡をもとにまとめあげた「回想」である。ここからは、従来の伝記に欠落していた父娘の素顔、フロイト家の「内幕」にとどまらず、一家と苦難をともにした家政婦が経験した〈20世紀〉が浮かび上がってくる。

◇死の真相―死因が語る歴史上の人物　ハンス・バンクル著，後藤久子，関田淳子，柳沢ゆりえ，杉村園子共訳　新書館　1990.11　Ⓘ4-403-24034-8
＊ベートーヴェン，フロイト，皇妃エリザベト、皇太子ルドルフ、レーニン、ヒトラー、ケネディ。心身の病いと闘う歴史上の人物に、病理学者の立場から光をあて、社会的人格にかくされた赤裸々な人間性を解剖する。異色の歴史評伝。

プロタゴラス　Prōtagorās
前480頃〜前410頃　前5世紀、ギリシアのソフィスト。トラキアのアブデラの人。

◇史上最強の哲学入門　飲茶著　河出書房新社　（河出文庫）　2015.11　Ⓘ978-4-309-41413-3

◇ソフィスト列伝　ジルベール・ロメイエ＝デルベ著，神崎繁，小野木芳伸訳　白水社　（文庫クセジュ）　2003.6　Ⓘ4-560-05862-8

◇ソクラテス以前哲学者断片集　第5分冊　内山勝利編　岩波書店　1997.3　Ⓘ4-00-092095-2

ブローデル

ブローデル Braudel, Fernand
1902～1985 20世紀、フランスの歴史家。人文地理学や社会諸科学の成果を取り入れた総合的な歴史の把握をめざし、学位論文「フェリペ二世時代の地中海と地中海世界」(1949)によって現代フランス歴史学に大きな影響を与えた。

◇入門・ブローデル　イマニュエル・ウォーラーステイン他著，浜名優美監修，尾河直哉訳　藤原書店　2003.3
①4-89434-328-2

◇ブローデル伝　ピエール・デックス著，浜名優美訳　藤原書店　2003.2
①4-89434-322-3

フロベール Flaubert, Gustave
1821～1880 19世紀、フランスの小説家。写実主義文学の確立者。作品に「ボバリー夫人」「聖アントワーヌの誘惑」など。

◇フロベール コンテンポラリーなまなざし　ジャンヌ・ベム著，柏木加代子訳　水声社　2017.6　①978-4-8010-0260-9

◇家の馬鹿息子―ギュスターヴ・フローベール論〈1821年より1857年まで〉　4　ジャン＝ポール・サルトル著，鈴木道彦，海老坂武監訳，黒川学，坂井由加里，沢田直訳　人文書院　2015.2　①978-4-409-14066-6

◇恋愛書簡術―古今東西の文豪に学ぶテクニック講座　中条省平著　中央公論新社（中公文庫）2015.1
①978-4-12-206067-8

◇フロベール伝　アンリ・トロワイヤ著，市川裕見子，土屋良二訳　水声社　2008.7
①978-4-89176-686-3
＊作品から作者の姿を消すことを理想とした現代文学の先駆者は、何を思い、何を愛し、何をなしたのか。恋多き芸術至上主義者の日常を再現した伝記文学の白眉。

◇家の馬鹿息子―ギュスターヴ・フローベール論（1821年より1857年まで）　3　ジャン＝ポール・サルトル著，平井啓之，鈴木道彦，海老坂武，蓮実重彦訳　人文書院　2006.12　①4-409-14019-1

＊中学時代の受動的反抗から世界観としての笑いの創造へ。神経症の危機の中での詩人から芸術家への変貌。ギュスターヴの初期作品の解読。

◇往復書簡 サンド＝フロベール　持田明子編訳　藤原書店　1998.3
①4-89434-096-8
＊仏で再評価の気運高まるG・サンド、近代小説の完成者G・フロベール、最晩年の約15年間、19世紀後半の政治・社会的状況に言及し、それぞれの生活と作品創造の秘密を垣間見せる、友愛に満ちたやりとりの全貌を初めて集大成。文学史上最も美しい往復書簡。

◇世界人物逸話大事典　朝倉治彦，三浦一郎編　角川書店　1996.6　①4-04-031900-1
＊歴史上の人物の生き生きとした人間像を伝えるエピソードを多数紹介する事典。日本人によく知られた人物1883人を見出しに掲載。

◇フロベールの鸚鵡　ジュリアン・バーンズ著，斎藤昌三訳　白水社（白水Uブックス）1993.10　①4-560-07102-0
＊偉大なるフロベールの故郷ルーアンを訪ねた「僕」は、博物館で、彼が『純な心』を執筆する際に常に手元に置いていた鸚鵡の剥製を見つける。だがのちに訪れたフロベール邸のはなれには、もう一羽の鸚鵡が鎮座していた。いったい本物はどちら？　フロベールという作家にさまざまな角度から覗き眼鏡をあて、文学的にして愉快な小説。

◇花袋・フローベール・モーパッサン　山川篤著　駿河台出版社　1993.5
①4-411-02061-0

フワーリズミー
al-Khwārizmī, Abū 'Abdullāh Muḥammad b.Mūsā
780頃～850頃　8・9世紀、アラビアの数学者。著書"al-jabr"(820)。

◇天才数学者はこう解いた、こう生きた―方程式四千年の歴史　木村俊一著　講談社（講談社選書メチエ）2001.11
①4-06-258225-2

| **文公**　ぶんこう
前697頃～前628　前7世紀、中国、春秋時代・晋の君主（在位前636～628）。五覇の一人。名、重耳。献公の子。

◇春秋の名君　宮城谷昌光著　講談社　（講談社文庫）　1999.9　①4-06-264663-3
＊古代中国の壮大華麗な歴史ロマンを風格ある筆致で描き出し読者を魅了し続ける著者が、鄭の武公・荘公から越の勾踐にいたる春秋の名君12人を一人ずつとりあげ語る。さらに、司馬遼太郎さんのこと、『孟嘗君』『重耳』『介子推』から『晏子』に至る創作の秘密まで、宮城谷ワールドの魅力を明かす貴重な随筆集。

◇真説重耳―覇者晋の文公の生涯　水上静夫著　時事通信社　1996.1
①4-7887-9539-6
＊紀元前七世紀、斉・楚・秦などの強国に伍して、春秋の覇者として活躍した晋の文公の足跡を追い、『春秋』内外伝を中心とした古文献を渉猟駆使して、父祖の系譜・自然風土を背景とした重耳の生涯と真実の人間像を生き生きと描く。

◇中国覇者列伝―興亡に学ぶ実力者の条件　守屋洋著　PHP研究所　（PHP文庫）　1994.4　①4-569-56633-2
＊周王朝の弱体化と共に群小各国が割拠した春秋時代。権謀術数が横行する動乱の世に、興亡をくり広げた八人の覇者たち。彼らはいかにして人心をつかみ、乱世を制したか。「鼎の軽重を問う」楚の荘王、呉王と越王の宿命の対決「臥薪嘗胆」、絶世の美女西施の故事「顰に効う」など、当時の故事・列伝を交えながら、中国古典の魅力を満載した一書。

| **文帝**　ぶんてい
541～604　楊堅（ようけん）とも。6・7世紀、中国、隋朝の初代皇帝（在位581～604）。姓名、楊堅。廟号、高祖。均田、租、調役、府兵、郷里制により人民支配体制を確立。

◇中国皇帝伝　稲畑耕一郎著　中央公論新社　（中公文庫）　2013.5
①978-4-12-205788-3

◇中国歴代皇帝人物事典　岡崎由美，王敏監修　河出書房新社　1999.2
①4-309-22342-7
＊秦の始皇帝、前漢の劉邦、新の王莽、魏の曹丕、隋の煬帝、唐の李世民、元のフビライ、明の朱元璋、清の康熙帝など、中国歴代王朝の皇帝を紹介した人物事典。后妃・公主・宗室なども収録し、歴代宮都・陵墓も掲載。中国史重要人物索引付き。

◇覇　中国大帝伝―大地を制圧した皇帝十二人　立間祥介著　学習研究社　（歴史群像新書）　1994.10　①4-05-400406-7
＊秦の始皇帝、漢の劉邦、唐の太宗、元のフビライ…彼ら建国の祖は、大地のつづくかぎり地平の彼方までをその手中に収めた。みずから歴史を築いた英雄たちの偉業は、現在も色あせることなく、燦然たる輝きを放っている。大河の流れのごとく、絶えることなく連綿とつづいた中国覇業の譜―。真の歴史が、ここにある。現代版『史記本紀』ついに完成。

【ヘ】

| **ヘイ，ジョン**　Hay, John Milton
1838～1905　ジョン・ヘイとも。19・20世紀、アメリカの政治家。1879～81年国務次官、97年駐英大使、98年国務長官。

◇世界伝記大事典　世界編1～12　編集代表：桑原武夫　ほるぷ出版　1980.12～1981.6

| **ペイシストラトス**　Peisistratos
?～前527　前7・6世紀、ギリシア、アテナイの政治家。ソロンの改革後、前561年に僭主となった。商工業者、農民の振興でアテナイ発展の基をつくった。

◇世界史の叡智―勇気、寛容、先見性の51人に学ぶ　本村凌二著　中央公論新社　（中公新書）　2013.6　①978-4-12-102223-3

ペイン，トマス　Paine, Thomas

1737〜1809　18・19世紀、イギリス生れのアメリカの思想家、著述家。政治活動でアメリカ独立革命に貢献した。

◇トマス・ペインの人権論　増補版　西原森茂著　創成社　2018.7
ⓘ978-4-7944-4078-5

◇トマス・ペイン―国際派革命知識人の生涯　マーク・フィルプ著、田中浩，梅田百合香訳　未来社　2007.7
ⓘ978-4-624-11197-7
＊「いまこそ人間の魂が試されるときである。」英米仏と国を超えて、自由と独立の精神、民主主義と共和制の必要を説いたトマス・ペイン (1737 - 1809)。アメリカ独立、フランス革命へと人々を立ち上がらせた、その人間像と思想のエッセンス。

◇トマス・ペイン―社会思想家の生涯　A.J.エイヤー著，大熊昭信訳　法政大学出版局　(叢書・ウニベルシタス)　1990.10
ⓘ4-588-00306-2
＊アメリカ独立とフランス革命に身を投じた革命家ペインの数奇な生涯と希有な人間像を描き、その人権思想と社会政策プラン、背景としての理神論を、バークとの論争やホッブズ・ロック・ヒューム・ルソーら先行思想との関連で考察する。注目すべきエイヤーの思想史的探索。

ヘーゲル
Hegel, Georg Wilhelm Friedrich

1770〜1831　18・19世紀、ドイツの哲学者。ドイツ観念論を大成。

◇ヘーゲル・セレクション　G.W.F.ヘーゲル著，広松渉，加藤尚武編訳　平凡社 (平凡社ライブラリー)　2017.2
ⓘ978-4-582-76852-7

◇ヘーゲルハンドブック―生涯・作品・学派　W.イェシュケ著，神山伸弘，久保陽一，座小田豊，島崎隆，高山守，山口誠一監訳　知泉書館　2016.6　ⓘ978-4-86285-234-2

◇もっとも崇高なヒステリー者―ラカンと読むヘーゲル　スラヴォイ・ジジェク著，鈴木国文，古橋忠晃，菅原誠一訳　みすず書房　2016.3　ⓘ978-4-622-07973-6

◇ヘーゲル　新装版　沢田章著　清水書院 (Century Books　人と思想)　2015.9
ⓘ978-4-389-42017-8

◇ヘーゲルとその時代　権左武志著　岩波書店　(岩波新書 新赤版)　2013.11
ⓘ978-4-00-431454-7
＊ドイツの哲学者ヘーゲル（一七七〇・一八三一）は、フランス革命とその後の激動の時代にどのように向き合い、過去の思想をいかに読み替えて、自らの哲学体系を作り上げていったのか。『精神現象学』『法哲学綱要』『歴史哲学講義』を中心とする体系の形成プロセスを歴史的文脈のなかで再構成し、今日に及ぶその思想の影響力について考える。

◇ヘーゲル―生涯と著作　ハンス・フリードリヒ・フルダ著，海老沢善一訳　梓出版社　2013.3　ⓘ978-4-87262-033-7

◇歴史を動かした哲学者たち　堀川哲著　角川学芸出版，角川グループパブリッシング〔発売〕　（角川ソフィア文庫）　2012.12　ⓘ978-4-04-408610-7

◇ヘーゲルのイエナ時代　生活編　松村健吾著　文化書房博文社　2012.6
ⓘ978-4-8301-1226-3

◇カントからヘーゲルへ　新装版　岩崎武雄著　東京大学出版会　2012.5
ⓘ978-4-13-013027-1

◇偉人たちの黒歴史　偉人の謎研究会編　彩図社　2011.12　ⓘ978-4-88392-828-6

◇ロックからウィトゲンシュタインまで　山本新著　八千代出版　2010.9
ⓘ978-4-8429-1523-4

◇ヘーゲル入門―最も偉大な哲学に学ぶ　河出書房新社　（Kawade道の手帖）　2010.1　ⓘ978-4-309-74031-7
＊8つのレクチャーでわかるヘーゲルの魅力と可能性のすべて。

◇西洋思想の16人　尾場瀬一郎，小野木芳伸，片山善博，南波亜希子，三谷竜彦，沢佳成著　梓出版社　2008.4
ⓘ978-4-87262-017-7

ヘーゲル

◇エピソードで読む西洋哲学史　堀川哲著　PHP研究所　（PHP新書）　2006.4　①4-569-64925-4

◇ヘーゲル　今村仁司，座小田豊編　講談社　（講談社選書メチエ　知の教科書）　2004.3　①4-06-258295-3

◇ヘーゲル哲学体系への胎動—フィヒテからヘーゲルへ　山内廣隆著　ナカニシヤ出版　2003.10　①4-88848-800-2
　＊ヘーゲルとフィヒテの関係を主軸としてフィヒテからシェリング、ヘーゲルへと繋がる哲学体系の発展過程を丹念に跡づけた、ドイツ観念論哲学史研究。

◇美と芸術のプロムナード　近藤節也著　近代文芸社　2003.8　①4-7733-7072-6
　＊「滄海の遺珠」と評される著者・近藤節也が久々に放つ、純金の芸術エッセー。

◇ヘーゲル否定的なものの不安　ジャン＝リュック・ナンシー著，大河内泰樹，西山雄二，村田憲郎訳　現代企画室　2003.4　①4-7738-0213-8
　＊世界が歴史に入場する際の目撃証人としてのヘーゲル。「不安」から「我々」まで11のタームを通して解釈された独創的かつアクチュアルなヘーゲル像。

◇精神の哲学者ヘーゲル　岩佐茂，島崎隆編著　創風社　2003.4　①4-88352-068-4

◇意識と学—ニュルンベルク時代ヘーゲルの体系構想　幸津国生著　以文社　1999.10　①4-7531-0208-4

◇おんな愛いのち—与謝野晶子／森崎和江／ヘーゲル　園田久子著　創言社　1999.7　①4-88146-511-2

◇ヘーゲル伝—哲学の英雄時代　ホルスト・アルトハウス著，山本尤訳　法政大学出版局　（叢書・ウニベルシタス）　1999.2　①4-588-00625-8
　＊その日常生活と家族関係、三度の外国旅行などの知られざるエピソードを織り混ぜながら、人間臭くかつ小市民的ですらある教師像、矛盾と謎に満ちた哲学者の相貌とともに、「哲学の英雄時代」の群像を生き生きと描く。生活史の地平から哲学史の理解へ、待望の大ヘーゲル伝。

◇若きヘーゲル　上　新装復刊　ルカーチ著，生松敬三，元浜清海訳　白水社　1998.6　①4-560-02408-1
　＊ヘーゲルの弁証法的方法の形成を広範な歴史的視野のもとに詳細にあとづけ、弁証法成立の歴史をみごとに解き明かした画期的労作。経済学的認識と哲学的思考の展開を若きヘーゲルに寄りそって大胆に論じている。ルカーチの歴史哲学観を知る上でも重要な評伝。

◇若きヘーゲル　下　新装復刊　ルカーチ著，生松敬三ほか訳　白水社　1998.6　①4-560-02409-X
　＊ヘーゲルの弁証法的方法の形成を広範な歴史的視野のもとに詳細にあとづけ、弁証法成立の歴史をみごとに解き明かした画期的労作。経済学的認識と哲学的思考の展開を若きヘーゲルに寄りそって大胆に論じている。ルカーチの歴史哲学観を知る上でも重要な評伝。

◇ヘーゲル　城塚登著　講談社　（講談社学術文庫）　1997.2　①4-06-159270-X
　＊近代ドイツ最大の哲学者ヘーゲルは、論理学、自然哲学、精神哲学、宗教哲学、歴史哲学、哲学史等々にわたって、近代哲学の枠組みを超出する壮大な哲学体系を構築した。ヘーゲル哲学が「現代哲学の母胎」といわれる所以である。本書は、マルクス、フォイエルバッハはもとより、アドルノ、サルトル、ルカーチなど、現代思想の諸潮流に多大な影響を与えたヘーゲル哲学の核心に迫る恰好の案内書である。

◇ヘーゲル哲学への道　甘粕石介著，許万元編・解説　こぶし書房　（こぶし文庫）　1996.6　①4-87559-092-X
　＊見田石介の若き日の筆名である甘粕石介。ヘーゲル哲学体系の全領域にわたって、ヘーゲル哲学を唯物論の見地から解説した戸坂潤絶賛の入門書。

◇世界人物逸話大事典　朝倉治彦，三浦一郎編　角川書店　1996.6　①4-04-031900-1
　＊歴史上の人物の生き生きとした人間像を伝えるエピソードを多数紹介する事典。日本人によく知られた人物1883人を見出しに掲載。

◇ヘーゲル入門―精神の冒険　ピーター・シンガー著，島崎隆訳　青木書店　1995.12　Ⓓ4-250-95045-X

◇ヘーゲルを読む　長谷川宏著　河出書房新社　1995.10　Ⓓ4-309-24174-3

◇ベルン時代のヘーゲル　浅野遼二著　法律文化社　1995.2　Ⓓ4-589-01849-7

◇ヘーゲル事典　加藤尚武ほか編　弘文堂　1992.2　Ⓓ4-335-15030-X

◇ヘーゲルそしてマルクス　広松渉著　青土社　1991.10　Ⓓ4-7917-5150-7

◇ヘーゲルの生涯・著作・学説　2　ヘーゲルの精神現象学　クーノ・フィッシャー著，玉井茂，宮本十蔵訳　勁草書房　1991.1　Ⓓ4-326-15047-5
＊意識，自意識の発展を語りつつ，同時に世界精神の歴史的発展を物語った，ヘーゲルの歴史哲学と哲学史の真髄。

ベーコン，フランシス
Bacon, Francis, Baron Verulam
1561～1626　16・17世紀，イギリスの哲学者。近代イギリス経験論の創始者。

◇ベーコン　新装版　石井栄一著　清水書院　（Century Books　人と思想）　2016.2　Ⓓ978-4-389-42043-7

◇フランシス・ベイコン著『エッセイ』の文体研究　西岡啓治著　西日本法規出版　2004.3　Ⓓ4-434-04397-8

◇顧問官の政治学―フランシス・ベイコンとルネサンス期イングランド　木村俊道著　木鐸社　2003.2　Ⓓ4-8332-2333-3
＊言うまでもなく，フランシス・ベイコンはこれまで，デカルトと並ぶヨーロッパ近代哲学の創始者として称賛と非難をともに浴びてきた。しかし，本書では，何よりもまず，ベイコンを彼が生きた歴史の舞台に呼び戻すことを目指す。すなわち，本書の目的は，彼を「近代」の「哲学者」として偶像化するのではなく，ルネサンス期のイングランドの「顧問官」として歴史内在的に理解することにある。そのうえで彼のテクストを改めて読み直せば，ともすれば「近代」の「市民革命」に至る前史として単線的に理解されがちなルネサンス期において，むしろ逆に，豊かな人文主義的教養と人間の作為によって「内乱」を回避することを試みた一人の「助言者」の物語が浮かび上がるのではないか。この物語はまた，政治学の可能性を指し示す一つの歴史的事例として読むことも出来よう。

◇消像画の中の科学者　小山慶太著　文芸春秋　（文春新書）　1999.2　Ⓓ4-16-660030-3
＊コペルニクスから寺田寅彦，ホーキングまで，歴史に名を残す科学者二十五人の肖像画に眼をこらせば，そこには人間的な，余りにも人間的な素顔が炙り出されてくる。知らず知らずのうちに科学史を散歩できるミニ列伝。

◇ベイコン―もうひとつの近代精神　塚田富治著　研究社出版　（イギリス思想叢書）　1996.11　Ⓓ4-327-35212-8
＊「知」と「政治」の二つの世界から人類の救済を目指したベイコンの曲折にみちた生涯をたどり，その〈知〉の方法が，現代のかかえる深刻な問題に解決の糸口を与えうる可能性を展望する。

◇世界人物逸話大事典　朝倉治彦，三浦一郎編　角川書店　1996.6　Ⓓ4-04-031900-1
＊歴史上の人物の生き生きとした人間像を伝えるエピソードを多数紹介する事典。日本人によく知られた人物1883人を見出しに掲載。

◇フランシス・ベイコン研究　花田圭介責任編集　御茶の水書房　（イギリス思想研究叢書）　1993.7　Ⓓ4-275-01514-2

ベーコン，ロジャー　Bacon, Roger
1214頃～1294　13世紀，イギリスの哲学者，自然科学者。哲学に経験的方法を導入して，哲学を神学から区別。

◇中世イスラムの図書館と西洋―古代の知を回帰させ，文字と書物の帝国を築き西洋を覚醒させた人々　原田安啓著　日本図書刊行会，近代文芸社〔発売〕　2015.4　Ⓓ978-4-8231-0913-3
＊本邦初。中世イスラムの図書館の全貌を紹介。膨大な書物と人材を生み，

ユーラシア大陸全土にばらまき、「知の大河」を形づくった中世イスラムの図書館群。この図書館群なしに私たちの今の暮らしはない。

| ヘシオドス　Hesiodos
前700頃　前8世紀、ギリシアの叙事詩人、牧人。自分の生活や考えを詩に詠んだ最初のギリシア詩人。作品に「仕事と日々」「神統紀」がある。

◇西洋古典学入門—叙事詩から演劇詩へ　久保正彰著　筑摩書房　（ちくま学芸文庫）　2018.8　①978-4-480-09880-1
＊散在する古いテクストを集め、照合し、可能なかぎり「原典」と呼ぶにふさわしい校訂版を作ること。それが古典学の使命である。また、言語学的側面をはじめ、原典を享受するための厳密な知識の追究も行う。西洋の場合、その主対象は古代ギリシア・ローマの諸作品である。古典学の営みとはいったいどのようなものなのか—。本書では、西洋古典学の要諦を紹介しつつ、ホメーロスの叙事詩からギリシア悲劇・喜劇まで、西洋文学の源流となった作品群の構造と意味を解説する。

◇経済思想の巨人たち　竹内靖雄著　新潮社　（新潮文庫）　2013.11　①978-4-10-125371-8

◇ソクラテス以前哲学者断片集　第1分冊　内山勝利編　岩波書店　1996.12　①4-00-092091-X

◇ヘシオドス研究序説—ギリシア思想の生誕　広川洋一著　未来社　1992.8

| ペタン　Pétain, Henri Philippe
1856～1951　19・20世紀、フランスの軍人、政治家。1918年元帥、20～31年最高軍事会議副議長。

◇独裁者たちの最期の日々　上　ディアンヌ・デュクレ, エマニュエル・エシュト編者, 清水珠代訳　原書房　2017.3　①978-4-562-05377-3

◇英雄はいかに作られてきたか—フランスの歴史から見る　アラン・コルバン著, 小倉孝誠監訳, 梅沢礼, 小池美穂訳　藤原書店　2014.3　①978-4-89434-957-5

◇悲劇の名将たち　柘植久慶著　中央公論新社　2005.9　①4-12-003665-0

◇ペタンはフランスを救ったのである　ジャック・イズルニ著, 小野繁訳　葦書房　2000.5　①4-7512-0771-7

| ヘディン　Hedin, Sven Anders von
1865～1952　19・20世紀、スウェーデンの地理学者、探検家。1893～97年アジア大陸を横断、古代都市楼蘭の遺跡を発見。

◇探検家ヘディンと京都大学—残された60枚の模写が語るもの　田中和子編, 佐藤兼永撮影　京都大学学術出版会　2018.3　①978-4-8140-0149-1

◇楼蘭 幻のオアシス—ロブ・ノール考古学上の大発見　王炳華著, 渡辺剛訳　牧歌舎, 星雲社〔発売〕　2009.2　①978-4-434-12811-0
＊"さまよえる湖"の呼称ともなったロブ・ノール—その砂漠の果ての地は、かつてシルクロードにおける交通の要所でもあった。いまは廃墟となったその都市こそ、幻のオアシス楼蘭である。あのNHK特集「シルクロード」の世界が、ここによみがえる。

◇講談社版 新シルクロード 歴史と人物—ヘディン、スタイン、よみがえる古代王国 第13巻 楼蘭 さまよえる探検家たち　平山郁夫監修, 長沢和俊著　講談社　（講談社DVD BOOK）　2005.1　①4-06-274383-3
＊さまよえるロブ・ノール—。あまたの探検家たちがこの"幻の湖"に魅了され、死の危険を冒してまで「砂の海」を渡った。ロブ・ノールと、その王・楼蘭…。いにしえの古代王国と謎の湖の正体を追い続けた、世界の男たちの"夢の跡"を辿る。

◇ヘディン交遊録—探検家の生涯における17人　金子民雄著　中央公論新社　（中公文庫）　2002.4　①4-12-204014-0

◇イランでのヘディンとスタインの足跡　金子民雄, 大津忠彦, 岡野智彦執筆　中近

東文化センター　2000.4

◇科学の世紀を開いた人々　下　竹内均編　ニュートンプレス　1999.4
①4-315-51534-5
＊19～20世紀は科学と技術の時代であった。本書は、その19～20世紀に活躍した科学者・技術者・探検家たちの中から、20世紀に足跡を残した人たちの伝記を分野別にまとめたものである。下巻では「生物学・医学・生理学」、「発明・技術・工学」、「考古学・地理学・探検」に貢献した科学者たちの伝記が物語られる。

◇探検家としてのわが生涯　スウェン・ヘディン著，山口四郎訳　白水社　1997.10
①4-560-03027-8

◇世界人物逸話大事典　朝倉治彦，三浦一郎編　角川書店　1996.6　①4-04-031900-1
＊歴史上の人物の生き生きとした人間像を伝えるエピソードを多数紹介する事典。日本人によく知られた人物1883人を見出しに掲載。

◇熱砂とまぼろし―シルクロード列伝　陳舜臣著　毎日新聞社　1994.5
①4-620-10501-5
＊法顕、宋雲、張騫、ヘディン、ヤクブ・ベク―東西文化が交流する中央アジアに夢とロマンを追い求めた冒険家列伝。

◇秘められたベルリン使節―ヘディンのナチ・ドイツ日記　金子民雄著　中央公論社（中公文庫）　1990.9　①4-12-201741-6
＊不屈の意志で中央アジア、アメリカ、ロシア等の探検に明け暮れたスウェーデンの地理学者ヘディンは、1935年帰国途中のドイツでヒトラーの出迎えを受けた。それが、探検の旅の長い不在によって、ヨーロッパ政局の激変を熟知していなかったヘディンの政治活動の始まりとなる。ナチス指導者と会談を重ね、戦争阻止と平和の道を探った、知られざる第2次世界大戦の秘密外交の記録。

ペテロ　Petros
?～64頃　ペテロとも。1世紀、カトリックの聖人。十二使徒の一人。

◇図説世界史を変えた50の指導者（リーダー）　チャールズ・フィリップス著，月谷真紀訳　原書房　2016.2
①978-4-562-05250-9

◇運命の車輪―天才たちの生涯　永田龍葵著　永田書房　2013.10　①978-4-8161-0726-9

◇ペテロ　M.ヘンゲル著，川島貞雄訳　教文館　（聖書の研究シリーズ）　2010.1
①978-4-7642-8064-9

◇ペテロ　川島貞雄著　清水書院　（Century books　人と思想）　2009.1
①978-4-389-41187-9
＊初期キリスト教の成立と発展の歴史において、無比の役割を演じたペテロ像に迫る。

◇パウロとペテロ　小河陽著　講談社　（講談社選書メチエ）　2005.5
①4-06-258332-1
＊イエスの筆頭弟子にして復活後の教会指導者ペテロ。迫害者から異邦人伝道者へと回心したパウロ。古代ローマ帝国の片隅ではじまった運動を世界宗教にまで伸展させた二人の実像は？　そして、彼らのユダヤ人・異邦人への宣教戦略とは？　二大伝道者の足跡を辿る一冊。

◇二千年の祈り―イエスの心を生きた八人　高橋佳子著　三宝出版　2004.3
①4-87928-044-5

◇遠藤周作で読むイエスと十二人の弟子　遠藤周作，遠藤順子著，芸術新潮編集部編　新潮社　（とんぼの本）　2002.12
①4-10-602097-1

◇ローマ教皇事典　マシュー・バンソン著，長崎恵子，長崎麻子訳　三交社　2000.8
①4-87919-144-2

◇ローマ教皇歴代誌　P.G.マックスウェル・スチュアート著，高橋正男監修，月森左知，菅沼裕乃訳　創元社　1999.12
①4-422-21513-2
＊263人の教項を完全収録。聖ペトロからヨハネス・パウルス2世まで、ローマ教項263人の個性的かつ人間的な素顔を紹介。キリスト教世界のみならず、政治や文化の領域にも多大な影響を与え続けたローマ教皇の存在を通して、2000年の世界史が壮大なひとつの物語となる。

◇イエスに魅せられた男──ペトロの生涯　井上洋治著　日本基督教団出版局　1996.9　①4-8184-0265-6
＊イエスに招かれて初めて従ったペトロ。喜びと悲しみを共にしながら、十字架までイエスを理解できなかったペトロの生涯を通したイエスの真の姿に迫る。

ベートーヴェン
Beethoven, Ludwig van
1770～1827　18・19世紀、ドイツの作曲家。ウィーン古典派様式を完成、西洋音楽の巨匠の1人。

◇ベートーヴェン　リヒャルト・ワーグナー著,三光長治監訳,池上純一,松原良輔,山崎太郎訳　法政大学出版局　2018.8　①978-4-588-41033-8
◇創造の星──天才の人類史　渡辺哲夫著　講談社　（講談社選書メチエ）　2018.8　①978-4-06-512668-4
◇ベートーベン──苦しみをのりこえ、名曲を作った作曲家　越水利江子文,よん絵,平野昭監修　学研プラス　（やさしく読めるビジュアル伝記）　2018.7　①978-4-05-204847-0
◇ベートーヴェン像　再構築　大崎滋生著　春秋社　2018.6　①978-4-393-93211-7
＊最新の基礎研究─「書簡交換全集」「会話帖全集」「楽譜新全集」校訂報告の全的把握と「新作品目録」によって実現した全く新しいベートーヴェン像の地平。
◇ベートーヴェンの生涯　青木やよひ著　平凡社　（平凡社ライブラリー）　2018.5　①978-4-582-76867-1
◇ロマン・ロラン著三つの「英雄の生涯」を読む──ベートーヴェン、ミケランジェロ、トルストイ　三木原浩史著　鳥影社　2018.3　①978-4-86265-652-0
◇ベートーヴェン像再構築　1　大崎滋生著　春秋社　2018　①978-4-393-93211-7
◇ベートーヴェン像再構築　2　大崎滋生著　春秋社　2018　①978-4-393-93211-7
◇大作曲家の病跡学──ベートーヴェン,シューマン,マーラー　小松順一著　星和書店　2017.11　①978-4-7911-0968-5
◇音楽と病──病歴にみる大作曲家の姿　改装版　ジョン・オシエー著,菅野弘久訳　法政大学出版局　2017.1　①978-4-588-41037-6
◇人間臨終考　森達也著　小学館　2015.10　①978-4-09-388437-2
◇ベートーヴェン・ブラームス・モーツァルトその音楽と病──総合病院内科医がその病歴から解き明かす　小林修三著　医薬ジャーナル社　2015.5　①978-4-7532-2730-3
◇夢と努力で世界を変えた17人──君はどう生きる？　有吉忠行著　PHP研究所　2015.2　①978-4-569-78439-7
◇すぐわかる！　4コマピアノ音楽史──ピアノの誕生～古典派編　小倉貴久子監修,工藤啓子著,駿高泰子4コマ漫画　ヤマハミュージックメディア　2014.3　①978-4-636-90093-4
＊ピアノの歴史が楽しくわかる！　演奏力にも磨きがかかる！　モーツァルトやベートーヴェンはどんなピアノを使っていたのか…？　"作曲家"と"ピアノ"と"音楽史"が一気につながる!!
◇偉人は死ぬのも楽じゃない　ジョージア・ブラッグ著,梶山あゆみ訳　河出書房新社　2014.3　①978-4-309-25298-8
＊ベートーヴェンは、体液を抜かれ、蒸し風呂に入れられて死んでいった!?ツタンカーメンからアインシュタインまで、医学が未発達な時代に、世界の偉人たちはどんな最期を遂げたのか？　驚きいっぱいの異色偉人伝！
◇R40のクラシック──作曲家はアラフォー時代をどう生き、どんな名曲を残したか　飯尾洋一著　広済堂出版　（広済堂新書）　2013.12　①978-4-331-51784-0
◇ベートーヴェンとベートホーフェン──神話の終り　石井宏著　七つ森書館　2013.9　①978-4-8228-1383-3
＊ベートーベンって、誰？　聖人か、天才か、凡人か。楽聖の真実。
◇このくちづけを世界のすべてに──ベートーヴェンの危機からの創造的飛躍　エ

ベートーヴェン

リカ・シューハルト著, 樋口隆一, 山本潤, 伊藤綾訳　アカデミア・ミュージック　2013.3　①978-4-87017-078-0

◇革命児たちの仰天!?情熱人生　アンヌ・ブランシャール, フランシス・ミジオ著, セルジュ・ブロッシュ絵, 木山美穂訳　岩崎書店　2012.10　①978-4-265-85026-6

◇ベートーヴェン　平野昭著　音楽之友社（作曲家・人と作品）2012.9　①978-4-276-22175-8
＊貴族社会が最後の栄華を極めた19世紀初頭、ウィーンの音楽界に登場した男。皮肉屋で意外と純情…。現代へと通じる「芸術音楽」の幹を作り上げた56年、その生涯と作品の全貌が凝縮された1冊。

◇知識ゼロからの世界の10大作曲家入門　吉松隆著　幻冬舎　2012.4　①978-4-344-90247-3

◇CDでわかるベートーヴェン鍵盤の宇宙―オールカラー　仲道郁代編著　ナツメ社　2012.3　①978-4-8163-5198-3
＊名曲の名曲たるゆえん、聴きどころ、そして波瀾万丈の生涯を「ベートーヴェン弾き」仲道郁代が案内。

◇ハプスブルク恋の物語―七〇〇年王朝に秘められた不倫・政略・愛憎の歴史　新人物往来社編　新人物往来社（ビジュアル選書）2012.3　①978-4-404-04163-0

◇ベートーヴェンの不滅の恋人―歌手アマーリエ・ゼーバルトへの純愛：百年の迷宮から今解放される　沼屋譲解説　創栄出版　2012.1　①978-4-7559-0430-1

◇偉人たちの黒歴史　偉人の謎研究会編　彩図社　2011.12　①978-4-88392-828-6

◇ベートーヴェンの謎―聞こえないのになぜ、音楽が聴こえたのか　江時久著　マール・ミュージック　2011.9

◇ベートーヴェンその精神と創作環境―当時の手紙からその背景を知る　ベートーヴェン筆, 藤田俊之編著　水山産業出版部「BOOK工房」（Book工房）2011.1　①978-4-903796-63-5

◇モーツァルトとベートーヴェン　中川右介著　青春出版社（青春新書　インテリジェンス）2010.12　①978-4-413-04298-7

◇ベートーヴェン―音楽と生涯　ルイス・ロックウッド著, 土田英三郎, 藤本一子監訳, 沼口隆, 堀朋平訳　春秋社　2010.11　①978-4-393-93170-7
＊古今の研究成果を縦横無尽に駆使しつつ、独自の視点から照射する新しいベートーヴェン像。創作的側面と伝記的側面を巧みに織り合わせ、激動の時代・社会を背景に、大作曲家の創造の足跡と作品のオリジナリティを雄大なスケールで描く。斯界、伝記研究の決定版。

◇やさしく読める作曲家の物語―モーツァルト、ベートーヴェン、ショパン、ドビュッシー　栗原千種文, 小倉正巳絵　ヤマハミュージックメディア　2010.6　①978-4-636-85597-5

◇秘密諜報員ベートーヴェン　古山和男著　新潮社（新潮新書）2010.5　①978-4-10-610366-7
＊ベートーヴェンが「不滅の恋人よ」と呼びかける三通の「ラヴレター」は、いまだに、誰に宛てて書かれたのか、決定的な証拠はない。この音楽史最大のミステリーに、新説が登場！　実はこの手紙は、1812年の夏、全ヨーロッパを巻き込んだ大事件の中で、楽聖が「政治的危機」を友人に伝える「暗号」だったというのだ。果たして真説か。3通の手紙から壮大なスケールに広がる歴史絵巻、ここに開幕。

◇病にも克った！　もう一つの「偉人・英雄」列伝―逆境は飛躍へのバネに　池永達夫著　コスモトゥーワン　2010.5　①978-4-87795-188-7

◇諸井誠のベートーヴェンピアノ・ソナタ研究　3（第24番～第32番）「人生ソナタ」における完結部と未来への啓示　諸井誠著　音楽之友社　2010.3　①978-4-276-13025-8
＊孤独の巨匠ベートーヴェンの後半生を辿りつつ、No.26告別、No.29ハンマークラヴィーア、No.30～No.32の最後の3つのソナタなどの重要作品を詳細に分析し、その後の音楽への影響を考察し

た「人生ソナタ」完結編。

◇ベートーヴェンの生涯　青木やよひ著　平凡社　（平凡社新書）　2009.12
Ⓘ978-4-582-85502-9
＊手紙、日記、会話帳、友人たちの証言など、最新の資料を駆使して、徹底的な自由人ベートーヴェンの姿を、臨場感豊かに描き出す。バッハ、ヘンデル、モーツァルトの音楽とどのように出会い、カントの哲学やインド思想をいかに自らのものとしたのか。従来の諸説を大幅に書き換え、まったく新しいベートーヴェン像を提出する。

◇大作曲家たちの履歴書　上　三枝成彰著　中央公論新社　（中公文庫）　2009.12
Ⓘ978-4-12-205240-6

◇新訳ベートーヴェンの日記　ベートーヴェン著, 沼屋譲訳・補注　近代文芸社　2009.11　Ⓘ978-4-7733-7677-7
＊生誕240年目を迎えベートーヴェン・コードを解く鍵が浮かび上がる。不滅の恋人との関連も、より明確に…。

◇ドラマティック・ベートーヴェン―自己プロデュースの達人　石井清司著　ヤマハミュージックメディア　2009.10
Ⓘ978-4-636-84798-7
＊意外な商才と後援者作り、巧みな自己プロデュース力、その不思議な能力の本質に迫る。

◇モーツァルトとベートーヴェン その音楽と病―慢性腎臓病と肝臓病　小林修三著　医薬ジャーナル社　2009.1
Ⓘ978-4-7532-2349-7
＊医学と芸術を同じ土俵のものとして、音楽家と音楽を診察する心温まるエッセー。内科医ならではの視点で、豊富な資料をもとに音楽と病、死因を推理。モーツァルトとベートーヴェン、二人の音楽の魅力と病気の関係、近世ヨーロッパの医療事情までわかる、知的冒険の書。人の気持ちに寄り添える医療を、人の気持ちを汲んだ演奏を―。医学と芸術の共通点を、身をもって感じている著者ならではの書。

◇伝記 ベートーヴェン―大作曲家の生涯と作品　葛西英昭著　文芸社　2008.12
Ⓘ978-4-286-05971-6
＊学校の音楽室で怖い顔をしていたベートーヴェン。恋に破れ、家族と別れ、やがて突然襲う耳の病…。気持ちが伝わる偉人伝。

◇宮沢賢治とベートーヴェン―病と恋　多田幸正著　洋々社　2008.10
Ⓘ978-4-89674-221-3
＊賢治とベートーヴェンにとって"病"と"恋"は切実な問題をはらんでいた。その驚くべき共通項を探ることにより二人の創作の原点を解き明かす。交響する二人の知られざるドラマ。

◇兼常清佐著作集　第4巻　ベートーヴェンの死・平民楽人シューベルト　兼常清佐著, 蒲生美津子, 土田英三郎, 川上央編　大空社　2008.6　Ⓘ978-4-283-00610-2

◇ベートーヴェンと変革の時代　新装版　フリーダ・ナイト著, 深沢俊訳　法政大学出版局　2007.11　Ⓘ978-4-588-41018-5
＊フランス革命、ナポレオン戦争、ときおり訪れる不安定な平和、経済危機など、激動するヨーロッパ18～19世紀を生きた楽聖ベートーヴェン。その生涯と思想・創作活動を変革期の"社会的・政治的事件"との関わりに焦点を当てて考察し、反動的な社会にたいしてひたすら自由を求めぬいた特異かつ強靱な人間像を浮き彫りにする。

◇音楽と病―病歴にみる大作曲家の姿　新装版　ジョン・オシエー著, 菅野弘久訳　法政大学出版局　2007.11
Ⓘ978-4-588-41021-5

◇ベートーヴェンああ！ この運命　岡田豊著　論創社　2007.10
Ⓘ978-4-8460-0463-7
＊知られざる魂の雄叫び、病苦、永遠に叶わぬ恋と夢。54歳、その死の寸前「歓喜の歌・第九」創造の闘い。楽聖ベートーヴェンの波瀾万丈の生涯を活写する。

◇音楽家カップルおもしろ雑学事典―ひと組5分で読める　萩谷由喜子著　ヤマハミュージックメディア　2007.6
Ⓘ978-4-636-81855-0

◇ベートーヴェン〈不滅の恋人〉の探究―決定版　青木やよひ著　平凡社　（平凡社ラ

イブラリー） 2007.1
①978-4-582-76599-1

◇ベートーヴェンの恋人 島雄著 友月書房 2005.12 ①4-87787-277-9

◇愛と音楽の人生ベートーヴェン 田幸正邦著 東京図書出版会, リフレ出版（発売） 2005.11 ①4-901880-93-4
＊25年間にわたるジョゼフィーネへの愛を綴ったピアノ・ソナタ集。これは、ベートーヴェンの自叙伝だった。

◇クラシック 名曲を生んだ恋物語 西原稔著 講談社（講談社プラスアルファ新書） 2005.9 ①4-06-272337-9

◇ベートーヴェンの『第九交響曲』―"国歌"の政治史 エステバン・ブッフ著, 湯浅史, 土屋良二訳 鳥影社・ロゴス企画部 2004.12 ①4-88629-875-3
＊その最終章の『歓喜の歌』が、今やEUの歌にさえなった『第九』、その政治的読解を試みる。『第九』が誕生するまでの思想的・歴史的背景、誕生以後の『第九』の政治的受容をダイナミックに捉える。

◇わが不滅の恋人よ ベートーフェン著, ジークハルト・ブランデンブルグ解説, 沼屋譲訳 日本図書刊行会 2003.7 ①4-8231-0761-6

◇私のベートーヴェン解釈 滑川博昭著 ペイント・ペン 2003.7

◇偉大なる普通人―ほんとうのベートーヴェン 滝本裕造著 KB社 2002.12 ①4-9901437-0-1

◇恋する大作曲家たち フリッツ・スピーグル著, 山田久美子訳 音楽之友社 2001.3 ①4-276-21061-5

◇ベートーヴェン全集 第8巻 われ信ず！ 1819-1822年 前田昭雄他著 講談社 1999.10 ①4-06-267908-6
＊本巻は書籍とCD、別冊歌詞対訳集によって構成される。本書は二部構成をとっている。第一部は本全集のクロノロジカル（年代順）な編集方針にしたがって、その時期のベートーヴェンの人生と創作、時代の背景を中心として扱い、第二部はジャンル別に構成した添付CD

の収録曲の作品解説等である。第一部では1819年から1822年までを扱った。

◇ベートーヴェン全集 第7巻 名声とその代価 1814-1818年 前田昭雄他著 講談社 1999.7 ①4-06-267907-8

◇吉田秀和全集 1 モーツァルト・ベートーヴェン 新装復刊 吉田秀和著 白水社 1999.6 ①4-560-03821-X
＊モーツァルト、ベートーヴェンに関する諸論と両作曲家の演奏論を収める。

◇ベートーヴェン全集 第6巻 孤独の芸術家 1810-1813年 前田昭雄他著 講談社 1999.3 ①4-06-267906-X

◇本当は聞こえていたベートーヴェンの耳 江時久著 NTT出版 1999.3
①4-7571-4006-1
＊いま解き明かされる「楽聖」伝説の謎。

◇ベートーヴェン全集 第5巻 理想と現実 1807-1809年 前田昭雄他著 講談社 1998.12 ①4-06-267905-1

◇新西洋音楽史 中 ドナルド・ジェイ・グラウト, クロード・V.パリスカ著, 戸口幸策, 津上英輔, 寺西基之共訳 音楽之友社 1998.11 ①4-276-11213-3
＊本書は、初期バロック時代の音楽からルートヴィヒ・ヴァン・ベートーヴェンまでを収録している。

◇二十世紀の巨匠たち 浅岡弘和著 芸術現代社 1998.10 ①4-87463-146-0
＊再び巨匠の時代は来るか。我が愛する巨匠たちへのレクイエム。来たるべき二十一世紀に、蘇れ伝説の巨匠たちよ！ 本邦初公開！ フルトヴェングラー、クナッパーツブッシュの旧ソ連盤初期レーベル。

◇ベートーヴェン全集 第4巻 英雄と愛の理想 1804-1806年 前田昭雄他著 講談社 1998.9 ①4-06-267904-3

◇ベートーヴェン全集 第2巻 ウィーン貴族社会の新星 1796-1799年 前田昭雄他著 講談社 1998.6 ①4-06-267902-7

◇ベートーヴェン アンドレーア・ベルガミーニ著, 目時能理子訳 ヤマハミュージックメディア （絵本で読む音楽の歴

史） 1998.5　①4-636-20964-8
* ルートヴィヒ・ヴァン・ベートーヴェンは、音楽家の命、聴力を喪失するという悲運に見舞われつつも、後世に数々の名曲を残した。苦悩と輝きに満ちたその生涯をたどり、ピアノやヴァイオリンのソナタ、四重奏曲、交響曲など、革新的かつ独創的な傑作の誕生に迫る。フランス革命から王政復古まで、ナポレオンの支配とその失脚に揺れたヨーロッパ。古典主義やロマン主義の芸術が開花し、ゲーテやロッシーニなどの偉大な人物が活躍する。ピアノの人気が高まり、交響曲が脚光を浴びた、ウィーン繁栄の時代にタイム・スリップ。

◇ベートーヴェン研究　新装　児島新著　春秋社　1998.4　①4-393-93145-9
* 厳密な資料批判にもとづく研究成果を集成。ピアノ作品の歴史的理解を促す重要な論考等、創造の根源に迫る労作。名著復刊。

◇ベートーヴェン全集　第1巻　ボンからウィーンへ　1770-1795年　前田昭雄他著　講談社　1998.3　①4-06-267901-9

◇ベートーヴェン全集　第3巻　人生と芸術　1800-1803年　前田昭雄ほか著　講談社　1997.12　①4-06-267903-5

◇ベートーヴェン大事典　バリー・クーパー原著監修、平野昭ほか訳　平凡社　1997.12　①4-582-10922-5
* ベートーヴェンの「生涯の年代的概観」「友人・知人との交流」「音楽的背景と歴史的背景」「性格と人間性」「彼に関する知識の源になる資料」「全作品リストとコメント」「音楽様式」「演奏実践の問題」をテーマに、多角的な視点から人間ベートーヴェンとおの作品を解明。巻末に、関連年表、家系図、関係人名事典、索引が付く。

◇ベートーベン―絶望を乗り越えて　アスキー　（CD-ROM & book）　1997.5　①4-7561-1561-6

◇大作曲家たちの履歴書　三枝成彰著　中央公論社　1997.5　①4-12-002690-6
* メイドに卵を投げつけた横暴なベートーヴェン。女装して恋愛相手を追いかけた激情家ベルリオーズなど人種、家系、宗教、作曲態度から精神状態、女性関係…18人の大作曲家の、頭の中から爪先までを忌憚なく描き出すクラシックファン必携のデータブック。各作曲家履歴書つき。

◇ベートーヴェンとその時代　カール・ダールハウス著, 杉橋陽一訳　西村書店　（大作曲家とその時代シリーズ）　1997.3　①4-89013-543-X
* 本書は、音楽学固有の分析作業のほか、文学、哲学、美学など周辺領域の豊富な知識を駆使して、周到緻密な考察を行い、新しいベートーヴェン像を力を込め、見事に描き出している。

◇ベートーヴェン楽想　梅木兜士弥著　新風舎　1997.2　①4-7974-0086-2

◇ベートーヴェン音楽の哲学　T.W.アドルノ著, 大久保健治訳　作品社　1997.1　①4-87893-270-8

◇ベートーヴェンへの旅　木之下晃, 堀内修著　新潮社　（とんぼの本）　1996.11　①4-10-602052-1
* 近年、欧米で新しい評価が加えられているベートーヴェン。彼こそ、斬新な技法で音楽の古典的様式を完成させた真の芸術家であり、当時の世相を意識的にとらえ作品へ反映させた最初の作曲家であった。ボン、ウィーン、プラハなど、ゆかりの地を写真で辿りながら、その偉業を検証する。

◇天才、生い立ちの病跡学―甘えと不安の精神分析　福島章著　講談社　（講談社プラスアルファ文庫）　1996.9　①4-06-256162-X
* 抑圧者だった父親、こどもを愛しすぎてしまう母親。おとなになる道のりの途中で、誰もが一度は経験する甘えと自立の心の葛藤。それが内なる狂気に変わる時、稀有な知性を持った人間にどんな影響を及ぼし、その才能を開花させたのか!?天才の極めて人間臭い心理的側面、とくに異常、病的な側面を研究し、その創造の秘密に精神医学的にアプローチする学問が病跡学である。ベートーヴェン、三島由紀夫…。歴史

ベートーヴェン

的人物の知られざる精神の過程と創作力の秘密が明らかになる。

◇世界人物逸話大事典　朝倉治彦，三浦一郎編　角川書店　1996.6　①4-04-031900-1
＊歴史上の人物の生き生きとした人間像を伝えるエピソードを多数紹介する事典。日本人によく知られた人物1883人を見出しに掲載。

◇旧少年少女のための新伝記全集　野田秀樹著　中央公論社　1996.4　①4-12-002560-8
＊一休さんにシュバイツァー博士、ジャンヌ・ダルクにベーブ・ルース、世界に名だたる偉人さんたち。その非凡なる生涯の秘められた真実に野田秀樹が肉薄。

◇ベートーヴェン・ルネサンス　音楽之友社　(Ontomo mook)　1996.1　①4-276-96020-7

◇55人の女性とベートーヴェン　小沢修三著　音楽之友社（製作）　1995.12

◇ベートーヴェンを愛した女たち　唯川恵著　ぶんか社　1995.12　①4-8211-0516-0

◇ベートーヴェン・不滅の恋人　青木やよひ著　河出書房新社　(河出文庫)　1995.11　①4-309-40464-2

◇(〈図説〉)ベートーヴェン――愛と創造の生涯　青木やよひ編著　河出書房新社　1995.11　①4-309-72499-X
＊「不滅の恋人」は誰か。百六十余年にわたる世紀の謎に挑み、知られざる愛の生涯と創造の秘密を明らかにする。

◇苦悩の英雄ベートーヴェンの生涯　改版　ロマン・ロラン著，新庄嘉章訳　角川書店（角川文庫）　1995.10　①4-04-203511-6
＊音楽家としての輝かしい瞬間に、聴覚を失うという冷酷な宿命を背負わねばならなかったベートーヴェン。だが、その痛ましいまでの苦悩を、見事に『歓喜』へと昇華させた。「思想あるいは力によって勝った人々を、私は英雄とは呼ばない。心によって偉大であった人々だけを、私は英雄と呼ぶのである」。少年時代からその音楽に親しみ、偉大なる魂を生涯の心のよりどころとして生きた、ロマン・ロランによる、敬愛に満ちたベートーヴェン賛歌。

◇天才ほどよく悩む　木原武一著　ネスコ，文芸春秋〔発売〕　1995.10　①4-89036-904-X

◇不滅の恋――ベートーヴェン　ジェイムズ・エリソン著，小西敦子訳　角川書店（角川文庫）　1995.10　①4-04-268601-X

◇ボヘミア・ベートーヴェン紀行――＜不滅の恋人＞の謎を追って　青木やよひ著　東京書籍　1995.6　①4-487-75414-3
＊ベートーヴェンが遺した謎の恋文をたよりに、秘められた愛のドラマの跡をボヘミアの著名な保養地や古都に探り、偉大なる音楽誕生の真実に迫る。

◇ベートーヴェン音楽散歩――ヴィーン・ボン・プラハ　稲生永写真・文　音楽之友社　(Music gallery)　1994.11　①4-276-38039-1

◇鳴り響く思想――現代のベートーヴェン像　東京書籍　1994.10　①4-487-79132-4

◇ハプスブルク歴史物語　倉田稔著　日本放送出版協会　(NHKブックス)　1994.6　①4-14-001702-3
＊複合多民族国家の六百余年のすべて。双頭の鷲の下に展開された栄光と没落の歴史を、気鋭のウィーン史家が、達意の文章で綴る。

◇ベートーヴェンの耳　江時久著　ビジネス社　1994.5　①4-8284-0560-7
＊ベートーヴェンは、聞こえない耳でなぜ、あれほど偉大な作品を次々に生み出すことができたのか。その謎の不思議に、一人の難聴者として肉薄した感動のノンフィクション。

◇ベートーヴェン・シューベルト　アントン・ノイマイヤー著，村田千尋訳　東京書籍　(現代医学のみた大作曲家の生と死)　1993.9　①4-487-76162-X
＊大作曲家の人間と音楽を現代医学の観点から問い直し、作品解釈の新たな展望を拓く医学評伝。

◇新訳 ベートーヴェンの本質　ハンス・メルスマン著，滝本裕造訳　美学社　1993.8
＊あの難解なハンス・メルスマンの名著「ベートーヴェン」が、30年ぶりに脚注

や補足語などを用いながら、わかり易い現代語訳で再登場。

◇ベートヴェン　下　メイナード・ソロモン著，徳丸吉彦，勝村仁子訳　岩波書店　1993.2　①4-00-002048-X
＊ベートヴェンの壮年期から晩年期は、独得の創世力の展開と魂と心性の深まりを刻した傑作がちりばめられ、音楽史上に燦然と輝く。その生涯の歩みと深く大きなアナロジーを持つその作曲活動を、厖大な研究史を批判的に踏まえながら現代の光に照らし精細に描き出す。近年の古典音楽研究の水準を示したベートーヴェン伝の決定版。

◇ベートーヴェン　上　メイナード・ソロモン著，徳丸吉彦，勝村仁子訳　岩波書店　1992.12　①4-00-002047-1
＊従来の厖大な研究史を批判的に踏まえ、ベートーヴェン像を全く刷新した画期的名著。あの「不滅の恋人」などいくつもの伝記上の隘路を打ち抜き、音楽と深いアナロジーを感じさせるその生涯を明快に、また縦横に描き、「楽聖」という厚いヴェールに隔てられたこの作曲家をいま現代に解き放つ。

◇第九交響曲―ベートーヴェン・苦悩をつきぬけて歓喜へ　小柳達男著　潮文社　1992.8　①4-8063-1242-8
＊今、この瞬間もベートーヴェンに聴き入っている多くの人達がいる。その「苦悩をつきぬける歓喜」の旋律が私達を励まし、慰め、そして一つに結ぶのだ。ぶきっちょで、ダンスが下手で、気位高く、また人に親切でもあったこの天才の豊かなプロフィールを敬愛を込めて綴った好著。

◇大作曲家の知られざる横顔　渡辺学而著　丸善　（丸善ライブラリー）　1991.7　①4-621-05018-4
＊"地震の日に生まれたヴィヴァルディ"、"モーツァルトの祖先は左官屋さん"、"ベートーヴェンの楽符に余分に印刷された二小節の謎"など、バッハ、ハイドンからショパンにいたる大作曲家たちの、知られざるエピソードの数々と、彼らの生きた時代や社会を、正確な資料に基づいて語ることにより、その素顔

を浮彫にしてゆく。

◇つべこべいわずにベートーヴェン　砂川しげひさ著　東京書籍　1991.6　①4-487-75238-8
＊世紀末の救世主ベートーヴェンの声を聴け！　書き下ろしエッセイ＆イラストレーション。

◇ベートーヴェンの美学―音楽の時間構造　ディヴィッド・B.グリーン著，足立美比古訳　勁草書房　1991.5　①4-326-80027-5

◇遙かなる恋人に―ベートーヴェン・愛の軌跡　青木やよひ著　筑摩書房　1991.4　①4-480-87152-7
＊ベートーヴェンほど誤解されて来た芸術家は少ない。耳の障害やまずしさをのりこえて偉大な音楽を創った、人の世とおりあいの悪い〈楽聖〉。へんくつで女性に「もてない」人。しかし残された資料から見ると、彼は恋愛においても、成功者であった。彼の「不滅の恋人」とは誰か。それは長いあいだ論じられて来たが、ここにドラマティックにとき明された。音楽とのかかわりもまた。スリルにみちた謎ときが始まる。

◇はじめてのベートーヴェン―生きる歓喜をうたう楽聖のすべて　宇野功芳解説　講談社　（講談社CDブックス）　1990.11　①4-06-204977-5

◇死の真相―死因が語る歴史上の人物　ハンス・バンクル著，後藤久子，関田淳子，柳沢ゆりえ，杉村園子共訳　新書館　1990.11　①4-403-24034-8
＊ベートーヴェン，フロイト，皇妃エリザベト，皇太子ルドルフ，レーニン，ヒトラー，ケネディ。心身の病いと闘う歴史上の人物に、病理学者の立場から光をあて、社会的人格にかくされた赤裸々な人間性を解剖する。異色の歴史評伝。

◇大作曲家の世界　2　ウィーン古典派の楽聖　モーツァルト・ベートーヴェン・シューベルト　〔カラー版〕　エドゥアルド・レシーニョ，クィリーノ・プリンチペ，ダニーロ・プレフーモ著，森田陽子，貴堂明子，小畑恒夫訳　音楽之友社　1990.6　①4-276-22082-3
＊バッハからストラヴィンスキーまで、

ペトラルカ

18人の大作曲家の生い立ちと活躍ぶりを、豊富な図版とともにアカデミックにそしてヴィジュアルにつづる豪華なシリーズ。
◇名曲の旅―楽聖たちの足跡　飯野尹著　電波新聞社　1990.5　①4-88554-247-2

ペトラルカ　Petrarca, Francesco
1304～1374　14世紀、イタリアの詩人。1341年叙事詩「アフリカ」により桂冠詩人の称号を受けた。

◇キリスト教的学識者―宗教改革時代を中心に　E.H.ハービソン著, 根占献一監訳　知泉書館　（ルネサンス叢書）　2015.2　①978-4-86285-205-2

◇ペトラルカ＝ボッカッチョ往復書簡　近藤恒一編訳　岩波書店　（岩波文庫）　2006.12　①4-00-327123-8
＊桂冠詩人と『デカメロン』の著者。ルネサンス二大文豪の文通はイタリア都市国家時代の証言でもある。ユマニスムの創始者と偉大な弟子は書物愛に結ばれ、古典研究を築きあげた。晩年の手紙にはペトラルカの叡智が光り、稀有の友情が読みとれる。全書簡本邦初訳。

◇ペトラルカ　ルネサンス書簡集　近藤恒一編訳　岩波書店　（岩波文庫）　2006.12　①4-00-327121-1
＊イタリア文学の三巨星の一人で、ルネサンス運動の首唱者であったペトラルカ（1304 - 1374）は、偉大な詩人であるとともに、つねに自己自身を問いつつ哲学するモラリストであった。ここに収められた23篇の手紙は、ペトラルカが親しく同時代人や古代人、後世の人に呼びかけたもので、モラリストとしての真骨頂が浮彫りにされる。本邦初訳書簡多数。

◇イタリア・ルネサンスの哲学者　新装版　P.O.クリステラー著, 佐藤三夫監訳, 根占献一, 伊藤博明, 伊藤和行共訳　みすず書房　2006.9　①4-622-07240-8

◇ペトラルカ―生涯と文学　近藤恒一著　岩波書店　2002.12　①4-00-024703-4
＊ダンテ、ボッカッチョとともに、イタリア文学の三巨星の一人であり、ルネサンス時代を代表する作家・思想家、ペトラルカの生涯と思想・文学について述べた初の本格的な入門書。主著『カンツォニエーレ』でうたわれた永遠の恋人ラウラのこと、文芸復興（ルネサンス）の同志であったボッカッチョとの友情、近代の「個人」意識につながり現代人の問題でもある「孤独」の思想などを軸に、ルネサンス的「普遍人」として多彩な活動をしたペトラルカについて、そのエッセンスを書き下ろす。

◇世界人物逸話大事典　朝倉治彦, 三浦一郎編　角川書店　1996.6　①4-04-031900-1
＊歴史上の人物の生き生きとした人間像を伝えるエピソードを多数紹介する事典。日本人によく知られた人物1883人を見出しに掲載。

◇イタリア・ルネサンスの哲学者　P.O.クリステラー著, 佐藤三夫監訳　みすず書房　1993.3　①4-622-03063-2
＊ペトラルカ、ヴァッラ、フィチーノ、ピーコ、ポンポナッツィ、テレジオ、パトリーツィ、ブルーノ。14―16世紀ルネサンスを代表する思想家8人の生涯と思想。

ベネディクトゥス
Benedictus a Nursia, St.
480頃～547頃　5・6世紀、キリスト教の聖人。ベネディクト会の始祖。1964年全ヨーロッパの守護聖人とされた。

◇修道院の歴史―聖アントニオスからイエズス会まで　杉崎泰一郎著　創元社　（創元世界史ライブラリー）　2015.5　①978-4-422-20339-3
＊古代エジプトの隠遁生活に始まり、現代まで脈々と受け継がれてきた修道士たちの営み。彼らは俗世から離れて共同生活のなかに神を希求する一方、学問の継承、糧を得るための生産活動、女子修道院や騎士修道会の創設など、西欧社会に大きな影響を与えてきた。本書ではローマ・カトリック世界を中心に、その原初から近代のイエズス会の活動までを辿り、歴史の中に現れた多

様な修道院のかたちを明らかにする。
◇聖ベネディクトゥス―危機に立つ教師　坂口昂吉著　南窓社　2003.7　①4-8165-0311-0
◇古代教会の牧会者たち　2　西方教会　クリスティアン・メラー編, 加藤常昭訳　日本基督教団出版局　（魂への配慮の歴史）2000.9　①4-8184-0403-9
◇聖ベネディクトゥスと修道院文化　上智大学中世思想研究所編　創文社　（上智大学中世思想研究所紀要　中世研究）1998.9　①4-423-30100-8
◇神を探し求める―聖ベネディクトの「戒律」を生きる　エスター・デュ・ワール著, シトー会西宮の聖母修道院訳　聖文舎　1991.3　①4-7921-3184-7

ヘミングウェー
Hemingway, Ernest Miller
1899～1961　20世紀、アメリカの小説家。主著「日はまた昇る」(1926)、「武器よさらば」(29)、「誰がために鐘は鳴る」(40)、「老人と海」(52、ピュリッツァー賞受賞）など。1954年ノーベル文学賞受賞。

◇ヘミングウェイの愛したスペイン　今村楯夫著　風濤社　2015.11　①978-4-89219-406-1
◇アーネスト・ヘミングウェイ、神との対話　高野泰志著　松籟社　2015.3　①978-4-87984-334-0
◇お洒落名人ヘミングウェイの流儀　今村楯夫, 山口淳著　新潮社　（新潮文庫）2013.10　①978-4-10-127711-0
＊マリンボーダーのシャツ、ブルックス・ブラザーズのスーツ、バーバリーのコート、ハーディー・ブラザーズの釣り具、パーカーの万年筆…。ヘミングウェイの小説と人生は様々な"モノ"に彩られている。JFKライブラリーに所蔵される領収書や手紙など膨大な資料や写真をもとにヘミングウェイという作家が体現した「ライフスタイル」を明らかにする。
◇ヘミングウェイ大事典　今村楯夫, 島村法夫監修, 田畑佳菜子編集・進行管理　勉誠出版　2012.7　①978-4-585-20009-3
＊第1部では長編、短編はもとより、戯曲、詩などヘミングウェイの全作品を網羅するほか、雑誌記事の全貌を明らかにし、手紙についても詳細に触れる。第2部では家族、交友関係から、動植物、地名、衣食住、文芸用語まで、200以上の関連項目を詳述。巻頭口絵には、ヘミングウェイの生涯を辿るアルバムを付す。また、本文中に多数の写真を掲載するほか、巻末に年譜、系図、関連地図。「人名」「地名」「作品名」「諸概念」に分けた索引を付す。
◇ヘミングウェイと戦争―『武器よさらば』神話解体　日下洋右著　彩流社　2012.5　①978-4-7791-1794-7
◇PAPA&CAPA―ヘミングウェイとキャパの17年　山口淳著　阪急コミュニケーションズ　2011.5　①978-4-484-11208-4
＊写真が語る知られざる友情の軌跡。2人は戦時下のマドリッドで出会い、共に呑み、笑い、戦い、喧嘩した！　文豪と戦争写真家の"精神的養子縁組"の記録。
◇パリの異邦人　鹿島茂著　中央公論新社　（中公文庫）2011.5　①978-4-12-205483-7
◇若きヘミングウェイ―生と性の模索　前田一平著　南雲堂　2009.10　①978-4-523-29311-8
＊生地オークパークと、アメリカ修業時代を徹底検証し、新しい視座でヘミングウェイ像を構築する俊秀の論考。
◇大作家"ろくでなし"列伝―名作99篇で読む大人の痛みと歓び　福田和也著　ワニ・プラス, ワニブックス〔発売〕　（ワニブックスPLUS新書）　2009.10　①978-4-8470-6004-5
◇作家の家―創作の現場を訪ねて　フランチェスカ・プレモリ＝ドルーレ文, エリカ・レナード写真, マルグリット・デュラスプロローグ, 鹿島茂監訳, 博多かおる訳　西村書店　2009.2　①978-4-89013-628-5
◇ヘミングウェイとスペイン内戦の記憶―もうひとつの作家像　船山良一著　彩流社　2007.11　①978-4-7791-1302-4

ヘミングウェー

* レトリックで読む『誰がために鐘は鳴る』と元義勇兵との書簡を通して綴る作家の実像。

◇フィッツジェラルド/ヘミングウェイ往復書簡集　フィッツジェラルド，ヘミングウェイ筆，宮内華代子編著　ダイナミックセラーズ出版　2006.12　①4-88493-309-5

◇ヘミングウェイ―人と文学　島村法夫著　勉誠出版　（世界の作家）　2005.11　①4-585-07164-4
* ヘミングウェイの文学と生涯は、18歳のときにイタリアの戦場で被弾して被った臨死体験を抜きには語れない。本書では、こうした彼の原風景とも言うべき死を媒介にした内的世界を強烈に意識しつつ、スペインの内戦を挟み、2つの大戦に魅せられて激動の時代を生き抜いた作家の特異な精神の軌跡が、遺作を含む彼の作品群と伝記的事実の密接な関わりを通して捉えられている。斬新なヘミングウェイ像が、十分な説得力をもって迫ってくる。

◇ライオンを夢見る　矢作俊彦著　東京書籍　2004.2　①4-487-79868-X

◇ヘミングウェイ―「愛」・「生」・「死」そこに求めた至上の精神　照山雄彦著　近代文芸社　1999.10　①4-7733-6579-X
* ヘミングウェイの作品の基底を成すニヒリズムにおける人間の生存と、そこから表出されるアイロニーから、彼の観念を追求し作品の文学的探究を試みる。

◇ヘミングウェイ美食の冒険　クレイグ・ボレス著，野間けい子訳　アスキー　1999.10　①4-7572-0594-5
* 生誕百年！ 新しいヘミングウェイがここにいる。彼が愛した料理と酒を用意し、美食の冒険に旅立とう。

◇ヘミングウェイと家族の肖像　マーサリーン・ヘミングウェイ・サンフォード著，清水一雄訳　旺史社　1999.9　①4-87119-070-6

◇アーネスト・ヘミングウェイ―写真集　クラウディオ・イスキエルド・フンシア著，大林文彦訳　海風書房　1999.7　①4-7684-8873-0

◇キューバのヘミングウェイ　シロ・ビアンチ・ロス著，後藤雄介訳　海風書房　1999.5　①4-7684-8872-2

◇ヘミングウェイの時代―短篇小説を読む　日下洋右編著　彩流社　1999.3　①4-88202-516-7
* ヘミングウェイ文学の核心をなす短篇の読み方が変わる！ ヘミングウェイを甦らせる斬新なアプローチ。ヘミングウェイ生誕百周年記念出版。

◇酔いどれアメリカ文学―アルコール文学文化論　森岡裕一，藤谷聖和，田中紀子，花岡秀，貴志雅之共著　英宝社　1999.2　①4-269-73041-2
* 彼らは酒に何を求め、酒は彼らを何処へ誘ったか。伝記研究の成果と斬新なテクスト分析を縦横に駆使し、酔いどれアメリカ人作家の実像に迫る野心作。今、酒と作家の関わりに光があたる。

◇ヘミングウェイはなぜ死んだか―『老人と海』の伝説 二十世紀の文豪の謎　柴山哲也著　集英社　（集英社文庫）　1999.1　①4-08-747007-5
* 1961年、猟銃自殺をしたヘミングウェイはFBIのスパイだった!?カストロ率いるキューバ革命のゲリラたちと緊密な関係を持っていたと思われるのだ。アメリカの情報公開法に基づき、様々な資料が明らかになる中、FBIに残されたヘミングウェイに関する機密調査ファイルは閉じられたままだ。綿密な取材で、気鋭のジャーナリストが文豪の実像を追うノンフィクション。

◇ヘミングウェイのパリ・ガイド　今村楯夫著　小学館　（Shotor travel）　1998.12　①4-09-343137-X
* 誰も知らないパリ、とっておきのポタリング・ガイド。ちょっと知的なパリ散歩の本。E.ヘミングウェイがこよなく愛したパリを満喫する。

◇ラブ・アンド・ウォー―第一次大戦のヘミングウェイ　ヘンリー・S・ヴィラード著，ジェイムズ・ネイグル著，高見浩訳　新潮社　（新潮文庫）　1997.9　①4-10-203321-1

◇世界人物逸話大事典　朝倉治彦，三浦一郎

ヘミングウェー

編　角川書店　1996.6　Ⓟ4-04-031900-1
＊歴史上の人物の生き生きとした人間像を伝えるエピソードを多数紹介する事典。日本人によく知られた人物1883人を見出しに掲載。

◇ヘミングウェイの女性たち――作品と伝記の間　丸田明生著　国書刊行会　1995.10　Ⓟ4-336-03770-1

◇ヘミングウェイの海　今村楯夫監修・取材・文，和田悟写真　求竜堂（求竜堂グラフィックス）　1995.8　Ⓟ4-7630-9520-X

◇ヘミングウェイを追って　今村楯夫文，和田悟写真　求竜堂（Earth book）1995.7　Ⓟ4-7630-9519-6

◇ヘミングウェイ――愛と女性の世界　日下洋右著　彩流社　1994.9　Ⓟ4-88202-310-5
＊"女性に取りつかれた作家"のヒロイン像。四度結婚し三度離婚した女性遍歴…。男性的作家のイメージの背後に流れる相容れない二つの女性像――長編とは対照的な男女間の相剋を描く短編小説を伝記をからめて読むヘミングウェイの新しい世界。

◇ヘミングウェイと歩くパリ　ジョン・リーランド著，高見浩編・訳　新潮社　1994.8　Ⓟ4-10-529101-7
＊彼はどのカフェで原稿を書き、どのホテルで逢引し、どの裏通りをそぞろ歩いたのか―3つのコース・132のスポットにエピソード満載、今までにない旅の発見。

◇ヘミングウェイはなぜ死んだか――二十世紀の原罪に挑んだ男　柴山哲也著　朝日ソノラマ　1994.6　Ⓟ4-257-03387-8
＊ヘミングウェイは革命直前のキューバで秘密情報活動を指揮した――FBI極秘ファイルが明かす驚くべき事実。しかし彼の行動はFBI長官フーバーに危険視され、徹底的な監視を受けていた。FBIは、そしてアメリカは何を恐れたのか。新資料をもとにヘミングウェイ神話に迫る衝撃のノンフィクション。

◇ヘミングウェイと原始主義　三木信義著　開文社出版　1994.3　Ⓟ4-87571-925-6

◇HEMINGWAY 65 CATS　和田悟著　小学館　1993.12　Ⓟ4-09-353021-1
＊あのヘミングウェイは元祖「猫オタク」だった。バイオレンスとマッチョ伝説に彩られたノーベル賞作家の意外な素顔を現代に伝えるヘミングウェイ・キャット65匹。この本を読めば名前の由来や彼の猫好きの理由もわかります。

◇名作はなぜ生まれたか――文豪たちの生涯を読む　木原武一著　同文書院（アテナ選書）　1993.11　Ⓟ4-8103-7172-7
＊不朽の名作を知る。文豪のドラマチックな生涯をさぐる。西洋の文豪、きらめく20名のだいご味。

◇冒険者伝説　日本テレビ放送網（知ってるつもり?!）　1993.9　Ⓟ4-8203-9329-4

◇ヘミングウェイ――脚色した人生の終焉　尾崎衛著　メディアファクトリー（The LIFE STORY）　1992.12　Ⓟ4-88991-274-6
＊戦争、恋愛、酒、釣り、狩猟…行動する文豪"パパ"が最期まで演じた『美しき人生』という名の物語。

◇天才たちの死――死因が語る偉人の運命　ハンス・バンクル著，関田淳子，後藤久子，柳沢ゆりえ，杉村園子共訳　新書館　1992.8　Ⓟ4-403-24037-2
＊難聴だけでなく、消化不良にも悩まされていたベートーヴェン、高血圧で不眠症だったレーニン、ヘビースモーカーのフロイト、幼いころから病弱だったケネディ。心身の病と闘う歴史上の人物たちの姿に病理学者の視点から光をあて、彼らの隠された素顔を浮かびあがらせる。

◇パパがニューヨークにやってきた　リリアン・ロス著，青山南訳　マガジンハウス　1992.7　Ⓟ4-8387-0226-4
＊ひたすら観察してレポートせよ。〈ニューヨーカー〉に発表されるや、賛否両論の嵐をまきおこしたレポーティングの歴史的傑作。ヘミングウェイもうなったヘミングウェイの愉快な肖像。

◇二十世紀の自殺者たち――百三十人の時代証言　若一光司著　徳間書店　1992.7　Ⓟ4-19-554918-3
＊ヒトラー、モンロー、江青等の謎に満ち

た死の真相に迫る。時代が個人を死へと追いやるとき自殺者は時代を告発し続ける。

◇ヘミングウェイ論　須加葉子著　鹿屋体育大学外国語教育センター　1991.5

◇死の横顔―なぜ、彼らは自殺したのか　布施豊正著　誠信書房　1991.4　①4-414-42907-2
＊カナダ在住の自殺学研究者が、著名人の「人生史解剖」を通じて、それぞれの不思議に似通った自殺に至る人生の軌跡を辿る。さらに自殺の危険信号の読み取り方を知らせてくれる。

◇インテレクチュアルズ　ポール・ジョンソン著，別宮貞徳訳　共同通信社　1990.9　①4-7641-0243-9
＊ルソーは子どもっぽい思想家、マルクスはめったに風呂に入らず金銭感覚はゼロ、ヘミングウェイは「行動」を口にするばかりで日々酒におぼれ、サルトルは「ことば」の洪水に次々と若い女性を引きずりこんだ。知の巨人たちの驚くべき実像。

◇青春は川の中に―フライフィッシングと父ヘミングウェイ　ジャック・H.N.ヘミングウェイ著，沼沢洽治訳　ティビーエス・ブリタニカ　1990.9　①4-484-90123-4
＊釣った、書いた。愛した。今ここに明らかになるヘミングウェイ生と死の全貌。―長男による初の回想録。

◇ヘミングウェイと猫と女たち　今村楯夫著　新潮社　（新潮選書）　1990.2　①4-10-600375-9
＊「老人と海」などの作品の中にさりげなく現れる猫。作家の人生を華やかに彩った美しい女たち―フロリダ半島の突端キーウエストを訪ね、ボストンのケネディ図書館の新資料を検討し、その文学と生涯に新しい光をあてる。

ヘラクレイオス1世　Heraclius

575頃～641　6・7世紀、ビザンチン皇帝（在位610～641）。ヘラクリウス朝を創始。

◇世界伝記大事典　世界編 1～12　編集代表：桑原武夫　ほるぷ出版　1980.12～1981.6

ヘラクレイトス　Hērakleitos

前544頃～？　前6・5世紀、古代ギリシアの哲学者。万物流転（パンタ・レイ）説や火の原理で知られる。

◇森羅万象が流転する―ヘラクレイトス言行録　ルチャーノ・デ・クレシェンツォ著，谷口伊兵衛，ジョバンニ・ピアッザ訳　近代文芸社　2011.12　①978-4-7733-7803-0
＊愛、善悪の葛藤、人生の意味、世界、政治、…をヘラクレイトスが『物語ギリシャ哲学史』の著者に説明する。129篇の断片と、82個の証言（計211）に、現代的な照明を当てることにより、著者は有益かつ面白い本に仕上げている。

◇ダメ人間の世界史―ダメ人間の歴史 vol 1　引きこもり・ニート・オタク・マニア・ロリコン・シスコン・ストーカー・フェチ・ヘタレ・電波　山田昌弘，麓直浩著　社会評論社　2010.3　①978-4-7845-0976-8

◇ギリシア・ローマ哲学者物語　山本光雄著　講談社　（講談社学術文庫）　2003.10　①4-06-159618-7

◇哲学思想の50人　ディアーネ・コリンソン著，山口泰司，阿部文彦，北村晋訳　青土社　2002.4　①4-7917-5951-6

ベラスケス

Velázquez, Diego Rodríguez de Silva y

1599～1660　16・17世紀、スペインの画家。バロック美術を代表。近代外光絵画の先駆者。主作品「ブレダの開城」（1634～1635）ほか。

◇ベラスケス―宮廷のなかの革命者　大髙保二郎著　岩波書店　（岩波新書 新赤版）　2018.5　①978-4-00-431721-0

◇もっと知りたいベラスケス―生涯と作品　大髙保二郎，川瀬佑介著　東京美術　（アート・ビギナーズ・コレクション）　2018.2　①978-4-8087-1102-3

◇天才たちのスペイン　谷口江里也著　未知谷　2016.5　①978-4-89642-495-9

◇ベラスケス―ラス・メニーナス〈女官たち〉　マルコ・カルミナーティ著，佐藤幸宏訳　西村書店東京出版編集部　（名画の秘密）　2016.3　①978-4-89013-736-7

◇自画像の告白―「私」と「わたし」が出会うとき　森村泰昌著　筑摩書房　2016.3
①978-4-480-87386-6

◇「絶筆」で人間を読む―画家は最後に何を描いたか　中野京子著　NHK出版（NHK出版新書）　2015.9
①978-4-14-088469-0

◇宮廷人ベラスケス物語　西川和子著　彩流社　2015.3　①978-4-7791-2100-5

◇目からウロコの絵画の見かた―カラヴァッジョからフェルメールまで　大橋巨泉著　ダイヤモンド社　（大橋巨泉の美術鑑賞ノート）　2008.11　①978-4-478-00724-2

◇ディエゴ・ベラスケス―スペインの顔 1599-1660　ノルベルト・ヴォルフ著　タッシェン・ジャパン　（タッシェン・ニュー・ベーシック・アート・シリーズ）　2000.10　①4-88783-018-1

◇ベラスケス　モーリス・セリュラス著，雪山行二，山梨俊夫訳　美術出版社　（新装BSSギャラリー世界の巨匠）　1994.8
①4-568-19057-6

◇ベラスケス　モーリス・セリュラス著，雪山行二，山梨俊夫訳　美術出版社　（BSSギャラリー世界の巨匠）　1990.9
①4-568-19003-7

ペリクレス　Perikles
前495頃～前429　前5世紀、アテネの政治家。アテネ帝国を繁栄に導いた。

◇悪の歴史―隠されてきた「悪」に焦点をあて、真実の人間像に迫る　西洋編上＋中東編　鈴木董編著　清水書院　2017.12
①978-4-389-50066-5

◇図説世界史を変えた50の指導者（リーダー）　チャールズ・フィリップス著，月谷真紀訳　原書房　2016.2
①978-4-562-05250-9

◇本当は偉くない？　世界の歴史人物―世界史に影響を与えた68人の通信簿　八幡和郎著　ソフトバンククリエイティブ　（ソフトバンク新書）　2013.8
①978-4-7973-7448-3
＊古代から現代に至るまで、よく知られた帝王や政治家を68人選び、それぞれが世界史の中で果たした役割を「偉人度」と「重要度」の2つの側面から10点満点で評価。世界史において偉人とされている人物たちの実像に迫る。

◇ローマとギリシャの英雄たち　黎明篇―プルタークの物語　阿刀田高著　新潮社（新潮文庫）　2011.7
①978-4-10-125535-4

◇アテネ民主政―命をかけた八人の政治家　沢田典子著　講談社　（講談社選書メチエ）　2010.4　①978-4-06-258465-4

◇英雄伝　2　プルタルコス著，柳沼重剛訳　京都大学学術出版会　2007.11
①978-4-87698-171-7

◇都市国家アテネ―ペリクレスと繁栄の時代　ピエール・ブリュレ著，青柳正規監修，高野優訳　創元社　（「知の再発見」双書）　1997.6　①4-422-21128-5

◇世界人物逸話大事典　朝倉治彦，三浦一郎編　角川書店　1996.6　①4-04-031900-1
＊歴史上の人物の生き生きとした人間像を伝えるエピソードを多数紹介する事典。日本人によく知られた人物1883人を見出しに掲載。

◇男の肖像　塩野七生著　文芸春秋　（文春文庫）　1992.6　①4-16-733702-9
＊人間の顔は、時代を象徴する―。幸運と器量にめぐまれて、世界を揺るがせた歴史上の大人物たち、ペリクレス、アレクサンダー大王、カエサル、北条時宗、織田信長、西郷隆盛、ナポレオン、フランツ・ヨゼフ一世、毛沢東、チャーチルなどを、辛辣に優雅に描き、真のリーダーシップとは何かを問う。豪華カラー版。

ベーリング　Bering, Vitus Jonassen
1681～1741　17・18世紀、デンマーク生れのロシアの航海者。のちにベーリング海峡と呼ばれる海峡を発見。

◇世界の探検家列伝　竹内均著　ニュート

ンプレス　（竹内均知と感銘の世界）
2003.7　ⓘ4-315-51693-7

◾ベル　Bell, Alexander Graham
1847〜1922　19・20世紀、アメリカの物理学者。電話機の発明者として著名。のちベル電話会社を設立。

◇ぼくは発明家―アレクサンダー・グラハム・ベル　メアリー・アン・フレイザー作, おびかゆうこ訳　広済堂あかつき
2017.11　ⓘ978-4-908255-64-9
＊にぎやかな町の音。ピアノのひびき。赤ちゃんの泣き声。音はどうして聞こえるんだろう？　声はどのようにして出るのだろう？　アレックはきょうみしんしんでした…。電話の発明で知られるベルを子ども時代から描いた伝記絵本。発明家、教育者としての活躍と大きく変わる時代の流れをいきいきと描き出します。

◇10分で読める発明・発見をした人の伝記　塩谷京子監修　学研教育出版, 学研マーケティング〔発売〕　2015.3
ⓘ978-4-05-204115-0

◇近代発明家列伝―世界をつないだ九つの技術　橋本毅彦著　岩波書店　（岩波新書）　2013.5　ⓘ978-4-00-431428-8

◇世界を変えた素人発明家　志村幸雄著　日本経済新聞出版社　（日経プレミアシリーズ）　2012.2　ⓘ978-4-532-26153-5

◇グラハム・ベル―声をつなぐ世界を結ぶ　オーウニン・ギンガリッチ編、ナオミ・パサコフ著, 近藤隆文訳　大月書店　（オックスフォード科学の肖像）　2011.4
ⓘ978-4-272-44060-3
＊1922年、電話の発明者ベルを追悼して合衆国の全電話サービスが1分間停止され、エジソンが「亡き友の世界的に有名な発明は、時間と空間を消滅させ、人類がより緊密に連絡できるようにした」と語った。自らは聴覚障害者と耳の聞こえる人たちとの交流を阻む壁を破ることを目標にかかげていたベルの業績と生涯。

◇グラハム・ベル空白の12日間の謎―今明かされる電話誕生の秘話　セス・シュルマン著, 吉田三知世訳　日経BP社

2010.9　ⓘ978-4-8222-8439-8
＊電話発明者をベルとする従来の電話特許史をくつがえす、新たに公開されたベルの「研究ノート」。ノートの解読、特許裁判での証言の詳細な解析と推理で電話特許の謎に挑むノンフィクションミステリー。ワシントン・ポスト紙批評家選定本（2008年）。

◇世界人物逸話大事典　朝倉治彦, 三浦一郎編　角川書店　1996.6　ⓘ4-04-031900-1
＊歴史上の人物の生き生きとした人間像を伝えるエピソードを多数紹介する事典。日本人によく知られた人物1883人を見出しに掲載。

◇情報の天才たち―電脳社会をつくった12人の個性　新戸雅章著　（横浜）光栄　（電楽ライブラリ）　1993.9　ⓘ4-87719-036-8
＊コンピュータ、情報理論、通信の分野で華々しい業績を残し、情報化社会を創造した先駆者の波乱の生涯と知られざる素顔とは？

◇孤独の克服―グラハム・ベルの生涯　ロバート・V.ブルース著, 唐津一監訳　NTT出版　1991.5　ⓘ4-87188-117-2
＊電話を発明したグラハム・ベルは聴覚障害児の教師であった。コミュニケーションへの情熱が電話の発明を可能にした。新しい技術が生まれるところには常にドラマがある。技術とは、失敗の積み上げであり、きわめて人間臭いものである。歴史、科学技術に関心のあるすべての方々に勧めたい本。貴重な写真も多く見ても楽しい本である。

◾ヘルムホルツ
Helmholtz, Hermann Ludwig Ferdinand von
1821〜1894　19世紀、ドイツの生理学者、物理学者。エネルギー保存則の提唱者。生理学的業績のほかに電気化学など多彩に活躍。

◇50人の物理学者　I.ジェイムズ著, 入江碧, 入江克訳　シュプリンガー・ジャパン
2010.2　ⓘ978-4-431-10087-4

◇物理学天才列伝　上　ガリレオ、ニュートンからアインシュタインまで　ウィリ

アム・H.クロッパー著, 水谷淳訳　講談社（ブルーバックス）　2009.12
①978-4-06-257663-5
◇心理学群像　1　末永俊郎監修, 鹿取広人, 鳥居修晃編　アカデミア出版会　（学問の群像シリーズ）　2005.5

ベルンシュタイン　Bernstein, Eduard
1850〜1932　19・20世紀、ドイツの社会主義者。社会民主党の理論家、修正主義の提唱者。議会政治による社会民主主義の実現を目ざした。

◇ドイツの歴史家　第3巻　H.-U.ヴェーラー編, ドイツ現代史研究会訳　未来社　1983.11
◇ベルンシュタインと修正主義　関嘉彦著　早稲田大学出版部　1980.10
◇ベルンシュタイン―民主的社会主義のディレンマ　ピーター・ゲイ著, 長尾克子訳　木鐸社　（思想史ライブラリー）　1980.9

ヘロドトス　Hērodotos
前484頃〜前425頃　前5世紀、ギリシアの歴史家。オリエント各地を旅行し「歴史」を著した。「歴史の父」と称される。

◇モラリア　10　プルタルコス著, 伊藤照夫訳　京都大学学術出版会　（西洋古典叢書）　2013.6　①978-4-87698-286-8
＊「歴史の父」ヘロドトスの歴史眼に向けられた、あまりに過激で執拗な批判が、著者の穏健なイメージに似つかわしくないことから、真偽論争まで引き起こした『ヘロドトスの悪意について』のほか、アッティカ弁論家10人に関する貴重な伝記資料『十大弁論家列伝』、露骨なまでの新喜劇贔屓がプルタルコスの時代性を炙り出す『アリストパネスとメナンドロスの比較論概要』など4篇を収録する。
◇ヘロドトス　藤縄謙三著　魁星出版, 学灯社〔発売〕　2006.6　①4-312-01007-2
＊古代ギリシア最大の歴史家がまとめあげた厖大な量の『歴史』を、現代人に理解しやすく整理、再構成した西洋史研究の画期的労作。現代に甦る『歴史の父』ヘロドトス。
◇ヘロドトスとトゥキュディデス―歴史学の始まり　桜井万里子著　山川出版社　（Historia）　2006.5　①4-634-49194-X
＊21世紀の歴史学はどうあるべきか。その答えを、その可能性を、古代ギリシアにさかのぼり、ペルシア戦争、ペロポネソス戦争を見据えた二人の歴史家と対話しながら考えていきたい。のちの歴史家たちが非難したようにヘロドトスはほんとうに「嘘つき」だったのか。史料批判において厳密だったといわれるトゥキュディデスは、ほんとうに「事実」だけを記録したのか。歴史叙述が歴史学へといたる端緒を探る。
◇地中海―人と町の肖像　樺山紘一著　岩波書店　（岩波新書）　2006.5　①4-00-431015-6

ペロン　Perón, Juan Domingo
1895〜1974　20世紀、アルゼンチンの軍人、大統領。独裁的政治を行い、海軍のクーデターにより追放されたが1972年ペロン派の要望により17年ぶりに帰国。大統領に就任。

◇世界極悪人大全―「野心」と「渇望」と「狂気」の果て　桐生操著　文芸春秋　（文春文庫）　2010.2　①978-4-16-777341-0
◇ラテンアメリカ　開発の思想　今井圭子編著　日本経済評論社　2004.11　①4-8188-1719-8

ベンサム　Bentham, Jeremy
1748〜1832　18・19世紀、イギリスの法学者、倫理学者、経済学者。功利主義の基礎を築いたことで有名。政治運動にもたずさわった。

◇ジェレミー・ベンサムの挑戦　深貝保則, 戒能通弘編　ナカニシヤ出版　2015.2　①978-4-7795-0896-7
◇ベンサムとイングランド国制―国家・教会・世論　小畑俊太郎著　慶応義塾大学出版会　2013.10　①978-4-7664-2088-3
＊フランス革命はジェレミー・ベンサム

の社会認識と人間観を大きく揺るがした。ウィリアム・ブラックストンへの批判から始められた思索がたどりついた「立法の科学」と「自由な国家」構想。革命の動乱を契機に、ベンサムは、その構想が前提とする合理的な人間—適切に功利計算ができる人間—の存立を阻む様々な外的要因に関心を広げてゆく。人民による世論が決定的な意味を持つ民主政治において、アナーキーに陥ることのない「自由な国家」はいかにして可能なのか。本書は、ベンサムの思想が、フランス革命の衝撃を経てイングランド国制批判として展開していく過程を同時代の知的文脈と関連づけて考察する。イングランド国教会批判と議会改革論を経て『憲法典』に結実する、ベンサムの「自由な国家」の具体的構想が明らかにされる。一貫した哲学を持つ功利主義者像を相対化し、ベンサムの生涯にわたる思想的格闘を追究する画期的な研究成果。

◇ベンサム—功利主義入門　フィリップ・スコフィールド著，川名雄一郎，小畑俊太郎訳　慶応義塾大学出版会　2013.1　①978-4-7664-2003-6
＊現代のさまざまな分野に、実践・理論の両面で大きな影響を及ぼしているジェレミー・ベンサム（1748‐1832）。本書は、彼の厖大な草稿類を整理・校訂するベンサム・プロジェクトを牽引し、新著作集の編集主幹をつとめる、「世界一ベンサムを知る」著者による本格的な入門書である。苦痛と快楽が基礎づける原理（功利性の原理）による立法の科学を構想し、共同体の幸福＝「最大多数の最大幸福」を目指したこの思想家の全貌を平易に解説し、従来触れられてこなかった宗教と性、拷問に関する理論に言及するなど、最新の研究成果をもとに彼の功利主義思想を体系的に論じる。詳細な読書案内とともに、ジョン・ロールズ『正義論』（1971）における功利主義批判以降のベンサム研究の動向を論じる訳者解説（小畑俊太郎執筆）を付した、新しい功利主義入門。

◇歴史を動かした哲学者たち　堀川哲著　角川学芸出版，角川グループパブリッシング〔発売〕　（角川ソフィア文庫）2012.12　①978-4-04-408610-7

◇怪物ベンサム—快楽主義者の予言した社会　土屋恵一郎著　講談社　（講談社学術文庫）　2012.1　①978-4-06-292092-6
＊功利主義者、パノプチコン創案者。近代批判の中で忘却されたベンサム。しかし、この怪物の構想は現代にも生きている。死刑廃止、動物愛護、都市衛生、同性愛擁護、さらにはチューブによる社会通話システム、冷蔵庫…。人間を快感と欲望の中に配置し、自我の解体をも試みた男。一九世紀最大の奇人啓蒙思想家の社会設計図を解読し、その背景を解明する。

◇イギリスのモラリストたち　柘植尚則著　研究社　2009.8　①978-4-327-48154-4

◇ヨーロッパ知の巨人たち—古代ギリシアから現代まで　田中浩著　日本放送出版協会　（NHKライブラリー）　2006.3　①4-14-084204-0

◇ベンサム　永井義雄著　研究社　（イギリス思想叢書）　2003.3　①4-327-35217-9
＊「最大多数の最大幸福」「有益性の原理」「公益主義（utilitarianism）」などの有名な言葉は、ベンサムが法哲学者として、制定法のなかったイングランドにおいて民法・刑法すべてを含む法典の編纂を独力で構築しようとした、近代国家構想の原理であった。

◇英国文化の世紀　1　新帝国の開花　松村昌家，川本静子，長島伸一，村岡健次編　研究社出版　1996.4　①4-327-35201-2
＊本書は、ヴィクトリア時代に先立つ18世紀後半から19世紀前半にかけての時代像を構成しようとしたものである。その内容は、産業革命を論じたもの2篇、フランス革命の影響に大きく関わるもの2篇、この時期の急進主義思想に関わるもの2篇、ジェントルマンをとりあげたもの1篇、帝国の経営に関わるもの3篇の計10篇の論考からなっている。

◇ベンサム　J.R.ディンウィディ著，永井義雄，近藤加代子訳　日本経済評論社　1993.6　①4-8188-0679-X

＊「最大多数の最大幸福」を唱えた功利主義の始祖、ジェレミー・ベンサム。だがその思想は長く誤解され続けてきた。第一人者が描く新しいベンサム像。

◇ベンサムという男―法と欲望のかたち　土屋恵一郎著　青土社　1993.2
①4-7917-5233-3
＊功利主義の始祖、一望観視装置・パノプチコンの発案者にして同性愛の果敢な擁護者、そしてイギリス法改革運動の先鋒…。〈最大多数の最大幸福〉を唱え、快感の布置によって社会のネットワークを組み変えようとした過激な法思想家、ジェレミー・ベンサム氏の思想とプライヴァシー。

◇ベンサムとコウルリッジ　J.S.ミル著，松本啓訳　みすず書房　1990.10
①4-622-03048-9

▎ヘンデル　Händel, Georg Friedrich　1685〜1759　17・18世紀、ドイツ生まれのイギリスの作曲家。英王室のために管弦楽「水上の音楽」（17頁）などを作曲。

◇ヘンデルが駆け抜けた時代―政治・外交・音楽ビジネス　三ケ尻正著　春秋社　2018.6　①978-4-393-93212-4

◇音楽と病―病歴にみる大作曲家の姿　改装版　ジョン・オシエー著，菅野弘久訳　法政大学出版局　2017.1
①978-4-588-41037-6

◇R40のクラシック―作曲家はアラフォー時代をどう生き、どんな名曲を残したか　飯尾洋一著　広済堂出版　（広済堂新書）　2013.12　①978-4-331-51784-0

◇音楽の旅・絵の旅―吉田秀和コレクション　吉田秀和著　筑摩書房　（ちくま文庫）　2010.12　①978-4-480-42778-6
＊明晰な審美の耳と眼をもって西欧芸術の深部に迫る旅の記録。著者の人生を照らし続けてきた音楽を、慈しみをこめたまなざしで語る珠玉のエセー『音楽の光と翳』を併収。

◇ヘンデル・メサイア―心に響く言葉と音楽・癒しのメッセージ　陶山義雄著　ヨベル　2010.10　①978-4-946565-62-5

＊作品を通して聖書の真髄に迫る音楽でもある「メサイア」。本書は、ヘンデルが参照したさまざまな聖書の出典内容を詳説する共に、彼がどのようにそれらを解釈し作品化しているかを追究。ヘンデルの開かれた信仰観・歴史観を開示しつつ、曲の魅力を平明に伝える。

◇ヘンデル―創造のダイナミズム　ドナルド・バロウズ編，藤江効子，小林裕子，三ケ尻正訳　春秋社　2009.7
①978-4-393-93185-1
＊ヘンデルの生涯と作品を政治・社会・宗教・文化等、多角的な視点から読み解き、"国際的作曲家"としての実像を照射。

◇原初バブルと《メサイア》伝説―ヘンデルと幻の黄金時代　山田由美子著　世界思想社　2009.7　①978-4-7907-1422-4
＊「原初バブル」の全貌とともに甦る『メサイア』作曲家の真像。原初バブル（南海泡沫事件）はどのように発生し、いかなる余波を伴ったのか。ドイツ・ハノーファーの王位継承工作要員としてイギリスに送り込まれた音楽家ヘンデルの活動を通して、事件の真相を究明する。

◇音楽と病―病歴にみる大作曲家の姿　新装版　ジョン・オシエー著，菅野弘久訳　法政大学出版局　2007.11
①978-4-588-41021-5

◇音楽家カップルおもしろ雑学事典―ひと組5分で読める　萩谷由喜子著　ヤマハミュージックメディア　2007.6
①978-4-636-81855-0

◇ヘンデル　三沢寿喜著　音楽之友社　（作曲家・人と作品シリーズ）　2007.1
①4-276-22171-4
＊年末に響きわたる「メサイア」。イギリスで大成功をおさめたドイツ生まれの作曲家の足跡、稀代のメロディー・メーカー、ヘンデルの多彩な表現世界とバロックの美がここに描かれる。

◇偉大なる作曲家たちのカルテ―40人の作曲家のライフスタイル・病気・死因と作品との関連　五島雄一郎著　医薬ジャーナル社　2002.11　①4-7532-2007-9

ヘンリ2世

◇賛美歌と大作曲家たち―こころを癒す調べの秘密　大塚野百合著　創元社　1998.11　①4-422-14355-7
＊巨匠の神を慕う思い。バッハ、メンデルスゾーン、ドヴォルジャーク、ヘンデル、ブラームス、高田三郎…。音楽の巨人たちの底知れない霊的深みをともに分かち合える待望の書。

◇世界人物逸話大事典　朝倉治彦，三浦一郎編　角川書店　1996.6　①4-04-031900-1
＊歴史上の人物の生き生きとした人間像を伝えるエピソードを多数紹介する事典。日本人によく知られた人物1883人を見出しに掲載。

◇ヘンデル　クリストファー・ホグウッド著，三沢寿喜訳　東京書籍　1991.10　①4-487-76079-8
＊バロック音楽の本来の響きを追求する音楽学者、そして新鮮な古楽器演奏の指揮者・指導者、世界的権威のホグウッドによるヘンデルの生涯。当時の資料を駆使して浮びあがらせた巨大な作曲家の実像。

◇大作曲家の知られざる横顔　渡辺学而著　丸善　（丸善ライブラリー）　1991.7　①4-621-05018-4
＊"地震の日に生まれたヴィヴァルディ"、"モーツァルトの祖先は左官屋さん"、"ベートーヴェンの楽符に余分に印刷された二小節の謎"など、バッハ、ハイドンからショパンにいたる大作曲家たちの、知られざるエピソードの数々と、彼らの生きた時代や社会を、正確な資料に基づいて語ることにより、その素顔を浮彫にしてゆく。

◇大作曲家の世界　1　バロックの巨匠　バッハ・ヴィヴァルディ・ヘンデル　〔カラー版〕　エドゥアルド・レシーニョ，カルロ・ヴィターリ，ダニーロ・プレフーモ著，沢木和彦，小畑恒夫訳　音楽之友社　1990.5　①4-276-22081-5
＊バッハからストラヴィンスキーまで、18人の大作曲家の生い立ちと活躍ぶりを、豊富な図版とともにアカデミックにそしてヴィジュアルにつづる豪華なシリーズ。

◇名曲の旅―楽聖たちの足跡　飯野尹著　電波新聞社　1990.5　①4-88554-247-2

▌**ヘンリ2世**　Henry Ⅱ, Curtmantle
1133～1189　12世紀、イギリス、プランタジネット朝初代の王（在位1154～1189）。フランスのアンジュー家出身。母方、妻の継承地を加えた広大なアンジュー帝国を成した。

◇史上最悪の破局を迎えた13の恋の物語　ジェニファー・ライト著，二木かおる訳　原書房　2018.9　①978-4-562-05592-0

◇映画を通して知るイギリス王室史―歴史・文化・表象　宮北恵子，平林美都子編著　彩流社　2009.12　①978-4-7791-1469-4

◇英国王室史話　上　森護著　中央公論新社　（中公文庫）　2000.3　①4-12-203616-X

◇英国王と愛人たち―英国王室史夜話　森護著　河出書房新社　1991.7　①4-309-22200-5
＊歴代英国王で愛人をもたなかった王はほとんどいない。その王たちと愛人たちや庶子たちが織りなすさまざまなエピソードを物語りながら、各王家の好色の血筋をたどり、英国史の知られざる一面に光をあてる歴史エッセイ。教科書では紹介されない話を満載。

▌**ヘンリ3世**　Henry Ⅲ
1207～1272　13世紀、イングランド王（在位1216～1272）。貴族の反感を招き、バロン戦争が起った。

◇王様でたどるイギリス史　池上俊一著　岩波書店　（岩波ジュニア新書）　2017.2　①978-4-00-500847-6

◇英国王室史話　上　森護著　中央公論新社　（中公文庫）　2000.3　①4-12-203616-X

▌**ヘンリ7世**　Henry Ⅶ
1457～1509　15・16世紀、チューダー朝初代のイングランド王（在位1485～1509）。チューダー朝絶対主義体制の基礎

を固めた。

◇王様でたどるイギリス史　池上俊一著
　岩波書店　（岩波ジュニア新書）　2017.2
　①978-4-00-500847-6

◇冬の王──ヘンリー七世と黎明のテューダー王朝　トマス・ペン著, 陶山昇平訳
　彩流社　2016.7　①978-4-7791-2244-6

◇戦後復興首脳列伝──祖国を廃墟から甦らせた真の盟主たち　麓直浩著　社会評論社　2013.9　①978-4-7845-1116-7

◇イギリス王室一〇〇〇年史──辺境の王国から大英帝国への飛翔　石井美樹子著
　新人物往来社　（ビジュアル選書）
　2011.11　①978-4-404-04098-5

◇英国王室史話　上　森護著　中央公論新社
　（中公文庫）　2000.3　①4-12-203616-X

▍ヘンリ8世　Henry Ⅷ
　1491〜1547　15・16世紀、イギリス、チューダー朝第2代の王 (在位1509〜1547)。王妃との離婚問題で教皇と対立、ローマ教会から離脱し英国国教会の首長となった。イギリス絶対主義国家を確立した。

◇史上最悪の破局を迎えた13の恋の物語
　ジェニファー・ライト著, 二木かおる訳
　原書房　2018.9　①978-4-562-05592-0

◇宗教改革の人間群像──エラスムスの往復書簡から　木ノ脇悦郎著　新教出版社
　2017.4　①978-4-400-22727-1

◇王様でたどるイギリス史　池上俊一著
　岩波書店　（岩波ジュニア新書）　2017.2
　①978-4-00-500847-6

◇歴史系倉庫　世界史の問題児たち　亀漫画
　PHP研究所　2016.10
　①978-4-569-83103-9

◇偉人は死ぬのも楽じゃない　ジョージア・ブラッグ著, 梶山あゆみ訳　河出書房新社
　2014.3　①978-4-309-25298-8
　＊ベートーヴェンは、体液を抜かれ、蒸し風呂に入れられて死んでいった!?ツタンカーメンからアインシュタインまで、医学が未発達な時代に、世界の偉人たちはどんな最期を遂げたのか？ 驚きいっぱいの異色偉人伝！

◇ホントは怖い英国王室残酷物語　渡辺みどり著　洋泉社　（歴史新書）　2012.7
　①978-4-86248-941-8

◇英国王7人が名画に秘めた物語──ロイヤル・コレクション500年の歴史　ライト裕子著　小学館　（小学館101ビジュアル新書）　2012.7　①978-4-09-823021-1

◇ヘンリ8世の迷宮──イギリスのルネサンス君主　指昭博編　昭和堂　2012.6
　①978-4-8122-1228-8
　＊音楽を愛し、騎士道を重んじた偉大なる君主？ エリザベス1世の母アン・ブリンに熱烈なラヴレターをしたためたロマンティスト？ 気に入らない王妃を処刑したイギリスの青髭？ ヘンリ8世という名の迷宮にようこそ。

◇イギリス王室一〇〇〇年史──辺境の王国から大英帝国への飛翔　石井美樹子著
　新人物往来社　（ビジュアル選書）
　2011.11　①978-4-404-04098-5

◇映画を通して知るイギリス王室史──歴史・文化・表象　宮北恵子, 平林美都子編著
　彩流社　2009.12　①978-4-7791-1469-4

◇英国王室史話　上　森護著　中央公論新社
　（中公文庫）　2000.3　①4-12-203616-X

◇ヘンリー八世の六人の妃　アントーニア・フレイザー著, 森野聡子, 森野和弥訳　創元社　1999.8　①4-422-20223-5
　＊ルネサンスの華ひらくイングランドとヨーロッパを舞台に、歴史上の人物たちがリアルに行動し関わり合うドキュメンタリー・ドラマ。

◇怖くて読めない英国王室残酷物語　渡辺みどり著　講談社　（講談社＋α文庫）
　1999.6　①4-06-256350-9
　＊チャールズ皇太子を翻弄し続ける女、カミラ夫人は今や英国の悪女の典型。したたかさは、なかなかのものだが、ヘンリー八世の時代にも、ヘンリー八世と六人の妃たちに、もっと凄い話があった。常に欲望が渦巻いている宮廷では、何が起こるかわからない。虚像と実像、羨望と陰謀の中、ついには愛した夫に首をはねられた二人の妃。愛憎

と権力欲の怖い歴史が鮮やかに甦る。
◇世界人物逸話大事典　朝倉治彦,三浦一郎編　角川書店　1996.6　Ⓘ4-04-031900-1
＊歴史上の人物の生き生きとした人間像を伝えるエピソードを多数紹介する事典。日本人によく知られた人物1883人を見出しに掲載。
◇イギリス王室物語　小林章夫著　講談社（講談社現代新書）1996.1
Ⓘ4-06-149283-7
＊千年の伝統をもち、今も華麗に輝くイギリス王室。「残虐非道」のヘンリー八世、自信家の処女王エリザベス一世、快楽の王子ジョージ四世など、大英帝国の栄光を築いた強烈な個性たちを描く。
◇英国王室物語──ヘンリー八世と六人の妃　渡辺みどり著　講談社　1994.3
Ⓘ4-06-206866-4
＊別居・不倫・離婚・再婚…。英王室の妃たちの生き方は激しい。〈ヘンリー八世と六人の妃〉の愛憎劇を知ると全てが見えてくる。

【ほ】

ホイットニー　Whitney, Eli
1765〜1825　18・19世紀、アメリカの発明家。綿繰り機を発明して綿花の大増産に貢献。
◇世界伝記大事典　世界編 1〜12　編集代表：桑原武夫　ほるぷ出版
1980.12〜1981.6

ホイットマン　Whitman, Walt
1819〜1892　19世紀、アメリカの詩人。1855年の「草の葉」が代表作。
◇『草の葉』以前のホイットマン──詩人誕生への軌跡　溝口健二著　開文社出版
2008.10　Ⓘ978-4-87571-999-1
◇ウォルト・ホイットマン──架け橋のアメリカ詩人　新井正一郎著　英宝社

2006.12　Ⓘ4-269-73008-0
◇迷宮の作家たち　ヘンリー・ミラー著, 木村公一訳　水声社（ヘンリー・ミラー・コレクション）　2006.11
Ⓘ4-89176-517-8
◇ホイットマンとマハンから読むアメリカの民主主義と覇権主義　四重六郎著　新風舎　2006.3　Ⓘ4-7974-8309-1
＊イラク進攻や北朝鮮外交など現代アメリカの世界戦略を支える思想とは何であろうか？民主主義の体現者・ホイットマンの詩と大海軍主義を唱えた軍人・マハンの思想を対比させて読み解く力作評伝。
◇ウォルト・ホイットマンの世界　田中礼著　南雲堂　2005.5　Ⓘ4-523-29285-X
＊作家にとって「性」、「死」、「戦争」、「民衆」とは何か？著者は詩人の生の根源の問題を究明する。
◇ホイットマンと19世紀アメリカ　吉崎邦子,溝口健二編著　開文社出版　2005.5
Ⓘ4-87571-979-5
◇世界人物逸話大事典　朝倉治彦,三浦一郎編　角川書店　1996.6　Ⓘ4-04-031900-1
＊歴史上の人物の生き生きとした人間像を伝えるエピソードを多数紹介する事典。日本人によく知られた人物1883人を見出しに掲載。
◇ホイットマン──時代と共に生きる　吉崎邦子著　開文社出版　1992.11
Ⓘ4-87571-922-1
◇T.S.エリオットとウォルト・ホイットマン　S.マスグローブ著,風間則比古訳　翔文社
1991.12　Ⓘ4-915693-02-3

ボイル　Boyle, Robert
1627〜1691　17世紀、イギリスの物理学者。真空ポンプを完成し、気体に関する法則を発見。
◇リヴァイアサンと空気ポンプ──ホッブズ、ボイル、実験的生活　スティーヴン・シェイピン,サイモン・シャッファー著, 吉本秀之監訳、柴田和宏,坂本邦暢訳　名古屋大学出版会　2016.6
Ⓘ978-4-8158-0839-6

◇世界を変えた天才科学者50人―常識として知っておきたい　夢プロジェクト編　河出書房新社　（KAWADE夢文庫）2007.8　①978-4-309-49659-7
◇磁力と重力の発見　3　近代の始まり　山本義隆著　みすず書房　2003.5　①4-622-08033-8
◇物理学はこうして創られた―竹内均・知と感銘の世界　竹内均著　ニュートンプレス　2002.6　①4-315-51638-4

墨子　ぼくし
前480頃～前390頃　前5・4世紀、戦国時代の思想家。諸子百家の墨家（ぼっか）の祖。魯の人。姓は墨。宋に仕官して大夫となる。博愛主義（兼愛）を説いた。

◇ビギナーズ・クラシックス中国の古典　墨子　草野友子著　KADOKAWA　（角川ソフィア文庫）　2018.9　①978-4-04-400336-4
＊諸子百家の時代、儒家と勢力を二分したといわれる墨家。その思想はしばらく継承が途絶え、中国でも解釈が難解な「幻の思想」とされてきた。今、あらためてその内容をひもとけば、侵略戦争を否定する「非攻」、近しい関係の者と遠い関係の者を等しく愛する「兼愛」、徹底した節約思考や科学的思考など、驚くほど現代的な内容をもつことがわかる。墨子が説く、世の中を安定させる方法とは。やさしい訳とていねいな解説で読む入門書。
◇96人の人物で知る中国の歴史　ヴィクター・H・メア，サンピン・チェン，フランシス・ウッド著，大間知知子訳　原書房　2017.3　①978-4-562-05376-6
◇中国おもしろ英傑伝　芝豪著　明治書院　（学びやぶっく）　2009.5　①978-4-625-68417-3
◇諸子百家―儒家・墨家・道家・法家・兵家　湯浅邦弘著　中央公論新社　（中公新書）　2009.3　①978-4-12-101989-9
◇古代哲学者墨子―その学派と教義抄訳　M.L.チタレンコ著，飯塚利男訳　MBC21　1997.8　①4-8064-0532-9

＊ロシア人が見る中国古代の世界像。1980年代半ばに書き下ろされたロシア語の原書を翻訳！　2000年前の封建社会体制にありながら、精神面と物質面からの社会改革を狙い、『全体』を支える『個』の躍動に着眼した墨子を、現代人の道標としてクローズアップする、ロシア中国学者の重鎮による労作。
◇世界人物逸話大事典　朝倉治彦，三浦一郎編　角川書店　1996.6　①4-04-031900-1
＊歴史上の人物の生き生きとした人間像を伝えるエピソードを多数紹介する事典。日本人によく知られた人物1883人を見出しに掲載。

冒頓単于　ぼくとつぜん
？～前174　前2世紀、匈奴の第2代単于（在位？～前174）。東胡族、月氏族、丁令族などを討ち、漢の高祖を破り（前200）、匈奴帝国を強大化した。

◇冒頓単于―匈奴遊牧国家の創設者　沢田勲著　山川出版社　（世界史リブレット人）　2015.8　①978-4-634-35014-4

ボース，チャンドラ
Bose, Subhas Chandra
1897～1945　チャンドラ・ボースとも。20世紀、インドの民族独立運動家。1943年10月21日自由インド（アーザード・ヒンドゥ）仮政府を樹立。

◇インド独立の志士「朝子」　笠井亮平著　白水社　2016.4　①978-4-560-08495-3
◇革命家チャンドラ・ボース―祖国解放に燃えた英雄の生涯　稲垣武著　潮書房光人社　（光人社NF文庫）　2013.9　①978-4-7698-2798-6
＊インド解放の熱意は日本軍と共にインパールで戦い死せる後も英国を翻弄させた！　ベンガルの名家に生まれ、ケンブリッジ大学で学び、栄達の道をなげうって独立運動に身を投じた、日本と運命を共にした心優しき闘魂の人。
◇侵略か、解放か!?世界は「太平洋戦争」とどう向き合ったか　山崎雅弘著　学研パブリッシング，学研マーケティング〔発

売〕　2012.7　①978-4-05-405417-2
＊米英独ソ中の五大国から、タイ、モンゴルといった小国、仏印、蘭印などの植民地まで、多くの国・地域が関係した太平洋戦争。各国はそれぞれ異なる事情の下、この戦争をどう捉え、どう対処、あるいは利用しようとしたのか？　彼らそれぞれの視点から見ることで、単に「侵略」「解放」とは言い切れない、あの戦争の実態を浮き彫りにする。

◇インド国民軍を支えた日本人たち―日本ガ感謝サレズトモ独立達成ナラバ本望ナリ　伊藤啓介，関岡英之著　明成社　2008.8　①978-4-944219-74-2

◇知られざるインド独立闘争―A・M・ナイル回想録　新版　A.M.ナイル著，河合伸訳　風濤社　2008.8　①978-4-89219-306-4
＊日本初の本格的なインド料理店、東京銀座「ナイルレストラン」の創業者はインド独立運動家。インド国民軍、インド独立連盟の組織者として、ラシュ・ビハリ・ボース、スバス・チャンドラ・ボースらと反英インド独立闘争を展開したA・M・ナイルが歴史の真実を語る…。日本から満州、モンゴル、西域に至る広大な地空をめぐった波乱の活動と不屈の魂。「生」の歴史証言と感動の回想録。

◇アジアの独立と「大東亜戦争」　西岡香織著　芙蓉書房出版　1996.4
①4-8295-0162-6
＊「白人植民地帝国」崩壊に日本軍諜報機関はどうかかわったのか。独立の英雄アウンサン、チャンドラ・ボースの足跡は…。"光は東方から"「アジア」の視点で"あの戦争"を再検証する。

◇(完訳)闘へる印度―S.チャンドラ・ボース自伝記・S・C・ボース　S.チャンドラ・ボース著，綜合インド研究室訳　大空社　(伝記叢書)　1995.10　①4-87236-485-6

◇インパールを越えて―F機関とチャンドラ・ボースの夢　国塚一乗著　講談社　1995.6　①4-06-207467-2
＊第二次世界大戦中におこなわれた日本軍の南方作戦、そして悲惨な結末をみたインパール作戦。そこに託されたインドの独立の夢は、インパールの空にもろくも消え去った。本書は、インドの解放という理想と夢の実現のため、志なかばで倒れた人びとに捧ぐ書であるとともに、現代インドを理解する必携の書である。

◇ネタジと日本人―スバス・チャンドラ・ボース・アカデミーの記録　スバス・チャンドラ・ボース・アカデミー著　スバス・チャンドラ・ボース・アカデミー　1990.8

ホスロー1世　Khusrō I
?～579　6世紀、ササン朝ペルシアの王（在位531～579）。ササン朝の最盛期を築き、アヌーシールバーン（不死の魂をもつ者）とされた。

◇世界伝記大事典　世界編1～12　編集代表：桑原武夫　ほるぷ出版　1980.12～1981.6

ホセ・デ・サン・マルティン
José de San Martín
⇒サン・マルティン

ホセ・リサール
José Rizal y Mercado
⇒リサール，ホセ

ボーダン　Bodin, Jean
1530～1596　16世紀、フランスの政治学者。1576年ブロアの三部会に出席。主著「国家論6巻」(76)。

◇ジャン・ボダンと危機の時代のフランス　清末尊大著　木鐸社　1990.2
①4-8332-2146-2

ホー・チ・ミン　Ho Chi Minh
1890～1969　19・20世紀、北ベトナムの政治家。漢字名は胡志明。第2次対戦後にベトナム民主共和国独立を宣言、初代主席に就任。フランスとの抵抗戦争（1946～1954）に勝ち、抗米救国の戦争を指導。

◇ホーチミン国家主席、経歴及び活動　国家主席府に付属するホーチミン記念館資

料室編　文化情報出版社　〔2007〕
◇ホーチミン物語　キム・アイン編，治部康利訳　治部康利　1988.6
◇ホー・チ・ミン　デイビッド・ハルバースタム著，新庄哲夫訳　角川書店　（角川文庫）　1977.1
◇ホー・チ・ミン　C.P.ラジョー著，山田照美訳　福村出版　（人間解放の人びと）　1974
◇ホー・チ・ミン伝　上　チャールズ・フェン著，陸井三郎訳　岩波書店　（岩波新書）　1974
◇ホー・チ・ミン伝　下　チャールズ・フェン著，陸井三郎訳　岩波書店　（岩波新書）　1974
◇正伝ホー・チ・ミン　ベトナム労働党中央党史研究委員会編，真保潤一郎訳　毎日新聞社　1970
◇わが祖国の自由と独立　ホー・チ・ミン著，日本ベトナム友好協会訳編　新日本出版社　（新日本新書）　1969
◇ホー・チミン語録―民族解放のために　ホーチミン著，ベルナール・B・ファル編，内山敏訳　河出書房新社　（ワールド・ブックス）　1968

ボッカチオ　Boccaccio, Giovanni
1313～1375　14世紀，イタリアの小説家，詩人。代表作に「デカメロン」(1351頃)がある。

◇ペトラルカ＝ボッカッチョ往復書簡　近藤恒一編訳　岩波書店　（岩波文庫）　2006.12　①4-00-327123-8
＊桂冠詩人と『デカメロン』の著者。ルネサンス二大文豪の文通はイタリア都市国家時代の証言でもある。ユマニスムの創始者と偉大な弟子は書物愛に結ばれ，古典研究を築きあげた。晩年の手紙にはペトラルカの叡智が光り，稀有の友情が読みとれる。全書簡本邦初訳。

◇ペトラルカ―生涯と文学　近藤恒一著　岩波書店　2002.12　①4-00-024703-4
＊ダンテ，ボッカッチョとともに，イタリア文学の三巨星の一人であり，ルネサンス時代を代表する作家・思想家，ペトラルカの生涯と思想・文学について述べた初の本格的な入門書。主著『カンツォニエーレ』でうたわれた永遠の恋人ラウラのこと，文芸復興（ルネサンス）の同志であったボッカッチョとの友情，近代の「個人」意識につながり現代人の問題でもある「孤独」の思想などを軸に，ルネサンス的「普遍人」として多彩な活動をしたペトラルカについて，そのエッセンスを書き下ろす。

◇世界人物逸話大事典　朝倉治彦，三浦一郎編　角川書店　1996.6　①4-04-031900-1
＊歴史上の人物の生き生きとした人間像を伝えるエピソードを多数紹介する事典。日本人によく知られた人物1883人を見出しに掲載。

◇評伝ボッカッチョ―中世と近代の葛藤　アンリ・オヴェット著，大久保昭男訳　新評論　1994.7　①4-7948-0222-6
＊ボッカッチョ伝の最高峰。最高傑作『デカメロン』他，主著16作品の文学的世界と，作者の知られざる人物像が，現代に甦る。

法顕　ほっけん
337頃～422頃　4・5世紀，中国，東晋時代の僧，探検家，日記作家。399年陸路インドに向い15年ののち，海路帰国。

◇法顕伝―中亜・印度・南海紀行の研究　足立喜六著　鳥影社　2006.6
①4-88629-994-6
＊5世紀初頭，約17年にわたるインド求法の大旅行をおこなった中国僧・法顕。困難にみちた旅の記録は仏教のみならずアジア史研究の貴重な宝となった。

◇仏教の来た道　鎌田茂雄著　講談社　（講談社学術文庫）　2003.3　①4-06-159590-3
＊インドから西域に伝わった仏教は，中国，朝鮮，日本へと東漸し，それぞれの地にしっかりと根をおろした。仏教伝播の道筋には，敦煌や雲岡の石窟をはじめ仏教文化の遺産が数多く見られる。また仏教伝播の立役者は，仏図澄，法顕，玄奘三蔵ら布教・求法に燃える僧たちであった。今なお残る史跡や文物，

ボッティチェリ

伝道僧の事績に光を当て、仏の来た道をたどり返す。

◇熱砂とまぼろし―シルクロード列伝　陳舜臣著　毎日新聞社　1994.5
①4-620-10501-5
＊法顕、宋雲、張騫、ヘディン、ヤクブ・ベク―東西文化が交流する中央アジアに夢とロマンを追い求めた冒険家列伝。

ボッティチェリ　Botticelli, Sandro

1444頃～1510　15・16世紀、イタリアの画家。フィレンツェ派初期ルネサンスに活躍。作品に「ヴィーナスの誕生」「春」など。

◇ボッティチェリとリッピ―イラストで読むジョルジョ・ヴァザーリの「芸術家列伝」　古山浩一イラスト、古玉かりほ編、柾谷美奈訳　芸術新聞社　2015.4
①978-4-87586-437-0

◇芸術家たちの臨終図鑑　平松洋著　新人物往来社　2012.9　①978-4-404-04237-8

◇ルネサンス人物列伝　ロバート・デイヴィス、ベス・リンドスミス著、和泉香訳　悠書館　2012.7　①978-4-903487-54-0

◇芸術家列伝　2　ボッティチェルリ、ラファエルロほか　ジョルジョ・ヴァザーリ著、平川祐弘、小谷年司訳　白水社（白水uブックス）　2011.7
①978-4-560-72123-0

◇イラストで読むルネサンスの巨匠たち　杉全美帆子著　河出書房新社　2010.4
①978-4-309-25529-3

◇もっと知りたいボッティチェッリ―生涯と作品　京谷啓徳著　東京美術（アート・ビギナーズ・コレクション）　2009.12　①978-4-8087-0860-3

◇ルネサンス画人伝　新装版　ジョルジョ・ヴァザーリ著、平川祐弘、小谷年司、田中英道訳　白水社　2009.12
①978-4-560-08043-6

◇巨匠の自画像―名画に潜む知られざるストーリー　青井伝著　すばる舎　2006.8
①4-83399-540-2

◇ヴィーナスを開く―裸体、夢、残酷　ジョルジュ・ディディ＝ユベルマン著、宮下志朗、森元庸介訳　白水社　2002.7
①4-560-03886-4

◇サンドロ・ボッティチェッリー1444/45-1510　バルバラ・ダイムリング著　タッシェン・ジャパン（タッシェン・ニューベーシック・アートシリーズ）　2001.7
①4-88783-026-2

◇ボッティチェリ　ロナルド・ライトボーン著、森田義之、小林もり子訳　西村書店　1996.11　①4-89013-548-0
＊ボッティチェリの生涯と作品を豊富な文献をもとに詳細に解説。作品と当時の時代背景、種々の技法など細部にいたるまで丹念に調べあげた大著。図版も修復後の『ヴィーナスの誕生』などを含む、ほぼ全作品を色鮮かに再現。

◇天上の愛と地上の愛―ボッティチェリとセミラミーデ　ローズマリー・シューダー著、鈴木久仁子、佐藤真知子訳　エディションq　1996.10　①4-87417-518-X

◇世界人物逸話大事典　朝倉治彦、三浦一郎編　角川書店　1996.6　①4-04-031900-1
＊歴史上の人物の生き生きとした人間像を伝えるエピソードを多数紹介する事典。日本人によく知られた人物1883人を見出しに掲載。

ホッブズ　Hobbes, Thomas

1588～1679　16・17世紀、イギリスの哲学者、政治思想家。1651年「リバイアサン」刊行。主著「哲学綱要」（1642～1658）。

◇メルロ＝ポンティ哲学者事典　第2巻　大いなる合理主義・主観性の発見　モーリス・メルロ＝ポンティ編著、加賀野井秀一、伊藤泰雄、本郷均、加国尚志監訳　白水社　2017.6　①978-4-560-09312-2

◇ホッブズ―リヴァイアサンの哲学者　田中浩著　岩波書店（岩波新書 新赤版）　2016.2　①978-4-00-431590-2

◇哲学者たちのワンダーランド―様相の十七世紀　上野修著　講談社　2013.11
①978-4-06-218707-7

◇歴史を動かした哲学者たち　堀川哲著

角川学芸出版，角川グループパブリッシング〔発売〕　（角川ソフィア文庫）　2012.12　①978-4-04-408610-7

◇田中浩集　第2巻　トマス・ホッブズ　2　田中浩著　未来社　2012.11　①978-4-624-90042-7

◇イギリスのモラリストたち　柘植尚則著　研究社　2009.8　①978-4-327-48154-4

◇西洋思想の16人　尾場瀬一郎，小野木芳伸，片山善博，南波亜希子，三谷竜彦，沢佳成著　梓出版社　2008.4　①978-4-87262-017-7

◇ホッブズ　田中浩著　清水書院（Century books　人と思想）　2006.4　①4-389-41049-0
　＊「人と思想」は、世界の有名な大思想家の生涯とその思想を、当時の社会的背景にふれながら、立体的に解明した思想の入門書です。第一編の生涯編で、思想家の生涯を交友関係や、エピソードなどにもふれて、興味深く克明に記述、第二編では、その主要著書を選択して、概説とその中心となる思想を、わかりやすく紹介してあります。平易な記述と生き生きとした表現を心がけ、新鮮な印象が残るように努めました。

◇ヨーロッパ 知の巨人たち―古代ギリシアから現代まで　田中浩著　日本放送出版協会　（NHKライブラリー）　2006.3　①4-14-084204-0

◇物語近代哲学史　2　デカルトからカントまで　ルチャーノ・デ・クレシェンツォ著，谷口伊兵衛，ジョバンニ・ピアッザ訳　而立書房　2005.7　①4-88059-321-4

◇ホッブズ『リヴァイアサン』の人間像―理性的人間のイメージ　有馬忠広著　近代文芸社　2002.7　①4-7733-6874-8
　＊平和愛好的自由主義者としてのホッブズの解釈を試みる。自然法を自らの道徳規範として、自律的に行動する理性的人間の存在をイメージする。

◇抵抗権論とロック、ホッブズ　菅野喜八郎著　信山社出版　2001.9　①4-7972-5224-3
　＊宮沢俊義著『憲法2』における「抵抗権」の定義の当否を検討するためにロック、ホッブズの政治理論の分析・検討に取り組んだ著者の研究の集大成。

◇ホッブズ　田中浩著　研究社出版　（イギリス思想叢書）　1998.11　①4-327-35213-6
　＊近代精神の誕生に立ち会う。いまや当たり前のものとされる「自由」・「基本的人権の保障」など、近代民主主義の思想の原点を史上初めて提示し、ピューリタン革命期の聖・俗両権力の支配層を敵にまわすことにもなった、ホッブズの「思想の革命」の意義をとらえ直す。

◇福田歓一著作集　第1巻　ホッブズにおける近代政治理論の形成　福田歓一著　岩波書店　1998.2　①4-00-092141-X

◇比較政治思想史講義―アダム・スミスと福沢諭吉　岩間一雄著　大学教育出版　1997.5　①4-88730-220-7
　＊本書は、大学のテキスト・ブックとしての体裁をとっているが、内容的には、アジアと西欧とをいわばグローバルな視点で描き出してもいる。今、自分がどこにいるかを世界史的なパースペクティヴのなかで透視する場合、明解な座標軸を提供する格好の読み物。

◇世界人物逸話大事典　朝倉治彦，三浦一郎編　角川書店　1996.6　①4-04-031900-1
　＊歴史上の人物の生き生きとした人間像を伝えるエピソードを多数紹介する事典。日本人によく知られた人物1883人を見出しに掲載。

◇トマス・ホッブズ　リチャード・タック著，田中浩，重森臣広訳　未来社　1995.8　①4-624-11155-9
　＊英語によって哲学を論じた最初の人、トマス・ホッブズの思想のパースペクティヴを、その生涯・著作およびホッブズ解釈の洗い直しをつうじて明らかにする定評ある入門書。

ボードレール

Baudelaire, Charles Pierre
1821～1867　19世紀、フランスの詩人、評論家。詩集「悪の華」(1857)でフランス

ボードレール

近代詩を確立。

◇あらゆる文士は娼婦である──19世紀フランスの出版人と作家たち　石橋正孝，倉方健作著　白水社　2016.10
①978-4-560-09515-7

◇鏡のなかのボードレール　くぼたのぞみ著　共和国　（境界の文学）　2016.6
①978-4-907986-20-9

◇ボードレール　テオフィル・ゴーチエ著，井村実名子訳　国書刊行会　2011.12
①978-4-336-05456-2
＊いま再評価される批評家ゴーチエの記念碑的評伝。"決定版"として知られるミシェル・レヴィ版ボードレール全集第一巻『悪の華』(1868)の序文として書かれた評伝に、詳細な訳註と解説、豊富な図版を付した待望の新訳。訳註にはボードレールとゴーチエの文学的接点を浮き彫りにするコラムを併録。

◇この独身者はすごい！──結婚しなかった24人の偉人　北嶋広敏著　ジョルダン　2009.10　①978-4-915933-28-8

◇迷宮の誘惑・ボードレール　改訂版　堀田敏幸著　沖積舎　2009.3
①978-4-8060-3062-1
＊ボードレール論・誘惑の迷宮。人の心の闇に拡がる迷宮。虚無という見ることの不可能な何かに魅せられて、迷宮の誘惑へと陥っていく詩人、ボードレールを語る。

◇迷宮の誘惑・ボードレール　堀田敏幸著　沖積舎　2006.9　①4-8060-4717-1
＊人の心の闇に拡がる迷宮。虚無という見ることの不可能な何かに魅せられて、迷宮の誘惑へと陥っていく詩人、ボードレールを語る。

◇ボオドレエルとルナアル　辰野隆著　日本図書センター　（辰野隆選集）　2004.4
①4-8205-9614-4,4-8205-9611-X

◇シャルル・ボードレール　クロード・ピショワ，ジャン・ジーグレール著，渡辺邦彦訳　作品社　2003.2　①4-87893-518-9
＊驚くべきほどの徹底した調査・探求と厖大な資料の博捜によって詩人の生涯の細部に光を当て、新事実を浮かび上がらせ

る──1200人を超す群像が織りなす一大歴史絵巻。ボードレール研究の決定版。

◇ボードレール伝　アンリ・トロワイヤ著，沓掛良彦，中島淑恵訳　水声社　2003.1
①4-89176-481-3
＊『悪の華』は、美なるものを希求しながら醜なるものにおもねり、善を成そうと願いながら悪に譲歩し、自己を嫌悪しつつも称賛し、自らにこだわって世界に組み込まれることを拒否している、病んだ男の息を絶え絶えの一代記なのである。

◇群衆の中の芸術家　阿部良雄著　筑摩書房　（ちくま学芸文庫）　1999.10
①4-480-08518-1
＊「われわれは群衆と芸術家たちの目を惹きつけるものすべてについて語るであろう」。19世紀中葉、フランスの美術革新期において、一部の階級の独占物であった絵画を広く公衆にもたらし、その蒙を啓くことを批評家の任務としたシャルル・ボードレール。モデルニテの成立期における芸術の状況を社会的・歴史的に位置付け、決断し、創造していく芸術家・批評家でもあった詩人の言説を熟読し、再検討するとともに、ドラクロワ、クールベ、マネら同時代の画家との交渉を通して論じる。

◇帝政パリと詩人たち──ボードレール・ロートレアモン・ランボー　出口裕弘著　河出書房新社　1999.5　①4-309-01283-3
＊ガス灯、水晶宮、パッサージュ…幻の交替劇を演じた詩人たちの生涯と、散文詩に結晶した壮麗な首都のイメージ。都市と詩人たちをめぐり、30年にわたってなされた思索の集大成。

◇世界人物逸話大事典　朝倉治彦，三浦一郎編　角川書店　1996.6　①4-04-031900-1
＊歴史上の人物の生き生きとした人間像を伝えるエピソードを多数紹介する事典。日本人によく知られた人物1883人を見出しに掲載。

◇モダンの五つの顔　新装版　マティ・カリネスク著，富山英俊，栂正行共訳　せりか書房　1995.9　①4-7967-0191-5
＊たえず「新しさ」を追求する不可逆的な時間意識は伝統に反逆し、ついには自らに

さえ敵対する過激な『モダン』の観念を生みだした。芸術創造の源泉ともなった『モダン』の危機的・逆説的なその本質を、ボードレール、ニーチェの鋭い考察をもとに壮大かつ緻密に論証する。

◇ニーチェ・コントラ・ボードレール　道躰章弘著　水声社　1994.9
①4-89176-304-3

◇ヴァルター・ベンヤミン著作集　6　ボードレール　新編増補　川村二郎, 野村修編集解説　晶文社　1993.11
①4-7949-1014-2

◇ボードレール―詩の現代性　ドミニック・ランセ著, 鈴木啓司訳　白水社　（文庫クセジュ）　1992.5　①4-560-05730-3
＊ボードレールによって命名された「現代性」という概念は、単に詩の領域だけでなく、現代そのものの本質と深く関わっている。その現代性が詩人のなかで形成されていく過程を、評論、韻文詩、散文詩の三分野を通じて精密に跡づけ、創作のダイナミズムをも視野に入れて論じた刺激的な一冊。

◇パリの憂愁―ボードレールとその時代　河盛好蔵著　河出書房新社　1991.2
①4-309-00680-9

◇ボードレールと『パリの憂愁』　〔新版〕　J.A.ヒドルストン著, 山田兼士訳　沖積舎　1991.2　①4-8060-3016-3

◇ボードレール　改訂新版　ピエール・エマニュエル著, 山村嘉己訳　ヨルダン社　（作家と人間叢書）　1990.6
①4-8428-0081-X

ボニファティウス8世
Bonifacius Ⅷ
1235頃～1303　13・14世紀、教皇（在位1294～1303）。1302年教皇権を主張した大勅書（ウナム・サンクタム）を発布。

◇ローマ教皇事典　マシュー・バンソン著, 長崎恵子, 長崎麻子訳　三交社　2000.8
①4-87919-144-2

ホメイニ
Khomeini, Ayatollah Ruhollah
1902～1989　20世紀、イランのイスラム教シーア派の最高指導者。1963年パーラビ国王への反乱に失敗、亡命。79年国王のイラン退去後、帰国。「イスラム共和国」樹立を最大目標として大衆を指導。

◇すべては1979年から始まった―21世紀を方向づけた反逆者たち　クリスチャン・カリル著, 北川知子訳　草思社　2015.1
①978-4-7942-2102-5

◇五人の権力者と女たち―カストロ・フセイン・ホメイニ・金正日・ビンラディン　ディアーヌ・デュクレ著, 大塚宏子訳　原書房　2013.6　①978-4-562-04921-9

◇ホメイニーからビン・ラーディンへ―"アメリカvs.イスラーム"米政策の破綻　小山茂樹著　第三書館　2011.11
①978-4-8074-1130-6

◇イスラムのテロリスト　黒井文太郎著　講談社　（講談社プラスアルファ新書）　2001.10　①4-06-272102-3
＊同時多発テロはついに世界覇権国・アメリカの中枢を直撃した！　反米の憎悪に燃え、世界各地で暗躍するイスラム・テロリストの、ベールに包まれた実像に迫る。

ホメロス　Homēros
前750頃～前700頃　前9・8世紀、ギリシアの詩人。ヨーロッパ最古の詩人で「イリアス」「オデュッセイア」の作者。

◇西洋古典学入門―叙事詩から演劇詩へ　久保正彰著　筑摩書房　（ちくま学芸文庫）　2018.8　①978-4-480-09880-1
＊散在する古いテクストを集め、照合し、可能なかぎり「原典」と呼ぶにふさわしい校訂版を作ること。それが古典学の使命である。また、言語学的側面をはじめ、原典を享受するための厳密な知識の追究も行う。西洋の場合、その主対象は古代ギリシア・ローマの諸作品である。古典学の営みとはいったいどのようなものなのか―。本書では、西洋古典学の要諦を紹介しつつ、ホメー

ロスの叙事詩からギリシア悲劇・喜劇まで、西洋文学の源流となった作品群の構造と意味を解説する。

◇運命の車輪—天才たちの生涯　永田龍葵著　永田書房　2013.10　①978-4-8161-0726-9

◇古代ホメロス論集　プルタルコス, ヘラクレイトス著, 内田次信訳　京都大学学術出版会　(西洋古典叢書)　2013.10　①978-4-87698-292-9
＊ローマ帝政期に成立したと見られる、ギリシア語で著わされたホメロス論3篇。古来プルタルコスの名の下に伝わり、詩人の伝記的記述を中心とする『ホメロスについて1』、彼の叙事詩の修辞的技法や教育的価値を説く『ホメロスについて2』に加え、ストア派流の寓意(アレゴリー)的解釈を駆使して詩人の擁護を図る、文法・修辞学者ヘラクレイトスの『ホメロスの寓意』を収録する。本邦初訳。

◇ホメロス—史上最高の文学者　アレクサンドル・ファルヌー著, 遠藤ゆかり訳, 本村凌二監修　創元社　(「知の再発見」双書　SG絵で読む世界文化史)　2011.4　①978-4-422-21211-1
＊古代から何世紀にもわたって芸術がつくりあげてきたホメロスの世界は、見事に歴史的なひとつの事実として存在している。ホメロスの不確かな人物像、作品の年代に関する問題、内容についての疑問点が存在するのは、ホメロスの詩が世代を超えて脈々と受けつがれ、完全に人びとに受けいれられている証拠なのである。

◇オデュッセウスの世界　M.I.フィンリー著, 下田立行訳　岩波書店　(岩波文庫)　2002.12　①4-00-334641-6
＊イギリスの歴史家フィンリー(1912-86)の、明快で読みものとしても楽しめるギリシア古代史入門。社会学、人類学の成果を踏まえ、二大叙事詩『イリアス』『オデュッセイア』を詳細に読みこむことによって、ギリシア古代がどのような社会であったかを説き明かし、新しいホメロス学の方法を提起したものとして大きな反響を呼んだ。

◇創造者たち　上　神話世界と人間の世界　ダニエル・J.ブアスティン著, 立原宏要, 伊藤紀子訳　集英社　2002.12　①4-08-773377-7

◇ホメロスを楽しむために　阿刀田高著　新潮社　1997.4　①4-10-334318-4

◇ホメロスの世界　藤縄謙三著　新潮社　(新潮選書)　1996.8　①4-10-600501-8

◇世界人物逸話大事典　朝倉治彦, 三浦一郎編　角川書店　1996.6　①4-04-031900-1
＊歴史上の人物の生き生きとした人間像を伝えるエピソードを多数紹介する事典。日本人によく知られた人物1883人を見出しに掲載。

◇ホメーロス辞典　松田壮六編著　国書刊行会　1994.1　①4-336-03568-7

ホラティウス

Horatius Flaccus, Quintus
前65〜前8　前1世紀、古代ローマの詩人。前17年「世紀の祭典」には奉納歌の作者となる。

◇ラテン文学を読む—ウェルギリウスとホラーティウス　逸身喜一郎著　岩波書店　(岩波セミナーブックス)　2011.11　①978-4-00-028184-3
＊ラテン文学の頂点に立つ二人の詩人ウェルギリウスとホラーティウスは、ともに激変する内戦期のローマを生きた。ようやく到来した平和の時代にあって、両詩人は作品に何をこめようとしたのか？　ラテン文学の黄金期をつくった長篇叙事詩『アエネーイス』と詩集『カルミナ』を読みとき、ラテン文学ならではの魅力と特質を語る。

◇ホラティウス人と作品　鈴木一郎著　玉川大学出版部　2001.12　①4-472-11911-0
＊散文のキケロとカエサル、詩文のヴェルギリウスとホラティウスが活躍したラテン文学の黄金時代。新生ローマを喜びと誇りをこめて、ホラティウスは躍動感と瑞々しさで自然な発露を歌う。人生と歴史と世界に対する深い洞察、高い倫理性と真面目な態度を精一杯生ききった詩人の生涯。

■ **ボリバル, シモン** Bolívar, Simón
1783〜1830　シモン・ボリバルとも。18・19世紀、ラテン・アメリカ独立運動の指導者。1719年大コロンビア共和国樹立を宣言、大統領に就任。
◇図説世界史を変えた50の指導者（リーダー）　チャールズ・フィリップス著, 月谷真紀訳　原書房　2016.2
①978-4-562-05250-9
◇本当は偉くない？ 世界の歴史人物—世界史に影響を与えた68人の通信簿　八幡和郎著　ソフトバンククリエイティブ　（ソフトバンク新書）　2013.8
①978-4-7973-7448-3
＊古代から現代に至るまで、よく知られた帝王や政治家を68人選び、それぞれが世界史の中で果たした役割を、「偉人度」と「重要度」の2つの側面から10点満点で評価。世界史において偉人とされている人物たちの実像に迫る。
◇革命児たちの仰天!?情熱人生　アンヌ・ブランシャール, フランシス・ミジオ著, セルジュ・ブロッシュ絵, 木山美穂訳　岩崎書店　2012.10　①978-4-265-85026-6
◇シモン・ボリーバル—ラテンアメリカ解放者の人と思想　新装版　ホセ・ルイス・サルセド＝バスタルド著, 水野一監訳, 上智大学イベロアメリカ研究所訳　春秋社　2008.8　①978-4-393-32705-0
＊ラテンアメリカ諸国の運命を決した思想家の生涯。植民地政策と専制政治、人間性に最も反する奴隷制、そして特権階級の支配する19世紀初頭のラテンアメリカ諸国に、自由と独立、民主主義と法を打ち立てた思想家の不断にして果敢な闘争の歴史。
◇悲劇の名将たち　柘植久慶著　中央公論新社　2005.9　①4-12-003665-0
◇シモン・ボリーバル—ラテンアメリカ独立の父　神代修著　行路社　2001.11
①4-87534-340-X
◇迷宮の将軍　G.ガルシア・マルケス著, 木村栄一訳　新潮社　（新潮・現代世界の文学）　1991.8　①4-10-509005-4
＊夢を打ち砕かれ、わずか46歳で老人のように病み衰え、ひたすら死地へと、マグダレーナ河をさまよい下る報われぬ旅に出たシモン・ボリーバル。宗主国スペインからの独立を成し遂げ、〈解放者〉と呼ばれた華やかな面影はすでにない…。—失意のうちに没した実在の英雄を描く本格的"歴史小説"。

■ **ボール, ジョン**　Ball, John
？〜1381　14世紀、イギリスの牧師。W.タイラーの農民一揆の指導者の一人。
◇世界伝記大事典　世界編 1〜12　編集代表：桑原武夫　ほるぷ出版
1980.12〜1981.6

■ **ホルティ**　Horthy Miklós
1868〜1959　19・20世紀、ハンガリーの政治家、軍人。第一次大戦に参加、オーストリア・ハンガリー艦隊の司令長官（1918）。
◇世界伝記大事典　世界編 1〜12　編集代表：桑原武夫　ほるぷ出版
1980.12〜1981.6

■ **ホルバイン**
Holbein, Hans der Jüngere
1497〜1543　15・16世紀、ドイツの画家。ヘンリー8世の宮廷画家。
◇ルネサンス人物列伝　ロバート・デイヴィス, ベス・リンドスミス著, 和泉香訳　悠書館　2012.7　①978-4-903487-54-0
◇ホルバインの生涯　海津忠雄著　慶応義塾大学出版会　2007.11
①978-4-7664-1439-4
＊名作『死の舞踏』を育んだ第2の故郷バーゼルをあとに、イギリスに渡ったハンス・ホルバイン。宮廷で美を競う人々の肖像画を描き大きな賞賛を受けるも、病により忽然と世を去った天才画家の評伝。45年の短い生涯に受けたデューラーからの精神的影響をも探る、老練な美術史家の新しい取り組み。
◇ホルバイン　ホルバイン画, ヘレン・ランドン著, 保井亜弓訳　西村書店　（アート・ライブラリー）　1997.1　①4-89013-534-0

ポーロ, M.　Polo, Marco
⇒マルコ・ポーロ

ホンタイジ　Hong Taiji
1592～1643　太宗（清）（たいそう）とも。16・17世紀、清朝の第2代皇帝。廟号は太宗。ヌルハチの子。八旗制を改革、朝鮮・内モンゴルを征服、明を圧迫、大清と号す（在位1626～1643）。

◇大清帝国への道　石橋崇雄著　講談社（講談社学術文庫）　2011.9
①978-4-06-292071-1

◇清太祖ヌルハチと清太宗ホンタイジ―清朝を築いた英雄父子の生涯　立花丈平著　近代文芸社　1996.5　①4-7733-5142-X
＊16世紀末中国全土を支配した満州族の英雄その名はヌルハチ。激動の時代を炎のように生きた英雄父子の生涯を通じて歴史に息を吹き込む壮大なノンフィクション。

ポンペイウス
Pompeius Magnus, Gnaeus
前106～前48　前2・1世紀、ローマの軍人、政治家。第1回三頭政治の一員。大ポンペイウス。

◇英雄伝　4　プルタルコス著, 城江良和訳　京都大学学術出版会　（西洋古典叢書）　2015.5　①978-4-87698-910-2

◇ローマ政治家伝　2　ポンペイウス　マティアス・ゲルツァー著, 長谷川博隆訳　名古屋大学出版会　2013.8
①978-4-8158-0736-8
＊偉大（マグヌス）と呼ばれた男。ローマ帝国の拡大に身を投じた「政治家」ポンペイウスの栄光と挫折の生涯を、史料の徹底的な読み込みから鮮やかに描き出す。世界史の転換点を活写した傑作、本邦初訳。

◇ローマとギリシャの英雄たち　栄華篇―プルタークの物語　阿刀田高著　新潮社（新潮文庫）　2011.7
①978-4-10-125536-1

◇カエサルを撃て　佐藤賢一著　中央公論新社　1999.9　①4-12-002932-8
＊混沌のガリアを纏めあげた恐れを知らぬ若者ウェルキンゲトリクス。政治家人生も終盤を迎えポンペイウスへの劣等感に苛まされるカエサル。対照的かつ運命的な男と男が鎬を削る。佐藤賢一版『ガリア戦記』誕生。

【ま】

マイヤー　Mayer, Julius Robert von
1814～1878　19世紀、ドイツの医師、物理学者。エネルギー保存則を着想した。

◇物理学天才列伝　上　ガリレオ、ニュートンからアインシュタインまで　ウィリアム・H.クロッパー著, 水谷淳訳　講談社（ブルーバックス）　2009.12
①978-4-06-257663-5

◇第1次世界大戦後の牧会者たち　C.メラー編, 加藤常昭編　日本キリスト教団出版局（魂への配慮の歴史）　2004.3
①4-8184-0411-X

マカートニー
Macartney, George 1st Earl
1737～1806　18・19世紀、イギリスの外交家、政治家。1792年中国への最初の使節とし乾隆帝に謁見。

◇世界伝記大事典　世界編1～12　編集代表：桑原武夫　ほるぷ出版　1980.12～1981.6

マガリャンイス　Magalhaes
⇒マゼラン

マキァヴェリ
Machiavelli, Niccolò di Bernardo dei
1469～1527　マキャベッリとも。15・16世紀、イタリアの政治家、政治思想家。1498～1512年フィレンツェ共和政府の書

マキァヴェリ

記官。

◇マキアヴェリ　新装版　西村貞二著　清水書院　（Century Books　人と思想）2016.6　①978-4-389-42054-3

◇13人の誤解された思想家―西欧近代的価値観を根底から問い直す　小浜逸郎著　PHP研究所　2016.1
①978-4-569-82682-0

◇マキァヴェッリ―激動の転換期を生きぬく　北田葉子著　山川出版社　（世界史リブレット人）　2015.2　①978-4-634-35049-6

◇マキアヴェリの経営語録―人を動かす「かけひき」の科学　新装版　唐津一著　PHP研究所　2015.1
①978-4-569-82402-4
＊経営とは、いうなれば"知恵と知恵との闘争"。グローバル時代のいまこそ、従来の日本的経営に欠けていた「かけひき」の戦略を身につけよ。仕事に効く！ マキァヴェリの言葉。『君主論』に学ぶ人心掌握と集団統率の不変法則！

◇マキアヴェリ―自由の哲学者　クェンティン・スキナー著, 塚田富治訳　未来社　2013.4　①978-4-624-11129-8
＊その理論の並み外れた独創性。イタリア・ルネサンス期の巨人政治家の独創的な思想と人間について、現代有数の歴史学者が書き下ろした入門書。新しい視点でのマキァヴェッリ像。

◇ルネサンス人物列伝　ロバート・デイヴィス、ベス・リンドスミス著, 和泉香訳　悠書館　2012.7　①978-4-903487-54-0

◇哲学者マキァヴェッリについて　レオ・シュトラウス著, 飯島昇蔵, 厚見恵一郎, 村田玲訳　勁草書房　2011.11
①978-4-326-30203-1
＊「悪の教師」の真のすがたとは？　近代哲学を初めて発見するさまをスリリングに描き出す。

◇わが友マキアヴェッリ―フィレンツェ存亡 1　塩野七生著　新潮社　（新潮文庫）　2010.5　①978-4-10-118138-7
＊権謀術数の代名詞とされるニコロ・マキアヴェッリ。しかし彼はそれほど単純に割り切れる人間ではなかった―。16世紀のフィレンツェ共和国に仕え、権力者たちの素顔を間近で見つめ続けた官僚。自由な精神で政治と統治の本質を考え、近代政治学の古典『君主論』を著した思索者そして人間味あふれる愛すべき男。その実像に迫る塩野ルネサンス文学の最高峰。待望の文庫化、全三巻。

◇わが友マキアヴェッリ―フィレンツェ存亡 2　塩野七生著　新潮社　（新潮文庫）　2010.5　①978-4-10-118139-4
＊偉大な君主ロレンツォ・デ・メディチを失った後、親フランス路線をとったためにイタリア国内で孤立してしまうフィレンツェ共和国。第二書記局書記官の職を得たマキアヴェッリは、祖国の独立を守るために東奔西走する。しかし一度はフィレンツェを追われたメディチ家が復活したことで運命の歯車が変転する。権力闘争に巻きこまれ、ついには公職から追放されてしまうのだった―。

◇わが友マキアヴェッリ―フィレンツェ存亡 3　塩野七生著　新潮社　（新潮文庫）　2010.5　①978-4-10-118140-0
＊フィレンツェを追われたマキアヴェッリに残されたのは、友人や元同僚に宛てて手紙を綴り、外交官としての体験から得た考察を書き続けることだけだった。比類なき鋭く深い観察眼で移り行く時代を凝視し、大国の時代に翻弄される祖国の自由を強く求めたマキアヴェッリ。その彼が書き、考え、イタリア・ルネサンスの精神とともに果てるまでを、愛情と敬意を込めて描いた完結編。

◇マキアヴェッリとルネサンス国家―言説・祝祭・権力　石黒盛久著　風行社　2009.10　①978-4-86258-030-6

◇マキァヴェッリの生涯　ロベルト・リドルフィ著, 須藤祐孝訳・註解　岩波書店　2009.3　①978-4-00-002166-1
＊人と思想と権力が織りなす壮大な歴史のドラマ。聖俗二つの権威が地に墜ちた大いなる転換期を舞台に、人文主義を突き抜けて近代政治思想の礎を据えた人物とその思想の生きた姿を描く伝記・評伝。

◇ルネサンス　会田雄次, 渡辺一夫, 松田智雄著　中央公論新社　（中公クラシック

マキァヴェリ

ス・コメンタリィ） 2008.10
①978-4-12-003969-0
＊政治の混迷、教会の腐敗を一新した巨星たちの思想。国家悪が招いた"暗黒の中世"に敢然と挑んだ独創的な人々。彼らの軌跡は人間復興の道を跡づける。

◇マキァヴェリの生涯——その微笑の謎 マウリツィオ・ヴィローリ著，武田好訳 白水社 2007.6 ①978-4-560-02625-0
＊『君主論』の作者の知られざる生涯と時代背景を本人が書き残した膨大な報告書や書簡をもとに克明に描く。

◇ヨーロッパ 知の巨人たち——古代ギリシアから現代まで 田中浩著 日本放送出版協会（NHKライブラリー） 2006.3 ①4-14-084204-0

◇世界を変えたビジネス思想家 ダイヤモンド社編訳 ダイヤモンド社 2006.2 ①4-478-20088-2

◇マキアヴェリ、イタリアを憂う 沢井繁男著 講談社（講談社選書メチエ） 2003.9 ①4-06-258277-5
＊分裂状態のイタリア半島の政治力学を見抜く鋭い洞察力。チェーザレ・ボルジア、ルイ十二世、ダ・ヴィンチなど同時代人との交流の中で磨かれたマキアヴェリの人間と社会に関する冷厳かつ普遍的な哲学。

◇マキアヴェッリ語録 マキアヴェッリ原著，塩野七生著 新潮社 2003.7 ①4-10-309627-6

◇マキァヴェリ 新装 マルセル・ブリヨン著，生田耕作，髙塚洋太郎訳 みすず書房 1998.10 ①4-622-04962-7
＊つつましく善良な人々の間でなんの束縛もなく育ったマキャヴェリは、手あたりしだいに本を読んだ。古代、近代、ラテン語、ギリシャ語、そして歴史も、詩も、また街を歩き、お祭や悲しみや行列や処刑を見た。そして多くの群衆を見た。後年のマキャヴェリの外交官としての精緻な頭脳と手腕、『君主論』に結実する独自な政治思想の発展、また失意のときの喜劇作家の一面を、多彩な人物との交流のなかに鮮かに描く。

◇忘恩、運命、野心、好機 ニッコロ・マキァヴェッリ著，須藤祐孝編訳・解説 無限社 1997.11 ①4-944058-01-2

◇マキアヴェリ——コミック版 パトリック・カリー，オスカー・ザラート著，山川さら訳 心交社（知的常識シリーズ） 1996.10 ①4-88302-280-3
＊マキアヴェリはフィレンツェ共和国の忠臣であったが、メディチ家の独裁に反対したために拷問にかけられ、国外追放となった。それでも『君主論』では、悪名高き暴君チェーザレ・ボルジアをモデルにしている。先見の明を備えた愛国主義者であったために、真に近代的な政治学者の先駆けとなり、市民社会についての近代以降の論議の中心に位置するマキアヴェリ。本書は、彼の波乱に満ちた人生を振り返っている。パトリック・カリーの洞察力のある文章と、オスカー・ザラートのドラマティックなイラストは、ルネッサンス期のイタリアの不安定な社会状況をよみがえらせ、ヨーロッパ政治史におけるこの重要な人物の強烈な個性をもった肖像を浮きあがらせている。

◇地獄のマキアヴェッリ 2 セバスティアン・デ・グラツィア著，田中治男訳 法政大学出版局（叢書・ウニベルシタス） 1996.1 ①4-588-00494-8
＊偽装のレトリック、ダーティ・ワークの論理を展開し、「地獄行きを避けるには、地獄への道を熟知することだ」と喝破するマキアヴェッリ。フィレンツェの書記官・外交使節にして政治哲学者・軍事理論家・歴史家・劇作家・詩人という、多面的な相貌を浮き彫りにする。

◇地獄のマキアヴェッリ 1 セバスティアン・デ・グラツィア著，田中治男訳 法政大学出版局（叢書・ウニベルシタス） 1995.9 ①4-588-00493-X
＊マキアヴェリは、政治的・軍事的著作以外の戯曲・詩歌などではよく「地獄」や「悪魔」を取り上げ、現世と彼岸との間を往来する自在な思考によって、人間世界を透視する卓越したリアリズムを形成した。生涯と思想を細密画のように描く。1990年度ピューリッツァー賞伝記部門受賞。

◇マキアヴェッリ語録　塩野七生著　新潮社（新潮文庫）　1992.11　Ⓘ4-10-118106-3
＊浅薄な倫理や道徳を排し、ひたすら現実の社会のみを直視した、中世イタリアの思想家・マキアヴェッリ。「マキアヴェッリズム」という言葉で知られる彼の思想の真髄を、塩野七生が一冊にまとめた箴言集。

◇わが友マキアヴェッリ―フィレンツェ存亡　塩野七生著　中央公論社（中公文庫）　1992.10　Ⓘ4-12-201945-1
＊歴史的（イストーリコ）、喜劇的（コミコ）、悲劇的（トラージコ）…。大きく変わる時代を"仕事"の場として生きた一人の男。「君主論」の作者は、なにを見、なにを行ない、なにを考えたか。ルネサンスのイタリアを華やかに彩り、その終焉に立ち合った一人の有能な男の生涯を現代に甦らせる大作。

◇マキアヴェリズム　西村貞二著　講談社（講談社学術文庫）　1991.12　Ⓘ4-06-159003-0
＊マキアヴェリは、「力こそ正義」と強弁する権力主義の代弁者か、それとも政治と倫理の反背・葛藤という難問を正しく解いた冷徹なリアリストか。動乱の15・6世紀イタリア都市国家。祖国の運命を憂慮する愛国者の灼熱の魂と、人間の本性を射抜く鋭い洞察力の結合。権力のデーモンと対峙し続けた乱世の思想の真実の姿を明らかにし、力と権謀が支配する現代社会また国際政治を見透かす視座を提示する。

◇マキアヴェッリ―自由の哲学者　クェンティン・スキナー著，塚田富治訳　未来社　1991.2　Ⓘ4-624-11129-X

▍マクシミリアン
　Maximilian Joseph, Ferdinand
　1832〜1867　19世紀、メキシコ皇帝（在位1864〜1867）。オーストリア皇帝フランツ・ヨーゼフ1世の弟。革命派に捕らえられて処刑された。

◇世界伝記大事典　世界編 1〜12　編集代表：桑原武夫　ほるぷ出版　1980.12〜1981.6

▍マクドナルド
　MacDonald, James Ramsay
　1866〜1937　19・20世紀、イギリスの政治家。首相（在任1924年、1929年〜1935年）。スコットランド出身。初の労働党出身の首相。

◇世界伝記大事典　世界編 1〜12　編集代表：桑原武夫　ほるぷ出版　1980.12〜1981.6

▍マザラン　Mazarin, Jules
　1602〜1661　17世紀、イタリア生れのフランスの枢機卿、政治家。1639年フランスに帰化し、41年枢機卿。

◇英雄はいかに作られてきたか―フランスの歴史から見る　アラン・コルバン著，小倉孝誠監訳，梅沢礼，小池美穂訳　藤原書店　2014.3　Ⓘ978-4-89434-957-5

◇世界ナンバー2列伝―史上最強補佐役・宰相・顧問・右腕・番頭・黒幕・参謀　山田昌弘著　社会評論社　2013.11　Ⓘ978-4-7845-1117-4
＊サブリーダー武勇伝！ 序列2位ヒーロー大全！ 国の主を祭り上げ、実権を握って、進むべき国の針路を切り開いた、歴史のもう一人の主人公達。国家元首じゃないのに国を導いた、歴史の名脇役達76人。

▍マーシャル
　Marshall, George Catlett
　1880〜1959　19・20世紀、アメリカの軍人、政治家。マーシャル・プランの提唱者。1953年ノーベル平和賞受賞。

◇はじめての経済思想史―アダム・スミスから現代まで　中村隆之著　講談社（講談社現代新書）　2018.6　Ⓘ978-4-06-512227-3

◇経済思想の歴史―ケネーからシュンペーターまで　小沼宗一著　創成社　2017.2　Ⓘ978-4-7944-3175-2

◇ノーベル賞受賞者業績事典―全部門855人　新訂第3版　ノーベル賞人名事典編集委員会編　日外アソシエーツ，紀伊国屋書店

マゼラン

〔発売〕　2013.1　①978-4-8169-2397-5
＊1901年ノーベル賞創設時から2012年までの各分野の受賞者、受賞団体を収録。平和賞・文学賞・物理学賞・化学賞・生理学医学賞・経済学賞受賞者835人、20団体の業績を詳しく紹介。受賞辞退者についても収録対象とし、本文中にその旨を記載した。経歴・受賞理由・著作・参考文献を一挙掲載。

◇世界人物逸話大事典　朝倉治彦，三浦一郎編　角川書店　1996.6　①4-04-031900-1
＊歴史上の人物の生き生きとした人間像を伝えるエピソードを多数紹介する事典。日本人によく知られた人物1883人を見出しに掲載。

▌ **マゼラン**　Magellan, Ferdinand
1480頃～1521　マガリャンイスとも。15・16世紀、ポルトガルの航海者。最初の地球周航者。1519年マゼラン海峡を発見。

◇歴史感動物語　12　世界史2　学研教育出版　2015.2　①978-4-05-501137-2, 978-4-05-811338-7

◇大航海時代　森村宗冬著　新紀元社　（新紀元文庫　Truth In Fantasy）　2013.9　①978-4-7753-1169-1
＊15世紀の「大航海時代」は、地理上の発見、交易や異文化との接触により、世界に大きな変革をもたらしました。本書は「コロンブス」「マゼラン」など幾多の冒険者たちの人生を追いながら、大航海時代の全容を明らかにしていきます。

◇マゼラン最初の世界一周航海　長南実訳　岩波書店　（岩波文庫）　2011.3　①978-4-00-334941-0
＊パタゴニア沿岸の航行、マゼラン海峡発見、太平洋への突入…。香料確保の使命をおびて西へ西へと航路をたどり、ついには世界一周を成し遂げたマゼラン遠征隊の記録二編。記録者ピガフェッタは乗組員の一人、トランシルヴァーノはスペイン国王の次席秘書。

◇マゼラン―世界分割を体現した航海者　合田昌史著　京都大学学術出版会　2006.3　①4-87698-670-3
＊「地球を山分けすること―世界分割」の夢。スペイン・ポルトガル両国による地球の二分割支配という地政学的な使命を負ったマゼランの遠征。多数の史料と図版から、遠征の企画と政治闘争、世界計測の実験とその政治的改竄、黄金島伝説等を検証し、コロンブスを凌駕する壮大なヴィジョンを体現した航海者の姿を浮上させる。

◇世界の探検家列伝　竹内均著　ニュートンプレス　（竹内均知と感銘の世界）　2003.7　①4-315-51693-7

◇マゼラン　アメリゴ　ツヴァイク著，関楠生，河原忠彦訳　ツヴァイク著，河原忠彦訳　みすず書房　（ツヴァイク伝記文学コレクション）　1998.8　①4-622-04661-X
＊世界周航という人類の知識の獲得に一身を捧げた人物、マゼラン。待望のマゼラン海峡を発見し、前人未踏の太平洋を横断しながら、フィリピンの島で非業の最期を遂げる。その生涯が比較的知られていなかった人物の、栄光と悲惨を描き出す。平凡なセビーリャ市民であったアメリゴ。新大陸発見の航海に加わった彼の報告から、本人の知らぬまに歴史の偶然にもてあそばれて、アメリカの名付親になるという法外な名声を荷うことになる。推理小説に比する伝記小説。

◇世界人物逸話大事典　朝倉治彦，三浦一郎編　角川書店　1996.6　①4-04-031900-1
＊歴史上の人物の生き生きとした人間像を伝えるエピソードを多数紹介する事典。日本人によく知られた人物1883人を見出しに掲載。

◇大航海時代の風雲児たち　飯島幸人著　成山堂書店　1995.5　①4-425-94521-2

◇太平洋探検史―幻の大陸を求めて　エティエンヌ・タイユミット著，中村健一訳　（大阪）創元社　（「知の再発見」双書）　1993.12　①4-422-21083-1
＊本書は、マゼランからダンピアまでの16―17世紀の航海について前置きしたのち、18世紀の航海者の中から、ブーガンヴィル，クック，ラペルーズの3人を選んで詳述した。要領のいい太平洋探検史である。巻末には彼らの航海資料か

らの抜粋があり、さらに19世紀以後のゴーガン、メルヴィル、スティーヴンスン、マーク・トゥエイン、ジャック・ロンドン、ピエル・ロティ、マティス等の太平洋に関する文章が集められている。

◇大航海者の世界 3 マゼラン 地球をひとつにした男 増田義郎著 原書房 1993.4 ①4-562-02307-4
＊"太平洋"を発見、世界一周をなしとげたマゼラン。それは、新世界像の発見であり、現代へとつらなる地球時代の幕開けであった。そのマゼランの地球観、背景となったスペインとポルトガルの対立の実像から、大偉業となった航海のすべてを、日誌をもとに生き生きと再現。

◇航海の記録 コロンブス，アメリゴ，ガマ，バルボア，マゼラン著 岩波書店 （大航海時代叢書） 1991.11 ①4-00-008501-8

マッカーシー
McCarthy, Joseph Raymond
1909～1957 20世紀、アメリカの政治家。反共主義の立場から国内の進歩派に激しい「赤狩り」攻撃を加えた（1950）。

◇アメリカ史重要人物101 新装版 猿谷要編 新書館 2001.8 ①4-403-25055-6

マッキンリー McKinley, William
1843～1901 19・20世紀、アメリカの政治家。第25代大統領（在任1897～1901）。1898年アメリカ＝スペイン戦争を引起す。金本位制を確立。

◇アメリカの市民宗教と大統領 リチャード・V.ピラード，ロバート・D.リンダー著，堀内一史，犬飼孝夫，日影尚之訳 麗沢大学出版会，（柏）広池学園事業部〔発売〕 2003.4 ①4-89205-459-3

マックス・ヴェーバー Max Weber
⇒ヴェーバー，マックス

マッツィーニ Mazzini, Giuseppe
1805～1872 19世紀、イタリアの革命家。1831年青年イタリアを結成。49年ローマ共和国の成立とともに首長。

◇マッツィーニの思想と行動 藤沢房俊著 太陽出版 2011.5 ①978-4-88469-700-6
◇マッツィーニの生涯 ボルトン・キング著，力富阡蔵訳 黎明書房 1973
◇マッツィーニ――イタリア民族革命の使徒 森田鉄郎著 清水書院 （センチュリーブックス） 1972
◇マッツィーニの生涯と思想 力富阡蔵著 黎明書房 1953

マティス
Matisse, Henri-Émile-Benoît
1869～1954 19・20世紀、フランスの画家。主作品は「大きな赤い室内」（1948）。

◇マティスとルオー 友情の手紙 アンリ・マティス，ジョルジュ・ルオー著，ジャクリーヌ・マンク編，後藤新治他訳，パナソニック汐留ミュージアム監修 みすず書房 2017.1 ①978-4-622-08564-5
◇色の魔術師 アンリ・マティスものがたり マージョリー・ブライン・パーカー作，ホリー・ベリー絵，志多田静訳 六耀社 2016.9 ①978-4-89737-861-9
＊夢ばかり見ていたなまけものを努力家にかりたてたのは絵画だった！ ピエロや曲芸師など、人びとから注目をあびる職業にあこがれたというマティス少年。夢見る一方で努力が苦手ななまけものだった。そのマティスがふとしたきっかけから絵画のとりこになってしまう…。

◇もっと知りたいマティス――生涯と作品 天野知香著 東京美術 （アート・ビギナーズ・コレクション） 2016.8 ①978-4-8087-1049-1
◇パリの画家、1924――狂乱の時代のインタビュー フロラン・フェルス編著，藤田尊潮訳註 八坂書房 2015.7 ①978-4-89694-192-0
◇僕はマティス キャサリン・イングラム文，アニエス・ドクールシェル絵，岩崎亜矢監訳，富永佐知子訳 パイインターナショナル （芸術家たちの素顔） 2015.4 ①978-4-7562-4628-8

マティス

◇よき人々の系譜　阿部祐太著　阿部出版　2015.1　①978-4-87242-326-6

◇ルネサンス経験の条件　岡崎乾二郎著　文芸春秋　（文春学芸ライブラリー）　2014.2　①978-4-16-813013-7
＊フィレンツェのサンタ・マリア大聖堂を創造したブルネレスキ、ブランカッチ礼拝堂壁画を描いたマサッチオ…。芸術の可能性を追究する造形作家が、ルネサンスの天才たちの作品の精緻な分析を通じて、芸術の秘密を明らかにする。永遠に新しい驚異の書物。

◇マティス―知られざる生涯　ヒラリー・スパーリング著, 野中邦子訳　白水社　2012.6　①978-4-560-08208-9
＊家族や友人との書簡、同時代の証言、回想、インタビューなど、貴重な新資料を駆使し、絵画の歴史を塗り替えた巨匠マティスの全貌に迫る。評伝の決定版、待望の邦訳。

◇マティスを追いかけて　ジェームズ・モーガン著, 山岡万里子訳　アスペクト　2006.4　①4-7572-1249-6
＊初老に差し掛かった男が豪奢な生活を捨て、家を売り、妻とともに画家マティスの足跡をたどる1年間の旅に出た。彼の半生の回想録であり、フランス各地をめぐる旅行記であり、マティスの伝記でもある本書は、人生の再発見や芸術の重要性について教えてくれる。

◇アンリ・マティス　アンリ・マティス画, ジル・ネレ著, Tomomi Senba訳　Taschen　c2002　①4-88783-147-1

◇アンリ・マティス―1869-1954　フォルクマール・エッサース著　タッシェン・ジャパン　（ニュー・ベーシック・アート・シリーズ）　2001.4　①4-88783-029-7

◇マチスの肖像　ハイデン・ヘレーラ著, 天野知香訳　青土社　1997.10　①4-7917-5575-8
＊二十世紀を代表する画家、マチス。作品の陰に隠れがちな画家の生涯を、生い立ち、恋愛、家族から、画家としての苦悩や制作の秘密まで、遺族の証言やエピソードをまじえ、豊富な絵画、写真とともに明らかにする。

◇マティス―ニースにて―1917-1954　マティス編画, グザヴィエ・ジラール著, 村上能成翻訳　求竜堂　（美の再発見シリーズ）　1997.6　①4-7630-9715-6

◇マティス　マティス画, ニコラス・ワトキンス著, 島田紀夫訳, 関直子訳　西村書店　（アート・ライブラリー）　1997.1　①4-89013-530-8

◇ヴィヴァン―新装版・25人の画家　第18巻　マティス　乾由明編集・解説　講談社　1996.10　①4-06-254768-6
＊強烈な色彩から、安らぎを与える芸術へ。巨匠マティスが到達した絵画世界。

◇世界人物逸話大事典　朝倉治彦, 三浦一郎編　角川書店　1996.6　①4-04-031900-1
＊歴史上の人物の生き生きとした人間像を伝えるエピソードを多数紹介する事典。日本人によく知られた人物1883人を見出しに掲載。

◇マティス―色彩の交響楽　グザヴィエ・ジラール著, 田辺希久子訳　創元社　（「知の再発見」双書）　1995.6　①4-422-21097-1

◇マティス　マティス画, ジョン・ジャコバス著, 島田紀夫訳　美術出版社　（BSSギャラリー）　1994.4　①4-568-19022-3

◇アンリ・マティス　サラ・ウィルソン著, 佐和瑛子訳　美術出版社　（現代美術の巨匠）　1993.6　①4-568-18017-1

◇画家の妻たち　沢地久枝著　文芸春秋　1993.5　①4-16-347510-9
＊炎のように短く燃えた愛もあり、静謐な長い人生もあった。憎しみの果ての別れもあった…。美の狩人たちの創造の源泉であり、その苦悩と歓喜を共有した伴侶たちにとって、永遠の美とは何だったのか。レンブラントからピカソまで、19人の画家による妻の肖像画を通して、男と女の運命的なドラマをさぐる。

◇マティスとピカソ―芸術家の友情　フランソワーズ・ジロー著, 野中邦子訳　河出書房新社　1993.2　①4-309-20210-1
＊マティスが鮮やかな色彩の交錯を楽しむ一方、ピカソは思うがままに構図を操った。博学で雄弁、謹厳実直、「愛こそが芸術を支える」というマティスに

対し、内気で気まぐれ、急進的、「狂気に向かって翼をひらいた」ピカソ。フランソワーズが目撃したのは、この北極と南極のような二人の間に育まれた、たぐいまれな愛情だった。二人の巨匠の素顔をふかい理解をもって描く。
◇マチス・ルオー　ジョバンナ・ベルガマスチ，ガスパレ・デ・フィオレ，アンジェロ・デ・フィオレ，ジアンニ・ロッパ，サビネ・パリチ著，関根秀一，片桐頼継訳　学習研究社　（絵画の発見）　1992.11
①4-05-105738-0
＊ギュスターヴ・モローに学んだマチスとルオー。絵画、挿絵、グラフィックと色彩画家として多彩に活躍したマチス、キリストを主題に感動的な名作をのこしたルオーの全貌。色彩と心を描いたフォービスムの2大巨匠。

▍**マテオ・リッチ**　Matteo Ricci
　⇒リッチ，マテオ

▍**マデロ**　Madero, Francisco Indalecio
1873〜1913　19・20世紀、メキシコの革命指導者、大統領（1911〜1913）。メキシコ革命を成功させたが右派のクーデターで暗殺された。
◇世界伝記大事典　世界編 1〜12　編集代表：桑原武夫　ほるぷ出版　1980.12〜1981.6

▍**マニ**　Mānī
216頃〜276頃　3世紀、ペルシアの宗教家、マニ教の創始者。漢字表記は摩尼。
◇マニ教　青木健著　講談社　（講談社選書メチエ）　2010.11　①978-4-06-258486-9

▍**マネ**　Manet, Édouard
1832〜1883　19世紀、フランスの画家。主作品「草上の食事」（1862〜1863）、「オランピア」（1863）。
◇知識ゼロからの西洋絵画 困った巨匠たち対決　山田五郎著　幻冬舎　2018.3
①978-4-344-90331-9
◇マネ　ジョルジュ・バタイユ著，江沢健一郎訳　月曜社　（芸術論叢書）　2016.7
①978-4-86503-033-4
◇マネと印象派の巨匠たち―印象派ってナニ？　島田紀夫監修　小学館　2014.7
①978-4-09-682088-9
◇美術論集　エミール・ゾラ著，三浦篤編＝解説・訳，藤原貞朗訳　藤原書店　（ゾラ・セレクション）　2010.7
①978-4-89434-750-2
◇マネ―NHK巨匠たちの肖像　小学館クリエイティブ，小学館〔発売〕　（DVD美術館）　2010.6　①978-4-7780-3801-4
◇もっと知りたいマネ―生涯と作品　高橋明也著　東京美術　（アート・ビギナーズ・コレクション）　2010.2
①978-4-8087-0867-2
◇マネ―近代絵画の誕生　フランソワーズ・カシャン著，藤田治彦監修，遠藤ゆかり訳　創元社　（「知の再発見」双書）　2008.5
①978-4-422-21197-8
＊マネとはいったい何者なのか？　彼は「純粋絵画」の発明者であり、革命家なのだろうか？　アカデミズムの破壊者なのか、それともティツィアーノやベラスケスの系譜に属する巨匠なのか？　はたして彼は近代絵画の創始者だったのか、それとも「ある芸術の衰退期における第一人者」にすぎなかったのだろうか。
◇すぐわかる 画家別 印象派絵画の見かた　島田紀夫監修　東京美術　2007.1
①978-4-8087-0811-5
◇近代芸術家の表象―マネ、ファンタン＝ラトゥールと1860年代のフランス絵画　三浦篤著　東京大学出版会　2006.9
①4-13-080207-0
＊本研究は、西洋近代美術史の原点とも言うべき第二帝政期のフランス絵画を、従来とは異なる視角から解明しようと意図している。それが「芸術家像」というテーマにほかならない。
◇巨匠の自画像―名画に潜む知られざるストーリー　青井伝著　すばる舎　2006.8
①4-88399-540-2
◇巴里・印象派・日本―"開拓者"たちの真

マネ

実　吉川節子著　日本経済新聞社
2005.4　①4-532-12397-6

◇マネ　マネ画, ジョン・リチャードソン著, 三浦篤, 田村義也訳　西村書店　（アート・ライブラリー）　1999.1
①4-89013-555-3

◇近代絵画の誕生一八六三年　ガエタン・ピコン著, 鈴木祥史訳　人文書院
1998.12　①4-409-10010-6

◇世界人物逸話大事典　朝倉治彦, 三浦一郎編　角川書店　1996.6　①4-04-031900-1
＊歴史上の人物の生き生きとした人間像を伝えるエピソードを多数紹介する事典。日本人によく知られた人物1883人を見出しに掲載。

◇マネ　アンリ・ラララマン著, 宮下規久朗訳　日本経済新聞社　1996.3
①4-532-12282-1
＊印象派を代表する6人の画家の代表作を網羅し大型の図版で再現。解説ではその生涯をたどり画家の素顔に迫る。

◇ヴィヴァン25人の画家　6　マネ　新装版　大島清次編　講談社　1996.3
①4-06-254756-2
＊市民の台頭と印象派の誕生。近代化のリーダーがたどる苦難の生涯と芸術を紹介。

◇マネ　マネ画, ピエール・クールティヨン著, 千足伸行訳　美術出版社　（新装BSSギャラリー世界の巨匠）　1994.7
①4-568-19054-1

◇マネ　マネ画, サラ・カー＝ゴム著, 高階絵里加訳　岩波書店　（岩波世界の巨匠）
1994.6　①4-00-008477-1

◇マネ—その生涯と作品と、業績の形成に与えた影響を根本からビジュアルにアプローチ！　パトリシア・ライト著, 福井由紀訳　同朋舎出版　（ビジュアル美術館）　1994.1　①4-8104-1703-4

◇画家の妻たち　沢地久枝著　文芸春秋
1993.5　①4-16-347510-9
＊炎のように短く燃えた愛もあり、静謐な長い人生もあった。憎しみの果ての別れもあった…。美の狩人たちの創造の源泉であり、その苦悩と歓喜を共有した伴侶たちにとって、永遠の美とは何だったのか。レンブラントからピカソまで、19人の画家による妻の肖像画を通して、男と女の運命的なドラマをさぐる。

◇マネの肖像　吉田秀和著　白水社
1992.9　①4-560-03850-3

◇マネ・モネ　マウラ・ボフィット, ジアンニ・ロッバ, ガスパレ・デ・フィオレ, マリナ・ロッピアーニ, アルベルト・マルティニ, サビネ・バリチ著, 石原宏, 青木理訳　学習研究社　（絵画の発見）
1992.2　①4-05-105732-1
＊明るく新鮮な色彩でパリの市民生活を描いたマネ、自然の変化を一瞬のうちにとらえて光の変幻を色彩化したモネ—。絵画の新時代を告げた印象派を代表する2人の画業。

◇ナナ—マネ・女・欲望の時代　ヴェルナー・ホーフマン著, 水沢勉訳　PARCO出版局　（PARCO PICTURE BACKS）
1991.2　①4-89194-262-2
＊画家マネがナナの姿のなかに19世紀末パリの実相を透視する。マネの絵画、ゾラの小説からマルクスまでを駆使して、実術史家ホーフマンが現代に至る「欲望の時代」を暴く。

◇マネ　ピエール・クールティヨン著, 千足伸行訳　美術出版社　（BSSギャラリー世界の巨匠）　1990.12　①4-568-19006-1

◇印象派の人びと—ジュリー・マネの日記　ロザリンド・ドゥ・ボランド・ロバーツ, ジェーン・ロバーツ編, 橋本克己訳　中央公論社　1990.9　①4-12-001966-7
＊エドワール・マネの姪で、女流画家ベルト・モリゾの娘ジュリー。ルノワール、ドガ、モネ、マラルメなどに囲まれて育った聡明で感性豊かな少女は、14歳で日記をつけ始める。この日記は、これら大芸術家の生活と素顔を、最も身近なところから曇りのない眼でとらえた、きわめて貴重な記録である。カラー23点、モノクロ84点収載。マネの姪がつづる大芸術家たちの素顔。

マハーヴィーラ　Mahāvīra, Vardhamana Nigantha Nataputta
⇒ヴァルダマーナ

マハティール　Mahathir Mohamad
1925〜　マハティール・モハマドとも。20世紀、マレーシアの政治家。マレーシア首相、統一マレー国民組織（UMNO）総裁。

◇マハティールの履歴書─ルック・イースト政策から30年　マハティール・ビン・モハマド著　日本経済新聞出版社　2013.5　①978-4-532-16869-8
＊日本を手本とするルック・イースト政策を掲げ、マレーシアの工業化・近代化を成し遂げたマハティール。通貨危機をも乗り越えたアジアのリーダーの自伝。第1部では、日本企業と連携した、初の国産自動車プロトン・サガの開発、先進国入りを目指す中長期計画の立案、アジア通貨危機の内幕といった、首相時代のエピソードを中心に、家族に対する想い、アジア的価値観、9.11後の世界認識、教育論までを語る。第2部に日本経済新聞に連載された「私の履歴書」を収録。

◇為政者の器─現代の日本に求められる政治家像　丹羽文生著　春日出版　2009.8　①978-4-86321-193-3

◇マハティールの夢─先進国めざすマレーシア　M.ラジェンドラン著, 安藤一生訳　サイマル出版会　1995.11　①4-377-31059-3
＊本書は、マハティールがどのようにして政治的、経済的な試練を克服し、また国家を2020年までに新興工業国に変えるためのビジョンと具体的な計画を持った、マレーシアの最も有名な首相となったかを説明するものである。

◇マハティール─アジアの世紀を創る男　根津清著　ザ・マサダ　1994.11　①4-915977-06-4

◇アジア復権の希望マハティール　坪内隆彦著　亜紀書房　1994.9　①4-7505-9422-9

マハフーズ　Maḥfūẓ, Najīb
⇒ナギブ

マホメット　Muhammed
⇒ムハンマド

マラー　Marat, Jean Paul
1743〜1793　18世紀、フランスの政治家、革命指導者、医師。新聞を発刊し民衆を鼓舞。ジャコバン派を指導したが、ジロンド派支持の女性に暗殺された。

◇フランス革命の志士たち─革命家とは何者か　安達正勝著　筑摩書房　（筑摩選書）　2012.10　①978-4-480-01554-9

◇暗殺の歴史　リンゼイ・ポーター著, 北川玲訳　創元社　2011.9　①978-4-422-21500-6

◇フランス革命の肖像　佐藤賢一著　集英社　（集英社新書ヴィジュアル版）　2010.5　①978-4-08-720541-1

◇ラルース図説世界史人物百科　3　フランス革命‐世界大戦前夜　フランソワ・トレモリエール, カトリーヌ・リシ編, 樺山紘一監修　原書房　2005.4　①4-562-03730-X

マリア・テレジア　Maria Theresia
1717〜1780　18世紀、オーストリア大公（在位1740〜1780）。ハンガリーおよびボヘミアの女王を兼ねた。

◇王妃たちの最期の日々　上　ジャン＝クリストフ・ビュイッソン, ジャン・セヴィリア編, 神田順子, 土居佳代子, 谷口きみ子訳　原書房　2017.4　①978-4-562-05385-8

◇マリー・アントワネットとマリア・テレジア秘密の往復書簡　マリー・アントワネット, マリア・テレジア著, パウル・クリストフ編, 藤川芳朗訳　岩波書店　（岩波人文書セレクション）　2015.10　①978-4-00-028819-4

◇マリア・テレジアとヨーゼフ2世─ハプスブルク、栄光の立役者　稲野強著　山川

出版社 〈世界史リブレット人〉 2014.2
①978-4-634-35056-4
＊ハプスブルク家のマリア・テレジアとヨーゼフ2世の母子君主は、啓蒙思想一色の18世紀のどのようにしてヨーロッパ屈指の伝統と権威をもつ王朝と国家を守ったのだろうか。そして彼らは目的をはたすために、どのように改革と外交を推進したのだろうか。また、そうした政策に母と子の価値観の相違はどのように投影されたのだろうか。それらの解明をとおして18世紀における中・東欧地域の複雑な様相とその時代状況を浮き彫りにする。

◇マリア・テレジア―ハプスブルク唯一の「女帝」 江村洋著 河出書房新社 （河出文庫） 2013.9 ①978-4-309-41246-7
＊生きた、愛した、戦った―。プロイセンをはじめ、ハプスブルクを狙う周辺国から女手ひとつで帝国を守り抜き、自らも十六人の子をなした、まさに国母。波乱のなかでも、常に慈愛に満ちた行動を忘れなかった、「テレーゼ」の美しき生涯を描く。ハプスブルク研究第一人者による傑作評伝が待望の復刊。

◇危険な世界史―血族結婚篇 中野京子著 角川書店 （角川文庫） 2011.10
①978-4-04-394003-5

◇ハプスブルクの文化革命 山之内克子著 講談社 （講談社選書メチエ） 2005.9
①4-06-258340-2
＊豪華な儀式と祝祭でスペクタクルを演出し、視聴覚から臣民を従えたマリア・テレジア。庭園も舞踏会も一般公開する一方で、自分は宮廷に引きこもるヨーゼフ二世。同時代の記録に残された膨大な都市民の肉声から、啓蒙専制君主に再編される市民生活の相貌を活写する。

◇世界女性人名事典―歴史の中の女性たち 世界女性人名事典編集委員会編 日外アソシエーツ, 紀伊国屋書店〔発売〕 2004.10 ①4-8169-1800-0

◇マリー・アントワネットとマリア・テレジア秘密の往復書簡 マリー・アントワネット, マリア・テレジア著, パウル・クリストフ編, 藤川芳朗訳 岩波書店 2002.9 ①4-00-024801-4

◇女帝が愛した男たち テア・ライトナー著, 庄司幸恵訳 花風社 1999.10
①4-907725-08-6
＊マリア・テレジア、ヴィクトリア女王など、栄光を浴びた女たちの陰にはつねに強く激しい男たちがいた。"女帝"を愛し、"女帝"と戦い、歴史を動かした男たちの壮絶な生涯。"陰の男たち"に光をあてる画期的なノン・フィクション。

◇世界人物逸話大事典 朝倉治彦, 三浦一郎編 角川書店 1996.6 ①4-04-031900-1
＊歴史上の人物の生き生きとした人間像を伝えるエピソードを多数紹介する事典。日本人によく知られた人物1883人を見出しに掲載。

◇ハプスブルク歴史物語 倉田稔著 日本放送出版協会 （NHKブックス） 1994.6
①4-14-001702-3
＊複合多民族国家の六百余年のすべて。双頭の鷲の下に展開された栄光と没落の歴史を、気鋭のウィーン史家が、達意の文章で綴る。

◇ハプスブルク家の女たち 江村洋著 講談社 （講談社現代新書） 1993.6
①4-06-149151-2
＊女帝の娘たちの歩んだ人生の明暗。貴賤結婚の苦難に耐えた大公妃たち。政治情勢にまで影響を与えた、皇帝をめぐる嫁姑の確執…。ハプスブルク帝国の歴史を彩る。

◇マリア・テレジアとその時代 江村洋著 東京書籍 1992.4 ①4-487-75387-2
＊統合ヨーロッパの先駆け、多民族国家ハプスブルクの偉大なる女帝。君主、妻、母として生きたマリア・テレジアの生涯。

マリ・アントワネット

Marie Antoinette Josèphe Jeanne
1755～1793 18世紀、フランス国王ルイ16世の妃。マリア・テレジアの四女。浪費癖と無思慮な言動で民衆に批判され、フランス革命で処刑された。

◇マリー・アントワネットの暗号―解読され

◇たフェルセン伯爵との往復書簡　エヴリン・ファー著，ダコスタ吉村花子訳　河出書房新社　2018.8　①978-4-309-22735-1
◇マリ・アントワネット―革命に散った悲劇の王妃　長谷川まゆ帆監修，上地優歩まんが作画　KADOKAWA　（角川まんが学習シリーズ　まんが人物伝）　2018.7　①978-4-04-105147-4
◇マリー・アントワネットの最期の日々　上　エマニュエル・ド・ヴァレスキエル著，土居佳代子訳　原書房　2018.4　①978-4-562-05477-0
◇マリー・アントワネットの最期の日々　下　エマニュエル・ド・ヴァレスキエル著，土居佳代子訳　原書房　2018.4　①978-4-562-05478-7
◇フランス王妃列伝―アンヌ・ド・ブルターニュからマリー＝アントワネットまで　阿河雄二郎，嶋中博章編　昭和堂　2017.7　①978-4-8122-1632-3
◇王妃たちの最期の日々　下　ジャン＝クリストフ・ビュイッソン，ジャン・セヴィリア編，神田順子，土居佳代子，山川洋子訳　原書房　2017.4　①978-4-562-05386-5
◇マリー・アントワネットの髪結い―素顔の王妃を見た男　ウィル・バショア著，阿部寿美代訳　原書房　2017.2　①978-4-562-05366-7
◇マリー・アントワネット―革命に散った悲劇のフランス王妃　林田伸一監修，栗原まもる漫画，和田奈津子シナリオ　集英社　（集英社版・学習まんが　世界の伝記NEXT）　2016.11　①978-4-08-240073-6
◇まるごと一冊マリー・アントワネット展　Special　KADOKAWA　（エンターブレインムック）　2016.10　①978-4-04-734380-1
◇麗しのマリー・アントワネット―ヴェルサイユ宮殿での日々　エレーヌ・ドラレクス著，ダコスタ吉村花子訳　グラフィック社　2016.10　①978-4-7661-2931-1
◇マリー・アントワネットの嘘　惣領冬実，塚田有那著　講談社　2016.9　①978-4-06-220272-5
◇美術品でたどるマリー・アントワネットの生涯　中野京子著　NHK出版　（NHK出版新書）　2016.9　①978-4-14-088497-3
◇マリー・アントワネットとマリア・テレジア秘密の往復書簡　マリー・アントワネット，マリア・テレジア著，パウル・クリストフ編，藤川芳朗訳　岩波書店　（岩波人文書セレクション）　2015.10　①978-4-00-028819-4
◇マリー・アントワネット―華麗な遺産がかたる王妃の生涯　エレーヌ・ドラレクス，アレクサンドル・マラル，ニコラ・ミロヴァノヴィチ著，岩沢雅利訳　原書房　2015.3　①978-4-562-05141-0
◇マリー・アントワネット―ファッションで世界を変えた女　石井美樹子著　河出書房新社　2014.6　①978-4-309-22612-5
＊王妃としてフランスに君臨しただけではなく，ファッションの力でヨーロッパを，世界を虜にしたひとりの女。従来の「わがままで浪費家」のイメージを覆す，美貌に知恵と理性を兼ね備えた，新たなマリー・アントワネット像の誕生！
◇歴史を翻弄した黒偉人　黒偉人研究委員会編　彩図社　2014.4　①978-4-88392-984-9
◇偉人は死ぬのも楽じゃない　ジョージア・ブラッグ著，梶山あゆみ訳　河出書房新社　2014.3　①978-4-309-25298-8
＊ベートーヴェンは，体液を抜かれ，蒸し風呂に入れられて死んでいった!?ツタンカーメンからアインシュタインまで，医学が未発達な時代に，世界の偉人たちはどんな最期を遂げたのか？　驚きいっぱいの異色偉人伝！
◇最期の日のマリー・アントワネット―ハプスブルク家の連続悲劇　川島ルミ子著　講談社　（講談社＋α文庫）　2013.5　①978-4-06-281517-8
◇ヴェルサイユの女たち―愛と欲望の歴史　アラン・バラトン著，園山千晶，土居佳代子，村田聖子訳　原書房　2013.3　①978-4-562-04906-6
◇マリー・アントワネット運命の24時間―知られざるフランス革命ヴァレンス逃亡

マリ・アントワネット

中野京子著　朝日新聞出版　2012.2
ⓘ978-4-02-250903-1
＊亡命失敗、フランスに王がいなくなる日。刻々と迫る断頭台への道程。革命に翻弄された王妃の真実とは？―。

◇マリー・アントワネット物語展　ベルナール・シュヴァリエ監修，名古屋市博物館，そごう美術館，東映編　東映　c2012-2013

◇危険な世界史―血族結婚篇　中野京子著　角川書店　（角川文庫）　2011.10
ⓘ978-4-04-394003-5

◇「美女」と「悪女」大全―歴史を変えた！　榎本秋監修　新人物往来社　2011.5
ⓘ978-4-404-04019-0

◇お姫さま大全―100人の物語　井辻朱美監修　講談社　2011.3
ⓘ978-4-06-216768-0
＊この本は、お姫さま100人の物語を集めたものです。物語、舞台、アニメ、神話、史実などのお姫さまたちが、時代や背景をこえて登場します。世界中のお姫さまのことがわかる一冊です。

◇歴史を翻弄した黒偉人―33人の怪物　黒偉人研究委員会編　彩図社　2010.12
ⓘ978-4-88392-768-5

◇フランス革命の肖像　佐藤賢一著　集英社　（集英社新書ヴィジュアル版）　2010.5　ⓘ978-4-08-720541-1

◇王妃マリー・アントワネット　新人物往来社編　新人物往来社　（ビジュアル選書）　2010.4　ⓘ978-4-404-03847-0

◇世界禁断愛大全―「官能」と「耽美」と「倒錯」の愛　桐生操著　文芸春秋　（文春文庫）　2009.7　ⓘ978-4-16-775391-7

◇マリー・アントワネットの「首飾り事件」　アンタール・セルプ著，リンツビヒラ裕美訳　彩流社　2008.10
ⓘ978-4-7791-1357-4
＊フランスで起きた奇怪な出来事！　近づきつつある革命の「裏面」が浮かびあがる。舞台はルイ16世治下、革命前夜のパリ。権謀術数、渦巻く欲望…王侯貴族、民衆、詐欺師（カリオストロたち）が入り乱れた。王妃の首飾りをめぐる事件について、ハンガリー人セルプの筆は優雅に緊張感をもって描く。

◇マリー・アントワネットとフランスの女たち―甘美なるロココの源流　堀江宏樹著　春日出版　2008.8　ⓘ978-4-86321-065-3

◇歴史のなかの女たち―名画に秘められたその生涯　高階秀爾著　岩波書店　（岩波現代文庫）　2008.7　ⓘ978-4-00-602137-5

◇マリー・アントワネットとフェルセン、真実の恋　川島ルミ子著　講談社　（講談社＋α文庫）　2008.5
ⓘ978-4-06-281201-6
＊フランス革命で民衆の手に斃れた王妃マリー・アントワネットの物語は、いつの時代も人を魅了する。著者が丹念に読み込んだ史料により、彼女とスウェーデン貴族フェルセンとのすべてがあきらかに！　ヴェルサイユで出会ったふたりは、歴史の荒波に負けず支えあい、アントワネットの死後もフェルセンはその思慕ゆえに苛酷な人生に耐えた。生涯をかけた恋愛のゆるぎない美しさを描いた渾身のノンフィクション。

◇マリー・アントワネット38年の生涯―断頭台に散った悲運の王妃　新人物往来社　（別冊歴史読本）　2008.1
ⓘ978-4-404-03391-8

◇世界の「美女と悪女」がよくわかる本―クレオパトラ、楊貴妃からマリー・アントワネット、小野小町まで　島崎晋監修，世界博学倶楽部著　PHP研究所　（PHP文庫）　2007.9　ⓘ978-4-569-66900-7

◇悪女たちの残酷史　岳真也著　講談社　（講談社プラスアルファ新書）　2007.4
ⓘ978-4-06-272433-3

◇歴史を騒がせた「悪女」たち　山崎洋子著　光文社　（知恵の森文庫）　2007.2
ⓘ978-4-334-78468-3

◇マリー・アントワネット　上　アントニア・フレイザー著，野中邦子訳　早川書房　（ハヤカワ文庫）　2006.12
ⓘ4-15-050316-8
＊女帝マリア・テレジアが同盟の要としてフランスへ送りこんだ花嫁は、たった十四歳の少女だった。慣習とゴシップに満ちた宮殿で大勢の姻族と召使が

マリ・アントワネット

見守るなか、少女は何を思い、どう振る舞ったか――その激動の生涯ゆえに数々の神話にいろどられ「悲劇の王妃」とも「浪費好きな快楽主義者」とも言われる王妃マリー・アントワネット。そのどちらでもない真実の姿をあたたかい眼差しでとらえ、一人の女性として描ききった伝記。

◇マリー・アントワネット 下 アントニア・フレイザー著, 野中邦子訳 早川書房 (ハヤカワ文庫) 2006.12 ⓘ4-15-050317-6
＊革命のいけにえとして民衆の憎悪を一身にうけるようになった王妃アントワネットは、断頭台へと続く運命をたどり始める。しかし、その残酷で長い道のりは、無力で幼い花嫁だった少女が、王妃として、妻として、母として成熟した人間となる旅路でもあったのだ――劇的な人生を送った一人の女性の真実の姿を、英国が誇る歴史作家フレイザーが膨大な資料から浮かび上がらせた、渾身のノンフィクション。豪華なカラー資料つき。

◇世界禁断愛大全――「官能」と「耽美」と「倒錯」の愛 桐生操著 文芸春秋 2006.10 ⓘ4-16-368490-5

◇魔性たちの恋愛神話 森実与子著 新人物往来社 2006.7 ⓘ4-404-03409-1

◇図説 ヨーロッパの王妃 石井美樹子著 河出書房新社 (ふくろうの本) 2006.6 ⓘ4-309-76082-1

◇ロココの花嫁マリー・アントワネット――ベルサイユへの旅路 ケーラー・鹿子木美恵子著 叢文社 2005.5 ⓘ4-7947-0504-2
＊「王太子妃の道」「輿入れ街道」。ヨーロッパの時の流れ、膨大なるストーリーを包み込んだ街道は、幼い花嫁マリー・アントワネットをいかに運んだのか。七年の歳月をかけて辿った追体験―。

◇世界女性人名事典――歴史の中の女性たち 世界女性人名事典編集委員会編 日外アソシエーツ, 紀伊国屋書店〔発売〕 2004.10 ⓘ4-8169-1800-0

◇マリー・アントワネットと悲運の王子 川島ルミ子著 講談社 (講談社＋α文庫) 2004.9 ⓘ4-06-256878-0

◇マリー・アントワネットとヴェルサイユ――華麗なる宮廷に渦巻く愛と革命のドラマ 新人物往来社 (別冊歴史読本) 2003.8 ⓘ4-404-03055-X

◇マリー・アントワネット ジョーン・ハスリップ著, 桜井郁恵訳 近代文芸社 1999.6 ⓘ4-7733-6542-0
＊多くの人々に研究され、論じられてきたマリー・アントワネット。その初期の生涯を丹念に追い、再評価する。

◇ヨーロッパ謎と不思議の歴史事典――世界史に隠された驚きのお話 桐生操著 ベストセラーズ (ワニ文庫) 1999.2 ⓘ4-584-30606-0
＊教科書では絶対に語られない、もう一つの世界史。女の嫉妬が原動力だった魔女裁判、ビジネスとして成立していた中世戦争の仰天の実体、ついには国をも滅ぼした呪いのダイヤ、本当にあった吸血鬼事件、マリー・アントワネット、レオナルド・ダ・ヴィンチをはじめとする王侯貴族・有名人たちの意外な素顔など、世界史がいっそう面白くなる、驚きいっぱいのエピソードを満載！

◇マリー・アントワネット 1 ツヴァイク著, 藤本淳雄, 森川俊夫訳 みすず書房 (ツヴァイク伝記文学コレクション) 1998.9 ⓘ4-622-04663-6
＊オーストリア女帝の皇女に生まれ、ヨーロッパ随一の美しい王国、フランスの王妃となり、絢爛たるヴェルサイユ宮廷生活から断頭台の露と消えた悲劇の主人公。本書は、マリー・アントワネットが、15歳でブルボン王家皇太子(のちのルイ十六世)妃として、豪華な輿入れ行列をする描写から始まり、王妃となってからの服飾、宝石、庭園、賭事への傾倒、1789年7月14日のバスティーユ襲撃の民衆蜂起までを記す。

◇マリー・アントワネット 2 ツヴァイク著, 藤本淳雄, 森川俊夫訳 みすず書房 (ツヴァイク伝記文学コレクション) 1998.9 ⓘ4-622-04664-4
＊本書は、スウェーデンの青年伯爵フェルセンとの恋愛関係を軸に、革命の進

行を描き、王室のヴァレンヌへの逃亡、王妃救出計画の失敗を経て、断頭台に命を絶つまでの姿を追う。

◇マリー・アントワネットの生涯　藤本ひとみ著　中央公論社　1998.7
①4-12-002811-9
＊人を指に巻くといわれた王妃マリー・アントワネットの華麗な足跡をフランス各地にたどり、その真の悲劇を浮き彫りにする歴史エッセイ。カラー図版60点収録。

◇ちょっといい話・面白い話・気になる話—人生に取り組む姿勢が変わる　北村龍彦著　日新報道　1998.3　①4-8174-0412-4

◇世界人物逸話大事典　朝倉治彦，三浦一郎編　角川書店　1996.6　①4-04-031900-1
＊歴史上の人物の生き生きとした人間像を伝えるエピソードを多数紹介する事典。日本人によく知られた人物1883人を見出しに掲載。

◇歴史を騒がせた「悪女」たち　山崎洋子著　講談社　（講談社文庫）　1995.4
①4-06-185934-X
＊男を惑わせる魅力的な女、謎めいている、頭のよい、決然としている女、むろん、残忍、冷酷、意地悪でもあるけれど、それでも人は、胸をときめかせてしまう—そういう女が悪女である。古今東西の、スケールの大きい悪女たちの魅力と、驚くべき生涯を、濃密にいきいきと描く、衝撃の女性人物評伝第二弾。

◇歴史に刻まれた12の愛の物語—ヴィヴィアンの恋・オードリーの愛…　桐生操著　ベストセラーズ　（ワニ文庫）　1993.12
①4-584-30405-X
＊世の男性の心を釘付けにした銀幕のスターや歴史上の人物たち。その世間に知られた表の顔とは別に、彼女たちにもプライベートな表情があり、数々のロマンスがあった。歴史に残る女性たちがある時は苦しみ、またある時は悩みながら下した決断、そして結末。12人のエピソードを12様に読み解く愛のアンソロジー。

◇渋沢龍彦全集　4　渋沢龍彦著　河出書房新社　1993.9　①4-309-70654-1

◇ヴェルサイユ宮廷の女性たち　加瀬俊一著　文芸春秋　（文春文庫）　1992.7
①4-16-717903-2
＊"太陽王"とうたわれたルイ14世と数多くの愛人たち、"ぐうたら王"ルイ15世とポムパドゥール夫人、断頭台に消えたルイ16世と王妃マリイ・アントワネット。ヴェルサイユ宮廷を舞台に連夜くりひろげられる恋愛遊戯と想像を絶する浪費は、ブルボン王朝を衰微と崩壊に導いた。フランス革命前夜の宮廷政治と愛欲絵巻を描く歴史読物。

◇ハレスはまた来る—偽書作家列伝　種村季弘著　青土社　1992.3　①4-7917-5176-0
＊ゲーテとの往復書簡を創作した女流作家、日本人も知らない日本の文豪ハレス・レンノスケ、偽のシェイクスピア劇を書いたロンドンの天才少年など、文学史の余白にのこる文学的変装の名優たちや、古文書や手紙を捏造し世界を瞞着した、仮面の作家たちの名演戯。

◇歴史を騒がせた"悪女"たち　山崎洋子著　講談社　1991.9　①4-06-205478-7
＊権力への野心、迸しる情熱、冷酷無比な横顔を見せつつ燦然と輝く女たちの魔性。「"伝説"になった女たち」に続く山崎洋子の女性評伝。

◇物語マリー・アントワネット　窪田般弥著　白水社　（白水Uブックス）　1991.6
①4-560-07307-4
＊歴史上あまりにも著名なマリー・アントワネットの悲劇的生涯、その結婚から革命の露と消えるまでの数奇な運命に弄ばれる一生を、エピソードを中心にまとめた読物風評伝。

▌マリウス　Marius, Gaius
前157頃～前86　前2・1世紀、ローマ共和制末期の将軍。7年コンスルを務めた（前107、104～100、86）。

◇モムゼン ローマの歴史　3　革新と復古　モムゼン著，長谷川博隆訳　名古屋大学出版会　2006.2　①4-8158-0507-5

◇古代ローマ歴代誌—7人の王と共和政期の指導者たち　フィリップ・マティザック著，本村凌二監修，東真理子訳　創元社

2004.9　①4-422-21518-3

マルクス　Marx, Karl Heinrich
1818〜1883　19世紀、ドイツの経済学者、哲学者、革命指導者。1848年「共産党宣言」執筆。

◇カール・マルクス入門　的場昭弘著　作品社　2018.9　①978-4-86182-683-2
◇世界の哲学者の言葉から学ぼう―100の名言でわかる哲学入門　小川仁志著　教育評論社　2018.5　①978-4-86624-014-5
◇マルクスの業績と限界―マルクス生誕200年　村岡到編著　ロゴス　(ブックレットロゴス)　2018.4　①978-4-904350-47-8
◇マルクス伝　1　フランツ・メーリング著、栗原佑訳　大月書店　(ワイド版国民文庫)　2018.3　①978-4-272-98021-5
◇マルクス伝　2　フランツ・メーリング著、栗原佑訳　大月書店　(ワイド版国民文庫)　2018.3　①978-4-272-98022-2
◇マルクス伝　3　フランツ・メーリング著、栗原佑訳　大月書店　(ワイド版国民文庫)　2018.3　①978-4-272-98023-9
◇カール・マルクス―「資本主義」と闘った社会思想家　佐々木隆治著　筑摩書房　(ちくま新書)　2016.4　①978-4-480-06889-7
◇図説世界史を変えた50の指導者(リーダー)　チャールズ・フィリップス著、月谷真紀訳　原書房　2016.2　①978-4-562-05250-9
◇13人の誤解された思想家―西欧近代的価値観を根底から問い直す　小浜逸郎著　PHP研究所　2016.1　①978-4-569-82682-0
◇マルクス　新装版　小牧治著　清水書院　(Century Books　人と思想)　2015.9　①978-4-389-42020-8
◇マルクス―ある十九世紀人の生涯　上　ジョナサン・スパーバー著、小原淳訳　白水社　2015.7　①978-4-560-08445-8
◇マルクス―ある十九世紀人の生涯　下　ジョナサン・スパーバー著、小原淳訳　白水社　2015.7　①978-4-560-08446-5
◇天才経済学者たちの闘いの歴史―経済学史入門　中矢俊博著　同文舘出版　2014.3　①978-4-495-44151-7
◇経済思想の巨人たち　竹内靖雄著　新潮社　(新潮文庫)　2013.11　①978-4-10-125371-8
◇マルクスの三つの顔　四方田犬彦著　亜紀書房　2013.8　①978-4-7505-1314-0
◇大いなる探求　上　経済学を創造した天才たち　シルヴィア・ナサー著、徳川家広訳　新潮社　2013.6　①978-4-10-541502-0
◇マルクス〈取扱説明書〉　ダニエル・ベンサイド文、湯川順夫、中村富美子、星野秀明訳　柘植書房新社　2013.5　①978-4-8068-0647-9
　＊「マルクスは死んだ」だと〜な、な、なんてヤツらだ。ソーシャル・キラーを追い詰める。今どきのマルクスがわかるやさしくない入門書。
◇歴史を動かした哲学者たち　堀川哲著　角川学芸出版、角川グループパブリッシング〔発売〕　(角川ソフィア文庫)　2012.12　①978-4-04-408610-7
◇マルクス、エンゲルス書簡選集　下　マルクス、エンゲルス著、不破哲三編集・文献解説　新日本出版社　(科学的社会主義の古典選書)　2012.7　①978-4-406-05586-4
◇あらすじとイラストでわかる資本論　知的発見！探検隊編著　イースト・プレス　(文庫ぎんが堂)　2012.6　①978-4-7816-7072-0
　＊不況はなぜ起こるのか。なぜ失業者や貧富の差が生まれてしまうのか。現代社会が抱える諸問題は、約150年前に、カール・マルクスの『資本論』によって明らかにされていた。資本主義の構造を徹底的に暴きながら、搾取される労働者を救うために執筆されたこの大著は、世界の政治・社会に大きな影響を与えた。本書は「難解」といわれる『資本論』全3巻の内容を、現代的な事例に置き換え、イラストや図解を交えながらわかりやすく解説する。
◇マルクス、エンゲルス書簡選集　中　マル

マルクス

クス，エンゲルス著，不破哲三編集・文献解説　新日本出版社　（科学的社会主義の古典選書）　2012.6　①978-4-406-05577-2
＊中巻では、理論の全分野にわたる1867～84年の書簡79通を収録。『資本論』第一部の完成。パリ・コミューンとインタナショナル。ゴータ綱領やデューリングとの論戦、弾圧法下の活動路線などドイツの党への助言など。

◇マルクス、エンゲルス書簡選集　上　マルクス，エンゲルス著，不破哲三編集・文献解説　新日本出版社　（科学的社会主義の古典選書）　2012.5　①978-4-406-05573-4
＊出版史上初めての全領域にわたるマルクス、エンゲルス書簡選集。編者・不破哲三が収録書簡すべてに解説と注を執筆。上巻では、史的唯物論の最初の説明、アジア社会論、イギリス外交史、『経済学批判』執筆、日本開国、地代論発見、南北戦争、ラサール問題など1846～66年の81書簡を収録。

◇革命家マルクスとイェニー　土屋保男著　新日本出版社　2012.2　①978-4-406-05564-2

◇『資本論』はどのようにして形成されたか―マルクスによる経済学変革の道程をたどる　不破哲三著　新日本出版社　2012.1　①978-4-406-05534-5

◇マルクス エンゲルスの青年時代　土屋保男著　新日本出版社　2011.11　①978-4-406-05537-6
＊教職か、詩人か？ マルクスは悩んでいた。同じ頃、意に沿わぬ家業を迫られたエンゲルスは―。自分の生き方を見つけ出す二人を描く。

◇マルクスのかじり方　石川康宏著　新日本出版社　2011.3　①978-4-406-05464-5

◇超入門『資本論』マルクスという生き方　林信吾著　新人物往来社　（新人物文庫）　2010.12　①978-4-404-03944-6
＊マルクスはその人生を通じて、人間や社会をどのようにとらえ、何を訴え、何を成し遂げたかったのだろうか。その人生の軌跡と主要著書を丹念に追ってゆく先に、現在の経済と社会のありように向き合う「思想」が見えてくる。

◇労働者の味方マルクス―歴史に最も影響を与えた男マルクス 日本オリジナル版　橋爪大三郎文，ふなびきかずこイラストレーション　現代書館　（For beginnersシリーズ）　2010.11　①978-4-7684-0107-1

◇ロックからウィトゲンシュタインまで　山本新著　八千代出版　2010.9　①978-4-8429-1523-4

◇カール・マルクス―人間的解放をめざして　浜林正夫著　学習の友社　2010.8　①978-4-7617-1437-6
＊マルクスの生涯と理論形成史を重ね合わせた21世紀の新しいマルクス入門。人間的解放の観点からマルクスの思想を、疎外論、史的唯物論、剰余価値論、共産主義革命論の4つを中心に紹介。

◇エピクロスの園のマルクス　フランシーヌ・マルコヴィッツ著，小井戸光彦訳　法政大学出版局　（叢書・ウニベルシタス）　2010.7　①978-4-588-00939-6
＊思想史上、希有な継承のドラマ。若きマルクスは、"エピクロスの園"を散歩し、注釈・考察しつつ、その哲学を貫く"偏倚"（クリナメン）概念の重要性・豊饒さを発見して、哲学変革の方法と戦略を手にした―。「デモクリトスの自然哲学とエピクロスの自然哲学の差異」「準備ノート」にマルクスの原点を捉える。

◇マルクス＝エンゲルス素描　エルネスト・チェ・ゲバラ著，太田昌国訳・解説　現代企画室　2010.6　①978-4-7738-1009-7
＊あのゲバラが、マルクス＝エンゲルスの、簡潔な伝記を書き遺していた―。

◇〈図解〉これならわかる！ マルクスと「資本論」　木暮太一監修　青春出版社　2009.6　①978-4-413-10916-1
＊不況、賃金カット、ワーキングプア、派遣切り…資本主義の現在と未来を読み解くカギが見えてくる。

◇マルクスと批判者群像　良知力著　平凡社　（平凡社ライブラリー）　2009.2　①978-4-582-76662-5

◇青年マルクス論　広松渉著　平凡社　（平凡社ライブラリー）　2008.11　①978-4-582-76654-7
＊青年マルクスの思想的形成のゲシュタ

ルトを輪郭づけ、その稜線を辿り直すことによって、初期マルクスの思想像を対自化する―物象化論に立つマルクス主義思想家であり、この国では稀な哲学する哲学者であった著者が、マルクス二十代半ばまでの生と思想の変容を追い、『経済学・哲学手稿』の思考とその限界を、テキストの厳密な読みを通して見さだめる。

◇マルクスとフランス革命　フランソワ・フュレ著, 今村仁司, 今村真介訳　法政大学出版局　(叢書・ウニベルシタス)　2008.2　①978-4-588-00882-5
＊マルクスの思想をそのエピゴーネンたちが作り上げたイメージから解放して、その思想が本来もっていた動きやその思想が提起した諸問題の回復を企図する。フランス革命に関するマルクスのテクストの断章31篇を収載。

◇人物で読む経済学史　古家弘幸　ふくろう出版　2007.3　①978-4-86186-310-3
＊ぜひ覚えておきたい重要な経済学者を簡潔に解説。経済政策の礎となる理論を築き、時代を支えた経済学者たちの実像を通じて、経済学を俯瞰する。

◇カール・マルクス　吉本隆明著　光文社　(光文社文庫)　2006.3　①4-334-74042-1
＊かつて混迷の政治の季節、虚飾にまみれたマルクスを救出するべく、その人物と思想の核心を根底から浮き彫りにした吉本隆明。その営為は、敗戦体験を出発点に掘り下げられた思考の行程のひとつの達成を意味した。そして今、迷走する21世紀の"現在"、日本史上最大の思想家の手になる世界史上最大の思想家の実像が、再び立ち上がる。待望の文庫化。

◇ヨーロッパ 知の巨人たち―古代ギリシアから現代まで　田中浩著　日本放送出版協会　(NHKライブラリー)　2006.3　①4-14-084204-0

◇知られざる世界史 あの人の「幕引き」―彼らを待ちうけていた意外な運命とは　歴史の謎研究会編　青春出版社　(青春文庫)　2005.7　①4-413-09320-8

◇ポートレートで読むマルクス―写真帖と告白帖にみるカール・マルクスとその家族 ロシア国立社会＝政治史アルヒーフ(モスクワ)所蔵 日本語版　大村泉, 窪俊一, V.フォミチョフ, R.ヘッカー編　極東書店　2005.4　①4-87394-001-X

◇マルクスだったらこう考える　的場昭弘著　光文社　(光文社新書)　2004.12　①4-334-03281-8
＊民族、宗教、家族、二極化、戦争…。19世紀の「あの人」が解く21世紀の超難問。

◇マルクス―いま、コミュニズムを生きるとは？　大川正彦著　日本放送出版協会　(シリーズ・哲学のエッセンス)　2004.11　①4-14-009309-9

◇マルクスと息子たち　ジャック・デリダ著, 国分功一郎訳　岩波書店　2004.1　①4-00-002158-3

◇マルクス探索　服部文男著　新日本出版社　1999.8　①4-406-02673-8
＊思想の巨人たちの魅力あふれる世界。漱石『明暗』に描かれた一冊の本は『資本論』か、何種もある『共産党宣言』初版本の不思議、『帝国主義論』原稿紛失事件など、マルクス、エンゲルス、レーニンをめぐる数々のエピソードをとりあげて、推理と考証で歴史の謎の真相にせまる小論集。

◇歴史のなかの経済学――つの評伝集　福岡正夫著　創文社　1999.6　①4-423-85098-2
＊歴史のなかで傑出した経済学者10名の業績と人物に光を当てて、3世紀に及ぶ経済学の歴史に本格的な分析を加えた第一級の理論家による評伝集。新理論誕生の背景で演じられた多くの葛藤、時の移り変わりの中で静かに幕を閉じていった独創的な着想。それぞれの理論が時代のなかで真に貢献し、今日の観点からどのように評価しうるのかを冷静に分析して、現代の経済理論がその背景に宿す豊かな水脈を明らかにする。

◇ダーウィン, マルクス, ヴァーグナー―知的遺産の批判　ジャック・バーザン著, 野島秀勝訳　法政大学出版局　(叢書・ウニベルシタス)　1999.1　①4-588-00633-9

マルクス

　＊今世紀の精神風土を今なお支配する三者の生涯と業績を検討してその呪縛を断ち、ロマン主義の復権による「人間」の回復をめざす。

◇1848年ウィーンのマルクス　ヘルバート・シュタイナー著,増谷英樹訳＋解説　未来社　1998.12　Ⓣ4-624-11171-0

◇カール・マルクス―その生涯と思想の形成　新版　E.H.カー著,石上良平訳　未来社　1998.5　Ⓣ4-624-11166-4

◇マルクス論　E.ブロッホ著,船戸満之,野村美紀子訳　作品社　1998.4
Ⓣ4-87893-295-3
　＊限りなき可能性の核心。人間の商品化、疎外の深化する混迷の現代に、「希望」の哲学者が提示するマルクス再評価。

◇マルクスの言葉　新装版　井上正蔵訳編　弥生書房　(人生の知恵)　1997.9
Ⓣ4-8415-0739-6

◇世界人物逸話大事典　朝倉治彦,三浦一郎編　角川書店　1996.6　Ⓣ4-04-031900-1
　＊歴史上の人物の生き生きとした人間像を伝えるエピソードを多数紹介する事典。日本人によく知られた人物1883人を見出しに掲載。

◇マルクスとエンゲルスの知的関係　テレル・カーヴァー著,内田弘訳　世界書院　1995.11　Ⓣ4-7927-9511-7

◇マルクスエンゲルスの青年時代　土屋保男著　新日本出版社　1995.5
Ⓣ4-406-02353-4
　＊民主主義の獲得と、万人が自由である社会を実現するために情熱をふりしぼる青年たち。革命の波にゆれるヨーロッパを舞台に、科学的社会主義の創始者たちの若き日の葛藤、模索、創造と行動を描く感動の物語。

◇パリの中のマルクス―1840年代のマルクスとパリ　的場昭弘著　御茶の水書房　1995.4　Ⓣ4-275-01582-7

◇苦悩するマルクス―熱情的詩人から革命家へ　入江正和著　近代文芸社　1995.1
Ⓣ4-7733-3918-7
　＊「人類の解放」の理想を掲げながら、何故、共産主義は大量虐殺をくり返して来たのか。経済的破綻のみならず、ナチズムとともに20世紀、人類に未曾有の厄災をもたらしたマルクス主義の悲劇の根源を、その創始者、カール・マルクスの若き日の「神との訣別」に求める刺激的なノンフィクション。

◇マルクス・エンゲルス小伝　大内兵衛著　岩波書店　(岩波新書評伝選)　1994.12
Ⓣ4-00-003866-4

◇マルクスのために　ルイ・アルチュセール著,河野健二ほか訳　平凡社　(平凡社ライブラリー)　1994.6　Ⓣ4-582-76061-9

◇マルクスの夢の行方　日高普著　青土社　1994.4　Ⓣ4-7917-5309-7

◇スミス・ヘーゲル・マルクス　難波田春夫著　講談社　(講談社学術文庫)　1993.11
Ⓣ4-06-159100-2

◇性的人間の分析　高橋鉄著　河出書房新社　(河出文庫)　1992.3　Ⓣ4-309-47232-X
　＊キリスト、釈迦、聖徳太子からマルクス、レーニン、信長まで世界史を画した伝説的巨人たちの生涯と業績をたどりながら、彼らの秘められた願望や衝動、奇怪なコンプレックスを鮮やかに解き明かし、その裸像を浮彫りにする―。現代セクソロジーの最大の先駆者として受難の生涯を貫いた著者の代表的人物論充。『日本の神話』『浮世絵』に続く好評の文庫コレクション第3弾。

◇もう一人のマルクス　大内秀明著　日本評論社　1991.10　Ⓣ4-535-57977-6

◇ヘーゲルそしてマルクス　広松渉著　青土社　1991.10　Ⓣ4-7917-5150-7

◇マルクス事典　テレル・カーヴァー著,村上隆夫訳　未来社　1991.10
Ⓣ4-624-01106-6

◇続 大人のための偉人伝　木原武一著　新潮社　(新潮選書)　1991.6
Ⓣ4-10-600400-3
　＊『森の生活』のソロー、『ユートピアだより』のモリスをはじめ、トルストイ、マルクス、フランクリン、ルソー、モンテーニュ、レオナルド・ダ・ヴィンチ、福沢諭吉など、九人の「偉人」の生涯と作品に、新しい光をあてる。

◇マルクス―人間的現実の哲学　ミシェル・アンリ著，杉山吉弘，水野浩二訳　法政大学出版局　(叢書・ウニベルシタス)　1991.4　Ⓘ4-588-00314-3
◇インテレクチュアルズ　ポール・ジョンソン著，別宮貞徳訳　共同通信社　1990.9　Ⓘ4-7641-0243-9
　＊ルソーは子どもっぽい思想家、マルクスはめったに風呂に入らず金銭感覚はゼロ、ヘミングウェイは「行動」を口にするばかりで日々酒におぼれ、サルトルは「ことば」の洪水に次々と若い女性を引きずりこんだ。知の巨人たちの驚くべき実像。
◇マルクスその可能性の中心　柄谷行人著　講談社　(講談社学術文庫)　1990.7　Ⓘ4-06-158931-8

❚ マルクス・アウレリウス・アントニヌス帝　Marcus Aurelius Antoninus
121～180　2世紀、ローマ皇帝(在位161～180)。ストア派の哲人皇帝で、五賢帝の一人。
◇偉人の効用―魔鏡のなかの近代　大橋健二著　勉誠出版　2004.2　Ⓘ4-585-04099-4
◇ギリシア・ローマ哲学者物語　山本光雄著　講談社　(講談社学術文庫)　2003.10　Ⓘ4-06-159618-7
◇自分の人生に出会うための言葉―ローマ皇帝マルクス・アウレリウスの人生訓　マーク・フォステイター著，池田雅之，高井清子訳　草思社　2002.1　Ⓘ4-7942-1114-7

❚ マルグレーテ　Margrete
1353～1412　14・15世紀、ノルウェー(1384～1412)、デンマーク(1387～1412)、スウェーデン王国(1309～1412)の王妃、摂政。カルマル同盟を結成し北欧三国を統治した。
◇世界伝記大事典　世界編1～12　編集代表：桑原武夫　ほるぷ出版　1980.12～1981.6

❚ マルコス　Marcos, Ferdinando
1917～1989　20世紀、フィリピンの政治家。第6代大統領(在任1965～1986)。1972年、戒厳令を布告して独裁体制を確立。1986年に失脚し米国に亡命。
◇独裁者たちの最期の日々　下　ディアンヌ・デュクレ，エマニュエル・エシュト編者，清水珠代訳　原書房　2017.3　Ⓘ978-4-562-05378-0
◇世界極悪人大全―「野心」と「渇望」と「狂気」の果て　桐生操著　文芸春秋　(文春文庫)　2010.2　Ⓘ978-4-16-777341-0
◇"伝説"になった女たち　山崎洋子著　光文社　(光文社知恵の森文庫)　2008.1　Ⓘ978-4-334-78498-0
◇アジアの女性指導者たち　山崎朋子編著　筑摩書房　1997.7　Ⓘ4-480-86304-4
　＊物語 アジアをつくる女たち。各国の代表的女性リーダー10人の肖像を生き生きと描きつつ、近現代のアジアの女たちの状況と課題を浮き彫りにする。第一線の研究者・ジャーナリストによる、全編書下ろし。
◇「伝説」になった女たち　山崎洋子著　講談社　(講談社文庫)　1994.4　Ⓘ4-06-185654-5
　＊大胆な行動力と美貌で、英雄の妻となった女、恋人の称賛が自信をつくる、芸術の女神に昇華した女、世界中から敵視されても人生を投げず、自分を磨き続けた女、頂点を極めた歌姫として君臨しながら、一人の男の愛だけを願った女、―。史上名高い女たちの光と陰、人々を騒がせた恋を、深く暖かく描く人物伝。
◇"伝説"になった女たち　山崎洋子著　講談社　1990.11　Ⓘ4-06-205111-7
　＊美貌、恋、名声…。頂点を極めた女たちを彩る悲劇から"伝説"が誕生する。推理作家・山崎洋子が斬新な視点で描く女神たちの実像。

❚ マルコーニ　Marconi, Guglielmo
1874～1937　19・20世紀、イタリアの電気技師。1902年鉱石検波器、07年円板放

電器を発明。09年ノーベル物理学賞受賞。

◇ノーベル賞でたどる物理の歴史　小山慶太著　丸善出版　2013.10
①978-4-621-08710-7

◇ノーベル賞受賞者業績事典―全部門855人　新訂第3版　ノーベル賞人名事典編集委員会編　日外アソシエーツ, 紀伊国屋書店〔発売〕　2013.1　①978-4-8169-2397-5
＊1901年ノーベル賞創設時から2012年までの各分野の受賞者、受賞団体を収録。平和賞・文学賞・物理学賞・化学賞・生理学医学賞・経済学賞受賞者835人、20団体の業績を詳しく紹介。受賞辞退者についても収録対象とし、本文中にその旨を記載した。経歴・受賞理由・著作・参考文献を一挙掲載。

◇世界を変えた素人発明家　志村幸雄著　日本経済新聞出版社　（日経プレミアシリーズ）　2012.2　①978-4-532-26153-5

◇世界を変えた発明と特許　石井正著　筑摩書房　（ちくま新書）　2011.4
①978-4-480-06605-3

◇ノーベル賞受賞者人物事典　物理学賞・化学賞　東京書籍編集部編　東京書籍　2010.12　①978-4-487-79677-9
＊ノーベル賞110年にわたる物理学賞・化学賞全受賞者の詳細な「生涯」と「業績」。人類の知的遺産の全貌をあますところなくとらえ、受賞者の人間像と学問的業績をわかりやすくまとめた一冊。

◇父マルコーニ　デーニャ・マルコーニ・パレーシェ著, 御舩佳子訳　東京電機大学出版局　2007.1　①978-4-501-62190-2
＊無線通信技術の実用化と発展に大きく寄与したマルコーニ。その実の娘が描き出す、事業家としての苦悩や、あまり知られていない私生活と晩年の姿。

◇グリエルモ・マルコーニ　キース・ゲッデス著, 岩間尚義訳　開発社　2002.3
①4-7591-0110-1
＊19世紀、世界初の大西洋横断無線通信に成功し、ノーベル物理学賞を受賞した科学者マルコーニの姿を描く。

▍マルコ・ポーロ　Marco Polo
1254～1324　ポーロとも。13・14世紀、イタリア、ヴェネツィアの商人、旅行家。1271年陸路で中国、元の都に到着、17年間滞在した。旅行記「東方見聞録」を著し、東洋事情をヨーロッパに紹介した。

◇マルコ＝ポーロ―東西世界を結んだ歴史の証人　佐口透著　清水書院　（新・人と歴史拡大版）　2017.7　①978-4-389-44116-6

◇マルコ・ポーロとルスティケッロ―物語「世界の記」を読む　高田英樹著　近代文芸社　2016.12　①978-4-7733-8018-7

◇マルコ・ポーロ―『東方見聞録』を読み解く　海老沢哲雄著　山川出版社　（世界史リブレット人）　2015.12
①978-4-634-35035-9

◇マルコ・ポーロと世界の発見　ジョン・ラーナー著, 野崎嘉信, 立崎秀和訳　法政大学出版局　（叢書・ウニベルシタス）　2008.5　①978-4-588-00886-3
＊「嘘つきマルコ」とさえ呼ばれたマルコ・ポーロの『東方見聞録』は、荒唐無稽な文学的奇談にすぎないのか。マルコの出自や当時の商習慣、モンゴル帝国や中国の文化にも目配りして『見聞録』誕生の経緯と目的、受容の歴史を描き、文化的・歴史的に定位しつつ第一級の地理学書として再評価する。

◇図説 歴史を変えた大航海の世界地図　歴史の謎研究会編　青春出版社　2007.9
①978-4-413-00909-6

◇その時歴史が動いた　28　NHK取材班編　KTC中央出版　2004.9　①4-87758-328-9

◇図説 歴史の意外な結末―教科書には載ってない！ あの人物・事件の「その後」　日本博学倶楽部著　PHP研究所　2003.8
①4-569-62954-7

◇世界の探検家列伝　竹内均著　ニュートンプレス　（竹内均知と感銘の世界）　2003.7　①4-315-51693-7

◇マルコ・ポーロと書物　四方田犬彦著　梓出版社　2000.10　①4-87099-375-9
＊ここに開帳なるは四方田犬彦のガラクタ市。東西の書物評論はもとより、中

学、高校の作文、匿名コラム、これまで書いた70冊の自著解題。ついでにこれから執筆予定の一八冊の予告編。とにかく何でもありだ。マルコ・ポーロの向こうを張って、ホラ吹きドンドン。題して「売文渡世20周年記念出版」。

◇マルコ・ポーロは本当に中国へ行ったのか　フランシス・ウッド著，粟野真紀子訳　草思社　1997.11　①4-7942-0789-1
＊マルコ・ポーロははたして本当に中国へ行ったのだろうか。『東方見聞録』には、なぜ万里の長城や纏足や茶のことが出てこないのか。当時の中国の記録にマルコ・ポーロ一行について何ひとつ記されていないのはなぜなのか。疑問の解明に乗り出したウッド女史が導き出した新解釈。

◇ヴェネツィアの冒険家—マルコ・ポーロ伝　ヘンリー・H.ハート著，幸田礼雅訳　新評論　1994.11　①4-7948-0239-0
＊印刷術のなかった時代に書かれた「東方見聞録」の祖本はどこにあるのか。マルコの実像と「東方見聞録」誕生の経緯がいま、明らかになる。

▌**マルサス**　Malthus, Thomas Robert
1766〜1834　18・19世紀、イギリスの経済学者。主著「人口論」(1798)を執筆。1805年東インド大学歴史学、経済学教授に就任。

◇マルサス書簡のなかの知的交流—未邦訳史料と思索の軌跡　柳田芳伸，山﨑好裕編　昭和堂　2016.11　①978-4-8122-1607-1

◇天才経済学者たちの闘いの歴史—経済学史入門　中矢俊博著　同文舘出版　2014.3　①978-4-495-44151-7

◇ラルース図説世界史人物百科　3　フランス革命・世界大戦前夜　フランソワ・トレモリエール，カトリーヌ・リシ編，樺山紘一監修　原書房　2005.4　①4-562-03730-X

◇経済学をつくった巨人たち—先駆者の理論・時代・思想　日本経済新聞社編　日本経済新聞社　（日経ビジネス人文庫）　2001.7　①4-532-19072-X

◇マルサスを語る　ジョン・マイケル・プレン著，溝川喜一，橋本比登志編訳　（京都）ミネルヴァ書房　(Minerva21世紀ライブラリー)　1994.6　①4-623-02407-5
＊ジョン・プレン—今日における第一級のマルサス学者が、マルサスの生涯と著作を通して、現在の経済教育について語る。最近の欧米におけるマルサス研究の成果を集約。巻末に、インヴェラリティ手稿を収録。

◇マルサス　ドナルド・ウィンチ著，久保芳和，橋本比登志訳　日本経済評論社　1992.11　①4-8188-0657-9
＊『人口論』の今日的意義およびダーウィン、ケインズの思想への影響を探る、新たなマルサス像の試み。

▌**マルティン・ルター**　Martin Luther
⇒ルター，マルティン

▌**マルロー**　Malraux, André
1901〜1976　20世紀、フランスの小説家、美術批評家、政治家。第二次大戦中の対独抵抗運動を経てド・ゴール政権の情報相・文化相。小説作品に「征服者」「王道」など。

◇オリエンタリストの憂鬱—植民地主義時代のフランス東洋学者とアンコール遺跡の考古学　藤原貞朗著　めこん　2008.11　①978-4-8396-0218-5

◇三島由紀夫とアンドレ・マルロー——「神なき時代」をいかに生きるか　宮下隆二著　PHP研究所　2008.7　①978-4-569-70159-2
＊死はすべての終わりではなく、別の何かの始まりであった——『イーハトーブと満洲国』の著者が再び世に問う問題作。

◇若き日のアンドレ・マルロー——盗掘、革命、そして作家へ　柏倉康夫著　行路社　2008.7　①978-4-87534-411-7

◇アンドレ・マルロー伝　中野日出男著　毎日新聞社　2004.9　①4-620-31697-0

◇マルローへの手紙　ジャック・ラング著，塩谷敬訳　未来社　1999.12　①4-624-11176-1

＊1920年代のインドシナ・中国での反植民地闘争、1936年のスペイン人民戦線、大戦下の対独抵抗活動—『征服者』、『人間の条件』、『希望』などの作品で知られる作家・政治家アンドレ・マルローは、既成の抑圧的政治体制に全身で「ノン」を表明する、無類の反抗的人間だった。死後20年を経て、その遺灰のパンテオン（殿堂）入りを契機に、マルローとともに文化大臣の歴任者であるラングが、激動のヨーロッパ史を象徴するコミュニストの肖像を、敬愛と批判をこめて描く、精神的連帯の書。

◇マルローとの対話—日本美の発見　マルロー述，竹本忠雄著　人文書院　1996.11
①4-409-03046-9

◇カップルをめぐる13の物語—創造性とパートナーシップ　上　ホイットニー・チャドウィック，イザベル・ド・クールティヴロン編，野中邦子，桃井緑美子訳　平凡社　（20世紀メモリアル）　1996.3
①4-582-37340-2
　＊カミーユ・クローデルとロダン、ヴァージニア・ウルフとヴィタ・サックヴィル-ウェストなど、7組のカップルをとりあげて、エゴと愛情の葛藤や、育みあう関係を考える。

◇アンドレ・マルロオの「日本」　林俊著　中央公論社　1993.5　①4-12-002216-1
　＊1928年『征服者』でフランス文壇に華々しく登場、20世紀という時代の荒波に身を投じ、反植民地主義・反ファシズムの闘士として活動しつづけたマルロオ。今世紀を代表する作家の日本の伝統的芸術・文化との劇的な出会いを描く。

▌マン，トーマス　Mann, Thomas
1875～1955　19・20世紀、ドイツの小説家、評論家。H.マンの弟。

◇闘う文豪とナチス・ドイツ—トーマス・マンの亡命日記　池内紀著　中央公論新社　（中公新書）　2017.8
①978-4-12-102448-0

◇トーマス・マン　新装版　村田経和著　清水書院　（Century Books　人と思想）　2015.9　①978-4-389-42040-6

◇フルトヴェングラーとトーマス・マン—ナチズムと芸術家　クラウス・カンツォーク著，三浦淳訳　アルテスパブリッシング　（叢書ビブリオムジカ）　2015.3
①978-4-86559-119-4

◇激動のなかを書きぬく—二〇世紀前半のドイツの作家たち　山口知三著　鳥影社・ロゴス企画　2013.4　①978-4-86265-398-7
　＊自殺したクラウス・マン、沈黙のなかで忘れ去られたヴォルフガング・ケッペン、それにトーマス・マン。あの時代を書きぬき・生きぬいた三人の姿を描く。トーマス・マン論「転身の構図」も収録。

◇マンと三島　ナルシスの愛　高山秀三著　鳥影社・ロゴス企画　2011.3
①978-4-86265-294-2
　＊同じ性向をもちながら、生を全うしたトーマス・マン、割腹で自ら生を閉じた三島由紀夫。二人の作家の豊饒と不毛、輝きと悲惨をナルシシズムの視点で徹底分析。

◇トーマス・マン政治思想研究「1914-1955」—「非政治的人間の考察」以降のデモクラシー論の展開　浜田泰弘著　国際書院　2010.7　①978-4-87791-209-3
　＊第一次大戦以降、文豪トーマス・マンは「政治と文学という問い」に果敢に挑んでいく。二度の世界大戦、ロシア革命、ドイツ革命、ファシズム、冷戦を経た彼の足跡は「20世紀ドイツ精神の自叙伝」として多くの示唆を与える。「非政治的作家」トーマス・マンの政治との知られざる関係、政治思想の体系的研究。

◇トーマス・マン物語　3　クラウス・ハープレヒト著，岡田浩平訳　三元社　2008.11　①978-4-88303-230-3
　＊本巻では、1945年2月ドイツ敗戦の直前から、1955年8月トーマスが80歳で亡くなるまでの10年間をあつかう。祖国ドイツ訪問へのためらいとようやくの実現。肺癌の手術で一時中断に追い込まれながらも完成にこぎつけた長編『ファウストゥス博士』。アメリカ滞在を諦めてスイスに終の住処を見出すなど、最晩年のトーマス・マンの姿をあつかう。

◇ヒトラー、ゾルゲ、トーマス・マン—クラ

ウス・プリングスハイム二世回想録　クラウス・H.プリングスハイム著, 池内光久訳　彩流社　2007.10　①978-4-7791-1288-1
＊ヒトラーのナチス・ドイツを逃れ、父を頼って来日したものの、ゾルゲ・スパイ事件に関与した疑いで日本の警察に拘禁され、東京大空襲を辛くも生き延び、戦後トーマス・マン兄を頼って渡米し苦学力行の末、カナダを永住安息の地と定めるまでの波乱に満ちた一生は、マン一家のほかリヒャルト・ゾルゲ、東京ローズ、チャーリー・チャップリン、ハワード・ヒューズ、ブルーノ・ワルター、アーサー・シュレジンジャーJrなど疾風怒涛の二〇世紀を代表する歴史的人物との交流を活写して興味は尽きない。

◇トーマス・マン物語　2　クラウス・ハープレヒト著, 岡田浩平訳　三元社　2006.4　①4-88303-177-2
＊本巻では、1933年2月ヒトラー政権誕生直後から第二次世界大戦末期までの12年間、フランス、スイス、アメリカにおける亡命時代―ヒトラー・ドイツに対する意見を公表するかどうかに逡巡するトーマス・マン、公表したのちの積極的な発言や行動、ドイツ亡命者内で果たした役割、とりわけブレヒトとの確執、過酷な状況にあっても寸暇を見つけては小説を書き進めようとする作家としての執念など。波瀾の時代を生きるトーマス・マンの姿をあつかう。

◇若きマン兄弟の確執　三浦淳著　知泉書館　（新潟大学人文学部研究叢書）　2006.3　①4-901654-69-1
＊本書はトーマス・マンの処女作『トニオ・クレーガー』の主題である"市民対芸術"において、その芸術を象徴する人物こそ兄ハインリヒであったことを、彼らの作品をはじめ書簡や書評など多岐にわたる資料の綿密な分析を通して明らかにする。さらにトーマス・マンに比べ、わが国では翻訳も少なくあまり馴染みのない兄ハインリヒの作品を紹介・分析することにより、彼が弟のトーマス・マンに如何に大きな影響を与えたかを考察する。20世紀ドイツ文学に大きな足跡を残した兄弟の文学的営為の意義を解明した初の本格的な業績である。

◇トーマス・マンとクラウス・マン―《倒錯》の文学とナチズム　奥田敏広著　ナカニシヤ出版　2006.1　①4-88848-989-0
＊創作メモをはじめとする最新の一次資料を渉猟しマン父子の作品を精緻に解読、時代の狂気と交錯する作家の欲望をえぐり出す。

◇トーマス・マン物語　1　クラウス・ハープレヒト著, 岡田浩平訳　三元社　2005.3　①4-88303-152-7
＊現代ドイツ文学の最高峰トーマス・マンを膨大な資料（作品・時評・日記・書簡など）を縦横に駆使して、あくまでその人物像に迫ろうとする伝記物語。本巻では、少年時代から第一次世界大戦をはさみ、ノーベル賞受賞、ヒトラーの権力奪取―ファシズムの台頭という時代状況におかれて、マンの発言に重みがましていく―までの時期をあつかう。

◇自由人は楽しい―モーツァルトからケストナーまで　池内紀著　日本放送出版協会　（NHKライブラリー）　2005.1　①4-14-084191-5

◇ナチス時代　ドイツ人名事典　新版　ロベルト・S.ヴィストリヒ著, 滝川義人訳　東洋書林　2002.10　①4-88721-573-8
＊ヒトラー支配下のドイツに深いかかわりをもった政治家・軍人・実業家・知識人・芸術家・教会関係者・レジスタンスの闘士等、多種多様な分野の人物を精選し、経歴やナチスとのスタンスなどを記載。

◇独仏文学作家論　山村正英著　創栄出版　2002.4　①4-7559-0058-1

◇トーマス・マンの文学世界　ウルリヒ・カルトハウス著, 大沢隆幸訳　リーベル出版　（「教育と研究のための文学知識」シリーズ）　1999.3　①4-89798-580-3
＊入門のレベルをはるかに越えた、トーマス・マンの文学の本質にまで達する解釈紹介。

◇死の変奏―ヘルマン・ブロッホ／トーマス・マンのために　三瓶憲彦著　松籟社　1997.10　①4-87984-186-2

◇トーマス・マンと魔術師たち―マン家のもう一つの物語　マリアンネ・クリュル著, 山下公子訳, 三浦国泰訳　新曜社　1997.5　①4-7885-0596-7
＊マン家の親子、兄弟姉妹が繰り広げる苛烈な愛憎、性愛、死のドラマ。「魔術師」トーマス・マンの個人史と作品の解読を軸に、物語と現実が交錯するマン家の家族史を壮大なパノラマとして描く。

◇世界人物逸話大事典　朝倉治彦, 三浦一郎編　角川書店　1996.6　①4-04-031900-1
＊歴史上の人物の生き生きとした人間像を伝えるエピソードを多数紹介する事典。日本人によく知られた人物1883人を見出しに掲載。

◇『ファウストゥス博士』研究―ドイツ市民文化の「神々の黄昏」とトーマス・マン　下程息著　三修社　1996.5
①4-384-01050-8

◇若きトーマス・マンにおける世紀末とフランス　野口達人著　近代文芸社　1995.11　①4-7733-4696-5
＊ゴンクール兄弟、ブールジェを繙きつつ、デカダンスとの対決を跡づける―画期的なマン論。

◇トーマス・マン　辻邦生著　岩波書店（同時代ライブラリー）　1994.1
①4-00-260171-4
＊詩的情感に包まれたリアリズムとイロニー、官能的な音楽性、北方的な憂愁感、観念的な叙述、精緻な文体―。トーマス・マンの重層的で濃密な文学の創造の秘密は何か。激変の時代を生きた文豪の波瀾の生涯と精神のドラマを辿り、内面に潜むドイツ的魔神性と戦闘的ヒューマニズムに光をあて、創作原理の謎に迫る。若き日に耽読したマンを創作上の師とも仰ぐ辻邦生の真摯の評論。

◇マン家の肖像―われら五人　ヴィクトル・マン著, 三浦淳訳　同学社　1992.10
①4-8102-0086-8

◇トーマス・マンとドイツの時代　小塩節著　中央公論社　(中公新書)　1992.6
①4-12-101080-9
＊ドイツが世界を震撼させ続けた19世紀後半から20世紀前半を生き、「世界にかくも良きもの美しきものを与えた」のに、「再三再四かくも宿命的に世界の厄介者となったこの民族の性格と運命にひそむ謎」とはいったい何かと世に問うたドイツの代表的作家トーマス・マン。すぐれた論理的思考と、ロマン主義的愛国心が同居する矛盾というドイツ民族の悲劇性を自らのうちにみつめた作家を通して「ドイツの時代」の社会と文化の特徴を語る。

◇トーマス・マン　佐藤静夫著　新日本出版社　(新日本新書)　1991.9
①4-406-02001-2
＊ヒトラーの狂気に立ち向かったドイツ文学の巨星。人間の理性と生の尊厳を訴え続けたその生涯の軌跡、作品が現代に問いかけるものは何か。

◇トーマス・マン　村田経和著　清水書院（Century Books）　1991.7
①4-389-41040-7
＊「人と思想」は、世界の有名な大思想家の生涯とその思想を、当時の社会的背景にふれながら、立体的に解明した思想の入門書です。第1編の生涯編で、思想家の生涯を交友関係や、エピソードなどにもふれて、興味深く克明に記述、第2編では、その主要著書を選択して、概説とその中心となる思想を、わかりやすく紹介してあります。

▍マンサ・ムーサ　Mansa Musa
1280頃～1337　14世紀、西アフリカ、マリ帝国の王（14世紀前半に在位）。マリ帝国最盛期にあたり、産出した大量の金をメッカ、カイロにもたらした。

◇世界伝記大事典　世界編 1～12　編集代表：桑原武夫　ほるぷ出版
1980.12～1981.6

▍マンデラ
Mandela, Nelson Rolihlahla
1918～2013　20世紀、南アフリカ共和国の政治家、黒人解放運動指導者。南アフリカ大統領、アフリカ民族会議（ANC）議長。27年間の獄中生活を送り1990年に釈放。白人との協調路線をとり、黒人初の

大統領に就任（在任1994〜1999）。1993年ノーベル平和賞受賞。

◇屈服しない人々　ツヴェタン・トドロフ著，小野潮訳　新評論　2018.9　Ⓘ978-4-7948-1103-5

◇ネルソン・マンデラ私の愛した大統領――秘書が見つめた最後の19年　ゼルダ・ラグレインジ著，長田雅子訳　明石書店　2016.9　Ⓘ978-4-7503-4392-1

◇図説世界史を変えた50の指導者（リーダー）　チャールズ・フィリップス著，月谷真紀訳　原書房　2016.2　Ⓘ978-4-562-05250-9

◇ネルソン・マンデラ――差別のない国をめざして　アラン・セール原作，ザウ絵，高野優監訳，田中裕子，川口明百美訳　汐文社　（伝記絵本世界を動かした人びと）　2015.6　Ⓘ978-4-8113-2172-1

◇時代を切り開いた世界の10人――レジェンドストーリー　第2期3　ネルソン・マンデラ　南アフリカの反アパルトヘイト闘争を導く　髙木まさき監修　学研教育出版　2015.2　Ⓘ978-4-05-501153-2,978-4-05-811342-4

◇平和・環境につながるノーベル賞　若林文高監修　文研出版　（ノーベル賞の大研究）　2014.3　Ⓘ978-4-580-82217-7

◇ネルソン・マンデラ　カディール・ネルソン作・絵，さくまゆみこ訳　鈴木出版　2014.2　Ⓘ978-4-7902-5277-1

◇ネルソン・マンデラ伝――こぶしは希望より高く　新装版　ファティマ・ミーア著，楠瀬佳子，神野明，砂野幸稔，前田礼，峯陽一，元木淳子訳　明石書店　2014.2　Ⓘ978-4-7503-3961-0
＊二〇一三年末、九五歳の生涯を閉じたネルソン・マンデラ。彼にはかつて、闘う「革命家」としての顔があった。幼少期から反アパルトヘイト闘争期、六二年の逮捕、九〇年の解放に至る道程で浮かぶマンデラのもう一つの顔を、同志が克明に描き出した稀有な記録。

◇ノーベル賞受賞者業績事典――全部門855人　新訂第3版　ノーベル賞人名事典編集委員会編　日外アソシエーツ，紀伊國屋書店〔発売〕　2013.1　Ⓘ978-4-8169-2397-5
＊1901年ノーベル賞創設時から2012年までの各分野の受賞者、受賞団体を収録。平和賞・文学賞・物理学賞・化学賞・生理学医学賞・経済学賞受賞者835人、20団体の業績を詳しく紹介。受賞辞退者についても収録対象とし、本文中にその旨を記載した。経歴・受賞理由・著作・参考文献を一挙掲載。

◇信念に生きる――ネルソン・マンデラの行動哲学　リチャード・ステンゲル著，グロービス経営大学院訳　英治出版　2012.9　Ⓘ978-4-86276-141-5
＊何に人生を賭すか。大統領就任の歴史的瞬間に立ち会い、人生と勇気について語り合い、寝食を共にした3年間。書き綴った2万語の日記から生まれた、タイム誌編集長によるマンデラ珠玉の人生論。

◇ネルソン・マンデラ私自身との対話　ネルソン・マンデラ著，長田雅子訳　明石書店　2012.1　Ⓘ978-4-7503-3517-9
＊「偉人」と呼ばれ世界の賞賛を浴びてきたマンデラ。だが実際の彼は、小さな幸せに憧れ、時には悩み、絶望し、怒りに身を震わせる一人の人間であった。その真実の姿が初めて、本人によって明かされる。

◇ネルソン・マンデラ　ジャック・ラング著，塩谷敬訳　未来社　2010.8　Ⓘ978-4-624-11204-2
＊27年間の獄中生活を乗り越え「全民族融和の象徴」となった反アパルトヘイト（人種隔離政策）の闘士の評伝。

◇インビクタス――負けざる者たち　ジョン・カーリン著，八坂ありさ訳　日本放送出版協会　2009.12　Ⓘ978-4-14-081406-2
＊1995年、ラグビーワールドカップ。南アフリカチーム、奇跡の優勝の陰には、ネルソン・マンデラがいた。彼の真の目的は…。マンデラの全面的な協力を得たジャーナリストによるノンフィクションの傑作。

◇マンデラ――闘い・愛・人生　アンソニー・サンプソン著，浜田徹訳　講談社　2001.7　Ⓘ4-06-210631-0

* 膨大な新資料と50年の交友に基づく決定版評伝！　獄中27年、ノーベル平和賞受賞、南アフリカ共和国大統領就任、離婚と再婚――英雄神話に覆われていた実像を生き生きと描く。20世紀の壮大な叙事詩。

◇南アフリカ　白人帝国の終焉――ポスト・アパルトヘイトと民族和解のゆくえ　福井聡著　第三書館　1999.7　①4-8074-9914-9
* いかにしてマンデラは南ア「初の黒人大統領」となり、なぜデクラークは「最後の白人大統領」の道を選択したのか。アパルトヘイト撤廃で何が変わり何が変わらなかったのか。全人種選挙への過程を克明に追う中で、現在なお南アフリカが抱える難問と展望を明らかにする。

◇真実と和解――ネルソン・マンデラ最後の闘い　山本浩著　日本放送出版協会　1999.2　①4-14-080398-3
* 「アパルトヘイトという過去は、知らないふりをして乗り越えられるようなものではない」マンデラの理想を賭けた"真実和解委員会"が明らかにする真実をめぐる物語。

◇自由への長い道――ネルソン・マンデラ自伝　上　ネルソン・マンデラ著、東江一紀訳　日本放送出版協会　1996.6　①4-14-080265-0

◇自由への長い道――ネルソン・マンデラ自伝　下　ネルソン・マンデラ著、東江一紀訳　日本放送出版協会　1996.6　①4-14-080266-9

◇ネルソン・マンデラ　闘いはわが人生　ネルソン・マンデラ著、浜谷喜美子訳　三一書房　1992.8　①4-380-92228-6
* 獄中27年。アパルトヘイトと闘ったネルソン・マンデラの著作・記録・演説集。

◇ネルソン・マンデラ伝――こぶしは希望より高く　ファティマ・ミーア著、楠瀬佳子、神野明、砂野幸稔、前田礼、峯陽一、元木淳子訳　明石書店　1990.10
* 反アパルトヘイトの旗手マンデラ自らが監修した評伝の決定版　獄中からの書簡初公開。

【み】

ミケランジェロ
Michelangelo Buonarroti

1475～1564　15・16世紀、イタリアの画家、彫刻家、建築家。1496～1501年「ピエタ」、01～5年「ダビデ」制作。

◇ミケランジェロ研究　カルロ・デル・ブラーヴォ著、甲斐教行訳　中央公論美術出版　2018.8　①978-4-8055-0856-5

◇ロマン・ロラン著三つの「英雄の生涯」を読む――ベートーヴェン、ミケランジェロ、トルストイ　三木原浩史著　鳥影社　2018.3　①978-4-86265-652-0

◇もっと知りたいミケランジェロ―生涯と作品　池上英洋著　東京美術　(アート・ビギナーズ・コレクション)　2017.6　①978-4-8087-1085-9

◇ミケランジェロ　ジャック・ラング、コラン・ルモワーヌ著、塩谷敬訳　未来社　2017.5　①978-4-624-71101-6

◇ミケランジェロとコーヒータイム　ジェイムズ・ホール著、大木麻利子訳　三元社　(コーヒータイム人物伝)　2016.8　①978-4-88303-392-8

◇ミケランジェロ周航　坂口昌明著　ぷねうま舎　2016.6　①978-4-906791-58-3

◇夢と努力で世界を変えた17人―君はどう生きる？　有吉忠行著　PHP研究所　2015.2　①978-4-569-78439-7

◇ミケランジェロ　木下長宏著　中央公論新社　(中公新書)　2013.9　①978-4-12-102232-5
* ダヴィデ、システィーナ礼拝堂天井画、「最後の審判」などで知られるルネサンスの巨匠ミケランジェロ。彫刻や絵画のみならず、建築、素描、詩篇にいたる超人的な芸術活動の核心には何があるのか。八九年に及ぶ波瀾の生涯をたどりつつ、代表的な作品を精緻に読み解き、そこに秘められたメッセージを解

ミケランジェロ

明していく。レオナルドの対極に位置する「混沌」を生きる芸術家として再発見し、ミケランジェロ像を刷新する。

◇ルネサンス三巨匠の物語—万能・巨人・天才の軌跡　池上英洋著　光文社　（光文社新書）　2013.9　①978-4-334-03764-2
＊レオナルドとミケランジェロ、ラファエッロ—1504年、フィレンツェで、1516年、ローマで、彼らはどう出会い、何を感じ、何を目指したのか。史実と仮説を織りまぜ、三巨匠たちの最初の邂逅からその後の運命まで、これまでになかった人間ドラマを描く。

◇ルネサンス天才の素顔—ダ・ヴィンチ、ミケランジェロ、ラファエッロ三巨匠の生涯　池上英洋著　美術出版社　2013.9　①978-4-568-20261-8

◇神のごときミケランジェロ　池上英洋著　新潮社　（とんぼの本）　2013.7　①978-4-10-602247-0
＊彫刻、絵画、建築のすべてで空前絶後の作品群を創りだした西洋美術史上最大の巨人。その並はずれた業績は芸術にとどまらず、文学や軍事などの幅広い分野におよぶ。教皇や領主、レオナルドやラファエッロらと渡りあった89年の波瀾の生涯と、変化と深化を続けた作品の背景をていねいに解説。最新の知見をもとに全容をひもとく、待望の入門書。

◇天才力—三巨匠と激動のルネサンス：ダ・ヴィンチ　ミケランジェロ　ラファエッロ　雨宮紀子著　世界文化社　2013.3　①978-4-418-13211-9
＊一五〇四年秋、シエナにいたラファエッロはフィレンツェを訪れる。壮麗なドゥオモがそびえるメディチ家の都。ここで、レオナルド・ダ・ヴィンチとミケランジェロがまさに一騎打ちともいうべき一大プロジェクトに挑戦するという…。勝敗の噂が渦巻き、市民はだれもが熱狂していた。群雄割拠のイタリアにあって、教皇庁とメディチ家がつばぜり合いを繰り返していた激動の時代。天才たちはこの「ルネサンス」という時間を駆け抜ける。レオナルド、ミケランジェロ、ラファエッロ。三巨匠の同時代に引き込まれる、芸術と覇権争いの歴史ロマン。

◇ルネサンス人物列伝　ロバート・デイヴィス，ベス・リンドスミス著，和泉香訳　悠書館　2012.7　①978-4-903487-54-0

◇偉人たちの黒歴史　偉人の謎研究会編　彩図社　2011.12　①978-4-88392-828-6

◇芸術家列伝　3　レオナルド・ダ・ヴィンチ、ミケランジェロ　ジョルジョ・ヴァザーリ著，田中英道，森雅彦訳　白水社　（白水Uブックス）　2011.8　①978-4-560-72124-7
＊イタリア・ルネサンスの美術を知るうえで最も重要、かつ読み物としての面白さを兼ね備えたヴァザーリの『芸術家列伝』は、ダンテの『神曲』とならぶ古典として知られている。その中よりルネサンスの二大巨匠の伝記を収録。

◇イラストで読むルネサンスの巨匠たち　杉全美帆子著　河出書房新社　2010.4　①978-4-309-25529-3

◇ルネサンス画人伝　新装版　ジョルジョ・ヴァザーリ著，平川祐弘，小谷年司，田中英道訳　白水社　2009.12　①978-4-560-08043-6

◇この独身者はすごい！結婚しなかった24人の偉人　北嶋広敏著　ジョルダン　2009.10　①978-4-915933-28-8

◇ミケランジェロ　ピエルルイージ・デ・ヴェッキ著，森田義之訳　西村書店　（アート・ライブラリーbis）　2009.5　①978-4-89013-632-2

◇ローマ教皇事典　マシュー・バンソン著，長崎恵子，長崎麻子訳　三交社　2000.8　①4-87919-144-2

◇美術の心をたずねて　新装版　箕田源二郎著　新日本出版社　1999.11　①4-406-02689-4
＊神殿の石壁に古代エジプト人がのこした鮮やかな色、クレタの壁画がとらえた瞬間のうごき、現実をみつめ真実を追求したルネサンスの精神―。魅力あふれる美術の世界への道案内。

◇結婚しなかった男たち—世界独身者列伝　北嶋広敏著　太陽企画出版　1998.11

ミケランジェロ

① 4-88466-307-1
＊「天才は一であることを望む」プラトンからグールドまで。生涯独身だった天才・奇才の人生を浮き彫りにする本邦初の人物伝。

◇システィーナ礼拝堂―甦るミケランジェロ　若桑みどり監訳，岡村崔撮影，ピエルルイージ・デ・ヴェッキ，ジャンルイージ・コラルッチ著　日本テレビ放送網　1998.5　① 4-8203-9674-9

◇芸術神ミケランジェロ―鼻の神話と隠された自伝　ポール・バロルスキー著，中江彬訳　ありな書房　1997.12
① 4-7566-9751-8
＊ミケランジェロ神話の解析。

◇図説　ミケランジェロ　青木昭著　河出書房新社　1997.10　① 4-309-72569-4
＊神のごときミケランジェロ!!その奇蹟的芸術はいかにして生まれたか!?ルネサンスの最高峰ミケランジェロの人間味あふれる波瀾の生涯と芸術の全貌。

◇世界人物逸話大事典　朝倉治彦，三浦一郎編　角川書店　1996.6　① 4-04-031900-1
＊歴史上の人物の生き生きとした人間像を伝えるエピソードを多数紹介する事典。日本人によく知られた人物1883人を見出しに掲載。

◇ミケランジェロ―その孤独と栄光　会田雄次著　PHP研究所　1996.3
① 4-569-55070-3
＊芸術史上、はじめて自らの思想をその作品の中に刻み、ルネサンス精神を体現した巨人の生涯。

◇ミケランジェロ　ミケランジェロ作，ルッツ・ホイジンガー著，石井元章訳　東京書籍　（イタリア・ルネサンスの巨匠たち）　1996.2　① 4-487-76375-4

◇ヴァチカンのミケランジェロとラファエッロ―ボッティチェッリ，ペルジーノ，シニョレッリ，ギルランダイオ，ロッセッリ　システィナ礼拝堂，パオリーナ礼拝堂，ラファエッロのスタンツェ，ラファエッロのロッジア全作品日本語版　芳野明日本語版翻訳，林羊歯代日本語版翻訳　ミュージアム図書　1996.1　① 4-944113-00-5

◇ミケランジェロ―メディチ家礼拝堂　アウレリオ・アメンドラ写真集　アウレリオ・アメンドラ写真　岩波書店　1995.10
① 4-00-008180-2

◇システィーナのミケランジェロ　青木昭著　小学館　（ショトル・ミュージアム）　1995.7　① 4-09-606001-1

◇ミケランジェロの手紙　ミケランジェロ著, Giovanni Poggi編, 杉浦明平訳　岩波書店　1995.5　① 4-00-002191-5

◇ミケランジェロの生涯　下　砕かれたマドンナ　1527―1564　ローズマリー・シューダー著，鈴木久仁子，相沢和子，佐藤真知子訳　エディションq，クインテッセンス出版〔発売〕　1994.3　① 4-87417-433-7
＊自分は法王の奴隷だ。芸術を定める権利は教会にしかないのか。教会と権力の渦のなかで真実と美を求めつづけたミケランジェロの生涯。

◇ミケランジェロの生涯―桎梏者　上　1500―1527　ローズマリー・シューダー著，鈴木久仁子，相沢和子，佐藤真知子訳　エディションq，クインテッセンス出版〔発売〕　1994.2　① 4-87417-432-9
＊教会と権力の渦のなかで真実と美を求めつづけたミケランジェロの生涯。

◇さよなら、ミケランジェロ　ヴァルデマー・ヤヌシャック著，藤田佳澄訳　白水社　1992.11　① 4-560-03852-X
＊80年代初め、ヴァチカンは日本テレビの巨額の資金援助の下、システィーナ礼拝堂の壁画の修復に着手した。ミケランジェロによるこの世紀の傑作が500年の歳月を経て新たに蘇るのだ。この修復を契機に英国の芸術ジャーナリストである著者は、謎と神話に包まれたミケランジェロの実像を明らかにする。

◇ミケルアンヂェロ　羽仁五郎著　岩波書店　（岩波新書）　1992.7　① 4-00-400009-2
＊ミケルアンヂェロは、いま、生きている。うたがうひとは、"ダヴィデ"を見よ。イタリアの自由都市フィレンツェの市民として生まれ、「屈従の手工芸から公共自由の芸術へ」と、民衆とともに歩んだミケルアンヂェロの伝記。昭和14年、軍国主義下の暗い時代に、自由

への熱い思いをこめて書かれた名著。
◇レオナルド・ミケランジェロ　ガスパレ・デ・フィオレ，クリスティナ・ウェイス，マウラ・ボフィット，ジョバンナ・ベルガマスチ，ルイサ・コゴルノ，サビネ・パリチ著，関根秀一訳　学習研究社　（絵画の発見）　1992.5　①4-05-105727-5
＊人類の美術史上に輝くイタリア・ルネサンスの2大巨匠—名作「モナ・リザ」を描いたレオナルド．システィーナ礼拝堂に壮大な壁画をのこしたミケランジェロの絵画世界。
◇画家ミケランジェロ　ピエル・ルイジ・デ・ヴェッキ著，森田義之訳　岩崎美術社　1992.5　①4-7534-1319-5
＊多角的で深い考察に基づく作品解釈と分野別の詳細な研究で、ルネサンスの天才ミケランジェロの全体像を探る。
◇建築家ミケランジェロ　アレッサンドロ・ノーヴァ著，河辺泰宏，石川清訳，日高健一郎監訳　岩崎美術社　1992.5　①4-7534-1320-9
◇彫刻家ミケランジェロ　ヴァレリオ・グァツォーニ著，森田義之，大宮伸介訳　岩崎美術社　1992.5　①4-7534-1321-7
◇ミケランジェロ　ミケランジェロ画，フレデリック・ハート著，大島清次訳　美術出版社　（BSSギャラリー）　1992.3
◇ミケランジェロ　田中英道著　講談社　（講談社学術文庫）　1991.4　①4-06-158967-9
＊ダ・ヴィンチ「二重人物像」の秘密を鮮やかに解明し、本場西欧の美術史界を瞠目させた俊英が、レオナルドの若き好敵手ミケランジェロの人生と芸術の謎に挑む。プラトン＝レオナルドによる異教的人間愛の美と対決し、神に祝福された真実の愛の芸術を構築するまでのミケランジェロの思想的戦い。あくまで作品中のフォルムに即しつつ独創的な手法により隠れていた真実を剔抉する。手腕が冴る画期的な書。

ミッテラン

Mitterrand, François Maurice Marie
1916〜1996　20世紀、フランスの政治家。フランス大統領、フランス社会党第1書記。

◇ミッテラン—カトリック少年から社会主義者の大統領へ　ミシェル・ヴィノック著，大嶋厚訳　吉田書店　2016.8　①978-4-905497-43-1
◇東西遊記　矢田部厚彦著　鳥影社　2001.10　①4-88629-605-X
＊世界をめぐった外交官の、とっておきの話。
◇神なき死—ミッテラン、最後の日々　フランツーオリヴィエ・ジズベール著，プジョー友子訳　春秋社　1999.11　①4-393-36454-6
＊フランソワ・ミッテラン（1916〜1996）、人々を魅惑し、翻弄しつづけたこの老練な政治家がガンによる死を前に、権力、歴史、文学、宗教、そして死について、率直に語りだした…。大統領の孤独と覚悟。
◇ド・ゴールとミッテラン—刻印と足跡の比較論　A.デュアメル著，村田晃治訳　世界思想社　（Sekaishiso seminar）　1999.6　①4-7907-0760-1
＊英雄と政治家—右翼・保守、左翼・革新を代表し、政策で対立的、世界観・手法において対照的で、四半世紀間非妥協的な政敵だった二人を対比し、芸術としての政治を描きつつ、仏現代政治史を活写する。
◇大統領の深淵—ある回想　フランソワ・ミッテラン著，エリ・ウィーゼル著，平野新介訳　朝日新聞社　1995.11　①4-02-256911-5
◇大統領ミッテラン　フランツ・オリヴィエ・ジズベール著，宝利尚一，草場安子訳　読売新聞社　1993.2　①4-643-93003-9
＊フランス政界の内幕、与党社会党内部の確執、巧妙な権力操縦術…。"左のド・ゴール"ミッテラン政治の本質をえぐる。
◇ニューヨークのフランス知識人たち　トム・ビショップ著，谷口侑，谷口正子訳　読売新聞社　1992.12　①4-643-92109-9

* フランス文化をアメリカに紹介することを使命とする著者が、大西洋を渡ったバダンテール、ジュリア・クリステヴァ、ジャン・ルイ・バロー、ジャン・ジュネ、フーコー、ベケット、ミッテランなど、フランス文化の旗手たちを豊富なエピソードで語る。
◇ミッテラン——フランス 1981—88　カトリーヌ・ネイ著, 村田晃治訳　（京都）世界思想社　（SEKAISHISO SEMINAR）1992.5　①4-7907-0428-9
  * 1981年の政権獲得以後7年間の大統領ミッテランの変貌を、L.ブルム、レーガン、ド・ゴールら7名の人物に例え、フランス人女性ジャーナリストが厳しく描き出す。フランス社会主義政権変貌の軌跡。

ミハイル・ロマノフ

Mikhail Fëdorovich Romanov
1596～1645　16・17世紀、ロシアの皇帝（在位1613～1645）。ロマノフ王朝の始祖、総主教フィラレートの子。

◇ロマノフ王朝——帝政ロシアの栄光と革命に消えた皇家　新人物往来社編　新人物往来社　（ビジュアル選書）　2011.9　①978-4-404-04071-8
◇ロシア皇帝歴代誌　デヴィッド・ウォーンズ著, 栗生沢猛夫監修, 月森左知訳　創元社　2001.7　①4-422-21516-7

ミュンツァー　Münzer, Thomas

1490頃～1525　15・16世紀、ドイツの宗教改革者、神学者。アナバプテスト。ルターやフスらの影響の後、急進思想のためルターと対立。ドイツ農民戦争に敗れ殺された。

◇宗教改革者の群像　日本ルター学会編訳　知泉書館　2011.11　①978-4-86285-119-2
◇トーマス・ミュンツァーと黙示録的終末観　木塚隆志著　未来社　2001.1　①4-624-10040-9
  * 強い終末意識を持ちながら、さまざまな社会運動に積極的に係わっていった急進的な宗教改革者、トーマス・ミュンツァーの黙示録的終末観ないし歴史解釈を中心として考察する。
◇トマス・ミュンツァー——虹の旗をもてる男　フリードリッヒ・ヴォルフ著, 高沖陽造訳・解説　創樹社　1999.5　①4-7943-0547-8
  * トォマス・ミュンツァーは十六世紀半ばころドイツの宗教改革と農民戦争において偉大な歴史的役割を演じた重要人物。このミュンツァー像をめぐって戦後、東西ドイツの各界から様々な研究があいつぎミュンツァー・ルネサンスの様相を呈した。本書は、ドイツの二十世紀を代表する現実主義劇作家によるミュンツァー像の雄篇。
◇トーマス・ミュンツァー——神秘主義者・黙示録的終末預言者・革命家　H.‐J.ゲルツ著, 田中真造, 藤井潤訳　教文館　1995.3　①4-7642-6609-1
  * 革命家か神学者か。ルターの同調者として宗教改革史に登場しながら、やがて急進的な社会改革者・革命家として農民戦争の指導者となり、悲劇的な結末を迎えたトーマス・ミュンツァー。彼は革命家か、それとも神の僕か。しばしば対立する解釈の中で、著者はミュンツァーにおける神秘主義思想と黙示録的終末期待と社会実践を一体のものとして捉え、今日の史料的状況が許すかぎり最もバランスのとれた、説得力のあるミュンツァー像を呈示する。

ミラボー

Mirabeau, Honoré Gabriel Victor Riqueti, Comte de
1749～1791　18世紀、フランス革命期における立憲王政派の政治家。1789年三部会に選出、国民議会の成立に貢献。

◇フランス革命の志士たち——革命家とは何者か　安達正勝著　筑摩書房　（筑摩選書）　2012.10　①978-4-480-01554-9
◇フランス革命の肖像　佐藤賢一著　集英社　（集英社新書ヴィジュアル版）　2010.5　①978-4-08-720541-1
◇世界人物逸話大事典　朝倉治彦, 三浦一郎

編　角川書店　1996.6　ⓘ4-04-031900-1
  ＊歴史上の人物の生き生きとした人間像を伝えるエピソードを多数紹介する事典。日本人によく知られた人物1883人を見出しに掲載。

ミル，ジョン・ステュアート
Mill, John Stuart
1806〜1873　19世紀、イギリスの思想家、経済学者。主著「論理学体系」(1843)。

◇J・S・ミル　新装版　菊川忠夫著　清水書院　(Century Books　人と思想)　2015.9　ⓘ978-4-389-42018-5
◇天才経済学者たちの闘いの歴史―経済学史入門　中矢俊博著　同文舘出版　2014.3　ⓘ978-4-495-44151-7
◇歴史を動かした哲学者たち　堀川哲著　角川学芸出版, 角川グループパブリッシング〔発売〕　(角川ソフィア文庫)　2012.12　ⓘ978-4-04-408610-7
◇イギリスのモラリストたち　柘植尚則著　研究社　2009.8　ⓘ978-4-327-48154-4
◇ミル自伝　ジョン・ステュアート・ミル著, 村井章子訳　みすず書房　(大人の本棚)　2008.1　ⓘ978-4-622-08078-7
  ＊市民的自由を説いた『自由論』で知られる19世紀イギリスの先駆的思想家。自らの精神の来歴を率直に書きとどめて近代日本でも広く読まれた古典の画期的新訳。
◇ヨーロッパ 知の巨人たち―古代ギリシアから現代まで　田中浩著　日本放送出版協会　(NHKライブラリー)　2006.3　ⓘ4-14-084204-0
◇杉原四郎著作集　2　自由と進歩　J.S.ミル研究　杉原四郎著　藤原書店　2003.8　ⓘ4-89434-347-9
  ＊ミル経済学の根底に「社会哲学」がある。「思想家」ミルに迫る積年の研究集成。
◇評註ミル自伝　J.S.ミル著, 山下重一訳註　御茶の水書房　2003.3　ⓘ4-275-01968-7
◇ミル・マルクス・エンゲルス　杉原四郎著　世界書院　1999.6　ⓘ4-7927-9042-5
  ＊ミル・マルクス・エンゲルスなどの巨人達を微細即遠大に論証したクロノロギー的文言はまた「知」の饗宴ともなりうる思想のチィチュローネ的構成がなされている。21世紀へ架橋する思想の公共圏。
◇経済学の歴史　根井雅弘著　筑摩書房　1998.10　ⓘ4-480-86703-1
  ＊現代経済学における理論と思想の関連を「知性史」の観点から追究、ケネーからガルブレイスまで、12名の経済学者を取り上げる。10年来の経済思想史研究の成果を問う渾身の書下し800枚。
◇J.S.ミルとジャマイカ事件　山下重一著　御茶の水書房　1998.2　ⓘ4-275-01707-2
  ＊モラント・ベイ叛乱の真相を追求。告訴運動を繰り返したねばり強い下院議員・ミルの言論と活動の姿を訴追運動の原史料を洗い直して活写した意欲作。
◇J.S.ミル　小泉仰著　研究社出版　(イギリス思想叢書)　1997.8　ⓘ4-327-35220-9
  ＊近代精神の誕生に立ち会う。父ジェイムズに独特の教育を受け、多くの思想家との交流を経て自らの天才を開花させたJ.S.ミル。政治、経済、倫理、自由、女性、宗教等を論じて今も世界に巨大な影響を与えている彼の思想を追跡する。
◇世界人物逸話大事典　朝倉治彦, 三浦一郎編　角川書店　1996.6　ⓘ4-04-031900-1
  ＊歴史上の人物の生き生きとした人間像を伝えるエピソードを多数紹介する事典。日本人によく知られた人物1883人を見出しに掲載。
◇英学史の旅　山下重一著　御茶の水書房　1995.2　ⓘ4-275-01573-8
  ＊ミルを中心に英学研究四十余年に及ぶ著者の研究史点描。ミル父子の足跡を訪ねた海外留学記、ミルの古典的邦訳書、自由民権運動と英学、英学史点描とつづく本書の展開は、近代日本の英学の受容とその態様を浮彫りにしている。
◇J.S.ミルと現代　杉原四郎著　岩波書店　(岩波新書評伝選)　1994.12　ⓘ4-00-003865-6
◇J.S.ミル評伝　アレクサンダー・ベイン著, 山下重一, 矢島杜夫訳　御茶の水書房　1993.4　ⓘ4-275-01504-5
  ＊多くの資料とミルと30年にわたる親交

のある著者の個人的な回想を十分に盛り込み『自伝』にないミルの性格と思想を浮き彫りにした古典的決定版。
◇ミル自伝　ミル著, 朱牟田夏雄訳　岩波書店　（岩波文庫）　1993.4
Ⓘ4-00-341168-4

ミルトン　Milton, John
1608〜1674　17世紀、イギリスの詩人。クロムウェルの秘書官を務めた。著作に「失楽園」がある。

◇ミルトン　新装版　新井明著　清水書院（Century Books 人と思想）　2016.5
Ⓘ978-4-389-42134-2

◇ミルトンと対話するジョージ・エリオット　アナ・K.ナード著, 辻裕子, 森道子, 村山晴穂監訳　英宝社　2011.3
Ⓘ978-4-269-82032-6
＊17世紀詩人ミルトンを生涯読み続け、そこから創作意欲を触発された19世紀女性作家G・エリオット！ 著者ナード女史は、両作家を徹底的に比較検証！ エリオット小説の叙事詩的意義を読み解く。

◇イギリス詩人伝　サミュエル・ジョンソン著, 原田範行, 円月勝博, 武田将明, 仙葉豊, 小林章夫, 渡辺孔二, 吉野由利訳　筑摩書房　2009.12　Ⓘ978-4-480-83646-5

◇ミルトンラドロウ城の仮面劇コウマス　大川明著　朝日出版社　2004.12
Ⓘ4-255-00304-1

◇ミルトン研究　武村早苗著　リーベル出版　2003.8　Ⓘ4-89798-633-8

◇ミルトン　新井明著　清水書院（Century books）　1997.8
Ⓘ4-389-41134-9
＊若きひとりの文人が革命の渦中に投じこまれ、自ら予想もしなかった人生行路を歩むことになる。が、その間に私的にも公的にも張らざるをえなかった論陣と、身に受けざるをえなかった失明その他の不幸の重なりが、かえってかれを大叙事詩人へと成長させてゆくための思想的かつ文学的な滋養となった。本書の著者は、ミルトン（1608-74）を文学史上の偉人として祭り上げる

ことではなく、かれの時代のただなかを、ひとりの人間としてそれなりの労苦を背負いつつ、「真実の戦うキリスト信徒」として生きとおした姿に迫ろうとする。かれの文芸は世俗のただなかから生まれ出たものであった。

◇ミルトンと急進思想—英国革命期の正統と異端　長沢順治著　沖積舎　1997.6
Ⓘ4-8060-4617-5

◇世界人物逸話大事典　朝倉治彦, 三浦一郎編　角川書店　1996.6　Ⓘ4-04-031900-1
＊歴史上の人物の生き生きとした人間像を伝えるエピソードを多数紹介する事典。日本人によく知られた人物1883人を見出しに掲載。

◇ミルトンとその周辺　新井明著　彩流社　1995.12　Ⓘ4-88202-373-3

◇神の高き主題—ミルトンの乗りこえたもの　室田五郎著　近代文芸社　1994.9
Ⓘ4-7733-2061-3

◇イギリス革命におけるミルトンとバニヤン　永岡薫, 今関恒夫編　御茶の水書房　1991.8　Ⓘ4-275-01431-6

ミレー　Millet, Jean François
1814〜1875　19世紀、フランスの画家。バルビゾン派。農村生活を情愛に満ちた表現で描いた。作品に「落穂拾い」「晩鐘」「種まく人」など。

◇芸術家の愛した家—巨匠のルーツから読み解く美術入門　池上英洋著　エクスナレッジ　2016.12　Ⓘ978-4-7678-2255-6

◇「絶筆」で人間を読む—画家は最後に何を描いたか　中野京子著　NHK出版（NHK出版新書）　2015.9
Ⓘ978-4-14-088469-0

◇もっと知りたいミレー—生涯と作品　高橋明也監修, 安井裕雄著　東京美術（アート・ビギナーズ・コレクション）　2014.4　Ⓘ978-4-8087-0977-8

◇ミレーの生涯　アルフレッド・サンシィエ著, 井出洋一郎監訳　KADOKAWA（角川ソフィア文庫）　2014.4
Ⓘ978-4-04-409461-4

＊仏ノルマンディの農家に生まれるも、天賦の才を発揮し画家の道を歩んだミレー。寡黙で正義感に溢れる男は、その才能を賞賛されながら、農民の真性を描こうとしたがゆえに酷評と貧困に苦しんだ。公私共に彼を支えた友だからこそ描ける、巨匠の知られざる姿、名画が生まれた背景とその魅力を、貴重な証言と共に描き出す。

◇「農民画家」ミレーの真実　井出洋一郎著　NHK出版　（NHK出版新書）　2014.2　①978-4-14-088427-0
　＊一九世紀フランスでは酷評され、日本やアメリカでは「敬虔で道徳的」と礼賛されたミレー。特に日本では、明治期よりミレーを偉人としてあがめてきたことが、画家の実像を見えにくくした。同時代の画壇を震撼させた革新性、農民画に留まらない画業の多様性、ミレー作品の現代性を明らかにしながら、毀誉褒貶に満ちた「清貧の農民画家」の真の姿に迫る。

◇巨匠の自画像—名画に潜む知られざるストーリー　青井伝著　すばる舎　2006.8　①4-88399-540-2

◇ミレー《晩鐘》の悲劇的神話—「パラノイア的＝批判的」解釈　サルバドール・ダリ著, 鈴木雅雄訳　人文書院　2003.1　①4-409-10017-3

◇ミレーの生涯　井出洋一郎監訳, アルフレッド・サンスィエ著　講談社　1998.10　①4-06-209388-X
　＊画家の親友が明かす巨匠の真実！　ミレーファン必見の書。「種をまく人」「落穂拾い」「晩鐘」など、農民の生活や田園風景を愛情を込めて描いたミレー。美術界からの激しい攻撃や貧窮に耐え、自己の芸術を貫いた、求道者にも似た生涯を、親友が画家の多くの手紙を交えて証言する、ミレー伝の決定版。

◇ヴィヴァン—新装版・25人の画家　第4巻　ミレー　高階秀爾編集・解説, 馬淵明子編集・解説　講談社　1995.10　①4-06-254754-6

◇ファン・ゴッホとミレー　ルイ・ファン・ティルボルフほか編, 二見史郎訳, 辻井忠男訳　みすず書房　1994.10　①4-622-04250-9

◇画家の妻たち　沢地久枝著　文芸春秋　1993.5　①4-16-347510-9
　＊炎のように短く燃えた愛もあり、静謐な長い人生もあった。憎しみの果ての別れもあった…。美の狩人たちの創造の源泉であり、その苦悩と歓喜を共有した伴侶たちにとって、永遠の美とは何だったのか。レンブラントからピカソまで、19人の画家による妻の肖像画を通して、男と女の運命的なドラマをさぐる。

◇ミレー　改版　ロマン・ロラン著, 蛯原徳夫訳　岩波書店　（岩波文庫）　1991.8　①4-00-325564-X

ミロシェヴィッチ
Milosevic, Slobodan

1941～2006　20世紀、ユーゴスラビア連邦共和国の大統領（1997～2000）。内戦で独立派のクロアティア、ボスニアと戦い、コソヴォを弾圧。退任後、民族浄化の首謀者として国際裁判に付された。

◇戦争と平和の谷間で—国境を超えた群像　明石康著　岩波書店　（双書 時代のカルテ）　2007.10　①978-4-00-028089-1

◇20世紀最後の10年 ザ・ラスト・ディケイド巨人・奇人・変人　落合信彦著　小学館　2000.12　①4-09-389553-8

【む】

ムアーウィヤ
Mu'āwiya Ⅰ ibn Abī Sufyān

？～680　7世紀、イスラム、ウマイヤ朝の初代カリフ（在位661～680）。第4代正統カリフのアリーの死後、新王朝を開き、カリフ世襲制を確立した。

◇悪の歴史—隠されてきた「悪」に焦点をあて、真実の人間像に迫る　西洋編上＋中東編　鈴木董編著　清水書院　2017.12　①978-4-389-50066-5

ムーサー Musa, Mansa
⇒マンサ・ムーサ

ムスタファ・ケマル
Kemal Atatürk, Mustafa
1881〜1938　アタテュルク，ムスタファ・ケマル，ケマル・アタチュルクとも。19・20世紀，トルコ共和国の初代大統領（在任1923年〜1938年）。オスマン帝国の改革運動に参加。トルコ共和国成立後，憲法を発布し近代国家建設に努めた。

◇ケマル・アタテュルク―トルコ国民の父　設楽国広著　山川出版社　（世界史リブレット人）　2016.8　Ⓘ978-4-634-35086-1

◇図説世界史を変えた50の指導者（リーダー）　チャールズ・フィリップス著，月谷真紀訳　原書房　2016.2　Ⓘ978-4-562-05250-9

◇日本と世界を結んだ偉人―ビジュアル伝記　大正・昭和編　河合敦監修　PHP研究所　2012.11　Ⓘ978-4-569-78273-7

◇灰色の狼ムスタファ・ケマル―新生トルコの誕生　〔改装版〕　J.ブノアメシャン著，牟田口義郎訳　筑摩書房　1990.12　Ⓘ4-480-85084-8
＊オスマン帝国は，第一次大戦の際ドイツに荷担して敗れ，領土の大部分をイギリスに奪われた。中心部の小アジアも西部全域がギリシア軍に占領され，老帝国は死に瀕していた。このときムスタファ・ケマルは，ただ生きのびることだけを望む若いトルコ人民を糾合して，ギリシア軍とスルタンを追い払い，トルコ共和国を樹立した。そして，政教分離と改革を断行する一方，隣国とも大国とも不可侵協定を結び，彼の死後に起った第二次大戦にも参戦しなかった。

ムッソリーニ Mussolini, Benito
1883〜1945　19・20世紀，イタリアの政治家，ファシズム運動の指導者。国家ファシスト党を結成（1921），その首領（ドゥーチェ）となり，一党独裁体制を確立。ナチスへ接近し，参戦したが戦況は思わしくなく失脚，銃殺された。

◇ムッソリーニ――イタリア人の物語　ロマノ・ヴルピッタ著　筑摩書房　（ちくま学芸文庫）　2017.8　Ⓘ978-4-480-09807-8

◇ヘンリー・スティムソン回顧録　下　ヘンリー・L・スティムソン，マックジョージ・バンディ著，中沢志保，藤田怜史訳　国書刊行会　2017.6　Ⓘ978-4-336-06149-2

◇ムッソリーニ―ファシズム序説　新装版　木村裕主著　清水書院　（Century Books 人と思想）　2015.9　Ⓘ978-4-389-42130-4
＊ムッソリーニが展開した政治過程をみることにより，ファシズムの何たるかを歴史に即して理解する。

◇日本ファシズム論争―大戦前夜の思想家たち　福家崇洋著　河出書房新社　（河出ブックス）　2012.6　Ⓘ978-4-309-62444-0
＊一九二〇年代初頭，その後の世界の歴史を大きく変えることになる思想「ファシズム」が，イタリアで生まれた。誕生から時を経ずして日本に輸入されたこの思想を，当時の思想家たちは，いかに受け入れてきたのか。歓喜，否定，戸惑い―やがて「ファシズム」は，日本独自の変容をとげていく。二つの世界大戦間での，思想上の格闘を追い，近代日本のもうひとつの実像に迫る。

◇女と独裁者―愛欲と権力の世界史　ディアンヌ・デュクレ著，神田順子監訳，清水珠代，山川洋子，ベリャコワ・エレーナ，浜田英侑訳　柏書房　2012.4　Ⓘ978-4-7601-4115-9

◇ムッソリーニ　上　ニコラス・ファレル著，柴野均訳　白水社　2011.6　Ⓘ978-4-560-08141-9
＊「ファシストの宗教にイタリア人が与えた合意は，信頼と理性から発したものだった」―。第二インターの瓦礫から立ち現れた，ドゥーチェとイタリアの「栄光の日々」。

◇ムッソリーニ　下　ニコラス・ファレル著，柴野均訳　白水社　2011.6　Ⓘ978-4-560-08142-6
＊チャーチルが「ローマの天才」と呼び，教皇ピウス11世が「神に遣わされた」

と讃えた男はどこで誤ったか？ スペイン内戦から謎の処刑まで、ドゥーチェとイタリアの黄昏。

◇ウォー・ポリティクス─「政治的危機」と指導者の群像　藤本一美編　志学社　2011.4　①978-4-904180-16-7

◇建築家ムッソリーニ─独裁者が夢見たファシズムの都市　パオロ・ニコローゾ著, 桑木野幸司訳　白水社　2010.4
①978-4-560-08060-3
＊ファシズムの建築思想を詳細な資料と豊富な図版をもとに解説。独裁者は権力を緻密に演出する建築家であった。

◇知られざる世界史 あの人の「幕引き」─彼らを待ちうけていた意外な運命とは　歴史の謎研究会編　青春出版社　（青春文庫）　2005.7　①4-413-09320-8

◇ムッソリーニ─イタリア人の物語　ロマノ・ヴルピッタ著　中央公論新社　（中公叢書）　2000.12　①4-12-003089-X
＊社会主義からニーチェまでも渉猟した優れた知識人。永遠の恋人クラレッタと出会うまでの多彩な女性遍歴─。イタリア・ファショ指導者の既成像を一新する画期的評伝。

◇ムッソリーニ夜話─二十世紀を造り損ねた男の素顔　伊東章著　日本図書刊行会　1998.1　①4-89039-771-X
＊日本人がイタリアから学ぶべきことは唯一つ、その国民が身に着けているマキァヴェリズムである。陳腐なイタリアブームを排す。

◇ヒトラー＝ムッソリーニ秘密往復書簡　アドルフ・ヒトラー, ベニート・ムッソリーニ著, 大久保昭男訳　草思社　1996.10　①4-7942-0725-5

◇ムッソリーニ─ファシズム序説　木村裕主著　清水書院　（Century books）　1996.3　①4-389-41130-6

◇ムッソリーニの処刑─イタリア・パルティザン秘史　木村裕主著　講談社　（講談社文庫）　1995.6　①4-06-185981-1
＊敗色濃いミラノを離れ、スイスへの脱出を図るムッソリーニと愛人。執拗に追うイタリア・パルティザン。一九四五年四月二十七日、必死の逃避行もむなしく、ついに国境に近いドンゴで捕らわれる。翌日に処刑。そこには手に汗を握る執念のドラマがあった。ファシストを自ら断罪したイタリアの真実を明かす。

◇ムッソリーニ─悲劇の総統　大森実著　講談社　（講談社文庫）　1994.8
①4-06-185732-0
＊戦略家のヒトラーに騙され続け、最後はトリアッチの刺客に討たれるムッソリーニ。ファシズムのカリスマ的存在という意味でも、革命的に祖国を統一した英雄という意味でも、ムッソリーニはヒトラーの大先輩だった。彼はなぜ英仏と組まなかったのか。現代史のルーツを強烈な人物を通して描く注目の歴史書。

◇ムッソリーニを逮捕せよ　木村裕主著　講談社　（講談社文庫）　1993.7
①4-06-185428-3
＊戦争を止めるには、最高権力者の逮捕かない。泥沼化した第二次世界大戦下、イタリア国軍中枢にいた一人の参謀が、密かに危険な作戦を開始した。「早期休戦」による救国に燃えた将軍たちは、一九四三年七月二五日ついに決行。この極秘計画の全貌を、初めて解明した講談社ノンフィクション賞受賞作品。

◇ムッソリーニの戦い─第二次世界大戦　B.パルミーロ・ボスケージ著, 下村清訳　新評論　1993.2　①4-7948-0162-9

◇誰がムッソリーニを処刑したか─イタリア・パルティザン秘史　木村裕主著　講談社　1992.2　①4-06-205351-9

ムハンマド
Muhammed, Abul Kasemben Abdallah

570頃〜632　マホメットとも。6・7世紀、イスラム教の創始者。622年をイスラム暦元年とし、宗教国家を形成。

◇図説世界史を変えた50の指導者（リーダー）　チャールズ・フィリップス著, 月谷真紀訳　原書房　2016.2
①978-4-562-05250-9

◇ムハンマド─世界を変えた預言者の生涯

ムハンマド

カレン・アームストロング著, 徳永里砂訳　国書刊行会　2016.1
①978-4-336-05939-0

◇本当は偉くない？ 世界の歴史人物—世界史に影響を与えた68人の通信簿　八幡和郎著　ソフトバンククリエイティブ　(ソフトバンク新書)　2013.8
①978-4-7973-7448-3
＊古代から現代に至るまで、よく知られた帝王や政治家を68人選び、それぞれが世界史の中で果たした役割を、「偉人度」と「重要度」の2つの側面から10点満点で評価。世界史において偉人とされている人物たちの実像に迫る。

◇預言者の生涯—イスラーム文明を創造した男の物語　第4巻　イブン・イスハーク著, 座喜純, 岡島稔訳・解説　ブイツーソリューション　2012.10
①978-4-86476-045-4

◇預言者ムハンマド伝　4　イブン・イスハーク著, イブン・ヒシャーム編註, 後藤明, 医王秀行, 高田康一, 高野太輔訳　岩波書店　(イスラーム原典叢書)　2012.1
①978-4-00-028414-1
＊最も広く読まれているムハンマドの伝記、全4巻完結。最終巻となる本巻には、イブン・ヒシャームによる詳細な註を収録。また、本書を理解するための参考資料として、訳者による解説・総索引・用語集・系図などを併載。

◇預言者の生涯—イスラーム文明を創造した男の物語　第3巻　イブン・イスハーク著, 座喜純, 岡島稔訳・解説　ブイツーソリューション　2011.12
①978-4-902218-86-2

◇預言者ムハンマド伝　3　イブン・イスハーク著, イブン・ヒシャーム編註, 後藤明, 医王秀行, 高田康一, 高野太輔訳　岩波書店　(イスラーム原典叢書)　2011.7
①978-4-00-028413-4
＊塹壕の戦で勝利を収めついにメッカ征服を成し遂げた預言者は、さらにアラビア半島全域のイスラーム化を進めるが、やがて臨終の時を迎える。

◇預言者ムハンマド伝　2　イブン・イスハーク著, イブン・ヒシャーム編註, 後藤明, 医王秀行, 高田康一, 高野太輔訳　岩波書店　(イスラーム原典叢書)　2011.3
①978-4-00-028412-7
＊新たな地メディナで信仰共同体を築いた預言者は、クライシュ族打倒を決意。バドルの戦、ウフドの戦でメッカ軍と一進一退を繰り広げる。ムハンマドの伝記として最も広く読まれている古典。

◇マホメット伝　大川周明著　書肆心水　2011.2　①978-4-902854-83-1
＊日本人初の本格的イスラーム研究者の遺稿。数あるムハンマド伝の中でも臨場感に富んだ物語性ある筆致が魅力の一作。アジア主義の志士、宗教学者大川周明はイスラームの原点に何を見たか。「大川周明とイスラーム」論議の展開に不可欠な遺稿の単行本化。

◇預言者の生涯　第2巻　イスラーム文明を創造した男の物語　イブン・イスハーク著, 座喜純, 岡島稔訳・解説　ブイツーソリューション　2011.2
①978-4-902218-37-4

◇いのちと愛の思想—広池千九郎の聖人研究の継承と発展　竹内啓二編著　モラロジー研究所, (柏)広池学園事業部〔発売〕　2010.12　①978-4-89639-193-0

◇愛すべき預言者様—サッラッラーフ・アライヒ・ワサッラム　ラマザン・アイワッル著, 伊藤真恵, テラット・アイディン訳, セリム・ユジェル・ギュレチ編　呉智世理夢　2010.12

◇預言者ムハンマド伝　1　イブン・イスハーク著, イブン・ヒシャーム編註, 後藤明, 医王秀行, 高田康一, 高野太輔訳　岩波書店　(イスラーム原典叢書)　2010.11
①978-4-00-028411-0
＊第1巻では、ムハンマドに至る人類の系譜から起筆し、メッカの歴史、ムハンマドの誕生、召命、メッカでの布教と迫害が語られる。ムハンマドの伝記として最も広く読まれている古典。

◇預言者の生涯　第1巻　イスラーム文明を創造した男の物語　新装版　イブン・イスハーク著, 座喜純, 岡島稔訳・解説　ブイツーソリューション　2010.9
①978-4-902218-14-5

◇イスラームの預言者物語　ムハンマド・ブン・ハサン・アルジール選著, 水谷周編訳, サラマ・サルワ訳　国書刊行会　(イスラーム信仰叢書)　2010.6
①978-4-336-05206-3

◇聖なる家族―ムハンマド一族　森本一夫著　山川出版社　(イスラームを知る)　2010.1　①978-4-634-47464-2

◇ブッダとムハンマド―開祖でわかる仏教とイスラム教　保坂俊司著　サンガ　(サンガ新書)　2008.10　①978-4-901679-97-8
＊仏教とイスラム教は、キリスト教とともに「三大普遍宗教」と呼ばれている。その理由は、それぞれに開祖がおり、開祖の教えを中心に教団が形成され、地域や民族を越えて世界の人々に信仰されるようになった宗教だからである。異なる志向性を持つ仏教とイスラム教も、違いを知るためには、それぞれの"共通点"を知ることが不可欠なのだ。ブッダとムハンマド―「宗教の改革者」という開祖の生涯をはじめとし、「行動や実践」を重視した道徳と戒律の起源などを比較しながら、仏教とイスラム教の違いを、日本人の立場に立った視点で明らかにする。

◇世界をつくった八大聖人―人類の教師たちのメッセージ　一条真也著　PHP研究所　(PHP新書)　2008.4
①978-4-569-69939-4

◇預言者ムハンマド　鈴木紘司著　PHP研究所　(PHP新書)　2007.8
①978-4-569-69364-4
＊普通の商人だったムハンマドに、突然、神の言葉が降臨したのは四十歳のとき。やがて彼は帰属していた部族から迫害を受け、故郷マッカを離れ聖遷をおこなう。そして多神教徒たちとの凄絶な戦役が幕を開ける―。ブッダやキリストと違い、十一人の妻をもち家庭を愛した男。機略に優れていたが、誰よりも平和を求めた男。十三億人を超える信者をもつ、イスラームの教祖の実像を、日本人ムスリムが雄渾に語る。「女性蔑視」「好戦的」などと誤解が多いイスラームを正しく理解するための一冊。

◇預言者ムハンマドの足跡を辿って―アフマド・クフターロー師の預言者伝講義より　前編　アブー・サキーナ前野直樹編訳　ムスリム新聞社　2005.2　①4-9901369-1-8

◇ムハンマドの生涯　アンヌ＝マリ・デルカンブル著, 後藤明監修, 小林修, 高橋宏訳　創元社　(「知の再発見」双書)　2003.9　①4-422-21170-6

◇ムハンマド―神の声を伝えた男　小滝透著　春秋社　1998.11　①4-393-29126-3
＊砂漠の奇跡。わずか二十余年で「無道」のアラブ社会を一変させた男ムハンマド(マホメット)。その奇跡の核心にあったものは何か。

◇世界人物逸話大事典　朝倉治彦, 三浦一郎編　角川書店　1996.6　①4-04-031900-1
＊歴史上の人物の生き生きとした人間像を伝えるエピソードを多数紹介する事典。日本人によく知られた人物1883人を見出しに掲載。

◇ムハンマド―コミック版　ジアウッディン・サーダー著, ザファール・マリク著, 堀たほ子訳　心交社　(知的常識シリーズ)　1995.3　①4-88302-197-1

◇井筒俊彦著作集　2　イスラーム文化　井筒俊彦著　中央公論社　1993.4
①4-12-403048-7

◇預言者伝　ムスタファー・アッスィバーイー著, 中田考訳　日本サウディアラビア協会　1993.3

◇マホメットとアラブ　後藤明著　朝日新聞社　(朝日文庫)　1991.7
①4-02-260654-1
＊ある日突然の異常体験により、神の言葉を代弁し、民衆を導く預言者となったムハンマド(マホメット)。メッカの一商人からイスラム教を起こし、民族の団結をはかることで、ついにはアラブ国家建設を成し遂げる。彼の生きた社会と政治を検証しながら、アラブ世界の認識を新たにする。

◇予言者マホメット　ワシントン・アーヴィング著, 小柴一訳　新樹社　1991.4
①4-7875-8400-6
＊『スケッチブック』で著名な19世紀のア

ムハンマド・アブドゥフ

メリカ作家がやさしく描いたアラビアの偉大な予言者の信仰とたたかいの生涯。

◇マホメット―最後の預言者、アッラーの徴　アンヌ・マリ・デルカンブル著，小林修訳　(大阪)創元社　(「知の再発見」双書)　1990.12　①4-422-21055-6
　＊イスラムの教えを明白に説いた預言者マホメット―彼もまた原点の一つである―に焦点を合わせて、イスラムの成立と展開を立体的に説き明かした啓蒙書が本書である。

◇イスラーム生誕　井筒俊彦著　中央公論社　(中公文庫)　1990.8　①4-12-201731-9
　＊イスラームとは、ムハンマドとは何か。シリア、エジプト、メソポタミア、ペルシア…と瞬くまに宗教的軍事的一大勢力となってキリスト教を席捲した新宗教イスラームの預言者ムハンマドの軌跡を辿る若き日の労作に、イスラーム誕生以前のジャーヒリーヤ時代(無道時代)との関連の歴史的解明と、さらにはコーランの意味論的分析を通じてイスラーム教の思想を叙述する独創的研究を加えた名著。

ムハンマド・アブドゥフ
Muḥammad ʻAbduh

1849～1905　19・20世紀、エジプトの思想家。合理主義の立場からイスラム改革を唱えた。アズハル大学の機構・教育改革に貢献。

◇世界伝記大事典　世界編 1～12　編集代表：桑原武夫　ほるぷ出版　1980.12～1981.6

ムハンマド・アフマド
Muḥammad Aḥmad

1844～1885　19世紀、スーダンの宗教運動指導者。マフディー派の創始者。エジプト軍、イギリス軍を破り、マフディー国家の建設途上で病死した。

◇世界伝記大事典　世界編 1～12　編集代表：桑原武夫　ほるぷ出版　1980.12～1981.6

ムハンマド・アリー
Muḥammad ʻAlī

1769～1849　18・19世紀、オスマン帝国のエジプト太守(1805～1848)。ムハンマド・アリー朝の始祖。

◇ムハンマド・アリー―近代エジプトを築いた開明的君主　加藤博著　山川出版社　(世界史リブレット人)　2013.8　①978-4-634-35067-0
　＊19世紀前半にエジプトを統治したムハンマド・アリーは、現代にいたるエジプトの祖型をつくった。しかし、彼の施策が照らし出すものは、エジプトを超えて非ヨーロッパ世界、さらにはヨーロッパ世界を含む当時の世界情勢である。本書では、近代エジプトの開明的君主であったムハンマド・アリーという人物の生涯を振り返ることによって、近代という時代の意味を問うてみたい。

◇ムハンマド＝アリー―近代エジプトの苦悩と曙光と　岩永博著　清水書院　(清水新書)　1984.10

ムリリョ
Murillo, Bartolomé Esteban

1617～1682　17世紀、スペインの画家。バロック期のセビーリャ派の指導的存在。聖母像などの宗教画や風俗画を描いた。

◇中野京子と読み解く名画の謎 対決篇　中野京子著　文芸春秋　2015.7　①978-4-16-390308-8

◇目からウロコの絵画の見かた―カラヴァッジョからフェルメールまで　大橋巨泉著　ダイヤモンド社　(大橋巨泉の美術鑑賞ノート)　2008.11　①978-4-478-00724-2

【め】

メアリ1世　Mary I

1516～1558　16世紀、イギリス、チューダー朝の女王(在位1553～1558)。流血好

きのメアリー。
◇世界女性人名事典―歴史の中の女性たち　世界女性人名事典編集委員会編　日外アソシエーツ，紀伊国屋書店〔発売〕
2004.10　Ⓓ4-8169-1800-0
◇英国王室史話　上　森護著　中央公論新社（中公文庫）　2000.3　Ⓓ4-12-203616-X
◇イギリス・ルネサンスの女たち―華麗なる女の時代　石井美樹子著　中央公論社（中公新書）　1997.10　Ⓓ4-12-101383-2

メアリ2世　Mary Ⅱ
1662～1694　17世紀、イギリス、スチュアート朝の女王（在位1689～1694）。夫ウィリアム3世とともに王位につく。
◇世界女性人名事典―歴史の中の女性たち　世界女性人名事典編集委員会編　日外アソシエーツ，紀伊国屋書店〔発売〕
2004.10　Ⓓ4-8169-1800-0
◇英国王室史話　下　森護著　中央公論新社（中公文庫）　2000.3　Ⓓ4-12-203617-8

メッテルニヒ
Metternich, Klemens Wenzel Nepomuk Lothar, Fürst von
1773～1859　18・19世紀、オーストリアの政治家、外交官。1809年から外相や宰相として国政を担った。ウィーン会議を主導しウィーン体制を実現した。
◇本当は偉くない？　世界の歴史人物―世界史に影響を与えた68人の通信簿　八幡和郎著　ソフトバンククリエイティブ（ソフトバンク新書）　2013.8
Ⓘ978-4-7973-7448-3
＊古代から現代に至るまで、よく知られた帝王や政治家を68人選び、それぞれが世界史の中で果たした役割を、「偉人度」と「重要度」の2つの側面から10点満点で評価。世界史において偉人とされている人物たちの実像に迫る。
◇メッテルニヒ―危機と混迷を乗り切った保守政治家　塚本哲也著　文芸春秋
2009.11　Ⓘ978-4-16-371920-7
＊ナポレオンを打倒し、華麗なウィーン会議の成功から、革命による追放・亡命・流浪まで。革命とナショナリズムに立ち向かった名宰相。ナポレオンをはじめとする好敵手たち―アレクサンドル、タレイラン、カッスルリー、ウエリントン、バーク、ゲーテ、ディズレーリ、マルクス…との「死闘」「策略」「友情」の数々。ハプスブルク三部作『エリザベート』『マリー・ルイーゼ』完結。
◇世界人物逸話大事典　朝倉治彦，三浦一郎編　角川書店　1996.6　Ⓓ4-04-031900-1
＊歴史上の人物の生き生きとした人間像を伝えるエピソードを多数紹介する事典。日本人によく知られた人物1883人を見出しに掲載。
◇メッテルニヒの回想録　クレメンス・W.L.メッテルニヒ著，安藤俊次，貴田晃，菅原猛共訳，安斎和雄監訳　恒文社　1994.1
Ⓓ4-7704-0781-5
＊ハプスブルク家の救世主、メッテルニヒ。ナポレオン、アレクサンドルを相手に、権謀術数を揮った外交戦略とは？　国際政治の修羅場を生き抜いた男の赤裸々な記録。

メフメト2世　Meḥmet Ⅱ
1432～1481　15世紀、オスマン帝国の第7代スルタン（在位1451～1481）。1453年ビザンチン帝国を滅ぼす。
◇悪の歴史―隠されてきた「悪」に焦点をあて、真実の人間像に迫る　西洋編上＋中東編　鈴木董編著　清水書院　2017.12
Ⓘ978-4-389-50066-5
◇本当は偉くない？　世界の歴史人物―世界史に影響を与えた68人の通信簿　八幡和郎著　ソフトバンククリエイティブ（ソフトバンク新書）　2013.8
Ⓘ978-4-7973-7448-3
＊古代から現代に至るまで、よく知られた帝王や政治家を68人選び、それぞれが世界史の中で果たした役割を、「偉人度」と「重要度」の2つの側面から10点満点で評価。世界史において偉人とされている人物たちの実像に迫る。
◇ルネサンス人物列伝　ロバート・デイヴィス，ベス・リンドスミス著，和泉香訳

悠書館　2012.7　①978-4-903487-54-0
◇オスマン・トルコ─世界帝国建設の野望と秘密　ウルリヒ・クレーファー著, 戸叶勝也訳　アリアドネ企画, 三修社〔発売〕（アリアドネロマン　古代文明の謎を追え！）　1998.6　①4-384-02377-4
＊圧倒的版図と威光を誇ったオスマン・トルコ帝国。その建国から崩壊までの波乱万丈の歴史を辿る。
◇メフメト二世─トルコの征服王　岩永博ほか訳, アンドレ・クロー著　法政大学出版局　（りぶらりあ選書）　1998.6　①4-588-02194-X

メンデル　Mendel, Gregor Johann
1822～1884　19世紀、オーストリアの修道士、植物学者。エンドウの人工交配から遺伝の法則を発見。生前には認められず1900年に再発見された。

◇メンデルと遺伝　ウィルマ・ジョージ作, 新美景子訳　玉川大学出版部　（世界の伝記科学のパイオニア）　2016.5　①978-4-472-05969-8
◇奇人・変人・大天才 19世紀・20世紀─ダーウィン、メンデル、パスツール、キュリー、アインシュタイン、その一生と研究　マイク・ゴールドスミス著, 小川みなみ編訳　偕成社　2015.3　①978-4-03-533520-7
◇グレゴール・メンデル─エンドウを育てた修道士　シェリル・バードー文, ジョス・A・スミス絵, 片岡英子訳　BL出版　2013.6　①978-4-7764-0565-8
＊有名なメンデルの法則は、どんな実験によって発見されたのでしょうか。遺伝子についてまったくわからなかった時代に、父親と母親の特徴がどのように子どもに受けつがれるのかを、実験によって証明したグレゴール・メンデル。食べ物にもことかく苦しさのなかで、ひたすら勉強をつづけ、夢を追いつづけたその人生が胸をうちます。またメンデルの実験を、順を追いながら、できるだけ詳細に、わかりやすく描いています。
◇神が愛した天才科学者たち　山田大隆著　角川学芸出版, 角川グループパブリッシング〔発売〕　（角川ソフィア文庫）　2013.3　①978-4-04-409446-1
◇天才たちの科学史─発見にかくされた虚像と実像　杉晴夫著　平凡社　（平凡社新書）　2011.5　①978-4-582-85587-6
◇ナイチンゲールは統計学者だった！─統計の人物と歴史の物語　丸山健夫著　日科技連出版社　2008.6　①978-4-8171-9273-8
＊ナイチンゲールは、統計学者だった！英国の陸軍兵士たちへの熱い想いが、彼女を統計学のプレゼンテーションの世界へと導く。ナイチンゲールと統計学の関係をはじめ、19世紀の統計学を創った、日本と西洋の人々の物語。
◇メンデル─遺伝の秘密を探して　エドワード・イーデルソン著, 西田美緒子訳　大月書店　（オックスフォード科学の肖像）　2008.4　①978-4-272-44048-1
＊修道院の庭で植物の交配実験を行い「メンデルの法則」を導き出した修道士メンデル。遺伝学の基礎をなすその原理は、生前に評価されることはなかった。修道院長として生涯を終えた16年後に再発見され、新しい時代の幕を開いたメンデルの業績を、現在との関わりに触れながらいきいきと伝える評伝。
◇科学の発見はいかになされたか　福沢義晴著　郁朋社　2005.10　①4-87302-326-2
◇天才科学者たちの奇跡─それは、小さな「気づき」から始まった　三田誠広著　PHP研究所　（PHP文庫）　2005.3　①4-569-66376-1
◇偉大な、アマチュア科学者たち　ジョン・マローン著, 石原薫訳, 山田五郎監修　主婦の友社　2004.6　①4-07-238724-X
◇メンデル散策─遺伝子論の数奇な運命　中沢信午著　新日本出版社　（新日本新書）　1998.2　①4-406-02573-1
＊苦心の研究は認められず「私の時代がきっと来る」と他界したメンデル。35年後に再発見され、今や現代科学の花形となった遺伝子の発想はどのように生まれたのか。人と時代、その後の経緯を辿る。

◇ダーウィン教壇に立つ—よみがえる大科学者たち　リチャード・M.イーキン著，石館三枝子，石館康平訳　講談社　1994.3
①4-06-154210-9
＊学生の授業離れに頭を痛めたイーキン教授はある日，奇想天外なアイデアを思いつく。6人の偉大な生物学者に扮装し，その発見と生涯を彼ら自身の言葉で語ろうというのだ。ダーウィンが進化論を語り，メンデルが遺伝の法則を説く。パスツールは微生物と格闘し，シュペーマンはイモリの卵に没頭する。ハーヴェイは血液循環の，ボーモントは食物の消化のみごとな実験をしてみせる…。イーキン教授扮する"大生物学者"による，型破りの面白生物学講義。

◇メンデルと遺伝　ウィルマ・ジョージ著，片岡勝美訳　（町田）玉川大学出版部（原図で見る科学の天才）　1991.12
①4-472-05831-6
＊生物が単純な数学的法則に従って遺伝することを時代に先駆けて発見したメンデルの生涯。

【も】

モア，トマス　More, Sir Thomas
1478〜1535　15・16世紀，イギリスの人文学者，政治家。1529年大法官。著作「ユートピア」(16)。

◇エラスムス＝トマス・モア往復書簡　エラスムス，トマス・モア著，沓掛良彦，高田康成訳　岩波書店　（岩波文庫）　2015.6　①978-4-00-336123-8

◇経済思想の巨人たち　竹内靖雄著　新潮社　（新潮文庫）　2013.11
①978-4-10-125371-8

◇ルネサンス人物列伝　ロバート・デイヴィス，ベス・リンドスミス著，和泉香訳　悠書館　2012.7　①978-4-903487-54-0

◇トマス・モアの思想と行動　鈴木宜則著　風行社　2010.10　①978-4-86258-052-8

◇ルネサンス　会田雄次，渡辺一夫，松田智雄著　中央公論新社　（中公クラシックス・コメンタリィ）　2008.10
①978-4-12-003969-0
＊政治の混迷，教会の腐敗を一新した巨星たちの思想。国家悪が招いた"暗黒の中世"に敢然と挑んだ独創的な人々。彼らの軌跡は人間復興の道を跡づける。

◇商人のための人生読本　倉本長治著，倉本初夫編　商業界　2008.2
①978-4-7855-0323-9

◇トマス・モア　ジョン・ガイ著，門間都喜郎訳　晃洋書房　2007.3
①978-4-7710-1819-8
＊本書は，説明したり，非難したり，あるいは容疑を晴らしたりするために登場してきたさまざまな記述と関連させて，モアの生涯の重要な諸テーマを再考したものである。その生涯と名声を考察するのはもちろん，「イメージ・メーカーたち」が彼の生前ないし死の直後にどのようにかかわっていたかをも明らかにした。

◇グリーンマン伝説　カサリン・バスフォード，阿伊染徳美著　社会評論社　2004.7　①4-7845-1442-2

◇物語　近代哲学史—クサヌスからガリレイまで　ルチャーノ・デ・クレシェンツォ著，谷口伊兵衛，ジョバンニ・ピアッザ訳　而立書房　2004.2　①4-88059-310-9

◇イギリス近代史を彩る人びと　松浦高嶺著　刀水書房　（人間科学叢書）　2002.3
①4-88708-269-X

◇イギリス・ルネサンスの女たち—華麗なる女の時代　石井美樹子著　中央公論社（中公新書）　1997.10　①4-12-101383-2

◇トマス・モア　田村秀夫著　研究社出版（イギリス思想叢書）　1996.12
①4-327-35211-X
＊『ユートピア』の著者として，またルターとの宗教論争を通して，あるいは政治家として，カトリックの殉教者として…ルネサンスと宗教改革という激動の時代を生き抜いたモアの多面性に迫る。

◇世界人物逸話大事典　朝倉治彦，三浦一郎編　角川書店　1996.6　①4-04-031900-1

孟子

＊歴史上の人物の生き生きとした人間像を伝えるエピソードを多数紹介する事典。日本人によく知られた人物1883人を見出しに掲載。
◇トマス・モア　A.ケニー著，渡辺淑子訳　教文館　（コンパクト評伝シリーズ）　1995.7　Ⓘ4-7642-1061-4
◇政治家の誕生—近代イギリスをつくった人々　塚田富治著　講談社　（講談社現代新書）　1994.6　Ⓘ4-06-149206-3
＊政治家とは何者なのか。近代的な意味での政治家がはじめて表舞台に登場した16世紀イングランド。この時代の3人の政治家の思想と行動を通し、「あるべき政治家像」を原点にもどり考察。
◇トマス・モアとヒューマニズム—16世紀イギリスの社会経済と思想　И.Н.オシノフスキー著，稲垣敏夫訳，亀山潔監訳　新評論　1990.4　Ⓘ4-7948-0053-3

孟子　もうし

前372頃～前289頃　前4・3世紀、中国、戦国時代の思想家。鄒（山東省）の人。名は孟軻、字は子車、子輿。性善説を主張。遺説が「孟子」7篇中に残る。

◇孟子　新装版　加賀栄治著　清水書院　（Century Books　人と思想）　2015.9　Ⓘ978-4-389-42037-6
◇世界人物逸話大事典　朝倉治彦，三浦一郎編　角川書店　1996.6　Ⓘ4-04-031900-1
＊歴史上の人物の生き生きとした人間像を伝えるエピソードを多数紹介する事典。日本人によく知られた人物1883人を見出しに掲載。
◇孟子　金谷治著　岩波書店　（岩波新書）　1994.2　Ⓘ4-00-413045-X
＊古来、孟子は孔子の思想をつぐ賢人として知られている。本書は、在来の孟子解釈にこだわらず、戦国時代に生きた彼の姿を描きながら、「王道の道は民を保ずることにあり」という論旨をはじめとして、その思想のすべてを新たな観点からわかりやすく紹介する。人道主義者としての孟子の全貌を達意な筆で綴った労作である。

毛沢東　もうたくとう

1893～1976　19・20世紀、中国の政治家。中華人民共和国初代国家主席。1921年中国共産党創立に参加。国民党政府との内戦を経て、1949年中華人民共和国を建国。1958年に大躍進政策、1966年から文化大革命を進めた。

◇毛沢東、周恩来と溥儀　王慶祥著，松田徹訳　科学出版社東京　2017.11　Ⓘ978-4-907051-21-1
◇96人の人物で知る中国の歴史　ヴィクター・H・メア，サンピン・チェン，フランシス・ウッド著，大間知知子訳　原書房　2017.3　Ⓘ978-4-562-05376-6
◇独裁者たちの最期の日々　上　ディアンヌ・デュクレ，エマニュエル・エシュト編者，清水珠代訳　原書房　2017.3　Ⓘ978-4-562-05377-3
◇赤い星は如何にして昇ったか—知られざる毛沢東の初期イメージ　石川禎浩著　臨川書店　（京大人文研東方学叢書）　2016.11　Ⓘ978-4-653-04372-0
◇毛沢東　新装版　宇野重昭著　清水書院　（Century Books　人と思想）　2016.8　Ⓘ978-4-389-42033-8
◇真説 毛沢東—誰も知らなかった実像　上　ユン・チアン，ジョン・ハリデイ著，土屋京子訳　講談社　（講談社＋α文庫）　2016.6　Ⓘ978-4-06-281658-8
◇真説 毛沢東—誰も知らなかった実像　下　ユン・チアン，ジョン・ハリデイ著，土屋京子訳　講談社　（講談社＋α文庫）　2016.6　Ⓘ978-4-06-281660-1
◇毛沢東虚妄の言葉101　黄文雄監修　宝島社　2016.6　Ⓘ978-4-8002-5550-1
◇毛沢東—中国を建国した"20世紀の巨人"　洋泉社　（洋泉社MOOK　ビジュアル伝記）　2016.5　Ⓘ978-4-8003-0908-2
◇独裁者の子どもたち—スターリン、毛沢東からムバーラクまで　ジャン＝クリストフ・ブリザール，クロード・ケテル著，清水珠代訳　原書房　2016.1　Ⓘ978-4-562-05275-2

◇毛沢東―日本軍と共謀した男　遠藤誉著　新潮社　（新潮新書）　2015.11
①978-4-10-610642-2

◇毛沢東と中国―ある知識人による中華人民共和国史　上　銭理群著，阿部幹雄，鈴木将久，羽根次郎，丸川哲史訳　青土社　2012.12　①978-4-7917-6685-7
＊建国から、文化大革命にいたるまで。中華人民共和国の数多の重大事件を乗り越え、毛沢東と同時代を生き抜いた人間が、その口を開くとき、はじめて本当の歴史が語られる―。一九四九年の建国から、建国初期の混乱、大躍進、そして文革へと突きすすむまでの歴史を、生き証人として語る一大叙事詩。第一回パジュ・ブック・アワード受賞。

◇毛沢東と中国―ある知識人による中華人民共和国史　下　銭理群著，阿部幹雄，鈴木将久，羽根次郎，丸川哲史訳　青土社　2012.12　①978-4-7917-6686-4
＊文化大革命の嵐が吹き荒れるなか、権力闘争の陰で毛沢東思想を超えるべく思考し続けた青年たちがいた。そして時代は、「改革開放」のポスト毛沢東の時代へと進んでいく。世界第二位の強国へと登りつめた現代中国を真摯に見つめ、その問題と未来を展望する。第一回パジュ・ブック・アワード受賞作。

◇毛沢東大躍進秘録　楊継縄著，伊藤正，田口佐紀子，多田麻美訳　文芸春秋　2012.3
①978-4-16-374860-3

◇毛沢東 最後の革命　下　ロデリック・マクファーカー，マイケル・シェーンハルス著，朝倉和子訳　青灯社　2010.12
①978-4-86228-046-6

◇毛沢東 最後の革命　上　ロデリック・マクファーカー，マイケル・シェーンハルス著，朝倉和子訳　青灯社　2010.11
①978-4-86228-045-9
＊同僚たちは毛沢東の標的が上層の「走資派」であることに気づいたにちがいない。ではそれは誰なのか？ 毛はどうやって彼らを除去しようというのか？ 毛は老練なゲリラ戦士だから、めったに手の内を明かさない。しかし、まもなく毛は党の浄化のために秘密作戦を開始した（序章より）。

◇毛沢東―ある人生　上　フィリップ・ショート著，山形浩生，守岡桜訳　白水社　2010.7　①978-4-560-08081-8
＊誕生から共産党創立、長征まで、成長と変化を丹念にたどり、思想の変遷、世界情勢の中にも位置づけて描く。新資料と綿密な取材を基に、偏見や扇情を排し、二十世紀の巨人の実像に迫る。

◇毛沢東―ある人生　下　フィリップ・ショート著，山形浩生，守岡桜訳　白水社　2010.7　①978-4-560-08082-5
＊抗日から文化大革命、死後まで、成長と変化を丹念にたどり、思想の変遷、世界情勢の中にも位置づけて描く。新資料と綿密な取材を基に、偏見や扇情を排し、二十世紀の巨人の実像に迫る。

◇毛沢東その光と影　岩間一雄著　未来社　2007.2　①978-4-624-11194-6
＊毛沢東についての公式見解、「前半は功績があり後半は誤りがある」は、はたして妥当なのだろうか？ 毛の「功績」と「誤り」とのあいだの思想史的な連関を解明し、内在的理解を試みる。

◇マオ―誰も知らなかった毛沢東　上　ユン・チアン，ジョン・ハリデイ著，土屋京子訳　講談社　2005.11
①4-06-206846-X

◇マオ―誰も知らなかった毛沢東　下　ユン・チアン，ジョン・ハリデイ著，土屋京子訳　講談社　2005.11
①4-06-213201-X

◇毛沢東―実践と思想　近藤邦康著　岩波書店　2003.7　①4-00-025290-9
＊戦争と革命と冷戦に彩られた現代史を生き抜いた毛沢東。彼の全生涯に渉る革命と建設を貫く思想の核心は何か？ 内なる束縛を突破して身体と精神を最高に発展させる格闘を経て、帝国主義の侵略に抵抗し、国家独立と人民革命を結合した毛沢東の思想の一貫性を究明し、「救亡」と「民主」の課題を背負った中国近代思想史の中に位置づける。人民という主体を構築し、統一戦線・武装闘争・党建設という方法を用いて革命をなしとげ、建国の後、改造・建設を進め

毛沢東

て、軍事・外交・内政・経済・文化の各分野で、中国は新たな課題に直面した。文化大革命に至る険しい道の途上で、現代中国が達成した成果と刻まれた深い傷痕とは？ 毛沢東が成した具体的諸事業に即して、思想の一貫と変化と残された疑問を内在的に解明していく。

◇毛沢東 ジョナサン・スペンス著, 小泉朝子訳 岩波書店 （ペンギン評伝双書） 2002.12 ①4-00-026766-3

◇わが父、毛沢東 李敏著, 多田敏宏訳 近代文芸社 2001.11 ①4-7733-6969-8
＊娘による初の毛沢東伝。それは矛盾の中で子を慈しみ、妻を愛し、孤独な晩年を過ごした一人の老人の姿だった。

◇毛沢東秘録 上 産経新聞「毛沢東秘録」取材班著 産経新聞ニュースサービス （扶桑社文庫） 2001.3 ①4-594-03100-5

◇毛沢東秘録 中 産経新聞「毛沢東秘録」取材班著 産経新聞ニュースサービス （扶桑社文庫） 2001.3 ①4-594-03101-3

◇毛沢東秘録 下 産経新聞「毛沢東秘録」取材班著 産経新聞ニュースサービス （扶桑社文庫） 2001.3 ①4-594-03102-1

◇中国はどこへ行くのか―毛沢東初期詞文集 毛沢東著, 竹内実編訳 岩波書店 （岩波現代文庫） 2000.10 ①4-00-600028-6

◇毛沢東伝 下 1893-1949 金冲及主編, 村田忠禧, 黄幸監訳 みすず書房 2000.7 ①4-622-03807-2
＊第二次国共合作から、内戦、そして中華人民共和国の成立まで。未公開資料を駆使して、現代中国の歴史を創っていく毛沢東の人間像を生き生きと描く。20世紀中国の叙事詩ともいうべき伝記完結。

◇毛沢東最後の女 京夫子著, 船山秀夫編訳 中央公論新社 （中公文庫） 1999.11 ①4-12-203538-4
＊毛沢東が波瀾に満ちた生涯で、「同志関係」を越えた女性の数は"長江の鮒の数より多かった"とされる。しかし権力闘争の総仕上げともいうべき晩年、ぴったりと彼につき添っていたのはたった一人の無名の女だった。毛沢東の女性関係にとどまらず、中華人民共和国成立後か

彼が死去し、四人組が逮捕されるまでの党中央のすさまじい闘争を活写する。

◇毛沢東伝―1893-1949 上 村田忠禧, 黄幸監訳, 金冲及主編 みすず書房 1999.11 ①4-622-03806-4
＊毛沢東はどうして毛沢東になりえたのか？ その非凡な生涯の物語は、20世紀中国の激動の歴史そのものである。誕生から中華人民共和国成立まで、未公開資料を縦横に駆使して描かれた決定版伝記。

◇初期毛沢東研究 中屋敷宏著 蒼蒼社 1998.10 ①4-88360-007-6

◇毛沢東に魅せられたアメリカ人 下 S.リッテンバーグ著, A.ベネット著, 金連縁訳 筑摩書房 1997.9 ①4-480-85753-2
＊私は氷室に入れられた！ 三十五年の歳月を革命中国と共に歩んだアメリカ人の稀有な証言。

◇「毛沢東の私生活」の真相―元秘書、医師、看護婦の証言 林克ほか著, 村田忠禧訳・解説 蒼蒼社 1997.8 ①4-88360-000-9

◇人民の大地―新釈毛沢東の生涯 玖村芳男著 露満堂 1997.7 ①4-7952-1041-1
＊これが人間毛沢東の神髄だ！ 生涯を通して中国と深く関わってきた著者が、多年にわたり収集した膨大な資料をもとに、人民の悠久の大地が生み出した20世紀の巨人の生涯を描き出す。この一冊で波瀾に満ちた中国現代史をも通覧でき、昨今の"私生活もの"に会心の痛打をあびせる好著。

◇蒋介石と毛沢東―世界戦争のなかの革命 野村浩一著 岩波書店 （現代アジアの肖像） 1997.4 ①4-00-004397-8

◇毛沢東の私生活 上 李志綏著, 新庄哲夫訳 文芸春秋 （文春文庫） 1996.12 ①4-16-730970-X
＊「もし私が殺されてもこの本は生きつづける」の言語を残し、著者は本書が発売された3カ月後、シカゴの自宅浴室で遺体となって発見された。また北京政府は「事実無根の書」として、事実上禁扱いにした。が、地下では密かに熱心に読まれている、と言われている。

現代中国史はこの本の刊行で、見直されなければならないだろう。

◇毛沢東の私生活　下　李志綏著, 新庄哲夫訳　文芸春秋　（文春文庫）　1996.12
①4-16-730971-8
＊本書では毛沢東の、「一千万人や二千万人の死者など物の数ではない」とか「国内には三千万人の"人民の敵"がおり、中国は人口が多いから、少しくらいいなくなっても余裕たっぷりだ」といった人間軽視の発言が記録されています。

◇毛沢東最後の女　京夫子著, 船山秀夫編訳　中央公論社　1996.12　①4-12-002651-5
＊匿名の中国人ジャーナリストが明らかにする毛沢東晩年の真実！　毛沢東が波乱に満ちた生涯のあいだ、"同志関係"を越えた女性の数は"長江の鮒の数より多かった"とされる。しかし、権力闘争の総仕上げともいうべき晩年、ぴったりと彼につき添っていたのはたった一人の無名の女だった…。本書は毛沢東の女性関係にとどまらず、中華人民共和国成立後から毛沢東が死去し、四人組が逮捕されるまでの中国上層部のすさまじい闘争を赤裸々に記述したものである。

◇毛沢東とその時代　NHK取材班著　恒文社　1996.9　①4-7704-0885-4
＊社会主義市場経済を掲げ、毛沢東の生きた時代とは違う道を歩んでいるかに見える現代中国にとって、毛沢東とはいったいどんな存在なのか。中ソ両国の新資料、毛沢東と関わりを持った人物の証言をもとに、毛沢東の実像と今世紀中国の歩みを振り返る。

◇毛沢東の読書生活─秘書がみた思想の源泉　逢先知著, 竹内実, 浅野純一訳　サイマル出版会　1995.2　①4-377-31030-5
＊中国文化そのものである毛沢東の読書生活。毛沢東に信頼され、耳となり目となって、政治、政策立案に参画したブレーン田家英。そして、毛沢東政治の深層にある、中国の古典の世界。この、三者の結びつきと、「毛沢東思想」の内側を描く。

◇毛沢東側近回想録　師哲, 李海文著, 劉俊南, 横沢泰夫訳　新潮社　1995.1
①4-10-530101-2
＊側近にしか語りえない中国現代史の舞台裏。毛沢東、周恩来、劉少奇らの筆頭政治秘書として、毛沢東・スターリン会談や朝鮮戦争勃発前後の周恩来・スターリン会談等、数々の重要会談に出席した著者が、現代中国の原点を臨場感豊かに浮き彫りにする。

◇毛沢東の私生活　上　李志綏著, 新庄哲夫訳　文芸春秋　1994.11　①4-16-349420-0
＊私は見た。夜ごとの狂宴、その"皇帝"ぶり。22年間身辺をはなれず、眠れぬときの話し相手もつとめた主治医のみが語りうる裸の毛沢東。

◇毛沢東の私生活　下　李斯綏著, 新庄哲夫訳　文芸春秋　1994.11　①4-16-349430-8
＊文革は江青のヒステリー封じだった。密告・中傷・保身の渦巻く"現代の宮廷"で、独裁者の体調と気分で決められた革命の現代史は、まるでコメディだ。

◇エロスの文化史　追手門学院大学東洋文化研究会編　勁草書房　1994.5
①4-326-65157-1
＊東西の文化や時代の流れから、エロスの織りなす「心の発現」のありさまを、多様な視点から探り、「性」＝「生」から生まれる豊かなエロスの文化を浮き彫りにする。

◇毛沢東の人間像─虎気質と猿気質の矛盾　林克, 凌星光著, 凌星光訳　サイマル出版会　1994.3　①4-377-31000-3
＊12年間、国際秘書兼英語教師として仕えた側近と、改革派経済学者が、リアリズムとロマンチシズムが矛盾葛藤する毛沢東の実像を浮き彫りにする。

◇毛沢東の秘められた講話　下　ロデリック・マックファーカー, ティモシー・チーク, ユージン・ウー編, 徳田教之, 小山三郎, 鐙屋一訳　岩波書店　1993.2
①4-00-002289-X
＊中国独自の社会主義とはいかなるものか共産主義的ユートピアをどのようにして実現するか。毛沢東、国家建設のプランを語る。人民公社設立と鉄鋼増産をよびかける毛の発言を収録。

◇毛沢東の秘められた講話　上　ロデリッ

モーセ

ク・マックファーカー, ティモシー・チーク, ユージン・ウー著, 徳田教之, 小山三郎, 鐙屋一訳　岩波書店　1992.9
①4-00-002288-1
＊1957年2月、毛沢東は「人民内部の矛盾を正しく処理する問題について」と題する講話で、人々に共産党批判をも含む百花斉放・百家争鳴を呼びかけた。だが、噴出した党批判は毛の予想をはるかに超えた。6月から一転して反右派闘争が開始され、処刑、投獄など厳しい処分を受けいれた人々は数十万にも上った。上巻では「内部矛盾」の講話のオリジナル版を始め、百花斉放期の毛沢東の未公開発言を紹介し、彼の理想とした寛大な共産主義とはいかなるものだったかを明らかにする。

◇天才たちの死―死因が語る偉人の運命　ハンス・バンクル著, 関田淳子, 後藤久子, 柳沢ゆりえ, 杉村園子共訳　新書館　1992.8　①4-403-24037-2
＊難聴だけでなく、消化不良にも悩まされていたベートーヴェン、高血圧で不眠症だったレーニン、ヘビースモーカーのフロイト、幼いころから病弱だったケネディ。心身の病と闘う歴史上の人物たちの姿に病理学者の視点から光をあて、彼らの隠された素顔を浮かびあがらせる。

◇毛沢東・謎の十二日間―文化大革命発動の真相　金振林著, 松本英紀, 李潔訳, 竹内実監訳　悠思社　1992.7
①4-946424-32-6
＊歴史の重大な局面で毛沢東は突如姿を消した。どこでなにをしていたのか。その内幕を大胆に描いた本書は、毛沢東の人と思想、歴史的背景に肉迫する。

◇男の肖像　塩野七生著　文芸春秋　(文春文庫)　1992.6　①4-16-733702-9
＊人間の顔は、時代を象徴する―。幸運と器量にめぐまれて、世界を揺るがせた歴史上の大人物たち、ペリクレス、アレクサンダー大王、カエサル、北条時宗、織田信長、西郷隆盛、ナポレオン、フランツ・ヨゼフ一世、毛沢東、チャーチルなどを、辛辣に優雅に描き、真のリーダーシップとは何かを問う。豪華カラー版。

◇毛沢東と周恩来　矢吹晋著　講談社　(講談社現代新書)　1991.10
①4-06-149070-2
＊厳格なる父・毛沢東、寛容なる母・周恩来。最新の資料から、田舎っぺ皇帝と気配り宰相の素顔に迫り、2つの巨星が作りあげた中国の社会主義を検証。『天安門』以後を占う。

◇人間毛沢東―最後の護衛長・李銀橋は語る　権延赤著, 田口佐紀子訳　徳間書店　1990.2　①4-19-554151-4
＊頑固で気まぐれ、時にはカンシャクを起こし雷のようにほえ、芝居に引きこまれ声を出して泣く…。初めて明かされたその素顔。

モーセ　Moses
前1350頃～前1250頃　前14・13世紀頃、イスラエルの立法者、預言者。同胞救出のため脱出に成功。律法授与（十戒）、大放浪を経て、カナンの地を目前に没した。

◇世界史をつくった最強の300人　小前亮著　光文社　（光文社知恵の森文庫）　2018.10
①978-4-334-78752-3

◇エジプト人モーセ―ある記憶痕跡の解読　ヤン・アスマン著, 安川晴基訳　藤原書店　2017.1　①978-4-86578-104-5

◇図説世界史を変えた50の指導者（リーダー）　チャールズ・フィリップス著, 月谷真紀訳　原書房　2016.2
①978-4-562-05250-9

◇書き替えられた聖書―新しいモーセ像を求めて　秦剛平著　京都大学学術出版会　（学術選書）　2010.11
①978-4-87698-850-1
＊旧約聖書のモーセは、イスラエルの民を引き連れエジプトから脱出する出エジプト、神より授かった"汝殺すなかれ"等の戒律を含む十戒などの話で名高いが、物語はモーセによる大量虐殺などの事件を含み、矛盾に満ちあふれる。ヨセフスによる再話は、巧妙に改変して聖書とは異なった歴史物語にしている。ユダヤ教・キリスト教研究の世界的権威が、聖書がどのように理解され読まれたかを、軽妙な語り口で紹介する。

◇世界をつくった八大聖人——人類の教師たちのメッセージ　一条真也著　PHP研究所　（PHP新書）　2008.4
　①978-4-569-69939-4

◇モーセ——歴史と伝説　E.オットー著,山我哲雄訳　教文館　2007.9
　①978-4-7642-6667-4

◇モーセの生涯　トーマス・レーメル著,矢島文夫監修,遠藤ゆかり訳　創元社　（「知の再発見」双書）　2003.7
　①4-422-21168-4

◇小説「モーセ」——「エジプトの王子」から「創設の預言者」へ　ジェラルド・メサディエ著,広津倫子訳　徳間書店　1999.5
　①4-19-861014-2

◇モーセと一神教　新訳　ジークムント・フロイト著,渡辺哲夫訳・解題　日本エディタースクール出版部　1998.12
　①4-88888-285-1
　＊最晩年のフロイトが心の根柢に見出した「生命と歴史」の巨大な謎。それは,自らが構築した精神分析理論の土台をさえ揺るがしかねないものだった。苦闘するフロイトの真意とは何か。

◇モーセ　浅野順一著　岩波書店　（岩波新書評伝選）　1994.7　①4-00-003856-7

◇古代文明不思議発見　金子史朗著　原書房　1993.12　①4-562-02488-7
　＊地球学者が,古代文明の謎解きに挑む。

◇巨人モーゼ　第4巻　十戒　堀田和成著　法輪出版　1990.6　①4-938418-29-0

◇巨人モーゼ　第3巻　出エジプト　堀田和成著　法輪出版　1990.1
　①4-938418-28-2

モーツァルト
Mozart, Wolfgang Amadeus
1756〜1791　18世紀、オーストリアの作曲家。ウィーン古典派音楽の代表的作家。ザルツブルクに生まれ、ウィーンで活躍。35年の生涯に600曲以上の作品を残した。

◇モーツァルトの人生——天才の自筆楽譜と手紙　ジル・カンタグレル著,博多かおる訳　西村書店東京出版編集部　2017.4
　①978-4-89013-768-8

◇コンスタンツェ・モーツァルト——「悪妻」伝説の虚実　小宮正安著　講談社　（講談社選書メチエ）　2017.3
　①978-4-06-258647-4

◇音楽と病——病歴にみる大作曲家の姿　改装版　ジョン・オシエー著,菅野弘久訳　法政大学出版局　2017.1
　①978-4-588-41037-6

◇モーツァルト——神に愛された天才音楽家　久保田慶一監修,朝吹まり漫画,和田奈津子シナリオ　集英社　（集英社版・学習まんが世界の伝記NEXT）　2016.7
　①978-4-08-240071-2
　＊小さいころから神童とよばれ、ヨーロッパじゅうを演奏旅行したモーツァルト。35年の短い生涯のなかで作られた600曲以上の音楽はいまでも多くの人に愛されています。

◇モーツァルト——作曲家の物語　ひのまどか著　新潮社　（新潮文庫）　2016.1
　①978-4-10-120266-2

◇モーツァルト最後の四年——栄光への門出　クリストフ・ヴォルフ著,礒山雅訳　春秋社　2015.12　①978-4-393-93200-1

◇モーツァルトと女性たち——家族、友人、音楽　ジェイン・グラヴァー著,中矢一義監修,立石光子訳　白水社　2015.11
　①978-4-560-08473-1

◇モーツァルト——カラー版作曲家の生涯　田辺秀樹著　新潮社　（新潮文庫）　2015.3　①978-4-10-137401-7
　＊ひとたびモーツァルトの音楽の美しさにとりつかれると、二度とその魅力からのがれることはできない。限りないやさしさと慰めに満ちたモーツァルトの音楽こそは、神が人間に与えた贈り物である。——多数の貴重な写真を駆使して、稀有の天才35年の生涯をたどったオリジナル・カラー文庫。年譜、作品表、および第一線の音楽家によるモーツァルトへのオマージュ12編を付す。

◇愛と裏切りの作曲家たち　中野京子著　光文社　（光文社知恵の森文庫）　2015.3

モーツァルト

① 978-4-334-78669-4

◇モーツァルト その音楽と生涯―名曲のたのしみ、吉田秀和 第5巻 吉田秀和著, 西川彰一校訂, 安田和信監修協力 学研パブリッシング 2015.2
① 978-4-05-800276-6

◇モーツァルト 礒山雅著 筑摩書房 （ちくま学芸文庫） 2014.6
① 978-4-480-09577-0
＊驚異の神童として名を轟かせながら、貧困のうちに不遇の晩年を送った天才作曲家―世に広く根付いているモーツァルトの姿は、誇張されたフィクションだった！ 新たな視点から資料を読み直すことにより、作品がその生涯と手をたずさえ、ますます美しい輝きを獲得してゆく。才能を誇りとも重荷ともしながら、史上初のフリー音楽家として各ジャンルに革新をもたらした青年音楽家が、苦闘の末、野心から解き放たれて満ち足りた調べを奏でるまで。知られざる真の姿をあざやかに描く。厳選15の名曲・名盤紹介つきのモーツァルト入門決定版。

◇モーツァルト その音楽と生涯 第1巻 吉田秀和著 学研パブリッシング, 学研マーケティング〔発売〕 （名曲のたのしみ、吉田秀和） 2014.6 ① 978-4-05-800272-8
＊吉田秀和がこよなく愛した作曲家、モーツァルト。7年にわたってリスナーに語りかけ、日本のモーツァルト・ファンを育てた一時代の記録。

◇すぐわかる！ 4コマピアノ音楽史―ピアノの誕生～古典派編 小倉貴久子監修, 工藤啓子著, 駿高泰子4コマ漫画 ヤマハミュージックメディア 2014.3
① 978-4-636-90093-4
＊ピアノの歴史が楽しくわかる！ 演奏力にも磨きがかかる！ モーツァルトやベートーヴェンはどんなピアノを使っていたのか…？ "作曲家" と "ピアノ" と "音楽史" が一気につながる!!

◇偉人は死ぬのも楽じゃない ジョージア・ブラッグ著, 梶山あゆみ訳 河出書房新社 2014.3 ① 978-4-309-25298-8
＊ベートーヴェンは、体液を抜かれ、蒸し風呂に入れられて死んでいった!?ツタンカーメンからアインシュタインまで、医学が未発達な時代に、世界の偉人たちはどんな最期を遂げたのか？ 驚きいっぱいの異色偉人伝！

◇モーツァルト―ある天才の社会学 新装版 ノルベルト・エリアス著, 青木隆嘉訳 法政大学出版局 （叢書・ウニベルシタス） 2014.2 ① 978-4-588-09981-6

◇R40のクラシック―作曲家はアラフォー時代をどう生き、どんな名曲を残したか 飯尾洋一著 広済堂出版 （広済堂新書） 2013.12 ① 978-4-331-51784-0

◇ギャンブラー・モーツァルト―「遊びの世紀」に生きた天才 ギュンター・バウアー著, 吉田耕太郎, 小石かつら共訳 春秋社 2013.7 ① 978-4-393-93186-8
＊貴族・市民問わず家庭や社交の場で多彩な享楽文化が花開いた18世紀。モーツァルトも一家・友人あげて流行の遊びに熱中した。その賑わい、情熱、笑い声が、モーツァルトの音楽に投影されている。モーツァルトは稼いだ金を遊びやギャンブルで蕩尽してしまったのか？ その謎も含め、豊穣なる遊び文化の中に、天才の真の姿を探る。

◇芸術・科学の遺産の継承―モーツァルト、ベートーヴェン、ファント・ホッフ、エミール・フィッシャー 田幸正邦著 東京図書出版, リフレ出版〔発売〕 2013.6
① 978-4-86223-659-3

◇青島広志のモーツァルトに会いたくて 新版 青島広志著 学研パブリッシング 2013.3 ① 978-4-05-800050-2
＊モーツァルトの代表曲21曲の聴きどころを収録（各曲3分前後）。青島流モーツァルトの楽しみ方。

◇モーツァルト―時代の寵児への旅 松田至弘文・写真 冬至書房 2013.1
① 978-4-88582-187-5
＊天才作曲家の生涯・生きた時代・音楽・肖像の総合的研究。Amadeus（神に愛されし者）の実像を追った著者渾身の話題作。

◇知識ゼロからの世界の10大作曲家入門

吉松隆著　幻冬舎　2012.4
ⓘ978-4-344-90247-3

◇ハプスブルク恋の物語―七〇〇年王朝に秘められた不倫・政略・愛憎の歴史　新人物往来社編　新人物往来社　（ビジュアル選書）　2012.3　ⓘ978-4-404-04163-0

◇モーツァルトの虚実―その生と死　海老沢敏著　ぺりかん社　2011.11
ⓘ978-4-8315-1308-3
＊天才か、遊び人か、はたまたギャンブラーか。その死は、病死なのか他殺なのか。モーツァルトとは何だったのか。社会史の視点をとり入れて描く、生活者としてのモーツァルト像。

◇クラシック・ゴシップ！―いい男。ダメな男。歴史を作った作曲家の素顔　上原章江著　ヤマハミュージックメディア　2011.9　ⓘ978-4-636-87006-0

◇撲殺されたモーツァルト―1791年の死因の真相　ジョルジョ・タボガ著, 谷口伊兵衛, G.ピアッザ訳　而立書房　2011.2
ⓘ978-4-88059-358-6

◇モーツァルト　カール・バルト著, 小塩節訳　新教出版社　2011.1
ⓘ978-4-400-62337-3

◇モーツァルトとベートーヴェン　中川右介著　青春出版社　（青春新書 インテリジェンス）　2010.12
ⓘ978-4-413-04298-7

◇モーツァルトの食卓　関田淳子著　朝日新聞出版　（朝日選書）　2010.12
ⓘ978-4-02-259973-5
＊いまもなお、世界中の人々を魅了してやまないヴォルフガング・アマデウス・モーツァルト。この天才音楽家は生涯のおよそ三分の一を旅に明け暮れた。6歳でのミュンヘンへの旅を皮切りに、郵便馬車に揺られヨーロッパを縦横に駆け巡った演奏旅行は、貴族や聖職者たちの食を観察し、各地の料理やレストラン、カフェを楽しむ旅でもあった。旅先で空腹を満たした街道沿いの惣菜屋の安い料理や修道院の精進スープ。一方、貴族の贅沢な食卓やハプスブルク家の最高級宮廷料理にも接する。

◇比類なきモーツァルト　ジャン＝ヴィクトル・オカール著, 武藤剛史訳　白水社　（白水Uブックス）　2010.8
ⓘ978-4-560-72118-6
＊モーツァルトの作曲法は時代を超越していたわけではなかったが、その音楽は同時代のどの作曲家とも異なっていた。では、モーツァルトの音楽の何が、彼をユニークな存在にしたのだろうか？　モーツァルトを愛する者の誰しもが抱くはずの問いについて考える一冊。

◇やさしく読める作曲家の物語―モーツァルト、ベートーヴェン、ショパン、ドビュッシー　栗原千種文, 小倉正巳絵　ヤマハミュージックメディア　2010.6
ⓘ978-4-636-85597-5

◇一冊でわかるモーツァルト―CDで聴く　後藤真理子監修　成美堂出版　2010.6
ⓘ978-4-415-30791-6
＊おすすめの20曲を音で楽しむ。両親と姉、妻と子供たち、師匠と弟子、同時代の君主たち、恋人たち…。時代と作品を読み解く。

◇小林秀雄全集　補巻2　註解・追補　小林秀雄, 新潮社著　新潮社　2010.6
ⓘ978-4-10-643538-6

◇大作曲家たちの履歴書　上　三枝成彰著　中央公論新社　（中公文庫）　2009.12
ⓘ978-4-12-205240-6

◇ドラマティック・モーツァルト―天才の人脈術　石井清司著　ヤマハミュージックメディア　2009.10　ⓘ978-4-636-84800-7
＊作品を書き続けるために反権力と自由の希求を貫いた早すぎたフリーライター像。

◇モーツァルトとベートーヴェン その音楽と病―慢性腎臓病と肝臓病　小林修三著　医薬ジャーナル社　2009.1
ⓘ978-4-7532-2349-7
＊医学と芸術を同じ土俵のものとして、音楽家と音楽を診察する心温まるエッセー。内科医ならではの視点で、豊富な資料をもとに音楽と病、死因を推理。モーツァルトとベートーヴェン、二人の音楽の魅力と病気の関係、近世ヨーロッパの医療事情までわかる、知的冒

険の書。人の気持ちに寄り添える医療を、人の気持ちを汲んだ演奏を一。医学と芸術の共通点を、身をもって感じている著者ならではの書。

◇モーツァルト＝翼を得た時間　礒山雅著　講談社　（講談社学術文庫）　2008.10
①978-4-06-159898-0
＊「時間を追い越し、時間が追いつけないほど足早に走って、高く飛翔してゆく」モーツァルトの本質とは何か。『フィガロの結婚』の革新性、「愛の讃歌」としての『コシ・ファン・トゥッテ』、「協奏曲」の冒険、『魔笛』『レクイエム』における「死と救済」…その「音楽美」をさまざまな角度から探り、モーツァルト演奏の愉しみ方を考える、贅沢な音楽論。

◇巨匠たちのラストコンサート　中川右介著　文芸春秋　（文春新書）　2008.5
①978-4-16-660636-8

◇切手が伝えるモーツァルト その生涯と旅　大沼幸雄著　彩流社　（切手で知ろうシリーズ）　2008.5　①978-4-7791-1343-7
＊モーツァルト（1756－1791）の生涯と、その「旅」にスポットライトを当てつつ描く。才能を存分に発揮し、短命を予知したかのごとく人生を駆け抜けた天才作曲家へのオマージュ。

◇音楽と病―病歴にみる大作曲家の姿　新装版　ジョン・オシエー著, 菅野弘久訳　法政大学出版局　2007.11
①978-4-588-41021-5

◇音楽家カップルおもしろ雑学事典―ひと組5分で読める　萩谷由喜子著　ヤマハミュージックメディア　2007.6
①978-4-636-81855-0

◇モーツァルトの手紙　高橋英郎著　小学館　2007.1　①4-09-387636-3
＊モーツァルトの手紙を読み解く、高橋英郎の大作完成。旅と手紙の関係を解き明かす図版・地図を多数集録、詳しい人物註付き。

◇モーツァルトとダ・ポンテ―ある出会いの記録　リヒャルト・ブレチャッハー著, 小岡礼子訳, 小岡明裕補訳　アルファベータ　2006.12　①4-87198-545-8

＊『フィガロの結婚』『ドン・ジョヴァンニ』『コジ・ファン・トゥッテ』―モーツァルトとダ・ポンテによるこれら三作品は、ヨーロッパ音楽劇の不朽の名作である。啓蒙主義の時代、芸術を理解するひとりの皇帝が現われ、その庇護のもとに二人の異質な芸術家による共同作品が成立した。本書は、この二人の出会いから、さまざまな抵抗と妨害にあいながらも作品が完成し上演されるまでの過程を描くとともに、作品そのものを論じる。さらに、十八世紀ウィーンのイタリア・オペラ界の人物事典も収録。著者はモーツァルトのオペラに造詣が深く、集積された歴史的資料に基づきつつ、自由潤達に論じていく。

◇神秘のモーツァルト　フィリップ・ソレルス著, 堀江敏幸訳　集英社　2006.12
①4-08-773439-0

◇フリーメイソンと大音楽家たち　吉田進著　国書刊行会　2006.11　①4-336-04811-8

◇モーツァルトの生涯　海老沢敏著　白水社　2006.9　①4-560-03666-7

◇図説モーツァルト―その生涯とミステリー　後藤真理子著　河出書房新社　（ふくろうの本）　2006.4　①4-309-76076-7
＊神童と呼ばれ、天才の名をほしいままにしたモーツァルト。時を超えて世界を魅了する不朽の名曲たちはいかにして生まれたのか？　伝説に満ちた生涯から読み解く「天上の音楽」の秘密。

◇モーツァルト　新装版　スタンダール著, 高橋英郎, 冨永明夫訳　東京創元社　（Music library）　2006.3
①4-488-00225-0
＊モーツァルト生誕250年。モーツァルトの不朽の名声を誰よりも早く予言したスタンダールによる、深い愛に満ちたモーツァルト伝。ファン必読の名著・新装版。巻末に年譜・作品リストを付す。

◇モーツァルト百科全書―名曲と人生を旅する　福島章恭著　毎日新聞社　2006.3
①4-620-31756-X
＊天才モーツァルトを味わいつくす。人生の哀しみを珠玉の名曲に結晶させたモーツァルト。その35年にわたる破天

荒な生涯をたどりながら、折々に産み落された名曲を選りすぐりのCDで堪能する。…これ以上ない至福のひとときを。

◇モーツァルト天才の秘密　中野雄著　文芸春秋　（文春新書）　2006.1
①4-16-660487-2

◇神童モーツァルト　さいとうみのる文, 三国淳イラスト　汐文社　（世界の音楽家たち）　2006.1　①4-8113-8008-8

◇素顔のモーツァルト―ヴォルフガング・アマデウス・モーツァルトの奇想天外な世界　ドノヴァン・ビクスレー著, 清水玲奈訳　グラフィック社　2005.12
①4-7661-1622-4
＊神童、天才、変人、軽薄な人生を送って一文無しで死んだ男…。比類のない美しい音楽をこの世に生み出した作曲家、ヴォルフガング・アマデウス・モーツァルトをめぐる神話。その陰に、彼が生きた人生の事実は長い間埋もれてしまっている。モーツァルトという人間は忘れられ、伝説と驚異的な音楽の遺産だけが遺されているかのように。この本は、アーティストのドノヴァン・ビクスレーがモーツァルトに捧げる魅力的かつとても私的なオマージュである。ドノヴァンのモーツァルト像は、天才作曲家に対する見方を根本から変えてしまうだろう。モーツァルトの人と世界が、100点近いオリジナルのイラスト（50点以上はカラー）によって鮮やかにいきいきとよみがえり、モーツァルトの成功と絶望、笑いと涙を伝えてくれる。

◇モーツァルト　西川尚生著　音楽之友社　（作曲家 人と作品）　2005.10
①4-276-22174-9
＊「神童」ともてはやされた幼少期、旅から旅の前半生、そして借金まみれの後半生―西欧音楽史上に残る珠玉の名作を数々生んだ「ミューズの化身」の数奇な生涯に迫る真実の評伝。

◇クラシック 名曲を生んだ恋物語　西原稔著　講談社　（講談社プラスアルファ新書）　2005.9　①4-06-272337-9

◇自由人は楽しい―モーツァルトからケストナーまで　池内紀著　日本放送出版協会　（NHKライブラリー）　2005.1
①4-14-084191-5

◇天才に尽くした女たち　フリードリッヒ・ヴァイセンシュタイナー著, 山下丈訳　阪急コミュニケーションズ　2004.1
①4-484-04101-4

◇歴史をさわがせた女たち 外国篇　新装版　永井路子著　文芸春秋　（文春文庫）　2003.6　①4-16-720041-4

◇モーツァルト―その天才、手紙、妻、死　豊田泰著　文芸社　2002.11
①4-8355-4420-X
＊4つのテーマを設定、解き明かしていくなかで、その人間臭い生涯を見渡す。これは、「善悪を超えた意識下の力」に引きずられていく天才の芸術と実生活を、一人の医師が、膨大な文献を駆使しつつ解明した「診断書」である。

◇モーツァルトをめぐる人たち　石井清司著　ヤマハミュージックメディア　2002.10　①4-636-20808-0

◇モーツァルトとブルックナー　宇野功芳著　学習研究社　（宇野功芳著作選集）　2002.9　①4-05-401768-1
＊早春の夕方、うす暗い風月の店に射し込んでいた一条の光と、スピーカーが歌ったワルターの第40番、それは20代初めの最も強烈な体験であった。だからぼくは今でもこのレコードをあまり聴く気がしない。貴重な青春の思い出を、古ぼけた写真のように取出して幻滅を感じるのが怖いからである（本文より）。多くの音楽ファンを育てた名著、待望の復刻。

◇モーツァルト　ピーター・ゲイ著, 高橋百合子訳　岩波書店　（ペンギン評伝双書）　2002.6　①4-00-026761-2

◇モーツァルト366日　新訂版　高橋英郎著　白水社　2002.2　①4-560-03848-1
＊朝、仕事に取りかかる前に、夜、一日の休息に入る前に、モーツァルトを一曲だけ聴こう。そのひとときが、あなたを豊かにし、生きる喜びを与えてくれよう。ヴォルフガングのジョークもあれば、毒舌もある。著者の言葉を通して、その音楽言語と遊びながらたどる

モーツァルト

モーツァルト歳時記。一図版多数併載。巻末に著者の推す名演奏を付す。

◇モーツァルティアーナ―海老沢敏先生古希記念論文集　海老沢敏先生古希記念論文集編集委員会編　東京書籍　2001.11
①4-487-79733-0
＊モーツァルトを中心に据えながら、人間と音楽の豊かで多面的な関係を解明しつづけてきた海老沢敏先生へのオマージュ。第一線の海外モーツァルト研究家からの寄稿をはじめ、音楽と、その関連諸分野の書き下ろし論文を多数収録。21世紀の音楽研究の方向を見据えた、斬新な論文集。

◇モーツァルトはベートーヴェンと出会ったか―1787年・5月のうた　田上博子編著　緑鯨社　2001.8

◇モーツァルト書簡全集　6　ヴィーン時代後期　モーツァルト著,海老沢敏,髙橋英郎編訳　白水社　2001.6
①4-560-03756-6
＊第6巻は、モーツァルトのヴィーン時代の活動を扱っている。いわゆる中期ともいうべき1785年から、生涯を閉じる1791年にかけての計7年間にわたるものである。全巻総索引付。

◇モーツァルト最後の年　H.C.ロビンズ・ランドン著,海老沢敏訳　中央公論新社　2001.2　①4-12-003114-4
＊1791年―最晩年の約一年、モーツァルトはどこへ行き、何をしていたのか。12月5日に亡くなるまでの、判明するかぎりの事実を、証言と記録で克明に跡づける。

◇変貌するモーツァルト　海老沢敏著　岩波書店　（岩波現代文庫 文芸）　2001.1
①4-00-602026-0
＊国際的な研究者によるモーツァルト像の変遷史。小林秀雄の『モオツァルト』が日本人のモーツァルト観に及ぼした影響、ヒルデスハイマーの伝記や映画『アマデウス』の問題、自筆譜の大量発見、ホグウッドの交響曲集の意義などを論じて、七〇年代以降の新しい演奏様式の意味を問い、伝記研究の状況を概観する。さらに「モーツァルト歿後二百年」のエピソードを紹介して、彼と彼の音楽への多様な接近の手掛かりを提供する。

◇モーツァルトとルソー―魅せられた魂の響奏　続・私の新モーツァルト・クロニクル　海老沢敏著　音楽之友社　2000.12
①4-276-20144-6

◇モーツァルト巡礼　山崎響著　文芸社　2000.10　①4-8355-0664-2

◇Constanze―新潟モーツァルト愛好会5周年記念誌　新潟モーツァルト愛好会　2000.6

◇モーツァルト＝二つの顔　礒山雅著　講談社　（講談社選書メチエ）　2000.4
①4-06-258182-5
＊天真爛漫、無邪気な天才―。それはモーツァルト一流の「演技」だった。冷徹な計算、シニカルな人間描写、社会変革への情熱。最新の研究にもとづいて名曲の数々を聴き直し、その「魅力」と「毒」の根源に迫る。推薦CDガイド付き。

◇モーツァルト　メイナード・ソロモン著,石井宏訳　新書館　1999.7
①4-403-12006-7

◇吉田秀和全集　1　モーツァルト・ベートーヴェン　新装復刊　吉田秀和著　白水社　1999.6　①4-560-03821-X
＊モーツァルト、ベートーヴェンに関する諸論と両作曲家の演奏論を収める。

◇ハプスブルク家の悲劇　桐生操著　ベストセラーズ　（ワニ文庫）　1999.5
①4-584-39109-2
＊私たちはみな変死する―美貌の王妃エリザベートはそう嘆息したという。謎の心中を遂げた皇太子、失踪した大公、処刑された皇帝…かつてヨーロッパに栄華をきわめた王族の栄光と黄昏。美しく華やかな王宮を舞台に繰り広げられた怪死事件の真相とは。

◇疾走するモーツァルト　高橋英夫著　講談社　（講談社学術文庫）　1999.3
①4-06-159369-2
＊モーツァルトのかなしさは疾走する。涙は追いつけない。…小林秀雄を代表とする「日本人の耳がとらえたモーツァルト」の系譜を考察、その音楽の魅

モーツァルト

惑を深淵、微妙性、謎などのキーワードによって解明する。惜しみない愛着と創見に満ちたモーツァルト論。

◇新西洋音楽史　中　ドナルド・ジェイ・グラウト，クロード・V.パリスカ著，戸口幸策，津上英輔，寺西基之共訳　音楽之友社　1998.11　Ⓘ4-276-11213-3
＊本書は、初期バロック時代の音楽からルートヴィヒ・ヴァン・ベートーヴェンまでを収録している。

◇二十世紀の巨匠たち　浅岡弘和著　芸術現代社　1998.10　Ⓘ4-87463-146-0
＊再び巨匠の時代は来るか。我が愛する巨匠たちへのレクイエム。来たるべき二十一世紀に、蘇れ伝説の巨匠たちよ！　本邦初公開！　フルトヴェングラー、クナッパーツブッシュの旧ソ連盤初期レーベル。

◇モーツァルトのクラヴィーア音楽探訪―天才と同時代人たち　久元祐子著　音楽之友社　1998.9　Ⓘ4-276-20140-3
＊演奏で「園田高弘賞」、著作で「毎日21世紀賞」「名古屋文化振興賞」を受賞した気鋭の知性派ピアニストが、演奏を通じての実感と鋭い洞察力で描くモーツァルトのピアノ音楽の世界。鍵盤音楽の革命の時代に生きたこの天才のクラヴィーア音楽を、同時代人たちの作品との比較を通じて、時代の体温のなかで生き生きと蘇らせた意欲作である。

◇モーツァルトの妻　加藤宗哉著　PHP研究所　（PHP文庫）　1998.9
Ⓘ4-569-57191-3
＊「ぼくが君を愛する半分だけでも、ぼくを愛してほしい」そんなモーツァルトの言葉にコンスタンツェは心が弾まなかった。彼女は確かに夫を尊敬していた。ただ、それは愛とはちがったものなのだ。一悪妻と名高き女、コンスタンツェ。モーツァルトはなぜ彼女を愛したのか。奔放であるがゆえに誤解を受け続けた彼女の知られざる魅力を、美しき近代ヨーロッパの情景の中に描き出す異色小説。

◇モーツァルトの世界　森泰彦著　作陽学園出版部　（作陽ブックレット）　1998.4
Ⓘ4-8462-0196-1
＊貧困にあえぎながら不朽の名作を生み出し続けたモーツァルト―19世紀市民社会が描いた英雄像はいまも抜きがたく社会に蔓延している。史料の改竄さえ行われたモーツァルトの偶像を再検証し、新しい研究をもとにモーツァルト貧困説をくつがえす。

◇モーツァルトのイタリアー"マエストリーノ"の聖地巡礼、その栄光と蹉跌　三雲ひろ太，西村光司，海老沢敏著　JTB（JTBキャンブックス）　1998.3
Ⓘ4-533-02977-9

◇愛の人モーツァルト　小塩節著　青娥書房　1998.2　Ⓘ4-7906-0170-6

◇モーツァルト―その人間と作品　新装復刊　アルフレート・アインシュタイン著，浅井真男訳　白水社　1997.10
Ⓘ4-560-03732-9

◇モーツァルト―神童の誕生　アスキー（CD-ROM & book）　1997.5
Ⓘ4-7561-1562-4

◇旅路のアマデウス　井上太郎著　NTT出版　（気球の本）　1996.9
Ⓘ4-87188-627-1
＊これが、人間モーツァルト。ロンドン、ミラノ、ボローニャ、プラハ…。あの街にもしるされていた、若き日の素顔。

◇モーツァルトのザルツブルク―新私のモーツァルト・クロニクル　海老沢敏著　音楽之友社　1996.8　Ⓘ4-276-20146-2
＊青年時代を過ごし、多くの傑作が生まれたザルツブルク第二の住家が、18世紀の時代そのままに復元・再現された。演奏・研究の重要な拠点として、モーツァルト芸術の普及・探究に貢献することになるであろう。

◇モーツァルト考　池内紀著　講談社　（講談社学術文庫）　1996.8　Ⓘ4-06-159244-0
＊モーツァルトには、さまざまな顔がある。むろん、彼は神童だった。生活無能者である反面、一介の音楽家という職業で生きた最初の人だった。あるときは子供のようにうつけた顔でウィーンの街頭に佇んでいる。旅に途上にいる…。フランス革命によって幕をおろ

モーツァルト

した華やかな十八世紀西欧文化を一身に体現した、時代の申し子としてのモーツァルト。誕生から死まで、その尽きせぬ魅力のすべてを語る。

◇世界人物逸話大事典　朝倉治彦，三浦一郎編　角川書店　1996.6　①4-04-031900-1
＊歴史上の人物の生き生きとした人間像を伝えるエピソードを多数紹介する事典。日本人によく知られた人物1883人を見出しに掲載。

◇モーツァルトのいる街　井上太郎著　筑摩書房　(ちくま学芸文庫)　1996.4　①4-480-08271-9
＊天賦の表現力でわたしたちを魅了してやまないモーツァルトはその生涯の約三分の一を旅に過ごしている。故郷ザルツブルクを離れてイタリア、ミュンヘン、パリ、ロンドン、プラハ、そして最期の地ともなったウィーン…勉学、求職、仕事と目的はさまざまであるが、旅先での経験が彼の音楽に与えた影響は計り知れない。海外での最新の研究をふまえながら、これまでの「モーツァルト像」を覆す新しい視点に立って書かれた画期的な評伝。

◇モーツァルト大事典　平凡社　1996.4　①4-582-10921-7

◇モーツァルト―光と影のドラマ　マイケル・レヴィ著，高橋英郎，内田文子共訳　音楽之友社　1996.3　①4-276-21515-3
＊聖俗の壁を越え、悲劇と喜劇の融合をめざしたモーツァルト―あらゆる芸術分野の交錯する18世紀ヨーロッパを舞台に、シェイクスピアを思わせる洞察力で描き尽くした人間ドラマ。

◇モーツァルト16の扉　田辺秀樹著　小学館　1995.12　①4-09-386002-5

◇モーツァルトの肖像をめぐる15章　高階秀爾著　小学館　1995.11　①4-09-386001-7

◇モーツァルト頌　吉田秀和，高橋英郎編　白水社　1995.10　①4-560-03724-8

◇モーツァルト書簡全集　5　ヴィーン時代前期　海老沢敏，高橋英郎編訳　白水社　1995.7　①4-560-03755-8

◇モーツァルトのいる部屋　井上太郎著　筑摩書房　(ちくま学芸文庫)　1995.4　①4-480-08194-1

◇モーツァルトのウィーン―神童から黄昏までの足跡を訪ねる　三雲ひろ太ほか著　日本交通公社出版事業局　(JTBキャンブックス)　1995.4　①4-533-02195-6

◇天才たちの死に学ぶ―ツヴァイク、フロイト、モーツァルト、ゲーテの死の瞬間まで　西義之著　文芸春秋　1994.12
＊わたしたちは自分自身の死を迎える前に、近親者の死をはじめとして、いくつかの死に出会い、いわば死を徐々に学んでいく。わたしたちにとって死は、いや生は果たして意味があるのか。己れの信念を最後まで持して生きぬいた四人の天才たちの死の瞬間までを克明に辿り、死を、生の地平のなかに改めてとらえ直した感動の書。

◇いのちの証人たち―芸術と信仰　宮田光雄著　岩波書店　1994.9　①4-00-000143-4
＊ナチ・ドイツ治下に生きた詩人クレッパーや17世紀ドイツの詩人牧師ゲルハルトの信仰の歌バッハやモーツァルトの音楽と宗教性レンブラントのイエス像―信仰の糸で紡がれた、いのちの証人たちの作品と生涯。

◇モーツァルト―人と音楽　アーサー・ハッチングス著，海老沢敏，茅田俊一共訳　小学館　1994.7　①4-09-699361-1

◇モーツァルトは祭―続々私のモーツァルト・クロニクル　海老沢敏著　音楽之友社　1994.7　①4-276-20147-0

◇ハプスブルク歴史物語　倉田稔著　日本放送出版協会　(NHKブックス)　1994.6　①4-14-001702-3
＊複合多民族国家の六百余年のすべて。双頭の鷲の下に展開された栄光と没落の歴史を、気鋭のウィーン史家が、達意の文章で綴る。

◇モーツァルト―その天才、手紙、妻、死　豊田泰著　音楽之友社（製作）　1994.6

◇モーツァルトは語る―ぼくの時代と音楽　ロバート L.マーシャル編著，高橋英郎，内田文子訳　春秋社　1994.6　①4-393-93425-3

＊理想の音楽を熱っぽく語り同時代の音楽状況に鋭いまなざしを向ける天才の証言…。書簡・ドキュメントでつづるモーツァルト『自伝』。

◇モーツァルト 受容の200年史—後世から見たモーツァルト ゲルノート・グルーバー著，山地良造訳 音楽之友社 1994.4 ①4-276-22272-9
 ＊モーツァルト観が，その死から現在までの200年間どう移り変わってきたのかを，音楽，詩，小説，哲学，絵画，神学など幅広いジャンルに目を向け，解明する画期的な労作。

◇モーツァルト—超越性の痕跡 ハンス・キュング著，内藤道雄訳 新教出版社 1993.12 ①4-400-62409-9

◇モーツァルト 1 音楽之友社編 音楽之友社 （作曲家別名曲解説ライブラリー） 1993.11 ①4-276-01053-5
 ＊「最新名曲解説全集」を作曲家別に増補再編。詳細な解説と豊富な譜例で大作曲家の名曲を的確に理解できる座右の書。

◇モーツァルト通信 吉村英夫著 高校出版 （高校生と教育） 1993.11 ①4-906277-30-6

◇モーツァルト フリッツ・ヘンネンベルク著，茂木一衛訳 音楽之友社 （大作曲家） 1993.9 ①4-276-22153-6

◇モーツァルト全集 別巻 モーツァルトとその周辺 海老沢敏他著 小学館 1993.7 ①4-09-611016-7

◇コンスタンツェ・モーツァルトの結婚—二度ともとても幸せでした ヴィゴー・ショークヴィスト著，高藤直樹訳 音楽之友社 （音楽選書） 1993.4 ①4-276-37065-5
 ＊天才モーツァルトとデンマークの外交官ニッセンとの二度の結婚生活を経験したコンスタンツェ。未発見の資料を加味しその人間像を鮮やかに描き出し，従来の通念に実質的な修正を迫る。謎の多いニッセンの生涯にも光を当てた画期的著作のデンマーク語からの完訳。

◇モーツァルトをひらく鍵 海老沢敏ほか著 春秋社 1993.3 ①4-393-93418-0

＊各界の文化人・研究者によるモーツァルトへの49の熱いまなざし。

◇モーツァルト—音楽における天才の役割 H.C.ロビンズ・ランドン著，石井宏訳 中央公論社 （中公新書） 1992.11 ①4-12-101103-1
 ＊歿後200年を経た今、モーツァルトの功績を無視する者はいないが、世の天才の常として、その評価は、生存中から死後まで一定したものではなかった。しかし、価値観の変化に伴う毀誉褒貶はさて置き、彼は、音楽史の上にどれほどの貢献を行なったのか、また行なわなかったのか。本書は、政治状況、流通事情、人的関係、作曲のプロセスなどの多角的資料を整理して、モーツァルト像のエッセンスを新たに抽出しようとするものである。

◇モーツァルト—タイム・カプセルの旅 石井宏著 音楽之友社 1992.11 ①4-276-21512-9
 ＊失意と挫折、体の不調、首のまわらぬ借金、無頼の友人、湯治の妻の浮気、陰謀、ヨーゼフ2世の死、ダ・ポンテの追放、八方ふさがりの中に彼岸の音楽が鳴り始める。「音楽の友」に3年連載されたモーツァルト晩年のクロノロジー。

◇モーツァルトを語る—海老沢敏講演集 海老沢敏著 音楽之友社 1992.11 ①4-276-20148-9

◇モーツァルト探究 海老沢敏編 中央公論社 1992.11 ①4-12-002166-1
 ＊生地ザルツブルクの当時の様子、コンサート・ライフ、作曲方法などのあらゆる角度からモーツァルトの諸相を検証する画期的な論考集。

◇音楽は対話である—モンテヴェルディ・バッハ・モーツァルトを巡る考察 ニコラウス・アーノンクール著，那須田務，本田優之共訳 アカデミア・ミュージック 1992.11 ①4-87017-060-4

◇ハイドン・モーツァルト—現代医学のみた大作曲家の生と死 アントン・ノイマイヤー著，礒山雅，大内典訳 東京書籍 1992.10 ①4-487-76080-1
 ＊ハイドンの頭蓋骨はどこにいったのか。

モーツァルト

モーツァルトは本当に毒殺されたのか。大作曲家の人間と音楽を、現代医学の観点から問い直し、作品解釈の新たな展望を拓く医学評伝。

◇モーツアルトの生涯　樋上由紀，長崎千恵述，亀岡市，亀岡市教育委員会編　亀岡市　(亀岡生涯学習市民大学)　1992.10

◇天才たちの死―死因が語る偉人の運命　ハンス・バンクル著，関田淳子，後藤久子，柳沢ゆりえ，杉村園子共訳　新書館　1992.8　①4-403-24037-2
  ＊難聴だけでなく、消化不良にも悩まされていたベートーヴェン、高血圧で不眠症だったレーニン、ヘビースモーカーのフロイト、幼いころから病弱だったケネディ。心身の病と闘う歴史上の人物たちの姿に病理学者の視点から光をあて、彼らの隠された素顔を浮かびあがらせる。

◇モーツァルトの旅　4　プラハ・ベルリン北方への旅　海老沢敏文，稲生永写真　音楽之友社　1992.6　①4-276-38404-4

◇最初期のモーツァルト伝　高野紀子訳・解説　音楽之友社　(モーツァルト叢書)　1992.6　①4-276-22118-8
  ＊同時代者にとってモーツァルトは何者だったか？―その後のモーツァルト伝の源であり、すべての研究の曙ともいうべき最初期の伝記2篇、本邦初の完訳。最新データによる詳細な訳注・解説付。

◇人間モーツァルト―天才の病理学　ピーター・J.デイヴィース著，川端博訳　JICC出版局　(ON MUSIC)　1992.5　①4-7966-0294-1
  ＊18世紀のヨーロッパでは「チフス患者にお清めと称して"下剤"を飲ませた」「歯医者には誰でもなれた」等当時の医療事情を背景にモーツァルトを取りまく世界を克明に描写しながら、その病歴、性癖を徹底的に調査・分析して未解決の謎に迫った、斯界待望のモーツァルト研究書。

◇モーツァルトの旅　3　マンハイム・パリ・ロンドン 西方への旅　海老沢敏著　音楽之友社　1992.4　①4-276-38403-6

◇モーツァルトちょっと耳寄りな話　海老沢敏著　日本放送出版協会　1992.3　①4-14-080031-3
  ＊モーツァルト没後200年にちなんで「N響アワー」で好評を博した"人間モーツァルト"の話題を興味深く紹介。

◇アマデウス・モーツァルトの妻　加藤宗哉著　プレジデント社　1991.12　①4-8334-1431-7

◇モーツァルト　海老沢敏ほか著　サントリー文化事業部，ティビーエス・ブリタニカ〔発売〕　1991.12　①4-484-91302-X

◇モーツァルト―ある天才の社会学　ノルベルト・エリアス著，青木隆嘉訳　法政大学出版局　(叢書・ウニベルシタス)　1991.12　①4-588-00353-4
  ＊父と子の愛憎の交錯、宮廷社会における葛藤と反逆―。自由を求めて闘いに生きたひとりの芸術家を光源に据えて、18世紀ヨーロッパ社会にくりひろげられたドラマを再現し、人間の深さと社会のダイナミズムを描き出す。文明化の過程をめぐるエリアス社会学の精華。

◇モーツァルトとは何か　池内紀著　文芸春秋　1991.12　①4-16-345970-7
  ＊あなたがモーツァルトを聴くとき―この本によってその愉しさが倍増します。作曲家が生きた時代のウィーンはどんな町だったのか。彼はどんな馬車にのって旅をしたのか。ドキリとするようなエピソードとヒントでいっぱいです。

◇モーツァルトの本質　ハンス・メルスマン著，滝本裕造訳　美学社　1991.12

◇モーツァルト幻想―追憶と創作　ヨースト・ペルファール編，土田修代訳　音楽之友社　1991.12　①4-276-21514-5
  ＊回想、讃歌、創作で綴るモーツァルト・ファンタジー。

◇エピソードで綴るモーツァルトの生涯―ちょっと意外な話37話　武川寛海著　講談社　1991.11　①4-06-205679-8
  ＊これだけは知ってほしいアマデウスの素顔。こんなに面白い人間モーツァルト。「肖像画でみるモーツァルト」つき。

◇モーツァルト　海老沢敏ほか編　岩波書

モーツァルト

店　1991.11　①4-00-002285-7
＊12月に没後200年を迎えるモーツァルト。この音楽史上最大の「天才的怪物」の解明に内外第一線のモーツァルト学者が結集、隣接領域で活躍する研究者との協力で世界でも類のないモーツァルト集成が完成した。18世紀ヨーロッパ世界、欧米・日本でその受容、演奏論などの太い線を編集枠に精密に織り込んで全4巻を一挙刊行。

◇モーツァルトづくし　ジョゼフ・ソルマン著，河津一哉訳，黒田恭一エッセイ　文芸春秋　1991.11　①4-16-345850-6
＊200年、200人が語ったわれらが愛すべき天才。読むモーツァルトの決定版。

◇モーツァルト・ゴールデン・イヤーズ　1781—1791　H.C.ロビンズ・ランドン著，吉田泰輔訳　中央公論社　1991.11　①4-12-002068-1
＊作曲活動のクライマックス、輝けるヴィーン時代、1781—1791。当時の社会生活や音楽事情、父レーオポルトとの確執、コンスタンツェとの結婚、フリーメイスンへの入会、ハイドンとの交友、そして真に「黄金時代」にふさわしい厖大な作品群の分析。モーツァルト・ファン待望の貴重な図版資料215点（カラー32ページ）を併録。

◇モーツァルト紀行　アサヒグラフ，高橋英郎編著　朝日新聞社　1991.11　①4-02-256313-3
＊旅する―アサヒグラフ記者が訪ねたゆかりの地。聴く―砂川しげひさが聴くこの場所であの名曲。識る―高橋英郎が再現する天才音楽家の生涯。

◇モーツァルト事典―全作品解説事典　東京書籍　1991.11　①4-487-73202-6
＊草稿・断片にいたる全作品について詳細に解説。新しいモーツァルト像、作品像を示す最新データを満載。モーツァルトの受容史・解釈史をふまえた演奏論と名盤案内。音楽社会史、楽器、楽譜のオリジナル追究など新視角の研究も紹介。関連人名辞典、年譜、成立順作品表、研究文献案内など資料も充実。

◇モーツァルトのいる街　井上太郎著　新潮社　1991.10　①4-10-359603-1
＊『モーツァルトのいる部屋』の著者が、海外の最新の研究を踏まえて書き下ろした待望のモーツァルト評伝。

◇モーツァルトの旅　2　イタリア　南への憧憬　海老沢敏著，稲生永写真　音楽之友社　1991.10　①4-276-38402-8

◇モーツァルト91 日本版―没後200年記念・国際オフィシャル・マガジン　集英社出版部編　集英社　1991.8　①4-08-783051-9
＊世界唯一の国際公式マガジン。初公開の肖像画を含む200点余のカラーフォト。各国の専門家が"200年"への想いを込めて集中執筆。

◇モーツァルトの生涯　3　海老沢敏著　白水社　（白水uブックス）　1991.8　①4-560-07303-1
＊死後二世紀にわたる資料研究を基礎にして初めて試みられた大がかりなモーツァルトの伝記であり、今後わが国でモーツァルトを論ずる場合の第一級の資料（読み物）。

◇ザ・モーツァルト―モーツァルトと優雅に遊ぶ本　読売新聞社　（よみうりカラームックシリーズ）　1991.7　①4-643-91058-5

◇モーツァルト―神に愛されしもの　ミシェル・パルティ著，高野優訳　創元社　（「知の再発見」双書）　1991.7　①4-422-21054-8

◇モーツァルトの生涯　2　海老沢敏著　白水社　（白水Uブックス）　1991.7　①4-560-07302-3

◇モーツァルトの旅　5　ヴィーン　栄光と黄昏　海老沢敏文，稲生永写真　音楽之友社　1991.7　①4-276-38405-2

◇モーツァルトへの旅　木之下晃，堀内修著　新潮社　（とんぼの本）　1991.7　①4-10-601995-7
＊没後200年を経ても愛され続けるモーツァルト。わずか35年の短い生涯だったが、その人生の大半は旅の連続であり、旅行で得た見聞と感動こそが、名曲を生む原動力となった。30都市以上に及ぶヨーロッパ各国のゆかりの地を、

初公開を含む豊富な写真で辿ると共に、新たな視点で考察された伝記を読みながら、情熱溢れる天才の偉業を振り返る。

◇モーツァルト・ノンフィクション　田中重弘著　文芸春秋　1991.7
①4-16-345420-9
＊200年間、隠されていた真実の生涯がいま解き明かされる。

◇志鳥栄八郎のモーツァルト大全―人・作品・CD　志鳥栄八郎著　共同通信社（FM選書）　1991.7　①4-7641-0261-7

◇大作曲家の知られざる横顔　渡辺学而著　丸善　（丸善ライブラリー）　1991.7
①4-621-05018-4
＊"地震の日に生まれたヴィヴァルディ"、"モーツァルトの祖先は左官屋さん"、"ベートーヴェンの楽符に余分に印刷された二小節の謎"など、バッハ、ハイドンからショパンにいたる大作曲家たちの、知られざるエピソードの数々と、彼らの生きた時代や社会を、正確な資料に基づいて語ることにより、その素顔を浮彫にしてゆく。

◇ウィーンのモーツァルト史跡探訪　ヘルムート・クレッチマー著、白石隆生訳　音楽之友社　1991.6　①4-276-21146-8
＊モーツァルトが晩年の10年を過ごした町ウィーン。彼の最も重要な作品が生まれた町、ウィーン。ゆかりの地をウィーン生れの著者が年代を追って巡る。

◇モーツァルトの生涯　ウェンディ・トンプソン著，木村博江訳　音楽之友社　1991.6　①4-276-22270-2
＊最新の研究成果を盛り込み、豊富なカラーの写真・図版でたどるモーツァルトの生涯と作品。ジャンル別主要作品一覧つき。没後200年記念出版。

◇モーツァルト巡礼―1829年ノヴェロ夫妻の旅日記(抄訳)〔新装版〕　ネリーナ・メディチ・ディ・マリニャーノ，ローズマリー・ヒューズ共編，小池滋訳　秀文インターナショナル　1991.6
①4-87963-376-3
＊モーツァルトの熱烈な崇拝者ヴィンセント・ノヴェロ(有名なノヴェロ社の創立者)は、モーツァルトの姉ナンネルが晩年病の床に就き、生活にも困っていることを知らされ(1829年)、なにがしかの義援金を届けるべくザルツブルク、ウィーンを夫人と共に訪ねる…同時にモーツァルト未亡人、息子やこの音楽の巨匠と親しかった人々にも面談する。その内容を日記に綴ったのが本書である…この音楽の大天才が当時どのように評価されていたか、その様子もうかがえ興味が絶えない。

◇モーツァルトの手紙　吉田秀和編訳　講談社　（講談社学術文庫）　1991.5
①4-06-158969-5
＊35年の生涯で実に10年余を旅に過したモーツァルトは、父や妻や友人たちに多くの手紙を書いた。「ひとたびこの書簡集を読めば、モーツァルトはあなたの生涯の友となり、その愛すべき面影があなたの苦しみの時にも現われることだろう。彼は愛を知る心や平和な魂にとっての無二の伴侶なのだ」。万人必読の書とロマン・ロランも讃美した至上の書簡集から百余通を精選し、稀有の天才の素顔を伝える。

◇モーツァルトの生涯　1　海老沢敏著　白水社　（白水uブックス）　1991.5
①4-560-07301-5
＊死後二世紀にわたる資料研究を基礎にして、このたぐい稀な音楽家の命運を再構成しようとした、はじめての大がかりなモーツァルトの伝記。著者の長年にわたるモーツァルト体験を拠りどころとした画期的な労作。三分冊の普及版。第一巻は出生より、ザルツブルクでの宮廷音楽家としての創作活動まで。

◇モーツァルト　小林秀雄著　集英社　（集英社文庫）　1991.4　①4-08-752012-9
＊「モーツァルトのかなしさは疾走する。涙は追いつけない」「その悲しさは、透明な冷たい水のように、僕の乾いた喉をうるおし、僕を鼓舞する」対象に魅いられる事が批評の出発点だとする小林は、その鋭い感受性で独自の批評文学を築きあげた。「モーツァルト」「無常という事」など代表作と、講演の記録を収める。

◇モーツァルトの旅　1　ザルツブルク　神童

の揺籃　海老沢敏，ルードルフ・アンガーミュラー著，稲生永写真　音楽之友社　1991.4　ⓘ4-276-38401-X
◇モーツァルト・夢の旅人　長谷川つとむ著　高文堂出版社　（知的ドリーム双書）1991.4　ⓘ4-7707-0357-0
＊旅のベテラン長谷川つとむ教授が文と写真で綴る楽聖の人生と旅の軌跡。ヨーロッパ各地の写真多数掲載。
◇私のモーツァルト　上　マガジンハウス（CDブック）　1991.2　ⓘ4-8387-0198-5
＊モーツァルト入門の決定版登場。30人の著名人がそれぞれのモーツァルト体験を綴るエッセイ集。高橋英郎『モーツァルトの生涯』黒田恭一『音楽地図』と読みものも多彩。
◇比類なきモーツァルト　ジャン・ヴィクトル・オカール著，武藤剛史訳　白水社　1991.1　ⓘ4-560-03688-8
＊モーツァルトをモーツアルトたらしめているものは何か―。モーツァルトを愛する者の誰しもが抱くはずのこの最初にして最後の問い。
◇モーツァルト　吉田秀和著　講談社（講談社学術文庫）　1990.12
ⓘ4-06-158949-0
＊モーツァルトは，父親にヨーロッパ中をひきまわされていた従順な神童時代ばかりでなく，一生を通じて漂泊する人であった。イタリア，フランス，南北ドイツのあらゆる音楽の流れに身をひたし，バッハやヘンデル等の影響下において彼等と対決し，18世紀音楽の完成者となった。わが国の音楽批評の先導者が，楽曲の細部に即して語りつつ稀有の天才の全体像を構築した，陰影に富むモーツァルト論集
◇ウィーンのモーツァルト　丸山桂介著　春秋社　1990.11　ⓘ4-393-93108-4
＊爾来，戯れ遊ぶ〈天才〉観念のうちに称揚され，粉飾されて来た作曲家像に新たな挑戦を試みる。モーツァルトは何を考え作曲の筆を運んだのか。
◇モーツァルト余白　中堂高志著　六興出版　1990.11　ⓘ4-8453-6049-7
◇はじめてのモーツァルト―名演奏で読む

アマデウスのすべて　講談社編　講談社（講談社CDブックス）　1990.9
ⓘ4-06-204976-7
◇モーツァルト・オペラ・歌舞伎　高橋英郎編著　音楽之友社　1990.8
ⓘ4-276-20107-1
◇大作曲家の世界　2　ウィーン古典派の楽聖　モーツァルト・ベートーヴェン・シューベルト　〔カラー版〕　エドゥアルド・レシーニョ，クィリーノ・プリンチペ，ダニーロ・プレフーモ著，森田陽子，貴堂明子，小畑恒夫訳　音楽之友社　1990.6　ⓘ4-276-22082-3
＊バッハからストラヴィンスキーまで、18人の大作曲家の生い立ちと活躍ぶりを、豊富な図版とともにアカデミックにそしてヴィジュアルにつづる豪華なシリーズ。
◇名曲の旅―楽聖たちの足跡　飯野尹著　電波新聞社　1990.5　ⓘ4-88554-247-2
◇モーツァルト書簡全集　4　マンハイム・パリ旅行　2　海老沢敏，高橋英郎編訳　白水社　1990.3　ⓘ4-560-03754-X

モネ　Monet, Claude
1840〜1926　19・20世紀，フランスの画家。水と光と明るい緑の世界を純粋で透明な色と色との響きあいのうちに表現した。

◇クロード・モネ　スージー・ブルックス著　六耀社　（世界の名画：巨匠と作品）2016.9　ⓘ978-4-89737-835-0
＊私は、空気を描きたい。モネは、絵筆をいろいろな方向にすばやく動かし、明るくあざやかな絵の具の色合いで、大気の変化を表現する新しい方法を見つけた。
◇僕はモネ　サラ・パップワース文，オード・ヴァン・リン絵，岩崎亜矢監訳，高橋香代子訳　パイインターナショナル　（芸術家たちの素顔）　2015.12
ⓘ978-4-7562-4701-8
◇マネと印象派の巨匠たち―印象派ってナニ？　島田紀夫監修　小学館　2014.7
ⓘ978-4-09-682088-9
◇西洋美術　巨匠たちの履歴書　木村泰司監

モネ

修　宝島社　2013.7
①978-4-8002-1122-4

◇モネとセザンヌ—光と色彩に輝く印象派の画家たち　森実与子著　新人物往来社（ビジュアル選書）　2012.2
①978-4-404-04162-3

◇老いの手本—いきいきと輝いて生きた人々　保坂隆著　広済堂あかつき出版事業部　（広済堂新書）　2011.8
①978-4-331-51565-5

◇世界の名画—名画にまつわるエピソードから巨匠たちの生涯まで。大友義博監修　メイツ出版　2010.9　①978-4-7804-0865-2

◇モネ—NHK天才画家の肖像　小学館クリエイティブ，小学館〔発売〕（DVD美術館）　2010.6　①978-4-7780-3803-8
＊NHKハイビジョンで描く巨匠の生涯。光と色彩における革命児モネ。その人と作品を追う。

◇もっと知りたいモネ—生涯と作品　安井裕雄著，高橋明也監修　東京美術　（アート・ビギナーズ・コレクション）　2010.1
①978-4-8087-0858-0

◇印象派の挑戦—モネ，ルノワール，ドガたちの友情と闘い　島田紀夫著　小学館　2009.11　①978-4-09-682021-6

◇モネ—トレジャー・ボックス　マイケル・ハワード著，朝岡あかね訳，岡村多佳夫監修　ソフトバンククリエイティブ　2008.11　①978-4-7973-4929-0
＊160点の図版、30点の自筆の手紙やスケッチのレプリカを収録。

◇クロード・モネの世界—図録　クロード・モネ画，名古屋ボストン美術館編　名古屋ボストン美術館　2008.4
①978-4-8331-3152-0
＊画家の人生と創作の秘密に迫る"8つの扉"を開け、印象派の巨匠が遺した美の遺産に最接近！　再接近。

◇近代美術の巨匠たち　高階秀爾著　岩波書店　（岩波現代文庫）　2008.1
①978-4-00-602130-6

◇モネ—光と色の革命児　ハナブサ・リュウ撮影　平凡社　（別冊太陽）　2007.10

①978-4-582-94509-6

◇モネ—名画に隠れた謎を解く！　吉岡正人著　中央公論新社　2007.3
①978-4-12-003814-3
＊光の変化をとらえた印象派の巨匠モネ、何を描き、何を伝えたかったのか。画家・吉岡正人がモネの人生の足跡を辿りながら、その絵画の秘密に迫る。

◇モネ—光と空気の表現者　パオラ・ラペッリ著，樺山紘一日本語版監修　昭文社　（Art book）　2007.3
①978-4-398-21460-7

◇巨匠の自画像—名画に潜む知られざるストーリー　青井伝著　すばる舎　2006.8
①4-88399-540-2

◇モネ　島田紀夫著　小学館　（西洋絵画の巨匠）　2006.3　①4-09-675101-4

◇モネの庭へ—ジヴェルニー・花の桃源郷カルチャー紀行　南川三治郎写真・文　世界文化社　2004.4　①4-418-04507-4

◇モネ　カーラ・ラックマン著，高階絵里加訳　岩波書店　（岩波世界の美術）　2003.12　①4-00-008975-7

◇近代美術の巨匠たち　高階秀爾著　青土社　1998.8　①4-7917-9122-3
＊あの名作はどのようにして生まれたか。飽くことなく「光」を追求したモネ、不遇の天才セザンヌ、女性の美を絵筆に託したルノワール、単身タヒチに渡り、絵を描きながら孤独のうちに病没したゴーガンなど、近代絵画史に偉大な足跡を残した画家たち。その生い立ちから画家としての目覚め、数々の名作を描くにいたるまで、生活史をも織り込んで描く、巨匠列伝。

◇モネ—印象派の誕生　シルヴィ・パタン著，高階秀爾監修，渡辺隆司，村上伸子訳　創元社　（「知の再発見」双書）　1997.6
①4-422-21127-7

◇モネ　モネ画，アンリ・ララマン著，湊典子訳　日本経済新聞社　1996.9
①4-532-12283-X

◇世界人物逸話大事典　朝倉治彦，三浦一郎編　角川書店　1996.6　①4-04-031900-1
＊歴史上の人物の生き生きとした人間像

◇を伝えるエピソードを多数紹介する事典。日本人によく知られた人物1883人を見出しに掲載。
◇モネの風景紀行―ノルマンディー・ベリール・パリ・セーヌ河のほとり　佐々木三雄文,佐々木綾子文,山口高志写真　求竜堂（Earth book）　1996.2　①4-7630-9602-8
＊100年前と変わらないモネの描いた景色に立ち光と風を感じながら、モネの生涯をたどる旅。作品図版と実風景の美しいビジュアル満載。
◇モネ　ステファニー・グレゴワール著,桑名麻理訳　講談社　（Hazan1000）1995.10　①4-06-207782-5
＊睡蓮、積み藁、ポプラ並木…。自然を愛し、瞬間を捉え続けようとした「印象派の巨匠」モネの傑作の数々と、その生涯。
◇モネが創った庭―画家ならではのアイデア・インスピレーション・洞察力・それを支えた情熱　エリザベス・マレー著・写真,清水道子訳　日本経済新聞社　1995.10　①4-532-12266-X
◇モネ：揺れる光　モネ画,ラミューズ編集部編　講談社　（講談社文庫）　1995.5　①4-06-185997-8
＊移ろいゆく光と色彩を執拗に追い続け、「見ること」と「描くこと」を業とした画家、クロード・モネの生涯と代表作。非難と中傷のなかでの印象派の旗揚げ、晩年を襲った失明の危機、そして絶望の淵で描かれた大作『睡蓮』…。「太陽の画家」とたたえられたモネが、キャンバスに描きとめた光と影の軌跡をたどる。
◇ヴィヴァン―新装版・25人の画家　第7巻　モネ　馬淵明子編集・解説　講談社　1995.4　①4-06-254757-0
＊セーヌ川、北フランスの海を愛し、自然に執着し、生涯真の印象派であり続けた画家。カラー・ドキュメント、図説・モネの生涯。
◇モネ　モネ画,ウィリアム・ザイツ著,辻邦生,井口濃訳　美術出版社　（新装BSSギャラリー世界の巨匠）　1994.7　①4-568-19055-X
◇モネ　モネ画,ジョン・ハウス著,舟木力英訳　西村書店　（アート・ライブラリー）　1994.5　①4-89013-516-2
◇モネ展　石橋財団ブリヂストン美術館,名古屋市美術館編　中日新聞社　c1994
◇ビジュアル美術館　第2巻　モネ　ジュード・ウェルトン著,天野知香監訳　（京都）同朋舎出版　1993.10　①4-8104-1308-X
＊クロード・モネの作品は、私たちに「印象派」という、19世紀末に起こった美術史上最も大きな芸術運動を定義づけ、その名を不動のものとした歴史を物語ってくれます。彼の私信、スケッチ、写真を集めて再編した"私蔵アルバム"を通して画家モネの生涯を検証します。100点以上の写真挿図を使って、モネの創作してきた数々の傑作の技法や材料を紹介します。
◇クロード・モネ　アン・ウォルドロン著,潮江宏三監訳　（京都）同朋舎出版　（はじめて読む芸術家ものがたり）　1993.6　①4-8104-1130-3
＊一人の画家が、光と自然の織りなすある一瞬の表情をキャンヴァスの上にとどめようと一生をかけて探求した。そして、ついに世界中で愛される新しい絵画が生まれたのだ。"印象派"誕生のものがたり。
◇画家の妻たち　沢地久枝著　文芸春秋　1993.5　①4-16-347510-9
＊炎のように短く燃えた愛もあり、静謐な長い人生もあった。憎しみの果ての別れもあった…。美の狩人たちの創造の源泉であり、その苦悩と歓喜を共有した伴侶たちにとって、永遠の美とは何だったのか。レンブラントからピカソまで、19人の画家による妻の肖像画を通して、男と女の運命的なドラマをさぐる。
◇マネ・モネ　マウラ・ボフィット,ジアンニ・ロッパ,ガスパレ・デ・フィオレ,マリナ・ロッビアーニ,アルベルト・マルティニ,サビネ・パリチ著,石原宏,青木理訳　学習研究社　（絵画の発見）　1992.2　①4-05-105732-1
＊明るく新鮮な色彩でパリの市民生活を描いたマネ、自然の変化を一瞬のうちにとらえて光の変幻を色彩化したモネ―。絵画の新時代を告げた印象派を代

表する2人の画業。

◇モネ　モネ画，ウィリアム・ザイツ著，辻邦生，井口濃訳　美術出版社　（BSSギャラリー）　1991.6　①4-568-19011-8

◇印象派の人びと―ジュリー・マネの日記　ロザリンド・ドゥ・ボランド・ロバーツ，ジェーン・ロバーツ編，橋本克己訳　中央公論社　1990.9　①4-12-001966-7
＊エドワール・マネの姪で、女流画家ベルト・モリゾの娘ジュリー。ルノワール、ドガ、モネ、マラルメなどに囲まれて育った聡明で感性豊かな少女は、14歳で日記をつけ始める。この日記は、これら大芸術家の生活と素顔を、最も身近なところから曇りのない眼でとらえた、きわめて貴重な記録である。カラー23点、モノクロ84点収載。マネの姪がつづる大芸術家たちの素顔。

モーパッサン
Maupassant, Henry René Albert Guy de
1850～1893　19世紀、フランスの作家。代表作「女の一生」（1883）、「ベラミ」（85）。

◇モーパッサンの修業時代―作家が誕生するとき　足立和彦著　水声社　2017.10　①978-4-8010-0283-8

◇モーパッサン　新装版　村松定史著　清水書院　（Century Books　人と思想）　2015.9　①978-4-389-42131-1

◇この独身者はすごい！―結婚しなかった24人の偉人　北嶋広敏著　ジョルダン　2009.10　①978-4-915933-28-8

◇60戯画―世紀末パリ人物図鑑　鹿島茂著　中央公論新社　（中公文庫）　2005.10　①4-12-204598-3

◇モーパッサン　村松定史著　清水書院　（Century books　人と思想）　1996.11　①4-389-41131-4
＊彗星のように、19世紀の世紀末を駆け抜けたギィ＝ド＝モーパッサン。43年という短い生涯に、残した作品はゆうに300編を越える。短編「首飾り」、中編「脂肪の塊」、長編『女の一生』、どれをとっても傑作というほかはない。フローベールの薫陶を受け、鋭く磨き上げられた写実主義の筆法には、世界中の作家が称賛の声をあげた。日本においても、永井荷風が心酔し、田山花袋が影響を受け、三遊亭円朝は短編を人情話に翻案している。明治期以来、おびただしい数の翻訳紹介がなされ、広く愛読されてきたモーパッサン。その生い立ちから死までをたどり、名作誕生の背景をさぐる。生きることの快楽を貪欲に飲みつくすモーパッサンとは、皮肉とユーモアとそして悲哀に満ちた、飽くなき人間の探究者ではなかったか。

◇世界人物逸話大事典　朝倉治彦，三浦一郎編　角川書店　1996.6　①4-04-031900-1
＊歴史上の人物の生き生きとした人間像を伝えるエピソードを多数紹介する事典。日本人によく知られた人物1883人を見出しに掲載。

◇名作はなぜ生まれたか―文豪たちの生涯を読む　木原武一著　同文書院　（アテナ選書）　1993.11　①4-8103-7172-7
＊不朽の名作を知る。文豪のドラマチックな生涯をさぐる。西洋の文豪、きらめく20名のだいご味。

◇花袋・フローベール・モーパッサン　山川篤著　駿河台出版社　1993.5　①4-411-02061-0

◇ゴッホとモーパッサン―文学と絵画への旅　清水正和著　皆美社　1993.3　①4-87322-011-4

モリエール　Molière
1622～1673　17世紀、フランスの劇作家、俳優。T.コルネイユ、J.ラシーヌと並ぶフランス古典劇三大作家の一人。

◇モリエール全集　1　ロジェ・ギシュメール，広田昌義，秋山伸子共編　臨川書店　2000.4　①4-653-03711-6
＊「守銭奴」「タルチュフ」など数々の名作を生み、古典喜劇を大成したモリエールの全作品を新たに翻訳、製作・発表年代順に収録する。各巻に各国の研究者による論文や評伝、資料、年表を付して刊行する決定版全集。

◇わが名はモリエール　鈴木康司著　大修館書店　1999.11　①4-469-25063-5
＊13年間にわたる地方巡業を終えてパリに帰還したモリエールは、一挙にその才能を開花させる。しかし、数々の傑作で人々を沸かせたモリエールにも、内には一座の女優達との問題をかかえ、外には狂信的な宗教集団との闘いがあった。時代をこえて我々を打つモリエール劇の秘密をさぐり、多彩な生涯を描き出す。

◇世界人物逸話大事典　朝倉治彦，三浦一郎編　角川書店　1996.6　①4-04-031900-1
＊歴史上の人物の生き生きとした人間像を伝えるエピソードを多数紹介する事典。日本人によく知られた人物1883人を見出しに掲載。

◇モリエールと宗教　徳村佑市著　欧明社　1993.3

モールス
Morse, Samuel Finley Breese
1791～1872　モースとも。18・19世紀、アメリカの画家、発明家。モールス符号を創案。

◇電気革命—モールス、ファラデー、チューリング　デイヴィッド・ボダニス著，吉田三知世訳　新潮社　（新潮文庫）　2016.6　①978-4-10-220036-0

◇40歳から成功した男たち　佐藤光浩著　アルファポリス　（アルファポリス文庫）　2010.3　①978-4-434-14381-6

◇40歳から成功した男たち　佐藤光浩著　アルファポリス，星雲社〔発売〕　2009.3　①978-4-434-12905-6

◇大事業をおこした技術者列伝—竹内均・知の感銘の世界　竹内均編　ニュートンプレス　2003.6　①4-315-51691-0

モンケ・ハン　Möngke-Khan
1208～1259　憲宗（元）（けんそう）とも。13世紀、モンゴル帝国第4代のハン（在位1251～1259）。漢字名は蒙哥汗。

◇中国歴代皇帝人物事典　岡崎由美，王敏監修　河出書房新社　1999.2　①4-309-22342-7
＊秦の始皇帝、前漢の劉邦、新の王莽、魏の曹丕、隋の煬帝、唐の李世民、元のフビライ、明の朱元璋、清の康熙帝など、中国歴代王朝の皇帝を紹介した人物事典。后妃・公主・宗室なども収録し、歴代宮都・陵墓も掲載。中国史重要人物索引付き。

モンテ・コルヴィノ
Monte Corvino, Giovanni da
1247～1328　13・14世紀、イタリアのフランシスコ会宣教師。中国元朝におけるカトリック教会の初代大司教。

◇世界伝記大事典　世界編1～12　編集代表：桑原武夫　ほるぷ出版　1980.12～1981.6

モンテスキュー
Montesquieu, Charles-Louis de Secondat, Baron de la Brède et de
1689～1755　17・18世紀、フランスの啓蒙思想家、法学者、歴史家。著書「法の精神」を著し三権分立を唱えた。

◇旅と政治—思想家の異文化体験　山本周次著　晃洋書房　2007.11　①978-4-7710-1904-1

◇政治と歴史—モンテスキュー・ヘーゲルとマルクス　新訂版　ルイ・アルチュセール著，西川長夫，阪上孝訳　紀伊国屋書店　2004.6　①4-314-00945-4

◇世界人物逸話大事典　朝倉治彦，三浦一郎編　角川書店　1996.6　①4-04-031900-1
＊歴史上の人物の生き生きとした人間像を伝えるエピソードを多数紹介する事典。日本人によく知られた人物1883人を見出しに掲載。

◇モンテスキュー—その生涯と思想　ジャン・スタロバンスキー著，古賀英三郎，高橋誠訳　法政大学出版局　（叢書・ウニベルシタス）　1993.9　①4-588-00387-9
＊「私はぶどう栽培者というモンテスキュー像が好きだ」という著者が、巧みなデッサンと機微に触れたテクスト読解により、モンテスキューの面影と息

モンテーニュ

遣いを捉える。

モンテーニュ
Montaigne, Michel Eyquem, Seigneur de

1533〜1592 16世紀、フランスのモラリスト、政治家。1572年主著「エセー」に着手。フランスのモラリストの源流となった。

◇世界の哲学者の言葉から学ぼう—100の名言でわかる哲学入門 小川仁志著 教育評論社 2018.5 ⓘ978-4-86624-014-5

◇メルロ＝ポンティ哲学者事典 第2巻 大いなる合理主義・主観性の発見 モーリス・メルロ＝ポンティ編著, 加賀野井秀一, 伊藤泰雄, 本郷均, 加国尚志監訳 白水社 2017.6 ⓘ978-4-560-09312-2

◇モンテーニュ 新装版 大久保康明著 清水書院 （Century Books 人と思想） 2016.7 ⓘ978-4-389-42169-4

◇モンテーニュ—よく生き、よく死ぬために 保苅瑞穂著 講談社 （講談社学術文庫） 2015.9 ⓘ978-4-06-292322-4

◇歴史と人間 新訂版 吉田光男, 杉森哲也編著 放送大学教育振興会, NHK出版〔発売〕 （放送大学教材） 2014.3 ⓘ978-4-595-31474-2

◇ルネサンス人物列伝 ロバート・デイヴィス, ベス・リンドスミス著, 和泉香련訳 悠書館 2012.7 ⓘ978-4-903487-54-0

◇旅するモンテーニュ—十六世紀ヨーロッパ紀行 斎藤広信著 法政大学出版局 2012.6 ⓘ978-4-588-49027-9
 ＊『エセー』の著者ミシェル・ド・モンテーニュが約一年半をかけてヨーロッパ諸国を実見した記録である『旅日記』の行程をつぶさに追い、ルネサンス期の文化・自然・都市の風景を再構成する。図版多数。

◇モンテーニュの哲学研究 清水誠著 知泉書館 2011.1 ⓘ978-4-86285-098-0
 ＊モンテーニュ (1533 - 92) の『随想録』を日常経験との繋がりで問うとともに哲学的鉱脈を探ることにより哲学史上に位置づけた画期的業績である。第1部では、エセーの執筆された「モンテーニュの城館」を訪れた著者が、その内部を観察してモンテーニュの日常を想起しつつエセーを吟味し、モラリスト・モンテーニュの生活と思索を明らかにする。貴族になるために一族が払った努力を背景に、幼児期の教育や母との葛藤、妻の不倫問題や相続など家族間の微妙な関係が分析され、また宗教戦争の時代に複雑な宮廷の権力関係の中で知恵と才覚を駆使して時代を生き抜く姿を、政治の動きを通して解明する。第2部では、『随想録』107篇中で最大のエセー「レーモン・スボンの弁護」を考察する。

◇モンテーニュ 大久保康明著 清水書院 （Century books 人と思想） 2007.3 ⓘ978-4-389-41169-5

◇モンテーニュ私記—よく生き、よく死ぬために 保苅瑞穂著 筑摩書房 2003.10 ⓘ4-480-83642-X
 ＊優れたプルースト研究者として、かつ名文章家として知られる仏文学者が、永年読み親しんできた『エセー』と人間モンテーニュの尽きせぬ魅力を、戦乱の激動の時代を背景にドラマティックに語り、生と死をめぐる思考の極北へと読む者を誘なう深い思索の書。

◇モンテーニュにおける反省と自然観・死生観 家永道生著 近代文芸社 1998.2 ⓘ4-7733-6251-0

◇モンテーニュとメランコリー—『エセー』の英知 マイケル・A.スクリーチ著, 荒木昭太郎訳 みすず書房 1996.10 ⓘ4-622-03076-4
 ＊本書は、『エセー』の範囲と目的を再吟味して、モンテーニュが自らの憂うつ気質の舵をいかに取って、適切な心理的水路にみちびき、肉体と精神のバランスをもとめつづけ、詩人タッソのような天才にも影響をおよぼした狂気を回避しようとしたか、それを説得的に示してくれる。

◇世界人物逸話大事典 朝倉治彦, 三浦一郎編 角川書店 1996.6 ⓘ4-04-031900-1
 ＊歴史上の人物の生き生きとした人間像

を伝えるエピソードを多数紹介する事典。日本人によく知られた人物1883人を見出しに掲載。

◇モンテーニュ―『エセー』の魅力　原二郎著　岩波書店　（岩波新書評伝選）
　1994.6　①4-00-003853-2

◇ミシェル城館の人　〔3〕　精神の祝祭
　堀田善衞著　集英社　1994.1
　①4-08-774047-1

◇モンテーニュは動く　ジャン・スタロバンスキー著，早水洋太郎訳　みすず書房
　1993.12　①4-622-04569-9

◇モンテーニュ 精神のための祝祭　イヴォンヌ・ベランジェ著，高田勇訳　白水社
　1993.5　①4-560-04309-4
　＊ルネサンスの世界と激動の時代に生きたモンテーニュの実像とその作品の独創性を明らかにし、モンテーニュ批評の変遷をたどって今日の問題点も指摘する本書は、新たな卓見にみち、モンテーニュを読む喜びを語って比類がない。

◇ミシェル城館の人―自然 理性 運命　堀田善衞著　集英社　1992.4
　①4-08-772843-9
　＊不朽の名著『エセー』の作者ミシェル・ド・モンテーニュの精神はいかに形成されたか。〈塔〉に隠棲し、思索の日をおくるモンテーニュを描き、時代を現出させる。長編「モンテーニュ」三部作、第2部。

◇モンテーニュとエセー　ロベール・オーロット著，荒木昭太郎訳　白水社　（文庫クセジュ）　1992.4　①4-560-05729-X

◇続 大人のための偉人伝　木原武一著　新潮社　（新潮選書）　1991.6
　①4-10-600400-3
　＊『森の生活』のソロー、『ユートピアだより』のモリスをはじめ、トルストイ、マルクス、フランクリン、ルソー、モンテーニュ、レオナルド・ダ・ヴィンチ、福沢諭吉など、九人の「偉人」の生涯と作品に、新しい光をあてる。

◇ミシェル 城館の人―争乱の時代　堀田善衞著　集英社　1991.1　①4-08-772773-4
　＊ミシェル・ド・モンテーニュは、1533年2月28日、西南フランスの丘の上の、樫の巨木の生い繁る城館に生まれた。不朽の名著『エセー』の作者の誕生である。この偉大な思想家の生きた世紀は、後にルネサンスと称される時代であり、同時に、宗教戦争など、暴動、虐殺、陰謀渦まく乱世であった。本書では、その時代と、モンテーニュ家の勃興から〈塔〉に隠棲するまでを描く。長編「モンテーニュ」3部作、第1部。

◇モンテーニュ論　アンドレ・ジイド著，渡辺一夫訳　岩波書店　（岩波文庫）
　1990.10　①4-00-325591-7

▌モンロー　Monroe, James
1758〜1831　18・19世紀、アメリカの政治家、外交官。第5代大統領（在任1816〜1825）。ヨーロッパの干渉を容認しないとするモンロー主義を発表した。

◇アメリカ大統領図鑑―完全解析　開発社，米国大統領研究編纂所著　秀和システム
　2017.5　①978-4-7980-5121-5

◇アメリカ歴代大統領大全　第1シリーズ　〔5〕　建国期のアメリカ大統領　5　（ジェームズ・モンロー伝記事典 ジョン・クインジー・アダムズ伝記事典）　西川秀和著　大学教育出版　2017.5
　①978-4-86429-174-3

◇ジェファスンと高弟達のアメリカ　熊田正次著　歴史春秋出版　（トーマス・ジェファスン研究）　2011.9
　①978-4-89757-771-5

◇アメリカ大統領物語　猿谷要編　新書館
　2002.4　①4-403-25059-9

【や】

▌ヤークーブ・ベク
Yaʿqūb Beg, Muḥammad
1820頃〜1877　ヤクブ・ベクとも。19世紀、東トルキスタンの支配者。漢字名は阿古柏伯克。1865年に東トルキスタンの

カシュガルに侵入し、支配者となった。

◇熱砂とまぼろし—シルクロード列伝　陳舜臣著　毎日新聞社　1994.5
①4-620-10501-5
＊法顕、宋雲、張騫、ヘディン、ヤクブ・ベク—東西文化が交流する中央アジアに夢とロマンを追い求めた冒険家列伝。

■ 耶律阿保機　やりつあほき
872〜926　太祖（遼）（たいそ）とも。9・10世紀、中国、遼（大契丹国）の太祖（在位916〜926）。廟号、太祖。諡、大聖大明神烈天皇帝。契丹諸部を統一、916年皇帝を称し神冊と建元。

◇96人の人物で知る中国の歴史　ヴィクター・H・メア，サンピン・チェン，フランシス・ウッド著，大間知知子訳　原書房　2017.3　①978-4-562-05376-6

◇中国歴代皇帝人物事典　岡崎由美，王敏監修　河出書房新社　1999.2
①4-309-22342-7
＊秦の始皇帝、前漢の劉邦、新の王莽、魏の曹丕、隋の煬帝、唐の李世民、元のフビライ、明の朱元璋、清の康熙帝など、中国歴代王朝の皇帝を紹介した人物事典。后妃・公主・宗室なども収録し、歴代宮都・陵墓も掲載。中国史重要人物索引付き。

■ 耶律大石　やりつたいせき
？〜1143　徳宗（西遼）（とくそう）とも。11・12世紀、西遼国（カラ・キタイ）の建設者（在位1132〜1143）。姓名は耶律大石。遼の太祖の8世の孫。

◇中国歴代皇帝人物事典　岡崎由美，王敏監修　河出書房新社　1999.2
①4-309-22342-7
＊秦の始皇帝、前漢の劉邦、新の王莽、魏の曹丕、隋の煬帝、唐の李世民、元のフビライ、明の朱元璋、清の康熙帝など、中国歴代王朝の皇帝を紹介した人物事典。后妃・公主・宗室なども収録し、歴代宮都・陵墓も掲載。中国史重要人物索引付き。

【ゆ】

■ ユーグ・カペー　Hugues Capet
938頃〜996　10世紀、フランス国王（在位987〜996）。フランス王に擁立されカペー朝を開く。

◇王たちの最期の日々　上　パトリス・ゲニフェイ編，神田順子，谷口きみ子訳　原書房　2018.6　①978-4-562-05570-8

◇フランス王室一〇〇〇年史—ヨーロッパ一の大国、四王家の栄枯盛衰　新人物往来社編　新人物往来社　（ビジュアル選書）　2012.1　①978-4-404-04135-7
＊ユーグ・カペーからナポレオン3世まで、ヨーロッパ史の中心であり続けたフランスの歩み。

■ ユークリッド　Euclid
⇒エウクレイデス

■ ユゴー，ヴィクトル
Hugo, Victor-Marie
1802〜1885　19世紀、フランスの詩人、小説家、劇作家。ロマン派の総帥、国民的大詩人として、フランス文学史上不朽の足跡を残した。

◇あらゆる文士は娼婦である—19世紀フランスの出版人と作家たち　石橋正孝，倉方健作著　白水社　2016.10
①978-4-560-09515-7

◇恋愛書簡術—古今東西の文豪に学ぶテクニック講座　中条省平著　中央公論新社（中公文庫）　2015.1
①978-4-12-206067-8

◇英雄はいかに作られてきたか—フランスの歴史から見る　アラン・コルバン著，小倉孝誠監訳，梅沢礼，小池美穂訳　藤原書店　2014.3　①978-4-89434-957-5

◇呪われた画家たち—エル・グレコ、カラヴァッジョからロートレック、モディリ

アーニまで　モーリス・セリュラス著,藤田尊潮訳　八坂書房　2010.7
①978-4-89694-959-9

◇フランス「心霊科学」考—宗教と科学のフロンティア　稲垣直樹著　人文書院　2007.10　①978-4-409-04090-4
＊近代の申し子たる心霊科学—V・ユゴー、A・カルデック、C・フラマリヨン等々、近代西洋の心理科学者たちの一次資料を博捜踏査し、宗教と科学をめぐる今日的課題の淵源を探る知の考古学。

◇60戯画—世紀末パリ人物図鑑　鹿島茂著　中央公論新社　（中公文庫）　2005.10
①4-12-204598-3

◇この世でいちばん美しい愛の手紙　マドレーヌ・シャプサル編,平岡敦,松本百合子訳　ソニー・マガジンズ　（ヴィレッジブックス）　2003.11　①4-7897-2150-7

◇パリの王様たち—ユゴー・デュマ・バルザック三大文豪大物くらべ　鹿島茂著　文芸春秋　（文春文庫）　1998.1
①4-16-759001-8
＊ユゴー・デュマ・バルザック。ナポレオン神話が青年を捉えた時代のなかに、巨匠出現の必然性を見抜いて、三人の素顔に迫る傑作評伝。異性への多大な情熱に燃えるユゴー。"小説工房"の創始者デュマ。誇大妄想とさえいえる自信家バルザック。彼らはいかにして彼らになったのか。小説よりも奇なる巨匠の生涯。

◇世界人物逸話大事典　朝倉治彦,三浦一郎編　角川書店　1996.6　①4-04-031900-1
＊歴史上の人物の生き生きとした人間像を伝えるエピソードを多数紹介する事典。日本人によく知られた人物1883人を見出しに掲載。

◇パリの王様たち—ユゴー・デュマ・バルザック 三大文豪大物くらべ　鹿島茂著　文芸春秋　1995.1　①4-16-349820-6
＊名誉も金も女も欲しい。十九世紀のパリを舞台に、巨匠たちの、人間的な素顔を描ききる。

◇ヴィクトル・ユゴーと降霊術　稲垣直樹著　水声社　1993.3　①4-89176-283-7

◇人間と文学を語る—ロマン派の詩人ヴィクトル・ユゴーの世界　池田大作著　潮出版社　1991.4　①4-267-01256-3
＊不滅の作家ユゴー、その人と文学と人生。

ユスティニアヌス大帝

Justinianus Ⅰ, Flavius Anicius
482頃〜565　ユスティニアヌス1世とも。5・6世紀、ビザンチン皇帝（在位527〜565）。532年恒久的和約を結ぶ。

◇30の「王」からよむ世界史　本村凌二監修,造事務所編著　日本経済新聞出版社　（日経ビジネス人文庫）　2018.6
①978-4-532-19863-3

◇本当は偉くない？ 世界の歴史人物—世界史に影響を与えた68人の通信簿　八幡和郎著　ソフトバンククリエイティブ　（ソフトバンク新書）　2013.8
①978-4-7973-7448-3
＊古代から現代に至るまで、よく知られた帝王や政治家を68人選び、それぞれが世界史の中で果たした役割を、「偉人度」と「重要度」の2つの側面から10点満点で評価。世界史において偉人とされている人物たちの実像に迫る。

◇最後のローマ皇帝—大帝ユスティニアヌスと皇妃テオドラ　野中恵子著　作品社　2006.11　①4-86182-100-2
＊4世期末、ローマ帝国が再び東西に分かれたあと、ゲルマン民族の中に取り残された西の都ラヴェンナから、ローマの灯は消えてしまった。だが、帝国は東の都コンスタンティノポリスで命脈を保ち、ゆるぎない繁栄を築いていた。本書は、6世紀、その威信にかけて西方世界を取り戻し、「我らの海」にまたがる古の栄華を蘇らせた大帝ユスティニアヌス1世とその皇妃にして共治帝テオドラの、愛と野望の物語である。

◇皇帝ユスティニアヌス　ピエール・マラヴァル著,大月康弘訳　白水社　（文庫クセジュ）　2005.2　①4-560-50883-6
＊「帝国」の再興に心をくだいた、六世紀の偉大な皇帝—ユスティニアヌスは、世界の新たな統合原理となるキリスト教の教義論争に介入し、イデオロギーの統

ユリアヌス帝

一にも情熱を注いだ。本書は、当時の政治・経済の枠組を解説しながら、ユスティニアヌス帝の法制・行政改革や宗教政策など、多彩な事績の全貌を示す。

◇ローマ帝国衰亡史―ユスティニアヌスとビザンティン帝国　6　第39‐44章　エドワード・ギボン著, 朱牟田夏雄, 中野好之訳　筑摩書房　（ちくま学芸文庫）1996.5　Ⓘ4-480-08266-2
* ヨーロッパ古代世界に最大の版図をもち、多年隆盛を誇ったローマ帝国はなぜ滅びたのか。この「消えることのない、永遠の問い」に対する不朽の解答―18世紀イギリスの歴史家E・ギボンの名筆になる大歴史書の完訳。西ローマ帝国滅亡後、舞台はコンスタンティノポリスを首都とする東ローマ帝国に移る。この帝国の中興の祖とうたわれるユスティニアヌス帝と皇妃テオドラ、勇将ベリサリウスの時代を跡づけ、現代法律学にも影響を及ぼすローマ法とユスティニアヌス法典を語る。

ユリアヌス帝
Julianus, Flavius Claudius, Aposta
331～363　4世紀、ローマ皇帝（在位361‐3）。「背教者ユリアヌス」として知られるコンスタンチヌス大帝の甥。

◇ローマ帝政の歴史　1　ユリアヌス登場　アンミアヌス・マルケリヌス著, 山沢孝至訳　京都大学学術出版会　（西洋古典叢書）　2017.10　Ⓘ978-4-8140-0096-8

◇ユリアヌスの信仰世界―万華鏡のなかの哲人皇帝　中西恭子著　慶応義塾大学出版会　2016.10　Ⓘ978-4-7664-2382-2

◇ユリアヌス―逸脱のローマ皇帝　南川高志著　山川出版社　（世界史リブレット人）　2015.12　Ⓘ978-4-634-35008-3

◇ローマ人の物語　14　キリストの勝利　塩野七生著　新潮社　2005.12　Ⓘ4-10-309623-3
* ついにローマ帝国はキリスト教に呑み込まれる。四世紀末、ローマの針路を大きく変えたのは皇帝ではなく一人の司教であった。帝国衰亡を決定的にしたキリスト教の国教化、その真相に迫る。

◇辻邦生歴史小説集成　第5巻　背教者ユリアヌス　2　辻邦生著　岩波書店　1992.12　Ⓘ4-00-003675-0
* 奇しき生涯をたどる哲学者皇帝を主人公に、文学創造の根底に横たわる叙事詩の精神を現代に見事によみがえらせた現代文学の最高峰。

◇辻邦生歴史小説集成　第4巻　背教者ユリアヌス　1　辻邦生著　岩波書店　1992.11　Ⓘ4-00-003674-2
* 奇しき生涯をたどる哲学者皇帝を主人公に、文学創造の根底に横たわる叙事詩の精神を現代に見事によみがえらせた現代文学の最高峰。

【よ】

楊貴妃　ようきひ
719～756　8世紀、中国、唐の皇妃。永楽の出身。幼名、玉環。玄宗の寵愛を受けた。白居易の「長恨歌」など、多くの文学作品に登場する。

◇安禄山と楊貴妃 安史の乱始末記　藤善真澄著　清水書院　（新・人と歴史拡大版）　2017.7　Ⓘ978-4-389-44115-9

◇龍神楊貴妃伝　1　楊貴妃渡来は流言じゃすまない　蓑虫著　蓑虫工房　2017.5　Ⓘ978-4-9909604-0-7

◇龍神楊貴妃伝　2　これこそまさに楊貴妃後伝　蓑虫著　蓑虫工房　2017.5　Ⓘ978-4-9909604-1-4

◇96人の人物で知る中国の歴史　ヴィクター・H・メア, サンピン・チェン, フランシス・ウッド著, 大間知知子訳　原書房　2017.3　Ⓘ978-4-562-05376-6

◇中国おもしろ英傑伝　芝豪著　明治書院　（学びやぶっく）　2009.5　Ⓘ978-4-625-68417-3

◇歴史を騒がせた「悪女」たち　山崎洋子著　光文社　（知恵の森文庫）　2007.2

◇世界女性人名事典―歴史の中の女性たち　世界女性人名事典編集委員会編　日外アソシエーツ，紀伊国屋書店〔発売〕　2004.10　①4-8169-1800-0
①978-4-334-78468-3
◇楊貴妃文学史研究　竹村則行著　研文出版　2003.10　①4-87636-224-6
◇中国歴代皇帝人物事典　岡崎由美, 王敏監修　河出書房新社　1999.2
①4-309-22342-7
＊秦の始皇帝、前漢の劉邦、新の王莽、魏の曹丕、隋の煬帝、唐の李世民、元のフビライ、明の朱元璋、清の康熙帝など、中国歴代王朝の皇帝を紹介した人物事典。后妃・公主・宗室なども収録し、歴代宮都・陵墓も掲載。中国史重要人物索引付き。
◇愛された悪女と愛されない美女―中国の歴史を彩った女たち　藤水名子著　青春出版社　1998.9　①4-413-03109-1
＊絶世の悪女のしたたかな輝きと、絶世の美女のかくも凡庸ではかなき運命と。虞美人と呂后の違い、王昭君と西太后の違い。
◇国をゆるがす女たち　安西篤子, 中野美代子, 筧久美子著, 尾崎秀樹, 陳舜臣編　講談社　（中国の群雄）　1998.3
①4-06-191889-3
◇楊貴妃幻戯―伝奇小説　谷恒生著　ベストセラーズ　1997.11　①4-584-18417-8
◇中国ペガソス列伝―政治の記憶　中野美代子著　中央公論社　（中公文庫）　1997.8　①4-12-202915-5
＊武則天、楊貴妃、フビライ・ハーン、西太后、そして『三国演義』の英雄たち…。中国の政治という天空をペガソスのように駆け抜けた人物たちの軌跡を鮮やかなタッチで描いた評伝文学。
◇楊貴妃　宇田川芳郎著　日本図書刊行会　1997.3　①4-89039-389-7
＊中国史を転換した、傾国の美女。玄宗皇帝との世紀的ロマンスを「長恨歌」を折り混ぜて綴った必読の書。
◇楊貴妃―大唐帝国の栄華と暗転　村山吉広著　中央公論社　（中公新書）　1997.2

①4-12-101348-4
＊クレオパトラか楊貴妃か。世界の歴史上にかがやく絶世の美女の実像を求め、その残像をさぐる。大唐帝国をつくりあげた唐朝の栄華、大都長安にくりひろげられた玄宗と楊貴妃との絢爛たる生活、安史の乱によって一挙に暗転してしまった社会、その底に流れていたものは何であったのか。
◇世界人物逸話大事典　朝倉治彦, 三浦一郎編　角川書店　1996.6　①4-04-031900-1
＊歴史上の人物の生き生きとした人間像を伝えるエピソードを多数紹介する事典。日本人によく知られた人物1883人を見出しに掲載。
◇美姫の最期―中国艶妖伝　藤家礼之助著　南雲堂　1995.2　①4-523-26220-9
＊皇帝に寵愛された五人の美女妲己、驪姫、潘妃、張貴妃、楊貴妃の最期を生々しく描く。
◇艶 中国妖女伝―皇帝を魅了し操った十三人の女　村山孚著　学習研究社　（歴史群像新書）　1994.10　①4-05-400405-9
＊中国の歴史の陰には、激しい女の妖力が秘められている。希代の名君と謳われた殷の紂王をその魅力で虜にし、ついには国を滅ぼしてしまった「傾国の美女」妲己を初め、兄と近親相姦し、魯の君主である桓公を殺害させた文姜、その肌に触れた男を次々と不幸に陥れた絶世の美女・夏姫、大商人呂不韋の子を身籠ったまま、皇帝の嗣子と結婚し、後に秦の始皇帝となる男子を産み落とした歌姫の翠玉など、大国を揺るがせた女たちの全てが、ここに浮き彫りになる。
◇歴史を騒がせた "悪女" たち　山崎洋子著　講談社　1991.9　①4-06-205478-7
＊権力への野心、迸しる情熱、冷酷無比な横顔を見せつつ燦然と輝く女たちの魔性。「"伝説"になった女たち」に続く山崎洋子の女性評伝。
◇中国ペガソス列伝―武則天から魯迅まで　中野美代子著　日本文芸社　1991.5
①4-537-05001-2
＊女帝武則天、フビライ・ハーン、楊貴妃、西太后、三国の英雄、水滸の盗賊、

魯迅―。政治という天空を駆け抜けていったペガソスたちの鮮烈な軌跡を、鏤刻の文章で活写する異色の中国人物伝。付録、特別対談中野美代子vs松枝到。

楊堅　ようけん
⇒文帝（ぶんてい）

雍正帝　ようせいてい
1678～1735　世宗（清）（せいそう）とも。17・18世紀、中国、清朝の第5代皇帝（在位1723～1735）。姓、愛親覚羅。名、胤禛。諡、憲皇帝。廟号、世宗。康熙帝の第4子。

◇大清帝国への道　石橋崇雄著　講談社（講談社学術文庫）　2011.9
①978-4-06-292071-1

◇中国歴代皇帝人物事典　岡崎由美，王敏監修　河出書房新社　1999.2
①4-309-22342-7
＊秦の始皇帝、前漢の劉邦、新の王莽、魏の曹丕、隋の煬帝、唐の李世民、元のフビライ、明の朱元璋、清の康熙帝など、中国歴代王朝の皇帝を紹介した人物事典。后妃・公主・宗室なども収録し、歴代宮都・陵墓も掲載。中国史重要人物索引付き。

◇雍正帝―中国の独裁君主　宮崎市定著　中央公論社　（中公文庫）　1996.5
①4-12-202602-4
＊官吏が本当に政治を真面目にやろうと思えば、おたがいの交際などに費す時間も費用も出る筈がない。ところが…（「本文」より）。文武の功績多かった康熙帝61年の治世を引継いだ第五代雍正帝は、独得の奏摺政治をあみだし中国の独裁君主として徹底した独裁体制を確立してゆく。

◇宮崎市定全集　14　雍正帝　佐伯富ほか編纂　岩波書店　1991.10
①4-00-091684-X

煬帝　ようだい
569～618　楊広（ようこう）とも。6・7世紀、中国、隋朝の第2代皇帝（在位604～618）。本名、楊広。高祖楊堅の第2子。華北と江南を結ぶ大運河を建設。日本の遣隋使小野妹子に対し、答礼使裴世清を日本に派遣した。

◇隋の煬帝と唐の太宗―暴君と明君、その虚実を探る　布目潮渢著　清水書院　（新・人と歴史拡大版）　2018.5
①978-4-389-44127-2

◇96人の人物で知る中国の歴史　ヴィクター・H・メア，サンピン・チェン，フランシス・ウッド著，大間知知子訳　原書房　2017.3　①978-4-562-05376-6

◇しくじった皇帝たち　高島俊男著　筑摩書房　（ちくま文庫）　2008.1
①978-4-480-42399-3
＊父から受け継いだ巨額の富を浪費し、建国から二代で亡国の憂き目に遭った隋の煬帝。悪逆非道の暴君で名高いが、父を殺し帝位を奪ったのは事実か。祖父から帝位を継ぐや否や奸計を巡らし次々と叔父たちの王国を取り潰した明の建文帝。燕王率いる叛乱軍の侵攻による落城の猛火の中を逃げのびたとされるのは事実か。国家経営をしくじった二人の皇帝―その興亡の顛末をホントとつくり話の襞にわけいり、史実の闇に光をあてた歴史評伝。

◇中国皇帝列伝―歴史を創った名君・暴君たち　守屋洋著　PHP研究所　（PHP文庫）　2006.11　①4-569-66730-9

◇中国英傑伝　塚本青史著　小学館　2006.10　①4-09-387664-9

◇隋の煬帝　改版　宮崎市定著　中央公論新社　（中公文庫）　2003.3
①4-12-204185-6
＊父文帝を弑して即位した隋の第二代皇帝煬帝。中国史上最も悪名高い帝王の矛盾にみちた生涯を検証しつつ、混迷の南北朝を統一し、東洋史において重要な意義を持つ隋時代を詳察した名著。隋国号を考証する「隋代史雑考」併録。

◇中国歴代皇帝人物事典　岡崎由美，王敏監修　河出書房新社　1999.2
①4-309-22342-7
＊秦の始皇帝、前漢の劉邦、新の王莽、魏の曹丕、隋の煬帝、唐の李世民、元のフビライ、明の朱元璋、清の康熙帝など、

中国歴代王朝の皇帝を紹介した人物事典。后妃・公主・宗室なども収録し、歴代宮都・陵墓も掲載。中国史重要人物索引付き。

◇世界人物逸話大事典　朝倉治彦，三浦一郎編　角川書店　1996.6　①4-04-031900-1
＊歴史上の人物の生き生きとした人間像を伝えるエピソードを多数紹介する事典。日本人によく知られた人物1883人を見出しに掲載。

◇覇 中国大帝伝―大地を制圧した皇帝十二人　立間祥介著　学習研究社　（歴史群像新書）　1994.10　①4-05-400406-7
＊秦の始皇帝、漢の劉邦、唐の太宗、元のフビライ…彼ら建国の祖は、大地のつづくかぎり地平の彼方までをその手中に収めた。みずから歴史を築いた英雄たちの偉業は、現在も色あせることなく、燦然たる輝きを放っている。大河の流れのごとく、絶えることなく連綿とつづいた中国覇業の譜―。真の歴史が、ここにある。現代版『史記本紀』ついに完成。

ヨーゼフ2世　Joseph Ⅱ
1741～1790　18世紀、神聖ローマ皇帝（在位1765～1790）。マリア・テレジアの長男。

◇マリア・テレジアとヨーゼフ2世―ハプスブルク、栄光の立役者　稲野強著　山川出版社　（世界史リブレット人）　2014.2　①978-4-634-35056-4
＊ハプスブルク家のマリア・テレジアとヨーゼフ2世の母子君主は、啓蒙思想一色の18世紀のどのようにしてヨーロッパ屈指の伝統と権威をもつ王朝と国家を守ったのだろうか。そして彼らは目的をはたすために、どのように改革と外交を推進したのだろうか。また、そうした政策に母と子の価値観の相違はどのように投影されたのだろうか。それらの解明をとおして18世紀における中・東欧地域の複雑な様相とその時代状況を浮き彫りにする。

◇革命家皇帝ヨーゼフ二世―ハプスブルク帝国の啓蒙君主1741-1790　E.マホフスキー著，松本利香訳，倉田稔監修　藤原書店　2011.3　①978-4-89434-789-2

◇ハプスブルク帝国―ヨーロッパに君臨した七〇〇年王朝　新人物往来社編　新人物往来社　（ビジュアル選書）　2010.8　①978-4-404-03899-9

◇ハプスブルクの文化革命　山之内克子著　講談社　（講談社選書メチエ）　2005.9　①4-06-258340-2
＊豪華な儀式と祝祭でスペクタクルを演出し、視聴覚から臣民を従えたマリア・テレジア。庭園も舞踏会も一般公開する一方で、自分は宮廷に引きこもるヨーゼフ二世。同時代の記録に残された膨大な都市民の肉声から、啓蒙専制君主に再編される市民生活の相貌を活写する。

【ら】

ライト兄弟
Wright, Wilbur & Orville
（兄）1867～1912，（弟）1871～1948　19・20世紀、アメリカの発明家。航空界のパイオニア。兄ウィルバー、弟オーヴィルの2人。人類初の動力飛行に成功。研究者として航空技術の発展に貢献。

◇ライト兄弟―イノベーション・マインドの力　デヴィッド・マカルー著，秋山勝訳　草思社　2017.5　①978-4-7942-2278-7

◇近代発明家列伝―世界をつないだ九つの技術　橋本毅彦著　岩波書店　（岩波新書）　2013.5　①978-4-00-431428-8

◇航空人列伝―初飛行からジェットまで　鈴木五郎著　潮書房光人社　（光人社NF文庫）　2013.5　①978-4-7698-2782-5

◇神が愛した天才科学者たち　山田大隆著　角川学芸出版，角川グループパブリッシング〔発売〕　（角川ソフィア文庫）　2013.3　①978-4-04-409446-1

◇科学の偉人伝　白鳥敬著，現代用語の基礎知識編　自由国民社　（おとなの楽習　偉人伝）　2010.9　①978-4-426-11081-9

◇空気の階段を登れ―黎明期にはばたいた民間飛行家たち　新装版　平木国夫著　三樹書房　2010.7　①978-4-89522-552-6

◇病にも克った！ もう一つの「偉人・英雄」列伝―逆境は飛躍へのバネに　池永達夫著　コスモトゥーワン　2010.5　①978-4-87795-188-7

◇風に舞うライト兄弟の生涯　斎藤潔著　〔斎藤潔〕　2003.7

◇ライト兄弟―大空への夢を実現した兄弟の物語 僕達は空を飛びたい。 100th anniversary　富塚清著, 山崎明夫編　三樹書房　2003.5　①4-89522-322-1
＊1903年12月17日午前10時33分。今からちょうど100年前、人気のない砂浜でライト兄弟の発明した飛行機が飛んだ。その時間は12秒。人類史上初めての飛行は、こうしてひっそりと行なわれていたのだ。その後の歴史と文明に大きな変化をもたらした飛行機の発明は、名も知れない田舎の青年達が生み出していた。力をあわせて空への想いを実現し、今日のジェット機時代到来の基礎を築いた兄弟と、それを影になって支え続けた家族達の感動の開発ものがたり。

◇ライト兄弟の秘密―航空黎明期に何が起こったか　原俊郎著　叢文社　2002.10　①4-7947-0410-0
＊飛行機の創造に死闘するライト兄弟。飛行機の産業化に八面六臂のカーチス。そして、特許は発明家を守ったが、同時に産業発展の巨大障害物となった。発明と、その産業化普及の手法と、その後に発生する問題点に鋭く切り込んだ待望の発明物語。

◇ライト兄弟伝　斎藤潔著　『ライト兄弟伝』刊行会　1994.7

◇兄弟は他人のはじまりか？　日本テレビ放送網　（知ってるつもり?!）　1994.6　①4-8203-9414-2

◇ライト兄弟―空を飛ぶ夢をかけた男たち　ラッセル・フリードマン, 松村佐知子訳　偕成社　1993.10　①4-03-814140-3
＊大空を飛ぶ夢を追い続けた男たちの感動のドラマ。90年前、人類初の動力飛行機を作り、大空に飛び立ったライト兄弟。その知られざる努力と苦闘の生涯を描き、熱い感動をよぶ決定版伝記。ライト兄弟自身が撮影したオリジナル写真を90枚収録。

ライプニッツ
Leibniz, Gottfried Wilhelm von
1646～1716　17・18世紀、ドイツの哲学者、数学者。1675年独自に微積分法を確立。主著「形而上学叙説」。

◇メルロ＝ポンティ哲学者事典　第2巻　大いなる合理主義・主観性の発見　モーリス・メルロ＝ポンティ編著, 加賀野井秀一, 伊藤泰雄, 本郷均, 加国尚志監訳　白水社　2017.6　①978-4-560-09312-2

◇ライプニッツ　フランクリン・パーキンズ著, 梅原宏司, 川口典成訳　講談社　（講談社選書メチエ　知の教科書）　2015.5　①978-4-06-258603-0

◇哲学者たちのワンダーランド―様相の十七世紀　上野修著　講談社　2013.11　①978-4-06-218707-7

◇宮廷人と異端者―ライプニッツとスピノザ、そして近代における神　マシュー・スチュアート著, 桜井直文, 朝倉友海訳　書肆心水　2011.11　①978-4-902854-92-3
＊未邦訳のライプニッツ文書を渉猟し初めて明かされる哲学者ライプニッツの生身の姿。そして逆照射されるスピノザ革命の真価。廷臣ライプニッツは何に仕え、破門の異端者スピノザは何から自由であったのか。生きた哲学史の新しい風。

◇数学10大論争　ハル・ヘルマン著, 三宅克哉訳　紀伊国屋書店　2009.12　①978-4-314-01059-7

◇数学を育てた天才たち―確率、解析への展開　マイケル・J.ブラッドリー著, 松浦俊輔訳　青土社　（数学を切りひらいた人びと）　2009.4　①978-4-7917-9172-9

◇ライプニッツ　酒井潔著　清水書院　（Century books　人と思想）　2008.9　①978-4-389-41191-6
＊本書では人間ライプニッツの誠実さと自らの限界にまで至ろうとするかのよ

ライプニッツ

うな彼の壮烈な仕事ぶりの、その緊張感と全体像を明らかにする。

◇偉大な数学者たち　岩田義一著　筑摩書房　（ちくま学芸文庫）　2006.12
　①4-480-09038-X

◇物語近代哲学史　2　デカルトからカントまで　ルチャーノ・デ・クレシェンツォ著, 谷口伊兵衛, ジョバンニ・ピアッザ訳　而立書房　2005.7　①4-88059-321-4

◇ライプニッツの哲学―論理と言語を中心に　増補改訂版　石黒ひで著　岩波書店　2003.7　①4-00-002420-5

◇ライプニッツ―なぜ私は世界にひとりしかいないのか　山内志朗著　日本放送出版協会　（シリーズ・哲学のエッセンス）　2003.1　①4-14-009304-8
　＊世の中に、まったく同じ2枚の葉は存在しない。では、「唯一」とはどういうことか。天才ライプニッツの思想を"自分"を手がかりに解き明かす。

◇ライプニッツ〈試論〉　井上竜介著　晃洋書房　1999.10　①4-7710-1116-8

◇数理解析のパイオニアたち　ヴラディーミル・イーゴレヴィッチ・アーノルド著, 蟹江幸博訳　シュプリンガー・フェアラーク東京　1999.7　①4-431-70820-0
　＊20世紀の現代数学から見て、17世紀の天才たちはどこまで到達していたのだろうか？　本書は、現代ロシアの世界的数学者アーノルドが、17世紀のニュートンやホイヘンス等による近代数学の萌芽を振り返り、それらが200年後、300年後にどのような形で開花することになったかを独自の切り口で語ったものである。数学上の業績の解説だけではなく、ニュートンとライプニッツの先取権争いや、ニュートンとフックの確執など、伝記的な挿話も織り交ぜられ、生き生きとした興味深い読み物となっている。

◇ライプニッツ　新装版　永井博著　勁草書房　1997.11　①4-326-19820-6
　＊あらゆる学問に通暁し、学者として政治家として、個性的であると同時に普遍的であることをめざした生涯と思想。

◇数学をつくった人びと　上　E.T.ベル著, 田中勇, 銀林浩訳　東京図書　1997.10　①4-489-00528-8
　＊古今の数学者たちが生きた激動の時代を背景にその生涯を描く。全国学校図書館協議会選定図書。

◇神さまはサイコロ遊びをしたか―宇宙論の歴史　小山慶太著　講談社　（講談社学術文庫）　1997.3　①4-06-159271-8
　＊アインシュタインは、自身の相対性理論から発展した量子力学の確率的解釈に対して、「神さまはサイコロ遊びをしない」と非難した。宇宙を創造した神の意図を探りたいという好奇心から出発した自然科学は、天動説に固執した時代から四世紀を経て、ビッグバン理論を確立した。宇宙創成以前の時空が消滅する世界を解明せんとする現代まで、神に挑戦した天才物理学者達の苦闘を辿る壮大な宇宙論の歴史。

◇ライプニッツ―その思想と生涯　R.フィンスター, G.ファン・デン・ホイフェル著, 向井久雄訳　シュプリンガー・フェアラーク東京　1996.12　①4-431-70706-9
　＊数学、物理学、生物学、地質学、歴史学、法学、言語学、哲学、神学…あらゆる学問分野で第一級の活躍をした万能の天才の壮大な構想。

◇ライプニッツ　ルネ・ブーヴレス著, 橋本由美子訳　白水社　（文庫クセジュ）　1996.7　①4-560-05779-6
　＊ライプニッツは数学、論理学、言語学、物理学、神学等に偉大な足跡を残した万能の天才であった。だがもっとも大きな成果をもたらしたのが哲学の分野であり、ハイデガー、オルテガ、ドゥルーズらに多大な影響を及ぼした。世界を調和という観点から叙述したその「調和の哲学」を詳細に考察する。

◇ハイデッガーとライプニッツ　村上嘉隆著　村田書店　1993.7

◇ライプニッツの普遍計画―バロックの天才の生涯　E.J.エイトン著, 渡辺正雄ほか訳　工作舎　1990.1　①4-87502-163-1

ラヴォワジェ

ラヴォワジェ
Lavoisier, Antoine Laurent
1743〜1794　18世紀、フランスの化学者。
燃焼理論を確立（1774）。

◇ラヴォアジエ　新装版　中川鶴太郎著
清水書院　（Century Books　人と思想）
2016.5　①978-4-389-42101-4

◇面白すぎる天才科学者たち―世界を変えた偉人たちの生き様　内田麻理香著　講談社　（講談社プラスアルファ文庫）
2016.3　①978-4-06-281652-6

◇栄養学を拓いた巨人たち―「病原菌なき難病」征服のドラマ　杉晴夫著　講談社（ブルーバックス）　2013.4
①978-4-06-257811-0

◇神が愛した天才科学者たち　山田大隆著　角川学芸出版，角川グループパブリッシング〔発売〕　（角川ソフィア文庫）
2013.3　①978-4-04-409446-1

◇天才たちの科学史―発見にかくされた虚像と実像　杉晴夫著　平凡社　（平凡社新書）　2011.5　①978-4-582-85587-6

◇人物で語る化学入門　竹内敬人著　岩波書店　（岩波新書）　2010.3
①978-4-00-431237-6
＊世界は何からできているのか？　人間の手でまったく新しい物質をつくることはできるのか？　化学者たちの奮闘と発見の物語を通じて、化学の考え方が理解できる。革命の断頭台の露と消えたラヴォアジエ、フグ毒を解明した日本の化学者たち、失敗が生んだノーベル賞など、無限に広がる物質世界の探険記。

◇心にしみる天才の逸話20―天才科学者の人柄、生活、発想のエピソード　山田大隆著　講談社　（ブルーバックス）　2001.2
①4-06-257320-2

◇巨人の肩に乗って―現代科学の気鋭、偉大なる先人を語る　メルヴィン・ブラッグ著，熊谷千寿訳，長谷川真理子解説　翔泳社　1999.10　①4-88135-788-3
＊実は、地動説の証拠をまったく摑んでいなかったガリレオ。両親と非常に不仲で、焼き殺したいとさえ書いていたニュートン。「革命に科学者は要らず」の言葉と共に断頭台の露と消えたラボアジェ。製本職人から、英国で最も偉大な自然哲学者へと上りつめたファラデー。橋がないことに気付かないほど、抽象世界を彷徨ったポアンカレ。不倫スキャンダルに関して、ノーベル賞委員会と争ったキュリー夫人。現代科学の巨人が贈る、12人の偉人の知られざる姿。

◇消像画の中の科学者　小山慶太著　文芸春秋　（文春新書）　1999.2
①4-16-660030-3
＊コペルニクスから寺田寅彦、ホーキングまで、歴史に名を残す科学者二十五人の肖像画に眼をこらせば、そこには人間的な、余りにも人間的な素顔が炙り出されてくる。知らず知らずのうちに科学史を散歩できるミニ列伝。

◇道楽科学者列伝―近代西欧科学の原風景　小山慶太著　中央公論社　（中公新書）
1997.4　①4-12-101356-5
＊恵まれた才能と富を活かし、「学問という最高の道楽」を楽しんで、卓越した業績を挙げたディレッタントたち。華麗な恋の遍歴のはてにニュートンの『プリンキピア』仏訳を完成したシャトレ侯爵夫人、領地の森をフィールドに『博物誌』を著したビュフォン伯爵、大銀行の長男に生まれながら動物学者の道を歩んだウォルター・ロスチャイルドらの姿に、学問が職業として確立する以前の、好奇心と遊び心が融合した近代科学の"原風景"を見る。

◇ラボアジエ―1743-1794　エドアール・グリモー著，田中豊助ほか共訳　内田老鶴圃
1995.11　①4-7536-3116-8

◇アシモフの科学者伝　アイザック・アシモフ著，木村繁訳　小学館　（地球人ライブラリー）　1995.9　①4-09-251017-9
＊アルキメデスからアインシュタインまで先人たちが闘った歴史の裏側に見えてくるもの―科学は人間に本当の幸福をもたらしたのか。21世紀に向けて問いかけるSFの巨匠・アシモフの遺産。

◇ラヴォアジエ　中川鶴太郎著　清水書院
（Century books）　1991.11

①4-389-41101-2

ラクスマン
Laksman, Adam Kirillovich
1766～96以後　18世紀、ロシアの陸軍将校。日本の大黒屋光太夫の送還に同行し、ロシア最初の遣日使節として国交を要求した。

◇日露200年―隣国ロシアとの交流史　ロシア史研究会編　彩流社　1993.6
　①4-88202-263-X
＊光と影の分裂の時代から実像の時代に向けて、200年の足跡を検証し、新たな日ロ関係を考える。

◇光太夫とラクスマン―幕末日露交渉史の一側面　木崎良平著　刀水書房　（刀水歴史全書）　1992.3　①4-88708-134-0
＊「漂民大黒屋光太夫の数奇なる生涯」。世に伝わるフィクションを厳しく取り去った後に、事実の重みが読者に迫る。ソ連崩壊以前からロシア史を冷静に眺め続けた歴史学者が、旧来の「鎖国三百年史観」をうち破り、近代の夜明けの対外交渉の実情を知らせる。

ラシード・アッディーン
Rashīd al-Dīn Faḍl Allāh
1247頃～1318　13・14世紀、ペルシアの医師、政治家、歴史家。行政長官、宰相の地位につく。「集史」を著す。

◇世界伝記大事典　世界編　1～12　編集代表：桑原武夫　ほるぷ出版　1980.12～1981.6

ラシーヌ　Racine, Jean-Baptist
1639～1699　17世紀、フランスの劇作家。三大古典劇作家の一人。「アンドロマック」(1667) などの作品がある。

◇世界人物逸話大事典　朝倉治彦, 三浦一郎編　角川書店　1996.6　①4-04-031900-1
＊歴史上の人物の生き生きとした人間像を伝えるエピソードを多数紹介する事典。日本人によく知られた人物1883人を見出しに掲載。

◇ラシーヌと古典悲劇　アラン・ニデール著, 今野一雄訳　白水社　（文庫クセジュ）　1982.9

ラス・カサス
Las Casas, Bartolomé de
1474/84～1566　15・16世紀、スペインの聖職者。1512年司祭。43年チアパス司教。主著「インディアン史」(75)。

◇世界伝記大事典　世界編　1～12　編集代表：桑原武夫　ほるぷ出版　1980.12～1981.6

◇インディアスの発見―ラス・カサスを読む　石原保徳著　田畑書店　1980.11

ラッセル, バートランド
Russell, Bertrand Arthur William
1872～1970　19・20世紀、イギリスの哲学者、数学者、評論家。1950年ノーベル文学賞受賞。

◇ノーベル賞受賞者業績事典―全部門855人　新訂第3版　ノーベル賞人名事典編集委員会編　日外アソシエーツ, 紀伊國屋書店〔発売〕　2013.1　①978-4-8169-2397-5
＊1901年ノーベル賞創設時から2012年までの各分野の受賞者、受賞団体を収録。平和賞・文学賞・物理学賞・化学賞・生理学医学賞・経済学賞受賞者835人、20団体の業績を詳しく紹介。受賞辞退者についても収録対象とし、本文中にその旨を記載した。経歴・受賞理由・著作・参考文献を一挙掲載。

◇数学10大論争　ハル・ヘルマン著, 三宅克哉訳　紀伊國屋書店　2009.12
　①978-4-314-01059-7

◇ラッセル　新装版　碧海純一著　勁草書房　2007.5　①978-4-326-19824-5
＊生涯を辿り、思想の形成と発展を跡づけ、代表的な著作を解説する。

◇自伝的回想　新装版　バートランド・ラッセル著, 中村秀吉訳　みすず書房　2002.5　①4-622-05131-1

◇世界人物逸話大事典　朝倉治彦, 三浦一郎編　角川書店　1996.6　①4-04-031900-1

＊歴史上の人物の生き生きとした人間像を伝えるエピソードを多数紹介する事典。日本人によく知られた人物1883人を見出しに掲載。

◇彼らは何歳で始めたか　富永直久著　ダイヤモンド社　1991.10　①4-478-70066-4
◇インテレクチュアルズ　ポール・ジョンソン著，別宮貞徳訳　共同通信社　1990.9　①4-7641-0243-9
＊ルソーは子どもっぽい思想家、マルクスはめったに風呂に入らず金銭感覚はゼロ、ヘミングウェイは「行動」を口にするばかりで日々酒におぼれ、サルトルは「ことば」の洪水に次々と若い女性を引きずりこんだ。知の巨人たちの驚くべき実像。

ラッフルズ
Raffles, Sir Thomas Stamford
1781〜1826　18・19世紀、イギリスの植民地統治者。シンガポールの創設者。自由貿易港の建設を進めた。

◇「悪の歴史」東アジア編　下　南・東南アジア編　上田信編著　清水書院　2018.8　①978-4-389-50065-8
◇スタンフォード・ラッフルズ—シンガポールを創った男　ナイジェル・バーリー著，柴田裕之監訳　凱風社　1999.3　①4-7736-2308-X
＊19世紀初頭ナポレオンがヨーロッパを席巻していたころ東南アジアではイギリスとオランダがインドネシアの香料をめぐって覇権を争っていた。ここで頭角を現した一人の男がやがて商都シンガポールの建設を目指す。英蘭の植民地争奪期に現代インドネシア庶民の生活を重ねてスタンフォード・ラッフルズの波乱の生涯を再現する異色の歴史紀行書。

ラビン　Rabin, Yitzhak
1922〜1995　20世紀、イスラエルの政治家、軍人。イスラエル首相・国防相、イスラエル労働党党首。

◇悲しみと希望—ラビン首相の孫が語る祖父、国、平和　ノア・ベンアルツィ・ペロソフ著，石坂廬訳　ミルトス　2013.10　①978-4-89586-157-1
＊イツハク・ラビン首相は平和を願うゆえに、同胞に暗殺された。世界中が哀悼した、その悲しみの中から孫娘の著者は、真実の祖父の人柄を語り、その平和追求の理想とイスラエルの若者たちの気持ちをここに表現した。

◇ノーベル賞受賞者業績事典—全部門855人　新訂第3版　ノーベル賞人名事典編集委員会編　日外アソシエーツ，紀伊国屋書店〔発売〕　2013.1　①978-4-8169-2397-5
＊1901年ノーベル賞創設時から2012年までの各分野の受賞者、受賞団体を収録。平和賞・文学賞・物理学賞・化学賞・生理学医学賞・経済学賞受賞者835人、20団体の業績を詳しく紹介。受賞辞退者についても収録対象とし、本文中にその旨を記載した。経歴・受賞理由・著作・参考文献を一挙掲載。

◇世界を動かしたユダヤ人100人　マイケル・シャピロ著，大谷堅志郎訳　講談社　2001.8　①4-06-210832-1
◇遺志—ラビン暗殺からの出発NHKスペシャル家族の肖像　堅達京子著　日本放送出版協会　1998.5　①4-14-080327-4

ラ・ファイエット
La Fayette, Marie Joseph Paul Yves Roch Gilbert du Mot
1757〜1834　18・19世紀、フランスの軍人、政治家。アメリカ独立戦争に参加しワシントンを助けて活躍。

◇フランス革命の志士たち—革命家とは何者か　安達正勝著　筑摩書房　（筑摩選書）　2012.10　①978-4-480-01554-9
◇十七世紀のフランスのサロン—サロン文化を彩どる七人の女主人公たち　川田靖子著　大修館書店　1990.4　①4-469-25041-4
＊フランス文化の発展上、サロンの果した役割は、はかりしれない。宮廷の縦の人間関係よりも、サロンの横の関係のほうが、対話を花さかせ、自由な批評によって文芸を育てるには有効な環境であった。そしてそのサロンを動かしたのは女性たちであった。本書は、17

世紀フランスの著名なサロンの7人の女主人公たちと、サロンに集った文学者たちを描く。

ラファエロ　Raffaello Santi
1483〜1520　15・16世紀、イタリアの画家。ルネサンスの古典的芸術を完成した三大芸術家の一人。主作品は「システィナの聖母子」。

◇ラファエロ─作品と時代を読む　越川倫明, 松浦弘明, 甲斐教行, 深田麻里亜著　河出書房新社　2017.12
①978-4-309-25586-6

◇ラファエロ─アテネの学堂　マルコ・カルミナーティ著, 渡辺晋輔訳　西村書店東京出版編集部　(名画の秘密)　2015.10
①978-4-89013-732-9

◇「絶筆」で人間を読む─画家は最後に何を描いたか　中野京子著　NHK出版　(NHK出版新書)　2015.9
①978-4-14-088469-0

◇ルネサンス三巨匠の物語─万能・巨人・天才の軌跡　池上英洋著　光文社　(光文社新書)　2013.9　①978-4-334-03764-2
＊レオナルドとミケランジェロ、ラファエロ─1504年、フィレンツェで、1516年、ローマで、彼らはどう出会い、何を感じ、何を目指したのか。史実と仮説を織りまぜ、三巨匠たちの最初の邂逅からその後の運命まで、これまでになかった人間ドラマを描く。

◇ルネサンス天才の素顔─ダ・ヴィンチ、ミケランジェロ、ラファエロ三巨匠の生涯　池上英洋著　美術出版社　2013.9
①978-4-568-20261-8

◇西洋美術 巨匠たちの履歴書　木村泰司監修　宝島社　2013.7
①978-4-8002-1122-4

◇誰も知らないラファエロ　石鍋真澄, 堀江敏幸著　新潮社　(とんぼの本)　2013.3　①978-4-10-602242-5
＊ルネサンスの「理想美」を描いた早世の天才画家の、未だ知られざる貌。

◇天才力─三巨匠と激動のルネサンス：ダ・ヴィンチ ミケランジェロ ラファエロ　雨宮紀子著　世界文化社　2013.3
①978-4-418-13211-9
＊一五〇四年秋、シエナにいたラファエッロはフィレンツェを訪れる。壮麗なドゥオモがそびえるメディチ家の都。ここで、レオナルド・ダ・ヴィンチとミケランジェロがまさに一騎打ちともいうべき一大プロジェクトに挑戦するという…。勝敗の噂が渦巻き、市民はだれもが熱狂していた。群雄割拠のイタリアにあって、教皇庁とメディチ家がつばぜり合いを繰り返していた激動の時代。天才たちはこの「ルネサンス」という時間を駆け抜ける。レオナルド、ミケランジェロ、ラファエッロ。三巨匠の同時代に引き込まれる、芸術と覇権争いの歴史ロマン。

◇ルネサンス人物列伝　ロバート・デイヴィス, ベス・リンドスミス著, 和泉香訳　悠書館　2012.7　①978-4-903487-54-0

◇芸術家列伝　2　ボッティチェルリ、ラファエルロほか　ジョルジョ・ヴァザーリ著、平川祐弘, 小谷年司訳　白水社　(白水uブックス)　2011.7
①978-4-560-72123-0

◇イラストで読むルネサンスの巨匠たち　杉全美帆子著　河出書房新社　2010.4
①978-4-309-25529-3

◇もっと知りたいラファエッロ─生涯と作品　池上英洋著　東京美術　(アート・ビギナーズ・コレクション)　2009.12
①978-4-8087-0879-5

◇ルネサンス画人伝　新装版　ジョルジョ・ヴァザーリ著、平川祐弘, 小谷年司, 田中英道訳　白水社　2009.12
①978-4-560-08043-6

◇ラファエッロとジュリオ・ロマーノ─「署名の間」から「プシュケの間」へ　上村清雄著　ありな書房　2008.5
①978-4-7566-0800-0
＊ルネサンスの名画の中の名画『アテネの学堂』を見てから、そのままヴィラ・ファルネジーナに回り、クピドとプシュケの愛の物語の連作壁画を見よう。すると次は、マントヴァのパラッツォ・テの同じ主題の愛の物語に誘われるこ

ラプラース

とであろう。さあ、これから美と愛のイメージの旅に。

◇ラファエッロ―幸福の絵画　アンリ・フォション著,原章二訳　平凡社　（平凡社ライブラリー）　2001.10　①4-582-76412-6
＊黄金時代の夢、失われた古代の回復に、イタリア・ルネサンスの巨匠たちが情熱の限りを尽くしていたそのときに、何の私心も、無用な思想ももたずに大天使は古代からやってきた、天上の美を伝えるために―。フォションが描くラファエッロ。待望の名著初訳。

◇ローマ教皇事典　マシュー・バンソン著,長崎恵子,長崎麻子訳　三交社　2000.8　①4-87919-144-2

◇世界人物逸話大事典　朝倉治彦,三浦一郎編　角川書店　1996.6　①4-04-031900-1
＊歴史上の人物の生き生きとした人間像を伝えるエピソードを多数紹介する事典。日本人によく知られた人物1883人を見出しに掲載。

◇ヴァチカンのミケランジェロとラファエッロ―ボッティチェッリ、ペルジーノ、シニョレッリ、ギルランダイオ、ロッセッリ　システィナ礼拝堂、パオリーナ礼拝堂、ラファエッロのスタンツェ、ラファエッロのロッジア全作品日本語版　芳野明日本語版翻訳,林羊歯代日本語版翻訳　ミュージアム図書　1996.1　①4-944113-00-5

◇イタリア・ルネサンスの巨匠たち　20　ラファエロ　神聖な構図と運動の表現　ブルーノ・サンティ著,石原宏訳　東京書籍　1995.11　①4-487-76370-3

◇ラファエッロと古代ローマ建築―教皇レオ10世宛書簡に関する研究を中心に　小佐野重利,姜雄編　中央公論美術出版　1993.11　①4-8055-0273-8

ラプラース

Laplace, Pierre Simon, Marquis de
1749〜1827　18・19世紀、フランスの数学者。「天体力学」（全5巻、1799〜1825）を発表。

◇人間と社会を変えた9つの確率・統計学物語　松原望著　SBクリエイティブ　2015.4　①978-4-7973-7535-0

◇天文学をつくった巨人たち―宇宙像の革新史　桜井邦朋著　中央公論新社　（中公新書）　2011.9　①978-4-12-102130-4

◇科学者たちはなにを考えてきたか―見えてくる科学の歴史　小谷太郎著　ベレ出版　2011.8　①978-4-86064-294-5

◇50人の物理学者　I.ジェイムズ著,入江碧,入江克訳　シュプリンガー・ジャパン　2010.2　①978-4-431-10087-4

◇数学をつくった人びと　1　E.T.ベル著,田中勇,銀林浩訳　早川書房　（ハヤカワ文庫NF　数理を愉しむシリーズ）　2003.9　①4-15-050283-8

ラブレー　Rabelais, François

1494頃〜1553頃　15・16世紀、フランスの物語作家。「ガルガンチュアとパンタグリュエル物語」（5巻、1532〜1564）の作者。

◇ルネサンス人物列伝　ロバート・デイヴィス,ベス・リンドスミス著,和泉香訳　悠書館　2012.7　①978-4-903487-54-0

◇フランス・ルネサンスの世界　二宮敬著　筑摩書房　2000.3　①4-480-83808-2
＊エラスムス、ラブレー研究をはじめとするフランス・ルネサンス文学・歴史研究の第一人者の、深い学殖と厳しい実証性の上に立って織りなされた文業の精粋を集成する著作集。ユマニスム、活版印刷、書物、寛容論などのテーマを軸に、ルネサンスの真実に迫る白眉の論集。恩師・渡辺一夫氏への追懐を収録。

◇世界人物逸話大事典　朝倉治彦,三浦一郎編　角川書店　1996.6　①4-04-031900-1
＊歴史上の人物の生き生きとした人間像を伝えるエピソードを多数紹介する事典。日本人によく知られた人物1883人を見出しに掲載。

◇ロマン・ド・ラブレー　ミシェル・ラゴン著,榊原晃三訳　人文書院　1994.12　①4-409-13020-X

◇ラブレー出帆　荻野アンナ著　岩波書店　（Image collection精神史発掘）　1994.11　①4-00-003732-3

▌ラーマ4世　Rama Ⅳ
?～1868　19世紀、タイ、チャクリ朝の第4代王(在位1851～1868)。モンクット王とも呼ぶ。
◇現実主義者の選択─先哲の人生に学ぶ　松本正著　ホルス出版　2016.4
①978-4-905516-08-8
◇もうひとつの「王様と私」　石井米雄著　めこん　2015.1　①978-4-8396-0286-4

▌ラーマ5世　Rama Ⅴ
1853～1910　チュラロンコンとも。19・20世紀、タイのチャクリ王朝第5代の王(在位1868～1910)。チュラーロンコーン王ともいう。司法行政制度の西欧化、王族の欧米留学など一連の近代化政策を実施。
◇世界伝記大事典　世界編1～12　編集代表：桑原武夫　ほるぷ出版　1980.12～1981.6

▌ラーム・モーハン・ローイ
　Rām Mōhan Rōy
1772/74～1833　18・19世紀、インドの社会運動指導者。キリスト教の影響を受け、1828年にインド・ユニテリアン教会を設立。ヒンドゥー教内在の悪習の改革を目ざした。
◇近代インド思想の源流─ラムモホン・ライの宗教・社会改革　竹内啓二著　新評論　1991.3　①4-7948-0081-9
＊19世紀末から20世紀初頭のインドの社会宗教改革、民族運動に先駆的役割を果し、東洋と西洋の架橋をめざすブランモ協会を創設。近代インドの「父」の思想と生涯を詳述。

▌ラメス2世　Ramses Ⅱ
?～前1237頃　ラメセス2世とも。前13世紀、エジプト王朝の王(在位前1304～1237)。大王と呼ばれ、多くの都市や宮殿、要塞を築いた。
◇30の「王」からよむ世界史　本村凌二監修,造事務所編著　日本経済新聞出版社（日経ビジネス人文庫）　2018.6

①978-4-532-19863-3
◇英雄たちの食卓　遠藤雅司著　宝島社　2018.3　①978-4-8002-8132-6
◇本当は偉くない？　世界の歴史人物―世界史に影響を与えた68人の通信簿　八幡和郎著　ソフトバンククリエイティブ（ソフトバンク新書）　2013.8
①978-4-7973-7448-3
＊古代から現代に至るまで、よく知られた帝王や政治家を68人選び、それぞれが世界史の中で果たした役割を、「偉人度」と「重要度」の2つの側面から10点満点で評価。世界史において偉人とされている人物たちの実像に迫る。
◇世界一面白い古代エジプトの謎　ツタンカーメン/クレオパトラ篇　吉村作治著　中経出版　（中経の文庫）　2010.3
①978-4-8061-3663-7
◇神になった帝王―ラムセス2世の謎　P.ファンデンベルク著,坂本明美,田島亘裕訳　アリアドネ企画（アリアドネ古代史スペクタクル）　2001.10
①4-384-02682-X

▌ランケ　Ranke, Leopold von
1795～1886　18・19世紀、ドイツの歴史家。近代歴史学の創始者といわれる。
◇歴史の文体　ピーター・ゲイ著,鈴木利章訳　ミネルヴァ書房（Minerva21世紀ライブラリー）　2000.11　①4-623-02913-1
◇世界人物逸話大事典　朝倉治彦,三浦一郎編　角川書店　1996.6　①4-04-031900-1
＊歴史上の人物の生き生きとした人間像を伝えるエピソードを多数紹介する事典。日本人によく知られた人物1883人を見出しに掲載。

【り】

▌リウィウス　Livius
前59頃～後17頃　前1世紀、ローマ最大の歴史家。アウグッストゥス側近の文人。「ロー

マ史」を前27年頃から出版。
◇世界伝記大事典　世界編1～12　編集代表：桑原武夫　ほるぷ出版　1980.12～1981.6

リヴィングストン
Livingstone, David
1813～1873　19世紀、イギリスの探検家、伝道師。19世紀最大のアフリカ探検を行った。

◇夢と努力で世界を変えた17人―君はどう生きる？　有吉忠行著　PHP研究所　2015.2　①978-4-569-78439-7

◇歴史感動物語　12　世界史2　学研教育出版　2015.2　①978-4-05-501137-2, 978-4-05-811338-7

◇世界人物逸話大事典　朝倉治彦，三浦一郎編　角川書店　1996.6　①4-04-031900-1
＊歴史上の人物の生き生きとした人間像を伝えるエピソードを多数紹介する事典。日本人によく知られた人物1883人を見出しに掲載。

◇緑の魔界の探検者―リビングストン発見記　H.M.スタンリー著，仙名紀訳　小学館　（地球人ライブラリー）　1995.1　①4-09-251010-1

李淵　りえん
565～635　高祖（唐）（こうそ）とも。6・7世紀、中国、唐朝の創立者。本名李淵。武将李虎の孫とされている。618年煬帝が殺されると帝位にのぼり、唐朝を始めた。

◇中国歴代皇帝人物事典　岡崎由美，王敏監修　河出書房新社　1999.2　①4-309-22342-7
＊秦の始皇帝、前漢の劉邦、新の王莽、魏の曹丕、隋の煬帝、唐の李世民、元のフビライ、明の朱元璋、清の康熙帝など、中国歴代王朝の皇帝を紹介した人物事典。后妃・公主・宗室なども収録し、歴代宮都・陵墓も掲載。中国史重要人物索引付き。

リカード　Ricardo, David
1772～1823　18・19世紀、イギリス古典派経済学の完成者。投下労働価値説を唱えた。

◇天才経済学者たちの闘いの歴史―経済学史入門　中矢俊博著　同文舘出版　2014.3　①978-4-495-44151-7

◇リカードウ評伝―生涯・学説・活動　中村広治著　昭和堂　2009.5　①978-4-8122-0915-8
＊マルサスとともにスミスを継いで、イギリス古典派経済学を展開・発展させたディヴィッド・リカードウの生涯を辿り、その学説・活動の全体像を明らかにする。

◇賭けた儲けた生きた―紅花大尽からアラビア太郎まで　鍋島高明著　五台山書房，河出書房新社〔発売〕　2005.4　①4-309-90626-5

◇経済学をつくった巨人たち―先駆者の理論・時代・思想　日本経済新聞社編　日本経済新聞社　（日経ビジネス人文庫）　2001.7　①4-532-19072-X

◇経済学の歴史　根井雅弘著　筑摩書房　1998.10　①4-480-86703-1
＊現代経済学における理論と思想の関連を「知性史」の観点から追究、ケネーからガルブレイスまで、12名の経済学者を取り上げる。10年来の経済思想史研究の成果を問う渾身の書下し800枚。

◇貨幣の思想史―お金について考えた人びと　内山節著　新潮社　（新潮選書）　1997.5　①4-10-600515-8
＊本書はペティからケインズにいたるまでの経済学者の苦悩のあとを辿りつつ、貨幣の背後にある資本主義社会の架空性＝虚妄性をえぐり出す。著者のこれまでの、今の人間の生き方の空しさを告発する一連の仕事に貴重な一環をつけ加えた労作である。現代を理解する鍵となる好著である。

リー・クアンユー　Lee Kuan Yew
1923～2015　20世紀、シンガポールの客家（ハッカ）系華人政治家。漢字名は李光

耀。初代首相(在任1959〜1990)。
◇世界伝記大事典　世界編 1〜12　編集代表：桑原武夫　ほるぷ出版　1980.12〜1981.6

陸九淵　りくきゅうえん
1139〜1192　陸象山(りくしょうざん)とも。12世紀、中国、宋の思想家。名は九淵、字は子静、象山は号。諡は文安。心即理を唱えた。
◇人物　中国の歴史　7　陳舜臣編　集英社(集英社文庫)　1987.7　Ⓘ4-08-751069-7
＊唐末の混乱から、中国は"五代十国"と呼ばれる国家乱立時代に入る。やがてこの混乱から、趙匡胤が宋王朝を建立する。宋は文人政治を行ない、庶民の文化が興隆した。しかし、外に金・遼の異民族国家があって圧迫を受け、このため、内ではリゴリスティックな朱子学が成立し、以後の日本の社会まで多大な影響を与える。

陸象山　りくしょうざん
⇒陸九淵(りくきゅうえん)

李元昊　りげんこう
1003〜1048　11世紀、中国、西夏国の初代皇帝(在位1032〜1048)。別名、曩霄。諡、武烈。廟号、景宗。李徳明の子。
◇中国歴代皇帝人物事典　岡崎由美，王敏監修　河出書房新社　1999.2
Ⓘ4-309-22342-7
＊秦の始皇帝、前漢の劉邦、新の王莽、魏の曹丕、隋の煬帝、唐の李世民、元のフビライ、明の朱元璋、清の康熙帝など、中国歴代王朝の皇帝を紹介した人物事典。后妃・公主・宗室なども収録し、歴代宮都・陵墓も掲載。中国史重要人物索引付き。

李鴻章　りこうしょう
1823〜1901　19・20世紀、中国、清末の政治家。清末外交を一手に引受け、下関条約では全権大使として調印した。洋務運動を推進する漢人官僚の第一人者として活躍。
◇李鴻章の対日観―「日清修好条規」を中心に　白春岩著　成文堂　2015.5
Ⓘ978-4-7923-7104-3
◇李鴻章―東アジアの近代　岡本隆司著　岩波書店　(岩波新書)　2011.11
Ⓘ978-4-00-431340-3
＊近代世界に入る清朝の困難な舵取りをした政治家・李鴻章(一八二三‐一九〇一)。旧式のエリート官僚だった彼は、内乱の平定に貢献して官界最高の実力者に登りつめた。二十年間、「洋務」「海防」を主導して外国列強と渡り合うも、日清戦争で敗北を強いられる。その生涯を一九世紀・清朝末期という動乱の時代とともに描き出す比類なき評伝。
◇中国「宰相・功臣」18選―管仲、張良から王安石まで　狩野直禎著　PHP研究所(PHP文庫)　2008.3
Ⓘ978-4-569-66948-9
◇世界人物逸話大事典　朝倉治彦，三浦一郎編　角川書店　1996.6　Ⓘ4-04-031900-1
＊歴史上の人物の生き生きとした人間像を伝えるエピソードを多数紹介する事典。日本人によく知られた人物1883人を見出しに掲載。
◇中国近代史に於ける華北の風雲と天津　草田耕次著　近代文芸社　1995.7
Ⓘ4-7733-4102-5
＊中国側から先の大戦を検証。新たな史観を呈示するとともに現代の風潮に一石を投ずる訓戒の書。
◇朝鮮人物事典　木村誠，吉田光男，趙景達，馬淵貞利編　大和書房　1995.5
Ⓘ4-479-84035-4

リサール, ホセ
Rizal y Mercado, José
1861〜1896　ホセ・リサールとも。19世紀、フィリピンの愛国者、医者、著作家。1892年フィリピン連盟を組織。
◇世界の文学を語る　池田大作著　潮出版社　2001.11　Ⓘ4-267-01616-X
＊リサール協会キアンバオ会長、ケニア作家協会インダンガシ会長らと、世界

の文豪の"最高の人間学"をめぐり、その魅力を縦横に語り合う。

◇ホセ・リサール伝―伝記・J・リサール　花野富蔵著　大空社　（伝記叢書）　1995.10　Ⓘ4-87236-487-2

◇ホセ・リサールの生涯―フィリピンの近代と文学の先覚者　安井祐一著　芸林書房　1992.11　Ⓘ4-7681-5608-8

◇暁よ紅に―わが血もて染めよ　フィリピン独立運動の悲運のヒーロー　ホセ・リサール　カルロス・キリノ著，駐文館訳　（岡山）駐文館，星雲社〔発売〕　1992.1　Ⓘ4-7952-5663-2
　＊アキノ大統領とイメルダ夫人の拮抗…。政情不安。相次ぐ天災地変。進まぬ経済開発。苦難の途を歩むフィリピンの人々が、今心の灯とするのはホセ・リサールその人である。独立運動悲運の英雄35年の生涯を感動的に描くドキュメント。

▍**李斯**　りし
?～前210　前3世紀、中国、秦の政治家。秦の始皇帝に仕え、丞相となり法治主義をとった。

◇李斯の生涯から見た秦王朝の興亡　ダーク・ボッデ著，町谷美夫訳　ミヤオビパブリッシング　2018.7　Ⓘ978-4-8016-0142-0

◇中国「宰相・功臣」18選―管仲、張良から王安石まで　狩野直禎著　PHP研究所　（PHP文庫）　2008.3　Ⓘ978-4-569-66948-9

◇「勝敗」の岐路―中国歴史人物伝　村山孚著　徳間書店　（徳間文庫）　2006.10　Ⓘ4-19-892502-X

◇謀臣列伝　伴野朗著　実業之日本社　1998.10　Ⓘ4-408-53344-0
　＊英雄たちの華かな活躍の陰に、智略を持って仕える男たちがいた。主を求め諸国を渡り歩く彼らの苦難と栄光の軌跡を描く、中国歴史小説集。

◇中国宰相列伝―君主に仕え百官を率いる　守屋洋著　プレジデント社　1993.7　Ⓘ4-8334-1494-5
　＊上には君主を戴き、下には文武百官を従える。その狭間で呻吟し知恵を絞る「宰相型人材」。管仲から諸葛孔明、名宰相10人の軌跡に、その栄光と非命の分岐点を探る。

▍**李贄**　りし
1527～1602　李卓吾（りたくご）とも。16・17世紀、中国、明の思想家。名は贄、号は卓吾、宏父、禿翁など。儒、道、仏教に通じ、童心説を唱えた。主著に「焚書」「蔵書」など。

◇中国における近代思惟の挫折　2　島田虔次著，井上進補注　平凡社　（東洋文庫）　2003.9　Ⓘ4-582-80718-6

◇李卓吾―明末の文人　中国にとって思想とは何か　劉岸偉著　中央公論社　（中公新書）　1994.8　Ⓘ4-12-101200-3
　＊明末中国は既成の世界観が崩壊し、すべての価値観の再編が迫られる時代であった。五十歳を過ぎて「求道の巡礼」に向った李卓吾は、「知」と「言」の乖離する時代精神に抵抗して儒教の裏切者、異端と迫害され、ついに自刎した文人である。高踏的反俗性と草の根気質が合体した過激な言動は狂者を思わせたが、人間存在の意味を問う「性命の道」を貫いた後半生は中国哲学史の主流に連なり、そのラディカリズムは数百年を経て今日に蘇える。

▍**李自成**　りじせい
1606～1645　17世紀、中国、明末期の大農民反乱の指導者。米脂県（陝西省）の人。1643年西安を占領し、西京と改称、国を大順と号した。44年北京に入り、明を滅ぼす。

◇李自成―駅卒から紫禁城の主へ　佐藤文俊著　山川出版社　（世界史リブレット人）　2015.6　Ⓘ978-4-634-35041-0

◇中国歴代皇帝人物事典　岡崎由美，王敏監修　河出書房新社　1999.2　Ⓘ4-309-22342-7
　＊秦の始皇帝、前漢の劉邦、新の王莽、魏の曹丕、隋の煬帝、唐の李世民、元のフビライ、明の朱元璋、清の康熙帝など、

中国歴代王朝の皇帝を紹介した人物事典。后妃・公主・宗室なども収録し、歴代宮都・陵墓も掲載。中国史重要人物索引付き。

◇叛旗 小説李自成 上 姚雪垠著, 陳舜臣, 陳謙臣訳 徳間書店 （徳間文庫） 1992.9 ①4-19-597305-8
＊十七世紀、明朝末の中国。すでに朝は政事に節なく、異民族・満撻子の侵入はほしいまま。野には土匪あふれて、うちつづく凶作に貧窮した民心は、朱家明朝を離れた。反官蜂起した義軍十三家。なかに軍律厳しく、民衆救済を至高の軍紀とした魁雄一人、名を李自成・闖王。だが朝廷軍の各個撃破策に、闖王、孤塁を守るも、ついに潼関南原に壊滅的敗北を喫した。三国志に並ぶ壮大なスケールで描く中国歴史巨篇完訳。

◇叛旗 小説李自成 下 姚雪垠著, 陳舜臣, 陳謙臣訳 徳間書店 （徳間文庫） 1992.9 ①4-19-597307-4
＊官軍の重囲を、万死に一生を得て突破した闖王軍は、天険の地・商洛山中に兵馬を休めた。かつて十万を誇った軍勢もすでに数百騎。だが民心はすでに朝廷を離れたと信じる李自成は、食糧の欠乏と闘いながら練兵を重ねた。朝廷に投降した義軍に再蜂起の檄を飛ばした李闖王は、合従連衡の秘策を胸に、約束の再挙の日を待った…。中国近世史に燦然と輝く英雄を活写する歴史巨篇完結篇。

李時珍　りじちん
1523頃〜96頃　16世紀、中国、明代の医学者、本草学者。字は東璧。主著「本草綱目」。

◇96人の人物で知る中国の歴史　ヴィクター・H・メア, サンピン・チェン, フランシス・ウッド著, 大間知知子訳　原書房　2017.3　①978-4-562-05376-6

リシュリュー
Richelieu, Armand Jean du Plessis, Cardinal et Duc de
1585〜1642　16・17世紀、フランスの政治家、枢機卿。ルイ13世の宰相。

◇ルイ14世とリシュリュー──絶対王政をつくった君主と宰相　林田伸一著　山川出版社　（世界史リブレット人）　2016.4　①978-4-634-35054-0

◇英雄はいかに作られてきたか──フランスの歴史から見る　アラン・コルバン著, 小倉孝誠監訳, 梅沢礼, 小池美穂訳　藤原書店　2014.3　①978-4-89434-957-5

◇世界ナンバー2列伝──史上最強補佐役・宰相・顧問・右腕・番頭・黒幕・参謀　山田昌弘著　社会評論社　2013.11　①978-4-7845-1117-4
＊サブリーダー武勇伝！ 序列2位ヒーロー大全！ 国の主を祭り上げ、実権を握って、進むべき国の針路を切り開いた、歴史のもう一人の主人公達。国家元首じゃないのに国を導いた、歴史の名脇役達76人。

◇本当は偉くない？ 世界の歴史人物──世界史に影響を与えた68人の通信簿　八幡和郎著　ソフトバンククリエイティブ　（ソフトバンク新書）　2013.8　①978-4-7973-7448-3
＊古代から現代に至るまで、よく知られた帝王や政治家を68人選び、それぞれが世界史の中で果たした役割を、「偉人度」と「重要度」の2つの側面から10点満点で評価。世界史において偉人とされている人物たちの実像に迫る。

◇世紀の大スパイ 陰謀好きの男たち　柏原竜一著　洋泉社　2009.2　①978-4-86248-367-6
＊ノルマンディー上陸作戦の真の貢献者はダブルクロスだった！ コミンテルンはスパイ工場だった！ なぜナチスはスパイ狩りに成功し、英国は失敗したのか？ 最強の情報機関（SOE）を崩壊させたのは誰か？ 現実のほうがフィクションより面白い！ 華麗で残酷なスパイの世界。

◇黄昏のスペイン帝国──オリバーレスとリシュリュー　色摩力夫著　中央公論社　1996.6　①4-12-002595-0
＊十七世紀ヨーロッパの覇権をかけて壮絶な死闘を繰り広げたスペインとフランス──両国の宰相の思想と行動に焦点をあて

つつ三十年戦争への介入を通して「国民国家」が形成される過程を雄勁に描く。
◇世界人物逸話大事典　朝倉治彦，三浦一郎編　角川書店　1996.6　Ⓘ4-04-031900-1
＊歴史上の人物の生き生きとした人間像を伝えるエピソードを多数紹介する事典。日本人によく知られた人物1883人を見出しに掲載。

▎ **李舜臣**　りしゅんしん
1545〜1598　16世紀、朝鮮、李朝の武将。京畿道徳水の人。字、汝諧。壬辰倭乱（文禄・慶長の役）で日本水軍を撃破。
◇征韓論実相・文禄征韓水師始末朝鮮李舜臣伝　復刻版　煙山専太郎著，惜香生編　龍渓書舎　（韓国併合史研究資料）1996.11　Ⓘ4-8447-6458-6
◇李舜臣と秀吉―文禄・慶長の海戦　改訂　片野次雄著　誠文堂新光社　1996.7　Ⓘ4-416-99600-4
　＊朝鮮出兵は、陸上では加藤清正、小西行長らの侵攻で、秀吉の思うつぼだった。しかし海上では、朝鮮水軍の雄、李舜臣の活躍によって、日本は連戦連敗…。「李舜臣は、つねに国王の身代わりになって、いくさにのぞんでいるという実感があった…」。秀吉の野望をくじいた李舜臣の実像を史実にもとづいて再現する。秀吉の朝鮮出兵はなぜ失敗したか。救国の英雄・李舜臣と「亀甲船」の秘密を描くノンフィクション。著作活動を通して日韓友好に寄与した功績で、大韓民国政府から表彰された著者の話題作。
◇朝鮮人物事典　木村誠，吉田光男，趙景達，馬淵貞利編　大和書房　1995.5　Ⓘ4-479-84035-2
◇秀吉と戦った朝鮮武将　貫井正之著　六興出版　（ロッコウブックス）　1992.4　Ⓘ4-8453-5081-5
　＊日朝関係に悲しい傷を残した秀吉の野望に駆りたてられた小西行長・加藤清正ら日本軍、抗する李舜臣そして郭再祐ら義兵軍。双方の行動と複雑な思惑を、片寄りのない視点とみずからの足で洗い直す。

◇乱中日記　李舜臣著，若松実訳注　日朝協会愛知県連合会　1991.2

▎ **リスト**　List, Friedrich
1789〜1846　18・19世紀、ドイツの経済学者。主著『政治経済学の国民的体系』（1841）。
◇異色の経済学者フリードリッヒ・リスト　諸田実著　春風社　2018.1　Ⓘ978-4-86110-576-0
◇F.リスト研究―自治・分権思想と経済学　片桐稔晴著　中央大学出版部　（中央大学学術図書）　2015.3　Ⓘ978-4-8057-2184-1
◇ジェファスンと高弟達のアメリカ　熊田正次著　歴史春秋出版　（トーマス・ジェファスン研究）　2011.9　Ⓘ978-4-89757-771-5
◇晩年のフリードリッヒ・リスト―ドイツ関税同盟の進路　諸田実著　有斐閣　2007.4　Ⓘ978-4-641-16291-4
◇経済学者物語―時代をリードした俊英たち　石沢芳次郎著　産業経済研究会，東方書林〔発売〕　2003.3　Ⓘ4-924979-60-0

▎ **李成桂**　りせいけい
1335〜1408　太祖（李朝）（たいそ）とも。14・15世紀、朝鮮、李朝の初代王（在位1392〜1398）。字、仲潔、のち君晋。号、松軒。諱、旦。廟号、太祖。
◇李成桂―天翔る海東の龍　桑野栄治著　山川出版社　（世界史リブレット人）　2015.10　Ⓘ978-4-634-35037-3
◇朝鮮人物事典　木村誠，吉田光男，趙景達，馬淵貞利編　大和書房　1995.5　Ⓘ4-479-84035-2

▎ **李世民**　りせいみん
⇒太宗（唐）（たいそう）

▎ **李大釗**　りたいしょう
1889〜1927　19・20世紀、中国、民国の思想家。河北省楽亭県出身。字、守常。1921年中国共産党結成の際の創設者の一

人で、初期中国共産党の中心人物。張作霖によって逮捕、処刑された。論文に「現在」、「庶民の勝利」、「ボルシェビズムの勝利」(18) など。

◇中国共産党を作った13人　譚璐美著　新潮社　(新潮新書)　2010.4
ⓘ978-4-10-610359-9

◇中国マルクス主義の原像―李大釗の体用論的マルクス主義　木下英司著　新泉社　2000.9　ⓘ4-7877-0002-2
＊中国現体制の根本原理はここから始まる。20世紀前半、列強による侵略と軍閥割拠の中国で、民衆による中国解放の理論と運動づくりに苦闘した、中国共産党創立者の一人、李大釗の思想を詳細に検討する。

▌李卓吾　りたくご
　⇒李贄 (りし)

▌リチャード1世
Richard Ⅰ, Coeur de Lion
1157〜1199　獅子心王 (ししんおう) とも。12世紀、プランタジネット朝第2代のイングランド王 (在位1189〜1199)。ヘンリー2世の第3子。

◇本当は偉くない？　世界の歴史人物―世界史に影響を与えた68人の通信簿　八幡和郎著　ソフトバンククリエイティブ　(ソフトバンク新書)　2013.8
ⓘ978-4-7973-7448-3
＊古代から現代に至るまで、よく知られた帝王や政治家を68人選び、それぞれが世界史の中で果たした役割を、「偉人度」と「重要度」の2つの側面から10点満点で評価。世界史において偉人とされている人物たちの実像に迫る。

◇リチャード獅子心王　レジーヌ・ペルヌー著, 福本秀子訳　白水社　2005.3
ⓘ4-560-02605-X
＊戦いに明け暮れた勇猛な騎士にして、優れた吟遊詩人―中世の伝説的英国王の全貌。

◇英国王室史話　上　森護著　中央公論新社　(中公文庫)　2000.3　ⓘ4-12-203616-X

▌リッチ, マテオ　Ricci, Matteo
1552〜1610　利瑪竇 (りまとう) とも。16・17世紀、イタリアのイエズス会士。カトリック布教の最初の中国伝道者。中国名は利瑪竇。著書「坤輿万国全図」など。

◇利瑪竇―天主の僕として生きたマテオ・リッチ　ジャック・ベジノ著, 田島葉子, 永井敦子, 白数哲也訳　サンパウロ　2004.4　ⓘ4-8056-8031-8

◇マッテオ・リッチ伝　3　平川祐弘著　平凡社　(東洋文庫)　1997.12
ⓘ4-582-80627-9
＊宣教師リッチの思想は、明末の中国のみならず当時のヨーロッパ、日本、朝鮮に伝わり、幾多の論争・著作を生んだ。比較文化史上の巨人の足跡を辿る決定的評伝、遂に完結。

◇マッテオ・リッチ伝　1　平川祐弘著　平凡社　(東洋文庫)　1997.10
ⓘ4-582-80141-2
＊マッテオ・リッチ、漢名利瑪竇は明末の中国に渡り、西洋の知識・文化を伝えたイエズス会の宣教師。東西の文化交流の道筋を拓いた、ユニークで先駆的な彼の生涯を描く評伝。

◇マッテオ・リッチ伝　2　平川祐弘著　平凡社　(東洋文庫)　1997.10
ⓘ4-582-80624-4
＊『天主実義』など多数の著作を達意の漢文で叙述したリッチは、中国文化に深い理解を示すが故に、東西文化の葛藤をも深く味わった。近世「世界人」の決定的評伝。

▌李登輝　りとうき
1923〜　20世紀、台湾の政治家。台湾総統、台湾国民党主席。

◇指導者とは何か　李登輝著　PHP研究所　(PHP文庫)　2015.5
ⓘ978-4-569-76338-5

◇台湾民主化のかたち―李登輝総統から馬英九総統まで　浅野和生編著　展転社　2013.12　ⓘ978-4-88656-394-1
＊李登輝政権の発足から二十五年。台湾の民主化は、台湾生まれの本省人であ

李登輝

る李登輝総統の誕生により本格化した。民主化二十五年の台湾を振り返り、「台湾民主化のかたち」を描き出す。

◇哲人政治家 李登輝の原点　黄文雄著　ワック　（Wac bunko）　2011.8　①978-4-89831-649-8
　＊李登輝は、アジアではなく「世界の哲人」だ。李登輝の行動と思想を支えてきた心と精神の世界とは—。中国に屈することなく「新台湾人」のアイデンティティを確立し、日本の文化・精神を知り尽くした哲人政治家のすべて。

◇為政者の器—現代の日本に求められる政治家像　丹羽文生著　春日出版　2009.8　①978-4-86321-193-3

◇「生きる」ための往生—李登輝台湾前総統恩師柏祐賢の遺言　柏久編著　昭和堂　2007.7　①978-4-8122-0748-2

◇李登輝実録—台湾民主化への蔣経国との対話　李登輝著，中嶋嶺雄監訳，渋谷司，清水麗，山崎直也，山本秀也，吉川直矢，米岡哲志訳　産経新聞出版，扶桑社〔発売〕　2006.5　①4-594-05003-4
　＊蔣経国を引き継いで登場した台湾人総統のデモクラシーと誇り。直筆メモから浮かび上がる独裁から民主への李登輝の信念を初公開！　インタビューと日録（1984〜88）が台湾の主権確立への道を物語る。

◇李登輝学校の教え　李登輝，小林よしのり著　小学館　（小学館文庫）　2003.10　①4-09-405791-9

◇国際政治の狭間にて　簡璋輝著　新風舎　2003.5　①4-7974-3047-8
　＊李登輝前台湾総統の姿と、自らの半生を国際政治の怒濤の中で描く自叙伝。

◇虎口の総統李登輝とその妻　上坂冬子著　文芸春秋　（文春文庫）　2001.10　①4-16-729813-9
　＊日本統治下の台湾に生まれた李登輝夫妻の人生はそのまま台湾の戦後史である。国民党に入党し、台湾生まれの本省人として初めて総統・国民党主席の地位につき、総統直接選挙にも勝利を収める。そして12年にわたる総統の地位を退いた現在の日々。夫妻への徹底

インタビューを通して描かれた知られざる台湾の真実。

◇李登輝学校の教え　李登輝，小林よしのり著　小学館　2001.8　①4-09-389052-8

◇虎口の総統李登輝とその妻　上坂冬子著　講談社　2001.4　①4-06-210700-7
　＊中国共産党と宿命的に対峙しながら台湾に奇跡の繁栄と民主化をもたらした台湾人の総統!!総統夫妻の歴史を通して台湾人の悲哀と台湾の真実に迫る。

◇一つの中国一つの台湾—江沢民vs李登輝　楊中美著，趙宏偉，青木まさこ編訳　講談社　（講談社＋α新書）　2000.10　①4-06-272044-2

◇李登輝新台湾人の誕生　角間隆著　小学館　（小学館文庫）　2000.9　①4-09-403694-6
　＊在任十二年間で台湾を世界最高水準の民主主義経済大国に育て、中華人民共和国政府とも矜持を持って対峙し続けた李登輝前総統。著者は、2000年5月の陳水扁新総統の就任で表舞台を去って間もない李登輝氏を、台北郊外の自宅に訪ねた。京都帝国大学在学時の思い出に始まり、台湾新政権へのスムーズな移譲、中国指導者らの人物評と、話題は多岐にわたった。無私の心で現在まで台湾をリードしてきた、李登輝氏の哲学者を思わせる珠玉の言葉から、日本人が忘れかけている「国家と民主主義」の本質が浮かび上がる。

◇台湾の主張　李登輝著　PHP研究所　1999.6　①4-569-60640-7

◇蔣経国と李登輝—「大陸国家」からの離陸？　若林正丈著　岩波書店　（現代アジアの肖像）　1997.6　①4-00-004400-1

◇李登輝伝　伊藤潔著　文芸春秋　1996.2　①4-16-351170-9
　＊北京がもっとも怖れる男。初の本格的伝記。北京の恫喝と脅威の中で、「台湾の奇跡」はいかにして起こったか。初の台湾人総統として台湾とアジアの運命を変えた男の政治的軌跡。

◇台湾に三巨人あり　趙賢明著，若宮清訳　講談社　1994.5　①4-06-207011-1
　＊一人当たりGNPを二十年で十五倍に伸

ばした台湾の奇跡と現状を三巨人の足跡にみる。

◇李登輝―中華民国総統の横顔とその実力　松本一男著　PHP研究所　1994.3
①4-569-54256-5

◇李登輝の一千日―政治改革と権力闘争の相関関係　周玉蔲著．本田伸一訳　連合出版　1994.2　①4-89772-106-7
＊台湾の運命は、今や確実に台湾住民の手に握られることになった。それは困難な民主化の過程を経て得られたものである。本省人初の台湾総統が誕生したとき、国民党長老や保守派は実権のない総統の下での集団指導体制を期待した。一方、議会の全面改選、国際舞台への復帰などをめざす李登輝は強力なリーダーシップを求めた。だが、大胆な政治改革は熾烈な権力闘争を招かざるをえない。次々と布陣を変えて展開される政治ドラマの内幕を、台湾の女性記者が生き生きと描く。

李白　りはく
701〜762　8世紀、中国、盛唐の詩人。字、太白。号、青蓮居士。杜甫と共に李杜と称される。詩文集「李太白集」。

◇96人の人物で知る中国の歴史　ヴィクター・H・メア，サンピン・チェン，フランシス・ウッド著，大間知知子訳　原書房　2017.3　①978-4-562-05376-6

◇天空の詩人李白　陳舜臣著　講談社　2017.1　①978-4-06-220419-4

◇詩仙とその妻たち―李白の実像を求めて　筧久美子著　研文出版　（研文選書）　2012.11　①978-4-87636-348-3

◇李白―漂泊の詩人その夢と現実　金文京著　岩波書店　（書物誕生　あたらしい古典入門）　2012.10　①978-4-00-028302-1
＊自らを「山人」と称する李白。ロマンチックな夢をかきたてる旅も詩作も、実は功名への野望と分ちがたく結びついていた。なぜ、中国のほぼ全域を巡るほど旅の多い人生を送ったのか。シルクロードの交易を担ったソグド人やバクトリア人の商人たちと、李白の出生地の関係に注目し、杜甫や高適など他の「山人」的な詩人たちとの交流のさまを窺いながら、その理由を探る。

◇陶淵明と白楽天―生きる喜びをうたい続けた詩人　下定雅弘著　角川学芸出版　（角川選書）　2012.6　①978-4-04-703508-9

◇40歳になったら読みたい李白と杜甫　野末陳平著　青春出版社　（青春新書インテリジェンス）　2011.10
①978-4-413-04337-3
＊千二百年以上も前に詠まれた詩が、今も多くの人に読み継がれている李白と杜甫。酒を愛し、旅と自由を愛し、玄宗皇帝と楊貴妃のそばで宮廷詩人として人気を博した詩仙・李白と、家族を愛し貧窮の中で人生を見つめ、社会派詩人として詩聖の地位を確立した杜甫。中国を代表する世界的に有名な詩人が、どういう人生を歩みどう生きたのか、二人の足跡をたどる―。

◇李白　杜甫―詩仙、天衣無縫を詠い詩聖、悲憤慷慨を詠う　山口直樹著　学研パブリッシング　2011.9　①978-4-05-405037-2
＊代表作品七十四首と李白・杜甫が詠った唐詩の原風景を詩情豊に再現した「写真漢詩」。作品解説・小伝・撮影ノート・史跡ガイド・年譜。

◇李白―巨大なる野放図　宇野直人，江原正士著　平凡社　2009.2
①978-4-582-83424-6
＊旅に暮らし、酒と月と伝説を愛した男の漢詩に酔い、挫折の人生に涙する。"詩仙"と呼ばれた大詩人の作品と生涯をわかりやすく辿った決定版。

◇杜甫・李白・白楽天―その詩と生涯　中国の三大詩人　福地順一著　鳥影社　2007.12　①978-4-86265-089-4

◇李白　宇野直人著　日本放送出版協会　（NHKシリーズ　NHK古典講読・漢詩）　2007.4
①978-4-14-910623-6

◇李白と杜甫―漂泊の生涯　荘魯迅著　大修館書店　2007.1　①978-4-469-23241-7
＊権力の関わるところに、正義などあるのか？　激動の時代を生きた詩人たちの生涯を、大胆な小説的構想も交えなが

ら骨太に描く、長編評伝。

◇中国古典詩学への道　松浦友久著　研文出版　（松浦友久著作選）　2005.5
　④4-87636-250-5

◇李白　筧久美子著　角川書店　（角川文庫　角川ソフィア文庫　ビギナーズ・クラシックス中国の古典）　2004.10
　④4-04-367502-X

◇李太白伝　岡野俊明著　作品社　2002.9
　④4-87893-507-3
　＊世の常道を歩むことを拒んだ李白が生涯追い求めたものとは―唐代の群像の中に描き出した本格的詩人伝。

◇物語・唐の反骨三詩人　荘魯迅著　集英社　（集英社新書）　2002.2　④4-08-720130-9
　＊中国・唐代の詩は、千年以上前に作られたものである。本書でとりあげた三人の詩人、陳子昂、孟浩然、李白たちは多くの名詩を生みだした。紡ぎだされた詩は魂の叫びであり、心の歌である。鋭い感受性で人生の真意を観照し、社会の陋習と烈しくぶつかり、波乱万丈に生きてこそその詩なのだ。本書は彼らの詩文と、さまざまな史料、伝説を照らし合わせ、三人の生涯を細心に分析、推理し、その知られざる愛と反逆のロマンを描く。

◇随縁護花　陳舜臣著　集英社　（集英社文庫）　1998.8　④4-08-748845-4
　＊紀元前三世紀、秦の始皇帝の命を受け不老不死の薬を求めて東の蓬莱に向かった琅邪国の徐福。それから二千年後、革命途中の孫文は神戸に立ち寄り「日本は覇道をとるのか王道をとるのか」と日本国民に問いかけた。古代から近代までの日中往還の歴史を語る第一部。他に諸葛孔明、ジンギス汗などを素材にした「中国歴史拾遺」、李白、杜甫ほかの「中国詩人列伝」を収録。

◇李白と杜甫　高島俊男著　講談社　（講談社学術文庫）　1997.8　④4-06-159291-2
　＊中国唐代は高名な詩人を輩出したが、なかでも李白と杜甫はひときわ強い光を放っている。七四四年、この両者は唐の副都洛陽で世に名高い奇跡的な邂逅をした。本書は、この時から一年余の交遊を振出しに、広大な中国全土を旅から旅へと明け暮れた二人の変転きわまる生涯をたどり、さまざまな詩の形式ごとに李・杜を比較、考察する。現代語訳をこころみ、李白の奔放、杜甫の沈鬱を浮彫りにした意欲作。

◇李白―詩その思想と人生　安楽充郎著　かや書房　1996.12　④4-906124-23-2
　＊詩、その思想と人生。

◇李白　李白著，青木正児著　集英社　（漢詩選）　1996.10　④4-08-156108-7

◇世界人物逸話大事典　朝倉治彦，三浦一郎編　角川書店　1996.6　④4-04-031900-1
　＊歴史上の人物の生き生きとした人間像を伝えるエピソードを多数紹介する事典。日本人によく知られた人物1883人を見出しに掲載。

◇風呂で読む李白　筧文生著　世界思想社　1996.6　④4-7907-0595-1
　＊飄逸と情熱、月下独酌の詩仙。

◇李白―奔放の詩人詩仙、天衣無縫を詠う　山口直樹写真・著　学習研究社　（Gakken graphic books）　1995.5
　④4-05-400203-X

◇李白　A.ウェイリー著，小川環樹訳，栗山稔訳　岩波書店　（岩波新書評伝選）　1994.10　④4-00-003861-3

◇李白伝記論―客寓の詩想　松浦友久著　研文出版　1994.9　④4-87636-120-7

◇李白―その人と文学　王運熙，李宝均著，市川桃子訳　日中出版　（中国古典入門叢書）　1992.1　④4-8175-1201-6

◇李白　詩と生涯　秦泥著，韓美津，陳憶青訳　徳間書店　（徳間文庫）　1991.7
　④4-19-599346-6
　＊李白は盛唐期中国の代表的詩人。『詩仙』といわれる。父は西域貿易の大商人であったという。少年期に四川省に移り、二十歳頃から任俠の徒と交わり四川各地を歩き、以後、生涯、天下を遍歴する。四十二歳で長安に出て、友人の推薦で翰林供奉となり詩人としての立場を築くが、奔放な性格なため、わずか三年で長安を追放される。本書は世界屈指の詩人の波瀾万丈な生涯と豪快な詩風を紹介する日中共同企画出版。

リープクネヒト, カール
Liebknecht, Karl
1871～1919　19・20世紀、ドイツの左派社会主義運動の指導者。W.リープクネヒトの子。

◇ローザ・ルクセンブルク選集　4　1916 - 1919　ローザ・ルクセンブルク著, 田窪清秀, 高原宏平, 野村修, 救仁郷繁, 清水幾太郎訳　現代思潮新社　2013.9　①978-4-329-02071-0

◇獄中からの手紙―ゾフィー・リープクネヒトへ　ローザ・ルクセンブルク著, 大島かおり編訳　みすず書房　(大人の本棚)　2011.4　①978-4-622-08088-6
＊自然とののびやかな交感、芸術への絶えざる思い、そして人間への、世界へのかぎりない愛。ポーランド出身の革命家・思想家が、獄中からゾフィー・リープクネヒトに宛てた朽ちることのない書簡35通(1916 - 1918)。新訳・新編集。

◇ニーチェからスターリンへ―トロツキー人物論集「1900-1939」　トロツキー著, 森田成也, 志田昇訳　光文社　(光文社古典新訳文庫)　2010.3　①978-4-334-75202-6

竜樹　りゅうじゅ
150頃～250頃　ナーガールジュナとも。2・3世紀頃、インドの仏教学者。大乗仏教を確立した高僧。漢字名は竜樹。「中論」を著す。

◇ブッダの伝道者たち　釈徹宗著　角川学芸出版, KADOKAWA〔発売〕　(角川選書)　2013.7　①978-4-04-703528-7

◇龍樹―あるように見えても「空」という　石飛道子著　佼成出版社　(構築された仏教思想)　2010.9　①978-4-333-02461-2

◇大日経の真髄を解く―神変・大乗密教の奥義　安達駿著　たま出版　2009.9　①978-4-8127-0289-5
＊空海は、大日経の中に何を発見したのか?!大乗密教の聖典である「大日経」を、その歴史的経緯から奥義までわかりやすく解説。同時に、空海の真の人物像に迫る。

◇呼応の教学―七高僧と親鸞　花井性寛著　白馬社　2006.8　①4-938651-60-2

◇三枝充悳作集　第5巻　竜樹　三枝充悳著　法蔵館　2004.9　①4-8318-3370-3

◇竜樹　中村元著　講談社　(講談社学術文庫)　2002.6　①4-06-159548-2
＊一切は空である。あらゆるものは真実には存在せず、見せかけだけの現象にすぎない。仏教思想の核心をなす「空」の思想は、千八百年前の知の巨人竜樹により理論化された。インド・中国思想に決定的影響を与え、奈良・平安仏教でも「八宗の祖師」と讃えられたその深く透徹した思考が、仏教学・インド哲学の世界的権威の手で、『中論』全文とともに今甦る。

◇夢幻論―永遠と無常の哲学　重久俊夫著　中央公論事業出版　2002.4　①4-89514-179-9

◇竜樹・親鸞ノート　増補新版　三枝充悳著　法蔵館　1997.3　①4-8318-7147-8
＊大乗仏教の祖龍樹と浄土真宗の祖親鸞を論じた記念碑的名著の待望久しい増補復刊。

◇<仏念>に生きる―「易行品」を読み解く　関根信夫著　春秋社　1996.11　①4-393-14388-4

◇浄土仏教の思想　第3巻　竜樹・世親　梶山雄一ほか編　武内紹晃著　講談社　1993.5　①4-06-192573-3

劉秀　りゅうしゅう
前6～後57　光武帝(後漢)(こうぶてい)とも。前1・後1世紀、中国、後漢の初代皇帝(在位25～57)。姓名は劉秀。廟号は世祖。前漢の高祖劉邦の9世の孫。劉欽の3子。

◇中国皇帝列伝―歴史を創った名君・暴君たち　守屋洋著　PHP研究所　(PHP文庫)　2006.11　①4-569-66730-9

◇中国歴史小説研究　小松謙著　汲古書院　(汲古選書)　2001.1　①4-7629-5027-0

◇中国歴代皇帝人物事典　岡崎由美, 王敏監修　河出書房新社　1999.2

①4-309-22342-7
＊秦の始皇帝、前漢の劉邦、新の王莽、魏の曹丕、隋の煬帝、唐の李世民、元のフビライ、明の朱元璋、清の康熙帝など、中国歴代王朝の皇帝を紹介した人物事典。后妃・公主・宗室なども収録し、歴代宮都・陵墓も掲載。中国史重要人物索引付き。

劉少奇　りゅうしょうき
1898〜1969　20世紀、中国の政治家。1921年中国共産党に入党。35年北京で抗日、統一戦線を工作。43年延安に赴き人民革命軍事委副主席、59年毛沢東に代って国家主席。文革で徹底的な批判を受け、すべての公職を剝奪された。80年名誉回復。

◇消された国家主席劉少奇　王光美，劉源他著，吉田富夫，萩野脩二訳　日本放送出版協会　2002.9　①4-14-080714-8
＊毛沢東から「資本主義の道を歩む党内最大の実権派」と名指しの批判を受けて打倒された劉少奇。党主席と国家主席の抗争。いったい、なにがどうなっているのか？　鍵はかつての毛・劉関係にある。本書はいわゆる伝記ではない。けれどもここには、これまでわれわれの知り得なかった現代中国政治のさまざまな秘密が語られている。毛沢東と改革開放派との壮絶な権力闘争の実態が、いま明らかになる。

◇劉少奇の悲劇　尾崎庄太郎編訳　日中出版　1980.9

◇劉少奇語録　劉少奇著，自聯出版社編，幸田憲明訳　東洋図書貿易出版部　1967

柳宗元　りゅうそうげん
773〜819　8・9世紀、中国、中唐の文学者。河東（山西省永済県）出身。柳河東とも呼ばれる。字、子厚。詩文集『柳河東集』を著す。

◇柳宗元―アジアのルソー　戸崎哲彦著　山川出版社　（世界史リブレット人）　2018.1　①978-4-634-35017-5

◇白居易と柳宗元―混迷の世に生の讃歌を　下定雅弘著　岩波書店　（岩波現代全書）　2015.4　①978-4-00-029160-6

◇柳宗元―逆境を生きぬいた美しき魂　下定雅弘著　勉誠出版　2009.11　①978-4-585-05424-5

◇柳宗元研究　松本肇著　創文社　（東洋学叢書）　2000.2　①4-423-19251-9
＊本書は著者の柳宗元研究の成果である。柳宗元は政治運動への参加が原因で、地方官に左遷されたまま一生を終えた。政治的な敗北者である柳宗元が、敗北の自己意識をどのようなかたちで文学に刻みつけたかを、柳宗元の文学全般にわたって探求したのが本書である。

◇世界人物逸話大事典　朝倉治彦，三浦一郎編　角川書店　1996.6　①4-04-031900-1
＊歴史上の人物の生き生きとした人間像を伝えるエピソードを多数紹介する事典。日本人によく知られた人物1883人を見出しに掲載。

◇柳宗元在永州―永州流謫期における柳宗元の活動に関する一研究　戸崎哲彦著　滋賀大学経済学部　（滋賀大学経済学部研究叢書）　1995.3

◇韓愈と柳宗元―唐代古文研究序説　小野四平著　汲古書院　1995.2　①4-7629-2477-6

◇中唐文人考―韓愈・柳宗元・白居易　太田次男著　研文出版　（研文選書）　1993.6　①4-87636-110-X

◇唐代中期の文学と思想―柳宗元とその周辺　戸崎哲彦著　滋賀大学経済学部　（滋賀大学経済学部研究叢書）　1990.3

劉備　りゅうび
161〜223　2・3世紀、中国、三国・漢（蜀漢）の先主（在位221〜223）。字、玄徳。諡、昭烈帝。前漢景帝の子、中山靖王勝の子孫と称した。

◇劉備と諸葛亮―カネ勘定の『三国志』　柿沼陽平著　文芸春秋　（文春新書）　2018.5　①978-4-16-661171-3

◇実践版三国志―曹操・劉備・孫権、諸葛孔明…最強の人生戦略書に学ぶ　鈴木博毅著　プレジデント社　2016.5

劉備

ⓘ978-4-8334-2170-6
◇「三国志」の政治と思想—史実の英雄たち　渡邉義浩著　講談社　（講談社選書メチエ）　2012.6　ⓘ978-4-06-258532-3
◇三国志の虚実　菅野正則著　新日本出版社　2010.6　ⓘ978-4-406-05366-2
　＊「赤壁の戦い」の主役は孔明ではなかった!?　戦乱のない中国を目指し、己の信ずる正義、人としての誠意を貫いた英雄たちの実像。
◇劉備—仁徳の名君　三国志　三国志武将研究会著　PHP研究所　2009.5　ⓘ978-4-569-70822-5
　＊猛将・闘将、馳せ参じ集結す。天下万民が愛した英傑の生涯を漫画と文章でつづる。
◇英傑たちの『三国志』　伴野朗著　日本放送出版協会　（NHKライブラリー）　2007.3　ⓘ978-4-14-084219-5
◇「勝敗」の岐路—中国歴史人物伝　村山孚著　徳間書店　（徳間文庫）　2006.10　ⓘ4-19-892502-X
◇三国志傑物伝　三好徹著　光文社　2006.7　ⓘ4-334-92507-3
◇三国志—正史と小説の狭間　満田剛著　白帝社　2006.2　ⓘ4-89174-786-2
◇三国志・歴史をつくった男たち　竹田晃著　明治書院　（漢字・漢文ブックス）　2005.4　ⓘ4-625-66339-3
◇図解雑学 三国志　渡辺義浩著　ナツメ社　（図解雑学シリーズ）　2000.12　ⓘ4-8163-2926-9
　＊日本は、漢字の使用ひとつを取り上げてみても明らかなように、古来より中国の影響を色濃く受けてきました。中国を鑑として我が身を認識してきた民族だといってもいいでしょう。その縁の深い国、中国を知るための手段のひとつに古典を読むことがあります。その古典の中でも、古くから日本人に親しまれているのが「三国志」です。本書は、「三国志」に初めて触れる人から、かなりの知識を持っている人まで、幅広く満足してもらえるように、地図や相関図などを豊富に使いわかりやすく解説しました。登場人物の個性に注目して、生き生きと人間像を描いているので、楽しみながら理解できるはずです。
◇鄭問之三国誌　3　榊涼介著　メディアワークス，角川書店〔発売〕　2000.3　ⓘ4-8402-1484-0
◇小説 三国志　上　鄭飛石著，町田富男訳　光文社　（光文社文庫）　2000.2　ⓘ4-334-76115-1
　＊楼桑村の一青年、劉備・字玄徳は、天下のために関羽、張飛と義兄弟を約す"桃園結義"を結び、世に打って出る！　天下奪りに立ち上がった劉備の心に秘めた夢は何か。以来百年、三国興亡のドラマがここに始まる。世に三国志本は数あるが、ここまで不可解な事件の謎と人物を徹底解明して、史実を超訳するわかりやすさ。韓国国民的作家による三国志、待望の文庫化！　長編歴史小説。
◇興亡三国志　2　三好徹著　集英社　（集英社文庫）　2000.1　ⓘ4-08-747156-X
◇中国歴代皇帝人物事典　岡崎由美，王敏監修　河出書房新社　1999.2　ⓘ4-309-22342-7
　＊秦の始皇帝、前漢の劉邦、新の王莽、魏の曹丕、隋の煬帝、唐の李世民、元のフビライ、明の朱元璋、清の康熙帝など、中国歴代王朝の皇帝を紹介した人物事典。后妃・公主・宗室なども収録し、歴代宮都・陵墓も掲載。中国史重要人物索引付き。
◇新釈 三国志　下　童門冬二著　学陽書房　（人物文庫）　1999.1　ⓘ4-313-75071-1
　＊「官渡の戦い」において、華北の覇者となった曹操は、天下統一に向けて南下を開始する。これを迎え撃つ孫権、劉備、知将周瑜そして諸葛孔明…。新しい時代の到来を熱望する民衆に代わってくりひろげられる英雄たちの死力を尽した戦いの中に、組織と人間をめぐる永遠のテーマが浮び上る。
◇三国志武将列伝 趙雲伝　3　江東の策謀　大場惑著　光栄　（歴史ポケットシリーズ）　1998.12　ⓘ4-87719-646-3
　＊孫権の妹との婚姻のため、謀略うずまく江東へと向かう劉備。主を守るべく、

劉邦

知勇兼備の名将趙雲もまたともに旅立った！ 孔明に託された三つの秘策を胸に、趙雲の静かなる戦いがはじまる。

◇三国志武将列伝 趙雲伝 4 覇望の入蜀 大場惑著 光栄 （歴史ポケットシリーズ） 1998.12 ④4-87719-647-1
＊暗君劉璋を倒すべく蜀攻めに挑んだ劉備は、窮地に追い込まれた。危機を察した孔明は、長坂坡の英雄趙雲とともに救援に向かう。つきづきと立ちはだかる難敵に、趙雲はいかにして立ち向かうのか。

◇食客風雲録―中国篇 草森紳一著 青土社 1997.11 ④4-7917-5590-1
＊他人の家で食わせてもらう食客。主人は客の才能を見越して恩を売り、客は功なり名を遂げて恩を返す。この主客の腹の探りあいこそが、政治を、文化を、歴史をつくってきた。諸国を居候遍歴した『三国志』の英雄・劉備。食客を3000人も抱えていた諸侯…。「食客道」の源流に迫る草森史学の真骨頂。

◇英雄台頭 立間祥介，守屋洋著，尾崎秀樹，陳舜臣編 講談社 （中国の群雄） 1997.10 ④4-06-191884-2
＊後漢末の乱世に魏・蜀・呉三国鼎立時代をつくり、漢皇室による天下再統一を目指した諸葛孔明と劉備。天下三分の計を実現する英雄の実像にせまる。

◇世界人物逸話大事典 朝倉治彦，三浦一郎編 角川書店 1996.6 ④4-04-031900-1
＊歴史上の人物の生き生きとした人間像を伝えるエピソードを多数紹介する事典。日本人によく知られた人物1883人を見出しに掲載。

◇男 戦いの日々―海の彼方の八つの話 神坂次郎著 PHP研究所 1994.9 ④4-569-54488-6
＊人間はその器量なみの人生しか歩めないのか。アレキサンダー大王、太公望、劉備、韓信、呂布…。己の才能に賭け、運命に挑む男たちを描く力作評伝。

◇劉備―『三国志』随一の徳望をもつ男 守屋洋ほか著 プレジデント社 （歴史と人間学シリーズ） 1990.11 ④4-8334-1396-5
＊『三国志』随一の人間的魅力を備えた

男、劉備。軍師・孔明、剛将・猛将の関羽・張飛らを率いて、乱世を生き、天下を取る。

劉邦 りゅうほう

前247～前195 高祖（こうそ）とも。前3・2世紀、中国、前漢の創始者、初代皇帝（在位：前206～前195）。廟号は高祖。項羽を滅し帝位につき、国号を漢とし、長安に都を定めた。

◇十八史略で読む史記―始皇帝・項羽と劉邦 渡邉義浩著 朝倉書店 （漢文ライブラリー） 2016.10 ④978-4-254-51587-9

◇史記 4 逆転の力学 司馬遷著，和田武司，山谷弘之訳 徳間書店 （徳間文庫カレッジ） 2016.9 ④978-4-19-907068-6

◇一勝百敗の皇帝―項羽と劉邦の真実 板野博行著 ベストセラーズ 2015.11 ④978-4-584-13681-2

◇中国皇帝伝 稲畑耕一郎著 中央公論新社 （中公文庫） 2013.5 ④978-4-12-205788-3

◇項羽と劉邦―知と情の組織術 童門冬二著 講談社 （講談社文庫） 2009.7 ④978-4-06-276411-7
＊古代中国の秦末、覇権をめぐり二つの巨星が対峙した。項羽は名門子弟のエリートで、インテリジェンスを判断基準に置く「知型人間」。かたや劉邦は一寒村の庶民出身で、人や感情を重んじる「情型人間」。勝敗を分けた二人の人間力とは何か？ 両雄の軌跡を辿り、トップリーダーの資質を抉る壮大な歴史人物伝。

◇皇帝たちの中国史―連鎖する「大一統」 稲畑耕一郎著 中央公論新社 2009.1 ④978-4-12-004001-6

◇知られざる素顔の中国皇帝―歴史を動かした28人の野望 小前亮著 ベストセラーズ （ベスト新書） 2006.12 ④4-584-12125-7

◇中国皇帝列伝―歴史を創った名君・暴君たち 守屋洋著 PHP研究所 （PHP文庫） 2006.11 ④4-569-66730-9

◇「勝敗」の岐路―中国歴史人物伝 村山孚

著　徳間書店　（徳間文庫）　2006.10
①4-19-892502-X

◇項羽と劉邦の時代―秦漢帝国興亡史　藤田勝久著　講談社　（講談社選書メチエ）2006.9　①4-06-258370-4
＊「秦を滅ぼすものは必ずや楚ならん」―中国を最初に統一した秦帝国は、なぜ短期間で滅んだのか。なぜ農民出身の劉邦が項羽に勝利したのか。秦と楚、二つのシステムという観点から「鴻門の会」「四面楚歌」に代表される『史記』史観をとらえ直し、漢王朝成立までのドラマを描き出す。

◇劉邦　佐竹靖彦著　中央公論新社　2005.5　①4-12-003630-8
＊多くの人材を引き寄せ、覇王項羽との死闘を制した劉邦の人間的魅力とは何か。『史記』の精密な読解が導き出す、新しい劉邦像と楚漢抗争史の全貌。

◇史記 本紀　吉田賢抗著，滝康秀編　明治書院　（新書漢文大系）　2003.5
①4-625-66326-1

◇中国歴代皇帝人物事典　岡崎由美，王敏監修　河出書房新社　1999.2
①4-309-22342-7
＊秦の始皇帝、前漢の劉邦、新の王莽、魏の曹丕、隋の煬帝、唐の李世民、元のフビライ、明の朱元璋、清の康熙帝など、中国歴代王朝の皇帝を紹介した人物事典。后妃・公主・宗室なども収録し、歴代宮都・陵墓も掲載。中国史重要人物索引付き。

◇「史記」の人物列伝　狩野直禎著　学陽書房　（人物文庫）　1998.10
①4-313-75058-4
＊始皇帝の暗殺に向かう刺客荊軻の悲壮美、項羽と劉邦の統率力の違い、知謀の男張良と陳平、人の見抜き方、組織の上昇方法、権力の恐ろしさ、派閥の消長、保身術、名将李広の自然ににじみ出る人望など、「史記」に描かれた多様な人間模様とその生き方を、人物ごとに描き出した名篇。

◇覇権争奪　堀誠，真鍋呉夫著　講談社　（中国の群雄）　1998.2　①4-06-191883-4
＊秦朝末期、天下争覇の戦いを展開した楚漢の二雄―項羽と劉邦の蜂起と激突。楚漢興亡史を彩る劉邦の「乾坤一擲」の大英断と項羽の悲劇の終幕。

◇漢王劉邦物語―覇王項羽を撃った三傑蕭何・韓信・張良の知略　石山隆著　舵社　1996.11　①4-8072-6302-1

◇史記 中　楚漢篇　田中謙二，一海知義著，吉川幸次郎監修　朝日新聞社　（朝日選書）　1996.11　①4-02-259004-1
＊怨恨、嫉妬、権勢慾、物慾。永遠の相の下に人間をみつめる。項羽と劉邦、黥布、韓信らの光と陰。

◇世界人物逸話大事典　朝倉治彦，三浦一郎編　角川書店　1996.6　①4-04-031900-1
＊歴史上の人物の生き生きとした人間像を伝えるエピソードを多数紹介する事典。日本人によく知られた人物1883人を見出しに掲載。

◇蒼い月―勇猛項羽と知略沛公　愛川一実著　近代文芸社　1996.3　①4-7733-4850-X

◇覇 中国大帝伝―大地を制圧した皇帝十二人　立間祥介著　学習研究社　（歴史群像新書）　1994.10　①4-05-400406-7
＊秦の始皇帝、漢の劉邦、唐の太宗、元のフビライ…彼ら建国の祖は、大地のつづくかぎり地平の彼方までをその手中に収めた。みずから歴史を築いた英雄たちの偉業は、現在も色あせることなく、燦然たる輝きを放っている。大河の流れのごとく、絶えることなく連綿とつづいた中国覇業の譜―。真の歴史が、ここにある。現代版『史記本紀』ついに完成。

◇劉邦この「人望力」を見よ！　松本一男著　三笠書房　（知的生きかた文庫）　1993.6　①4-8379-0586-2

◇人物・学問　安岡正篤著　明徳出版社　1990.6
＊西郷南洲をうならせた河井継之助・中西淡淵と細井平洲・前漢建国期の中心人物劉邦と項羽・漢末乱世の一英雄袁紹を描き、人とその学問を浮彫りにする。

劉裕　りゅうゆう

356～422　武帝（南朝宋）（ぶてい）とも。4・5世紀、中国、南朝宋の初代皇帝（在位

420〜422)。姓名、劉裕。もと東晋の軍人。

◇中国歴代皇帝人物事典　岡崎由美,王敏監修　河出書房新社　1999.2
ⓘ4-309-22342-7
＊秦の始皇帝、前漢の劉邦、新の王莽、魏の曹丕、隋の煬帝、唐の李世民、元のフビライ、明の朱元璋、清の康熙帝など、中国歴代王朝の皇帝を紹介した人物事典。后妃・公主・宗室なども収録し、歴代宮都・陵墓も掲載。中国史重要人物索引付き。

◇覇　中国大帝伝―大地を制圧した皇帝十二人　立間祥介著　学習研究社　(歴史群像新書)　1994.10　ⓘ4-05-400406-7
＊秦の始皇帝、漢の劉邦、唐の太宗、元のフビライ…彼ら建国の祖は、大地のつづくかぎり地平の彼方までをその手中に収めた。みずから歴史を築いた英雄たちの偉業は、現在も色あせることなく、燦然たる輝きを放っている。大河の流れのごとく、絶えることなく連綿とつづいた中国覇業の譜―。真の歴史が、ここにある。現代版『史記本紀』ついに完成。

◇明鏡古事―中国人物列伝 古事は今を知る鏡　伴野朗著　経営書院　1993.11
ⓘ4-87913-470-8
＊中国四千年の歴史に活躍する英雄たちの魅力的な人物像を描く。

◇漢の武帝　岡本好古著　講談社　1992.9
ⓘ4-06-206034-5
＊有能な人材を見事に活用して空前の繁栄を築いた漢の武帝。その卓抜した政治力と人間的魅力に迫る書下ろし歴史小説。

◇紀行 漢の武帝　田川純三著　新潮社　(新潮選書)　1990.5　ⓘ4-10-600381-3
＊大黄河を行き、シルクロードを旅して中国史上、最も輝しい時代を現出した武帝とその"雄才大略"の治世を描く。

▌リューリク　Ryurik
?〜879　9世紀、ロシアの建国者。スカンジナビアのノルマン人の族長。一族を率いてロシアに入り、ノブゴロド王国を建設した。

◇ロシア史異聞　さとう好明著　東洋書店　(ユーラシア・ブックレット)　2009.10
ⓘ978-4-88595-880-9

▌梁啓超　りょうけいちょう
1873〜1929　19・20世紀、中国、清末〜民国初期の啓蒙思想家、ジャーナリスト、政治家。広東省新会県の人。字、卓如。号、任公。論文に「清代学術概論」ほか。

◇中国名記者列伝―正義を貫き、その文章を歴史に刻み込んだ先人たち　第1巻　柳斌傑, 李東東編, 加藤青延監訳, 渡辺明次訳　日本僑報社　2016.9
ⓘ978-4-86185-224-4

◇梁啓超―東アジア文明史の転換　狭間直樹著　岩波書店　(岩波現代全書)　2016.4　ⓘ978-4-00-029187-3

◇梁啓超とジャーナリズム　陳立新編著　芙蓉書房出版　2009.6
ⓘ978-4-8295-0452-9
＊孫文以上に存在感のある知識人として近年注目されている梁啓超(1873〜1929)のジャーナリズム活動の意義を中国語、日本語、英語の文献・資料を徹底的に渉猟して分析。

◇梁啓超年譜長編　第5巻(1923-1929)　丁文江, 趙豊田編, 島田虔次編訳　岩波書店　2004.11　ⓘ4-00-027065-6

◇梁啓超年譜長編　第4巻(1915-1922)　丁文江, 趙豊田編, 島田虔次編訳　岩波書店　2004.7　ⓘ4-00-027064-8

◇梁啓超年譜長編　第3巻(1908-1914)　丁文江, 趙豊田編, 島田虔次編訳　岩波書店　2004.5　ⓘ4-00-027063-X

◇梁啓超年譜長編　第2巻(1900-1907)　丁文江, 趙豊田編, 島田虔次編訳　岩波書店　2004.3　ⓘ4-00-027062-1

◇梁啓超年譜長編　第1巻(1873-1899)　丁文江, 趙豊田編, 島田虔次編訳　岩波書店　2004.1　ⓘ4-00-027061-3

◇共同研究梁啓超―西洋近代思想受容と明治日本　狭間直樹編　みすず書房　1999.11　ⓘ4-622-03810-2

＊東アジアの世界像の転換は、いかになされたか？　近代中国最大の知識人、梁啓超の西洋認識を明治日本の翻訳との関連に辿り、転換の過程とその特質を明かす。京大人文研の共同研究、最新の成果。

◇20世紀の歴史家たち　3　世界編　上　尾形勇，樺山紘一，木畑洋一編　刀水書房（刀水歴史全書）　1999.1
①4-88708-213-4
＊世界の歴史家は20世紀を如何に生きたか！　二度の大戦を経て、何を想い、何を見たのか？　21世紀を迎えて、歴史学は如何に展開しようとするか。

◇世界人物逸話大事典　朝倉治彦，三浦一郎編　角川書店　1996.6　①4-04-031900-1
＊歴史上の人物の生き生きとした人間像を伝えるエピソードを多数紹介する事典。日本人によく知られた人物1883人を見出しに掲載。

リリウオカラニ　Liliuokalani
1838〜1917　19・20世紀、ハワイ王国最後の女王（1891〜1893）。親米派のクーデターにより王位を廃された。民謡アロハオエの作者。

◇ハワイ王国—カメハメハからクヒオまで　矢口祐人著　イカロス出版　（素敵なライフスタイル選書）　2011.7
①978-4-86320-476-8

◇ハワイ王朝最期の女王　猿谷要著　文芸春秋　（文春新書）　2003.1
①4-16-660300-0
＊あの『アローハ・オエ』の作詞作曲者でもあるハワイの女王リリウオカラーニは、音楽を愛し、ハワイの民衆に愛された。だが、太平洋上に浮かぶこの楽園は西欧列国の標的となり、誇り高き彼女とその国も、およそ一世紀前、とうとうアメリカに強奪されることとなる。つねにアメリカのマイノリティーをテーマに追いつづけてきた著者が構想を温めること三十四年、「リリウオカラーニの涙」の秘密を解きあかすライフワーク。

リンカン　Lincoln, Abraham
1809〜1865　19世紀、アメリカの政治家。第16代大統領（在任1861〜1865年）。南北戦争では北部を指導、1863年に奴隷解放宣言を出した。

◇余の尊敬する人物　矢内原忠雄著　岩波書店　（岩波新書）　2018.4
①4-00-400017-3

◇世界を変えたアメリカ大統領の演説　井上泰浩著　講談社　（講談社パワー・イングリッシュ）　2017.3　①978-4-06-295261-3

◇アメリカ歴代大統領の通信簿—44代全員を5段階評価で格付け　八幡和郎著　祥伝社　（祥伝社黄金文庫）　2016.7
①978-4-396-31697-6

◇図説世界史を変えた50の指導者（リーダー）　チャールズ・フィリップス著，月谷真紀訳　原書房　2016.2
①978-4-562-05250-9

◇本当は偉くない？　世界の歴史人物—世界史に影響を与えた68人の通信簿　八幡和郎著　ソフトバンククリエイティブ　（ソフトバンク新書）　2013.8
①978-4-7973-7448-3
＊古代から現代に至るまで、よく知られた帝王や政治家を68人選び、それぞれが世界史の中で果たした役割を、「偉人度」と「重要度」の2つの側面から10点満点で評価。世界史において偉人とされている人物たちの実像に迫る。

◇リンカーン—うつ病を糧に偉大さを鍛え上げた大統領　ジョシュア・ウルフ・シェンク著，越智道雄訳　明石書店
2013.7　①978-4-7503-3809-5
＊この驚くべき啓発的な著作において、著者は、エイブラハム・リンカーンに生涯取り憑いていた深刻なメランコリーを摘出し、成人した彼の人格にそれが及ぼした影響を切開してみせる。青年時代、苦しみにまみれたリンカーンは、精神の健康を求める険しい道程を鍛え上げた。苦難に対処した彼の戦略、うつ病から生まれてくる洞察こそが、ついには第16代大統領が力を見いだす助けとなった。その力とは、彼とアメリカがこの

リンカン

　国最大の動乱を克服する上で切実に必要としたものだった。7年にわたる調査研究を踏まえて、シェンクはリンカーンと彼の遺産に対する、ニュアンスにあふれる、啓示的な展望を提供する。

◇リンカーン　上　大統領選　ドリス・カーンズ・グッドウィン著, 平岡緑訳　中央公論新社　（中公文庫）　2013.2　①978-4-12-205763-0
＊政敵を巧みに操り、合衆国分裂の危機を乗り越えた稀代の大統領の知られざる政治手腕と人物像を描く決定版評伝。生い立ちから弁護士時代を経て、揺るぎない信念で政界進出を果たし、かつて指名選で戦ったライバルを懐柔して協力を得ながら、民主党に対抗、一八六〇年一一月に第一六代大統領に選出されるまでの日々が克明に描かれる。

◇リンカーン　中　南北戦争　ドリス・カーンズ・グッドウィン著, 平岡緑訳　中央公論新社　（中公文庫）　2013.2　①978-4-12-205764-7
＊奴隷制を支持する南部諸州が連邦からの脱退を表明、リンカーンが大統領に就任すると、南部連合軍が要塞を襲撃、南北戦争が勃発する。戦線が膠着する中、総司令官の更迭、三男ウィリーの死など苦境に陥るが、奴隷解放について具体的な方策に取り組む。激戦の中、混迷する政局や各閣僚の家庭の微妙な心情までをも、第一次史料から活写する。

◇リンカーン　下　奴隷解放　ドリス・カーンズ・グッドウィン著, 平岡緑訳　中央公論新社　（中公文庫）　2013.2　①978-4-12-205765-4
＊一八六三年一月、奴隷解放宣言が公布され、「奴隷解放」が戦いの名分になっていく。ゲティスバーグで連邦軍が大勝利、歴史的な名演説を行う。さらに奴隷解放を揺るぎないものにするために憲法修正条項の成立に向けて邁進する。再選を果たし、苦難を乗り越えて修正条項は議会を通る。戦争も終結するが、暗殺者の凶弾に倒れる。

◇大統領でたどるアメリカの歴史　明石和康著　岩波書店　（岩波ジュニア新書）　2012.9　①978-4-00-500723-3

◇世界を変えた素人発明家　志村幸雄著　日本経済新聞出版社　（日経プレミアシリーズ）　2012.2　①978-4-532-26153-5

◇偉人たちの黒歴史　偉人の謎研究会編　彩図社　2011.12　①978-4-88392-828-6

◇リンカン　下　奴隷解放宣言　ドリス・カーンズ・グッドウィン著, 平岡緑訳　中央公論新社　2011.3　①978-4-12-004194-5
＊激戦の最中に理想は高らかに謳われた。連邦軍と南部連合軍が激突。積極的に戦争を指導、臨機応変に施策を編み出し、再選を果たすが、戦争終結直後に命を絶たれる。最後の怒涛の4年間を第一次史料から活写する。

◇リンカン　上　南北戦争勃発　ドリス・カーンズ・グッドウィン著, 平岡緑訳　中央公論新社　2011.2　①978-4-12-004193-8
＊大統領就任、合衆国分裂の危機が迫る。政敵を巧みに操り、信念を貫いたリンカンの知られざる政治手腕と人物像が明らかになる。第一次史料から、混迷する政局の実態や閣僚の家庭事情までもが克明に描かれる決定版評伝。

◇オバマに至る世界的改革者群像—忘れ得ぬ日米欧クリスチャン精神史　大庭治夫著　国際学術技術研究所, 星雲社〔発売〕　（際研Bibl 精神史研究試論集　新日本のための新日本精神史研究試論）　2010.3　①978-4-434-13967-3

◇ホワイトハウスを祈りの家にした大統領リンカーン　ジョン・クゥアン著, 吉田英里子訳　小牧者出版　2010.2　①978-4-904308-04-2, 4-904308-04-2

◇為政者の器—現代の日本に求められる政治家像　丹羽文生著　春日出版　2009.8　①978-4-86321-193-3

◇アメリカ大統領の信仰と政治—ワシントンからオバマまで　栗林輝夫著　キリスト新聞社　2009.2　①978-4-87395-537-7

◇リンカン—神になった男の功罪　土田宏著　彩流社　2009.2　①978-4-7791-1424-3
＊奴隷の解放、"ひとつのアメリカ"。オバマ新大統領が敬愛する崇高な目的を達し

た偉大な大統領。だが、死者60万を超える悲惨な内戦の引き金を引いた責任は。
◇戦争指揮官リンカーン―アメリカ大統領の戦争　内田義雄著　文芸春秋　（文春新書）　2007.3　①978-4-16-660562-0
＊アメリカはなぜ戦争をするのか？　すべては南北戦争から始まった。軍人に代わってリンカーン大統領が自らモールス電信を駆使して指揮した南北戦争こそ、アメリカの戦争の原型である。
◇知られざる世界史 あの人の「幕引き」―彼らを待ちうけていた意外な運命とは　歴史の謎研究会編　青春出版社　（青春文庫）　2005.7　①4-413-09320-8
◇正義のリーダーシップ―リンカンと南北戦争の時代　本間長世著　NTT出版　2004.6　①4-7571-4068-1
◇リンカーン　上巻　ゴア・ヴィダル著,中村紘一訳　本の友社　（アメリカ文学ライブラリー）　1998.5　①4-89439-129-5
◇リンカーン　中巻　ゴア・ヴィダル著,中村紘一訳　本の友社　（アメリカ文学ライブラリー）　1998.5　①4-89439-130-9
◇リンカーン　下巻　ゴア・ヴィダル著,中村紘一訳　本の友社　（アメリカ文学ライブラリー）　1998.5　①4-89439-131-7
◇世界人物逸話大事典　朝倉治彦,三浦一郎編　角川書店　1996.6　①4-04-031900-1
＊歴史上の人物の生き生きとした人間像を伝えるエピソードを多数紹介する事典。日本人によく知られた人物1883人を見出しに掲載。
◇リンカーンの三分間―ゲティズバーグ演説の謎　ゲリー・ウィルズ著,北沢栄訳　共同通信社　1995.2　①4-7641-0335-4
＊「人民の人民による人民のための政治」…わずか272語の演説がいかにして世界を変えたのか。民主主義の知られざる本質に迫る。ピュリッツァー賞受賞作。
◇リンカン―アメリカを変えた大統領　ラッセル・フリードマン著,金原瑞人訳　偕成社　1993.8　①4-03-814150-0
＊丸太小屋からホワイトハウスへというアメリカン・ドリームを体現した大統領の努力と栄光そして苦悩。アメリカの変革

の歴史を重ねあわせ、豊富な写真・図版で構成。ニューベリー賞受賞の決定版。
◇部下と現場に出よ、生死を共にせよ―リンカーン逆境のリーダーシップ　ドナルド・T.フィリップス著,鈴村靖爾訳　ダイヤモンド社　1992.12　①4-478-36020-0

■ 林則徐　りんそくじょ
1785〜1850　18・19世紀、中国、清後期の官僚。字は少穆、号は竢村老人、諡は文忠。林青天と呼ばれる。湖広総督、欽差大臣を歴任。
◇96人の人物で知る中国の歴史　ヴィクター・H・メア,サンピン・チェン,フランシス・ウッド著,大間知子訳　原書房　2017.3　①978-4-562-05376-6
◇魏源と林則徐―清末開明官僚の行政と思想　大谷敏夫著　山川出版社　（世界史リブレット人）　2015.4　①978-4-634-35070-0
◇中国「宰相・功臣」18選―管仲、張良から王安石まで　狩野直禎著　PHP研究所　（PHP文庫）　2008.3　①978-4-569-66948-9
◇巷談 中国近代英傑列伝　陳舜臣著　集英社　（集英社新書）　2006.11　①4-08-720368-9
◇林則徐―清末の官僚とアヘン戦争　堀川哲男著　中央公論社　（中公文庫）　1997.4　①4-12-202837-X
＊1840年、欽差大臣林則徐はアヘンを没収焼棄し、これに端を発しアヘン戦争が勃発、2年後の南京条約をもって終結した。以来イギリスの植民地となっていた香港の返還を間近にひかえ、その原点であるアヘン戦争の意味を、近代の黎明期に列強の圧力に抗し戦った清末の官僚、林則徐の生涯を通して探る。
◇世界人物逸話大事典　朝倉治彦,三浦一郎編　角川書店　1996.6　①4-04-031900-1
＊歴史上の人物の生き生きとした人間像を伝えるエピソードを多数紹介する事典。日本人によく知られた人物1883人を見出しに掲載。
◇林則徐　井上裕正著　白帝社　（中国歴史

人物選)　1994.11　Ⓘ4-89174-229-1
＊内憂外患に動く19世紀前半の中国にあって、彼が果たした歴史的役割とは…。民族的英雄と評価される林則徐の実像に迫る。

◇九点煙記―中国史十八景　陳舜臣著　毎日新聞社　1993.12　Ⓘ4-620-10490-6
＊蘭陵王、徐福、馮道、中山王、鑑真、林則徐。中国史四千年の大きなうねりの陰に埋没していった人物を追懐する。

▌リンネ　Linné, Carl von
1707～1778　18世紀、スウェーデンの医学者、生物学者。植物の24綱分類、属名と種名で表す二名法を確立、分類学を大成した。

◇アリの背中に乗った甲虫を探して―未知の生物に憑かれた科学者たち　ロブ・ダン著, 田中敦子訳　ウェッジ　2009.12　Ⓘ978-4-86310-063-3
＊若きリンネの探検旅行から深海・宇宙の生命探索にいたるまで未知の生物発見に生涯を捧げた科学者たちのおかしくて感動的な物語。

◇リンネと博物学―自然誌科学の源流　増補改訂　千葉県立中央博物館編　文一総合出版　2008.2　Ⓘ978-4-8299-0129-8

◇植物学とオランダ　大場秀章著　八坂書房　2007.7　Ⓘ978-4-89694-894-3
＊生誕300年を迎えた「植物学の父」リンネのオランダ留学事情や支援者たちとの交流をたどり、クリフォート邸やシーボルトの足跡を訪ねて時の栄華をしのび、散策路で出会う植物に人とのかかわりを想う。植物学者がとらえたオランダの歴史と素顔、その魅力を語り尽くす。

◇大場秀章著作選　1　植物学史・植物文化史　大場秀章著　八坂書房　2006.1　Ⓘ4-89694-788-5
＊西洋における植物学の体系化を概観し、植物愛好熱と健康指向に支えられた江戸時代の日本の本草学の実相と、本草学を脱した近代植物学が明治の日本に根づくまでを、人々の活躍と業績を追いつつ解説した論考を収録。

◇生物学を開拓した人たちの自然観―竹内均　知と感銘の世界　竹内均編　ニュートンプレス　2002.12　Ⓘ4-315-51656-2

◇リンネとその使徒たち―探検博物学の夜明け　西村三郎著　朝日新聞社　(朝日選書)　1997.11　Ⓘ4-02-259688-0
＊実在の"ロスト・ワールド"探検。啓蒙の18世紀、大博物学者リンネの愛弟子たちは、師の教えに導かれ、新大陸・アラビア・日本へ。この偉大なる「使徒」たちの苦難と栄光の旅を、鎮魂の想いをこめて描く。大仏次郎賞受賞作、待望の復刊。

◇植物学と植物画　大場秀章著　八坂書房　1996.11　Ⓘ4-89694-681-2
＊ルドゥテ、エイレット、フィッチ、バウアー兄弟、マティルダ・スミス、リリアン・スネリング…。科学史に名を残すサイエンティフィック・イラストレーターたち。描画能力に優れた彼らの存在なくして、今日の植物科学はなかったといっても過言ではない。植物学者のパートナーとして生物科学の発展に寄与した彼らの系譜と足跡、そして、現代の植物画家たちの活躍、さらにボタニカル・アートの未来を展望する。

◇リンネと博物学―自然誌科学の源流　平成6年度特別展図録　千葉県立中央博物館編　千葉県立中央博物館　1994.8

◇リンネ―医師・自然研究者・体系家　ハインツ・ゲールケ著, 梶田昭訳　博品社　1994.2　Ⓘ4-938706-11-3
＊スウェーデンが生んだ偉大な自然科学者の、医学・自然研究・体系学の業績を科学史の立場から捉え直し、民俗学者、旅行記作家としての広範な活躍にも光を当て、リンネという人間の、内なる事実に迫る。

▌林彪　りんぴょう
1908～1971　20世紀、中国の軍人、政治家。1928年井崗山で毛沢東、朱徳に従って紅軍を創設。クーデターを計画したが、墜落死したと伝えられている。

◇赤い中国の黒い権力者たち　陳破空著, 山田智美訳　幻冬舎ルネッサンス　(幻冬舎

ルネッサンス新書) 2014.6
①978-4-7790-6107-3
◇林彪春秋　姫田光義著　中央大学出版部　2009.7　①978-4-8057-4145-0
◇毛沢東と林彪―文革の謎林彪事件に迫る　笠井孝之著　日中出版　2002.1
①4-8175-1254-7

【 る 】

ルイ9世　Louis Ⅸ, le Saint
1214〜1270　聖王とも。13世紀、フランス国王(在位1226〜1270)。ルイ8世の長子。フランス封建王政の最盛期を占める。カトリック教会より列聖された。

◇王たちの最期の日々　上　パトリス・ゲニフェイ編, 神田順子, 谷口きみ子訳　原書房　2018.6　①978-4-562-05570-8
◇英雄はいかに作られてきたか―フランスの歴史から見る　アラン・コルバン著, 小倉孝誠監訳, 梅沢礼, 小池美穂訳　藤原書店　2014.3　①978-4-89434-957-5
◇本当は偉くない？世界の歴史人物―世界史に影響を与えた68人の通信簿　八幡和郎著　ソフトバンククリエイティブ　(ソフトバンク新書)　2013.8
①978-4-7973-7448-3
＊古代から現代に至るまで、よく知られた帝王や政治家を68人選び、それぞれが世界史の中で果たした役割を、「偉人度」と「重要度」の2つの側面から10点満点で評価。世界史において偉人とされている人物たちの実像に迫る。
◇聖王ルイ―西欧十字軍とモンゴル帝国　ジャン・ド・ジョワンヴィル著, 伊藤敏樹訳　筑摩書房　(ちくま学芸文庫)　2006.11　①4-480-09026-6
＊「聖王」と慕われ、パリのサン・ルイ島や、ミズーリ州都セント・ルイスなどにその名をとどめる13世紀フランス王ルイ9世の事跡を伝えるフランス中世史の第一級史料。王の忠実な家臣であり、王による第七回十字軍遠征に随伴したジャン・ド・ジョワンヴィルが、王の死後40年近くを経て記憶を辿り心情を傾けて詳細に記述した本書は、フランス文学史上代表的な回想録でもある。当時、ユーラシアから地中海一帯にかけては、モンゴル、イスラム、十字軍の勢力が、版図拡大・聖地奪還の意欲に燃え激突する多極的世界が展開していた。領土保全と、信仰への熱い思いに駆られ、押し寄せる時代の荒波のなかを高潔に生き抜いた稀代の王の姿を描く伝記的ロマン。
◇聖王ルイの世紀　アラン・サン＝ドニ著, 福本直之訳　白水社　(文庫クセジュ)　2004.12　①4-560-50882-8
＊十字軍遠征などの功績によって列聖された、慈悲深いカトリック王―ルイ九世は、十三世紀フランスの平和を追求した。本書は、敬虔な信仰に基づくその生涯をたどりながら、彼が断行した諸改革や当時の政治・経済・文化について紹介してゆく。中世の理想的君主の実像がわかる、西洋史の基礎知識。
◇フランスの歴史をつくった女たち　第1巻　ギー・ブルトン著, 曽村保信訳　中央公論社　1993.11　①4-12-403201-3
＊5世紀末〜15世紀中期。フランク王朝の成立から英仏百年戦争まで。男女の愛が歴史を動かす様を活写。

ルイ13世　Louis ⅩⅢ le Juste
1601〜1643　17世紀、フランスの国王(在位1610〜1643)。アンリ4世の子。

◇王たちの最期の日々　下　パトリス・ゲニフェイ編, 神田順子訳　原書房　2018.6
①978-4-562-05571-5
◇フランス王室一〇〇〇年史―ヨーロッパ一の大国、四王家の栄枯盛衰　新人物往来社編　新人物往来社　(ビジュアル選書)　2012.1　①978-4-404-04135-7
＊ユーグ・カペーからナポレオン3世まで、ヨーロッパ史の中心であり続けたフランスの歩み。
◇聖なる王権ブルボン家　長谷川輝夫著　講談社　(講談社選書メチエ)　2002.3
①4-06-258234-1

ルイ14世

◇フランスの歴史をつくった女たち　第3巻　ギー・ブルトン著，田代葆訳　中央公論社　1994.1　①4-12-403203-X
 ＊16世紀末～17世紀中紀。ブルボン朝の盛期。アンリ四世やルイ13世の愛情生活と生々しい宗教戦争の背景を描く。

▍**ルイ14世**　Louis ⅩⅣ le Grand
　1638～1715　17・18世紀，フランス国王（在位1643～1715）。13世の子，「太陽王・大王」。

◇王たちの最期の日々　下　パトリス・ゲニフェイ編，神田順子訳　原書房　2018.6　①978-4-562-05571-5

◇ルイ14世 フランス絶対王政の虚実　千葉治男著　清水書院　（新・人と歴史拡大版）　2018.5　①978-4-389-44126-5

◇図説ルイ14世—太陽王とフランス絶対王政　佐々木真著　河出書房新社　（ふくろうの本）　2018.3　①978-4-309-76269-2

◇太陽王ルイ14世—ヴェルサイユの発明者　鹿島茂著　KADOKAWA　2017.2　①978-4-04-400173-5

◇ルイ14世とリシュリュー—絶対王政をつくった君主と宰相　林田伸一著　山川出版社　（世界史リブレット人）　2016.4　①978-4-634-35054-0

◇英雄はいかに作られてきたか—フランスの歴史から見る　アラン・コルバン著，小倉孝誠監訳，梅澤礼，小池美穂訳　藤原書店　2014.3　①978-4-89434-957-5

◇本当は偉くない？ 世界の歴史人物—世界史に影響を与えた68人の通信簿　八幡和郎著　ソフトバンククリエイティブ　（ソフトバンク新書）　2013.8　①978-4-7973-7448-3
 ＊古代から現代に至るまで，よく知られた帝王や政治家を68人選び，それぞれが世界史の中で果たした役割を，「偉人度」と「重要度」の2つの側面から10点満点で評価。世界史において偉人とされている人物たちの実像に迫る。

◇図説ヨーロッパ王室史—ダークヒストリー 2　ブレンダ・ラルフ・ルイス著，中村佐千江訳，樺山紘一日本語版監修　原書房　2010.9　①978-4-562-04578-5

◇真実のルイ14世—神話から歴史へ　イヴ＝マリー・ベルセ著，阿河雄二郎，嶋中博章，滝澤聡子訳　昭和堂　2008.4　①978-4-8122-0801-4
 ＊「朕は国家なり」。華やかな宮廷生活と数々の侵略戦争，強権的支配体制の確立。絶対君主の代名詞ともいえる王が，実はフランス革命の先駆者だった？ 歴史家が明らかにする，太陽王の仮面に隠されたルイ14世の素顔。

◇ルイ14世—作られる太陽王　ピーター・バーク著，石井三記訳　名古屋大学出版会　2004.8　①4-8158-0490-7

◇ヴェルサイユの歴史　リュック・ブノワ著，瀧川好庸，倉田清訳　白水社　（文庫クセジュ）　1999.3　①4-560-05813-X
 ＊パリ郊外に広がる，こころやすめる場所—ヴェルサイユの森をこよなく愛し，フランスの栄華をきわめたルイ王朝は，そこに幾何学的な美を持ち込んだ。はたして，王様にとって「家を建てる」とはどういうことなのか？ 絢爛豪華な宮殿ができるまでを，臨場感とともに，歴史的にも正しく物語る「観光案内」の書。

◇世界人物逸話大事典　朝倉治彦，三浦一郎編　角川書店　1996.6　①4-04-031900-1
 ＊歴史上の人物の生き生きとした人間像を伝えるエピソードを多数紹介する事典。日本人によく知られた人物1883人を見出しに掲載。

◇フランスの歴史をつくった女たち　第3巻　ギー・ブルトン著，田代葆訳　中央公論社　1994.1　①4-12-403203-X
 ＊16世紀末～17世紀中紀。ブルボン朝の盛期。アンリ四世やルイ13世の愛情生活と生々しい宗教戦争の背景を描く。

◇ヴェルサイユ宮廷の女性たち　加瀬俊一著　文芸春秋　（文春文庫）　1992.7　①4-16-717903-2
 ＊"太陽王"とうたわれたルイ14世と数多くの愛人たち，"ぐうたら王"ルイ15世とポムパドゥール夫人，断頭台に消えたルイ16世と王妃マリイ・アントワネット。ヴェルサイユ宮廷を舞台に連夜く

りひろげられる恋愛遊戯と想像を絶する浪費は、ブルボン王朝を衰微と崩壊に導いた。フランス革命前夜の宮廷政治と愛欲絵巻を描く歴史読物。

▌ ルイ15世　Louis ⅩⅤ le Bien-Aimé
1710〜1774　18世紀、フランス国王（在位1715〜1774）。14世の曾孫。

◇王たちの最期の日々　下　パトリス・ゲニフェイ編，神田順子訳　原書房　2018.6
①978-4-562-05571-5
◇図説ヨーロッパ王室史―ダークヒストリー2　ブレンダ・ラルフ・ルイス著，中村佐千江訳，樺山紘一日本語版監修　原書房　2010.9　①978-4-562-04578-5
◇聖なる王権ブルボン家　長谷川輝夫著　講談社（講談社選書メチエ）　2002.3
①4-06-258234-1
◇ヴェルサイユの歴史　リュック・ブノワ著，瀧川好庸，倉田清訳　白水社（文庫クセジュ）1999.3　①4-560-05813-X
＊パリ郊外に広がる、こころやすめる場所―ヴェルサイユの森をこよなく愛し、フランスの栄華をきわめたルイ王朝は、そこに幾何学的な美を持ち込んだ。はたして、王様にとって「家を建てる」とはどういうことなのか？　絢爛豪華な宮殿ができるまでを、臨場感とともに、歴史的にも正しく物語る「観光案内」の書。
◇世界人物逸話大事典　朝倉治彦，三浦一郎編　角川書店　1996.6　①4-04-031900-1
＊歴史上の人物の生き生きとした人間像を伝えるエピソードを多数紹介する事典。日本人によく知られた人物1883人を見出しに掲載。
◇ルイ十五世―ブルボン王朝の衰亡　G.P.グーチ著，林健太郎訳　中央公論社　1994.12
＊ブルボン王朝最悪の君主の伝記。アンリ四世とルイ十四世の病的な好色性を受け継ぎながら、彼は王冠の威厳を保つようなことは何もしなかった。ポンパドゥール夫人など多くの婦人たちとの宮廷生活を中心に浮彫りにする18世紀フランス社会史の名著。

▌ ルイ16世　Louis ⅩⅥ
1754〜1793　18世紀、フランスの国王（在位1774〜1793）。ブルボン朝。15世の孫、皇太子ルイの第3子。フランス革命で捕われ、処刑された。

◇王たちの最期の日々　下　パトリス・ゲニフェイ編，神田順子訳　原書房　2018.6
①978-4-562-05571-5
◇本当は偉くない？世界の歴史人物―世界史に影響を与えた68人の通信簿　八幡和郎著　ソフトバンククリエイティブ（ソフトバンク新書）　2013.8
①978-4-7973-7448-3
＊古代から現代に至るまで、よく知られた帝王や政治家を68人選び、それぞれが世界史の中で果たした役割を、「偉人度」と「重要度」の2つの側面から10点満点で評価。世界史において偉人とされている人物たちの実像に迫る。
◇ルイ16世　ベルナール・ヴァンサン著，神田順子訳　祥伝社（ガリマール新評伝シリーズ世界の傑物）　2010.6
①978-4-396-62062-2
＊ギロチンの露と消えたルイ16世は、本当に愚鈍な人間といえるだろうか？　マリー・アントワネットとのセックスレスの原因は、いったいどこにあったのか？　国王夫妻に対するイメージの決定的な転換は、どの時点で起きたのだろうか？　一民主的過ぎたがために殺された君主から見た、もう一つのフランス革命史。
◇フランス革命の肖像　佐藤賢一著　集英社（集英社新書ヴィジュアル版）　2010.5　①978-4-08-720541-1
◇ルイ十六世　上　ジャン=クリスチャン・プティフィス著，小倉孝誠監修，玉田敦子，橋本順一，坂口哲啓，真部清孝訳　中央公論新社　2008.7　①978-4-12-003958-4
＊愚鈍、放蕩、反動…俗説を覆す決定版評伝。農奴制の廃止、宗教的問題の解決、科学的知見をもって航海術にも情熱を燃やし積極的外交を展開した知られざる王の実像に迫る。
◇ルイ十六世　下　ジャン=クリスチャン・プティフィス著，小倉孝誠監修，玉田敦子，

橋本順一，坂口哲啓，真部清孝訳　中央公論新社　2008.7　①978-4-12-003959-1
＊断頭台の露と消えた悲劇の王。特権階級に改革をはばまれ、大革命勃発を招いた過程と最終的に王が処刑されるに至った真実を第一級史料を渉猟しながら検証する。

◇偉大なる敗北者たち―メアリ・スチュアートからゲバラまで　ヴォルフ・シュナイダー著，瀬野文教訳　草思社　2005.5　①4-7942-1407-3

◇グレースと公爵　グレース・エリオット著，野崎歓訳　集英社　（集英社文庫）2002.10　①4-08-760429-2
＊フランス革命。パリに住む王党派の美しい英国貴婦人グレース・エリオットの人生は波乱にとんだものだった。ギロチンの刃に脅かされながら困難な局面を幾度もその機転と度胸で切り抜ける。人権宣言の光は恐怖政治の闇を伴い、彼女には革命の闇の部分が良く見えた。優柔不断でルイ16世の従兄弟でもあるオルレアン公。かつて愛した彼に王の助命を懇願する。やがて彼女もスパイの嫌疑で投獄され…。

▎ルイ18世　Louis XⅧ
1755～1824　18・19世紀、フランス国王（在位1814～1815，1815～1824）。1795年国王の称号を得、1814年第1王政復古、6月憲法を制定。1815年第2王政復古を果した。

◇王たちの最期の日々　下　パトリス・ゲニフェイ編，神田順子訳　原書房　2018.6　①978-4-562-05571-5

◇フランス王室一〇〇〇年史―ヨーロッパ一の大国、四王家の栄枯盛衰　新人物往来社編　新人物往来社　（ビジュアル選書）　2012.1　①978-4-404-04135-7
＊ユーグ・カペーからナポレオン3世まで、ヨーロッパ史の中心であり続けたフランスの歩み。

▎ルイ・フィリップ　Louis Philippe
1773～1850　18・19世紀、フランス国王（在位1830～1848）。オルレアン公フィリップの息子。

◇王たちの最期の日々　下　パトリス・ゲニフェイ編，神田順子訳　原書房　2018.6　①978-4-562-05571-5

◇世界人物逸話大事典　朝倉治彦，三浦一郎編　角川書店　1996.6　①4-04-031900-1
＊歴史上の人物の生き生きとした人間像を伝えるエピソードを多数紹介する事典。日本人によく知られた人物1883人を見出しに掲載。

▎ルイ・ブラン
Louis Blanc, Jean Joseph Charles
1811～1882　19世紀、フランスの政治家、歴史家。1848年二月革命で臨時政府に加わり、全市民の労働権、生活権を布告した。のち議会乱入事件の責任を問われてイギリスに亡命。

◇革命家の告白―二月革命史のために　ピエール＝ジョゼフ・プルードン著，山本光久訳　作品社　2003.8　①4-87893-571-5

▎ルクセンブルク, ローザ
Luxemburg, Rosa
1871～1919　ローザ・ルクセンブルクとも。19・20世紀、ドイツの婦人革命家。1817年K.リープクネヒトと、ドイツ共産党の前身「スパルタクス団」を設立。

◇革命児たちの仰天!?情熱人生　アンヌ・ブランシャール，フランシス・ミジオ著，セルジュ・ブロッシュ絵，木山美穂訳　岩崎書店　2012.10　①978-4-265-85026-6

◇獄中からの手紙―ゾフィー・リープクネヒトへ　ローザ・ルクセンブルク著，大島かおり編訳　みすず書房　（大人の本棚）2011.4　①978-4-622-08088-6
＊自然とののびやかな交感、芸術への絶えざる思い、そして人間への、世界へのかぎりない愛。ポーランド出身の革命家・思想家が、獄中からゾフィー・リープクネヒトに宛てた朽ちることのない書簡35通（1916‐1918）。新訳・新編集。

◇ニーチェからスターリンへ―トロツキー人

◇物論集「1900-1939」 トロツキー著, 森田成也, 志田昇訳 光文社 （光文社古典新訳文庫） 2010.3 ①978-4-334-75202-6
◇ハンナ・アレントと現代思想―アレント論集 2 川崎修著 岩波書店 2010.3 ①978-4-00-024457-2
◇斃れざる人々 1 ローザ・ルクセンブルク 高根英博著 同時代社 2008.12 ①978-4-88683-638-0
  ＊ローザとは誰か！ 反戦・革命とは何か…そして世界の連帯とは？ ローザの一生をドタバタギャグマンガで駆け巡る。
◇女性経済学者群像―アダム・スミスを継ぐ卓越した八人 B.ポーキングホーン, D.L.トムソン著, 桜井毅監訳 御茶の水書房 2008.5 ①978-4-275-00575-5
◇暗い時代の人々 ハンナ・アレント著, 阿部斉訳 筑摩書房 （ちくま学芸文庫） 2005.9 ①4-480-08938-1
◇世界女性人名事典―歴史の中の女性たち 世界女性人名事典編集委員会編 日外アソシエーツ, 紀伊国屋書店〔発売〕 2004.10 ①4-8169-1800-0
◇ローザ・ルクセンブルク―その思想と生涯 増補版 パウル・フレーリヒ著, 伊藤成彦訳 御茶の水書房 1998.9 ①4-275-01730-7
  ＊戦争と革命の時代に生きた、今世紀の比類なき女性革命家のすべてを描く最も声価の高い評伝。訳者：ローザ・ルクセンブルク研究国際協会代表による「ローザ・ルクセンブルク北京会議の報告」ほか最新の「ローザ・ルクセンブルク・シカゴ会議での挨拶と問題提起（1998年5月2日）」を付した増補版。
◇ローザ・ルクセンブルクの世界 増補版 伊藤成彦著 社会評論社 1998.4 ①4-7845-0371-4
◇ローザ・ルクセンブルクと現代世界―東京・国際シンポジウム報告集 ローザ・ルクセンブルク東京・国際シンポジウム実行委員会編 社会評論社 1994.11 ①4-7845-0353-6
◇女たちのローザ・ルクセンブルク―フェミニズムと社会主義 田村雲供, 生田あい共編 社会評論社 1994.9 ①4-7845-0347-1
◇ローザ・ルクセンブルクの世界 伊藤成彦著 社会評論社 1991.11
◇友への手紙 ローザ・ルクセンブルク著, 伊藤成彦訳 論創社 1991.11
  ＊闘争と入獄を繰り返し、暗殺という悲業の死を遂げた「革命家」ローザは、花や小鳥や虫を愛しむ感性豊かな女性でもあった。マチルデ・ヴルム、ハンス・ディーフェンバッハ、マルタ・ローゼンバウムら親しい友に書き綴った、人間ローザの真実の告白。
◇ローザ・ルクセンブルク―その思想と生涯 パウル・フレーリヒ著, 伊藤成彦訳 御茶の水書房 1991.10 ①4-275-01443-X
  ＊戦争と革命の時代に生きた、今世紀の比類なき女性革命家のすべてを描く最も声価の高い評伝。訳者による「ローザ・ルクセンブルクとマルクス主義」を付した新版。
◇時代を告げた女たち―20世紀フェミニズムへの道 富山妙子編 柘植書房 1990.6

ルーズヴェルト, フランクリン
Roosevelt, Franklin Delano
⇒ローズヴェルト, フランクリン

ルーズベルト, セオドア
Roosevelt, Theodore
⇒ローズベルト, セオドア

ルソー　Rousseau, Jean-Jacques
1712～1778 18世紀、フランスの文学者、思想家、教育者。人民主権思想を説き革命の先駆となった。主張「人間不平等起源論」「社会契約論」、教育論「エミール」など。

◇メルロ＝ポンティ哲学者事典 第2巻 大いなる合理主義・主観性の発見 モーリス・メルロ＝ポンティ編著, 加賀野井秀一, 伊藤泰雄, 本郷均, 加國尚志監訳 白水社 2017.6 ①978-4-560-09312-2

◇13人の誤解された思想家―西欧近代的価値観を根底から問い直す　小浜逸郎著　PHP研究所　2016.1
①978-4-569-82682-0

◇嘘の思想家ルソー　桑瀬章二郎著　岩波書店　(岩波現代全書)　2015.10
①978-4-00-029175-0

◇ルソー　新装版　中里良二著　清水書院　(Century Books　人と思想)　2015.9
①978-4-389-42014-7

◇ジャン＝ジャック・ルソーと音楽　海老沢敏著　ぺりかん社　2012.12
①978-4-8315-1345-8
＊音楽学徒として歩み始めて以来半世紀に亘ってルソーと向き合ってきた著者による「音楽者ルソー」論の集大成。

◇歴史を動かした哲学者たち　堀川哲著　角川学芸出版，角川グループパブリッシング〔発売〕　(角川ソフィア文庫)　2012.12　①978-4-04-408610-7

◇ジャン＝ジャック・ルソー―自己充足の哲学　永見文雄著　勁草書房　2012.9
①978-4-326-10219-8
＊新しい共和主義の礎を築き、「人民主権」の理論を打ち立て、近代を創始した哲学者、売れっ子の作家で作曲家、子供を孤児院に預けて教育を論じ、顰蹙を買うような告白を物し、妄想に取りつかれた奇人…。ジャン＝ジャック・ルソーとは何者だったのか？ "自己充足" というキー概念からその生涯、作品、思想をトータルに読み解く。

◇ルソー　福田歓一著　岩波書店　(岩波現代文庫　学術)　2012.6
①978-4-00-600266-4
＊フランス革命に多大な影響を与えた思想家ジャン・ジャック・ルソー(一九一二・七八)は、文明批判、歴史哲学、経済理論、教育理論、政治理論、宗教思想、音楽ときわめて多岐におよぶ分野で文筆活動をおこなった。その人と生涯、思想の全体像を政治思想の泰斗が一般向けに平易に語る本書は、ルソー入門の決定版である。付論として「文明の現在―ルソーに引照して」を併載。

◇パリの異邦人　鹿島茂著　中央公論新社　(中公文庫)　2011.5
①978-4-12-205483-7

◇近世ヨーロッパの民衆指導者　増補改訂版　石塚正英著　社会評論社　2011.3
①978-4-7845-1504-2

◇教育と心理の巨人たち　岩永雅也，星薫編著　放送大学教育振興会，日本放送出版協会〔発売〕　(放送大学教材)　2010.3　①978-4-595-31182-6

◇考える人・ルソー　E.ファゲ著，高波秋訳　ジャン・ジャック書房　2009.7
①978-4-9980745-8-8

◇社会研究のプロファイル　関東学院大学人文学会社会学部会編　ハーベスト社　2009.6　①978-4-86339-011-9

◇西洋思想の16人　尾場瀬一郎，小野木芳伸，片山善博，南波亜希子，三谷竜彦，沢佳成著　梓出版社　2008.4
①978-4-87262-017-7

◇商人のための人生読本　倉本長治著，倉本初夫編　商業界　2008.2
①978-4-7855-0323-9

◇藤村とルソー　小池健男著　双文社出版　2006.10　①4-88164-572-2

◇エピソードで読む西洋哲学史　堀川哲著　PHP研究所　(PHP新書)　2006.4
①4-569-64925-4

◇ヨーロッパ 知の巨人たち―古代ギリシアから現代まで　田中浩著　日本放送出版協会　(NHKライブラリー)　2006.3
①4-14-084204-0

◇「むすんでひらいて」とジャン・ジャック・ルソー　西川久子著　かもがわ出版　2004.10　①4-87699-837-X

◇政治と歴史―モンテスキュー・ヘーゲルとマルクス　新訂版　ルイ・アルチュセール著，西川長夫，阪上孝訳　紀伊国屋書店　2004.6　①4-314-00945-4

◇ルソー　D.モルネ著，高波秋訳　ジャン・ジャック書房　2003.10　①4-9980745-4-7

◇ジャン＝ルイ・ボアシエ：ルソーの時―インタラクティヴィティの美学 日本語版 CD-ROM book　伊藤俊治ほか著，森公

一．砥綿正之編　日本文教出版　2003.4
ⓘ4-536-40057-5
◇甦るルソー——深層の読解　中川久定著
岩波書店　（岩波現代選書 特装版）
1998.5　ⓘ4-00-026242-4
◇天才たちの不思議な物語——神に愛された人、見捨てられた人　桐生操著　PHP研究所　1998.2　ⓘ4-569-55993-X
＊想像を超えた運命のいたずら、世間の誤解、栄光と裏切り、絶望的な恋…。試練を糧にして自分の世界を創造した偉人3人の驚くべき生涯。
◇ジャン＝ジャック・ルソー問題　E.カッシーラー著，生松敬三訳　みすず書房　（みすずライブラリー）　1997.12
ⓘ4-622-05021-8
＊人が近代について考える時、ルソーの存在はつねに新しく、つねに重要な「問題」として発現してくる。安易な一般化を許さぬ、逆説にみちた近代思想の父・ルソーの生き生きとした「精神の運動」の内部へ深く沈潜することにより、独自・鮮明なルソー像を描出した、カッシーラーによるルソー解読のための先駆的・基本的著作。
◇比較政治思想史講義——アダム・スミスと福沢諭吉　岩間一雄著　大学教育出版　1997.5　ⓘ4-88730-220-7
＊本書は、大学のテキスト・ブックとしての体裁をとっているが、内容的には、アジアと西欧とをいわばグローバルな視点で描き出してもいる。今、自分がどこにいるかを世界史的なパースペクティヴのなかで透視する場合、明解な座標軸を提供する格好の読み物。
◇都市と思想家　2　石塚正英，柴田隆行，的場昭弘，村上俊介編　法政大学出版局　（叢書・現代の社会科学）　1996.7
ⓘ4-588-60027-3
＊ハイデルベルクと三木清、ベルリンとラサール、ジュネーヴとルソー、ケーニヒスベルクとカント等々、思想家の思想形成と生涯において大きな意味をもった、ドイツ・スイス・東欧の都市。その街路や広場や建物の一角から、ヨーロッパ近代思想史の襞に新たな光を当てる試み。

◇ルソーとヴォルテール　井上堯裕著　世界書院　1995.6　ⓘ4-7927-9551-6
◇ルソー——自然の恩寵に恵まれなかった人　松本勤著　新曜社　（ロンド叢書）　1995.5　ⓘ4-7885-0522-3
＊近代の曙光のなかで近代のアポリアと格闘したルソー。輻湊するルソーの感情に惻隠しつつ、その思想と自己像の絡みを『新エロイーズ』と『告白』から読み明かす。そして、ドストエフスキーの感触をとおしてルソーを語る「ユートピアと逆ユートピア」は、近代の暮れ方に光を投げかける。
◇ルソー 透明と障害　〔新装版〕　J.スタロバンスキー著，山路昭訳　みすず書房　1993.12　ⓘ4-622-03071-3
＊冒険家、夢想家、作家、政治思想家、音楽家、被迫害者、ジャン・ジャックはそれらの全てであった。著者は、こうした多様な領域にわたるルソーの営為を、厳密なテクストの解読を通して、諸傾向の分散と意図の一貫性の両者のなかに把握する。ルソーを崩壊させかねなかった彼の精神的緊張の問題に関心を集中し、その作品群のなかに分け入って、〈透明〉をキイ概念として、精巧で詳細な内面の伝記を構成した。ルソー研究の画期的な業績。
◇ルソーの世界——あるいは近代の誕生　ジャン＝ルイ・ルセルクル著，小林浩訳　法政大学出版局　（叢書・ウニベルシタス）　1993.5　ⓘ4-588-00404-2
◇ルソー——市民と個人　増補　作田啓一著　筑摩書房　（筑摩叢書）　1992.10
ⓘ4-480-01368-7
◇ロジシスト・ルソー　山下俊一著　いなほ書房　1992.9　ⓘ4-7952-6274-8
◇続 大人のための偉人伝　木原武一著　新潮社　（新潮選書）　1991.6
ⓘ4-10-600400-3
＊『森の生活』のソロー、『ユートピアだより』のモリスをはじめ、トルストイ、マルクス、フランクリン、ルソー、モンテーニュ、レオナルド・ダ・ヴィンチ、福沢諭吉など、九人の「偉人」の生涯と作品に、新しい光をあてる。

◇ルソー　林達夫著　第三文明社　（レグルス文庫）　1991.3　Ⓘ4-476-01195-0
＊本書は小説として書かれたルソーの教育論『エミール』を取上げて、林達夫らしい視点からルソーを読み返した試みである。人間の自由探求の歩みの中に、ルソー教育論の理論的中核を読み取る。

◇孤独な散歩者の夢想　J.J.ルソー著，今野一雄訳　岩波書店　（ワイド版 岩波文庫）　1991.1　Ⓘ4-00-007012-6
＊『告白』につづいて書かれた本書は、その自己探究の道をさらに進めたものである。晩年全くの孤独に閉ざされたルソーは、日々の散歩の途上に浮かび上がる想念を、つれづれの印象を、事件を、あるいは生涯のさまざまの思い出を記し、人間と自己を見つめ続けた。偉大な思索家ルソーの諸著の中でも、特に深い感銘を与えるものであろう。

◇インテレクチュアルズ　ポール・ジョンソン著，別宮貞徳訳　共同通信社　1990.9　Ⓘ4-7641-0243-9
＊ルソーは子どもっぽい思想家、マルクスはめったに風呂に入らず金銭感覚はゼロ、ヘミングウェイは「行動」を口にするばかりで日々酒におぼれ、サルトルは「ことば」の洪水に次々と若い女性を引きずりこんだ。知の巨人たちの驚くべき実像。

◇ジャン・ジャック・ルソー──自己探求と夢想　マルセル・レーモン著，松本真一郎訳　国文社　1990.9
＊本書は、ジュネーヴ学派の創始者レーモンによる、スタロビンスキーの『ジャン＝ジャック・ルソー──透明と障害』と並ぶ白眉のルソー論。

▌ルター，マルティン
Luther, Martin
1483～1546　15・16世紀、ドイツの宗教改革者。ローマ教皇による免罪符販売を批判、宗教改革運動の発端となった。信仰のみによって義とされること、教会ではなく聖書のみが規範であることなどを説いた。

◇ルター──ヨーロッパ中世世界の破壊者　森田安一著　山川出版社　（世界史リブレット人）　2018.8　Ⓘ978-4-634-35050-2

◇ルター自伝　マルティン・ルター著，藤田孫太郎編訳　新教出版社　（新教新書）　2017.5　Ⓘ978-4-400-22125-8

◇マルティン・ルター──エキュメニズムの視点から　W.カスパー著，高柳俊一訳　教文館　2017.1　Ⓘ978-4-7642-6459-5

◇マルティン・ルターとその世界　中谷博幸著　美巧社　2016.12　Ⓘ978-4-86387-080-2

◇ルター　新装版　小牧治，泉谷周三郎共著　清水書院　（Century Books　人と思想）　2015.9　Ⓘ978-4-389-42009-3

◇ルネサンス人物列伝　ロバート・デイヴィス，ベス・リンドスミス著，和泉香訳　悠書館　2012.7　Ⓘ978-4-903487-54-0

◇マルティン・ルター──ことばに生きた改革者　徳善義和著　岩波書店　（岩波新書新赤版）　2012.6　Ⓘ978-4-00-431372-4
＊ことばの真理を追い求め、聖書を読んで読みぬく。ひとりの若き修道士の飽くなき探究心が、キリスト教の世界を根底から変え、新しい時代への扉をひらいた。マルティン・ルター。宗教改革者。聖書のことばをひたむきに見つめ、ヨーロッパに中世と近代とを画す歴史の転機をもたらした生涯を描く。

◇宗教改革者の群像　日本ルター学会編訳　知泉書館　2011.11　Ⓘ978-4-86285-119-2

◇ルター──異端から改革者へ　T.カウフマン著，宮谷尚実訳　教文館　2010.7　Ⓘ978-4-7642-6685-8
＊説教者、教授、著作家として大いに語り、書き、同時代の誰よりも大きな影響を与えたルターは、同時に教会史上最大の「異端」でもあった。「信仰の父」や「宗教改革者」としてのルターだけではなく、歴史上の一人物としての実像に迫る。

◇オバマに至る世界的改革者群像─忘れ得ぬ日米欧クリスチャン精神史　大庭治夫著　国際学術技術研究所，星雲社〔発売〕（際研Bibl 精神史研究試論集　新日本のための新日本精神史研究試論）　2010.3　Ⓘ978-4-434-13967-3

◇ルネサンス　会田雄次，渡辺一夫，松田智雄著　中央公論新社　(中公クラシックス・コメンタリィ)　2008.10
Ⓘ978-4-12-003969-0
＊政治の混迷，教会の腐敗を一新した巨星たちの思想。国家悪が招いた"暗黒の中世"に敢然と挑んだ独創的な人々。彼らの軌跡は人間復興の道を跡づける。

◇ルターを学ぶ人のために　金子晴勇，江口再起編　世界思想社　2008.1
Ⓘ978-4-7907-1303-6
＊変革の時代を生きたルターの思想と行動を，キリスト教会の範囲を超えて，歴史学，人間学，社会学，政治経済学，教育学，医学等の多角的視座の下に解明し，新時代を創造した新しいルターの姿を描き出す。

◇マルチン・ルター――生涯と信仰　徳善義和著　教文館　2007.8
Ⓘ978-4-7642-6903-3

◇教育改革者ルター　金子晴勇著　教文館　2006.12　Ⓘ4-7642-6900-7

◇ヨーロッパ 知の巨人たち――古代ギリシアから現代まで　田中浩著　日本放送出版協会　(NHKライブラリー)　2006.3
Ⓘ4-14-084204-0

◇ルターのテーブルトーク　マルチン・ルター著，藤代幸一編訳　三交社　2004.9
Ⓘ4-87919-585-5

◇マルチン・ルター――原典による信仰と思想　徳善義和編著　リトン　2004.5
Ⓘ4-947668-64-4

◇青年ルター　2　E.H.エリクソン著，西平直訳　みすず書房　2003.10
Ⓘ4-622-03973-7
＊若き偉人であると同時に後に大規模な破壊者となる病める青年。マルチン・ルターの葛藤と危機を，歴史・宗教・精神分析・ライフサイクル研究の諸相から読む。

◇卓上語録　M.ルター著，植田兼義訳　教文館　2003.10　Ⓘ4-7642-7222-9

◇慰めと励ましの言葉――マルティン・ルターによる一日一章　徳善義和監修，湯川郁子訳　教文館　1998.11　Ⓘ4-7642-7179-6
＊神のことばが，いかに正しく真実で，快く甘美であり，力強く慰めに満ちているかを，聖書はあなたに教える。日ごとの黙想。

◇親鸞とルター――信仰の宗教学的考察　新装版　加藤智見著　早稲田大学出版部　1998.4　Ⓘ4-657-98519-1

◇世界人物逸話大事典　朝倉治彦，三浦一郎編　角川書店　1996.6　Ⓘ4-04-031900-1
＊歴史上の人物の生き生きとした人間像を伝えるエピソードを多数紹介する事典。日本人によく知られた人物1883人を見出しに掲載。

◇ルターと宗教改革事典　日本ルーテル神学大学ルター研究所編　教文館　1995.10
Ⓘ4-7642-4018-1
＊ルターを中心に宗教改革運動の全体をカバーする，日本で初めての書き下し事典。ルター研究・宗教改革研究の第一人者が執筆。図版・写真63点収録。

◇十字架と薔薇—知られざるルター　松浦純著　岩波書店　(Image Collection精神史発掘)　1994.3　Ⓘ4-00-003730-7
＊中世と近代の境にたって，近代精神の終末をも視野に収めた改革者。既存のイメージをくつがえす，ラディカルな思想家像の発見。

◇蓮如とルター――宗教教団の原点　加藤智見著　(京都)法蔵館　1993.6
Ⓘ4-8318-7204-0

◇ルターの人間学　金子晴勇著　創文社　1991.12　Ⓘ4-423-30045-1

◇卓話　ルター著，前野正訳　キリスト教図書出版社　1991.7

◇フッテン―ドイツのフマニスト　オットー・フラーケ著，榎木真吉訳　みすず書房　1990.6　Ⓘ4-622-03345-3
＊最初のドイツ国民主義者，現代的ジャーナリスト先駆たるフッテンの35歳の生涯。エラスムラ，ルター，ジッキンゲンなど宗教改革時代の多彩な群像と共に描く。

ルートヴィヒ1世
Ludwig Ⅰ, der Fromme
778〜840　8・9世紀、カロリング朝西ローマ皇帝(在位814〜840)。カルル大帝の第3子。

◇図説ヨーロッパ王室史―ダークヒストリー 2　ブレンダ・ラルフ・ルイス著, 中村佐千江訳, 樺山紘一日本語版監修　原書房　2010.9　①978-4-562-04578-5

ルノワール　Renoir, Pierre Auguste
1841〜1919　ルノアールとも。19・20世紀、フランスの画家。主作品「シャルパンティエ夫人とその家族たち」(1878)、「浴女たち」(1884〜1887)。

◇心に響く印象派画家の言葉46　Moderna Classica編著　青月社　2018.2
①978-4-8109-1317-0

◇マネと印象派の巨匠たち―印象派ってナニ？　島田紀夫監修　小学館　2014.7
①978-4-09-682088-9

◇梅原龍三郎とルノワール　梅原龍三郎著, 嶋田華子編著　中央公論美術出版　2010.10　①978-4-8055-0647-9

◇世界の名画―名画にまつわるエピソードから巨匠たちの生涯まで。大友義博監修　メイツ出版　2010.9　①978-4-7804-0865-2

◇病にも克った！もう一つの「偉人・英雄」列伝―逆境は飛躍へのバネに　池永達夫著　コスモトゥーワン　2010.5
①978-4-87795-188-7

◇ルノワール―光と色彩の画家　賀川恭子著　角川書店　(角川文庫　Kadokawa art selection)　2010.1　①978-4-04-394329-6
＊風にそよぐドレスの衣擦れや、笑いさざめく人々の楽しげな会話まで聞こえてきそうな、柔らかな筆づかい。世界中で愛される多くの作品を残したルノワール。画面から溢れんばかりの光と色彩は、どのように生み出されたのか？幸福の画家とも呼ばれる巨匠の人生に深く迫り、隠された若き日の葛藤から作風の変化にともなう危機の時代まで詳しく解説。近代絵画史に残された大きな足跡をた

どるエキサイティングなガイドブック。

◇もっと知りたいルノワール―生涯と作品　島田紀夫著　東京美術　(アート・ビギナーズ・コレクション)　2009.12
①978-4-8087-0872-6

◇印象派の挑戦―モネ、ルノワール、ドガたちの友情と闘い　島田紀夫著　小学館　2009.11　①978-4-09-682021-6

◇ルノワール―色の魔術師　ルノワール画, ハナブサ・リュウ撮影　平凡社　(別冊太陽)　2008.2　①978-4-582-94513-3

◇わが父ルノワール　新装版　ジャン・ルノワール著, 粟津則雄訳　みすず書房　2008.1　①978-4-622-07355-0
＊映画監督ジャン・ルノワールが描く、父である画家ルノワールの肖像。晩年の父との間に交わされた会話をもとに執筆された。幼少年時代・青年時代の父、当時のパリの風物、印象派の画家たちの鮮やかなプロフィール、幸福な家庭…心の中で育まれた、数々の思い出が結晶し、ルノワールの人と作品が生き生きと描かれる。

◇近代美術の巨匠たち　高階秀爾著　岩波書店　(岩波現代文庫)　2008.1
①978-4-00-602130-6

◇ルノワール＋ルノワール展―画家の父映画監督の息子2人の巨匠が日本初共演　ルノワール画, オルセー美術館, Bunkamuraザ・ミュージアム, 日本テレビ放送網編, 木島俊介監修　日本テレビ放送網　2008

◇ルノワール―陽とバラの肌　ガブリエレ・クレパルディ著, 樺山紘一日本語版監修　昭文社　(Art book)　2007.3
①978-4-398-21461-4

◇巨匠の自画像―名画に潜む知られざるストーリー　青井伝著　すばる舎　2006.8
④4-88399-540-2

◇ルノワール―その芸術と青春　ルノワール画, 宮崎克己著　六耀社　(Rikuyosha art view)　2002.8　④4-89737-432-4
＊印象派の巨匠ルノワールの新しい発見！全世界から選抜したルノワール真髄の作品を豊富に収録し、その生涯と芸術の奇跡を余すことなくとらえた

ファン待望の画論集。
◇近代美術の巨匠たち　高階秀爾著　青土社　1998.8　①4-7917-9122-3
＊あの名作はどのようにして生まれたか。飽くことなく「光」を追求したモネ、不遇の天才セザンヌ、女性の美を絵筆に託したルノワール、単身タヒチに渡り、絵を描きながら孤独のうちに病没したゴーガンなど、近代絵画史に偉大な足跡を残した画家たち。その生い立ちから画家としての目覚め、数々の名作を描くにいたるまで、生活史をも織り込んで描く、巨匠列伝。
◇世界人物逸話大事典　朝倉治彦，三浦一郎編　角川書店　1996.6　①4-04-031900-1
＊歴史上の人物の生き生きとした人間像を伝えるエピソードを多数紹介する事典。日本人によく知られた人物1883人を見出しに掲載。
◇ルノワール―生命の讃歌　アンヌ・ディステル著，柴田都志子，田辺希久子訳　創元社　(「知の再発見」双書)　1996.3　①4-422-21115-3
◇ルノワール　ゲハード・グルートロイ著，佐藤幸宏，越前俊也訳　日本経済新聞社　1996.3　①4-532-12281-3
＊印象派を代表する6人の画家の代表作を網羅し大型の図版で再現。解説ではその生涯をたどり画家の素顔に迫る。
◇ヴィヴァン―新装版・25人の画家　第9巻　ルノワール　中山公男編集・解説　講談社　1995.4　①4-06-254759-7
＊豊麗な色彩で女性美の極致を描き、光り輝く自然の息吹を画布に再現した永遠の巨匠。カラー・ドキュメント、図説・ルノワールの生涯。
◇画家の妻たち　沢地久枝著　文芸春秋　1993.5　①4-16-347510-9
＊炎のように短く燃えた愛もあり、静謐な長い人生もあった…。憎しみの果ての別れもあった…。美の狩人たちの創造の源泉であり、その苦悩と歓喜を共有した伴侶たちにとって、永遠の美とは何だったのか。レンブラントからピカソまで、19人の画家による妻の肖像画を通して、男と女の運命的なドラマをさぐる。

◇ルノワール展カタログ　東武美術館ほか編・訳　毎日新聞社　1993
◇ルノワール　パトリック・ベード著，宮崎克己訳　岩波書店　(岩波　世界の巨匠)　1992.6　①4-00-008462-3
◇ルノワール・セザンヌ―印象派　おおらかな色彩と空間　マウラ・ボフィット，ルイサ・コゴルノ，ガスパラ・デ・フィオレ，マリナ・ロッビアニ，サビネ・パリチ著，伊海里麻子，石藤浩一訳　学習研究社　(絵画の発見)　1991.10　①4-05-105733-X
＊印象派2大巨匠の絵画が見える。名画鑑賞のポイントを簡潔にアドバイス。
◇印象派の人びと―ジュリー・マネの日記　ロザリンド・ドゥ・ボランド・ロバーツ，ジェーン・ロバーツ編，橋本克己訳　中央公論社　1990.9　①4-12-001966-7
＊エドワール・マネの姪で、女流画家ベルト・モリゾの娘ジュリー。ルノワール、ドガ、モネ、マラルメに囲まれて育った聡明で感性豊かな少女は、14歳で日記をつけ始める。この日記は、これら大芸術家の生活と素顔を、最も身近なところから曇りのない眼でとらえた、きわめて貴重な記録である。カラー23点、モノクロ84点収載。マネの姪がつづる大芸術家たちの素顔。

ルーベンス　Rubens, Peter Paul
1577〜1640　16・17世紀、フランドルの画家、外交官。バロック様式の代表的画家。代表作に壁画「マリ・ド・メディシスの生涯」など。

◇芸術家の愛した家―巨匠のルーツから読み解く美術入門　池上英洋著　エクスナレッジ　2016.12　①978-4-7678-2255-6
◇「絶筆」で人間を読む―画家は最後に何を描いたか　中野京子著　NHK出版　(NHK出版新書)　2015.9　①978-4-14-088469-0
◇ルーベンス回想　ヤーコプ・ブルクハルト著，新井靖一訳　筑摩書房　(ちくま学芸文庫)　2012.3　①978-4-480-09415-5
＊19世紀ヨーロッパを代表する美術史家・

歴史家・文化史家ブルクハルト。本書は、「最大の絵画的物語作者」ルーベンスの生涯を追い、その絵画の本質を神話画・肖像画・風景画など作品テーマに沿って解説する。鋭利な筆によって、ブルクハルトが理想として思い描いていた、「万能の人」としての巨匠の姿が浮き彫りにされる。カラー口絵のほか、図版多数。新訳。

◇巨匠たちの迷宮―名画の言い分　木村泰司著　集英社　2009.9
①978-4-08-781421-7

◇ペーテル・パウル・ルーベンス―絵画と政治の間で　中村俊春著　三元社　2006.8
①4-88303-179-9
＊大工房を構えた宮廷画家であり、外交の場でも活躍したルーベンスは、破格の栄達を極めた17世紀絵画の巨匠である。一方、その世俗的成功は、彼を精神性を欠く通俗的画家と見なす要因にもなった。だが彼は本当に芸術の深みに到達しえなかったのか？　その真の姿に画業と政治活動両面から迫る。

◇世界人物逸話大事典　朝倉治彦，三浦一郎編　角川書店　1996.6　①4-04-031900-1
＊歴史上の人物の生き生きとした人間像を伝えるエピソードを多数紹介する事典。日本人によく知られた人物1883人を見出しに掲載。

◇ルーベンスが見たヨーロッパ　岩渕潤子著　筑摩書房　（ちくまライブラリー）1993.7　①4-480-05191-0
＊小国フランドルに生まれたために、アナーキーが制度と化した17世紀ヨーロッパを、芸術的才能を駆使して生き抜いたルーベンスの華麗なる生涯。

◇ルーベンス　アンドリュー・モラル著，倉田一夫訳　エルテ出版　（巨匠の絵画技法）　1991.11　①4-87199-027-3
＊ルーベンスは油彩の技法の達人であり、後代の画家たちは彼の工夫した多くの新しい方法を熱心に模倣することになった。本書に収録した作品は、そうした技法を視覚的に確認できるように慎重に選択し、解説では、ルーベンスの生涯の主な出来事をたどり、画家としての発展を解明する。

【れ】

▍レイチェル・カーソン
Rachel Carson
⇒カーソン，レイチェル

▍レヴィ・ストロース
Lévi-Strauss, Claude
1908〜2009　20世紀、フランスの社会人類学者。構造言語学の方法を人類学に導入、いわゆる構造主義を確立。

◇レヴィ＝ストロース　新装版　吉田禎吾，板橋作美，浜本満共著　清水書院（Century Books　人と思想）　2015.9
①978-4-389-42096-3

◇レヴィ＝ストロース　カトリーヌ・クレマン著，塚本昌則訳　白水社　（文庫クセジュ）　2014.5　①978-4-560-50990-6
＊フランス構造主義の創設者とされる民族学者。哲学教師の職を捨て、ブラジル原住民の生態を調査した。その後は魔術、宗教、そして特に神話を研究することで独自の思想を展開。『悲しき熱帯』『神話論理』など著書を多数引用しながら、「思想界の巨人」と呼ばれた百年の生涯を解説する。

◇レヴィ＝ストロース―まなざしの構造主義　出口顯著　河出書房新社　（河出ブックス　現代思想の現在）　2012.7
①978-4-309-62446-4
＊人類学を刷新しただけでなく、二十世紀後半の思想の流れを根底から変えた巨人・レヴィ＝ストロース。神話、家、仮面、自己などの重要な主題をめぐりつつ、生涯をかけて他者を探求し、かぎりなく他者に開かれつづけた、その「まなざし」を問う中から、「漂泊の思想家」という新しい姿を描き出し、さらに人類学の最前線へ向かう。いままでになかったレヴィ＝ストロース入門にして、レヴィ＝ストロース論の決定版。

◇レヴィ＝ストロース伝　ドニ・ベルトレ著, 藤野邦夫訳　講談社　2011.12
①978-4-06-215005-7
＊『親族の基本構造』、『悲しき熱帯』、『構造人類学』、『野生の思考』、『神話論理』…二十世紀後半の思想界に巨大な足跡をのこした人類学者の軌跡と人間クロード・レヴィ＝ストロースとしての知られざる素顔に迫る。

◇闘うレヴィ＝ストロース　渡辺公三著　平凡社　（平凡社新書）　2009.11
①978-4-582-85498-5
＊レヴィ＝ストロースの壮大な思想は、安易で図式的な理解を拒むが、彼独特の「世界との接し方」を見ることで、構造主義と呼ばれる「ものの見方」にまで通底する、思想家の仕事の核心に肉薄する意欲作。百年を超える生涯を通じて、彼は何と闘ってきたのか。現代世界に生きることのモラル、もうひとつの豊かさの思考。

◇遠近の回想　増補新版　クロード・レヴィ＝ストロース, ディディエ・エリボン著, 竹内信夫訳　みすず書房　2008.11
①978-4-622-07432-8
＊思想家レヴィ＝ストロースは、自分について語ることが少なかった。回想記では、文化人類学者としての生涯と精神の軌跡とを、45歳年下の鋭敏な聞き手を得て、のびのびと楽しく語っている。増補新版は、旧版の2年後に、旧版への反応を踏まえて行なわれた対談「二年後に」を併せて収める。

◇レヴィ＝ストロース　エドマンド・リーチ著, 吉田禎吾訳　筑摩書房　（ちくま学芸文庫）　2000.5　①4-480-08551-3
＊"人間とは何か？　普遍的人間性はあるのか？　文化とは？"西欧近代が繰り返し立ち戻ってきたこの根源的な問い掛けに答えるべく創唱されたレヴィ＝ストロースの「構造」人類学。西欧中心の近代的思考体系への徹底した反省を促す彼の難解な思想を、革新的な発想と卓抜した論理力を併せもつ異色の人類学者・リーチが、驚くほどの明快さ、手際の良さで鮮やかに読み解く。挑発的なレヴィ＝ストロース入門。

◇レヴィーストロース―イラスト版　ジュディ・グローブス絵, ボリス・ワイズマン文, 椋田直子訳　現代書館　（For beginnersシリーズ）　1998.9
①4-7684-0084-1

◇レヴィ＝ストロース―構造　渡辺公三著　講談社　（現代思想の冒険者たち）　1996.5　①4-06-265918-2

◇遠近の回想　クロード・レヴィ＝ストロース著, ディディエ・エリボン著, 竹内信夫訳　みすず書房　1991.12
①4-622-03051-9

◇レヴィ＝ストロース　吉田禎吾ほか共著　清水書院　（Century books）　1991.10
①4-389-41096-2

レオ3世　Leo Ⅲ, St.
？～816　8・9世紀、教皇（在位795～816）、聖人。カルルを西ローマ皇帝として戴冠し、神聖ローマ帝国が成立。

◇ローマ教皇事典　マシュー・バンソン著, 長崎恵子, 長崎麻子訳　三交社　2000.8
①4-87919-144-2

レオ10世　Leo X
1475～1521　15・16世紀、教皇（在位1513～1521）。教皇の政治権を確立し、文学や芸術の保護政策を推進。

◇宗教改革の人間群像―エラスムスの往復書簡から　木ノ脇悦郎著　新教出版社　2017.4　①978-4-400-22727-4

◇メディチ家と音楽家たち―ルネサンス・フィレンツェの音楽と社会　米田潔弘著　音楽之友社　（音楽選書）　2002.2
①4-276-37086-8

◇ローマ教皇事典　マシュー・バンソン著, 長崎恵子, 長崎麻子訳　三交社　2000.8
①4-87919-144-2

レオナルド・ダ・ヴィンチ
Leonardo da Vinci
1452～1519　ダ・ヴィンチ, レオナルドとも。15・16世紀、イタリアの画家、彫刻家、建築家、科学者。主作品「最後の晩餐」

レオナルド・ダ・ヴィンチ

(1495～1508頃)、「モナ・リザ」(1504)。
◇創造の星―天才の人類史　渡辺哲夫著　講談社　（講談社選書メチエ）　2018.8
①978-4-06-512668-4
◇もっと知りたいレオナルド・ダ・ヴィンチ―生涯と作品　改訂版　裾分一弘監修　東京美術　（アート・ビギナーズ・コレクション）　2018.3　①978-4-8087-1106-1
◇レオナルド＝ダ＝ヴィンチ―ルネサンスと万能の人　西村貞二著　清水書院　（新・人と歴史拡大版）　2017.3
①978-4-389-44103-6
◇レオナルド・ダ・ヴィンチ　ポール・ロケット著, Babel Corporation訳出協力　六耀社　（世界の名画：巨匠と作品）　2016.5　①978-4-89737-830-5
＊ダ・ヴィンチのたくさんのすばらい絵は、いつ、どうやって描かれたのでしょうか？後世の画家たちはそこから何を学んだのでしょうか？ダ・ヴィンチの生涯と作品を、美しい図版とわかりやすい文章で紹介します。
◇ダ・ヴィンチの右脳と左脳を科学する　レナード・シュレイン著, 日向やよい訳　ブックマン社　2016.4
①978-4-89308-857-4
◇僕はダ・ヴィンチ　ヨースト・カイザー文, クリスティナ・クリストフォロウ絵, 岩崎亜矢監訳, 市中芳江訳　バイインターナショナル　（芸術家たちの素顔）　2016.4　①978-4-7562-4760-5
◇イタリア「色悪党」列伝―カエサルからムッソリーニまで　ファブリツィオ・グラッセッリ著　文芸春秋　（文春新書）　2015.7　①978-4-16-661035-8
◇10分で読める夢と感動を生んだ人の伝記　塩谷京子監修　学研教育出版　2015.4
①978-4-05-204122-8
◇レオナルドの教え―美術史方法論研究会論集　美術史方法論研究会編　金山弘昌　2013.12　①978-4-89982-246-2
◇レオナルド・ダ・ヴィンチ論―全三篇　ポール・ヴァレリー著, 恒川邦夫, 今井勉訳　平凡社　2013.12

①978-4-582-28504-8
＊最新の草稿研究にもとづく新訳に詳細な訳注と解説。ルネサンスの「卓越した精神」に瞠目したヴァレリーの思索が、数度の加筆を経て、独自の芸術論・思想論として深化していく様を明らかにした決定版。批評精神の終わりなき旅。
◇運命の車輪―天才たちの生涯　永田龍葵著　永田書房　2013.10　①978-4-8161-0726-9
◇ルネサンス三巨匠の物語―万能・巨人・天才の軌跡　池上英洋著　光文社　（光文社新書）　2013.9　①978-4-334-03764-2
＊レオナルドとミケランジェロ、ラファエッロ―1504年、フィレンツェで、1516年、ローマで、彼らはどう出会い、何を感じ、何を目指したのか。史実と仮説を織りまぜ、三巨匠たちの最初の邂逅からその後の運命まで、これまでになかった人間ドラマを描く。
◇ルネサンス天才の素顔―ダ・ヴィンチ、ミケランジェロ、ラファエッロ三巨匠の生涯　池上英洋著　美術出版社　2013.9
①978-4-568-20261-8
◇レオナルド・ダ・ヴィンチ論　ポール・ヴァレリー著, 塚本昌則訳　筑摩書房　（ちくま学芸文庫）　2013.9
①978-4-480-09556-5
＊レオナルドは、精神の地平を決定的に画する存在として、ヴァレリーの心から終生離れることのなかった芸術家だった。レオナルドのデッサンと文章に見られるダイナミックな精神運動に魅せられたヴァレリーは、そのメカニズムを解明するためにレオナルドの方法を再建すべく試みる。天才の"肖像"を描くことに全力を注ぐヴァレリーを待ちうけていたのは、科学と芸術をめぐる認識の極限にくり広げられるスリリングな"精神の劇"だった。ヴァレリーの思考と美学のすべてを映し出す三篇、およびVues収録の二篇を新訳で収める。
◇モナ・リザはなぜ名画なのか？　西岡文彦著　筑摩書房　（ちくま文庫）　2013.5
①978-4-480-43070-0
＊世界一有名な絵画、『モナ・リザ』。この作品はどうしてこれほど有名になった

のか、本当にここまでの名声に見合う作品なのか、それほどの名画ならば、なぜこの絵を見ても新鮮な感動を味わうことができないのか――。モデルの謎、ダ・ヴィンチの生涯、背景の秘密、そして「神秘の微笑」に秘められた超絶技巧。絡み合う謎のすべてと名画の正体が明かされる。『モナ・リザ』の見方と読み方、決定版。

◇ビジュアル ダ・ヴィンチ全記録　ビューレント・アータレイ，キース・ワムズリー著，藤井留美訳　日経ナショナルジオグラフィック社　（NATIONAL GEOGRAPHIC）　2013.4　①978-4-86313-206-1
＊絵画作品17点、素描82点、関連図版135点を収録。時系列でダ・ヴィンチの生涯を丁寧に追う。各作品のテーマ、技術、秘話、謎をコラムでさらに詳しく解説。紛失・盗難・再発見など、各作品の来歴も紹介。ルネサンスという時代背景も理解できる。

◇天才力―三巨匠と激動のルネサンス：ダ・ヴィンチ ミケランジェロ ラファエッロ　雨宮紀子著　世界文化社　2013.3　①978-4-418-13211-9
＊一五〇四年秋、シエナにいたラファエッロはフィレンツェを訪れる。壮麗なドゥオモがそびえるメディチ家の都。ここで、レオナルド・ダ・ヴィンチとミケランジェロがまさに一騎打ちともいうべき一大プロジェクトに挑戦するという…。勝敗の噂が渦巻き、市民はだれもが熱狂していた。群雄割拠のイタリアにあって、教皇庁とメディチ家がつばぜり合いを繰り返していた激動の時代。天才たちはこの「ルネサンス」という時間を駆け抜ける。レオナルド、ミケランジェロ、ラファエッロ。三巨匠の同時代に引き込まれる、芸術と覇権争いの歴史ロマン。

◇盲目の五百年　三日月星水著　表現社出版販売　2012.10　①978-4-89477-411-7
＊ダ・ヴィンチ作品の秘密が次々と明らかに。

◇イラストで読むレオナルド・ダ・ヴィンチ　杉全美帆子著　河出書房新社　2012.9　①978-4-309-25545-3
＊「万能の天才」は、いったいどんな人生を送ったのか？ ダ・ヴィンチの生涯とその仕事を多数の図版とイラストで紹介した画期的な伝記であり、美術書。

◇ルネサンス人物列伝　ロバート・デイヴィス，ベス・リンドスミス著，和泉香訳　悠書館　2012.7　①978-4-903487-54-0

◇レオナルド・ダ・ヴィンチ―ルネサンス「万能人」の生涯　池上英洋編著　新人物往来社　（ビジュアル選書）　2012.4　①978-4-404-04168-5
＊芸術家？ 科学者？ 彼はいったい何者なのか。あらゆる分野に足跡を残した巨人の真の姿を追う。

◇芸術家列伝　3　レオナルド・ダ・ヴィンチ、ミケランジェロ　ジョルジョ・ヴァザーリ著，田中英道，森雅彦訳　白水社（白水Uブックス）　2011.8　①978-4-560-72124-7
＊イタリア・ルネサンスの美術を知るうえで最も重要、かつ読み物としての面白さを兼ね備えたヴァザーリの『芸術家列伝』は、ダンテの『神曲』とならぶ古典として知られている。その中よりルネサンスの二大巨匠の伝記を収録。

◇科学の偉人伝　白鳥敬著，現代用語の基礎知識編　自由国民社　（おとなの楽習　偉人伝）　2010.9　①978-4-426-11081-9

◇青の審判―天才ダ・ヴィンチの苦悩　木村拓美著　たま出版　2010.1　①978-4-8127-0293-2
＊ダ・ヴィンチは「青」によって何を表現しようとしたのか。「最後の晩餐」「モナ・リザ」をはじめ、ダ・ヴィンチの数々の絵画やデッサン、鏡面文字の中に秘められた謎を追う、書き下ろしノンフィクション。

◇ルネサンス画人伝　新装版　ジョルジョ・ヴァザーリ著，平川祐弘，小谷年司，田中英道訳　白水社　2009.12　①978-4-560-08043-6

◇この独身者はすごい！―結婚しなかった24人の偉人　北嶋広敏著　ジョルダン　2009.10　①978-4-915933-28-8

レオナルド・ダ・ヴィンチ

◇レオナルド・ダ・ヴィンチ—時代を超えた天才　ジョン・フィリップス著, 大岡亜紀, 小野田和子訳　BL出版　（ビジュアル版伝記シリーズ）　2009.8
①978-4-7764-0352-4

◇賢者たちの人生論—プラトン、ゲーテからアインシュタインまで　金森誠也著　PHP研究所　（PHP文庫）　2009.8
①978-4-569-67328-8

◇ダ・ヴィンチ—芸術と科学の生涯　ビューレント・アータレイ, キース・ワムズリー著, 藤井留美訳　日経ナショナルジオグラフィック社, 日経BP出版センター（発売）　2009.7　①978-4-86313-080-7
＊最新研究をふまえてダ・ヴィンチの生涯を解説。科学、芸術、軍事などに発揮された幅広い才能を分析。手稿に残されたスケッチから読み取る思考の軌跡。名画に仕掛けられた数学的な秘密。技術の裏付け、時代背景、影響などもコラムで詳述。ルネサンスが生んだ叡智の巨人レオナルド・ダ・ヴィンチ。時代を超え人々を魅了する天才の根源とはなにか。

◇レオナルド・ダ・ヴィンチ　ミゲール・リーヴァスミクー著　IBCパブリッシング　（ラダーシリーズ）　2009.3
①978-4-89684-981-3
＊パリ、ルーヴル美術館の至宝、『モナ・リザ』。その謎の微笑みは今も多くの人々を魅了し続けている。この名画の作者レオナルド・ダ・ヴィンチは、絵画のみならずさまざまな分野で傑出していたが、その作品の多くは未完成のまま、もしくは失われてしまい、現在は数えるほどしか残っていない。たぐいまれな才能を持ちながらも放浪の人生を送った「万物の天才」。作品同様謎の多いその生い立ちから最後までを時代・作品とともに読み解いていく。

◇レオナルド・ダ・ヴィンチの生涯—飛翔する精神の軌跡　チャールズ・ニコル著, 越川倫期, 松浦弘明, 阿部毅, 深田麻里亜, 巌谷睦月, 田代有甚訳　白水社　2009.1
①978-4-560-02718-9
＊手稿をはじめ膨大な資料、最新の研究成果を踏まえ、偉大な芸術家の生涯の謎を解き明かす本格的評伝。

◇「錬金術」がよくわかる本—賢者の石からエリクサー、ホムンクルスまで　沢井繁男監修, クリエイティブ・スイート編著　PHP研究所　（PHP文庫）　2008.10
①978-4-569-67091-1

◇レオナルド・ダ・ヴィンチ　芸術と発明　ドメニコ・ラウレンツァ, カルロ・ペドレッティ著, 加藤磨珠枝, 長友瑞絵, 田中久美子, 小倉康之, 森田学訳, 池上英洋訳・解説　東洋書林　2008.9
①978-4-88721-746-1
＊名画の作者であり、飛行機械や自動で走る車などを構想した発明家・科学者として知られるレオナルド・ダ・ヴィンチは、後世の人々に「偉大な芸術家」や「万能の天才」と呼びならわされ、なかば崇拝とも言えるほどに神格化されてきた。しかし近年の研究によって、その人物像は「先人の知恵の集積」という大きな流れの中に正しく位置づけられつつある。芸術・科学・哲学といった多岐にわたる活動を統合した「生きた人格」として、レオナルドは今なお評価を更新され続けているのである。レオナルド研究の重鎮と俊英による著書をひと組にまとめた本書は、従来のレオナルド像を刷新し、手稿の丹念な読解によってはじめて可能になる、人間としての新しいレオナルド像を提示する。

◇レオナルド・ダ・ヴィンチ—人と思想　古田光著　ブリュッケ　2008.3
①978-4-434-11661-2
＊レオナルド・ダ・ヴィンチとは何者か？京都学派に連なる哲学者が語る知られざるレオナルドその人と思想。

◇「モナ・リザ」は聖母マリア—レオナルド・ダ・ヴィンチの真実　高草茂著　ランダムハウス講談社　2007.5
①978-4-270-00206-3
＊膨大な手稿を精査し、ダ・ヴィンチの肉声に耳を傾け、綿密に読み解いたレオナルドの真実。レオナルド・ダ・ヴィンチ研究半世紀に及ぶ著者が、初めて世に問う力作。

◇ダ・ヴィンチ—万能の表現者　フランチェスカ・デボリーニ著, 樺山紘一日本語版監修　昭文社　（Art book）　2007.3

◇レオナルド・ダ・ヴィンチへの誘い―美と美徳・感性・絵画科学・想像力　山岸健著　三和書籍　2007.3　①978-4-86251-015-0
＊繊細にして優美。レオナルドの絵は、ただひたすらに美しい―史上最も偉大な創作者の「人間」に迫る。

◇万能の天才レオナルド・ダ・ヴィンチ　アレッサンドラ・フレゴレント著, 張あさ子訳　ランダムハウス講談社　2007.3　①978-4-270-00203-2
＊レオナルド・ダ・ヴィンチは真正の「万能の人」である。彼の時代に確固とした知のモデルを築いたばかりでなく、その後の西洋文明のあらゆる分野に多大な影響を与えた。このルネサンスの偉大なる天才は画家であると同時に、絵画理論、解剖学、植物学、力学、水理学、数学にも精通し、土木および軍事技師としても知られ、数世紀後に初めて実現されるような機械の発案をいくつかも先駆けている。本書は、彼の多角的な才知を取り上げ、幾多の実験に取り組み、精力的な活動を展開した彼の生涯を深く掘り下げた。

◇レオナルド・ダ・ヴィンチ―芸術と科学を越境する旅人　マーティン・ケンプ著, 藤原えりみ訳　大月書店　2006.11　①4-272-60048-6
＊レオナルドにとって"モナ・リザ"と飛行機械はなぜ同じものであったのか。伝説と謎に包まれたレオナルド・ダ・ヴィンチの生涯とその思考の過程、そして傑作に隠された真の意味を説き明かす。レオナルド研究の世界的第一人者による、日本ではいままで触れられたことのない、新しいレオナルド像。

◇巨匠の自画像―名画に潜む知られざるストーリー　青井伝著　すばる舎　2006.8　①4-88399-540-2

◇建築家レオナルド―日本語版　1巻　新装　カルロ・ペドレッティ著, 日高健一郎, 河辺泰宏訳　学芸図書　2006.8　①4-903685-00-4

◇建築家レオナルド―日本語版　2巻　新装　カルロ・ペドレッティ著, 日高健一郎, 河辺泰宏訳　学芸図書　2006.8　①4-903685-00-4

◇科学好事家列伝―科学者たちの生きざま　過去と現在　佐藤満彦著　東京図書出版会, リフレ出版〔発売〕　2006.7　①4-86223-051-2

◇ダ・ヴィンチ物語　上　ドミートリー・メレシコフスキー著, 山田美明, 松永りえ訳　英知出版　2006.6　①4-7542-2062-5
＊「天才」「異端者」「錬金術師」「同性愛者」…。ルネサンスの同時代人から様々なレッテルで形容された、孤高の天才芸術家レオナルド・ダ・ヴィンチ。戦乱渦巻く激動のイタリアを舞台に、権力者たちの謀略に巻き込まれながら、放浪を続けるレオナルドの生涯を描いた大作。

◇ダ・ヴィンチ物語　下　ドミートリー・メレシコフスキー著, 山田美明, 松永りえ訳　英知出版　2006.6　①4-7542-2063-3
＊イタリア史を代表する数々の偉人たちに翻弄され続けるレオナルドの人生。繰り返される権力抗争、途切れることのない戦乱。ふたたびフィレンツェに舞い戻ったレオナルドは、そこで、運命の女性モナ・リザと出会う…。

◇もっと知りたいレオナルド・ダ・ヴィンチ―生涯と作品　裾分一弘監修　東京美術（アート・ビギナーズ・コレクション）　2006.5　①4-8087-0798-5
＊いままで語られることのなかったダ・ヴィンチの真実の姿がついにわかる数多くの図版と手稿でビジュアルに楽しめる。彼の残した重要な仕事がこの1冊ですべてわかる。

◇ダ・ヴィンチの遺言―「万能の天才」が私たちに残した謎と不思議とは？　池上英洋著　河出書房新社（Kawade夢新書）　2006.5　①4-309-50316-0
＊芸術をはじめ、ありとあらゆる学問分野で超人的な才能を発揮したレオナルド・ダ・ヴィンチ。その生涯と活動をつぶさに追うと"天才"のひと言では括れない意外な素顔が見えてくる。今なお脚光を浴び続けるこの人物は、いったい何者なのか？　ベールに包まれた"真実"に肉迫する。

レオナルド・ダ・ヴィンチ

◇レオナルド・ダ・ヴィンチ伝説の虚実―創られた物語と西洋思想の系譜　竹下節子著　中央公論新社　2006.5　①4-12-003733-9
＊万能の天才、魔術師、錬金術師、秘密結社の首領…。ルネサンス以降、様々な妄想により紡がれた伝説の変容を西洋思想の地下水脈から検証する。

◇レオナルド・ダ・ヴィンチ 芸術と科学　クラウディオ・ペッショ責任編集，カルロ・ペドレッティ，ルカ・アントッチャ，アンドレ・シャステル，マルコ・チャンキ，パオロ・ガッルッツィ，ドメニコ・ラウレンツァ，ロドルフォ・パーパ著，ラーン・大原三恵，小林明子訳，前田富士男監修・監訳　グッドシップス，イースト・プレス〔発売〕　2006.4　①4-87257-669-1
＊芸術家で科学者でもあった万能の天才レオナルド・ダ・ヴィンチ。レオナルドの人間性に照明をあて、その個性や狂気を読み解く新しい試み。人間レオナルドを解明する待望の書。

◇ルネサンスの工学者たち―レオナルド・ダ・ヴィンチの方法試論　ベルトラン・ジル著，山田慶児訳　以文社　2005.6　①4-7531-0241-6
＊ルネサンスにいたる技術の継承と復活、新しい技術精神の誕生を、写本と残されたデッサンから克明に跡づけた名著。伝説に覆われたレオナルド・ダ・ヴィンチの実像に迫る。

◇レオナルド・ダ・ヴィンチの世界像　田中英道著　東北大学出版会　2005.3　①4-925085-98-0

◇物語 近代哲学史―クサヌスからガリレイまで　ルチャーノ・デ・クレシェンツォ著，谷口伊兵衛，ジョバンニ・ピアッザ訳　而立書房　2004.2　①4-88059-310-9

◇レオナルド・ダ・ヴィンチという神話　片桐頼継著　角川書店　（角川選書）　2003.12　①4-04-703359-6
＊画家、建築家、彫刻家、舞台美術家、音楽家などの顔をもち、後世、神格化されて「万能の天才」の名をほしいままにしてきたレオナルド。自らは画家を称したこのルネサンスの巨人は、しかし、いっさいフレスコ画を描かず、一方で、完成された作品の数に比して膨大な素描・スケッチの類を遺した。さまざまな業績・画業に通底する表現技術としての素描、それを駆使して生きた、「イメージ・クリエーター」としての人間レオナルドを描き出す。

◇創造者たち　上　神話世界と人間の世界　ダニエル・J.ブアスティン著，立原宏要，伊藤紀子訳　集英社　2002.12　①4-08-773377-7

◇ライフワークのすすめ―ダ・ヴィンチと道元に学ぶ　山本武信著　早稲田出版　2002.10　①4-89827-238-X
＊人生においてもっとも大きなキーは、生涯を通じて打ち込めるライフワークを持てるかどうかにかかっている。ダ・ヴィンチ、道元ら、多数の先人たちの珠玉の言葉の数々から、その見つけ方を学びとろう。

◇レオナルド・ダ・ヴィンチ　第2版　ケネス・クラーク著，丸山修吉，大河内賢治訳　法政大学出版局　（叢書・ウニベルシタス）　2001.6　①4-588-00106-X

◇ヨーロッパ謎と不思議の歴史事典―世界史に隠された驚きのお話　桐生操著　ベストセラーズ　（ワニ文庫）　1999.2　①4-584-30606-0
＊教科書では絶対に語られない、もう一つの世界史。女の嫉妬が原動力だった魔女裁判、ビジネスとして成立していた中世戦争の仰天の実体、ついには国をも滅ぼした呪いのダイヤ、本当にあった吸血鬼事件、マリー・アントワネット、レオナルド・ダ・ヴィンチをはじめとする王侯貴族・有名人たちの意外な素顔など、世界史がいっそう面白くなる、驚きいっぱいのエピソードを満載！

◇宮廷人レオナルド・ダ・ヴィンチ　久保尋二著　平凡社　1999.1　①4-582-28503-1

◇レオナルド・ダ・ヴィンチ　アレッサンドロ・ヴェッツォシ著，後藤淳一訳　創元社　（「知の再発見」双書）　1998.11　①4-422-21139-0
＊多面的な天才、レオナルド・ダ・ヴィンチの姿を紹介するのは、容易なことではない。ともすればさまざまな面をた

だ羅列するに終るおそれがあるからだ。本書では、彼の生涯を辿ることをひとつの筋道にするとともに、彼自身の手稿の言葉と数多い素描を的確に選び出して配することによって、その謎めいた人間像と卓越した業績を伝えている。

◇結婚しなかった男たち―世界独身者列伝　北嶋広敏著　太陽企画出版　1998.11　①4-88466-307-1
* 「天才は一であることを望む」プラトンからグールドまで。生涯独身だった天才・奇才の人生を浮き彫りにする本邦初の人物伝。

◇レオナルド・ダ・ヴィンチ伝説と解読　瀬木慎一著　ニュートンプレス　(Newton Press選書)　1998.10　①4-315-51513-2
* 国際的な美術評論活動を展開する著者が語る、巨人レオナルド・ダ・ヴィンチの実像。画家として科学技術探究者として、万能の天才性を発揮したレオナルドとは何者か。美術評論50年の著者にしてはじめて解き明かされた渾身のレオナルド・ダ・ヴィンチ論。

◇レオナルド神話を創る―「万能の天才」とヨーロッパ精神　A.リチャード・ターナー著, 友利修訳, 下野隆生訳　白揚社　1997.12　①4-8269-9025-1
* レオナルド・ダ・ヴィンチ像の虚実を篩にかけ、書かれざる自伝の穴を埋める。

◇レオナルドに会う日　裾分一弘著　中央公論美術出版　1996.11　①4-8055-0319-X
* レオナルド・ダ・ヴィンチを通して、美の本質を探究している世界的な学者である著者が、レオナルドの作品や手稿、その周辺の巨匠達、さらには研究者仲間のエピソード、古都フィレンツェの歴史など、研究の余暇にレオナルドへの思い込めて綴る紀行・随想集。

◇図説 レオナルド・ダ・ヴィンチ―万能の天才を尋ねて　佐藤幸三編・文・写真, 青木昭文　河出書房新社　1996.11　①4-309-72559-7
* ルネサンスの巨人ダ・ヴィンチの謎を発見する、イタリア・フランス美術散歩。

◇世界人物逸話大事典　朝倉治彦, 三浦一郎編　角川書店　1996.6　①4-04-031900-1
* 歴史上の人物の生き生きとした人間像を伝えるエピソードを多数紹介する事典。日本人によく知られた人物1883人を見出しに掲載。

◇レオナルド・ダ・ヴィンチ　セルジュ・ブランリ著, 五十嵐見鳥訳　平凡社　1996.3　①4-582-28502-3

◇レオナルド・ダ・ヴィンチ　フランチェスカ・ロメイ文, セルジオ, アンドレア・リッチャルディ絵, 森田義之監訳　講談社　(絵とき美術館)　1996.2　①4-06-207485-0
* 絵画、彫刻、音楽、工学、そして建築の各分野において、幾世紀にもわたって変わらぬ評価を受け続けるレオナルド・ダ・ヴィンチのすべて。メディチ家の繁栄に支えられたフィレンツェ、スフォルツァ家に支配されるミラノ、そしてフランソワ1世統治下のフランスなど、政治や芸術・文化の中心地で送るダ・ヴィンチの生涯と、その舞台となった都市をたどる。偉大な絵画作品ばかりでなく、彫刻家、技師、建築家、科学者としての仕事も紹介。

◇世界の伝記　24　ダ=ビンチ　榊原晃三著　ぎょうせい　1995.2　①4-324-04401-5

◇二時間のモナ・リザ―謎の名画に全絵画史を読む　西岡文彦著　河出書房新社　1994.11
* 物語は、コの字型の架空の美術館を巡るように展開する。最初の一翼は、『モナ・リザ』の波瀾万丈の物語を綴る回廊である。今世紀初頭、一大スキャンダルとなった『モナ・リザ』盗難の真相、さらには最大の謎、モデル問題を解明していく。反対側の一翼は、芸術都市フィレンツェから祝祭都市パリへと至る、全絵画史の回廊である。そして、その両翼をつなぐ渡り廊下では、万能ゆえに不遇に終わり、複雑な出生ゆえに男性としての自己を否定し、少年愛に慰めを見出し、聖なる母のイメージを追い続けた、孤独な天才の生涯を眺めてみたい。全回廊を一巡した後、読者は、完璧に見える『モナ・リザ』の、その未完部分を正確に見出すことのできる、まさに画家なみの強靱なる鑑識眼

を得ていることに驚くはずである。

◇建築家レオナルド・ダ・ヴィンチ―ルネッサンス期の理想都市像　中央公論社　（中公新書）　1994.8　①4-12-101201-1
＊「画像、彫刻家、建築家、哲学者、音楽家で、まさに天使の生まれ変わり」と称されたレオナルドは寡作で、現存する彼り作品は少ない。なかでも彼が求めた「理想都市」に関わる建築の完成品は一つもない。しかし、レオナルドが、非常な熱意をもって都市造りと建築物を模索したことは、その手稿に描かれた素描で知ることができる。若くして認められ、一五世紀末の政情混迷に巻き込まれて終わる万能天才の、建築家としての軌跡を探る。

◇天才たちは学校がきらいだった　トマス・G.ウェスト著，久志本克己訳　講談社　1994.4　①4-06-154208-7

◇発想する老人たち　日本テレビ放送網　（知ってるつもり?!）　1994.2　①4-8203-9402-9
＊ささやかな発想は、"老後人生"を輝かせる。人は、誰でも懸命に生きている。そのあたりまえの生き方のなかに人をハッとさせる〈輝き〉をもっているのだ。知っているつもりになっているだけではわからない、生き方のふしぎにせまる。

◇下村寅太郎著作集　5　レオナルド研究　みすず書房　1992.8　①4-622-00915-3

◇レオナルド・ダ・ヴィンチ　リチャード・マクラナサン著，潮江宏三監訳　（京都）同朋舎出版　（はじめて読む芸術家ものがたり）　1992.7　①4-8104-1055-2
＊500年以上も昔に、飛行機、潜水艦、戦車などの機械を構想し、人体の構造の神秘にも迫った。まさに"万能の人"。

◇レオナルド・ミケランジェロ　ガスパレ・デ・フィオレ，クリスティナ・ウェイス，マウラ・ボフィット，ジョバンナ・ベルガマスチ，ルイザ・コゴルノ，サビネ・バリチ著，関根秀一訳　学習研究社　（絵画の発見）　1992.5　①4-05-105727-5
＊人類の美術史上に輝くイタリア・ルネサンスの2大巨匠―名作「モナ・リザ」を描いたレオナルド.システィーナ礼拝堂に壮大な壁画をのこしたミケランジェロの絵画世界。

◇レオナルド・ダ・ヴィンチ―芸術と生涯　田中英道著　講談社　（講談社学術文庫）　1992.2　①4-06-159013-8
＊万能の天才、ルネサンスの巨匠。思いつく最高の讃辞とともにその生涯と芸術について余す所なく研究し尽くされたかに見えたレオナルド。人類史に聳える至高の作品群を全く新しい眼で見つめ直し、絵の中に秘められていた驚くべき暗号を解読、レオナルド芸術の最大の謎を明らかにする。〈二重人物像〉とは何か。〈モナリザ〉とは誰か。イタリア語に訳され欧米でも大きな反響を呼んだ東洋の俊秀の画期的論考。

◇続　大人のための偉人伝　木原武一著　新潮社　（新潮選書）　1991.6　①4-10-600400-3
＊『森の生活』のソロー、『ユートピアだより』のモリスをはじめ、トルストイ、マルクス、フランクリン、ルソー、モンテーニュ、レオナルド・ダ・ヴィンチ、福沢諭吉など、九人の「偉人」の生涯と作品に、新しい光をあてる。

◇レオナルド・ダ・ヴィンチ　鏡面文字の謎　高津道昭著　新潮社　（新潮選書）　1990.8　①4-10-600385-6
＊天才はなぜ左右逆の文字を残したのか。大砲、城廓、自転車、ヘリコプターなど各種の設計図とその説明を新視点から検討する。

レオポルド2世　Leopold Ⅱ

1835～1909　19・20世紀、ベルギーの国王（在位1865～1909）。スタンリーのアフリカ探検を援助し、コンゴ自由国を建国した。

◇『闇の奥』の奥―コンラッド・植民地主義・アフリカの重荷　藤永茂著　三交社　2006.12　①4-87919-167-1
＊コンラッドを「べらぼうな人種差別主義者」と断罪した作家アチェベの1975年の発言は、果たしてそれほど不当なものだったのか？　ナチスのユダヤ人抹殺に先立つ30余年ほど前に起こった、ベ

ルギー国王レオポルド二世による「コンゴ自由国」での黒人虐殺・収奪の痛ましい悲劇を中心にすえながら、黒人奴隷貿易の歴史、レオポルドの悪行と隠蔽に抗して立ち上がった先駆者たちの多彩なプロフィール、アチェベ、ハナ・アーレント、サイードなどのコンラッド論、『闇の奥』をモチーフにしたコッポラの映画「地獄の黙示録」をめぐるエピソードなど、豊富なトピックをまじえながら、ポストコロニアル時代のいま、改めて、「白人の重荷」という神話、西欧植民地・帝国主義の本質を摘出する。

レオン3世　Leo Ⅲ, Isauricus
685頃～741　レオ3世とも。7・8世紀、ビザンチン皇帝(在位717～741)。法令集成「エクロゲ」を編纂。

◇世界伝記大事典　世界編 1～12　編集代表：桑原武夫　ほるぷ出版　1980.12～1981.6

レーガン　Reagan, Ronald
1911～2004　20世紀、アメリカの政治家。第40代大統領(在任1981～1989)。保守派として「強いアメリカ」の再生を主張。財政支出削減・大幅減税・軍備増強などを進めた。

◇銀幕の大統領ロナルド・レーガン―現代大統領制と映画　村田晃嗣著　有斐閣　2018.3　①978-4-641-14923-6

◇米国アウトサイダー大統領―世界を揺さぶる「異端」の政治家たち　山本章子著　朝日新聞出版　(朝日選書)　2017.12　①978-4-02-263068-1

◇大統領の演説　パトリック・ハーラン著　KADOKAWA　(角川新書)　2016.7　①978-4-04-082056-9

◇レーガンとサッチャー―新自由主義のリーダーシップ　ニコラス・ワプショット著, 久保恵美子訳　新潮社　(新潮選書)　2014.2　①978-4-10-603742-9
＊冷戦期、停滞に苦しんでいたアメリカとイギリスに颯爽と登場し、劇的に国力を回復させた二人の指導者。アウトサイダーだった彼らが、なぜ権力を奪取できたのか。どうやって国内の左派勢力を打破したのか。いかにしてソ連を盟主とする共産陣営を崩壊に追い込んだのか。その新自由主義的な経済政策と、妥協なき外交・軍事戦略の功罪を鮮やかな筆致で描く。

◇大統領でたどるアメリカの歴史　明石和康著　岩波書店　(岩波ジュニア新書)　2012.9　①978-4-00-500723-3

◇レーガン―いかにして「アメリカの偶像」となったか　村田晃嗣著　中央公論新社　(中公新書)　2011.11　①978-4-12-102140-3
＊「最も偉大なアメリカ人」に選ばれるほど、人々から敬愛されるレーガン。だが、家族の絆を説いた彼は「離婚歴を持つ唯一の大統領」であり、「保守派の希望の星」ながらソ連との和解、冷戦の終焉に貢献した。アナウンサー・俳優として、大統領として、二〇世紀アメリカの大衆文化と政治をともに体現したレーガンに潜む矛盾は、現代のアメリカが抱える矛盾でもある。その複雑な生涯を描き出す、本邦初の本格評伝。

◇病にも克った！　もう一つの「偉人・英雄」列伝―逆境は飛躍へのバネに　池永達夫著　コスモトゥーワン　2010.5　①978-4-87795-188-7

◇アメリカ大統領の信仰と政治―ワシントンからオバマまで　栗林輝夫著　キリスト新聞社　2009.2　①978-4-87395-537-7

◇戦後アメリカ大統領事典　藤本一美著者代表,大空社編集部編　大空社　2009.2　①978-4-283-00623-2

◇長い長いさようなら―アルツハイマーと闘った父、レーガン元大統領に捧げる手記　パティ・デイヴィス著,青木純子訳　竹書房　2005.12　①4-8124-2501-8
＊病気が発覚してから死の床につくまでの九年間、わたしは長い時間をかけて"お別れ"をした―。"反抗する娘"だったパティが父への思いをつづった感動のノンフィクション。

◇ホワイトハウス・スキャンダル―歴代大

統領、驚きの行状　ロナルド・ケスラー著, 桃井健司訳　扶桑社　2005.1
①4-594-04871-4

◇世界でいちばん愛しい人へ――大統領から妻への最高のラブレター　ロナルド・レーガン, ナンシー・レーガン著, 金原瑞人, 中村浩美訳　PHP研究所　2001.4
①4-569-61569-4

◇わがアメリカンドリーム――レーガン回想録　ロナルド・レーガン著, 尾崎浩訳　読売新聞社　1993.9　①4-643-93066-7
＊初めて明かされる「イラン＝コントラ事件」の真相、アメリカ外交政策の閣内対立と確執、日本車輸出自主規制の意外な立案者。"悪の帝国"ソ連を崩壊に導いた元アメリカ大統領の回想。

◇レーガン米大統領夫妻日本の九日間――1989年10月20日〜10月28日　フジサンケイグループ会議　1990.2

レザー・ハーン　Rizā Shāh Pahlawī
1878〜1944　リザー・シャー・パハレビーとも。19・20世紀、イランの国王、パハレヴィー朝の創始者（在位1925〜1941）。軍司令官、首相を経て、カージャール朝を廃止、パフラビー朝初代国王に即位。

◇世界伝記大事典　世界編1〜12　編集代表：桑原武夫　ほるぷ出版　1980.12〜1981.6

レセップス　Lesseps, Ferdinand Marie, Vicomte de
1805〜1894　19世紀、フランスの外交官。1859年スエズ運河の開削に着工、69年完成。

◇60戯画――世紀末パリ人物図鑑　鹿島茂著　中央公論新社　（中公文庫）　2005.10
①4-12-204598-3

レーニン　Lenin, Vladimir Iliich
1870〜1924　19・20世紀、ロシアの革命家。ロシア内外で革命運動を組織。

◇レーニン権力と愛　上　ヴィクター・セベスチェン著, 三浦元博, 横山司訳　白水社　2017.12　①978-4-560-09585-0

◇レーニン権力と愛　下　ヴィクター・セベスチェン著, 三浦元博, 横山司訳　白水社　2017.12　①978-4-560-09586-7

◇はじまりのレーニン　新版　中沢新一著　岩波書店　（岩波現代文庫　学術）　2017.10　①978-4-00-600368-5

◇レーニン――二十世紀共産主義運動の父　和田春樹著　山川出版社　（世界史リブレット人）　2017.5　①978-4-634-35073-1

◇ヴラジーミル・イリイチ・レーニン　ヴラジーミル・マヤコフスキー著, 小笠原豊樹訳　土曜社　（マヤコフスキー叢書）　2016.10　①978-4-907511-31-9

◇図説世界史を変えた50の指導者（リーダー）　チャールズ・フィリップス著, 月谷真紀訳　原書房　2016.2
①978-4-562-05250-9

◇本当は偉くない？　世界の歴史人物――世界史に影響を与えた68人の通信簿　八幡和郎著　ソフトバンククリエイティブ　（ソフトバンク新書）　2013.8
①978-4-7973-7448-3
＊古代から現代に至るまで、よく知られた帝王や政治家を68人選び、それぞれが世界史の中で果たした役割を、「偉人度」と「重要度」の2つの側面から10点満点で評価。世界史において偉人とされている人物たちの実像に迫る。

◇女と独裁者――愛欲と権力の世界史　ディアンヌ・デュクレ著, 神田順子監訳, 清水珠代, 山川洋子, ベリャコワ・エレーナ, 浜田英作訳　柏書房　2012.4
①978-4-7601-4115-9

◇世界を変えた哲学者たち　堀川哲著　角川学芸出版, 角川グループパブリッシング〔発売〕　（角川ソフィア文庫）　2012.2　①978-4-04-408606-0

◇パリの異邦人　鹿島茂著　中央公論新社　（中公文庫）　2011.5
①978-4-12-205483-7

◇ウォー・ポリティクス――「政治的危機」と指導者の群像　藤本一美編　志学社

2011.4　①978-4-904180-16-7
◇レーニン最後の模索―社会主義と市場経済　松竹伸幸著　大月書店　2009.4
①978-4-272-43079-6
＊レーニンは、ロシア革命直後、そして戦時共産主義を経て、試行錯誤の末に新経済政策（ネップ）にたどりつく。それは、社会主義建設に市場経済を導入するという独創的な戦略であった。本書は、今日では世界共通の原理とされているこの路線にいたるまでに、レーニンが理論的・実践的にいかに格闘したかを克明に明らかにする。
◇レーニン　トロツキー著,森田成也訳　光文社　（光文社古典新訳文庫）　2007.3
①978-4-334-75125-8
＊レーニンの死の直後、本書の主要部分はスターリンによる迫害の予感のなかで書かれた。「ソ連共産党とソ連全体が全体主義の悪夢に飲み込まれてしまう」直前だからこそ「等身大」に描きえた、まさに珠玉の回想録である。ロシア語原典からの初めての翻訳。
◇レーニンとは何だったか　H.カレール＝ダンコース著,石崎晴己,東松秀雄訳　藤原書店　2006.6　①4-89434-519-6
＊『崩壊した帝国』で、ソ連邦崩壊を十余年前に予言した著者が、崩壊後の新資料を駆使して"レーニン"という最後の神話を暴き、「革命」の幻想に翻弄された20世紀を問い直す。ロシア革命を"簒奪"し、革命を"継続"する「ソ連」というシステムを考案したレーニンの政治的天才とは何だったのか。
◇レーニンが愛した女―イネッサ・アルマンド　ヴラジーミル・エフィーモヴィチ・メリニチェンコ著,村山敦子監訳,飯田梅子,伊集院隆介,原口房枝,吉田知子訳　新読書社　2005.12　①4-7880-5110-9
◇レーニン『国家と革命』　藤沢明彦,田中弘次共著　前進社　（前進社新書　マルクス主義基本文献学習シリーズ）　2003.7
◇わが人生に悔いあり―世界没落人物伝　藤井薫著　なあぷる　1999.7
①4-931440-15-0
＊ナポレオン、西郷隆盛、レーニン…時代を彩る著名人の共通項とは何か？ それは、人生の前半生で栄耀栄華を極めた後、急転直下で没落し、失意の晩年をすごしていること。なぜ、彼らは栄光の座を追われたのか？ 本書は、時代に名を残す著名人たちの波瀾万丈の人生をたどり、その没落の原因を探る。栄光と悲惨を極めた先人たちの人生は、現代を生きるわたしたちにも大きな教訓を与えてくれる。番外編には「大往生をとげた人々」をピックアップ。
◇はじまりのレーニン　中沢新一著　岩波書店　（同時代ライブラリー）　1998.2
①4-00-260333-4
◇七人の首領―レーニンからゴルバチョフまで　上　ドミートリー・ヴォルコゴーノフ著,生田真司訳　朝日新聞社　1997.10　①4-02-257176-4
＊七人の肖像でみるソ連の70年。
◇世界人物逸話大事典　朝倉治彦,三浦一郎編　角川書店　1996.6　①4-04-031900-1
＊歴史上の人物の生き生きとした人間像を伝えるエピソードを多数紹介する事典。日本人によく知られた人物1883人を見出しに掲載。
◇レーニンの秘密　上　ドミートリー・ヴォルコゴーノフ著,白須英子訳　日本放送出版協会　1995.11　①4-14-080238-3
＊旧ソ連の"国家機密"として文書保管所に封印されていたレーニン文書3724点をもとに描いたまったく新しい伝記。
◇レーニンの秘密　下　ドミートリー・ヴォルコゴーノフ著,白須英子訳　日本放送出版協会　1995.11　①4-14-080239-1
＊革命英雄は、ソヴィエトをどこへ導こうとしたのか。死を前にして、この新しい国をだれに託そうとしたのか。いま明かされる「実像」のレーニン。
◇はじまりのレーニン　中沢新一著　岩波書店　（Image collection精神史発掘）　1994.6　①4-00-003731-5
◇レーニン批判の批判　S.A.ルバノフ著,伊集院俊隆,佐藤都子,佐野柳策,菊池嘉人訳　新読書社　1993.6　①4-7880-5007-2
◇これは私の運命―レーニンとスターリン

S.ルバノフ著，伊集院俊隆ほか訳　新読書社　1992.4　Ⓘ4-7880-5006-4

◇性的人間の分析　高橋鉄著　河出書房新社（河出文庫）　1992.3　Ⓘ4-309-47232-X
＊キリスト、釈迦、聖徳太子からマルクス、レーニン、信長まで世界史を画した伝説的巨人たちの生涯と業績をたどりながら、彼らの秘められた願望や衝動、奇怪なコンプレックスを鮮やかに解き明し、その裸像を浮彫りにする―。現代セクソロジーの最大の先駆者として受難の生涯を貫いた著者の代表的人物論充。『日本の神話』『浮世絵』に続く好評の文庫コレクション第3弾。

◇レーニンの最後の闘争　モッシェ・レヴィン著，河合秀和訳　岩波書店　1990.11　Ⓘ4-00-002495-7

◇死の真相―死因が語る歴史上の人物　ハンス・バンクル著，後藤久子，関田淳子，柳沢ゆりえ，杉村園子共訳　新書館　1990.11　Ⓘ4-403-24034-8
＊ベートーヴェン、フロイト、皇妃エリザベト、皇太子ルドルフ、レーニン、ヒトラー、ケネディ。心身の病いと闘う歴史上の人物に、病理学者の立場から光をあて、社会的人格にかくされた赤裸々な人間性を解剖する。異色の歴史評伝。

◇レーニン「遺書」物語―背信者はトロツキイかスターリンか　藤井一行著　教育史料出版会　（同時代を探るシリーズ）　1990.10　Ⓘ4-87652-192-1
＊"スターリン主義"というガンは、ソ連の体制のなかでどのように発生し、いつから社会主義を変質させたのか！そのガンと闘ったのは誰か？―ペレストロイカがすすめられる現在、流布されてきた「神話」は崩れ真実の歴史が見えてきた！

◇レーニンの思い出　上巻　〔新装版〕　クループスカヤ著，内海周平訳　青木書店　1990.8　Ⓘ4-250-90024-X

◇レーニンの思い出　下巻　〔新装版〕　クループスカヤ著，内海周平訳　青木書店　1990.8　Ⓘ4-250-90025-8

◇レーニン・ダダ　ドミニク・ノゲーズ著，鈴村和成訳　ダゲレオ出版　1990.5
＊1916年、チューリッヒで、レーニンとダダイストたちが数ヶ月にわたって隣りあわせていた―。この驚くべき偶然の遭遇は、久しく人に知られることはなかった。だが、これり本当に偶然の遭遇だったのか？この隠されたエピソードの上に積み重ねられた綿密な研鑽が、驚倒すべき発見へと読者を導く。従来のレーニン像を顛倒する〈黒いユーモア〉に充ちたクリティーク・フィクション。

▎レピドゥス
Lepidus, Marcus Aemilius
？～前13頃　前1世紀、ローマの政治家。貴族アエミリウス氏出身。第2次三頭政治家の一人。前46年、前42年コンスル。

◇ローマ政治家伝　2　ポンペイウス　マティアス・ゲルツァー著，長谷川博隆訳　名古屋大学出版会　2013.8　Ⓘ978-4-8158-0736-8
＊偉大（マグヌス）と呼ばれた男。ローマ帝国の拡大に身を投じた「政治家」ポンペイウスの栄光と挫折の生涯を、史料の徹底的な読み込みから鮮やかに描き出す。世界史の転換点を活写した傑作、本邦初訳。

▎レントゲン
Röntgen, Wilhelm Konrad
1845～1923　19・20世紀、ドイツの物理学者。1895年X線を発見。1901年第1回のノーベル物理学賞受賞。

◇X線の発見者W.C.レントゲン―その栄光と影　山﨑岐男著　出版サポート大樹舎　2014.3　Ⓘ978-4-905400-10-3

◇ノーベル賞でたどる物理の歴史　小山慶太著　丸善出版　2013.10　Ⓘ978-4-621-08710-7

◇ノーベル賞受賞者業績事典―全部門855人　新訂第3版　ノーベル賞人名事典編集委員会編　日外アソシエーツ，紀伊国屋書店〔発売〕　2013.1　Ⓘ978-4-8169-2397-5
＊1901年ノーベル賞創設時から2012年までの各分野の受賞者、受賞団体を収録。

平和賞・文学賞・物理学賞・化学賞・生理学医学賞・経済学賞受賞者835人、20団体の業績を詳しく紹介。受賞辞退者についても収録対象とし、本文中にその旨を記載した。経歴・受賞理由・著作・参考文献を一挙掲載。

◇世界を変えた発明と特許　石井正著　筑摩書房　（ちくま新書）　2011.4
①978-4-480-06605-3

◇ノーベル賞受賞者人物事典　物理学賞・化学賞　東京書籍編集部編　東京書籍　2010.12　①978-4-487-79677-9
＊ノーベル賞110年にわたる物理学賞・化学賞全受賞者の詳細な「生涯」と「業績」。人類の知的遺産の全貌をあますところなくとらえ、受賞者の人間像と学問的業績をわかりやすくまとめた一冊。

◇科学の偉人伝　白鳥敬著，現代用語の基礎知識編　自由国民社　（おとなの楽習　偉人伝）　2010.9　①978-4-426-11081-9

◇50人の物理学者　I.ジェイムズ著，入江碧，入江克訳　シュプリンガー・ジャパン　2010.2　①978-4-431-10087-4

◇X線からクォークまで—20世紀の物理学者たち　限定復刊　エミリオ・セグレ著，久保亮五，矢崎裕二訳　みすず書房　2009.9
①4-622-02466-7

◇レントゲンとX線の発見—近代科学の扉を開いた人　青柳泰司著　恒星社厚生閣　2000.9　①4-7699-0919-5
＊本書はX線の発見者W.C.レントゲンの生涯を中心にX線発見の背景、その反響などについて述べたものである。

◇世界人物逸話大事典　朝倉治彦，三浦一郎編　角川書店　1996.6　①4-04-031900-1
＊歴史上の人物の生き生きとした人間像を伝えるエピソードを多数紹介する事典。日本人によく知られた人物1883人を見出しに掲載。

◇孤高の科学者W.C.レントゲン　山崎岐男著　医療科学社　（医療科学新書）　1995.11　①4-900770-38-8

◇テクノ時代の創造者—科学・技術　朝日新聞社　（二十世紀の千人）　1995.8
①4-02-258604-4

＊科学的英知の輝きと苦悩を刻む百編。

レンブラント

Rembrandt, Harmensz van Rijn
1606～1669　17世紀、オランダの画家。明暗や色彩表現を通じて人間の深い精神性を表現、多くの作品を残した。代表作「テュルプ博士の解剖学講義」「夜警」など。

◇知識ゼロからの西洋絵画　困った巨匠たち対決　山田五郎著　幻冬舎　2018.3
①978-4-344-90331-9

◇レンブラント　エルンスト・ファン・デ・ウェテリンク著，メアリー・モートン訳　木楽舎　2016.9　①978-4-86324-108-4

◇最後の恋—芸術家たちの晩年を彩る光と影　ディートマー・グリーザー著，宮内俊至訳　北樹出版　2015.7　①978-4-7793-0465-1

◇もっと知りたいレンブラント—生涯と作品　幸福輝著　東京美術　（アート・ビギナーズ・コレクション）　2011.3
①978-4-8087-0897-9

◇レンブラントとフェルメール—オランダ絵画「光と影」の巨匠たち　岡部昌幸著　新人物往来社　（ビジュアル選書）　2011.3　①978-4-404-03993-4

◇レンブラント—光と影のリアリティ　熊沢弘著　角川書店, 角川グループパブリッシング（発売）　（角川文庫　Kadokawa art selection）　2011.2　①978-4-04-394412-5
＊"黄金の世紀"と賞賛された17世紀のオランダで、随一の画家として名を馳せたレンブラント。輝かしいデビューを飾り、芸術家としての「華やかなりし前半生」を過ごした彼は、代表作"夜警"を完成させると一転、「転落・没落の後半生」を送ることになる。そんな浮き沈みの激しい生涯、彼は光と影を自由に操り、最後まで傑作を世に出し続けた…。レンブラント絵画の魅力と、その波乱の人生をたどる、レンブラントファン必読のガイド本。

◇レンブラントの目　サイモン・シャーマ著，高山宏訳　河出書房新社　2009.11
①978-4-309-25524-8
＊17世紀オランダ、宗教戦争の渦中で

レンブラント

育った神童は、どのようにして、眼前の巨匠ルーベンスを越えて超絶絵画の画家となったのか。名作『風景と記憶』の著者が歴史と文学を融合させる奇跡の筆力をふるい、あたかも17世紀画聖の工房にあるが如く、その創造の現場と秘密を壮麗なポリフォニーとして織り成す空前の巨篇。

◇芸術か人生か！　レンブラントの場合　ツヴェタン・トドロフ著,高橋啓訳　みすず書房　2009.11　①978-4-622-07494-6
＊芸術家の創作過程はどうなっているのか？　人生と創作の最良の関係とはどのようなものなのか？　自己中心主義と人生の犠牲だけが芸術の不滅を保証するのだろうか？　哲学者による凝縮の画家論。

◇巨匠たちの迷宮―名画の言い分　木村泰司著　集英社　2009.9　①978-4-08-781421-7

◇レンブラント―光と影を操る者　ステファノ・ズッフィ著,樺山紘一日本語版監修　昭文社　(Art book)　2007.3　①978-4-398-21462-1

◇レンブラント　マリエット・ヴェステルマン著,高橋達史訳　岩波書店　(岩波世界の美術)　2005.3　①4-00-008982-X

◇ジンメル著作集　8　レンブラント　新装復刊　ジンメル著　浅井真男訳　白水社　2004.10　①4-560-02553-3,4-560-02545-2

◇レンブラントのコレクション―自己成型への挑戦　尾崎彰宏著　三元社　2004.4　①4-88303-135-7

◇放蕩息子の帰郷―父の家に立ち返る物語　ヘンリ・ナウエン著,片岡伸光訳　あめんどう　2003.5　①4-900677-11-6

◇十字架とダビデの星―隠れユダヤ教徒の500年　小岸昭著　日本放送出版協会　(NHKブックス)　1999.3　①4-14-001854-2
＊追放か洗礼かを迫る15世紀末の「ユダヤ教徒追放令」により、キリスト教に改宗したイベリア半島のユダヤ人たち。表面的には「十字架」に帰依するように見せかけながら、心の奥底で密かに「ダビデの星」を信じ続けた彼らは、異端審問所の執拗な追及に怯え、「マラーノ（豚）」と蔑まれながら、やがて世界中に離散していく。ヨーロッパはもとより、ブラジル、インドへ―マラーノの足跡を辿る大陸から大陸へのフィールドワークを通して、十字架の価値感による世界史が隠蔽してきた新たな歴史の絵模様を、生き生きとした筆致で描出する、筆者渾身の力作。

◇光の画家レンブラント　レナーテ・クリューガー著,相沢和子訳,鈴木久仁子訳　エディションq　1997.4　①4-87417-541-4
＊本書は、レンブラント個人の生涯だけでなく、彼およびその作品が周りの人間におよぼした影響を述べたものである。とくに、偶像を敵視するアムステルダムの正統派ユダヤ教徒という小さなグループに与えた作用に触れている。『夜警』以後のレンブラントをアムステルダムの偉大なユダヤ人学者ラビ＝マナセ・ベン・イスラエルの手記で描く小説。

◇レンブラント　レンブラント画,マイケル・キツソン著,千速敏男訳　西村書店　（アート・ライブラリー）　1997.1　①4-89013-533-2

◇レンブラントのイースター　イェルク・ツィンク著,伊藤公子訳　一麦出版社　1996.10　①4-900666-19-X

◇世界人物逸話大事典　朝倉治彦,三浦一郎編　角川書店　1996.6　①4-04-031900-1
＊歴史上の人物の生き生きとした人間像を伝えるエピソードを多数紹介する事典。日本人によく知られた人物1883人を見出しに掲載。

◇レンブラント工房―絵画市場を翔けた画家　尾崎彰宏著　講談社　（講談社選書メチエ）　1995.9　①4-06-258057-8

◇レンブラント　クリスティアン・テュンペル著,高橋達史訳　中央公論社　1994.11　①4-12-002370-2

◇ジンメル著作集　8　レンブラント　浅井真男訳　白水社　1994.10　①4-560-02311-5

◇いのちの証人たち―芸術と信仰　宮田光雄著　岩波書店　1994.9　①4-00-000143-4

*ナチ・ドイツ治下に生きた詩人クレッパーや17世紀ドイツの詩人牧師ゲルハルトの信仰の歌バッハやモーツァルトの音楽と宗教性レンブラントのイエス像—信仰の糸で紡がれた、いのちの証人たちの作品と生涯。

◇レンブラント　ゲイリー・シュワルツ著，潮江宏三監訳　（京都）同朋舎出版　（はじめて読む芸術家ものがたり）　1993.6　①4-8104-1131-1
*金に汚く無礼な男—、その逸話は真実か。肖像画家としての輝かしい成功の後、家族の死、泥沼の裁判沙汰、破産—、数々の不幸の中にあって、それでも彼は描き続けた。レンブラントの人間像に迫り、その作品の真の魅力を解き明かす。

◇画家の妻たち　沢地久枝著　文芸春秋　1993.5　①4-16-347510-9
*炎のように短く燃えた愛もあり、静謐な長い人生もあった。憎しみの果ての別れもあった…。美の狩人たちの創造の源泉であり、その苦悩と歓喜を共有した伴侶たちにとって、永遠の美とは何だったのか。レンブラントからピカソまで、19人の画家による妻の肖像画を通して、男と女の運命的なドラマをさぐる。

◇風景画家レンブラント—新しいヴィジョン　エリック・ラルセン著，大谷尚文，尾崎彰宏訳　法政大学出版局　（叢書・ウニベルシタス）　1992.12　①4-588-00389-5
*嵐を孕む広大な劇的風景—。レンブラントの油彩風景画の構想とその起源を17世紀ヨーロッパの思想的・文化的背景において探るとともに、その独自の様式の形成過程を辿り、激動期を生きた芸術家の、神と自然（世界）と人間が一体化したヴィジョンとして捉え直す。

◇レンブラントとイタリア・ルネサンス　ケネス・クラーク著，尾崎彰宏，芳野明訳　法政大学出版局　（叢書・ウニベルシタス）　1992.5　①4-588-00368-2
*レオナルドとならぶと称されるヨーロッパ絵画史上最大の画家・レンブラントが、ルネサンス美術との熾烈な格闘を通じて、いかに古典の伝統と深くかかわっていたかを200点におよぶ作品の詳細な解説によって具体的に説き明かし、時代を超えた芸術創造の源泉をさぐる。

◇レンブラント　アンドリュー・モラル著，北村孝一訳　エルテ出版　（巨匠の絵画技法）　1990.7　①4-87199-019-2
*レンブラントは、美術史上で最も偉大な画家の一人であるばかりでなく、油彩の技法の偉大な開拓者の一人でもあった。本書に収録した作品は、2点の自画像と有名な"夜警"を含み、裕福な青年時代から没落した晩年に至るまで、比類のない洞察力と激しさで作品を制作し続けたレンブラントの画家としての発展の跡を辿っている。解説では、生涯の主な出来事を概観し、歴史的、社会的、美的に作品にどのような影響を与えたかを解明する。

【ろ】

ロイド・ジョージ
Lloyd George, David, 1st Earl of Dufor
1863〜1945　19・20世紀、イギリスの政治家。第1次世界大戦中に組閣し、イギリスを勝利へ導いた。

◇欧米政治外交史—1871〜2012　益田実，小川浩之編著　ミネルヴァ書房　2013.3　①978-4-623-06558-5

◇ピースメイカーズ—1919年パリ講話会議の群像　上　マーガレット・マクミラン著，稲村美貴子訳　芙蓉書房出版　2007.7　①978-4-8295-0403-1
*世界を変えた6か月間、パリを舞台に繰り広げられた虚々実々の駆け引きロイド・ジョージ（英）、クレマンソー（仏）、ウィルソン（米）3巨頭が主人公のドキュメンタリー映画のような迫力ある記述。イギリス最大のノンフィクション賞「サミュエル・ジョンソン賞」受賞作品。第一次世界大戦後のパリ講和会議の全てを生き生きと描き出したノンフィクション。

老子

◇ピースメイカーズ―1919年パリ講話会議の群像　下　マーガレット・マクミラン著, 稲村美貴子訳　芙蓉書房出版　2007.7
①978-4-8295-0404-8

◇デーヴィッド・ロイドジョージ―1863-1945　ケネス・O.モルガン著, 美馬孝人訳　梓出版社　1991.10　①4-900071-37-4

◇王室・貴族・大衆―ロイド・ジョージとハイ・ポリティックス　水谷三公著　中央公論社（中公新書）1991.6
①4-12-101026-4
＊20世紀初頭、エドワード朝英国に複雑な思惑が交錯していた。国際的つながりを離れ、改姓して英国化を進める王室。沈下する基盤に足をとられつつ、影響力の温存を図る貴族。勃興する産業・金融資本家と結んで支配権を狙うロイド・ジョージ。やがて土地貴族と新興財閥が結びついた単一の支配階級"U"が成立し、マス・インテリが台頭する。―スノッビズムを底流に、貴族支配から大衆社会への転換期のドラマをダイナミックに描く。

老子　ろうし
生没年不詳　前6・5世紀頃、中国、周の思想家。姓は李、名は耳。楚の苦県（河南省鹿邑県）の生れ。国境の関所で求めに応じ「道徳経」2巻を著したとされる。

◇老子　新装版　高橋進著　清水書院（Century Books 人と思想）2015.9
①978-4-389-42001-7

◇この一冊でわかる！孔子と老子　野末陳平著　青春出版社（青春新書インテリジェンス）2010.5　①978-4-413-04276-5
＊二千数百年を経て、いまだに世界中に影響を与え続けている孔子と老子。「論語」をはじめ多くの記録が残り、儒教の始祖として聖人にまつりあげられていった孔子と、老荘思想の生みの親として神格化され、道教へと発展するにしたがい、儒教に対抗する一大勢力として今にいたるも、実在すら明らかでない謎の人物、老子。古代中国を代表する、この二人の世界的な思想家の一生から人物像、思想まで、一冊でスッキリわかる、はじめての入門書。

◇諸子百家―儒家・墨家・道家・法家・兵家　湯浅邦弘著　中央公論新社（中公新書）2009.3　①978-4-12-101989-9

◇世界をつくった八大聖人―人類の教師たちのメッセージ　一条真也著　PHP研究所（PHP新書）2008.4
①978-4-569-69939-4

◇諸子百家争鳴　貝塚茂樹, 小川環樹, 森三樹三郎, 金谷治著　中央公論新社（中公クラシックス・コメンタリィ）2007.12　①978-4-12-003894-5

◇いのちの道―聖なる老子の5000文字　丸山瑛示著　サンマーク出版　2003.8
①4-7631-9529-8

◇老子の人と思想　楠山春樹著　汲古書院（汲古選書）2002.9　①4-7629-5031-9

◇世界人物逸話大事典　朝倉治彦, 三浦一郎編　角川書店　1996.6　①4-04-031900-1
＊歴史上の人物の生き生きとした人間像を伝えるエピソードを多数紹介する事典。日本人によく知られた人物1883人を見出しに掲載。

◇老子・東洋思想の大河―道家・道教・仏教　許抗生著, 徐海訳　地湧社　1993.9
①4-88503-108-7

◇老子は生きている―現代に探る「道」　葛栄晋主編, 徐海, 石川泰成訳　地湧社　1992.8　①4-88503-098-6

◇（詳説）老子伝―「道」を知るために　王徳有著, 徐海訳　地湧社　1991.11
①4-88503-091-9

郎世寧　ろうせいねい
⇒カスティリオーネ

ローザ・ルクセンブルク
Rosa Luxemburg
⇒ルクセンブルク, ローザ

ロジャー・ベーコン　Roger Bacon
⇒ベーコン, ロジャー

魯迅　ろじん

1881～1936　19・20世紀、中国の文学者、思想家。本名・周樹人。字・予才。「狂人日記」(1918)、「阿Q正伝」(21) など。

◇魯迅　小山三郎著, 林田慎之助監修　清水書院　(Century Books　人と思想)　2018.3　Ⓘ978-4-389-42195-3

◇96人の人物で知る中国の歴史　ヴィクター・H・メア, サンピン・チェン, フランシス・ウッド著, 大間知知子訳　原書房　2017.3　Ⓘ978-4-562-05376-6

◇中華文化スター列伝　中国モダニズム研究会著　関西学院大学出版会　(ドラゴン解剖学)　2016.10　Ⓘ978-4-86283-227-6

◇魯迅—中国の近代化を問い続けた文学者　筑摩書房編集部著　筑摩書房　(ちくま評伝シリーズ "ポルトレ")　2015.11　Ⓘ978-4-480-76632-8
＊「水に落ちた犬は打て」「私は人をだましたい」あの『故郷』の作家は、私たちに何を突きつけるのか。

◇魯迅—海外の中国人研究者が語った人間像　井上欣儒, 千野万里子, 市橋映里果共編, 小山三郎, 鮑耀明監修　明石書店　2011.10　Ⓘ978-4-7503-3471-4

◇魯迅—東アジアを生きる文学　藤井省三著　岩波書店　(岩波新書)　2011.3　Ⓘ978-4-00-431299-0
＊多くの教科書にその作品が採用されている魯迅は、日本で最も親しまれてきた外国の作家の一人である。その生涯を東アジアの都市遍歴という視点でたどった評伝。ハリウッド映画を楽しむ近代的都市生活者として魯迅を描きだしながら、その作品が東アジア共通のモダンクラシックとして受容されてきたことを明らかにする。

◇魯迅—その文学と闘い　檜山久雄著　第三文明社　(レグルス文庫)　2008.12　Ⓘ978-4-476-01267-5
＊時代の闇と格闘しつつ民衆の魂の変革を希求した革命文学者の闘いの軌跡。

◇伝説の日中文化サロン上海・内山書店　太田尚樹著　平凡社　(平凡社新書)　2008.9　Ⓘ978-4-582-85436-7

◇藤野先生と魯迅—惜別百年　「藤野先生と魯迅」刊行委員会編　東北大学出版会　2007.3　Ⓘ978-4-86163-054-5

◇巷談 中国近代英傑列伝　陳舜臣著　集英社　(集英社新書)　2006.11　Ⓘ4-08-720368-9

◇魯迅探索　中井政喜著　汲古書院　2006.1　Ⓘ4-7629-2743-0
＊本書は、主として魯迅(一八八一・一九三六)の前半生の文学活動(一九二七年頃まで)と革命文学論争の時期(一九二八、二九年)を対象として考察を試みるものである。

◇奇人と異才の中国史　井波律子著　岩波書店　(岩波新書)　2005.2　Ⓘ4-00-430934-4
＊春秋時代の孔子から近代の魯迅まで—傑出した才や独特のキャラクターで歴史を彩る五十六人の人物伝を、年代順にたどる。変転する時代状況の中でそれぞれに自分らしさを貫いて生きた彼らの、希望、挫折、嫉妬、諧謔、そして愛情は、どんなものだったのか？ 歴史をつくった人物への身近な共感とともに、中国史を丸ごと楽しめる一冊。

◇魯迅と仙台—東北大学留学百周年　魯迅・東北大学留学百周年史編集委員会編　東北大学出版会　2004.10　Ⓘ4-925085-95-6

◇魯迅・文学・歴史　丸山昇著　汲古書院　2004.10　Ⓘ4-7629-2729-5

◇武者小路実篤と魯迅の比較研究　楊英華著　雄松堂出版　2004.9　Ⓘ4-8419-1173-1

◇魯迅に学ぶ批判と抵抗—佐高信の反骨哲学　佐高信著　文元社　(教養ワイドコレクション)　2004.2　Ⓘ4-86145-085-3

◇漱石と魯迅における伝統と近代　樊殿武著　勉誠出版　2004.2　Ⓘ4-585-05095-7

◇魯迅と日本　沼野誠介著　文芸社　2004.1　Ⓘ4-8355-6912-1

◇魯迅点描　永末嘉孝著　熊本学園大学付属海外事情研究所　(熊本学園大学付属海外事情研究所研究叢書)　2003.12

◇わが父魯迅　周海嬰著, 岸田登美子, 瀬川

魯迅

千秋，樋口裕子訳　集英社　2003.5
①4-08-781264-2
＊肉親が初めて語る文豪魯迅の素顔。刊行と同時に、中国でも大きな衝撃をまきおこした「魯迅の死の謎」。魯迅の唯一の子供・周海嬰が初めて父の死の真相を糾す問題の書。

◇新・魯迅のすすめ　藤井省三著　日本放送出版協会　（NHK人間講座）　2003.2
①4-14-189080-4

◇魯迅・明治日本・漱石─影響と構造への総合的比較研究　潘世聖著　汲古書院　2002.11　①4-7629-2674-4

◇魯迅　新版　竹内好著　未来社　（転換期を読む）　2002.5　①4-624-93426-1
＊日本の中国侵略のさなかに、アジアと真に格闘した日本近代精神があった─。近代中国文学の父・魯迅を文学へと向かわしめた回心の決定的な契機を、死と生・絶望と希望・政治と文学との鋭い葛藤の内に剔出する。文学のみならず日本の戦後政治思想にも大きな影響をあたえた名著、新組で待望の復刊。

◇魯迅書簡と詩箋　阿部幸夫著　研文出版　2002.1　①4-87636-204-1

◇孤絶者魯迅─『野草』試論　松井博介著　朝日カルチャーセンター（製作）　2001.7

◇ふくろうの声魯迅の近代　中島長文著　平凡社　（平凡社選書）　2001.6
①4-582-84213-5
＊日本留学中、魯迅は母の主張で見知らぬ女性を娶る。その旧式の結婚は、やがて魯迅に、自己と中国社会と近代に関わる重い自覚と断念を強いる一妻・朱安の存在の思想的意義を初めて捉え、母や弟・周作人らとの関係を読み解きつつ、魯迅の独自な歴史性に迫る。

◇魯迅日本という異文化のなかで─弘文学院入学から「退学」事件まで　北岡正子著　関西大学出版部　2001.3
①4-87354-334-7

◇魯迅の仙台時代─魯迅の日本留学の研究　阿部兼也著　東北大学出版会　1999.11
①4-925085-20-4

◇魯迅の日本漱石のイギリス─「留学の世紀」を生きた人びと　柴崎信三著　日本経済新聞社　1999.10　①4-532-16319-6
＊東京・本郷の借家で擦れ違っていた夏目漱石と魯迅、ライバルと目されながら明暗を分けた黒田清輝と浅井忠、日本で受験に失敗しフランスに渡った周恩来。野心、苦悩、栄達、挫折…。留学生たちの様々な青春。

◇魯迅に学ぶ批判と抵抗─佐高信の反骨哲学　佐高信著　社会思想社　（現代教養文庫）　1999.7　①4-390-11630-4
＊何かにもたれかからない、何かに自分の身を預けない─自分の足で立つ、ドレイ的精神を排する思想とは何か。著者の思想的故郷─魯迅を改めて読み直す。

◇魯迅『野草』の研究　丸尾常喜著　東京大学東洋文化研究所　（東京大学東洋文化研究所研究報告）　1997.3

◇佐高信の反骨哲学─魯迅に学ぶ批判精神　佐高信著　徳間書店　（徳間文庫）　1997.2　①4-19-890638-6

◇魯迅と上海内山書店の思い出　泉彪之助編　泉彪之助　1996.11

◇『魯迅日記』の謎　南雲智著　TBSブリタニカ　1996.11　①4-484-96220-9
＊"作品"『魯迅日記』の行間から魯迅の実像が見える。中国の封建的因習を鋭く批判しつつも逆に呪縛された魯迅、「偶像化」された魯迅、その背後には複数の女が見える…ここには、人間・魯迅がいる。

◇世界人物逸話大事典　朝倉治彦，三浦一郎編　角川書店　1996.6　①4-04-031900-1
＊歴史上の人物の生き生きとした人間像を伝えるエピソードを多数紹介する事典。日本人によく知られた人物1883人を見出しに掲載。

◇魯迅入門　竹内好著　講談社　（講談社文芸文庫）　1996.4　①4-06-196367-8
＊近代日本文化の根源的歪みを指摘し、批判し続けた著者の戦時下の名著『魯迅』に呼応する戦後の代表的魯迅研究。略年譜、参考文献を附す。

◇魯迅─阿Q中国の革命　片山智行著　中央公論社　（中公新書）　1996.2

◇魯迅　竹内好著　講談社　（講談社文芸文庫）　1994.9　Ⓘ4-06-196289-2
＊"絶望の虚妄なることは正に希望と相同じい"と魯迅を引用し「絶望も虚妄ならば、人は何をすればよいか。…何者にも頼らず、何者も自己の支えとしないことによって、すべてを我がものにしなければならぬ。」と魯迅を追尋しつつ論及、昭和十八年遺書を書く想いで脱稿。そして応召。僚友武田泰淳の『司馬遷』とともに、戦時下での代表的名著。

◇魯迅の友・内山完造の肖像―上海内山書店の老板　吉田眈二著　新教出版社　1994.9　Ⓘ4-400-41235-0
＊内山完造（老板・ローペイ）は、魯迅を友としたヒューマニストであり、一つの主張をもつ国際人であった。その主張の根底には、中国人と日本人が同じ血の流れの友であるという確信があった。だから彼は日中戦争が始まると、それに反対した。何が上海の内山完造を非戦・平和の使徒にならせたのか。その答えは内山が記した回想・文（漫談）の中に示されているように思われる。しばらく1930年代の上海内山書店の文化サロンにタイムスリップして、老板と魯迅を相手に本当の国際化について語り合いたい。

◇魯迅と革命文学　丸山昇著　紀伊国屋書店　（精選復刻紀伊国屋新書）　1994.1　Ⓘ4-314-00642-0

◇魯迅―「人」「鬼」の葛藤　丸尾常喜著　岩波書店　1993.12　Ⓘ4-00-002580-5

◇中国のアウトサイダー　井波律子著　筑摩書房　1993.4　Ⓘ4-480-83611-X
＊風に乗って空を飛んだ列子や昇天した仙人たち。しばしの夢に蟻の世界で三十年も過した男。糞を担ぎつつ亡国へのレクイエムを書き続けた張岱。文学に現われた、乱世からドロップアウトして自らの生を全うした奇人たち。

◇魯迅と同時代人　魯迅論集編集委員会編　汲古書院　（汲古選書）　1992.9　Ⓘ4-7629-5004-1

◇魯迅研究の現在　魯迅論集編集委員会編　汲古書院　（汲古選書）　1992.9　Ⓘ4-7629-5003-3

◇魯迅居断想　阿部正路著　創樹社　1991.8
＊折口信夫の門流にして、シャープで幅広い領域で活躍する著者が、中国・長春の東北師範大学の客員教授として招かれ、それを機縁として絶えず"魯迅"の面影を胸に、中国と日本との古くて深い歴史に思いを馳せる。著者"還暦記念"の中国体験の書。

◇魯迅の悲劇と漱石の悲劇―文化伝統からの一考察　李国棟述，国際日本文化研究センター編　国際日本文化研究センター　1991.6

◇中国ペガソス列伝―武則天から魯迅まで　中野美代子著　日本文芸社　1991.5　Ⓘ4-537-05001-2
＊女帝武則天、フビライ・ハーン、楊貴妃、西太后、三国の英雄、水滸の盗賊、魯迅―。政治という天空を駆け抜けていったペガソスたちの鮮烈な軌跡を、鏤刻の文章で活写する異色の中国人物伝。付録、特別対談中野美代子vs松枝到。

◇魯迅の生涯と時代　今村与志雄著　第三文明社　（レグルス文庫）　1990.7　Ⓘ4-476-01189-6
＊多くの史的解釈の彼方で今も、権力を撃ち続けてやまない魯迅の実像を提起。

◇魯迅批判　李長之著，南雲智訳　徳間書店　1990.5　Ⓘ4-19-174250-7
＊思想家にあらずして戦士、詩人である―と、魯迅の本質を喝破した李長之25歳の出世作。初の全訳なる。

▍ローズ　Rhodes, Cecil John
1853～1902　19・20世紀、イギリス生れの南アフリカの政治家。ケープ植民地の首相。ローデシアは彼の名にちなむ。

◇大英帝国の異端児たち　越智道雄著　日本経済新聞出版社　（日経プレミアシリーズ）　2009.9　Ⓘ978-4-532-26056-9

◇秘密結社全論考　下巻　人類家畜化の野望　ジョン・コールマン著，太田竜監訳　成甲書房　2002.12　Ⓘ4-88086-140-5
＊新世界秩序の名のもと、暗黒時代が到

来する。ワン・ワールド政府の陰謀は完遂目前なのか。目を覚まして読め、コールマンの重大警告。

ローズヴェルト, セオドア
Roosevelt, Theodore
1858〜1919　ルーズベルト, セオドアとも。19・20世紀、アメリカの政治家。第26代大統領(在任1901〜1909)。パナマ運河を建設。

◇ヘンリー・スティムソン回顧録　下　ヘンリー・L・スティムソン, マックジョージ・バンディ著, 中沢志保, 藤田怜史訳　国書刊行会　2017.6　Ⓘ978-4-336-06149-2

◇列伝アメリカ史　松尾弌之著　大修館書店　2017.6　Ⓘ978-4-469-24605-6

◇ルーズベルト一族と日本　谷光太郎著　中央公論新社　2016.2
Ⓘ978-4-12-004828-9

◇セオドア・ルーズベルトの生涯と日本—米国の西漸と二つの「太平洋戦争」　未里周平著　丸善プラネット　2013.8
Ⓘ978-4-86345-173-5
＊セオドア・ルーズベルト(米26代大統領・在任1901‐09年)。ポーツマス会談など日本との関係が深く「米国の世紀」へと踏み出した巨人。かれの多彩な活動の足跡とともに「真珠湾」に到る米国西漸の跡をたどる。

◇大統領でたどるアメリカの歴史　明石和康著　岩波書店　(岩波ジュニア新書)　2012.9　Ⓘ978-4-00-500723-3

◇アメリカ大統領と南部—合衆国史の光と影　奥田暁代著　慶応義塾大学出版会　2010.12　Ⓘ978-4-7664-1773-9

◇歴代アメリカ大統領総覧　高崎通浩著　中央公論新社　(中公新書ラクレ)　2002.9　Ⓘ4-12-150059-8

◇アメリカ史重要人物101　新装版　猿谷要編　新書館　2001.8　Ⓘ4-403-25055-6

◇セオドア・ルーズベルトと韓国—韓国保護国化と米国　長田彰文著　未来社　(朝鮮近代史研究双書)　1992.10
Ⓘ4-624-42038-1

ローズヴェルト, フランクリン
Roosevelt, Franklin Delano
1882〜1945　ルーズヴェルト, フランクリンとも。19・20世紀、アメリカの政治家。第32代大統領(在任1933〜1945)。大恐慌後の復興政策を強力に推進。アメリカ史上唯一4期務め、在任中に病死。

◇ヘンリー・スティムソン回顧録　下　ヘンリー・L・スティムソン, マックジョージ・バンディ著, 中沢志保, 藤田怜史訳　国書刊行会　2017.6　Ⓘ978-4-336-06149-2

◇列伝アメリカ史　松尾弌之著　大修館書店　2017.6　Ⓘ978-4-469-24605-6

◇世界を変えたアメリカ大統領の演説　井上泰浩著　講談社　(講談社パワー・イングリッシュ)　2017.3　Ⓘ978-4-06-295261-3

◇大統領の演説　パトリック・ハーラン著　KADOKAWA　(角川新書)　2016.7
Ⓘ978-4-04-082056-9

◇ルーズベルト一族と日本　谷光太郎著　中央公論新社　2016.2
Ⓘ978-4-12-004828-9

◇図説世界史を変えた50の指導者(リーダー)　チャールズ・フィリップス著, 月谷真紀訳　原書房　2016.2
Ⓘ978-4-562-05250-9

◇ルーズベルトの死の秘密—日本が戦った男の死に方　スティーヴン・ロマゾウ, エリック・フェットマン著, 渡辺惣樹訳　草思社　2015.3　Ⓘ978-4-7942-2116-2

◇本当は偉くない？　世界の歴史人物—世界史に影響を与えた68人の通信簿　八幡和郎著　ソフトバンククリエイティブ　(ソフトバンク新書)　2013.8
Ⓘ978-4-7973-7448-3
＊古代から現代に至るまで、よく知られた帝王や政治家を68人選び、それぞれが世界史の中で果たした役割を、「偉人度」と「重要度」の2つの側面から10点満点で評価。世界史において偉人とされている人物たちの実像に迫る。

◇ウォー・ポリティクス—「政治的危機」と指導者の群像　藤本一美編　志学社　2011.4　Ⓘ978-4-904180-16-7

◇アメリカ大統領と南部―合衆国史の光と影　奥田暁代著　慶応義塾大学出版会　2010.12　①978-4-7664-1773-9
◇アメリカ大統領が死んだ日―1945年春、ローズベルト　仲晃著　岩波書店　(岩波現代文庫)　2010.4　①978-4-00-603201-2
＊ニューディール期から第二次世界大戦へとアメリカ政治を牽引したフランクリン・ローズベルト。このカリスマ的指導者が一九四五年四月に急逝したことはアメリカ政治はもとより世界史に大きな影響を与えた。本書は大統領最後の一〇〇日を中心に、長年の秘められた恋の行方にも言及しながら、アメリカにおける戦後史の出発の意味を辿る意欲的な書き下ろしドキュメントである。
◇ベスト&ブライテスト　上　栄光と興奮に憑かれて　デイヴィッド・ハルバースタム著，浅野輔訳　二玄社　(Nigensha Simultaneous World Issues)　2009.12　①978-4-544-05306-7
◇戦後アメリカ大統領事典　藤本一美著者代表, 大空社編集部編　大空社　2009.2　①978-4-283-00623-2
◇アメリカ大統領の挑戦―「自由の帝国」の光と影　本間長世著　NTT出版　2008.5　①978-4-7571-4185-8
◇ルーズベルト秘録　上　産経新聞「ルーズベルト秘録」取材班著　産経新聞ニュースサービス　(扶桑社文庫)　2001.11　①4-594-03318-0
＊大恐慌から第2次世界大戦にかけての十数年間は、共産主義が勃興し、帝国主義が跋扈し、世界は大きく変貌しつつあった。その最中、スターリンやチャーチル、そしてルーズベルトらの各国首脳が繰り広げた外交交渉は、国益と国益の衝突であり、国家間の凄まじい勢力争いであった。混乱と激動の時代、野望と策略と思惑が渦巻く中、強力な指導力を発揮したルーズベルト大統領。自らを「ジャグラー(曲芸師)」と称し、米国を戦争へと駆り立てていったルーズベルトの素顔と彼の生きてきた時代を、多くの証言を織りまぜながら探る。
◇ルーズベルト秘録　下　産経新聞「ルーズベルト秘録」取材班著　産経新聞ニュースサービス　(扶桑社文庫)　2001.11　①4-594-03319-9
＊パールハーバーは、米国にとって奇襲だったのだろうか。日米両首脳は、戦争が不可避であることを知っていた。そして、開戦前夜の日本の宣戦布告をめぐる両国の動きについては、多くの謎が残されている。戦争開始を少しでも遅らせたかった米国国務省は、何とか日本を交渉のテーブルにつかせようとしたが、「ハル・ノート」は事実上、日本への最後通牒だった。すでに日本には、米国との開戦しか道は残されていなかった。瀬戸際に立った両国の思惑が交錯する政治の舞台裏を、新たな視点と緻密な分析で明らかにする。
◇ルーズベルト秘録　上　産経新聞「ルーズベルト秘録」取材班著　産経新聞ニュースサービス　2000.12　①4-594-03015-7
＊群雄の時代が持つ「魔性」―戦争は避けられなかったのか？　仕組まれた日米開戦の原点にいた男の謎。産経新聞好評連載の単行本化。
◇ルーズベルト秘録　下　産経新聞「ルーズベルト秘録」取材班著　産経新聞ニュースサービス　2000.12　①4-594-03016-5
＊ハル・ノートの原案はソ連のスパイによって作られたものだった。極限に近づく太平洋のうねり―平和の代償は何だったのか？　ルーズベルトが許可した「日本爆撃計画」の全容。産経新聞好評連載の単行本化。
◇世界人物逸話大事典　朝倉治彦, 三浦一郎編　角川書店　1996.6　①4-04-031900-1
＊歴史上の人物の生き生きとした人間像を伝えるエピソードを多数紹介する事典。日本人によく知られた人物1883人を見出しに掲載。
◇フランクリン・ルーズベルト伝―アメリカを史上最強の国にした大統領　ラッセル・フリードマン著，中島百合子訳　NTT出版　1991.11　①4-87188-146-6
＊小児麻痺というハンディを負いながら、強力なリーダーシップでニューディール政策を推進、四期大統領に選ばれた稀有な政治家の生涯を描く。100点余の

貴重な写真も収録。
◇ルーズヴェルトが20世紀をダメにした―世界統一支配をめざす妖怪の正体2アメリカがロシア革命を援け、第二次大戦も仕掛けた　E.M.ジョセフソン著，馬野周二監訳　徳間書店　(Tokuma books)　1991.11　①4-19-504712-9
◇操られたルーズベルト―大統領に戦争を仕掛けさせた者は誰か　カーチス・B.ドール著，馬野周二訳　プレジデント社　1991.10　①4-8334-1425-2
＊大統領の娘婿が語る、第二次大戦と真珠湾の戦後史観を覆す、驚くべき証言。

ロダン
Rodin, François Auguste René
1840～1917　19・20世紀、フランスの彫刻家。「考える人」(1888)が代表作。
◇ロダン天才のかたち　ルース・バトラー著，馬渕明子監修，大屋美那，中山ゆかり訳　白水社　2016.6　①978-4-560-08498-4
◇夢と努力で世界を変えた17人―君はどう生きる？　有吉忠行著　PHP研究所　2015.2　①978-4-569-78439-7
◇写実の系譜―魂をゆさぶる表現者たち　金原宏行著　沖積舎　2008.1　①978-4-8060-4730-8
◇ロダン―神の手を持つ男　エレーヌ・ピネ著，高階秀爾監修，遠藤ゆかり訳　創元社　(「知の再発見」双書)　2005.11　①4-422-21184-6
＊ロダンが6人の人物を別々に、伝統的な手順に従って、着衣像の前に裸体像で表現した。「あとはこの上に衣服を乗せればよい。すべてが密着して震える。それは血と肉をもつものであり、冷やかな人形ではない」。ロダンの生涯と業績を、多くの珍しい図版とともに辿った評伝。
◇ロダンと花子―ヨーロッパを翔けた日本人女優の知られざる生涯　資延勲著　文芸社　2005.10　①4-286-00322-1
＊近代彫刻の巨匠・ロダンのモデルになった唯一の日本人女性。「女優・花子＝太田ひさ」の波瀾に満ちた77年の

生涯に迫った評伝的エッセイ。
◇オーギュスト・ロダン―論説・講演・書簡　ライナー・マリーア・リルケ著，塚越敏訳・解説　未知谷　2004.12　①4-89642-115-9
＊1902年、27歳の青年詩人リルケは、パリに62歳の巨匠ロダンを訪ねる。『ロダン論』執筆のためである。同時にそれは、創作の絶頂期にいるロダンに会い、その作品の森に分け入り、おのれの芸術論を構築するためでもあった。ロダンとの交流は、見事な「論説」「講演」として結実して、彫刻家ロダンの本質を捉える。またその十年余に亘るロダンへの「書簡」は、彫刻家の風貌を活き活きと伝えるとともに、リルケの傑作『マルテの手記』等を書き上げる時期とも重なって、青年詩人とその妻である若き彫刻家クララ・ヴェストホフの横顔を見せる。20世紀初頭の芸術の場と時代を写し、「創作すること」の意味を問い、巨匠彫刻家と後の大詩人の希有な交わりのすべてを明かす。図版40点と初訳ロダン宛で書簡全95通を収録。
◇《地獄の門》免震化工事と彫刻の保存　河口公生執筆編集　国立西洋美術館　2003.9　①4-906536-26-3
◇世界人物逸話大事典　朝倉治彦，三浦一郎編　角川書店　1996.6　①4-04-031900-1
＊歴史上の人物の生き生きとした人間像を伝えるエピソードを多数紹介する事典。日本人によく知られた人物1883人を見出しに掲載。
◇カップルをめぐる13の物語―創造性とパートナーシップ　上　ホイットニー・チャドウィック，イザベル・ド・クールティヴロン編，野中邦子，桃井緑美子訳　平凡社　(20世紀メモリアル)　1996.3　①4-582-37340-2
＊カミーユ・クローデルとロダン、ヴァージニア・ウルフとヴィタ・サックヴィル・ウェストなど、7組のカップルをとりあげて、エゴと愛情の葛藤や、育みあう関係を考える。
◇ロダン　改版　リルケ著，高安国世訳　岩波書店　(岩波文庫)　1993.11　①4-00-324324-2

ロック　Locke, John

1632〜1704　17・18世紀、イギリスの哲学者。啓蒙哲学。主著「人間悟性論」(1690)。

◇ジョン・ロック―神と人間との間　加藤節著　岩波書店　(岩波新書 新赤版)　2018.5　①978-4-00-431720-3

◇メルロ＝ポンティ哲学者事典　第2巻　大いなる合理主義・主観性の発見　モーリス・メルロ＝ポンティ編著，加賀野井秀一，伊藤泰雄，本郷均，加国尚志監訳　白水社　2017.6　①978-4-560-09312-2

◇ロック　新装版　田中浩，浜林正夫，平井俊彦，鎌井敏和共著　清水書院　(Century Books　人と思想)　2015.9　①978-4-389-42013-0

◇歴史を動かした哲学者たち　堀川哲著　角川学芸出版，角川グループパブリッシング〔発売〕　(角川ソフィア文庫)　2012.12　①978-4-04-408610-7

◇POSSE　vol.12　特集 復興と貧困　POSSE編　POSSE，合同出版〔発売〕　2011.8　①978-4-7726-8012-7

◇ロックからウィトゲンシュタインまで　山本新著　八千代出版　2010.9　①978-4-8429-1523-4

◇ケチャップの謎―世界を変えた"ちょっとした発想"　マルコム・グラッドウェル著，勝間和代訳　講談社　(マルコム・グラッドウェルTHE NEW YORKER傑作選)　2010.7　①978-4-06-215915-9
　＊TVショッピングにヘアカラー広告、オプション取引に犬の調教…。アイデアと先見性とで、その後の世界を大きく変えた、マイナー・ジニアスたちの物語。『ニューヨーカー』掲載の歴史的名コラム6本収録。

◇西洋思想の16人　尾場瀬一郎，小野木芳伸，片山善博，南波亜希子，三谷竜彦，沢佳成著　梓出版社　2008.4　①978-4-87262-017-7

◇ヨーロッパ 知の巨人たち―古代ギリシアから現代まで　田中浩著　日本放送出版協会　(NHKライブラリー)　2006.3　①4-14-084204-0

◇物語近代哲学史　2　デカルトからカントまで　ルチャーノ・デ・クレセンツォ著，谷口伊兵衛，ジョバンニ・ピアッザ訳　而立書房　2005.7　①4-88059-321-4

◇アメリカ革命とジョン・ロック　大森雄太郎著　慶応義塾大学出版会　2005.4　①4-7664-1160-9
　＊印紙法危機(1764年)から独立宣言(1776年)に至るアメリカ独立革命期の政治的な変化に対応して、当時、北アメリカ植民地で出版されたすべてのパンフレットや新聞等、膨大な原史料を鮮やかに読み解き、めまぐるしく変化する政治的センティメンツを実証的に分析。ジョン・ロックの『統治論第二論文』(『市民政府論』)が、革命期の著作者たちの言説、ひいてはアメリカ独立革命に与えた影響を詳細に検討し、ジョン・ロックの思想を革命思想史に精確に位置づけなおすことで、アメリカ民主主義の思想的源泉をあきらかにする。

◇黎明期の経済学　坂本達哉編　日本経済評論社　(経済思想)　2005.4　①4-8188-1760-0

◇ロック宗教思想の展開　妹尾剛光著　関西大学出版部　2005.3　①4-87354-416-5

◇実践としての政治、アートとしての政治―ジョン・ロック政治思想の再構成　中神由美子著　創文社　2003.3　①4-423-71055-2
　＊ジョン・ロックについて未だ語るべきことが残されているのだろうか？―人間観・秩序観・学問観の洞察から始まり、歴史の文脈のなかに改めて、『統治二論』を位置付け政治思想を剔抉、さらに経済論や教育論の検討を通じて政治を実践する主体像に迫った、独創的なロック論。

◇貨幣の思想史―お金について考えた人びと　内山節著　新潮社　(新潮選書)　1997.5　①4-10-600515-8
　＊本書はペティからケインズにいたるまでの経済学者の苦悩のあとを辿りつつ、貨幣の背後にある資本主義社会の架空性＝虚妄性をえぐり出す。著者のこれまでの、今の人間の生き方の空しさを

告発する一連の仕事に貴重な一環をつけ加えた労作である。現代を理解する鍵となる好著である。
◇ロック　浜林正夫著　研究社出版　（イギリス思想叢書）　1996.12
①4-327-35214-4
＊17世紀、思想界の対立が革命にまで激化してゆくなか、その和解を願い、新たなイデオロギーの構築に努めた思想家ロック。近代的思考の礎を築いたその生涯を、いまあらためて描き直す。

ロックフェラー1世
Rockefeller, John Davison
1839〜1937　19・20世紀、アメリカの実業家、慈善家。スタンダード石油の設立者。シカゴ大学（1892）なども設立。
◇列伝アメリカ史　松尾弌之著　大修館書店　2017.6　①978-4-469-24605-6
◇時代を動かした世界の「名家・大富豪」「大人のための歴史」研究会著　三笠書房　（知的生きかた文庫　〔CULTURE〕）　2016.4　①978-4-8379-8397-2
◇ロックフェラー家と日本―日米交流をつむいだ人々　加藤幹雄著　岩波書店　2015.12　①978-4-00-002601-7
＊アメリカ史上最大の富豪と言われるロックフェラー家と日本とのつながりは、意外に深く、長い。なかでも突出しているのが、初代の孫にあたるジョン・ディヴィソン・ロックフェラーが、松本重治らの協力を得て、戦後の日米関係、とりわけ文化関係の再構築に果たした役割である。ジョンと松本の関係を間近に見てきた著者が、ロックフェラー家の初代から第四世代までの主要人物を追い、一家が確立した近代フィランソロピーとその展開の一つである日米文化交流のドラマを描く。
◇伝説の大富豪たち　アラン・モネスティエ著, 阪田由美子訳　宝島社　（宝島SUGOI文庫）　2008.11　①978-4-7966-6760-9
◇タイタン―ロックフェラー帝国を創った男　上　ロン・チャーナウ著, 井上広美訳　日経BP社　2000.9　①4-8222-4196-3
◇タイタン―ロックフェラー帝国を創った男　下　ロン・チャーナウ著, 井上広美訳　日経BP社　2000.9　①4-8222-4197-1
◇世界人物逸話大事典　朝倉治彦, 三浦一郎編　角川書店　1996.6　①4-04-031900-1
＊歴史上の人物の生き生きとした人間像を伝えるエピソードを多数紹介する事典。日本人によく知られた人物1883人を見出しに掲載。

ロベスピエール
Robespierre, Maximilien François Marie Isidore de
1758〜1794　18世紀、フランス革命の指導者。1789年アルトア地方第三身分の代議員として全国三部会に参加。
◇ロベスピエール　ピーター・マクフィー著, 高橋暁生訳　白水社　2017.3
①978-4-560-09535-5
◇フランス革命の志士たち―革命家とは何者か　安達正勝著　筑摩書房　（筑摩選書）　2012.10　①978-4-480-01554-9
◇フランス革命の肖像　佐藤賢一著　集英社　（集英社新書ヴィジュアル版）　2010.5　①978-4-08-720541-1
◇独裁者たちの仮面劇　伊藤阿京著　東京経済　2006.11　①4-8064-0764-X
◇ラルース図説世界史人物百科　3　フランス革命・世界大戦前夜　フランソワ・トレモリエール, カトリーヌ・リシ編, 樺山紘一監修　原書房　2005.4
①4-562-03730-X
◇世界人物逸話大事典　朝倉治彦, 三浦一郎編　角川書店　1996.6　①4-04-031900-1
＊歴史上の人物の生き生きとした人間像を伝えるエピソードを多数紹介する事典。日本人によく知られた人物1883人を見出しに掲載。
◇フランス革命の主役たち　下　サイモン・シャーマ著, 栩木泰訳　中央公論社　1994.10　①4-12-002368-0
＊「革命が勝利するか、われわれ全員が死ぬかだ」1792年王政は廃止され、テュイルリー宮殿正面のギロチンはフル回

転。国王処刑後、ロベスピエールらジャコバン派独裁の下で〈正義〉の大殺戮が繰り返される。王権の継承者たる市民が恐怖を経験する様を緻密に描く。

▌ **ロマン・ロラン** Romain Rolland
⇒ロラン，ロマン

▌ **ロラン，ロマン** Rolland, Romain
1866～1944　19・20世紀、フランスの小説家、劇作家。大河小説「ジャン・クリストフ」で知られ、1913年アカデミー文学大賞、1916年ノーベル文学賞を受賞。

◇ロマン＝ロラン　新装版　村上嘉隆，村上益子共著　清水書院　（Century Books 人と思想）　2015.9　①978-4-389-42026-0

◇ノーベル賞受賞者業績事典―全部門855人　新訂第3版　ノーベル賞人名事典編集委員会編　日外アソシエーツ，紀伊国屋書店〔発売〕　2013.1　①978-4-8169-2397-5
＊1901年ノーベル賞創設時から2012年までの各分野の受賞者、受賞団体を収録。平和賞・文学賞・物理学賞・化学賞・生理学医学賞・経済学賞受賞者835人、20団体の業績を詳しく紹介。受賞辞退者についても収録対象とし、本文中にその旨を記載した。経歴・受賞理由・著作・参考文献を一挙掲載。

◇ロマン・ロラン伝―1866-1944　ベルナール・デュシャトレ著，村上光彦訳　みすず書房　2011.12　①978-4-622-07613-1
＊20世紀前半の文学・芸術・思想・政治に多大な影響を与えたロマン・ロランとは誰だったのか。本書は、ロラン研究の第一人者が未公刊の日記・書簡・資料も用いて書きあげ、従来の認識を一新させた画期的評伝である。2002年度のピエール‐ジョルジュ・カステックス賞（フランス学士院倫理・政治学アカデミーの文学賞）を受賞。

◇ロマン・ロランの風景　杉田多津子著　武蔵野書房　2003.10　①4-943898-45-9

◇ロマン・ロランとともに―愛と平和の泉へ　山口三夫著　リーベル出版　1994.7　①4-89798-416-5

◇新村猛著作集　第1巻　ロマン・ロラン　今江祥智，川村孝則責任編集　三一書房　1993.7　①4-380-93511-6

▌ **ローリンソン**
Rowlinson, Sir Henry Creswicke
1810～1895　19世紀、イギリスの軍人、東洋学者。ベヒストゥーン遺跡の碑文の解読者として知られる。

◇パイオニアとなった挑戦者たち―竹内均・知の感銘の世界　竹内均編　ニュートンプレス　2003.6　①4-315-51690-2

▌ **ロロ** Rollo the Ganger Walker
860頃～933　9・10世紀、初代ノルマンディー公（911～927）。ノルウェーのバイキングの首都領主。

◇世界伝記大事典　世界編 1～12　編集代表：桑原武夫　ほるぷ出版　1980.12～1981.6

【わ】

▌ **ワイツゼッガー**
Weizsäcker, Richard von
⇒ヴァイツゼッカー

▌ **ワーグナー**
Wagner, Wilhelm Richard
⇒ヴァーグナー

▌ **ワシントン** Washington, George
1732～1799　18世紀、アメリカの軍人、政治家。初代大統領（在任1789年～1797年）。アメリカ独立戦争（1775年～1783年）を勝利に導き、建国とともに初代大統領に就任。

◇アメリカ人の物語　3　革命の剣ジョージ・ワシントン　下　西川秀和著　悠書館　2018.6　①978-4-86582-022-5

◇アメリカ人の物語 2 革命の剣ジョージ・ワシントン 上 西川秀和著 悠書館 2017.10 Ⓘ978-4-86582-021-8

◇アメリカ大統領図鑑―完全解析 開発社,米国大統領研究編纂所著 秀和システム 2017.5 Ⓘ978-4-7980-5121-5

◇図説 歴代アメリカ大統領百科―ジョージ・ワシントンからドナルド・トランプまで DK社編, 大間知知子訳 原書房 2017.5 Ⓘ978-4-562-05401-5

◇アメリカ歴代大統領の通信簿―44代全員を5段階評価で格付け 八幡和郎著 祥伝社 (祥伝社黄金文庫) 2016.7 Ⓘ978-4-396-31697-6

◇図説世界史を変えた50の指導者(リーダー) チャールズ・フィリップス著, 月谷真紀訳 原書房 2016.2 Ⓘ978-4-562-05250-9

◇偉人は死ぬのも楽じゃない ジョージア・ブラッグ著, 梶山あゆみ訳 河出書房新社 2014.3 Ⓘ978-4-309-25298-8
＊ベートーヴェンは、体液を抜かれ、蒸し風呂に入れられて死んでいった!?ツタンカーメンからアインシュタインまで、医学が未発達な時代に、世界の偉人たちはどんな最期を遂げたのか？驚きいっぱいの異色偉人伝！

◇ジョージ・ワシントン伝記事典 西川秀和著 大学教育出版 (アメリカ歴代大統領大全 建国期のアメリカ大統領) 2012.12 Ⓘ978-4-86429-170-5

◇大統領でたどるアメリカの歴史 明石和康著 岩波書店 (岩波ジュニア新書) 2012.9 Ⓘ978-4-00-500723-3

◇アメリカ大統領の信仰と政治―ワシントンからオバマまで 栗林輝夫著 キリスト新聞社 2009.2 Ⓘ978-4-87395-537-7

◇井沢元彦の英雄の世界史 井沢元彦著 広済堂出版 (広済堂文庫) 2008.5 Ⓘ978-4-331-65428-6

◇共和国アメリカの誕生―ワシントンと建国の理念 本間長世著 NTT出版 2006.3 Ⓘ4-7571-4131-9
＊理性尊重の啓蒙主義の時代に、自由の理念の下でイギリスからの独立を勝ち取り、13州からなる連邦共和国の発展の基礎を築くまでの、ワシントン、ジェファソン、フランクリンたちの活躍を描く。

◇知られざる世界史 あの人の「幕引き」―彼らを待ちうけていた意外な運命とは 歴史の謎研究会編 青春出版社 (青春文庫) 2005.7 Ⓘ4-413-09320-8

◇将軍ワシントン―アメリカにおけるシヴィリアン・コントロールの伝統 ドン・ヒギンボウサム著, 和田光弘他訳 木鐸社 2003.10 Ⓘ4-8332-2345-7

◇世界人物逸話大事典 朝倉治彦, 三浦一郎編 角川書店 1996.6 Ⓘ4-04-031900-1
＊歴史上の人物の生き生きとした人間像を伝えるエピソードを多数紹介する事典。日本人によく知られた人物1883人を見出しに掲載。

◇旧少年少女のための新伝記全集 野田秀樹著 中央公論社 1996.4 Ⓘ4-12-002560-8
＊一休さんにシュバイツァー博士、ジャンヌ・ダルクにベーブ・ルース、世界に名だたる偉人さんたち。その非凡なる生涯の秘められた真実に野田秀樹が肉薄。

ワーズワース
Wordsworth, William
1770～1850 18・19世紀、イギリスの詩人。1843年桂冠詩人。共著「抒情歌謡集」(98)で知られる。

◇ワーズワスと紀行文学―妹ドロシーと共に 山田豊著 音羽書房鶴見書店 2018.3 Ⓘ978-4-7553-0408-8

◇ワーズワスとその時代―『リリカル・バラッズ』と読者たち 小林英美著 勉誠出版 2015.9 Ⓘ978-4-585-29092-6

◇ワーズワスと妹ドロシー―「グラスミアの我が家」への道 山田豊著 音羽書房鶴見書店 2008.10 Ⓘ978-4-7553-0240-4
＊幼くして引き裂かれた兄妹。ドロシー15歳、ウィリアム17歳の多感な思春期に再会する。紆余曲折を経て13年後、理想郷「グラスミアの我が家」に暮らし、兄の結婚を機に兄妹の絆はひと

まず終局を迎える。兄への熱い想いを綴るドロシーの手紙や日記、妹の影響が見て取れる兄の詩作の数々を緻密に分析し、15年間にわたる二人の愛の成長過程を紐解いていく。

◇イギリス桂冠詩人　小泉博一著　世界思想社　（SEKAISHISO SEMINAR）1998.3　①4-7907-0700-8
　＊ドライデン、ワーズワス、テニスン、ベッチェマン、T・ヒューズなど、イギリス詩史上に際立つ桂冠詩人たちの全貌をいま明らかにする。また、アメリカの詩人をも視野に入れた総合的な注目すべき桂冠詩人論である。

◇世界人物逸話大事典　朝倉治彦，三浦一郎編　角川書店　1996.6　①4-04-031900-1
　＊歴史上の人物の生き生きとした人間像を伝えるエピソードを多数紹介する事典。日本人によく知られた人物1883人を見出しに掲載。

◇ワーズワスの研究―その女性像　森一著　国書刊行会　1995.1　①4-336-03693-4

◇自然と詩心の運動―ワーズワスとディラン・トマス　宮川清司著　（吹田）大阪大学出版会　1994.9　①4-87259-004-X
　＊〈孤独と静謐〉の自然詩人の本質を、詩的ダイナミズムの観点から再検討、新鮮なワーズワス像の構築をこころみる。また、D.トマスのロマン派的側面を考察、ワーズワス的想像力が20世紀まで確かな命脈を保っている事を論証する。

◇ヴィジョンの境界―ワーズワスの世界　ジョナサン・ワーズワス著，鈴木瑠璃子訳　松柏社　1992.9　①4-88198-808-5

▌ワット　Watt, James
　1736〜1819　18・19世紀、スコットランドの技術者。ピストンを気圧で動かす蒸気機関など多くの発明をし、産業革命に貢献。

◇ワットとスティーヴンソン―産業革命の技術者　大野誠著　山川出版社　（世界史リブレット人）　2017.10　①978-4-634-35059-5

◇近代発明家列伝―世界をつないだ九つの技術　橋本毅彦著　岩波書店　（岩波新書）　2013.5　①978-4-00-431428-8

◇世界を変えた素人発明家　志村幸雄著　日本経済新聞出版社　（日経プレミアシリーズ）　2012.2　①978-4-532-26153-5

◇世界を変えた発明と特許　石井正著　筑摩書房　（ちくま新書）　2011.4　①978-4-480-06605-3

◇動力の歴史―動力にかけた男たちの物語　新装版　富塚清著　三樹書房　2008.7　①978-4-89522-065-1

◇天才科学者の不思議なひらめき　山田大隆著　PHPエディターズ・グループ，PHP研究所〔発売〕　2004.8　①4-569-63438-9

◇大発明への発想と執念―竹内均　知と感銘の世界　竹内均編　ニュートンプレス　2002.12　①4-315-51657-0

◇動力の歴史―動力にかけた男たちの物語　増補新訂版　富塚清著　三樹書房　2002.5　①4-89522-293-4
　＊動力は大切、それをなんとかして維持したい。しかし、天然資源には限りがある。もはや、終末は見えているというのが、現在、人類の置かれている立場である。しかし「窮すれば通ず」で、人類はなんとか切り抜けるだろう。だが、そこには、周到深甚な考慮は要るだろう。それの参考資料として、動力一般に触れておこうというのが本書著作の目的である。

◇アシモフの科学者伝　アイザック・アシモフ著，木村繁訳　小学館　（地球人ライブラリー）　1995.9　①4-09-251017-9
　＊アルキメデスからアインシュタインまで先人たちが闘った歴史の裏側に見えてくるもの―科学は人間に本当の幸福をもたらしたのか。21世紀に向けて問いかけるSFの巨匠・アシモフの遺産。

▌ワトー　Watteau, Jean Antoine
　1684〜1721　17・18世紀、フランスの画家。代表作「キシラ島への船出」（1717）。アカデミー会員。

◇ヴァトー　シテール島への船出―情熱と理

ワレサ

性の和解　ユッタ・ヘルト著，中村俊春訳　三元社　1992.5　①4-88303-008-3
＊恋愛の絵画表現、市民的な愛の理想はどう描かれるのか。摂政時代の男と女の関係をひもとき、画家ヴァトーがどのように市民的恋愛を構想し、表現していったかを明らかにする。フェミニズムの問題意識に導かれた、美術史研究の優れた成果である。

◇カンヴァス世界の大画家　18　ヴァトー　井上靖, 高階秀爾編　大岡信, 池上忠治執筆　中央公論社　1984.7
①4-12-401908-4

▎ワレサ　Wałesa, Lech
1943〜　20世紀、ポーランドの労働運動指導者、政治家。大統領（在任1990〜1995）。自主労組「連帯」を組織し政府の弾圧に抵抗。共産主義政権崩壊後に大統領に就任。1983年ノーベル平和賞を受賞。

◇ノーベル賞受賞者業績事典—全部門855人　新訂第3版　ノーベル賞人名事典編集委員会編　日外アソシエーツ, 紀伊国屋書店〔発売〕　2013.1　①978-4-8169-2397-5
＊1901年ノーベル賞創設時から2012年までの各分野の受賞者、受賞団体を収録。平和賞・文学賞・物理学賞・化学賞・生理学医学賞・経済学賞受賞者835人、20団体の業績を詳しく紹介。受賞辞退者についても収録対象とし、本文中にその旨を記載した。経歴・受賞理由・著作・参考文献を一挙掲載。

◇ワレサ自伝—希望への道　レフ・ワレサ著, 筑紫哲也, 水谷驍訳　社会思想社　1988.7　①4-390-60308-6
＊ワレサと「連帯」の運動はまた、「古い政治」と「新しい政治」のせめぎあいの表現でもあった。「連帯」は敗北したのかという問いに「勝敗の基準をもっぱら力には力で闘う意志ないし能力があったか否かに置くすれば、イエスと答えざるをえないだろう。だがわれわれはこの500日間に新しい別の社会を作り出そうと」したと述べ、戒厳令布告にも耐え、今や「かえって社会的自主活動は広がり…われわれは持ちこたえた」

（日本語版への序）と断言する。

▎完顔阿骨打　ワンヤンアグダ
1068〜1123　完顔阿骨打（かんがんあくだ）とも。11・12世紀、中国、金の初代皇帝（在位1115〜1123）。廟号は太祖。諡は武元皇帝。完顔劾里鉢（世祖）の第2子。1121年宋と協力して遼を攻撃、事実上討滅。

◇中国歴代皇帝人物事典　岡崎由美, 王敏監修　河出書房新社　1999.2
①4-309-22342-7
＊秦の始皇帝、前漢の劉邦、新の王莽、魏の曹丕、隋の煬帝、唐の李世民、元のフビライ、明の朱元璋、清の康熙帝など、中国歴代王朝の皇帝を紹介した人物事典。后妃・公主・宗室なども収録し、歴代宮都・陵墓も掲載。中国史重要人物索引付き。

【ん】

▎ンクルマ
Nkrumah, Francis Nwia Kofia
⇒エンクルマ

教科書に載った世界史人物800人
―知っておきたい伝記・評伝

2019年1月25日　第1刷発行

発　行　者／大高利夫
編集・発行／日外アソシエーツ株式会社
　　　　　　〒140-0013 東京都品川区南大井6-16-16 鈴中ビル大森アネックス
　　　　　　電話(03)3763-5241(代表)　FAX(03)3764-0845
　　　　　　URL http://www.nichigai.co.jp/
発　売　元／株式会社紀伊國屋書店
　　　　　　〒163-8636 東京都新宿区新宿 3-17-7
　　　　　　電話(03)3354-0131(代表)
　　　　　　ホールセール部(営業)電話(03)6910-0519

電算漢字処理／日外アソシエーツ株式会社
印刷・製本／光写真印刷株式会社

不許複製・禁無断転載　　　《中性紙三菱クリームエレガ使用》
〈落丁・乱丁本はお取り替えいたします〉
ISBN978-4-8169-2757-7　　**Printed in Japan, 2019**

本書はデジタルデータでご利用いただくことができます。詳細はお問い合わせください。

教科書に載った日本史人物1000人
―知っておきたい伝記・評伝
A5・730頁　定価（本体11,500円＋税）　2018.12刊

教科書に掲載された日本史の人物を深く知るための図書を収録した目録。高等学校の日本史教科書に載った、神話時代から昭和・平成までの人物を知るための伝記、評伝、日記、書簡集、資料集など1万点を一覧できる。

事典・世界の指導者たち
冷戦後の政治リーダー3000人
A5・710頁　定価（本体13,750円＋税）　2018.5刊

世界をリードする政治指導者の人名事典。国家元首、主要閣僚、国際機関トップ、民主化運動指導者など世界200カ国の重要人物3,000人を収録。肩書、生没年月日、出生（出身）地、学歴、受賞歴、経歴など詳細なプロフィールを掲載。

日本全国 歴史博物館事典
A5・630頁　定価（本体13,500円＋税）　2018.1刊

日本全国の歴史博物館・資料館・記念館など275館を収録した事典。全館にアンケート調査を行い、沿革・概要、展示・収蔵、事業、出版物・グッズ、館のイチ押しなどの最新情報のほか、外観・館内写真、展示品写真を掲載。

江戸近世暦
―和暦・西暦・七曜・干支・十二直・納音・
二十八（七）宿・二十四節気・雑節
A5・600頁　定価（本体6,200円＋税）　2018.7刊

天正10年（1582）から明治5年（1872）までの291年間・106,253日の暦表。日本で本能寺の変が起き、西欧でグレゴリオ暦が採用された年から、明治政府により太陰太陽暦（天保暦）が廃止される直前まで、和暦と西暦を1日1日対照。七曜・干支・十二直・納音・宿曜・節気・雑節など基本的な暦注を再現したほか、没日・滅日・日食予報・月食予報も記載。

データベースカンパニー
日外アソシエーツ　〒140-0013　東京都品川区南大井6-16-16
TEL.(03)3763-5241　FAX.(03)3764-0845　http://www.nichigai.co.jp/